W0094925

Hohenheim

Henning Köhler

Deutschland auf dem Weg zu sich selbst

Eine Jahrhundertgeschichte

Hohenheim Verlag
Stuttgart · Leipzig

Die Deutsche Bibliothek – CIP Einheitsaufnahme
Ein Titeldatensatz für diese Publikation ist bei
der Deutsche Bibliothek erhältlich

© 2002 Hohenheim Verlag GmbH, Stuttgart, Leipzig
Alle Rechte vorbehalten
Redaktion: Ditta Ahmadi, Berlin
Satz und Reproduktionen: Ditta Ahmadi, Berlin
Druck und Bindung: W. Röck GmbH Druck + Medien, Weinsberg
Printed in Germany
ISBN 3-89850-057-8

Wolf Jobst Siedler
in Freundschaft

Inhalt

Einleitung

Deutschland hat im letzten Jahrhundert einen weiten Weg zurückgelegt: Kaiserreich, Weltkrieg, eine gescheiterte Republik, das NS-Regime, das Deutschland in die tiefste Katastrophe seiner Geschichte führte, die zweite Demokratiegründung und daneben die Etablierung einer Stellvertreterdiktatur, die nach vierzig Jahren zusammenbrach. Am Ende stand wieder ein zwar kleineres, aber friedliches und wohlhabendes Deutschland, das dennoch in manchem an das Kaiserreich erinnert.

Für den Marxisten Eric Hobsbawn ist das 20. Jahrhundert hingegen ein »Kurzes Jahrhundert«, aber er betrachtet dabei auch lediglich den Zeitraum von der Oktoberrevolution 1917 bis zum Untergang der Sowjetunion und des Sozialismus in den Jahren 1989 bis 1991. So zu rechnen ist eine Glaubensfrage; bezeichnend ist jedoch, wie rasch dieses historisch schiefe, nämlich nur an der Sowjetunion orientierte Urteil Hobsbawns in den täglichen Diskurs Eingang gefunden hat. Die Oktoberrevolution wurde schließlich erst durch die Ergebnisse des Zweiten Weltkrieges in eine ganz neue historische Perspektive gerückt.

Das 20. Jahrhundert ist auf keinen einheitlichen Nenner zu bringen. Durch die zwei Weltkriege ist die politische, wirtschaftliche, technische und soziale Entwicklung weltweit in ungeahntem Maße beschleunigt worden. Es waren Hegemonialkriege, nach deren Ende die nach 1945 aufgestiegenen Supermächte den Kampf um die Führung fortsetzten, allerdings in Form des Kalten Krieges, da ein Atomkrieg weder Sieger noch Besiegte gekannt hätte. Angesichts des Zusammenbruchs der Sowjetunion war das Ergebnis dennoch eindeutig. Damit erhob sich die bisher nicht beantwortete Frage, ob die siegreiche Supermacht USA imstande ist, die »ganz normale Anarchie«[1] der Staatenwelt zu bannen, deren Rückkehr jederzeit möglich ist.

Der Zweite Weltkrieg brachte Deutschland die totale Niederlage und hinterließ ein düsteres Erbe: das in der deutschen Geschichte einzig dastehende Verbrechen der Judenvernichtung, um dessen Bewältigung im Sinne des Verstehens und Erinnerns noch immer leidenschaftlich gerungen wird.

Die erste Hälfte des Jahrhunderts ist von Kriegen und politischen Katastrophen geprägt, in deren Mittelpunkt Deutschland steht, in der zweiten Hälfte bildet sich aber eine stabile deutsche Demokratie aus, die sich bewährt und auch nach der Wiedervereinigung keinerlei Rückfälle in nationalistische Verirrungen der Vergangenheit gezeigt hat. Was sind die Ursachen für diese so unterschiedlichen Entwicklungen? Haben sich die Deutschen fundamental verändert? Hat es einen Lernprozeß gegeben, und wenn ja: Wodurch wurde er ausgelöst?

Die Grundthese dieses Buches verrät schon sein Titel: Wir haben es nicht mit zwei völlig unterschiedlichen Entwicklungen ohne inneren Zusammenhang zu tun, sondern mit einem Trend, einer Grundströmung, die im Kaiserreich einsetzte, durch militärische und politische Katastrophen zwar aufgehalten, aber nicht abgebrochen wurde, so daß Bismarcks Schöpfung – wenn auch in veränderter und verkleinerter Form – erhalten geblieben ist.

Seit den sechziger Jahren hat man die deutsche Geschichte zunehmend unter dem Gesichtspunkt des zerbrochenen Nationalstaates betrachtet. Das Jahr 1945 wurde als Endpunkt der geschichtlichen Entwicklung gedeutet, das Scheitern des Deutschen Reiches zunehmend als etwas Notwendiges erachtet und die Zweistaatlichkeit als Dauerlösung hingenommen, wenn sie nicht gar aus moralischen Gründen als Strafe für den Holocaust gerechtfertigt wurde. Allerdings ließ sich historisch kaum nachweisen, daß die Deutschen selbst die Teilung wollten, ja daß schon in der politischen Entwicklung nach 1871 Katastrophe und Teilung angelegt waren. Als Schlagwort von großer Wirkung erwies sich Helmut Plessners »verspätete Nation« bei der Erklärung von deutscher Niederlage und Spaltung. Ganz leidenschaftslos ließ sich nun erklären, daß aus diesem deutschen Nationalstaat nichts werden konnte. Ein historischer Nachweis schien sich zu erübrigen.

In Wirklichkeit aber hatte dieser totgeredete Nationalstaat eine unerwartete Festigkeit bewiesen, solange er existierte. Nach der Niederlage im Ersten Weltkrieg, keine fünfzig Jahre nach der Reichsgründung und der »Revolution von oben«, hatten separatistische Bestrebungen keine Chance, als sich mit der Revolution »von unten« die Möglichkeit bot, das den Deutschen angeblich aufgezwungene Großpreußen zu verlassen. 1945 erfolgte die Teilung nicht durch die Deutschen, sondern durch die Besatzungsmächte und den Kalten Krieg. Die »Wiederherstellung der Einheit« galt nach 1949 in der Bundesrepublik als selbstverständliches Ziel, der Bonner Staat als ein Provisorium. Die Medien wagten erst nach zwei Jahrzehnten und einem Generationswechsel den Status quo mehr oder weniger gewunden als endgültig zu behandeln. Das hat die Deutschen 1989/90 nicht gehindert, sich als ein Volk wiederzuerkennen und sich zu vereinen. Erst bei näherem Kennenlernen entdeckten sie dann, wie weit sie sich auseinandergelebt hatten.

Wenn man die deutsche Geschichte vom Ende des Jahrhunderts her betrachtet, überzeugt die seit den letzten dreißig oder vierzig Jahren propagierte These nicht mehr, daß der Nationalstaat im Jahre 1945 sein notwendiges Ende gefunden habe. Monarchie und Republik scheiterten zwar, aber nicht wegen innerer Konstruktionsfehler und Blockaden, sondern als Folge schwerster Belastungen. Gewiß hat es im Kaiserreich strukturelle Probleme und innenpolitische Engpässe gegeben, aber der Staat erwies sich gegenüber dem weltanschaulich bestimmten Parteiensystem als stärker und konnte sich auch dadurch bestätigt fühlen, daß breite Schichten der Gesellschaft ihn über die Parteien stellten. Was bis 1918 nicht erreicht wurde, war die Parlamentarisierung des Reiches. Die innere Situation wurde als »stabile Krise« beschrieben, aber das war im Frankreich der Dritten Republik nicht anders. Reformen waren notwendig, aber es fehlte die Kraft zur Durchführung.

Die Geschichte der Weimarer Republik wiederum beweist eindrucksvoll, wie widerstandsfähig der Staat gegenüber den schweren Folgelasten des Krieges und dem politischen Extremismus war. Zwar kühlte die Begeisterung für die Republik von Weimar nach dem hoffnungsvollen Auftakt der Wahlen zur Nationalversammlung 1919 schnell ab, wurden die überzeugten Republikaner immer weniger, doch Weimar konnte sich zunächst behaupten. Zur Monarchie führte kein Weg zurück. Bürgerkrieg, Versailles und schließlich das Jahr 1923 mit seiner dramatischen Zuspitzung der politischen Situation stürzten die junge Republik in eine tiefe Krise, aber nun offenbarte sich ein enormes Beharrungsvermögen, durch das schließlich die Katastrophe überwunden wurde. Das kluge Taktieren des Reichskanzlers Stresemann gegenüber seinen innenpolitischen Gegnern und noch mehr seine Entschiedenheit in den Grundfragen nationaler Einheit trugen zur Überwindung der Krise bei – jedenfalls so lange, bis sich mit der Intervention der USA die Lage in Deutschland grundlegend stabilisierte. Zum ersten Mal hatte sich damit diese neue Weltmacht bereit gezeigt, für die Folgen des letztlich von ihr entschiedenen Krieges einzustehen.

Doch zu nationaler Geschlossenheit konnte die Republik nicht gelangen. Es bestand ein tiefsitzender Dissens in nationalen und vor allem weltanschaulichen Fragen. Wie die Expressionisten etwa den Krieg und seine Opfer malten, zeigt eine tiefe moralische Betroffenheit und einen Protest, der sich als politisch verstand. Er war geprägt von der Überzeugung, daß Deutschland am Weltkrieg schuld sei, daß die Stützen des Kaiserreiches, wie sie George Grosz und Otto Dix mit ätzender Schärfe darstellten, im Grunde Verbrecher gewesen waren. Diese Vorstellung von Deutschlands Schuld am Krieg hatte sich schon früh in liberalpazifistischen Kreisen festgesetzt. Es war mehr eine Annahme, die sich aus der Vertrautheit mit der Mentalität der deutschen Führungsschichten herleitete, mehr eine Glaubensgewißheit von der Kriegstreiberei des Regimes, das sie leidenschaftlich ablehnten, als ein stichhaltiger Nachweis der Schuld.

Im Krieg und der folgenden Revolution entwickelten Künstler und linke Intellektuelle ihr eigenes Feindbild von Deutschland, provozierten allerdings meist nur, ohne politische Wirkung zu erzielen. In der Bundesrepublik sollte dann die Distanz vieler Intellektueller gegenüber Nation und Geschichte im Laufe der Jahrzehnte ein solches Ausmaß annehmen, daß die unverhoffte und von ihnen nicht gewünschte Wiedervereinigung sie fast zum Verstummen brachte.

In der Weimarer Republik bewirkte die relative Stabilisierung nach 1924 eher eine Hinnahme des bestehenden Staates als dessen bewußte Bejahung. Doch bevor die Republik wirklich Fuß fassen konnte, brach erneut eine Krise aus. Sie begann als politische Krise im Jahre 1929 mit der Ablehnung des nicht mehr funktionsfähigen parlamentarischen Systems, verstärkt durch den Young-Plan, mit dem eine brüchige Koalitionsregierung den radikalen Parteien ungewollt einen ausgezeichneten Agitationsstoff geliefert hatte.

Die Depression, deren volles Ausmaß dann mit der Bankenkrise im Juli 1931 zutage trat, hatte die politische Landschaft schon im Herbst 1930, nach dem ersten großen Erfolg der Nationalsozialisten, verändert. Unter der Kanzlerschaft Heinrich Brünings entstand ein Regime, dem der Reichspräsident seine Verordnungsmacht nach dem Artikel 48 zur Verfügung stellte, toleriert von einer Reichstagsmehrheit, die den radikalen Anträgen auf Aufhebung der Notverordnungen nicht zustimmte. Auf diese Weise war es möglich, das von der Krise besonders hart betroffene Deutschland mit Hilfe einer rigorosen Sparpolitik zu steuern. Solange die Wirtschaftspolitik noch keine Konzepte zur Arbeitsbeschaffung entwickelt hatte, bestand zu dieser Politik der starken Belastung derer, die noch etwas besaßen, zugunsten der kümmerlichen Versorgung der Arbeitslosen und Rentner keine Alternative. Es war Brünings Verhängnis, daß er nicht auf die Arbeitsbeschaffung setzte, sondern in der langfristigen Verbesserung der internationalen Rahmenbedingungen den Ausweg aus der Krise sah. Brünings Sturz markierte das Ende einer Politik, bei deren langsamer Fortentwicklung eine Überwindung der Krise durchaus möglich erschien.

Daß Hitler dann doch noch an die Macht kam, war das Ergebnis von primär personellen Konstellationen. Anfang 1933 ertönten weder aus der Bevölkerung energische Forderungen, Hitler an die Macht zu bringen, noch rechnete man in den politisch tonangebenden Kreisen ernsthaft mit einem Kabinett Hitler. Erschöpfung, Nervosität und Illusionen über eine »Einrahmung« Hitlers brachten dessen Kanzlerschaft schließlich doch zustande.

Das Scheitern der Republik strukturalistisch, also mit weit zurückliegenden Geburtsfehlern zu erklären, überzeugt nicht.[2] Statt langfristige Erklärungsversuche heranzuziehen, die keinerlei Bezug zur Krise haben, muß man umgekehrt das Beharrungsvermögen der Deutschen respektieren, die zwar innerlich zerstritten und in verschiedene Blöcke gespalten waren, Hitler aber dennoch nicht durch Druck von unten an die Macht gebracht haben.

Die »Machtergreifung« und Hitlers geschickte Technik, Unrecht und Gewalt den Anschein von Legalität zu verleihen und eine Position nach der anderen zu erobern, entzog jedem Versuch zum offenen Widerstand die Grundlage. Nachdem der Vorwurf der deutschen Kollektivschuld nach 1945 im empörten Protest der Deutschen untergegangen war und das Wort des Bundespräsidenten Theodor Heuss von der »Kollektivscham« den inneren Frieden sicherte, wird heute gegen die damalige Generation der schwere Vorwurf der Mitschuld und Mitwisserschaft erhoben – Ergebnis einer Erinnerungskultur der Nachgeborenen, die manchmal bizarre Züge annimmt.[3] Was soll man davon halten, daß 32 Prozent der Bevölkerung im Jahre 1995 folgende Frage bejahten: »Gab es Ihrer Ansicht nach im Dritten Reich für die Bevölkerung Möglichkeiten zum Widerstand?«[4] Wieviel aggressives Ignorantentum gehört dazu, diese Frage zu bejahen!

Die Situation der Deutschen nach 1933 war ganz einzigartig. Nach Gleichschaltung und »Röhm-Putsch« stand die Bedenkenlosigkeit des Regimes außer Frage. Auf der anderen Seite erlebten die Deutschen eine geradezu rasante Überwindung der Wirtschaftskrise und die unglaublichen Erfolge Hitlers auf außenpolitischem Gebiet. Ganz wesentlich trug zu dem entstehenden Hitler-Mythos die Tatenlosigkeit der Westmächte bei, die die rasche Liquidation des Systems von Versailles ohne Gegenwehr hinnahmen. Bereits ein geringes Maß ihres nun gezeigten Entgegenkommens hätte der Weimarer Republik das Leben entschieden erleichtert.

Der Krieg und die Art, wie er geführt und verloren wurde, diskreditierten das Regime nachhaltig. Die Deutschen wurden dadurch weit wirksamer »umerzogen« als durch die alliierte »Reeducation«. Die Kontrolle der Besatzungsmächte ermöglichte in den Westzonen einen demokratischen Neuanfang ohne die störende Konkurrenz antidemokratischer Parteien. Nun zeigte sich, daß die demokratische Substanz der Weimarer Republik nicht verlorengegangen war. Vor allem die erfahrenen Politiker der zweiten und dritten Reihe, die überlebt hatten, weil sie zu alt waren, um zur Wehrmacht eingezogen zu werden, setzten nun das politische Leben wieder in Gang und schufen ein Grundgesetz, das vor allem die Fehler der Verfassung von Weimar nicht aufweisen sollte.

In diesen Zusammenhang gehört Konrad Adenauer mit seiner unbestreitbaren staatsmännischen Leistung. Er setzte resolut die Westbindung durch und bewies den Deutschen, daß sich Führungskraft und Demokratie durchaus miteinander vereinbaren ließen. Zum Erfolg der zweiten deutschen Demokratie trug zudem nicht unwesentlich das System bei, das die Sowjets in ihrer Zone errichteten. Dieser Anschauungsunterricht milderte alte Vorbehalte und Ressentiments gegen die Westmächte.

Auch wenn 1949 zwei Staaten gegründet wurden, so blieb doch der eine, die DDR, ein Staat, der nur dank der Unterstützung durch die Besatzungsmacht und deren Bereitschaft zur gewaltsamen Intervention existieren konnte. Es war ein totalitärer Staat, und er konnte von seinen Gründern auch gar nicht anders konzipiert werden. Der Terror und die Verfolgungen erreichten jedoch nicht das stalinistische Normalmaß, da die Flucht der »Klassenfeinde« ihre Ausrottung nicht notwendig machte, wie überhaupt die Präsenz der Alliierten und das offene Schaufenster West-Berlin den Verfolgungsdruck minderten. Unter Honecker ließ dann der Wille zur brutalen Machtbehauptung und zur unerbittlichen Verfolgung der Regimegegner nach. Am menschenfeindlichen Charakter dieses Staates änderte das nichts.

Der Neuanfang in der Bundesrepublik, der nichts mit Restauration zu tun hatte, ist durch zwei wesentliche Veränderungen geprägt: Nationalismus wie Militarismus hatten keine Chance mehr. Der Nationalismus war durch die Niederlage und die Verbrechen des NS-Regimes zutiefst in Mißkredit geraten. Daher war der nationale Protest gegen die Besatzungsherrschaft schwach und erlahmte bald. Das Eingeständnis der nationalistischen Hybris, der die Deutschen erlegen waren, hat sicherlich dazu beigetragen, die Oder-Neiße-Linie anzuerkennen. Man mag darin einen Akt tätiger Reue erblicken. Der Verzicht auf ein so riesiges Territorium, seit dem Mittelalter untrennbar mit der deutschen Geschichte verbunden, stellt einen einmaligen Vorgang in der Geschichte der europäischen Nationalstaaten dar. In der Weimarer Republik wäre das nicht möglich gewesen.

Adenauers erfolgreiche Politik verhinderte das Entstehen neuer Rechtsparteien, das Austrocknen der extremistischen Ränder war aber letztlich der Wirtschaftspolitik Ludwig Erhards zu verdanken. Mit der Sozialen Marktwirtschaft betrat die Bundesrepublik einen ungemein erfolgreichen Sonderweg inmitten eines von Sozialisierung und Staatsinterventionismus beherrschten Westeuropa. Erhard nutzte entschlossen den staatlichen Neuanfang zur Einführung seines wirtschaftspolitischen Konzeptes. Damit war die Grundlage geschaffen für eine Politik, die das enorme Wirtschaftswachstum der folgenden Jahre so gerecht verteilte, daß Marxisten und Anhänger der Planwirtschaft kein Gehör mehr fanden. Die schon im Kaiserreich einsetzenden Bemühungen zur Lösung der sozialen Frage hatten zu einem überzeugenden Ergebnis geführt, das 1976 durch die Einführung der paritätischen Mitbestimmung noch ergänzt und abgestützt wurde. Auch diese einzig dastehende Neuerung hatte eine lange Vorgeschichte und reicht bis zu den Arbeiterausschüssen des Ersten Weltkrieges zurück.

Einen markanten Bruch der Kontinuität erlebte das Militär. Unter dem Druck des Ersten Weltkrieges und der nicht hingenommenen Niederlage hatte die Militarisierung, besonders unter der Jugend, zugenommen. Mit der Aufrüstung und Hitlers totalem Krieg erfuhr sie eine letzte Übersteigerung. Als in den fünfziger Jahren mit der Bundeswehr der Aufbau einer qualitativ hochwertigen Armee, die loyal auf dem Boden des Grundgesetzes steht, möglich wurde, konnten die Militärs ihre soziale Vorrangstellung nicht wiedererlangen, und es gab keinerlei Begeisterung mehr für das Militärische. Im Laufe der Jahrzehnte erschien der akademischen Jugend der Zivildienst und nicht die Reserveoffizierslaufbahn als die sinnvollere Perspektive.

Die moderne deutsche Geschichte ist kürzlich als »Der lange Weg nach Westen«[5] beschrieben worden. Aber was ist der Westen? Wenn man darunter eine funktionierende Demokratie versteht, ist es eine Tautologie. Ansonsten ist Westen ein schillernder Begriff. Er ist schon seit seinem Auftauchen in der amerikanischen Propaganda des Ersten Weltkrieges ideologisch befrachtet gewesen: die Welt der Demokratien gegen die Mächte der Finsternis. Was sollte man aber unter diesem Begriff in der Zwischenkriegszeit verstehen? Tiefe politische und noch mehr kulturelle Unterschiede prägten die drei großen westlichen Demokratien. Die gemeinsame Basis zeigte sich erst in der sie alle treffenden Bedrohung durch das nationalsozialistische Deutschland und dann durch das Imperium Stalins und seiner Nachfolger.

Gleichwohl ist es nicht leicht, Deutschlands Verhältnis zum Westen zu bestimmen. War das Land im Grunde nicht immer schon westlich? Das Kaiserreich wies im Vergleich zu den westlichen Nachbarn einige Eigenheiten auf, aber es gehörte doch unzweifelhaft zu dem Teil Europas, der durch Aufklärung, Wissenschaft und Technik geprägt worden war. Der Friede von Versailles aber trennte Deutschland faktisch vom Westen. Die Friedensbestimmungen erforderten sogar eine scharfe Frontstellung. Die Siegermächte hatten nicht erkannt, daß die Weimarer Republik gerade in ihrer innenpolitischen Schwäche keine Bedrohung mehr darstellte. Die Außenpolitik, die die Republik betrieb, war seit 1923 dennoch im Grunde prowestlich. Es gab keine Schaukelpolitik zwischen Ost und West. Ebensowenig fand eine Ostorientierung wirksame Unterstützung.

Nach 1945 war die Sicherheitsgarantie durch die USA der Ausgangspunkt für die Westbindung; mit dem Gemeinsamen Markt kam eine weitere wichtige Klammer hinzu. Aber man täusche sich nicht: So wie Konrad Adenauer seit der Berlin-Krise immer weniger Vertrauen in die Amerikaner setzte, so blieben auch in der Bevölkerung Vorbehalte und Reserven gegenüber dem Westen. Das konnte in offenem Antiamerikanismus, aber auch in einer neutralistischen Einstellung sichtbar werden, die allerdings nur selten politisch artikuliert wurde. Besonders im Wiedervereinigungsjahr 1990 sollte der Hang zum Neutralismus erstaunlich zunehmen. Politische Auswirkungen hatte er aber nicht.[6]

Das westliche Verteidigungsbündnis und die Europäische Gemeinschaft besaßen dagegen prägende Wirkung. Die Offiziere, Diplomaten und Beamten, die in den supranationalen Institutionen arbeiteten, praktizierten diese Integration tagtäglich höchst erfolgreich. Hinzu kamen die Parlamentarier und Journalisten, die die Konferenzen auf NATO- oder Europa-Ebene begleiteten und gleichsam dazugehörten. Das waren meinungsbildende Gruppen, für die die Westintegration selbstverständlich geworden war. Sie wußten, daß es dazu keine Alternative gab. Diese Entwicklung ging auf die sechziger Jahre zurück und ist kein »langer« Weg gewesen, der sich über ein Jahrhundert hinzog. Es war vielmehr ein intensiver, nicht umkehrbarer Prozeß, der erst relativ spät einsetzte.

Nur scheinbar wurde diese Entwicklung durch die Studentenbewegung und die ihr folgenden politischen Aktionsgruppen in Frage gestellt, die durch ihren heftigen Antiamerikanismus und die Forderung nach revolutionärer Umgestaltung Entrüstung und Abwehr hervorriefen. Tatsächlich trat mit der Revolte an den Hochschulen eine neue Generation in Erscheinung, die im Konflikt stand mit den Eltern, den Bildungsinstitutionen und dem Staat überhaupt. Es war eine Generation, die nach dem Krieg geboren und in der gesicherten Existenz der Bundesrepublik aufgewachsen war. Sie hatte andere politische Feindbilder, war nicht mehr wie die Älteren auf die repräsentative Demokratie festgelegt und noch weniger von der Furcht besessen, es könne sich das Jahr 1933 wiederholen.

Das politische Engagement dieser Generation war links gerichtet; sie betätigte sich links von der SPD oder auf deren linkem Flügel, bis die Partei unter Kanzler Schmidt die Regierungsfähigkeit verlor und ihr langer Marsch durch die Wüste der Opposition begann. Die daneben hochkommenden Grünen machten den Politikwandel hin zum Protest bei erheblichem Realitätsverlust noch deutlicher. Die Unbekümmertheit, mit der der Staat herausgefordert wurde, auf der einen Seite und auf der anderen die professionelle Reaktion der Polizei auf die bewußten Regelverstöße und Gesetzesübertretungen im Zusammenhang mit dem Kampf gegen die Kernkraft zeigten vor allem eines: eine Demokratie, die nicht mehr in Frage gestellt werden konnte.

Die plötzliche Wiedervereinigung konfrontierte die alte Bundesrepublik mit erheblichen, gänzlich unerwarteten Herausforderungen. Die Einführung des bundesdeutschen Währungs-, Wirtschaft- und Sozialsystems geschah zwar nicht ohne Härten und Pannen, aber mit einzigartiger Schnelligkeit und Effektivität. Die Strukturprobleme, die nach der Euphorie der Vereinigung sichtbar wurden, werden noch lange Zeit die deutsche Politik belasten. Diesen Problemen kann das Land sich nicht entziehen, und darüber hinaus muß es seiner Verantwortung für Europa gerecht werden. Es geht nicht um einen Führungsanspruch Deutschlands, sondern darum, daß es auf Grund seiner Größe und Wirtschaftskraft den inneren Ausgleich ebenso fördern wie es die Osterweiterung umsichtig zum Erfolg führen muß.

Das sind Aufgaben, die auf überparteiliche Zustimmung stoßen. In Deutschland selbst freilich herrscht ein Klima, das in manchem – so eigenartig es klingen mag – an das Kaiserreich erinnert: Die Gleichförmigkeit des Lebens, das die persönliche Zeitrechnung an den Ferienaufenthalten festmacht, eine Gesellschaft, in der es wieder ererbten Besitz und Reichtum gibt wie seit 1914 nicht mehr, der zähe Kampf um soziale Besitzstände und das ausgeprägte Rechtsgefühl, dem das Bundesverfassungsgericht seine hohe Geltung verdankt. Vor allem aber herrscht wie damals kein innerer Frieden, vielmehr gibt es ein hohes Maß an innerer Spaltung und Zerrissenheit, Aggressivität gegen vermeintliche oder echte Feinde, vor allem aber einen Dissens in nationalen Fragen.

Man mag die innere Spaltung bedauern und der Meinung sein, daß die Deutschen ihre Angelegenheiten auch friedlicher regeln und den Konsens mehr pflegen könnten. Aber der Streit um die deutsche Identität bei nicht vorhandenem Nationalismus hat einen großen Vorteil: Im Gegensatz zum Kaiserreich bietet dieses Deutschland die Sicherheit, daß es weder willens noch fähig ist, zur Bedrohung für seine Nachbarn zu werden.

Die Geschichte des Jahrhunderts in einem einzigen Band darzustellen, führt unvermeidlich zu einem Dilemma. Es ist unmöglich, alle Epochen im gleichen Umfang darzustellen und dann auch noch wichtige Nebenaspekte wie die wirtschaftliche und soziale Entwicklung gesondert zu behandeln. Ein solches Vorgehen erfordert ein mehrbändiges Werk. Daher muß eine Akzentuierung vorgenommen werden. Die erste Hälfte des Jahrhunderts verlangt eine breitere und intensivere Darstellung, damit die Krisen, Kriege und Katastrophen deutlich und verständlich werden. Das letzte Drittel wird dagegen zunehmend von einer demokratischen Normalität geprägt, die eine geraffte Darstellung rechtfertigt. Zudem schafft die Sperrfrist der Archive von dreißig Jahren wesentlich andere Voraussetzungen für die Quellenlage. Daher ist der Niedergang der sozialliberalen Koalition bewußt knapp gehalten, und auf die erste Hälfte der Ära Kohl, die wesentlich von der wirtschafts- und haushaltspolitischen Konsolidierung geprägt war, wird überhaupt nicht eingegangen. Ebenso können die technischen und industriellen Umwälzungen, die Wirtschaft und Gesellschaft seit dem Anbruch des Computerzeitalters geprägt haben, nicht ihrer Bedeutung gemäß dargestellt werden, weil die notwendigen Vorarbeiten auf breiter Ebene noch nicht vorhanden sind. Der Kritik, daß der eine oder andere Aspekt nicht gebührend gewürdigt ist oder sogar gänzlich fehlt, ist sicher zuzustimmen. Wer dieser Meinung ist, sollte jedoch sagen, welche Passagen wegfallen könnten. Es bleibt dabei: Bei jeder Gesamtdarstellung der deutschen Geschichte des 20. Jahrhunderts ist der Mut zur Lücke gefordert.

Das Kaiserreich

Wie erscheint uns das Kaiserreich heute? Was war das für ein Staat – ein kraftstrotzendes Gemeinwesen, das sich nach der Jahrhundertwende, getragen von der Zustimmung seiner »Machteliten« und von weiten Teilen des Bürgertums, für größere Aufgaben in der Welt rüstete oder war das ein krisengeschüttelter Staat, der zunehmend Lähmungserscheinungen zeigte?

Das Kaiserreich, vor allem das wilhelminische Deutschland, ist, orientiert man sich am Tenor der neueren Geschichtsschreibung, von tiefen Widersprüchen geprägt. War es ein Staat, der 1914 planvoll und kaltblütig den »Griff nach der Weltmacht« wagte (Fritz Fischer)? War es ein Staat, der dem »Primat der Innenpolitik« (Eckart Kehr) folgte, von »vormodernen Eliten« beherrscht, die die Modernisierung und vor allem die wachsende Sozialdemokratie fürchteten, die sich bedroht fühlten und mit kaltblütigen Strategien die immer schwieriger zu beherrschenden Massen zu manipulieren suchten, um sich selbst an der Macht zu halten? War es ein »autokratischer, halbabsolutistischer Scheinkonstitutionalismus«, unter Bismarck noch ein »plebiszitär gekräftigtes, bonapartistisches Diktatorialregime«, in welchem dann unter dem »Schattenkaiser Wilhelm II. die traditionellen Oligarchien … im Verein mit den anonymen Kräften der autoritären Plutokratie« die tatsächliche Macht ausübten (Hans-Ulrich Wehler)?[1] Trotz dieser Machtkonzentration hätten sie freilich nicht verhindern können, daß das Reich in eine »permanente Krise«, ja sogar in den Zustand der Unregierbarkeit geriet.

Demgegenüber macht ein anderer Historiker nachdrücklich darauf aufmerksam, welch aktive, allerdings unerfreuliche Rolle der Kaiser gespielt hat.[2] Wieder ein anderer Historiker charakterisiert das Kaiserreich als »ruheloses Reich«, das zum Scheitern verurteilt gewesen sei, weil seine Dynamik nicht mit den geopolitischen Gegebenheiten der deutschen Lage in Übereinstimmung gebracht werden konnte.[3] Ein anderes Argument zwar, aber das Ergebnis ist dasselbe: Das Kaiserreich war zum Scheitern verurteilt. Aber nicht nur das. Die kritische Wiederentdeckung in den sechziger Jahren erfolgte im Vorfeld der Studentenbewegung und damit eines tiefgreifenden Trendwechsels. Die jüngere Generation wandte sich von einem historischen Gebilde mit Entschiedenheit, ja Abscheu ab, das den »Griff nach der Weltmacht« geplant hatte; damit wollte sie nichts zu tun haben, und sie trauerte statt dessen den Chancen der Revolution von 1918/19 nach, die ihr viel aktueller zu sein schienen.

Mit der Abkehr von der deutschen Geschichte verband sich seither und verstärkt in den folgenden Jahrzehnten die Hinnahme und schließlich die Anerkennung der deutschen Teilung als notwendige Konsequenz einer Fehlentwicklung, die vor 1914 begonnen hatte.

Gegen die »neue Orthodoxie« (James B. Sheehan) der Kaiserreich-Kritiker hat Thomas Nipperdey mit seinen beiden monumentalen Bänden über die »Deutsche Geschichte 1866–1918« Akzente gesetzt. Sein machtvoller Erzählfluß unterläuft bestehende Frontstellungen oder verwirft sie einfach als abwegig. Er warnt davor, »mit den Urgroßeltern vor dem Ersten Weltkrieg kritisch und besserwisserisch zu rechten«. Es komme vielmehr darauf an, der Vergangenheit das wiederzugeben, »was sie einmal hatte, … nämlich eine offene Zukunft«.[4]

Die Kontroversen um das Kaiserreich zu entscheiden ist hier weder Platz noch Anlaß. Vielmehr geht es um die Entwicklungsperspektive des Kaiserreiches: Was waren seine Stärken und Schwächen, welche Chancen gab es für sozialen Wandel? Die Struktur der Führungsschichten des Reiches ist von Interesse, aber gerade auf diesem Gebiet gibt es erhebliche Unklarheiten.

Das Kaiserreich stellte ein widersprüchliches Ganzes dar. Modernes mischte sich mit Überaltertem. In manchen Bereichen war das 18. Jahrhundert noch nicht tot, während das 20. an vielen anderen Stellen machtvoll in Erscheinung trat. Es war ein Militärstaat, der mit glanzvollen Paraden das Publikum fesselte und der Gesellschaft insgesamt seinen Stempel aufdrückte. Es war auch und unbezweifelbar ein Rechtsstaat, eine liberale Errungenschaft des 19. Jahrhunderts. Die Geltung der Gesetze wurde nicht durch staatliche Willkürmaßnahmen außer Kraft gesetzt. Dennoch bestanden auch Ordnungen mehr archaischen Zuschnitts, etwa im preußischen Osten die Gesindeordnung, nach der die Prügelstrafe zwar nicht erlaubt, aber doch geduldet wurde.

Deutschland war eine wirtschaftliche Macht, deren Leistungskraft in einer expandierenden Industrie, im wachsenden Export und spektakulären Innovationen zum Ausdruck kam. Es war aber auch der Staat, in dem sich der vierte Stand – Ergebnis und Opfer der Industrialisierung – so machtvoll und effektiv organisiert hatte wie in keinem anderen Industriestaat; und wohl in keinem anderen Land waren die Bemühungen um soziale Reformen, die den Graben zwischen Bürgertum und Arbeiterschaft zuschütten oder zumindest überbrücken sollten, so vielfältig und nachhaltig wie in Deutschland.

Dieses Kaiserreich war auch – trotz der rhetorischen Entgleisungen des Kaisers, die anderes vermuten ließen – ein Kulturstaat. Das Bildungswesen war hoch entwickelt; die Volksschule stellte stets einen Gegenstand öffentlichen

Interesses dar und hatte ein vergleichsweise hohes Niveau. Die Gymnasien waren in schnellem Aus- und Umbau begriffen, die Zahlen der Schulen wie der Schüler erfuhren bis 1914 eine beträchtliche Steigerung. Die Universitäten hatten Weltgeltung, und die an Deutsche verliehenen Nobelpreise beweisen das exzeptionelle Niveau der Forschung.

Und doch – trotz des Erfolges – gab es keine Saturiertheit, keine Zufriedenheit mit dem Erreichten. Reichskanzler von Bethmann Hollweg rätselte im Juli 1911 über den für ihn »unerklärlichen Gegensatz zwischen den objektiven Lebensbedingungen und den subjektiven Lebensansichten der Deutschen«. Er registrierte »eine beispiellose Erhöhung des Standard of life – materiell und doch auch geistig – in allen Schichten, vornehmlich den unteren und mittleren, und damit verbunden eine politische Verärgerung und Verbitterung, als ob die Menschen alle Hungers stürben«.[5] Die Unzufriedenheit mit den politischen Verhältnissen war weit verbreitet und konnte von links oder rechts kommen, auf Veränderungen aus sein oder gerade darin eine Gefahr sehen. Hans Delbrück, der scharfe Kritiker des kaiserlichen Deutschlands, sagte dazu treffend: »Man raisonniert, aber pariert doch.«[6]

DIE POLITISCHE STRUKTUR DES REICHES

Das Deutsche Reich von 1871 war eine konstitutionelle Monarchie, und es ist töricht, es als halbkonstitutionell oder halbabsolutistisch zu denunzieren oder als halbhegemonial einzustufen. Solche Halbheiten bringen nichts. Konstitutionelle Monarchie heißt erst einmal, daß die Beziehung zwischen dem Herrscher und seiner Regierung auf der einen und dem Volk auf der anderen Seite durch die Verfassung fixiert wurde, daß die Verfassung den Rahmen absteckte, in dem monarchische Exekutive und Volksvertretung tätig wurden, wobei die Regierung das Übergewicht hatte.

Bismarcks »Revolution von oben« gab dem Reich eine Verfassung, die vom simplen konstitutionellen Schema von Beginn an abwich. Das Reich befand sich als Bundesstaat auf Grund des Übergewichts, das Preußen unter den insgesamt 25 Mitgliedstaaten besaß, von vornherein in einer Schieflage.

Preußen war der größte Staat und umfaßte mehr als drei Fünftel des Reichsgebietes. Dann folgten die deutschen Mittelstaaten bis hinunter zu thüringischen Duodezfürstentümern wie Schwarzburg-Rudolstadt. Die Mitwirkung der Einzelstaaten bei Gesetzgebung, aber auch bei der Exekutive, erfolgte durch den Bundesrat. Seine Zusammensetzung trug der Schieflage Rechnung, indem Preußen Selbstbescheidung übte mit nur 17 von insgesamt 58 Stimmen. Der Reichskanzler führte im Bundesrat den Vorsitz, was eine hinreichende Garantie für die Wahrung der preußischen Interessen bedeutete, denn der Reichskanzler war in der Regel zugleich preußischer Ministerpräsident.

Preußen war das konservative Bollwerk, denn Bismarck wollte das Reich bewußt schwach halten und überließ daher den Einzelstaaten und damit Preußen mehr Zuständigkeiten, als es einem vernünftig ausbalancierten Föderalismus entsprochen hätte. Auf der anderen Seite stand das fortschrittliche Reichstagswahlrecht – gleich und geheim – in scharfem Kontrast zum preußischen Dreiklassenwahlrecht, das Bismarck 1867 selbst heftig kritisiert hatte, indem er wetterte: »... ein widersinnigeres, elenderes Wahlgesetz ist nicht in irgendeinem Staate ausgedacht worden«.[7]

Bismarck war als Reichskanzler der einzige verantwortliche Reichsminister. Das entsprach seiner Absicht, die Reichsspitze schwach zu halten, hatte aber zur Folge, daß er zugleich das Amt des preußischen Ministerpräsidenten behalten mußte, um die Kontrolle über die politische Exekutive im größten Einzelstaat zu sichern. Das war eine schwere Bürde, denn die preußische Staatsregierung war eine Kollegialregierung, in der es keine Weisungsbefugnis und Richtlinienkompetenz des Ministerpräsidenten gab. In Preußen mußte sich der Kanzler mit selbstbewußten Ministern auseinandersetzen, den Spitzen der Ministerialbürokratie, die zäh ihre Ressortinteressen verteidigten.

Wenn das Reich auch finanziell schwach und auf regelmäßige Überweisungen der Gliedstaaten angewiesen war, da die ihm zufließenden Einnahmen aus Zöllen, indirekten Steuern und Post- und Telegrafenüberschüssen die Ausgaben nicht deckten, blieb es nicht bei der Einmannregierung des Reichskanzlers. Neben dem Reichskanzler und dem Auswärtigen Amt, das seit der Reichsgründung bestand, kam es zur Bildung weiterer Reichsämter mit Staatssekretären an der Spitze. Zuerst wurden Reichsämter ohne große politische Bedeutung wie das Reichseisenbahn- oder das Reichspostamt eingerichtet. Da die Marine eine Angelegenheit des Reiches war, kam es zur Gründung des Reichsmarineamtes. Erst im Jahr 1879, das die große Wendung zur Schutzzollpolitik und den Bruch mit den Liberalen gebracht hatte, wurden das Reichsamt des Innern, das Reichsjustizamt und das Reichsschatzamt gegründet. Abgesehen vom Kriegsministerium waren damit die klassischen Ressorts als Reichsämter vorhanden.

Das politische Gewicht der Reichsämter ergab sich aus der Zuständigkeit für die Reichsgesetzgebung und damit für die Auseinandersetzung mit dem Reichstag. Obwohl durchweg aus der Verwaltung hervorgegangen, waren die Staatssekretäre in dieser Stellung keineswegs als Beamte, sondern weit mehr als

Politiker anzusprechen. Ihr zunehmendes Gewicht machte die Reichsämter gegenüber der preußischen Regierung immer selbständiger, und es ist wohl kein Zufall, daß seit den achtziger Jahren die von Reichskanzler und Staatssekretären gebildete Reichsleitung zusehends als Reichsregierung bezeichnet wurde.

Der kritischen Einstellung vieler Historiker gegenüber dem Kaiserreich entspricht es, die Bedeutung des Reichstages gering einzuschätzen. Gewiß hatte er nicht die Macht, den Reichskanzler durch Entzug des Vertrauens zu stürzen (dann hätte es sich auch um ein parlamentarisches und nicht um ein konstitutionelles System gehandelt). Es stellt sich aber die Frage, ob Macht und Einfluß eines Parlaments allein von der Möglichkeit bestimmt sind, die Regierung zu stürzen. Auch wenn diese Möglichkeit nicht bestand, konnte das Parlament der Regierung sehr gefährlich werden oder ihre Arbeit blockieren. Unter diesem Gesichtspunkt ist dem Reichstag ein beachtliches Maß an Mitwirkung zuzubilligen. Hätte er nur eine Statistenrolle wahrgenommen, wären die Staatsstreichpläne Bismarcks unverständlich, die stets um den entscheidenden Punkt kreisten, das Reichstagswahlrecht zu liquidieren und damit ein folgsameres Parlament zu schaffen. Ohne Zustimmung des Reichstages kam kein Gesetz zustande, er besaß das Budgetrecht und mußte den Haushalt bewilligen. Der Reichskanzler war nicht auf eine feste Koalition angewiesen und konnte sich die Mehrheiten jeweils da suchen, wo sie sich für bestimmte Gesetzesvorhaben anboten, aber ohne sie ging es nicht.

Den Zugang zu einer unbefangenen Beurteilung des Reichstages verstellt sich, wer allein auf den Kanzlersturz fixiert bleibt. Das Parlament war in erster Linie die Legislative, und dieser Aufgabe widmete sich der Reichstag mit bemerkenswertem Eifer. Nach der Jahrhundertwende nahm mit den großen Gesetzesvorhaben das politische Gewicht des Reichstags zu. Die Regierung mußte auf die Parteien Rücksicht nehmen, mit denen sie die Gesetze durchbringen wollte. Mit politisch so umstrittenen Gesetzentwürfen wie der Umsturz- und der Zuchthausvorlage, die gegen die Sozialdemokratie gerichtet waren, scheiterte sie, während die Verabschiedung so wichtiger Projekte wie das Vereinsgesetz, die Reichsversicherungsordnung und die Verfassung für das Reichsland Elsaß-Lothringen gelang.

Was vor 1914 stattgefunden hat, war gewiß keine halbe oder stille Parlamentarisierung, wie man mitunter lesen kann. Der Reichstag hatte zwar erheblich an Einfluß gewonnen, aber letztlich fehlte ihm der Wille zur Macht.[8] Das kam nach der »Daily Telegraf«-Affäre von 1908 mehr als deutlich zum Ausdruck. Die Empörung über das Verhalten des Kaisers war allgemein. In dem »Interview« mit dem britischen Blatt stellte er sich als einsamen Anglophilen inmitten seiner englandfeindlichen Landsleute dar. Da weder der Reichskanzler noch das Auswärtige Amt die Veröffentlichung unterbunden hatten, geriet die Regierung unter Beschuß. Trotz der enormen öffentlichen Kritik am Kaiser schaffte es der Reichstag aber nicht einmal, sich auf eine »Adresse« an den Herrscher zu einigen, die einige Kritikpunkte enthalten sollte. Das Parteiinteresse war stärker als die Einsicht in die staatspolitische Notwendigkeit, die ebenso törichten wie schädlichen Entgleisungen des Kaisers zu bremsen.

Die Selbstbescheidung der Parlamentarier findet ihre Erklärung darin, daß die Forderung nach mehr Einfluß keineswegs im wohlverstandenen Eigeninteresse aller Parlamentarier und Parteien lag. Verantwortung auch für unpopuläre Entscheidungen zu übernehmen und sich unbekannten Risiken auszusetzen, das wünschten sie nicht, schließlich befanden sich die Fraktionen und ihre Mitglieder in der angenehmen Situation, daß die Regierung ihre Stimmen benötigte. Man war mit der bloßen Teilhabe am politischen Prozeß durchaus einverstanden und strebte nicht nach mehr Einfluß, weil sich so die Interessen der eigenen Wählerklientel viel leichter fördern und durchsetzen ließen.

Allerdings ist zu beachten, daß die Suche nach einer breiten Mehrheit im Reichstag angesichts des Parteienspektrums nur wenig Erfolg versprach. Es bestand – läßt man die antisemitischen Splittergruppen beiseite – ein System von fünf Parteien: Konservative, Nationalliberale, katholisches Zentrum, Linksliberale und Sozialdemokraten. Die weltanschaulichen Gräben, die die Parteien voneinander trennten, waren tief.

Keine Partei erreichte je die absolute Mehrheit, und es gelang auch nicht, haltbare Koalitionsabsprachen zustande zu bringen. Nur bei einer festen Parteienverbindung konnte der Konflikt mit der Regierung gewagt werden. Doch dazu kam es nie.

Am Beispiel des Zentrums lassen sich gut Realität und Utopie von Koalitionsbildungen, mithin auch die Chancen einer Parlamentarisierung aufzeigen. Die von Bismarck noch als »ultramontan reichsfeindlich« verunglimpfte Partei entwickelte sich zu einer Stütze der Regierung. Ihre Stärke im Reichstag war beachtlich; die Partei wurde durch die längst überholte Wahlkreiseinteilung begünstigt, so daß ihr Anteil an Mandaten höher war als ihr Stimmenanteil. 1903 brachten 19,7 Prozent der Stimmen 25,2 Prozent der Mandate, das waren hundert Sitze; damit war das Zentrum die stärkste Fraktion im Reichstag. Eine Zusammenarbeit mit den »gottlosen« Sozialdemokraten war angesichts deren Ablehnung von Staat und Gesellschaft ausgeschlossen. Die Liberalen, die die Katholiken weiterhin des Ultramontanismus und der geistigen Rückständigkeit bezichtigten, waren neben den Marxisten ihre eigentlichen weltanschaulichen Gegner.

Die Grundeinstellung der Honoratioren des Zentrums war im Grunde konservativ, und so lag es nahe, mit den Konservativen auch im Reichstag zu kooperieren. Aber für eine feste Zusammenarbeit waren die konfessionellen Gegensätze zu groß, und auch die Überbetonung der agrarischen Interessen im Lager der Konservativen schreckte ab. Eine Veränderung des politischen Status quo erschien der Zentrumsführung nicht erstrebenswert, vielmehr befürchtete sie, dann zu einer einflußlosen Minderheit abzusinken.

Gewählt wurde im Kaiserreich nach dem Mehrheitswahlrecht, wie es beispielsweise de Gaulle nach 1958 in Frankreich eingeführt hat. Demnach war gewählt, wer im ersten Wahlgang in einem Wahlkreis die absolute Mehrheit erhielt, oder es kam zur Stichwahl der beiden Kandidaten mit den meisten Stimmen. Der Wähler entschied sich dann oft für das »kleinere Übel«, etwa wenn die bürgerlichen Parteien sich gegen den sozialdemokratischen Stichwahlkandidaten stellten und er seine Stimme einem Politiker gab, den er sonst abgelehnt hätte. Nicht zuletzt wegen des Stichwahlsystems hat keine Partei je die absolute Mehrheit an Stimmen oder an Mandaten erreicht.

Das Interesse an den Reichstagswahlen war erstaunlich stark, obwohl sie gar nicht über die Zusammensetzung der Regierung entschieden. Man hat das große Engagement zu Recht eine »Fundamentalpolitisierung« genannt,[9] die jedoch nicht auf den Kampf um die Macht zielte. Die Wahlbeteiligung war außerordentlich hoch; 1903 lag sie bei 76,1 Prozent und stieg bis 1912 auf 84,9 Prozent.[10] Das ist insofern bemerkenswert, als die hohe Wahlbeteiligung auch in den folgenden Jahrzehnten anhielt und für die politische Kultur in Deutschland typisch wurde.

Wie wenig Macht der Reichstag tatsächlich besaß, wird 1913 noch einmal deutlich, als es im Elsaß zu Übergriffen des Militärs gegen die Zivilbevölkerung kam.[11] Aller Welt wurde damals vor Augen geführt, daß die Kommandogewalt des Monarchen, hinter der sich das Militär verschanzte, unkontrollierbar war. Die öffentliche Empörung fand ihr Echo im Reichstag, der mit überwältigender Mehrheit (293 : 54) einen Mißbilligungsantrag gegen den Reichskanzler beschloß. Dieser hatte das Vorgehen des Militärs gutgeheißen, was, so stellten die Abgeordneten klar, »der Anschauung des Reichstags nicht entspricht«.[12] Die sogenannte Zabern-Affäre läßt deutlich die verfassungsrechtliche Problematik des Kaiserreichs erkennen: das politisch nicht zu kontrollierende Militär, der Reichskanzler, der gegen seine Überzeugung das Militär verteidigen mußte, und der Reichstag, der machtlos aufbegehrte. Aber dennoch wurde der Mißstand abgestellt. Die Lern- und Reaktionsfähigkeit war zwar begrenzt, aber sie war immerhin vorhanden. Fraglich blieb nur, welche Belastungsproben dieses widersprüchliche System in Zukunft aushalten würde.

Das Militär war im Grunde unpolitisch und stand in Preußen außerhalb der Verfassung. Es war allein dem Monarchen unterstellt und schirmte sich gegen die Zivilgewalt ab, um von dieser ungestört den militärischen Aufgaben nachzugehen. Lediglich bei den Debatten über den Militäretat fand die sozialdemokratische Opposition Gelegenheit, Rekrutenmißhandlungen und andere Akte der militärischen Macht anzuprangern. Aber an dem eigentlichen Problem, der direkten Unterstellung der Spitzen von Heer und Marine unter den Monarchen ohne Kenntnis und Mitwirkung der Regierung, änderte das nichts.

Die Kommandogewalt war ein preußisches Spezifikum. Sie machte den König nicht nur zum nominellen Oberbefehlshaber wie bei Staatsoberhäuptern üblich, sondern stattete ihn auch mit der Kommandogewalt aus. Damit schuf man die Fiktion, daß das Prinzip von Befehl und Gehorsam ein Ausfluß dieser monarchischen Kommandogewalt sei, die als eine Prärogative der Krone außerhalb der Verfassung und damit der parlamentarischen Kontrolle stand. Was unter Friedrich Wilhelm IV. trotz Revolution und Einführung der Verfassung erhalten blieb, eine Sphäre uneingeschränkter Befehlsgewalt des Königs,[13] wurde unter Wilhelm I. zu einem nicht mehr revidierbaren Vorrecht, dessen Wert in dem Maße wuchs, wie die Kritik im Reichstag zunahm. Die Armee führte ein Eigenleben und entwickelte ein zunehmend emotional getöntes Feindbild gegen Zivilisten und Aktivitäten jeglicher Art, die im Geruch der Fortschrittlichkeit standen. Das militärische Weltbild verengte sich, während die Entwicklung von Wirtschaft und Technik eine immer größere Beschleunigung erfuhr. Das Auseinanderdriften war unübersehbar und führte immer häufiger zu Konflikten – übrigens nicht nur in Deutschland, sondern auch in anderen Staaten, wie die Dreyfus-Affäre in Frankreich nachhaltig demonstrierte.

Wie das Militär, so verlor auch Preußen den Anschluß an die Moderne. Das war eine unmittelbare Folge des Dreiklassenwahlrechts, das von der Steuerleistung abhing und darüber hinaus das flache Land und damit den östlichen Teil der Monarchie bevorzugte. Unter diesen Bedingungen konnten die Konservativen stärkste Partei werden, aber auch die nationalliberalen Abgeordneten und diejenigen des starken Zentrums wußten, daß sie ihren Abgeordnetensitz dem ungleichen Wahlrecht verdankten, und das ließ sie zunehmend konservativ werden.

Die Wahlbeteiligung bei den preußischen Landtagswahlen war im Gegensatz zu den Reichstagswahlen äußerst niedrig; um die Jahrhundertwende betrug sie zwischen 18 und 23 Prozent. Das so zustande gekommene Parlament besaß aber beträchtlichen Einfluß. Es konnte nicht übergangen werden und war besonders wachsam bei der Abwendung jeglicher Art von finanzieller Belastung für die von ihm Repräsentierten. Das Ergebnis fiel entsprechend aus:

Die knappe Hälfte der Staatseinnahmen beruhte auf den Gewinnen staatlicher Unternehmungen wie der Eisenbahn, den Bergwerken und den Hütten. Die Progression bei der Einkommenssteuer war lächerlich gering. Der höchste Satz betrug vier Prozent auf Einkommen ab 100 000 Mark, während die große Mehrheit, fast neunzig Prozent der Steuerpflichtigen, nur über ein Einkommen zwischen 900 und 3000 Mark verfügte. Diese Schicht konnte kaum noch mehr belastet werden, da man aber auch die eigene Klientel, die Mittel- und Oberschichten, schonen wollte, mußte man bei steigenden Ausgaben Schulden machen. Diese wuchsen – wie auch im Reich – immer rascher.

Die Zuständigkeiten, die nach der Verfassung bei den Einzelstaaten und damit auch bei Preußen lagen, waren umfassend. Abgesehen von der Kulturhoheit waren die Staaten im weiten Maße für die Finanzen, aber auch für das Militär, den Verkehr, also die Eisenbahnen, für Wirtschaft und Landwirtschaft allein zuständig. Als Preußen 1919 die meisten dieser Ressortkompetenzen an das Reich abgeben mußte, wurde seine Staatlichkeit entscheidend ausgehöhlt. Das war jedoch keine schlagartige Veränderung, sondern vielmehr der vorläufige Endpunkt einer Entwicklung, die schon Jahrzehnte zuvor eingesetzt hatte.

Preußen war ursprünglich von Bismarck die Rolle der Hegemonialmacht zugedacht worden. Danach sollte es, gleichsam stellvertretend für das Reich, diejenigen Aufgaben übernehmen, die der Kanzler dem Reich nicht überlassen wollte. Diese Funktion wurde aber von Preußen immer weniger wahrgenommen. Die preußischen Minister zeigten wenig Neigung, im Reichstag zu erscheinen und dort preußische Interessen zu vertreten. Das politische Klima im Wallot-Bau schien ihnen zu rauh. Auch die Durchsetzung der Reichspolitik gegenüber der preußischen Ministerialbürokratie oder die Vertretung der Reichspolitik im Preußischen Landtag ließ zu wünschen übrig, da die Minister dem politischen Kurs im Reich oft ablehnend gegenuberstanden.

Die Abstimmung zwischen dem Reich und Preußen wurde schwieriger, da Interessengegensätze auftraten. Mit Sorge registrierte man bei der Reichsleitung »die Abkehr Preußens von den Aufgaben des Reichs«[14] und damit von der verfassungspolitischen Rolle, die Preußen im Rahmen des Reiches zugedacht war. Die preußische Regierung zeigte sich schließlich unfähig, selbst im Rahmen des eigenen Staates dringende Verwaltungsreformen durchzuführen.

Es gab viel Sand im Getriebe der Verwaltung. Das veranlaßte Alfred Hugenberg, den späteren deutschnationalen Parteiführer, 1908 zu einem politischen Aktionsprogramm, in dessen Zentrum die Halbierung der Beamtenstellen und Behörden stand.[15] Hugenberg wußte, wovon er sprach, sah er doch zu diesem Zeitpunkt auf eine brillante Karriere im preußischen Staatsdienst zurück, die ihn bis in den Rang eines Geheimen Finanzrates geführt hatte. Das radikale

Programm zeigt das Ausmaß seiner Enttäuschung über die preußische Verwaltung. Dennoch sind das Pflichtbewußtsein und die Unbestechlichkeit der Beamten keineswegs zu unterschätzen. Obwohl der Ton rauh war und dem Bürger oder Arbeiter mehr oder weniger offen bedeutet wurde, daß er ein Untertan sei, bewirkten die sprichwörtliche Zuverlässigkeit und Genauigkeit auf den Ämtern eine Art Vertrauensschutz, der der preußischen Verwaltung ein respektvolles Andenken gesichert hat.

DER KAISER

Kein Deutscher hat die Zeitgenossen so beschäftigt wie Wilhelm II. Das Interesse, das er erregte, Faszination wie auch heftige Ablehnung, ist heute schwer nachvollziehbar, denn die Substanzlosigkeit seiner Person verführt zu Geringschätzung und verächtlicher Abwertung. Hier ist jedoch erhebliche Vorsicht geboten. Ein »Schattenkaiser« ist er gerade nicht gewesen. Die deutsche Geschichte hätte vielleicht einen anderen Lauf, eine günstigere Entwicklung genommen, wenn der Monarch sich mit einer Statistenrolle begnügt hätte.

Der Kaiser hatte nach der Verfassung bedeutende Rechte. Er ernannte den Reichskanzler, der ebenso wie die Staatssekretäre des Reiches und die preußischen Minister allein von seinem Vertrauen abhängig war. Als oberster Kriegsherr, mehr noch als König von Preußen, hatte er außerordentlich wichtige Kompetenzen: Von ihm und den ihm direkt unterstellten Kabinetten, dem Militär-, Zivil- und Marinekabinett, wurden militärische Grundsatzentscheidungen sowie die höheren Personalentscheidungen getroffen. Auch über die laufenden politischen Geschäfte war er zu unterrichten, waren seine Entscheidungen einzuholen. Die preußische Armee wurde – trotz der Existenz der Verfassung – auf den König vereidigt. Das schuf eine persönliche, emotional gefärbte Bindung des Offizierskorps an den Monarchen, die ganz wesentlich diesen Militärstaat bestimmte.

Bismarck hatte die Verfassung so zugeschnitten, daß der Kaiser die jeweiligen Rechte und Befugnisse besaß, die er selbst als Kanzler faktisch ausübte. Er hatte es vorgezogen, vom Vertrauen seines königlichen Herrn und nicht von dem des Reichstags abhängig zu sein. Mit Wilhelm I. funktionierte das System, obwohl es schwere Auseinandersetzungen zwischen Kaiser und Kanzler gab. Aber mit Wilhelm II. änderte sich das Verhältnis grundlegend. Er wünschte wie seine großen Vorfahren im 18. Jahrhundert ein »persönliches Regiment« zu führen, besaß jedoch gar nicht die Fähigkeiten dazu. Die preußischen Tugen-

23. Mai 1912: Schiffstaufe in Hamburg. Wenn die großen Überseeschiffe der HAPAG aus der Taufe gehoben
wurden, dann war der Kaiser fast immer zugegen. Die Ozeanriesen waren ganz nach seinem Geschmack,
und es erfüllte ihn mit Stolz, daß sie auf allen Meeren von der Wirtschaftskraft des Reiches kündeten.
Solche Anlässe verleiteten Wilhelm II. aber hin und wieder auch zu markigen und oft unpassenden Reden.
Guten Rat nahm er, wie die Reeder Albert Ballin erfahren mußte, nicht an. Überdies verwandte seine
Umgebung viel Geschick und Energie darauf, seine Faulheit zu verbergen. Diese ging so weit, daß er nicht
einmal bereit war, die notwendigen Unterschriften zu leisten, so daß die nervösen Exzellenzen, die die
Unterschriften brauchten, schließlich den alten Diener um Hilfe baten, der den kaiserlichen Herrn zum
Unterschreiben vor dem Zubettgehen veranlaßte.

den von Fleiß und Pflichtbewußtsein, vom Dienst für den Staat, sucht man bei ihm vergebens.

Das Heer und später vor allem die kaiserliche Flotte, die seinem ausschließlichen Oberbefehl unterstand, gingen dem Kaiser über alles. Doch fehlte ihm zu einer militärischen Führungsrolle jede Voraussetzung. Die von ihm geleiteten Kaisermanöver waren eine Farce, Ausdruck eines eher infantilen Wunschdenkens; der militärischen Aufgabe wurde er kaum auch nur in Ansätzen gerecht. Bemerkenswert war seine Unrast. Er konnte nie allein sein und hielt es nicht lange an einem Ort aus – ein »Reisekaiser«. Zudem zeichneten ihn Kaltschnäuzigkeit und Rachsucht aus.[16] Seine Neigung zu nervöser Hektik ist nicht überzubewerten. Daß er manisch-depressiv gewesen sei, ist nicht nachweisbar.

Was wir heute, nach Erschließung wichtiger Quellen, von der widersprüchlichen Persönlichkeit des Kaisers wissen, war den Zeitgenossen, abgesehen von den Mitgliedern des engsten Kreises, unbekannt. Die Umgebung schirmte den Monarchen sorgfältig ab und hatte erhebliche Routine darin gewonnen, ihn in seiner unausgeglichenen Art richtig zu nehmen, ihm seine impulsiv geäußerten, oft haarsträubenden Pläne auszureden und über seine skandalösen verbalen Ausbrüche striktes Stillschweigen zu bewahren. Die Gründe für das Vertuschen sind naheliegend. Da man den Kaiser nicht stürzen konnte, mußten die Menschen seiner Umgebung, alles treue Monarchisten und Republikgegner, versuchen, den Schaden zu begrenzen und ihn ruhig zu halten.

Die These, daß der Kaiser ein neues, ein spezifisch monarchisches Regime mit ihm selbst und dem Hof als Zentrum geschaffen habe und damit eine »eigenständige Epoche mit eigenen Gesetzmäßigkeiten« entstanden sei, erscheint fragwürdig und überzogen.[17] Eine solche Sicht vernachlässigt zu sehr die Anormalität und Irrationalität, der die politischen Entscheidungsprozesse unterliegen. Dennoch ist der tatsächliche Einfluß des Kaisers in vielen Bereichen nicht zu leugnen. Als die oberste Entscheidungsinstanz konnte er manches durchsetzen, mehr noch aber verhindern, indem er schroff etwas ablehnte oder die Unterschrift und damit die Genehmigung verweigerte. An dieser Entscheidung des Monarchen führte dann kein Weg vorbei. Da hieß es warten, bis sich eine günstige Gelegenheit zur Wiedervorlage bot.

Unbestreitbar groß und letztlich ausschlaggebend war seine Flottenbegeisterung und der Wille, eine große deutsche Flotte zu bauen. Darin hatte ihn gewiß seine ihm zutiefst verhaßte Mutter bestärkt, die den Knaben lehrte, in jedem Schiff der Royal Navy den Ausdruck britischer Überlegenheit zu sehen. Der einflußreiche Staatssekretär des Reichsmarineamtes, Großadmiral Tirpitz, hätte den kompliziert-abwegigen Plan seiner Risikoflotte gegen England nie verwirklichen können, wenn ihn der Kaiser nicht in so starkem Maße gestützt hätte. Das bedeutete jedoch nicht, daß Wilhelm II. über die letzten Absichten von Tirpitz informiert war und sie gebilligt hatte.

Mit dem Eintreten für die Flotte in der Öffentlichkeit wird ein Aspekt berührt, der die fragwürdigste Seite seines Wirkens betrifft – seine öffentlichen Reden. Das Erscheinungsbild des Kaisers in der Öffentlichkeit stellte etwas grundlegend Neues dar. Der Kaiser entwickelte sich – soweit man zu Beginn des Jahrhunderts überhaupt schon davon sprechen kann – zu einem Medienherrscher. Er war durch seine unzähligen Reisen, Besuche, Einweihungen, Truppenbesichtigungen und Schiffstaufen weit mehr präsent als seine Vorgänger. Sein glanzvolles Auftreten imponierte, mehr noch aber wirkten seine Reden. Sie waren bildhaft plastisch, voll griffiger Formulierungen, die sich der Bevölkerung tief einprägten und manchmal den Charakter von geflügelten Worten annahmen. Für gebildete liberale Bürger stellten sie oft einen Gegenstand der Kritik, sogar der Empörung dar. Für breite Schichten der Bevölkerung bedeuteten aber die umgehend kolportierten Aussprüche so etwas wie einen Leitfaden zum Verständnis des Zeitgeschehens.

Bedenklich, aber bei vielen Deutschen beliebt war die Direktheit, mit der der Kaiser Dinge ansprach, die auszusprechen sich für ein Staatsoberhaupt von selbst verboten. Erinnert sei an die »Hunnenrede« mit ihrer barbarischen Aufforderung: »Pardon wird nicht gegeben.« Auch die Ausfälle gegen Kritiker im allgemeinen und Sozialdemokraten im besonderen riefen Unmut, aber wahrscheinlich noch mehr Zustimmung hervor, da viele ganz ähnlich dachten. Der Kaiser übernahm durch seine Reden die politische Führung der Massen, eine Rolle, die er tatsächlich nur begrenzt – im Krieg immer weniger – ausfüllte.

Blickt man über die Grenzen, so bestätigt sich der Eindruck, daß auch – oder gerade? – im Zeitalter der Massendemokratie sich nur solche Systeme erfolgreich behauptet haben, die über eine starke Exekutive mit ausgeprägt personalistischer Führungsstruktur verfügten. Das zeigt am eindeutigsten das britische und das amerikanische Beispiel. Am französischen und deutschen Beispiel läßt sich dagegen ablesen, wie personell amorphe und politisch instabile Systeme – die Dritte und mehr noch die Vierte Republik etwa oder die Weimarer Republik – letztlich scheiterten, während die später folgenden politischen Neuansätze mit der starken Stellung des Präsidenten in der Fünften Republik in Frankreich und jener des Kanzlers in der Bundesrepublik Deutschland sich als sehr erfolgreich erwiesen haben. Der Aspekt der starken Führung soll hier selbstverständlich nicht als allein wirksamer Faktor hingestellt werden. Die Situation war komplexer; dennoch erscheint es nicht verkehrt, auf die generelle

Bedeutung der persönlichen Führung hinzuweisen, um dadurch auch die Rolle des Kaisers richtig einschätzen zu können.

Weitaus schädlicher als in Deutschland selbst waren die Wirkungen seiner öffentlichen Auftritte im Ausland. Hier schuf er durch seine Reden und Drohgebärden geradezu ein Feindbild vom kaiserlichen Deutschland. Die ausländischen Diplomaten durchschauten zwar das Gehabe und wußten, daß er »zur Sorte der bellenden Hunde« gehörte, »die nicht beißen«,[18] aber ihre Regierungen konnten das Feindbild in dem kalten – damals sagte man »trockenen« – Krieg vor 1914 hervorragend zur Begründung teurer Rüstungsanstrengungen nutzen.

Auch im gesellschaftlichen Bereich ist seine Stellung nicht zu unterschätzen. Dank der wachsenden Staatseinnahmen, eine Folge der Industrialisierung, stiegen die Einkünfte des Kaisers überproportional an. Um 1910 erhielt er vom Staat jährlich rund 22 Millionen Mark, das Doppelte von dem, was Preußen für alle seine Universitäten ausgab. Diese Summe erlaubte es dem Monarchen, einen glanzvollen Hof mit unzähligen Hofschranzen zu unterhalten. Er war der erste und zugleich letzte Monarch, der sich den Luxus leistete, das Berliner Stadtschloß ganzjährig zu bewohnen.

Wilhelm II. erschien dem Ausland als Führer eines Deutschlands, das drohend mit dem Säbel rasselte und die nationalen Minderwertigkeitskomplexe der zu spät Gekommenen mit Forderungen zum Ausdruck brachte wie: »Der Dreizack gehört in unsere Faust.« Das mußte im Ausland Bedrohungsgefühle auslösen und die Einstellung gegenüber Deutschland dauerhaft verschlechtern. Der Kaiser verkörperte die Widersprüchlichkeit des Reiches wie kein anderer: Auf der einen Seite erschien er als der Verkünder aggressiver Machtpolitik und eines immer reaktionärer werdenden Militarismus, auf der anderen standen seine Angst vor dem Krieg, das Zurückschrecken vor den Konsequenzen seiner Drohgebärden und seiner martialischen Rhetorik. Er hat die Monarchie in Deutschland so in Mißkredit gebracht, daß es nie zu einem ernsthaften Restaurationsversuch gekommen ist.

DIE WIRTSCHAFT

Wirtschaftlich war das Kaiserreich ein eindrucksvoller Erfolg. Von der Landwirtschaft, die ihre Erträge erheblich steigerte, obwohl sie ein Sorgenkind blieb, über die Grundstoff- und die verarbeitende Industrie bis hin zum Dienstleistungssektor zeichneten sich überall erhebliche Zuwachsraten ab. Im

Maschinenbau, in neuen Industrien wie der chemischen, aber auch in der pharmazeutischen und optischen Industrie nahm Deutschland eine führende Stellung ein. Der Abstand zur ersten Wirtschafts- und Handelsmacht England schrumpfte rapide; bis 1914 hatte man den britischen Konkurrenten eingeholt und gerade in den zukunftsträchtigen neuen Industrien schon vorher weit hinter sich gelassen.

Der Wettbewerb zwischen den beiden Wirtschaftsmächten war nicht frei von Emotionen auf beiden Seiten. Das hing vor allem mit dem weitaus stärkeren Wirtschaftswachstum in Deutschland und dem daraus sich ergebenden Aufholeffekt zusammen. So stieg der deutsche Export von 2,3 Milliarden Mark im Jahre 1870 auf 10,1 Milliarden Mark im Jahre 1913. Irritationen in den deutsch-britischen Wirtschaftsbeziehungen hatten aber keine tieferen Auswirkungen. Tatsächlich waren Deutschland und Großbritannien gegenseitig ihre besten Kunden, wobei freilich die Exportstruktur unterschiedlich war. England exportierte vor allem Rohstoffe und Halbfabrikate nach Deutschland, während der deutsche Export hauptsächlich aus Fertigprodukten bestand.

Bis 1914 beruhte der Welthandel auf einem durch Zölle nicht wesentlich beschränkten liberalen Warenaustausch, der politische Diskriminierungen noch nicht kannte. Trotz der zunehmenden politischen Spannungen wurden zwei Drittel des Welthandels zwischen den europäischen Staaten abgewickelt.[19] Die Kolonialgebiete hatten für die deutsche Wirtschaft nur marginale Bedeutung. 1913 kamen aus ganz Afrika lediglich 4,6 Prozent der Importe. Der wachsende internationale Warenaustausch, an dem Deutschland immer stärker partizipierte, beweist eindringlich, daß man keiner Kolonialgebiete bedurfte, um für die eigene Industrieproduktion einen gesicherten Absatzmarkt zu finden.

Seit der Mitte der neunziger Jahre hatte sich das industrielle Wachstum beschleunigt. Die Jahre bis 1914 erlebten eine Hochkonjunktur, die lediglich von zwei Einbrüchen in den Jahren 1900 und 1907 vorübergehend unterbrochen wurde.

Der Reichtum wuchs, aber auch die Lebenshaltungskosten stiegen. Dies taten auch die Löhne, doch darf man sich keine übertriebene Vorstellung von ihrer Höhe machen. Von einem vergleichsweisen Wirtschaftswunder kann keine Rede sein. Die Lage der Unterschichten verbesserte sich nur relativ langsam. Wichtig war vor allem die generelle Aufwärtstendenz, das Bewußtsein, bei strikter Sparsamkeit sein Auskommen und sogar eine gewisse Behaglichkeit des Lebens erreichen zu können.

In den Jahrzehnten nach der Reichsgründung schritt die Verstädterung rasch voran. Motor dieses Prozesses war die Industrialisierung, deren Arbeitskräftebedarf eine Binnenwanderung vom Land in die Stadt auslöste und, weiter gefaßt, vom agrarischen Osten in den industrialisierten Westen und in den Großraum Berlin. Daraus resultierte eine enorme Bautätigkeit; das Bauhandwerk expandierte und wirkte bei dem damals noch großen Bedarf an Arbeitskräften durchaus konjunkturstabilisierend. Die Wohnungsnot konnte allerdings trotz der starken Bautätigkeit nicht überwunden werden. Da staatliche Zuschüsse jeglicher Art beim Wohnungsbau fehlten, waren die Mieten – selbst in den Mietskasernen – für viele unerschwinglich.

In dieser Zeit fand das Handwerk neben der mächtigen Industrie nicht nur eine Nische zum Überleben, sondern konnte sich nach dem Schrumpfungsprozeß im Laufe des 19. Jahrhunderts in verschiedenen Branchen behaupten und sogar expandieren. Mit der Verabschiedung des Handwerkergesetzes von 1897 und der Einrichtung von Handwerkskammern und Innungen wurde die Selbstverwaltung des Handwerks unter staatlichem Schutz neu begründet. Mit der Vereinheitlichung der Lehrlingsausbildung und der Ablegung des Befähigungsnachweises für die Meisterprüfung bekam die handwerkliche Ausbildung wieder ihre fast sprichwörtliche Solidität. Ihr Erfolg führte dann später zur Übernahme der Lehrlingsausbildung durch die Industrie und hat zu dem hohen Qualitätsstandard der deutschen Industrieproduktion wesentlich beigetragen. Lehrlingsausbildung und Gesellenwesen waren seit dem Mittelalter eine deutsche Spezialität und blieben es auch. In keinem größeren Industriestaat gibt es Vergleichbares.

Häufig wird von der Wandlung Deutschlands von einem Agrar- in einen Industriestaat gesprochen, die in den Jahrzehnten nach 1871 stattgefunden habe. Eine solche Kennzeichnung erscheint problematisch, denn Deutschland wurde kein Industriestaat. Die Landwirtschaft blieb in weiten Bereichen, vor allem im Osten, der bei weitem wichtigste Erwerbszweig. Weite Gebiete des damaligen Reiches waren faktisch industriefrei. Es empfiehlt sich deshalb, von einem Nebeneinander von Industrie- und Agrarstaat zu sprechen. Der Anteil der Landbevölkerung verringerte sich zwar, lag aber immer noch bei mehr als einem Viertel der Gesamtbevölkerung. Die Zahl der in der Landwirtschaft hauptberuflich Tätigen nahm sogar noch etwas zu. Die Landwirtschaft war aber nicht mehr in der Lage, den Nahrungsmittelbedarf der rapide wachsenden Bevölkerung zu decken. Deutschland war daher auf den Import von Getreide, Fetten und Futtermitteln angewiesen.

Was die Zeitgenossen damals ungeheuer erbitterte und von manchen Historikern noch heute gefühlvoll nachempfunden wird, war der Interessenkonflikt, der aus der Diskrepanz zwischen den einheimischen Agrar- und den Weltmarktpreisen entsprang. Die deutsche Landwirtschaft konnte trotz aller Rationalisierungsbestrebungen nicht mit amerikanischem oder russischem Weizen konkurrieren, da half alle Modernisierung und Intensivierung nicht. Deshalb mußte man Zölle erheben, um einen gewissen Preisausgleich zu erzielen, und das wiederum führte zu den Interessengegensätzen.

Im Kaiserreich nahmen die Auseinandersetzungen fast das Ausmaß eines Glaubenskrieges an, was darauf zurückzuführen ist, daß zwischen landwirtschaftlichen Erzeugern und städtischen Verbrauchern nicht nur mit den Zöllen zusammenhängende wirtschaftliche, sondern vor allem tiefsitzende politische Gegensätze bestanden. Liberale Kritiker der Schutzzollpolitik verschärften die Auseinandersetzung zwischen konservativen Agrariern, liberalem Bürgertum und sozialdemokratischen Unterschichten durch die These, die Zölle dienten nicht der Landwirtschaft im allgemeinen, sondern vor allem den ostdeutschen Großproduzenten von Getreide, den Junkern, deren traditionelle Herrenstellung dadurch konserviert werden solle. Diese liberale Kritik setzte sich dann in die sozialdemokratische Agitation um, die von »Brotwucher« sprach.[20] Demnach sei der Bund der Landwirte seit seiner Gründung im Jahre 1893 von den Interessen des ostelbischen Großgrundbesitzes beherrscht worden, der dann in den folgenden Jahrzehnten einen scharfen rechtsradikal-antisemitischen Kurs steuerte und in zunehmende Opposition zur Regierung geriet.

Hier gilt es zu trennen. Die Agrarkrise mit den scharfen Preiseinbrüchen in den achtziger und neunziger Jahren traf die gesamte Landwirtschaft. Es entwickelte sich eine primär bäuerliche Protestbewegung, bei der der Antisemitismus von Beginn an Pate stand, da die jüdischen Geldverleiher sich als Zielscheibe des populistischen Protestes hervorragend eigneten.[21]

Die Agrarkrise selber und die von ihr bewirkte Einführung von Zöllen, deren Höhe aber nicht den Erwartungen der Landwirtschaft entsprach, war ein allgemeines, gesamtdeutsches Problem, und jede Regierung, unabhängig von ihrer politischen Ausrichtung, mußte zu solchen Schutzmaßnahmen greifen. Nach mehr als einem Jahrhundert des Agrarprotektionismus führt kein Weg an der Erkenntnis vorbei, daß in jeder Industriegesellschaft Subventionen für die Landwirtschaft unumgänglich sind. Zur Zeit der rüden Agitation des Bundes der Landwirte mit seinem Sündenbock-Antisemitismus, der die Schließung der Getreidebörse und das Verbot des Terminhandels forderte, als ob die jüdischen Händler dort bewußt die Preise nach unten manipuliert hätten, gab es noch keine staatliche Preisstützung und schon gar nicht die erst unter den Nationalsozialisten eingeführten und seitdem beibehaltenen garantierten Abnahmepreise.

Die ostdeutsche Landwirtschaft hatte mit drei Handicaps zu kämpfen: dem härteren Klima, den relativ leichten Böden und der Marktferne, die die Erträge infolge der Transportkosten drückte. Es gab jedoch keine Krise, die sich vornehmlich daraus erklären ließe, daß die alteingesessenen adligen Gutsbesitzer, die Junker, sich als unfähig erwiesen, die Herausforderung der Gegenwart erfolgreich zu bestehen. Der grundbesitzende Adel war schon vor der eigentlichen Agrarkrise der Verlierer gewesen, denn er zeigte sich immer weniger in der Lage, den ererbten Besitz zu halten. Im Jahre 1880 waren bereits 64 Prozent der Rittergüter in bürgerliche Hand übergegangen, und es bedarf keiner lebhaften Phantasie, sich den weiteren rapiden Rückzug des adligen Grundbesitzes in den folgenden Jahrzehnten vorzustellen. Das traditionelle adlige Landleben war aus den Einkünften der Güter nicht mehr zu finanzieren, es sei denn, ihre Besitzer entwickelten in eigener Bewirtschaftung mit eiserner Sparsamkeit und soliden Kenntnissen der modernen Anbau- und Bewirtschaftungsmethoden die Fähigkeit zum Überleben.

Auf die Probleme des ostdeutschen Großgrundbesitzes weisen zwei Indikatoren in überzeugender Weise hin: Da war einmal die Landflucht, die Abwanderung der Landarbeiter aus den Gutsbezirken in Richtung Westen. Das geschah nicht, weil sie keine Arbeit mehr fanden, sondern weil sie diese Tätigkeit aufgeben wollten. Alle gesetzlichen Maßnahmen dagegen fruchteten wenig. So war die archaische Gesindeordnung nicht weiterhin in Kraft, weil sie die Züchtigung des Landarbeiters duldete, sondern weil sie dessen Kündigungsrecht massiv einschränkte. Denselben Zweck verfolgte ein Gesetz von 1854, das das Verlassen der Arbeitsstelle vor Ablauf des Arbeitsvertrages zum Offizialdelikt erklärte und mit Gefängnisstrafe bedrohte.

Ein weiterer Grund für die spezifische Misere im Osten war das Fehlen von Lehrern in ostdeutschen Gutsbezirken. Es herrschte keineswegs allgemeiner Lehrermangel, nur wollten die Lehrer, denen nach dem Diktum des preußischen Kultusministers von Puttkamer »die Achtung vor den weltlichen und kirchlichen Lokalautoritäten« fehlte,[22] dort keine Stelle annehmen. Daher gab es in den ostdeutschen Gutsbezirken kaum regelmäßigen Schulunterricht. Wer wollte sich schon einem Gutsbesitzer oder Pächter ausliefern, der in seinem Gutsbezirk sowohl Gemeindevorsteher als auch Gemeindeversammlung verkörperte und dessen Hauptinteresse in der Regel darin bestand, den Schulbetrieb so billig wie möglich zu halten. Denn lernten die Kinder zu viel, erhöhte sich nur die Wahrscheinlichkeit, daß sie später abwanderten.

Die ostdeutsche Landwirtschaft kämpfte mit strukturellen Problemen und konnte wohl, mehr noch in der Weimarer Republik als im Kaiserreich, durch robuste Vertretung ihrer Interessen Subventionen erstreiten. Zu einem wirtschaftlichen Strukturwandel ist es allerdings im deutschen Osten nicht gekommen.

DIE SOZIALDEMOKRATIE

Die deutsche Sozialdemokratie war eine Partei und zugleich mehr als das. Sie war die politische Organisation einer sozialistischen Subkultur, die ihren Mitgliedern in der Entfremdung der industriellen Ballungszentren eine politisch-kulturelle Heimat gab und mit Hilfe der freien Gewerkschaften auch wirksam deren materielle Interessen vertrat. Hinter den Fahnen der sozialdemokratischen Organisationen sammelte sich eine imposante Heerschar. Im Jahre 1913 zählte die Partei 982 850, die freien Gewerkschaften 2 548 763 Mitglieder.[23] Die gewerkschaftliche Streikkasse war wohl gefüllt, wie die Beitragszahlung für Partei und Gewerkschaften überhaupt diszipliniert und mit heute unbekannter Ehrlichkeit geleistet wurde. Das alles zeigte eine organisatorische Stärke, die in anderen sozialistischen Parteien Europas unbekannt war. Die sozialistische Partei Frankreichs zählte zu diesem Zeitpunkt gerade so viele Mitglieder wie die Parteiorganisation Hamburgs.

Was sind die Ursachen für diese Erfolge, die in einer feindlichen Umwelt und im Angesicht eines starken autoritären Staates errungen wurden? Der Ausgangspunkt war das fundamentale Aufbegehren von Handwerksgesellen – Buchdruckern, Drechslern, Tischlern –, die die schreiende Ungerechtigkeit des kapitalistischen Systems nicht hinnehmen wollten. Daß diese aus dem Handwerkerprotest entstandene Arbeiterbewegung eine solche Entwicklung und eine solch starke Organisation aufbauen konnte, hat schon damals Intellektuelle, aber auch ausländische Genossen mit Unbehagen erfüllt, woraus sich dann das abfällige Wort von dem Organisationsfetischismus entwickeln sollte. Die Disziplin und Opferbereitschaft, die die Voraussetzung für den Aufbau einer so effektiven Massenorganisation darstellte, ist aber nicht zuletzt aus den preußisch-deutschen Sekundärtugenden erwachsen, die Volksschule und Armee vermittelten. Hinzu kam, daß der Bruch mit der bürgerlichen Gesellschaft in wirtschaftlicher und politischer Hinsicht erfolgte, während das kulturelle Erbe, vor allem die Klassiker, innerhalb der Arbeiterbewegung auch weiterhin die wesentliche geistige Orientierung bildete. Die SPD war, was die Sozialisten des Auslands mit leichter Irritation feststellten, trotz ihrer Musterschülerrolle in der II. Internationale doch ein sehr deutsches Gebilde. Die Bereitschaft zur Einordnung in ein großes Ganzes, der Respekt vor der Autorität, sei es der Parteiführung, sei es geistiger Größen, war eine feste Gegebenheit. Daneben waren ganz andere elementare Voraussetzungen gefragt, nämlich Kenntnisse im Lesen und Schreiben, auf denen die Erziehungsarbeit in Gewerkschaft und Partei aufbaute.

Hier sind aber Widersprüche unübersehbar. Der alte Wilhelm Liebknecht, noch ein Gefährte von Marx und Engels, mehr der Typ des bürgerlichen, frankophilen Intellektuellen, der voller Preußenhaß steckte, hatte für die preußische Volksschule nur Verachtung übrig. In seiner weitverbreiteten Broschüre »Wissen ist Macht – Macht ist Wissen« aus den achtziger Jahren bezeichnete er Schule, Kaserne und Presse als die »große Dreieinigkeit der Volksverdummung«.[24] Aber wer sonst kaufte seine Schriften, wenn nicht die so abqualifizierten Volksschulabsolventen? Gerade Wilhelm Liebknecht stellte hohe Anforderungen an seine Leser. Er breitete vor ihnen seine umfassende Bildung aus und verwies in seinen Schriften ständig auf Größen wie Aristoteles, Dante, Shakespeare, Kant und viele andere. Daß das hohe Niveau und der schwer verständliche Stoff vom Erwerb solcher Broschüren nicht abschreckte, zeigt die quasi religiöse Erwartungshaltung, die die Sozialdemokratie auch geprägt hat. Selbst wenn man den Inhalt nicht verstand, wurde die Schrift als Wert an sich, als ein kostbares geistiges Gut erworben, das Kraft und Zuversicht vermittelte.

Aber auch bei den Zeitungen irrte der alte Liebknecht. Die Sozialdemokratie entwickelte sich zu einer Gemeinschaft von Zeitungslesern. Ihre Presse nahm einen verblüffenden Aufschwung. 1913 betrug die Gesamtauflage ihrer Exemplare 1 465 212; der Berliner »Vorwärts« allein druckte 150 000 Exemplare. Zur »Volksverdummung« trugen sie gewiß nicht bei, aber die in ihnen stets behauptete Überlegenheit der sozialistischen Theorie und die Lösbarkeit aller Probleme im Sozialismus hat den Lesern mitunter wohl ein falsches Überlegenheitsgefühl vermittelt.

Man darf bei der Betrachtung der Vorkriegssozialdemokratie nie außer acht lassen, daß sie keine reine Arbeiterorganisation gewesen ist. Zum einen gehörten ihr nicht alle Arbeiter an, erinnert sei an die katholische Arbeiterbewegung, aber auch an die ostdeutschen Landarbeiter, die von der Partei nicht erreicht wurden; zum anderen spielten bürgerliche Elemente von Beginn an eine wichtige Rolle. Das konnten Studenten sein, die mit dem bürgerlichen Elternhaus brachen und Sozialisten wurden, Journalisten, die sich enttäuscht vom Liberalismus abgewandt hatten, und vor allem Rechtsanwälte, die sich mit den Interessen der von ihnen vertretenen Arbeiter identifizierten, wie überhaupt Intellektuelle, die der Haß auf Familie und Umwelt oder ein abstraktes Gerechtigkeitsgefühl zur Sozialdemokratie geführt hatten. Sozialdemokraten mit bürgerlich-akademischem Hintergrund übten beträchtlichen Einfluß aus. Aus ihrer Herkunft war aber keine Präferenz für eine bestimmte politische Richtung zu ersehen. Sie waren sowohl auf dem linken wie auf dem rechten Flügel zu finden.

Bei den Reichstagswahlen von 1903 war die Partei zum ersten Mal über die für sie wichtige Dreißig-Prozent-Marke hinausgekommen. Nach einer leichten

Stimmeneinbuße 1907 stand sie 1912 vor einem neuen, noch größeren Erfolg. Die von den Anhängern des »Primats der Innenpolitik« behauptete Furcht vor der Sozialdemokratie, die die tonangebenden Schichten in steigendem Maße beherrscht habe, hat nie existiert. Erst recht haben die Machteliten des Kaiserreiches keine Strategien ersonnen, um ihre Herrschaft gegen die wachsende Macht der Sozialdemokratie zu verteidigen. Gewiß gab es auf der Rechten – und je nationalistischer sie sich gebärdete, desto lauter – die Forderung nach Unterdrückung dieser staatsfeindlichen Bewegung, die man heute als extremistisch einstufen würde, da sie den Klassenkampf predigte, die Diktatur des Proletariats forderte und die soziale Revolution als ihr Ziel bezeichnete. Auch das Militär traf Vorbereitungen für den Fall sozialdemokratischen Aufruhrs, galten die Sozialdemokraten doch, maß man sie an ihrer Rhetorik, als gefährliche Vaterlandsfeinde. Doch tatsächlich nahm die Gefährlichkeit der Sozialdemokratie in dem Maße ab, in dem sie an parlamentarischer Stärke und an Umfang gewann. Denn trotz aller unbestreitbaren Erfolge war die Sozialdemokratie ein Riese auf tönernen Füßen. 1899 hatte Eduard Bernstein die theoretische Begründung für den Revisionismus geliefert, für eine Politik der Demokratisierung, des sozialen Fortschritts und der Bereitschaft zur Zusammenarbeit mit linksbürgerlichen Parteien. Dieser Ansatz wurde von den Anhängern der reinen Lehre, vor allem von dem »Theoriepapst« Kautsky, verworfen; dennoch konnte der Revisionismus nicht unterdrückt werden, weil er bei Gewerkschaftsfunktionären und süddeutschen Sozialdemokraten zuviel Unterstützung fand.

Unter dem Einfluß der russischen Revolution von 1905 kam es in der Partei zu einer neuen, weit tiefer gehenden Scheidung. Es war die Massenstreikdebatte, die den Generalstreik als neue wirksame Waffe zur Durchsetzung zentraler Ziele wie die Reform des preußischen Wahlrechts proklamierte. Daraus entwickelte sich eine polarisierende Flügelbildung. In Gewerkschaftskreisen bezeichnete man die Debatte um den Generalstreik als »Generalunsinn«. Den linksradikalen Befürwortern standen auf dem rechten Flügel die »Praktizisten« gegenüber. Dazwischen befand sich das Zentrum. Die wesentliche Differenz zwischen den Flügeln kommt wohl am besten dadurch zum Ausdruck, daß der reformistische Flügel auf die Arbeit im Parlament, auf das Erreichen konkreter Verbesserungen den Hauptwert legte, während der linke Flügel stärker an der Diskussion außerparlamentarischer Taktiken interessiert war.[25]

Die theoretische Grundlage für die Position der Parteimitte lieferte Karl Kautsky in seinem Meisterstück, der Schrift: »Der Weg zur Macht«. 1909 erschien die Broschüre zum ersten Mal und erlebte dann in mehreren Auflagen eine weite Verbreitung. Schon der Titel war Programm. Die ruhige Zuversicht, die er ausstrahlte, stand im krassen Gegensatz zum Streit der Flügel um die richtige Strategie. Geleitet von der »fruchtbringenden« Theorie des Marxismus, verdammte Kautsky das Taktieren mit bürgerlichen Parteien, machte einige geringschätzige Bemerkungen über »Streber und Aemterjäger«[26] in der Partei und kam schließlich zu der Erkenntnis, daß nur der Klassenkampf allein, ohne falsche Bundesgenossen, zum »herrlichen Sieg« führen werde. Das war die richtige geistige Nahrung für das Parteizentrum, das eher nach links tendierte. Es war mit Schlagworten, mit dem Appell an tiefsitzende Ressentiments zu packen, wenn dabei nur nicht die Illusion litt, jeweils an der Spitze des Fortschritts zu marschieren. Dieses Phänomen in der SPD hat im Laufe des Jahrhunderts seine Zählebigkeit immer wieder bewiesen. Ob später um den »Panzerkreuzer A« (1928/29), um den »Atomtod« (1957/58) oder die »Friedenspolitik« (1978/82) gestritten wurde – stets ging es um theoretisch klare, mit der Realität aber nur schwer in Übereinstimmung zu bringende Forderungen.

Es war in der Vorkriegszeit vor allem der alte Bebel, der die auseinanderdriftenden Flügel und damit überhaupt die Partei noch zusammenhielt. Als »Anti-Revisionist und Nicht-Theoretiker«,[27] aber vor allem als eine starke Führernatur, verkörperte er die Widersprüchlichkeit der Partei, garantierte aber zugleich ihren Zusammenhalt.

Als im März 1910 die Parteilinke in Berlin wieder Demonstrationen gegen das preußische Dreiklassenwahlrecht organisierte, was bei der besonders radikalen Berliner Sozialdemokratie eine starke Unterstützung fand, bremste die Parteileitung diese Aktivitäten.[28] Der Wahlsieg von 1912 bereitete den Sozialdemokraten dann nur wenig Freude, denn was sollte die zerstrittene Partei mit dem Gewinn von 110 Mandaten anfangen? Bebel interessierte bei dem Wahlergebnis mehr das Zählen der Anhänger als die Wahrnehmung eines größeren politischen Einflusses. Den Wahlsieg kommentierte er mit dem Stoßseufzer: »Mit den 110 habe ich genug; wäre noch ein Stichwahltag in Aussicht gewesen, hätte ich gebetet: O Herr! Halt ein mit Deinem Segen!«[29]

Eine solche Partei konnte keinem nüchternen Beobachter als gefährlicher Machtfaktor erscheinen. Bethmann Hollweg hatte schon 1908, damals noch Staatssekretär des Innern, einen Prozeß der Verbürgerlichung bei der Partei festgestellt. Im Mai 1911 äußerte er die Überzeugung, »es würde doch früher oder später mit den Sozialdemokraten gearbeitet werden müssen«.[30] Daß das nicht ganz einfach sein würde, war ihm schon damals klar, denn wenig später schrieb er: »Übrigens gärt es innerhalb der sozialdemokratischen Reichstagsfraktion immer gewaltiger. Die Gegensätze zwischen ihren revisionistischen und radikalen Mitgliedern waren diesen Winter so groß, daß die Herren selbst die hergebrachten sozialen Umgangsformen gegenseitig nicht mehr wahr-

ten.«[31] Den mitunter hysterisch anmutenden Radikalismus dieser Partei sah er
eher als ein Krankheitsphänomen an, das eine vernünftige und maßvolle Regierungspolitik zu überwinden imstande sei.[32]

DER SOZIALE WANDEL

Angesichts der Stagnation in der Sozialdemokratie, die ihr Wählerpotential
ausgeschöpft hatte und sich in Richtungskämpfen zerfleischte, stellt sich die
Frage, ob diese Situation zu einem gewissen Teil auch entstanden ist, weil es
außerhalb der Partei und unabhängig von ihr Chancen auf sozialen Aufstieg
gegeben hat. Denn bei rigoroser Abschottung des Weges nach oben pflegt der
revolutionäre Druck von unten zuzunehmen und nicht zu Richtungskämpfen
zu führen. Gab es also andere Möglichkeiten des sozialen Aufstiegs, als Partei-
oder Gewerkschaftsmitglied zu werden und es schließlich zum hauptamt-
lichen Funktionär zu bringen? Um es gleich vorweg zu sagen: Es gab durchaus
solche Chancen, sie waren aber auf den ersten Blick nicht spektakulär und müssen im Rahmen der damaligen Möglichkeiten bewertet werden.

In diesem Zusammenhang interessieren vor allem zwei Gruppen: die Lehrer
und die mittleren und unteren Beamten. Was diese Berufe damals so attraktiv
machte, ist schnell aufgezählt: Es war der Beamtenstatus und damit verbunden
ein hohes Sozialprestige, ein bescheidenes, aber sicheres Einkommen, das höher
als das eines Arbeiters war, und die Alterssicherung durch die Pension. Lehrer
und mittlere Beamte sind hinsichtlich der Frage des sozialen Aufstiegs deshalb
von Interesse, weil die Eingangsqualifikation niedrig war und es keine formalen Bildungshürden zu überwinden galt. In beiden Fällen genügte die Volksschule. Nach ihrem Besuch schloß sich für Lehrer die Ausbildung in der Präpa-
randenanstalt an, die dann an einem Lehrerseminar ihren Abschluß fand. Möglicherweise erklärt sich die sozialdemokratische Polemik gegen die Volksschule
zu einem erheblichen Teil daraus, daß auf diese Weise ein Proletarier seinem
von Marx und der Sozialdemokratie vorhergesagten Schicksal entgehen konnte.

Der Lehrer befand sich in einer umworbenen Situation, denn es gab den
Wettlauf der Schulträger, vor allem der wohlhabenderen Städte um möglichst
gute Lehrer. Das kam auch in ihrer Rechtsstellung und Besoldung zum Ausdruck. Nach 1909 lag das Spitzengehalt eines Lehrers bei 4500 Mark im Jahr. Das
wurde allerdings bei weitem nicht von allen erreicht, und es unterschied sich
erheblich von jenem der Oberlehrer; dennoch mag es als Indiz dafür dienen,
daß die Lehrerschaft fest in der mittleren Beamtenschaft verankert war. Für

einen Absolventen der Volksschule stellte dies einen Aufstieg dar, auf den er durchaus stolz sein konnte.

Eine andere Chance, in die untere oder mittlere Beamtenschaft aufzusteigen, bot der Militärdienst. Berufssoldaten, vor allem Unteroffiziere und Feldwebel, konnten nach Beendigung ihrer aktiven Militärdienstzeit als »Militäranwärter« im Staatsdienst, bei der Post oder im Kommunaldienst eine Verwaltungstätigkeit übernehmen. Der Zugang zur Kommunalverwaltung war wichtig, weil dadurch die Beschäftigungsmöglichkeiten erheblich ausgeweitet wurden und die Kommunen, wenigstens die reicheren unter ihnen, besser als der Staat zahlten. Wegen dieser Vorteile gab es 1914 mehr Anwärter als offene Stellen, ein Zeichen dafür, wie attraktiv der Übergang in eine Beamtentätigkeit damals war. Eine Interessenvertretung durfte für diese Personengruppe nicht fehlen: Der »Bund deutscher Militäranwärter« zählte 1905 bereits 35 000 Mitglieder.[33] Diese Beamtengruppe trug nicht generell zur Militarisierung des öffentlichen Lebens bei. Das war bei den meist liberalen Stadtverwaltungen kaum möglich, da sie kein Interesse an Kasernenhofschleifern haben konnten.

Der auf diese Weise mögliche Aufstieg war eindrucksvoll. So konnte ein ungelernter Arbeiter mit Volksschulabschluß über die Unteroffizierskarriere in die mittlere Beamtenlaufbahn gelangen. Als Beispiel dafür mag der Vater Konrad Adenauers dienen. Er wurde als Feldwebel in der Schlacht von Königgrätz 1866 schwer verwundet und dann als Leutnant a. D. verabschiedet. Seine Laufbahn beendete er schließlich als Kanzlerat und Erster Gerichtsschreiber am Oberlandesgericht Köln. Am Beispiel von Adenauers Vater läßt sich auch der zweite, noch wichtigere Aspekt sozialen Aufstiegs in dieser Beamtengruppe verdeutlichen: Seine drei Söhne studierten allesamt, zwei von ihnen Jura, der dritte katholische Theologie. Die Statistik zeigt, daß das kein Einzelfall oder eine krasse Ausnahme gewesen ist.

Die Zahl der Gymnasiasten und Studenten wuchs rapide, und zwischen 1872 und 1911 verdreifachte sich die Zahl der Studenten an den deutschen Universitäten – nicht gerechnet die Technischen Hochschulen.[34] Zugleich änderte sich ihre soziale Zusammensetzung erheblich. Der Anteil der Akademikerkinder ging deutlich zurück. 1911/13 hatten 72 Prozent der Väter von Studenten keine akademische Ausbildung; von diesen gehörten zwischen zwanzig und dreißig Prozent zu den mittleren und unteren Beamten[35] und damit zu der Gruppe, die die stärkste Aufstiegsenergie entwickelte und in den kommenden Jahrzehnten zur größten Gruppe anwachsen sollte. Es waren die Kinder von Vätern, deren Aufstieg als Beamte begrenzt war. Diese Väter setzten nun ihren Ehrgeiz darein, ihren Söhnen den Weg in beruflichen Positionen zu eröffnen, die ihnen selbst noch verschlossen waren.

DIE JUGENDBEWEGUNG

Daß immer mehr Schüler in den Gymnasien mit Latein und Griechisch vollgestopft wurden und nur selten in einem Unterrichtsfach einen Bezug zur politischen und sozialen Wirklichkeit fanden, sollte ungeahnte Konsequenzen haben. Während ihre Eltern noch auf dem Lande oder in kleineren Städten aufgewachsen waren, fand sich die neue Schülergeneration in den Neubauvierteln der industrialisierten Großstädte in einer mißlichen Situation. Was ihren Vätern noch vertraut gewesen war, der Umgang mit der Natur, reduzierte sich auf die Sommerfrische mit den Eltern an der See oder im Gebirge. Die Problematik eines Großstadtlebens, das die intellektuelle Schulung überbetonte und seelische und physische Defizite entstehen ließ, entlud sich in einem wachsenden Unbehagen an den bestehenden Verhältnissen – Auftakt einer juvenilen Abwehr und Gegenwehr, die als die deutsche Jugendbewegung in die Geschichte eingegangen ist.

Ihre Anfänge lagen in Steglitz, einem Ort bei Berlin, der für die damals häufig anzutreffende Dialektik von Wandel und Beharrung typisch war. Steglitz war um die Jahrhundertwende noch eine Landgemeinde, ein Dorf also, aber von besonderer Statur, denn seine Bevölkerungszahl bewegte sich rasant auf die Hunderttausend zu. Ein mächtiges Rathaus kündete vom Wohlstand der Einwohner. Es gehörte sich eigentlich nicht, ein solches Gebäude in einem Dorf zu bauen, denn es setzte die Existenz einer Stadt voraus. Dazu war es aber auf Grund der Unfähigkeit der preußischen Staatsverwaltung, eine Gebietsreform im Berliner Raum durchzuführen, nicht gekommen. Dieses hypertrophe Dorf hatte auch ein staatliches Gymnasium, das die Söhne der Beamten und Angestellten besuchten, die in Steglitz vornehmlich wohnten.

Das Steglitzer Gymnasium war keine stupide Paukanstalt. Es hatte einen beachtlichen Ruf und zeigte auch in der Lehrerschaft engagierte Vertreter der pädagogischen Reform. Just dort bildete sich 1896 unter einem Studenten eine Gruppe von Schülern, die sich in Stenographie übte, aber zugleich auch die Lust am Wandern entdeckte. So fanden am Sonntag Ausflüge in den Grunewald statt, mehr ein Herumtoben durch den Wald als ein Spaziergang, mit dem abschließenden Bad in der Havel. Bald kam es zu Fahrten in die weitere Umgebung, ein Jahr darauf schon zu Großfahrten in den Harz und in den Spessart, bis 1899 eine Fahrt in den Böhmerwald führte; das war damals der Inbegriff urwaldhafter Unberührtheit. Die Fahrt wurde das zentrale Erlebnis: auf sich gestellt sein, beim Bauern im Stroh oder im Wald übernachten und wie die Scholaren vergangener Zeiten auf der Wanderschaft sein – dieser Wunschtraum war Wirklichkeit geworden.

Auf zwei Seiten erhoben sich Hindernisse: Da war zum einen das bürgerliche Elternhaus, das solchen Unternehmungen oft kritisch bis ablehnend gegenüberstand, allein schon weil die sonntäglichen Ausflüge die hochgehaltene Institution des gemeinsamen Mittagessens zerstörten. Zum anderen war die Bewegung mit der rigiden Schulordnung nicht unbedingt vereinbar.[36]

Für das Gelingen des Steglitzer Versuchs jugendlicher Selbstbestimmung wurde das Auftreten von Karl Fischer entscheidend. Er gründete am 4. November 1901 im Steglitzer Ratskeller einen Verein »Wandervogel, Ausschuß für Schülerfahrten«. Den Namen Wandervogel hatte man auf einem Dahlemer Grabstein entdeckt.[37] Die Gründer waren Bekannte und Förderer der Bemühungen Fischers. Zwei Jahre später kam es in Hamburg und München zu ähnlichen Gründungen, worauf sich die Bewegung über weite Teile des Reiches schnell ausbreitete.

Die Wiederentdeckung der Natur, der demonstrative Bruch mit den Errungenschaften der Zivilisation und eine tief romantische Sehnsucht nach einer neuen Sinngebung des Lebens prägten die Jugendbewegung. Sie war unpolitisch und unempfänglich für Hurra-Patriotismus und Parteihader, aber voll tiefer Vaterlandsliebe; die freiwillige Meldung bei Kriegsausbruch sollte für die Mitglieder selbstverständlich werden. Es war ein Aufbegehren gegen die stickige Konvention, eine kleine Revolution, deren Anhänger bestimmte gesellschaftliche Normen ablehnten, aber keinesfalls das System in Frage stellten.

Die Bewegung soll nie mehr als sechzigtausend Mitglieder gehabt haben.[38] Die Zahl täuscht jedoch, weil die Jugendbewegung für die meisten nur ein Durchgangsstadium war. Sie gehörten ihr für drei oder vier Jahre an und schieden mit dem Übergang an die Universität oder dem Eintritt ins Berufsleben wieder aus. Die deutsche Jugendbewegung ist auch die Geschichte ihrer Abspaltungen und der immer wieder unternommenen, aber nie erfolgreichen Versuche zur Sammlung, zur »Bündigung«. Schon der Vorkriegswandervogel war gegen Spaltungen nicht gefeit.

Im Herbst 1913 feierten rund dreitausend Mitglieder verschiedener Jugendinitiativen auf dem Hohen Meißner ein Fest mit Volkstanzdarbietungen und hörten einige kluge Reden. Der Versuch, sie alle in der »Freideutschen Jugend« zusammenzufassen, scheiterte indes an den verschiedenen Gruppeninteressen. Was blieb, war die Meißner-Formel, die von innerer Wahrhaftigkeit und eigener Verantwortung sprach, aber viele Auslegungen zuließ. Der Krieg unterbrach und verwandelte alles.

Die Jugendbewegung war ein sehr deutsches Phänomen, und sie ist es bis heute geblieben. Ihre Bedeutung ergibt sich gewiß nicht aus ihrer hohen Selbsteinschätzung. Aber sie stellte ein Stück selbstverwirklichter Freiheit dar;

17. Juli 1909: Aufführung des »Erdgeist« mit Frank Wedekind und seiner Frau Tilly als Lulu im Schauspielhaus München. Im Gegensatz zum »Wandervogel« und anderen Jugendinitiativen, die nach einem Freiraum innerhalb der wilhelminischen Gesellschaft strebten, suchten die Künstler die engen Grenzen dieser Gesellschaft zu sprengen. Unter die Zensur zu fallen war nicht schwer. Frank Wedekind widerfuhr das mit beinahe allen seinen Stücken, und wenn sie doch einmal zur Aufführung kamen, provozierten sie durch ihre Freizügigkeit und Sinnlichkeit bis tief in die illustren Münchner Künstlerkreise hinein.

es war ihr gelungen, Jugend nicht als bloßen Durchgang zum Erwachsenwerden zu verstehen, sondern ihr einen Eigenwert zuzuerkennen.

Die zwanziger Jahre sollten dann belegen, daß die Saat des Vorkriegswandervogels aufgegangen war. Jugend erhielt eine neue Qualität. Parteien, Gewerkschaften, Wehrverbände und Kirchen bauten ihre eigenen Jugendorganisationen auf. Die Freizeit wurde zwar spät, dafür aber desto intensiver entdeckt und die wenigen Urlaubstage gründlich genossen. Daß damit ein säkularer Trend in die Welt gesetzt wurde, der über die KdF-Reisen nach Madeira und die Entdeckung der Alpen und Italiens mit dem eigenen Auto bis zu den Flügen in die Karibik und zu den Malediven reichen sollte, konnte damals niemand ahnen. Das Wochenende ermöglichte die Entdeckung der Natur; ein neues Körpergefühl veränderte das Bewußtsein. Das betraf nicht die Gesellschaft insgesamt, sondern mehr die Großstadtbevölkerung, während in den Kleinstädten oft die Zeit stehenzubleiben schien. Robert Siodmaks Bildreportage »Menschen am Sonntag«, einer der letzten Stummfilme, zeigte das ganz andere Lebensgefühl, das nicht mehr von Kirchgang und Sonntagsbraten geprägt war. Das Wochenende bot die Flucht aus dem Alltag, dem Arbeitsleben in der Großstadt und vielfältige Erholungsmöglichkeiten in der Natur. Wie wichtig das geworden war, bewies beispielsweise die 1926 in Düsseldorf veranstaltete Ausstellung »Gesolei«, Kürzel für »Gesundheitspflege, soziale Fürsorge und Leibesübungen«, die einen unerwartet starken Besucherandrang verzeichnete.

DIE »VORMODERNEN ELITEN«

Wer bildete die Führungsschicht im Reich, wer rechnete zum harten Kern, der das Kaiserreich zusammenhielt? Unzweifelhaft wird man bei dieser Frage auf die »vormodernen Eliten«, die »adlige großagrarische Führungsschicht« oder wie immer die Umschreibungen heißen, auf die preußischen Junker verwiesen. Sie sollen den bestimmenden Einfluß ausgeübt und die Entwicklung in Deutschland verhängnisvoll verzögert haben. Aus der so entstandenen politischen Rückständigkeit hätten sich dann die bekannten Katastrophen des 20. Jahrhunderts ergeben.

Die Genesis dieser Sichtweise ist zu datieren. Sie gewann ihre prägende Schärfe nach der Jahrhundertwende als Ergebnis der liberalen Kritik an der Schutzzollpolitik, die unterstellte, daß die Getreidezölle nur der Subventionierung der Junker, dem niederen grundbesitzenden Adel Ostelbiens, gedient hätten. In dasselbe Horn stieß die nach 1906 einsetzende sozialdemokratische

Agitation gegen das preußische Dreiklassenwahlrecht. Da wurde verbal mit wachsender Erbitterung auf die Junker eingeschlagen, die man nun gar als die tatsächlichen Machthaber in Deutschland denunzierte. Paul Hirsch, 1918/19 immerhin der erste sozialdemokratische Ministerpräsident Preußens, verstieg sich 1908 zu der absurden Behauptung, in Deutschland habe es nur eine »nationale Entwicklung ohne Nation gegen das Volk« gegeben; denn »Deutschland sei in Preußen aufgegangen und Preußen sei nichts weiter als die staatliche Verkleidung der alten ständischen Organisationen der Priegnitz und Uckermark«. Selbst die preußische Krone sei nur »der Abglanz der Junkermacht«.[39]

Dieses Zerrbild hatte auch Konjunktur, als wenig später den Junkern eine tragende Rolle in der alliierten Kriegspropaganda zugewiesen wurde. Sie waren die eigentlichen Schurken, die autokratischen Gewalten, die Träger des preußischen Militarismus, die hinter dem Kaiser standen und seine Herrschaft absicherten. Die Wissenschaft entsprach diesen Vorgaben. Schon 1915 erklärte ein junger kalifornischer Soziologe die Fehlentwicklung Deutschlands als Folge der notwendigerweise verhängnisvollen Rolle vorindustrieller Eliten in einer industriellen Gesellschaft. Sein Buch erhielt in den folgenden Jahrzehnten unter Sozialwissenschaftlern fast kanonische Bedeutung.[40] Nach 1918 vertrat Joseph Schumpeter auf etwas gehobenerem Niveau dieselben Thesen,[41] und sein Landsmann Gustav Stolper klagte in der Emigration während der NS-Ära bitter: »Wirkliche Macht hatten ausschließlich Militär und Bürokratie, deren führende Persönlichkeiten sich immer noch aus ein paar Tausend preußischen Junkerfamilien rekrutierten und von diesen beherrscht wurden ... Sie waren noch immer der Staat, und dieser Staat weigerte sich immer noch, Grenzen seiner Macht und seiner Ansprüche anzuerkennen.«[42]

Diese Thesen fanden über die intelligente Vermittlung durch Hans Rosenberg auch in der deutschen Historiographie große Verbreitung. Das heißt jedoch nicht, daß sie allgemein anerkannt sind. Es ist mehr eine herrschende Richtung, gegen die Widerspruch sich nicht zu erheben wagt.[43]

Das von Beginn an marxistisch getönte Argument der Junkerherrschaft hebt primär auf die Klassenstruktur und deren ökonomische Grundlage ab. Es seien die Rittergüter gewesen, die den Junkern ihre einzigartige Stellung ermöglicht haben. Nun mag man mit einigen Einschränkungen die führende Rolle des ostelbischen Adels im 18. Jahrhundert durchaus anerkennen. Seine männlichen Mitglieder dienten als Offiziere in der Armee und hatten – zumal die älteren und höheren Offiziere – ihre Güter, die sie teilweise von Soldaten bewirtschaften ließen. Bürgerlichen war es bis zu den Stein-Hardenbergschen Reformen nicht erlaubt, Rittergüter zu erwerben.

Im 19. Jahrhundert veränderte sich die Situation jedoch grundlegend zuungunsten der Junker. Die Agrarkrise traf sie hart. Die Verschuldung nahm zu, und immer häufiger mußte der Besitz verkauft werden. Die Erträge von Gütern durchschnittlicher Größe reichten einfach nicht mehr aus für ein standesgemäßes Leben und die notwendigen Zulagen für die bei der Armee dienenden Söhne. Der in Handel und Industrie erworbene Reichtum setzte Maßstäbe, die für den adligen Grundbesitzer nicht mehr erreichbar waren. Seit den siebziger Jahren beschleunigte der landwirtschaftliche Strukturwandel mit seinen krisenhaften Zuspitzungen den Prozeß des Besitzerwechsels.

Im Jahre 1880 waren bereits 64 Prozent der Rittergüter in nichtadligem Besitz. Eine detaillierte neue Untersuchung weist für den Beginn der achtziger Jahre folgendes Zahlenverhältnis aus: Von den 7000 bis 7500 aktiven Großgrundbesitzern waren lediglich 1500 bis 1800 Adlige. Der Großgrundbesitz war eine statistische Größe; aller Besitz über hundert Hektar fiel unter diese Kategorie, also auch Güter, die einen eher großbäuerlichen Zuschnitt hatten.[44] Die nichtadligen Besitzer waren neben juristischen Personen in der Regel ehemalige Pächter oder Gutsverwalter, die sich emporgearbeitet hatten, also landwirtschaftlich versierte Kräfte, die die Güter erwarben, sich dabei verschuldeten und deshalb ebenfalls unter Krisen litten und lauthals nach Erleichterungen riefen. Sie waren wie die adligen Vorbesitzer konservativ und forderten vielleicht noch aggressiver als diese Hilfe für die Landwirtschaft. Aber sie gehörten nicht mehr zu der traditionellen Herrenschicht.

Nur Junker, die die modernen Anbaumethoden beherrschten und selbst wirtschafteten, konnten mit Hilfe des Zollschutzes wirtschaftlich überleben. Sie stritten ebenso erbittert wie ihre »bürgerlichen Kollegen« in der Regel für möglichst hohe Zölle. Wer aber um das wirtschaftliche Überleben kämpfte, hatte in der Regel nicht die Zeit, an der Spitze des Staates politischen Einfluß auszuüben. Bei der Handvoll wirklicher Großgrundbesitzer mit mehr als 5000 Hektar Fläche handelte es sich nicht um Junker, sondern meist um Mitglieder des Hochadels, die politisch aber meist nicht aktiv wurden.

Wie waren denn die Junker in der hohen Politik vertreten? Otto von Bismarck exemplifiziert die Junkerexistenz im 19. Jahrhundert wie kaum ein anderer. Er stammte aus der Gruppe des Landadels, der schon vor den Hohenzollern in der Mark ansässig gewesen war, konnte aber sein väterliches Erbe nicht halten und wurde Berufspolitiker. Erst durch die königlichen Dotationen nach 1866 und 1871 stieg er zum reichen Großgrundbesitzer auf. Schließlich wurde der Dank des deutschen Volkes in Form einer Spendensammlung bemüht und ihm sein väterliches Gut Schönhausen geschenkt. Er nahm aber die Gabe nur unter der Bedingung an, daß auf dem Gut keinerlei Hypothek liege – die Schulden schreckten.

Von seinen Nachfolgern – Caprivi, Hohenlohe, Bülow – war keiner ein Junker. Erst mit Bethmann Hollweg wurde wieder ein Rittergutsbesitzer Kanzler. Aber trotz Adelstitel und Grundbesitz fühlte er sich nicht zu den Junkern gehörig und wurde von diesen auch nicht als ihresgleichen betrachtet, sondern erbittert bekämpft, denn seine Vorfahren waren Bankiers und stammten aus dem Frankfurter Patriziat. Erst der Großvater ging nach Preußen und erwarb das Gut Hohenfinow nordöstlich von Berlin. Der bürgerliche Frankfurter Hintergrund machte sich in zweierlei Richtung bemerkbar: Die Familie hatte ein höheres kulturelles Niveau und zugleich ein finanzielles Polster. Beides fehlte bei dem junkerlichen Normaltyp.

Wie der ausgezahlte Bauernsohn kein Bauer mehr ist, so war auch der aus einer junkerlichen Familie stammende Offizier oder Beamte, dessen Familiengut verkauft oder in den Besitz einer anderen Linie übergegangen war, kein Junker mehr; er konnte das Landleben nur genießen, wenn ihn die Verwandtschaft einlud. Welten trennten einen reichen Großgrundbesitzer von einem verarmten Offizier, der lediglich auf sein Gehalt angewiesen war. Das zeigt das Beispiel Philipps zu Eulenburg, des Günstlings Wilhelms II., besonders deutlich. Die Familie gehörte zu einem der ältesten preußischen Geschlechter, einer ostpreußischen Grafenfamilie, und sein Vater hatte es als Offizier bis zum Major gebracht. Aus den beengten Verhältnissen wurde die Familie berfreit, als die Mutter eine sehr reiche Erbschaft machte und die Eulenburgs plötzlich zu den reichsten Magnaten Preußens gehörten. Der Vater aber verkraftete den Wandel nicht, hatte er doch »in seiner Jugend dem Elend zu tief ins Antlitz geschaut, um jemals die grausame Zeit des Entbehrens und nagender Not vergessen zu können.«[45]

Die Karriere im Staatsdienst beruhte in erster Linie auf der persönlichen Leistung. Das hieß: erfolgreiches Absolvieren des juristischen Studiums für die höhere Beamtenlaufbahn oder der Kriegsakademie zur Überwindung der »Majorsecke«. Natürlich gab es auch persönliche und politische Protektion, und es ist müßig, darüber zu spekulieren, ob mit dem Parteibuchbeamten eine Demokratisierung des Begünstigungswesens erfolgt ist. Der Adelstitel war von Vorteil, wenn es um repräsentative Spitzenpositionen ging wie im Falle von Oberpräsidenten und kommandierenden Generälen, sonst zählte die Leistung mehr.

Auch hier mag Bethmann Hollweg als Beispiel dienen. Als überdurchschnittlich fähiger Jurist ließ er sich in seinem Kreis zum Landrat wählen. Von dieser Basis aus erreichte er relativ schnell die Posten des Regierungs- und Oberpräsidenten, bevor er 1905 preußischer Innenminister wurde.

Der preußische Staat war ein Militärstaat. Die Offiziere hatten nicht nur das höchste Sozialprestige, sondern nahmen in der gesellschaftlichen Pyramide die höchste Stellung ein. Der Status als Offizier war entscheidend – unabhängig von der Standesqualität. Aus dem adligen Offizierskorps des 18. Jahrhunderts war ein überwiegend bürgerliches geworden. Nach den Einigungskriegen war der Anteil bürgerlicher Offiziere gewachsen, und diese Entwicklung hatte sich fortwährend verstärkt, so daß Wilhelm II. sich im Jahre 1890 zu der Erklärung veranlaßt sah, daß nicht allein der Adel der Geburt, sondern auch der Adel der Gesinnung den Weg zur Offizierslaufbahn eröffne.

Im Jahre 1913 waren siebzig Prozent der Offiziere bürgerlich, dreißig Prozent adlig. Diese Tendenz zum Rückgang des Adels zeigt sich noch deutlicher bei der Herkunft der Kriegsschüler, für die es genaue statistische Erhebungen gibt.[46] Danach waren 1913 nur noch knapp zwölf Prozent Söhne von Gutsbesitzern, Gutspächtern und Verwaltern, also nur noch eine Minderheit hatte wenigstens einen altpreußischen Hintergrund. Die »demokratisierte Rittergutsbesitzerklasse« (Hans Rosenberg) wird wahrscheinlich die hohen Zulagen gescheut haben, die sie während der langen Leutnantsjahre zu zahlen hatte, ganz zu schweigen von den Schulden, die immer drohten.

Fast genauso hoch war der Anteil der Söhne von Kaufleuten und Fabrikbesitzern. Den höchsten Anteil stellten Akademiker – höhere Beamte, Geistliche und Ärzte, danach folgten Offiziere mit knapp 25 Prozent. Der Offiziersnachwuchs zeigte kurz vor Ausbruch des Krieges eine soziale Zusammensetzung, die die Veränderungen der Gesellschaft widerspiegelte und die Agrarier selbst beim Offiziersnachwuchs, dem Ausgangspunkt der Junkerlegende, faktisch marginalisierte. Die Junker als Machtkartell des wilhelminischen Reiches – das war sozialdemokratische Propaganda mit Langzeitwirkung.

Preußen war ein Militärstaat, aber zugleich, schon seit den Zeiten Friedrich Wilhelms I., auch ein Beamtenstaat, denn eine tüchtige und unbestechliche Verwaltung mußte die Voraussetzungen für die Finanzierung der viel zu großen Armee schaffen. Für die Verwaltung galt schon früh das Leistungsprinzip und nicht die ständische Herkunft als Kriterium für Beförderung und Karriere. Die Beamtenschaft war keineswegs vormodern, sondern konservativ, aber auf der Höhe der Zeit. Die höheren Beamten waren eminent politisch in dem Sinne, daß sie stets die Funktionsfähigkeit des bestehenden Machtapparates und damit die Fortexistenz ihrer eigenen Stellung im Sinn hatten. Das bedeutete faktisch eine konservative Ausrichtung der Verwaltung, die jedoch zugleich, anders als die Agrarier, ein hohes Sozialprestige genoß, da ihre Effektivität von der Bevölkerung akzeptiert wurde. Es zeugt daher von liberalem Wunschdenken, wenn immer wieder kritisiert wird, daß der Liberalismus in Deutschland nicht zum Zuge gekommen sei. Nicht die Junker haben die Demokratisierung verhindert, sondern der Staat war so stark, daß er nicht gezwungen werden konnte, die Macht mit anderen politischen Kräften zu teilen. Zudem war der Liberalismus empfindlich getroffen durch das frühe und erfolgreiche Aufkommen der Sozialdemokratie. In Deutschland hatte schon Lassalle die Trennung der Arbeiterbewegung vom Liberalismus durchgesetzt, während in England die Liberalen noch bis zur Jahrhundertwende auf Arbeiterwähler rechnen konnten.

Gleichwohl besaßen auch die Liberalen in Deutschland einen nicht geringen Anteil an der Macht. Sie stellten, bevorzugt vom Zensuswahlrecht, die meisten Bürgermeister und Oberbürgermeister in den aufblühenden Städten. Als Stadtoberhäupter wurden sie weit besser bezahlt, als wenn sie geduldig dem Staat als Beamte gedient hätten, und sie besaßen auch weit mehr politischen Gestaltungsraum.

Ein Bündnis von »Rittergut und Hochofen«, von Schwerindustrie und Großgrundbesitz hat nie bestanden, und Eckart Kehrs Auslassung dazu – »der Industrie die Flotte, die Weltpolitik und die Expansion, den Agrariern die Zölle und die Aufrechterhaltung der sozialen Vormachtstellung der Konservativen« – ist daher eine durch keine Quellen belegte Fiktion.[47]

Was das kaiserliche Deutschland prägte, war die Abschottung von Staat und Wirtschaft. Das bedeutete angesichts des politischen Übergewichts des Staates und der allenfalls partizipierenden sekundären Rolle der Parteien und des Reichstages im Grunde eine Trennung von Politik und Wirtschaft. Armee und staatliche Verwaltung waren durch vieles verbunden, durch das gemeinsame Ethos des Dienstes etwa und nicht zuletzt durch das System des Reserveoffiziers, das vor allem für die Beamten wichtig war. Nur sie – und nicht Gewerbetreibende und Unternehmer – hatten die Zeit, an den Reserveübungen teilzunehmen und eine Karriere als Reserveoffizier ins Auge zu fassen.

Das Reich besaß im Grunde keine Oberschicht, kein Establishment im Sinne einer *upper class*, der sich die verschiedenen Funktionseliten zugehörig fühlten.[48] Wenn sich Industrielle oder Bankiers ein Gut kauften, war das nicht Indiz für eine Refeudalisierung, sondern nur ein teures Hobby. Das galt auch für den adligen Großgrundbesitzer, der durch die Heirat mit einer reichen bürgerlichen Erbin sein Gut entschulden konnte. Charakteristisch für die deutsche Situation war ein Nebeneinander von Staat und Gesellschaft, das durch ein Gegeneinander der verschiedenen gesellschaftlichen Gruppen ergänzt wurde.

Deutschland war politisch nicht zurückgeblieben, aber es gab das Manko der fehlenden Parlamentarisierung. Die Presse und mehr noch die Verbände erhoben Forderungen ohne Rücksicht auf ihre mögliche Verwirklichung. Erwartungen wurden geweckt, die keine Regierung erfüllen konnte. Eine parlamentarische Demokratie bietet gewiß keine Garantie für eine verantwortungsvolle

Presse, aber der Umgang von Journalisten, Parlamentariern und Regierungs-
mitgliedern hätte zumindest eine größere Chance geboten, die außenpolitischen Probleme kennenzulernen und hinsichtlich ihrer Lösungsmöglichkeiten
eine realistischere Haltung einzunehmen.

In den westeuropäischen Staaten, die schon früh die parlamentarische Regierungsform eingeführt hatten, waren es relativ kleine soziale Gruppen, die
im Parlament vertreten waren und die Herrschaft ausübten. Durch den Druck
der zunächst von der Macht ausgeschlossenen Schichten mußten sie diesen
nach zähem Widerstand Partizipationsrechte einräumen. Dagegen bestand in
Deutschland schon früh die Konfrontation mit einer breiten Opposition, die
das bestehende System verneinte und bekämpfte; ihr größere Mitwirkungsrechte einzuräumen, war der in Deutschland stärkere Staat noch weniger geneigt als in Westeuropa.

DIE INNENPOLITISCHE SITUATION
AM VORABEND DES KRIEGES

Befand sich das Reich in den letzten Jahren vor 1914 in einer innenpolitischen
Sackgasse, so gravierend, »daß die Führungselite des Deutschen Reiches
schließlich im Juli 1914 keinen anderen Ausweg mehr sah, als es auf einen
großen europäischen Krieg ankommen zu lassen«?[49] Die These von der Flucht
in den Krieg hat mittlerweile Tradition, dennoch ist sie falsch. Als Grund für
diese Flucht wird vor allem die »Unregierbarkeit des Reiches« angeführt. Dieses
habe sich als Ergebnis des sozialdemokratischen Wahlsieges von 1912 und der
dadurch verstärkten Parlamentarisierungsbestrebungen sowie des Einflußver-
lustes der Rechten in einer ausweglosen Krisensituation befunden. »Unregierbar« bedeutet: Tiefgreifende Funktionsstörungen des Staates, blutige innere
Konflikte, ein zerrüttetes Verkehrswesen und die mehr oder weniger deutliche
Zahlungsunfähigkeit des Staates. Hat es das in Deutschland vor 1914 gegeben?
War der Staat etwa bei Beamten und Professoren mit der Gehaltszahlung im
Rückstand? Mitnichten. Und wie, so muß man doch fragen, hätte das Reich
vier Jahre lang einen so furchtbaren Krieg durchhalten können, wenn es sich
schon vor 1914 in einem »unregierbaren« Zustand befunden hätte?

Dennoch meinte der Historiker Wolfgang J. Mommsen 1972, das Reich sei
spätestens 1909 als »nahezu unregierbar« einzustufen; zwanzig Jahre später
kam er zu dem Schluß, daß das Reich »bereits Anfang der 1890er Jahre ein nahezu unregierbares Gebilde geworden war«,[50] während beim parlamentari-

schen System im Jahre 1912 eine »nahezu vollständige Paralyse« festzustellen sei. Gewiß war die innenpolitische Situation nach 1912 schwieriger geworden, aber die Sozialdemokraten nutzten ihre Stärke nicht, um mit anderen Parteien wirksame Oppositionspolitik zu betreiben, sondern beschränkten sich auf eine Obstruktionspolitik. Die Regierung vermied es zudem, zu eng mit den Mitte-Links-Parteien zusammenzuarbeiten. Es kam ihr gleichzeitig zustatten, daß die Sozialdemokratie innerlich gespalten war und die Konservativen auf der anderen Seite ebenfalls keine Bereitschaft zum Konflikt mit der Linken zeigten. Vielmehr suchten sie Zuflucht in einer intransigenten Haltung, die zunehmend oppositionelle Züge trug. Den Konservativen paßte die ganze Richtung nicht, die Reichskanzler von Bethmann Hollweg einschlug. Der Kanzler betrieb nämlich schon vor dem Krieg eine »Politik der Diagonale«, das heißt, er strebte die Zusammenarbeit vor allem mit den bürgerlichen Parteien der Mitte an, wobei er aber auch die Sozialdemokraten nicht von vornherein ausschloß.

Die Situation vor 1914 ist zu Recht als »stabile Krise«[51] definiert worden. Das politische System verlangte nach grundlegenden Reformen, doch es funktionierte, zwar mit Schwierigkeiten, aber dennoch mit der begründeten Aussicht, daß es noch für längere Zeit Bestand haben würde. Man muß sich hüten, von den außergewöhnlichen Belastungen der Kriegszeit auf die Funktionsfähigkeit des Systems in Friedenszeiten zu schließen.

Die relative politische Stabilität beweist auch die Entwicklung auf der äußersten Rechten. Dort tummelten sich nationalistische Verbände, deren wichtigster und einflußreichster der 1890 gegründete Alldeutsche Verband war. Viele Verbände vertraten extreme Positionen eines fundamentalistischen Nationalismus, scheuten aber den Test an der Wahlurne und schickten bei den Reichstagswahlen keine eigenen Kandidaten ins Rennen.

Im Jahre 1912 sollen die Alldeutschen an Einfluß gewonnen und mit dem 1913 gegründeten »Kartell der schaffenden Stände« eine Plattform für eine entschieden nationalistische Rechtsopposition gebildet haben.[52] Der Aufschwung der außerparlamentarischen Rechten komme vor allem in der Programmschrift »Wenn ich der Kaiser wär« des alldeutschen Vorsitzenden Heinrich Claß zum Ausdruck.[53] Dabei weist der Titel schon auf die kritische Auseinandersetzung mit Wilhelm II. hin, die das Buch durchzieht. Ansonsten ist die politische Aussage mehr resignativ als kämpferisch. Das Buch ist primär ein Dokument politischer Hilflosigkeit. Die Kritik am Kaiser ist scharf und anmaßend. Er habe, so schrieb Claß, »als Herrscher selbst kein Glück« und bei der Wahl seiner Berater durchweg versagt. Fast drohend stellte er die Frage, ob das deutsche Volk »eine Staatsform weiter hinnehmen soll, die es zwingen will, ein unbrauchbares Oberhaupt zu ertragen«.

Wie sich Claß das neue, reformierte Deutschland vorstellte, war von entwaffnender Dürftigkeit: Mit der Industrie und den mit der Industrialisierung verbundenen Problemen konnte Claß im Grunde nichts anfangen. Er verdrängte sie einfach. Für ihn stand die Landwirtschaft an erster Stelle – »der Urgrund unseres Daseins«. Deshalb gelte es, da der Export von Industrieprodukten zurückgehen werde und der Überschuß an Menschen untergebracht werden müsse, mit Nachdruck die Binnenkolonisation in Angriff zu nehmen: Alle polnischen Landarbeiter seien auszuweisen, ein Teil des Großgrundbesitzes aufzuteilen, neue Bauerngüter zu schaffen und die deutschen Landarbeiter durch materielle Anreize an die Scholle zu binden. Das war keine »vormoderne«, sondern eine »antimoderne« Position.

Welche politische Gruppierung konnte einem solchen Programm zustimmen? Nicht einmal den Agrariern, die den reaktionär-antisemitischen Trend durchaus goutierten, konnte das Programm gefallen, da sie die Binnenkolonisation und damit die partielle Aufteilung des Großgrundbesitzes strikt ablehnten. Die Schrift von Claß war keine Programmschrift für eine neue radikale Rechte. Sie traf zwar auf Interesse, doch letztlich konnte eine solche ideologische Mixtur aus Nationalismus, Antisemitismus und Reagrarisierung im Kaiserreich keine Massenbasis finden. Schon das bestehende Wahlrecht verhinderte das. Erst Weltkrieg, Niederlage und Revolution schufen eine grundlegend veränderte Situation.

Von der Rechten drohte vor 1914 dem politischen System keine ernsthafte Gefahr. Die Auseinandersetzungen um Haushaltsdefizite und Verschuldung, die nach 1909 die Innenpolitik weithin beherrschten, der Widerstand gegen Besitz- und Erbschaftssteuern waren damals neu in Deutschland und setzten beträchtliche Emotionen frei. Dennoch waren es normale Verteilungskämpfe, die für eine prosperierende Gesellschaft typisch sind. Ein Blick auf das weit höher verschuldete Frankreich zeigt dieselbe Tendenz der Schonung der eigenen politischen Klientel und des Streites darum, wer die Zeche zu bezahlen habe. Und auch das letzte Viertel des 20. Jahrhunderts demonstriert eindrucksvoll, wie nach einer langen Friedens- und Wachstumsperiode wieder dieselben Probleme – wachsende Verschuldung zur Vermeidung von Steuererhöhungen – an Bedeutung gewinnen, die in den Jahrzehnten zuvor durch Kriege, Inflationen und Wiederaufbaupolitik in den Hintergrund geraten waren.

Das Deutschland von 1914 befand sich in einer Stagnationsphase, aber der Trend zur Parlamentarisierung und zur Selbstausschaltung der Konservativen war unübersehbar. Die ungelösten Finanzprobleme ließen die innenpolitische Blockierung erneut hervortreten, doch zugleich wurden sie relativiert durch die zunehmenden Spannungen der internationalen Politik.

DIE AUSSENPOLITIK

Die außenpolitische Situation Europas war seit dem Zeitalter Bismarcks – was selten zur Kenntnis genommen wird – von der Tatsache bestimmt, daß zwei der fünf europäischen Großmächte den Status quo nicht anerkannten und eine revisionistische Politik betrieben. Das waren Frankreich und Rußland. Deutschland hatte demgegenüber in Europa keine territorialen Forderungen. Frankreich hatte die Niederlage von 1871 nie akzeptiert. Obwohl das Land generell keineswegs zum Revanchekrieg entschlossen war, bestand – abgesehen von kurzen Entspannungsphasen – in den politischen Führungskreisen das Ziel, nicht nur die abgetretenen Departements zurückzuerhalten, sondern die Scharte der Niederlage auszuwetzen und zugleich das immer mächtiger werdende Reich dauerhaft zu schwächen. Ein solches Ziel stellte für das politische Frankreich geradezu eine Selbstverständlichkeit dar, war doch dieses Land seit dem 17. Jahrhundert die führende Macht auf dem Kontinent gewesen. Vor diesem Hintergrund schien das Bestreben, die traditionelle Stellung auf dem Kontinent wiederzuerlangen, nur natürlich zu sein.

Für Rußland stellten sich die Dinge anders dar. Auch wenn die deutsch-russischen Beziehungen schon unter Bismarck nicht ohne erhebliche Spannungen gewesen waren – der gute Draht nach Rußland war eine von Bismarck selbst 1892, also nach seinem Sturz, in die Welt gesetzte Erfindung –, gab es zwischen beiden Mächten keine tiefgreifenden bilateralen Probleme. Territoriale Forderungen bestanden nicht, und die wiederholt ausbrechenden Zollkriege weiteten sich nie zu ernsthaften politischen Krisen aus. Was Deutschland aus der Sicht Rußlands aber zu einem Feind werden ließ, was den russischen Nationalhaß auf Deutschland lenkte, war die Tatsache, daß Bismarck nach dem Berliner Kongreß mit Österreich-Ungarn den Zweibund abgeschlossen hatte, ein Verteidigungsbündnis, praktisch eine Bestandsgarantie für die Doppelmonarchie, die nur durch einen siegreichen Krieg gegen beide Mächte zerstört werden konnte. Rußland sah sich durch die Existenz des Habsburgerreiches aber in mehrfacher Hinsicht beeinträchtigt. Es empfand das weit nach Osten reichende Galizien, heute der westliche Teil der Ukraine, als potentielle militärische Bedrohung, und es betrachtete die Donaumonarchie als Hauptgegenspieler auf dem Balkan, der zudem die slawischen Völker in seinem Herrschaftsbereich unterdrückte.

Was lag für die beiden Mächte Frankreich und Rußland, die denselben mächtigen Feind hatten, näher als der Gedanke, in engere Beziehungen zu treten? Was in der Endphase der Bismarck-Zeit bereits begonnen hatte, wurde nach der Nichterneuerung des Rückversicherungsvertrages 1890 fortgesetzt und führte schließlich im Jahre 1892 zu einer französisch-russischen Militärkonvention. Sie wurde von den beiden Generalstabschefs, nicht von den Diplomaten, ausgearbeitet und hatte offensiven Charakter, lautete doch der entscheidende Passus des Vertrages, Frankreich und Rußland würden jeweils sofort die Mobilmachung anordnen, falls ein Mitglied des Dreibundes – Deutschland, Österreich-Ungarn, Italien – eine Teilmobilmachung befehle. Nicht erst ein Angriff, sondern bereits die Teilmobilmachung sollte die Armeen der beiden Mächte in Marsch setzen. Mobilmachung aber bedeutete Krieg, und darüber zu entscheiden, lag faktisch in erster Linie bei Rußland, da im Osten, auf dem Balkan, jederzeit ein Konflikt ausbrechen konnte. Es war also 1892 bereits der Mechanismus vorhanden, der dann 1914 den Weltkrieg auslöste: Die österreichische Teilmobilmachung gegen Serbien hatte gemäß dieser Konvention die russische Mobilmachung mit den bekannten Weiterungen zur Folge. Der Diplomat und Historiker George F. Kennan hat bezüglich dieser »fateful alliance« zu Recht darauf aufmerksam gemacht, »wie die unbegründete Unterstellung, daß ein Krieg wahrscheinlich sei, ihn schließlich unvermeidbar machte«.[54]

Beim Abschluß der Konvention stand für Zar Alexander III. bereits das Kriegsziel fest: Das Deutsche Reich sollte zerschlagen werden.[55] Was die französisch-russische Allianz besonders stabil werden ließ, war die ideale Ergänzung auf finanziellem Gebiet. Frankreich verfügte über einen Kapitalüberschuß, den es in Form von Anleihen nach Rußland exportierte, das dringend Kapital benötigte – auch zum Bau von strategischen Eisenbahnlinien, die russische Truppen an die deutsche Grenze bringen sollten. So wurde dieses Bündnis nicht nur durch den gemeinsamen Gegner, sondern auch durch den Umstand, daß das französische Bürgertum seine Ersparnisse dem politischen Verbündeten zur Verfügung stellte, zusammengeschweißt. Die deutschen Versuche, sich Rußland erneut anzunähern, scheiterten an dieser Allianz, deren konkrete Bedingungen die Deutschen nicht kannten. Die Militärkonvention wurde so streng geheimgehalten, daß selbst das französische Kabinett keine genaue Kenntnis von ihr besaß und Akten darüber nicht angelegt wurden.[56]

Die Außenpolitik des Deutschen Reiches nach 1890 verstand sich als eine »Politik der freien Hand«. Sie rechnete mit fortdauernden Reibungen und Konflikten der imperialistischen Mächte beim Kampf um die Sicherung oder Erweiterung ihrer Einflußzonen in Afrika und Asien. Deutschland wollte dabei grundsätzlich neutral bleiben und die Unterstützung einer Seite von entsprechenden Gegenleistungen abhängig machen.

Die Außenpolitik wurde faktisch von Friedrich von Holstein, dem Leiter der politischen Abteilung des Auswärtigen Amtes, geführt. Er steuerte einen Kurs, der auf einen Ausgleich mit England zielte; den Bau der Flotte lehnte er scharf ab. Darin wurde er von dem deutschen Botschafter in London, seinem Freund Hatzfeld, bis zu dessen Tod im Jahre 1901 wirkungsvoll unterstützt. Das war gleichsam die Arbeitsebene der Außenpolitik. Über dieser und jederzeit in der Lage, in den Gang der Geschäfte einzugreifen, agierte der Kaiser. Zum ersten Mal griff er im Janur 1896 spektakulär ein, indem er ein Telegramm an »Ohm« Krüger, den Präsidenten der Burenrepublik Transvaal, sandte. Der Kaiser beglückwünschte ihn darin, daß er, »ohne die Hilfe einer befreundeten Macht in Anspruch zu nehmen« – womit natürlich das Deutsche Reich gemeint war –, die britischen Invasoren besiegt hatte.

Die Krüger-Depesche hatte verheerende Auswirkungen auf das deutschenglische Verhältnis. Es war der erste Schritt zu offener Rivalität, die vor allem in der Öffentlichkeit immer aggressiver artikuliert wurde. Mit dem Burenkrieg verschärfte sich der deutsch-britische Pressekrieg. Die Kritik an der brutalen britischen Kriegführung war in Europa weit verbreitet, aber auf die deutsche Berichterstattung reagierten die Briten am empfindlichsten. Unabhängig von den öffentlich ausgetragenen Fehden betrieb das Auswärtige Amt jedoch eine Politik wohlwollender Neutralität, die für England eine wertvolle Unterstützung bedeutete. »Aber indem wir freundlich handelten und unfreundlich redeten, setzten wir uns zwischen zwei Stühle«,[57] kommentierte Holstein.

Mit Bernhard von Bülow, seit 1897 Staatssekretär und seit 1900 Reichskanzler und Staatssekretär, wurde die deutsche Außenpolitik noch wankelmütiger. Bülow war gegen England eingestellt und setzte seine Hoffnungen auf Rußland. Die praktische Leitung der Außenpolitik lag aber weiter bei Holstein, den Bülow – schon aus Bequemlichkeit – gewähren ließ. Bülow verstand es meisterhaft, sich den Launen seines kaiserlichen Herrn anzupassen und sie auch politisch zu vertreten. Er prägte das Wort von dem Platz an der Sonne, auf den Deutschland Anspruch habe, er drang auf koloniale Erwerbungen und wirtschaftlichen Einfluß, was sich beispielsweise mit dem Bau der Bagdadbahn offenbarte, und er unterstützte Tirpitz beim Bau der Flotte. Mit welcher Oberflächlichkeit Bülow dieses politisch so brisante Problem behandelte, zeigte sich, als er im Winter 1908/09 den Chef des Marinekabinetts fragte, ob »wir im nächsten Frühjahr so weit seien, daß wir die Engländer mit unserer Flotte schlagen können?«[58] Nach den Berechnungen von Tirpitz sollte die Flotte erst 1920 komplett sein.

Wie war es zu der deutsch-englischen Rivalität gekommen, die bald in offene Gegnerschaft umschlug? Auf deutscher Seite gab es ein Gemisch aus Hochachtung und Minderwertigkeitskomplexen gegenüber den englischen Vettern. England galt als das Vorbild schlechthin – als industrielle Führungsmacht, als Weltmacht. Es hatte vor allem das, was die Deutschen praktisch nicht besaßen: eine Flotte, und zwar die größte in der Welt.

Auf der Seite Englands hatte, was neuerdings britische Historiker bestätigt haben,[59] bereits die Politik Bismarcks und das von ihm geschaffene Reich, dieses preußisch-militärische Gebilde eigener Art, ein tiefsitzendes Unbehagen ausgelöst. Das steigerte sich zu einem Gefühl wachsender Bedrohung, als Deutschland seine erfolgreiche industrielle Aufholjagd begann und sich anschickte, neben einem Landheer, dem stärksten Europas, eine Flotte zu bauen, um mit ihr Weltpolitik zu betreiben. Die Vorstellung, daß diese hausbackenen Deutschen, die bis dahin die Welt nur von den Atlanten her kannten, nun auch noch eine Weltmacht werden wollten, wirkte einerseits grotesk, andererseits aber gerade deshalb so bedrohlich, weil der neue Rivale eine vielseitige und gefährliche Aktivität an den Tag legte, was ihn noch unberechenbarer machte.

War Deutschland vor 1914 eine Weltmacht? Darüber ist viel gestritten worden, aber die Frage ist im Grunde müßig. Der Status einer Weltmacht ist nicht das Ergebnis objektivierbarer Kriterien. Wichtiger ist, daß die Zeitgenossen eine Weltmacht als solche anerkennen. Das war aber nicht der Fall. Das Deutsche Reich erschien als Störenfried und Parvenü, vor allem als potentielle Bedrohung. Da die koloniale »Weltpolitik« mehr als bescheidene Früchte trug und selbst von der deutschen Öffentlichkeit mit wachsender Kritik bedacht wurde, ist es abwegig, das Reich vor 1914 als Weltmacht zu bezeichnen.

Welche Bedeutung kommt dem deutschen Flottenbau für die Entwicklung der deutsch-englischen Beziehungen zu? Der rasante technische Fortschritt beim Kriegsschiffbau mit immer größerer Tonnage, Schnelligkeit und Feuerkraft wirkte faszinierend, und so waren auch die Deutschen von dem Plan begeistert, eine Flotte zu bauen und damit zu beweisen, daß Deutschland auch auf diesem Gebiet Außerordentliches leisten konnte. Die Flottenbegeisterung nutzte der Leiter des Reichsmarineamtes Tirpitz zur Verwirklichung seines Plans. Es gelang ihm ohne große Schwierigkeiten, für ein gewaltiges Bauprogramm die Zustimmung des Reichstages zu erhalten. 1898 wurde dafür die Grundlage geschaffen mit dem Flottengesetz, dem dann in schneller Folge weitere Flottenvorlagen folgten.

Das Ziel, das Tirpitz mit der Flotte verfolgte, war bewußt undeutlich gehalten. Wenn man Kriegsschiffe benötigte, um die Kolonien zu schützen, brauchte man eine Kreuzerflotte. Was Tirpitz baute, war aber eine Schlachtflotte, die zudem mangels eigener deutscher Flottenstationen in Übersee nur in der Nordsee, also gegen England eingesetzt werden konnte. Dieses Ziel verschleierte er

mit seiner »Risikotheorie«: Keineswegs sei beabsichtigt, die britische Flotte anzugreifen, die deutsche Flotte solle nur so stark werden, daß sie für die Engländer angesichts der Flotten der anderen europäischen Großmächte ein Risiko
darstelle und das Inselreich verhandlungsbereit mache. Doch das war Augen-
wischerei. Tatsächlich rüstete Tirpitz für die Entscheidungsschlacht. Dieser
Marinepsychopath sah Deutschland als eine im Aufstieg, England dagegen als
die im Niedergang befindliche Macht; er war von der Unfähigkeit der Briten,
auf Dauer beim Wettrüsten mitzuhalten, überzeugt. Nur eine »Gefahrenzone«
gelte es zu passieren, bevor die Flotte einsatzfähig sei.

Der Plan zum Bau einer Schlachtflotte gegen England, auch wenn dies nicht
offen zugegeben wurde und selbst der Kaiser wahrscheinlich nicht in die letzten Absichten von Tirpitz eingeweiht war, trug gewiß zur nachhaltigen Verschlechterung des deutsch-britischen Verhältnisses bei, war aber nicht die
alleinige Ursache. Die Briten sahen darin eine Gefahr. Das Feindbild erhielt
schärfere Konturen, der Ton in der Presse wie auch Äußerungen der britischen
Admiralität wurden drohender. Tatsächlich hatte aber die deutsche Flottenrüstung keine strategische Wirkung. Denn die Engländer nahmen die Herausforderung an und antworteten mit dem »Dreadnought-Sprung« von 1906, dem
Bau eines neuen Schlachtschifftyps: größer, stärker gepanzert und über weit
stärkere Geschütze verfügend. Damit wurde die Planung von Tirpitz notlei-
dend. Auch die kaiserliche Marine baute nun diesen größeren Schiffstyp, kam
aber dennoch ins Hintertreffen, da die Briten den »two keel to one«-Standard
einführten, also für jede deutsche Dreadnought zwei britische bauten. So blieb
die Überlegenheit erhalten, ja wurde sogar noch ausgebaut. Die deutsche Flotte
war »sicherheitspolitisch nutzlos«[60] geworden und stellte niemals ein existenz-
bedrohendes Sicherheitsrisiko für die Royal Navy dar.[61]

Das Scheitern seines Plans hat Tirpitz nie zugegeben, erst recht konnte und
wollte er keine Absprachen mit den Briten über eine Verlangsamung des Rü-
stungstempos akzeptieren. Angesichts ihrer unangreifbaren maritimen Überlegenheit wären die Briten durchaus in der Lage gewesen, eine Verständigungspolitik einzuleiten, zumal ihnen die Finanzierungsschwierigkeiten und der
Widerstand gegen die Flotte in Deutschland, der nach 1909 auch den Reichskanzler einschloß, nicht unbekannt waren.[62] Eine solche Politik hätte zweifellos auf der Linie der britischen Balance of power gelegen, aber derartige Versuche wurden gar nicht erst gemacht. Auch der Besuch des britischen Kriegsministers Haldane im Februar 1912 in Berlin diente nicht der Verständigung,
sondern primär als Alibi. Das voraussehbar schlechte Ergebnis der Gespräche
sollte den Tauben im Londoner Kabinett den Beweis liefern, daß ein Ausgleich
mit Deutschland unmöglich sei und diese Macht folglich als der gefährlichste

Gegner für die britische Weltstellung betrachtet werden müsse. Im Grunde konnte Haldane gar keinen Ausgleich anstreben, denn England war zu dieser Zeit nicht mehr neutral, sondern durch die militärischen Absprachen mit Frankreich und Rußland faktisch gebunden und mußte auf diese Bündnispartner verstärkt Rücksicht nehmen.[63]

Die große außenpolitische Wende, die England zum entschiedenen Gegner Deutschlands machte und letztlich die spätere Kriegskoalition begründete, war mit der Marokkokrise von 1905 eingetreten. Ein Jahr zuvor, im April 1904, war die Entente cordiale zwischen England und Frankreich geschlossen worden, ein Übereinkommen, mit dem koloniale Streitfragen beigelegt wurden. Holstein war sich der Tragweite dieser Abmachung wohl bewußt, denn die britisch-französische Übereinkunft machte koloniale Erwerbungen, nach denen die deutsche Öffentlichkeit gierte, noch unwahrscheinlicher: »Gegen England und Frankreich ist keine überseeische Politik möglich.«[64]

Fast gleichzeitig mit dem Abschluß der Entente hatte der Russisch-Japanische Krieg begonnen. Beide Ereignisse hatten nicht direkt miteinander zu tun, aber die politischen Auswirkungen dieses Krieges im Fernen Osten zeigten in Europa sogleich tiefgreifende Wirkungen. Mit der russischen Niederlage im Fernen Osten, die sich schon Anfang 1905 abzeichnete, kam auch das militärische Kräfteverhältnis auf dem europäischen Kontinent aus dem Gleichgewicht. Denn Rußland fiel nun für absehbare Zeit als ernstzunehmender Bündnispartner aus. Die veränderte Situation hinderte jedoch Frankreich nicht, in Marokko aktiv zu werden, das bis dahin den Status eines unabhängigen Sultanats innehatte. In der Entente cordiale hatten die Briten Marokko als französische Einflußzone akzeptiert und sich dementsprechend desinteressiert gezeigt. Ohne Rücksicht auf den völkerrechtlichen Status des Landes und in klarer Verletzung bestehender Rechte betrieben die Franzosen nun aber die »friedliche Durchdringung« des Sultanats mit dem eindeutigen Ziel, es vollständig zu beherrschen.

Hier setzte Holstein an. Der Anlaß war durchaus begründet. Im Vertrauen auf die wohlwollende britische Haltung betrieb Frankreich in Marokko eine provokative Politik und nahm dabei auf deutsche Interessen betont keine Rücksicht. Das war kühn und riskant, da Deutschland, nahm es diese Brüskierung reaktionslos hin, sich freiwillig aus der Weltpolitik verabschiedet hätte. Das aber war mit seinem Großmachtstatus unvereinbar.[65]

Die deutsche Außenpolitik antwortete mit einem aufsehenerregenden Theatercoup. Ohne Vorankündigung landete der Kaiser – voller Angst, daß ihm etwas zustoßen könne – am 31. März 1905 in Tanger, um dem Sultan einen Besuch abzustatten und damit ihn und sein Reich aufzuwerten. Das war der

Eröffnungszug einer diplomatischen Offensive, die auf die Sprengung der Entente zielte. Holstein wollte durch massiven Druck Frankreich vor Augen führen, daß auf England kein Verlaß sei und es im französischen Interesse liege, sich mit Deutschland friedlich ins Benehmen zu setzen.

Als erster Erfolg der deutschen Politik konnte der Rücktritt des französischen Außenministers Théophile Delcassé verzeichnet werden. Das französische Kabinett opferte ihn, weil es wegen dessen kühner Politik keinen Krieg riskieren wollte. Seine Entfernung vom Quai d'Orsay war nicht ohne Bedeutung, denn er galt als die treibende Kraft der französischen Revanchepolitik. Die ohnehin schon problematische Militärkonvention mit Rußland von 1892/94 hatte er 1899 verschärft und noch offensiver gestaltet: Die Auflösung der Doppelmonarchie, damals angesichts des jederzeit möglichen Todes Kaiser Franz Josephs häufig diskutiert, wurde zum Bündnisfall erklärt, sofern die beiden Vertragspartner das Gleichgewicht in Europa gefährdet sahen.

Mit dem Rücktritt Delcassés hätte sich die deutsche Politik begnügen können. Holsteins Ziel war aber weiter gesteckt. Er wollte nicht um territoriale Kompensationen feilschen, sondern mit Hilfe der USA eine Politik der »offenen Tür« für Marokko durchsetzen, um die kontinuierliche Inbesitznahme des Landes durch Frankreich zu verhindern. Auf einer internationalen Konferenz in Algeciras im Frühjahr 1906 erreichte er zwar dieses Ziel, aber das blieb ohne große Bedeutung. Viel schwerer wog, daß Deutschland auf der Konferenz völlig isoliert dastand, nur beim »todtreuen« Österreich-Ungarn (Klaus Hildebrand) Unterstützung fand und eine schwere diplomatische Niederlage einsteckte. Holstein wollte, um dieses Ergebnis abzuwenden, den Druck verstärken, aber der Kaiser nahm die Kriegsdrohungen seines Geheimrates ernst, wurde nervös und war nur noch bestrebt, jeden französischen Besucher zu überzeugen, daß für ihn die Erhaltung des Friedens das Wichtigste sei.[66]

Zwischen der Landung des Kaisers in Tanger und dem Abschluß der Algeciras-Konferenz, innerhalb eines Jahres also, hatte sich ein tiefgreifender außenpolitischer Wandel in Europa vollzogen. Holstein hatte mit Krieg gedroht, war aber tatsächlich nicht dazu entschlossen. Die britische Seite sah dies rückblickend genauso. In der berühmten Denkschrift vom Januar 1907 hatte Sir Eyre Crowe, der spätere Staatssekretär im Foreign Office, zu Recht festgestellt, daß beide Seiten, Delcassé und Holstein, geblufft hatten. Delcassé hatte die deutschen Drohungen nicht ernsthaft in sein Kalkül einbezogen und vor allem nicht die innenpolitischen Reaktionen in Frankreich berücksichtigt. Deutschland, so Crowes Befund, habe nicht wirklich mit Krieg gerechnet, einfach aus dem Grunde, weil es wußte, daß Frankreich in einer so isolierten Situation nicht Krieg führen werde.[67] Genauso hatte es Holstein gesehen. Dagegen lassen sich Präventivkriegspläne, die Holstein und Schlieffen nach Ansicht einiger Historiker verfolgt haben sollen, nicht nachweisen und auch nicht deutsche Kriegslüsternheit als Konstante deutscher Politik vor 1914.[68]

Die deutsche Drohpolitik löste auf der Gegenseite ungeahnte Reaktionen aus. Während der Marokkokrise 1905/06 hatte die Entente ihren Charakter vollständig geändert. Aus der Entente war faktisch eine Allianz, aus der Übereinkunft zur Beilegung von kolonialen Auseinandersetzungen ein Verteidigungsbündnis geworden. Die Entscheidung dafür lag bei England. Als die französische Regierung sich in der ersten Phase der Krise an London wandte mit der Bitte um bewaffneten Beistand im Falle eines deutschen Angriffes, fiel die britische Antwort reserviert aus. Eine bindende Zusage wurde nicht gegeben, aber kein Zweifel gelassen, wo England im Falle eines Krieges stehen würde.[69] Der Wahlsieg der Liberalen in England im Januar 1906 hatte an dieser Politik nicht das Geringste geändert. Im Gegenteil, der neue Außenminister Sir Edward Grey unterstützte nachhaltig die bisher vom Foreign Office betriebene Politik und genehmigte noch im Januar die Aufnahme geheimer englisch-französischer Generalstabsgespräche. Zugleich wurde die Aufstellung eines Expeditionskorps beschlossen, das auf dem französischen Kriegsschauplatz eingesetzt und schließlich – so ein Beschluß des Jahres 1911 – gleichzeitig mit der französischen Armee mobil gemacht werden sollte.[70] Seit 1906 wurden auch die Beziehungen zu Rußland verbessert, finanzielle Hilfen gewährt und schließlich 1907 mit diesem Partner ebenfalls eine Entente abgeschlossen.

Die deutsche Politik gegen Frankreich, die drohte, aber nicht zum Krieg entschlossen war, hatte den Vertretern einer antideutschen Eindämmungspolitik vor allem im Foreign Office ein durchschlagendes Argument geliefert. Ohne die Hilfe des russischen Verbündeten, auf die für längere Zeit nicht zu rechnen war, konnte Frankreich sich schwerlich gegenüber Deutschland in einem Krieg behaupten. Das bedeutete, daß England dann einer Hegemonialmacht auf dem Kontinent gegenüberstand, was nicht nur mit der Balance of power unvereinbar war, sondern darüber hinaus eine vitale Bedrohung Großbritanniens darstellte. Deutschland zeigte einen gefährlichen maritimen Ehrgeiz und war für den Fall, daß kein ernsthafter Gegner auf dem Kontinent mehr vorhanden war, durchaus in der Lage, eine Flotte zu bauen, die Englands Navy tatsächlich besiegen konnte.

Die Möglichkeit einer deutschen Hegemonie auf dem Kontinent muß als die eigentliche Ursache für den Entschluß der britischen Politik gesehen werden, sich bewußt auf die Seite Frankreichs zu stellen und das eigene Schicksal mit dem Frankreichs zu verbinden. Der Ausgleich mit Rußland stellte dann eine weitere wichtige Ergänzung dieser Politik dar. Nicht die tatsächlich betriebene deutsche Politik, sondern vielmehr die Möglichkeit, die sich in der Marokkokrise abzeichnete, hatte den Ausschlag gegeben.

In Deutschland registrierte die Öffentlichkeit diese neue, bis dahin nicht für möglich gehaltene außenpolitische Konstellation mit einer gewissen Betroffenheit. Das Wort von der Einkreisung ging um mit einem Unterton moralischer Entrüstung, als ob ein friedlich arbeitendes deutsches Volk plötzlich von gefährlichen Feinden umringt sei. Wer den deutschen Anteil an der Verschlechterung der Beziehungen – Kaiser, Flotte, Öffentlichkeit – berücksichtigt, wird diesen Begriff nur mit Zurückhaltung gebrauchen. Aber es war auf der Gegenseite unzweifelhaft eine Konstellation entstanden, die durch den gemeinsamen Gegner bestimmt wurde und sich für eine mögliche, wenn nicht gar wahrscheinliche kriegerische Auseinandersetzung rüstete. Es ist daher falsch, wenn von Aus- statt von Einkreisung gesprochen wird,[71] als habe das kaiserliche Deutschland sich mutwillig aus dem Kreis der Nationen ausgegrenzt!

Die berühmte Crowe-Denkschrift vom Januar 1907 mag hier herangezogen werden, um die Einschätzung zu zeigen, die in den oberen Rängen des Foreign Office vorgeherrscht hat. Das Bild, das Crowe von Deutschland und seinen politischen Bestrebungen zeichnete, war wenig schmeichelhaft und von scharfer Kritik geprägt. Deutschland wolle Weltmacht werden, das war der Tenor, und verfolge dieses Ziel in ähnlicher Weise wie Preußen, das im 18. Jahrhundert eine europäische Großmacht geworden sei.

Als Ergebnis der deutsch-britischen Beziehungen und der unmäßigen deutschen Forderungen der Vergangenheit stellte sich für Crowe die Situation so dar, »daß Deutschland bewußt eine Politik verfolgt, die vitalen britischen Interessen entgegengesetzt ist, so daß ein bewaffneter Konflikt auf die Dauer nicht vermieden werden kann, es sei denn, daß es seinen Status als unabhängige Großmacht verlieren würde oder aber daß es zu stark würde, um Deutschland in einem Krieg eine Erfolgschance zu geben«. Weltmacht oder Niedergang, das sei für England die Alternative.

Man müsse, so Crowe, zu der zwingenden Einsicht gelangen, daß die deutsche Politik »bewußt die Errichtung einer deutschen Vorherrschaft, erst in Europa und schließlich in der Welt, erstrebt«. Für diese Sicht gebe es genügend Anhaltspunkte. Aber auch ein friedliches Deutschland, das nur bestrebt sei, »seinen legitimen Einfluß als eine der führenden Mächte im Rat der Nationen dafür einzusetzen, um seinen Außenhandel zu fördern und die Wohltaten zu verbreiten«, betrachtete er als Risiko für England, auf das es sich vorzubereiten gelte.

Überraschenderweise erblickte Crowe in der deutschen Flotte keine Gefahr. Man solle die Deutschen beim Bau nicht hindern, denn nichts könne den

Deutschen die Hoffnungslosigkeit ihres Wettrüstens besser vor Augen führen als die Tatsache, daß England für jedes deutsche Schiff zwei neue bauen werde, um so die britische Überlegenheit aufrechtzuerhalten.

Obwohl seine Gegnerschaft zu Deutschland oft geradezu deterministische Züge aufwies, fehlen dennoch keineswegs differenzierende Positionen. Als Sohn einer deutschen Mutter, der vielfältige Beziehungen nach Deutschland unterhielt, konnte er von seiner Grundeinstellung durchaus abweichende Einschätzungen vertiefen. So fragte er beispielsweise in seiner Denkschrift, ob nicht »the great German design«, die Summe der unmäßigen deutschen Forderungen und Erwartungen, in Wirklichkeit nichts weiter als der »Ausdruck einer undeutlichen, verwirrten und unpraktischen Politik« sei; zudem sei der Kaiser selbst »weitgehend für den ziellosen, herrischen und oft unzweideutig aggressiven Geist« verantwortlich, der überall in Deutschland erkennbar sei. Daher stelle sich die Frage, ob all die alarmierenden und anmaßenden Äußerungen von deutscher Seite wirklich als »Bestandteile eines gut durchdachten und unnachsichtig verfolgten Systems der Politik dienen, weil ein solches System tatsächlich überhaupt nicht besteht«. Diese Einschätzung kam der Wahrheit erheblich näher als die dem Deutschen Reich unterstellten Weltherrschaftspläne. Aber das fest umrissene Feindbild duldete kein Sicherheitsrisiko und besaß doch mehr Überzeugungskraft.

Mit der bosnischen Krise 1908/09 veränderte sich die politische Situation in Europa nachhaltig zum Schlechten hin. Der Balkan, auf dem fast zwei Jahrzehnte Ruhe geherrscht hatte, entwickelte sich zum Pulverfaß. Im Oktober 1908 verkündete Österreich-Ungarn die Annexion von Bosnien und der Herzegowina. Beide Territorien hatte die Doppelmonarchie seit 1878 unter militärischer Besatzung. Die rechtliche, nicht die politische Änderung des Status dieser ehemaligen türkischen Gebiete provozierte den serbischen Nationalismus. Serbien erhob auf diese Gebiete selbst Anspruch, da dort eine serbische Minderheit lebte. Hinter Serbien aber stand Rußland, das die Annexion nicht akzeptierte und nun immer stärkeren Druck auf Österreich ausübte. Deutschland aber unterstützte seinen österreichischen Bündnispartner bedingungslos. Als Rußland die Krise weiter anheizte und keine Anzeichen zum Einlenken erkennbar waren, sorgte Bülow für das Ende der Krise, indem er der russischen Regierung ein Ultimatum von seltener Schärfe stellte.[72] Der deutsche Botschafter solle dem russischen Außenminister »in bestimmter Form sagen, daß wir eine präzise Antwort – ja oder nein – erwarten; jede ausweichende, verklausulierte oder unklare Antwort würden wir als eine *Ablehnung* betrachten müssen«.

Das Einlenken Rußlands auf diese kaum verhüllte Drohung bedeutete keine Lösung, sondern nur eine Verschiebung der Auseinandersetzung; denn das Zarenreich war noch nicht kriegsbereit und konnte außerdem nicht auf militärischen Beistand von seiten Frankreichs rechnen. Zwischen Österreich und Rußland entwickelte sich seitdem ein Zustand organisierter Friedlosigkeit, der den kommenden Balkankonflikt von vornherein belastete.

Die außenpolitische Linie des Reichskanzlers Theobald von Bethmann Hollweg, seit Juli 1909 Nachfolger Bülows, war von ehrenwerten, aber wenig realistischen Zielen bestimmt. Er wollte die zunehmende Isolierung des Reiches lockern und strebte einen Ausgleich mit England an. Gegen Konzessionen im deutschen Flottenbau, hauptsächlich durch Drosselung des Bautempos, wollte er von England möglichst vertraglich die Zusicherung erhalten, daß es im Falle eines kontinentalen Krieges neutral bleibe. Beides war illusorisch. Der Kanzler konnte nämlich Tirpitz und den Kaiser zu keinem ernsthaften Entgegenkommen bei der Flottenrüstung zwingen, womit die Voraussetzung entfiel, von England die gewünschte Neutralitätszusage zu erhalten. Eine solche Erklärung überhaupt zu erwarten, zeigte nur das Unvermögen der deutschen Diplomatie, die außenpolitische Grundlinie Englands zu erkennen. Denn seit 1906 stand es für die entscheidenden Kräfte in Regierung und Foreign Office unverrückbar fest, daß Großbritannien in einem solchen Kontinentalkrieg nicht neutral bleiben dürfe, weil es das Risiko eines deutschen Sieges niemals eingehen könne. So konnte den Bemühungen des Kanzlers nicht der erhoffte Erfolg beschieden sein, aber sie hatten der britischen Seite die grundsätzliche Verständigungsbereitschaft des Kanzlers und seine kritische Einstellung gegenüber der Flottenpolitik von Tirpitz deutlich gemacht. Insofern war es eine vertrauensbildende Maßnahme.

Im Sommer 1911 kam es zur zweiten Marokkokrise. Das auf beiden Seiten entwickelte Drohpotential zeigte, wieviel gefährlicher die Lage inzwischen geworden war.

Staatssekretär von Kiderlen-Wächter wollte die Aushöhlung des vertraglichen Zustandes in Marokko durch Frankreich nicht hinnehmen. Ihm schwebte ein Tauschgeschäft vor: Für den formellen Verzicht auf deutsche Interessen wollte er eine ansehnliche Kompensation in Form von Kolonialbesitz erhalten und so endlich einen außenpolitischen Erfolg für Deutschland verbuchen. Auf diplomatische Sondierungen in dieser Richtung hatte man aber in Paris nicht reagiert. Daher glaubte er dem Ziel nur näher zu kommen, wenn er ein »Faustpfand« nähme.[73] Das Faustpfand war im Grunde keines. Es war weniger als das, nämlich eine Demonstration der Stärke, die ebenfalls recht bescheiden ausfiel.

Am 1. Juli 1911 landete das Kanonenboot »Panther«, ein kleines Kriegsschiff, in Agadir. Es hatte eine Aufgabe, die im Grunde keine war: Es sollte deutsche Staatsbürger schützen, die es tatsächlich dort nicht gab.

Der »Panther«-Sprung erregte ungeheures Aufsehen. Was als kalkulierte Demonstration gedacht war, um zu Kompensationsverhandlungen zu gelangen,
wurde im Ausland weithin als Beweis für die aggressive Politik Deutschlands
aufgefaßt. In dieser Situation zunehmender Spannung reagierte auch die britische Regierung. Crowe vertrat im Foreign Office einen Kurs unbeugsamer
Härte; Konzessionen seien unmöglich, denn sie seien mehr als ein bloßer Prestigeverlust, nämlich Niederlagen. Obwohl das Kabinett über die deutschen
Forderungen und den Stand der Verhandlungen zwischen Berlin und Paris
stets wohlinformiert war, glaubte es dennoch, massiv intervenieren zu müssen.
Schatzkanzler Lloyd George machte am 21. Juli in einer öffentlichen Rede recht
unvermittelt die drohende Bemerkung, daß es für Großbritannien auf Grund
seiner Stellung in der Welt keinen »Frieden um jeden Preis« geben könne.

Die Äußerung wurde von der Presse in England und Frankreich als massive
Drohung an die deutsche Adresse interpretiert, was wiederum in Deutschland
ein Höchstmaß an nationalistischer Empörung hervorrief. Dabei wurde in Berlin nicht erkannt, daß die Rede nicht allein als Hilfe für Frankreich konzipiert
war. Sie wandte sich nämlich auch mahnend an den französischen Ministerpräsidenten Caillaux, dessen Kompromißbereitschaft gegenüber der deutschen
Regierung in London Mißfallen erregt hatte. Französische Nationalisten wie
Clemenceau hatten Caillaux sogar geheimer Machenschaften mit den Deutschen bezichtigt. Dieser Verdacht blieb an ihm haften und sollte ihn dann 1918
unter haltlosen Anschuldigungen ins Gefängnis bringen. Mit der massiven
Einmischung wollte London die französische Regierung auf die Grundsätze der
Ententepolitik festlegen, die einen Ausgleich mit Deutschland nicht vorsah.
Deswegen haben Historiker die Meinung vertreten, die Rede Lloyd Georges sei
mehr gegen Caillaux als gegen Kiderlen gerichtet gewesen.[74]

Ein so bedeutender Außenpolitiker wie Henry Kissinger hat stets die Überzeugung vertreten, daß die Diplomatie fruchtlos bleibe, wenn sie nicht die
Möglichkeit habe, mit dem Einsatz von Machtmitteln zu drohen.[75] Etwas Ähnliches mag Kiderlen mit der Entsendung des »Panther« vorgeschwebt haben.
Aber da Deutschland in dem Ruf stand, eine gefährliche und aggressive Macht
zu sein, mußte jeder Schritt dieser Art, der bei anderen Mächten hingenommen
worden wäre, nur als Bestätigung und Vertiefung des Feindbildes wirken.

Das Ergebnis dieses Sommers ungewöhnlicher Spannungen war schließlich
ein am 4. November unterzeichnetes Vertragswerk. Für den Verzicht deutscher
Einflußnahme in Marokko erhielt das Reich einen Teil des französischen
Kongo. Ein solches Resultat der Öffentlichkeit als Erfolg zu verkaufen, konnte
dem Kanzler nicht gelingen.

In Deutschland machte sich Enttäuschung breit, aber auch das Gefühl, iso-

liert zu sein. Die äußerste Rechte, aber nicht nur sie, forderte Krieg, und so leichtfertig sie dies tat, so selbstverständlich gingen die Alldeutschen davon aus, daß
Deutschland den kommenden Krieg auch gewinnen werde; natürlich rechneten sie mit einem Sieg, aber ein Fanatiker wie Claß, der die bestehenden politischen Verhältnisse ablehnte, verstieg sich sogar zu der Behauptung, daß selbst
eine Niederlage der Fortsetzung des herrschenden Zustandes vorzuziehen sei.

Auch bei den anderen europäischen Großmächten stieg die Flut nationalistischer Emotionen an. Die Vorstellung, daß der Krieg letztlich die einzige Lösung zur Erreichung der eigenen nationalistischen Ziele sei, gewann überall an
Boden. In London hatte die Marokkokrise zur Folge, daß die Falken des Kabinetts sowie die Spitzen von Foreign und War Office, zu dem nun auch Lloyd
George und Winston Churchill gehörten, auf der Sitzung des obersten Vertei-
digungsrates am 23. August 1911 die Planungen für den Einsatz des britischen
Expeditionskorps auf dem nordfranzösischen Kriegsschauplatz bekräftigten,
um so eine mögliche deutsche Überlegenheit auszugleichen. Der frischer-
nannte Erste Seelord Churchill bejahte diesen Grundsatzbeschluß, obwohl er
die »Preisgabe einer selbständigen englischen Strategie zugunsten einer Zu-
bringerrolle für Frankreichs Operationspläne gegen Deutschland« und damit
eine sekundäre Rolle für die Flotte bedeutete.[76]

Hatte die deutsche Außenpolitik überhaupt noch Handlungsspielräume?
Dieser Modebegriff entspricht nicht der historischen Realität, denn er setzt
eine Offenheit der politischen Situation voraus, die in der Außenpolitik im allgemeinen nur selten gegeben ist, für Deutschland im besonderen aber seit 1905
nicht mehr bestand. Die Reichsleitung versuchte zwar unter Bülow, die Beziehungen zu Rußland enger zu gestalten, und Bethmann Hollweg bemühte sich
ernsthaft um die Verbesserung des deutsch-britischen Verhältnisses. Man kam
auch bei dem lange umstrittenen Projekt der Bagdadbahn zu einem tragfähi-
gen Kompromiß, aber das änderte nichts an der Gesamtkonstellation: Es gab
keine Optionen für ein Bündnis, weder für die Rolle als Juniorpartner Englands
noch als Bundesgenosse Rußlands, mag die Möglichkeit auch noch immer
durch die deutsche Historiographie geistern. Angesichts der zunehmend
problematischen Stellung Deutschlands hätte eine politisch-militärische Bestandsaufnahme prüfen müssen, was das Reich denn überhaupt noch tun
könne und auf welche Eventualitäten es sich vorzubereiten gelte. Aber ein solches Vorhaben war bei der Unfähigkeit des Kaisers zu Koordination und Führung, der Geheimniskrämerei der Armee und dem verbohrten Ehrgeiz von Tirpitz ein Ding der Unmöglichkeit.

In den Wirren des Balkankrieges 1912/13 trug die deutsche Politik nicht unwesentlich dazu bei, den Konflikt auf diese Region zu beschränken. Das be-

ruhte zum einen auf der diplomatischen Zusammenarbeit mit Großbritannien, zum anderen auf der mäßigenden Einwirkung auf die Wiener Balkanpolitik. Kiderlen-Wächter war keineswegs bereit, Österreich-Ungarns Ziele bedingungslos zu unterstützen, die darauf hinausliefen, die Balkanwirren zur Abrechnung mit Serbien auszunutzen.

Gerade weil die deutsche Unterstützung für Österreich genau kalkuliert war, sah sich Bethmann Hollweg am 2. Dezember 1912 im Reichstag veranlaßt, zur Frage der Bündnispflicht eine sehr weitgehende Formulierung zu gebrauchen. Er verband die Existenz Deutschlands mit der seiner Bundesgenossen und erklärte: »Wir werden an der Seite unserer Verbündeten zur Wahrung unserer eigenen Stellung in Europa, zur Verteidigung der Sicherheit und Zukunft unseres eigenen Landes fechten.«[77] In London erzeugte die Rede des Kanzlers ein deutliches Echo. Der Kriegsminister Haldane eröffnete dem deutschen Botschafter, England sei nicht in der Lage, in einem europäischen Krieg, der durch Österreichs Vorgehen gegen Serbien entstehen könne, neutral zu bleiben, und er könne »unter keinen Umständen eine Niederwerfung der Franzosen dulden«.[78] Am folgenden Tag äußerte Grey gegenüber dem Botschafter, er habe den Eindruck, der Kanzler habe mit seiner Rede Österreich einen »Blankowechsel« ausstellen wollen.[79] Hier fiel zum ersten Mal der ominöse Begriff, der dann in der Julikrise die frühe Weichenstellung der deutschen Politik zugunsten der Doppelmonarchie offenbarte.

In Berlin dagegen lösten Englands warnende Erklärungen eine ganz außergewöhnliche Reaktion aus. Für den Reichskanzler war die britische Haltung nichts Neues, er betrachtete sie vielmehr als Ausgangspunkt für eine langsame Verbesserung der deutsch-britischen Beziehungen. Der Kaiser dagegen geriet in Panik und bestellte am 8. Dezember, einem Sonntag, seine engsten militärischen Ratgeber ins Berliner Schloß: Generalstabschef von Moltke, Großadmiral von Tirpitz und den Chef des Marinekabinetts, Admiral von Müller. Weder der Reichskanzler noch der Staatssekretär des Auswärtigen Amtes, noch der preußische Kriegsminister waren anwesend. Dieses Treffen ist als »Kriegsrat« in die Geschichtsschreibung eingegangen, seit Fritz Fischer ihm den Entschluß zum Krieg zuschreibt, der dann lediglich auf das Jahr 1914 vertagt worden sei.[80]

Was geschah auf dieser Zusammenkunft? Der Kaiser verbreitete sich über einen möglichen Krieg zwischen Österreich und Serbien, betonte dann die Notwendigkeit, unter den Balkanstaaten Verbündete zu suchen, und trat dafür ein, daß sich die Flotte »natürlich auf den Krieg gegen England einrichten« müsse. Generalstabschef von Moltke erklärte bedeutungsschwer: »Ich halte einen Krieg für unvermeidlich und: je eher, desto besser.«[81] Obwohl Tirpitz die Erwartungen, die der Kaiser hinsichtlich des Flotteneinsatzes hegte, sehr unangenehm gewesen sein müssen, entgegnete er kaltblütig, »daß die Marine gern das Hinausschieben des großen Kampfes um 1 1/2 Jahre sehen würde«. Moltke ließ sich nicht so leicht anflunkern und erwiderte völlig zu Recht: »Die Marine würde auch dann nicht fertig sein, und die Armee käme in immer ungünstigere Lage, denn die Gegner rüsteten stärker als wir, die wir mit dem Gelde sehr gebunden seien.« Daher also, weil sich die Verhältnisse zu ungunsten Deutschland entwickelten – was mit Ruhe betrachtet so falsch nicht war –, sprach er sich für einen baldigen Krieg aus, was nicht bedeutete, daß es ein von Deutschland ausgelöster Präventivkrieg sein müsse. Aber es war das erste Mal, daß ein verantwortlicher Militär sich so entschieden für einen baldigen Krieg ausgesprochen hatte.

War das Treffen ein Kriegsrat, ein Beschluß zum Krieg? Gegen diese These sind viele überzeugende Argumente geäußert worden.[82] Schon Admiral von Müller hatte festgestellt: »Das Ergebnis war so ziemlich Null.« Das lag vor allem daran, daß der Kanzler nicht anwesend war; auch nachträglich hat er weder den wirren Plänen des Kaisers zugestimmt noch den Pessimismus Moltkes geteilt. Hier wird der Unterschied zur Julikrise deutlich, als Bethmann Hollweg bereits in der Anfangsphase die politische Führung übernahm.

DIE MILITÄRISCHE VORBEREITUNG AUF DEN KRIEG

Der Pessimismus Moltkes war nicht unbegründet. Rußland hatte seit 1909 mit massiven Rüstungen begonnen, die im Jahre 1916 abgeschlossen sein sollten. Frankreich stand vor der Einführung der dreijährigen Dienstpflicht, was eine erhebliche Verstärkung des aktiven Heeres bedeutete. Beide Mächte verfügten über eine klare numerische Überlegenheit über die deutsche und die österreichische Armee. Schwer nachvollziehbar ist demgegenüber, daß die preußische Militärverwaltung an der 1899 festgesetzten Präsenzstärke festgehalten und angesichts der steigenden Ausgaben für die Flotte auf einen größeren Anteil am Verteilungskuchen verzichtet hatte. Dies erscheint um so unbegreiflicher, als der Generalstabschef von Schlieffen 1905 seinem Feldzugsplan die endgültige Form gegeben hatte, der ohne erhebliche Truppenvermehrungen nicht durchführbar war. Hier offenbart sich selbst im militärischen Kernbereich jenes System der Abschottungen und Teilverantwortlichkeiten, das Problemlösungen schwer, wenn nicht unmöglich machte. Schlieffen wollte die Entscheidung im Zweifrontenkrieg mit Frankreich und Rußland zuerst im Westen suchen. Das französische Heer sollte von Norden her umfaßt und in einem riesigen »Cannae« vernichtet werden. Dazu war der Durchmarsch durch Belgien unerläßlich, da nur so das französische Heer in der Flanke angegriffen werden konnte. Der militärische Nur-Fachmann sah im Bruch der belgischen Neutralität kein Problem.

Für die von Schlieffen geplante gigantische Umfassungsbewegung, die auch die Einschließung der Festung Paris vorsah, reichten die vorhandenen Truppen aber keineswegs aus. Daraus leitete Schlieffen aber nicht die Notwendigkeit ab, energisch auf eine Truppenvermehrung zu drängen, sondern fand sich damit ab, daß der Kriegsminister das ablehnte. Nun darf man bei der unpolitisch-bürokratischen Abneigung des Kriegsministers gegen Schlieffens Forderungen nicht vergessen, daß er über den Feldzugsplan des Generalstabschefs nicht informiert war, auch das wieder ein erschreckendes Beispiel für die eifersüchtig gehüteten Kompetenzen. Selbst der Reichskanzler war bei Kriegsausbruch nur oberflächlich über den Plan unterrichtet; eine gemeinsame Beratung zwischen Regierung und militärischer Führung über seine politischen und militärischen Risiken hatte nie stattgefunden.

Zur Erklärung des Widerstandes des Kriegsministeriums gegen eine Verstärkung des Heeres und damit auch des Offizierskorps wird häufig die Befürchtung des Kriegsministers aus dem Jahre 1904 zitiert, daß bei einer Vergrößerung die bisherigen Anforderungen an den Offiziersnachwuchs nicht aufrecht zu erhalten seien, »weil wir es dann nicht verhindern könnten, in vermehrtem Umfange demokratische oder sonstige Elemente aufzunehmen, die für den Stand nicht passen«.[83] Die Begründung ist absolut unglaubwürdig, denn die »demokratischen Elemente« gab es einfach nicht, sondern ein Heer von patriotischen und konservativen Abiturienten, die angesichts der allgemein schlechten Berufsperspektiven mit Begeisterung den Offiziersberuf gewählt hätten.

Der Schlieffen-Plan stellte das Siegesrezept dar, von dessen Unfehlbarkeit auch seine Nachfolger überzeugt waren. Weder nach dem Ersten noch nach dem Zweiten Weltkrieg fand von militärischer Seite eine kritische Auseinandersetzung mit dem Plan statt, sondern er galt weiterhin als geniales Konzept, das später nur »verwässert« worden sei. Erst der Historiker Gerhard Ritter zerstörte 1956 diesen »Mythos« und wies nach, daß der Plan selbst bei optimaler Durchführung nicht eine kriegsentscheidende Wirkung gehabt hätte.[84] Selbst wenn Schlieffen sein Cannae gelungen wäre, hätte das nicht die Entscheidung bedeutet. Denn der kommende Krieg würde – so sah es vor allem die Entente – ein Krieg um die Hegemonie in Europa sein, und selbst wenn die Deutschen diese erste umfassende Schlacht gewonnen hätten, wäre die Gegenseite nicht friedensbereit gewesen; dafür war der Einsatz einfach zu hoch.

Der Nachfolger Schlieffens, der jüngere Moltke, hatte den Plan nicht verwässert, sondern ihn in der Weise modifiziert, daß der Aufmarschplan die Ostgrenze nicht völlig von Truppen entblößte und angesichts des zu erwartenden Angriffs in Lothringen auch dort mehr Truppen eingesetzt werden sollten. Zugleich bemühte sich der Generalstab unter Moltke in verstärktem Maße, bei Ausbruch des Krieges mehr Truppen zur Verfügung zu haben. Dabei ging es um die Aufstellung von Reservedivisionen und Reservekorps; sie sollten hauptsächlich aus Reservisten bestehen, dennoch aber voll einsatzfähig sein und so die Präsenzstärke des Heeres erhöhen.

Im Dezember 1911 hatte Schlieffen noch konstatiert, daß »65 Millionen Deutsche nicht mehr ausgebildete Soldaten stellen als 41 Millionen Franzosen«.[85] Erst nach der Marokkokrise gab das Kriegsministerium seine ablehnende Haltung auf. Mit der Heeresvorlage von 1913 wurde die Armee um fast ein Viertel ihres Friedensbestandes vergrößert. Es sind bezeichnenderweise keinerlei Schwierigkeiten bekannt geworden, die neu geschaffenen viertausend Stellen für Offiziere zu besetzen.

Die numerische Unterlegenheit konnte durch die Heeresvermehrung jedoch keineswegs ausgeglichen werden. Daraus ergab sich für den Generalstab um so mehr die Notwendigkeit, eine rasche militärische Entscheidung gegen den stärksten Gegner, gegen Frankreich, zu suchen. So schien es nur konsequent zu sein, daß der Generalstab 1913 den Aufmarschplan nach Osten gar nicht mehr bearbeitete. Welch schlimme Folgen diese Einseitigkeit für die diplomatische Bewegungsfreiheit haben mußte, sollte die Julikrise zeigen.

Da der deutsche Generalstab die Entscheidung im Westen suchte, fehlten die Kräfte für eine wirksame Unterstützung des österreichischen Bundesgenossen gegen Rußland. Dennoch versprach Moltke Hilfe durch eine frühe Offensive.[86] Das war bewußte Täuschung, also alles andere als vertrauensvolle Zusammenarbeit. Man setzte allein auf den raschen Erfolg des Schlieffen-Plans und verlor damit die Fähigkeit, auch andere Konfliktlagen für die militärische Planung zugrunde zu legen.

Dieses Verhalten stand im denkbar schärfsten Gegensatz zu den Vorbereitungen der Gegenseite. Die seit 1906 geführten britisch-französischen Generalstabsgespräche schufen nicht nur eine Vertrauensbasis, sondern sollten sich nach Kriegsbeginn auch als höchst wirksam erweisen. Der französische Generalstab war in den jährlich stattfindenden Besprechungen mit dem russischen Generalstab unablässig bemüht, Mobilmachung und Aufmarsch des östlichen Bündnispartners zu beschleunigen, um eine möglichst rasche und wirksame Entlastung durch eine russische Offensive zu erhalten.

So wurde im Frühjahr 1914 festgelegt, daß bereits am fünfzehnten Mobilmachungstag Truppen in Stärke von 800 000 Mann an der deutsch-russischen Grenze stehen und sogleich mit der Offensive beginnen sollten. Das Erstaunliche war, daß die Russen diese Verpflichtung zum raschen Einfall in Ostpreußen nicht nur eingingen, sondern sie auch tatsächlich erfüllten. Solche Schnelligkeit war auf deutscher Seite nicht für möglich gehalten worden.

Beide Seiten planten nicht den Krieg in der Weise, daß sie zu einem bestimmten Zeitpunkt losschlagen wollten. Vielmehr bereiteten sie sich für den Kriegsfall vor, von dessen Unausweichlichkeit sie letztlich überzeugt waren. Dabei zeigte die Entente mehr Umsicht und Gründlichkeit als ihre potentiellen Gegner. Das war aber kein Ausdruck größerer Aggressivität, sondern nur einer wirksamen Kooperation von Politik und Militär.

Der Erste Weltkrieg

JULIKRISE UND KRIEGSAUSBRUCH

Das Attentat auf den österreichischen Thronfolger am 28. Juni 1914 in Sarajevo – Hauptstadt der seit 1878 von Österreich besetzten und dann 1908 annektierten Bosnien-Herzegowina – mußte nicht notwendig zu dem großen, schon während der Julikrise als Weltkrieg bezeichneten Konflikt führen. Daß die Krise tatsächlich in den Weltkrieg mündete und nicht als dritter Balkankrieg ausgetragen wurde, hatte einen Grund: Diesmal fielen nicht lediglich die »Balkanköter«[1] übereinander her, sondern Österreich-Ungarn war unmittelbar betroffen. Sein ohnehin fragwürdiger Status als eine der fünf europäischen Großmächte wurde durch den serbischen Nationalismus zunehmend gefährdet, was die Regierung in Wien veranlaßte, auf das Attentat mit abschreckender Härte zu reagieren.

Darüber hinaus schuf die Allianz der Doppelmonarchie mit dem Deutschen Reich grundsätzlich andere Voraussetzungen, womit die Krise von vornherein einen gefährlichen Tiefgang gewann. Denn Rußland war auf der anderen Seite zur Unterstützung Serbiens entschlossen und nicht bereit, eine fühlbare Schwächung oder Demütigung dieses Staates hinzunehmen; so entstand die Konfrontation zwischen den bestehenden Bündnissystemen. Damit aber war die Möglichkeit eines erfolgreichen Krisenmanagements, das die Lokalisierung der vorangegangenen Balkankriege ermöglicht hatte, entscheidend gemindert.

Man hat den Ersten Weltkrieg zu Recht als die Urkatastrophe des Jahrhunderts bezeichnet. Die Verwerfungen und Fehlentwicklungen, die 1914 ihren Anfang nahmen, haben in Deutschland erst mit dem Ende der DDR, weltweit dann mit der Auflösung der Sowjetunion ihr Ende gefunden. Denn am Ende des Ersten Weltkrieges waren die grundlegenden Probleme, die zu seinem Ausbruch geführt hatten, keineswegs gelöst. Statt dessen entstanden neue, weit gefährlichere Krisen. Das Kriegsende rief bei den Verlierern Revolutionen oder revolutionäre Erhebungen hervor, und die mühsam erarbeitete Friedensordnung war so brüchig und in sich widersprüchlich, daß sie leidenschaftlichen Protest hervorrief und zum Scheitern verurteilt war. Politische Massenbewegungen mit neuartigen Ideologien eroberten in einigen Staaten die Macht und errichteten diktatorische Herrschaftssysteme, die eine bis dahin unbekannte kriminelle Energie entfalteten und schließlich den Zweiten Weltkrieg auslösten, der für sie nichts anderes war als eine Fortsetzung des Ersten. Ein solches Ergebnis hatten einsichtige Beobachter schon 1919 prophezeit, aber sie besaßen nicht die Macht, die Fahrt in die Katastrophe zu verhindern.

Der Krieg, der 1914 begann, bedeutete auch einen Zivilisationsbruch. Die Periode des Friedens, die einen imponierenden Fortschritt in Wirtschaft und Gesellschaft gebracht hatte und schon manchen hoffen ließ, daß der friedliche Wettbewerb sich als zukunftweisende Form politisch-sozialer Auseinandersetzungen erweisen werde, fand ein dramatisches Ende und verkehrte sich in ihr Gegenteil. Friedliche Zeitgenossen verwandelten sich in Virtuosen des Tötens; in den Materialschlachten mit ihren ungeheuren Blutopfern verlor das menschliche Leben seinen Wert. Von den Langzeitwirkungen des Weltkrieges, seiner tiefgreifenden Revolutionierung, ahnte man zunächst kaum etwas. Die Völker rechneten allgemein mit einem kurzen Krieg und waren von dessen Unvermeidlichkeit mehr oder weniger stark überzeugt, nachdem die vorangegangenen Krisen seit 1911 seinen Ausbruch immer wahrscheinlicher gemacht hatten.

Die Frage nach der Kriegsschuld und ihre Erforschung hat zu einer unübersehbaren Literatur, keineswegs aber zu eindeutigen Ergebnissen geführt. Sie ist letztlich müßig, denn sie stand für die alliierten Sieger seit Beginn des Krieges unverrückbar fest und war von dem politischen Erfordernis bestimmt, der Gegenseite die alleinige Kriegsschuld und damit die Verantwortung für alle verursachten Schäden aufzubürden. Mit dieser einseitigen Schuldzuweisung wurden – was weit wichtiger war – die von den Völkern der Alliierten gebrachten Opfer gerechtfertigt. So erhielt der Krieg seinen Sinn, und das war ausschlaggebend. Denn Demokratien müssen immer gerechte Kriege führen, die lediglich ihrer Verteidigung dienen, sonst laufen die verantwortlichen Regierungen Gefahr, ihre Legitimation und ihre Wähler zu verlieren. In dieser Hinsicht ergab sich am Ende des Krieges für die Alliierten gewissermaßen eine Schieflage, weil die Mächte, die die größte Verantwortung für die Entfesselung des Krieges trugen, nämlich Österreich-Ungarn und das Zarenreich, inzwischen von der Landkarte verschwunden waren, während Deutschland im Krieg zwar als der Hauptgegner gegolten hatte, nicht aber unbedingt auch der Hauptverantwortliche für dessen Ausbruch gewesen sein mußte.

Wie stark die alliierte Kriegspropaganda mit ihrer Unterscheidung von den am Krieg Schuldigen und ihren unschuldigen Opfern im kollektiven Bewußtsein der Westmächte noch Jahrzehnte später nachwirkt, zeigte sich 1992 bei dem Krieg Serbiens gegen Kroatien und Bosnien. Da verhinderte die westliche Nachsicht gegenüber dem alten Bündnispartner, bei dem immer die Erinnerung an das kleine vergewaltigte Serbien des Jahres 1914 mitschwang, rechtzeitige Maßnahmen zur Unterbindung der Aggression. Auf der gleichen Linie liegt es, daß von der westlichen Forschung im Grunde der Nachweis nie wirklich zur Kenntnis genommen worden ist, daß die Attentäter von Sarajevo zu einer Terrororganisation gehörten, die außer zur serbischen Regierung auch zum russischen Gesandten in Belgrad enge Beziehungen unterhielt.[2]

Nicht nur der serbische Nationalismus, der mit dem Attentat auf den österreichischen Thronfolger in Sarajevo seinen Anspruch auf ganz Bosnien anmeldete, auch der mit russischer Förderung entstehende Balkanbund bedeutete für die Doppelmonarchie eine Bedrohung, die nicht einfach hingenommen werden konnte. Entscheidend war nur, wie und wann Wien darauf reagieren würde.

Die Kriegsschuldforschung der Zwischenkriegszeit zeichnete denn auch allmählich ein differenziertes Bild der Verantwortlichkeiten der beteiligten Mächte, das dem Diktum von Lloyd George entsprach, demzufolge die Staatsmänner sämtlich in den Krieg hineingeschliddert waren, also ein allseitiges Versagen festzustellen sei. Die relative Einigkeit unter den Forschern fand jedoch ein jähes Ende, als der Hamburger Historiker Fritz Fischer 1961 mit Nachdruck und moralischem Engagement behauptete, Deutschland allein komme die Schuld am Ersten Weltkrieg zu; die Reichsregierung habe planmäßig den Krieg als einen »Griff nach der Weltmacht« ausgelöst. Der Krieg sei, wie Fischer einige Jahre später schrieb, »im Sommer 1914 geistig, militärisch, politisch-diplomatisch und wirtschaftlich wohl vorbereitet« gewesen und man habe das Attentat von Sarajevo »bewußt als die sich bietende Gelegenheit benutzt, um die Blockierung der deutschen Weltpolitik zu überwinden«.[3] Die unvermeidliche, mit Leidenschaft geführte Kontroverse hat im Ergebnis die Rolle Deutschlands anders als zuvor bewertet, ohne aber die Thesen Fischers zu bestätigen. Die Rolle des Reichskanzlers von Bethmann Hollweg rückte in den Mittelpunkt des Interesses, zumal das Tagebuch seines Gehilfen Kurt Riezler, das erst im Verlaufe der Kontroverse veröffentlicht wurde, auf die Entscheidungsfindung des Kanzlers neues Licht warf.

Es gab keinen »Griff nach der Weltmacht«, sondern bei Kanzler, Militär und Öffentlichkeit überwog 1914 das zunehmend stärker werdende Bewußtsein, gegenüber der gegnerischen Konstellation militärisch immer schwächer zu werden.

Vor allem die wachsende russische Militärmacht flößte Furcht ein. Nach Abschluß seiner Aufrüstung würde Rußland, so die allgemeine Einschätzung, Deutschland drückend überlegen sein. Der Generalstabschef trat deshalb im Mai 1914 beim Reichskanzler für einen Präventivkrieg ein, fand jedoch keine

Zustimmung. Neben der russischen Aufrüstung gab es vor dem Attentat für die Reichsleitung nämlich Anzeichen für eine noch weit bedrohlichere Entwicklung: Durch einen Agenten in der russischen Botschaft in London wurde sie von geheimen britisch-russischen Verhandlungen über eine Marinekonvention informiert. Für den Kriegsfall war danach eine russische Invasion in Pommern erörtert worden, die unter dem Schutz der britischen Flotte erfolgen sollte. Derartige Verhandlungen, die vom britischen Außenminister strikt geleugnet wurden, mußten den Kanzler tief deprimieren, denn sie offenbarten ihm, wie vergeblich es war, auf eine langfristige Verbesserung der deutsch-britischen Beziehungen zu hoffen. Die bittere Erkenntnis war: Das Reich befand sich in der Defensive bei wachsender Überlegenheit der Gegenseite.

Der diplomatische Beistand und die Erfüllung der Bündnisverpflichtung gegenüber Österreich-Ungarn konnten nicht zur Debatte stehen, wohl aber die Einflußnahme auf den Verbündeten. In diesem Zusammenhang entwickelte Bethmann Hollweg eine mehr als eigenartige Taktik, die zudem in sich widersprüchlich war.

Am 5. Juli erhielt Wilhelm II. durch einen Wiener Abgesandten ein Handschreiben von Kaiser Franz Joseph und eine Denkschrift der österreichisch-ungarischen Regierung, die über die politischen Machenschaften der Balkanstaaten und die daraus zu ziehenden Schlußfolgerungen Auskunft gab. In dem Handschreiben wurde unverblümt gefordert, daß Serbien »als politischer Machtfaktor am Balkan ausgeschaltet wird«.[4] Des deutschen Kaisers Reaktion darauf war spontan zustimmend, was freilich bei der notorischen Oberflächlichkeit dieses Monarchen nicht viel besagte. Danach empfing er hohe Militärs, unter ihnen den preußischen Kriegsminister Erich von Falkenhayn, der nicht den Eindruck hatte, daß eine ernsthafte Kriegsgefahr bestand. Am Abend traf der Kaiser mit dem Reichskanzler zusammen, am nächsten Vormittag mit einem Vertreter der Marine. Auch der spürte nichts von einer sich zuspitzenden Krise, geschweige denn von einem bevorstehenden Krieg.

Den sagenhaften Potsdamer »Kronrat«, dem die alliierte Weltkriegspropaganda den Beschluß zum Krieg zuschrieb, hat es dagegen gar nicht gegeben. Dennoch war eine folgenschwere Entscheidung gefallen. Der österreichische Botschafter meldete nämlich am 6. Juli nach Wien, der Reichskanzler habe ihm feste Hilfe zugesagt und erklärt, daß die Wiener Regierung allein zu beurteilen habe, was gegenüber Serbien zu unternehmen sei: »Wir könnten hiebei – wie auch immer unsere Entscheidung ausfallen möge – mit Sicherheit darauf rechnen, daß Deutschland als Bundesgenosse und Freund der Monarchie hinter ihr stehe.«[5] Das war der berühmte Blankoscheck, eine weitgehende Hilfszusage ohne jede einschränkende Bedingung.

Wie konnte es zu so einer riskanten Ermächtigung kommen? Hier bieten die Riezler-Tagebücher neue Aufschlüsse. Im Gegensatz zum Kaiser und zu den Militärs beurteilte der Kanzler die Lage weitaus ernster, und es ist davon auszugehen, daß er weder dem Kaiser noch den Generälen seinen Standpunkt offenbart hat. Letztere brachen daher in die Ferien auf und der Kaiser zu seiner traditionellen Nordlandreise, und so konnten sie den Kanzler in seiner diplomatischen Aktion nicht behindern.

Tatsächlich war Bethmann Hollweg in düsterer Stimmung. »Eine Aktion gegen Serbien kann zum Weltkrieg führen«, äußerte er gegenüber seinem Vertrauten schon am 7. Juli.[6] Und dieser Konflikt würde kein kurzer Krieg sein, denn der Kanzler erwartete von ihm »eine Umwälzung alles Bestehenden«. Ursache für diese pessimistische Lagebeurteilung war das Verhältnis zur Doppelmonarchie. Er sah zwar die Schwäche und Unzuverlässigkeit des Bündnispartners, aber, und das wog schwerer, der Habsburgerstaat war Deutschlands einziger Bundesgenosse und nur dann zu einer gemeinsamen Aktion bereit, wenn seine eigenen Interessen im Vordergrund standen. Würde Deutschland die Österreicher aber nicht unterstützen, würde also Berlin von Aktionen gegen Serbien abraten, »so heißt es, wir hätten sie im Stich gelassen. Dann nähern sie sich den Westmächten, deren Arme offen stehen, und wir verlieren den letzten mäßigen Bundesgenossen«.

Dieses Dilemma blieb auch der Gegenseite nicht verborgen. Der britische Außenminister Grey stellte am 9. Juli fest: »Je mehr sich die militärische Situation zu Deutschlands Ungunsten verändere, um so wertvoller werde für Deutschland das Bündnis mit Österreich und um so mehr Gewalt bekomme infolgedessen Österreich über Deutschland.« Bethmann versuchte jedoch daraus einen Vorteil zu ziehen: »Kommt der Krieg aus dem Osten, so daß wir also für Österreich-Ungarn und nicht Österreich-Ungarn für uns zu Felde zieht, so haben wir Aussicht, ihn zu gewinnen.«[7] Was jetzt unternommen werden müsse, sei eine rasche militärische Aktion: »Ein schnelles fait accompli und dann freundlich gegen die Entente, dann kann der Choc ausgehalten werden.«

Man hat die Vorstellungen des Kanzlers zu einer Konzeption des »kalkulierten Risikos« hochstilisiert.[8] Danach soll er zwar das volle Kriegsrisiko einzugehen bereit gewesen sein, gleichwohl eine friedliche Beilegung des Konflikts und zugleich einen diplomatischen Erfolg zur Stabilisierung Österreichs angestrebt haben. Diese These ist schon früh kritisiert worden.[9] Es war unrealistisch, einen diplomatischen Erfolg über die Entente anzustreben, denn Rußland war aus innenpolitischen Gründen weder willens noch fähig, eine diplomatische Niederlage einzustecken, zumal es sich diesmal der Unterstützung seines französischen Bundesgenossen vollkommen sicher sein konnte.

Erfolg konnte die Politik des kalkulierten Risikos letztlich nur bringen, wenn die Reichsleitung in enger Abstimmung mit der Regierung in Wien wirksames Krisenmanagement betrieb. Statt dessen stellte sie den Blankoscheck aus und wartete dann ergeben ab, was der Bundesgenosse zu unternehmen geruhte. Der aber fühlte sich durch die deutsche Rückendeckung zu einem provozierend langsamen Vorgehen veranlaßt und dachte gar nicht daran, durch eine schnelle Aktion vollendete Tatsachen zu schaffen. Wie langsam alles in Wien voranging, zeigte am 11. Juli die Nachricht, daß die Österreicher sechzehn Tage für die Mobilisierung ihrer Streitkräfte benötigten.

Bethmanns Politik in der Julikrise, vor allem der Blankoscheck an Wien, der durchaus im Bewußtsein abgegeben wurde, daß daraus ein Weltkrieg entstehen könnte, ist von einer Kriegsbereitschaft geprägt, die präventiven Charakter hatte. Der Kanzler strebte keinen Krieg an, um Gebiete zu erobern oder gar um Deutschland zur Weltmacht zu machen. Seine Haltung war grundsätzlich defensiv und von der wachsenden deutschen Unterlegenheit bestimmt. Er war von der Unvermeidlichkeit des Krieges überzeugt, zumal er glaubte, die durch das Attentat von Sarajevo geschaffene Lage eigne sich besser als Kriegsgrund denn ein späterer Konflikt unter ungünstigeren Bedingungen. Es war für ihn, wie er im September 1914 rechtfertigend erklärte, der »am wenigsten ungünstige« Zeitpunkt.[10]

Viel mehr als das »kalkulierte Risiko«, das im Grunde keines war, scheint ein anderes am 8. Juli geäußertes Kalkül die Politik Bethmanns bestimmt zu haben: die Erwartung nämlich, daß der Krieg zu gewinnen sei, wenn er aus dem Osten käme. Rußland mußte also den Krieg auslösen oder als Angreifer dastehen.

Das österreichische Ultimatum an Serbien vom 23. Juli zeigte den Kriegswillen und zugleich die Unbeweglichkeit der Wiener Regierung. Das bewußt demütigende österreichische Ultimatum beantworteten die Serben äußerst entgegenkommend. Das ließ den moralischen Kredit der Wiener Regierung und deren Anspruch auf Genugtuung nach der Ermordung des Thronfolgers rasch schwinden, und so drängte der Kanzler die Wiener Regierung zu mehr Flexibilität und empfahl dringend, auf die von England vorgeschlagenen Vermittlungsschritte einzugehen.

Die Doppelmonarchie hielt sich jedoch nicht daran und erklärte Serbien am 28. Juli den Krieg. Da sie noch nicht zum Einmarsch in serbisches Gebiet gerüstet war, begnügte sie sich zunächst mit der Beschießung Belgrads. Der Kanzler steigerte seine Bemühungen um die Lokalisierung des Konflikts durch Intensivierung der diplomatischen Kontakte zu dem britischen Außenminister und durch Einwirkung auf die Wiener Politik. Doch diese Bemühungen kamen zu spät und blieben ohne Wirkung. Anders als in den vorangegangenen Krisensituationen befand sich das Reich nun in der Rolle des engagierten Bundesgenossen und nicht mehr in der des Vermittlers. Das konnte nicht ohne Rückwirkung auf die Entwicklung der Krise bleiben. Denn Frankreich stand auf der Gegenseite zur vorbehaltlosen Stützung Rußlands bereit und betrachtete die serbische Frage als Härtetest, vor dem es nicht zurückzuschrecken galt. Zugleich kamen mit der wachsenden Kriegsgefahr die Militärs immer stärker ins Spiel. Ihr Standpunkt war auf allen Seiten der gleiche: Sie plädierten für Krieg.

Schon vor der Kriegserklärung an Serbien begann auch das deutsche Militär, sich auf den Krieg einzustellen. Hier war es neben Moltke vor allem Falkenhayn, der immer stärker auf den Erlaß »kriegsvorbereitender Anordnungen« drang. Doch Bethmann Hollweg blieb reserviert, auch gegenüber den sich häufenden Nachrichten aus Rußland, die immer klarer auf Teilmobilisierung und auf Krieg gegen Österreich hinwiesen, was den Bündnisfall für das Reich bedeutete. Sehr zäh wehrte der Kanzler alle Versuche des Militärs ab, mehr als verdeckte Vorbereitungen zur Mobilmachung zuzulassen.[11] Aus innenpolitischen Gründen war es notwendig, daß Rußland zweifelsfrei als Angreifer dastand.

Als am 31. Juli die russische Mobilmachung erfolgte, reagierte die Reichsleitung mit der Erklärung drohender Kriegsgefahr und der Überreichung von Ultimaten in Petersburg und Paris. Beide Regierungen reagierten nicht auf diesen deutschen Schritt. Frankreich mobilisierte am selben Tag wie Deutschland. Das bedeutete Krieg, denn die deutsche Seite konnte nun nicht mehr taktieren und auf Zeit spielen. Für die deutsche Planung war entscheidend, daß durch die möglichst rasche Mobilmachung des deutschen Heeres ein zeitlicher Vorsprung erzielt wurde, der die deutschen Siegeschancen entscheidend erhöhte.

Zum Schlieffen-Plan gab es keine Alternative, also mußte an ihm festgehalten werden, auch wenn plötzlich die irrtümliche und bald wieder korrigierte Meldung des Botschafters in London, England und Frankreich würden – ungeachtet des Krieges mit Rußland – neutral bleiben, falls Deutschland von einem Angriff auf Frankreich absehe, kurzfristig für Verwirrung sorgte. Nicht nur das militärische Deutschland, sondern auch bürgerliche Demokratien hätten sich in einer solchen Situation den militärischen Forderungen gebeugt, wenn die Militärs einen bestimmten Feldzugsplan als das einzige Siegesrezept präsentiert hätten. Denn wo gab es Politiker, die die von niemand in Frage gestellte Autorität der militärischen Führung anzuzweifeln wagten, die zu beurteilen ihnen die Sachkenntnis fehlte? Die Ausnahme bildet Winston Churchill, aber da bleibt die Frage offen, ob seine wiederholten Interventionen in die militärischen Planungen nicht mehr Schaden als Nutzen gestiftet haben.

In der Stunde des Kriegsausbruchs, als es um die »richtigen« Kriegserklärungen ging, trat wieder die für das Kaiserreich typische Abschottung zwischen Militär und Diplomatie zutage, diesmal mit besonders nachteiligen Wirkungen. Wenn man schon unter dem Zwang zur raschen Offensive gegen Frankreich stand, unabhängig von der politischen Konstellation zu Beginn des Krieges, so war es desto notwendiger, die Diplomatie auf den Kriegsausbruch vorzubereiten und in die Lage zu versetzen, der internationalen Öffentlichkeit wenigstens gut klingende Rechtfertigungen zu präsentieren.

Bethmann Hollweg scheint aber für die außenpolitische Brisanz des durch den Schlieffen-Plan bestimmten Vorgehens kein Gespür gehabt zu haben. Daß die Kriegserklärung an Rußland lediglich wegen des nicht beantworteten Ultimatums erfolgte, also ohne Begründung in der Sache, die Kriegserklärung an Frankreich aber mangels jeder faktischen Feindseligkeit von französischer Seite zu groben Unwahrheiten wie etwa angeblichen Luftangriffen auf deutsches Gebiet Zuflucht nehmen mußte, hat den Eindruck deutscher Aggressivität in der Welt nachhaltig verstärkt. So entstand das Bild des stummen und gewaltbereiten deutschen Riesen, der für jedes Verbrechen gut war, das ihm die feindliche Propaganda ohne Skrupel unterstellte. Allerdings konnte sich Bethmann mit Sicherheit nicht vorstellen, daß sein Wort von der belgischen Neutralität als einem Fetzen Papier, das ihm bei einer emotionalen Auseinandersetzung mit dem britischen Botschafter während dessen Abschiedsvisite am 4. August herausgerutscht war, bald als wichtigstes Argument der Ententepropaganda gegen Deutschland benutzt werden würde. Bethmanns gewiß höchst problematische Formulierung war allerdings nie für die Öffentlichkeit bestimmt gewesen, aber kurze Zeit später von britischer Seite publik gemacht worden. Dieses Vorgehen zeigte bereits, daß die Propaganda in diesem Krieg eine entscheidende Rolle spielen würde.

Der fehlenden diplomatischen Vorbereitung des Kriegseintritts auf deutscher Seite entsprach eine meisterhafte Regie der Gegenseite. Schon am 30. Juli war die französische Regierung entschlossen, »alle Trümpfe auszuspielen und Deutschland ins Unrecht zu setzen«.[12] Das war nicht allzu schwer, denn sie hatte dem Gegner in die Karten geschaut: In Frankreich – und damit auch in Großbritannien – war der Schlieffen-Plan bekannt. Bereits 1904/05 lagen gewisse Kenntnisse vor, die im Jahre 1913 erheblich dadurch ergänzt wurden, daß der deutsche Mobilmachungsplan dem französischen Generalstab zugespielt wurde.[13]

Man wußte also, daß sich der deutsche Hauptangriff gegen Frankreich richten und durch Belgien geführt werden sollte. Allerdings erkannte man nicht das ganze Ausmaß der Verlagerung des Schwerpunktes auf den rechten Flügel. Auf jeden Fall war klar, daß Frankreich durch den deutschen Aufmarschplan in die Position des Angegriffenen geriet, was in innenpolitischer Hinsicht einen eminenten Vorteil darstellte. Die Mobilmachung erfolgte zur selben Zeit wie in Deutschland, aber dann zeigte sich die französische Regierung demonstrativ defensiv, indem sie ihre Truppen zehn Kilometer von der Grenze zurückzog. Wieviel besser war die französische Regierung legitimiert, wenn sie einen Verteidigungskrieg führte anstatt Deutschland den Krieg zu erklären mit der Begründung, sie sei dazu durch das Bündnis mit Rußland verpflichtet. Poincaré wünschte »öffentliche Debatten über die Anwendung des Bündnisvertrages zu vermeiden; deshalb und aus hauptsächlich England betreffenden Erwägungen wäre es besser, wenn die Kriegserklärung nicht von Frankreich, sondern von Deutschland ausginge«, berichtete am 1. August der russische Botschafter.[14]

Schließlich erhielt die britische Regierung durch die Verletzung der belgischen Neutralität eine glänzende Rechtfertigung zum Kriegseintritt, der auf keinen innenpolitischen Widerspruch traf.

Bei der Rechtfertigung des Kriegseintritts nach innen zeigte sich auf beiden Seiten eine erstaunliche Übereinstimmung. Trotz parlamentarischer Regierungsweise und weitaus stärkerer demokratischer Partizipation hatten die französische und britische Regierung dieselbe Taktik wie Bethmann Hollweg gewählt, nur vertraten sie sie politisch weit überzeugender. Auf beiden Seiten wurden die Entscheidungen zum Krieg dem vorherrschenden Feindbild angepaßt und nicht etwa die Motive politisch-strategischer Art offengelegt, die tatsächlich zum Kriegsentschluß geführt hatten.

Wolfgang J. Mommsen hat kürzlich die These vertreten: »In Wahrheit war der Krieg das Resultat des machiavellistischen Kalküls einer kleinen, innerlich bereits überlebten Führungsschicht, welche in einer kritischen weltpolitischen Situation leichtfertig und mit zu hohem Einsatz gespielt hatte, weil sie hoffte, auf diese Weise ihre eigene geschwächte Machtstellung stabilisieren zu können.«[15] Das bezieht sich natürlich nur auf das Deutsche Reich. Es habe sich also nur um ein Manöver der konservativen Eliten zum Zweck des eigenen Machterhalts gehandelt, obwohl sie »eigentlich« schon abgewirtschaftet hatten und sich daher in ihrer Stellung bedroht fühlten.

Ein solches Urteil degradiert das »Augusterlebnis« von 1914 zu einer Manipulation, der das deutsche Volk in ganz einmaliger Geschlossenheit blind zum Opfer gefallen sei. Dabei sind innenpolitische Motivationen zur Flucht in den Krieg, wie es sie in Österreich-Ungarn und Rußland gab, in Deutschland nicht nachweisbar. Mommsens Diktum nimmt das durch das Nationalgefühl ganz wesentlich konstituierte kollektive Bewußtsein als grundlegendes Faktum nicht wahr. Eine lediglich am Machterhalt interessierte Clique hätte doch kaum solche Emotionen freisetzen können.

Insbesondere zeigt die Meinungsbildung innerhalb der sozialdemokratischen Reichstagsfraktion in den Tagen vor dem 4. August, vor jener Sitzung des Reichstags, auf der über die Kriegskredite und damit über den Krieg abgestimmt wurde, wie wenig eine Einwirkung der Regierung oder eine Manipulation seitens der Parteiführung im Spiele war.[16] Vielmehr war die große Mehrheit ursprünglich keineswegs kriegsbegeistert und viel stärker an den Beschlüssen der sozialistischen Internationale orientiert. Schließlich gelangten sie aber zu der gleichen Einstellung wie die sehr große Mehrheit ihrer Anhänger und Wähler. Erleichtert hat die Entscheidung, daß es vor allem gegen das reaktionäre Zarenreich ging. Daher stimmten sie für die Kredite und damit für den Krieg.

Für linke Intellektuelle ist die nationale Geschlossenheit der Augusttage bis heute schwer verständlich. Immer wieder versuchen sie das Augusterlebnis zu deuten, prüfen die Zahl der Kriegsfreiwilligen sowie den Grad und die Anzeichen der nationalen Begeisterung. In diesem Zusammenhang benutzen sie subjektive Begriffe wie Hurra-Patriotismus und Chauvinismus.[17] Wer aber die damalige Stimmung auf hysterische Ausbrüche von Blutdurst und Fremdenhaß und die mitunter sichtbar werdende Pogromstimmung in den Großstädten reduziert, der läßt außer acht, daß die nationale Geschlossenheit auch ganz andere Formen gezeigt hat. So ist die Landbevölkerung, wie es etwa für Frankreich nachgewiesen werden konnte,[18] nüchterner und durchaus mit dem Bewußtsein in den Krieg gegangen, daß er auch Opfer kosten werde. Das hatte das Gefallenendenkmal vom letzten Krieg im Dorf jedem vermittelt. Es ist ebenso selbstverständlich, daß in weiten Kreisen der Bevölkerung der Krieg alles andere als Begeisterung auslöste, wußte man doch nur zu gut, daß die Männer und Söhne möglicherweise nicht wieder nach Hause kommen würden. Die Erklärung der sozialdemokratischen Reichstagsfraktion hat dieser Einschätzung mit ebenso würdigen wie ergreifenden Worten Rechnung getragen.

Das Augusterlebnis ist emotional weniger als Ausdruck aggressiver Kriegsbereitschaft zu werten als ein Zeichen des Zusammenstehens, des Eintretens für das Ganze und einer Opferbereitschaft, deren tatsächliches Ausmaß sich damals noch jeder Vorstellung entzog. Die Erinnerungen von Carl Zuckmayer, der als Kriegsgegner aus den Ferien in Holland zurückkam und bei jedem Halt des Zuges in Deutschland von der wachsenden Stärke des Gemeinschaftsgefühls ergriffen wurde, bringen den Meinungswandel und die Entschlossenheit zum Krieg ebenso unprätentiös wie überzeugend zum Ausdruck. Der Abmarsch der Truppen aus Zuckmayers Heimatstadt Mainz, der mehr einem nationalen Festzug glich, machte zugleich den Wandel des Nationalbewußtseins in den vorangegangenen Jahrzehnten deutlich. Als Wilhelm I. im Jahre 1870

27. August 1914: »Hurra, ich darf mit!« schreibt der Dichter Richard Dehmel voller Enthusiamsus an einen Freund. Der inzwischen Einundfünfzigjährige hatte alle Hebel in Bewegung gesetzt, um vom Fronterlebnis nicht ausgeschlossen zu werden. Bald sollte der im Kaiserreich neben Gerhart Hauptmann und Thomas Mann wohl einflußreichste Literat im Schützengraben patriotische Gedichte verfassen, die in der Heimat weite Verbreitung fanden, etwa das »Gebet ans Volk«, das mit der Strophe endet:

> Über jedem blitzt das Eisen,
> das ihn auf die Probe stellt,
> freu Dich Volk, wir woll'n erweisen,
> daß du wert bist, dich zu preisen
> über alles in der Welt,
> deutsches Volk!

über Mainz zur Armee nach Frankreich fuhr, nahm die Bevölkerung noch eine reservierte Haltung ein; nicht einmal die Hüte wurden überall gezogen.[19] Das hatte sich nun vollständig geändert.

Das Augusterlebnis und das Wort des Kaisers, daß er keine Parteien, sondern nur noch Deutsche kenne, haben in der Folgezeit für das politische Denken in Deutschland eine mehr als problematische Rolle gespielt. Sie zeigen aber zugleich, daß damit ein für Deutsche charakteristisches Ideal angesprochen wurde. In Frankreich kam es analog zum deutschen »Burgfrieden« zur »Union sacrée«. Während dies in Frankreich aber mehr als Episode, als Ausnahme von der »normalen« politischen Auseinandersetzung galt, zu der man im übrigen bald zurückkehrte, gewann unter den heillos zerstrittenen Deutschen die Vorstellung eines politischen Miteinanders jenseits des Parteienhaders und des Klassenkampfes ein derartiges Eigengewicht, daß sie in den kommenden Jahrzehnten das kollektive Bewußtsein prägte. In der »Volksgemeinschaft« wie in der »Sozialen Marktwirtschaft« hat diese Vorstellung Konkretisierungen gefunden, die trotz der gravierenden Unterschiede eine gemeinsame Wurzel haben.

VOM SCHEITERN DES SCHLIEFFEN-PLANS
BIS ZUM RÜCKTRITT FALKENHAYNS

Der Erste Weltkrieg war für Deutschland nicht zu gewinnen. Das Potential an Menschen und Material war auf der Gegenseite weitaus größer, und gerade diesem Material kam angesichts der Länge des Krieges und seiner immer stärkeren Technisierung eine ausschlaggebende Bedeutung zu. Durch den Kriegseintritt der USA im Frühjahr 1917 entfiel auch endgültig die Möglichkeit, zu einem Frieden auf der Basis des Status quo zu gelangen, ähnlich dem Hubertusburger Frieden, der einst Friedrich dem Großen den glimpflichen Ausstieg aus dem Siebenjährigen Krieg ermöglicht hatte.

Mit den Amerikanern als Gegnern nahm die Ideologisierung des Krieges dramatisch zu. Zusehends beherrschte die Alliierten die Vorstellung, einen Kreuzzug im Namen der westlichen Demokratien gegen die reaktionären und volksfeindlichen Mittelmächte führen zu müssen, mit denen kein Verständigungsfriede möglich sei, da dafür die elementaren Voraussetzungen fehlten. Dennoch blieb in Deutschland der Glaube vorherrschend, der Krieg könne nicht verloren werden, weil die Öffentlichkeit nie über den Ernst der Lage rückhaltlos aufgeklärt worden war. Strittig war nur – und dieser sinnlose Streit beeinflußte nachhaltig die politische Auseinandersetzung –, unter welchen Bedingungen der Friede akzeptabel sei, ob als »Siegfriede« oder als »Verständigungsfriede« – ein für die deutsche Gesellschaft charakteristischer Realitätsverlust, der in der Nachkriegszeit nur noch durch die Dolchstoßlegende überboten wurde.

Der historische Befund – die faktische Unmöglichkeit eines deutschen Sieges – ist jedoch zu unterscheiden von den Erfolgsaussichten, die sich die deutschen Zeitgenossen mit mehr oder weniger Realitätssinn ausrechneten. Ihre optimistische Einschätzung des Kriegsausgangs stützte sich vor allem auf zwei Faktoren: zum einen auf die Überlegenheit der deutschen Führung und die bessere Ausbildung der Soldaten, die es immer wieder ermöglichten, die numerische Unterlegenheit der eigenen Kräfte wettzumachen und Krisenlagen zu meistern, zum andern auf die Tatsache, daß die Front weit jenseits der Reichsgrenzen verlief, was ein trügerische Gefühl von Sicherheit vermittelte.

Der Auftakt des Krieges im Westen hatte mit dem Schlieffen-Plan einen solchen Geländegewinn erbracht, daß die Kämpfe dort stets auf französischem und belgischem Boden geführt wurden. Die riesige Umfassungsbewegung durch Belgien und Nordfrankreich hatte dafür die Voraussetzung geschaffen. Militärisch gesehen war der deutsche Vormarsch eine einmalige Leistung. Innerhalb von vier Wochen legten die Angriffsarmeen über 400 Kilometer zurück; in der Gluthitze dieses Sommers verfolgten sie die zurückweichenden Franzosen, wobei sie sich immer mehr von den eigenen Nachschubbasen entfernten. Angesichts der noch wenig entwickelten Nachrichtentechnik blieb die Kommunikation mit der Obersten Heeresleitung (OHL), die weit entfernt ihren Sitz zunächst in Koblenz, dann in Luxemburg genommen hatte, notwendigerweise schwach und verschlechterte sich im Laufe des Vormarsches fortwährend.

Der imposante Vormarsch verdeckte jedoch weitgehend, daß noch keine strategischen Entscheidungen gefallen waren. Die deutschen Armeen hatten taktische Siege errungen, ohne die Umfassung und Vernichtung des Gegners zu erreichen. Das zeigten vor allem die geringen Zahlen an Gefangenen und erbeutetem Material. Als sich die französische Armee unter General Joffre an der Marne zur Gegenoffensive formierte, wurde das Scheitern des Schlieffen-Plans unübersehbar, auch wenn seine militärischen Verfechter dies später nicht wahrhaben wollten. Ihre Erklärungen für das Versagen des legendären Plans – die mangelnde Führungskraft des Generalstabschefs Moltke, die Fehlinformationen durch den Abgesandten des Hauptquartiers, das Herausziehen zweier Armeekorps für den Einsatz in Ostpreußen – trafen nicht den Kern. Die Ursache für den Fehlschlag lag in der Unfähigkeit, Paris einzuschließen. Die dafür notwendigen Truppen hatten schon in der Planung Schlieffens gefehlt. So schwenkten die deutschen Truppen östlich von Paris nach Osten ein, wodurch diese riesige Festung, die zugleich zentraler Verkehrsknotenpunkt und leistungsfähiges Nachschubzentrum war, in ihre Flanke geriet, von der aus selbst die berühmten Taxis an die Marne fahren konnten.

Die am 6. September beginnende Marneschlacht wurde ohne jede operative Einflußnahme durch die OHL geschlagen; Moltke hatte lediglich den Rückzugsbefehl erteilt, der später zudem heftig umstritten war. Im Verlauf der Schlacht ging nicht nur der Kontakt mit der OHL, sondern auch die Verbindung zwischen den Angriffsarmeen des rechten Flügels verloren. Eine Lücke entstand, in die der Gegner hineinstieß und damit unabsehbare Gefahren heraufbeschwor. Der Abbruch der Schlacht am 9. September und der Rückzug hinter die Aisne waren unausweichlich, denn die Fortsetzung des Kampfes hätte die sichere Niederlage bedeutet. Als »Wunder an der Marne« konnte der deutsche Rückzug Frankreichs Öffentlichkeit freilich nur deshalb erscheinen, weil sie nach irreführenden Angaben über den Frontverlauf, begünstigt durch das Auftauchen einzelner deutscher Einheiten in bedrohlicher Nähe der Hauptstadt, in Panik geraten war. Die Reaktion auf deutscher Seite war kaum realistischer, denn selbst in der Führung erkannten nur ganz wenige im Abbruch der Schlacht die bittere Wahrheit: das Mißlingen des ganzen Feldzugsplans. Selbst im Hauptquartier registrierten die meisten nur taktische Fehler oder eine kleine »Schlappe«.[20]

Der Nervenzusammenbruch Moltkes und seine Ablösung durch den preußischen Kriegsminister Erich von Falkenhayn am 14. September änderte nicht viel an dieser mißlichen Lage, mochte auch der neue OHL-Chef, seit langem als Kritiker des Generalstabschefs hervorgetreten, zu den wenigen gehören, die die Tragweite der Niederlage an der Marne begriffen.

Was nun folgte, ist als Wettlauf zum Meer in die Kriegsgeschichte eingegangen. General von Falkenhayn beschloß, durch eine Offensive am äußersten rechten Flügel weite Teile der Kanalküste zu erobern und damit die strategische Lage nachhaltig zu verbessern. Das Ergebnis der von Mitte Oktober bis Mitte November vorgetragenen Angriffe ist in mehrfacher Hinsicht bemerkenswert. Der Geländegewinn entsprach keineswegs den Verlusten. Eine neue Armee war für diese Operation eigens aufgestellt worden, die weitgehend aus Kriegsfreiwilligen bestand und von reaktivierten Offizieren geführt wurde, die den Anforderungen des modernen Krieges nicht mehr gewachsen waren. Die Einzelausbildung dieser Freiwilligen hatte lediglich einen Monat gedauert, so daß sie über die Anfänge des Formalexerzierens kaum hinausgekommen waren, also nur Kanonenfutter darstellten. Statt diese Freiwilligenverbände in fronterfahrene Divisionen einzugliedern, wurden sie als Korps geschlossen eingesetzt – mit furchtbaren Verlusten. Den traurigen Höhepunkt bildete am

12. November der Angriff bei Langemarck, der hauptsächlich von Freiwilligen, darunter vielen Studenten, vorgetragen wurde. Sie gerieten in das Feuer britischer Berufssoldaten und erlitten schwerste Verluste. Was rasch als Heldentod glorifiziert wurde, war in erster Linie die Folge eklatanter Führungsmängel, die in Stabskreisen schon damals Falkenhayns Autorität untergruben. Das brutale Festhalten an einer Operation, die über achtzigtausend Opfer forderte und sogar fortgesetzt wurde, als es nur noch um örtliche Geländegewinne ging, zeigt gewisse Parallelen zu der späteren Offensive gegen Verdun.

Wie an der gesamten Front im Westen, so endeten auch die Angriffe in Flandern im Stellungskrieg. Die Armeen gruben sich ein. Der Schützengrabenkrieg war nicht zuletzt eine Folge des Fortschritts der Kriegstechnik. Durch die erhöhte Feuerkraft der Artillerie und den massiven Einsatz von Maschinengewehren war der Verteidiger gegenüber dem Angreifer im Vorteil. Das wurde gleichsam zum ehernen Gesetz, das den Krieg im Westen bestimmte. Die Generalstäbe beider Seiten hatten dagegen auf den Angriff gesetzt, denn die Generäle mit ihren aus dem 19. Jahrhundert stammenden Vorstellungen vom Krieg hatten noch nicht zur Kenntnis genommen, daß die Feuerkraft der modernen Waffen, die im Krieg noch gesteigert wurde, ihren Vorstellungen vom kriegsentscheidenden Angriff nicht mehr gerecht wurden.

Der schnelle Übergang zum Stellungskrieg im Herbst 1914 hatte aber neben der Erschöpfung auf beiden Seiten noch eine andere praktische Ursache. Es herrschte allgemein empfindlicher Munitionsmangel, da der Verbrauch in den ersten drei Kriegsmonaten die Reserven, die für den gesamten Krieg angelegt worden waren, weitgehend verschlungen hatte. Die Produktion, die in Deutschland noch durch den Ausbau der synthetischen Stickstoffgewinnung kompliziert wurde, ließ sich nicht so schnell erhöhen, und das wirkte sich auf die Operationen des Jahres 1915 aus. Gleichwohl hielt sich in den Führungsstäben die Vorstellung, daß der operative Durchbruch durchaus möglich sei, wenn man nur genügend Geschütze und Munition zur Verfügung habe, um den Angriff der Infanterie wirkungsvoll zu unterstützen. Tatsächlich sollte es aber im Westen keiner Seite gelingen, zum Bewegungskrieg zurückzukehren. Der Irrtum kostete in den Materialschlachten Millionen Soldaten das Leben.

Die deutsche Führung hatte eine rasche Kriegsentscheidung im Westen erwartet. Daß der Fehlschlag an der Marne und das Fiasko in Flandern aber nicht als schwere Niederlagen akzeptiert wurden, lag an der Entwicklung im Osten, wo der Sieg von Tannenberg die Phantasie beflügelte. Die Russen waren mit zwei Armeen in Ostpreußen eingefallen. Mit geradezu untypischer Pünktlichkeit und Genauigkeit erschienen sie dort, wie mit dem französischen Generalstab abgesprochen. Sie waren zahlenmäßig den deutschen Truppen weit überlegen, gewannen das erste größere Gefecht für sich und lösten damit unter der Zivilbevölkerung Panik aus. Mit dem reaktivierten General Paul von Hindenburg, der am 22. August den Oberbefehl in Ostpreußen übernahm, und seinem Generalstabschef Erich Ludendorff wurde die Krise jedoch rasch überwunden. Durch geschicktes Umgruppieren boten die beiden Generäle fast alle Truppen gegen die in Masuren operierende Narewarmee auf und schlugen sie zwischen dem 26. und 30. August vernichtend.

Diesem Sieg sollte eine politische Langzeitwirkung zukommen. Er stellte zuerst einmal eine bemerkenswerte militärische Leistung dar: Innerhalb weniger Tage wurde eine heterogene Truppe in komplizierten Bewegungen umgruppiert und auf den völlig überraschten Gegner so erfolgreich angesetzt, daß sich daraus eine fast klassische Umfassungs- und Vernichtungsschlacht entwickelte. Der Sieg bewirkte einen Stimmungsumschwung. Wenige Tage zuvor hatte man noch mit der Räumung Ostpreußens und dem Rückzug hinter die Weichsel gerechnet, jetzt war die Bedrohung mit einem Schlag geschwunden und die Erleichterung ungeheuer. Das war die Grundlage für den Feldherrenmythos, der sich um Hindenburg und Ludendorff rankte und bald die Vorstellung gebar, daß nur dieses Dioskurenpaar den Krieg siegreich beenden könne.

Tatsächlich war zwischen den beiden Heerführern ein Bündnis entstanden, das für sie erhebliche Vorteile bot. Sie ergänzten sich hervorragend. Hindenburg blickte auf eine erfolgreiche Karriere zurück, die ihn in den Friedensjahren bis in die Spitzenstellung des Kommandierenden Generals eines Armeekorps befördert hatte. Er war ein typischer Vertreter des preußischen Schwertadels, typisch auch darin, daß er mit seiner Familie das Rittergut in Westpreußen nicht hatte halten können. Urteilskraft und Verantwortungsbereitschaft, Nervenstärke und die Fähigkeit zum Delegieren zeichneten ihn aus. Ludendorff stellte die ideale Ergänzung dar. Sozial gesehen war er ein Aufsteiger – sein Vater scheiterte als Gutspächter und endete als Versicherungsvertreter. Seine Stärke lag in der Stabsarbeit, der er sich mit stupender Arbeitskraft und Energie widmete, aber er war schwierig und starrsinnig, dazu unmäßig ehrgeizig und hätte mit anderen Oberbefehlshabern wohl seine Schwierigkeiten gehabt. Hindenburg aber schirmte ihn ab und ließ dem Generalstabschef weitgehend freie Hand. Die Harmonie zwischen ihnen ergab sich aus dem Bewußtsein, daß sie nur zusammen ein so erfolgreiches Gespann abgeben konnten – ein Grund mehr für das deutsche Volk, Paul von Hindenburg, seit November Generalfeldmarschall und Oberbefehlshaber aller Truppen im Osten (»Oberost«), und seinem Generalstabschef fast grenzenloses Vertrauen zu schenken.

Nach dem Sieg über die Narewarmee stellte Hindenburg den sofort akzeptierten Antrag, die Schlacht nach dem vom Kampfgeschehen auch betroffenen

Ort Tannenberg zu benennen. Dort war 1410 das Heer des Deutschen Ordens vom König von Polen besiegt worden. Mit dem frisch errungenen Sieg sollte die Niederlage von damals ausgeglichen werden. Hier zeigte sich bei der »Firma« Hindenburg-Ludendorff erstmals eine bemerkenswerte polirische Unschärfe. Denn der Sieg war nicht gegen die Polen, sondern gegen die Russen errungen worden, also gegen deren Todfeinde. Es mußte aber im Interesse der deutschen Politik liegen, mit den Polen als Gegnern der Russen zu einem halbwegs geregelten und friedlichen Verhältnis zu gelangen. Mit einer solchen sinnlosen Provokation wurden gegenteilige Gefühle hervorgerufen. Die keineswegs gerechtfertigte Benennung der Schlacht nach dem Ort der Niederlage von 1410, der damals keine nationale Frontstellung von Deutschen gegen Polen zugrunde lag, zeigte bei den Ostdeutschen Hindenburg und Ludendorff eine damals weitverbreitete, zudem rassisch gefärbte antislawische Einstellung, die von einem Gefühl der physischen Unterlegenheit gegenüber der als stärker empfundenen slawischen Volkskraft geprägt war.

Der Krieg im Osten hatte einen grundsätzlich anderen Charakter als der im Westen. An der Westfront blieben Stellungskrieg und Defensive bestimmend. Es galt vor allem die überlegenen feindlichen Angriffe abzuwehren und jeden Durchbruchsversuch durch die schnelle Anordnung wirksamer Gegenmaßnahmen zu vereiteln. Diese Aufgabe zu erfüllen erforderte bei der Überlegenheit des Gegners an Menschen und Material und der qualitativ hoch einzuschätzenden französischen Armee unsägliche Anstrengungen für Offiziere und Mannschaften. Die Abwehrerfolge stellten glänzende militärische Leistungen dar, die aber weitgehend anonym blieben, da sie keinerlei spektakuläre Folgen hatten. Im Osten dagegen waren Erfolge zu verzeichnen, auch wenn nicht immer die erstrebten Ziele erreicht wurden. Auf jeden Fall waren sie vielfach mit erheblichen Geländegewinnen und dem Einbringen vieler Gefangener verbunden, was die Stimmung hob. Daß es oft »billige« Siege waren, die zudem mit zusätzlichen Truppen errungen wurden, die mühsam aus der Front im Westen herausgezogen worden waren, wurde mehr oder weniger verdrängt.

General Falkenhayn war sich der Grenzen der deutschen Leistungsfähigkeit bewußt. Schon Ende 1914 hatte er intern seine nüchterne Einstellung zur Kriegslage offenbart: »Wenn wir den Krieg nicht verlieren, haben wir ihn gewonnen.«[21] Da er die Begrenztheit der deutschen Mittel kannte, hatten auch die beiden von ihm angeordneten Unternehmungen im Osten, der spektakuläre Durchbruch von Gorlice-Tarnow in Galizien im Mai und der Feldzug gegen Serbien im Oktober 1915, nur begrenzte Ziele. Vehement widersetzte er sich allen Forderungen, den Durchbruch von Gorlice zum Vernichtungsschlag gegen Rußland auszuweiten oder die geschlagene serbische Armee bis nach Griechenland zu verfolgen. Bei beiden Unternehmen hatte die generalstabsmäßige Leitung übrigens bei Oberst von Seeckt gelegen, einem der entschiedensten Vertreter des Falkenhayn-Kurses, der zugleich durch seine Erfolge die Eifersucht Hindenburgs und Ludendorffs weckte, die als alleinige Sieger im Osten dastehen wollten.[22]

Bei der Besetzung Serbiens ging es in erster Linie darum, die Landverbindung zur Türkei wiederherzustellen und Operationen dieses Bundesgenossen, seit Herbst 1914 an der Seite der Mittelmächte, durch die Lieferung des dringend benötigten Nachschubs zu ermöglichen. Bei den Vorbereitungen des Feldzuges gegen Serbien hatte auch Bulgarien, angelockt von territorialen Zusagen, sich den Mittelmächten angeschlossen und durch seinen Angriff auf Serbien von Südosten aus dessen Zusammenbruch beschleunigt. Das bulgarische Heer mußte dann in der Folgezeit die mazedonische Front behaupten, nachdem die Alliierten in Saloniki gelandet waren.

Im Mai 1915 machte nun auch Italien mobil, nachdem es bei Kriegsbeginn seiner Bündnispflicht nicht nachgekommen war und statt dessen seine Neutralität erklärt hatte. Da die Versprechungen der Entente auf reichen territorialen Gewinn – die Brennergrenze, Triest, Dalmatien – die Angebote der Österreicher weit übertrafen, kam der Kriegseintritt nicht unerwartet. Er bedeutete für die Doppelmonarchie eine zweite Front und damit eine weitere militärische Schwächung, obwohl die Kampfkraft der italienischen Armee nicht sehr hoch zu veranschlagen war.

Für das Jahr 1916 plante Falkenhayn nach Überwindung der Munitionskrise und der Bildung einiger Reserven, wieder an der Westfront aktiv zu werden. Diese Offensive zielte jedoch auf keinen Durchbruch ab, denn die alliierten Versuche im vergangenen Herbst hatten erwiesen, wie vergeblich diese Angriffe waren; die hohen Verluste für den Angreifer schreckten ab. Die französische Führung war daraufhin zum *guerre d'usure*, zum Abnutzungskrieg, übergegangen, indem sie die eigene Menschen- und Materialüberlegenheit so einsetzte, daß die entstehenden Verluste auf der Gegenseite schließlich Wirkung zeigen mußten. Das war eine primitive und menschenverachtende, aber erfolgreiche Strategie, die bei der Begrenztheit der deutschen Reserven schließlich durchaus Wirkung zeigte. Falkenhayn aber verfolgte einen anderen, komplizierteren Plan: Er wollte die französische Armee bei Verdun zum Angriff zwingen und ihr dabei schwere Verluste zufügen, ja sie zum »Ausbluten« bringen. Ein relativ begrenzter Angriff sollte also zu einem Geländegewinn führen, von dem dann die massierten französischen Angriffe abgewehrt werden konnten.

Der Plan ging jedoch nicht auf. Falkenhayn unterschätzte völlig die Kampfkraft der französischen Armee. Nach beachtlichen Anfangserfolgen blieb der

Angriff stecken. Er wurde jedoch nicht abgebrochen, sondern in wiederholten Schüben bis in den Sommer hinein fortgesetzt. Das Kalkül, das hinter dem Plan stand, nämlich durch diese Operation lediglich bei den Franzosen höhere Verluste als bei den Deutschen zu erzielen, ging nicht auf. Als sich im Laufe des Frühjahres herausstellte, daß selbst diese eigenartige Erfolgsrechnung nicht stimmte, der Angriff aber dennoch fortgesetzt wurde und fast so viele deutsche wie französische Verluste (240 000 Deutsche gegenüber 275 000 Franzosen) forderte, war in höheren Rängen der Armee der Ruf des Generalstabschefs ruiniert.

Für den Soldaten an der Front aber bedeutete die »Blutpumpe« von Verdun das Ausgeliefertsein an ein sinnloses Kampfgeschehen, das den Glauben an die Führung erschüttern mußte und zugleich die Frage nach dem Sinn dieser Opfer stellte. Ob die Kampfmoral allgemein darunter litt, ist schwer zu beurteilen, denn der Angriff auf Verdun war bis zum Frühjahr 1918 vorerst die letzte deutsche Offensive an der Westfront. In der Defensive zu kämpfen, sich der alliierten Angriffe zu erwehren, war weniger eine Frage der Moral als eine der Professionalität des Grabenkämpfers, der mit der Bekämpfung des Angreifers zugleich sich selbst verteidigte.

Im Sommer 1916 gerieten die Mittelmächte hart an den Rand der Niederlage. Tatsächlich ging in diesem Sommer die Initiative auf die Gegenseite über; die Entente plante im Juli den Generalangriff an allen Fronten. Er sollte die Entscheidung bringen. Die unter General Brussilow im Juli mit voller Kraft einsetzende Offensive brachte die ganze südöstliche Front der Mittelmächte ins Wanken. Sie machte die Zuführung deutscher Truppen aus dem Westen zur Stabilisierung der Lage erforderlich und verschärfte zugleich die seit Kriegsbeginn bestehenden Spannungen zwischen dem deutschen und dem österreichischen Oberkommando.

Am 1. Juli begann die Sommeschlacht, nachdem die deutschen Stellungen sieben Tage lang unter ununterbrochenem schwersten Trommelfeuer gelegen hatten. Der erste Angriffstag sollte der blutigste Tag für die britische Armee werden; knapp zwanzigtausend Offiziere und Soldaten fanden den Tod.[23] Es war die erste typische Materialschlacht sowohl im Aufwand wie im Ergebnis. Doch trotz des pausenlosen Beschusses war der Widerstand ungebrochen.

Mit der dramatischen Zuspitzung der militärischen Lage verstärkte sich die Kritik an Falkenhayn. Er war nie populär gewesen. Der Angriff auf Verdun hatte die Zahl seiner Gegner beträchtlich erhöht, obwohl ihm der Kaiser, den er geschickt zu nehmen wußte, noch immer eine wichtige Stütze war. Seit Juli 1916 setzte ein Kesseltreiben gegen den Generalstabschef ein, das vor allem von Oberost ausging. Der Motor der Kampagne war Ludendorff. Was sein ständiges Drängen so wirkungsvoll machte, war die Unterstützung der breiten Öffentlichkeit, die das erfolgreiche Feldherrenpaar nun ganz an der Spitze sehen wollte.

Zu den Politikern, die für einen Wechsel in der OHL eintraten, gehörte auch der Reichskanzler. Das überraschte nicht wenig, da Hindenburg und Ludendorff gerade die politischen Positionen vertraten – unbeschränkter U-Boot-Krieg, weitreichendes Annexionsprogramm –, die Bethmann erbittert bekämpft hatte. Aber der Kanzler sah in erster Linie wohl die kritische militärische Situation. Diese hatte sich im Sommer 1916 mit dem Kriegseintritt Rumäniens noch dramatisch verschlechtert, Besserung war in absehbarer Zeit nicht zu erwarten. Der Krieg konnte angesichts der gegnerischen Überlegenheit nicht gewonnen werden, also mußte es zu Verhandlungen, zu empfindlichen Abstrichen von den Siegeserwartungen der Öffentlichkeit mit all ihren Annexionsträumen kommen. In Bethmanns Augen hatte aber nur Hindenburg die Autorität, einen solchen Frieden abzuschließen. Dem Kaiser erklärte er nicht ohne Nachdruck: »Mit Hindenburg könne er einen enttäuschenden Frieden machen, ohne ihn nicht.«[24] Und gegenüber dem Chef des Militärkabinetts wurde Bethmann noch deutlicher: »Der Name Hindenburg … elektrisiert unser Heer und Volk, die grenzloses Vertrauen zu ihm haben. Unsere Situation beurteile ich ernst. Unser Menschenmaterial ist nicht unerschöpflich, schwere Nahrungssorgen und die Länge des Krieges drücken die Stimmung des Volkes. Aber selbst wenn wir eine Schlacht verlören, was Gott verhüten wolle, unser Volk würde auch das hinnehmen, wenn Hindenburg geführt hat und ebenso jeden Frieden, den sein Name deckt.«[25]

Sicher war der Gedanke, mit Hindenburg und Ludendorff einen – wenn auch mageren – Frieden abschließen zu können, das ausschlaggebende Motiv des Kanzlers für den Wechsel in der OHL gewesen. Im Grunde gab es auch keine personelle Alternative. Das fast unbegrenzte Vertrauen, das Hindenburg und Ludendorff entgegengebracht wurde, stellte einen Machtfaktor von ganz einzigartigem Gewicht dar. Gegen einen Feldherrn wie Hindenburg und seinen Nimbus der Unbesiegbarkeit war angesichts der militärischen Gesamtsituation kein Kraut gewachsen.

Mit dem Kriegseintritt Rumäniens am 27. August schien der Tiefpunkt erreicht. Obwohl mit den Mittelmächten verbündet, erklärte der Balkanstaat ihnen den Krieg, voller Erwartung, bei der Verteilung der Siegesbeute in Siebenbürgen großzügig bedacht zu werden. Die Reaktion im deutschen Hauptquartier war heftig, aber paradox. Die Kriegserklärung kostete Falkenhayn den Posten; der Kaiser hatte nun das Vertrauen in den Generalstabschef verloren. Falkenhayn hatte jedoch mit dem rumänischen Kriegseintritt gerechnet und schon seit Juli Vorbereitungen getroffen, deren Durchführung den raschen

Sieg über Rumänien ermöglichte. Die Verabschiedung Falkenhayns machte den Weg frei für die dritte Oberste Heeresleitung, die nun beweisen mußte, daß sie die in sie gesetzten Erwartungen erfüllen konnte.

KRIEGSZIELE

Kriege werden in der Regel mit der Absicht auf Beute, auf Macht- und Landgewinn geführt. In Deutschland fand während des Ersten Weltkrieges über die Frage, welche Kriegsziele Deutschland verfolgen müsse, eine erbitterte, die Nation spaltende Auseinandersetzung statt, für die es in den anderen kriegführenden Staaten keine Parallele gibt. Die Regierungen der Entente hatten eine Debatte über Kriegsziele in Erkenntnis ihrer schädlichen innenpolitischen Folgen durch rigorose Zensurmaßnahmen unterdrückt, so daß in der Öffentlichkeit nur Forderungen nach einer Rückkehr Elsaß-Lothringens, der Beseitigung des preußischen Militarismus und der Wiedergutmachung von Kriegsschäden auftauchten, deren Berechtigung allgemein anerkannt war.

In Deutschland dagegen erhielt die Frage der Kriegsziele von Beginn an eine aggressive Zuspitzung. Die Überzeugung, daß Deutschland einen Verteidigungskrieg führte, war unbestritten, wenn man von Positionen auf der äußersten Linken absieht. Nur ergaben sich daraus ganz unterschiedliche, sich gegenseitig ausschließende Schlußfolgerungen. Die eine Seite akzeptierte den Krieg in dem Bewußtsein, daß Deutschland ihn führen müsse, bis die Gegenseite friedenswillig sei. Es war die große Masse der Bevölkerung, die so dachte. Diese Einstellung teilte die große Mehrheit des Feldheeres, das mit der gegnerischen Übermacht ständig konfrontiert und buchstäblich gezwungen war, sich zu verteidigen.

Die andere Seite war gebildeter und in Geographie und Ökonomie bewandert. Sie artikulierte seit den ersten Wochen lautstark Forderungen nach Garantien und Sicherheiten, die vor einem erneuten Angriff wirkungsvoll schützen sollten. Aus dem Bedürfnis nach verstärkter Sicherheit wurden Forderungen abgeleitet, die nicht auf wirksamen Schutz vor einem Angriff zielten, sondern letztlich auf die Weltherrschaft. Die Urheber dieser Pläne saßen oft in den Reihen der Alldeutschen, die ihr früheres Verlangen nach deutscher Weltgeltung nun bestätigt fanden und hemmungslos Maximalprogramme entwarfen. Ihre Forderungen verbargen sich vornehmlich in den verschiedenen Eingaben an den Reichskanzler, so vor allem in einer Denkschrift der Wirtschaftsverbände. Aber auch bis dahin unauffällige Bürger wurden zu annexionswütigen Heimkriegern, die durch die Propagierung uferloser Forderungen ihren Beitrag zu einem Siegfrieden leisten wollten. Gerade Professoren taten sich hier unrühmlich hervor, vor allem mit der Eingabe vom 20. Juni 1915, die auf Grund der Brutalität der Forderungen erhebliches Aufsehen erregte. Es mußte in der Tat nachdenklich stimmen, wenn ein deutscher Gelehrter verkündete: »Wir werden siegen, weil wir siegen müssen.«[26]

Im Kampf um die Politik der Annexionen hatte sich zum ersten Mal der Typ des rechten Intellektuellen herausgebildet, der auch von den Zeitgenossen so bezeichnet wurde.[27] Das konnte nicht ohne Antwort auf der Gegenseite bleiben, wo der Typ des Linksintellektuellen scharfe Konturen gewann: als Reaktion auf nationalistische Akademiker und Journalisten, mehr noch aber als Protest gegen den Krieg überhaupt, gegen das herrschende politische System, das durch Belagerungszustand und Zensur verschärft wurde.

Thomas Mann bezeichnete den Linksintellektuellen höhnisch, wobei er stets an seinem Bruder Heinrich orientiert blieb, als »Zivilisationsliterat«, der »mit Leib und Seele zur Entente« halte und die Niederlage Deutschlands herbeisehne, um dadurch zu beweisen, »daß Deutschland in Lüge und Roheit statt in der Wahrheit und im Geiste gelebt hat«.[28]

Heinrich Mann hatte 1915 in einem berühmten Essay Emile Zolas Engagement in der Affäre Dreyfus als vorbildlich für die Haltung des Intellektuellen gegenüber dem Staat dargestellt und zugleich in versteckter Form Kritik an den politischen Zuständen in Deutschland geübt. Die Konfrontation zwischen französischer Armee und Intellektuellen von 1898 diente ihm dabei als Gleichnis für die Gegenwart. Denn nicht nur damals ging es um die »selten vernommene Wahrheit des Geistes über den Staat, des Menschen über die, die es nicht sein wollen«. Schon damals sei deutlich geworden, daß »Moral nichts mit Macht zu tun« habe.[29] Das waren Einsichten, die auf die intellektuellen Dissidenten wie Signale wirkten und sie darin bestärkten, zu den Deutschen, ihrem politischen System und ihrem Krieg auf Distanz zu gehen. Seit dem Weltkrieg nehmen die Linksintellektuellen als kritisch-provozierende Gruppe in der deutschen Gesellschaft eine Sonderstellung ein, die seit 1945 wachsenden Einfluß gewonnen hat.

Welche Position die Regierung einnahm, welche Kriegsziele Bethmann Hollweg anstrebte, darum ist erbittert gestritten worden. Noch heute geht die These um, das kaiserliche Deutschland habe durch weitgesteckte Kriegsziele den »Griff nach der Weltmacht« zu verwirklichen gesucht. Das »Septemberprogramm« vom 9. September 1914, eine Auflistung von Bethmanns Gehilfen Kurt Riezler, gilt den Befürwortern der These als ein Kerndokument. Es war auf dem Höhepunkt deutscher Siegeszuversicht verfaßt werden, noch vor der Nachricht von der Niederlage an der Marne, als die Forderungen für den scheinbar unmittelbar bevorstehenden Frieden wie Pilze aus dem Boden schossen. Auch der Kanzler hatte in dieser Situation eine Ausarbeitung über Friedensziele in Auftrag gegeben. Er selbst hatte als leitende Erwägung zwei Sätze vorangestellt: »Sicherung des Deutschen Reiches nach West und Ost auf erdenkliche Zeit. Zu diesem Zweck muß Frankreich so geschwächt werden, daß es als Großmacht nicht neu erstehen kann, Rußland von der deutschen Grenze nach Möglichkeit abgedrängt und seine Herrschaft über die nichtrussischen Vasallenvölker gebrochen werden.«[30] Das Programm beschäftigte sich dann weitgehend mit der Knebelung Frankreichs durch wirtschaftlich umfassende Zwangsmaßnahmen, mit der Zukunft Belgiens als eines letztlich immer von Deutschland abhängigen Gebildes und der Bildung eines mitteleuropäischen Wirtschaftsblocks unter deutscher Führung.

»Sicherung des Deutschen Reiches nach West und Ost auf erdenkliche Zeit«, das war die allgemeine, von jedem bejahte Grundeinstellung. Wie sie verwirklicht werden sollte, dazu bot das »Septemberprogramm« allerdings wenig Konkretes. Frankreich für Jahrzehnte so hohe Reparationen aufzuerlegen, daß es kein Geld zur Rüstung habe, war kein realistisches Konzept. Und auch die Vorschläge zu einem mitteleuropäischen Wirtschaftsverband waren unausgereift und spiegelten primär den Schock der Blockade wider. Sie sind als eine überstürzte Reaktion darauf anzusehen, als eine Defensivmaßnahme, die nach dem Ausschluß Deutschlands vom Weltmarkt eine wirtschaftliche Organisation Mitteleuropas ins Auge faßte. Die späteren Mitteleuropapläne Bethmann Hollwegs zeigen demgegenüber weit mehr Einsicht in die vorhandenen Schwierigkeiten und rechneten in längeren Zeiträumen. Die konkreten Verhandlungen mit Österreich-Ungarn scheiterten bereits im Herbst 1915.

Die faktische Bedeutungslosigkeit des Septemberprogramms ergibt sich aus dem Scheitern des Feldzuges im Westen. Ohne Aussicht auf einen Sieg über Frankreich war die Forderung nichtig, dieses Land als Großmacht auszuschalten. Im November 1914 war Falkenhayn mit seinem strategischen Latein am Ende und sah wie Bethmann die einzige Möglichkeit, den Krieg ohne Niederlage zu beenden, in einem Sonderfrieden mit Rußland. Selbst Hindenburg war im Dezember damit einverstanden.[31] Allerdings führten die Sondierungen zu keinem Ergebnis und wurden Mitte 1915 abgebrochen. Doch die Frage blieb, wie Deutschland aus diesem Krieg herauskommen könne.

Seit dem Herbst 1914 stand für Bethmann Hollweg fest, wichtigstes Kriegsziel müsse die Selbstbehauptung Deutschlands in diesem Konflikt sein. Das bedeutete nicht die bewußte Rückkehr zum Status quo ante oder den grundsätzlichen Verzicht auf Annexionen, sondern nur, den Krieg ohne Niederlage zu beenden. Die näheren Bedingungen mußten den Friedensverhandlungen vorbehalten bleiben. Erst am Verhandlungstisch sollten die deutschen Vorschläge präsentiert werden, nicht durch vorzeitige Erklärungen auf dem offenen Markt. So hat denn das Septemberprogramm für den Reichskanzler nie eine Rolle gespielt, weil er sich des Ernstes der militärischen Lage voll bewußt war. Die Niederlage schien ihm stets naheliegender als ein voller Sieg, denn auch die glänzenden Erfolge im Osten hatten stets nur zeitweise für Entlastung gesorgt.

Mit dem Kreuznacher Kriegszielprogramm der dritten OHL im April 1917 wurden wiederum Kriegsziele aufgestellt, die dem Septemberprogramm ähnelten. Das war aber das Programm Ludendorffs, nicht das der zivilen Reichsleitung. Der Kanzler hatte das Programm nur mit ausdrücklichem Vorbehalt unterschrieben, »weil mein Abgang über Phantastereien lächerlich wäre«. Er betrachtete es mehr als Willenserklärung der OHL und nicht als ernstzunehmende Unterlage für die weitere Kriegführung. Sein Vermerk, mit dem er seine abweichende Haltung bekundete, endete mit der Erklärung: »Wenn sich irgendwie und irgendwo Friedensmöglichkeiten eröffnen, verfolge ich sie. Was ich hiermit aktenmäßig festgestellt haben will.«[32]

Über den tatsächlichen Ernst der Lage glaubte Bethmann die Bevölkerung nicht aufklären zu können, wollte er nicht die allgemeine Siegeszuversicht zerstören. Das war gewiß eine problematische Entscheidung. Damit entstanden für den Kanzler schwere innenpolitische Probleme. Die von ihm verfolgte Politik der Diagonale, die einen Mittelkurs zwischen der gegen Annexionen eingestellten Linken und der annexionshungrigen bürgerlichen Reichstagsmehrheit verfolgte, glich immer mehr einem mühsamen Spagat, der auf die Dauer nicht durchzuhalten war. Für den Kanzler war mit dem Krieg eine grundsätzliche politische Neuorientierung notwendig geworden, die die Sozialdemokratie als die politische Vertretung der unteren Schichten mehr an den Staat heranzog. Zugleich zeigte er Sympathie für das sozialdemokratische Ziel eines Verständigungsfriedens. Auch wenn er sich in der Öffentlichkeit nachhaltig für Garantien gegen einen erneuten Angriff aussprach und es energisch ablehnte, daß die Gegner über Einfallstore verfügen dürften, um Deutschland erneut zu bedrohen, fand er mit diesen Versicherungen auf der Rechten keinen Glauben. Vielmehr sah sie in ihm – im Grunde zu Recht – einen Gegner, den es mit aller Kraft zu bekämpfen galt, und sie hetzte gegen ihn mit einer Heftigkeit und Infamie, die nur vor der Morddrohung halt machte.

Die ständige Auseinandersetzung um Annexionen und damit um die Qualität des Friedens ließ in Deutschland zwei Lager entstehen, die sich scharf bekämpften. Auf der Linken faßte der »Volksbund für Freiheit und Vaterland« die Anhänger eines Verständigungsfriedens zusammen, deren stärkste Säule die Gewerkschaften bildeten. Auf der rechten Seite entstand schließlich unter dem Vorsitz von Tirpitz 1917 die Vaterlandspartei, die aber über eine »Klientelposition«[33] zur OHL nicht hinauskam. Die politische Auseinandersetzung zwischen diesen beiden Gruppierungen hatte freilich einen surrealistischen Charakter, denn die Gegenseite war niemals zum Abschluß eines Verhandlungsfriedens bereit. Die Entente erstrebte den vollen Sieg und mußte ihn schon deshalb wollen, weil sie keinesfalls die Absicht hatte, sich mit den Deutschen an den Verhandlungstisch zu setzen und nüchtern nach einer beide Seiten befriedigenden Lösung zu suchen, nachdem ihre Propaganda aus den Deutschen Untermenschen und Verbrecher gemacht hatte. Zudem wollte die Entente einen solchen Frieden nicht. Sie führte den Krieg im vollen Bewußtsein, daß es um die Hegemonie in Europa gehe, und ein Hegemonialkrieg – Lloyd George verglich den Krieg 1916 mit den Kriegen gegen Napoleon[34] – konnte nicht mit einem Remis enden.

Der Krieg »jusqu'au bout«, bis zur vollen Niederlage des Gegners, sollte zugleich ein politisches Programm verwirklichen, das in seiner Radikalität durchaus mit den alldeutschen Zielsetzungen vergleichbar ist: Frankreich erstrebte nicht nur die Rückgliederung Elsaß-Lothringens, sondern insgeheim die Rheinlinie; Rußland wollte weite Teile des deutschen Ostens annektieren; Großbritannien forderte neben dem Ende der Flotten- und Kolonialambitionen generell die Zerstörung des preußischen Militarismus. Von der Vorstellung ausgehend, daß das Deutsche Reich lediglich ein Großpreußen sei und auf dem Schlachtfeld nach dem Sieg über Frankreich geschaffen worden war, also nichts als eine künstliche Staatskonstruktion darstelle, drängte sich den Alliierten der Schluß auf, daß dieses Reich nach der ersten Niederlage wieder auseinanderfallen werde und damit die deutsche Gefahr langfristig gebannt werden könne. Das weit ernstere Problem aber, wie man mit Deutschland zu einem dauerhaften Frieden gelangen könne, wurde verdrängt.

Es erstaunt auch das Bild, das die Gegenseite sich von Deutschland machte. Das Kaiserreich erschien als monolithischer Block, und selbst ein so ausgezeichneter Deutschlandkenner wie der ehemalige britische Kriegsminister Lord Haldane sah das Reich als eine die Zivilisation bedrohende, von einer Militärmonarchie beherrschte Macht an, die nur durch eine totale Niederlage zerstört werden könne. Dabei zeigten schon die durch die Presse zugänglichen Informationen aus Deutschland, welche tiefen politischen Gegensätze fortbestanden zwischen der schwächer werdenden Gruppierung der rechten Annexionisten und der kriegsmüden nach links tendierenden Mehrheit. Vor der Möglichkeit, die bestehenden tiefsitzenden Gegensätze durch entsprechende Friedensvorschläge auszunutzen, die den Konflikt in Deutschland offen zum

Ausbruch gebracht hätten, schreckte die Gegenseite jedoch zurück. Auf der einen Seite wurde bewußt die tödliche Bedrohung einer deutschen Weltherrschaft ausgemalt, auf der anderen Seite kein ernsthafter Zweifel daran zugelassen, daß die Entente diesen Gegner schließlich doch besiegen werde.

Daher reagierte die Entente nur mit Hohn auf das deutsche Friedensangebot vom Dezember 1916 und stand auch dem wenige Tage später erfolgendem Vermittlungsversuch des amerikanischen Präsidenten Woodrow Wilson ablehnend gegenüber, weil sie ebensowenig wie die deutsche Seite bereit war, ihre wirklichen Kriegsziele zu nennen, ganz abgesehen davon, daß sie sich von der Ansicht Wilsons irritiert zeigte, die Kriegsziele beider Seiten seien im Grunde gleichzusetzen.

Erst nach dem Kriegseintritt der USA und dem Sieg der Bolschewiki in Rußland sollte das Friedensprogramm Wilsons, niedergelegt im Januar 1918 in den berühmten Vierzehn Punkten, die Auseinandersetzung um Kriegsziele und Friedensbedingungen auf eine neue Ebene heben, zumal es von der Linken auf beiden Seiten der Front mit Zustimmung aufgenommen wurde – was freilich später neue Schwierigkeiten heraufbeschwor, als sich die Sieger auf der Friedenskonferenz mit der Notwendigkeit konfrontiert sahen, ihre alten Kriegsziele mit den Prinzipien des Präsidenten Wilson in Übereinstimmung zu bringen.

DIE POLITISCHE KRISE 1917
UND DER STURZ BETHMANN HOLLWEGS

Das nicht absehbare Ende des Krieges förderte im dritten Kriegswinter 1916/17 zwei gegenläufige Tendenzen: die wachsende Kriegsmüdigkeit auf der einen und die Intensivierung der Kriegsanstrengungen auf der anderen Seite. Es lag auf der Hand, daß diese Gegensätzlichkeit auch politische Auswirkungen haben mußte. Die Frage war nur, wie lange der Kanzler dem primitiven Wunschdenken der Nur-Militärs, die jetzt zunehmend das Sagen hatten, standhalten, zugleich aber seine auf Zusammenarbeit mit der Linken basierende Politik fortsetzen konnte.

Es war der berüchtigte Kohlrübenwinter, zudem ein Winter, der außergewöhnlich kalt und lang war. Eine Mißernte hatte das Grundnahrungsmittel der Deutschen, die Kartoffel, getroffen, die nun durch Rüben teilweise ersetzt wurde. Gleichzeitig sorgten noch immer nicht abgestellte Mängel bei der Rationierung und Verteilung von Lebensmitteln und rapide steigende Preise bei nicht bewirtschafteten Waren für wachsende Erbitterung. Die Fettration betrug pro Woche im Durchschnitt 65 Gramm. Als Mitte April 1917 die Brotration fühlbar gekürzt wurde, waren spontane Streiks die Folge. Niemals, auch nicht nach 1945, ist im 20. Jahrhundert in Deutschland so gehungert worden wie im Winter 1916/17.

Von der Übernahme der OHL durch Hindenburg und Ludendorff erwartete die breite Mehrheit der Bevölkerung die militärische Entscheidung, das war durch massiven Druck erzeugt worden, der die Berufung der beiden Militärs unvermeidlich gemacht hatte. Spektakuläre militärische Aktionen blieben aber vorerst aus. Vielmehr galt es, die Rüstungsproduktion energisch anzukurbeln, um die im Sommer 1916 zutage getretene Unterlegenheit an Kriegsmaterial, Munition und Ersatz wenn nicht auszugleichen, so doch zu verringern.

Die Maßnahmen zur Erhöhung der Waffen- und Munitionserzeugung wurden der Öffentlichkeit als Hindenburg-Programm präsentiert und führten nicht nur zu bürokratischen Neuschöpfungen wie dem Kriegsamt, der Zentralstelle für die gesamte Kriegswirtschaft, sondern tatsächlich auch zu dem dringend notwendigen Produktionsanstieg. Noch eines weiteren Problems nahm sich die OHL energisch an: des Nachschubs an Soldaten, der besorgniserregend ins Stocken geraten war. Um die Verluste an der Front teilweise zu ersetzen, der Industrie aber nicht die dringend benötigten Arbeitskräfte zu entziehen, verfiel die OHL auf einen Ausweg: Sie forderte die Einführung einer allgemeinen Arbeitspflicht, die es ermöglichen sollte, Arbeiter wie Soldaten einzusetzen. Was dann aber im Reichstag im Dezember 1916 als Gesetz über den Vaterländischen Hilfsdienst herauskam, hatte mit Ludendorffs ursprünglichen Vorstellungen, einer Militarisierung der Arbeitswelt, kaum noch etwas zu tun.

Wesentlich war, daß die Freizügigkeit der Arbeiter erhalten blieb und dadurch die Möglichkeit, zugunsten eines besser bezahlten Arbeitsplatzes zu kündigen. So wurde die Lohnspirale kräftig in Bewegung gesetzt und zugleich der Unterschied zu den Soldaten kräftig unterstrichen. Das Gesetz brachte sogar eine bedeutende sozialpolitische Neuerung: In Betrieben, in denen hilfsdienstpflichtige Arbeiter beschäftigt waren, wurden Arbeiterausschüsse, die Vorläufer der späteren Betriebsräte, eingerichtet. Für die »Verwässerung« des ursprünglichen Plans machten Hindenburg und Ludendorff den Reichskanzler verantwortlich, was wieder einmal zeigte, daß die OHL die politische Realität verdrängte, nämlich die Mehrheitsverhältnisse im Reichstag. Die anfänglich guten Beziehungen zum Kanzler trübten sich; Bethmann wurde die politische Problematik der neuen militärischen Führung zunehmend bewußt: »Die beiden retten uns die Gegenwart, aber belasten die Zukunft aufs schwerste.«[35]

Den Konzessionen an die Arbeiter entsprach das Entgegenkommen gegenüber den Unternehmern. Um die Produktion zu steigern, wurden die Preise freigegeben. Ludendorff imponierte eine so skrupellose Unternehmerpersönlichkeit wie Hugo Stinnes. Als Generalleutnant Groener, der Chef des Kriegsamtes, in einer Denkschrift die Notwendigkeit einer vernünftigen Regelung von Unternehmergewinnen und Arbeiterlöhnen vorschlug, zudem in der Führung seines Amtes mehr Selbständigkeit zeigte, als die OHL zuzugestehen bereit war, konnte er eines Morgens der Zeitung seine Versetzung zum Divisionskommandeur entnehmen.[36] Unternehmer wie Stinnes hatten beim Sturz Groeners kräftig mitgeholfen, weil sie grundsätzlich alle Eingriffe des Staates in die Wirtschaft ablehnten.

Um diesen harten Winter zu meistern, machte sich die OHL im Dezember auch die von der Marine seit langem erhobene Forderung nach dem unbeschränkten oder – wie es damals brutaler, aber zutreffender hieß – rücksichtslosen U-Boot-Krieg zu eigen. Seit 1915 rangen Marine und Kanzler erbittert um die Führung und das Ausmaß des U-Boot-Krieges. Die profilierungssüchtige Marine hatte zwar in der Skagerakschlacht am 31. Mai 1916 die Qualität ihrer Hochseeflotte demonstriert und bei klarer eigener Unterlegenheit der britischen Flotte schwerere Verluste zugefügt, als sie selbst hinnehmen mußte. Aber an der strategischen Situation hatte das nichts geändert: Die Flotte blieb im nassen Dreieck der Nordsee eingeschlossen.

Gleichsam als Ersatz wurde die Forderung nach Einführung des unbeschränkten U-Boot-Krieges forciert. Gegen den Kanzler, der das in klarer Erkenntnis der politischen Folgen entschieden ablehnte, wurde eine unglaubliche Hetze entfacht, wobei auch die unverfrorene Behauptung nicht fehlte, England könne mittels des verschärften U-Boot-Krieges innerhalb kurzer Zeit zum Frieden gezwungen werden. Dabei hatte die Marine, als ihre Kampagne auf vollen Touren lief, nur fünfzehn einsatzfähige U-Boote zur Verfügung! Aber Ludendorff zeigte noch im Mai 1917 »völlige Siegeszuversicht« und meinte ernsthaft, daß England »in spätestens 2 – 3 Monaten um Frieden bitten müsse«.[37]

Als am 9. Januar 1917 im Kaiserlichen Hauptquartier in Pleß der Beschluß gefaßt wurde, den unbeschränkten U-Boot-Krieg am 1. Februar beginnen zu lassen, hoffte die deutsche Seite noch, den Kriegseintritt der USA vermeiden zu können. Wesentlich befördert wurde Amerikas Eintritt in den Krieg aber schon wenig später durch die »Zimmermann-Depesche«, jenes berühmt-berüchtigte Telegramm, in dem der Staatssekretär des Auswärtigen Amtes am 19. Januar der mexikanischen Regierung ein Bündnis anbot, falls es zum Krieg mit den USA komme, wobei der Wiedererwerb verlorener Gebiete (Texas, Arizona, New Mexico) in Aussicht gestellt wurde. Das Telegramm stellte den sichtbaren Beweis dar, daß die von Bismarck begründete Tradition der deutschen Diplomatie einen Tiefpunkt erreicht hatte.

Ein weiterer Fehler kam hinzu: Die deutsche Seite konnte sich offenbar nicht vorstellen, daß die Briten den deutschen Code geknackt hatten und mithin in der Lage waren, jedes AA-Telegramm mitzulesen. Zur Beschleunigung des Kriegseintritts lancierten sie die Zimmermann-Depesche in die amerikanischen Öffentlichkeit, was wie eine Bombe wirkte und Amerikas Neutralisten jäh verstummen ließ. Es stellt der Führungskraft Bethmanns kein gutes Zeugnis aus, daß er einen solchen Tor wie Zimmermann so lange im Amt hielt und soviel Unheil anrichten ließ.

Der Kriegseintritt der USA bedeutete die Entscheidung. Nun war die ohnehin kleine Chance, daß die Kriegsmüdigkeit beider Seiten zu einem Verhandlungsfrieden führen könnte, endgültig dahin. Mit dem Kriegseintritt der USA standen ihre schier unerschöpflichen Reserven an Menschen und Material der Entente zur Verfügung. Es galt für die Alliierten nur durchzuhalten, bis die amerikanischen Truppen in Frankreich landeten.

Auf deutscher Seite war man sich dieser Konsequenzen kaum bewußt oder verdrängte sie – begünstigt durch die dramatischen Ereignisse in Rußland. Dort war ganz überraschend eine Revolution ausgebrochen und hatte zur schnellen Abdankung des Zaren geführt. Mit der russischen»Februarrevolution« eröffnete sich für die deutsche Seite eine ganz neue Perspektive, nämlich die Möglichkeit, den Krieg an einer Front zu beenden.

Für das Sendungsbewußtsein des Präsidenten Wilson bedeutete der Sturz des Zaren eine Ermutigung zur Fortsetzung seiner Politik, die Welt »safe for democracy« zu machen. Der Kriegseintritt der USA sollte gleichzeitig die russische Demokratie unterstützen. Die Einheitsfront der Demokratien gegen die reaktionären Mittelmächte wurde so noch stärker akzentuiert. Der ideologische Charakter des Krieges – erstmals taucht der Begriff »Westen« als politisch-ideologischer Leitbegriff auf – wurde fortan stärker herausgearbeitet. Der Gegensatz zu der »östlichen«, skrupellosen Machtpolitik der deutschen Regierung trat denkbar deutlich zutage, als diese keinerlei Hemmung zeigte, zur Förderung der Friedensbereitschaft in Rußland Lenin und anderen linken Emigranten aus der Schweiz die Rückkehr in ihre Heimat zu ermöglichen. Es war die wohl folgenreichste Operation der deutschen Diplomatie im Ersten Weltkrieg.

Die Auswirkungen der russischen Revolution auf die deutsche Innenpolitik waren beträchtlich. Für die Sozialdemokratie bedeutete das vom Petrograder Sowjet verkündete Programm eines Friedens »ohne Annexionen und Kontributionen« die Bestätigung der eigenen Politik, die der Parteiführung politischen Auftrieb gab. Nun schien der Frieden näher zu rücken, wenn die Regierungen in Berlin und Wien, unterstützt durch sozialistische Vermittlungsaktionen, diese Basis akzeptierten.[38]

Eine solche Perspektive mußte auf die führenden Genossen geradezu elektrisierend wirken und eine glänzende Rechtfertigung ihrer bisherigen Politik darstellen. Denn die seit Ende 1914 sich sammelnden Dissidenten, die den Kurs der Mehrheit in der SPD ablehnten, planten zu diesem Zeitpunkt nach verschiedenen Stadien der Abgrenzung von der alten Partei die Gründung einer eigenen Partei, der Unabhängigen Sozialdemokratischen Partei Deutschlands, der USPD. Eine solche Abspaltung des linken Flügels war im Grunde unvermeidlich. Die lange Tradition der Internationale, die Ablehnung des Krieges und der Kriegspolitik der Partei zumindest durch ihren linken Flügel hatten einen solchen Schritt wahrscheinlich gemacht. Die Gründung der linken Konkurrenzpartei bedeutete aber letztlich eine Stärkung der alten Partei, denn sie blieb nun von der internen Opposition verschont und konnte bei allen Nachwahlen die Oberhand behalten. Dennoch mußte die alte SPD bestrebt sein, angesichts der im Frühjahr 1917 zunehmenden Erbitterung und Kriegsmüdigkeit glaubwürdig zu bleiben. Daraus ergab sich das besondere Engagement in der Friedensfrage.

Bethmann Hollweg sah sich seit dem Jahresanfang wachsender Gegnerschaft auf der Rechten gegenüber, während die alte Kriegszielmehrheit der bürgerlichen Parteien bröckelte. Die Konservativen fühlten die stärkere Isolierung; sie kritisierten weniger die Vorbehalte des Kanzlers gegenüber Annexionen als seine größere Bereitschaft zur Zusammenarbeit mit der Linken. Im Preußischen Abgeordnetenhaus distanzierte sich Bethmann Hollweg im März 1917 scharf von den reaktionären Konservativen. Seine Erklärung wurde als klares Votum für die Linke und als Beginn eines Machtkampfes zwischen Links und Rechts gewertet.[39] Schon als der Beschluß zum unbeschränkten U-Boot-Krieg fiel, hatte der Kanzler dessen Erfolgsaussichten sehr sarkastisch beurteilt, als er dem Admiral von Müller erklärte, eine Wirkung würde erst dann eintreten, wenn die Gegner »erhebliche Erfolge durch Zurückdrängen unserer Linien … bis an die Maas erzielt und uns viele Geschütze und Gefangene abgenommen haben. Dann werden wir gezwungen sein, einen sehr, sehr bescheidenen Frieden zu schließen.«[40] Das hieß, er sah den Frieden erst kommen, wenn Deutschland geschlagen war. Aber er scheute sich, dies im Januar 1917 offen gegenüber Hindenburg und Ludendorff zu erklären.

Gegenüber der OHL wurde der Ton des Kanzlers im März allerdings schärfer, als er deren politische Ambitionen entschieden zurückwies.[41] Aber daraus entwickelte sich keine grundsätzliche Auseinandersetzung über die Abgrenzung von Politik und Kriegführung.

Der überraschende Ausbruch der russischen Revolution stellte den Kanzler vor erhebliche Probleme. Die Friedensformel stand dabei zuerst weniger im Vordergrund als die Forderung nach inneren Reformen. Scheidemann hatte auf das Bekanntwerden der Ereignisse in Petrograd umgehend mit der Forderung nach Einführung des Reichstagswahlrechts in Preußen reagiert. Zur Beruhigung der Lage mußte etwas geschehen. Die Osterbotschaft des Kaisers am 7. April nutzte der Kanzler, indem er Wilhelm II. zu der klaren, wenn auch von den preußischen Ministern abgeschwächten Ankündigung drängte, daß ein neues Wahlrecht die »unmittelbare und geheime Wahl« vorzusehen habe. Es fehlte die Erwähnung des gleichen Wahlrechts, für dessen Einführung Bethmann jedoch in klarer Erkenntnis seiner Unumgänglichkeit nach wie vor eintrat. Das Echo auf die Osterbotschaft war ermutigend. Die dennoch ausbrechenden Streiks entstanden meist spontan aus Protest gegen die Kürzung der Brotration am 15. April. Nur in Berlin und Leipzig gewannen die Proteste einen größeren Umfang und eine politische Akzentuierung. Aber auch dort wurden die Streiks nach zwei Tagen abgebrochen.

Mit der Osterbotschaft hatte Bethmann den Weg zur Reform beschritten, was automatisch die Gegnerschaft zur OHL vertiefte. Ludendorff wertete die Osterbotschaft als »Kotau vor der russischen Revolution«.[42] Auf der linken Seite aber wurde dieser wichtige Schritt zur Neuorientierung nicht mehr honoriert, vielmehr zogen die den Kanzler bisher stützenden Parteien, vor allem die Sozialdemokraten, sich von ihm zurück. Die zunehmende Politisierung der Lage ließ Bethmanns Politik als überholt und wenig attraktiv erscheinen.

Für diesen kaiserlichen Reichskanzler verbot sich gleichsam von selbst die Möglichkeit, angesichts der erklärten Feindschaft von OHL und Konservativen bei den Linksparteien bewußt politische Unterstützung zu suchen. Das war für ihn ausgeschlossen, dazu war er zu sehr Beamter. Andererseits war er zu schwach, um sich gegen die OHL durchzusetzen und deren Hetzattacken abzuwehren, und letztlich glaubte er ja selber an die Unersetzlichkeit Hindenburgs und Ludendorffs.

Der Sturz des Reichskanzlers am 13. Juli 1917 stellte eine Politgroteske ganz einmaliger Art dar, die zugleich das geringe Urteilsvermögen der parlamentarischen Führungsgruppen erschreckend offenbarte. Bethmann Hollweg wurde unter dem Beifall oder dem Gewährenlassen durch die Reichstagsmehrheit von drei Personen – Ludendorff, dem Zentrumspolitiker Erzberger und seinem nationalliberalen Kollegen Stresemann – gestürzt. Der eigentliche Drahtzieher aber war Oberstleutnant Bauer, in der OHL als Chef der Operationsabteilung IIb für das Ressort »Kriegswirtschaft« zuständig, jedoch in zunehmendem Maße intrigenreich auf die Innenpolitik Einfluß nehmend. Seine politischen

Vorstellungen waren so extremistisch, daß ihn ein Kollege in der OHL schlicht als Irren bezeichnete. Dieser Bauer führte beim Sturz Bethmanns Regie.

Da in der Regel die Kontinuität der alten Eliten für die Katastrophen der deutschen Geschichte verantwortlich gemacht wird, ist die Bemerkung angebracht, daß das Trio der Kanzlerstürzer aus sozialen Aufsteigern bestand: dem Pächterssohn Ludendorff, dem Bierverlegerssohn Stresemann und dem Schneiderssohn Erzberger.

Erzberger machte den Anfang – mit einer Rede am 6. Juli im Hauptausschuß des Reichstages, in der er das Scheitern des U-Boot-Krieges nachwies, was begreifliche Aufregung verursachte. Obwohl die Erfolge im U-Boot-Krieg sogar größer waren, als die Marine angenommen hatte, blieb die erhoffte Wirkung aus, weil die Verfügbarkeit der Welttonnage falsch berechnet worden war. Die Darlegungen Erzbergers wirkten wie ein Schock. Dann aber – und das gab der Aktion Erzbergers erst die volle Wirkung – zeigte er einen Weg zum Frieden auf, der höchste Aufmerksamkeit erregte, zumal man die vielfältigen Beziehungen zur internationalen Politik kannte, die der wuselige Schwabe unterhielt. Die Abgeordneten sollten bekunden, so seine Empfehlung, daß sie weiterhin den Standpunkt des Verteidigungskrieges verträten und sich für einen Frieden des Ausgleichs einsetzten: »Wenn der Reichstag das der Reichsregierung sagen könne, so sei das der beste Weg, der zum Frieden führe.«[43] Er suggerierte also seinen Zuhörern, er wisse einen Weg zum Frieden, gleichsam die Zauberformel, die alle ersehnten.

Am folgenden Tag stieß der Sozialdemokrat Scheidemann nach und malte die Wirkung einer solchen Friedensresolution des Reichstages in noch leuchtenderen Farben aus. Gegen die aufkommende Euphorie hatte der Kanzler keine Chance. Bethmann beharrte darauf, wenn auch im Grunde gegen seine eigene Überzeugung, daß der U-Boot-Krieg durchaus Erfolge zeige, und er sah keine Notwendigkeit, auf den Boden des 4. Augusts zurückzukehren, da er diesen nie verlassen habe. Damit verstärkte sich bei den Parlamentariern aber nur der Eindruck, er sei lediglich ein »unentschiedener bürokratischer Kleber«, während die Reichstagsmehrheit energisch zu neuen Ufern strebe. Was nützte es, daß der Kanzler den Kaiser am 11. Juli dann doch dazu bewegen konnte, den Erlaß zu unterschreiben, der auch für Preußen das gleiche Wahlrecht vorsah?[44] Der Kanzler war für die Linksparteien längst zu einem Friedenshindernis geworden.

Unter dem starken Eindruck der Rede Erzbergers trafen sich am Nachmittag des 11. Juli führende Vertreter der Reichstagsmehrheit aus Mehrheits-SPD, Freisinniger Volkspartei und Zentrum sowie einige Nationalliberale, um einen Interfraktionellen Ausschuß zu bilden. Dieser Ausschuß bestand bis zum Ende des Kaiserreiches und repräsentierte die politische Mehrheit des Reichstages. Sein Zusammentritt bedeutete eine Zäsur: die Vorstufe zur Einführung des Parlamentarismus in Deutschland. Zugleich zeigte sich unübersehbar seine Schwäche: Er war mehr ein Diskutierklub als die Führung einer potentiellen Regierungskoalition, die energisch nach der Macht strebte.

Während die Parlamentarier noch berieten und gar nicht ahnten, was tatsächlich gespielt wurde, lief Bauers Aktion zum Kanzlersturz planmäßig ab. Er redete Erzberger und Stresemann ein, daß Ludendorff gar nicht gegen das parlamentarische System sei und auch die Friedensresolution keinesfalls vollständig ablehne. So konnten die von Bauer manipulierten Kanzlerstürzer am 12. Juli in ihren Fraktionen Beschlüsse gegen Bethmann durchsetzen, die die Stellung des Kanzlers erheblich schwächten. Dann nahm Bauer Verbindung zum Kronprinzen auf, einem alten Gegner Bethmanns, und verabredete mit ihm für den 12. Juli den Empfang von Parlamentariern, die ihn über ihre Haltung zum Reichskanzler informieren sollten. Im Hintergrund protokollierte Bauer die Aussagen der Abgeordneten – welch entwürdigender Vorgang! Das gleiche sollte sich am folgenden Tag wiederholen, als Hindenburg und Ludendorff die Parlamentarier empfingen. Auch hier überrascht deren politische Naivität. Statt den beiden Militärs klipp und klar die Frage vorzulegen, wie sie zur preußischen Wahlrechtsreform stünden, begnügten sie sich damit, Auskünfte über die Kriegslage einzuholen.

Zuvor aber warnte der intrigante Bauer die Führer der OHL, mit der kaiserlichen Unterschrift unter die preußische Wahlrechtsreform könne sich Bethmann vielleicht doch noch halten. Hindenburg und Ludendorff gerieten in Panik. Ludendorff übermittelte dem Kaiser telegrafisch sein Abschiedsgesuch, beide nahmen anschließend den Zug nach Berlin. Der Kaiser mußte nun eine Entscheidung treffen, was ihm wie immer schwerfiel. Er hatte den Kanzler lange gegen dessen Gegner in der klaren Erkenntnis gestützt, daß es zu Bethmanns Politik keine Alternative gab. Aber es fehlte ihm der Mut, die Konfrontation mit Ludendorff durchzustehen und diesen eindringlich an den militärischen Gehorsam zu erinnern, den er dem Kaiser schuldete. Durch sein Rücktrittsgesuch befreite der Kanzler den Kaiser jedoch noch am selben Tag aus dieser Zwangslage. So konnte Wilhelm II. die Generäle großmäulig mit der Erklärung begrüßen: »Was macht Ihr denn für ernste Köpfe. Ich habe ja den Kanzler schon weggeschickt.«[45]

Logischerweise hätte nun Ludendorff, nachdem die Militärs so geschickt die Reichstagsmehrheit hinters Licht geführt und den Sturz des Kanzlers endlich herbeigeführt hatten, die Rolle des nationalen Diktators übernehmen müssen.

Die Forderung nach Einführung einer Diktatur in Deutschland war fast so alt wie der Krieg selbst und sollte das Ceterum censeo der Rechten bis zu seinem Ende bleiben. Alle Pläne scheiterten aber daran, daß Wilhelm II. dafür nicht zu gewinnen war. Ohne Zustimmung des Kaisers zu seiner eigenen Entmachtung war eine Diktatur nicht möglich. Das war jedenfalls die Meinung ihrer Befürworter. Auch Ludendorff wurde zur Übernahme des Postens des Diktators nach dem Sturz Bethmanns aufgefordert. Aber neben der Rücksicht auf den Kaiser war es vor allem die dumpfe Erkenntnis, daß er den Anforderungen der Innenpolitik nicht gewachsen sei, die ihn dieses Angebot ablehnen ließ, Einfluß zu nehmen. Druck auszuüben und anderen die Schuld zuzuweisen lag ihm mehr, als die volle Verantwortung selbst zu übernehmen.

Man hat die Unfähigkeit der Deutschen zur Revolution mit dem spöttischen Wort erklärt, sie würden auch als Revolutionäre einen Bahnhof nie ohne Bahnsteigkarte betreten. Man kann diese Geisteshaltung auch bei der extremen Rechten finden: kein Diktator ohne den Segen des Kaisers – grotesker ging es nicht.

Bethmann war gestürzt; nun stellte sich die Frage, woher man einen neuen Kanzler nehmen sollte. Die Kanzlerstürzer im Interfraktionellen Ausschuß waren mit dieser Frage überfordert. In ihrem Kreise hielt es Erzberger in seinem übertriebenen Selbstvertrauen für »undenkbar, daß ein Mann gegen uns kommt«.[46] Die Parlamentarier hatten sich selbst darum nicht gekümmert; so weit war ihr Sinn für die Macht noch nicht entwickelt. Die Hofschranzen suchten verzweifelt nach einem Kandidaten mit Hilfe von Gotha und Staatshandbuch.[47] Zufällig fiel der Name Michaelis als der eines Mannes, der »energisch« sei. Das reichte aus, um Georg Michaelis, einen Beamten ohne politische Erfahrung, zum Reichskanzler zu bestellen. Er war zuvor preußischer Staatskommissar für Volksernährung gewesen. Im November 1917 war er mit seinem Latein bereits am Ende und wurde von der Mehrheit des Reichstags gestürzt. Sein betagter Nachfolger, Graf Hertling, ein bayerischer Zentrumspolitiker, war für Ludendorff kein ernstzunehmender Gegner.

Während der Kanzlersturz über die Bühne ging, tagte der Interfraktionelle Ausschuß. Gegenstand der Beratungen waren das parlamentarische System, genauer seine konkreten Verwirklichungschancen, und die auf Erzberger zurückgehende Friedensresolution. Die Anfänge der Ausschußarbeit waren in der Hektik, die nach Erzbergers Enthüllungen ausbrach, alles andere als ermutigend. Bei den täglichen Beratungen wurden verschiedene Dinge vermengt und das zentrale politische Problem der Parlamentarisierung entweder verdrängt oder gar nicht wahrgenommen. Zum einen ging es um die Beratung der Friedensresolution und zugleich, das war nicht sauber getrennt, um die Parlamentarisierung des Reiches. Die Nationalliberalen verbanden mit der Frage der Parlamentarisierung vor allem den Sturz des Kanzlers als des eigentlichen Hindernisses für jeglichen Neuanfang. Bei der Erörterung der Frage jedoch, wie denn die Parlamentarisierung eigentlich beschaffen sein müsse und in welcher Form die Parteien an der Regierung beteiligt sein sollten, herrschte erhebliche Unklarheit. Ein normales parlamentarisches System wurde vorerst noch nicht angestrebt, dazu fehlte den Mitgliedern des Ausschusses die Courage. Daher ging es primär um die Mitwirkung der Parteien an der Regierung, sei es als Mitglieder eines Kronrates, als Staatssekretäre ohne Portefeuille oder aber wenigstens darum, daß sie die Auswechslung einiger besonders kritisierter Staatssekretäre durchsetzten. Kein Wort jedoch fiel in den Beratungen, wer beim Rücktritt des Kanzlers als sein Nachfolger vorzuschlagen sei.

Die Friedensresolution vom 19. Juli 1917 wurde durch die Begleitumstände ihres Entstehens in ihrer Wirkung beeinträchtigt, zumal sich der neue Reichskanzler bei der Debatte im Reichstag sogar von ihr distanzierte. Dennoch brachte die Resolution, die mit großer Mehrheit angenommen wurde, den Willen breiter Volksschichten zu einem Verständigungsfrieden »ohne erzwungene Gebietserwerbungen und politische, wirtschaftliche und finanzielle Vergewaltigungen« zum Ausdruck. Die Wirkung im Ausland war gering, zumal die Zensur in den Ententeländern eine breite Erörterung unterbunden hätte. Es verdient jedoch festgehalten zu werden, daß nur in Deutschland ein solches Votum des Parlaments zustande kam. Es brachte trotz einiger innenpolitischer Rücksichtnahmen doch eine von der militärischen Führung scharf bekämpfte Einstellung zum Ausgleich und zur Verständigung zum Ausdruck, was keineswegs gering zu schätzen war, wenn man mit Deutschland zu einem dauerhaft friedlichen Verhältnis kommen wollte. Daß die Gegenseite dies nicht erkennen konnte oder wollte, ist hier nicht als Frage der Schuld zu diskutieren. Es ist mehr als Hinweis darauf zu werten, daß eine Politik, die dieses Potential an Verständigungsbereitschaft berücksichtigt hätte, stabilere demokratische Verhältnisse im Nachkriegsdeutschland und eine solidere Friedensordnung in Europa hätte begründen können.

Es ist zu Recht festgestellt worden, daß es für die innere Entwicklung Deutschlands zwei Wege gegeben habe: die Demokratisierung oder die Militarisierung.[48] Aber das waren Strömungen, die an den tatsächlichen Verhältnissen scheiterten. So war das politische Ergebnis der Julikrise 1917 keine Politisierung nach rechts oder links, sondern – ganz im Gegensatz zu der Entwicklung in England und Frankreich – ein Prozeß der Entpolitisierung. Politik fand im Grunde nicht mehr statt. Es entwickelte sich auf der einen Seite die Pseudodiktatur Ludendorffs, auf der anderen Seite der »Kryptoparlamentarismus« der

Reichstagsmehrheit. Beide waren nicht ohne Einfluß. Ludendorff war weit mächtiger als der Interfraktionelle Ausschuß, aber dieses System der Einbindung beider Seiten mit der Möglichkeit der gegenseitigen Schuldzuweisung blieb bestehen und wurde nicht überwunden. Die Machtverhältnisse hatten sich geändert, doch die Konstellation blieb im Grunde die alte. Aber einen Kanzler, der die Politik der Diagonale hätte fortsetzen können, gab es nicht mehr.

KRIEG UND GESELLSCHAFT

Wie die Deutschen mehr als vier Jahre lang einen solchen Krieg mit so ungeheuren Belastungen durchhalten konnten, ist heute kaum noch nachvollziehbar. Die Forschung über die Entwicklung der deutschen Gesellschaft im Krieg, über die Ideen und Erwartungen, die sie bewegte, steckt noch in den Anfängen oder ist so hoch spezialisiert, daß weitere Ergebnisse zur Abrundung des Bildes abgewartet werden müssen.[49] Es kann hier also nur darum gehen, Erscheinungen und Probleme aufzuzeigen, die nicht für die soziale Entwicklung generell, sondern vor allem für die Verhältnisse im Krieg charakteristisch sind. Daher kann eine sozialgeschichtliche Darstellung nicht befriedigen, die die Situation im Krieg als Fortschreibung des Gegensatzes von Kapital und Arbeit aus der Vorkriegszeit unter der marxistischen Perspektive der »Klassengesellschaft im Krieg« interpretiert.[50] Denn dieser marxistische Ansatz bringt weniger die tatsächliche Beschaffenheit der deutschen Gesellschaft als vielmehr subjektive Einschätzungen zum Ausdruck.

Tatsächlich wird mit einem solchen Vorgehen kaum Rücksicht darauf genommen, daß es zwischen Kapital und Arbeit vielfältige Schichten und Gruppen des Mittelstandes oder des Bürgertums gegeben hat, die die Prognosen von Marx und seinen Anhängern über den notwendigen Untergang dieser Schichten überleben sollten. Ganz abgesehen davon zeigt die Arbeiterschaft in Deutschland ein so differenziertes Erscheinungsbild, daß auch hier das Klassenschema im Grunde eine unzulässige Vereinfachung darstellt.

Die Länge und die Härte des Weltkrieges, der teilweise schon die Dimensionen des totalen Krieges erreichte, hatte eine nie gekannte Mobilisierung der männlichen Bevölkerung für den Krieg zur Folge. Wenn zwischen sechs und dreizehn Millionen Männer zum Militär einrückten, bedeutete das faktisch, daß in Deutschland eine andere Gesellschaft entstand, die eine wesentliche Modifikation der Vorkriegsgesellschaft darstellte. Diese Millionen Soldaten fielen als Arbeitskräfte, aber auch als Konsumenten einer liberalen Marktwirtschaft aus. Für die Soldaten sorgte der Staat, der mit seiner Nachfrage nach den verschiedensten Gütern für die Wirtschaft zum wichtigsten Auftraggeber wurde und ganz neue Prioritäten setzte.

Der Ausfall der männlichen Arbeitskräfte führte zur sichtbarsten Veränderung der Gesellschaft: Die Frauen rückten in die frei gewordenen Plätze ein und wurden darüber hinaus in der expandierenden Rüstungsindustrie als Arbeitskräfte dringend benötigt. Es vollzog sich, durch den Krieg entscheidend beschleunigt, ein epochaler Schritt auf dem Wege zur Gleichberechtigung der Frauen, die nun zu vielen Berufen Zugang erhielten und im verstärktem Maße auch zu den Universitäten – eine Entwicklung, die unumkehrbar war. Als Hausfrauen hatten sie freilich die immer schwerer werdende Bürde zu tragen, Lebensmittel und andere Dinge des täglichen Bedarfs in langem Schlangestehen zu ergattern, aus den dürftigen Lebensmitteln halbwegs eßbare Gerichte zuzubereiten, die abgetragene Kleidung instand zu halten und mit immer schlechteren Reinigungsmitteln die Wäsche zu besorgen. Für Soldatenfrauen mit Kindern war die Last besonders groß; Arbeiterfrauen, deren Männer im Krieg waren, kamen oft in blanke Not, da die staatlichen Unterstützungen so gering waren, daß sie den Lebensunterhalt kaum deckten.

Die Kriegswirtschaft entwickelte sich immer mehr zu einer Verwaltung des Mangels. Die Versorgungsengpässe und Kürzungen der Zuteilungen führten seit 1916 zu zahllosen Aufläufen, Unruhen und streikähnlichen Bewegungen. Wenn sie in ihrer Wirkung und Dauer begrenzt blieben, so ist das zu einem großen Teil darauf zurückzuführen, daß selbst die oppositionell Eingestellten sich bemühten, auf die Soldaten an der Front Rücksicht zu nehmen und ihnen nicht zu schaden. Diese Rücksichtnahme in Verbindung mit dem Patriotismus, der als Grundbefindlichkeit weitgehend intakt blieb, muß als wichtiger Faktor des Durchhaltens gewertet werden. Hinzu kam freilich die Einübung in den wilhelminischen Obrigkeitsstaat, der diese »disziplinierte Gefügigkeit« (Hans Herzfeld) ermöglicht hat. Sie hat trotz vielfältigen Aufbegehrens die Grundeinstellung der Bevölkerung bestimmt.

Die Unbestechlichkeit der Beamten war ein weiterer Faktor, der das Durchhalten ermöglichte. Es erwies sich als unmöglich, das Nebeneinander von Zivilund Militärbehörden sinnvoll zu reorganisieren. Die Kommunen aber, auf sich gestellt und von der Verwaltungsaufsicht grundsätzlich nicht behindert, leisteten Beachtliches bei der Beschaffung und gerechten Verteilung von Lebensmitteln. Wohl übten die autoritär eingestellten Behörden Druck aus und scheuten nicht vor Schikanen zurück, aber drakonische Strafandrohungen für die Zivilbevölkerung gab es nicht und erst recht keinen staatlichen Terror.

Seit 1916 war der Hunger das Maß aller Dinge. Daher ist es wenig sinnvoll, für die Kriegszeit Reallohnberechnungen anzustellen, denn diese gehen an der Realität vorbei. Die völlig unzureichenden Lebensmittelrationen machten das Erschließen zusätzlicher Quellen unerläßlich. Der Schleichhandel – so sagte man damals und brachte mit dem Begriff zum Ausdruck, daß es keinen schwarzen Markt, also keine Plätze gab, wo ein mehr oder weniger regelmäßiger Handel stattfand – hatte auf Grund der hohen Preise einen eher begrenzten Abnehmerkreis. Hamsterfahrten aufs Land spielten eine wichtige Rolle, machten aber zugleich böses Blut. Der Gegensatz zwischen Stadt und Land trat scharf hervor. Die »Selbstversorger«, oft nur kleine Bauern und Kossäten, die vor dem Krieg in Armut gelebt hatten, verfügten nun über kostbare Waren wie Speck und Eier, die Städter immer seltener zu Gesicht bekamen. Im Einzugsbereich der Großstädte trieb das die Preise in die Höhe, während die Bauern in abgelegenen ländlichen Gebieten ihre Produkte zu den niedrigen, behördlich festgesetzten Preisen verkaufen mußten.

Verwandte auf dem Bauernhof konnten ungemein wichtig werden. Der Hunger machte nicht alle gleich, sondern schuf neue Ungleichheiten oder lockerte bestehende Verkrampfungen. So konnte der Hauswart eines Miethauses mit ländlichen Beziehungen ein besseres Leben führen als die Geheimratswitwe in der Beletage. Während die Arbeiter in der Rüstungsindustrie nicht nur erhebliche Lohnsteigerungen, sondern zur Erhaltung ihrer Leistungsfähigkeit auch betriebliche Verpflegung erhielten, ging es Beamten oder Offizieren in der Militärverwaltung im Krieg ganz erheblich schlechter. Sie bekamen entweder keine oder nur der tatsächlichen Preisentwicklung weit hinterherhinkende Gehaltszulagen und konnten sich den Erwerb schwarz gehandelter Lebensmittel nicht leisten – oder wollten es auch nicht. Ähnlich ging es kaufmännischen Angestellten, die nicht in der Rüstungsindustrie tätig waren; bei ihnen setzte teilweise aus Erbitterung über ihr Hungerdasein eine ganz ungewohnte Radikalisierung ein.

Die eigentlichen Hochburgen der Radikalisierung lagen in den Großstädten, wo es schon vor dem Krieg eine nach links tendierende Sozialdemokratie gegeben hatte und wo bedeutende Betriebe der Rüstungsindustrie angesiedelt waren. Natürlich bestand kein Zusammenhang zwischen dem relativ starken Linksradikalismus in diesen Regionen und den hohen Löhnen, die die Rüstungsindustrie zahlte. Dem großen Streik vom 28. bis 31. Januar 1918, gemeinhin als Munitionsarbeiterstreik bezeichnet, lagen deutlich politische Sachverhalte zugrunde – das provozierende deutsche Auftreten bei den Friedensverhandlungen in Brest-Litowsk, Versuche der Neubegründung einer linken Internationale und reaktionäre Reden im Preußischen Abgeordnetenhaus –, aber keine Forderungen nach materieller Besserstellung. Obwohl es sich um den bei weitem größten Streik des Krieges handelte, war sein Umfang doch nicht sehr beeindruckend. Von den rund 700 000 Berliner Arbeitern beteiligten sich 170 000 bis 180 000, was nicht ohne Terror von Streikaktivisten gegen Arbeitswillige vonstatten ging. Auf Reichsebene war die Beteiligung mit rund 650 000 Arbeitern im Ausstand noch geringer und fiel regional ganz unterschiedlich aus.

Das schnelle Ende des Streiks beruhte einmal auf der abwiegelnden Haltung der Mehrheitssozialdemokraten – Ebert war zu diesem Zweck in die Streikleitung eingetreten –, vor allem war es jedoch auf das entschiedene, aber maßvolle Verhalten der Militärs zurückzuführen. Die eingesetzten Truppen machten von der Waffe keinen Gebrauch; mit dem verschärften Belagerungszustand wurden Kriegsgerichte eingesetzt, wehrpflichtige Arbeiter zu Heeresangehörigen erklärt und vom Streik besonders betroffene Betriebe »militarisiert«, also unter militärische Leitung gestellt.

Was geschah aber mit den »Hetzern«, wie es in den militärischen Quellen heißt, den festgenommenen Agitatoren, die mangels Beweisen von den Kriegsgerichten nicht verurteilt werden konnten? Sie wurden eingezogen und an die Front geschickt; ihre Akten trugen den Vermerk: »Berlin 1918«, so daß die Vorgesetzten über ihre politische Einstellung informiert waren.[51]

Wie mußte es auf die »feldgrauen Helden« wirken, wenn sie erfuhren, daß die schlimmste Form der Bestrafung der Schützengraben sei, also der Frontdienst, zu dem sie sich selbst vielleicht einmal freiwillig gemeldet hatten! Wahrscheinlich war der Zynismus der Frontsoldaten schon so weit ausgebildet, daß sie daran keinen Anstoß mehr nahmen. Ihr Leben in den Gräben, verlaust und verdreckt, unter unerträglichen Strapazen bei nicht immer ausreichender Verpflegung und einer mitunter schlechten Behandlung durch die Vorgesetzten unterschied sich vom Alltag in der Heimat denkbar kraß. Urlaub gab es selten. Bei der Verpflegung ging es nicht immer korrekt zu, wobei die Offiziere ohnehin besseres Essen erhielten. Militärischer Drill fehlte auch in Zeiten der Ruhestellung nicht. Es war nicht nur die Bedrohung durch den Gegner, sondern auch die tägliche Schikane an der Front, die verbitterten. Durch die Publikation von kritischen Zeugnissen wird zuweilen sogar der Eindruck permanenter Mißhandlung suggeriert.[52] Das ist wohl doch eine unzulässige Verallgemeinerung, denn die Kampfbereitschaft und die Moral der Truppen sprechen dagegen. Vorgänge, die auch nur eine entfernte Ähnlichkeit mit den Meutereien in der französischen Armee im Sommer 1917 aufweisen, hat es auf der deutschen Seite nicht gegeben.

Daß der Dienst im Schützengraben als schlimmste Strafe gewertet wurde, während die Soldaten umgekehrt die Arbeit in der Fabrik – mit einem Dach über dem Kopf, trockenen Füßen unter annehmbaren hygienischen Verhältnissen – eher als Sanatoriumsaufenthalt betrachteten, machte nur das Ausmaß der Distanz deutlich. Während das Arbeitsleben in der Heimat in den gewohnten Formen weiterging, die zunehmenden Pressionen aber für Konflikte sorgten und die wachsenden Unternehmensgewinne antikapitalistische Ressentiments verstärkten, entstanden an der Front ganz andere politische Vorstellungen, irrationale Erwartungen von einer neuen politischen Ordnung, die im Schützengraben geboren wurde und die es für die Nachkriegszeit zu erhalten galt. Der Dienst an der Front machte alle gleich und setzte alle den gleichen Gefahren aus. Die normalerweise kaum durchlässigen, durch Besitz oder Bildung gezogenen Grenzen waren hier aufgehoben; der Landarbeiter stand neben dem Studenten, der Beamte neben dem Bauern, der Handwerker neben dem Oberlehrer. So entstanden Vorstellungen eines nationalen Kollektivismus neuer Art, eines Sozialismus der Frontsoldaten, der die vermeintliche Volksgemeinschaft verwirklicht und die Zerklüftungen der wilhelminischen Gesellschaft überwunden hatte.

Die Idee des Zusammenstehens ohne Unterschied der sozialen Herkunft und Zuordnung, der Volksgemeinschaft im Schützengraben, überlebte den Krieg und entwickelte eine beachtliche Dynamik. So entstand unter nationalem Vorzeichen eine Alternative zum marxistischen Klassenkampfschema, das jedoch keineswegs präfaschistisch war. Es war ursprünglich im Bereich der heimatlosen Rechten angesiedelt und wurde im Laufe der zwanziger Jahre immer stärker von der NSDAP propagiert, bis die Volksgemeinschaft nach 1933 zum Staatsgrundsatz erklärt wurde. Im Zusammenhang mit der politischen Entwicklung im Ersten Weltkrieg verdient vor allem festgehalten zu werden, daß der Distanz zwischen Front und Heimat auch eine politische Polarisierung entsprach, deren Gewicht erst in der Weimarer Republik zum Tragen kommen sollte. Es war eine Einstellung, die gerade nicht entlang der »Klassenlinien« verlief, sondern ein neues gesellschaftliches Leitbild jenseits aller Klassen aufzeigte.

Was Front und Heimat miteinander verband, was für die Soldaten in ihrer Isolierung eine kaum zu überschätzende Bedeutung als Lebenshilfe erhielt, war die Feldpost. Millionen Kriegsbriefe stellten den Kontakt zu Angehörigen und Freunden her. Sie ermöglichten es den Soldaten, an den Sorgen und Nöten der Daheimgebliebenen teilzunehmen, sich mit deren Problemen zu beschäftigen und sie zu durchdenken. Die Kriegsbriefe waren gleichsam die Nabelschnur zur normalen Welt, von der sie so weit entfernt waren. Die Kommunikation per Brief war zugleich die Möglichkeit zur Reflexion und zur Klärung eigener

Standpunkte und Anschauungen, die im rauhen Kameradenkreis nicht zu erörtern waren.

Der Postbote war die lebendige Verbindung zwischen Front und Heimat, aber er war mehr als das: Er war eine Art Schicksalsbote. Zu alt, um noch zum Militär eingezogen zu werden, schleppte er seine tägliche Last, die freudig begrüßt wurde oder aber tiefes Leid hervorrief, wenn die Nachrichten erst vom Vermißtsein oder der Verwundung sprachen und schließlich der Brief des Kompaniechefs eintraf, der meist in abgegriffenen Formulierungen den Tod mitteilte.

Welche Gruppe der Bevölkerung hatte die meisten Opfer zu beklagen? Die höchsten Verluste waren unter den Offizieren zu verzeichnen. Ein Leutnant, der 1914 ins Feld zog, hatte nur eine geringe Chance zum Überleben, wenn er nicht durch Verwundung ausfiel. Dies waren überwiegend Opfer bürgerlicher Herkunft. Den größten Teil der Soldaten aber stellte die Landbevölkerung, die damit auch die meisten Toten zu beklagen hatte. Der Anteil der Gedienten, die vor dem Krieg ihren Wehrdienst geleistet hatten und vom Lande kamen, war sehr groß, weil man die Landbevölkerung der Industriearbeiterschaft vorgezogen hatte. Bei letzteren war die körperliche Eignung geringer, ihre Unabkömmlichkeit in der Rüstungsindustrie aber desto größer. Es kann also keine Rede davon sein, daß vornehmlich das Proletariat auf die Schlachtbank geführt worden sei.

Neben den Entfremdungen darf eine wichtige, auf Konvergenz und nationalen Zusammenhalt zielende Entwicklung nicht außer acht bleiben, nämlich die Einbeziehung der sozialdemokratischen Arbeiterschaft – repräsentiert durch die MSPD und die freien Gewerkschaften – in die politische Verantwortung. Es ging ja nicht nur um die Bewilligung der Kriegskredite. Das war der sichtbarste Ausdruck der Unterstützung des Krieges, der als Verteidigungskrieg verstanden wurde, gleichsam die Spitze des sozialdemokratischen Kriegsengagements. Daneben und in der breiten Wirksamkeit weit wichtiger, entwickelte sich eine immer intensivere Zusammenarbeit zwischen Funktionären der Partei und vor allem der Gewerkschaften auf dem Gebiet der Kriegswirtschaft.

Der zu Beginn des Krieges verkündete Burgfriede hatte auch die Beziehungen zwischen Unternehmern und Arbeitern, die damals erst in Ansätzen Tarifpartner waren, günstig beeinflußt. Die politische Polarisierung durch den Streit um die Kriegsziele, der 1915 eingesetzt hatte und den Burgfrieden weitgehend illusorisch werden ließ, hatte für das Verhältnis zwischen Militär und Arbeiterbewegung keine Folgen, die die intensive und vertrauensvolle Zusammenarbeit beeinträchtigt hätten. Die Offiziere in den stellvertretenden Generalkommandos, die mit der Ersatzbeschaffung und damit auch mit wirtschaftspolitischen Fragen befaßt waren, akzeptierten die Gewerkschaftsvertreter in der Regel als kompetente und zuverlässige Partner. Als dann die Versorgungsmisere auftrat, fanden die Gewerkschaften für sozialpolitische Forderungen bei den Militärs durchaus Verständnis, da diese ebenfalls unter der Ernährungslage litten.

Für das Militär stand in erster Linie die Aufrechterhaltung und Steigerung der Produktion im Vordergrund. Aus diesem Grunde befürworteten sie Maßnahmen wie die Einführung von Schlichtungsausschüssen zwischen Arbeitervertretern und Unternehmern. Ebenso zeigten sie Verständnis für die Lohnforderungen der Gewerkschaften, da »die Höhe der Arbeitslöhne fast ausnahmslos in den mindestens im gleichen Verhältnis gestiegenen Kriegsgewinnen der Unternehmer« den Ausgleich finde.[53] Um den Kontakt zwischen den Gewerkschaftsfunktionären und der Basis zu verbessern, setzte das Militär Lockerungen der rigiden Auflagen für Gewerkschaftsversammlungen durch, so daß die Funktionäre mehr Möglichkeiten erhielten, den Mitgliedern ihr Vorgehen zu erläutern. Wenn behauptet wird, die Gewerkschaftsfunktionäre hätten den Kontakt mit den Mitgliedern und darüber hinaus mit der Realität der Arbeitswelt verloren, so ist das eine unzulässige Verallgemeinerung.[54] In linken Hochburgen gab es allerdings scharfe Auseinandersetzungen über die Kriegspolitik zwischen der Basis und den Funktionären, aber das war eher die Ausnahme.

Es kann nicht überraschen, daß die Unternehmer dieser Kooperation von Militärverwaltung und Gewerkschaften, für die es eine Unzahl von Belegen gibt, sehr kritisch gegenüberstanden.[55] Über Ludendorff versuchten sie das Gesetz über den Vaterländischen Hilfsdienst nachträglich zu ändern, was aber an der entschiedenen Haltung Bethmann Hollwegs scheiterte.

Besonders deutlich zeigt sich das Vertrauensverhältnis, das sich im Laufe des Krieges zwischen dem Staat, vertreten durch die Militärbehörden, und den Organisationen der Arbeiterbewegung herausgebildet hatte, an einem Erlaß des bayerischen Kriegsministers von Hellingrath. Dieser hielt die Militärbefehlshaber am 2. April 1917 dazu an, zur Verhütung von Aufläufen und Unruhen nach deren Ursachen zu forschen und diese Kenntnisse auch »durch dauernde Fühlung mit zuverlässigen Vertretern der Arbeiterorganisationen und der sozialdemokratischen Partei« zu gewinnen.[56] Eine solche Anweisung verrät profundes Vertrauen in die patriotische Zuverlässigkeit der gemäßigten Arbeiterorganisationen und ihrer Mitglieder.

Es war also nicht allein die politische Führung der MSPD-Reichstagsfraktion, die auf Grund ihrer Erfahrungen und ihres ruhigen Urteils als Partner akzeptiert wurde. Bei der Militärverwaltung, den stellvertretenden Generalkom-

mandos und ihren nachgeordneten Stellen, aber auch bei der staatlichen Verwaltung und besonders bei den Kommunen wuchs die Erkenntnis, daß man
mit diesen vernünftigen, ruhig urteilenden Männern gut zusammenarbeiten
könne. Diese Annäherung von Militär und Arbeiterbewegung fand ein jähes
Ende mit der Revolution und dem Friedensvertrag. Statt Zusammenarbeit entstanden wachsende Feindschaft und gegenseitige Schuldvorwürfe.

Schließlich ist noch auf ein politisch-gesellschaftliches Phänomen einzugehen; es ist nicht im Krieg entstanden, hat aber durch ihn enormen Auftrieb erhalten – der Antisemitismus. Es ist müßig, sich hier über Wesen und Ursprünge dieser Erscheinung zu verbreiten. Der Hinweis muß genügen, daß die
tradierte Judenfeindschaft sich nach dem Gründerkrach der siebziger Jahre
unter dem Einfluß der Rassen- und Vererbungslehre in einen pseudowissen-
schaftlichen Rassenantisemitismus wandelte, der in den siebziger und achtziger Jahren des 19. Jahrhunderts einen ersten Höhepunkt erreichte.

Unter dem Einfluß steigenden Hungers und anderer Entbehrungen erfolgte
seit 1916 ein geradezu explosionsartiges Anwachsen des Antisemitismus. Die
Begründung lief darauf hinaus, daß die Juden »Drückeberger« seien, den
Kriegsdienst mieden, in den zahlreichen Kriegsgesellschaften Unterschlupf gefunden hätten und dort ein Leben in Saus und Braus führten. Dabei hat selbst
Adolf Hitler später anerkannt, daß es im »Weltkrieg auch tapfere jüdische Soldaten, ja sogar Offiziere, gegeben« habe.[57]

Am 11. Oktober 1916 ordnete das preußische Kriegsministerium eine
»Nachweisung der beim Heere befindlichen wehrpflichtigen Juden« an. Das Ergebnis war die berüchtigte »Judenstatistik«, die nicht mehr erhalten ist, aber
eine bewußt antisemitische Tendenz gehabt haben muß. Es existieren nur
Kopien aus Aktenvorgängen, die einige Aufschlüsse über deren Zustandekommen bieten. Der Nationalökonom Franz Oppenheimer bezeichnete die Statistik nach dem Krieg als »die größte statistische Ungeheuerlichkeit, deren sich
eine Behörde schuldig gemacht hat«.[58] Die jüdischen Organisationen hatten in
weiser Voraussicht der zu erwartenden Verleumdungen ihre eigene Statistik
geführt, die ein klares Bild vermittelt. Danach waren von den 550 000 reichs-
deutschen Juden rund 100 000 eingezogen worden. Von diesen hatten rund
80 000 an der Front gedient; davon sind mindestens 12 000 gefallen, eine dem
Bevölkerungsdurchschnitt entsprechende Verlustziffer.

Zur Begründung der statistischen Erhebung wurde von preußischer Seite
immer wieder angeführt, daß das Ministerium »unzählige, meist namenlose
Anzeigen über Drückebergerei unter jüdischen Mitbürgern« erhalten und die
Erhebung der Statistik nur durchgeführt habe, um Argumente dagegen zu
erhalten. Die Begründung scheint mehr als fadenscheinig, denn seit wann rea-

gierten preußische Behörden auf anonyme Beschuldigungen? Dabei hatte Oberst von Wrisberg, der im Kriegsministerium eine wichtige Abteilung leitete und alles andere als ein Philosemit war, im Juni selbst noch erklärt: »Viele … Hinweise, daß da und dort übermäßig viel Juden zurückgestellt seien, hätten sich als unrichtig erwiesen.«[59] Der Druck muß aber in der Folgezeit zugenommen haben. Auch der Abgeordnete Erzberger fühlte sich im Oktober veranlaßt, für das in den Kriegsgesellschaften tätige Personal eine Konfessionsstatistik beim Reichskanzler anzufordern. Damit sollte natürlich auch nur das jüdische Übergewicht demonstriert werden.

Die Angriffe gegen die Kriegsgesellschaften zielten auf die vielen dort beschäftigten Juden. Sie waren im Anschluß an die von Walther Rathenau im August 1914 vorgeschlagene Kriegsrohstoffabteilung gegründet worden und hatten einen halb öffentlichen Charakter mit der Aufgabe, die wegen der Blockade knapper werdenden Rohstoffe einheitlich zu bewirtschaften und nach Dringlichkeit zuzuteilen. Diese Gesellschaften traten an die Stelle des freien Handels. Den Handel hatten weitgehend Juden betrieben. So lag der Getreidehandel fast ausschließlich – wegen der hohen Risiken und Gewinnchancen – in jüdischer Hand. Wer anders also sollte in der Reichsgetreidestelle den Ankauf und die Verteilung des Getreides betreiben als die jüdischen Kaufleute, die dies zuvor bereits getan hatten?

Es war geradezu unvermeidlich, daß in solchen Monopolunternehmen, die den Mangel verwalteten, Mißbräuche entstanden, daß jemand bevorzugt wurde und anderes mehr. Entscheidend war, daß derartige Mißstände sofort mit den jüdischen Beschäftigten in Verbindung gebracht wurden. So zielte das Klischee des Kriegsgewinnlers auf einen Schieber, der illegal mit Waren handelte und unglaubliche Gewinne machte. Er wurde mit Kriegsgesellschaften in Verbindung gebracht und fast immer als Jude dargestellt.

Auch die stellvertretenden Generalkommandos, die für den Ersatz der an der Front stehenden Truppen ihres Korpsbereichs zuständig waren und deswegen zum Aufbau ganzer Wirtschaftsabteilungen gezwungen waren, hatten ganz zwangsläufig jüdische Kaufleute oder Rechtsanwälte eingestellt. Auch das war eine wirtschaftliche Notwendigkeit, die aber sofort Anlaß zu antisemitischen Ausfällen bot.

Es gab Juden und Nichtjuden, die nach dem Abebben der Kriegsbegeisterung der ersten Monate wenig Sinn darin sahen, an irgendeiner Front ihr Leben vorzeitig zu beenden. Deswegen suchten sie in frontferneren Bereichen ein Unterkommen oder überhaupt durch Aktivierung eines Leidens den Militärdienst zu vermeiden. Der grundsätzliche Unterschied bestand aber darin, daß der in der Etappe dienende Jude weit mehr auffiel und sofort zu Verallgemeinerungen Anlaß gab. Es war nicht die Realität, sondern das antisemitische Vorurteil, was den Ausschlag gab. Besonders aggressiv wirkte das Ressentiment dadurch, daß massiv an den Futterneid appelliert wurde. Dadurch wurde wohl der stärkste antisemitische Effekt erzeugt. Immer wieder kursierten Berichte über Juden, selbstverständlich im wehrfähigen Alter, die in Luxusrestaurants die feinsten Gerichte verzehrten, deren Zutaten längst aus den normalen Geschäften verschwunden waren. Diese kolportierten Behauptungen fanden unbesehen Glauben und vertieften die Haßgefühle. Nichts konnte so verbitternd wirken wie bei knurrendem Magen derartige Gerüchte hören zu müssen.

Für den zunehmenden Antisemitismus im Krieg ist noch eine weitere Ursache von wesentlicher Bedeutung. Der Sieg der Bolschewiki in Rußland und die bald darauf einsetzenden Friedensverhandlungen in Brest-Litowsk zeigten deren neue politische Führung, die mit Ausnahme von Lenin und Stalin fast nur aus Juden bestand – Trotzki, Sinowjew, Kamenew, Radek, Litwinow. Das provokative Auftreten mancher dieser als Politgangster und Zarenmörder eingeschätzten Verhandlungspartner in Brest-Litowsk verstärkte den herrschenden Antisemitismus ganz ungemein und sorgte zugleich für eine Verfestigung des bestehenden Feindbildes.

Mit dem Sieg der Bolschewiki gewann die Vorstellung von dem Vorhandensein einer »rot-goldenen Internationale« eine gefährliche Breitenwirkung. Es war das Bild einer jüdischen Verschwörung, die nach der Weltherrschaft strebte und von zwei Seiten aus operierte: mit dem bolschewistisch-sozialistischen Marxismus, der die politische, und mit dem jüdischen Kapitalismus, der die wirtschaftliche Macht erobern sollte. Diese aberwitzige Vorstellung einer bolschewistisch-kapitalistischen Gemeinsamkeit gehörte von nun an zur Grundausstattung des Antisemitismus, dessen Gefährlichkeit erst die Zukunft zeigen sollte. Es war kein Zufall, daß Adolf Hitler von der Richtigkeit dieser Sichtweise zutiefst überzeugt war und in der politischen Entwicklung Münchens im Winter 1918/19 für diese Weltsicht einen lebendigen Anschauungsunterricht zu erhalten glaubte.

DIE MILITÄRISCHE NIEDERLAGE

Die Voraussetzung für den Entschluß Ludendorffs, 1918 die Entscheidung im Westen zu suchen, war das scheinbare Kriegsende im Osten und der Friedensschluß von Brest-Litowsk, der aber von beiden Seiten nicht als ein solcher akzeptiert wurde.

Die im November 1917 an die Macht gelangten Bolschewiki erstrebten zur Sicherung ihrer Herrschaft nach innen sofort einen Waffenstillstand. Die Ende Dezember aufgenommenen Friedensverhandlungen mit den Mittelmächten nutzte die bolschewistische Seite weitgehend als Propagandaforum. Dabei wurde das Selbstbestimmungsrecht von beiden Seiten völlig willkürlich interpretiert. Der Verzögerungstaktik der Gegenseite machten der am 18. Februar von deutschen und österreichischen Truppen wieder aufgenommene Vormarsch und die wenige Tage später ultimativ gestellten Friedensbedingungen Deutschlands ein rasches Ende. Der Friedensvertrag, ein deutsches Diktat, wurde am 3. März unterzeichnet. Am 9. Februar hatte bereits die Ukraine, die ihre Unabhängigkeit erklärt hatte, einen Sonderfrieden abgeschlossen. Rußland mußte trotz leidenschaftlichen Protestes Polen, Finnland, das Baltikum und die Ukraine abtreten.

Von der sowjetischen wie auch von der westlichen Historiographie ist der Gebietsverlust, zu dem Rußland von Deutschland gezwungen worden war, stets scharf kritisiert und die hier gezeigte Härte teilweise auch zur Rechtfertigung der Bedingungen des Versailler Vertrages herangezogen worden. Bei dieser Kritik ist aber die Tatsache verdrängt worden, daß es sich nicht um Teile Rußlands, sondern um Nationalitäten handelte, die zwangsweise dem russischen Staatsverband einverleibt worden waren. Sie haben trotz der nach 1939 erfolgten blutigen Unterdrückung und massiver Russifizierungspolitik stets an ihrer nationalen Identität festgehalten. Dadurch haben sie schließlich zum Zerfall der Sowjetunion in beträchtlichem Maße beigetragen und ihre nationale Unabhängigkeit wiedergewonnen.

Die Stärke der nationalen Idee bei Litauern, Letten, Esten und in der Ukraine ist auch schon 1918 ein Faktum gewesen. Daher ist die Abtretung der Gebiete nicht als deutsches Unrecht an Rußland anzusehen, es war eher eine List der Vernunft, daß es zu den Gebietsabtretungen gekommen ist. Natürlich war die deutsche Seite nicht an der Verwirklichung des Selbstbestimmungsrechts dieser Nationen interessiert, sondern es ging um deutsche Macht- und Wirtschaftsinteressen. Die Beutegier im Osten erfuhr noch eine groteske Zuspitzung, als deutsche Fürsten wie Teppichhändler um die Herzogshüte der zu gründenden Fürstentümer feilschten. Die deutschen Interessen zeigten sich am deutlichsten bei der Ukraine, deren Grenzen man nach Osten weit ausdehnte, um die reichen Bodenschätze der östlichen Landeshälfte für die deutsche Industrie nutzbar zu machen.

Der Frieden von Brest-Litowsk ließ bei Freund und Feind die Erwartung entstehen, daß die nun im Osten frei werdenden Truppen im Westen eingesetzt und das Getreide aus der ukrainischen Kornkammer die Versorgungslage fühlbar verbessern werde. Beide Annahmen erwiesen sich als falsch.[60] Denn eine Million deutscher Soldaten blieb weiterhin im Osten; Getreide gab es auch nicht, da die ohnehin geringen Vorräte zum größten Teil von den Bauern versteckt wurden.

Da zeigte sich wieder einmal, wie unfähig Ludendorff war, klare Alternativen zu erkennen und dementsprechend zu handeln. Wenn die Entscheidung im Westen gesucht werden mußte, war es notwendig, Rußland sich selbst zu überlassen und fast alle Truppen von dort abzuziehen. Eine militärische Gefahr stellte Rußland nicht mehr dar. Statt dessen wurde jedoch der Vormarsch in die Ukraine befohlen und nach Süden und Südosten bis zur Krim und zum Kaukasus fortgesetzt. Hier zeichnete sich die Vorstellung des Aufbaus eines Ostimperiums ab, eine Versuchung, der Ludendorff nicht widerstehen konnte. Sein Vorgehen zeigte letztlich im konzeptionslosen Festhalten an allem, dessen er habhaft werden konnte, eine fatale Ähnlichkeit mit der Ostpolitik Hitlers.

Im Westen sollte dennoch die Entscheidung gesucht werden. Es war die erste große Offensive, die Ludendorff im Westen führte, denn die Abwehrschlachten in der Champagne und in Flandern im Jahre 1917 hatten die an der Westfront bewährten Armeeführer geleitet.

In der Vorbereitungsphase zeigte er sich »undurchdringlich«.[61] Er wollte den Durchbruch im Westen erzwingen, schwieg aber eisern über sein Vorgehen. Eine Mischung aus Unsicherheit und Wunschdenken in bezug auf die Offensive zeigten seine strategischen Vorstellungen, die er am 13. Februar 1918 dem Kaiser darlegte. Da sprach er von einem »gewaltigen Ringen«, »das an einer Stelle beginnt, sich an der anderen fortsetzt und lange Zeit in Anspruch nehmen wird, das schwer ist, aber siegreich sein wird«.[62] Er verdrängte dabei einfach, daß das deutsche Angriffspotential mit jeder Offensive schwächer werden mußte und ließ völlig außer acht, daß die Uhr gegen die Deutschen lief. Zeit hatte nur die Gegenseite, die auf die amerikanischen Truppen wartete.

Nachdem feststand, daß die Offensive im Westen erfolgen werde, rätselten die Auguren über die Erfolgsaussichten. Allgemein bestand Einigkeit, daß es zu einem großen Anfangserfolg kommen werde, doch wie es dann weitergehen und ob es zum Frieden kommen würde – darüber gingen die Meinungen auseinander.

Die am 21. März 1918 beginnende Offensive brachte tatsächlich den Anfangserfolg, aber es war nur ein taktischer Erfolg, nicht der operative Durchbruch. Drei Armeen griffen nördlich und südlich von St. Quentin zuerst die britische Front an in der Hoffnung, die als schwächer eingeschätzten Engländer leichter schlagen zu können. Als dort der Angriff nicht in dem erwarteten Maße vorankam, wurde die Angriffsrichtung geändert und der Druck auf die

Nahtstelle zwischen der englischen und französischen Armee gelegt in der Absicht, durch deren Trennung den Durchbruch zu erzielen. Die Geländegewinne – insgesamt sechzig Kilometer – waren beachtlich. Die Situation wurde bei der britischen Armee als äußerst kritisch angesehen, so daß deren Führung sogar der Bildung eines gemeinsamen Oberkommandos unter dem französischen General Foch zustimmte, was sie zuvor stets abgelehnt hatte.

Nach der ersten großen Offensive im März gingen die deutschen Angriffe weiter, mit entsprechenden Verlusten und Geländegewinnen, mit denen man nichts anfangen konnte. So führte Ende Mai ein Angriff am Chemin des Dames zu einem gar nicht erwarteten Durchbruch mit dem Ergebnis, daß bei Chateau-Thierry sogar die Marne wieder erreicht wurde und das Artilleriefeuer der Front in Paris zu hören war. Das Vorrücken der Truppen schien deutsche Erfolge zu veranschaulichen, tatsächlich hatte der Geländegewinn in Form eines riesigen Frontbogens eine fatale Wirkung. Es ergab sich daraus eine Frontverlängerung von rund 75 Kilometern. Man benötigte allein zu ihrer Sicherung sechzehn zusätzliche Stellungsdivisionen. Bei wachsenden Verlusten verringerte sich der Ersatz dramatisch; es kamen fast nur noch Wiedergenesene. Es waren einfach nicht mehr genügend Truppen vorhanden, um diese völlig überflüssige Ausbeulung zu sichern und gegen Angriffe auszubauen. Der Gegner wurde geradezu aufgefordert, an geeigneter Stelle in diese überdehnte Front hineinzustoßen.

Bei der ersten großen Offensive im März hatten die Truppen alles gegeben. Das Lob über ihren Angriffsschwung war allgemein. Nach deren Scheitern machte sich Enttäuschung breit, da die Soldaten nun den Sieg wie auch ihre eigene Überlebenschance für immer unwahrscheinlicher hielten. Die OHL dagegen nahm die schwindenden Erfolgsaussichten ihrer Angriffe gar nicht zur Kenntnis. Ein erschütterndes Bild des Realitätsverlustes gibt der Bericht des Obersten von Thaer. Er war Ende April 1918 in die OHL zur Bearbeitung wirtschaftlicher Fragen versetzt worden, nachdem er mehrere Jahre lang als Stabschef eines Reservekorps für einen Frontabschnitt von etwa dreißig Kilometern die Verantwortung getragen hatte, also als hervorragender Experte anzusehen war. Hindenburg wollte die Realität partout nicht wahrnehmen, die Thaer ihm vor Augen führte, zeigte sich optimistisch und machte die angeblich schlechten Nerven des Obersten für dessen Pessimismus verantwortlich, wobei er der Hoffnung Ausdruck gab, daß diese sich »in der guten Stimmung« im Großen Hauptquartier bald bessern würden. Ludendorff reagierte auf den Lagebericht Thaers, indem er die Schuld für das Desaster den vorderen Kommandostellen zuschob, »die nicht zufassen. Wie wäre es sonst möglich, daß ganze Divisionen sich festgefressen und festgesoffen haben … Das ist doch der Grund, daß die große März-Offensive und jetzt Georgette nicht weiter gekommen sind.«[63] Zwar hatte die Eroberung der französischen Verpflegungsmagazine voller ungeahnter Köstlichkeiten, aber auch alkoholischer Getränke manche Pause während der Märzoffensive unvermeidlich gemacht, dennoch war dies ein grotesker Vorwurf, der nur das Ausmaß des Realitätsverlustes zeigte. Letztlich hoffte Ludendorff – wider alle Wahrscheinlichkeit – auf einen plötzlichen Zusammenbruch des Gegners wie 1917 in Rußland. Die Front rechtzeitig zu verkürzen, daran dachte er nicht.

Der alliierte Gegenschlag erfolgte völlig unerwartet am 18. Juli aus dem Wald von Villers-Cotteret, südwestlich von Soissons. Mit starker Unterstützung von Tanks, die erstmals massiv eingesetzt wurden, überrollte der alliierte Angriff jeden Widerstand. Diese Offensive in die Flanke des deutschen Gegners bedeutete den Wendepunkt des Krieges; von da an lag die Initiative ausschließlich bei den Alliierten. Auf diesen massiven Angriff konnte es im Grunde nur eine Reaktion geben: Der Frontbogen hätte sofort geräumt werden müssen. Aber Ludendorff weigerte sich. Er brachte es nicht über sich, die unhaltbaren Fronten schleunigst zurückzunehmen, sich hinter die »Siegfriedstellung« zurückzuziehen und so die gefährdete Front zu stabilisieren.

Das sinnlose Halten von exponierten Stellungen führte zu hohen Verlusten, und es untergrub die Moral der Truppen vollends. Der nächste Schlag ließ nicht lange auf sich warten. Am 8. August erfolgte bei Amiens ein alliierter Angriff, der nicht nur einen Geländegewinn bis zu zehn Kilometern Tiefe, sondern auch eine erhebliche Zahl von Gefangenen und große Mengen an Geschützen kostete. Es war nicht der »schwarze Tag des deutschen Heeres«, wie Ludendorff unter Schuldzuweisung an die Truppen später behauptete. Die Wende war bereits am 18. Juli eingetreten. Es war lediglich die herausragende Niederlage einer Armee im Rahmen einer ununterbrochenen Reihe verlustreicher Abwehrkämpfe. Sie waren die Folge des Starrsinns von Ludendorff, der Dutzende von Divisionen verheizte, die anschließend aufgelöst werden mußten. Zurückkehrende Urlauber fanden ihre Einheiten nicht mehr, weil es sie nicht mehr gab. Das zunehmende Durcheinander im Hinterland war ein weiteres unübersehbares Zeichen der Niederlage, die aber als solche selbst von den meisten Militärs noch nicht erkannt wurde.

Der Erste Weltkrieg war für die Mittelmächte nicht zu gewinnen. Wie er aber verloren ging, war weitgehend das Werk Ludendorffs. Verschiedene Reaktionen weisen zwar auf gewisse Ähnlichkeiten mit seinem strategischen Nachfolger im Zweiten Weltkrieg hin, etwa das krampfhafte Festhalten an einer nicht verteidigungsfähigen Stellung und die schnelle Schuldzuweisung an andere, aber man sollte die Parallelen nicht zu weit führen. Denn Ludendorffs Stellung beruhte auf anderen Voraussetzungen. Der Motor seines Aufstiegs war die Erwartung, er allein könne den Krieg noch gewinnen. Dieses Vertrauen erwies sich als ein ungemein mächtiger politischer Faktor, der das Heer wie die Bevölkerung gleichermaßen beeinflußt hat. Tatsächlich wurde er weit überschätzt, denn er verstand nur eines wirklich meisterhaft: In der Niederlage den eigenen Anteil daran zu verschleiern und anderen die Schuld zuzuschieben. Die Generäle, die es aus eigener Kenntnis besser wußten, schwiegen und sollten so die Dolchstoßlegende nachhaltig fördern.

Vom Kaiserreich zur Republik

Es gehört zu den schwer verständlichen, aber in gewisser Weise doch charakteristischen Bewußtseinslagen der Deutschen im Ersten Weltkrieg, daß die meisten von ihnen nicht mit einer Niederlage rechneten. Man nahm die Entbehrungen auf sich in der dumpfen Hoffnung, daß der Krieg doch noch glimpflich enden werde. Die tatsächliche Wende an der Westfront im Juli 1918 war – nicht zuletzt dank der Vernebelungsmanöver der OHL – weder von der Reichsregierung noch von der Öffentlichkeit erkannt worden. Der ständige Rückzug der Armeen im Westen wurde als nicht bedrohlich empfunden, schien doch die Front zu halten, da alliierte Durchbruchsversuche scheiterten. Daß diese aber angesichts der wachsenden Überlegenheit der Gegenseite an Waffen und Material irgendwann gelingen mußten, wurde von der obersten Führung verdrängt.

Ludendorff wollte die Niederlage nicht eingestehen. Er war nicht der »Feldherr im Unglück« wie es ein Militärhistoriker später pietätvoll formulierte, sondern der an seiner Maßlosigkeit gescheiterte Generalstabschef, der bei völliger Überforderung der Truppe alles auf eine Karte gesetzt hatte. Seit Ende Juli ging es ihm vor allem darum, sein Prestige zu wahren und die Schuld an der Niederlage auf andere abzuwälzen. Gewiß waren seine Nerven ramponiert. Die unausweichliche Erkenntnis der Niederlage mußte selbst eine so starke Persönlichkeit wie Ludendorff belasten. Als er aber schließlich reagierte, tat er es mit bemerkenswerter politischer Hinterhältigkeit und ohne Scheu, eine Panik auszulösen.

Am 25. September hatte Bulgarien um Waffenstillstand gebeten, der vier Tage später in Saloniki unterzeichnet wurde. Damit war die mazedonische Front, die weitgehend von bulgarischen Truppen gehalten wurde, zusammengebrochen. Die Truppen der Entente konnten nun ungehindert nach Norden vorstoßen. Eine akute militärische Bedrohung war damit nicht gegeben. Ludendorff nahm aber den bulgarischen Zusammenbruch – und keinesfalls die Lage an der Westfront – zum Anlaß, umgehend einen Waffenstillstand zu fordern; zugleich sollte die Reichsregierung auf eine breite nationale Grundlage gestellt werden.

Am 1. Oktober begründete Ludendorff vor den Abteilungschefs der OHL seinen Schritt. Der Abfall Bulgariens, die Erschöpfung der beiden anderen Bundesgenossen, der drohende Durchbruch im Westen durch die immer stärker werdenden Amerikaner zwinge zu diesem Schritt. Aber das waren für Ludendorff nicht die einzigen Gründe. Auch die eigenen Truppen taugten nichts mehr; sie seien »schon schwer verseucht durch das Gift spartakistisch-sozialistischer Ideen«. Und er fügte hinzu, er habe den Kaiser gebeten, »jetzt auch diejenigen Kreise an die Regierung zu bringen, denen wir es in der Hauptsache zu danken haben, daß wir so weit gekommen sind«.[1] Das war im Grunde die Geburtsstunde der Dolchstoßlegende: Nicht die Militärs, sondern die Linksparteien waren schuld an der Niederlage.

Die Führer der Reichstagsmehrheit sahen sich so ohne eigenes Zutun zur Teilnahme an der Regierung eingeladen. Sie wurden von ihren erbittertsten Feinden in den Sattel gesetzt. Auf sozialdemokratischer Seite gab es anfangs Bedenken, aber die Überzeugung, in dieser schwierigen Situation die patriotische Pflicht erfüllen zu müssen, war doch stärker. Daß ihnen die Rolle den Sündenbocks zugedacht war, erkannten die Parlamentarier nicht.

Der Kaiser hatte eine Regierung auf breiter Grundlage und unter Einbeziehung der Konservativen angestrebt. Eine solche Allparteienregierung scheiterte am energischen Widerspruch der Sozialdemokraten, die bewußt einen politischen Neubeginn ins Auge gefaßt hatten. Daß sie als ersten Schritt die Verantwortung für den Waffenstillstand würden übernehmen müssen, konnten sie noch nicht ahnen. Der Kanzlerkandidat der Mehrheitsparteien, der bisherige linksliberale Vizekanzler von Payer, wurde vom Kaiser abgelehnt. Daraufhin wurde vom Zivilkabinett Prinz Max von Baden präsentiert. Wahrscheinlich war sein Name von der OHL ins Spiel gebracht worden, ohne daß der Prinz davon etwas wußte. Er war im Krieg im Rahmen der Kriegsgefangenenbetreuung tätig gewesen, hatte internationale Kontakte gepflegt und die politische Entwicklung auch auf der Gegenseite aufmerksam verfolgt. Sein Kabinett stand eindeutig unter dem Einfluß der Vertreter der Mehrheitsparteien. Unter ihnen waren Matthias Erzberger vom Zentrum und Philipp Scheidemann von der SPD die bekanntesten Politiker.

Die OHL drängte den Prinzen von dem Augenblick an, da er als der kommende Reichskanzler galt, mit massivem Druck, unverzüglich ein Waffenstillstands- und Friedensangebot herausgehen zu lassen. Immer wieder wurde der unmittelbar bevorstehende Zusammenbruch der Front beschworen; Ludendorff wollte »seine Armee« retten. Prinz Max war sich der verheerenden politischen Wirkung, den ein solcher Schritt als erste Verlautbarung einer neuen Regierung haben mußte, wohl bewußt. Denn das bedeutete das offene Eingeständnis der Niederlage. Aber die OHL gab nicht nach. Am Nachmittag des 2. Oktober wurden die Parteiführer des Reichstages von einem Major im Sinne der OHL unter entsprechender Dramatisierung und Verdrehung der Tatsachen informiert. Der Vortrag des Offiziers löste bei den Parlamentariern tiefe Betroffenheit aus; besonders Ebert und Stresemann wirkten wie gebrochen.

Die Regierungsbildung, die mit ausführlichen Personaldebatten der Mehrheitsparteien begonnen hatte, stand zunehmend unter Zeitdruck. Die von der OHL ausgehende Panikmache beherrschte alles. So wurde bereits in der Nacht vom 3. zum 4. Oktober – Prinz Max war gerade zum Reichskanzler ernannt worde und die Regierungsbildung noch nicht abgeschlossen – die Note an den amerikanischen Präsidenten Wilson abgesandt. Darin wurde dieser ersucht, auf der Grundlage seines Friedensprogramms »die Herstellung eines Friedens in die Hand zu nehmen«, aber zugleich bat man um den »sofortigen Abschluß« eines Waffenstillstandes.

Es war naheliegend, daß sich das Reich an den amerikanischen Präsidenten wandte, denn seine Vorstellungen, die vor allem in den Vierzehn Punkten niedergelegt waren, erschienen der deutschen Führung, nachdem die Niederlage offenkundig war, weitaus glimpflicher als die härteren Forderungen der Entente. Über die von Wilson herausgestellten Ziele einer Nachkriegsordnung unter Beachtung des Selbstbestimmungsrechts der Völker und der Freiheit der Meere sowie der Gründung eines Völkerbundes meinte man verhandeln zu können. Übrigens trafen die Vierzehn Punkte in London und Paris keineswegs auf volle Zustimmung. Die Abschaffung der Geheimdiplomatie fand man dort naiv, und aus britischer Sicht war die Freiheit der Meere so wenig akzeptabel wie aus französischer Seite die vagen Formulierungen über die Rückgliederung Elsaß-Lothringens und die Wiedergutmachung der Kriegsschäden.

Die Antworten Wilsons sorgten in Berlin bald für Ernüchterung. Seine Fragen und Forderungen galten vor allem der demokratischen Legitimierung der kaiserlichen Regierung und der Sicherstellung der gegenwärtigen Überlegenheit der Alliierten auch nach Abschluß des Waffenstillstandes. Wilsons Forderung, den U-Boot-Krieg sofort abzubrechen, verursachte erheblichen Widerstand bei der Marineleitung, und auch Ludendorff sah am 17. Oktober die militärische Lage plötzlich nicht mehr so kritisch wie zwei Wochen zuvor.

Die am 24. Oktober in Berlin eintreffende dritte Note Wilsons löste in Deutschland einen politischen Erdrutsch aus. Ihr Inhalt wurde – wie der der beiden ersten Noten – unverschlüsselt übermittelt und ohne Behinderung der Zensur in der Presse veröffentlicht. Die Note erhob zum einen die Forderung, daß der Waffenstillstand es Deutschland unmöglich machte, noch einmal die Feindseligkeiten aufzunehmen. Das war die Festschreibung der militärischen

Niederlage. Als weitaus folgenreicher erwiesen sich die politischen Forderungen. Der Präsident stellte die Deutschen vor eine klare Alternative: Er wollte nur mit den wahren Vertretern des deutschen Volkes sprechen, nicht aber mit den bisherigen »militärischen Beherrschern und monarchistischen Autokraten«, wobei die »Macht des Königs von Preußen« besonders hervorgehoben wurde. Blieben diese Machthaber weiter am Ruder, dann gäbe es keine Friedensverhandlungen, sondern nur die Kapitulation.

Die Reaktionen waren vielfältig. Bei den Politikern der Linken, aber auch in weiten Kreisen der Bevölkerung, wurde der naheliegende Schluß gezogen: Der Kaiser muß abdanken! Der SPD-Reichstagsabgeordnete Noske konstatierte das bereits am 24. Oktober und fügte die naive Erwartung hinzu: »Wenn der Kaiser ginge, würden wir einen ganz erträglichen Frieden bekommen.«[2] Damit war die »Kaiserfrage« gestellt, die bis zum 9. November für Unruhe sorgen sollte.

In der Reichsregierung neigte man ebenfalls zum Zweckoptimismus und war vor allem bemüht, die Parlamentarisierung des Reiches im Eiltempo in Angriff zu nehmen. Am 26. Oktober, zwei Tage nach Eintreffen der Note, war die Vorlage bereits beschlossen, zwei Tage darauf traten die Verfassungsänderungen in Kraft. Damit wurde Deutschland eine parlamentarische Monarchie; der Reichskanzler benötigte nun zu seiner Amtsführung das Vertrauen des Reichstages. Auch zur Erklärung des Krieges war dessen Zustimmung und die des Bundesrates fortan erforderlich, und zugleich wurde die kaiserliche Kommandogewalt durch die Einschaltung des Reichskanzlers eingeschränkt. Die Änderungen bedeuteten keineswegs so etwas wie die vorweggenommene Revolution, wie Arthur Rosenberg später gemeint hat,[3] aber es war doch der entscheidende Durchbruch zur Parlamentarisierung.

Die Wilson-Note war für die OHL unannehmbar. Während an die Armee der Befehl erging, es gelte nun, den Widerstand »mit äußersten Kräften« aufzunehmen, fuhren Hindenburg und Ludendorff nach Berlin, um mit der Drohung des Rücktritts, ihrer bisher stärksten innenpolitischen Waffe, einen Kurswechsel zu erzwingen. Dabei war es die OHL selbst gewesen, die mit der überstürzten Bitte um Waffenstillstand die ganze Entwicklung in Gang gesetzt hatte. Doch in Berlin mußten die beiden Militärs zur Kenntnis nehmen, daß ihre Waffe stumpf geworden war und der Feldherrennimbus im Angesicht der Niederlage verblaßte. Beim Empfang im Schloß Bellevue am Morgen des 26. Oktober erlebten sie einen Kaiser, der Ludendorffs Verhalten und überhaupt die »Generalstabswirtschaft« scharf kritisierte. Das Entlassungsgesuch Ludendorffs nahm er ungerührt an. Hindenburg hatte zu den Vorwürfen geschwiegen; als er seinerseits um die Entlassung bat, befahl der Kaiser: »Sie bleiben«, und der Generalfeldmarschall gehorchte, sicherlich ohne großes Widerstreben.[4]

Nachfolger Ludendorffs wurde Generalleutnant Wilhelm Groener, der seinem Vorgänger schon früher kritisch gegenübergestanden hatte. An der Spitze des Kriegsamtes konnte er 1917 politische Erfahrungen sammeln und brachte als Chef der Eisenbahnabteilung im Großen Generalstab vor 1914 die richtige Voraussetzung für die dringendste Aufgabe mit: das Heer in die Heimat zurückzuführen.

Ganz anders verlief die Entwicklung bei der Marine. Im scharfen Gegensatz zu der mit der Parlamentarisierung des Reiches erstrebten politischen Reform, ohne Information des Reichskanzlers und selbst der OHL, entschloß sich die Marineführung zur Aktion. Das war die folgenschwerste Reaktion auf die Wilson-Note. Die Hochseeflotte, deren Aufbau soviel politischen Schaden angerichtet und die während des Krieges weitgehend nutzlos vor Anker gelegen hatte, sollte noch einmal zu einem Vorstoß gegen die britische Flotte eingesetzt werden, bevor Waffenstillstand und Friedensschluß ihr ein unrühmliches Ende bereiteten. Wie so häufig bei der Marine, lag diesem Entschluß ein Bündel widersprüchlicher Motive zugrunde: Protest und Sabotage der Bemühungen um einen Waffenstillstand, Aufwertung der Marine und damit eine Zukunftsperspektive nach einer erfolgreichen Seeschlacht oder aber Kampf und ehrenvoller Untergang.

Auf Grund eines nur mündlich erteilten Befehls begann die Seekriegsleitung am 22. Oktober die Schiffe zusammenzuziehen; am 29. Oktober machte jedoch eine Meuterei von Matrosen und Heizern dem für den nächsten Tag angesetzten Unternehmen ein Ende. Die Mannschaften wollten nicht kurz vor Kriegsende mit wehender Flagge untergehen und verhinderten das Auslaufen. Die Meuterer wurden jedoch überwältigt und nach Kiel gebracht.

Dort suchten Matrosen und Soldaten nach einem Weg, für die verhafteten Matrosen Straffreiheit zu erwirken, denn auf Meuterei stand die Todesstrafe. Die sich entwickelnden Spannungen führten innerhalb von zwei Tagen zur Entladung. Am 3. November stieß ein Demonstrationszug von Matrosen und Arbeitern auf den Straßen Kiels auf einen Sperrtrupp. Dieser eröffnete das Feuer, es gab Tote und Verwundete. Daraufhin ging die Demonstration in einen bewaffneten Aufstand über. Am 4. November war die Stadt in den Händen der Aufständischen; ein Soldatenrat wurde gebildet. Seine erste Verlautbarung zeigte nichts Revolutionäres. Hauptsorge war, für den Aufruhr nicht bestraft zu werden und die Inhaftierten frei zu bekommen. Darüber hinaus, und das sollten ähnliche Bekanntmachungen anderer Soldatenräte ebenfalls immer wieder zum Ausdruck bringen, gab es Forderungen nach Abstellung von militärischen Schikanen. Vor allem sollte die Grußpflicht außer Dienst beseitigt werden. Daß sich diese zweifellos lästige, aber nicht lebensbedrohende Vorschrift in den Vordergrund schob, charakterisiert den politischen Horizont der aufrührerischen Soldaten.

Die siegreichen Aufständischen fühlten sich in ihrer Rolle unbehaglich, denn was in Kiel geschehen war, stellte die Meuterei auf der Flotte weit in den Schatten. Daher wurde von ihnen dankbar begrüßt, daß die Regierung den Staatssekretär Haußmann und den Reichstagsabgeordneten Noske nach Kiel entsandte – letzterer wurde zum Gouverneur der Festung Kiel ernannt –, die die Bewegung in geordnete Bahnen lenkten. Vor allem die Zusicherung einer Amnestie wirkte ungemein beruhigend, schließlich hatte doch in erster Linie die Furcht vor den Kriegsgerichten die Bewegung vorangetrieben.

Gleichzeitig exportierten die Matrosen von Kiel aus die Umsturzbewegung in andere Städte des Reiches. Sie gingen dabei ebenso wirkungsvoll wie unspektakulär vor, denn sie fuhren mit der Eisenbahn – gewiß ohne Fahrkarte, aber mit den planmäßigen Zügen. Bei ihrer Ankunft auf dem Bahnhof gab es in der Regel einen Auflauf. Man zog durch die Stadt, befreite Gefangene, besetzte Kasernen und Militärbehörden und bildete schließlich einen Arbeiter- und Soldatenrat. Die Polizei griff nicht ein, Militär zur Niederschlagung der Aufstandsbewegung stand nicht zur Verfügung. Der Umsturz verlief meistens unblutig; die städtische Verwaltung signalisierte rasch die Bereitschaft zur Zusammenarbeit. Ausschreitungen ereigneten sich gegenüber Offizieren, wenn sie der Menge in Uniform begegneten. Mitunter wurden sie mißhandelt. Die oft jugendlichen Täter zielten vor allem auf eines: Den Offizier seiner Schulterstücke zu berauben, denn was für diesen Ausdruck seiner Offiziersehre war, erschien den Demonstranten als Symbol des Militarismus, den es zu zerstören galt.

Die Regierung tat nichts. Mit wachsender Nervosität wartete sie auf eine Antwort Wilsons, die endlich Klarheit über den Waffenstillstand bringen sollte. Mit der sich ausbreitenden Militärrevolte – von Militärstreik zu sprechen ist irreführend – komplizierte sich die Situation. Die rückwärtigen Verbindungen drohten abgeschnitten zu werden. Daher war General Groener am 6. November bereit, notfalls bei Marschall Foch, dem Oberbefehlshaber der Alliierten in Frankreich, die Waffenstillstandsbedingungen zu erfragen, also mit der weißen Flagge die Linien zu überschreiten.[5] Vor diesem offenen Eingeständnis der Niederlage bewahrte ihn die Lansing-Note, die in der Nacht zum 7. November in Berlin eintraf. Die Waffenstillstandsdelegation unter Leitung von Staatssekretär Erzberger verließ daraufhin umgehend Berlin in Richtung Westen.

Die Sozialdemokratie, die stärkste Regierungspartei, blieb untätig. Sie befand sich in einer schwierigen Lage. Während ihre Anhänger immer ungeduldiger wurden, blieb die Partei in die Regierungsverantwortung eingebunden. Sie forderte zwar die Abdankung des Kaisers, und die Abgeordneten drohten sogar ultimativ mit dem Austritt aus der Regierung, aber es geschah nichts. Das Ultimatum verstrich, doch die Partei blieb in der Regierung.

Währenddessen hatte die von der Küste ausgehende Bewegung am 7. November mit Köln und Hannover wichtige Großstädte erreicht und setzte sich ungehemmt weiter nach Süden fort.

Der Umsturz in München fand bereits am Abend des 7. November statt, allerdings unbeeinflußt von der Matrosenrevolte. Im Anschluß an eine Versammlung beider sozialistischer Parteien auf der Theresienwiese hatte sich ein Demonstrationszug von Soldaten und Anhängern des USPD-Politikers Kurt Eisner formiert. Die Demonstranten erschienen vor den Kasernen, verschafften sich Waffen und Munition, befreiten die Gefangenen und zogen zum Gebäude des Matthäserbräu, wo sich im ersten Stock der Soldatenrat konstituierte. Der Umsturz in München unterschied sich grundlegend von den Umwälzungen in Norddeutschland. Hier wurde ein politisches Konzept sichtbar, das seine Anhänger trieb, in der Nacht zum 8. November vollendete Tatsachen zu schaffen: Im bayerischen Landtag proklamierte Eisner den »Freien Volksstaat Bayern«, also eine Republik. Damit war die erste Monarchie gestürzt, nicht von bayerischen Revolutionären, sondern, für die Wirkungsgeschichte weit verhängnisvoller, von einem jüdischen Journalisten aus Berlin.

Wie konnte es geschehen, daß gerade in Bayern, das sich von Preußen vorteilhaft durch seine größere Liberalität unterschied, die erste Krone fiel? Auch hier gab es die Macht der Umstände. Bayern drohte nach dem Zusammenbruch der Doppelmonarchie von Süden her noch zum Kriegsschauplatz zu werden. Diese bedrohliche Perspektive verstärkte die ohnehin vorhandene Kriegsmüdigkeit ganz erheblich und ließ die Möglichkeit eines Umsturzes für viele in einem eher günstigen Licht erscheinen. Hinzu kam in München ein aktives Protestpotential: während des Krieges zugewanderte und noch nicht integrierte Rüstungsarbeiter, die zur Radikalisierung neigten.

Entscheidende Bedeutung kam jedoch der Rolle Kurt Eisners zu. Dieser sozialdemokratische Journalist, den Bebel wegen seiner revisionistischen Einstellung aus der Redaktion des »Vorwärts« entlassen hatte und der daraufhin nach München übergesiedelt war, hatte sich aus Protest gegen den Krieg der USPD angeschlossen und war wegen seiner führenden Beteiligung am Januarstreik 1918 verhaftet worden. Im Oktober hatte man ihn auf freien Fuß gesetzt, weil er für eine Nachwahl zum Reichstag kandidierte. Nun ging er aufs Ganze. Er rief nicht nur die Republik aus, sondern verkündete auch als Vorsitzender des »Rates der Arbeiter, Soldaten und Bauern«, zu dem er in der Nacht bestimmt worden war, ein politisches Programm. Dieser Journalist, den seine Berliner Kollegen gern als Schöngeist verspotteten, wollte von München aus Großes für

Deutschland bewirken. »Bayern«, so verkündete er in jener Nacht, »will
Deutschland für den Völkerbund rüsten. Die demokratische und soziale Republik Bayern hat die moralische Kraft, für Deutschland einen Frieden zu erwirken, der es vor dem Schlimmsten bewahrt.«[6]

Woher kam diese Zuversicht, mit der die »Umwälzung« ausdrücklich gerechtfertigt wurde? Über den Pädagogen Friedrich Wilhelm Foerster hatte Eisner Kontakte zu französischen Stellen in der Schweiz geknüpft. Foerster selbst
wurde von Eisner wenige Tage nach dem Umsturz zum bayerischen Gesandten
ernannt und meldete am 16. November, er stünde mit dem »intimsten Vertrauensmann Clemenceaus« in Verbindung.[7] Ob das zutraf, ist weniger wichtig als
die Tatsache, daß es einen Kontakt gab, denn das eröffnete eine ganz neue
außenpolitische Perspektive: Man konnte versuchen, durch Zusammenarbeit
mit der Siegermacht Frankreich die Situation Deutschlands zu verbessern. Indem er die deutsche Schuld am Krieg vorbehaltlos anerkannte, erhoffte sich
Eisner eine günstige Behandlung Deutschlands.

Die politische Harlekinade Eisners ist nur wegen ihrer desaströsen Folgen
erwähnenswert. Die Provokation eines Außenseiters ohne großen politischen
Anhang – bei den Wahlen im Januar 1919 erhielt seine Partei nur 1,5 Prozent der
Stimmen – riß einen tiefen Graben in Bayern auf. Die Folge dieser Radikalisierung nach links war ein scharfer Rechtsruck und zugleich ein rasanter Anstieg
des Antisemitismus. Für Adolf Hitler war das revolutionäre München lebendige Anschauung. Sein Eintritt in die Politik und der bemerkenswerte Erfolg
seiner Agitation in den Jahren bis 1923 ist nur vor dem Hintergrund des Wirkens Eisners und der nach seiner Ermordung einsetzenden Radikalisierung zu
verstehen, die in der von russischen Juden beherrschten Räterepublik ihren
spektakulären Höhepunkt erreichte.

Während in Deutschland der Umsturz immer weitere Kreise zog, stand das
Hauptquartier in Spa vor der Frage, wie das Heer auf diesen revolutionären
Steppenbrand reagieren sollte. Die deutsche Waffenstillstandsdelegation hatte
zwar die feindlichen Linien passiert, aber noch waren keine Waffenstillstandsbedingungen bekannt geworden.

Um über die Stimmung bei der Truppe Auskunft zu erhalten, rief die OHL
für den 9. November Generäle und Truppenführer nach Spa zusammen. Das
Ergebnis war für den Kaiser niederschmetternd: kein Gedanke, mit den Front-
truppen die Revolte niederzuschlagen. Die Truppe sei »müde und gleichgültig,
sie will nur Ruhe und Frieden haben«.[8] Als Werkzeug zur Niederschlagung der
Revolte war das Feldheer nicht zu gebrauchen. Aber auch die Generäle zeigten
wenig Neigung, ihren obersten Kriegsherrn zu verteidigen. Der dem Monarchen geleistete Eid hatte faktisch seine Bindungskraft verloren.

DIE EREIGNISSE IN BERLIN

Die Hauptstadt stand am 9. November 1918 im Zeichen des Generalstreiks, zu dem verschiedene linke Gruppierungen – auch die Mehrheitssozialdemokratie – unabhängig voneinander aufgerufen hatten. Während sich Demonstrationszüge in den Industrievororten bildeten, erwartete die Regierung mit wachsender Nervosität die Nachricht von der Abdankung des Kaisers. Nur so glaubte man die Situation im Griff zu behalten.

Auf wiederholte, immer dringlicher werdende telefonische Anfragen aus der Reichskanzlei, wann die Abdankung erklärt werde, kam am späten Vormittag die Antwort, die Entscheidung des Kaisers stehe unmittelbar bevor. Dies konnte nur die Abdankung bedeuten, und so entschloß sich Prinz Max zur Veröffentlichung einer entsprechenden Erklärung. Das sollte zur Entspannung der Lage dienen, da die Anzeichen für einen bewaffneten Aufstand sich mehrten. Wenige Stunden später meldete das kaiserliche Hauptquartier, Wilhelm II. habe zwar als Deutscher Kaiser, nicht aber als König von Preußen abgedankt. Diese groteske Wendung machte keinen Eindruck mehr, sie zeigte nur, daß der Monarch noch immer nicht die Zeichen der Zeit erkannt hatte. Zu Entschlußlosigkeit und politischer Blindheit kam Feigheit hinzu. Ohne von meuternden Truppen bedroht zu sein, verließ Wilhelm II. das Hauptquartier und überschritt in der Nacht zum 10. November die holländische Grenze.

Am Mittag des 9. November erschien Friedrich Ebert mit einigen sozialdemokratischen Politikern in der Reichskanzlei. Er forderte die Bildung einer sozialdemokratischen Regierung. An diesem Tag des Unheils, an dem der Umsturz im Innern drohte und es den verlorenen Krieg zu beenden galt, forderte der Parteiführer Ebert die Regierungsverantwortung. Das ist oft nicht erkannt oder aber unterschlagen worden. Dabei gebührt diesem Schritt Respekt, denn im Gegensatz zu den Massen auf den Straßen, die dumpfe Enttäuschung vorwärts trieb, zeigte seine Initiative angesichts des kläglichen Versagens des alten Systems die Bereitschaft zu entschlossenem Handeln. Es war mit Sicherheit kein Ehrgeiz oder Machtwille im Spiel, nicht die üblichen Motive, die Politiker zu den Spitzenämtern drängen lassen, es war vielmehr das Gefühl der Verantwortung für das Ganze, das Bewußtsein, nur er und die Sozialdemokratie seien in der Lage, Anarchie und Chaos in Deutschland zu verhindern. Ein gesundes Maß an Selbstvertrauen wird hinzugekommen sein, das sich im Verkehr mit den Spitzenvertretern des kaiserlichen Deutschlands während des Krieges herausgebildet hatte. Er respektierte wohl deren Verwaltungserfahrung und Pflichtbewußtsein, sah aber doch auch ihre Grenzen. Die hohe Bürokratie war keineswegs unpolitisch, schreckte aber doch davor zurück, politische Verantwortung zu tragen. In dieser Hinsicht fühlte sich Ebert als erfahrener Politiker den Beamten überlegen.

Eine weitere Erklärung für die Entschlossenheit, angesichts der Niederlage und drohender Unruhen die Regierungsverantwortung zu übernehmen und so die Kontinuität zu sichern, bietet sich an: Die Sozialdemokraten verfügten im Gegensatz zur Regierung in Berlin zwar nicht direkt über Macht, hatten aber buchstäblich über Nacht wichtige Verbündete erhalten. Das waren die Soldaten. Die Mehrheit der im Raum Berlin stationierten Soldaten stellte sich hinter die gemäßigte Sozialdemokratie. Diese überraschende Wendung verdankte die Partei dem Geschick des Reichstagsabgeordneten Otto Wels. Er hatte am Vortage vor den Soldaten des Alexander-Regiments gesprochen und sie überzeugt, daß es kein weiteres Blutvergießen geben dürfe. Die Vorgesetzten waren machtlos. Innerhalb kurzer Zeit stellten sich auch andere Einheiten Wels zur Verfügung. Das hinderte freilich einzelne Soldatengruppen nicht daran, mit Lastwagen durch die Stadt zu fahren, sich martialisch zu gebärden und in die Luft zu schießen. Viel wichtiger war, daß die Sozialdemokraten mit der großen Mehrheit der Soldaten ganz überraschend eine neue und überaus wirksame politische Unterstützung erhalten hatten.

Reichskanzler Prinz Max von Baden wußte dagegen, daß hinter seiner Regierung keinerlei militärische Macht mehr stand. Daher bot er Ebert das Amt des Reichskanzlers an. Dieser erklärte nach kurzem Bedenken: »Es ist ein schweres Amt, aber ich werde es übernehmen.«[9]

Staatsrechtlich gesehen war die Amtsübergabe nicht korrekt, aber darauf kam es in dieser Situation nicht an. Für Prinz Max als kaiserlichen Reichskanzler hatte die weitere Amtsausübung nach der von ihm selbst verkündeten Abdankung des Monarchen keinen Sinn mehr. Ebert dagegen wußte seine Partei hinter sich, und mit der Unterstützung durch die Soldaten schien es möglich, das Heft in der Hand zu behalten. Als sich Prinz Max am Nachmittag von Ebert verabschiedete, tat er dies mit den Worten: »Herr Ebert, ich lege Ihnen das Deutsche Reich ans Herz!«. Darauf antwortete Ebert: »Ich habe zwei Söhne für dieses Reich verloren.«[10]

Ebert handelte noch an diesem 9. November als Reichskanzler. Mit staatsrechtlichen Formalien beschäftigte er sich nicht, sondern nahm den Kampf um die politische Selbstbehauptung auf. Worauf er in dieser Situation sein Hauptaugenmerk richtete, zeigen die Aufrufe, die er am 9. und 10. November als Reichskanzler veröffentlichte. Mit der Bitte um Unterstützung wandte er sich an Behörden und Beamte, an das Bürgertum, an die eigenen Anhänger und an die Soldaten. Vor allem warb er bei den Beamten um Mitarbeit. Zugleich warnte er vor den drohenden Gefahren, die es unbedingt abzuwehren gelte: vor

Plünderungen, Eingriffen in den Eisenbahnverkehr und, als größter Gefahr, vor dem Bürgerkrieg. Angesichts der angespannten Versorgungslage und der scharfen politischen Gegensätze, die durch das Vorbild der russischen Revolution eine neue politische Dimension erhalten hatten, beherrschte ihn der Gedanke, das Chaos abzuwenden.

Eine politische Vision, wie er Deutschland in eine glückliche Zukunft führen könne, leitete Ebert in diesen Tagen des Umbruchs gewiß nicht. Zweifellos trat er für die Sicherung der parlamentarischen Demokratie durch den Zusammentritt der Nationalversammlung ein, aber das erforderte Zeit. Vorerst ging es ihm um einfachere, aber ganz wesentliche Dinge: die Weiterarbeit der Verwaltung und die Aufrechterhaltung des Verkehrs, damit die Versorgung der Bevölkerung und der Wirtschaft nicht gefährdet wurde. Vor allem der Zusammenbruch des Verkehrs barg unkalkulierbare Risiken, da er Deutschland dem Bürgerkrieg näher brachte. Den aber wollte Ebert unbedingt vermeiden.

Eberts Politik war auf Kontinuität abgestellt. Wie selbstverständlich nahm er seit dem 9. November seinen Sitz in der Reichskanzlei. Die Revolte von Soldaten, Deserteuren, Frauen und Jugendlichen sowie die Manöver der äußersten Linken muß er zu diesem Zeitpunkt noch für beherrschbar gehalten haben. Durch einen reibungslosen Übergang in der Führung der Reichspolitik konnten wohl aus seiner Sicht die Anzeichen von Auflösung und Aufruhr am wirkungsvollsten bekämpft werden. Nur so versteht man seinen Wutausbruch, als er hörte, daß Scheidemann von einem Fenster des Reichstages aus am frühen Nachmittag die Republik ausgerufen hatte. Ebert war immer Republikaner gewesen; in der Sache gab es daher keine Gegensätze. Was Ebert aber empörte, war die Eigenmächtigkeit Scheidemanns, der vollendete Tatsachen schuf, die Ebert gerade vermeiden wollte.

Scheidemann hatte mit seinem wachen Gespür für die Stimmungen und für die Erfordernisse des Augenblicks der tatsächlichen Entwicklung Rechnung getragen. Die Monarchie war erledigt, die Republik der gegebene Ersatz. Er hatte nicht die Republik proklamiert im Sinne eines rechtschöpfenden Aktes, sondern nur etwas Selbstverständliches in Worte gefaßt. Wie viele Menschen seine Erklärung vor dem Reichstag gehört hatten, ist umstritten. Es besteht die begründete Vermutung, daß es nicht allzu viele waren. Die »Proklamation« Scheidemanns ist nur deshalb in die Geschichte eingegangen, weil er dem wirksam Ausdruck verliehen hatte, was gleichsam auf der Tagesordnung stand. Seine Worte: »Das Deutsche Volk hat auf der ganzen Linie gesiegt«, zeugten zugleich von einem Optimismus, der der Realität keineswegs entsprach. Fast wie eine Bestätigung dieses Sachverhalts wirkt es, daß die Ausrufung der sozialistischen Republik durch Karl Liebknecht wenig später von einem Balkon des Stadtschlosses aus bedeutungslos blieb.

Da schien schon folgenreicher, was sich am Nachmittag im Reichstag abspielte. Ein provisorischer Arbeiter- und Soldatenrat wurde unter dem Vorsitz von Emil Barth, einem Führer der linksradikalen Revolutionären Obleute, gebildet. Der Rat erließ am späten Abend einen Aufruf; danach sollten am kommenden Vormittag Delegierte gewählt werden, auf je tausend Beschäftigte ein Arbeiter, pro Bataillon ein Soldat. Die so ermittelten Delegierten – angesichts der engen Terminsetzung kann von geordneten Wahlen nicht gesprochen werden – sollten schon am selben Nachmittag im Zirkus Busch zusammenkommen. Welche Aufgabe ihrer harrte, wurde im Aufruf ebenfalls kundgetan. Es gelte für Deutschland die »sozialistische Republik der Arbeiter und Soldaten« und zugleich eine neue Regierung zu bilden. Hier wurde ein radikaler Anspruch angemeldet, der mit Eberts Kurs weitgehender politischer Kontinuität kaum vereinbar war.

Eberts Handeln am 9. November verlief auf zwei Ebenen. Neben der Übernahme des Postens des Reichskanzlers und damit des Regierungsapparates war er zugleich bemüht, mit der USPD auf der Basis der Parität eine neue Regierung zu bilden. Auf diese Weise hoffte er wohl, den Druck der radikalen Linken aufzufangen. Seit dem Vormittag fanden Gespräche mit Vertretern der Unabhängigen statt. Diese lehnten Eberts Angebot nicht rundweg ab, waren aber zur Zustimmung ebensowenig in der Lage.

Am Nachmittag komplizierten sich die Verhandlungen, als Karl Liebknecht in der USPD-Führung das Übergewicht gewann und Maximalforderungen aufstellte, die auf die Verwirklichung des bolschewistischen Vorbilds – »Alle exekutive, alle legislative, alle richterliche Gewalt bei den Arbeiter- und Soldatenräten« – abzielten.[11] Erst am Abend konnte bei der USPD eine Einigung erzielt werden. Am 10. November verabredete deren Parteiführung mit der Mehrheitssozialdemokratie die Bildung einer paritätisch besetzten sozialistischen Regierung. Sie sollte aus je drei Vertretern der beiden Parteien bestehen. Allerdings vertraten die Unabhängigen Vorstellungen, die keineswegs der Linie Eberts entsprachen. Ihnen ging es um die Festigung der »revolutionären sozialistischen Errungenschaften«. Die politische Gewalt sahen sie generell in den Händen der Arbeiter- und Soldatenräte, die möglichst bald zu einem Kongreß zusammengerufen werden sollten. Die Frage der Nationalversammlung, deren Einberufung für die MSPD das wichtigste Ziel darstellte, wurde von den Unabhängigen dagegen dilatorisch behandelt. Der Zusammentritt einer Nationalversammlung schien ihnen erst nach der Konsolidierung der revolutionären Verhältnisse sinnvoll zu sein. Beim Abschluß der von den beiden sozialistischen Parteien gebildeten Koalition am 10. November waren also schon die tiefen Gegensätze vorhanden, die für den gesamten Zeitraum der gemeinsamen Regierung charakteristisch sein sollten.

Dennoch sah Ebert keinen Anlaß, von der geplanten Koalition Abstand zu nehmen. Die überwältigende Zustimmung der Berliner Arbeiterschaft zur Einigung der beiden Parteien stärkte die Hoffnung, daß die Schwierigkeiten überwunden werden könnten. Am Nachmittag des 10. November fand die erste Sitzung der neuen Regierung statt. Anstelle der von der USPD gewünschten Volkskommissare waren es sechs Volksbeauftragte – diese Bezeichnung hörte sich weniger russisch an –, die nun die neue revolutionäre Regierung bildeten. Ebert, Scheidemann und Landsberg – letzterer ein erfahrener Jurist und wie die beiden anderen Mitglied des Reichstags – vertraten die MSPD im Kabinett; der Parteivorsitzende Hugo Haase, der Reichstagsabgeordnete Wilhelm Dittmann und Emil Barth wurden von der USPD entsandt. Ebert und Haase übernahmen paritätisch den Vorsitz. Die meisten Staatssekretäre der alten Regierung blieben im Amt, auch wenn sie nur als »technische Gehilfen« galten. Ihnen wurden sozialistische Funktionäre beider Richtungen als Kontrolleure beigegeben. Ohne Einarbeitungszeit und Verwaltungserfahrung konnten sie eine effektive Kontrolle aber nicht ausüben.

Ebert hatte seine Linie, als Reichskanzler in der Übergangsphase für Kontinuität zu sorgen, nicht durchhalten können. Die politischen Verhältnisse in Berlin erzwangen die Bildung des Rates der Volksbeauftragten. Dennoch blieb er faktisch der Regierungschef. Er residierte in der Reichskanzlei und war für die Schlüsselressorts Inneres und Militär zuständig. Von der Bürokratie wurde er weiterhin als Reichskanzler anerkannt.

Obwohl die Bildung dieser Regierung allein auf den Verhandlungen der beiden Linksparteien beruhte, konnte man sie nicht als eine parlamentarische Minderheitsregierung, die von MSPD und USPD getragen wurde, ansehen. Vom Beginn ihrer Tätigkeit an hatte diese Regierung mit ganz anderen politischen Kräften zu rechnen, nämlich mit denen, die den Umsturz getragen hatten. Das zeigte sich am Nachmittag des 10. November. Um 17 Uhr begann die Versammlung im Zirkus Busch. Dorthin kamen die Delegierten, die am Vormittag »gewählt« worden waren. Die Zusammensetzung war, wie nicht anders zu erwarten, stark linkslastig. Obwohl auf mehr als fragwürdige Weise entstanden, sollte dieses Gremium die neue Regierung bestätigen. In diesem Zusammenhang von Legitimierung zu sprechen, ist etwas hoch gegriffen.

Die Zustimmung zur Bildung des Rates der Volksbeauftragten ging glatt über die Bühne. Die Regierungsgeschäfte zu übernehmen, daran bestand hier offenbar kein Interesse. Die Radikalen erstrebten etwas anderes: die Bildung eines von ihnen beherrschten Rates, eines Vollzugsrates, der als oberstes Kontrollgremium auch den Rat der Volksbeauftragten überwachen sollte. Diesem Rat sollten nur Linke, unter ihnen Liebknecht und Luxemburg, aber keine Mehrheitssozialisten angehören. Als sich Ebert gegen das durchsichtige Manöver verwahrte und auch für diesen Rat die paritätische Besetzung forderte, entstand eine chaotische Situation. Nun entlud sich der Haß gegen die »Regierungssozialisten«; Ebert wurde niedergeschrien und beschimpft. Gegen diesen tobenden Mob konnte er nichts ausrichten; er verließ das Zirkusgebäude. Zusätzlich kompliziert wurde die Situation durch Haase, der angesichts der offen bekundeten Feindschaft des radikalen Teils seiner Anhänger von dem Regierungsbündnis Abstand nahm.

In der Reichskanzlei, in der ein völliges Durcheinander herrschte, beriet Ebert mit seinen Vertrauten über die Lage. Die politische Gegnerschaft der Linken, die in der Versammlung mit solcher Wucht aufgebrochen war, ließ ihn nach einer Alternative suchen. Diese lief letztlich darauf hinaus, »die Regierungsbildung allein in die Hand zu nehmen und die unvermeidliche blutige Auseinandersetzung durchzufechten«.[12] Man faßte also schon am 10. November eine Lösung ins Auge, die erst sechs Wochen später – wenn auch unter anderen Umständen – unausweichlich wurde. Am 10. November wurde demnach schon mit dem Äußersten gerechnet, aber dann lenkte Haase ein, indem er in die Reichskanzlei kam und in stundenlangen Verhandlungen mit Ebert wieder zur Geschäftsgrundlage der gemeinsamen Regierung zurückkehrte.

Auch im Zirkus Busch lenkten die Radikalen ein. Nach Eberts Weggang hatte die Mehrheit der Soldaten sich vehement gegen den Machtanspruch der Linken gewandt. Sie waren von Otto Wels organisiert worden, hatten die Zirkusarena besetzt und traten nun lautstark für Parität ein. Schließlich drohten sie sogar mit der Militärdiktatur. Das zeigte bei den Radikalen Wirkung. Der Vollzugsrat, der daraufhin mühsam zustande kam, hatte jedoch eine linke Schlagseite und verstand sich als Konkurrenz- und Kontrollorgan der Volksbeauftragten. Diesem Anspruch wurde er allerdings nicht gerecht.

Zunächst war eine Lösung gefunden, die Konflikte allerdings waren schon vorprogrammiert, denn die politischen Zielsetzungen der beiden Partner waren zu verschieden. Es waren die Soldaten gewesen, die die Mehrheitssozialdemokraten durch ihr entschiedenes Auftreten im Zirkus Busch gerettet hatten, aber sie waren nicht organisiert und kamen bei kommenden Krisen als Bundesgenossen nicht in Frage. Seit dem 10. November stand daher für die MSPD die möglichst rasche Einberufung der Nationalversammlung als Grundlage einer demokratischen Neuordnung im Vordergrund, während die Unabhängigen zum Verschleppen neigten. Ein klar umrissenes politisches Konzept besaß diese Partei nicht. Die äußerste Linke hingegen, der Spartakusbund, setzte bewußt auf die Verschärfung der Gegensätze. An der Übernahme der Regierungsverantwortung war er nicht interessiert.

Für Ebert und die Mehrheitssozialdemokratie hatte die mühsame Einigung mit den Unabhängigen, ihren bisherigen parteipolitischen Gegnern, eine fatale Konsequenz: Sie mußten sich fortan mit der Revolution identifizieren und eine wenig überzeugende Befreiungsrhetorik entwickeln, als ob die Revolution sie von einem fluchwürdigen Gewaltregime befreit hätte. Dabei hatten sie tatsächlich alles versucht, es nicht zu diesem revolutionären Bruch kommen zu lassen. So wurde in der Öffentlichkeit ein Grundkonsens beschworen, den es tatsächlich nicht gab, wenn formelhaft immer wieder die Rede davon war, die Revolution und ihre »Errungenschaften« zu sichern.

Die Situation war für die Mehrheitssozialdemokratie widersinnig: Ihr, die seit 1917 mit dem Zentrum und den Linksliberalen im Reichstag zusammengearbeitet hatte, war mit der abgespaltenen USPD ein gefährlicher politischer Gegner erwachsen. Mit diesem mußte sie nun unter dem Druck der Straße sozialistische Einigkeit und revolutionäre Entschlossenheit demonstrieren. Auch den Unabhängigen fiel es schwer, die verhaßten Gegner von gestern als Bündnispartner zu akzeptieren. Während nach außen hohles revolutionäres Pathos zelebriert wurde, war jede Seite zäh bemüht, den Partner ins politische Abseits zu drängen.

Die Anpassung der MSPD-Führung an die »Massen« war keine Heuchelei und erst recht kein Verrat, wie es die Kommunisten und die SED stets behauptet haben. Bestimmend war seit dem 9. November die Straße, also die in Berlin besonders explosive Mischung von radikalen Linken und Mob, radikalisierten Soldaten und Sympathisanten, Bewaffneten und Schaulustigen, die durch die Ereignisse politisiert worden waren.

Die übergroße Mehrheit der Gemäßigten im Lande blieb abseits, obwohl auch und gerade für sie Politik gemacht werden mußte. Das erschwerte die ohnehin gefährliche Mimikry der sozialdemokratischen Führung: Sie mußte sich dem herrschenden Revolutionspathos anpassen, tatsächlich aber auf die Einführung der parlamentarischen Demokratie hinarbeiten, und das werden die meisten Mitglieder kaum durchschaut haben. Irritationen entstanden auch in Kreisen des Bürgertums, auf deren Mitarbeit die Sozialdemokratie angewiesen war. Im Grunde hatte die MSPD keine Wahl. Vor der Linken zurückzuweichen und der radikalen Konkurrenz die Macht zu überlassen, war keine Alternative. Denn von der Unfähigkeit der Linken, mit den Problemen fertig zu werden, waren die führenden Sozialdemokraten zu Recht überzeugt.

War es eine Revolution gewesen, die am 9. November gesiegt hatte und deren Träger am folgenden Tag eine Regierung eingesetzt hatten? Der tatsächliche Verlauf der Ereignisse widerlegt eine solche Annahme. Als Folge der Niederlage brach in der Heimat – nicht im Feldheer – eine Revolte von Matrosen, Soldaten und Deserteuren aus. Diese Umsturzbewegung, in deren Gefolge Arbeiter- und Soldatenräte überall wie Pilze aus dem Boden schossen, hatte kein politisches Gewicht und keinerlei Fähigkeit, ein revolutionäres Programm zu entwickeln. Das war durchaus folgerichtig, denn es gab in Deutschland keine revolutionäre Situation, keine massiven politischen und sozialen Mißstände und Blockierungen, die eine gewaltsame Veränderung notwendig machten. Die Hindernisse auf dem Weg zur parlamentarischen Demokratie waren durch die Oktoberreformen weggeräumt worden. Auf dem Weg ihrer weiteren Sicherung mußte fortgeschritten werden. Es gab auch – abgesehen von der kleinen Gruppe intellektueller Spartakusführer und den durch den Krieg politisierten Intellektuellen, die fortan als Linksintellektuelle die Republik haßerfüllt ablehnten – keine systemkritische Intelligenz oder Gruppierung im Bürgertum, die der Idee der Revolution wohlwollend gegenüberstanden. Lediglich auf der äußersten Linken war eine theoretische Revolutionsbereitschaft vorhanden, aber es fehlten die politischen Führer, die in der Lage waren, eine darauf hinzielende politische Strategie zu entwerfen und einen breiten Anhang zu sammeln.

Die Umsturzbewegung, zu der neben den Uniformierten vor allem Frauen und Jugendliche gehörten, war nicht deswegen erfolgreich, weil das Kaiserreich zusammenbrach und niemand mehr bereit war, für dieses System zu kämpfen. Sie setzte sich durch, weil die Stützen des alten Regimes durch die Niederlage zutiefst verunsichert waren und vor der blutigen Unterdrückung angesichts des unmittelbar bevorstehenden Kriegsendes zurückschreckten. Zugleich hatte das Protestpotential rapide zugenommen. Das Gefühl, vier Jahre Krieg und Entbehrungen umsonst erlitten zu haben und von der Regierung, aber auch von der militärischen Führung bewußt getäuscht worden zu sein, schuf eine rebellische Stimmung in den Unterschichten der Großstädte, die auch gewalttätige Aktionen akzeptabel erscheinen ließ.

Das war keine Revolution, dafür fehlten alle Voraussetzungen, vor allem die Träger. Es war viel eher eine tiefgehende Autoritätskrise als Folge der Niederlage. Zu mehr als zu derartigen Krisen sollte es in Deutschland in diesem Jahrhundert nie kommen. Bei Kriegsende gewann die radikale Linke vor allem in Berlin einen Massenanhang, der bei Demonstrationen und in Versammlungen machtvoll in Erscheinung trat und eine Stärke suggerierte, die tatsächlich gar nicht existierte, aber Anhänger und Gegner täuschte.

Am 11. November trat der Waffenstillstand in Kraft. Das Datum, noch heute bei den Westmächten ein Feiertag, prägte sich in Deutschland nicht ein. Das

Ende des Krieges hatte sich unter dem Eindruck der politischen Umwälzung im Reich vollzogen, so daß der Tag des Waffenstillstandes bei weitem nicht so stark wie der 9. November im kollektiven Bewußtsein verankert ist.

Staatssekretär Erzberger hatte sich danach gedrängt, Leiter der Waffenstillstandskommission zu werden. Die OHL ließ ihm dankend den Vortritt. Sie wollte mit der Niederlage nicht identifiziert werden, obwohl der Abschluß eines Waffenstillstandes normalerweise Sache des Militärs ist. Als Erzberger am 8. November im Wald von Compiègne mit Marschall Foch zusammentraf, lehnte dieser jegliche Verhandlungen strikt ab. Foch überreichte die Bedingungen, akzeptierte aber schriftliche Gegenvorschläge und einen Meinungsaustausch unterhalb der Ebene von Verhandlungen. Die Bedingungen waren hart. Sie umfaßten mehrere Komplexe: die Ablieferung schwerer Waffen und Kriegsschiffe, die Übergabe erheblicher Mengen von Lokomotiven, Waggons und Lastkraftwagen; sehr enge Fristen für den Rückzug der deutschen Truppen über den Rhein und die alliierte Besetzung des linken Rheinufers mit der Verpflichtung, für den Unterhalt der Besatzung Sorge zu tragen.

Ebert war von der Härte der alliierten Forderungen tief betroffen. Vom Geist der Vierzehn Punkte Wilsons konnte er nichts entdecken. Am 10. November erklärte er im Kabinett, die Deutschland »auferlegten Opfer seien so unerhört, daß sie zu einer Vernichtung unseres Volkes führen müßten«.[13] Das war übertrieben. Aber die Ablieferung des Eisenbahnmaterials war doch sehr beunruhigend, denn das mußte die ohnehin bestehende Transportkrise verschärfen und ließ den Zusammenbruch der Versorgung wahrscheinlicher werden.

Der revolutionären Umgestaltung trugen die Alliierten durchaus Rechnung, und zwar auf zweierlei unterschiedliche und sich doch ergänzende Art. Zum einen genehmigte Foch das weitere Verbleiben deutscher Truppen im Osten in der durchsichtigen Absicht, dadurch das Vordringen der Bolschewisten zu verhindern. Die Gefahr aus dem Osten wurde durchaus erkannt. Zugleich rechnete man auch mit der Möglichkeit eines Bürgerkrieges in Deutschland. Das kommt in einem auf den ersten Blick belanglosen Detail zum Ausdruck: Die Zahl der abzuliefernden Maschinengewehre wurde um 5000 ermäßigt, damit die Deutschen, so Clemenceau, genügend Waffen hätten, »um auf ihre Landsleute zu schießen«.[14]

Bei der Unterzeichnung des Waffenstillstandsvertrages in der Nacht vom 10. zum 11. November nahmen die Alliierten aber bewußt nicht von der politischen Umwälzung in Deutschland Kenntnis. Erzberger hatte beim ersten Zusammentreffen seine Vollmachten präsentiert, die noch von dem kaiserlichen Reichskanzler Prinz Max von Baden ausgestellt waren. Als Ebert am frühen Nachmittag des 10. November Erzberger telegrafisch zur Unterzeichnung ermächtigte, war dieses Telegramm mit »Reichskanzler« gezeichnet. Damit sollte gegenüber den Alliierten der Eindruck der Kontinuität erweckt und demonstriert werden, daß eine handlungsfähige Regierung in Berlin im Amt sei, mit der man den Waffenstillstand abschließen könne. Tatsächlich bestand zu diesem Zeitpunkt schon die Regierung der Volksbeauftragten. Es gab keinen Reichskanzler mehr. Die in Berlin geäußerte Besorgnis, der Waffenstillstand könne nicht geschlossen werden, weil keine Regierung vorhanden und Erzbergers Verhandlungsvollmacht nicht mehr rechtskräftig sei, war jedoch unbegründet. Die Alliierten legten darauf keinen Wert. Ihnen genügten die Vollmachten, die Erzberger vorgelegt hatte, obwohl inzwischen eine andere Regierung gebildet worden war. Warum sollten sie die neue Regierung schon zu diesem frühen Zeitpunkt anerkennen, wo niemand wußte, wohin die Entwicklung in Deutschland gehen würde? Sollte man etwa eine Regierung in Berlin stärken, wenn in anderen Teilen des Reiches Auflösungserscheinungen oder Absonderungstendenzen sich bemerkbar machten, die zu fördern politisch weitaus interessanter war?

Der Waffenstillstand wurde von den meisten mit dem Gefühl der Erleichterung aufgenommen, daß dieser entsetzliche Krieg nun zu Ende sei. Das wog schwerer als die Härte seiner Bedingungen. Dennoch blieb die Illusion des Wilson-Friedens erhalten. Bevölkerung wie Politiker waren aber weit mehr auf die Veränderungen im Innern konzentriert. Man nahm nicht zur Kenntnis, daß in Zukunft die Außenpolitik, also die Entscheidungen der Siegermächte, die Existenz des Landes stärker bestimmen sollten als die revolutionär wirkenden Begleiterscheinungen des Umsturzes.

DEUTSCHLAND UNTER DEN VOLKSBEAUFTRAGTEN

Der Rat der Volksbeauftragten war keine Revolutionsregierung, die die Massen ins Amt gehoben hatten. Es war eine sozialistische Minderheitsregierung, die – abgesehen von Emil Barth – aus erfahrenen Politikern bestand und der alten Regierung, den Staatssekretären aus dem Kabinett des Prinzen Max von Baden, übergeordnet war. Die Volksbeauftragten hatten ein erdrückendes Arbeitspensum in einer hektischen, oft gefährlich zugespitzten Atmosphäre zu bewältigen. Sie regierten mit Notverordnungen, die schon im Krieg so hießen – eine Bezeichnung, die sich als zählebig erweisen und in der Wirtschaftskrise rasch wieder negative Popularität gewinnen sollte. Aber diese Verordnungen, die Gesetzeskraft hatten und mit ihrer Verkündigung in Kraft traten, erwiesen sich in der Übergangszeit als die einzige Methode, um die drängendsten Probleme der Demobilmachung, des Wirtschaftslebens und der Sozialpolitik in den Griff zu bekommen.

Am 12. November, zwei Tage nach seiner Konstituierung, erließ der Rat der Volksbeauftragten einen Aufruf, mit dem er die Beschränkungen der Kriegszeit – Belagerungszustand und Zensur – aufhob. Im übrigen lag der Akzent des Aufrufs auf sozialpolitischem Gebiet. Endlich wurde die archaische Gesindeordnung beseitigt, wurden die durch den Krieg suspendierten Bestimmungen über den Arbeiterschutz wieder in Kraft gesetzt. Die wichtigste Ankündigung lag in der verbindlichen Einführung des Achtstundentages, womit eine alte Forderung der Arbeiterbewegung erfüllt wurde. Auch das Novum einer staatlichen Arbeitslosenunterstützung und die Einführung des Verhältniswahlrechts für alle künftigen Wahlen, zu denen auch Frauen zugelassen sein sollten, kündigte der Aufruf an.

Man hat diesen Aufruf die »Magna Charta« der deutschen Revolution genannt.[15] Das ist viel zu hoch gegriffen. Neben Maßnahmen zur Normalisierung wurden sozialpolitische Neuerungen angekündigt, die zwar nicht gering zu schätzen sind, aber keine epochalen Neuerungen darstellten. Sie trugen wie viele andere sozialpolitische Maßnahmen, die folgten, der Tatsache Rechnung, daß dem Staat durch die Demobilmachung und die Kriegsopferversorgung ganz neue Aufgaben zuwuchsen. Die gestiegene Bedeutung der Sozialpolitik war unbestreitbar das Ergebnis von Krieg und Niederlage.

Zudem war die angebliche »Magna Charta« nicht ohne Widersprüche. Zu Beginn des Aufrufs wurde zwar betont, daß die »aus der Revolution hervorgegangene Regierung ... rein sozialistisch ist«; aber von Sozialismus oder Sozialisierung war in dem Text mit keinem Wort die Rede. Statt dessen versprach die Regierung, »das Eigentum gegen Eingriffe Privater sowie die Freiheit und Sicherheit der Person zu schützen«.[16] Das deutete eher in die entgegengesetzte Richtung und war als Beruhigung des Bürgertums und zugleich als Warnung an die Adresse der Arbeiter- und Soldatenräte gedacht, nicht unbefugt in das Wirtschaftsleben einzugreifen.

Am selben Tag erging ein Erlaß der Volksbeauftragten an das Feldheer.[17] Er beschwor die Truppen, nicht »willkürlich zurückzufluten«, denn die Folge wäre »Chaos mit Hunger und Not«. Hier steht wieder die Furcht vor einem Zusammenbruch der Versorgung im Vordergrund. Der Rückzug der Truppen von der Westfront sollte gerade wegen der engen Terminierung diszipliniert erfolgen. Eine meuternde Soldateska durfte es nicht geben. Es ist das erste militärpolitische Dokument der Volksbeauftragten, von allen unterzeichnet, keine Einzelaktion Eberts, mit dem bereits zu diesem frühen Zeitpunkt eine politische Richtung eingeschlagen wurde, die dann zur Bildung der Reichswehr führen sollte. Der Erlaß vertrat eine mittlere Linie. Die Offiziere blieben Vorgesetzte, aber den Soldatenräten wurde ein begrenztes Mitspracherecht eingeräumt. Militärische Schikanen, die im Laufe des Krieges so viel böses Blut verursacht hatten, wurden abgestellt und gleiche Ernährung und gleiche Zulagen für Offiziere und Mannschaften angeordnet.

General Groener und die OHL hatten mit der Entstehung dieses Erlasses mit Sicherheit nichts zu tun. Auch das berühmte Telefonat zwischen Ebert und Groener, das am Abend stattfand, konnte auf den Erlaß keinen Einfluß mehr nehmen. Dieser telefonische Kontakt ist im Laufe der Jahrzehnte zu einem »Bündnis Ebert-Groener« aufgebauscht und als Konspiration zur Niederschlagung der Revolution dargestellt worden. Dabei vereinbarten die beiden lediglich eine Zusammenarbeit auf der Grundlage der entschiedenen Ablehnung aller bolschewistischen Tendenzen in der Überzeugung, daß es in Deutschland nicht zu »russischen Zuständen« kommen dürfe, worunter sie nichts anderes als Anarchie, Hunger und Terror verstanden. Im übrigen war die OHL vollauf damit beschäftigt, das Heer halbwegs geordnet über den Rhein zu führen.

Die militärische Beratung der Volksbeauftragten erfolgte in erster Linie durch den preußischen Kriegsminister Scheüch, der erst kurze Zeit im Amt war und dabei von loyalen Offizieren unterstützt wurde, unter ihnen der Oberstleutnant van den Bergh, der mit Ebert eng zusammenarbeitete. Auch der württembergische Oberst Walther Reinhardt gehörte dazu, der damals einen außergewöhnlichen Karriereschritt machte. Er war von der Westfront ins Kriegsministerium kommandiert worden und am 9. November in Berlin angekommen, wo er am folgenden Tag in der Reichskanzlei erleben mußte, daß es dort keinerlei Schutz vor randalierenden Soldaten gab. So organisierte er tatkräftig aus zuverlässigen Matrosen eine Wachtruppe. Sein Geschick und sein ruhiges Urteil beeindruckten Ebert.

Ständigen Ärger verursachten die Eingriffe des Vollzugsrates in die staatliche Verwaltung. Dann folgten meist quälend lange Diskussionen zwischen den Volksbeauftragten und Vertretern des Vollzugsrats, die zu unhaltbaren Kompromissen führten. So kam es etwa zu der Verabredung, daß der Vollzugsrat zwar die höchste Instanz und deshalb auch befugt sei, die Volksbeauftragten abzuberufen, nicht aber in die Exekutive eingreifen dürfe, da diese allein Sache der Volksbeauftragten sei. Das waren taktische Manöver, die keine Seite befriedigen konnten.

Der Dissens über die Einberufung der Nationalversammlung verschärfte noch die Lage. Die Linke hatte schon bald darauf gedrungen, eine Delegiertenversammlung aller Arbeiter- und Soldatenräte Deutschlands einzuberufen.

Dort sollte ein Vollzugsrat auf Reichsebene, ein Zentralrat, gewählt werden, von dem man eine Stärkung der eigenen Position erwartete. Bis zu diesem Kongreß, der am 16. Dezember zusammentrat, sollte der Berliner Vollzugsrat – so die amtliche Bekanntmachung – »die Funktionen der Arbeiter- und Soldatenräte der Deutschen Republik im Einverständnis mit den Arbeiter- und Soldatenräten von Groß-Berlin« ausüben.[18] Das war eine leere juristische Formel, die an den Eingriffen des Vollzugsrates in die Verwaltung nichts änderte.

Am 25. November fand eine Reichskonferenz mit Vertretern der Einzelstaaten statt. Zu Beginn schob sich der bayerische Ministerpräsident Eisner in den Vordergrund; er griff Erzberger und das Auswärtige Amt scharf an und wollte glauben machen, er würde bei seinen guten Beziehungen zu Clemenceau bessere Waffenstillstandsbedingungen erreicht haben. Eisner forderte »neue, unbelastete Männer«[19] an der Spitze des Reiches, als seien die Mehrheitssozialdemokraten für die Kriegspolitik verantwortlich gewesen. Ebert konnte sich behaupten und als Leiter der Konferenz sein Verhandlungsgeschick glänzend beweisen. Zum Schluß brachte er sogar eine Resolution durch, die sich für die rasche Einberufung der Nationalversammlung aussprach.

Als einige Tage später im Rat der Volksbeauftragten das neue Wahlgesetz beraten wurde, brach der Streit um den Wahltermin offen aus: Die Unabhängigen machten alle möglichen Ausflüchte, um jede Festlegung zu vermeiden, während die Gegenseite ihren Druck ultimativ erhöhte. Landsberg erklärte, »daß seine Parteifreunde die Verantwortung für die Weiterführung der Regierung nicht übernehmen könnten, wenn nicht Morgen der Termin zu den Wahlen für die Konstituante herauskäme«.[20] Daraufhin einigte man sich auf den 16. Februar – nicht ohne Hintergedanken. Die Unabhängigen hofften noch immer, den Termin mit Hilfe des auf den 16. Dezember einberufenen Rätekongresses hinausschieben zu können.

So nahm in Berlin seit Ende November das Mißtrauen zwischen Gemäßigten und Radikalen zu; die Nervosität stieg, der Ton wurde schärfer. Jeder vermutete bei der Gegenseite die Bereitschaft zum Losschlagen. Putschgerüchte machten die Runde.

Der Staat hatte sein Gewaltmonopol verloren, und das sorgte für große Unruhe. Was es noch niemals gegeben hatte, wurde nun durch die Erstürmung der Kasernen und die oft ungeregelten Entlassungen aus dem Heer Realität: Waffen waren leicht zu beschaffen, und entwendetes Heeresgut wurde, besonders in Berlin, offen zum Kauf angeboten. Der linke Polizeipräsident Eichhorn bewaffnete diejenigen, die die öffentliche Ordnung bedrohten, wie Graf Kessler ironisch vermerkte. Die Soldaten des Stadtkommandanten Otto Wels wurden nicht sehr hoch eingeschätzt. Von den Spartakisten behauptete man, sie legten

Waffenlager an. Liebknecht agitierte in den großen Rüstungsbetrieben, in denen die Arbeiter nichts zu tun hatten, und wurde dabei von einer schwerbewaffneten Leibgarde, seinen »Sturmtruppen«, umgeben. Selbst der preußische Kriegsminister fühlte sich in seiner Wohnung nicht mehr sicher und wechselte wiederholt das Schlafquartier.

Die Linke agitierte, plante aber zu diesem Zeitpunkt noch keinen Putsch. Den hatte aber die Gegenseite im Visier. Es gab zwei Versuche; ihr klägliches Scheitern verriet vor allem, wie dilettantisch und zerfahren die »Konterrevolution« auftrat. Am 6. Dezember kam es zu einer Burleske mit blutigem Ausgang. Soldaten unter Führung eines Feldwebels versammelten sich vor der Reichskanzlei und riefen Ebert zum Reichspräsidenten aus. Von dieser Nachricht alarmierte Spartakusanhänger wurden in der Chausseestraße angehalten. Als sie der Aufforderung zum Stehenbleiben nicht folgten, wurde geschossen; sechzehn Menschen fanden den Tod. Es war nach den ziellosen Schießereien am 9. November die erste Konfrontation mit blutigem Ausgang. Zur gleichen Zeit wurde von anderen Soldaten der Vollzugsrat festgesetzt. Die Drahtzieher dieser Aktionen waren adlige Außenseiter, zwei von ihnen Diplomaten.

Am 16. Dezember begann in Berlin der »Allgemeine Kongreß der Arbeiter- und Soldatenräte«, die Zusammenkunft von Rätedelegierten aus ganz Deutschland. Er tagte bis zum 21. Dezember. Ursprünglich hatten die Linken im Vollzugsrat ihn zur Bestätigung der eigenen Position und zur Hinausschiebung der Wahlen favorisiert, nun zeigte er in der Zusammensetzung dennoch eine gemäßigte Tendenz. Es war eine bunte Mischung, die im Abgeordnetenhaus zusammentraf. Es gab Vertreter der verschiedensten Berufe, darunter Offiziere, Gutsbesitzer, selbst einen Privatdozenten. Die große Mehrheit stellten jedoch Partei- und Gewerkschaftsfunktionäre, Parteijournalisten und Agitatoren, also das Fußvolk der sozialdemokratischen Bewegung. Liebknecht und Luxemburg waren nicht als Delegierte vertreten. Sie konnten zwar Zehntausende auf den Straßen mobilisieren, aber ihre organisatorischen Fähigkeiten reichten nicht aus, um auf den Vollversammlungen der Berliner Arbeiter- und Soldatenräte ein Mandat zu erlangen.

Zur Wahl der Nationalversammlung möglichst schon am 19. Januar gab es eine große Zustimmung, womit die zentrale Frage entschieden war. Aber wie so oft auf Parteitagen lief der Kongreß bei anderen Fragen aus dem Ruder. Als Rudolf Hilferding von der USPD über die Sozialisierung abgewogen referierte, leerte sich der Saal, denn das Interesse war gering, obwohl der Redner auf diesem Gebiet als erstrangige Kapazität galt. Vor ziemlich leeren Bänken stellte dann der Volksbeauftragte Barth die Sozialisierung des Kohlebergbaus zur Diskussion. Sein ungemein emotionaler, den wirklichen Problemen jedoch hohnsprechender Appell führte prompt zur Annahme des Antrags, mit der »Vergesellschaftung des Bergbaus sofort zu beginnen«. Was Vergesellschaftung konkret bedeutete, das wußten die Delegierten wohl nicht so genau, ebensowenig sahen sie voraus, daß die Änderung der Eigentumsverhältnisse mit Sicherheit einen Rückgang der Förderleistung bei diesem wichtigsten Energieträger und damit eine weitere Verschlechterung der wirtschaftlichen Situation bewirken mußte.

Eine noch krassere Fehlentscheidung stellte die Annahme der »Hamburger Punkte« dar, die das Militärwesen auf eine neue Grundlage stellen sollten. Den Kernsatz der Reform bildete die Bestimmung: »Die Soldaten wählen ihre Führer selbst.« Offiziere, die das Vertrauen ihrer Truppenteile besaßen, sollten »wiedergewählt« werden dürfen.[21] Auf dieser Basis war keine Armee aufzubauen. Hier trat die fehlende Kompetenz des Rätekongresses klar zutage.

In der Frage der Nationalversammlung wußten die Delegierten, was auf dem Spiel stand, und entschieden sich für frühe Wahlen und damit für die möglichst rasche Einführung der parlamentarischen Demokratie. Die Voten für die Sozialisierung des Bergbaus und die Wahl der Offiziere blieben letztlich folgenlos. Ihre Verwirklichung hätte den Konsens, möglichst rasch die parlamentarische Demokratie zu konstituieren, aufgekündigt und eine scharfe Konfrontation hervorgerufen. Die radikale Linke verließ den Kongreß als Verlierer. Ihre Versuche, die Delegierten von außen durch Demonstrationen und die Entsendung von Abordnungen unter Druck zu setzen, erzeugten erhebliche Spannungen, blieben aber folgenlos.

Ebert hatte im Laufe des Monats Dezember eine erstaunliche Ruhe bewahrt. Er wollte jede Zuspitzung der Lage vermeiden und war fast bis zur Selbstverleugnung bereit, Zumutungen jeder Art hinzunehmen, wenn nur die Wahlen zur Nationalversammlung nicht gefährdet würden. Selbst als die Matrosen ihn am 23. Dezember in der Reichskanzlei einschlossen und die Telefonzentrale besetzten, sprach er geduldig mit den Eindringlingen. Als Soldaten am Abend zu seinem Schutz eintrafen, verhandelte er ausgleichend nach beiden Seiten mit dem Ergebnis, daß Matrosen und Soldaten gleichzeitig nach verschiedenen Seiten hin abzogen.

Zu diesem Zeitpunkt wurden die Nachrichten über das Schicksal des Stadtkommandanten Wels, den die Matrosen in ihrer Gewalt hatten und im Berliner Schloß gefangenhielten, immer bedrohlicher. Ein Gespräch mit dem Volksbeauftragten Landsberg, den die Matrosen als einzigen Verhandlungspartner akzeptierten, war ergebnislos verlaufen. Landsberg hatte die Aufständischen gefragt: »Wer gibt Ihnen denn das Recht, Beamte der Regierung zu verhaften?« und prompt die Antwort erhalten: »Unsere Macht.« Daraufhin Landsberg: »Also dann übernehmen Sie die Regierung.«[22] Noch in der Nacht erteilten

Ebert, Scheidemann und Landsberg daraufhin dem preußischen Kriegsminister die Vollmacht, die notwendigen Maßnahmen zu ergreifen, um Wels zu befreien und in Zukunft derartige terroristische Akte zu unterbinden.[23]

So erging der Befehl Scheüchs an das Generalkommando Lequis, die Volksmarinedivision mit militärischen Mitteln aus Schloß und Marstall zu vertreiben. Die Aktion war jedoch nicht sorgfältig vorbereitet und endete mit einer schweren Niederlage der Regierung. Nach dem Artilleriebeschuß von Schloß und Marstall hatten die Matrosen um eine Feuerpause gebeten, die ihre Sympathisanten – von dem linken Polizeipräsidenten Eichhorn alarmiert – nutzten, um die ungenügenden Absperrungen zu durchbrechen und die Soldaten in Diskussionen zu verwickeln. Dabei wurden zahlreiche Soldaten entwaffnet, Offiziere mißhandelt und die Truppe so verwirrt, daß sie abgezogen werden mußte. Von nun an verfügte die Regierung in Berlin über kein einsatzfähiges Militär mehr.

Pläne zur Entwaffnung der Revolutionäre hatte es gegeben, Truppen waren in Berlin einmarschiert, aber nichts war geschehen. Die OHL hatte die Pläne ausgeheckt, aber Groener hatte sich gehütet, die Verantwortung für die Durchführung zu übernehmen. Er versuchte statt dessen, den preußischen Kriegsminister Scheüch dafür zu gewinnen. Der aber winkte nur ab, denn er kannte die Risiken. Durch einen Mittelsmann wurde Ebert informiert und um Zustimmung gebeten, was faktisch die Übernahme der politischen Verantwortung bedeutet hätte. Der Volksbeauftragte hielt sich buchstäblich die Ohren zu.[24] Er wollte nichts von den Einzelheiten hören, taktierte aber so geschickt, daß die Pläne der Militärs ins Leere liefen. Inzwischen waren die seit dem 10. Dezember in Berlin eingezogenen Truppen entlassen worden, da die Soldaten mit Macht nach Hause strebten. Die Linke aber wußte die Gunst der Stunde nicht zu nutzen; ebenso wie die Mehrheitssozialdemokraten feierte sie Weihnachten.

Die Volksbeauftragten der USPD indes nahmen die Beschießung des Schlosses wenige Tage später zum Anlaß, um aus der Regierung auszutreten. In typischer Haarspalterei warfen sie ihren Kollegen vor, in jener Nacht dem Kriegsminister eine Blankovollmacht, nicht aber klar definierte, auf die Befreiung von Wels beschränkte Anweisungen erteilt zu haben. Das war aber mehr ein Vorwand. Tatsächlich waren sie nicht mehr bereit, Entscheidungen mitzutragen, die sich auch gegen ihre eigenen, immer radikaler auftretenden Anhänger richteten. Der Rat der Volksbeauftragten ergänzte sich daraufhin durch die Mehrheitssozialdemokraten Noske und Wissell. Ersterer war für das Militär zuständig. Die offizielle Bekanntmachung über den personellen Wechsel offenbarte, daß tatsächlich eine politische Wende eingetreten war, denn es war nicht mehr von Volksbeauftragten die Rede, sondern nur noch von der Reichsregierung.

Eine weitere Klärung der Fronten brachte zum Jahreswechsel die Gründung der Kommunistischen Partei und ihr Beschluß, an den Wahlen zur Nationalversammlung nicht teilzunehmen, sondern sich dem bolschewistischen Vorbild entsprechend auf den Kampf um die Macht vorzubereiten. Rosa Luxemburg lehnte auf dem Parteitag diese Position ab, denn sie erkannte, daß angesichts der sich zuspitzenden Konfrontation das subjektive Kraftgefühl ihres Anhangs in scharfem Gegensatz zu den realen Machtverhältnissen stand. Vergeblich versuchte sie abzuwiegeln.

Der blinde Aktionismus der Spartakusanhänger verfolgte aber weiterhin die Linie, die Rosa Luxemburg in den Wochen zuvor noch selbst vertreten hatte. Am 14. Dezember hieß es in einem programmatischen Aufruf, daß »die Herrschaft der Arbeiterklasse nur erreichbar ist auf dem Wege der bewaffneten Arbeiterrevolution«; deshalb müsse die Nationalversammlung »mit allen Mitteln verhindert werden«.[25] Als Sofortmaßnahmen wurden immer wieder und ganz folgerichtig die »Entwaffnung der gesamten Polizei, sämtlicher Offiziere sowie der nichtproletarischen Soldaten« und statt dessen die Bewaffnung des Proletariats gefordert. Solche Appelle konnten nicht als verbal radikale Kraftakte einer Splittergruppe abgetan werden. Das verbot sich angesichts des Massenanhangs in Berlin, vor allem aber im Hinblick auf die Entwicklung in Rußland. Schließlich stellten die Bolschewisten einen zwar schwer einzuschätzenden, aber keineswegs unbedeutenden auswärtigen Bündnispartner dar. Auf jeden Fall wirkte das russische Beispiel ungemein anregend und prägte den Putschismus des Gründungsparteitages der KPD. Ein Delegierter sprach aus, was die meisten dachten: »Wir sind doch im Begriff, die Macht an uns zu reißen.«[26]

Zweifellos wurde in den ersten Januartagen des Jahres 1919 die Machtfrage von links gestellt. Da kein einsatzfähiges Militär in Berlin verfügbar war und das Bürgertum überhaupt verschwunden zu sein schien, blieben nur die »Scheidemänner«, die Mehrheitssozialdemokraten, übrig, die es zu bekämpfen galt. Fixiert auf diesen Gegner hatten die Linken zunächst einmal den »Vorwärts« besetzt und damit das verhaßte Zentralorgan des Rivalen zum Schweigen gebracht.

Was dann den so genannten Spartakusaufstand vom 6. Januar auslöste, zeigte die für die ganze Aufstandsbewegung charakteristische Perspektivlosigkeit. Der Polizeipräsident Eichhorn, Helfer der extremen Linken, weigerte sich unter abwegigen Begründungen, von seinem Posten zurückzutreten und entfachte damit eine Welle von Demonstrationen der Linken, die sich vom Alexanderplatz bis zur Siegesallee hinzog. Von der Aktionsbereitschaft dieser Massen fasziniert und zugleich von ihnen unter Druck gesetzt, entschieden sich ihre Führer – unter ihnen Liebknecht, Ledebour und Pieck, die bisher nie Verantwortung getragen, sondern nur demonstriert und kritisiert hatten –, ihren Anhängern zu folgen, indem sie sich dem Aufruf zum Sturz der Regierung anschlossen. Wie das geschah, war in seiner Primitivität entlarvend. In dem Aufruf hieß es einfach: »Die Regierung Ebert-Scheidemann hat sich unmöglich gemacht. Sie ist von dem unterzeichneten Revolutionsausschuß … für abgesetzt erklärt. Der unterzeichnete Revolutionsausschuß hat die Regierungsgeschäfte vorläufig übernommen.«[27]

Was sollte die Regierung tun? Wie sollte sie die Ordnung wiederherstellen? Es gab faktisch keine Armee mehr; das Weltkriegsheer befand sich in Auflösung – ein in der preußischen Militärgeschichte ganz einmaliges Ereignis. Die Demobilmachung erfolgte weitgehend ungeordnet, bestenfalls improvisiert. Während die Gehaltszahlungen für die Offiziere nicht überall sichergestellt waren und das Feldheer auseinanderlief, blieb die das Heer versorgende und verwaltende Bürokratie zum Teil erhalten, obwohl sie gar keine Funktion mehr hatte.

In dieser Ausnahmesituation entstanden durch die Initiative einzelner Offiziere und sogar Unteroffiziere die Freikorps: militärische Verbände gleichsam aus wilder Wurzel. Es waren Einheiten, die in die überkommene Heeresorganisation nicht hineinpaßten und – schlimmer noch – deren Führer die tradierte Befehlshierarchie sogar bewußt in Frage stellten. Hier agierten also nicht etablierte, auf die Monarchie und gegen die Republik eingestellte Kräfte, die sich der Regierung zur Verfügung stellten, um die Bedrohung von links niederzuschlagen, sondern einzelne Führer, die aktiv wurden und Freiwillige sammelten. Derartige neue Freiwilligenverbände sowie restliche Truppenteile zog der in der Reichsregierung für das Militär zuständige Noske nun um Berlin zusammen. Das wirkte abschreckend und kürzte die Kämpfe gegen die Spartakisten ab, zumal zahlreiche Soldaten und Matrosen, die zuvor durch ihr gewaltbereites Gebaren zur Zuspitzung der Situation erheblich beigetragen hatten, sich an den Gefechten nicht beteiligten.

Das Problematische dieser Entscheidung bestand vor allem in der Einstellung Noskes zu den Freikorpsführern. Er besaß überhaupt kein Gespür dafür, welche politischen Probleme aus dieser Zusammenarbeit entstehen konnten. Er hatte dasselbe Feindbild, denselben Haß gegen die radikale Linke wie die Freikorps und ihre Führer. Ihm fehlte aber die Einsicht, daß die Bekämpfung dieser Gegner nicht zugleich heißen mußte, den Offizieren durch dick und dünn zu folgen. Schon sein Ausspruch vom 6. Januar 1919, mit dem er den Oberbefehl übernahm: »Meinetwegen! Einer muß der Bluthund werden, ich scheue die Verantwortung nicht!«[28] zeigte sein mangelndes Problembewußtsein. Er verstand auch nicht, daß trotz des gemeinsamen Ziels die soziale Kluft, die zwischen ihm und den Offizieren bestand, unüberbrückbar blieb. Statt ein

5. Januar 1919: Auftakt zum »Spartakus-Aufstand«. Massendemonstration in der Berliner Siegesallee als Protest gegen die Absetzung des USPD-Polizeipräsidenten Eichhorn. Zu Füßen des »Hölzernen Hindenburg«, in den einst für den Sieg gegen Gebuhr Nägel eingeschlagen werden konnten, versammeln sich nun die Gegner der »Regierung Ebert-Noske«. »Die meisten Leute hatten keine Ahnung, was sich wirklich ereignete; sie konnten weder zwischen Sozialisten von rechts noch denen von links noch zwischen Republik und Revolution unterscheiden. Das Ende des Kaiserreichs, die Legalisierung der Gewerkschaften, das Versprechen von Neuwahlen verhießen den Anfang einer neuen Welt, der Heimkehr, des endgültigen Waffenniederlegens« (Claire Goll, »Ich verzeihe keinem«).

gesundes Mißtrauen zu zeigen, war er zu vertrauensselig und ließ sich von Offizieren, vor allem von Hauptmann Pabst, hinters Licht führen. Als Zivilist ohne eigene Berater war er den Militärs und ihrem Fachwissen nicht gewachsen und ihnen daher in gewisser Weise ausgeliefert.

Die Niederschlagung der Unruhen in Berlin endete mit einem folgenschweren Ereignis: der Ermordung von Rosa Luxemburg und Karl Liebknecht. Nicht nur ein Verbrechen, sondern überdies eine Dummheit, denn angesichts der Polarisierung und Spaltung der Arbeiterbewegung wären die beiden ohnehin bald ins politische Abseits geraten, da sie weder bei den Kommunisten noch bei den Sozialdemokraten eine Chance hatten, heimisch zu werden. Die Tat verdeutlichte zugleich die unglaubliche Überschätzung der Gefahr von links. Den beiden Agitatoren wurden geradezu magische Fähigkeiten zugetraut, die Arbeiterschaft im Sinne einer Bolschewisierung zu beeinflussen. Entsprechend hysterisch war die Mordhetze, deren Opfer sie wurden.

Der Mordplan ging von Hauptmann Pabst aus, dem Stabschef der Garde-Kavallerieschützen-Division, der damals die meisten Truppen und Freikorps im Berliner Raum unterstanden. Pabst war von der tödlichen Bedrohung durch die beiden radikalen Politiker überzeugt und bediente sich junger Marineoffiziere, die seinen Plan am 15. Januar ausführten. Liebknecht wurde bei einem angeblichen Fluchtversuch im Tiergarten erschossen, Rosa Luxemburg nach schwerer Mißhandlung im Hotel Eden im Auto; der Leichnam wurde in den Landwehrkanal geworfen. Das Verfahren, das das zuständige Feldkriegsgericht bald darauf durchführte, war nichts anderes als ein geschicktes Manöver zur Strafvereitelung, an dem übrigens auch der damalige Kapitänleutnant Canaris als Beisitzer tatkräftig mitwirkte.[29]

Der Aufstandsversuch in Berlin war damit niedergeschlagen, die Wahlen zur Nationalversammlung konnten ungestört stattfinden. Doch Noskes Freiwillige, die Freikorps, kämpften weiter und hinterließen blutige Spuren. Daran haben Historiker teilweise scharfe Kritik geübt. Zum einen wird die Politik Noskes verurteilt, ja die Notwendigkeit des militärischen Vorgehens überhaupt bezweifelt, oder es wird die Härte und Brutalität beklagt, in jedem Falle aber die Verwendung von kaiserlichen Offizieren und damit Vertretern des alten Regimes. Angeblich hätten genügend »gemäßigte« sozialdemokratische Freiwillige zur Verfügung gestanden, und der Einsatz einer schwer kontrollierbaren Soldateska sei nicht zwingend geboten gewesen. So jedoch würden die Januarereignisse eine »Wende zur Katastrophe« darstellen, die »den Gang der Dinge bis zum Untergang der Republik bestimmt« hätten.[30] Damit ist die Spaltung der Arbeiterbewegung gemeint, die die Entwicklung der Weimarer Republik so verhängnisvoll beeinflußt haben soll. Diese Spaltung, nämlich die Eta-

blierung der Kommunisten auf der äußersten Linken mit ihrer scharfen Frontstellung gegen die Sozialdemokratie wäre aber auf jeden Fall eingetreten, denn
damals bildeten sich überall in Europa unter dem Einfluß Moskaus kommunistische Parteien.

Gegen die Gruppen aus bewaffneten, gewaltbereiten und politisch wurzel-
losen Soldaten und Radikalen, die ein beträchtliches Störpotential darstellten,
mußte mit Gewalt eingeschritten werden, nachdem diese die Feindseligkeiten
eröffnet hatten. Radikale Bewaffnete, denen keine effiziente Polizei oder ein-
satzbereite Regierungstruppe entgegengesetzt werden konnte – das war ein
unhaltbarer Zustand. Die Frage war nicht ob, sondern wie. Und auch hier muß
man nüchtern feststellen, daß es zu den Freikorps keine Alternative gab. Überdies ist es falsch, die improvisierten freiwilligen Einheiten einfach als Bestandteil des alten Regimes oder der alten Armee zu verstehen.

Daß Noske schließlich schmählich getäuscht wurde, ändert nichts an der
Tatsache, daß er der tragende Pfeiler des Bündnisses von Mehrheitssozialdemokratie und Militär war, das die Republik begründete. Zu diesem gab es keine Alternative, es sei denn den wirklichen Bürgerkrieg zwischen links und rechts,
der gekommen wäre, wenn Ebert und seine Gefährten die Dinge hätten laufen
lassen – einen Bürgerkrieg, an dessen Ende wahrscheinlich ein Sieg der Rechten
und die frühe Etablierung einer Militärdiktatur gestanden hätte. Auch wer für
Noskes Unzulänglichkeiten nicht blind ist, wird die Entscheidung zur Unterdrückung der von der radikalen Linken ausgehenden Aufstandsversuche
akzeptieren müssen, schließlich waren die Monate seit dem Umsturz von einer
wachsenden Radikalisierung geprägt.

Die Wende setzte ein, als aus dem linken Überlegenheitsgefühl heraus die
Machtfrage gestellt wurde. Das war ein Radikalisierungsprozeß, der sich mit
innerer Folgerichtigkeit ergab. Das Ergebnis war die offene Konfrontation, die
man zwei Monate lang hatte vermeiden wollen, und die darauf folgende blutige Niederschlagung. Nach vier Jahren Krieg mit all seinen Belastungen, dem
stimulierenden Vorbild der russischen Revolution und der tiefen Verbitterung
über die Behandlung im Krieg hatte eine solche Entwicklung im Bereich des
Möglichen gelegen; sie wurde durch die ungeregelte Demobilmachung und
die nicht erfolgte systematische Entwaffnung noch gefördert.

In den folgenden Jahren bis zum Ende der Weimarer Republik maß man dieser revolutionären Übergangskrise keine große Bedeutung mehr bei und nahm
sie als etwas Unvermeidliches hin. Seit den sechziger Jahren hat dann eine fundamentale Neubewertung der Revolution stattgefunden. Sie ist »wiederentdeckt«
worden, allerdings mit fragwürdigen Ergebnissen. Zuvor war die Novemberrevolution im Zcichen des Kalten Krieges und im Zuge des Wiedergutmachungs-

bedürfnisses gegenüber dem einst diffamierten Ebert von den Historikern zu einer Alternative zwischen Rätediktatur und parlamentarischer Demokratie stilisiert worden. Das stimmte so nicht, fand aber allgemeine Zustimmung.

Die von Eberhard Kolb ausgehende Revision dieses Standpunktes zog die Alternative in Zweifel. Was er statt dessen anbot, ging als der »dritte Weg« in die Historiographie ein. Den Ausgangspunkt bildete das subjektive Zeugnis eines sozialdemokratischen Politikers, Rudolf Hilferding, der in der Emigration im Herbst 1933 über die Politik der SPD schrieb, sie sei seit 1923, als er zum ersten Mal Minister war, »im Ganzen und Großen durch die Situation erzwungen« gewesen »und konnte nicht viel anders sein«. Davor sei es anders gewesen. »Aber in der Zeit vor 1914 und erst recht von 1918 bis zum Kapp-Putsch war die Politik plastisch, und in dieser Zeit sind die schlimmsten Fehler gemacht worden.«[31]

Dieses Diktum diente als Leitfaden; es wurde unkritisch rezipiert und sein Quellenwert nie überprüft, obwohl gerade hier sich der Verdacht einer nostalgischen Verzeichnung nach dem Sieg des Nationalsozialismus und dem ruhmlosen Ende der SPD geradezu aufdrängte. Kolb stützte seine Revision weitgehend auf die bis dahin wenig beachtete, aber materialreiche Darstellung der Revolutionsentwicklung, die Richard Müller, der Vorsitzende des Vollzugsrates, in den zwanziger Jahren veröffentlicht hatte. Sie unterzog die MSPD im allgemeinen und Ebert im besonderen einer kritischen Bewertung. Darauf aufbauend stellte Kolb die These auf, die Mehrheit der Arbeiter- und Soldatenräte sei nicht radikal, sondern sozialdemokratisch und gemäßigt gewesen, die Gefahr einer bolschewistischen Diktatur habe also nicht bestanden, somit sei die Alternative falsch. Die Radikalen wurden als kleine, letztlich belanglose Minderheit abgetan. Es habe aber in den Räten ein bedeutendes »Demokratisierungspotential« gegeben – ein recht unscharfer Begriff –, das von Ebert bewußt beiseite geschoben worden sei. Ebert habe mit seinem überzogenen Ordnungsdenken die Rätebewegung abgewürgt und damit ganz entscheidende Chancen zur Demokratisierung Deutschlands nicht genutzt. Die Situation sei 1918 »offen«, »Handlungsspielräume« zur energischen Demokratisierung seien vorhanden gewesen. Eine mutige Politik hätte grundlegende Entscheidungen herbeiführen können, was letztlich – und das gibt dieser These ihr eigentliches Gewicht – bedeutet, daß die Weimarer Republik ein stabileres Fundament erhalten und eine politische Entwicklung genommen haben würde, die mit Sicherheit nicht zum Jahr 1933 geführt hätte.

Ein Sozialhistoriker vertrat daraufhin ganz folgerichtig die in eine Frage gekleidete These: »Muß man nicht den Preis, den ein Neubeginn im Jahre 1918 gekostet hätte – die Ausschaltung der alten Führungsgruppen, die Funktionsschwäche oder gar zeitweilige Funktionslähmung –, abwägen gegen die

Opfer und Schrecken seit 1933? Wird nicht ein Ja zur Weimarer Lösung erkauft mit der Hinnahme ihres Endes?«[32]

Reinhard Rürup hat dem Wollen der demokratischen Räte von 1918/19 prägnant Ausdruck verliehen: »Der Beginn einer demokratischen Neuordnung kraft revolutionären Rechts – das war das Programm der Arbeiter- und Soldatenräte.«[33] Und: »Dieses Programm war die Abschaffung des Obrigkeitsstaates und eine tiefgreifende demokratische Umgestaltung der politischen, sozialen und ökonomischen Verhältnisse. Es meinte die Befreiung der großen Mehrheit des Volkes von politischen und sozialen Abhängigkeiten und die Begründung einer Verfassung der Freiheit.« Die deutschen Räte waren danach für eine schöne neue Welt – doch läßt sich das belegen?

Gewiß ist es richtig, daß die große Mehrheit der Arbeiter- und Soldatenräte einen gemäßigten Standpunkt vertrat. Sie waren in der Regel froh, daß die Stadtverwaltung mit ihnen zusammenarbeitete, und übernahmen oft Aufgaben zur Sicherung der öffentlichen Ordnung. Das bedeutete jedoch nicht eine qualitative politische Veränderung; mit der Übernahme dieser Aufgaben war kein neues Demokratisierungspotential entstanden. Da sie Parteien angehörten und dort ihre politische Zukunft sahen, waren die Räte davon überzeugt, daß sie als Institution keine Zukunft hatten, sondern nur eine Übergangsfunktion erfüllten. Deshalb hatte es auf dem Rätekongreß im Dezember 1918 keine Diskussionen über das Selbstverständnis der Räte und ihre zukünftigen Aufgaben gegeben. Von einem Nebeneinander von Parlamentarismus und Rätesystem war zu diesem Zeitpunkt noch nicht die Rede.

Der Rat der Volksbeauftragten hatte auf sozialpolitischem Gebiet, noch bevor die eigentliche demokratische Grundentscheidung durch allgemeine Wahlen gefallen war, eine entschiedene Demokratisierung verordnet. Etwas ganz anderes war jedoch die »Zertrümmerung des Militarismus«, der Aufbau eines demokratischen Heeres. Durch welche gesellschaftlichen und politischen Kräfte sollte er verwirklicht werden? Der Kongreßbeschluß über die »Hamburger Punkte« war in seiner ressentimentgeladenen Dürftigkeit unbeachtlich. Eine solche Umbildung des Militärs war eine reine Machtfrage. Hätten die Volksbeauftragten auf der Durchführung des Beschlusses bestanden, würde das den Bruch mit dem Militär und entsprechende Konsequenzen bedeutet haben. Sie hüteten sich davor, weil sie von der Undurchführbarkeit des Beschlusses überzeugt waren und weil es zur Zusammenarbeit mit dem Militär keine Alternative gab.

Das Offizierskorps, das in den vier Jahren des Krieges genügend Beweise seiner Tüchtigkeit, fast möchte man sagen seiner allzu großen Tüchtigkeit erbracht hatte, zerbrach in der Niederlage nicht, sondern bewahrte seine Geschlossenheit. Ähnlich lagen die Dinge bei der Verwaltung, ganz zu schweigen von der Justiz. In einer Situation, die die ungestörte Weiterarbeit des eingespielten Beamtenapparates dringend erforderlich machte, konnten Säuberungen und Gesinnungsüberprüfungen nur kontraproduktiv wirken, zumal qualifiziertes Personal als Ersatz nicht zur Verfügung stand.

Die zentrale Frage ist jedoch, ob die Situation tatsächlich offen war, ob es Handlungsspielräume und den Willen zur politischen Neugestaltung wirklich gegeben hat. Der Begriff des Handlungsspielraums ist in der deutschen Geschichtswissenschaft in den letzten Jahren mit inflatorischer Wirkung benutzt worden. Seine Anwendung ist völlig deplaciert für den Winter 1918/19, in dem die Zwänge dominierten: die drohende Hungerkatastrophe durch zu niedrige Lebensmittelrationen und den Zusammenbruch des Verkehrs; die Wirtschaftskrise durch Demobilmachung und den Übergang zur Friedenswirtschaft. Neue soziale Probleme als Folge des Krieges und vieles andere verlangten gebieterisch nur eines: die möglichst rasche Überwindung dieses labilen Zustandes. In der erschöpften Bevölkerung gab es Wut und Enttäuschung, aber keinen Elan zum Neuaufbau. Die militärische Niederlage und die ungewissen Aussichten des Friedens wirkten eher lähmend. Die Eingriffe von Räten in das Wirtschaftsleben richteten in der Regel zwar nicht viel Schaden an, schreckten aber als potentielle Bedrohung ab.

Die These vom dritten Weg, von der wirksamen Demokratisierung durch eine demokratische Rätebewegung erhält ihre eigentliche Überzeugungskraft erst durch die »Entlarvung« des Schuldigen, nämlich Eberts, an dessen überzogenem Ordnungsdenken der große Wurf gescheitert sein soll. Selten ist ein demokratischer Politiker so verunglimpft worden wie Friedrich Ebert. Schon zu Lebzeiten hatte er sich den Haß der Rechten, aber auch der »Weltbühne«-Intellektuellen und der Kommunisten zugezogen. Besonders George Grosz tat sich bei der bewußten Verunglimpfung dieses Politikers hervor. Und für die Nachwelt ist Peter-Christian Witt durchaus recht zu geben, wenn er von »Rufmord« spricht, den Historiker, »wenngleich häufig nur unterschwellig und unausgesprochen«, an Ebert begehen.[34]

Nichts ist irreführender, als Ebert die Rolle des einzig Schuldigen zuzuweisen, schon weil er gar nicht allein handelte. Er wurde – damals noch – von seiner Partei getragen und von den freien Gewerkschaften energisch unterstützt, die das Rätewesen insgesamt scharf ablehnten. Hinter ihm stand nicht nur das Militär, sondern auch die Verwaltung und weite Teile des Bürgertums. Sie alle wußten: Es gab zu Ebert und seiner Politik keine Alternative.

Darüber hinaus einte diese gesellschaftlichen Gruppen die Überzeugung, daß eine Politik des Hinausschiebens der Wahlen und damit das Zulassen von

Räteexperimenten weit größere Gefahren barg. Eine Fortsetzung dieses Kurses gefährdete die Reichseinheit. Der sich vor allem im Rheinland, aber auch in Bayern und Oberschlesien ausbreitende Separatismus gewann seine stärksten Argumente durch die ständigen Hinweise auf den Berliner Bolschewismus, gegen den es sich zu schützen gelte.

Es war durchaus kein »Wunder«,[35] daß die Einheit erhalten blieb. Bei den Alliierten, insbesondere in Paris, hoffte man zwar, daß das nach einem gewonnenen Krieg begründete Reich bei seiner ersten Niederlage wieder auseinanderbrechen werde. Der plötzlich auftretende rheinische Separatismus kam der französischen Politik geradezu in idealer Weise entgegen. Denn unabhängige staatliche Gebilde auf dem linken Rheinufer, die notwendigerweise Anlehnung an Frankreich suchen mußten, waren genau das, was die französische Regierung erstrebte. Der deutschen Seite war das vollkommen einsichtig. Deshalb protestierten die Volksbeauftragten so auffallend scharf, nachdem sich am 4. Dezember 1918 in Köln handfester Separatismus manifestiert hatte.

In den vergangenen Jahrzehnten ist dieser Aspekt weithin verdrängt worden, denn die nationale Einheit schien kein relevantes Thema mehr zu sein. Vor allem für Ebert aber hat die Erhaltung der Reichseinheit zentrale Bedeutung gehabt. Es war sein wichtigstes Ziel.[36] Sein Bemühen, den wirtschaftlichen Zusammenbruch und eine Hungerkatastrophe zu vermeiden, diente letztlich nur dem Zweck, die Einheit Deutschlands zu sichern. Er hatte seine Tätigkeit seit dem 9. November als die eines Konkursverwalters bezeichnet. Aber er wollte nicht als der Mann in die Geschichte eingehen, unter dem die 1871 geschaffene Einheit zerbrochen war.

Die politische Alternative im Winter 1918/19 lautete nicht Rätediktatur oder parlamentarische Demokratie, sondern möglichst rasche Einberufung der Nationalversammlung und damit politische Konsolidierung oder Treibenlassen der Dinge mit dem Ergebnis wachsender Radikalisierung, innenpolitischer Lähmung und Gefährdung der Reichseinheit. Die radikale Linke war so lange im Inland und im westlichen Ausland ein gefürchteter Machtfaktor, wie ihre tatsächliche Schwäche nicht offenkundig war. Diese radikale Linke war nicht integrierbar. Der Kampf gegen sie bedeutete keineswegs die verhängnisvolle Weichenstellung, die folgerichtig zum Jahr 1933 geführt haben soll. Das ist nichts als eine leere Behauptung. Wenn die Weimarer Republik einen Geburtsfehler hatte, dann war es die Art der Niederlage und die ihr folgenden Schuldzuweisungen. Die Republik überstand aber so viele Krisen, daß es nichts anderes als eine Unterstellung ist, pauschal von ihrem turbulenten Anfang auf ihr Ende zu schließen.

11. Februar 1919: Geburtsstunde der Weimarer Republik. An diesem Tag wurde Friedrich Ebert von der
Nationalversammlung zum Reichspräsidenten gewählt und präsentierte sich anschließend auf dem Balkon
des Nationaltheaters in Weimar der Öffentlichkeit. Eher zufällig traten anläßlich dieses Ereignisses Goethe
und Schiller ins Bild, denn die Entscheidung für Weimar als Tagungsort war nicht um der deutschen Klassik
willen gefallen, sondern das Ergebnis nüchterner Abwägung: Die Stadt lag verkehrsgünstig, war militärisch
leicht zu verteidigen und trug außerdem dem Ressentiment der Süddeutschen gegen Berlin Rechnung. Dafür
nahmen die Delegierten die drangvolle Enge im Nationaltheater in Kauf.

Die Weimarer Republik

DER SCHWIERIGE ANFANG

Die Wahlen zur Nationalversammlung konnten in ganz Deutschland ohne Zwischenfälle durchgeführt werden. Ihr Ergebnis war ein überwältigender Sieg der drei Mitte-Links-Parteien der Weimarer Koalition: nämlich Zentrum, Linksliberale und MSPD, die schon seit 1917 im Interfraktionellen Ausschuß zusammengearbeitet hatten. Sie erhielten insgesamt 78 Prozent der Sitze.

Bei den Parteien hatte es kleinere Veränderungen gegeben. Der Versuch, mit der Deutschen Demokratischen Partei (DDP) die eine große liberale Partei neu zu gründen, scheiterte an der doktrinären Enge einiger Gründungsmitglieder. Sie wollten den notorischen Annexionspolitiker Gustav Stresemann nicht in ihren Reihen sehen. Deshalb mußte dieser notgedrungen eine eigene Partei, die Deutsche Volkspartei (DVP), gründen, die in der nationalliberalen Tradition stand und grundsätzlich für die Monarchie eintrat. In Bayern hatte der zentralistische Druck der Kriegswirtschaft dazu geführt, daß sich das Zentrum unmittelbar nach dem Umsturz selbständig machte als Bayerische Volkspartei (BVP). Allerdings waren bei dieser Abspaltung auch separatistische Motive maßgebend. Die neue Deutschnationale Volkspartei (DNVP) entstand aus den Rechtsparteien des Kaiserreichs.

Das Wahlergebnis spiegelte eine Aufbruchstimmung wider. Vor allem zeigte das einmalig günstige Ergebnis der DDP mit 18,5 Prozent der Stimmen und 75 Mandaten, daß das Bürgertum grundsätzlich bereit war, die Republik zu akzeptieren und auf dieser Basis ein freiheitliches und soziales Gemeinwesen aufzubauen. Der Wahlsieg der Sozialdemokraten, mit 37,9 Prozent und 165 Abgeordneten die mit Abstand stärkste Partei, brachte ebenfalls diesen Trend zum Ausdruck. Zugleich bestätigte dieser Wahlsieg die Politik, die ihre führenden Vertreter seit dem 9. November betrieben hatten. Dagegen konnte die Opposition von links mit den bescheidenen 7,6 Prozent der USPD noch nicht zum Zuge kommen. Das zum ersten Mal praktizierte Frauenwahlrecht kam vor allem dem Zentrum zugute und trug, wie auch bei den kommenden Wahlen, wesentlich zur Stabilisierung dieser katholischen Partei bei.

Die eindeutigen Verlierer waren die Konservativen. Die DNVP wurde wie die

DVP mit dem zusammengebrochenen Regime identifiziert und erhielt nur 10,3 Prozent beziehungsweise 4,4 Prozent der Stimmen. Das Ergebnis machte deutlich, welchen Legitimationsverlust die politischen Parteien, die das alte System repräsentierten, durch die Niederlage und die Flucht des Kaisers erlitten hatten.

Am 6. Februar 1919 trat die Nationalversammlung in Weimar zusammen. Die Wahl des Ortes erklärt sich aus mehreren Gründen. Berlin war nicht sicher genug. In Weimar dagegen konnte man für die Sicherheit der Abgeordneten garantieren, und es lag verkehrsmäßig günstig. Außerdem wollte man an den Geist der Klassik erinnern und zugleich der Abneigung der Süddeutschen gegen Berlin Rechnung tragen, und nicht zuletzt suchte man Ruhe, denn die Nationalversammlung hatte wichtige Aufgaben zu erfüllen: Sie mußte ein Staatsoberhaupt und eine Regierung wählen, den Friedensvertrag ratifizieren und die Verfassung beraten und beschließen.

Am 11. Februar wurde Friedrich Ebert zum Reichspräsidenten gewählt. Er hatte dieses Amt angestrebt. Auf Grund seiner in den vergangenen Monaten bewiesenen Führungskraft und der Stärke seiner Partei hatte kein Gegenkandidat eine Chance. Er wollte ein bewußt politischer Präsident sein, natürlich nicht »als Vormann einer einzigen Partei«,[1] aber doch als Präsident, der auf die sozialdemokratisch geführten Regierungen Einfluß zu nehmen gewillt war.

Reichsministerpräsident – so die vor Verabschiedung der Verfassung gewählte Bezeichnung für den Regierungschef – wurde Philipp Scheidemann. Sein aus MSPD, DDP und Zentrum gebildetes Koalitionskabinett war trotz der zahlenmäßig großen Mehrheit, über die es verfügte, eine schwache Regierung. Zum einen waren die Kabinettsmitglieder zumeist Parlamentarier ohne Regierungserfahrung, was die Effektivität der Arbeit minderte. Zum anderen bestanden zwischen den Kabinettsmitgliedern sachliche und persönliche Gegensätze, ja kaum verhüllte Feindschaften, etwa zwischen dem parteilosen Außenminister Graf Brockdorff-Rantzau und Reichsfinanzminister Matthias Erzberger. Im Grunde war im Kabinett stets auch die Opposition, besonders bei den Demokraten, mit vertreten, was dessen Außenwirkung naturgemäß beeinträchtigte.

Streiks erschütterten das Wirtschaftsleben. Um sie zu vermeiden oder zu beenden konzedierte die Reichsregierung Lohnerhöhungen, die wirtschaftlich keineswegs gerechtfertigt waren, sondern allein aus Gründen politischer Zweckmäßigkeit beschlossen wurden. Das Inflationsbewußtsein war noch gering entwickelt, und so wirkten die enormen Lohnerhöhungen zunächst beruhigend, obwohl sie einen Inflationsschub auslösten, der die Geldentwertung der Kriegszeit weit in den Schatten stellte.

Scheidemann führte nicht, und so geriet das Kabinett immer mehr ins Abseits. Die Regierungspolitik schien sich darin zu erschöpfen, Aufstände möglichst brutal niederzuschlagen. Scheidemanns Parteibasis bröckelte besorgniserregend, was auf dem zweiten Rätekongreß im April dazu führte, daß die Mehrheit der sozialdemokratischen Vertreter mit den Unabhängigen stimmte. Anfang Mai wurde München nach regelrechter militärischer Einschließung durch Reichstruppen erobert und den Unruhen ein Ende bereitet, die am 21. Februar mit der Erschießung des politisch isolierten Ministerpräsidenten Eisner durch einen adligen Leutnant begonnen hatten und in eine bolschewistische Räterepublik gemündet waren. Die »Befreiung« Münchens durch zumeist preußische Truppen führte zu blutigen Ausschreitungen und förderte den Rechtstrend, der in Bayern fortan immer stärker werden sollte.

Als am 7. Mai in Versailles die Friedensbedingungen der Entente übergeben wurden, änderte sich die politische Lage jäh. Mit einem Schlag versank das »Traumland« der Waffenstillstandszeit, um dieses immer wieder zitierte Wort von Ernst Troeltsch zu benutzen.[2] Es war durch eine Mischung aus Wunschdenken und Verdrängungen geprägt gewesen, wobei die Annahme überwog, der Waffenstillstand des 11. November 1918 beruhe auf den Vierzehn Punkten Wilsons. Damit schien sichergestellt, daß der Friedensvertrag ebenfalls diese Rechtsgrundlage haben müsse, und so erwartete man in Deutschland einen »Rechtsfrieden« und keinen Gewaltfrieden, obwohl bereits der Waffenstillstand und die Bedingungen, die Deutschland bei seiner Verlängerung zu akzeptieren hatte, Schlimmes befürchten ließen.

Die wütende Empörung und Verbitterung, die alle Bevölkerungsschichten erfaßten, spiegelten nicht nur das Gefühl des Getäuschtseins wider, sondern mehr noch den Eindruck, daß hier ein umfassender Vernichtungswille am Werk sei. Kaum ein Lebensbereich schien von dem Vertragswerk unberührt. Das reichte von schweren wirtschaftlichen Belastungen und Diskriminierungen über territoriale Verluste, scharfe Rüstungsbeschränkungen und fast unbegrenzte Reparationsverpflichtungen bis zur moralischen Ächtung durch Zuweisung der alleinigen Kriegsschuld und der Forderung auf Auslieferung von Kriegsverbrechern.

Mündliche Verhandlungen waren in Versailles nicht vorgesehen, nur schriftliche Gegenvorstellungen möglich. Deshalb wurde der Vertrag als Diktat denunziert. Tatsächlich stellte er einen unter den Alliierten nur mühsam ausgehandelten Kompromiß dar. Bei mündlichen Verhandlungen mit der deutschen Delegation wäre er mit Sicherheit in Frage gestellt worden, da dann die Uneinigkeit unter den Siegern zutage getreten wäre, was die deutsche Seite hätte ausnutzen können. Wilson konnte ebensowenig seine Vorstellungen durchsetzen wie Frankreich die seinen; bei der britischen Delegation keimte schon im Mai erste Skepsis über das Vertragswerk auf.

Wie sollte sich die Reichsregierung verhalten? Sie konnte zwar Protest einlegen und ihrer Enttäuschung und Empörung Ausdruck verleihen, aber sie mußte schließlich eine Entscheidung treffen. Scheidemann, dem selbst seine Gegner einen ausgeprägten Sinn für Taktik und Opportunität bescheinigten, legte sich hier, vielleicht unter dem Einfluß Eberts, überraschend früh fest. In der Protestsitzung der Nationalversammlung, die in der Aula der Berliner Universität am 12. Mai stattfand, erklärte er als Regierungschef den Vertrag für unannehmbar. Damit hatte er Position bezogen.

Den heftigsten Widerspruch rief die Zuweisung der alleinigen Kriegsschuld hervor. Eine Kampagne zur Zurückweisung dieses Vorwurfs wurde organisiert, die bei den Siegern scharfe Reaktionen auslöste. Die Auseinandersetzungen um die Kriegsschuldfrage und den Artikel 231 haben bisher in der Geschichtsschreibung zu keiner Einigung geführt. Manche deutsche Historiker sehen angesichts der für sie offenkundigen deutschen Alleinschuld keinen Anlaß, der inszenierten Empörung viel Aufmerksamkeit zuzuwenden. Viel bedeutsamer sei die Verdrängung der Niederlage aus dem Bewußtsein der Deutschen und damit der Frage, wer für diese Friedensbedingungen letztlich verantwortlich gewesen sei. Andere tadeln mild die alliierte Schuldzuweisung, um sich desto mehr über die »Kriegsunschuldlegende« zu ereifern, die von deutscher Seite erfunden worden sei. Das ist eine bewußte Irreführung, denn es ging primär immer um den Vorwurf der Alleinschuld, nicht darum, daß Deutschland überhaupt keine Schuld treffe.[3]

Andere Historiker neigen dazu, die Bedeutung des Kriegsschuldartikels und die daraus entstehenden finanziellen Konsequenzen gering zu schätzen, den Artikel 231 zu verharmlosen und deshalb die weitgehend vom Auswärtigen Amt gesteuerte Kampagne zurückzuweisen. Dem ist entgegenzuhalten, daß dieser Artikel keineswegs nur eine redaktionelle Vorbemerkung oder eine Haftungsklausel zur Begründung der Reparationsverpflichtungen darstellte. Denn der gesamte Vertrag war, der Kriegspropaganda folgend, von der Überzeugung durchdrungen, daß Deutschland allein am Krieg schuldig sei und für die Schäden aufzukommen habe. Im Vertragsentwurf war von deutscher Kriegsschuld zunächst nicht die Rede gewesen, da sich eine derartige Festlegung nicht mit den Prinzipien Wilsons vereinbaren ließ. Als Reaktion auf die deutsche Ablehnung der Schuldzuweisung durch Regierung und Öffentlichkeit betonte die alliierte Mantelnote vom 16. Juni, die den Notenwechsel in Versailles beendete, dann jedoch mit letzter Deutlichkeit die alliierte Überzeugung von der deutschen Schuld und hob hervor, daß der Krieg »das größte Verbrechen gegen die Menschheit und gegen die Freiheit der Völker gewesen sei, welches eine sich für zivilisiert ausgebende Nation jemals mit Bewußtsein begangen hat«.[4]

Die deutsche Kampagne gegen den Kriegsschuldvorwurf hatte handfeste Gründe. Seit dem November 1918 war in Deutschland bekannt, daß die Alliierten beabsichtigten, die Höhe der Reparationen mit der deutschen Kriegsschuld zu begründen. Mit der Lansing-Note, die als Grundlage des Waffenstillstandes galt, ließ sich das rechtlich nicht vereinbaren. Die Sieger wollten nämlich nicht nur die Wiedergutmachung des entstandenen Schadens einfordern, wie damals in Aussicht gestellt, sondern durch Einbeziehung von Pensionen und Versorgungsleistungen den Reparationsbegriff ganz erheblich ausweiten. Deshalb mußte »eine neue, überwältigende Begründung« gefunden werden: »Das war der Art. 231, mit dem durch die Hintertür die Kriegsschuld doch Eingang in den Versailler Vertrag fand und gleichzeitig dem Verlangen nach einer gewissen Verurteilung Deutschlands Genüge geschah.«[5]

Der uferlosen Ausweitung der Reparationsforderungen durch die Alliierten stand das deutsche Reparationsangebot gegenüber, das die Wirtschaftsexperten der Friedensdelegation ausgearbeitet hatten. Es belief sich auf hundert Milliarden Goldmark, hatte aber keine Chance auf Realisierung, da auch darüber nicht verhandelt wurde. Es berührt im Rückblick jedoch eigenartig, daß der deutsche Vorschlag den Siegern weit mehr eingebracht hätte, als das, was sie tatsächlich bis 1932 durch die verschiedenen Zahlungsabkommen an Reparationen erhalten sollten.

In der Hysterie des endlich errungenen Sieges war kein Platz für eine rationale, nüchterne Zahlungsstrategie, die davon ausging, daß man die Kuh erst füttern müsse, bevor sie Milch geben könne. Statt dessen setzten sich die alten Instinkte des »Vae victis« durch. Die wirtschaftlichen Probleme, so die allgemeine und innenpolitisch folgenreiche Überzeugung in den Siegerländern, seien lösbar, wenn man nur energisch genug die Deutschen zur Zahlung zwänge.

Die Hoffnung auf einen milden Frieden, einen Frieden ohne Sieger und Besiegte, einen Frieden, der die Welt »safe for democracy« machen sollte, mußte angesichts der machtpolitischen Realität in Europa scheitern. Die Erwartungen, die der amerikanische Präsident zuvor geweckt hatte, wurden enttäuscht; das zeigt etwa der Vergleich von Wilsons Grundsatz des Selbstbestimmungsrechts der Völker mit der Auslegung dieses Prinzips im Vertrag. Das erbitterte die deutsche Seite mehr, als wenn die Gebietsabtretungen einfach festgelegt worden wären.

Das Hauptproblem konnte der Vertrag nicht lösen: die Siegerrolle des erschöpften Frankreichs gegenüber dem stärkeren und vitaleren Deutschland festzuschreiben. Aus französischer Sicht war das unerläßlich, fühlte sich Frankreich doch nach Ausfall des russischen Verbündeten in einer schwächeren Position als vor 1914. Dieses Gefühl konnte nur mit Hilfe der USA überwunden oder zumindest entschärft werden. Nur sie konnten durch eine wirklich europäische Politik den Gegensatz zwischen Deutschland und seinen westeuropäischen Kriegsgegnern überwinden. Aber die USA waren dafür noch nicht reif. Tief enttäuscht über die machtpolitischen Schachzüge der europäischen Politik, vor denen sie schon ihr Gründungsvater Washington gewarnt hatte, zogen sie sich zurück und ratifizierten nicht einmal den Vertrag von Versailles. Erst im Herbst 1923 sollten sie angesichts des drohenden Zusammenbruchs Deutschlands wieder in Europa aktiv werden.

Die Fixierung auf den deutsch-französischen Gegensatz, zu dem der Vertrag vorsah, daß der Schwächere den Stärkeren kontrollierte, erzeugte notwendigerweise das Bestreben, diesen Zustand zu verändern. Eine vertragliche Lösung, die Deutschland eine Fülle von Beschränkungen und Diskriminierungen auferlegte, aber gleichzeitig seinen faktischen Großmachtstatus nicht zerstörte, mußte zwangsläufig zum Revisionismus führen. Damit war der Kurs der Außenpolitik für die Zukunft schon festgelegt.

Es ist müßig, über die Härte des Vertrages zu rechten. Was den Zeitgenossen nach Bekanntwerden seiner Bedingungen schlechthin unerfüllbar schien, hat sich im historischen Rückblick relativiert. Schwerer wog die Verletzung des Rechtsgefühls durch die Zuweisung von Kriegsschuld und Kriegsverbrechen, wogen die »Schmachparagraphen«, die die Auslieferung des Kaisers und anderer »Kriegsverbrecher« forderten.

Die Reichsregierung stand vor dem Scherbenhaufen ihrer Hoffnungen: Der Wilson-Frieden kam nicht. Gewiß kann man kritisch einwenden, daß die deutsche Politik sich zu sehr auf Wilson verlassen hatte. Aber kann man Politikern verdenken, auf eine Lösung zu setzen, die im Interesse des eigenen Landes lag und zugleich ihre politische Zukunft sicherte? Mit der Bekanntgabe der Friedensbedingungen verlor die Weimarer Koalition, vor allem aber die Mehrheitssozialdemokratie, ihre Glaubwürdigkeit und damit ihre Legitimation. Sie war seit dem Umsturz – abgesehen von der radikalen Linken – von weiten Kreisen der Bevölkerung in der Erwartung akzeptiert worden, daß sie den Brückenschlag zu den Demokratien des Westens und damit einen glimpflichen Frieden erreichen könne. Nur diese im ganzen Land verbreiteten Hoffnungen hatten die Konservativen weitgehend verstummen lassen. Ihre Skepsis hatte bis dahin wenig Glauben gefunden. Nun aber fühlten sich diese Kräfte mit einem Schlag bestätigt.

Die rechte Propaganda trat machtvoll in Erscheinung und argumentierte immer ungehemmter mit dem Schlagwort des Dolchstoßes, den die Linke dem deutschen Heer zugefügt habe. Demgegenüber sprachen sich die Unabhängigen als erste für die Annahme des Friedens aus. Ohne dessen Brutalität zu verharmlosen wiesen sie dem alten Regime die alleinige Verantwortung dafür zu. Die tiefen politischen Gräben aus der Zeit des Weltkrieges brachen wieder auf.

Die eigentlichen Verlierer waren die Gemäßigten, vor allem die Sozialdemokraten. Die Siegermächte hatten keinen Anlaß gesehen, zwischen Alldeutschen und Sozialdemokraten einen großen Unterschied zu machen. Sie beurteilten die Deutschen eher von einem nationalistischen als von einem demokratischen Standpunkt aus. Daher waren für sie alle politischen Kräfte, die etwa den Kriegskrediten zugestimmt hatten, im Grunde von gleicher Couleur und verdienten die gleiche Behandlung. Die Vorstellung, daß es auch im eigenen Interesse viel wichtiger gewesen wäre, die von der Rechten bekämpfte Demokratie zu stützen, da sie den sichersten Schutz vor einem erneuten deutschen Angriff bot, war nicht vorhanden.

Nachdem am 16. Juni die meisten deutschen Vorschläge abgelehnt worden waren und man Deutschland eine letzte, ultimative Frist zur Annahme des Vertrages gesetzt hatte, kehrte die deutsche Friedensdelegation nach Weimar zurück. Sie war entschlossen, der Regierung die Ablehnung zu empfehlen. Der Außenminister Graf von Brockdorff-Rantzau ließ sich dabei nicht von nationalistischen Motiven leiten. Für seinen ablehnenden Standpunkt waren letztlich moralische Gründe ausschlaggebend. Aber zugleich leitete ihn ein taktisches Kalkül. Die Gegenseite sei, so sein Argument, aus innenpolitischen Gründen nicht in der Lage, im Falle der Verweigerung der deutschen Unterschrift den Krieg wieder aufzunehmen. Dann müßten die Sieger doch noch an den Verhandlungstisch zurückkehren, und vernünftige Regelungen könnten gefunden werden.[6]

Diese Überlegung war nicht abwegig, ging jedoch von falschen Voraussetzungen aus. Es gab gewiß auch auf der Siegerseite Kriegsmüdigkeit bei den zum Teil schon entlassenen Soldaten. Weit schwerer aber wog die Erschöpfung der deutschen Bevölkerung. Mit diesen Menschen konnte man eine so riskante Politik nicht betreiben, zumal in West- und Süddeutschland die berechtigte Furcht vor einem Einmarsch alliierter Truppen wuchs.

Das Kabinett war gespalten. Letztlich gab die ablehnende Haltung Scheidemanns und Brockdorff-Rantzaus sowie der drei liberalen Kabinettsmitglieder den Ausschlag. Das Kabinett trat am 19. Juni zurück. Zuvor war eine wichtige Entscheidung zugunsten der Annahme des Vertrages gefallen. Noske und General Groener sprachen sich nachdrücklich für die Unterzeichnung aus, da

Deutschland militärisch keinen Widerstand leisten könne. Bei Wiederaufnahme der Feindseligkeiten würde Deutschland zerstückelt werden. Das war eine realistische Einschätzung, denn Marschall Foch plante für diesen Fall die Trennung Deutschlands entlang der Mainlinie, um dann mit den süddeutschen Staaten Sonderfriedensverträge abzuschließen. Im Offizierskorps rumorte es heftig, Pläne zum Kampf gegen Polen und zur Gründung eines »Oststaates« machten die Runde. Letztlich behielten aber Noske und Groener die Oberhand.

Nach Scheidemanns Rücktritt entstand das Problem, ein Kabinett zu bilden, das zur Unterschrift bereit und in der Lage war, eine Mehrheit in der Nationalversammlung für den Vertrag zusammenzubringen. Zum Zeitpunkt des Rücktritts von Scheidemanns Kabinett war in den drei Regierungsfraktionen noch eine klare Mehrheit gegen die Unterzeichnung vorhanden.[7] Würde sie Bestand haben, wenn das von der Entente bis zum 23. Juni geforderte Votum abgegeben werden müßte?

Am 22. Juni kam unter dem Sozialdemokraten Gustav Bauer, einem Gewerkschaftsführer und Vertrauten Eberts, ein Kabinett aus Mitgliedern der MSPD und des Zentrums zustande. Die Annahme des Vertrages am folgenden Tag war vor allem das Werk zweier Parlamentarier, nämlich Matthias Erzbergers und Hugo Haases. Erzberger meinte seit Anfang Juni, die Zustimmung sei notwendig, da nur dadurch die Reichseinheit erhalten bleiben könne. In den folgenden Tagen und Wochen gelang es dank der Überzeugungsarbeit der beiden Politiker, eine Mehrheit sicherzustellen.

Die Annahme des Vertrages gelang schließlich mit einem Trick. Die »Ehrenpunkte«, die für unannehmbar gehalten wurden, erwiesen sich als letzte Hürde, vor der viele Abgeordnete zurückschreckten. Bauer hatte sich deshalb in seiner Regierungserklärung auf die Formel zurückgezogen, man werde den Vertrag zwar annehmen, aber »ohne dadurch anzuerkennen, daß Deutschland der verantwortliche Urheber des Krieges sei und ohne eine Verpflichtung der Auslieferung der Person nach Art. 227–230 des Vertrages zu übernehmen«. Unter diesem Vorbehalt stimmte die Mehrheit dem Vertrag zu. Die Erklärung wurde daraufhin nach Versailles gesandt. Von dort kam umgehend die scharfe Zurückweisung durch Clemenceau.[8]

Was sollte man nun machen? Der Präsident der Nationalversammlung löste das Problem geschickt, indem er lediglich zur Abstimmung stellte, ob die Regierung weiter ermächtigt bleibe, den Vertrag zu unterzeichnen. Das geschah durch einfaches Erheben von den Plätzen. Es war die große Mehrheit. So konnte keinem nachgewiesen werden, wie er gestimmt hatte.[9]

Der Vertrag von Versailles war ein schicksalhaftes Dokument für die deutsche Geschichte. Er war so etwas wie das Grundgesetz der Weimarer Republik. Wie er ausgelegt wurde und welche Möglichkeiten der Revision sich eröffneten, entschied über ihre Lebensfähigkeit. Die bis 1933 tatsächlich erreichten Verbesserungen bestätigten die Richtigkeit der geduldig betriebenen Revisionspolitik. Daß ihre Früchte letztlich Hitler erntete, steht auf einem anderen Blatt.

Die Verfassung im eigentlichen Sinne, die Weimarer Reichsverfassung, trat am 11. August 1919 in Kraft. Von einer »Demokratiegründung« zu sprechen, ist grundsätzlich verfehlt.[10] Die politische Entwicklung vom November 1918 bis zur Fertigstellung der Verfassung gibt dafür keine Anhaltspunkte, denn hier ging es nicht um einen bewußten Gründungsakt, sondern um Reaktionen auf Druck erst von außen, dann von innen, die zu einer »improvisierten Demokratie« (Theodor Eschenburg) führten. Die bundesstaatliche Verfassung des Bismarck-Reiches blieb grundsätzlich erhalten, dafür sorgten schon die Landesregierungen und die Mehrheit der Nationalversammlung.

Zugleich wurden aber die Zuständigkeiten des Reiches beträchtlich vermehrt: Militär, Verkehr – und damit die Eisenbahnen –, Finanzen, Wirtschaft, Ernährung und Soziales gingen ganz oder zum größten Teil auf das Reich über. Damit verlor Preußen seine hegemoniale Stellung. Der mit dem Sturz der Hohenzollern und der Niederlage verbundene Machtverlust ließ in der hypertrophen Verwaltung Bereitschaft wie Neigung wachsen, mit dem Reich langwierige Kompetenzstreitigkeiten zu führen. Wäre Preußen in fünf oder sechs Länder aufgeteilt worden, hätten diese Reibungsverluste vermieden, vermutlich sogar die Demokratie fester verankert werden können. Den konservativen Kräften des Ostens wäre die Möglichkeit zu begrenzter Regierungsverantwortlichkeit und damit zu größerem politischen Realismus eröffnet worden. Doch der Wille zur Aufteilung Preußens existierte einfach nicht; alle Vorschläge und Bemühungen verliefen im märkischen Sand.

Die Verfassung der Weimarer Republik bestätigt den vorherrschenden Eindruck: Der Wille zu grundlegenden Reformen war schwach oder gar nicht vorhanden, die Festschreibung revolutionärer »Errungenschaften« wie die Bestimmung über die Bildung von Räteorganisationen oder zur Sozialisierung blieben toter Buchstabe. Es waren die parlamentarischen Routiniers des kaiserlichen Reichstages, die die Beratungen dominierten.

Die Vorbereitungen für die Arbeiten an der neuen Verfassung hatten im Reichsamt des Innern bald nach dem Umsturz eingesetzt. Geleitet wurden sie von dem Staatssekretär und späteren Reichsminister des Innern Hugo Preuß. Sein Vorgehen bewies wenig Gespür für politische Realitäten. Das zeigte schon sein Plan des »dezentralisierten Einheitsstaates«, der die Auflösung Preußens und aller Einzelstaaten und an ihrer Stelle die Bildung von sechzehn Selbstverwaltungskörperschaften vorsah. Der Widerstand der sich bedroht fühlenden Bürokratie vor allem Preußens und Bayerns, aber auch das historisch gewachsene Bewußtsein der Bevölkerung brachten das Projekt rasch zu Fall. Für den Forterhalt Preußens erwärmten sich nun auch die Sozialdemokraten, obwohl sie grundsätzlich Zentralisten waren. Da sie aber den Ministerpräsidenten stellten, entwickelten sie nun Verständnis für den preußischen Partikularismus. Daraus erwuchs dann der Dualismus von Reich und Preußen, der für ständige Reibereien sorgte.

Streit provozierte auch die Flaggenfrage, in der sich die ganze innere Zerrissenheit des Landes widerspiegelte. Preuß hatte als Reichsfarben Schwarz-Rot-Gold vorgeschlagen, die Farben der Frankfurter Paulskirche. Dafür aber die Farben aufzugeben, unter denen Millionen gekämpft hatten und gestorben waren, zeigte eine bemerkenswerte Instinktlosigkeit. Statt in dieser politisch brisanten Frage im Vorfeld eine Entscheidung zu suchen, kam es sofort zum parteipolitischen Schlagabtausch. Die USPD forderte Rot, die Rechte Schwarz-Weiß-Rot. Der mühsam errungene Kompromiß lief auf Schwarz-Rot-Gold als Reichsflagge, Schwarz-Weiß-Rot hingegen als Handelsflagge hinaus; letztere war zwar völlig überflüssig, besaß aber immerhin eine schwarz-rot-goldene Gösch. Das war ein Kompromiß, wie er in der Weimarer Republik immer wieder geschlossen wurde, bis man Kompromisse dieser Art ebenso leid war wie den Staat überhaupt.

Der Reichspräsident erhielt durch die Verfassung eine herausragende Position. Inwieweit die Stellung eines »Ersatzmonarchen« angestrebt war, ist letztlich eine müßige Frage. Die Rechte, die dem Präsidenten übertragen wurden, machten ihn praktisch zum Gegengewicht des Reichstags. Er wurde vom Volk gewählt, ernannte und entließ den Reichskanzler, besaß das Recht zur Auflösung des Reichstages und hatte den militärischen Oberbefehl inne. Zudem stand ihm mit dem Artikel 48 in Krisenzeiten eine Diktaturgewalt zu und das Recht, den Ausnahmezustand zu verkünden und Notverordnungen zu erlassen. Die Notverordnungen konnten jedoch später vom Reichstag außer Kraft gesetzt werden. So war der Reichspräsident in Zeiten eines funktionierenden Parlamentarismus eher ein repräsentatives Staatsoberhaupt, im Falle eines Notstandes aber ein Diktator auf Zeit, nämlich solange die Mehrheit des Reichstages mitspielte.

Es ist den Schöpfern der Verfassung sicher nicht bewußt gewesen, daß diese Kompetenz auch einmal ganz anders eingesetzt werden könnte. Die Verfassungsberatungen fanden während bürgerkriegsähnlicher Auseinandersetzungen statt; daß die Diktaturgewalt des Reichspräsidenten auch in Zeiten parlamentarischer Schwäche oder Lähmung ausgespielt werden konnte, wenn ein Notstand im eigentlichen Sinne gar nicht vorlag, war damals noch nicht absehbar. Tatsächlich stellte die Diktaturgewalt des Reichspräsidenten so etwas wie eine »Reserveverfassung« dar, die sich je nach den Intentionen des Amtsinhabers nutzen ließ. Das lief für den Reichspräsidenten auf die Alternative hinaus, seine Rechte entweder zur Stützung des parlamentarischen Systems oder zu dessen Überwindung zu gebrauchen.

Die Übertragung größerer Zuständigkeiten auf das Reich machte es erforderlich, neue Ministerien zu schaffen oder die alten auszuweiten. Das bedeutete zugleich den Aufbau einer Ministerialbürokratie, die den politischen Stil der Weimarer Republik mitbestimmt hat. Es bildete sich eine neue Funktionselite aus Beamten, die die Chancen des Neuanfangs erkannten, noch nicht parteipolitisch festgelegt waren und mehrheitlich eine liberal-konservative Linie vertraten. Männer wie Hermann Pünder, Carl von Schubert, Erich Zweigert, Hans Schäffer, Ernst Trendelenburg und Arnold Brecht sorgten für die Kontinuität der Geschäfte bei häufig wechselnden Kabinetten. Sie waren loyale und fähige Beamte, die den neuen Staat akzeptierten; sie blickten nicht nostalgisch auf das Kaiserreich zurück, sondern waren von der sachlichen Erledigung der anfallenden Aufgaben voll in Anspruch genommen.

Die bewaffnete Macht hat bei der Entstehung des Weimarer Staates eine umstrittene und zugleich ausschlaggebende Rolle gespielt. Die landläufige Vorstellung von der Verwendung »kaiserlicher« Offiziere im Dienste der jungen Republik suggeriert einen Prozeß bruchloser Kontinuität vom Weltkriegsheer zur Reichswehr, als habe sich im Grunde nichts geändert. Das Beispiel von Hindenburg und Groener, die unangefochten an der Spitze der OHL blieben, mochte diesen Eindruck bestätigen. Der äußere Schein trügt jedoch. Tatsächlich stellen die Monate vom November 1918 bis zum Beginn der Ära Seeckt im April 1920 nicht bloß eine Periode des Übergangs dar. Es war ganz im Gegenteil eine Zeit schärfster Gegensätze, in denen das Offizierskorps sich zum ersten Mal überhaupt mit der Politik konfrontiert und seine Existenz nachhaltig in Frage gestellt sah. Neu gebildete Freikorps und restliche Truppenteile stellten in dieser Zeit das militärische Rückgrat dar und wurden zur Niederschlagung von Aufständen, zur Abwehr polnischer Angriffe und gegen das Einsickern bolschewistischer Truppen im Baltikum eingesetzt.

Versammlungen von Offizieren ohne Kommando und ohne Truppe wurden seit dem Winter 1918/19 eine vertraute, wenn auch von den alten Kommandobehörden oft mißtrauisch beobachtete Erscheinung. Man politisierte, diskutierte die Berufschancen oder auch, etwa bei den Freikorps, den Sinn und die Notwendigkeit bevorstehender Einsätze. Denn auch das zeigten die veränderten Verhältnisse: Wenn die Regierung der Freikorps bedurfte, um sich an der

Macht zu halten, konnten diese mehr und mehr ein Mitspracherecht beanspruchen. Das Prinzip von Befehl und Gehorsam funktionierte nicht mehr wie
gewohnt. Selbst ein so traditionsbewußter General wie Hans von Seeckt stellte
im Januar 1919 fest: »Wir müssen Neues aufbauen. Die alte Armee jetzt wieder
herzustellen, ist unmöglich. Sie ist tot.«[11] Auch für Groener war der Bruch mit
der alten Armee ein unumstößliches Faktum.

Im Dezember 1918 fanden mehrere Offiziersversammlungen in Berlin statt.
Auf einer von ihnen präsentierte Major Kurt von Schleicher, damals ein Mitarbeiter Groeners in der OHL, am 20. Dezember sein Konzept der zukünftigen
Wehrpolitik; absolut notwendig sei zunächst die Wiederherstellung der Ordnung im Innern und dann die Gesundung der Wirtschaft. Wenn das erreicht
sei, könne man an die »Wiedererrichtung der äußeren Macht« denken. Ein älterer Herr in Zivil widersprach und plädierte dafür, daß Deutschland zuerst wieder bündnisfähig werden müsse.[12] Es war Generalmajor von Seeckt, der an der
traditionellen Großmachtpolitik orientiert blieb, während Schleichers Priorität für den wirtschaftlichen Wiederaufstieg mehr Sinn für die Realität bewies.
Charakteristisch für die Situation war jedoch, daß ein forscher Major und ein
älterer General, der zur Zeit kein Kommando hatte, überhaupt in solch einen
Disput eintreten konnten.

Auch die Regelung des Oberbefehls zeigte Merkmale des Außergewöhnlichen. Die Volksbeauftragten waren Inhaber der Kommandogewalt, und seit
Ende Dezember 1918 zeichnete Noske für die Militärpolitik verantwortlich.
Ihm unterstellt war der preußische Kriegsminister, bis Ende des Jahres Generalleutnant Scheüch. Sein Nachfolger wurde kein General, sondern der württembergische Oberst Reinhardt, der erst Anfang November ins Kriegsministerium kommandiert worden war, um dort die Demobilmachung zu bearbeiten.
Ebert und Noske hatten seine Tatkraft und Loyalität schätzen gelernt und ihm
den Posten angeboten. Daran hinderte sie auch nicht, daß Reinhardt keinen
Hehl aus seiner monarchischen Gesinnung und seiner strikten Ablehnung der
»Hamburger Punkte« machte.[13]

Dieser Walther Reinhardt, der preußische Kriegsminister aus Schwaben, ist
als Schöpfer der Reichswehr zu betrachten, die seit dem März 1919 nach dem
Erlaß des Gesetzes über die Bildung der vorläufigen Reichswehr aufgebaut
wurde. Auch hier wird der Kontinuitätsbruch deutlich. Ein Oberst als Kriegsminister – nicht einmal Preuße – und damit der Vorgesetzte für die Generalität,
das hatte es noch nicht gegeben. Sein Landsmann Groener war von vornherein
skeptisch und entwickelte sich später zu seinem offenen Gegner.

Mit Reinhardt hatte man eine gute Wahl getroffen, denn er hatte die wachsende Radikalisierung in Berlin selbst erlebt und war deshalb bemüht, einen

mittleren Kurs einzuhalten. Das zeigte bereits seine erste Verordnung, die die Kommandogewalt und die Stellung der Soldatenräte regelte. Sie stellte eine taktisch-politische Meisterleistung dar. Die Kommandogewalt lag bei rein militärischen Befehlen eindeutig bei den Offizieren. Den Soldatenräten wurden Konzessionen eingeräumt, sie waren sogar Kontrollorgane für die politische Zuverlässigkeit der Offiziere, doch alle Rechte, die die Soldatenräte erhielten, konnten die radikalen Mitglieder nicht darüber täuschen, daß ihre Entmachtung stattgefunden hatte. Weit schärfer und verletzender aber fiel die Kritik von rechts aus, von den Offizieren, die nicht begreifen konnten oder wollten, daß nur eine schrittweise Änderung der bestehenden Zustände möglich war. Sie nahmen es Reinhardt besonders übel, daß er an Stelle der Schulterstücke Abzeichen in Form von Ärmeltressen eingeführt hatte.

Mit dem Gesetz über die vorläufige Reichswehr vom 6. März 1919 fand die erste Sichtung statt, wer aus den Freikorps und den Resten des alten Heeres übernommen werden sollte. Mit dem Gesetz hoffte man die »möglichst weitgehende Abstreifung ungeeigneter Elemente« zu erreichen.[14] Das eigentliche Problem bestand aber darin, daß eine viel zu große Zahl von Offizieren übrig blieb, die wegen der vom Friedensvertrag geforderten Reduzierung des Heeres nicht übernommen werden konnten.

Im Ringen um die Annahme des Friedensvertrages im Juni 1919 aber zeigte sich dramatisch, wie schwer der militärische Einfluß wog und welche Probleme er aufwarf. In verschiedenen Versammlungen von höheren Offizieren wurde über Annahme und Ablehnung des Vertrages heftig gestritten. Die Emotionen entzündeten sich vor allem an den »Schmachparagraphen«, der Auslieferung des Kaisers und anderer »Kriegsverbrecher«, aber auch an der drohenden Reduzierung der Armee. Forderungen nach Ausrufung einer Militärdiktatur wurden laut und sollten in der Folgezeit nicht mehr verstummen. Groener, der sich entschieden für die Annahme des Vertrages ausgesprochen hatte, wurde zur Zielscheibe der Kritik. Im Juli 1919 schrieb er in sein Tagebuch: »Die Offiziere müssen wieder gehorchen lernen und von der verflixten Politik die Finger lassen; Politik dürfen nur wenige treiben und diese zäh und verschwiegen ...«[15]

Zu den Offizieren, die von der »verflixten Politik« keineswegs lassen mochten, gehörte der General Walther Freiherr von Lüttwitz, eine der führenden Figuren unter den gegen Regierung und Republik frondierenden Offizieren. Ihm unterstanden als Befehlshaber der Reichswehrgruppe I mit Sitz in Berlin das Gros der Truppen, aber auch die aus dem Baltikum zurückkehrenden Freikorps. Lüttwitz machte selbst gegenüber Ebert und Noske keinen Hehl aus seinen politischen Überzeugungen. Den Reichswehrminister Noske informierte er sogar schriftlich am 1. September 1919 über seine radikalen politischen

Forderungen,[16] die in der Einführung des Arbeitszwanges für alle und der Abschaffung der Pressefreiheit gipfelten.

Anstatt Lüttwitz sofort zu verabschieden, blieb die Regierung untätig und hinderte ihn nicht, seine Pläne voranzutreiben und sich mit politischen Kreisen zu verbinden, die ebenfalls den Umsturz planten. Sie gruppierten sich um die »Nationale Vereinigung«, deren Geschäfte Hauptmann Pabst führte und die unter dem Patronat Ludendorffs stand. Da konnte der Oberst Bauer, Ludendorffs alter Spezialist für die Innenpolitik, auch nicht fern sein. Der politische Kopf war Wolfgang Kapp, ehedem Generaldirektor der ostpreußischen Landschaft, einer Art Hypothekenbank für den Großgrundbesitz, der 1917 mit Tirpitz die Vaterlandspartei gegründet hatte. Das Geld kam hauptsächlich von dem Industriellen Hugo Stinnes.[17]

Die Vorbereitungen für einen Umsturz gingen konform mit den Aktivitäten der Rechtsparteien, die im Herbst und Winter 1919/20 den »Kampf gegen das System« intensivierten. Sie fanden viele Ansatzpunkte zur Kritik, so daß ihre Propaganda nicht wirkungslos blieb. Da war die ständige Wiederholung der Dolchstoßlüge, die Hindenburg vor einem Untersuchungsausschuß der Nationalversammlung bekräftigt hatte, da war die Kritik an der schwachen Regierung und der nicht unbegründete Vorwurf, sie verzögere bewußt die Wahlen zum Reichstag, um sich an der Macht zu halten.

Noch schädlicher für das Ansehen der Regierung wirkte sich aber ein Prozeß gegen Erzberger aus, den der deutschnationale Politiker Karl Helfferich provoziert hatte. Er hatte den Minister in seiner Artikelserie »Fort mit Erzberger« so massiv des politischen Fehlverhaltens und schuldhaften Handelns mit strafrechtlichem Hintergrund beschuldigt, daß Erzberger gegen ihn klagen mußte. Mit Erzberger sollte der herausragende Vertreter des »Systems« getroffen werden, denn er hatte den Waffenstillstand abgeschlossen, in der Nationalversammlung die Mehrheit für den Friedensvertrag zustande gebracht und zudem scharfe Steuern auf Einkommen und Besitz eingeführt, was bei den Betroffenen ungeheure Empörung auslöste.[18] So kam das Urteil, das Helfferich zwar schuldig sprach, ihn aber nur zu einer demonstrativ geringen Geldstrafe verurteilte, in Wahrheit einer moralischen Verurteilung Erzbergers gleich. Das Gericht war gewiß voreingenommen, aber es ist andererseits unübersehbar, daß Erzberger mit seinem Finanzgebaren und der Vermischung von privaten und öffentlichen Interessen schon zu Beginn der parlamentarischen Demokratie jenen problematischen Typ des Volksvertreters verkörperte, der in jeder Demokratie in Schwierigkeiten geraten mußte.

Am 12. März 1920 erging das Urteil, am nächsten Tag brach der Kapp-Lüttwitz-Putsch aus. Die Ereignisabfolge ist zufällig. Angefangen hatte es mit der

Forderung der Alliierten, die Marinebrigade Ehrhardt aufzulösen, ein zahlenmäßig starkes Freikorps, das nach seiner Rückkehr aus dem Baltikum im Truppenlager Döberitz westlich von Berlin untergebracht worden war. Die Auflösung der Brigade sollte zum 10. März erfolgen, wogegen sich Lüttwitz heftig verwahrte. Aus dem Protest wurde offener Ungehorsam, als er sich weder von Noske, Reinhardt oder Seeckt noch von den Offizieren seines eigenen Stabes bremsen ließ.

Am 10. März kam es schließlich zum offenen Bruch zwischen Lüttwitz und Ebert. Aber selbst als Lüttwitz am nächsten Tag seine Pläne weiterverfolgte, rangen sich Noske und Reinhardt nur zur Beurlaubung des Generals durch in der Erwartung, er würde von sich aus den Abschied einreichen. Ebert zeigte in dieser Krise überhaupt kein Gespür für die militärische Lage und deren Erfordernisse.[19] Noske wiederum konnte sich nicht vorstellen, daß für Lüttwitz, mit dem er seit Januar 1919 vertrauensvoll zusammengearbeitet hatte, der Eid auf die Verfassung und auch das Treueverhältnis zum Minister so wenig bedeuten würde. Und Reinhardt, obwohl gerade zum Generalmajor befördert, hinderte wohl der Respekt vor dem ranghöheren General am energischen Durchgreifen.

Der Kapp-Lüttwitz-Putsch ist weder eine »fehlgeschlagene Gegenrevolution«[20] noch ein triumphaler Sieg der demokratischen Kräfte gewesen. Es war eine Explosion des Unmuts mit unerwarteten Resultaten. Kein wohlvorbereitetes Komplott, sondern eine Kettenreaktion improvisierter Maßnahmen wurde durch den Einmarsch der Marinebrigade in die Reichshauptstadt am 13. März ausgelöst. Die »alten Eliten«, die hinter dem Putsch standen, erwiesen sich als schwach und handlungsunfähig. Die Verlautbarungen Kapps waren so dürftig, daß auch ein günstigerer Verlauf des Putsches einen politischen Erfolg des Unternehmens höchst fragwürdig erscheinen läßt. Diese Rechtsextremisten der Kriegszeit konnten wohl Annexionsforderungen artikulieren, aber zu einer halbwegs realistischen Lagebeurteilung und zur Ausarbeitung eines entsprechenden politischen Programms waren sie nicht fähig. Es war eben keine Elite, die hier agierte, sondern ressentimentgeladene Pensionäre, denen das Aufbegehren der Marinebrigade Gelegenheit zu einem kurzen Auftritt gab.

Das Kabinett Bauer offenbarte auch in dieser Krise seine mangelnde Geschlossenheit. Nach zerfahrenen Beratungen in den frühen Morgenstunden – die Brigade Ehrhardt marschierte schon – faßte es wenigstens den Entschluß, Reichspräsident, Kanzler und die meisten Minister aus Berlin zu evakuieren, damit sie nicht den Putschisten in die Hände fielen. Zudem eröffnete die Berufung auf die unerreichbare legale Regierung der Ministerialbürokratie die Möglichkeit, die Zusammenarbeit mit Kapp und seinen mühsam gewonnenen Ministern abzulehnen.

Es war mit Sicherheit zu erwarten, daß dem Putsch umfangreiche Streiks folgen würden. Politische Streiks hatten damals Hochkonjunktur und wurden ohne Rücksicht auf die Bevölkerung durchgeführt. In der Nacht vom 12. zum 13. März erfolgte nun aber gleichsam regierungsoffiziell der Aufruf zum Generalstreik. Verfaßt hatte ihn der Ministerialdirektor Rauscher, ein oft labiler sozialdemokratischer Journalist. Zumindest Noske hatte den Aufruf gesehen und gebilligt.[21] Als Flugblatt erschien diese ungesetzliche Aufforderung mit der Unterschrift von Friedrich Ebert, allen MSPD-Ministern sowie dem Parteivorsitzenden Otto Wels.

Natürlich versuchten die Regierungsmitglieder, sich von dem Aufruf zu distanzieren. Für schwankend Gewordene oder mit Kapp zusammenarbeitende Reichswehrkommandeure aber sollte er sich als ein hervorragendes Alibi für eigenes Fehlverhalten erweisen.

Der Aufruf stellte in seiner Diktion einen Rückfall in den Verbalradikalismus der Vergangenheit dar und kündigte zugleich den Aufbruch der MSPD in eine Zukunft ohne Regierungsverantwortung an. Da hieß es: »Wir haben die Revolution nicht gemacht, um das blutige Landsknechtsregiment heute wieder anzuerkennen.« Die Spaltung der Arbeiterschaft schien nicht mehr zu existieren: »Proletarier, vereinigt euch!« hieß es, und die allgemeine Parole lautete: »Generalstreik auf der ganzen Linie«.[22]

Der Generalstreik zeigte zwiespältige Wirkungen. Für das Scheitern des Putsches war er keineswegs entscheidend. Hier war die Verweigerung der Verwaltung und die Passivität der bürgerlichen Bevölkerung weit wichtiger. Die Gewerkschaften aber erhielten endlich die Gelegenheit zu beweisen, daß sie einen solchen Streik auch durchführen konnten. Entsprechend umfangreich fielen die politischen Forderungen aus, die sie nach seinem Abbruch erhoben. Sie verlangten nichts weniger als ein Mitspracherecht bei der Regierungsbildung und entscheidenden Einfluß auf die Wirtschafts- und Sozialgesetzgebung – Forderungen, die die Verfassung nicht deckte.[23]

Indes, der Gründer und langjährige Führer der freien Gewerkschaften, Carl Legien, war Realist und Menschenkenner genug, um solche Forderungen zwar zu erheben, weil sie der Augenblicksstimmung der Mitgliedschaft Rechnung trugen, sich aber für ihre Verwirklichung nicht ernsthaft einzusetzen. Problematisch entwickelte sich die Befolgung der Generalstreikparole allerdings im Ruhrgebiet, wo der Ausstand in einen bewaffneten Aufstand mündete, der wiederum Freikorps und Reichswehreinheiten auf den Plan rief und ihre Unentbehrlichkeit unter Beweis stellte.

Das Verhalten der Reichswehr während des Putsches und die politischen Folgen für ihre künftige Entwicklung verdienen bei weitem das größte Interesse. Es reichte von offener Zusammenarbeit – wie etwa in Ostpreußen oder bei der Marineleitung – über abwartendes Taktieren bis zur Ablehnung des Putsches. Dabei überwog die abwartende Haltung, die zumindest wenig Sympathie für die bestehende Regierung und die Verfassung zum Ausdruck brachte.

Das zeigte sich schon, als Reichswehrminister Noske in der Nacht des Aufbruchs der Brigade Ehrhardt die leitenden Offiziere des Ministeriums zusammenrief. Nur er und Reinhardt sprachen sich für den entschiedenen Widerstand gegen das putschende Freikorps aus. »Reichswehr schießt nicht auf Reichswehr«, soll General Seeckt in dieser Nachtsitzung gesagt haben, was seine Einstellung und die der übrigen Offiziere deutlich zum Ausdruck bringt, denn das hätte einen tiefen Riß innerhalb der Streitkräfte verursacht, den es angesichts der ohnehin geringen Erfolgsaussichten des Putsches unbedingt zu vermeiden galt.

Am 17. März fand in der Reichskanzlei wieder eine Offiziersversammlung statt. Es war die letzte. Kapp hatte den Mißerfolg seines Unternehmens erkannt und war zur Aufgabe bereit. Verhandlungen zwischen Lüttwitz, Vertretern der Rechtsparteien und dem in Berlin ausharrenden Vizekanzler Schiffer (DDP) brachten kein Ergebnis. In der Versammlung kündigten die Offiziere Lüttwitz den Gehorsam auf und sprachen sich für Seeckt aus. Das war einmalig in der deutschen Militärgeschichte: Ein Votum der Militärs brachte Hans von Seeckt an die Spitze, eine »Art Plebiszit« hatte stattgefunden.[24] Fast gleichzeitig war er von Vizekanzler Schiffer zum Nachfolger von Lüttwitz ernannt worden. Welche Funktionen Seeckt tatsächlich erhalten hatte, ist nicht eindeutig festzustellen, letzten Endes auch unwichtig.

Der General ging unverzüglich aufs Ganze: Er agierte als Stellvertreter Noskes und zugleich als Chef der Heeresleitung. Das war dann die Stellung, die er bis zu seiner Entlassung im Jahre 1926 zu einer einzigartigen Position ausbauen sollte. Er rief kompromittierte Offiziere von ihren Kommandos ab und forderte von der Truppe unbedingten Gehorsam. Viele Kommandeure hatten eine abwartende Haltung eingenommen. Darüber wurde nicht gerichtet. Seeckt ging es um Schadensbegrenzung für die Reichswehr. Das durch den Putsch aufgebrochene Mißtrauen mußte überwunden werden. Das Politisieren im Offizierskorps gehörte nun der Vergangenheit an. Die Offiziere gehorchten wieder, wie es sich Groener im Juli 1919 gewünscht hatte.

Ebert wollte ursprünglich Noske und Reinhardt an der Spitze der Reichswehr halten. Es war nicht die Fraktion, sondern die Basis, also die Partei, aber auch die Gewerkschaften, die den Rücktritt Noskes forderten. In den Augen der sozialdemokratischen Anhängerschaft bewies der Putsch sein politisches Versagen. Er hatte dem Militär, vor allem Lüttwitz, vertraut und war bewußt getäuscht worden. Ein sozialdemokratischer Nachfolger für das Amt fand sich nicht.

Die Trennung von Mehrheitssozialdemokratie und Reichswehr war letztlich unausweichlich. Es war ein Bündnis gewesen, das zu einem Zeitpunkt gemeinsam empfundener Bedrohung geschlossen worden war und sich bewährt hatte. Nach Abschluß des Friedensvertrages und der darauf folgenden innenpolitischen Auseinandersetzungen samt ihren gegenseitigen Schuldzuweisungen konnte es aber nicht mehr funktionieren. Die von den Truppen bekämpften aufständischen radikalen Arbeiter standen vielen Sozialdemokraten doch näher, auch wenn sie deren Aktionen nicht billigten.

Nachfolger Noskes wurde Otto Geßler (DDP), der die Reichswehrinteressen in der Regierung und vor dem Reichstag zu vertreten hatte, im übrigen aber nur wenig Einfluß auf sie selbst nehmen konnte. Denn zwischen ihm und der bewaffneten Macht stand General von Seeckt, formal nur Chef der Heeresleitung und doch der eigentliche Oberbefehlshaber des Reichsheeres. Soviel Macht wie er hatte noch nie ein General in Deutschland innegehabt. Seeckt machte die Reichswehr zum Staat im Staate, aber im Sinne eines neutralen Nebeneinanders, das von Vernunftrepublikanertum und der Vorstellung eines Staates über den Parteien, dem sich der General verpflichtet fühlte, getragen war. In seinem ersten Erlaß machte er dies deutlich: »Es ist nicht zu erwarten, daß ein jeder den Wandel der Zeit in seinem Herzen begrüßt. Durchdrungen muß aber jeder von uns von der inneren Überzeugung sein, daß nur, wenn der Soldat treu zu seiner verfassungsmäßigen Pflicht steht, der Weg wieder aufwärts führt.«[25]

Eine demokratische Reichswehr zu bilden, lag nicht in Seeckts Absicht, und es fehlten auch die demokratischen Offiziere, mit denen eine solche Armee hätte aufgebaut werden können. Seeckt entpolitisierte die Reichswehr und machte sie zu einem verläßlichen Faktor in der Innenpolitik. Das war nach dem Debakel des Putsches ein wichtiger Beitrag zur Stabilisierung. Schließlich ist die Weimarer Republik nicht an der Reichswehr gescheitert. Dazu waren politische Kräfte und Krisen von ganz anderer Intensität nötig.

JAHRE DER UNENTSCHIEDENHEIT (1920–1922)

Der Kapp-Lüttwitz-Putsch hatte eindrucksvoll nur eines bewiesen: das erstaunliche Beharrungsvermögen des Staates. Trotz der allgemeinen Unzufriedenheit mit den bestehenden Zuständen war doch eine gewisse Beruhigung eingetreten. Weder die Feinde von rechts noch die von links waren zum Zuge gekommen.

Eine der Forderungen von Kapp hatte sich gegen das Hinausschieben der ersten Reichstagswahlen gewandt, da die Nationalversammlung mit dem Inkrafttreten der Verfassung am 11. August 1919 ihre Aufgabe im Grunde erfüllt hatte.

Die für den 6. Juni 1920 angesetzten Reichstagswahlen brachten der Regierungskoalition ein katastrophales Ergebnis. Während das Zentrum sich halten konnte, verlor die DDP mehr als die Hälfte ihrer Wähler; die Zahl ihrer Mandate ging von 75 auf 39 zurück. Ähnlich hart traf es die MSPD; sie fiel von 37,9 auf 21,7 Prozent, und die Zahl ihrer Mandate verringerte sich von 165 auf 102. Damit hatte die Weimarer Koalition, die Gründungsformation der Republik, ihre Mehrheit verloren, die sie bis 1933 nie wieder erlangen sollte. Der Gewinner war auf der Linken die USPD, die von 7,6 auf 17,9 Prozent anstieg und statt 22 nun 84 Mandate besaß, während die KPD eine Splitterpartei blieb. Von der DDP waren die Wähler zu der rechtsliberalen Konkurrenz, der DVP, abgewandert, die sich von 19 auf 65 Mandate steigern konnte. Auch die Deutschnationalen legten kräftig zu; sie verdoppelten ihre Mandate fast von 44 auf 71.

Entscheidend aber war, daß die MSPD als die große strategische Verliererin aus der Wahl hervorging. Sie hatte seit dem November 1918 politische Verantwortung getragen. Ihre Führer betrieben bewußt keine Parteipolitik, sondern hatten das Ganze im Blick. Ihnen ging es darum, Deutschland durch die Krise zu steuern, die durch Niederlage und Umsturz und den sich daraus ergebenden Bürgerkrieg entstanden war. Der Friede von Versailles hatte sie aber für den verlorenen Krieg und für eine Kriegspolitik bestraft, zu deren Kritikern sie selbst vielfach gehört hatten. Während die traditionelle Anhängerschaft der MSPD von der Kritik an der bestehenden Wirtschafts- und Sozialordnung geprägt blieb und an die luftige Vision des Sozialismus glaubte – womit sie in das alte, vor dem Krieg eingeübte Klassenkampfschema zurückfiel –, war es der Partei nicht gelungen, in bürgerliche Wählerschichten einzudringen. Statt dessen wurde mit der Dolchstoßlüge und den haßerfüllten Angriffen auf sozialdemokratische Regierungsmitglieder die alte Frontstellung der Rechten gegen die Sozialdemokratie erneuert und befestigt. Die während des Krieges entstandene

Zusammenarbeit brach ab, die alte Konfrontation wurde von neuem bestimmend.

Das traf vor allem die sozialdemokratische Führung, die diese Zusammenarbeit seit dem Krieg und stärker noch nach der Revolution befördert hatte. Ihr Opfer war in erster Linie Friedrich Ebert, der sozialdemokratische Reichspräsident, der bis zur Reichstagswahl von 1920 mit sozialdemokratischen Regierungschefs – Scheidemann, Bauer, Müller – eng zusammengearbeitet hatte. Das war nun vorbei, denn einen sozialdemokratischen Reichskanzler sollte er nicht mehr erleben. Nur Hermann Müller bekam 1928 noch einmal die Chance, das Amt zu übernehmen. Die anderen Führer dieser Übergangsepoche wurden politisch ins Abseits gedrängt und verloren ihren Einfluß. Fortan erhielt nur der noch einen Ministerposten, der in der Partei keine wichtige Position innehatte. Scheidemanns Abrechnung mit der Partei war so brisant, daß der dritte Band seiner Memoiren noch immer gesperrt ist.

Der gescheiterte Putsch und die Niederlage der MSPD hatten noch eine andere, unerwartete Wirkung: Der Kurs der Mark stabilisierte sich, und es konnten wenigstens soviel Lebensmittel eingeführt werden,[26] daß der Hunger beseitigt, wenn auch lange noch keine friedensmäßige Versorgung gewährleistet war. Es entwickelte sich bis zum Herbst 1922 eine Inflationskonjunktur, die die Arbeitslosigkeit gering hielt, aber erhebliche Defizite aufwies. So unterblieben wichtige Investitionen etwa auf dem Gebiet des Wohnungsbaus fast vollständig. Die relative Stabilisierung der Mark hielt bis zum Juni 1921 an, dann jedoch setzte eine schnellere Geldentwertung ein. Diese verlief nicht kontinuierlich, sondern mit Erholungspausen, so daß sich zunächst kein eindeutiger Trend nach unten abzeichnete und die Möglichkeit einer Stabilisierung auf niedrigem Niveau erhalten blieb. Zu einer Währungsreform fehlte die notwendige Kraft und politische Geschlossenheit; solange die finanziellen Opfer nur der politische Gegner tragen sollte, war das Scheitern vorprogrammiert.

Die MSPD zog aus dem Wahlergebnis den naheliegenden, aber problematischen Schluß, sich an der Regierung nicht mehr zu beteiligen. So kam das erste bürgerliche Minderheitskabinett unter dem Zentrumskanzler Fehrenbach zustande, dem noch viele folgen sollten. Es war schwach und bedurfte der Tolerierung. Als aber im Mai 1921 eine schwere außenpolitische Krise ausbrach, war das Kabinett bereits am Ende.

Die alliierten Forderungen aus dem Friedensvertrag verursachten schwere Erschütterungen. Zu diesem Zeitpunkt setzte die Entente die Gesamtsumme der Reparationen auf die horrende Summe von 132 Milliarden Goldmark fest. Im Mai wurde ultimativ die Annahme des Reparationspakets gefordert. Jährlich sollte Deutschland zwei Milliarden Mark zahlen und eine Abgabe von

26 Prozent auf seinen Export entrichten. Die erste Milliarde war innerhalb von 25 Tagen zu zahlen. Zur selben Zeit spitzte sich die Situation in Oberschlesien zu. Das prodeutsche Ergebnis der Volksabstimmung wurde von der Entente nicht anerkannt und eine Teilung des Gebietes vorgenommen. Die Folge waren schwere Kämpfe zwischen Deutschen und Polen, bei ziemlich eindeutiger Begünstigung der polnischen Seite durch die Franzosen, was den Haß mehrte.

Die Reparationsforderungen wurden von der Reichsregierung angenommen, weil sie meinte, daß diese Forderungen ohnehin unerfüllbar seien, bei einer Ablehnung aber die Besetzung des Ruhrgebiets drohe. Es war das neue Kabinett Wirth, das unter Einschluß der SPD und toleriert von der USPD diese schwere Entscheidung getroffen hat. Wirth bezeichnete seinen Reparationskurs als »Erfüllungspolitik«, worunter er verstand, den Vertrag so korrekt zu erfüllen, daß sich dessen Undurchführbarkeit gewissermaßen von selbst herausstellte.

Es zeigte sich, daß das Kabinett schon bei der Beschaffung der zwei Milliarden Mark für das Jahr 1921 in erhebliche Schwierigkeiten geriet. Da nicht genug Devisen vorhanden waren, mußte die Regierung sie kaufen, was für die Spekulation einen sicheren Gewinn bot und den Kurs der Mark verschlechterte. Im Juli 1922 war die Unerfüllbarkeit der Reparationsforderungen ein Faktum. Nur noch Sachleistungen seien möglich, erklärte die Reichsregierung, nicht ohne zugleich für Barzahlungen ein Moratorium zu beantragen und eine realistische Überprüfung der deutschen Zahlungsfähigkeit zu fordern.[27]

Außenpolitisch erregte das Kabinett Wirth am 16. April 1922 mit einem Paukenschlag weltpolitisches Aufsehen: In Rapallo, am Rande der Konferenz von Genua, die der Förderung der Weltwirtschaft dienen sollte, schloß es den berühmten Vertrag mit Moskau ab, der noch Jahrzehnte später als eine Alternative deutscher Außenpolitik oder gar als Beweis deutscher Schaukelpolitik und Unzuverlässigkeit in den Gazetten herumgeisterte.

Die Vorgeschichte war kompliziert und in sich widersprüchlich. Deutschsowjetische Fühlungnahmen und Gespräche auf militärischer Ebene hatten schon 1920 eingesetzt. Was die beiden Staaten zu den streng geheimen Kontakten bewog, war die gemeinsame Gegnerschaft zu Polen. In Deutschland waren nur ganz wenige über die Sondierungen informiert. Kompliziert wurde die Situation durch das sowjetische Pokern um möglichst große wirtschaftliche Vorteile. Dabei hatten die Sowjets eine Trumpfkarte in der Hand: Sie konnten auch mit den Westmächten zusammengehen und die ihnen im Versailler Vertrag eingeräumte Möglichkeit nutzen, von Deutschland ebenfalls Reparationen zu fordern. Umgekehrt fürchteten die Sowjets aber ein Zusammengehen Deutschlands mit den Westmächten bei einem wirtschaftlichen Wiederaufbau

Osteuropas, wofür Walther Rathenau, seit Anfang 1922 Reichsaußenminister, besonderes Interesse zeigte.

So war der Vertrag von Rapallo primär das Ergebnis von Befürchtungen, der jeweilige Partner werde mit der Gegenseite, den Westmächten, handelseinig werden. Sein Inhalt klang nicht spektakulär: Aufnahme diplomatischer Beziehungen, gegenseitiger Verzicht auf finanzielle Forderungen und die Einräumung der Meistbegünstigungsklausel. Dennoch beunruhigte der Abschluß des Vertrages das Ausland beträchtlich. Man vermutete geheime militärische Zusatzvereinbarungen für den Fall eines Konflikts mit Polen, die es tatsächlich nicht gab, obwohl derartiges von sowjetischer Seite wiederholt vorgeschlagen worden war. Aber gerade diese Möglichkeit – nicht irgendeine konkrete Vereinbarung – machte die eigentliche politische Bedeutung des Vertrages aus. Deutschlands außenpolitische Lage hatte sich mit einem Schlag verändert, da Polen, Frankreichs Ersatz für den russischen Bündnispartner, durch die potentielle Umklammerung weitgehend neutralisiert wurde. Deutschland dagegen schien seine Lage nicht mehr allein durch eine entgegenkommende Politik gegenüber den westlichen Siegermächten verbessern zu können. Dennoch wurde die Wirkung von Rapallo überschätzt, zumal in Deutschland der Vertrag überaus umstritten blieb.

Die Vermutung der Alliierten war indes nicht falsch: Es gab eine geheime militärische Zusammenarbeit. Vor allem in den ersten Jahren war diese Zusammenarbeit jedoch von Rückschlägen gekennzeichnet. Es bedurfte viel Zeit, bis sich die Ausbildung von deutschen Soldaten an verbotenen Waffen und Gerät – hauptsächlich Flugzeugen und Panzern – eingespielt hatte, während die Generalstabsausbildung sowjetischer Offiziere in Berlin reibungslos funktionierte. All das geschah auf zahlenmäßig niedrigem Niveau, so daß daraus kein nennenswerter Vorteil für die forcierte Aufrüstung nach 1933 abgeleitet werden kann. Auf gar keinen Fall hat sich aus dem Vertrag eine Ostorientierung der deutschen Politik, auch nicht als mögliche Alternative, entwickelt, denn es gab weder politische noch wirtschaftliche Gruppierungen von einigem Gewicht, die sich für eine solche Orientierung einsetzten. Die Nationalbolschewisten, »linke Leute von rechts«, waren nur ein desperater Haufen von Publizisten ohne Anhang.

Am 24. Juni 1922 wurde Reichsaußenminister Rathenau auf dem Weg von seiner Villa im Grunewald zum Auswärtigem Amt im offenen Wagen erschossen. Seine Mörder, zwei Freikorpsoffiziere, gehörten zur »Organisation Consul« (OC). Das war eine rechtsextremistische Gruppe unter dem ehemaligen Freikorpsführer Hermann Ehrhardt, die nach dem gescheiterten Kapp-Lüttwitz-Putsch entstanden war. In dem rechten Mordterror lag eine gewisse Folgerichtigkeit, die eine Ähnlichkeit mit dem RAF-Terrorismus aufweist. Nach-

dem der Versuch des offenen Sturzes der Republik fehlgeschlagen und die öffentliche Meinung Umsturzversuche nicht mehr begünstigte, sollte der gezielte politische Mord gleichsam auf einem Umweg die Veränderung der politischen Verhältnisse herbeiführen. Innerhalb der OC gab es einen harten Kern
von Terroristen, die das »System« durch Ermordung von dessen Repräsentanten schwächen und letztlich zerstören wollten.[28] Am 26. April 1921 war Erzberger ihnen zum Opfer gefallen, während ein Anschlag auf Scheidemann im Mai
1922 mißglückte. Der Höhepunkt dieser Mordwelle war das Attentat auf Rathenau. Der Minister wurde ermordet, weil er den Attentätern als eine vielfältige
Gegenfigur galt: als Jude, als schillernde, schwer einzuordnende Persönlichkeit
und als Außenminister der ohnehin verhaßten Republik, der den Rapallo-
Vertrag abgeschlossen hatte, für die rechtsextremistischen Wirrköpfe so etwas
wie ein Akt internationaler Verschwörung gegen Deutschland.

Die Ermordung Rathenaus rief ungeheure Empörung hervor. Die Massenstimmung, der Reichskanzler Wirth in einer dramatischen Rede im Reichstag meisterhaft Ausdruck verlieh, richtete sich gegen die Rechte: »Da steht der
Feind – und darüber ist kein Zweifel. Dieser Feind steht rechts.« Die Verordnungen auf Grund des Artikels 48, gefolgt vom Gesetz zum Schutz der Republik, spiegelten die Erregung über die Mordserie wider. Das am 18. Juli erlassene Gesetz räumte der Polizei weitgehende Kompetenzen ein, was rechtsstaatliche Bedenken hervorrief. Letztlich erwies es sich als stumpfe Waffe.

Der rechtsextreme Terror hatte noch eine weitere, mehr mittelbare politische Konsequenz: Die beiden sozialdemokratischen Parteien vereinigten sich
wieder. Im September 1922 wurde auf getrennten Parteitagen über die Vereinigung abgestimmt. Bei der MSPD votierte man einstimmig dafür und steuerte
damit wieder den politischen Standort an, den die Partei in der Vorkriegszeit
eingenommen hatte. Die Masse der Parteimitglieder nahm gar nicht wahr, daß
die Rest-USPD keine Zukunftsperspektive mehr besaß nach der Etablierung
der KPD, zu der die linke Mehrheit der USPD im Oktober 1920 abgewandert
war. Das hatten die verschiedenen Wahlen seit 1920 gezeigt. Die MSPD hätte
wissen müssen, mit welchen Kräften sie sich einließ, hatte doch auf dem Parteitag der USPD im Januar 1922 deren Vorsitzender Crispien den fatalen Satz ausgesprochen, den die Rechte der SPD bis 1933 erbarmungslos um die Ohren
hauen sollte: »Wir kennen kein Vaterland, das man Deutschland nennt.«

Statt froh darüber zu sein, diese zu verantwortlicher Politik nicht fähigen
Genossen los zu sein, die zwar eine Vorliebe für erbitterte Theoriedebatten,
aber wenig Fähigkeiten und Neigung zur praktischen Politik besaßen, nahm
die SPD die Gegner von gestern, die sich keineswegs geändert hatten, wieder
auf. Rechte Parteiintellektuelle sahen zwar das Unheil kommen; Scheidemann

warnte, aber das alles blieb wirkungslos. Das harmoniesüchtige Parteivolk unter Führung des profillosen Vorsitzenden Wels hoffte auf eine Einheit, die es nie geben würde, da der neue linke Flügel, eine Partei in der Partei, auf den Klassenkampf fixiert blieb und in Koalitionen mit bürgerlichen Parteien nur einen Ausnahmezustand sah.[29] Die Vereinigung mit der Rest-USPD machte die SPD tendenziell regierungsunfähig. Es war eine Weichenstellung, die zum Untergang der Weimarer Republik in erheblichem Maße beitragen sollte.

DAS KRISENJAHR 1923

Wenn die Weimarer Republik im Jahre 1923 zerbrochen wäre, hätte dies weder die Zeitgenossen noch die Historiker erstaunt. Denn all die ungelösten Probleme der inneren und äußeren Lage brachen zu diesem Zeitpunkt wieder auf und erzeugten einen Krisendruck, dem auch stabiler verfaßte Staaten nur mühsam standgehalten hätten. Die inneren Feinde von rechts und links hatten sich noch nicht geschlagen gegeben und warteten auf ihre Chancen. Die standen nicht schlecht, denn die Innenpolitik steckte seit dem Sommer 1922 in einer Krise, die nach dem Scheitern der Regierungserweiterung am 14. November zur Demission des Kabinetts Wirth führte. Wirth wünschte sein Kabinett zu stabilisieren und nach dem Zusammenschluß der Sozialdemokraten zu einer Partei durch die DVP ein Gegengewicht in der Regierung zu schaffen. Als die SPD die Zusammenarbeit mit der DVP ablehnte, blieb Wirth nur noch der Rücktritt.

Das Reich hatte den Antrag auf ein Moratorium gestellt und zahlte praktisch keine Reparationen mehr. Das Tempo der Geldentwertung nahm zu, die außenpolitischen Alarmzeichen mehrten sich. Unter diesen Voraussetzungen kam keine neue Regierung zustande. Die Möglichkeiten der Koalitionsbildung waren erschöpft. In dieser Situation ergriff Reichspräsident Ebert die Initiative, denn das parlamentarische System war faktisch am Ende. Er präsentierte einen eigenen Kanzlerkandidaten: Wilhelm Cuno, den Generaldirektor der HAPAG, der damals größten deutschen Schiffahrtslinie. Für Cuno sprachen persönliche Integrität und wirtschaftliche Sachkenntnis, vor allem aber seine Kontakte zu amerikanischen Wirtschaftskreisen, die allerdings weit überschätzt wurden. Eberts Eingreifen bedeutete keine frühe Hinwendung zum Präsidialregime. Er übernahm in dieser schwierigen Situation lediglich die Aufgabe, die zu erfüllen die Parteien nicht in der Lage waren.

Doch Cuno blieb nicht die Zeit, mit seinem Kabinett von Fachleuten neue Vorschläge zur Lösung der Reparationsfrage auszuarbeiten und darüber Verhandlungen zu beginnen. Am 11. Januar 1923 besetzten französische und belgische Truppen das Ruhrgebiet – Eröffnungsschlag dessen, was Frankreichs Ministerpräsident Poincaré die Politik der »produktiven Pfänder« nannte. Die Begründung dafür klang einfach: Wenn Deutschland durch bewußte Förderung der Inflation sich seinen Zahlungsverpflichtungen entziehe, wobei Hinweise auf entsprechende Äußerungen von Stinnes nicht fehlten, dann müsse man sich eben »produktive Pfänder« sichern, also vor allem die Kohlengruben an der Ruhr in eigene Regie nehmen, um so die Frankreich zustehenden Reparationen zu erhalten.

Diese Argumentation enthielt weniger als die halbe Wahrheit. In Versailles hatte Frankreich ein Junktim zwischen Reparationen und der Dauer der Besetzung des linken Rheinufers durchgesetzt. Da Paris davon ausging, daß Deutschland die Reparationen nie werde bezahlen können, würden die französischen Truppen nicht abziehen und am Rhein präsent bleiben. Frankreich wollte stets beides: Sicherheit vor Deutschland und Reparationen. Mit der Besetzung der Ruhr wurde die doppelte Zielsetzung noch unterstrichen. Längst gab es in Paris Pläne, das »altbesetzte« linke Rheinufer dauerhaft von Deutschland zu trennen.

Der Einmarsch ins Ruhrgebiet löste unter der empörten Bevölkerung eine Welle von Demonstrationen nationaler Geschlossenheit aus, die angesichts des kaum beendeten Bürgerkriegs nicht zu erwarten waren. Die Gewerkschaften standen voll hinter der Regierung, und selbst weite Kreise der KPD schlossen sich von der nationalen Protestbewegung nicht aus. Das Reich und Preußen verkündeten den »passiven Widerstand«; Befehle von Angehörigen der »Einbruchsmächte« waren demnach nicht zu befolgen. Die Konsequenzen waren hart: Wer den Anordnungen der Besatzung nicht folgte, wurde samt Familie aus dem besetzten Gebiet ausgewiesen. Die Kohleförderung wurde praktisch eingestellt. Auch der Abtransport von Haldenbeständen wurde verhindert. Der französische Plan, statt Reparationen Kohle zu erhalten, erwies sich als Fehlschlag. Niemand hatte eine Vorstellung, wie lange diese Konfrontation durchzuhalten, geschweige denn, wie sie zu beenden war.

Zum passiven Widerstand kamen weitere flankierende Maßnahmen hinzu. Die Reichsbank stützte den Kurs der Mark, womit sie freilich einen Teil ihrer Devisenreserve verpulverte. Im April mußte die Stützungsaktion abgebrochen werden. Nun begann der Fall der Mark ins Bodenlose, denn den Unterstützungszahlungen für das besetzte Gebiet standen keine Einnahmen gegenüber, vielmehr wurden sie allein durch die Notenpresse finanziert.

Die Militärs wiederum trafen Vorbereitungen für den Ernstfall, konnte doch ein bewaffneter Konflikt nicht ausgeschlossen werden. Das bedeutete geheime Aufrüstung und illegale Rekrutierungsmaßnahmen. Notgedrungen mußte

Seeckt auf die ehemaligen Mitglieder der Freikorps zurückgreifen, die sich weder der Reichswehr bedingungslos unterordnen noch auf ihre politische Eigenständigkeit verzichten wollten.

Bald zeigte sich die ganze Problematik des passiven Widerstandes. Die rapide Geldentwertung brachte die Inflationskonjunktur der zurückliegenden Jahre zum Erliegen, denn der Wirtschaftsablauf selbst geriet außer Kontrolle. Schließlich lag der deutsche Kohlepreis über dem Weltmarktpreis, ein deutliches Zeichen dafür, daß der Dumpingeffekt der Inflation nicht mehr wirkte.

Gleichwohl blieb das Kabinett Cuno bei seinem Konfrontationskurs. Es gab auf französischer Seite keinerlei Zeichen für eine Verhandlungsbereitschaft, und die Bevölkerung an der Ruhr, die brutal drangsaliert wurde, war weiterhin zum Widerstand entschlossen. Es schien wieder alles auf Durchhalten hinauszulaufen, wie im Krieg, denn eine Alternative war nicht zu entdecken. Politiker in verschiedenen Lagern sahen das jedoch anders. Sie kritisierten vor allem die Bewegungslosigkeit Cunos, der kein Politiker war und keine Hausmacht hinter sich hatte. Die Kritiker wußten zwar auch keinen Ausweg, glaubten aber, ein Wechsel an der Spitze könne die Lage zum Besseren wenden. Ein wilder Streik in der Reichsdruckerei am 10. August brachte schließlich die Geldversorgung ins Stocken. Als daraufhin Generalstreikdrohungen laut wurden und die SPD ein Mißtrauensvotum ankündigte, trat Cuno am 12. August zurück.

Das Urteil der Historiker über Cunos Politik ist eindeutig negativ. Dennoch stellt sich die Frage, ob seine Politik – die Konfrontation mit Frankreich durchzuhalten – nicht doch richtig war. Als Alternative bot sich nur die Kapitulation an; ob die Republik diese aber überstanden hätte, steht auf einem anderen Blatt. Auf jeden Fall verschärfte die Politik des Durchhaltens die Wirtschafts- und Währungskrise in solchem Maße, daß zu ihrer Bewältigung keine Halbheiten und fragwürdigen Kompromisse mehr ausreichten. Vielleicht liegt in der Tatsache, daß die Politik Cunos zu dieser Konsequenz führte, zwar nicht ein Verdienst, aber die historische Bedeutung dieses Reichskanzlers.

So sehr die Parteien froh sein mochten, Cuno gestürzt zu haben, so wenig waren sie entschlossen, neue Regierungsverantwortung zu übernehmen. In dieser Situation schlug die Stunde des Politikers Gustav Stresemann. Gegen ihn und seine Partei, die DVP, hatte vor allem die vereinigte Sozialdemokratie noch wenige Monate zuvor, im November 1922, unüberwindliche Abneigung gezeigt, was auf Stresemanns Annexionsforderungen im Krieg, die ursprünglich monarchistische Ausrichtung seiner Partei und seine wohlwollende Haltung gegenüber Kapp zurückging. Tatsächlich hat er seit 1921 unter dem Eindruck der Attentate von rechts seine Haltung revidiert und die Republik akzeptiert.

Nun erschien Stresemann allen als der einzig mögliche Kanzlerkandidat für die erste große Koalition von SPD bis DVP, und entsprechend schnell erfolgte die Regierungsbildung.

Im Grunde war die Beteiligung der DVP und die Übernahme der Kanzlerschaft durch Stresemann, der auf die Linke seit Jahren wie ein rotes Tuch gewirkt hatte, nicht zwingend notwendig gewesen. Denn mit den Abgeordneten der Rest-USPD bestand ohne die DVP eine komfortable Mehrheit von 34 Stimmen. Dann hätte die SPD aber die Führungsrolle übernehmen müssen, doch davor schreckte die Mehrheit der Partei zurück. Nun war sie froh, mit dem ehrgeizigen Stresemann einen Politiker gefunden zu haben, der die Bürde des Kanzleramts auf sich nahm. Die SPD war von nun an nur noch regierungsfähig, wenn sie mit der DVP zusammenging, die als Partei des rechtsliberalen Bürgertums und der Vertretung von Unternehmerinteressen im Grunde ihren politischen Widerpart darstellte. Das machte die große Koalition – dasselbe Problem sollte 1928 wiederkehren – zu einer strukturell schwachen Regierung.

Stresemanns Drängen nach der Kanzlerschaft entsprang legitimem politischen Ehrgeiz und der Überzeugung, daß er im Gegensatz zu Cuno über ein Konzept zur Beendigung des Konfliktes mit Frankreich und damit zum Abbau der Spannungen verfüge. Seine Politik war auf Konzessionen, auf das Eingehen auf Frankreichs Forderungen angelegt. Er war davon überzeugt, daß der passive Widerstand abgebrochen werden müsse und wollte Frankreichs Forderungen nach Sicherung durch Pfänder Genüge tun. Zudem schlug er in seiner Stuttgarter Rede am 2. September einen Pakt aller am Rhein interessierter Staaten vor, der die Unversehrtheit der bestehenden Grenzen garantieren sollte. Daß dieser Plan zwei Jahre später in dem Vertrag von Locarno und damit in eine fühlbare Phase der Entspannung münden würde, war noch nicht absehbar.

Stresemann ließ sich bei seinem Konzept eines friedlichen Ausgleichs mit Frankreich von Annahmen leiten, denn er hatte keinerlei Kenntnis von den tatsächlichen Absichten des französischen Regierungschefs Poincaré. Zugleich überschätzte er erheblich die britische Distanz gegenüber der französischen Ruhrpolitik. Sein politisches Konzept scheiterte denn auch zunächst. Paris zeigte keine Reaktion und war nicht einmal mehr bereit, die Reichsregierung überhaupt zur Kenntnis zu nehmen. Für die französische Regierung gab es nur noch Verhandlungspartner in dem besetzten Gebiet. Poincaré setzte nun auf die Abtrennung des linken Rheinufers und auf Verhandlungen vornehmlich mit den Ruhrindustriellen.

Zu Stresemanns außenpolitischen Schwierigkeiten kamen wachsende innenpolitische Probleme hinzu. Die Inflation beschleunigte sich dramatisch; der Dollar sank von einem durchschnittlichen Kurs von 4,6 Millionen Mark im

August auf 100 Millionen Mark im September. Die Bauern wollten ihre Ernte nun nicht mehr verkaufen, und damit wurde die Währungsreform in nicht allzu ferner Zukunft zwingend.

Das war aber nur eines der Probleme, die Stresemanns Kabinett lösen mußte. Die Außenpolitik schlug Ende September voll auf die Innenpolitik durch. Als Vorleistung für die Normalisierung an der Ruhr hatte die Regierung am 26. September den Abbruch des passiven Widerstandes verkündet. Daraufhin erklärte die bayerische Regierung den Ausnahmezustand und ernannte den Regierungspräsidenten von Oberbayern, Gustav Ritter von Kahr, zum Generalstaatskommissar, dem die vollziehende Gewalt übertragen wurde. Dies war eine vorbeugende Maßnahme, mit der man Ausschreitungen rechtsradikaler Kreise verhindern wollte, die bereits die Einstellung des passiven Widerstandes heftig attackierten. Auch vierzehn Versammlungen mit Hitler wurden verboten. Das einseitige Vorpreschen Bayerns setzte das Reich jedoch unter Zugzwang. Noch am selben Tag wurde für das ganze Reich der Ausnahmezustand verkündet und dem Reichswehrminister die vollziehende Gewalt übertragen.

Im Vorgehen der Münchner Regierung spiegelte sich die Sonderentwicklung Bayerns seit der Niederschlagung der Räteherrschaft im Mai 1919 wider, die die bayerische Politik bis zum Hitler-Putsch am 8./9. November 1923 bestimmen sollte. Die politische Grundströmung war in breiten Kreisen der Bevölkerung konservativ und rückwärts gewandt. Man trauerte der Monarchie und dem Bismarck-Reich nach und lehnte die Weimarer Reichsverfassung entschieden ab, da sie Bayern wie den anderen Einzelstaaten viele Kompetenzen genommen hatte. Die Ablehnung der Verfassung schloß auch die Reichsregierung ein, wobei sich die traditionelle Abneigung gegen Preußen mit Ressentiments gegen Juden und Sozialisten vermischte und Berlin zum Inbegriff alles Undeutschen werden ließ. Das machte die bayerischen Traditionalisten blind gegenüber rechtsextremistischen Kräften, die sie für Verbündete hielten, die aber tatsächlich ihre politischen Gegner und Konkurrenten waren. Bayern wurde zum Sammelbecken von Rechtsradikalen, denen in anderen Ländern, vor allem in Preußen, der Boden zu heiß geworden war.

Ehemalige Freikorpsmitglieder und Soldaten, die ins bürgerliche Leben nicht zurückgefunden hatten, zog es in Scharen nach München. Dort agierten viele Organisationen und Vereinigungen der Rechten, die sich zwei Gruppen zuordnen ließen: den bayerischen Vaterländischen Verbänden mit Kahr als Ehrenvorsitzendem und dem Deutschen Kampfbund. Die Vaterländischen Verbände erfaßten Anhänger eines mehr traditionell bayerisch gefärbten Nationalismus, zum Kampfbund dagegen gehörten die radikaleren Wehrverbände und die Nationalsozialisten um Adolf Hitlers NSDAP. Diese Partei stellte eine Besonderheit dar, denn sie war nicht nur eine politische Partei. Die NSDAP verfügte mit der 1920/21 entstandenen »Sturmabteilung« (SA) zugleich über einen Wehrverband, in dem Anhänger organisiert werden konnten, denen das Soldatische mehr zusagte als die Mitgliedschaft in einer Partei, und es verstärkte ihre Position im »nationalen Lager«, daß sie mit der SA auch im Dickicht der Wehrverbände vertreten war.

Trotz vielfacher Beschwörung treudeutscher Einigkeit bestand zwischen beiden Gruppierungen, den Vaterländischen Verbänden (VV) und dem Kampfbund, ein tiefgreifender Unterschied. Während die Führer der VV sich von dem Motto: »Durch Weißblau zu Schwarzweißrot«[30] leiten ließen, offenbarte Hitlers fanatische Agitation vor allem seinen Haß auf die »Novemberverbrecher«, einen Radikalismus, der bei den Gemäßigten im Nachbarlager doch Bedenken hervorrief. Seit dem Herbst 1922 war der »Marsch auf Berlin« nach dem Vorbild von Mussolinis Marsch auf Rom die zündende Parole, die das »nationale Lager« einte. Dahinter traten die bestehenden politischen Gegensätze vorerst zurück.

Die NSDAP konnte im Laufe des Jahres 1923 trotz gelegentlicher Rückschläge ihre Position ausbauen. Niemand hetzte schärfer und wirkungsvoller gegen Berlin und den bestehenden Staat als Hitler, was ihm den Zulauf der immer größer werdenden Zahl von Unzufriedenen sicherte. Seit dem Sommer stellte seine Partei die stärkste und bestorganisierte Bewegung in Bayern dar. Es gelang ihr auch, auf die Reichswehr politisch einzuwirken, denn deren Offiziere besuchten Hitlers Kundgebungen gern und empfahlen ihren Soldaten die Versammlungsteilnahme. Der Kommandeur der in Bayern stationierten 7. Division, General von Lossow, hatte sich bereits im Januar 1923 für Hitler eingesetzt. Die Einheiten der bayerischen Reichswehr, namentlich die im Raum München stationierten, konnten nicht mehr als politisch neutral gelten, sympathisierten sie doch mehr oder weniger offen mit den Nationalsozialisten. Das bedeutete aber nicht, daß die Reichswehr Hitler als politischen Führer anerkannt hätte. Die Truppe folgte ihren militärischen Führern, durfte aber bis zum Herbst 1923 überzeugt sein, daß zwischen ihnen und Hitler ein erhebliches Maß an Übereinstimmung bestand.

Es gilt diese komplexe und in sich widersprüchliche Situation im Blick zu behalten, um das Verhalten Bayerns in dem Konflikt zu verstehen, der wenige Tage nach Verkündung des Ausnahmezustandes ausbrach. Reichswehrminister Geßler befahl als Inhaber der vollziehenden Gewalt am 28. September dem General von Lossow, das NS-Organ »Völkischer Beobachter« wegen grob beleidigender Äußerungen über Stresemann und Seeckt zu verbieten. Lossow verschanzte sich aber hinter von Kahr und erklärte den Befehl für »unausführbar«.[31] Kahr seinerseits verbot das Organ einige Tage später, aber aus anderem

Anlaß. Seeckt ging auf diese Taktik jedoch nicht ein und forderte Lossow auf, seinen Abschied zu nehmen. Dieser weigerte sich und ließ sich von der bayerischen Regierung als Landeskommandant »in Pflicht« nehmen. Das war praktisch Hochverrat; die Verbindung zum Reichswehrministerium bestand nicht mehr. Zugleich wird bei dieser Schärfe des Konflikts deutlich, unter welchem politischen Druck Kahr und die bayerische Regierung standen und wie weit in Bayern der Haß verbreitet war auf alles, was aus Berlin kam.

Begründet wurde die Notwendigkeit des Marsches auf Berlin immer wieder mit der Linkstendenz in Sachsen und Thüringen, wo proletarische Hundertschaften – linke paramilitärische Organisationen – mit staatlicher Hilfe aufgestellt wurden. Die Kommunisten traten im Oktober in die sächsische Regierung ein, ihr Vorsitzender Brandler wurde sogar Chef der Staatskanzlei. Neue Funde in russischen Archiven beweisen, daß nicht nur hausgemachter sächsischer Radikalismus dabei im Spiel war.[32] Die Sowjets unterstützten weitaus massiver, als bisher bekannt, den sächsischen Linksruck – dem Thüringen bald folgte – in der Erwartung, daß die chaotische Lage in Deutschland doch noch zu einem »deutschen Oktober« führen werde. Das war eine Fehleinschätzung. Weitaus gefährlicher als ein Aufstand, vor dem die Kommunisten selbst zurückschreckten, war, daß die Radikalisierung in Sachsen nach links als Vorwand diente für den Putsch von rechts, also vornehmlich von Bayern aus. Stresemann erkannte dieses Abhängigkeitsverhältnis genau und entschloß sich deshalb, gegen Sachsen vorzugehen. Die rechtliche Begründung erscheint zwar einigermaßen problematisch, wichtig war aber das Ergebnis: Der Reichskanzler konnte, durch eine Notverordnung des Reichspräsidenten ermächtigt, Sachsens Landesregierung ab- und einen Reichskommissar einsetzen, was mit Reichswehrbegleitung unter klingendem Spiel in Dresden vonstatten ging und keinerlei Schwierigkeiten bereitete.

Noch heikler gestaltete sich die wirtschaftspolitische Situation. Hier erwies sich die große Koalition keineswegs als entscheidungs- und durchsetzungsfähig. Der von dem Ruhrunternehmer Stinnes beherrschte rechte Flügel der DVP forderte Maßnahmen, die bei den Sozialdemokraten auf Widerstand stoßen mußten. Andererseits war allen einsichtig, daß man rasch handeln mußte, sollte das Wirtschaftsleben nicht vollständig zum Erliegen kommen. Es bedurfte eines Ermächtigungsgesetzes, mit dem der Reichstag die Regierung befähigte, auf dem Verordnungsweg das Notwendige zu veranlassen. Die Planungen dafür verdichteten sich seit Ende September, zu einem Zeitpunkt, als noch keine klaren Vorstellungen über eine Währungsreform bestanden. Man war also bestrebt, im Rahmen der bestehenden Inflationswirtschaft zu Produktionssteigerungen, vor allem bei der Kohleförderung, zu kommen.

Man muß diesen Hintergrund sehen, um den Konflikt zu verstehen, an dem das Kabinett Stresemann schließlich scheiterte. Dreh- und Angelpunkt aller wirtschaftlichen Maßnahmen war die Verlängerung der Arbeitszeit, ohne die die erhoffte Produktionssteigerung unmöglich schien. Was den hieraus entstehenden Konflikt vorerst aber unlösbar machte, war die damit verbundene politische Frontbildung. Vor allem Stinnes machte sich dafür stark. Das mußte die entschiedene Ablehnung bei den Sozialdemokraten hervorrufen, die sogleich die »Errungenschaft« des Achtstundentages bedroht sahen. Der Streit um die Arbeitszeit wirft ein bezeichnendes Licht auf die wirtschaftliche Situation. Normalerweise sind Verlängerungen der Arbeitszeit kein Problem, da für die Mehrarbeit entsprechende Zuschläge gezahlt werden. Doch der Lohn war im Oktober 1923 fast nichts mehr wert und entfiel somit als Anreiz zur Mehrarbeit.

Die DVP-Rechte wollte mit Ermächtigungsgesetz und Arbeitszeitverlängerung die Sozialdemokratie aus der Regierung drängen und das Kabinett nach rechts verlagern. Beides scheiterte. Zwar trat das Kabinett zurück, aber der Reichspräsident beauftragte Stresemann erneut mit der Regierungsbildung. Die nach einigen Personalwechseln zustandekommende große Koalition war aber politisch schwächer als die vorige, denn die Deutschnationalen hatten sich verweigert. Stresemann mußte erkennen, daß er nach Übernahme der Kanzlerschaft und seinem Versuch, eine der politischen Situation adäquate Politik zu betreiben, für die Rechte – einschließlich jener in seiner eigenen Partei – nicht mehr akzeptabel war.

Das Ermächtigungsgesetz ging über die Bühne, und ein wackeliger Kompromiß in der Arbeitszeitfrage fand schließlich auch die Billigung der Sozialdemokraten. Weder Kanzler noch Kabinett zeigten dabei Führungsqualitäten, und auch der Reichstag spielte keine seinem Verfassungsrang nur halbwegs entsprechende Rolle. Das sich ausbreitende Chaos ließ andere Prioritäten entstehen. Wo Bäckereien und Lebensmittelgeschäfte nur noch unter Polizeischutz ihre Waren verkaufen konnten, die Großindustrie ihre Arbeiter teilweise in Naturalien entlohnte und Schießereien zwischen Feldhütern und Felddieben mit zuweilen tödlichem Ausgang nicht selten waren, da wurden koalitionspolitische Manöver und die politische Lähmung der Regierung kaum noch wahrgenommen.

Desto mehr geriet der Kanzler Stresemann, noch immer loyal auf Mittelkurs, von rechts und links unter Druck. Bei der SPD setzte sich Anfang November der USPD-Einfluß durch. Da besonders in Sachsen deren Anhang stark war, fühlte sich die Linke provoziert. Die sozialdemokratischen Kabinettsmitglieder mußten entsprechend einem Fraktionsbeschluß ultimativ die Aufhebung des Ausnahmezustandes fordern, nur weil ihre Genossen in Sachsen mit dem Auftreten der Reichswehr nicht einverstanden waren. Eine solche Forderung zu einem Zeitpunkt zu stellen, da illegale Formationen an der bayerischen Grenze sich zum Marsch auf Berlin rüsteten, bewies enormen Realitätsverlust. Ebenso wenig überzeugte der Vorwurf, es werde mit zweierlei Maß gemessen, da Bayern im Gegensatz zu Sachsen vom Einsatz der Reichswehr verschont bliebe.

Die SPD verließ am 2. November die Koalition. Das Kabinett Stresemann fand zur Normalform Weimarer Regierungen, dem Minderheitskabinett zurück, was angesichts der mangelnden Regierungsfähigkeit der SPD keinen nennenswerten Qualitätsverlust darstellte.

Die Währungsfrage wurde in mehreren Anläufen behandelt. An eine wirkliche Währungsreform war nicht zu denken; es ging im Grunde nur um die Einführung einer wertbeständigen Währung neben der bestehenden Inflationsmark. Das Problem lag vor allem in der Deckung. Es galt einen Gegenwert für das Papiergeld zu finden, der Vertrauen in die Währung herstellte und akzeptiert wurde. Gold fiel mangels Masse aus. Der konservative Finanzfachmann Helfferich schlug eine Roggenmark vor, wobei die Roggenernte als Äquivalent für die Ausgabe von Banknoten dienen sollte. Unter dem Finanzminister Luther fand dann der Plan der Rentenmark die Billigung des Kabinetts und der Wirtschaftsverbände. Ihre Deckung bestand als Grundschuld des industriellen und landwirtschaftlichen Grundbesitzes. Das schien vertrauenerweckender als die Deckung durch Roggen. Die Gründung der Rentenbank erfolgte am 15. Oktober, für die Ausgabe der Rentenmark wurde der 15. November vorgesehen.

Mit der Einführung wertbeständigen Geldes stellte sich zugleich die Frage, ob das besetzte Gebiet im Westen wie bisher Unterstützungszahlungen erhalten könne. Dieses Faß ohne Boden drohte jeden Versuch der Währungsstabilisierung zum Scheitern zu bringen. Seit September verschärften sich die Verhältnisse im Rheinland noch. Die rheinischen Separatisten, die massiv durch die Besatzung unterstützt wurden, trieben ihr Unwesen ungehindert, da die deutsche Polizei von den Franzosen entwaffnet worden war.[33]

Je mehr sich die Lage verschlechterte, desto bedrohlicher war das Auftreten der Separatisten. Da sie keine Gegner mehr zu fürchten hatten, inszenierten sie seit dem 21. Oktober sogenannte Putsche. Separatistische Banden, die nicht selten von der französischen Regiebahn herangeschafft wurden, besetzten in den Städten die Rathäuser und andere öffentliche Gebäude und proklamierten die rheinische und pfälzische Republik. Daß sie unfähig waren und sich nur mit französischer Hilfe halten konnten, war dem französischen Rheinlandkommissar Tirard gerade recht. Er wollte die Separatisten als Bauernopfer benutzen, um mit den rheinischen Honoratioren ins Geschäft zu kommen, denn er erhoffte sich die Unterstützung der französischen Rheinpolitik durch die rheinische Oberschicht und war im Gegenzug bereit, die Separatisten fallenzulassen.

Die rheinische Bevölkerung war durch das Auftreten der Separatisten zutiefst verunsichert, und sie fühlte sich schutzlos. Das spornte den Kölner Oberbürgermeister Adenauer, der bis zu diesem Zeitpunkt eine abwartende Haltung eingenommen hatte, zu einer Initiative an. Er trug den Plan vor, als Mittel zum Ausgleich zwischen Deutschland und Frankreich eine rheinisch-westfälische Republik zu gründen, die faktisch unabhängig und wirtschaftlich fest fundiert sein sollte – unter Einschluß des Ruhrgebietes. Das war weder ein realistisches Konzept noch ein Ausdruck von Separatismus, sondern vielmehr ein Reflex auf die ausweglos erscheinende Krise. Teile des rheinischen Zentrums und auch industrielle Kreise billigten diesen Plan und waren bereit, durch die Gründung einer rheinischen Goldnotenbank dem neuen Staat eine stabile Währung zu verschaffen. Stresemann stellte sich jedoch sogleich dagegen.

Auf einem Treffen am 25. Oktober in Hagen prallten die unterschiedlichen Standpunkte aufeinander. Stresemann wies in einer meisterhaften Rede jeden Versuch, einen Rheinstaat als Mittel zur Entspannung zwischen Deutschland und Frankreich zu gründen, als illusorisch zurück, da die Franzosen einem solchen Staatswesen keineswegs mildere Bedingungen auferlegen würden. Adenauer dagegen hielt es, ohne von französischer Seite irgendeine Zusicherung erhalten zu haben, für möglich, Reparationslasten und Besatzung loszuwerden, sobald es einen Staat am Rhein, eine »Friedensrepublik«, gebe.

Warum brach Deutschland im Herbst 1923 nicht auseinander? Die Überwindung der Krise hatte mehrere Gründe. Da war das Scheitern des Hitler-Putsches, da war die Einführung der Rentenmark, da war die Wiederaufnahme der Arbeit im Ruhrgebiet. Die Wende aber brachte eine Entscheidung, die den Politikern in Deutschland und erst recht der Öffentlichkeit zunächst verborgen blieb, da sie sich unter strikter Geheimhaltung anbahnte: Angesichts des drohenden Zusammenbruchs Deutschlands entschloß sich die amerikanische Regierung zum Eingreifen. Außenminister Charles Hughes intervenierte bei Poincaré und bewog ihn in drängenden Telegrammen, die Reparationskommission einzuberufen und die deutsche Zahlungsfähigkeit prüfen zu lassen. Das führte dann im Sommer 1924 zum Abschluß des Dawes-Plans und damit zu einer ersten fühlbaren wirtschaftlichen und politischen Beruhigung. Der uninformierte Stresemann aber mußte die Krise durchstehen ohne die Gewißheit, daß bei den Alliierten eine Weichenstellung stattgefunden hatte, die für Deutschland einen Durchbruch zum Besseren bedeutete.

Anfang November schien die Lage noch völlig hoffnungslos. Diktaturpläne machten die Runde, in deren Mittelpunkt Seeckt stand, der für viele ein Hoffnungsträger war. Der General wußte das und lehnte den Plan eines Direktoriums mit ihm selbst an der Spitze nicht von vornherein ab. Als Ebert davon hörte, verhielt er sich ähnlich wie im Dezember 1918, als die OHL die Revolution hatte liquidieren wollen: Er machte dagegen nicht entschieden Front, sondern billigte die Einrichtung eines Direktoriums, also einer Drei-Mann-Diktatur, um so einen drohenden Rechtsputsch abzufangen. Zugleich hielt er an Stresemann fest, der insbesondere von Seeckt abgelehnt wurde, der ihm wie manch anderer nicht die Kraft und das Geschick zutraute, die Krise zu bewältigen.

Die Krise verschärfte sich noch, weil in Bayern inzwischen Kahr, Lossow und Seißer, der Chef der Landespolizei, die politische Macht ausübten. Das Trio bereitete den Marsch auf Berlin vor und stand dort mit Rechtskreisen, vor allem auch mit Stinnes und seinem Generaldirektor Minoux, in engem Kontakt. Wenn in Berlin eine Rechtsdiktatur oder ein Direktorium gebildet werden sollte, dann wollten sie von Bayern aus losschlagen. Von den Verbänden erwarteten sie Unterordnung oder Verzicht auf die Teilnahme.[34]

Damit entstand für Hitler eine Zwangslage. Er hatte keine Lust, unter dem Kommando von Kahr und Lossow eine untergeordnete Rolle zu spielen, und riß die Initiative an sich. So kam es zu dem burlesken Auftritt Hitlers am Abend des 8. November im Saal des Bürgerbräukellers. Dort hatten sich die Honoratioren Münchens versammelt, um einer langatmigen Abrechnung Kahrs mit der Revolution von 1918 beizuwohnen. Durch einen Schuß an die Decke unterbrach Hitler die Rede und erklärte, daß die nationale Revolution ausgebrochen sei. Er zwang Kahr, Lossow und Seißer zum Mitmachen, doch diese trafen, nachdem sie ihre Handlungsfreiheit zurückgewonnen hatten, Maßnahmen zur Niederschlagung des Putsches und informierten die Öffentlichkeit noch in der Nacht von ihrer Einstellung.

Fast zur selben Stunde und noch ungenau informiert reagierte Berlin. Um Mitternacht übertrug der Reichspräsident dem Chef der Heeresleitung die vollziehende Gewalt in Deutschland. Seeckt hatte jetzt tatsächlich die Macht inne. Ebert wird den General richtig eingeschätzt haben, denn unter der Last der Verantwortung schwand dessen Neigung, sich zum Diktator aufzuschwingen, wenn sie überhaupt je ernsthaft vorhanden gewesen war.

Dem in München isolierten Hitler blieb nur noch eines zu tun, nämlich einen Demonstrationszug durch die Stadt zu veranstalten. An der Feldherrnhalle traf der Zug auf Einheiten der Landespolizei. Bei dem Versuch, die Absperrung zu durchbrechen, kam es zu einer Schießerei mit Toten und Verwundeten. Der Zug stob auseinander. Hitler wurde wenig später verhaftet. Die Putschgefahr in Bayern war abgewendet. Nun galt es für Kahr wie für die Regierung, ihre bis dahin vertretene Politik nachträglich mit kräftigen Retuschen zu rechtfertigen.

Genau eine Woche später wurde die Rentenmark eingeführt. Damit kam die Inflation aber nicht zum Abschluß, im Gegenteil: Hektische Kursbewegungen ließen die Papiermark noch weiter fallen, bis sich der Kurs der Rentenmark bei einer Billion Mark einpendelte. Wichtig war, daß mit der Rentenmark die Rückkehr zum stabilen Zahlungsverkehr begann. Es kam nun darauf an, durch restriktive Kreditgewährung, vor allem gegenüber dem Staat, eine inflationäre Vermehrung der Geldmenge zu verhindern.

Um die Rentenmark nicht zu gefährden, konnte die Reichsregierung die Unterstützungszahlungen für das besetzte Gebiet nicht fortsetzen. Darüber herrschte im Kabinett Einigkeit. Nur vor den Konsequenzen schreckte man zurück: Es konnte faktisch den Verlust des Rheinlandes und des Ruhrgebietes bedeuten, wenn die Franzosen aus der Versorgung der Bevölkerung das Recht zur politischen Neuordnung ableiteten. Seit Ende Oktober wurde das Problem der Unterstützungszahlungen diskutiert, aber die Entscheidung wurde wie so häufig bei schwierigen Fragen immer wieder hinausgeschoben. Doch manchmal erledigen sich Probleme von selbst, und das war bei den Unterstützungszahlungen der Fall. Mit dem Abschluß des Abkommens vom 23. November zwischen der »Micum«, der französisch-belgischen Kontrollkommission, und dem Ruhrbergbau, das Zahlungen und Kohlelieferungen regelte, wurde die Arbeit wieder aufgenommen. Die Situation normalisierte sich, und die Frage der der Unterstützungszahlungen verlor ihre dramatische Bedeutung.

Die Inflationsforschung stellt häufig die Frage nach den Gewinnern und Verlierern der Geldentwertung. Die einfache Antwort, daß die Besitzer von Geldwerten Verlierer, die Sachwertbesitzer aber Gewinner waren, ist zu oberflächlich und nicht befriedigend. Denn der Staat war der größte Gewinner, da er sich mittels der Inflation weitgehend der Kriegskosten entledigte. Auf der anderen Seite war er aber nun zu neuen Versorgungsleistungen verpflichtet, die zunehmend drückender wurden. Unternehmen, bei denen es während der Inflation zu Fehlinvestitionen gekommen war, brachen zusammen. Selbst Stinnes hätte schwerlich sein in der Inflation erworbenes Imperium, selbst wenn er länger gelebt hätte, halten können. Auch der Vergleich zwischen Arbeitern und den Beziehern höherer Einkommen ist wenig sinnvoll. Was will es schon heißen, wenn man feststellt, daß die Situation der Arbeiter sich weniger stark verschlechterte, weil es ihnen ohnehin schlecht ging, während höher bezahlte Angestellte und Beamte auf ein proletarisches Einkommensniveau absanken? Gewinner der Inflation waren alle, die den Mechanismus der Geldentwertung kannten und ihr wirtschaftliches Verhalten darauf einrichteten. Es ist aber ein Märchen, daß die ausländischen Spekulanten zu den Verlierern der Inflation gehörten.[35] Für Devisenbesitzer oder potentielle Erwerber von Devisen bedurfte es damals keines großen Scharfsinns, dem Gang der Entwicklung entsprechend finanziell zu disponieren.

Es wird häufig behauptet, daß die Inflation und damit die Verarmung des Mittelstandes eine wichtige Voraussetzung für den späteren Erfolg des Nationalsozialismus gewesen sei. Zu beweisen ist die These nicht, aber sie erscheint auch nicht sehr überzeugend, weil das Ressentiment über die Inflationsverluste in späteren Jahren nie im Vordergrund gestanden hat. Die Mehrheit der Bevölkerung verfügte nicht über soviel Geldvermögen, daß der Verlust sie auch in ihrem sozialen Status traf. Vorherrschend war das Gefühl der Erleichterung über das Ende der Inflation und darüber, daß nun Schluß war mit dem tückischen, unfaßbaren Geldverfall, dem der einzelne sich hilflos ausgeliefert fühlte. Wer arbeiten konnte und wieder richtiges Geld verdiente oder sein Geschäft mit Erfolg weiterführte, war mehr auf die Zukunft ausgerichtet als auf die Verluste der Vergangenheit. Das Inflationstrauma bewirkte bei den Deutschen für den Rest des Jahrhunderts vor allem eines: Sie trugen fortan Sorge, es nie wieder zu einer solchen Geldentwertung kommen zu lassen.

Die Überwindung der Krise bedeutete für Stresemann keineswegs die Festigung seiner Stellung, ganz im Gegenteil: Als der Reichstag wieder zusammentrat, wurde die Regierung durch ein Mißtrauensvotum hauptsächlich von Sozialdemokraten und Deutschnationalen gestürzt. Die SPD hatte die unterschiedliche Behandlung Sachsens und Bayerns nicht verwunden und ließ sich auch von Ebert nicht von dieser Einstellung abbringen.

Stresemanns Kanzlerschaft der hundert Tage verdient ein Wort der Anerkennung. Seine Leistung bestand darin, in einer schier aussichtslosen Krisenlage durch elastisches Reagieren und taktisches Geschick gegenüber vielen Gegnern das politisch Mögliche durchgesetzt zu haben. Stinnes und der Wirtschaftsflügel in der eigenen Partei bekämpften ihn, die Sozialdemokraten – nicht die Kabinettsmitglieder, aber die Fraktion – ließen ihn im Stich, vor allem aber zeigte die Reichswehrführung ihm gegenüber deutliche Vorbehalte. Als Vollblutpolitiker, der einzige, den die Weimarer Republik nach Erzbergers Ermordung noch besaß, ließ er sich von der ihm gegenüber bekundeten Feindschaft aber nicht abschrecken. Im Kabinett entwickelte er beträchtliche Führungsqualitäten, und er verfügte auch über ein beachtliches Durchsetzungsvermögen.

Das Jahr 1923 und sein desaströser Verlauf bis zum November bedeuteten das Ausbrennen der Krise. Die Probleme waren nicht durch politische Entscheidungen lösbar. Dafür fehlte der politische Konsens; die Frontstellung im Innern ließ vernünftige Lösungen einfach nicht zu. So folgte ein Schlag dem andern: Geldentwertung, Lähmung der Wirtschaft, der drohende Zerfall des Reiches und die brutale Bekämpfung der Republik durch ihre Gegner von links und rechts. Das alles schuf ein solches Chaos, daß nun alles besser zu sein schien als die Fortdauer des bestehenden Zustandes. Als die Krise im November diesen Tiefpunkt erreicht hatte, war die Bevölkerung so erschöpft, daß nun ein politischer und wirtschaftlicher Neuanfang Aussicht auf Erfolg hatte.

Die Nachkriegskrise, in der die deutsche Demokratie ohne jede Hilfe von außen und unter schwersten Belastungen den Krieg gleichsam ein zweites Mal verlor, war zu Ende. Ihr Ausbrennen bot die Chance des Neuanfangs.

DIE KULTUR VON WEIMAR

Jahrzehnte mußten vergehen, bis die kulturelle Szene der Weimarer Republik in ihrer Einzigartigkeit als frühe Vollendung der Moderne erkannt und gewürdigt worden ist.

Im wesentlichen haben drei Entwicklungen zu dieser Einzigartigkeit geführt: die radikalen künstlerischen Veränderungen seit der Jahrhundertwende, der Weltkrieg mit seinem Protest gegen das sinnlose Schlachten ungezählter Menschen und schließlich die Revolution am Ende des Krieges. Die blutige Niederschlagung dieses Protestes hat ein großer Teil der politisierten Künstler und Intellektuellen der regierenden Sozialdemokratie nie verziehen. Dabei war es gerade ihr politischer Einfluß, vor allem in den Ländern und Gemeinden, der die Breitenwirkung der Weimarer Kultur erst ermöglichte. Durch die vielfältigen Förderungsmöglichkeiten im öffentlich-rechtlichen Bereich erfuhr diese Kultur ein hohes Maß an Aufmerksamkeit, an Zustimmung, aber auch an Kritik und geriet nicht in die Isolation und Anonymität, was oft das Schicksal der Avantgarde ist.

Eine ganz wichtige Rahmenbedingung kam hinzu: die deutsch-jüdische Symbiose, die dem in die deutsche Gesellschaft integrierten jüdischen Bürgertum zu verdanken war. Es war liberal, künstlerisch offen und bereit, die moderne Kunst wirkungsvoll zu fördern, und es brachte viele derjenigen hervor, die den intellektuellen und künstlerischen Aufstand probten und mit einer an messianischen Utopien orientierten Einstellung oft besonders radikale Positionen vertraten.

Die Weimarer Moderne hatte viele Wurzeln, von denen die meisten in das Kaiserreich zurückreichen. Was in den zwanziger Jahren ins allgemeine Bewußtsein drang, spiegelte Brüche und Veränderungen wider, die sich bereits im Jahrzehnt vor dem Weltkrieg ereignet hatten. Das Jahr 1905 markiert – auch mit Blick auf die Entwicklung in Paris und Wien – in etwa das Datum, an dem sich der Bruch vollzog. Es war eine Kunstrevolution, einmalig in ihrer Radikalität und in ihren Auswirkungen. Sie wandte sich nicht nur gegen die Tradition schlechthin, sondern lehnte selbst die Kunst, die noch wenige Jahre zuvor wegen ihrer Radikalität für Aufsehen gesorgt hatte, entschieden ab. Diese Bewegung ist als Expressionismus in die europäische Kulturgeschichte eingegangen. Gerade der deutsche Expressionismus entwickelte eine ganz besondere und unverwechselbare Ausstrahlung – trotz oder vielleicht gerade wegen der Weltkenntnis einiger seiner Vertreter, die längere Zeit im Ausland lebten und doch fühlten, »daß sie ihre eigene Botschaft und ihre eigene Ausdrucksweise hatten«.[36]

Die neue Kunst, die sich primär aus dem Selbstverständnis des Künstlers definierte, traf auf Protest und Empörung, aber auch auf emphatische Zustimmung, die nicht selten Ablehnung provozierte.[37] Mit dem Expressionismus meldete sich eine neue Generation zu Wort, die keinen spektakulären, wohl aber einen radikalen Bruch mit der Kunst vollzog, die sie vorfand. Das Bewußtsein der Krise, die unter dem Einfluß Nietzsches gewonnene Erkenntnis, daß die überkommenen Werte überholt und entwertet seien, brachte sie dazu, die alten Formen zu zerstören.

Zugleich war diese kulturelle Revolution durch einen scharfen Generationsgegensatz bestimmt. Das Aufbegehren der Gymnasiasten, das zur Jugendbewegung führte, war zwar geistig weit weniger anspruchsvoll, aber es lag doch auf der gleichen Linie und vermittelte einen Eindruck von dem Unbehagen der Jungen an den bestehenden Verhältnissen. Der Haß auf die Väter war unter der Generation der Expressionisten weit verbreitet, der Vatermord kein seltenes Motiv in den Dramen. Von einem tiefen Gefühl der Unsicherheit, von Angst vor der Zukunft und apokalyptischen Visionen des kommenden Krieges erzählen ihre Werke. Diese jungen Menschen waren in gesicherten Verhältnissen aufgewachsen und sahen sich nun Risiken und Gefahren ausgesetzt, von denen ihre Eltern, die das alles aufgebaut hatten, nichts wußten und auch nichts wissen wollten. Selbstvertrauen und Selbstgerechtigkeit der Alten provozierten die Auflehnung der Jungen geradezu. Es sollte sich zeigen, daß derartige Spannungen zwischen den Generationen und das Bestreben der Jungen, sich selbst zu organisieren und ihr eigenes Leben zu führen, zu den Grundbefindlichkeiten der deutschen Gesellschaft und damit der deutschen Geschichte im 20. Jahrhundert gehörten.

Während die Künstler zu schrillen oder auch primitiven Ausdrucksformen griffen, beschleunigte sich der technische Fortschritt derart, daß sich die Erfindungen förmlich jagten: Film, Flugzeug, Fernsprecher und elektrisches Licht traten ihren Siegeszug an; die Automobile begannen das großstädtische Straßenbild zu bestimmen. Deutschland nahm in der technischen Revolution Europas eine führende Stellung ein. Die rasante Entwicklung des modernen Lebens schuf eine hoffnungsfrohe Grundstimmung, die auf dem Fortschrittsglauben beruhte. Aber welch ein Gegensatz tat sich auf: hier die Technik mit ihrem unerschütterlichen Zukunftsoptimismus, in der Kunst dagegen die Krise des Bewußtseins und die Zweifel am gesellschaftlichen und technischen Fortschritt überhaupt, die immer mehr in den Vordergrund traten.

Lediglich auf dem Feld der Architektur, auf dem der Expressionismus an seine Grenzen stieß, kam es zu einer modernen Synthese durch Baumeister wie Peter Behrens, Alfred Messel, Bruno Taut und Walter Gropius, die mit Stahl und Beton einen funktionalen Industriestil entwickelten, »wo die Architektur ganz bei sich selbst war«.[38] Die Bauten für die AEG und Siemens, auch Kaufhäuser in Berlin, Chemnitz und Breslau läuteten eine Ära neuen Bauens ein, die in den zwanziger Jahren eine modifizierte, in ihrer betonten Zweckrationalität aber noch stärker wirkende Fortsetzung finden sollte.

Der Weltkrieg bewirkte eine tiefgreifende Politisierung des Expressionismus. Die Künstler, die vielfach freiwillig ins Feld zogen, erlebten hautnah die Schrecken des Krieges. Ihnen lag nichts an der Darstellung des Heldischen oder der Fixierung auf ein Feindbild, das die Toten nur auf der Gegenseite sah. Ohne von der militärischen Zensur behindert zu werden, konnten sie in ihren Arbeiten dem Entsetzen Ausdruck verleihen. Auf den Krieg reagierten sie zumeist mit pazifistischem Protest oder nach seinem Ende mit revolutionärem Aktionismus, was freilich ohne Folgen blieb. Denn Zusammenschlüsse wie der »Rat geistiger Arbeiter« oder der »Arbeitsrat für Kunst« produzierten Aufrufe und Programme, die die Arbeiter nicht erreichten. Es war Aufgeregtheit ohne Wirkung. Als aber verschiedene Aufstände niedergeschlagen wurden, wuchsen Haß und Ablehnung gegen die Republik.

Dada – 1916 in Zürich gegründet und später in Berlin stark vertreten – stellte die radikalste, aber zunächst unpolitischste Form des Protestes dar. Mit George Grosz und John Heartfield trat hier jedoch eine Wende zur satirisch überzeichneten politischen Agitation ein. Heartfields Collagen, besonders aber die zynischen Zeichnungen von Grosz, der die Stützen des alten Systems, Militär und Bürgertum, mit meisterhaftem Strich darstellte, schufen ein Feindbild von einzigartiger Schärfe. Gerade die Offiziere waren ihm wohlvertraut, hatte seine Mutter doch in Stolp in Pommern das Kasino der Blücher-Husaren bewirtschaftet. Der Erfolg von Grosz beruhte auf der infamen Gleichsetzung seiner Typen mit der jungen Republik wie auf der unbestrittenen künstlerischen Qualität seiner Werke.[39] Die zahlreichen Darstellungen des brutalen, ja vertierten Militärs als Unterdrücker der revolutionären Arbeiterschaft, die gar nicht das Produkt eigenen Leids waren, belegen eindrucksvoll, daß imaginäre Feindbilder wirkungsvoller als die realistische Erfahrung sein können.

Das expressionistische Theater beherrschte nach dem Krieg die Bühnen. Sein Pathos vermittelte am glaubwürdigsten das Leiden der geschundenen Kreatur. Zugleich kamen die Stücke den unter der Inflation leidenden Theatern entgegen, da die Inszenierungen billig waren und die Ausstattung bewußt primitiv gehalten wurde. Aber es mangelte an wirkungsvollen neuen Stücken, und zudem machte der ebenfalls vom Expressionismus geprägte deutsche Film dem Theater Konkurrenz. Er gewann internationales Renommé mit Streifen wie »Nosferatu«, und die spezifisch deutschen Akademiker von Dr. Caligari über Frankenstein bis Dr. Mabuse gingen in die Filmgeschichte ein. Noch stellte das Kino den Vorrang des Theaters freilich nicht ernsthaft in Frage.

Das Berlin der zwanziger Jahre war eine Metropole von ganz eigenem Zuschnitt. Es war nicht nur das politische und wirtschaftliche Zentrum Deutschlands, in dem auch eine pulsierende Kulturszene, die kaum staatliche Subventionen kannte, für Aufregung sorgte. Das 1920 geschaffene Groß-Berlin war ein Riesenkonglomerat ganz unterschiedlicher Milieus. Politisch war die Stadt eine rote Hochburg mit liberalen und konservativen Minderheiten; sie konnte nur mühsam und mit hohen Reibungsverlusten verwaltet werden. Innerhalb des riesigen Stadtgebietes existierte nicht nur ein Neben- und Gegeneinander der sozialen Schichten, sondern auch der politischen Erfahrung. Vom Proletariat und Subproletariat in den Mietskasernen des Ostens und Nordens und einer wohlorganisierten Unterwelt, der Alfred Döblin in seinem Roman »Berlin Alexanderplatz« ein literarisches Denkmal gesetzt hat, über die hauptstädtischen Regierungs- und Geschäftsviertel zog sich das »steinerne Berlin« hin bis zu den Villenkolonien und den ländlich abgeschiedenen Dörfern am Stadtrand.

Es war eine Metropole, die den Bürgerkrieg erlebt hatte. Es gab Viertel, in denen geschossen worden war, und solche, in denen die Angst vor dem Übergreifen der Gesetzlosigkeit die Bürger beherrschte. Weil die Tage der Soldatenrevolte und der Aufstände noch unvergessen waren, gab es 1926 Versuche, die Aufführung des Films »Panzerkreuzer Potemkin« zu verbieten, denn auch da ging es um Meuterei und Ausschreitungen gegen Offiziere.

Die politischen Umwälzungen in Osteuropa blieben nicht ohne Auswirkungen auf die Stadt. Revolution und Bürgerkrieg in Rußland, aber auch die Staatsgründungen im östlichen und südöstlichen Europa gingen oft mit der Unterdrückung von Minderheiten einher, deren Opfer nach Westen flüchteten. Berlin wurde für sie Anlauf- oder Durchgangsstation. Diese Emigranten – ob russischer Adel, polnische Juden oder bulgarische Sozialrevolutionäre –, die

»Bert Brecht schafft sich eine Übersetzungs-, Bearbeitungs- und Nachdichtungsmaschine an«, so sah es der Karikaturist Martin Koser für das Jahr 1930 voraus. Brecht verkörperte wohl wie kein anderer das Einmalige, aber auch das Zwiespältige der Metropolenkultur Berlins. Schon in seinem persönlichen Gestus verband er Unvereinbares, denn seine kommunistische Überzeugung hinderte ihn keineswegs daran, ein aggressiv kapitalistisches Erwerbsstreben an den Tag zu legen. Mit seinem größten Erfolg, der 1928 aufgeführten »Dreigroschenoper«, brachte er die Modernität, aber auch die Doppelbödigkeit der Situation auf eine Formel, die das großstädtische Publikum faszinierte. Solche Erfolge waren nach Ansicht des auf der Bühne wie im Film gleichermaßen erfolgreichen Schauspielers Emil Jannings gezählt, der 1930 äußerte, »das Sprechtheater sei zum Aussterben verurteilt, der Tonfilm werde es töten. Das zeugte von erstaunlicher Hellsichtigkeit. Allerdings hatte Jannings dabei nicht die Kulturbeflissenheit der Kommunalpolitiker und die Leidensfähigkeit des Publikums in Rechnung gestellt, die das Überleben des Todeskandidaten ermöglicht haben.

entweder einen legalen Status erhielten oder geduldet wurden, prägten die Metropole ebenso wie all diejenigen, die es aus der Provinz nach Berlin zog, wo sie den Durchbruch zu schaffen hofften – »die Echten wie die Falschen, die Nullen wie die Treffer«.[40]

Es ist für das kulturelle Leben der Weimarer Republik charakteristisch, daß trotz des unbestrittenen Magnetismus, den Berlin ausübte, das übrige Deutschland nicht zur Provinz herabsank. Von Hamburg bis München, von Köln bis Breslau gab es regionale Zentren – die früheren Residenzstädte mit ihrer langen Tradition der Pflege von Kunst und Theater, die Universitätsstädte mit ihrem ganz eigenen Zuschnitt sowie durch Handel und Industrie emporgewachsene Großstädte wie Leipzig und Frankfurt entwickelten kulturelle Aktivitäten, die in vergleichbaren Großstädten in England oder Frankreich undenkbar waren. Neben den Berliner Bauten von Bruno Taut, Hans Scharoun und Walter Gropius stellten auch die Wohnbauten von Ernst May in Frankfurt oder die Weißenhofsiedlung in Stuttgart Marksteine der modernen Architektur dar, die im Ausland mit großer Aufmerksamkeit zur Kenntnis genommen wurden.

Mit der Weißenhofsiedlung von 1927 ging die Stadt Stuttgart ein großes kommunalpolitisches Wagnis ein, indem sie selbst als Bauherr auftrat mit dem Anspruch, die Siedlung im Rahmen einer Ausstellung von den ersten Namen der modernen Architektur bauen zu lassen. Das rief Mißverständnisse und Irritationen auf beiden Seiten hervor, zeugt aber nicht zuletzt von der Aufbruchstimmung, die damals in Deutschland herrschte.

Der Siedlungsbau war eine der großen Leistungen der Weimarer Republik. Aber diese Bauten waren nicht nur modern und auf der Höhe des technischen Fortschritts, sondern sie wurden auch grundlegend anders finanziert als die Mietskasernen der Kaiserzeit. Die Siedlungen wurden in der Regel von gemeinnützigen Wohnungsbaugesellschaften errichtet,[41] deren Träger die verschiedenen Angestelltengewerkschaften waren. Sie waren aufgeschlossen genug, den modernen, von der Rechten bekämpften Architekten die Aufträge dafür zu erteilen. Den Besitzbürger, der einige Mietshäuser baute, von deren Einnahmen er im Alter zu leben gedachte, gab es praktisch nicht mehr. Nun nahm der Staat zum ersten Mal seine Verantwortung wahr, die Wohnungsnot zu bekämpfen und gesunde Wohnungen zu bauen.

Die Siedlungsbauten im Grünen signalisierten noch in anderer Hinsicht einen Neubeginn. Hatte die Industrialisierung eine Binnenwanderung zu den neuen Arbeitsplätzen bewirkt und die grauen Mietskasernen geradezu aus dem Boden schießen lassen, setzte nun der entgegengesetzte Trend ein, der sich nach dem Zweiten Weltkrieg noch enorm verstärkte: Die Menschen zog es in das Grün der Vororte oder ins Umland der Städte. Nach der Inflation gab es sogar zaghafte Versuche zum Bau von Eigenheimsiedlungen, die auch für den Mittelstand erschwinglich waren. Diese Entwicklung sollte nach den fünfziger Jahren ein geradezu unvorstellbares Ausmaß annehmen. Daß schlechte Kopien der Bauhausarchitektur nach 1945 vielerorts die Rechtfertigung für die Verschandelung des Stadtbildes lieferte, ist ihr freilich nicht anzukreiden.

Die führende Stellung der deutschen Wissenschaft dürfte den Zeitgenossen in ihrem tatsächlichen Umfang kaum bewußt geworden sein. Normalerweise sind es die Geistes- oder Sozialwissenschaften, die die Gesellschaft am stärksten beeinflussen. Doch in diesem Bereich herrschten eher Stagnation und Leerlauf vor. Ganz anders sah es in den Naturwissenschaften aus, in der Physik, der Chemie oder der Medizin, die eine einzigartige Blütezeit erlebten. In den Universitäten, vor allem in der Kaiser-Wilhelm-Gesellschaft, setzten die Naturwissenschaftler internationale Maßstäbe. Damals wurden in den Dahlemer Instituten die Grundlagen der Biochemie gelegt, und auch in der Atomphysik gelangen entscheidende Durchbrüche.

Diese Entwicklung überrascht um so mehr, als das durch Krieg und Kriegsfolgekosten verarmte Deutschland finanziell gegenüber den westlichen Siegerländern hoffnungslos zurücklag. Es ist schwer zu beantworten, wie es dazu kam, daß in Göttingen etwa die internationale Elite der Physiker forschte, englische Medizinstudenten, darunter spätere Nobelpreisträger, nach Deutschland kamen, um hier Dinge zu lernen, von denen man in Großbritannien noch nichts wußte, oder an den Instituten der Kaiser-Wilhelm-Gesellschaft eine internationale *scientific community* entstand. Wahrscheinlich lag es vor allem an den Rahmenbedingungen. Da war einmal die hohe Begabungsdichte an den deutschen Universitäten auf Grund eines leistungsbezogenen, aber egalitären Schulsystems, das die Voraussetzung für die Entwicklung von Spitzenbegabungen schuf. Zum andern fanden die Professoren in ihren Instituten frei von Belastungen durch Bürokratie und Gremientätigkeit optimale Bedingungen zur wissenschaftlichen Forschung, zumal die Grundlagenforschung noch nicht die astronomischen Kosten späterer Zeiten verursachte.

Auch im außeruniversitären Bereich gab es eine ungewöhnliche Experimentierbereitschaft, was die kleine Gemeinde von Weltraumnarren um Hermann Oberth verdeutlichen mag. Oberth hielt die Raumfahrt lediglich auf Grund seiner Berechnungen für realisierbar. Was die jungen Leute, unter ihnen auch der Gymnasiast Wernher von Braun, zurechtbastelten, war vielseitig verwendbar. 1929 baute man eine Trockenrakete, um für Fritz Langs Film »Die Frau im Mond« Reklame zu machen. Wenig später interessierte sich aber auch die Reichswehr dafür, enthielt doch der Versailler Vertrag keinerlei Verbotsbestimmungen über die Herstellung von Raketen das hatte 1919 noch außerhalb der

Vorstellungskraft der alliierten Militärexperten gelegen. Die Reichswehr konnte daher ohne Besorgnis vor Entdeckung und diplomatischen Verwicklungen das Unternehmen fördern, ohne viel Geld dafür ausgeben zu müssen. Was halb spielerisch begann, sollte in wenigen Jahren bereits zu ungeahnten Entwicklungen führen.

Die intellektuelle Szene der Weimarer Republik gestaltete sich in ganz eigenartiger Weise. Die intellektuelle Linke hatte in den zwanziger Jahren Probleme, denn gegenüber der Vorkriegszeit hatte sich die Situation politisch radikal geändert. Vor 1914 konnte man trefflich darüber streiten, wie sich die Theorie von Marx weiter zuspitzen lasse, lag doch jede Regierungsverantwortung noch in den Sternen. Mit der bolschewistischen Oktoberrevolution von 1917 und der Übernahme der Regierung durch die Mehrheitssozialdemokratie ein Jahr später vollzog sich jedoch ein grundlegender Wandel. Nun ging es nicht mehr um fruchtlose Theoriediskussionen, sondern um konkrete Politikentwürfe. Der Bedeutungsverlust der Theoretiker läßt sich vielleicht am deutlichsten an der Person von Karl Kautsky ablesen: Der frühere Papst der Zweiten Internationale wurde in den zwanziger Jahren fast zur Unperson.

Das eigentliche Dilemma lag für die linken Intellektuellen jedoch woanders. Es gab nach 1918 zwei sich gegenseitig ausschließende Positionen: Die KPD mit ihrer am russischen Vorbild orientierten Politik des Putschismus und der radikalen Ablehnung von Republik und parlamentarischer Demokratie auf der einen Seite und die SPD als Partei des demokratischen Sozialismus, die den bestehenden Staat mittrug und in ihm auch Regierungsverantwortung übernommen hatte, auf der anderen. Zu der von den Kommunisten geforderten Verpflichtung auf die Parteilinie und dem Verzicht auf geistige Selbständigkeit waren nur wenige Intellektuelle wie etwa Johannes R. Becher oder Egon Erwin Kisch bereit. Man nahm den Kommunisten gegenüber eine wohlwollende, aber nicht unkritische Haltung ein. Denn die Alternative, die geduldige Arbeit im Rahmen der sozialdemokratischen Bewegung für die Festigung der Demokratie und für sozialen Fortschritt, wiesen die linken Intellektuellen voller Hohn von sich. Ernst Reuter stellte hier eine Ausnahme dar, da er nach seinem Bruch mit der KPD nicht zu den Zirkeln der intellektuellen Linken um Rudolf Hilferding stieß, sondern in der Berliner Kommunalpolitik wirklich dicke Bretter bohrte.

Für die intellektuelle Linke stellte die SPD nichts weiter dar als die Zielscheibe für Haß und Abneigung. Zugleich waren die Sozialdemokraten das Objekt hämischer Kritik und intellektueller Arroganz. Man machte sich über ihre Kleinbürgerlichkeit und über ihr angeblich niedriges geistiges Niveau lustig, denn die meisten Vertreter dieser Partei hatten weder ein Gymnasium noch eine Universität besucht. Sebastian Haffner hat es vermocht, diesen Haß über ein halbes Jahrhundert zu konservieren.

Die linken Intellektuellen mit ihrem leicht distanzierten Wohlwollen gegenüber dem Kommunismus wie gegenüber der Sowjetunion und ihrer Verachtung für die Sozialdemokratie waren politisch heimatlos. Sie hatten im Grunde keine Zukunftsperspektive. Die »Weltbühne« war daher mehr als eine ihnen nahe stehende Zeitschrift, denn sie bot Ersatz für die fehlende politische Heimat. Das Organ der Pazifisten sah in Erinnerung an den Bürgerkrieg nach 1918 im Militär seinen gefährlichsten Gegner. Daher publizierte es immer wieder Verstöße gegen die Entwaffnungsbestimmungen des Versailler Vertrages, was die Zeitschrift dann aber mit den Strafbestimmungen über Landesverrat in Konflikt brachte und Carl von Ossietzky 1931 eine Gefängnisstrafe eintrug, als er die Verantwortung für einen Artikel über »Windiges aus der deutschen Luftfahrt« übernahm, während der Verfasser des Artikels sich nach Paris absetzte.

Bei aller Kritik und Ablehnung der »zufälligen Republik« (Tucholsky) war die »Weltbühne« jedoch keineswegs nur ein polemisches linkes Kampfblatt. Die politischen Leitartikel wie der Umgang mit den Reizthemen waren die eine Sache. Auf der anderen stand die unerschöpfliche Produktion Kurt Tucholskys, der unter vier Pseudonymen fast ein Drittel des Blattes mit zumeist höchst vergnüglichen Polemiken, Gedichten und Satiren bestritt. Man konnte sich amüsieren, wenn er beispielsweise über den sozialdemokratischen Reichstagspräsidenten Paul Löbe schrieb, er sei »einer der besseren Leute seiner unsäglichen Partei; er trägt eine reine Weste und verrät seine Grundsätze niemals, denn er hat keine«.[42]

Neben der intellektuellen Gaudi erfüllte die »Weltbühne« noch eine andere Funktion: Sie bot dem Heer der intellektuellen Hungerleider die Möglichkeit, hier und da einen Artikel in einer viel gelesenen Zeitschrift zu veröffentlichen. Ernst Bloch beispielsweise, der sein Domizil in Italien aufgeschlagen hatte, weil dort die Lebenshaltungskosten niedrig waren, steuerte einen Artikel über die »Porosität« bei[43] – nicht jedoch eine Kritik an den italienischen Zuständen, am alltäglichen Faschismus.

Den Aufstieg des Nationalsozialismus konnten die Linksintellektuellen offensichtlich nicht einordnen. Es dauerte einige Zeit, bis die Ideologen beruhigende Faschismustheorien entwickelt hatten. Carl von Ossietzky hielt Hitler für »eine feige verweichlichte Pyjamaexistenz«. Wenn er doch nur recht gehabt hätte! Wie weit sich Ossietzky von der politischen Realität entfernt hatte, zeigt sein Urteil über den Reichskanzler Heinrich Brüning: »Brüning verglichen mit den Matadoren des Nationalismus wirkt erhaben und gewaltig – ein Ringelwurm unter Käsemaden.«[44]

Auch ein Künstler, dessen Kampf gegen Sozialdemokratie und Republik in den ersten Jahren Furore gemacht hatte, zog sich nach 1930 mehr und mehr zurück. George Grosz fiel zu Adolf Hitler wenig ein. Er pflegte die alten Feindbilder und hatte wie viele andere die besondere Gefährlichkeit dieser neuen Bewegung überhaupt nicht erkannt.

Die intellektuelle Linke verlor im Laufe der zwanziger Jahre an Einfluß, zumal die neuen theoretischen Ansätze von Walter Benjamin, Max Horkheimer und Theodor Adorno noch nicht in die Breite zu wirken vermochten. Die rechte Seite des Spektrums gewann dagegen an Gewicht. Das hing weniger mit dem politischen Niedergang der Republik zusammen als mit einem Generationsproblem. Die Dreißigjährigen rückten vor, oft rechte Nationalisten, die das Kaiserreich als überlebt abtaten. Seine innere Brüchigkeit hatte der Krieg überdeutlich gezeigt. Die jungen Nationalisten waren Soldaten, die das Kriegserlebnis in die Gegenwart hinüberretten und auch in der Politik zur Geltung bringen wollten. Als führender Vertreter dieser jüngeren Generation, die sich auch in der »Bündischen Jugend«, der älter gewordenen Jugendbewegung, bemerkbar machte, trat Ernst Jünger in Erscheinung. Dieser hochdekorierte Grabenkämpfer, der über den »Kampf als inneres Erlebnis« reflektierte und mit seinen »Stahlgewittern« schon sehr früh in der Kriegsliteratur Akzente gesetzt hatte, verkörperte wie kaum ein anderer den Typ des soldatischen Nationalisten. Zugleich wird bei ihm ebenso exemplarisch das Unvermögen deutlich, eine Attitüde des heroischen Nihilismus als Politikersatz anzubieten. Sein 1932 erschienenes Buch über den »Arbeiter« forderte nichts anderes als eine Militarisierung des Wirtschaftslebens – als ob man mit solchen Mitteln die Krise hätte überwinden können.

Schon die Zeitgenossen fanden für diesen jungen, nicht antimodernen Nationalismus einen widersprüchlichen, aber passenden Begriff: konservative Revolution. Er brachte zum Ausdruck, daß hier »linke Leute von rechts« tätig waren, Männer mit antikapitalistischen Ressentiments, die die radikale Zerstörung der bürgerlichen Ordnung forderten und zugleich wertkonservative Grundvorstellungen hochhielten, die von radikal Neuem träumten, aber nicht alle Traditionen über Bord werfen wollten. Zu den Paradoxien und Widersprüchen der konservativen Revolution gehörte es, daß ihr Stichwortgeber, Arthur Moeller van den Bruck, der älteren Generation angehörte. Er endete 1925 durch Selbstmord, bevor seine verschwommene Vision von einem »Dritten Reich«, so der Titel seines 1923 erschienenen Hauptwerkes, zum verführerischen Schlagwort der Nationalsozialisten umgemünzt werden konnte. Denn viel mehr konnten diese mit Moeller van den Bruck nicht anfangen, vertrat er doch den Standpunkt, daß die jungen Völker, zu denen er aus unerfindlichen

Gründen sowohl Deutsche als auch Russen zählte, dem dekadenten, liberalistischen Westen auf keinen Fall nachstreben dürften. Eine solche Position, die dem Nationalbolschewismus nahestand, lehnte Hitler aber strikt ab.

Seit 1930 scharte sich die heimatlose Rechte um die »Tat«, eine Zeitschrift, die mit Hans Zehrer als Chefredakteur zum Sprachrohr für die Hoffnungen und Sehnsüchte der rechten Intellektuellen wurde und beträchtlichen politischen Einfluß gewann. Zehrer unterstützte die Politik des Generals von Schleicher, was seinem Blatt ein gewisses Gewicht verlieh und sogar zu der Bildung von politischen Diskussionsrunden, »Tat«-Kreisen, führte. Schon früh wurde die konservative Revolution und besonders die »Tat« von dem Verdikt getroffen, hier habe »antidemokratisches Denken«[45] eine unheilvolle Rolle gespielt. Dieser frühe Versuch politischer Korrektheit von politologischer Seite – lange bevor der Begriff erfunden wurde – geht an der Realität vorbei, denn die unterstellte Nähe zum Nationalsozialismus trifft nicht zu. Zweifellos gab es ideologische Berührungspunkte, ähnlich wie bei Sozialdemokraten und Kommunisten, tatsächlich aber empfand sich die heimatlose Rechte primär als Konkurrenz Hitlers, besser und klarer denkend als die Nazis, auf die sie herabblickte. Man tut den intellektuellen Rechten zuviel Ehre an, wenn man sie für den Niedergang der Weimarer Republik verantwortlich macht oder als Wegbereiter des »Dritten Reiches« denunziert. Diese Rechten waren wie ihre Kollegen auf der Linken – mit denen es übrigens mehr persönliche Kontakte gab, als es das heutige Lagerdenken vermuten läßt – Intellektuelle, die über ihre kleinen, persönlich geprägten Zirkel hinaus kaum Wirkung erzielten.

War schon die intellektuelle Ausstrahlung der heimatlosen Rechten stärker als jene der Linken, da ihre Botschaft auf die durch die Kriegsliteratur militarisierte Nachkriegsjugend tiefer einwirkte, so gilt das erst recht für die zwei brillantesten Köpfe der Rechten, die auch von der Linken durchaus respektiert wurden: Martin Heidegger und Carl Schmitt. Stand der Geist der Weimarer Republik, wenn man diese beiden Männer in den Blick nimmt, trotz aller gegenläufigen Tendenzen in der Kulturszene in Wirklichkeit etwa rechts? Das wohl kaum, aber eine Wirkung, die der dieser Männer gleichkommt, ist auf der Linken nicht festzustellen.

Im Jahre 1927 erschien »Sein und Zeit«, Heideggers bedeutendstes Werk, das eine beträchtliche Wirkung erzielte. Es stellte einen radikalen Bruch mit der philosophischen Tradition dar. Heidegger sah den Menschen eindimensional, als Dasein. Die traditionelle ontologische Differenz existierte für ihn nicht: »Das ›Wesen‹ des Daseins liegt in seiner Existenz«. Von dieser Erkenntnis ausgehend entwickelte er eine ausgefeilte Existentialanalyse.

In der Literatur wird die ontologische Analyse Heideggers mit dem Krisenbewußtsein der zwanziger Jahre in Verbindung gebracht.[46] Es drängt sich aber eine ganz andere Analogie auf, die seltsamerweise nicht zur Kenntnis genommen wird. Der Kern dieses gigantischen Gebäudes radikalen Philosophierens, die menschliche Idealvorstellung, die dem Ganzen letztlich zugrunde liegt, ist nichts anderes als der heroisierte Typ des Frontsoldaten: Es ist der einsame Kämpfer, der sich auf den Angriff vorbereitet und entschlossen ist, den schützenden Graben zu verlassen, um buchstäblich in den Tod zu gehen, auf jeden Fall aber sich dieser letzten Möglichkeit bewußt ist. Ob Heidegger den Feldgrauen vor Augen hatte oder nicht, ist im Grunde unerheblich. Die Wirkung des Buches lag vor allem darin begründet, daß die allen bekannte Grenzsituation des Soldaten hier als das Ergebnis philosophischer Analyse aus sich selbst heraus präsentiert wurde und keinen direkten Bezug bot. So ist es zu erklären, daß auch der Marxist Herbert Marcuse die Eigentlichkeitsphilosophie Heideggers zum Versuch einer neuen Synthese nutzen wollte. Es gibt Andeutungen, auf welche gesellschaftlichen Dimensionen Heideggers Philosophie abzielte; da ist die Rede von der »vorlaufenden Entschlossenheit«, die gemeinsam mit anderen praktiziert zum »Geschick« wird, zum »Geschehen der Gemeinschaft des Volkes«. Hieraus eine faschistoide Einstellung herauslesen zu wollen, kann nicht überzeugen. Andererseits offenbaren derartige versteckte Hinweise eines heroischen Pathos, daß das Mißverständnis des Freiburger Philosophen über den Nationalsozialismus im Jahre 1933 keineswegs zufällig entstanden ist.

»Sein und Zeit« machte Heidegger mit einem Schlage berühmt; dennoch ist es schwer, seine Wirkung abzuschätzen. Vielfältige Anregungen gingen von seinem Werk aus, aber politische Bedeutung hat seine Philosophie vor 1933 nicht gehabt.

Das war bei dem berühmtesten Rechtsintellektuellen, dem Staatsrechtler Carl Schmitt, anders. Er war als Jurist im Grunde ein Außenseiter, seine Karriere vor 1933 eher bescheiden. Schmitt hielt weder etwas von dem herrschenden Rechtspositivismus noch von Liberalismus und Parlamentarismus. Den »Begriff des Politischen« reduzierte er auf die Unterscheidung von Freund und Feind, der Legalität des auf Gesetzen beruhenden Staates stellte er die Frage nach seiner Legitimität entgegen, die er in der Weimarer Republik nicht gegeben sah. Das Parlament repräsentiere nicht mehr den Volkswillen, sondern eine Vielzahl von Sonderinteressen. Deshalb sei der Reichspräsident die einzig legitime Gewalt, da er direkt vom Volk gewählt werde und damit dessen Willen unmittelbarer zum Ausdruck bringe als das Parlament. Diese Darlegungen konnten als Rechtfertigung des seit 1930 eingetretenen Verfassungswandels gedeutet werden.

Was die Wirkung Carl Schmitts vor allem ausmachte, war der geschliffene

Stil, waren die scharfsinnigen Formulierungen, die eine Vorstellungswelt jenseits der gewohnten Juristendürre eröffneten. Die Formulierung: »Souverän ist, wer über den Ausnahmezustand entscheidet«, wirkte auf den ersten Blick bestechend; ob er aber damit die Diktaturgewalt des Reichspräsidenten richtig bestimmte, stand auf einem anderen Blatt.

Schmitt war im Grunde ein intellektueller Blender, als solcher jedoch von säkularer Suggestionskraft, wie die bis heute anhaltende Wirkungsgeschichte seiner Thesen und Schriften beweist. Bei den Nazis, deren »Kronjurist« er wohl gern geworden wäre, konnte Schmitt nicht richtig zum Zuge kommen. Er war ihnen zu intellektuell und zeigte zu wenig Verständnis für das Volk und die neue, gerade nicht von Rechtsgelehrten zu errichtende Ordnung.

Die Kultur der Weimarer Republik, das war einmalige Produktivität bei gleichzeitig tiefer Widersprüchlichkeit. In keiner anderen Gesellschaft fand der Einbruch der Moderne auf den verschiedenen Feldern der Kunst so viel Akzeptanz und Unterstützung wie in Deutschland, trotz aller Empörung aus dem konservativen Lager. Das war mehr störende Begleitmusik als das konzentrierte Bemühen, die Tendenzen der Moderne mundtot zu machen. Es war charakteristisch für die geistige Situation der Weimarer Republik, daß unabhängig von der nach links tendierenden Moderne nicht nur »Donner von rechts« (Walter Laqueur) erscholl, sondern von dort auch Denkanstöße ausgingen, die sogar bei der Linken Wirkung zeigten. Ernst Fraenkel beispielsweise ist von Carl Schmitt stark beeinflußt worden. Diese konservative Geistigkeit als Wegbereitung des Nationalsozialismus abzustempeln, verzeichnet daher die historische Realität. Es läßt sich kaum leugnen, daß ohne dieses geistig-konservative Potential der Erfolg Hitlers nicht zu erklären ist.

DIE RELATIVE NORMALISIERUNG

Die Jahre von 1924 bis 1929 zeigen politische Beruhigung, wirtschaftliche Erholung und ein Abflauen des politischen Extremismus. Doch es fällt schwer, von einer Stabilisierung zu sprechen. Die Verhältnisse besserten sich, waren aber weit davon entfernt, stabil zu sein. Es war die Zeit der sich schnell verbrauchenden Kabinette, die keine Mehrheit hinter sich hatten, die Zeit der wiederholten Versuche, die Deutschnationalen einzubeziehen mit ähnlichem Ergebnis wie zuvor bei den Sozialdemokraten: Auch sie scheuten die Regierungsverantwortung. So wurde es eine Zeit der fast anonymen Kanzler und Regierungen. Wer weiß schon, daß der Reichskanzler Wilhelm Marx vom Zentrum vier Kabi-

nette führte und damit der dienstälteste Kanzler war? Die große Koalition von
1928 bis 1930 besaß zwar eine ausreichende numerische Unterstützung im
Reichstag, war aber gleichwohl durch die Opposition in den eigenen Reihen
zum Scheitern verurteilt. Die Kontinuität der Politik garantierten allein noch
die von den zahlreichen Regierungskrisen unberührte Ministerialbürokratie
und der heimliche Reichskanzler am Kabinettstisch, der Außenminister Gustav
Stresemann.

Am 23. Dezember 1924 verurteilte ein Magdeburger Gericht einen Redakteur, der den Reichspräsidenten Ebert des Landesverrats im Weltkrieg bezichtigt hatte, zu einer geringfügigen Bewährungsstrafe. Zugleich stellte das Gericht fest, daß Ebert durch seine Teilnahme am Berliner Munitionsarbeiterstreik im Januar 1918 im strafrechtlichen Sinne Landesverrat begangen habe.
Das sprach jeder abgewogenen Beurteilung der damaligen Verhältnisse Hohn.
Die Verteidigung hatte mit Duldung des rechtsgerichteten Vorsitzenden ein
Mammutverfahren aufgezogen, denn Ebert sollte mit Blick auf die 1925 fällige
Neuwahl des Reichspräsidenten politisch demontiert werden. Was immer er
auch für das Revisionsverfahren unternahm, zu deutlich war das politische Dilemma des Politikers Friedrich Ebert: Seine alte Partei hatte ihm die Reichsexe-
kution gegen Sachsen nicht verziehen und war immer mehr auf Distanz zu ihm
gegangen. Die Rechte haßte ihn, weil sie nicht verwinden konnte, daß ein Satt-
lergeselle das höchste Amt im Staate innehatte. Ernst von Weizsäcker hatte
seine Wahl mit dem Wortspiel kommentiert: »The saddler in the saddle.«[47]

Ebert war trotz seiner Verdienste um Stützung und Ausbau der parlamentarischen Demokratie politisch gescheitert. Seine Wiederwahl, von ihm selbst
wahrscheinlich gar nicht angestrebt, erschien keineswegs gesichert. Ohne die
Warnungen seiner Ärzte zu beachten, hatte er sich nach dem Magdeburger Urteil sofort auf das Berufungsverfahren konzentriert. Zwei Monate später, am
28. Februar 1925, starb er an den Folgen einer zu spät erkannten Blinddarment-
zündung. Der erste Reichspräsident war das Opfer einer üblen Kampagne der
Rechtskreise geworden. Das mit Glanz und Würde inszenierte Staatsbegräbnis,
das erst auf Intervention der SPD-Führung zustande kam, verdeckte die persönliche Tragik Friedrich Eberts.[48]

Der tiefe Riß, der durch das deutsche Volk ging, wurde bei den beiden Wahl-
gängen der vorgezogenen Reichspräsidentenwahl im März und April 1925 unübersehbar. Am Beginn der Kandidatensuche stand eine folgenschwere Fehlentscheidung Gustav Stresemanns. Er hielt den Reichswehrminister Geßler als
bürgerlichen Sammelkandidaten aus außenpolitischen Gründen für nicht
tragbar. Das war, wie sich bald erwies, eine völlig unbegründete Befürchtung.
Der dann als Kandidat der Rechten aufgestellte Oberbürgermeister Jarres (DVP)

erhielt im ersten Wahlgang gegenüber den republikanischen Kandidaten Braun (SPD) und Marx (Zentrum) nicht genügend Stimmen, um im zweiten Wahlgang eine Erfolgschance zu haben. Da aber verfiel die Rechte in ihrem Bestreben, einen weiteren republikanischen Reichspräsidenten zu verhindern, auf einen attraktiven Außenseiter: Hindenburg. Es war der ehemalige Großadmiral von Tirpitz, der den zögernden alten Herrn von der Notwendigkeit der Kandidatur so überzeugen konnte, wie er früher Reichstagsabgeordnete für seine gigantischen Flottenpläne begeistert hatte. Das Wahlergebnis zeigte zwei fast gleich starke Lager: 14,65 Millionen Stimmen für Hindenburg, 13,41 Millionen für Marx, 1,93 Millionen für Thälmann. Die Kommunisten hätten also die Wahl Hindenburgs verhindern können. Im Zuge der Bolschewisierung der KPD, die schließlich mit Thälmann als Galionsfigur gehorsam die Moskauer Weisungen ausführte, war aber von dieser Partei eine Politik des kleineren Übels nicht zu erwarten.

Der für seine pointierten Urteile bekannte Publizist Sebastian Haffner hat in der Wahl Hindenburgs einen »Glücksfall« für die Weimarer Republik erblickt, die »einzige Chance, die sie je hatte«.[49] Eine solche Behauptung wirkt nicht überzeugend. An Hindenburg allein ist die Weimarer Republik gewiß nicht gescheitert, aber Geßler als Reichspräsident hätte mehr Erfolg gehabt bei dem Bemühen, den Staat durch die Krise zu bringen und ihn Hitler nicht auszuliefern. In diesem Fall haben keine strukturellen Schwächen, sondern simple personelle Fehlentscheidungen zu weitreichenden Konsequenzen geführt.

Die Befürchtungen, Hindenburg könne sein Amt zugunsten einer monarchistischen Restauration mißbrauchen, erwiesen sich schnell als falsch. Doch er war keineswegs nur der Repräsentant der Republik, der ihr durch sein würdiges Auftreten mehr Reputierlichkeit verschaffte. Wenn er sich nach Übernahme seines Amtes in der Öffentlichkeit auch zurückhielt, war er sich doch von Anfang an des Umfangs seiner Machtbefugnisse voll bewußt. Den Versuch, durch ein Ausführungsgesetz zum Artikel 48 die Diktaturgewalt des Präsidenten zu beschränken, lehnte er entschieden ab,[50] und auch bei den Kabinettsbildungen machte sich der Einfluß des Reichspräsidenten bemerkbar, der deutlich konservative Politiker bevorzugte.[51]

Noch stärker zeigte sich der neue Stil des neuen Reichspräsidenten bei der Verabschiedung des Generals von Seeckt im Oktober 1926. Der Chef der Heeresleitung hatte die Teilnahme eines Hohenzollernprinzen an Reichswehrmanövern genehmigt, was der republikanischen Presse Gelegenheit gab, ihre Empörung zu kultivieren. Seeckt mußte schließlich den Rücktritt einreichen, weil weder Geßler noch Hindenburg, dem der allzu imponierende Chef der Heeresleitung nur im Wege war, ihn wirksam verteidigten.[52] Als dann 1928 der

Reichswehrminister über skandalöse Fehlleitungen von Haushaltsmitteln zu Fall kam, wurde Groener sein Nachfolger. Damit war die OHL des Winters 1918/19 unter anderem Vorzeichen wiedererstanden, zumal noch Kurt von Schleicher die neue politische Reichswehrführung vervollständigte. Das war mehr ein personengebundenes Revirement als eine politische Neuorientierung, denn Schleicher mühte sich zu diesem Zeitpunkt noch, das Verhältnis zwischen Reichswehr und Parteien zu entspannen und selbst mit der SPD zusammenzuarbeiten.[53]

Doch zunächst begann mit dem Dawes-Plan eine neue Ära. Benannt war der Plan nach dem amerikanischen Bankier Charles Dawes, der im Frühjahr 1924 mit anderen Experten einen neuen Zahlungsplan für die Reparationen ausarbeitete. Er ging von der Voraussetzung aus, daß Reparationen sich nur aufbringen ließen, wenn die Währung stabil sei und der Haushalt ausgeglichen. Durch wirksame Kontrollen sollte sichergestellt werden, daß es nicht noch einmal zu einer Inflation und riesigen Haushaltsdefiziten kommen konnte. Um der deutschen Währung die dringend benötigte Deckung zu verschaffen, erhielt das Reich eine Devisenanleihe im Werte von 800 Millionen Goldmark.

Die Überwachung der Zahlungen nahm ein amerikanischer Reparationsagent vor, und es wurde genau bestimmt, welche Einkünfte des Reiches, etwa aus den Gewinnen der Reichsbahn oder aus Zöllen und bestimmten Steuern, für die Reparationen zu verwenden seien. Die jährlich zu zahlenden Reparationen waren hoch und sollten etwa zwanzig Prozent des Reichshaushalts ausmachen. Sie beliefen sich 1924 auf eine Milliarde Reichsmark, stiegen dann aber kontinuierlich an und erreichten im fünften Jahr die Normalsumme von 2,5 Milliarden. Das war ein so unerschwinglich hoher Betrag, daß Revisionsverhandlungen schon vorprogrammiert waren.

Auf der Londoner Konferenz im August 1924, die den Dawes-Plan beschloß und weitere damit zusammenhängende Fragen erörterte, war Deutschland zum ersten Mal als gleichberechtigter Partner vertreten. Die Zeit der Entgegennahme von Ultimaten der Siegermächte war abgelaufen. Das politische Klima hatte sich durch den Wahlsieg der Linken in Frankreich und Großbritannien ebenso verändert wie durch die Einschaltung der Vereinigten Staaten.

Mit dem Dawes-Plan wurde Deutschland wieder kreditwürdig. Es war auch im höchsten Maße kreditbedürftig, nachdem die Inflation den deutschen Kapitalmarkt zerstört hatte. Nun flossen Anleihen aus den USA und Westeuropa nach Deutschland, wo die Zinsen dank der deutschen Kapitalknappheit höher waren als in den Gläubigerländern.

Es wird immer wieder behauptet, Deutschland habe die Reparationen mit dem aus dem Ausland hereinfließenden Kapitel bezahlt. Das ist falsch und wird durch ständige Wiederholung nicht richtig. Die Auslandsanleihen, die von der Reichsbank in deutsche Währung umgetauscht wurden, stellten lediglich die Voraussetzung dafür dar, daß die Reparationen in die Währungen der Reparationsgläubiger transferiert werden konnten. Schließlich wollte niemand Reparationen in Reichsmark haben, und aus eigener Kraft, also durch Exporte, verdiente Deutschland nicht genug Devisen, um die Reparationen transferieren zu können. Tatsächlich aber wurden die Reparationen in Deutschland in Form von Zöllen, Steuern und Abgaben aufgebracht. Diese Einnahmen des Staates konnten jedoch nicht in Deutschland investiert werden, sondern flossen ab. Was hätte man mit diesen Mitteln alles finanzieren können, etwa ein Wohnungsbauprogramm, groß genug, um die Wohnungsnot zu mildern und zugleich die Konjunktur wirksam zu stabilisieren!

Die mit dem Dawes-Plan einsetzende Entspannung verschaffte der deutschen Diplomatie eine Entfaltungsmöglichkeit, die mit dem Locarno-Pakt im Herbst 1925 einen glanzvollen Höhepunkt erreichte. Hier war es neben Stresemann vor allem sein Staatssekretär Carl von Schubert, der die Verständigungspolitik mit dem Westen betrieb und durch eigene Initiativen die deutsche Situation in Europa zu stärken suchte. Das konnte primär nur durch die Verbesserung des Verhältnisses zu Frankreich geschehen. Das Ergebnis von Locarno bedeutete einen Gewaltverzicht und die gegenseitige Anerkennung der bestehenden Grenzen im Westen sowie das Angebot von Schiedsverträgen zur Beseitigung von Streitfällen. Zugleich wurde das Besatzungsregime auf dem linken Rheinufer fühlbar liberalisiert. Ein Einmarsch ins Ruhrgebiet war fortan ausgeschlossen, und Deutschland leistete durch die Anerkennung der bestehenden Grenzen den förmlichen Verzicht auf Elsaß-Lothringen.

Die Verständigungspolitik kam jedoch ins Stocken, als sich die Aufnahme Deutschlands in den Völkerbund verzögerte, ganz abgesehen davon, daß die konkreten Fortschritte fehlten, die sie in breiten Kreisen populär gemacht hätten. Stresemanns Anwesenheit bei den Völkerbundstagungen in Genf und die dort wahrgenommenen Begegnungen und Gespräche, bei denen auch die sorgfältige Behandlung der Presse nicht fehlen durfte, verschafften dem deutschen Außenminister ganz ohne Zweifel ein internationales Renommee als bedeutender Staatsmann. Dazu trug besonders das persönliche Verhältnis zu seinem französischen Kollegen Briand bei, wobei die freundschaftliche Färbung vergessen machen sollte, daß beide durchaus gegensätzliche Interessen vertreten mußten. In Deutschland fand dieses Vorgehen wenig Anklang. Selbst in den gehobenen Rängen des Auswärtigen Amtes reagierten Diplomaten wie Bernhard Wilhelm von Bülow und Ernst von Weizsäcker mit Ablehnung, ganz zu schweigen von der Rechtspresse. Aber auch bei dem Zentrumspolitiker Heinrich Brüning fand der von Stresemann in Genf praktizierte Stil, Außenpolitik auch in der Öffentlichkeit zu verkaufen, keine Zustimmung.

Es ist mittlerweile eine gesicherte Erkenntnis, daß in funktionierenden Demokratien der Machtwechsel nicht erfolgt, weil die Opposition besser und qualifizierter erscheint, sondern weil die Regierung abgewirtschaftet hat oder aus anderen Gründen zur Abwahl einlädt. Die Weimarer Republik war auch in diesem Sinne keine funktionierende Demokratie. Denn es war unerheblich, was die Regierung und die sie stützenden Parteien taten, es wurde einfach nicht honoriert. Nur das Zentrum bildete die eine wichtige, das System stabilisierende Ausnahme. Es war stets an der Regierung beteiligt und wurde in dieser Rolle von seinen Wählern grundsätzlich bestätigt. Im allgemeinen hegte die Bevölkerung Erwartungen, die nicht realistisch waren. Das führte dazu, daß sie die Regierungsparteien bestrafte und die Opposition belohnte.

Dieses Schicksal traf besonders hart die Deutschnationalen. Sie hatten 1927/28 dem vierten Kabinett Marx angehört und vieles mitgemacht. Sie ließen die Einführung der Arbeitslosenversicherung passieren, die dem Arbeitslosen ein Recht auf Unterstützung gab, was einen Meilenstein in der Entwicklung der deutschen Sozialpolitik darstellte; sie stimmten der Gehaltserhöhung der Beamten zu, was diese zwar nicht zur Dankbarkeit veranlaßte, in der Öffentlichkeit aber beträchtliche Kritik hervorrief. Auch der Beschluß zum Bau des Panzerkreuzers A bereitete im Kabinett keine Schwierigkeiten. Das Kabinett scheiterte aber an dem Entwurf für ein Reichsschulgesetz; dieses Vorhaben bildete gleichsam den ideologischen Kitt für die Zusammenarbeit zwischen Deutschnationalen und Zentrum. Das Gesetz sollte die Bekenntnisschule auf Reichsebene sichern, was sich indes mit der liberalen Grundeinstellung der DVP nicht vereinbaren ließ. So kam es im Februar 1928 zum Bruch und zum gleichzeitigen Beschluß, die ohnehin 1928 fälligen Neuwahlen zum Reichstag um einige Monate vorzuziehen.

Das Wahlergebnis vom 20. Mai 1928 entsprach dem Trend, die Opposition zu belohnen und die verantwortliche Regierung zu bestrafen. Die SPD, seit November 1923 in keiner Regierung vertreten, wurde mit 153 Abgeordneten stärkste Partei; die Kommunisten konnten neun Mandate hinzugewinnen und kamen auf 54 Sitze. Die Deutschnationalen waren die Verlierer; sie büßten fast ein Drittel ihrer Mandate ein. Selbst der Zentrumsturm zeigte Risse: Zum ersten Mal verzeichnete er eine kleine Einbuße von sieben Mandaten. Auch DVP und DDP erlitten Verluste. Die 1925 wiedergegründete NSDAP konnte mit 2,6 Prozent über den Status einer Splitterpartei noch nicht hinauskommen. Die Wahlbeteiligung war zurückgegangen; mit 75,6 Prozent erreichte sie einen Tiefpunkt. Es war ein insgesamt zwiespältiges Ergebnis. Bei deutlicher Wahlmüdigkeit gewann die Linke und die Rechte verlor. Im halbrechten Bereich aber, zwischen Deutschnationalen und DVP, etablierten sich kleinere konservative Parteien, die vornehmlich wirtschaftliche Interessen vertraten. Ein gewisses Unbehagen an den bestehenden Parteien war unübersehbar.

Bei der DNVP und beim Zentrum machte sich eine Verschiebung nach rechts bemerkbar. Ihre Parteitage im Oktober und Dezember offenbarten eine klare Absage an gemäßigte Gruppierungen oder Arbeitnehmerflügel. Vorsitzender der Deutschnationalen wurde der Alldeutsche Alfred Hugenberg, der die Partei zur Fundamentalopposition zurückführte. Beim Zentrum verfiel man mangels eines konservativen Kandidaten auf die Wahl des Prälaten Kaas, der zwar zu einer stärker autoritären Ausrichtung neigte, aber den Vorteil bot, als Priester nicht irgendeiner Interessengruppe anzugehören. Der mehr oder weniger scharfe Rechtsruck in beiden Parteien verdient Beachtung – als Zeichen der Unruhe im Parteivolk und als Signal, das bald auch in der Bevölkerung ein vielstimmiges Echo finden sollte.

Die große Koalition von 1928 bis 1930 ist primär als die Dauerkrise eines nicht mehr funktionsfähigen Parlamentarismus zu betrachten. Die SPD als stärkste Partei stellte mit Hermann Müller den Kanzler. Er war ein redlicher, auf Ausgleich bedachter Politiker ohne großes Durchsetzungsvermögen. In der Partei hatte er keinen starken Rückhalt. Diese Partei hatte die Wahlen mit der Parole »Panzerkreuzer oder Kinderspeisung« gewonnen. Dabei war der Beschluß zum Bau des Kriegsschiffes von der vorhergehenden Regierung gefaßt worden, und somit waren die Mittel im Etat für 1928 bereits bewilligt. Kinderspeisung war keine Alternative. Tatsächlich stellte der Bau des Panzerkreuzers eine durchaus ins Gewicht fallende Arbeitsbeschaffungsmaßnahme dar. Über den militärischen Wert konnte man streiten. Aber die politischen Implikationen waren weit wichtiger. Der Verzicht auf den Bau hätte zum Ausdruck gebracht, daß Deutschland selbst auf die wenigen Ersatzbauten verzichtete, die der Versailler Vertrag erlaubte. Das wiederum wäre von den Koalitionspartnern wie von der Mehrheit der Bevölkerung nicht verstanden worden. Auf jeden Fall hätte es einen schweren Konflikt mit der Reichswehr ausgelöst. Statt vor dem Eintritt in die Regierung das Problem mit all seinen politischen Folgen zu diskutieren und darüber einen Beschluß zu fassen, verdrängten es die Regierungsmitglieder in der dumpfen Hoffnung, sich irgendwie durchzulavieren und die Kritik aus der eigenen Fraktion zu überstehen.

Kaum hatte aber die Regierung den Bau des Schiffes im August 1928 ohne weitere Vorankündigung beschlossen, da beantragte die sich getäuscht fühlende SPD-Fraktion im Reichstag die Einstellung desselben. Sie zwang ihre Kabinettsmitglieder mittels des Fraktionszwanges, offen für den SPD-Antrag und damit gegen den eigenen Kabinettsbeschluß zu stimmen.[54] Das kam einem politischen Offenbarungseid der SPD gleich: Da sie die stärkste Regierungspartei war, hob sie damit das parlamentarische System aus den Angeln.

So sah die Politik der großen Koalition aus, die im Grunde gar keine große Koalition war. Im Juni 1928 hatte es nur zur Bildung einer Regierung »ohne fraktionelle Bindung« gereicht, in der das Zentrum mit einem einzigen Minister als Platzhalter vertreten war. Dann brach im Februar 1929 eine Krise aus, weil das Zentrum erfolglos drei Ressorts forderte und daraufhin seinen Minister zurückzog – Manöver, die Stresemann zu Recht veranlaßten, von einem »Zerrbild des Parlamentarismus« zu sprechen.[55] Die Krise dauerte bis zum April, als eine große Koalition ohne feste Parteibindung beschlossen wurde. Die innere Lähmung in den Fraktionen hatte bereits ein solches Ausmaß angenommen, daß sie ihre eigenen Minister im Kabinett bestenfalls tolerieren mochten, nicht aber bereit waren, sie wirksam zu unterstützen. Julius Leber hat rückblickend »jenes unheilvolle Durcheinander von schlechtem Gewissen und lahmen Ausreden« in der SPD-Fraktion bitter beklagt.[56]

Es war gewiß keine Lust an der Selbstzerstörung, die die Parteien so reagieren ließ. Die allgemeine Lage wurde komplizierter. Die wirtschaftliche Aufwärtsentwicklung verlangsamte sich. Lohnforderungen in der Schwerindustrie beantworteten die Unternehmer im Herbst 1928 mit ausgedehnten Aussperrungen. Die Sozialpolitik geriet unter Druck, denn die 1927 eingeführte Arbeitslosenversicherung war unterfinanziert. Und so deckten die Einnahmen die Kosten für die Arbeitslosenunterstützung nicht. Im Frühjahr 1929 begannen die Kassenschwierigkeiten des Reiches; die Schuldenlast nahm dramatisch zu.

Es war nicht eine »Krise vor der Krise«,[57] sondern man wirtschaftete einfach über seine Verhältnisse, wofür eine Demokratie stets anfällig ist. Die nicht unbegründeten Lohnforderungen der Arbeitnehmer, die mit dem Nachholbedarf seit 1924 gerechtfertigt wurden, konnten die öffentlichen Haushalte, vor allem die Kommunen, kaum verkraften. Sie waren nur durch die Aufnahme von Krediten zu finanzieren; das aber bewirkte eine zusätzliche Nachfrage und damit bedenkliche Zinserhöhungen – Anlaß für den wachsenden Protest der Industrie, die unter den hohen Zinsen litt, über die geringe Eigenkapitalbildung klagte und den Abbau des ganzen nach 1918 geschaffenen Systems der Sozialpolitik forderte. Solche kollektiven Begehrlichkeiten kehren sporadisch wieder – so etwa als die ÖTV 1974 zehn Prozent Lohnerhöhung forderte oder als der Öffentliche Dienst 1992 seinen Anteil an dem kurzfristigen Wiedervereinigungsboom einzutreiben versuchte, dessen tatsächliches Ende kurz bevorstand.

Politische Konflikte, die aus Verteilungskämpfen entstehen, klingen in der Regel ab, wenn die wirtschaftlichen Realitäten in Form von Umsatzrückgängen und Entlassungen fühlbar werden. Noch ehe diese 1930 einsetzten, eskalierten 1929 aber die Auseinandersetzungen um die Finanzierung der Arbeitslosenversicherung zu einem Grundsatzkonflikt mit scharfer Frontstellung von Arbeitgebern und Arbeitnehmern. Daß deren Vertreter in einer Regierung saßen, konnte die Arbeitsfähigkeit der Exekutive nur mindern.

Der Konjunkturabschwung und die zunehmenden Finanzprobleme sind jedoch nicht in der Weise zu interpretieren, daß sich bereits hier Auswirkungen der Weltwirtschaftskrise zeigten, die mit dem Kurssturz am »schwarzen Freitags« in New York im Oktober 1929 »ausgebrochen« sei. Eine solche Vorstellung war den Zeitgenossen noch fremd. Die Berliner Presse zeigte sich vielmehr erleichtert, daß die Hausse in New York endlich ein Ende habe und nun wieder billigeres Auslandsgeld zu erwarten sei. Nur die Landwirtschaft litt unter dem Preisverfall ihrer Produkte, der schon vor 1929 eingesetzt hatte; aber dieser krisenhafte Teilaspekt wurde nicht als Vorbote der großen Krise verstanden. Im Grunde ist der deutschen Öffentlichkeit erst im Jahre 1931 bewußt geworden, daß sie mit einer außergewöhnlich schweren Wirtschaftskrise konfrontiert war.

Die Krise begann in Deutschland als politische Krise, als Krise des parlamentarischen Systems, das nicht mehr die notwendigen Mehrheiten zustande brachte, nicht mehr die Staatsausgaben unter Kontrolle bekam und ein Bild innerer Zerrissenheit bot, das zunehmend abschreckend wirkte. Es waren hausgemachte politische Probleme, nicht das Übergreifen weltweiter Krisenerscheinungen, die auch in Deutschland ein Krisenbewußtsein schufen.

Unter solchen Voraussetzungen mußte eine Änderung des Zahlungsplans für die Reparationen erreicht werden, denn die Annuitäten des Dawes-Planes waren beim besten Willen nicht aufzubringen. Nach komplizierten Verhandlungen und dramatischen Auseinandersetzungen unterschrieben die Sachverständigen am 7. Juni 1929 den Young-Plan, der Reparationszahlungen bis 1988 vorsah mit Jahresbeiträgen bis zu zwei Milliarden Reichsmark. Das bedeutete gegenüber dem Dawes-Plan eine Reduzierung der jährlichen Zahlungen. Die lange Geltungsdauer hatte die deutsche Delegation in der Erwartung akzeptiert, daß es nach einiger Zeit wieder zu Revisionsverhandlungen kommen werde. Ein Sachkenner hat jüngst geurteilt: »Der Youngplan war ein Kompromiß, aber kein realistischer. Er beruhte auf keiner sachlichen Einschätzung der deutschen Zahlungs- und Transferfähigkeit.«[58] Es war ein wirtschaftlicher Schönwetterplan, der nur bei weiterem Zufluß ausländischer Kredite und einer halbwegs befriedigenden Wirtschaftslage funktionieren konnte. Zudem sollte ein diplomatischer Erfolg die bedenkliche Langfristigkeit der finanziellen Verpflichtungen leichter hinnehmbar machen. Das war die vorzeitige Räumung des Rheinlandes, die der todkranke Außenminister Stresemann auf einer Regierungskonferenz im August in Den Haag erzielt hatte. Ende 1930 sollte der Rückzug der Besatzungstruppen abgeschlossen sein.

Was noch wenige Jahre zuvor als großer Erfolg gefeiert worden wäre, verpuffte fast wirkungslos. Der Young-Plan löste in Deutschland einen so heftigen Protest aus, daß darüber die positiven Ergebnisse wenig Beachtung fanden. Die nationalistische Agitation entzündete sich an dem langen Zahlungsplan. Mit der suggestiven Parole, daß zwei Generationen junger Deutscher als »Youngproleten« versklavt würden, formierte sich der Widerstand der Rechten, der schließlich zu einem Volksbegehren gegen den Young-Plan führte. Gegenstand des Volksbegehrens war ein Gesetzentwurf, der die strafrechtliche Verfolgung wegen Landesverrats für jeden vorsah, der den Young-Plan unterzeichnete. Darunter fiel auch der Reichspräsident, was dieser Hugenberg, dem Motor des Unternehmens Volksbegehren, nie verzieh. Das Volksbegehren schaffte knapp das Limit von zehn Prozent der Wahlberechtigten. Damit war der für Ende 1929 vorgesehene Volksentscheid aussichtslos. Immerhin waren es über vier Millionen, die ihren Protest auf diese Weise bekundet hatten. Die Rechte war in Bewegung geraten.

Im selben Jahr erschien »Im Westen nichts Neues« von Erich Maria Remarque. Es läßt sich nicht sagen, ob es in der deutschen Gesellschaft mehr Zustimmung zu diesem desillusionierenden Roman über den Ersten Weltkrieg oder mehr Widerstand gegen den Young-Plan gegeben hat. Die Polarisierung aber trat überaus deutlich in Erscheinung, bevor die eigentliche politische Radikalisierung einsetzte.

Am 3. Oktober 1929 starb Gustav Stresemann. Er erlag einem Schlaganfall, nachdem sein Gesundheitszustand schon längere Zeit zu schwersten Bedenken Anlaß gegeben hatte. Es wäre falsch zu sagen, Stresemanns Politik der friedlichen Revision sei angesichts der Feindschaft, die der Young-Plan hervorrief, gescheitert. Gewiß hatte sich eine Diskrepanz aufgetan zwischen der Ungeduld vieler Deutscher, die langfristige Reparationszahlungen einfach nicht mehr hinnehmen wollten, und der notwendigerweise behutsamen Revisionspolitik, die auch auf die innenpolitische Situation bei den Reparationsgläubigern Rücksicht nehmen mußte. Das Ende der Reparationszahlungen, das der Druck der Weltwirtschaftskrise schließlich 1932 einer politischen Null wie Franz von Papen bescherte, hätte einem Außenpolitiker vom Range Stresemanns ganz andere Gestaltungsmöglichkeiten eröffnet.

Stresemanns Tod verstärkte die Tendenz in der eigenen Partei, die große Koalition zu verlassen. Der ohnehin geringe Zusammenhalt wurde noch schwächer, während die politischen Schwierigkeiten zunahmen. Da die Reparationsleistungen nur durch strikte staatliche Sparmaßnahmen zu erwirt-

Gustav Stresemann galt manchem als Zauberer. Seine Politik im Herbst 1923 ist ein eindrucksvolles Beispiel dafür, wieviel persönlicher Einsatz und Geschicklichkeit zur Überwindung der Krise beitragen können. Locarno ist unauflöslich mit seinem Namen verbunden. Für das, was man den »Geiste von Locarno« nannte, erhielten er und sein französischer Partner Briand 1926 den Friedensnobelpreis. Stresemann war ein ehrgeiziger Politiker, aber er behrrschte die Kunst des Kompromisses, ohne dabei das Ziel aus den Augen zu verlieren. Wenn ein Kanzler mit ähnlichen Fähigkeiten die deutsche Politik nach 1930 geführt hätte, wäre den Deutschen mit großer Wahrscheinlichkeit der Machtantritt Hitlers erspart geblieben. Als das Bild der Familie Stresemann im Sommer 1928 entstand, war die Gesundheit des Außenministers bereits angeschlagen.

schaften waren, mußte das Schuldenmachen ein Ende haben. Es war die klassische Situation, die zu bewältigen immer wieder große, manchmal unüberwindliche politische Probleme verursacht: Man mußte die Sozialleistungen und gleichzeitig die Unternehmenssteuern senken, um den Staat von Ausgaben zu entlasten und die Lage der Industrie zu verbessern. Eine solche Politik ist stets unpopulär; sie durchzusetzen erfordert Entschlossenheit und Durchsetzungskraft der Regierung – und gerade daran fehlte es.

Zwischen der Zustimmung zum Young-Plan und der Sanierung der Finanzen forderte das Zentrum ein Junktim, sonst würde es der Ratifikation des Young-Plans nicht zustimmen. Die Nervosität nahm zu, als sich der Reichsbankpräsident Schacht mit einer fadenscheinigen Begründung aus der Verantwortung stahl und am 7. März 1930 seinen Rücktritt erklärte, da der Young-Plan, den er mit ausgearbeitet hatte, in den Schlußverhandlungen verschlechtert worden sei. Der Reichspräsident indes bestärkte das Zentrum in seiner Haltung, indem er am 11. März die Versicherung abgab, daß er sich für die Einführung der geplanten neuen Steuern mit allen Mitteln einsetzen werde. Angesichts dieser Zusicherung sah das Zentrum seine Forderungen nach einem Junktim als erfüllt an und bestand nicht mehr auf seiner Verwirklichung. So konnte am 12. März die Ratifikation des Young-Plans über die Bühne gehen. Damit entfiel aber die Klammer, die das Kabinett letztlich zusammengehalten hatte, schließlich waren alle Koalitionspartner überzeugt, daß es zur raschen Annahme des Plans keine Alternative gebe.

Ganz anders stand es jedoch um das finanzielle Sanierungsprogramm. Die Kompromißvorschläge, die das Kabinett erarbeitete, wurden immer komplizierter, brachten aber keine Annäherung. Es ging letztlich um die Finanzierung der Arbeitslosenversicherung durch Leistungssenkungen und um ein Steuerprogramm, das sowohl Verbrauchs- als auch Besitzsteuern erhöhte.

Darüber zerbrach am 27. März 1930 die Koalition. Die SPD ließ sich den schwarzen Peter zuschieben, was leicht gelang, da sie bei der Frage der Arbeitslosenversicherung kompromißlos blieb. Während die Auguren in der DVP schon wußten, daß sich andere politische Kombinationen anbahnten, versteifte sich die SPD-Fraktion unter dem Druck der Gewerkschaften darauf, keinen Sozialabbau zuzulassen. Ob überhaupt noch eine Regierung nach dem Bruch der großen Koalition zustande kommen könnte, interessierte offensichtlich nicht. Theoretisch gab es unter Einbeziehung der Bayerischen Volkspartei eine Mehrheit links von der DVP. Da aber die geplante Biersteuererhöhung das bayerische Volk zutiefst empörte, versagte sich die Partei. Eine Minderheitsregierung, die die sozialpolitischen Grausamkeiten durchzuführen bereit war, die die SPD strikt ablehnen mußte, kam gar nicht in Betracht, da sie keine

Chance auf Tolerierung hatte. Gab es einen Ausweg aus dieser Sackgasse? Zumindest keinen, der mit dem parlamentarischen System zu vereinbaren war. Dieses hatte sich selbst aufgegeben.

DIE INNENPOLITISCHE WENDE: DAS KABINETT BRÜNING

Während der langen Monate der Agonie des Kabinetts Hermann Müller hatte sich, unbemerkt von der Öffentlichkeit, in der Umgebung des Reichspräsidenten ein politischer Kurswechsel vollzogen. Er ging von Schleicher aus, der als Chef des Ministeramtes im Reichswehrministerium quasi den Posten eines Staatssekretärs bekleidete.

Mit Schleicher kam seit dem Beginn des Jahres 1930 die Parole von einem »Hindenburg-Kabinett« auf. Zwei Ursachen waren neben den allgemein beklagten Schwächen der großen Koalition für die Wende maßgebend: Die SPD galt nicht mehr als regierungsfähig und sollte, vor allem wegen ihrer wehrfeindlichen Haltung, von der Regierung in Zukunft fern gehalten werden. Hier zeigten sich die Wirkungen der überzogenen Agitation gegen den Bau des Panzerkreuzers A, die um so mehr ins Gewicht fielen, als die Beschlußfassung über den zweiten Ersatzbau, den Panzerkreuzer B, bevorstand. Zudem wurde die Partei nicht für fähig gehalten, die notwendigen Sparmaßnahmen mitzutragen.[59]

Auf der anderen Seite beförderte die Hetze von rechts gegen den Reichspräsidenten das »Hindenburg-Kabinett«. Vor allem die Blätter des Hugenberg-Konzerns taten sich dabei hervor. Die Kritik richtete sich dagegen, daß Hindenburg mit Sozialdemokraten und sogar mit einem sozialdemokratischen Reichskanzler regierte, mehr aber noch und wesentlich schärfer im Ton wurde er angegriffen wegen seiner Unterschrift unter den Young-Plan. Hugenberg ins Abseits zu manövrieren, war die Voraussetzung für die Bildung einer »arbeitsfähigen Rechten«. Ein solches Vorhaben schien nicht ohne Aussicht auf Erfolg, denn bei den Deutschnationalen kriselte es seit dem Herbst 1929. Hugenbergs autoritärer Führungsstil und seine radikale Opposition stießen bei den Gemäßigten in der Partei zunehmend auf Widerspruch. Erste Abspaltungen hatten schon stattgefunden, weitere waren zu erwarten.

Statt die ohnehin zum Scheitern verurteilte große Koalition mit Hilfe des Artikels 48 künstlich am Leben zu halten und den Reichspräsidenten weiterhin den Verunglimpfungen von rechts auszusetzen, sollte ein neuer Anfang gemacht werden mit einem Kabinett ohne SPD-Beteiligung, aber auch ohne

Koalitionsbindung. Es sollte links von Hugenberg und rechts von der SPD angesiedelt sein. Mit den Nationalsozialisten rechnete damals niemand. Eine Regierung innerhalb dieses Spektrums war der Reichspräsident bereit zu unterstützen. Schleicher, der Drahtzieher im Hintergrund, erwartete von der neuen Lösung, daß sich bald das »Vertrauen und ein dringend notwendiger Optimismus einstellen, das mit der alten Firma nicht mehr herzustellen ist«.[60]

Was in der Endphase des Kabinetts Hermann Müller vorbereitet wurde, war keine politische Weichenstellung grundsätzlicher Art. Hier wurde auch dem parlamentarischen System nicht bewußt der Todesstoß versetzt. Das ging an sich selbst zugrunde. Da die Akteure dessen Schwächen kannten, wollten sie vielmehr einige seiner schlimmsten Fehler vermeiden, nicht aber eine bewußte Wende zum Präsidialregime vollziehen. Die lag noch in der Zukunft.

Mit dem 27. März 1930 soll die »Auflösungsphase« der Weimarer Republik begonnen haben.[61] Eine Auflösung dieses Staates erfolgte zwischen 1930 und 1933 aber ebensowenig wie ein Machtvakuum entstanden ist. Man sollte von so inadäquaten Begriffen, die zu Beginn von Karl Dietrich Brachers Forschungen über das Ende der Weimarer Republik geprägt worden sind, endlich Abschied nehmen. Ein Staat löst sich nicht auf, und aus dem Funktionsverlust des Parlaments folgte kein Machtvakuum, sondern im Gegenteil eine Machtkonzentration bei Reichspräsident, Reichskanzler und Reichswehr.

Gewiß stellte das Ende der großen Koalition und die zwei Tage später erfolgende Ernennung des neuen Kabinetts unter dem Zentrumskanzler Heinrich Brüning eine Zäsur dar. Man sollte die Bedeutung dieser Ereignisse aber nicht überschätzen, denn die eigentliche Wende erfolgte erst mit den Septemberwahlen 1930. Der Ende März vollzogene Wandel bestand vor allem darin, daß die Regierungsbildung hauptsächlich von der Reichswehrführung, also einer Macht außerhalb des Parlaments, bereits zu einem Zeitpunkt betrieben wurde, als das amtierende Kabinett noch nicht zurückgetreten, sein Ende aber absehbar war. Zugleich offenbarte sich ein anderer, politisch gewichtiger Unterschied: Im Gegensatz zu Ebert war Hindenburg nicht an der Erhaltung oder Stärkung des parlamentarischen Systems interessiert, sondern primär an einem Kabinett, das ihn selbst aus der politischen Schußlinie nahm.

Der Kanzlerkandidat tat jedenfalls nichts, um seinen Vorgänger zu stürzen, im Gegenteil: Heinrich Brüning bemühte sich energisch um die Stützung des Kabinetts. Er wußte zwar aus Begegnungen mit Groener und Schleicher seit dem Jahre 1929, daß er bei der Reichswehrführung als Kanzlerkandidat galt, strebte aber nicht von sich aus den Posten des Regierungschefs an.

Für Brüning sprachen mehrere Eigenschaften. Er war ein einflußreicher Zentrumspolitiker, zudem Finanzexperte, was angesichts der Haushaltspro-

bleme dringend nötig war, und schließlich ein Reserveoffizier, der als Oberleutnant einer MG-Kompanie an der Westfront gekämpft hatte und Preußentum und Militär hohen Respekt zollte. Seine Grundhaltung war konservativ,
seine Einstellung gegenüber dem bis dahin praktizierten Parlamentarismus
notwendigerweise kritisch; aber er besaß keine festen Feindbilder und richtete
sich mehr an Personen als an Ideologien und Parteiprogrammen aus, was auch
seine guten Beziehungen zu SPD-Politikern zeigten. Vor 1933 ließ er keinerlei
Anzeichen einer monarchistischen Gesinnung oder eines Plans zur Restauration der Monarchie erkennen. Solche Überlegungen tauchten erst 1934 in der
Emigration und schließlich in seinen Memoiren auf. Sie scheinen eine Art Eck-
punkt der von ihm entwickelten Rechtfertigungsargumentation zu sein, die
einerseits Fakten und Geschehensabläufe verdrängte, andererseits aber mit der
angeblichen Neigung zur Monarchie nachträglich ein Ziel ins Spiel brachte,
mit dessen Hilfe die Kritik an seiner Politik unterlaufen werden sollte. Zu diesem Verdrängungsprozeß paßt auch, daß er in späteren Jahren früheren Weggefährten aus dem inneren Kreis – wie etwa dem Staatssekretär Hans Schäffer –,
die seiner Politik schließlich kritisch gegenüberstanden, unlautere Motive unterstellte. Paranoide Vorstellungen sind unübersehbar.[62]

Brüning stellte als Reichskanzler neben Hindenburg und Schleicher so etwas wie den Juniorpartner für die Erledigung der laufenden Geschäfte dar, der
aber stets auf seine beiden Seniorpartner Rücksicht nehmen mußte. Seine Memoiren deuten an, daß er beim Amtsantritt als Reichskanzler ein festes Konzept, eine weitreichende politische Strategie besessen habe. Das ist wenig
glaubwürdig, denn tatsächlich kann man von einer Strategie nicht sprechen.
Reparationen und Young-Plan spielten zu Beginn keine Rolle. Die Behauptung, daß er schon 1929 für das Jahr 1930 Revisionsschritte ins Auge gefaßt
habe, gehört ins Reich der Phantasie.[63] Für ihn standen die Notwendigkeit eines ausgeglichenen Haushalts und die Rückkehr zu einer soliden Finanzpolitik
im Vordergrund. Gleichwohl war ihm im Frühjahr 1930 nicht bewußt, daß sich
Deutschland in einer schweren Wirtschaftskrise befand. Damit stand er nicht
allein. Auf den Konjunkturrückgang, das Stagnieren der Arbeitslosenzahlen
und den ausbleibenden Frühjahrsaufschwung reagierte die Regierung mit Arbeitsbeschaffungsmaßnahmen, die vor allem Bahn und Post durchführen sollten. Brüning setzte also zu diesem Zeitpunkt auf Wirtschaftsbelebung durch
Arbeitsbeschaffung sowie auf verstärkte Exportbemühungen.

Der Kanzler suchte nicht die Konfrontation mit dem Reichstag, und er war
dabei erfolgreich. Er gewann die Abstimmung über ein Mißtrauensvotum
ebenso wie die weit wichtigere über Deckungsvorlagen und das Agrarpro-
gramm, da ein Teil der Deutschnationalen für die Regierung stimmte. Brüning

bemühte sich stets um eine Mehrheit im Reichstag, aber letztlich war doch für ihn ausschlaggebend, daß der Reichspräsident hinter ihm stand und er damit die Auflösungsorder für den Reichstag besaß und die Möglichkeit, Notverordnungen zu erlassen. Der Artikel 48 muß damals in der Vorstellung von Brüning und Schleicher den Charakter einer Wunderwaffe besessen haben, die alle Schwierigkeiten mit einem Schlag zu überwinden imstande sei. Sie sahen in der Diktaturgewalt des Reichspräsidenten das wirksame Mittel gegen einen widerstrebenden oder ablehnenden Reichstag, ohne sich darüber stets im klaren zu sein, daß das Regieren mit Notverordnungen ein Ende hatte, sobald der Reichstag von seinem verfassungsmäßigen Recht Gebrauch machte und deren Aufhebung beschloß. Dann konnte der Reichstag zwar aufgelöst werden, aber damit war noch keine Garantie gegeben, daß der neu gewählte Reichstag größeres Entgegenkommen zeigen würde. Es konnte nämlich auch das Gegenteil eintreten.

Die Verschlechterung der Wirtschaftslage – und das hieß sinkende Steuereinnahmen und wachsende Ausgaben für die Arbeitslosen – ließ Mitte 1930 die Suche nach Einnahmen zur Deckung des Haushaltsdefizits in den Vordergrund treten. Die Pläne zur Arbeitsbeschaffung verschwanden in der Versenkung. Die Verhandlungen über neue Sparmaßnahmen zogen sich hin; so wurde es Juli, bis die Regierung ihre neuen Deckungsvorlagen dem Reichstag vorlegte. In der Abstimmung am 16. Juli wurden sie mit den Stimmen von SPD, KPD und einem Teil der DNVP abgelehnt. Noch am selben Tage wurden zwei Notverordnungen erlassen, die im wesentlichen den Inhalt der Deckungsvorlagen enthielten. Zwei Tage später beschloß der Reichstag, beide Notverordnungen, wenn auch mit der knappen Mehrheit von 14 Stimmen bei 33 abwesenden Abgeordneten, abzulehnen. Daraufhin erfolgte prompt die Auflösung des Reichstags.

Neuwahlen wurden für den 14. September angesetzt. Irgendwelche Überlegungen, wie die Regierungsparteien bei den Wahlen abschneiden würden, stellte man offenbar nicht an. Dafür wurden am 26. Juli neue Notverordnungen erlassen, die wesentlich umfassender waren, also den Bürger weit stärker belasteten als die zuvor aufgehobenen. Als Wahlgeschenk konnten sie gewiß nicht verstanden werden, vielmehr unterstrichen sie das Selbstverständnis der Regierung, die ihre Maßnahmen als sachlich notwendig und damit gerechtfertigt ansah. Eine Rücksichtnahme auf die Wähler zog man gar nicht in Betracht, zumal die Regierung die Protestbewegung kaum erkannt hatte, die in der Bevölkerung entstanden war. Am 14. September sollte sich dann der Unmut explosionsartig entladen.

DER AUFSTIEG DER NSDAP

Im September 1919 beauftragte ein bayerischer Reichswehrhauptmann den Gefreiten Adolf Hitler, Vertrauensmann einer Kompanie und ehemaliges Soldatenratsmitglied, in München an einer Versammlung der »Deutschen Arbeiterpartei« (DAP) teilzunehmen. Aus diesem Auftrag erwuchs eine ebenso dauerhafte wie folgenreiche Verbindung.

Für Hitler war damit im September 1919 die Suche nach einer politischen Heimat und einer Zukunftsperspektive, die ihn seit dem Kriegsende beschäftigt hatte, zu einem Abschluß gekommen. In diesem Zeitraum hatte er eine erstaunliche Entwicklung genommen vom Mitläufer des Regimes der gemäßigten Sozialisten, also der Richtung Ebert und Noske, zum fanatischen Antisemiten und Anhänger der völkischen Rechten. Bei dieser Wanderung von der gemäßigten Linken als dem in der Revolution einzigen politischen Ordnungsfaktor bis zur äußersten Rechten hatte sich nur eines nicht geändert: die Basis seiner Existenz, und das war die Kaserne. Sie sicherte dem berufslosen und im Wirtschaftsleben chancenlosen Österreicher das Dach über dem Kopf und zumindest schmale Kost. Hier traf er auf die Reichswehroffiziere, die nach der Niederschlagung der Räterevolution in München auch in politischer Hinsicht das Sagen hatten und für seine Zukunft die Weichen stellen sollten, als sie sein Rednertalent entdeckten und ihn daraufhin politisch förderten.

Nach dem Abbruch der Realschulausbildung in Linz war Hitler 1907 nach Wien gegangen, um an der Kunstakademie Malerei zu studieren, aber zweimal bei der Aufnahmeprüfung gescheitert. Er war in Wien keineswegs so arm, wie er in »Mein Kampf« behauptete; dennoch erlebte er Zeiten wirklicher Not, die ihn auch ins Obdachlosenasyl brachten. Seit 1911 konnte er sich mit dem Malen und Verkaufen von Bildern mit Wiener Motiven über Wasser halten. Er las viel und erwarb sich dadurch ein vielseitiges Wissen. Besonderes Interesse zeigte er auf Teilgebieten der Architektur, und er entwickelte ein Verständnis für technische Dinge, das später seine Gesprächspartner immer wieder verblüffen sollte. Seine stärksten Erlebnisse in Wien waren die Aufführungen der Opern Richard Wagners. Die politischen Auseinandersetzungen verfolgte er aufmerksam, ohne sich jedoch politisch zu engagieren. Sein Standpunkt war extrem großdeutsch und sozialistenfeindlich; die antisemitischen Standpunkte von den Alldeutschen bis zu Georg von Schönerer und dem Wiener Bürgermeister Karl Lueger waren ihm vertraut. Diese beiden hatten bereits einen Führerkult entwickelt, von dem Hitler später manches übernahm.

Kürzlich ist eine gründliche Untersuchung über Hitlers Wiener Jahre unter Hinweis auf einige bisher unbekannte Zeugnisse zu dem Ergebnis gekommen,

daß Hitler in Wien kein Antisemit gewesen sei.[64] Er habe gute Geschäftsbeziehungen zu jüdischen Bilderhändlern unterhalten, Hochachtung und Respekt
für den jüdischen Arzt bezeugt, der seine krebskranke Mutter behandelt hatte,
und im Männerheim jüdische Gefährten gehabt. Angesichts dieser zuverlässigen Belege wird man zu dem differenzierenden Urteil kommen müssen,
daß Hitler zwar das Arsenal antisemitischer Argumente kannte, aber daraus für
seine Einstellung gegenüber Juden keine Konsequenzen zog. Als Deklassierter,
der in Wien nirgendwohin gehörte, brauchte er keine Angst vor einem möglichen Statusverlust durch jüdische Machenschaften zu haben, denn er hatte
keinen Status. Im Wiener Völkergemisch, das ihn insgesamt abstieß, sah er in
den Juden nichts spezifisch Bedrohliches. Die ganze verrottete Habsburger-
monarchie lehnte er ab, nicht aber die Juden als vereinzelte Gruppe, im Gegenteil: Die jüdischen Händler, die ihm seine Bilder für einen anständigen Preis
abkauften, waren für ihn von großer Bedeutung. Politisch wichtiger als seine
Haltung gegenüber den Juden war seine großdeutsche Einstellung, seine Be-
wunderung des Deutschen Reiches, dessen rasanter Aufstieg sich so vorteilhaft
von der zunehmenden Lähmung der Doppelmonarchie unterschied.

In Wien hatte er keine Perspektive und auch in München nicht, wo er seit
1913 sein Glück versuchte. Der Kriegsausbruch 1914 bedeutete für ihn die Erlö-
sung, nicht nur im Sinne des weitverbreiteten Gefühls der Erleichterung, dem
»Elend der Normalität« zu entkommen,[65] sondern ganz elementar aus seiner
hoffnungslosen persönlichen Situation.

Als Kriegsfreiwilliger in einem bayerischen Regiment kam er nach kurzer
Ausbildung an die Westfront und gehörte zu den Überlebenden der sinnlosen
Angriffe auf Ypern Ende Oktober 1914. Zum ersten Mal war er in eine Gemeinschaft integriert, doch er blieb ein Sonderling. Er war ein tapferer Soldat, durchweg Meldegänger und für einen Gefreiten mit dem Eisernen Kreuz 1. und
2. Klasse hoch dekoriert.

Im Krieg muß der Prozeß der Politisierung eingesetzt haben, wahrscheinlich während eines längeren Lazarettaufenthalts in Beelitz bei Berlin zwischen
Oktober und Dezember 1916 und beim Ersatzregiment in München bis zum
März 1917. Das war die Zeit des schlimmsten Hungers, der Kürzung der Ratio-
nen sowie der ersten größeren Proteststreiks, aber auch der zunehmenden innenpolitischen Zerrissenheit und des wachsenden Antisemitismus. Diese
beunruhigenden Eindrücke müssen sich dem einsamen Frontsoldaten, für den
das Schicksal Deutschlands stets im Vordergrund stand, tief eingeprägt haben.

Nach Kriegsende erlebte er die Regierungszeit Eisners und die Radikalisierung nach dessen Ermordung bis hin zur bolschewistisch getönten Räteherrschaft als Zuschauer im München. Er registrierte, wie überall in Deutschland

Juden in Spitzenpositionen gelangten – zwei Mitglieder im Rat der Volksbeauftragten, drei Minister einschließlich des Ministerpräsidenten in der preußischen Regierung waren jüdisch[66] –, und er registrierte die Illusionen der Regierenden, einen Frieden der Versöhnung, eben den Wilson-Frieden, aushandeln zu können.

Revolution und Niederlage hatten einen grundlegenden Wandel seiner politischen Anschauungen bewirkt. Das erste Zeugnis Hitlers, das einen radikalen Rassenantisemitismus zeigt, stammt vom September 1919.[67] Die umstürzende Erkenntnis, daß das Judentum der eigentliche Urheber der deutschen Niederlage sei, macht den wilden Antisemitismus Hitlers nach 1918 erklärlich und paßt durchaus zu dem Befund, daß aus seiner Wiener Zeit keine antisemitischen Äußerungen von ihm bekannt sind. Die Walze der antisemitischen Agitation mit ihren sattsam bekannten Argumenten war eine Sache; die Erkenntnis aber, daß die Juden den Zusammenbruch Deutschlands herbeigeführt hatten, des höchsten Wertes, den der Nationalist Hitler kannte, war etwas grundsätzlich anderes. Im Lichte dieser neuen Erkenntnis reaktivierte er die Wiener Eindrücke und stilisierte sich in »Mein Kampf« zum fanatischen Antisemiten und die Wiener Erfahrungen zur »granitenen Grundlage« seiner Weltanschauung.[68]

Die Juden waren verantwortlich für die Niederlage – das war das Ergebnis seines Politisierungsprozesses, der im Sommer 1919 einen vorläufigen Abschluß fand. Welche Einstellung hatte Hitler aber vertreten, als er im Dezember 1918 nach München zurückkehrte? Seine eigene, unzählige Male kolportierte Behauptung, daß er im Lazarett in Pasewalk beschlossen habe, Politiker zu werden, verdient wenig Glauben, ebenso wenig seine Darstellung der Münchner Zeit. In einer neueren Arbeit, die zum ersten Mal sämtliche Militärakten ausgewertet hat, wird die These vertreten, Hitler sei Anfang 1919 ein Anhänger der Mehrheitssozialdemokratie gewesen.[69] Das ist wohl übertrieben, andererseits steht fest, daß er sich dem opportunistischen Milieu der Ersatztruppenteile angepaßt hatte. Er gehörte einem Demobilmachungsbataillon an, dessen Soldaten nur deshalb nicht entlassen wurden, weil sie weder Arbeit noch Unterkunft hatten. Sehr wahrscheinlich wurde er Mitte Februar 1919 zum Vertrauensmann seiner Kompanie gewählt. Am 15. April, nach Ausrufung der Räterepublik und der Aufstellung einer Roten Armee in München, wurde er sogar zum Vertreter eines Kasernenrats benannt.[70] Die Räterepublik und ihre jüdischen Führer lehnte er gewiß ab. Seine Kandidatur und Wahl zum stellvertretenden Soldatenratsmitglied zeigen jedoch, wie sehr er mit seiner Umgebung übereinstimmte und daß er keineswegs als rechter Außenseiter in Erscheinung trat.

Nach der Eroberung Münchens findet man ihn bereits am 9. Mai 1919 als Mitglied einer Untersuchungskommission, die prüfte, ob Soldaten sich während der Räteherrschaft etwas zuschulden kommen ließen. Damit stand er als Zeuge und Ankläger in einer Person auf der Gegenseite. Später wurde er im Lager Lechfeld eingesetzt, wo er zurückkehrende deutsche Kriegsgefangene über die Situation aufklärte, also im nationalistischen und republikfeindlichen Sinn propagandistisch beeinflußte. Seine erfolgreiche Agitation stärkte sein Ansehen bei seinen Vorgesetzten, denn dieser Gefreite konnte reden und seine Hörer überzeugen. Politische Agitation ist normalerweise die Stärke der Linken, für Militärs eher etwas Unheimliches. Um so mehr schätzten sie Hitlers Fähigkeiten.

Es gab in München eine ganze Reihe von Parteineugründungen, auf die die Reichswehr ein Auge hatte. Zweifellos war es ein folgenschwerer Zufall, daß Hitler mit der Deutschen Arbeiterpartei in Kontakt kam. Auf deren Gründer Drexler ging das Bemühen zurück, mit Hilfe der Partei die Synthese von Nation und Arbeiterschaft, die Friedrich Naumann vor dem Krieg mit seinem nationalsozialen Verein zu begründen versucht hatte, zu verwirklichen. Das gelang ihm auf sehr niedrigem Niveau, indem er auf antisemitischer Basis in deutlicher Frontstellung gegen Marxismus und Sozialdemokratie für einen nationalen Sozialismus eintrat.

Die Erweiterung der DAP zur Nationalsozialistischen Deutschen Arbeiterpartei im Februar 1920 trug diesem Anspruch Drexlers verstärkt Rechnung, ebenso das hauptsächlich noch von ihm und seinen Gründungsgenossen formulierte 25-Punkte-Programm. Die meisten der Punkte hatten eine mehr oder weniger antisemitische Tendenz. Mit der Forderung nach Brechung der Zinsknechtschaft, dem Steckenpferd des Parteimitgliedes Gottfried Feder, und der Betonung des Grundsatzes »Gemeinnutz geht vor Eigennutz« sowie der entschädigungslosen Enteignung von Grundbesitz, die später allerdings zurückgenommen wurde, glaubte man sozialistischen Zielsetzungen gerecht zu werden. Typische Mittelstandsforderungen wie die »Kommunalisierung« der Warenhäuser und der Aufbau einer ständisch gegliederten Wirtschaft rundeten das dürftige Machwerk ab. Hitler hat es schon 1921 für »unabänderlich« erklärt, um jede politische Auseinandersetzung in der Partei unter Berufung auf das Programm zu unterbinden.

Mit dem Eintritt in die DAP als Nummer 7 des Arbeitsausschusses und der Mitgliedsnummer 555 verschaffte sich Hitler eine exzellente Startposition, um mit Diskussionsbeiträgen und seit November 1919 als Parteiredner in immer häufiger anberaumten und besser besuchten Versammlungen der NSDAP das Wort zu ergreifen. Sein Programm war damals schon fest ausgebildet. Es lief auf einen fanatischen Nationalismus hinaus, der nicht nur die Revision von Versailles, sondern als deren Voraussetzung die »Gesundung« und »nationale Wiedergeburt des deutschen Volkes« und damit den »Kampf gegen das internationale Judentum« und den Marxismus zum Ziel hatte. Obwohl die spezifische Nähe zur linken Konkurrenz durch Übernahme von Formen und Symbolen den Eindruck erweckte, es sei ihm tatsächlich um den Kampf gegen diese gegangen, ist festzuhalten, daß die Auseinandersetzung mit dem Marxismus innenpolitisch zwar notwendigerweise im Vordergrund stand, daß aber dennoch der Nationalismus, der Kampf gegen Versailles, das zentrale Anliegen blieb. Doch solange keine Machtmittel vorhanden waren, diesen Kampf aufzunehmen, richtete sich die politische Agitation gegen den marxistischen Gegner. Es gilt jedoch die Priorität der nationalistischen Zielsetzung stets im Blick zu behalten.

Die Rednertätigkeit muß Hitler ein derartiges Erfolgserlebnis verschafft haben, daß Fragen der Parteiorganisation und seiner Stellung in der Partei für ihn eher nebensächlich wurden.

Die Parteirevolte vom Juni 1921, die ihn im Ergebnis zum Parteivorsitzenden mit diktatorischen Vollmachten beförderte, ist für sein Verhalten aus zwei Gründen aufschlußreich.[71] Während einer längeren Abwesenheit Hitlers von München hatte der Ausschuß, also der Vorstand der Partei, Gespräche mit Vertretern von zwei der NSDAP politisch nahestehenden Parteien mit dem Ziel der engeren Zusammenarbeit aufgenommen. Hitler stieß überraschend zu den Verhandlungen, die nicht in seinem Sinne waren. Als sein Widerstand gegen die neueste Entwicklung erfolglos blieb, teilte er dem Ausschuß brieflich seinen Austritt aus der Partei mit. Diese Drohung führte letztlich zur Kapitulation des Ausschusses, der Hitler den Posten des ersten Vorsitzenden anbot. Fusionen mit anderen Parteien sollte es bei ihm nie geben; nur Übertritte ohne jede Bedingung waren für ihn akzeptabel.

Mit dem neuen Führer erhielt die Partei die Rechtsform eines eingetragenen Vereins und damit zugleich eine Satzung. Sie räumte Hitler diktatorische Rechte ein, statuierte ein rigides Ausschlußverfahren und hatte vor allem die Aufgabe, die Position des Vorsitzenden und die des ihm ergebenen Vorstandes vor feindlichen Übernahmemanövern zu schützen, die angesichts der geringen Mitgliederzahl damals nicht auszuschließen waren. Auch andere Organisationen kannten diese Konstruktion. So war beispielsweise der »Stahlhelm« ebenfalls ein eingetragener Verein, was seinem Vorsitzenden Seldte die Führung sicherte.

Ein weiteres Ereignis aus dem Jahre 1921, das die Veranstaltungsregie Hitlers fortan prägte, verdient festgehalten zu werden, nämlich die legendäre »Schlacht«

im Hofbräuhaus. Hitlers Versammlungen zogen schon 1920 drei- bis viertausend Zuhörer an, wobei die SA als Saalschutz eingesetzt wurde – angesichts
der hemmungslosen Aggressivität Hitlers eine Notwendigkeit. Störer und Zwi-
schenrufer mußten hinausgeworfen werden, damit jene andächtige, ganz auf
den Redner ausgerichtete Stimmung im Saal erzeugt werden und der hypnoti-
sche Funke überspringen konnte. So bot auch die Versammlung der NSDAP,
die Hitler für den Abend des 4. November 1921 im Festsaal des Hofbräuhauses
anberaumt hatte, Anlaß für SPD- und USPD-Angehörige, dort zahlreich zu erscheinen und zu stören. Die SA setzte Maßstäbe, als sie die Linken mit fünfzig
Mann brutal aus dem Saal prügelte. Hitlers Versammlungen wurden fortan
nicht mehr gestört. Gegen die Linke hatte seine Partei sich durchgesetzt.

Hitler war 1921 Parteiführer geworden – nicht wider Willen, aber auch nicht
aus eigenem Antrieb, und das Führerprinzip war noch keineswegs festgeschrieben. Bis zum November 1923 sah er sich weiterhin mehr als Glied der nationalen Bewegung, die die Erhebung vorzubereiten hatte, denn als deren Führer. Er
war im Grunde immer noch der Trommler, in dieser Eigenschaft allerdings von
niemandem übertroffen. Das Scheitern seines Putsches brachte ihn dann in der
Landsberger Haft zu der Erkenntnis, daß er nicht nur »Wegbereiter der großen
deutschen Freiheitsbewegung« sein konnte, wie er noch im Oktober 1923 emphatisch beteuert hatte.[72]

Die Diktate, die Rudolf Heß in Landsberg aufnahm und die schließlich als
»Mein Kampf« in Buchform erschienen, bieten wie Hitlers Reden ein Gemisch
aus sozialdarwinistischen und antibolschewistischen Vorstellungen, abstoßen-
dem Antisemitismus, Verachtung des Parlamentarismus und Haß auf die »Novemberverbrecher«. In der Außenpolitik sprach er sich für ein Bündnis mit
England und Italien aus und forderte für Deutschland den notwendigen Raum,
der im Osten erobert werden sollte. Diese Fixpunkte als außenpolitisches Programm zu verstehen, als Handlungsanleitung für den späteren Reichskanzler
oder gar als Fahrplan zur Weltherrschaft ist durchaus fragwürdig, selbst wenn
der verhinderte Architekt schon in Landsberg Triumphbogen entworfen hat.

Viel wichtiger erscheint Hitlers Erkenntnis aus der Landsberger Zeit, daß er
in Zukunft nicht mehr nur der Trommler sein werde, der die Massen durch
seine Reden für die nationale Idee gewinnt und aktiviert, sondern auch der
alleinige politische Führer der Bewegung. Mit grenzenloser Egozentrik und in
gestelzter Ausdrucksweise wertete er dies als etwas ganz Einzigartiges: »Innerhalb langer Perioden der Menschheit kann es einmal vorkommen, daß sich der
Politiker mit dem Programmatiker vermählt.«[73] Ein studentischer Anhänger,
der gleichzeitig mit Hitler in Landsberg einsaß, drückte es einfacher aus: »Er
kennt sein Ziel, sieht aber auch die Wege.«[74]

Nach der Haftentlassung Ende 1924 waren diese Fähigkeiten für Hitlers politisches Überleben entscheidend. Denn die Bewegung war auseinandergelaufen und die allgemeine politische Beruhigung im Lande schuf ungünstige Startbedingungen für die Neugründung der Partei im Februar 1925. Erschwerend kamen Redeverbote hinzu, die gegen ihn in verschiedenen Ländern, allen voran in Preußen, verhängt worden waren. Hitler schlug nun einen Kurs strikter Legalität ein und erhob nachdrücklich einen politischen Alleinvertretungsanspruch auf der äußersten Rechten, was die konsequente Ablehnung jeder Zusammenarbeit mit anderen völkischen oder Rechtsgruppen bedeutete. Die überarbeitete Satzung vom August 1925 hielt dies fest und brachte außerdem den Willen zur finanziellen Unabhängigkeit klar zum Ausdruck.[75] Die Partei finanzierte sich durch Beiträge und Eintrittsgelder weitgehend selbst. 1925 wurde die Aufnahmegebühr auf eine Reichsmark festgelegt, 1930 auf zwei Reichsmark verdoppelt. Die Mitgliedsbeiträge differierten; es wurde genau geregelt, wieviel von dem Beitragsaufkommen, das scharf kontrolliert wurde, von Gauleitungen und Ortsgruppen an die Münchner Parteileitung abzuführen war.

Es hat Jahrzehnte gedauert, bis die kommunistischen und sozialdemokratischen Thesen von der großzügigen Finanzierung der NSDAP durch die Großindustrie, was allein ihren Aufstieg erkläre, von vorurteilslosen historischen Forschungen widerlegt worden sind.[76] Dieses Ergebnis ist deswegen wichtig, weil es die tatsächliche Bedeutung der nationalsozialistischen Bewegung viel besser veranschaulicht. Es war nicht das große Geld, das manipulierend die politische Entwicklung steuerte. Die Linke wich mit dieser Behauptung der Auseinandersetzung mit der im Grunde viel beunruhigenderen Tatsache aus, daß auf der Rechten eine weitgehend sich selbst finanzierende Volksbewegung entstand, die es schließlich in der Krise des Kapitalismus fertigbrachte, deren Opfer nicht, wie es die Theorie vorsah, in das Lager des Sozialismus, sondern in das seines Todfeindes zu führen.

Es ist grundverkehrt, sich die NSDAP als straff geführte Führerpartei vorzustellen. Wahrscheinlich gab es keine andere Partei, in der die Unterführer so selbständig schalten und walten konnten. Sie wurden von Hitler eingesetzt, nachdem er sich ein Urteil über sie gebildet hatte, und wurden dann kaum kontrolliert. Freilich durften sie eines nicht tun: gegen Hitler konspirieren oder seine Führung bestreiten. Eine politische Arbeit gab es in der NSDAP nicht. Im Vordergrund standen Agitation und Werbung, vor allem die Reden Hitlers, aber auch jene der wachsenden Zahl anderer Parteiredner, die in der 1928 gegründeten Rednerschule ausgebildet wurden. Von Mitgliederversammlungen hielt Hitler nicht viel; sie waren für ihn »eine vergeudete Kraft, da neue

Mitglieder dadurch nicht gewonnen werden«.[77]Die eigentliche Aufgabe der Partei war für ihn die einer Agitationsmaschine, die Anhänger und zugleich Mitglieder zu gewinnen habe. Diese hatten Druckerzeugnisse der Partei zu kaufen, pünktlich ihren Beitrag zu zahlen und die Partei schließlich zu wählen. Bei Mitgliederversammlungen sah er die Gefahr von »Stänkereien«, die unter Kontrolle zu halten der »Untersuchungs- und Schlichtungsausschuß« (USchlA) berufen war, der notfalls den Ausschluß verfügte.

Das langsame Wachstum der Partei bis 1929 schuf eine elastische und vor allem durch die Mitgliederfinanzierung unabhängige Parteiorganisation, die sich nicht gleichmäßig über das ganze Reich erstreckte, sondern nur da aktiv wurde, wo ein Interesse an der Partei sichtbar wurde. Es hing von den politischen und organisatorischen Fähigkeiten der jeweiligen Gauleiter oder selbst der Ortsgruppenführer ab, wie die Partei sich entwickelte. Auf jeden Fall waren die organisatorischen Grundlagen vorhanden, den seit 1929 einsetzenden Masseneintritt in die Partei ohne große Schwierigkeiten zu verkraften.

Dennoch gab es interne Auseinandersetzungen in der Partei, vor allem bezüglich der Frage, was denn eigentlich unter Sozialismus zu verstehen sei. Die bekannteste Kontroverse dieser Art entstand, als sich in und am Rande der Partei eine Arbeitsgemeinschaft Nordwest bildete, die ein eigenes wirtschaftliches Programm entwarf. Diese Gruppe umfaßte all die mehr oder weniger kleinen Inseln nationalsozialistischer Aktivitäten in Westdeutschland vom Rheinland bis Niedersachsen. Ihr führender Kopf war Gregor Strasser, der Autor des Programms, neben dem ein junger promovierter Germanist namens Joseph Goebbels, der erst 1924 im Rheinland zu der Partei gestoßen war, zunehmend Aufmerksamkeit erregte.

Bei der Arbeitsgemeinschaft Nordwest gilt es zu unterscheiden zwischen dem Programmentwurf und der parteipolitischen Auseinandersetzung mit München. Gregor Strasser – das gilt auch für seinen Bruder Otto – verstand unter Sozialismus primär Antikapitalismus plus Nationalismus, meinte er doch, wahrer Nationalismus bedeute unbedingtes Zusammenstehen der gesamten Nation und müsse daher zugleich auch immer sozialistisch sein. Diese Gleichsetzung vertrat auch Hitler, der anfangs oft antikapitalistische Wendungen benutzte, doch bei Strasser war das antikapitalistische Engagement stärker. Es gelang ihm aber nicht, eine national gefärbte Definition von Sozialismus zustande zu bringen, und so war sein Programm von 1925 denn auch kaum sozialistisch, eher eine Mischung aus korporativen Wirtschaftsvorstellungen und nationalbolschewistischen Ideen.

Mit dem Programm war keine Parteirevolte beabsichtigt, nur der Wunsch zum Ausdruck gebracht worden, vor allem auf wirtschaftlichem Gebiet ein solideres Programm als die 25 Punkte zu besitzen. Auch war die bloße Existenz der Arbeitsgemeinschaft – wie stark oder schwach der Zusammenhalt auch immer gewesen sein mag – noch kein Ausdruck der Opposition gegen Hitler, sondern eher der Kritik an seiner Umgebung in der Reichsleitung in München. Hitler erkannte jedoch, daß sowohl in der besonderen Organisation als auch in der Programmberatung eine Gefahr für ihn lag. Auf der Führertagung in Bamberg im Februar 1926 gelang es ihm, diese Aktivitäten zu unterbinden, nicht zuletzt dadurch, daß er Goebbels als den aktivsten und radikalsten der NS-»Linken« zu sich herüberzog und sich dessen Loyalität schließlich mit der Ernennung zum Gauleiter von Berlin dauerhaft sicherte.

Hitlers Comeback als Redner war 1925 eher mühsam verlaufen. Die alten Themen wurden traktiert – der primitive Antisemitismus, Deutschlands Raumbedarf, die Ablehnung friedlicher Handelsbeziehungen. Hinzu kamen gewundene Argumentationen etwa zum Thema Südtirol oder zur Fürstenenteignung, wobei sich Hitler jeweils um klare Aussagen drückte. Aber selbst nach dem enttäuschenden Wahlergebnis des Mai 1928 glaubte er weiter an seinen Stern. In einem Brief schrieb Hitler im Juli 1928, er sei ein Mensch,»der den blinden Glauben besitzt, einst zu denen zu gehören, die Geschichte machen«.[78] Angesichts des geringen Umfangs seiner Bewegung warb er gern mit dem Argument, daß Minderheiten ausreichend seien, um die Macht zu übernehmen; in Rußland hätten 600 000, in Italien nur 100 000 Mann dazu ausgereicht.

Im Mai 1930, als er mit seinen Versammlungen bereits den Berliner Sportpalast füllte, erklärte Hitler vor 15 000 Anhängern: »Heute ist die historische Minorität gebildet, die zu allen Zeiten Geschichte gemacht hat.«[79] Sah er mit der Bildung der »historischen« Minderheit den Augenblick zum Putsch gekommen? Wohl kaum, der Anspruch ist höchstens ein Beleg dafür, daß er sich zu diesem Zeitpunkt noch nicht die kommenden Wahlsiege vorstellen konnte.

Im Laufe des Jahres 1929 aber hatte die Partei ihre Isolierung überwunden. Schon die Wahlen im Mai brachten im roten Sachsen fünf, im Oktober im liberalen Baden sieben und im Dezember in Thüringen 11,3 Prozent der Stimmen mit dem Ergebnis, daß die Partei dort mit Wilhelm Frick zum ersten Mal einen Minister stellen konnte. Die erneute Wahl in Sachsen im Juni 1930 sollte dann mit 14,4 Prozent den Trend für die Septemberwahlen markieren.

Es ist eine alte, aber unzutreffende Behauptung, daß Hitler und seine Partei erst durch die Beteiligung am Reichsausschuß für das Volksbegehren gegen den Young-Plan salonfähig geworden seien, wobei Hugenberg als Steigbügelhalter gedient habe. Das sind Spekulationen, denn die Partei spürte schon vorher den Aufwind und hatte sich eher widerwillig dem Reichsausschuß angeschlossen, stets bemüht, ihre Eigenständigkeit zu demonstrieren und das Gemeinschaftsunternehmen baldmöglichst wieder zu verlassen.[80] Auch die Polizeiberichte betonen die Eigenständigkeit des nationalsozialistischen Auftretens.[81]

Der Parteitag Anfang August 1929 in Nürnberg offenbarte dann der Öffentlichkeit, über welche Massenbasis die Partei verfügte. Während die Polizei in Nürnberg 26 000 Uniformierte und 30 000 bis 40 000 Parteimitglieder zählte, behauptete die NS-Presse, zu dem Parteitag seien 300 000 Mitglieder erschienen. Die Wahrheit wird irgendwo in der Mitte gelegen haben. Der Ort konnte zudem nicht besser gewählt sein: Im Stadtkern des mittelalterlichen Nürnbergs erfolgte der Vorbeimarsch als Demonstration traditionsbewußter Disziplin, während in den Arbeiterbezirken der SPD-Hochburg die Auseinandersetzung mit dem politischen Gegner so gewalttätige Formen annahm, daß die Stadt die Abhaltung weiterer Parteitage verbot.

Mit den Massenveranstaltungen des Jahres 1930, zu denen Unzufriedene und Gegner des parlamentarischen Systems in ungeahnten Mengen strömten, änderte Hitler seine Rhetorik. Die haßerfüllte Aggressivität früherer Jahre, das wilde Argumentieren mit irgendwelchen Lesefrüchten hörte nun auf. Seine Reden zeigten neue Perspektiven auf. In allgemeinerer Form als früher behandelte er den Niedergang, den Deutschland angeblich seit 1918 durchgemacht habe, um dann in sehr allgemeinen Wendungen den Wiederaufstieg zu beschwören, sobald die Deutschen nur wieder ein Volk würden und zu ihrer alten Größe zurückfänden. Jetzt nahm er in seine Reden die Parteilegende auf, daß er mit sieben Mann begonnen habe; statt der dreißig Versammlungen im Jahre 1919 würde er nun 30 000 abhalten. Diese Feststellungen waren oft der krönende Abschluß seiner Ansprachen.

Ein zentraler Bestandteil früherer Reden fehlte fast völlig: der Antisemitismus. Kaum daß er einmal von der internationalen Hochfinanz sprach, die Deutschland im Griff habe. Das ist ein wichtiger Befund und zugleich Widerlegung der Behauptung des amerikanischen Historikers Goldhagens, daß es in Deutschland einen besonders aggressiven, einen »eliminatorischen Antisemitismus« gegeben habe.[82] Vielmehr mußte der fanatische Antisemit Hitler seinen Judenhaß verbergen, um für ein größeres Publikum akzeptabel und wählbar zu sein. Auch von »Novemberverbrechern« und vom »Dolchstoß« ist nicht mehr die Rede. Statt dessen setzte seine Darstellung des deutschen Niedergangs mit dem naiven Vertrauen auf den Präsidenten Wilson ein, das beim Abschluß des Waffenstillstandes maßgebend gewesen sei, und belegte dann anhand der verschiedenen Verträge bis zum Young-Plan, wie es immer schlechter geworden sei. Beim Young-Plan verglich er geschickt die von Regierungsseite vorgetragenen Argumente, die für seine Annahme sprachen, mit den wirtschaftlichen Verhältnissen des Jahres 1930, die das Gegenteil bewiesen.

Zwischen bürgerlichen und marxistischen Parteien machte er kaum einen Unterschied; die eine Gruppe war in seinen Augen so schädlich wie die andere. Seine Botschaft klang positiv und aktivistisch, war aber inhaltsleer. Er bezeichnete die seit 1918 betriebene Politik als eine Kette gebrochener Versprechen, die Deutschland immer mehr ins Elend geführt hätten. Dieser Politik stellte er den Aufstieg seiner Bewegung gegenüber. Konkrete Vorschläge, wie Deutschland aus dem Elend herauskommen sollte, konnte er nicht bieten. Seine Zuhörer scheinen derartiges auch nicht erwartet zu haben. Sie waren zufrieden mit der Equilibristik, die er mit den Begriffen Nationalismus und Sozialismus betrieb. Im Grunde seien sie identisch, redete er seinem Publikum ein, wenn nur der Wille zur nationalen Geschlossenheit vorhanden sei. Er appellierte an den Stolz seiner Zuhörer unter Hinweis auf die deutschen Leistungen im Weltkrieg. Es gelang ihm hervorragend, die bestehenden politischen und wirtschaftlichen Schwierigkeiten als persönliches Versagen der Regierenden hinzustellen und vor diesem Hintergrund die glanzvolle Zukunft der nationalen Wiedergeburt unter seiner Führung auszumalen.

Die Propagandaoffensive, die 1929 einsetzte und durch den am 27. April 1930 zum Reichspropagandaleiter ernannten Goebbels zusätzlichen Schwung gewann, konnte jedoch die Spannungen innerhalb der NS-Bewegung nicht völlig verdecken. Die Partei bestand aus zwei Organisationskörpern, der Politischen Organisation (PO) und der SA. Letztere war zum Saalschutz eingesetzt, aber auch für die Propaganda wichtig, da Märsche durch Städte und Dörfer mit möglichst zahlreichen Einheiten damals einen hohen Unterhaltungswert hatten. Zugleich wurde in Großstädten und Industriegebieten, wo die Kommunisten stark vertreten waren, der Anspruch der SA auf die Straße in einem ständigen Kleinkrieg verteidigt, in dem es auch Tote und Verwundete gab.

Hitlers Verhältnis zur SA war zwiespältig; sie hatte für ihn mehr den Charakter einer Hilfstruppe, um der Propaganda, für ihn die »Angriffsartillerie« der Bewegung,[83] den notwendigen Schutz zu verleihen. Das entsprach mit Sicherheit nicht dem Selbstverständnis der SA, die ihre Rolle eher als Voraussetzung dafür ansah, daß Hitler und die anderen Redner der Partei auf den Veranstaltungen überhaupt auftreten konnten. Hitler hatte schon 1926 bei der Neugründung der SA auf den Gegensatz zwischen seinen Vorstellungen von deren Aufgaben und ihrem eigenen Selbstverständnis hingewiesen, als er anordnete: »Die Ausbildung der SA hat nicht nach militärischen Gesichtspunkten, sondern nach parteizweckmäßigen zu erfolgen.«[84] Die SA hingegen verstand sich unter ihrem Führer Hauptmann a.D. Pfeffer von Salomon, einem ehemaligen Freikorpsführer, mehr als Wehrverband. Das Soldatische lag der SA näher als die Aufgabe, lediglich Hilfstruppe der Partei zu sein. Zusätzliche Verbitterung schuf die Tatsache, daß ihr Einsatz und ihre Verluste von der politischen Führung nicht gebührend gewürdigt wurden.

Auch um Geld, um die zu geringe finanzielle Unterstützung, ging der Streit zwischen PO und SA, der trotz des Auftriebs, den der erfolgreiche Wahlkampf im Sommer 1930 bewirkte, weiter schwelte und Ende August explosionsartig zum Ausbruch kam. Hitler gelang es nur mit Mühe, nachdem er die oberste SA-Führung selbst übernommen und finanzielle Zusagen gemacht hatte, die Krise vorerst beizulegen, indem er seinen Anhang beschwor: »Wir wollen in dieser Stunde geloben, daß nichts uns trennen kann … Unser allmächtiger Herrgott segne unseren Kampf.«[85] Der Riß in der Bewegung blieb bestehen. Unter dem neuen Stabschef Ernst Röhm sollte sich der ohnehin vorhandene Gegensatz noch vertiefen, bis das theatralische Treuegelöbnis Hitlers in einer beispiellosen Mordaktion ins Gegenteil verkehrt wurde.

DIE SEPTEMBERWAHLEN UND DIE POLITISCHEN FOLGEN

Die Regierung Brüning hatte bei der Auflösung des Reichstages im Juli 1930 keine Kenntnis von den eminenten Veränderungen, die sich in der Wählerschaft vollzogen. Man mag als Entschuldigung anführen, daß es noch keine Meinungsbefragung gab, aber der klare Anstieg der Nationalsozialisten bei den verschiedenen Landtagswahlen und die Tatsache, daß Hitler schon am 2. Mai 1930 in Berlin den Sportpalast füllen konnte, hätte doch zu denken geben müssen. Offensichtlich konnte sich die Regierung nicht vorstellen, daß sie selbst, vor allem durch ihre Politik der Steuer- und Abgabenerhöhungen, eine bis dahin nicht gekannte Mobilisierung der Wählerschaft verursacht hatte.

Es war allgemein mit einem Anstieg der Rechten gerechnet worden, doch das Ausmaß erregte ungeheueres Aufsehen: Die NSDAP konnte mit 18,3 Prozent und 107 Abgeordneten die Wahlen gewinnen und mit einem Schlag zur zweitstärksten Partei aufsteigen. Die Mobilisierung der Wähler kam in der gestiegenen Wahlbeteiligung zum Ausdruck. Sie kletterte von 75,6 auf 82 Prozent. Es waren Nicht- und Jungwähler, die die Zahl der abgegebenen Stimmen um vier Millionen vermehrten. Diese Stimmen kamen zu einem nicht sicher zu bestimmenden Maße der NSDAP zugute. Zugleich lassen die katastrophalen Verluste der DNVP, die fast die Hälfte ihrer Wähler verlor, und der DVP, die fast vierzig Prozent des Ergebnisses von 1928 einbüßte, es als sicher erscheinen, daß zumindest ein erheblicher Teil dieser Wähler zu den Nationalsozialisten abgewandert ist.

Die Frage, wer die Wähler der NSDAP waren und zu welchen Schichten sie gehörten, ist fast so alt wie der überraschende Wahlerfolg selbst.[86] Während zeitgenössische Soziologen aus dem Kaffeesatz oder mit ähnlich leistungsfähigen Methoden auf »Panik im Mittelstand« schlossen und marxistische Theoretiker sich mit der Erkenntnis beruhigten, daß es im Grunde der Mittelstand gewesen sei, der sich mit der NSDAP gegen das ihm angeblich aufgegebene Schicksal der Proletarisierung zur Wehr gesetzt habe, hat die neuere Wahlforschung davon abweichende Ergebnisse erarbeitet. Demzufolge spiegeln die Wähler der Partei die Gesellschaft als Ganze in einem erstaunlichen Maße wider. Es ist ein hoher Arbeiteranteil um vierzig Prozent festzustellen, der sich noch vergrößert, wenn man die Wahlentscheidung von Arbeiterhaushalten zugrunde legt. Beamte und Angestellte zeigten eine geringere NSDAP-Anfälligkeit als bisher angenommen, während Selbständige und mithelfende Familienangehörige unter den Wählern deutlich überrepräsentiert waren. Hier mag sich der Protest der bäuerlichen Bevölkerung gegen die Agrarkrise niedergeschlagen haben. Insgesamt muß man wohl oder übel diese Partei als die erste Volkspartei in Deutschland zur Kenntnis nehmen.[87]

Das Wahlergebnis wirkte wie ein Schock. In Erinnerung an den Putsch vom November 1923 fürchtete eine hysterische Öffentlichkeit seine Wiederholung. Eine besorgniserregende Kapitalflucht setzte ein, die Börse reagierte mit scharfen Kurseinbrüchen. Ein öffentlicher Auftritt des Führers dieser bedrohlich erscheinenden Bewegung sorgte aber wenig später für Beruhigung. Es war Hitlers berühmter »Legalitätseid« vom 25. September 1930 im Prozeß gegen drei Ulmer Reichswehroffiziere vor dem Reichsgericht, der dies bewirkte. Das Verfahren ging auf das Betreiben des Reichswehrministers Groener zurück, der in politischer Instinktlosigkeit einen disziplinarisch zu regelnden Fall zu einem Verfahren wegen Hochverrats aufgebauscht hatte.[88] Die Leutnants hatten sich Gedanken über die Haltung der Reichswehr für den Fall gemacht, daß diese mit einer nationalistischen Aufstandsbewegung konfrontiert würde – Grund für die drei, auch die Parteileitung in München zu besuchen, wo sie allerdings auf keinerlei Interesse gestoßen waren.

Die Verteidigung lud im Prozeß in geschickter Ausnutzung des nationalsozialistischen Wahlsieges Hitler als Zeugen vor. Seine weitschweifigen Ausführungen gipfelten in dem Satz: »Wenn unsere Bewegung in ihrem legalen Kampfe siegt, wird ein deutscher Staatsgerichtshof kommen und der November 1918 wird seine Sühne finden und es werden auch Köpfe rollen.«[89] Diese Ankündigung einer gnadenlosen Rache verursachte aber nicht Empörung, sondern allgemeine Erleichterung. Die Ursache dafür lag in der damals herrschenden positivistischen Staatsrechtslehre, wonach legal zustande gekommene

Mehrheiten die Verfassung ohne jede Beschränkung ändern konnten. Da man Hitler von der Macht noch weit entfernt sah, interessierte nur die Versicherung seines legalen Vorgehens. Diese wirkte beruhigend; was nach der Erringung der Macht durch Hitler geschehen würde, verdrängte man einfach. Völlig naiv schrieb denn auch der in die Reichspolitik verirrte General Groener wenig später triumphierend: »Nur der schöne Adolf macht uns vorläufig keine Kopfschmerzen mehr, seit er von Loyalität trieft.«[90]

Das Wahlergebnis hatte die Mehrheitsverhältnisse im Reichstag erheblich verändert. Die der Regierung nahestehenden Parteien waren insgesamt schwächer geworden, die Bildung einer großen Koalition nicht mehr möglich. Was sollte geschehen, wenn der Reichstag nach seiner Konstituierung die Notverordnungen aufhob? Den Reichstag wieder auflösen, um bei der Neuwahl eine noch radikalere Zusammensetzung zu erhalten, oder die Neuwahlen aussetzen und damit einen klaren Verfassungsbruch begehen?

Brüning wurden die politischen Abgründe bewußt, vor denen er stand.[91] Er verhandelte mit den Parteien. Am 5. Oktober fand auch eine Unterredung mit Hitler statt. Der Bericht, den Brüning über dieses Treffen gibt, wird von den meisten Historikern kritiklos akzeptiert,[92] verdient aber keinen Glauben. Denn seine Ausführungen, vor allem zur Reparationspolitik, spiegeln Kenntnisse wider, die er erst 1932 haben konnte. Es wird daher bei der Unterredung mehr um Unterstützung und Tolerierung gegangen sein, um den Versuch, unter Beschwörung der Frontkameradschaft und des gemeinsamen nationalen Wollens irgendwie eine Basis zu finden, da Brüning die Vorstellung, daß Hitler die alleinige Macht anstrebe, dies nur öffentlich nicht verkünde, mit Sicherheit noch fernlag.

In dieser komplizierten Situation bahnte sich im Oktober eine Entwicklung an, die Anfang 1930 noch ausgeschlossen zu sein schien. Angesichts des Wahlergebnisses gingen Kanzler und SPD-Führung aufeinander zu. In sorgfältig vor der Öffentlichkeit abgeschirmten Gesprächen entstand eine neue Geschäftsgrundlage: die Tolerierung der Regierung durch die SPD-Fraktion. Vergegenwärtigt man sich, daß es die Ablehnung der SPD war, die die Aufhebung der Notverordnungen und die Auflösung des Reichstages bewirkt hatte, mutet das auf den ersten Blick als eine schwer nachvollziehbare Schwenkung an. Tatsächlich war sie nur möglich, weil die politische Situation sich grundlegend verändert hatte.

Die Septemberwahlen werden häufig als verhängnisvolle Wendung zum Negativen, als Weichenstellung für das Ende der Weimarer Republik dargestellt. Das ist falsch. In Wirklichkeit boten sie die große, unverhoffte Chance, die Wirtschaftskrise und ihre politischen Folgen durchzustehen. Denn nun waren erst im Herbst 1934 wieder Neuwahlen fällig, nicht auf dem Höhepunkt der Krise im Frühjahr 1932. Die Voraussetzung dafür schuf die SPD, die sich aufgefordert sah, die Politik der Regierung, wenn auch unter Zähneknirschen, zu tolerieren, um dadurch die Nazis zu bekämpfen oder eine Rechtsregierung unter Einschluß der Nazis zu verhindern. Mit der Formel vom kleineren Übel, das es hinzunehmen gelte, um größeres zu vermeiden, konnten die Funktionäre in der Fraktion überzeugt werden. Die Politik der Tolerierung war zudem für die Partei nichts Neues: Schon in den zwanziger Jahren war es ihr leichter gefallen war, Gesetzesvorhaben zuzustimmen oder die Regierung zu unterstützen, als formell die Regierungsverantwortung zu übernehmen.

So hatten die Wahlen ein paradox erscheinendes Ergebnis: Die SPD änderte ihre Politik und ermöglichte damit der Regierung Brüning die Weiterarbeit. Prompt wurden nach dem Zusammentritt des Reichstags die Anträge von NSDAP, KPD und DNVP mit Mehrheit abgelehnt. Das funktionierte folgendermaßen: Die Regierung arbeitete mit Notverordnungen, die die SPD nicht billigte, aber dennoch stimmte sie gegen die Anträge auf Aufhebung, die von den radikalen Parteien von links und rechts kamen.

Das blieb nicht ohne Folgen für das parlamentarische System: Der Reichstag verlor an Bedeutung. Dies tadeln linke Historiker gern als eine »Verselbständigung der Regierungsgewalt gegenüber den gesetzgebenden Körperschaften«.[93] Eine solche Einschätzung wird aber der Situation nicht gerecht. Weder die Regierung noch die SPD konnten ein Interesse an häufigen Parlamentssitzungen haben, wo die Extremisten von links und rechts zu heftigen demagogischen Angriffen auf die Regierung und die SPD ausholten und so das Hohe Haus mißbrauchten. Was lag näher, als diesen gefährlichen politischen Gegnern eine so wirksame Agitationsplattform zu nehmen? Das war kein stiller Verfassungswandel, sondern lediglich eine sinnvolle Anpassung an eine außergewöhnliche politische Situation.

Die Regierung Brüning war mit der erklärten Absicht angetreten, die Sozialdemokraten nicht mehr an der Regierung zu beteiligen. Die Tolerierung erweckte dennoch bei der Rechten, bei der Reichswehr und beim Reichspräsidenten den Anschein eines fortwährenden marxistischen Einflusses auf die Politik, obwohl die tatsächliche Einwirkung der SPD auf die Regierung mehr als bescheiden war. Brüning hatte gute Argumente, aber bei seinen Seniorpartnern, vor allem beim Reichspräsidenten, blieb doch ein gewisses Gefühl der Enttäuschung zurück. Es war damals noch klein und konnte schnell überdeckt werden, aber es konnte sich rasch verstärken.

WIRTSCHAFTSPOLITIK IN DER DEPRESSION:
DIE REPARATIONS- UND BANKENKRISE

Die Zeitgenossen setzten Brünings Politik in erster Linie mit dem von ihm praktizierten System von Notverordnungen gleich, das auch nach 1945 noch scharf abgelehnt und im Rückblick oft als wichtigste Ursache für die »Machtergreifung« Hitlers dargestellt wurde. Die ständig steigenden Steuern und Abgaben und immer geringere Sozialleistungen ließen das Image des Hungerkanzlers entstehen, das der asketisch wirkende Brüning nicht wieder loswerden sollte. Er glaubte, die Menschen würden seine Politik schließlich als die in der Krise einzig mögliche begreifen und auch akzeptieren. Aber selbst in den fünfziger Jahren fehlte noch weitgehend das Verständnis dafür, daß es zu dieser Politik – zumindest in den Jahren 1930 und 1931 – keine Alternative gegeben hat. Eine wirksame Propaganda, die der Bevölkerung die Notwendigkeit der Sparmaßnahmen verdeutlicht hätte, lag dem öffentlichkeitsscheuen Westfalen fern. Zudem war der Regierungsapparat kaum imstande, derartige Aktivitäten wirksam umzusetzen, selbst wenn der Kanzler dies gefordert hätte. Zudem scheute Brüning den Kontakt zum Reichspräsidenten, anstatt ihn im Gespräch von der Notwendigkeit und Richtigkeit seiner Politik zu überzeugen.

Die Wirtschaftspolitik Brünings wird gemeinhin als Deflationspolitik bezeichnet, als eine Politik, die das Gegenteil von Inflation bewirkte: keine Geldentwertung, sondern eine Erhöhung des Geldwertes. Die Deflation war jedoch nicht das Ziel, sondern eine Folge der Finanz- und Wirtschaftspolitik. Durch die steigende Steuer- und Abgabenlast, durch die vom Staat teilweise verordneten Lohn- und Gehaltskürzungen, vor allem aber durch die steigende Zahl von Arbeitslosen stand der Masse der Bevölkerung immer weniger Geld zur Verfügung. Die geringere Nachfrage führte zu Preissenkungen, die sich allerdings nicht gleichmäßig auf alle Güter verteilten. Bei Massenbedarfsartikeln wie Brot, wo die Nachfrage relativ stabil blieb, fielen die Preise nicht, und die von der Reichsregierung verordneten Preissenkungen hatten nicht überall Erfolg.

Für die Jahre 1930 und 1931 war die Deflationspolitik ohne Alternative. Auch im historischen Rückblick erscheint die Hinnahme des damals einsetzenden starken Konjunkturabschwungs unvermeidlich. Man konnte darauf nur mit Sparmaßnahmen reagieren. Der Schrumpfungsprozeß mußte erst einen Tiefststand erreicht haben, bevor eine aktive Konjunkturpolitik allmählich wirken konnte. So galt es vorerst, durch Erschließung neuer Einnahmen die Rückgänge der Steuererträge und die steigenden Ausgaben für die Arbeitslosen – im Winter 1930/31 waren es rund drei Millionen – auszugleichen. Es führt auch zu nichts, Brüning vorzuhalten, er habe in der Krise die Sanierung des Haushalts

betrieben. Dieses Ziel mag ihm im März 1930 beim Regierungsantritt vorgeschwebt haben, als es darum ging, die unsolide Finanzpolitik der zurückliegenden Jahre abzustellen. Damals wußte Brüning aber noch nicht, daß eine
wirtschaftliche und damit zusammenhängend eine politische Krise von säkula-
rem Ausmaße bevorstand, die seine Amtsführung bestimmen würde. Später
konnte von Sanierung keine Rede mehr sein, denn die sich immer verheerender
auswirkende Krise warf jede Etatplanung über den Haufen.

Die Notverordnungen erschienen in vielfältiger Form. Bis Ende 1931 gab es
insgesamt vier große Verordnungswerke. Über der fünften Notverordnung
sollte dann die Regierung Brüning im Frühjahr 1932 stürzen. Daneben erließ
die Regierung Notverordnungen, um die verschiedenen Regelungen, für die sie
in normalen Zeiten ein Gesetz brauchte, in Kraft zu setzen. Das schnelle Verfahren per Verordnung war während der dramatischen Zuspitzungen der Krise besonders wirksam. Notverordnungen waren eben nicht, wie Demagogen von
rechts und links nicht müde wurden zu behaupten, verordnete Not, sondern
eine wirksame gesetzliche Maßnahme zur Krisenbewältigung.

Die Industrie reagierte auf die Krise in den Jahren 1930/31 mit einer Exportoffensive. Da die Nachfrage auf dem Binnenmarkt immer schwächer wurde,
versuchte man die Konkurrenten auf den Exportmärkten zu unterbieten, was
nicht zuletzt die niedrigeren Lohnkosten erleichterten. Das Jahr 1931 verzeichnete denn auch den weitaus höchsten Exportüberschuß in der Weimarer Republik. Die Wirtschaftspolitik trug dazu auch durch die Finanzierung des Exports
in die Sowjetunion bei; das geschah mit Hilfe der sogenannten Russenwechsel,
sehr komplizierten Finanzkonstruktionen, die jedoch ein beträchtliches
Exportvolumen erzielten. Daß derartige Lösungen zur Exportförderung überhaupt notwendig waren, lag in erster Linie an der in Deutschland herrschenden
Kapitalknappheit. Die deutsche Wirtschaft, aber auch die Kommunen, standen
in hohem Maße in der Schuld ausländischer Kreditgeber. Diese vergaben mit-
tel- und langfristige Anleihen, seit 1929 aber in steigendem Maße kurzfristiges
Geld. Diese Dreimonatswechsel wurden von den Banken wie längerfristiges
Kapital benutzt und als Kredite mit längerer Laufzeit vergeben. Da die Dreimo-
natsgelder jeweils verlängert wurden, machte sich eine trügerische Sicherheit
breit. Allerdings waren erhebliche Probleme zu gewärtigen, falls die fälligen
Gelder wider Erwarten eingefordert wurden. Es war also ein politischer Stabi-
litätskurs notwendig. Die Regierung mußte das Vertrauen in die deutsche Politik stützen, um die Kredite nicht ins Rutschen zu bringen.

Ein weiteres Gefahrenmoment stellte die Reparationsfrage dar. Die jährliche
Reparationsrate betrug rund zehn Prozent des Reichshaushalts. Schwierig, der
Öffentlichkeit klarzumachen, daß überall gekürzt und gespart werden, aber

eine runde Milliarde Mark ohne Gegenleistungen ins Ausland transferiert werden mußte. Das ließ den Protest gegen die Reparationen seit dem Herbst 1930 immer lauter werden. Er reichte von den Nationalsozialisten bis zu den Gewerkschaften, die in dieser Frage im November 1930 besonders aktiv wurden.

So laut und so verständlich der Protest auch war, die Reichsregierung und die im »Reparationskränzchen« versammelten Experten blieben äußerst reserviert, wenn es darum ging, von den im Young-Plan vorgesehenen Revisionsmöglichkeiten Gebrauch zu machen. Denn diese waren in der Sache begrenzt und bedeuteten außerdem die Einführung einer von den Gläubigermächten eingesetzten Finanzkontrolle, die man aus politischen Gründen unbedingt vermeiden wollte.

Brüning befürchtete angesichts des zu erwartenden Defizits bereits im März, »daß man ohne eine Aufrollung der Reparationsfrage nicht durchkäme«.[94] Dennoch blieb er passiv. Erst zwei Monate später, als die Regierung mit einem Defizit von 750 bis 780 Millionen Reichsmark rechnete, was einschneidende Maßnahmen notwendig machte, wollte man den Einnahmenausfall abdecken, kam die Reparationsfrage wieder zur Sprache. Brüning mußte sie anschneiden, um innenpolitisch zu überleben. Er erkannte aber auch, welchen außenpolitischen Schaden ein so frühzeitiges Revisionsbegehren verursachen würde. Für ihn gab es nur einen Ausweg aus dem Dilemma: die »Strategie des Schwebezustandes«.[95] Diese Taktik sah vor, in der Sache selbst nichts zu unternehmen, aber in der Öffentlichkeit den Eindruck zu erzeugen, »daß die Revision schon eingeleitet sei«; im Ausland dagegen »müsse der Eindruck erweckt werden, daß wir alle Anstrengungen machen, um den Plan zu erfüllen«.[96] Die Zauberformel, die das schaffen sollte, stellte eine die Notverordnung begleitende Erklärung der Regierung dar. An ihr wurde seit Ende Mai eifrig gearbeitet. Am 5. Juni, dem Tag der Veröffentlichung der zweiten Notverordnung zur Sicherung von Wirtschaft und Finanzen, traf Brüning, als hätte er mit diesem Verordnungswerk gar nichts zu tun, zu einem Besuch bei der britischen Regierung in London ein.

Auch die neuesten Darstellungen zur Weimarer Republik von Heinrich A. Winkler und Hans Mommsen gehen davon aus, daß Brüning eine Strategie besaß, die die Gesamtlösung der Reparationsfrage anstrebte und derzufolge er der »völligen Streichung« der Reparationen oberste Priorität eingeräumt habe und sich »auf eine Gesamtlösung der Reparationsfrage versteift hatte«.[97]

Die These von der Priorität der Reparationspolitik hat mittlerweile ein ehrwürdiges Alter. Ursprünglich war sie ein Eckstein der Brüning-Apologie, die die Passivität des Kanzlers bei der Bekämpfung der Krise mit seiner angeblichen Absicht zu erklären suchte, Arbeitsbeschaffungsmaßnahmen erst nach Lösung der Reparationsfrage anzupacken. Die damals von Historikern auf einer sehr schmalen Quellenbasis aufgestellte These wurde von Mommsen und Winkler übernommen und ins Negative gewendet – ungeachtet der Tatsache, daß die inzwischen publizierten Quellen sie keineswegs stützen. Sie zeigen vielmehr einen Primat der Innenpolitik: Nicht eine nationalistische Revisionsstrategie hat die Politik des Kanzlers bestimmt, sondern die Reaktion auf die sich verschärfende Krise. Mommsen und Winkler halten dagegen an der Priorität der Reparationslösung fest und unterstellen dem Kanzler dann eine weitergehende radikale Revisionspolitik. Winkler meint sogar, die Politik Brünings habe nach Liquidierung der Reparationen und im Zuge der wirtschaftlichen Expansion nach Südosteuropa das Ziel verfolgt, »eine kontinentale Hegemonie des Reiches«[98] zu erringen, mit anderen Worten: den Weltkrieg am Verhandlungstisch nachträglich zu gewinnen. Brünings Memoiren zeigen zwar einen Kanzler, dem solche Ziele nicht allzu fern lagen. Doch der Vergleich der Memoiren mit der aktenmäßigen Überlieferung führt zu wesentlich anderen Ergebnissen.

Es gab nie einen Zweifel in der Regierung Brüning, auch nicht in der vorangegangenen Regierung Müller, daß der Young-Plan baldmöglichst revidiert werden müsse. Niemand dachte daran, bis 1988 Reparationen zu zahlen, wie es die demagogische Agitation der Rechten unterstellte. Das konnte die Regierung naturgemäß in der Öffentlichkeit nicht kundtun und verlor so an Glaubwürdigkeit. Brüning und andere Experten rechneten damit, daß man nach den Erfahrungen mit dem Dawes-Plan nach einer Laufzeit von drei bis fünf Jahren eine Revision des Young-Plans in Betracht ziehen könne. Beim Dawes-Plan hatten die Revisionsverhandlungen nach vier Jahren begonnen. Brüning wollte dem Revisionsbegehren noch zusätzlich Nachdruck verleihen durch eine deutsche Exportoffensive, die in der Zwischenzeit anrollen und mit der Notwendigkeit begründet werden sollte, daß die für die Reparationszahlungen erforderlichen Devisen auf diese Weise verdient werden müßten. Das war alles nicht sehr realistisch, aber man muß bedenken, daß Brüning diese Vorstellungen vor 1930 entwickelt hatte, also bevor der Krisendruck andere Prioritäten setzte.

Nur wer sich vergegenwärtigt, daß wenigstens drei Jahre verstreichen sollten bis zur ersten Revisionsverhandlung über den Young-Plan, die aber auch nur im Falle einer halbwegs erträglichen wirtschaftlichen und finanziellen Situation zustande kommen konnte, wird verstehen, daß das Auswärtige Amt 1930 ein Projekt verfolgte, das unter diesen Voraussetzungen einige Aussicht auf Erfolg zu bieten schien. Es war die deutsch-österreichische Zollunion, der Versuch eines wirtschaftlichen Zusammenschlusses der beiden Länder. Eine solche wirtschaftliche Maßnahme besaß jedoch eine eminent politische Bedeutung, da sie als Signal in Richtung Anschluß verstanden werden mußte.

Das Projekt sollte vorerst auf kleiner Flamme gekocht werden. Bei einem Besuch in Wien einigte sich Reichsaußenminister Curtius Anfang März 1931 mit der österreichischen Regierung über ein Protokoll zur Gründung einer Zollunion, das lediglich Richtlinien fixierte, also kein Abkommen darstellte. Die Partner rechneten zwar mit »unfreundlichen« Reaktionen und einer »erheblichen außenpolitischen Diskussion«, mit mehr aber nicht.[99]

Doch es kam anders. Kaum zwei Wochen später berichtete die Wiener Presse über die Geheimverhandlungen. Das Echo war mehr als unfreundlich, besonders in Frankreich, dessen Regierung in der Zollunion zu Recht einen verkappten Anschluß und damit eine einseitige Revision des Versailler Vertrages erblickte. Zugleich aber sah man in Paris das französische Bündnissystem in Osteuropa gefährdet, drohte doch nun die Einschließung der Tschechoslowakei. Die geplante Zollunion hätte schon in normalen Zeiten, ohne die aggressive Revisionspropaganda der »nationalen Opposition«, zu erheblichen Spannungen geführt, aber 1931, als man sich in Berlin weit früher als geplant gezwungen sah, gleichzeitig auch die Reparationsfrage aufzugreifen, war sie politisch deplaciert.

Am Beispiel der Zollunion ließ sich ablesen, wie ein noch in halbwegs normalen Zeiten geplantes Projekt von krisenbedingten Improvisationen eingeholt und überlagert werden konnte. Die Spannungen um die Zollunion hatten zudem Konsequenzen. Am 11. Mai wurde bekannt, daß die Wiener Creditanstalt, die größte Bank Österreichs, vor dem Zusammenbruch stand. Nun setzte das Ringen um ausländisches Kapital zur Rettung des Instituts ein, wobei sich französische Interessen auf der einen Seite, die Bank von England und die Reichsbank auf der anderen Seite gegenüberstanden. Mit dem Ringen um die Creditanstalt setzten zugleich Kreditabzüge ein – ein unübersehbares Zeichen dafür, daß die Gläubiger nervös wurden und angesichts unkalkulierbarer politischer Risiken ihr Geld in Sicherheit brachten.

Während Brüning am 7. Mai die Möglichkeit erwog, in absehbarer Zeit die »Notleine der Reparationen« zu ziehen, gleichzeitig aber an der »Strategie des Schwebezustands« festhielt, sich also für eine Politik des So-tun-als-Ob entschied, nahm die deutsch-französische Konfrontation um die Zollunion dramatische Züge an. Ein weit bedrohlicheres Moment kam hinzu: In Deutschland setzten Geldabzüge ein, also genau das, was das mit kurzfristigem Geld hochverschuldete Deutschland ganz besonders zu fürchten hatte.

In dieser nervösen und gereizten Atmosphäre wurde am 5. Juni die neue Notverordnung zur Sicherung von Wirtschaft und Finanzen veröffentlicht, nicht ohne daß Regierungsmitglieder auf ihre Härten hinwiesen. Aber schon die erste Prüfung des Verordnungswerkes zeigte, daß alle Befürchtungen weit übertroffen wurden. Der Notverordnung war eine Erklärung beigegeben, die als der »Tributaufruf« in die Geschichte eingegangen ist. Brüning, der sich der Illusionen hingegeben hatte, daß sie im Inland als Aufgreifen der Reparationsfrage, im Ausland aber eher als für den Hausgebrauch bestimmt verstanden würde, wurde arg enttäuscht. Es geschah nämlich das genaue Gegenteil: Die drohende Sprache beunruhigte das Ausland, das solche Töne von deutschen Regierungen schon lange nicht mehr gehört hatte. Da wurden die vertraglich vereinbarten Reparationsleistungen als »Tribute« bezeichnet und grollend erklärt: »Die Grenzen dessen, was wir unserem Volk an Entbehrungen aufzuerlegen vermögen, sind erreicht.« Weiter stellte die Reichsregierung in dürren Worten fest, daß die Voraussetzungen, unter denen der Young-Plan abgeschlossen worden sei, keine Gültigkeit mehr besäßen; sie hätten sich als »irrig« erwiesen. Die wirtschaftliche Lage zwinge »gebieterisch zur Entlastung Deutschlands von untragbaren Reparationsverpflichtungen«.[100]

Aus dieser Erklärung konnte man nur folgern, daß die Deutschen die Zahlungen einstellen wollten. Postwendend zogen die ausländischen Gläubiger ihr Geld ab, und auch deutsches Fluchtkapital strömte ins Ausland. Täglich meldete die Reichsbank Devisenverluste in bedrohlicher Höhe. In der Innenpolitik standen die Zeichen auf Sturm. Die Oppositionsparteien, aber auch die SPD, forderten den Zusammentritt des Reichstags. Die Regierung konterte hart: Sie drohte mit ihrem sofortigen Rücktritt und bekam so die Lage halbwegs unter Kontrolle. Aber die Kreditabzüge gingen weiter.

Just in diesem Augenblick, da sich der finanzielle Zusammenbruch Deutschlands abzeichnete, kam überraschend Hilfe. Der amerikanische Präsident Herbert Hoover schaltete sich ein und schlug am 20. Juni einen einjährigen Aufschub der Schuldenzahlung vor. Das sogenannte Hoover-Moratorium sollte sowohl auf die Reparationen als auch auf die interalliierten Schulden aus der Kriegszeit Anwendung finden. Eine wirkliche Entspannung konnte diese wichtige Hilfsaktion zunächst allerdings nicht bewirken, weil Frankreich Vorbehalte anmeldete, die erst nach zähen Verhandlungen am 6. Juli überwunden wurden. Damit war der erstrebte psychologische Effekt, das Vertrauen in die internationalen Beziehungen zu stärken, verpufft – mit beklemmenden Folgen: Das Bankensystem in Deutschland brach zusammen.

Die Kreditabzüge im Juni und Anfang Juli waren allgemein mit Besorgnis zur Kenntnis genommen worden, doch ohne daß man sich die Frage stellte, wie denn die Banken diese Gelder aufbrächten. Dabei war allgemein bekannt, daß sie die kurzfristigen ausländischen Kredite in der Regel langfristig an ihre deutschen Kunden ausliehen und nur unter größten Anspannungen die Gelder für die bisher fälligen Rückzahlungen aufgebracht hatten. Der Zusammenbruch einer großen Bremer Textilfirma, der »Nordwolle«, leitete schließlich die Bankenkrise ein. Zunächst traf es die Danat-Bank, damals die jüngste und aggressivste Berliner Großbank. Sie hatte sich bei der »Nordwolle« stark engagiert. Aber die Banken waren alle schwach; sie litten an Kapitalmangel und hatten in den Jahren zuvor nicht genügend rationalisiert. Dennoch glaubten die Vertreter der anderen Großbanken, die sich am 12. Juli zu Gesprächen mit der Reichsregierung in der Reichskanzlei einfanden, die eigenen Schwierigkeiten meistern zu können, wenn die Danat-Bank geopfert und ihr Zusammenbruch lediglich als Einzelfall dargestellt würde. Als jedoch am Montag die Schalter geöffnet wurden, stellte sich bald heraus, daß auch sie nicht mehr zahlen konnten.

Nun wurden zwei Bankfeiertage verordnet, die Börse geschlossen und Devisenkontrollen eingeführt. Der Zahlungsverkehr wurde am 15. Juli nur in beschränktem Umfang aufgenommen. Die Börse blieb, abgesehen von einer kurzen Öffnungsphase im September 1931, bis Mitte April 1932 geschlossen – ein mehr als deutliches Zeichen dafür, in welchem Zustand sich die deutsche Wirtschaft befand. Der Diskontsatz wurde auf zehn Prozent, der Lombardsatz auf fünfzehn Prozent erhöht. Kredite waren dadurch fast unerschwinglich teuer. Am Anfang der Woche wußte man nicht, wie man die Zahlungsmittel für die Lohnzahlungen am Freitag zusammenbekommen sollte.

Die Verluste wogen außerordentlich schwer. Deutschland war seit 1924 auf den Zustrom von Auslandskapital angewiesen. Statt neues Geld anzulegen, zog das Ausland nun einen Teil des Kapitals ab. Die dramatische Verteuerung des Kredits bedeutete eine enorme Verschärfung der Krise. Der Geldumlauf ging dramatisch zurück. Ein gutes Drittel der Privatbanken, die damals noch eine wichtige Rolle bei der Finanzierung des gewerblichen Mittelstandes spielten, ging in Konkurs. Die Großbanken, entweder konkursreif oder zumindest illiquide, wurden von der Reichsregierung oder der Reichsbank gestützt und mit neuem Kapital ausgestattet.

Die Bankenkrise hatte noch einen Nebeneffekt, dessen politische Bedeutung nicht unbeachtlich ist. Die Pleite so vieler Banken, an deren Spitze Juden standen wie Jacob Goldschmidt, der Chef der spektakulär zusammengebrochenen Danat-Bank und gleichsam eine Galionsfigur der Branche, paßte nicht in das antisemitische Weltbild vom »raffenden Kapital« mit seinen angeblich risikolos leichten Gewinnen. Die Tatsache, daß die Krise auch die jüdischen Bankiers nicht verschonte, leitete keineswegs Wasser auf die Mühlen des Antisemitismus. Akute Judenfeindschaft gehörte jedenfalls nicht zu den Schrittmachern von Hitlers »Machtergreifung«.

Zugleich machten die Zusammenbrüche der Banken das ganze katastrophale Ausmaß der Gesamtkrise deutlich. Wirksame Hilfe von außen kam nicht.

Brüning hatte Anfang Juni bei seinem Besuch in Chequers, dem Landsitz des britischen Premiers, zwar einen guten Eindruck hinterlassen, aber keine Hilfszusagen erhalten. Das kapitalstarke Frankreich war zu einer großen Anleihe bereit, knüpfte aber an sie Bedingungen, die für Deutschland unannehmbar waren: Es sollte für zehn Jahre auf jede Revision des Versailler Vertrages verzichten. Hier zeigte sich die lähmende Abhängigkeit von der Innenpolitik: Ohne eine solche Bedingung konnte die französische Regierung eine Anleihe an das zusehends nationalistischer werdende Deutschland nicht durchsetzen; aus genau demselben Grunde aber konnte die Reichsregierung dem Angebot nicht nähertreten.

So kam man auch auf der Londoner Konferenz nicht weiter, zu der sich die führenden Staatsmänner am 20. Juli trafen. Durchgreifende Beschlüsse blieben aus. Immerhin einigten sich die Teilnehmer jedoch auf ein Stillhalteabkommen, das vorsah, keine weiteren Kredite aus Deutschland abzuziehen. Vor allem in England setzte sich immer mehr die Erkenntnis durch, daß die Mächte nach Ablauf des Hoover-Moratoriums nicht einfach zu den Reparationszahlungen zurückkehren konnten. Zunehmend galten in London die Reparationen als Haupthindernis für eine Überwindung der Krise.

Brüning konnte daher, als er im Herbst 1931 die Revision des Young-Plans ins Spiel brachte, auf britische Unterstützung bauen. Das war jedoch nicht das Ergebnis einer vorausschauenden deutschen Reparationspolitik, ganz im Gegenteil: Die fahrlässig von der Reichsregierung ausgelöste Reparationskrise, die törichte Hoffnung, mit nationaler Antireparationsrhetorik die zu erwartenden Proteste gegen die scharfen Sparmaßnahmen der Regierung zu beschwichtigen, hatte das Vertrauen in ihre Politik erschüttert und mit der Bankenkrise eine katastrophale Wirkung erzielt.

Dennoch überstand Brüning die Zäsur der Finanzkatastrophe des Sommers 1931 politisch ohne sichtbare Blessur. Das Opfer der Bankenzusammenbrüche, das Wirtschaftsbürgertum, hatte keine Erfahrung in öffentlichen Protesten, und seine Mitglieder luden auch nicht zur massenhaften Solidarität ein.

Im Herbst begannen sich aber neue Schwierigkeiten bemerkbar zu machen. In der Wirtschaft, vor allem in der Schwerindustrie, wurde Kritik an der Regierung laut. Die wachsende Steuerlast der Unternehmen sowie der immer stärkere Einfluß des Staates, überdeutlich in der Bankenkrise, riefen zunehmend Unwillen hervor, der sich unter anderem in einer umfangreichen Entschließung der Spitzenverbände der Wirtschaft Ende November niederschlug. Natürlich fehlten nicht die Klagen über die ganze verfehlte Politik des Staates seit 1918, auch der Protest gegen die Sozialpolitik wurde hier wieder lautstark geäußert, aber das war nicht entscheidend. Was die Unternehmer als immer schwerer zu tragende Last empfanden, waren die in der Tat sehr hohen Steuern. Die üblichen Klagen über die Sozialpolitik stellten nur die Begleitmusik dar. Kernpunkt ihrer Änderungswünsche war daher die Ermäßigung der Einkommens- und Unternehmenssteuern, was in der Forschung in der Regel übersehen wird.

Hinzu kamen die Nachwirkungen des gescheiterten Zollunionsprojekts mit Österreich. Der Verzicht auf die Zollunion bedeutete einen hohen Prestigeverlust für die Regierung Brüning. Reichsaußenminister Curtius, dem der Mißerfolg angelastet wurde, trat zurück – Anlaß für den Versuch des Kanzlers, durch eine Kabinettsumbildung neuen Spielraum zu gewinnen und die am 12. Oktober beginnende Sitzungsperiode des Reichstages zu überstehen.

Aber die Regierungsneubildung war kein Erfolg. Brüning wollte potente Vertreter aus der Wirtschaft gewinnen, doch die umworbenen Industriellen sagten ab. Der zur Übernahme des Reichswirtschaftsministeriums schließlich bereite Hermann Warmbold, Vorstandsmitglied der I.G. Farben, war mehr Agrarwissenschaftler denn ein ausgewiesener Mann der Wirtschaft; zudem gab er im Kabinett eher eine Gastrolle. Einen neuen Innenminister, der konservativer und energischer war als der ausscheidende Joseph Wirth, fand der Kanzler ebenfalls nicht. So übernahm Reichswehrminister Groener auch dieses Ressort. Brüning kam damit der Reichswehrführung entgegen, die so ihren Einfluß wachsen und sich in der Lage sah, »wehrfeindliche Giftmänner«[101] (Schleicher) im Innenministerium unschädlich zu machen. Das Außenministerium übernahm Brüning selbst. Als Kanzler, Außenminister und versierter Finanzpolitiker vereinigte er damit Macht und Autorität in einer für die Weimarer Republik einzigartigen Weise.

Das kam besonders in der Behandlung der Reparationsfrage zum Ausdruck. Hier nahm Brüning seit dem Herbst 1931 die Schlüsselposition ein. Bei den Beratungen zeigte er erhebliches Geschick. Sein taktisches Gespür war überhaupt bemerkenswert, wahrscheinlich seine größte Stärke.[102] Weniger ausgeprägt dagegen war seine Fähigkeit, politische Visionen zu entwerfen oder ein politisches Programm zur Bewältigung der Krise aufzustellen. Zwar war man allgemein noch nicht so schnell bereit, Konzepte zu entwickeln und dafür propagandistisch einzutreten wie in späterer Zeit, aber dem Kanzler lag derartiges offensichtlich überhaupt nicht. Der gemäßigte rheinische Industrielle Paul Silverberg, den Brüning zum Eintritt in das Kabinett bewegen wollte, erhielt auf die Frage nach Brünings politischem Kurs charakteristischerweise keine »greifbare oder bestimmte Erklärung des Herrn Reichskanzlers über seine Politik«. Man müsse »nach allen Richtungen vorsichtig ›politisch‹ handeln«[103] – mehr war aus Brüning nicht herauszuholen.

Die Reichsregierung erließ im Oktober und Dezember neue Notverordnungen, die weitreichende Preis- und Zinssenkungsaktionen in Gang setzen sollten. Wahrscheinlich dachte Brüning daran, mit einer umfassenden Kostensenkung den Export steigern und damit die Wirtschaftskrise lindern zu können. Tatsächlich aber hatte er zu diesem Zeitpunkt den Wettlauf um steigende Exportquoten bereits verloren. Am 20. September löste die Bank von England das Pfund vom Goldstandard, was eine erhebliche Abwertung der britischen Währung zur Folge hatte. Andere Währungen schlossen sich an. Für Brüning kam eine solche Maßnahme nie in Frage, was er mit den Bestimmungen des Young-Plans begründete. Aber das war ein vorgeschobener Grund, denn für ihn bedeutete die Abwertung der Reichsmark, unaufhaltsam in eine neue Inflation zu geraten. Darin stimmte er mit Hitler überein, der 1933 trotz der dann erfolgten Abwertung des Dollars ebenfalls nicht abwertete. Das Inflationstrauma saß tief.

Am 11. Oktober, einen Tag vor der neuen Sitzungsperiode des Reichstags, traf sich die »Nationale Opposition« in Bad Harzburg. Dieses Treffen ist als »Harzburger Front« in die Geschichte eingegangen und wurde nach 1933, vor allem von der Linken, als eine Weichenstellung verstanden, die zur »Machtergreifung« Hitlers geführt haben soll. Deutschnationale Volkspartei, Stahlhelm, NSDAP und weitere Verbände der Rechten sowie viele Persönlichkeiten aus dem Kaiserreich – Prinzen, Generäle und Exzellenzen – fanden sich dort ein. Es sah aus, als ob sich die ehemalige Elite des Kaiserreiches mit den Vertretern der nationalsozialistischen Bewegung zusammengefunden hätte, als ob alter und neuer Nationalismus eine Verschmelzung eingegangen wären. Der Schein trog jedoch. Die scharfen Gegensätze zwischen der traditionellen Rechten und der NS-Bewegung blieben erhalten. Nur mühsam konnte der offene Bruch vermieden werden.

Hitler verfolgte in Bad Harzburg konsequent und mit demonstrativer Offenheit seine Politik der Abgrenzung gegen die deutschnationale Konkurrenz. Er erschien nicht zur Führertagung, ließ eine gemeinsame Sitzung der beiden Reichstagsfraktionen platzen, fehlte beim Vorbeimarsch der Verbände, man mußte ihn lange bitten, wenigstens an der Schlußkundgebung teilzunehmen.[104] Die Rede aber, die er dort hielt, war bewußt gemäßigt und fand starken Beifall. Er sah die politische Lage durch die Alternative von Kommunismus und Nationalismus bestimmt, wobei natürlich nicht zweifelhaft sein konnte, welche Richtung nie an die Macht gelangen dürfe. Weiter sprach er von Verhältnissen, die bald eintreten und es ermöglichen würden, »daß wir ganz legal das aktive Notwehrrecht ... wieder herstellen können«.[105]

Was meinte er damit? Einige Wochen zuvor hatte er in der Reichsführer-

schule der Partei ein Krisenszenario entwickelt: Die Regierung sei zahlungs-
unfähig, ein kommunistischer Aufstand breche los, der von der Schutzpolizei
bekämpft werde, die sich dabei aber aufreibe. »Dann sind Nazis legal und illegal
berechtigt einzugreifen, verbunden SA und Stahlhelm, unterdrücken blutig
Kommune, überrennen geschwächte Schupo. Reichswehr auf Nazi-Seite und
ergreifen Regierung und Macht. Dann Abrechnung und Köpferollen.«[106] Die
Ausgangsposition seiner Planung, der Staatsbankrott, spiegelte noch das Fi-
nanzdebakel des Sommers wider. Interesse verdient die von Hitler gewählte
Ausgangslage für die »Machtergreifung« durch Bürgerkrieg. Diese bestand in
der Zahlungsunfähigkeit des Staates und des dadurch ausgelösten Aufstandes
der kommunistischen Arbeitslosen, die sich um ihre Unterstützung geprellt
sahen. Brünings Sparkurs und sein schnelles Reagieren auf krisenhafte Zuspitzungen, zugleich aber auch die effizient arbeitende Bürokratie, die die verordneten Maßnahmen rasch umsetzte, haben zumindest bewirkt, daß diese von
Hitler erwarteten Aufstände und Revolten ausblieben.

Hitler war mit seinem Szenario, daß die Kommunisten revoltieren könnten,
einer Illusion erlegen. Die kommunistische Bedrohung als Vorwand für eigenes
Losschlagen – das schien das gleiche Konzept wie 1923 zu sein. Tatsächlich wirkte
aber die Macht des Staates so abschreckend, daß solche Aufstandsversuche ausblieben. Dieser Staat als eine Mischform – präsidial gestütztes Verordnungsre-
gime auf der einen und Tolerierungsmehrheit im Reichstag auf der anderen
Seite – war zu stark, um von außen gewaltsam erobert zu werden. Etwas anderes
war es, »wenn der Wolf aber im Schafskleid der Legalität kommt«,[107] wie Groener Anfang 1932 einem Freund schrieb. Dann war es wesentlich schwieriger,
gegen ihn Front zu machen.

DAS SCHEITERN BRÜNINGS

Im Winter 1931/32 stellten sich dem Reichskanzler mehrere Aufgaben. Ob und
wie er sie bewältigte, davon hing sein politisches Überleben ab. Dabei stand die
Reichspräsidentenwahl, also die erneute Kandidatur Hindenburgs, im Vordergrund. Dann ergab sich die Notwendigkeit, wieder die Sparschraube anzu-
ziehen, um die zu erwartenden Steuerausfälle halbwegs auszugleichen. Sparen
und Abbauen schien aber nicht mehr möglich, wenn nicht gleichzeitig etwas
auf dem Gebiet der Arbeitsbeschaffung geschah.

Seit dem Sommer 1931 wurden von verschiedensten Autoren Pläne zur Arbeitsbeschaffung vorgelegt. Sie alle nannten viele Möglichkeiten, Millionen

von Arbeitslosen zu beschäftigen, aber bei dem entscheidenden Punkt der Finanzierung blieben sie immer recht vage. Oft wurde einfach an die Reichsbank appelliert, das ihrige zu leisten. Die aber weigerte sich entschieden mit dem Argument, daß die Finanzierung uferloser Arbeitsbeschaffungspläne Inflation auslösen müsse. Damit blockte man die weitere Beschäftigung mit dem Problem erst einmal ab. Aber die Regierung konnte, auch wenn sie den Standpunkt der Reichsbank in der Finanzierungsfrage teilte und sich gegen alle Vorschläge abwehrend verhielt, die Arbeitslosigkeit nicht einfach hinnehmen.

Anfang 1931 waren rund fünf Millionen Arbeitssuchende registriert worden; im Juni fiel ihre Zahl lediglich um eine Million, worauf sie nach der Bankenkrise und den folgenden Zusammenbrüchen wieder stetig anwuchs und im Jahre 1932 die Sechsmillionengrenze übersprang. Diese Zahl erhält ihre volle Bedeutung erst, wenn man sich vergegenwärtigt, daß den sechs Millionen Arbeitslosen nur noch rund zwölf Millionen beschäftigte Arbeitnehmer gegenüberstanden. Die Arbeitslosigkeit erfaßte also rund ein Drittel der Arbeitnehmer. Es gab damals weit weniger Arbeitsplätze als fünfzig Jahre später.

Noch ein weiteres wirtschaftliches Problem mußte angepackt werden, das ebenso kostspielig wie politisch brisant war: die Osthilfe, die Unterstützung der ostdeutschen Landwirtschaft. Hindenburg hatte sie Brüning bei seinem Regierungsantritt gebieterisch zur Pflicht gemacht.[108] Die allgemeine Agrarkrise mit ihrem rasanten Preisverfall hatte den marktfernen Osten besonders getroffen. Die dort herrschende Großlandwirtschaft hatte nach der Inflation ihre Betriebe modernisiert und konnte nun angesichts der sinkenden Erträge Zinsen und Tilgung für die aufgenommenen Kredite nicht mehr aufbringen. Die Osthilfe bestand vor allem in der Umschuldung dieser Güter, also der Umwandlung von teuren kurzfristigen in langfristige und damit entsprechend billigere Kredite, die mit staatlicher Hilfe durchgeführt wurde. Oberster Grundsatz der im Oktober 1931 verstärkten Osthilfe war die Erhaltung der Betriebe.[109] Daß sie kaum noch lebensfähig waren, wurde weitgehend verdrängt. Damit tickte eine Zeitbombe; mit dem Ende der staatlichen Stützungsmaßnahmen drohte eine Welle von Zusammenbrüchen ostdeutscher Güter.

Die Wiederwahl Hindenburgs erwies sich als überaus schwierig, was vor allem Brüning traf, für den sie die elementare Voraussetzung seiner weiteren Regierungsarbeit war. Deshalb versuchte er im Januar 1932, die Rechtsparteien für sein Lieblingsprojekt zu gewinnen: die Verlängerung der Amtszeit des Reichspräsidenten durch ein verfassungsänderndes Gesetz. Das scheiterte an den Forderungen von Hitler und Hugenberg, die im Gegenzug die Umbildung der Regierung und Neuwahlen verlangten. Für den Kanzler komplizierte sich nun die Lage erheblich: Die Rechte forderte seine Entlassung, ohne daß sie klare Vorstellungen darüber besaß, wie es weitergehen sollte, und Hindenburg legte Wert darauf, von den ihm politisch nahestehenden Deutschnationalen und dem Stahlhelm wiedergewählt zu werden.

Am 22. Februar verkündete Goebbels die Kandidatur Hitlers, nachdem am 16. Februar Hindenburg seine Bereitschaft zur Wiederwahl erklärt hatte. Selbst die gemäßigten »Vaterländischen Verbände« lehnten Hindenburg ab. Dadurch trat die Unterstützung für ihn durch die republikanische Seite um so stärker hervor. Der Reichspräsident reagierte außerordentlich empfindlich auf die Abwendung seiner alten Wähler und wollte sie im Grunde nicht wahrhaben.[110] Die wirksame Parole, mit der die SPD in den Wahlkampf zog, wird ihm wenig gefallen haben: »Hindenburg wählen, heißt Hitler schlagen!«

Im ersten Wahlgang verfehlte Hindenburg nur knapp die absolute Mehrheit. Beim zweiten Wahlgang am 10. April siegte er überlegen mit 53 Prozent; Hitler hatte allerdings mächtig aufgeholt und konnte 36,8 Prozent der Stimmen für sich verbuchen. Und es zeigte sich, daß die Wirtschaftskrise mit ihren wachsenden Belastungen die Wählerschaft aufgewühlt und das traditionelle Wählerverhalten verändert hatte. Im preußisch-konservativen Pommern erhielt der Österreicher Hitler mit 52,6 Prozent sein bestes Ergebnis, während der Preuße Hindenburg im katholischen Niederbayern mit 72,3 Prozent den Sieg davontrug.

Für Hitler bedeutete der Wahlausgang keine Niederlage. Gegenüber der Septemberwahl von 1930 hatte sich die Zahl seiner Wähler verdoppelt. Der eigentliche Verlierer der Wahl war Brüning. Er hatte mit letztem Einsatz den Wahlkampf für Hindenburg geführt, mußte aber dennoch die wachsende Entfremdung des Reichspräsidenten ihm gegenüber zur Kenntnis nehmen. Es war eine auf den ersten Blick paradoxe, aber nicht untypische Reaktion: Hindenburg sträubte sich gegen die Tatsache, daß er seinen Sieg Brüning und dessen Einbindung von SPD und Zentrum verdankte. Er nahm dem Reichskanzler übel, daß er ihm die »falschen« Wähler verschafft hatte, und forderte nun stärker als zuvor, daß er endlich einen Rechtskurs einschlage und die Rechte an der Regierung beteilige, was immer der Reichspräsident sich darunter vorstellen mochte.

Bei den Länderregierungen löste das Anwachsen der Nationalsozialisten eine ebenso kurzsichtige wie falsche Reaktion aus. Nur vierzehn Tage nach dem zweiten Wahlgang, am 24. April, fanden in Preußen, Bayern und anderen Ländern Landtagswahlen statt. Vor allem die preußische Mitte-Links-Koalition unter dem Sozialdemokraten Braun, die 1928 nur durch zweifelhafte Kunststücke beim Auszählen der Reststimmen eine hauchdünne Mehrheit erhalten hatte,[111] mußte mit einer schweren Niederlage und dem Verlust der Macht rechnen. Schon vor der Präsidentenwahl hatten Braun und sein Innenminister

Severing versucht, den Reichskanzler zu Maßnahmen gegen SA und SS zu veranlassen. Am 4. März führte Braun dazu als Begründung an, SA und SS »stellen eine vollkommen militärische bis ins Kleinste nach dem Vorbild der Vorkriegsarmee ... gegliederte und disziplinierte, dabei fanatische Parteitruppe dar«.[112] Der Kanzler hörte nicht auf derlei Übertreibungen und unternahm nichts.

Anders verhielt sich Groener. Als Reichswehrminister sah er das SA-Problem wesentlich anders denn als Reichsminister des Innern. In letzterer Funktion wurde er mit den Forderungen der Innenminister der Länder konfrontiert und geriet zugleich immer stärker unter den Einfluß republikanischer, teilweise sogar sozialdemokratischer Beamter, die ihn manipulierten und zur Konfrontation mit der SA drängten.[113] Als Reichswehrminister dagegen befand er sich im März 1932 noch in voller Übereinstimmung mit Schleicher und dessen »Zähmungskonzept«, wonach die Nazis in der Regierungsverantwortung »gezähmt« und zugleich abgenutzt werden sollten. Außerdem bestanden bei der Reichswehrführung Pläne, die SA und die anderen Wehrverbände in einer staatlichen Dachorganisation zusammenzufassen und mit ihnen später eine Miliz aufzubauen. Konnte man aber eine Organisation, deren Mitglieder auf lange Sicht zur Landesverteidigung herangezogen werden sollten, vorher als Staatsfeinde verbieten? Dieser Widerspruch ist Groener nie richtig klar geworden, wurde aber auch in der Regierung nicht diskutiert.

Brüning setzte sich mit der Frage, ob ein SA-Verbot politisch zweckmäßig und auch durchführbar sei, überhaupt nicht auseinander. Er handelte primär aus Loyalität zu Groener und unterstützte ihn rückhaltlos, wobei es offen bleibt, ob dies wirklich aus Überzeugung geschah. Am 10. April, dem Tag des zweiten Präsidentschaftswahlgangs, forderte Groener in einem Schreiben an den Reichskanzler, die SA zu verbieten. Er begründete dies mit der Befürchtung, daß die Länder, vor allem Preußen und Bayern, von sich aus Verbote erlassen würden, wenn nicht vom Reich per Notverordnung ein SA-Verbot erfolge. In der Literatur wird dieses Argument in der Regel kritiklos akzeptiert. Tatsächlich ist es mehr als fragwürdig, denn das Reich befand sich damals in einer sehr starken Position, da die Länder von ihm finanziell abhängig waren.

Gegen den erklärten Willen des Reiches taten die Länder nichts. Groener folgte aber seinen Beamten und ließ sich auch von Schleicher davon nicht abhalten. Dieser zeigte nach anfänglicher Zustimmung Bedenken und befürwortete ein elastisches Vorgehen. Auch der Reichspräsident machte Einwendungen und wollte das sozialdemokratische Reichsbanner ebenfalls verbieten, obwohl dazu nicht der geringste Anlaß bestand. Bevor das Verbot verkündet wurde, fanden zwar im engsten Kreis Beratungen statt, doch sie führten zu keinem Ergebnis. Das eigentliche Problem, ob »Zähmung« oder Konfrontation opportun sei und ob sich der Konfrontationskurs bei Hindenburg und der Reichswehrführung durchsetzen ließ, wurde überhaupt nicht erörtert. Diskutiert wurden nur taktische Varianten des Vorgehens, mehr nicht. Schleicher hatte sich von dem Verbot bereits klar distanziert, bevor es am 13. April 1932 verkündet wurde. Die Zustimmung Hindenburgs dafür war nicht leicht zu erhalten. Es bedurfte des nachdrücklichen Einsatzes des Kanzlers, den zögernden Reichspräsidenten zur Unterschrift zu bewegen. Ein erhebliches Maß an Verstimmung blieb zurück.

Die Länder, voran Preußen, sahen nach dem überraschend starken Abschneiden Hitlers bei den Reichspräsidentenwahlen den bevorstehenden Landtagswahlen mit noch mehr Besorgnis entgegen und hofften wohl, durch ein Verbot der SA das Wahlergebnis noch in ihrem Sinne verbessern zu können. Nur so wird ihr Drängen auf das Verbot verständlich. Andere Gründe zählten kaum, war doch die SA während des Präsidentschaftswahlkampfes nicht durch besondere Aggressivität hervorgetreten.

Bei Schleicher hatte der nationalsozialistische Wahlerfolg eine ganz andere Reaktion hervorgerufen. Der Chef des Ministeramtes stand vor einer schwierigen Alternative. Sollte er Groener unterstützen, der durch seine linke Umgebung im Reichsinnenministerium auf das SA-Verbot fixiert war und zur Begründung immer wieder nur das schwache Argument vorbrachte, das Auftreten der SA sei mit der »Staatsautorität«[114] unvereinbar? Da Groener zugleich Reichswehrminister war, also auch die Armee repräsentierte, stand diese zwangsläufig bei einer Konfrontation mit der SA auf seiten der Regierung und hatte damit auch die von ihr verabscheute preußische Staatsregierung an ihrer Seite. Damit würde sie die beharrlich propagierte Rolle der Überparteilichkeit verlieren. Zudem fände sie sich auf der republikanischen Seite wieder, auf der zu stehen die Reichswehr stets vermieden hatte. Ihr Gegenüber aber war eine nationalistische Massenbewegung, deren Stärke die Wahlen bewiesen hatten und die durch Verbote nicht mehr zu treffen war.

Es gibt keine Unterlagen aus dem Frühjahr 1932, die allgemeine Schlüsse zur politischen Einstellung des Offizierskorps, namentlich der jüngeren Offiziere zulassen. Man wird aber davon ausgehen können, daß das SA-Verbot auf wenig Zustimmung stieß.[115] Das bedeutete aber, daß sich die Reichswehrführung – ähnlich wie beim Kapp-Putsch oder beim Konflikt mit der bayerischen Reichswehrdivision im Herbst 1923 – der Truppe nicht unbedingt sicher sein konnte, wenn sie sie gegen die SA einsetzte. Dagegen waren keine Probleme zu erwarten, wenn die SA losschlug. Die Frage der Loyalität stellte sich nur, sobald die Reichswehr von der Regierung zu Einsätzen kommandiert wurde, die die Truppe nicht verstand oder nicht ausführen wollte.

Die Sorge, mit der Reichswehr gleichsam in eine schiefe Schlachtordnung zu geraten, war eine Sache, etwas ganz anderes jedoch die Aktion, die Schleicher nach Verkündung des SA-Verbotes einfädelte. Das war ein radikaler Kurswechsel, den er allein vollzog. Dabei scheute er nicht davor zurück, Groener, dem er menschlich eng verbunden war und der ihn stets als seinen Wahlsohn betrachtet hatte, kaltschnäuzig zu opfern. Das ganze Kabinett Brüning hielt er ohnehin für erledigt. Mit dem ihm eigenen Optimismus und unerschütterlichem Selbstvertrauen nahm er Verbindung zur Führung der NSDAP auf. Er wollte sein Zähmungskonzept allein durchsetzen, ohne einen Gedanken darauf zu verschwenden, ob sein Konzept angesichts des enormen Anwachsens der NS-Bewegung und des damit gestiegenen Selbstbewußtseins ihrer Führer noch realisierbar war. Wahrscheinlich beschleunigten gerade die Erfolge der Nationalsozialisten das Vorgehen Schleichers. Er hielt es wohl für dringend notwendig, angesichts ihrer wachsenden Stärke auf Hitlers Bewegung zuzugehen und sie einzufangen.

Schleichers Entschluß, hinter dem Rücken des Kanzlers den Kontakt mit Hitler aufzunehmen und die Regierung zu stürzen, ruinierte seinen Ruf. Bald umgab ihn tiefes Mißtrauen, was ihm später noch unendlich schaden sollte. Am 28. April traf er mit Hitler zusammen, weitere Gespräche folgten, am Ende stand eine Absprache: Hitler sollte das neue Kabinett tolerieren, dafür wurden ihm die Aufhebung des SA-Verbots und Neuwahlen zugesichert. Die Geheimhaltung der Gespräche blieb strikt gewahrt, so daß keinerlei Informationen an die Öffentlichkeit gelangten. Daß Schleicher dabei Hitler unterschätzte, ist ihm nicht vorzuwerfen, das hatte er mit fast allen Zeitgenossen gemein. Ganz anders aber ist sein Plan zu beurteilen, die Regierung zu stürzen und »sein« Kabinett nicht mehr von den zuverlässigen Sozialdemokraten, sondern in erster Linie von der NSDAP tolerieren zu lassen. Es war unglaublicher Leichtsinn, eine solch weitgehende Verabredung auf nichts anderem als auf dem Versprechen Hitlers zu gründen, der zu diesem Zeitpunkt schon genug Beweise seiner Unzuverlässigkeit geliefert hatte. Auch bot die politische Lage keinen Anlaß zu einem solchen Kurswechsel; keine dramatischen Zuspitzungen waren zu erwarten, die einen so radikalen Positionswechsel zumindest verständlich gemacht hätten. Im Juni sollte Schleicher dazu vor Offizieren ausführen, der Sturz Brünings sei »nötig gewesen, um das Heer nicht in die Lage bringen zu müssen, auf eine Mehrheit von Volksgenossen zu schießen, die sich ganz besonders durch die Förderung des Wehrwillens auszeichneten, uns daher im Ziel naheständen«.[116]

Festzuhalten bleibt, daß es allein Schleichers Entschluß war, diesen Kurswechsel zu vollziehen; objektive Zwänge oder Druck mächtiger Interessengruppen sind nicht erkennbar. Letztlich manifestierte sich hier die Arroganz der Macht, die ihm die tatsächliche Führung der Reichswehr verlieh. Nur weil alle wußten, daß die Reichswehr hinter ihm stand, konnte Kurt von Schleicher solche Aktionen gleichsam aus dem Handgelenk planen.

Die Stabilität der politischen Führung hatte seit 1930 auf der Zusammenarbeit und weitgehenden Übereinstimmung zwischen Hindenburg, Brüning, Groener und Schleicher beruht. Groener war durch sein Eintreten für das Verbot der SA aus diesem Bündnis ausgeschieden, und es war schließlich zerbrochen, weil Brüning Groener blindlings gestützt hatte. Daraus ergab sich das Zerwürfnis zwischen Groener und Schleicher und der Entschluß Schleichers, Brüning eigenmächtig zu stürzen und die NS-Bewegung an den Staat – wie die oft verwendete nebulöse Formel lautete –heranzuziehen. Das Präsidialsystem hatte damit einen finalen Zustand erreicht; die normalerweise am politischen Prozeß beteiligten Parteien und Gruppierungen wurden faktisch ausgeschaltet. Jetzt zählte nur noch die Verfügung über die staatliche Macht, galt allein die Diktaturgewalt des Reichspräsidenten und der Befehl über die Reichswehr. Parteigremien oder Fraktionen wurden in Entscheidungen nicht mehr eingebunden, vielmehr übte ein immer kleinerer Personenkreis die tatsächliche Macht aus. Das Verhältnis dieser Personen zueinander sollte ausschlaggebendes Gewicht erhalten.

Andererseits waren die Abnutzungserscheinungen des Kabinetts Brüning nicht zu übersehen. Groener setzte seine Selbstdemontage fort, als er am 10. Mai im Reichstag vor einer johlenden und durch Zwischenrufe störenden NS-Fraktion das SA-Verbot ungeschickt verteidigte, was allgemein katastrophal wirkte und seine Stellung unhaltbar machte. Die Krise des Kabinetts lag offen zutage, zumal der Reichspräsident entschieden den Rücktritt Groeners forderte. Aber schon vorher nahm die Zerfahrenheit in den Kabinettsberatungen zu. Der Kanzler führte nicht, sondern blieb eher passiv, stellte Informationsfragen und bot den Ressortministern viel zu oft Gelegenheit zu ausführlichen Darlegungen. Eine überzeugende Aufklärung über seinen politischen Kurs fehlte; die Minister fühlten sich allein gelassen und rätselten, welche Pläne der Kanzler verfolge. Finanzminister Dietrich klagte: »Ja, was der Kanzler will, weiß keiner.«[117] Vor allem die langwierigen Verhandlungen zur Finanzierung der Arbeitslosenhilfe und des Wirtschaftsprogramms bestätigten das. Die Beratungen begannen im Januar und zogen sich bis zum Mai hin, nicht zuletzt hinausgezögert durch die Reichspräsidentenwahl und die Landtagswahlen. Welche Kürzungen und Einschränkungen man beschlossen hatte, durfte schließlich erst nach den Wahlen herauskommen.

Anders als bei den vorangegangenen großen Notverordnungen waren bei der fünften großen Notverordnung als Ausgleich für die massiven Belastungen auch Arbeitsbeschaffungsmaßnahmen geplant. Wilhelm Lautenbach, der Konjunkturexperte im Reichswirtschaftsministerium, legte in Ressortbesprechungen prägnant und überzeugend dar, daß nur durch Kreditausweitung die Ankurbelung der Konjunktur bewirkt und damit mehr Beschäftigung erzeugt werden könne. Ein großzügiges Arbeitsbeschaffungsprogramm scheiterte aber am Veto des Reichsbankpräsidenten. Dennoch tat sich etwas auf dem Gebiet der Arbeitsbeschaffung. Nach Expertengesprächen zwischen Reichsbank, Finanz- und Wirtschaftsministerium kam ein bescheidenes Programm mit einem Volumen von 135 Millionen Reichsmark zustande. An ihm war nicht der Umfang, sondern die Methode der Finanzierung bemerkenswert.

Endlich war der Durchbruch zur Finanzierung der Arbeitsbeschaffung überhaupt und damit zur Überwindung der Krise gelungen. Die Lösung sah so aus: Die mit den Arbeiten beauftragten Firmen sollten Wechsel auf die »Gesellschaft für Öffentliche Arbeiten (Öffa)« ziehen, die von der Reichsbank diskontiert, also angekauft wurden. Damit war der »Öffa-Wechsel« geschaffen, mit dessen Hilfe ein beträchtlicher Teil der Arbeitsbeschaffung in den folgenden Jahren finanziert wurde. Der Öffa-Wechsel löste das Problem der Finanzierung durch die Reichsbank. Er war sicher wie Geld, denn die Reichsbank garantierte die Einlösung. Tatsächlich wurde er jedoch nicht umgehend bei der Reichsbank eingereicht, sondern während seiner Laufzeit weiterverkauft, so daß er praktisch wie Geld wirkte. Da er nur für Arbeitsvorhaben ausgestellt wurde, die einen konjunkturfördernden Effekt hatten, also mehr Menschen beschäftigten und zugleich zusätzliche Werte schufen, barg diese Form der Kreditschöpfung keine Inflationsgefahr. Der Mefo-Wechsel Schachts nach 1933 war eine auf die Rüstungsindustrie beschränkte Variante, aber in der Sache nichts Neues.

Es war charakteristisch, daß das Kabinett, abgesehen von Finanzminister Dietrich, die Bedeutung dieser Finanzierungslösung kaum erkannte. Insbesondere Brüning begriff die Tragweite nicht und war eher an Detailfragen zur verwaltungsmäßigen Umsetzung des Programms interessiert. Er glaubte auch gar nicht, daß mit staatlichen Arbeitsbeschaffungsmaßnahmen die Krise zu überwinden sei. In seinen Augen hatten sie mehr eine Alibifunktion und sollten bei den Arbeitslosen ein wenig Hoffnung erzeugen.

Weitaus mehr Engagement zeigte das Kabinett bei der ländlichen Siedlung. Die Kabinettsarbeiten auf diesem Gebiet führten schließlich zu einer Verordnung, die zur Entlassung Brünings wesentlich beitrug. Sie erlaubte bei landwirtschaftlichen Betrieben, die überschuldet und ohne Überlebenschance waren, die Zwangsversteigerung, vor der die Güter während der Umschuldung bisher durch ein Sicherungsverfahren geschützt waren. Diese Güter sollten dann im Zuge der Zwangsversteigerung zu Niedrigpreisen von staatlichen Stellen erworben und aufgesiedelt werden.

Außer Dietrich, Arbeitsminister Stegerwald und Reichsbankpräsident Luther war es vor allem der Osthilfekommissar Schlange-Schöningen, der sich energisch für die Siedlung einsetzte. Für ihn hatte sie klare Priorität vor der Osthilfe, für die er zuständig war. Obwohl selbst Gutsbesitzer in Pommern, setzte er sich nicht für die Konservierung kaum noch lebensfähiger Güter ein, sondern sah in der landwirtschaftlichen Siedlung seine Hauptaufgabe.[118] Er wußte sogar bereits, wie man mit der zu erwartenden Mehrproduktion, vor allem bei Kartoffeln, fertigwerden könne: Dem Benzin sollte Kartoffelsprit beigemischt werden – was allerdings gigantische Subventionen erfordert hätte.

Zwischen Stegerwald und Schlange entbrannte zwischen März und Mai eine erbitterte Auseinandersetzung darüber, wer für die Siedlungspolitik federführend sei. Das war kein normaler Ressortstreit. Hier ging es um mehr, nämlich darum, ob der fränkische Kleinbauernsohn Stegerwald oder der pommersche Großgrundbesitzer Schlange-Schöningen bei diesem Rettungswerk die politische Verantwortung haben würde. Brüning hielt sich zurück, machte aber eines ganz deutlich: Die Siedlungsfrage müsse »in Verbindung mit der ganzen Arbeitslosenfrage gelöst werden«.[119] Da ausreichende Mittel für die Siedlungsarbeiten jedoch nicht zur Verfügung standen, dachte die Regierung an die Ausweitung des 1931 eingeführten Freiwilligen Arbeitsdienstes (FAD), der als soziale Hilfsmaßnahme für arbeitslose Jugendliche gegründet worden war. Er sollte nun auf diesem Gebiet massiv eingesetzt werden. Mit Arbeitsbeschaffung hatte das wenig zu tun, ging es doch um die Beschäftigung von Jugendlichen gegen Verpflegung und ein kleines Taschengeld und um die Versorgung Arbeitsloser, die als Siedler den Arbeitsmarkt dauerhaft entlasten sollten.

Vor allem nach 1945 geriet die Siedlungsverordnung in der Öffentlichkeit zum Gegenstand weitreichender Spekulationen. Diese gipfelten in dem Vorwurf, ostpreußische Junker hätten Hindenburg auf seinem Gut in Ostpreußen mit dem Argument unter Druck gesetzt, Brüning wolle mit der Verordnung »Agrarbolschewismus« praktizieren, indem er ostdeutsche Rittergüter unter den Hammer bringe. Diese vorindustriellen und antidemokratischen Eliten, so noch der jüngst formulierte Vorwurf, hätten ihr Privileg des direkten Zugangs zu Hindenburg zum entscheidenden Angriff auf Brünings Stellung genutzt.[120]

Beim entschlossenen Einsatz des Kabinetts für die landwirtschaftliche Siedlung spielte neben der wachsenden Agrarromantik und Industriefeindschaft breiter Kreise, vor allem in der Jugend, die wirtschaftliche und arbeitsmarktpolitische Bedeutung der Siedlung eine eminente Rolle. Sie wurde sehr hoch eingeschätzt, was wiederum mit der Beurteilung der Wirtschaftskrise zusammenhing. In der Regierung Brüning wie in der Öffentlichkeit überhaupt, aber auch bei Politikern wie Adolf Hitler herrschte die Überzeugung vor, daß die Krise eine Strukturkrise sei, die in der überhasteten Industrialisierung der vorangegangenen Jahrzehnte ihren Ursprung habe. Mit anderen Worten: Ein erheblicher Teil der Arbeitslosen bleibe auch in Zukunft ohne Chance auf einen industriellen Arbeitsplatz, denn die Industrie werde niemals mehr das Niveau der vergangenen Jahre erreichen. Als jedoch das scheinbare »Wunder« geschah, die Arbeitslosigkeit 1936 faktisch beseitigt war und sogar immer größerer Arbeitskräftemangel in der Industrie herrschte, wurden der Konjunkturpessimismus von 1931/32 und die »Reagrarisierung« als Ausweg aus der Krise schnell verdrängt. Nachdem die Entwicklung die alten Annahmen so eindrucksvoll widerlegt hatte, wollte sich niemand mehr daran erinnern, selbst Brüning nicht. Er hat nach dem Krieg die unter seinem Vorsitz verabschiedete Siedlungsverordnung zu einer »Privatarbeit eines Beamten« herabgestuft, der bei dem Osthilfekommissar Schlange-Schöningen beschäftigt gewesen sei.[121]

Die Forschung hat diesen Verdrängungsprozeß weitgehend nachvollzogen und sich so der Möglichkeit begeben, eine stichhaltige Erklärung für den Kollisionskurs zu finden, den das Kabinett damals mit der Siedlungspolitik einschlug. Jüngst hat ein Historiker gemeint, Brüning habe die Siedlung wie den umstrittenen Verordnungsentwurf »ignoriert und auch später kaum zur Kenntnis« genommen; er stellte einen Kanzler vor, der »von diesem Komplex, der seine Regierung bedrohte, gar nichts ahnte«.[122] Die Kabinettsprotokolle beweisen das Gegenteil: Brüning hat sich sogar mit den Einzelheiten der Siedlung beschäftigt.[123] Man denke nur an seine berühmt gewordene Rede vom 11. Mai im Reichstag, in der das Wort von den hundert Metern vor dem Ziel fiel. In dieser Rede hat Brüning auch angekündigt, »daß wir mit den Siedlungen in großem Maßstab beginnen können«.[124] Der ahnungslose Brüning ist so wenig überzeugend wie seine Stilisierung zum Staatsmann, der eine großartige Konzeption entwickelt habe, bei der Reparationen, Abrüstung und das Ausgreifen nach Südosteuropa eine Schlüsselstellung einnahmen. Einen Politiker mit einem solchen Konzept hat es nicht gegeben.

Statt weitausgreifender Strategieentwürfe sehen wir eine erschöpfte Regierung, die gegenüber politischen Gefahren blind war oder diese Gefahren einfach nicht sehen wollte. Auf der anderen Seite waren die Minister von der ausschlaggebenden Bedeutung der Siedlung als einem Auffangbecken für Arbeitslose und einem Instrument zur nationalpolitischen Stärkung des deutschen Ostens so überzeugt, daß sie sich gar nicht fragten, wie denn die Betroffenen darauf reagieren würden. Das war angesichts der jahrzehntelangen robusten

Wahrnehmung agrarischer Interessen völlig unverständlich. Die Behandlung der Siedlungsverordnung hatte soviel Bezug zur politischen Realität wie eine Bundesregierung gezeigt hätte, die, ohne einen Gedanken an zu erwartende Gegenreaktionen und Proteste zu verschwenden, ein Gesetz über die Schließung des Kohlebergbaus verabschiedet.

Die Verordnung war in der Tat radikal. Sie ermächtigte den Osthilfekommissar und die ihm nachgeordneten Stellen, Grundstücke »freihändig oder im Wege der Zwangsversteigerung zu erwerben«.[125] Um möglichst schnell Siedlungsland zu erhalten, wurden in der Verordnung sogar die sonst bei Zwangsversteigerungen üblichen Fristen verkürzt. Die Finanzierung sollte durch Schatzanweisungen des Reiches erfolgen, dieselbe Methode, mit der bis 1923 die Inflation angeheizt worden war. Man scheute also keine Risiken. Das Ergebnis der so forcierten Siedlung konnte die Umstrukturierung der ostdeutschen Landwirtschaft und die Änderung der Besitzverhältnisse bedeuten, wobei offen blieb, ob eine solche Siedlung ökonomisch überhaupt sinnvoll war. Der Widerstand der betroffenen Großgrundbesitzer war mit Sicherheit zu erwarten. Die Verschuldung der Güter hatte schließlich stark zugenommen, und so war die Zahl der Besitzer groß, die fürchten mußten, ihre Betriebe auf diese Weise zu verlieren.

Das Kabinett wußte sehr wohl, wo Hindenburg in dieser Frage stand. Im Februar des vorangegangenen Jahres hatte es eine Revolte im Kabinett gegeben, als Brüning auf Hindenburgs Geheiß eine Verordnung durchsetzte, die erneute Subventionsmaßnahmen für bereits umgeschuldete Güter vorsah. Die Minister mußten also wissen, daß von seiten der Betroffenen und ihres Schirmherrn, des Reichspräsidenten, heftiger Widerstand geleistet würde. In den Kabinettsberatungen wurde aber nicht einmal auf die Möglichkeit von Schwierigkeiten in dieser Richtung hingewiesen, vielmehr zeigten sich Kanzler und Kabinett zur politischen Auseinandersetzung unfähig und verharrten in sprachloser Konfrontation.

Die landwirtschaftliche Siedlung war eine Sackgasse, denn die geplante Kümmersiedlung bot keine ökonomische Perspektive. Es berührt eigenartig, daß das Kabinett diesem Projekt so hohe Priorität beimaß, während das zukunftsweisende Konzept der Arbeitsbeschaffung durch Öffa-Wechsel kaum Beachtung fand. Dieses von der Ministerialbürokratie ausgearbeitete Konzept wurde im Kabinett mit einer gewissen Zurückhaltung präsentiert, weil man es erst erproben wollte. Dazu paßte auch, daß es von seinen Erfindern nicht lauthals mit Vorschußlorbeeren bedacht wurde. Vielleicht erklärt sich daraus die Tatsache, daß Brüning auf dieses Programm nur so schwach reagiert hat.

Das Kabinett Brüning war Ende Mai ausgebrannt und konnte keine überzeugenden Zukunftsperspektiven mehr bieten. In gewisser Weise verwaltete es die Krise, während der Widerstand gegen diese Art des Regierens zunahm und der Druck, den die immer rabiater auftretende Rechtsopposition ausübte, seine Wirkung auf Schleicher und den Reichspräsidenten sowie dessen Umgebung nicht verfehlte. Dagegen anzukämpfen war Brüning unmöglich.

Brünings oft zitierter Hinweis auf die hundert Meter vor dem Ziel war ein harmloser Ausflug in die Demagogie, mehr nicht. Der Kanzler wußte sehr wohl, daß er von dem angestrebten Ziel noch weit entfernt war. Das galt vor allem in der Reparationsfrage. Er selbst hatte im Januar 1932 dafür gesorgt, daß die in Lausanne geplante Reparationskonferenz auf den Sommer vertagt wurde. Damals hatte er auch dem von englischer Seite geäußerten Vorschlag zugestimmt, gegen eine Abschlußzahlung von drei Milliarden Reichsmark einen endgültigen Strich unter das leidige Kapitel der Reparationen zu ziehen. Die Zahlung war selbstverständlich erst nach Überwindung der Krise fällig, und zwar in Raten, die verhandelbar waren. Ungefähr von dieser Art mußte der Kompromiß beschaffen sein, der die Endlösung der Reparationen festschrieb. Genau darum ging es im Juli 1932 in Lausanne. Schon im März aber war Brüning von diesem Plan wieder abgerückt. Nun setzte er sich für die völlige Streichung der Reparationen ein und rechnete deshalb in längeren Zeiträumen, notfalls sogar bis zum März 1933. Es kann nicht verwundern, daß bei Brüning der Begriff des Durchhaltens zentrale Bedeutung gewann. Er sah sich gewissermaßen in die Situation des Grabenkämpfers im Weltkrieg zurückversetzt, für den auch nichts anderes gegolten hatte. Im Frühjahr 1932 hielt er für den Fall des Scheiterns aber bereits einen Sündenbock bereit, denn am 4. März erklärte er: »Es darf das deutsche Volk im letzten Rennen nicht kurz vor dem Ziel zusammenbrechen, wie es dies leider gewöhnlich tut.«[126] Das erinnert an Ludendorffs Haltung im Spätsommer 1918.

War es ein Sturz oder reichte Brüning lediglich am 30. Mai seine Demission ein, nachdem ihm der Reichspräsident das Vertrauen entzogen hatte und keine weiteren Notverordnungen unterschreiben wollte? Es war ein Sturz, von Schleicher seit dem SA-Verbot geplant und in Szene gesetzt. Zum Zeitpunkt von Brünings Entlassung war die neue Regierung fast schon komplett. Die Protestaktion der Agrarier, auf die keine politische Reaktion des Kanzlers mehr erfolgte, war dann der auslösende Faktor. Die näheren Umstände der Verabschiedung Brünings zeigen zugleich sein historisches Versagen. Gewiß sind Erschöpfung und Enttäuschung bei ihm in Rechnung zu stellen, aber ein Kanzler, der mehr als zwei Jahre schwerster politischer Krise bewältigt hatte, durfte sich so nicht in die Wüste schicken lassen. Deshalb mußte er nicht gleich den offenen Konflikt mit dem Präsidenten wagen, aber er hätte den Reichspräsidenten energisch auf seine Mehrheit im Reichstag aufmerksam machen und darauf hinweisen müssen, daß der Kanzler erst nach einem Mißtrauensvotum des Reichstags entlassen werden könne. Statt dessen wies er nur schüchtern auf Hindenburgs Wähler von 1932 hin, was der Alte ungerührt überhörte, und blieb ansonsten der »gute Heinrich«, wie Schleicher einmal gespottet hat.[127] Er hörte sich an, was Hindenburg von seinem präparierten Zettel vorlas, obwohl er genau wußte, daß dieser die Situation politisch überhaupt nicht mehr durchschaute.

Hier drängt sich der Vergleich mit Stresemann auf. Im Oktober 1923 stieß dieser Kanzler auf Mißtrauen und Ablehnung von allen Seiten, aber er ließ sich davon nicht einschüchtern, lavierte und taktierte und steuerte das Land so durch die schwere Krise. Brüning war dazu nicht fähig; er war emotional auf die Persönlichkeit des Reichspräsidenten fixiert und nicht in der Lage, in dieser entscheidenden Situation politischen Druck auszuüben.

Brünings Sturz markierte einen tiefen historischen Einschnitt. Damit erfolgte zwar noch keine endgültige Weichenstellung in Richtung auf die »Machtergreifung« Hitlers, aber die Tolerierungsmehrheit im Reichstag existierte nicht mehr. Die Möglichkeit, mit dieser letztlich doch kooperativen Mehrheit bis zum Ende der Legislaturperiode im Herbst 1934 zusammenzuarbeiten, wurde leichtfertig vertan. Die Phase des gemäßigten Präsidialregimes, das noch über eine parlamentarische Tolerierungsmehrheit verfügte, war damit beendet. Es folgte nun das reine Präsidialregime, das allein auf der Diktaturgewalt des Reichspräsidenten und ihrer Abstützung durch die Reichswehr beruhte.

VON PAPEN ZU HITLER

Warum verfiel Schleicher auf die Idee, der breiten Öffentlichkeit den weithin unbekannten Franz von Papen als Reichskanzler zu präsentieren? War es nur ein Notbehelf oder die Überzeugung, daß er keinen »Kopf«, sondern nur einen »Hut« benötigte?[128] Das wäre lediglich eine weitere Bestätigung für die Oberflächlichkeit, mit der er schwerwiegende Entscheidungen traf. Denn ein Reichskanzler an der Spitze der Regierung war nicht so leicht wie ein Reichswehrminister unter Kontrolle zu halten. Wer sich gegenüber den Ministern in Kabinettssitzungen als Chef behaupten konnte und das Vertrauen des Reichspräsidenten erwarb, gewann – zumindest im engeren Zirkel der Macht – Autorität und Entscheidungsfreiheit, die bei dem Amtsinhaber bis dahin nicht vermutete Ambitionen freisetzen konnte.

Aus Schleichers Sicht war die Wahl Papens jedoch nicht unverständlich. Der General kannte »Fränzchen«, wie ihn seine Freunde zu nennen pflegten, seit langem. Papen entstammte einer alten, aber wenig begüterten westfälischen Adelsfamilie, schlug nach dem Durchlaufen der Kadettenanstalt die Offizierslaufbahn ein und unterschied sich bald von seinen bescheiden von ihrem Offiziersgehalt lebenden Kameraden dadurch, daß er in eine saarländische Industriellenfamilie einheiratete und mit den Profiten aus der Gebrauchskeramik einen aristokratischen Lebensstil entwickeln konnte. Papen war jedoch kein bloßer Herrenreiter; sein Schwiegervater veranlaßte ihn, die Generalstabsausbildung zu durchlaufen, die er 1913 als Hauptmann i.G. abschloß. Als Militärattaché in Washington sorgte er für negative Schlagzeilen. Seit 1917 fand er als Stabsoffizier an der Palästinafront Verwendung.

Erst nach dem Krieg entwickelte Papen politischen Ehrgeiz. Obwohl streng konservativ, trat er dem Zentrum bei und wurde in den Preußischen Landtag gewählt, dem er mit einer Unterbrechung bis zum Jahre 1932 angehörte. Da er im Grunde ein Deutschnationaler war, entwickelte er sich zum rechten Außenseiter, der den Linkskurs seiner Partei, vor allem in Preußen, scharf kritisierte. Auch als Aufsichtsratsvorsitzender der »Germania«, des publizistischen Flaggschiffs der Zentrumspresse, versuchte er auf die Politik der Partei Einfluß zu nehmen. In den mondänen, wilhelminisch geprägten Salons und Klubs der Reichshauptstadt war er eine vertraute Erscheinung. Er »liebte die elegante Welt, er kannte und liebte das Milieu der Rennplätze, in deren Mittelpunkt das edle Pferd steht«.[129] Hinter dem Bild des reichen Müßiggängers, der in der Politik nur zu dillettieren schien, verbarg sich jedoch ausgeprägter Ehrgeiz.

Schleichers Entschluß, Papen zum Reichskanzler zu machen, beruhte vor allem auf den spezifischen Vorstellungen Papens von der Präsidialpolitik, die er 1931 entwickelt hatte. Danach sprach er sich für die Heranführung der Rechten an den Staat aus, jener weitverbreiteten, auch von Schleicher und Hindenburg immer wieder geäußerten Wunschvorstellung, bei der der Wunsch stärker war als die konkrete Vorstellung, wie diese Annäherung denn bewerkstelligt werden könne. Aber Papen ging noch einen Schritt weiter. Er forderte Brüning auf, sich von der Sozialdemokratie zu lösen und ein nationales »Konzentrationskabinett« zu bilden, das sich von den Parteien überhaupt trennen müsse, um so den Parlamentarismus zu überwinden. Die Parteien sollten sich selbst überlassen bleiben und sich gegenseitig paralysieren.[130] Ein Außenseiter mit solchen Vorstellungen mußte Schleicher gefallen. Ein Regierungschef, der entschlossen schien, die Beziehung zum Parlament abzubrechen und die Rechte irgendwie einzubinden, lag ganz auf Schleichers Linie, denn irgendeine Planung, wann und unter welchen Bedingungen die Nationalsozialisten in die Regierung aufzunehmen seien, war bei ihm nicht zu erkennen.

Am 30. Mai war die Regierung Brüning zurückgetreten, und schon am 2. Juni wurde das Kabinett Papen vereidigt. Es unterschied sich sozial ganz erheblich von allen Vorgängern. Sieben Adligen standen nur drei Bürgerliche gegenüber; die meisten Kabinettsmitglieder waren Beamte oder bekleideten Stellungen im öffentlich-rechtlichen Bereich. Fast alle waren im Krieg Offiziere oder Reserveoffiziere gewesen. Der neue Reichsminister für Ernährung und Landwirtschaft Magnus Freiherr von Braun, der Vater des Raketenforschers Wernher von Braun, hatte den stärksten junkerlichen Hintergrund; nach seiner kurzen Ministertätigkeit kaufte er sich ein Gut in Schlesien.

Bereits am 2. Juni erbrachte das Kabinett mit dem Beschluß zur Auflösung des Reichstags eine der beiden Vorleistungen für seine Tolerierung durch die Partei Hitlers.[131] Der neue Stil zeigte sich, als der Kanzler in seiner Regierungserklärung am 4. Juni dem gestürzten Kabinett hinterherschimpfte, es sei angesicht der »notwendigen grundlegenden Reformen« nicht »über schwache Ansätze hinausgekommen«. Der ganzen bisherigen Richtung, bestimmt durch Staatssozialismus, Wohlfahrtsstaat und Kulturbolschewismus, müsse »in letzter Stunde« Einhalt geboten werden.[132] Der breiten Öffentlichkeit präsentierte sich das »Kabinett der Barone« am 14. Juni durch den Erlaß einer neuen Notverordnung. Deren scharfe Sparmaßnahmen wurden der sozialreaktionären Haltung des neuen Kabinetts angekreidet, obwohl lediglich die schon unter Brüning vorbereiteten Verordnungen – allerdings ohne die Siedlungsverordnung – erlassen wurden.

Mit der Aufhebung des SA-Verbotes, der zweiten Vorleistung, ließ sich die Regierung – sehr zum Ärger der nationalsozialistischen Führung – etwas mehr Zeit. Sie wollte erst Kontakte mit den süddeutschen Landesregierungen herstellen, um deren Proteste gegen die Aufhebung des Verbots abzumildern. Um das Gesicht zu wahren, erließ sie am 16. Juni eine Verordnung »gegen politische Ausschreitungen«, die Vorschriften für alle Verbände enthielt und demzufolge die SA einschloß. Im großen und ganzen milderte sie die unter Brüning erlassenen restriktiven Maßnahmen ab in der blauäugigen Überzeugung, »daß, wenn diese Erwartungen sich als trügerisch erweisen sollten, neue und scharfe Ausnahmevorschriften die unvermeidbare Folgerung sein müßten«.[133] Die Annahme, daß sich nach Erlaß der Verordnung die politische Lage entspannen werde, erwies sich als trügerisch, denn der Wahlkampf zu den Reichstagswahlen am 31. Juli kam langsam auf Touren. An jedem Sonntag nahm die Zahl der blutigen Auseinandersetzungen zwischen Nationalsozialisten und Kommunisten zu, stieg die Zahl der Todesopfer.

Hinzu kam der Kampf um Preußen, der sich zuspitzte. Dort hatten die Landtagswahlen am 24. April erwartungsgemäß einen hohen Sieg der NSDAP und die Niederlage der Regierungskoalition aus SPD, Zentrum und linksbürgerlicher Staatspartei (der alten DDP) gebracht. Eine parlamentarische Mehrheit bot nur noch die Koalition von Zentrum und NSDAP, über die Gespräche stattfanden, ohne daß die beiden Seiten den Willen hätten erkennen lassen, tatsächlich eine gemeinsame Regierung zu bilden. Die alte Regierung führte vorerst die Geschäfte weiter, denn es fand sich, wie übrigens auch in den meisten anderen Ländern, keine Mehrheit zur Ablösung des alten Kabinetts.

Was aber im übrigen Deutschland als Anpassung an die politische Ausnahmesituation hingenommen wurde, schien in Preußen unmöglich. Ministerpräsident Otto Braun war tief enttäuscht darüber, daß der Souverän, das preußische Volk, die Leistungen seiner Regierung nicht honoriert hatte. Am 6. Juni trat er einen Urlaub an »mit der festen Absicht, nicht mehr in das Amt zurückzukehren«.[134] Mochten auch persönliche Gründe mitspielen, eine so resignative Haltung war bei einem Berufspolitiker, der wissen mußte, was auf dem Spiel stand, nicht zu rechtfertigen. Hier offenbarte sich die quasi herrscherliche Attitüde dieses machtbewußten Politikers, der als erster Repräsentant der deutschen Arbeiterklasse das edle Waidwerk in der Schorfheide zu schätzen gelernt hatte und der sich nach seiner Absetzung auf Staatskosten von Max Liebermann malen ließ. Seine Resignation gab den preußischen Ministern im Kampf um die Behauptung ihrer Stellung keinen Rückhalt, zumal die wirklich politischen Köpfe unter ihnen spärlich gesät waren. Zudem wurde die finanzielle Situation äußerst kritisch. Hilfe von seiten des Reiches war nicht zu erwarten. Das minderte die politischen Gestaltungsmöglichkeiten beträchtlich.

Das republikanische »Bollwerk« Preußen existierte mehr in der Propaganda der Regierung als in der Realität. Trotz der aktiven Personalpolitik des preußischen Innenministers Severing war die republikanische Zuverlässigkeit der Beamtenschaft nicht über jeden Zweifel erhaben. Das galt auch für die Polizei, deren Offiziere zu ihren SPD-Ministern zunehmend auf Distanz gingen.[135] Sie fühlten sich mehr einer überparteilichen Staatsidee verbunden, die ihnen den Weg ins »Dritte Reich« ebnete und sie sogar nach 1945 noch zu neuen Ufern gelangen ließ. Für die Sozialdemokratie stellte das Preußen des Jahres 1932 keinen Machtfaktor mehr dar, den es unbedingt zu erhalten galt. Was konnte sie als Regierungspartei dort schon bewirken? Für die Reichsregierung galt das im Hinblick auf Preußen aber gerade nicht, im Gegenteil: Angesichts der eigenen Isolierung bot ihr die Übernahme der Regierungsgewalt in Preußen die Möglichkeit, ihre innenpolitische Machtbasis zu erweitern. Wenn sie die Verwaltung des mit Abstand größten Einzelstaates kontrollierte, konnte sie Personalauswechselungen zur Sicherung des Regierungskurses wie zur Belohnung von Anhängern vornehmen.

Am 11. Juli faßte das Kabinett den Beschluß, den Reichskanzler als Reichskommissar in Preußen einzusetzen. Als Datum wurde am folgenden Tag der 20. Juli ins Auge gefaßt. Wie unsicher sich die neuen Herren in ihren Ämtern fühlten, mag die Tatsache beleuchten, daß Innenminister von Gayl die Verordnung in seiner Privatwohnung von einer Verwandten schreiben ließ und die Reinschrift seitdem »am Leibe« trug![136]

Der geeignete Anlaß war schnell gefunden. Wie die rechtliche Begründung dafür ausfiel, daß der Reichskanzler die Kontrolle über Preußen übernahm, war sekundär. Fehltritte hoher preußischer Beamter schufen unerwartet rasch den erwünschten Vorwand zum Eingreifen. Am 17. Juli kam es in Altona zu einem blutigen Zusammenstoß, als ein Demonstrationszug der Nazis durch ein kommunistisches Viertel marschierte und dabei in einen Feuerüberfall der Kommunisten geriet. Das traurige Fazit des »Altonaer Blutsonntags« waren fünfzehn Tote. Es war ein schwerer Fehler des sozialdemokratischen Polizeipräsidenten gewesen, diesen Umzug zu erlauben angesichts der sich hochschaukelnden Gewalttaten von Kommunisten und Nationalsozialisten in Schleswig-Holstein. Erschwerend kam hinzu, daß er wie auch sein Stellvertreter an diesem Wochenende abwesend waren: Sie machten Wahlkampf. Außerdem war der Polizeischutz fehlerhaft organisiert.

Zu allem Ungemach erregte nun auch noch Severings Staatssekretär Abegg mit einer politischen Extratour Aufsehen. Anfang Juli war es zu einem geheimen Treffen mit zwei kommunistischen Abgeordneten gekommen, die er dafür zu gewinnen suchte, auf den Kurs der KPD Einfluß zu nehmen und die Partei in eine breite Abwehrfront gegen die Nationalsozialisten einzubauen.[137] Als sei es die Aufgabe hoher Bürokraten, politisch brisante Hinterzimmerintrigen einzufädeln! Ein Zeuge des Gesprächs, der Regierungsrat im Innenministerium Rudolf Diels, gab am 19. Juli der Reichskanzlei über die Kontakte detailliert Auskunft. Damit verfügte man über weiteres Material, um die Gefährdung der öffentlichen Sicherheit durch die preußische Regierung zu beweisen.

Am 20. Juli wurden drei preußische Minister in die Reichskanzlei gebeten, wo ihnen Papen eröffnete, daß er zum Reichskommissar bestellt sei mit dem Recht, die Mitglieder der geschäftsführenden preußischen Regierung ihres Amtes zu entheben. Sofort protestierte die abgesetzte Regierung, wobei sie die Verfassungsmäßigkeit des Vorgehens bezweifelte und eine Klage vor dem Staatsgerichtshof ankündigte. Noch am Vormittag wurde über Berlin und

Brandenburg der Ausnahmezustand verhängt. Jeder Widerstand lief nun das hohe Risiko, mit militärischen Mitteln niedergeschlagen zu werden.

Papens Aktion ist als »Preußenschlag«, als Staatsstreich oder als Putsch in die Historiographie eingegangen. Die amtierende Regierung unter Hinweis auf das Verhalten der Polizei in Altona und die Kontakte Abeggs per Notverordnung abzusetzen, war ein Verfassungsbruch. Andererseits hatte der Artikel 48 seit 1930 schon für so viele zweifelhafte Maßnahmen als Rechtsgrundlage gedient, daß klare Beurteilungsmaßstäbe nicht mehr vorhanden waren. Der Staatsgerichtshof wich dann auch später in seinem Spruch einer Entscheidung darüber aus; er attestierte zwar die Rechtmäßigkeit der Einsetzung des Reichskommissars, billigte aber der geschäftsführenden Regierung eine fragmentarische Existenz zu. Das Urteil zeigte politischen Opportunismus, indem es de facto das Vorgehen des Reiches bestätigte und der abgesetzten Regierung Preußens die klägliche Genugtuung verschaffte , daß sie wenigstens de jure noch existierte und damit berechtigt sei, das Gehalt weiter zu empfangen.

Später wurde vornehmlich von sozialdemokratischer Seite die passive Hinnahme der Absetzung der Regierung kritisiert und sogar nachträglich die – allerdings wenig substantielle – Forderung erhoben, Sozialdemokratie und Gewerkschaften hätten Widerstand leisten müssen. Doch mittlerweile hat sich eine realistischere Beurteilung durchgesetzt.[138] Mit einer geschäftsführenden Regierung ohne demokratisches Mandat, gestützt auf die begrenzten Mittel des Reichsbanners, einen Bürgerkrieg gegen die Reichswehr und die Verbände der Rechten zu beginnen, wäre ebenso verantwortungslos wie vergeblich gewesen. Selbst ein Generalstreik war bei fünf Millionen Arbeitslosen ohne Erfolgsaussicht, ganz abgesehen davon, daß dazu in Berlin – nur die provozierende Propaganda der Kommunisten klang anders – keinerlei Neigung bestand. Reichlich übertrieben ist daher auch die These, nach der die Absetzung der preußischen Regierung Hitlers »Machtergreifung« in entscheidender Weise Vorschub geleistet habe. Denn Preußen war kein Bollwerk der Demokratie. Seine relative politische Stabilität verdankte es lediglich der Tatsache, daß es stets im Windschatten der Reichspolitik stand und so vor den politischen Auseinandersetzungen auf Reichsebene weitgehend verschont blieb. In der Krise zeigte es keineswegs größere demokratische Standfestigkeit und regierte ebenfalls mit Notverordnungen. Ob die geschäftsführende Regierung Preußens durch Papen oder durch Hitler abgesetzt wurde, war faktisch egal, denn ernsthafter Widerstand konnte auch im letzteren Fall nicht erwartet werden.

Der Auftritt Severings wirkte eher lächerlich. Als Papen ihm eröffnete, daß er abgesetzt sei, schnitt er alle weiteren Erklärungen mit der Bemerkung ab: »Diese Tage schrieben Geschichte und da dürfe ein republikanischer Minister sich nicht mit dem Makel der Desertion behaften dadurch, daß er freiwillig seinen Posten räume. Er weiche nur der Gewalt.«[139] Dazu kam es allerdings nicht. Severing blieb auch nach 1933 weitgehend unbehelligt und erhielt von 1938 an vom Führer eine Rente.[140] Das trübt das Bild vom Kämpfer gegen den Faschismus.

Das Ergebnis der vorgezogenen Reichstagswahl vom 31. Juli 1932 zeigte die NSDAP mit 37,3 Prozent der gültigen Stimmen als weitaus stärkste Partei, mehr noch: als die »Volkspartei des Protests« (Jürgen Falter). Gegenüber der Septemberwahl von 1930 waren die NS-Gewinne mehr als doppelt so hoch; 13,76 Millionen Wähler stimmten für Hitlers Partei. Der Zuwachs kam in erster Linie von den kleinen Rechts- und Splitterparteien, die buchstäblich von der Bildfläche verschwanden, aber auch von einstmals deutschnationalen und liberalen Wählern, ferner von Neu- und Nichtwählern, und schließlich stammte jeder siebte Neuwähler der NSDAP von der SPD.[141] Interessant ist, daß bereits die Hindenburg-Wahl von 1925 so etwas wie einen Kristallisationspunkt für den späteren NSDAP-Aufstieg darstellte. Die Wahlbezirke, in denen damals Hindenburg gesiegt hatte, verwandelten sich nun in NS-Hochburgen. Die NSDAP war zur Volkspartei aufgestiegen, weil sich neben einer Mehrheit der Mittelschichten auch etwa vierzig Prozent der Arbeiter für diese Partei entschieden hatten.

Weit mehr fiel ins Gewicht, daß liberale und konservative Wähler, also das Bürgertum, in so bestürzend großem Ausmaß zu Hitlers Partei übergewechselt waren. Sie wählten Hitler im Juli 1932 nicht als eine überzeugende Alternative, sondern als Vehikel ihres Protests gegen die Belastungen und Einschränkungen, die ihnen von oben, von den Regierungen im Reich und in den Ländern, aufgebürdet wurden. Sie mußten es eigentlich besser wissen, mußten realisieren, daß es zu dieser Politik keine Alternative gab. Aber sie empörten sich gegen Brüning, als seien dessen Sparmaßnahmen gleichsam eine persönliche Gehässigkeit.

Der französische Soziologe Raymond Aron, der das Ende der Weimarer Republik in Berlin erlebte, hat rückblickend geurteilt: »... es hätte Deutschlands Jahrhundert werden können.«[142] Nur vergaben die Deutschen selbst diese Chance. In der Wirtschaftskrise hielten sie dem Druck nicht stand. Der Dichter Gottfried Benn, in seinen Gedichten und Essays ein Repräsentant des modernen kulturellen Deutschlands, sah schon im Herbst 1931 die politische Situation aus einem ganz anderen Blickwinkel, wenn er schrieb: »Bin heute von der Steuer bedroht, wenn ich nicht sofort 500 M. zahle. Die Leute sind irre, der Staat muß zertrümmert werden.«[143]

Im Juli 1932 scheint zum ersten Mal eine für Deutschland möglicherweise charakteristische Wählerhaltung zum Ausdruck gekommen zu sein: auf wirtschaftliche Krisenphänomene besonders empfindlich zu reagieren und dafür in erster Linie die Regierung verantwortlich zu machen. Auch bei den Regierungswechseln in der Bundesrepublik – 1966, als Erhard scheiterte, 1974 bei der Kapitulation Brandts vor den Gewerkschaften und 1982, als die sozialdemokratische Sozialpolitik nicht mehr finanzierbar war, sowie bei der Abwahl Kohls 1998 – haben jeweils wirtschaftliche Probleme eine erhebliche Rolle gespielt.

Der Juliwahl von 1932 kommt daher eine Schlüsselrolle zu. Indem sich das Bürgertum ohne Zwang seiner politischen Verantwortung entledigte und dem Ressentiment nachgab, löste es einen politischen Erdrutsch aus. Durch diese Wahlentscheidung wurde die NSDAP ein stummer Riese, der fortan bei den Überlegungen, wie die Politik einen Ausweg aus der Krise finden könne, immer irgendwie mitspielte. Der Erfolg der NSDAP ließ im Reichstag zusammen mit dem Anteil der Kommunisten eine absolute Mehrheit der Negation entstehen. Selbst eine parlamentarische Tolerierung gemäßigter Kräfte war nicht mehr möglich. Die Parteien, die hinter Papen standen, stellten nur eine winzige Minderheit dar. Deutschnationale und Deutsche Volkspartei vereinigten auf sich ganze 6,9 Prozent der Stimmen.

Als Goebbels vom Sturz Brünings und von den Vorleistungen Schleichers an die Nazis erfuhr, jubelte er: »Wählen, wählen! Heran ans Volk«.[144] Hitlers Wahlreden folgten zwar weiterhin dem seit 1929 entwickelten Schema, aber nun bestand die Notwendigkeit, zur Regierung Papen etwas zu sagen, die er ja eigentlich tolerieren sollte. Das war ihm unangenehm, und Hitler zeigte deutlich, daß er mit diesem »halbnationalen« Kabinett nicht identifiziert werden wollte. Auffallend ist, daß er keine Siegeszuversicht zeigte; nichts war von ihm zu hören, was darauf schließen ließ, daß er die absolute Mehrheit erringen wollte oder sie wenigstens im Visier hatte. Einmal sprach er allerdings von »14 oder 15 oder 16 Millionen«,[145] die am 31. Juli NSDAP wählen würden, das war etwas mehr als die 13,76 Millionen, die tatsächlich ihre Stimme der Partei gaben.

Während des Wahlkampfes, aber auch in den Wochen danach betonte Hitler immer wieder seine Bereitschaft, niemals den Kampf aufzugeben: »Das Ziel, das wir uns gesetzt haben, werden wir verfolgen bis ins Grab hinein.« Dieser starre Wille, niemals aufzugeben, bis die Macht errungen sei, dieses »Alles oder Nichts« kam stets aufs neue in seinen Reden zur Sprache. An diesem Willen war nicht zu zweifeln. Aber Papen und Schleicher, die Hitlers Reden offensichtlich nicht beachteten wie die meisten anderen NS-fernen Zeitgenossen, hielten an der Vorstellung fest, die NS-Bewegung und ihr Führer könnten irgendwie an der Macht beteiligt werden, ohne daß man sie ihnen tatsächlich überließ.

Das Wahlergebnis hatte den Nationalsozialisten, vor allem der SA, starken

Auftrieb gegeben. Sie sahen sich fast am Ziel; die Zuversicht, daß ihnen die Macht nicht mehr vorenthalten werden könne, wuchs. Zugleich nahmen die blutigen Auseinandersetzungen mit den politischen Gegnern zu, die immer mehr Todesopfer forderten. Daher setzte die Regierung am 9. August Sondergerichte ein, die mit hohen Strafen gegen den politischen Terror vorgehen sollten. Zugleich mußte das Kabinett aber auch entscheiden, wie es sich zur NSDAP stellen wolle. Schleicher erschreckte die Minister mit der These, Hitler beanspruche die Führung des Kabinetts und er könne dieses Ziel möglicherweise auch durch die Bildung einer Koalition mit dem Zentrum erreichen. Das bedeutete aus der Sicht des Kabinetts das Ende des Präsidialregimes und den Rückfall in den Parlamentarismus. Tatsächlich gab es jedoch keinerlei Anzeichen für eine solche Regierungsbildung. Es war nur ein Märchen, mit dem der General die Minister zwingen wollte, ein Präsidialkabinett mit Hitler zu akzeptierten. Schleicher hatte am 6. August mit Hitler verhandelt. Dieser hatte die Führung im Kabinett beansprucht und erwartete zudem, daß seine Regierung im Reichstag »durchkommen« werde. Er scheint sogar schon den Erlaß eines Ermächtigungsgesetzes geplant zu haben. Schleicher muß das alles akzeptiert haben, und er war wohl der Auffassung, »daß man Hitler als Reichskanzler nehmen müsse«.[146] Der nach dem Treffen optimistisch gestimmte Goebbels wähnte sich schon in der Reichskanzlei und schrieb in sein Tagebuch: »Wir werden die Macht niemals wieder aufgeben, man muß uns als Leichen heraustragen.«[147] So weit war es aber noch nicht. Letztlich waren das alles Spiegelfechtereien, denn schon vor der Kabinettssitzung am 13. August hatte Hindenburg seinen festen Willen erklärt, Hitler nicht zum Reichskanzler zu ernennen,[148] und Papen wußte das seit dem 10. August. Dennoch blieb der Kontakt zu Hitler erhalten.

Der Empfang Hitlers bei Hindenburg am 13. August mußte folglich ein Fiasko werden. Papen und Schleicher hatten wohl geglaubt, sie könnten weiterhin Kontakt zu Hitler halten, indem sie erklärten, daß sie seine Kanzlerschaft befürworteten, aber gegen die Entscheidung des Reichspräsidenten machtlos seien. Doch Hindenburg erklärte dann bei dem Empfang: »Er könne es vor Gott, seinem Gewissen und dem Vaterlande nicht verantworten, einer Partei die gesamte Regierungsgewalt zu übertragen, noch dazu einer Partei, die einseitig gegen Andersdenkende eingestellt wäre.«[149] Das war das Ende aller Tolerierungshoffnungen, denn Hitler kündigte sofort scharfe Opposition an. Der 13. August bedeutete für ihn eine tiefe Demütigung und für seine Anhänger, die sich schon am Ziel geglaubt hatten, eine schwere Enttäuschung.

Papen und Schleicher, deren Kabinett über keine parlamentarische Mehrheit verfügte und jeden Augenblick befürchten mußte, vom Reichstag durch ein Mißtrauensvotum gestürzt zu werden, sahen sich daher veranlaßt, den eben gewählten Reichstag am 12. September schon wieder aufzulösen und Neuwahlen auszuschreiben. Das Ritual der Auflösung ging jedoch nicht ohne schwere Regiefehler über die Bühne. Reichstagspräsident Göring übersah die Wortmeldung Papens so lange, bis das vernichtende Ergebnis der Vertrauensabstimmung (512 : 42 bei fünf Enthaltungen) feststand. Erst danach wurde die Auflösungsorder zur Kenntnis genommen. Was die Tolerierungsmehrheit Brünings verhindert hatte, war jetzt nicht mehr abzuwenden: die mechanische Abfolge von zusammentretendem Reichstag, seiner sofortigen Auflösung und Neuwahlen. Sie wurden auf den 6. November festgesetzt.

Die Regierung hatte nach dem 13. August drei Monate Zeit zum politischen Handeln. Das geschah in erster Linie auf dem Gebiet der Wirtschaftspolitik. Hier führte sie das von Brüning übernommene Arbeitsbeschaffungsprogramm von 135 Millionen Reichsmark fort und fügte ein weiteres Programm über 300 Millionen Reichsmark hinzu, ebenfalls mit Wechseln finanziert, die eine Laufzeit von fünfzehn Monaten haben sollten. Es folgten weitere kleinere Programme für Siedlung und städtische Kleinsiedlung und für die Instandsetzung von Wohngebäuden sowie für Aufträge an Reichsbahn und Reichspost. Insgesamt kam so ein Volumen von über 800 Millionen Reichsmark zustande, das aber wegen seiner Anlaufschwierigkeiten zum größten Teil erst 1933 zur Ausführung gelangte.[150]

Neben diesen Maßnahmen der staatlich orientierten Arbeitsbeschaffung wurde mit der »Verordnung zur Belebung der Wirtschaft« mittels Steuergutscheinen ein die Privatwirtschaft förderndes Programm gestartet. Unternehmen, die zwischen dem 1. Oktober 1932 und dem 1. September 1933 bestimmte Steuern bezahlten (Umsatz-, Grund-, Gewerbe- und Beförderungssteuer), erhielten Steuergutscheine in Höhe von rund vierzig Prozent der gezahlten Summe, mit denen von 1934 an entsprechende Steuerschulden beglichen werden konnten. Die Gutscheine konnten auch weiterverkauft werden; sie wurden an der Börse gehandelt und waren wie die Öffa-Wechsel eine Art Geldschöpfung unterhalb der Schwelle jeglicher Inflationsgefahr. Es wurden Steuergutscheine für 1,5 Milliarden Reichsmark ausgegeben, die tatsächlich eine belebende Wirkung entfalteten. Bereits im November 1932 waren die ersten Anzeichen einer Konjunkturerholung auszumachen,[151] die die bis dahin beschlossenen Maßnahmen wirksam unterstützen konnten.

Das zweite Feld, auf dem die Regierung aktiv wurde, war die Wehrpolitik, genauer die Umrüstung der Reichswehr. Unabhängig vom Verlauf der Abrüstungsverhandlungen in Genf hatte Schleicher ein neues Konzept für die Reichswehr entwickelt. Bei den Abrüstungsverhandlungen ging es aus deutscher Perspektive nur um Aufrüstung. Da die anderen Mächte das im Vertrag von Versailles festgelegte Abrüstungsgebot nicht befolgt hatten und dazu auch weiterhin nicht bereit waren, sollte Deutschland, das allein und einseitig abrüsten mußte, aus Gründen der Gleichberechtigung eine Aufrüstung zugestanden werden. In formaler Hinsicht wurde dieser Grundsatz in der Fünfmächteerklärung vom 11. Dezember 1932 anerkannt. Obwohl die Westmächte im Sommer 1932 noch weit davon entfernt waren, einer faktischen deutschen Aufrüstung zuzustimmen, sahen Schleichers Pläne bereits zu diesem Zeitpunkt zwei tiefgreifende Änderungen vor: Zum einen sollte die Zahl der langjährig dienenden Berufssoldaten gesenkt, zum andern eine begrenzte Anzahl bisher verbotener Waffen wie Panzer, schwere Artillerie und Flugzeuge zugelassen werden. Diesem so veränderten Berufsheer sollte eine Miliz aus kurzfristig dienenden Freiwilligen zugeordnet werden.

Mit den Vorbereitungen zur Aufstellung einer Miliz hing auch das am 13. September gegründete »Reichskuratorium für Jugendertüchtigung« zusammen. Diese Einrichtung sollte die wehrsportliche Betätigung in Jugend- und Wehrverbänden koordinieren und unter staatliche Leitung stellen. Reichswehrminister Groener hatte schon seit 1930 staatliche Maßnahmen auf diesem Gebiet gefordert. Er wollte damit die Soldatenspielereien rechter Organisationen unterbinden, die zum Eingreifen der preußischen Polizei geführt und damit unliebsames Aufsehen erregt hatten. Vor allem aber wollte er auf diese Weise »die Jugend an den Staat heranführen«, ihrer steigenden Radikalisierung entgegenwirken, indem er ihren soldatischen Neigungen ein Betätigungsfeld bot. Außerdem sollte die staatlich kontrollierte wehrsportliche Schulung die Jugendlichen von den radikalen Wehrverbänden, vor allem von der SA, abziehen.

Das Konzept schien erfolgversprechend, da das Reichskuratorium durch seine Nähe zur Reichswehr hohes Prestige genoß und eine starke Anziehungskraft auf die Jugendlichen ausübte. Zugleich eröffnete diese Art von Wehrsport die Perspektive des späteren Wechsels in die Milizausbildung. Diese vorbereitenden Schritte für die Aufstellung einer Miliz waren in Zusammenarbeit mit der von der Regierung im Juli vorgenommenen Ausweitung des Freiwilligen Arbeitsdienstes zu sehen, dessen Erfolg mit rund 275 000 Teilnehmern im Herbst 1932 alle Erwartungen übertraf. Mit Arbeitsdienst und vormilitärischer Ausbildung zeigten jugendpolitische Initiativen Wirkung, die unter Schleicher von Dezember an zielstrebig ausgebaut wurden.[152]

Die Wahlen am 6. November brachten zum ersten Mal einen Rückschlag für die NSDAP. Sie verlor rund zwei Millionen Wähler und 34 Mandate. Die Einbuße an Stimmen war auf Wahlmüdigkeit und die enttäuschten Hoffnungen des Sommers zurückzuführen. Davon konnte die DNVP profitieren, zu der ein

Teil der Wähler zurückfand. Damit war aber noch keine Trendwende eingetreten, und auch die Situation im Reichstag änderte sich nicht.

Nachdrücklicher und folgenreicher als das Wahlergebnis selbst aber wirkte wahrscheinlich ein wilder Streik, der am 2. November bei der BVG, den Berliner Verkehrsbetrieben, ausbrach. Die Gewerkschaften hatten dort einem geringfügigen Lohnabbau, der sich auf eine einschlägige Verordnung stützte, zugestimmt. Ein Teil des nicht gewerkschaftlich organisierten Personals aber hatte sich dem widersetzt. Der wilde Streik wurde allein von Kommunisten und Nationalsozialisten unterstützt. Die Auseinandersetzung zwischen Polizei und Streikenden oder deren Sympathisanten waren außerordentlich gewalttätig; die Polizei meldete mehrere Tote.

Die KPD war bis dahin trotz ihres beachtlichen Stimmengewinns – im November erhielt sie 16,9 Prozent – eine wenig beachtete Größe geblieben. Als Werkzeug einer fremden Macht hatte sie sich selbst aus dem nationalen Diskurs ausgeschlossen. Sie folgte den Moskauer Anweisungen, so ungeeignet diese für die politische Situation in Deutschland auch sein mochten. Ihr Auftreten in der Öffentlichkeit löste aber – anders als 1923 – keine Gefahr mehr aus. Ihre Organisation war, wie die Akten über den Verkehrsstreik zeigen, durch Spitzel der politischen Polizei gründlich unterwandert. Auch das kennzeichnet den inneren Zustand der Partei. Nur die Gewalttaten von Einzelgängern in der Partei sorgten für Unruhe und provozierten Vergeltungsaktionen. Diese verübten, bewaffnet mit Messern und Revolvern, Mordanschläge auf Polizisten und vornehmlich auf politische Gegner. Unter diesen Attentätern war auch der spätere Stasi-Chef Erich Mielke.

Die überraschende Gemeinsamkeit von Nazis und Kommunisten beim Berliner Verkehrsstreik weckte tiefsitzende bürgerliche Angstgefühle. Mancher sah sich in der Auffassung bestärkt, daß ein Teil der NS-Bewegung eine Affinität zu den Kommunisten aufweise oder schlicht »bolschewistisch« sei: Ausfluß des rowdyhaften Auftretens der SA, vornehmlich in den Großstädten, das die Bürger schreckte. Die Vermutung, bei den Nazis formierten sich radikale linke Kräfte, war latent schon lange vorhanden; der BVG-Streik bewies der Öffentlichkeit nun schlagend, daß die ansonsten so feindlichen Brüder sich tatsächlich viel näher standen und sogar zu gemeinsamen Aktionen fähig waren.

Diese bestürzende Erkenntnis hatte weitreichende politische Folgen. Schon zeigte sich Hindenburg nach den Wahlen bereit, Papen erneut mit der Regierungsbildung zu beauftragen, da äußerten Kabinettsmitglieder Bedenken gegen eine neue Kanzlerschaft Papens. Die Stimme des Reichsfinanzministers Schwerin von Krosigk hatte dabei besonderes Gewicht auf Grund der Sachkompetenz des Ministers und seines mangelnden politischen Ehrgeizes. Er vertrat den Standpunkt, man müsse verhindern, »die Nazis in eine kompakte Mehrheit mit den Kommunisten zusammenzuschweißen«.[153] Bei Papen als »Prototyp einer antisozialen und reaktionären Regierung«, für den er nun einmal in der Öffentlichkeit gelte, sei diese Gefahr gegeben. Schleicher dagegen habe »eine größere Chance«, den Bürgerkrieg zu vermeiden.

Gleichwohl faßte Hindenburg am Abend des 1. Dezember den Entschluß, Papen erneut mit der Kabinettsbildung zu beauftragen, da ein »Ersatz Papens durch Schleicher keine wesentliche Verbesserung der Lage bedeute«. Er entschied sich nicht nur für Papen, sondern sicherte ihm auch zu, für den »zu erwartenden Konfliktsfall mit dem Reichstag alle erforderlichen präsidialen Maßnahmen zu ergreifen, um Deutschland vor einem Schaden zu bewahren, der aus einer Verletzung der Pflichten des Reichstags entstehen könnte«[154] – was im Klartext hieß, daß Hindenburg sich geneigt zeigte, die Wahlen hinauszuschieben und von der verfassungsmäßigen Vorschrift abzugehen, nach der innerhalb von sechzig Tagen Neuwahlen anzuberaumen waren.

Da aber geschah, was es noch nie gegeben hatte. Der designierte Reichskanzler traf auf den entschlossenen Widerstand seines Kabinetts.[155] Fast alle Minister sprachen sich gegen Papen und für Schleicher aus, weil sie den Bürgerkrieg als unvermeidlich ansahen, wenn Papen weiter Reichskanzler bliebe. Bestärkt wurden die Minister durch den Vortrag des Chefs der Wehrmachtsabteilung, Oberstleutnant Ott. Dieser politisch versierte Mitarbeiter Schleichers trug das Ergebnis eines Planspiels vor, das von einem Generalstreik aller radikalen Kräfte ausging, von den Kommunisten bis zu den Nazis. Hier spiegelte sich zweifelsfrei die Erfahrung des BVG-Streiks wider. Er kam dabei zu dem Ergebnis, daß für einen solchen Streik die vorhandenen Polizeikräfte und die Reichswehr nicht ausreichten. Zudem sei ein solcher Streik nicht mit Waffengewalt niederzuschlagen. Unruhegebiete müßten deshalb geräumt werden, ihre Lebensmittelversorgung sei nicht mehr möglich. Psychologisch erschwerend komme hinzu, daß die gegnerische Propaganda behaupten werde, der Einsatz der bewaffneten Macht erfolge nicht »für Ruhe und Ordnung, sondern im Interesse einer Oberschicht gegen das ganze Volk«.[156]

Das war genau die Situation, vor der Schleicher wiederholt gewarnt hatte. Im Januar hatte er erklärt: »Wer das Recht auf seiner Seite hat, kann sich viel mehr leisten, als wer gegen das formale Recht steht.«[157] Wenn die Reichswehr ins Unrecht gesetzt würde, daran gab es nun keine Zweifel mehr, war auf die Truppe nicht mehr unbedingt Verlaß. Das aber wollte die Reichswehrführung verhindern. Die Reaktionen auf die Ausführungen Otts im Kabinett waren eindeutig. Papen räumte daraufhin das Feld und gab seinen Auftrag an den Reichspräsidenten zurück.

Am folgenden Tag, dem 3. Dezember, begann Schleicher als Reichskanzler. Im Kabinett wurden nur zwei Posten ausgewechselt. Hinzu kamen Günther Gereke als Reichskommissar für Arbeitsbeschaffung, während Friedrich Syrup, der bisherige Reichskommissar für den Freiwilligen Arbeitsdienst, Arbeitsminister wurde, womit der Erfolg des FAD und seine wachsende politische Bedeutung zum Ausdruck kam.

Der Start Schleichers war nicht schlecht. Es herrschte weitgehend Erleichterung über diese Lösung der Regierungskrise. Die Parteien hielten still, denn sie hatten kein Interesse an Neuwahlen, die Parteikassen waren leer. Goebbels schimpfte über das »verfluchte Geld«, das ihm fehlte.[158] Daher lief die Sitzungsperiode des neuen Reichstags vom 6. bis 9. Dezember ohne Schwierigkeiten ab. Die extremistischen Parteien waren vor allem an einer Amnestie für politisch motivierte Straftaten interessiert, um möglichst viele ihrer Anhänger vor Weihnachten noch aus dem Gefängnis zu holen. Schließlich folgte die unbefristete Vertagung des Parlaments. Der Regierung drohte von dieser Seite vorerst keine Gefahr.

Besaß Schleicher ein Konzept, mit dem er die Wirtschaftskrise wirkungsvoll bekämpfen und sich politisch gegen die Nationalsozialisten behaupten konnte? Im Grunde mußte die Auseinandersetzung mit Hitler auf einen Wettlauf mit der Zeit hinauslaufen. Entscheidend war, ob die Regierung genügend Spielraum erhielt, um ihre Planung zur Bekämpfung der Krise voranzutreiben und der Bevölkerung das Gefühl zu vermitteln, daß es tatsächlich aufwärts ging; oder ob Hitler an die Macht kam, bevor die Maßnahmen des Kabinetts Wirkung zeigten. Zeit zum Abwarten hatte der Führer der NSDAP nicht. Die Spannungen zwischen PO und SA, die schwindende Siegeszuversicht in den eigenen Reihen und der nachlassende Einfluß auf die allmählich der Agitation müden Wähler – all das waren Gefahren, die der so rasch in der Krise hochgekommenen Bewegung ein ebenso schnelles Ende bereiten konnten. Hitlers Politik des Alles oder Nichts mußte sich in dem Augenblick gegen ihn selbst richten, da die von ihm so heftig attackierte Regierung sichtbare Erfolge vorweisen konnte.

Schleicher gab seine Regierungserklärung nicht vor dem Reichstag, sondern am 15. Dezember über den Rundfunk ab. Für ihn hatte die Arbeitsbeschaffung unbedingte Priorität. »Arbeit schaffen« sei der einzige Punkt seines Regierungsprogramms, wie er seinen Hörern erklärte. Daneben betonte auch er die Notwendigkeit der Siedlung und kündigte für den bevorstehenden Winter eine Winterhilfe für Arbeitslose und Kleinrentner an, während für die erwerbslose Jugend in den Wintermonaten ein »Notwerk der deutschen Jugend« eingerichtet werden sollte. Dieses ging auf die Initiative der Wehrmachtsabteilung zurück und wurde in enger Zusammenarbeit mit den Gewerkschaften aufgebaut. Diese jugendpolitischen Maßnahmen waren angesichts der besonders hohen jugendlichen Arbeitslosigkeit und des weit verbreiteten Gefühls des Ausgeschlossenseins der jungen Generation nicht gering einzuschätzen, schließlich waren die Berufsaussichten vornehmlich der studentischen Jugend miserabel.

Für sich allein genommen konnten diese Maßnahmen für Schleicher aber keine politische Massenbasis schaffen. Der neue Kanzler setzte gerade bei der Arbeitsbeschaffungspolitik, die schließlich ein »Sofortprogramm« in Höhe von 500 Millionen Reichsmark präsentierte, auf die Unterstützung der Gewerkschaften. Schon Anfang 1932 war der Allgemeine Deutsche Gewerkschaftsbund (ADGB), der Zusammenschluß der sozialdemokratischen Gewerkschaften, auf diesem Gebiet aktiv geworden. Politisch hielten sich die Gewerkschaften aber im Dezember zurück, da sie von der SPD an einer engeren Kooperation mit der Regierung gehindert wurden. Die politische Unterstützung durch die Gewerkschaften konnte erst dann wirksam werden, wenn die Arbeitsbeschaffungsmaßnahmen wirklich griffen.

Raschere und wirksamere Hilfe bei diesem Problem versprach sich Schleicher von der anderen Seite des politischen Spektrums, und zwar von Gregor Strasser. Schleicher glaubte, den nationalsozialistischen Spitzenpolitiker, mit dem er sich bereits im August 1932 getroffen hatte, zu sich herüberziehen zu können. Strasser war zutiefst überzeugt, daß das wichtigste politische Ziel, die Überwindung der Wirtschaftskrise, nur durch gezielte staatliche Arbeitsbeschaffung erreicht werden könne. Damit geriet er in einen immer größeren Gegensatz zu Hitler, der davon nichts verstand und auch nichts davon wissen wollte. Mit Strassers Hilfe hoffte Schleicher, einen Teil der nationalsozialistischen Partei zu einer konstruktiven Politik bekehren zu können.

Man kann also sagen, Schleicher hatte durchaus ein Konzept zur Bekämpfung der Krise. Vieles spricht für dessen Erfolg, wenn er mehr Zeit zur Verwirklichung gehabt hätte. Bei Anbruch des Winters konnten aber Erfolge nicht erzielt werden. Daraus ergaben sich zwangsläufig Probleme.

Das Scheitern Schleichers war weniger in seinem Konzept als in seinen politischen Fehleinschätzungen begründet. Die erste lag in der Annahme, daß er Strasser wirksam gegen Hitler einsetzen könne. Der Reichsorganisationsleiter der NSDAP war aber niemals bereit, im Kampf um die Macht gegen Hitler anzutreten oder die Partei zu spalten. Dieser Kampf innerhalb der NSDAP, der sich allein aus den unterschiedlichen Zielsetzungen ergeben hatte, fand am 8. Dezember ein jähes Ende, als Strasser in einem Schreiben an Hitler sämtliche Parteiämter niederlegte. Auf dem Höhepunkt der Krise hatte Hitler erklärt: »Wenn die Partei einmal zerfällt, dann mache ich in drei Minuten mit der

Pistole Schluß.«[159] Aber Strasser fuhr in Urlaub, statt um die Macht zu kämpfen. Als Vizekanzler kam er daher auch nicht mehr in Frage.

Weit verhängnisvoller war, daß Schleicher Papen unterschätzte. Während die anderen in der Endphase hervortretenden Spitzenpolitiker – Brüning, Otto Braun und letztlich auch Schleicher selbst – keinerlei Neigung zeigten, um ihren Posten zu kämpfen, hatte der Amateurpolitiker Papen Gefallen an der Macht gefunden und wollte nicht mehr von ihr lassen. Schleicher war für ihn der Feind, den es auszuschalten galt. Dabei verfügte Papen über einen wertvollen Trumpf: die fast unbegrenzte Sympathie des Reichspräsidenten, der ihm als einzigem die Zusage zur Hinausschiebung der Neuwahlen gegeben hatte. Der Kontakt zwischen Papen und Hindenburg blieb weiterhin eng, und dazu trug auch bei, daß der Exkanzler, der sein Domizil im Innenministerium behalten hatte, den alten Herrn unauffällig durch die Ministergärten hindurch besuchen konnte.

Schleicher maß den Kontakten zwischen Papen und Hindenburg keine Bedeutung bei. In seiner Geringschätzung Papens mochte er sich offenbar gar nicht vorstellen, daß »Fränzchen« ihm gefährlich werden könne. Der aber suchte und fand den Kontakt zu Hitler. Er traf Mitte Dezember mehr zufällig – im Rahmen eines gesellschaftlichen Ereignisses – Kurt von Schröder, einen ehemaligen Offizierskameraden, der in das kleine, aber alte und angesehene Bankhaus J. H. Stein in Köln eingeheiratet hatte. Schröder war ein Opportunist von Graden, für den das Dabeisein alles war. Im Herbst 1923 hatte er zu den Befürwortern eines faktisch unabhängigen Rheinstaates gehört; nun war er ein Sympathisant der Nazis, der nach 1933 in der Wirtschaft attraktive Posten bekleidete. Schröder gehörte zum Keppler-Kreis, dessen Haupt, Wilhelm Keppler, ein ehemaliger Mitinhaber zweier kleiner chemischer Fabriken, die interessanten Informationen Schröders am 19. Dezember an Hitler übermittelte.

Angesichts der wirtschaftlichen Betätigungen von Schröder und Keppler ist hier ein Wort über die Haltung der Industrie beim Aufstieg Hitlers zur Macht notwendig. Keppler hatte einen lockeren Kreis organisiert, dem auch Industrielle angehörten, die jedoch keineswegs für die Industrie repräsentativ waren. Der Kreis hatte im November 1932 eine Eingabe an Hindenburg gesandt, in der Hitler als Reichskanzler gefordert wurde. Aber die gewichtigen Industriellen aus der westdeutschen Schwerindustrie hatten ihn nicht unterschrieben. Weder Keppler noch Schröder hatten in der Industrie irgendwelches Gewicht, wie überhaupt die Entwicklung zur Kanzlerschaft Hitlers ohne Einwirkung und selbst ohne Kenntnis der Industrie verlaufen ist, auch wenn Marxisten in Ost und West das Gegenteil behauptet haben.[160]

Über Schröder und Keppler kam am 4. Januar 1933 das Treffen von Papen und Hitler in Schröders Kölner Villa zustande, das trotz aller Geheimhaltung dennoch durch die berühmten Berliner Querverbindungen bekannt wurde – ein Fotograf konnte sogar das Eintreffen der beiden Politiker im Bild festhalten.[161] Eine knappe Woche später begannen in der Berliner Villa des Hitler-Beraters Ribbentrop in bunter Folge die Gespräche, die schließlich zur Bildung der Regierung Hitler am 30. Januar führen sollten.

Schleicher hatte von den Treffen bei Ribbentrop keine Kenntnis. Er blieb während des Januars passiv. Er führte nicht und stellte trotz seiner langen politischen Erfahrung letztlich nur unter Beweis, daß er kein Politiker war. Er wußte die Reichswehr hinter sich und glaubte Zeit zu haben, während seine Gegner sich zusammenfanden und in einem Punkt Einigkeit zeigten: Schleicher zu stürzen.

Die völlige Unterschätzung Hitlers war ein weiterer schwerer Fehler Schleichers. Er meinte Mitte Januar, daß die Nazis keine Gefahr mehr seien. »Die werde er schon kleinkriegen«, scherzte er am 13. Januar vor Journalisten, »sie werden mir bald aus der Hand fressen.«[162] Sie müßten ihren »Messiasglauben« aufgeben, erklärte er weiter. Ärger konnte man Hitler nicht mißverstehen, denn dessen unerschütterliche Überzeugung, zur Führung und Rettung Deutschlands berufen zu sein, war die Ursache dafür, daß er sich nicht wie ein »normaler« Politiker verhielt und auf keinerlei Kompromisse einging. Er vertraute fanatisch der »Vorsehung«, die ihn an die Macht bringen würde. Schleicher aber glaubte, daß Hitler das Amt des Reichskanzlers gar nicht ernsthaft anstrebe, und sah in ihm immer noch den Trommler, der höchstens als Parteivorsitzender durchgehen konnte. Fatal war, daß er auch die Haltung Hindenburgs falsch einschätzte. Schleicher war sich des Reichspräsidenten sicher und sah offensichtlich kein Problem darin, von ihm dieselben Zusagen zu erhalten wie Papen am 1. Dezember.

Mitte Januar sprach sich Schleicher angesichts des möglichen Zusammentritts des Reichstages im Kabinett dafür aus, das Parlament aufzulösen und »die Neuwahlen bis zum Herbst zu verschieben«.[163] Das hatte auch Papen gewollt, aber Schleicher und das Kabinett waren ihm damals darin nicht gefolgt. Als Schleicher am 23. Januar dem Reichspräsidenten sein Vorhaben vortrug, da der Reichstag am 31. Januar zusammentreten sollte, fiel Hindenburgs Reaktion gemischt aus. Die Zustimmung zur Auflösung des Reichstags ließ er offen, aber das Hinausschieben der Wahlen lehnte er entschieden ab: »Ein solcher Schritt würde ihm von allen Seiten als Verfassungsbruch ausgelegt werden.«[164]

Daß Hindenburg die Verschiebung der Wahlen ablehnte, war nicht verwunderlich, denn die Lage hatte sich vollkommen geändert. Hindenburg wußte von den Gesprächen, die in der Villa Ribbentrops stattfanden. Am Abend zuvor

waren sein Sohn Oskar – nach Goebbels' Diktum »ein seltenes Abbild von Doof-
heit«[165] – und Staatssekretär Meißner bei Ribbentrop mit Papen und Hitler zu-
sammengetroffen. Es gab erfolgversprechende Bemühungen, eine Regierung
auf breiter Grundlage unter Einschluß Hugenbergs zu bilden. Die Neuwahlen
hinauszuschieben konnte nur eine Ultima ratio sein, die zudem die volle Übereinstimmung zwischen Präsident und Kanzler voraussetzte. Nur wenn es zu
Schleicher keine Alternative gab und Hindenburg diesem Kabinett zum Erfolg
hätte verhelfen müssen, wäre eine Verschiebung der Wahlen gerechtfertigt gewesen. Sie hätte zumindest ein knappes Jahr des Regierens ohne Rücksicht auf
einen Wahlkampf geboten und die Aussicht, sowohl den wirtschaftspolitischen
Durchbruch zu erreichen als auch den Zerfall der Nazibewegung. Das hätte bei
Schleichers geringer Neigung zur Militärdiktatur auch die einzige Chance
eröffnet, die parlamentarische Demokratie nach Abflauen der Krise wieder in
Kraft zu setzen. Staat und Verfassung dadurch zu retten, daß man eine formale
Verfassungsbestimmung befristet außer Kraft setzte, diese Chance war vertan,
da die Verhandlungen Papens mit Hitler schon eine erhebliche Annäherung
gebracht hatten.

Noch waren diese Verhandlungen hinter Schleichers Rücken aber nicht an
ihrem Ende angelangt. Das Haupthindernis dabei war die Kanzlerfrage; Hindenburg sträubte sich bis zum 28. Januar, Hitler als Kanzler und Papen als Vizekanzler zu akzeptieren. Zudem gab es Probleme zwischen Hitler und Hugenberg, die sich einmal einig zeigten und ein anderes Mal zerstritten auseinan-
dergingen. Schließlich waren es Pressionen unterschiedlicher Art, die zur
Überwindung letzter Bedenken ganz wesentlich beitrugen. Dazu gehörte die
als Alternative verbreitete Schreckensvision eines »Kampfkabinetts Papen/
Hugenberg«, das allgemein abgelehnt wurde, aber als Möglichkeit immer wieder zur Diskussion stand. Demgegenüber erschien die Lösung Hitler/Papen,
bei der sich Hindenburg die Besetzung von Außen- und Reichwehrministe-
rium selbst vorbehielt, als das kleinere Übel. Denn neben dem Reichskanzler
Hitler sollten nur Wilhelm Frick als Reichsminister des Innern und der Pour-
le-Mérite-Träger Hermann Göring als Minister ohne Geschäftsbereich in das
Kabinett eintreten. Bei dieser schwachen Beteiligung schien die Phalanx
bewährter Fachminister und das politische Gewicht Hugenbergs als Doppel-
minister für Wirtschaft und Ernährung eine wirksame Einrahmung des neuen
Reichskanzlers zu gewährleisten.

Neben dem Schreckensbild des Kampfkabinetts Papen/Hugenberg spielten
Meldungen über einen Skandal bei der Osthilfe und über Unregelmäßigkeiten
beim Erwerb des Gutes Neudeck durch die Familie von Hindenburg zum
Zweck der Ersparnis der Erbschaftssteuer bei der Abkürzung der Verhandlun-

gen eine Rolle. Die Situation wurde hektisch und das Bestreben, möglichst
rasch die Regierungsbildung abzuschließen, immer drängender, als Gerüchte
vom Putsch der Potsdamer Garnison und des Marsches Potsdamer Truppen auf
die Hauptstadt die Runde machten. Das waren Erfindungen, aber dieser letzten
Finte des intriganten Schleicher wurde weithin Glauben geschenkt.

Nie ist eine Regierungsbildung in Deutschland so überhastet zustande gekommen – ohne Einigung über die Grundsätze der Regierungspolitik wie über
ein Programm. Tiefgreifende Meinungsverschiedenheiten zwischen den ungleichen Partnern bestanden buchstäblich bis zur Vereidigung am Vormittag
des 30. Januar. Meißner blieb es dann vorbehalten, mit der Uhr in der Hand den
Streit mit der Mahnung zu beenden, man könne den Herrn Reichspräsidenten
nicht länger warten lassen.

Hitlers Bestellung zum Reichskanzler aber war nicht das Ergebnis eines immer stärker werdenden politischen Drucks, den er und seine Partei auf den
Reichspräsidenten und die Öffentlichkeit ausübten, so daß schließlich keine
Alternative zu ihm als Kanzler bestanden hätte. Erst recht ebneten ihm keine
organisierten Interessen, weder die Schwerindustrie noch die Landwirtschaft,
den Weg in die Reichskanzlei. Hitlers Erfolg beruhte – abgesehen von den Fehlern Schleichers, die sich für den Führer der NSDAP äußerst günstig auswirkten – auf den Entscheidungen einiger weniger Persönlichkeiten, unter denen
ein Außenseiter wie Papen das ausschlaggebende Gewicht erhielt. Denn er
allein besaß das volle Vertrauen des Reichspräsidenten, er allein konnte sehr
effektiv im Tauziehen um die Macht eine Doppelrolle spielen, galt er doch einmal als Kanzlerkandidat für das allseits gefürchtete Kampfkabinett, zum anderen aber als Kanzlermacher und Wegbereiter Hitlers, für den er sogar eine
parlamentarische Mehrheit zu besorgen sich anheischig machte. Hitlers Kanzlerschaft war fast bis zur Vereidigung ungewiß und hätte auch im letzten
Augenblick noch scheitern können.

Soll das nun heißen, daß Hitler angesichts fehlender eigener Stärke und
mangels Unterstützung durch organisierte Interessen doch nur der »Betriebs-
unfall« der deutschen Geschichte gewesen ist? Dieser Begriff stellt eine polemische Verkürzung dar und wird der Situation nicht gerecht. Genauso schief ist
es, wenn behauptet oder unterstellend argumentiert wird, daß die neuere deutsche Geschichte auf dieses Unglücksjahr angelegt ist. Es gibt keinen deutschen
»Sonderweg«, der zum Jahr 1933 führt.

Eine These, die als Ursache »letzter Instanz« für den Erfolg Hitlers die »Ver-
schleppung der Freiheitsfrage im 19. Jahrhundert« nennt, also in der »Un-
gleichzeitigkeit der politischen Modernisierung Deutschlands: der frühen Demokratisierung des Wahlrechts und der verspäteten Demokratisierung des

Regierungssystems« – das eigentliche Problem sieht, kann absolut nicht überzeugen.[166] Denn solch ein unscharfes Syndrom, das von den Zeitgenossen bis zum Jahre 1933 weder als solches erkannt noch diskutiert wurde, wird der konkreten Situation keineswegs gerecht.

Die Weimarer Republik hatte einen schweren Start gehabt. Die politisch Verantwortlichen mußten mit den verheerenden materiellen Konsequenzen des verlorenen Krieges fertigwerden und sich zugleich gegen die Dolchstoßlüge verteidigen. Trotz dieser katastrophalen Ausgangslage zeigte der Staat von Weimar ein erstaunliches Beharrungsvermögen und vermochte nach der Überwindung der Krise von 1923 eine wachsende, wenn auch distanziert bleibende Akzeptanz der Bevölkerung zu gewinnen. Die Weltwirtschaftskrise traf Deutschland besonders hart. Krieg und Inflation hatten die Ersparnisse weiter Kreise vernichtet; der »Notgroschen«, den man über Jahrzehnte angespart hatte, schmolz dahin. Damit fehlte der Puffer, der die Einkommensverluste der Krise halbwegs abgefedert hätte. Später wurde der deutsche Export durch die in der Weltwirtschaft wachsenden Autarkiebestrebungen empfindlich getroffen; seit dem Herbst 1931 war er sogar rückläufig. Damit verringerte sich die wesentliche volkswirtschaftliche Einkommensquelle Deutschlands.

Die Krise betraf alle Bevölkerungsschichten. Die Beamten mußten – in für sie ungewohntem Maße – empfindliche Einkommenseinbußen hinnehmen. Arbeiter und Angestellte erfuhren massiven Lohn- und Gehaltsabbau und fürchteten zudem um ihre Arbeitsplätze. Die Selbständigen wußten oft nicht mehr, wie lange sie ihren Betrieb noch aufrechterhalten konnten. Die wachsende Zahl der Arbeitslosen hatte keine andere Perspektive als die, vom Empfänger versicherungsmäßiger Arbeitslosenunterstützung zum Wohlfahrtserwerbslosen abzusinken.

Es war unvermeidlich, daß antidemokratische Protestbewegungen durch die Krise an Boden gewannen; das war keine deutsche Besonderheit. Überall auf dem europäischen Kontinent geriet der Parlamentarismus in die Krise, wenn er nicht schon von autoritären Regimen abgelöst worden war. In Deutschland artikulierte sich der Protest vornehmlich auf der Rechten als ein aus Weltkrieg und Revolution entstandener neuer Nationalismus, der durch die charismatische Rednergabe und das Führungsgeschick Hitlers ein gutes Drittel der Wähler auf die rechte Seite herüberziehen konnte. Da der Weimarer Parlamentarismus strukturell schwach und schon vor der Krise die besonderen Rechte des Reichspräsidenten in Form des Artikels 48 zur Stützung des Systems verwandt worden waren, lag es nahe, die unpopulären Sparmaßnahmen, für die es nirgendwo eine demokratische Legitimierung gibt, durch präsidiale Notverordnungen in Kraft zu setzen. Es kam vor allem darauf an, die nationalistische

Protestbewegung so lange in Schach zu halten, bis die Überwindung der Wirtschaftskrise eine politische Beruhigung brachte, wie sie auch nach 1923 eingetreten war.

Mit dem Anwachsen der extremistischen Parteien erhielt die Reichswehrführung ein immer größeres politisches Gewicht, da die bewaffnete Macht in bürgerkriegsähnlichen Auseinandersetzungen letztlich den Ausschlag gab. Dagegen verloren die demokratischen Parteien der Mitte und der Linken, Zentrum und SPD, an politischem Einfluß in den Führungsgremien der Republik, obwohl sie ihren Wählerstamm halten konnten.

Unter diesen Voraussetzungen konnte es nur darum gehen, den Nationalsozialisten nicht die Macht auszuliefern, sondern sie abzunutzen. Das war eine Strategie, die bis zum Januar 1933 durchaus erfolgreich war. Man konnte auf das Auseinanderbrechen der NS-Bewegung innerhalb eines absehbaren Zeitraums setzen, weil es den internen Gegensatz zwischen den Realpolitikern in der Partei und Hitler gab und weil der enttäuschten SA das Warten auf den Sieg immer schwerer fiel.[167] Die Strategie scheiterte letztlich am unerwartet frühen Ende der Regierung Schleicher und durch den Zerfall der personellen Konstellation an der Spitze, also an mehr zufälligen und nicht zwangsläufigen Ursachen. Was wäre aus Hitler geworden, wenn Papen weniger intrigant, Schleicher besonnener und der Reichspräsident nicht so hoffnungslos überfordert gewesen wäre!

Das entscheidende Faktum, das immer wieder verdrängt und nicht ernst genommen wird, weil es so banal klingt, in seiner tatsächlichen Tragweite aber überhaupt nicht zu überschätzen ist, war die totale Unterschätzung Hitlers. Wenn die Linke tönte, Hitler bedeute Krieg, so traute sie ihm die Verwirklichung solcher Vorhaben letztlich gar nicht zu. Was Carl von Ossietzky nach dem Sturz Schleichers am 31. Januar 1933 in der »Weltbühne« schrieb, zeigt nicht das geringste Gespür dafür, daß mit Hitler ein beispielloser Terror gegen politische Gegner kommen könnte. Sein besonders krasses Fehlurteil mag stellvertretend für viele andere stehen: »Schöner Konsum an Rettern. Wieder einer futsch. Wenn das autoritäre Regime so weiterwirtschaftet, dann kann es bald heißen: Jeder Deutsche einmal Reichskanzler! Eltern kinderreicher Familien, hier winkt noch eine Chance.«[168] Der Marquis von O., wie ihn sein Verleger Siegfried Jacobsohn einmal ironisch genannt hat, bezahlte mit der KZ-Haft, die seine Gesundheit ruinierte und ihn letztlich das Leben kostete, einen hohen Preis dafür, daß er diesen Gegner so sträflich unterschätzt hatte.

Deutschland unter Hitler

ETABLIERUNG UND FESTIGUNG DER NATIONALSOZIALISTISCHEN HERRSCHAFT

Kein anderer Mensch hat das 20. Jahrhundert so nachhaltig geprägt wie Adolf Hitler. Das trifft in erster Linie auf die deutsche Geschichte zu, auf die zwölf Jahre seiner Herrschaft, die zuerst von dem Glanz des politischen und wirtschaftlichen Aufstiegs und den nicht für möglich gehaltenen außenpolitischen Erfolgen geprägt waren, aber dann in einer beispiellosen Katastrophe endeten. Es gilt aber auch für die weltgeschichtliche Entwicklung überhaupt. Man denke nur an die Folgen, die der von ihm entfesselte Krieg gehabt hat: den Niedergang Europas und die Etablierung der USA als Führungsmacht, die Teilung der Welt durch den Aufstieg der Sowjetunion zur Supermacht, den gewaltigen Fortschritt in militärisch-technischer Hinsicht, die Dekolonisation und die Gründung des Staates Israel sowie die Ächtung des Antisemitismus.

In Deutschland hatte Hitler seit dem 30. Januar 1933 bis zu seinem Ende im Bunker der Reichskanzlei am 30. April 1945 die politische Entwicklung so eindeutig gesteuert und selbst in der Schlußphase noch in Details kontrolliert, daß selbst die unterschiedlichen und oft kontroversen Interpretationsansätze, die zur Charakterisierung oder Definition seiner Herrschaft vorgelegt wurden, seine zentrale Rolle nicht ernsthaft in Zweifel ziehen.

Der Beginn seiner Regierung wird oft mit den Begriffen »Machtergreifung« und »Gleichschaltung« umschrieben. Das sind Begriffe, die von der Propaganda Goebbels' geprägt sind. Sie spiegeln keineswegs die historische Realität wider. Das gilt ebenso für die Schlagwörter der »nationalen Revolution« und der »nationalen Erhebung«. Einerseits wird so der entschlossene Zugriff auf den Staat, andererseits die Vorstellung einer machtvollen Synchronisation suggeriert, derzufolge in dem in sich zerrissenen Deutschland plötzlich alle sich gegenseitig zerfleischenden Kräfte durch einen machtvollen politischen Willen zu Einklang und Zusammenarbeit gebracht wurden. Tatsächlich war viel mehr Improvisation und zum Teil sogar schiere Unfähigkeit im Spiel bei dem Bemühen, die freigesetzten politischen Energien und Masseninstinkte überhaupt zu kanalisieren, als es diese Begriffe vermitteln.

Der erste Aufruf der neuen Regierung[1] weist mehrere bemerkenswerte Aspekte auf. Zum einen wurde deutlich, daß Hitler über kein Regierungsprogramm verfügte. Der Aufruf spiegelte unverwechselbar seine Diktion wider: »Das Erbe, das wir übernehmen, ist ein furchtbares.« Da er keine konkreten Vorstellungen darüber hatte, wie die Wirtschaftskrise überwunden werden könne, zeigte er strategischen Weitblick. Er vermied alle problematischen Versprechen, die die politischen Gegner schnell widerlegen konnten, und betonte wie in seinen öffentlichen Reden die Notwendigkeit, »die geistige und willensmäßige Einheit unseres Volkes wiederherzustellen«. Er machte lediglich zwei konkrete Aussagen, die aber in eine relativ ferne Zukunft wiesen: »Binnen 4 Jahren muß der deutsche Bauer der Verelendung entrissen sein. Binnen 4 Jahren muß die Arbeitslosigkeit endgültig überwunden sein.« Umgemünzt zu der Parole »Gebt mir vier Jahre Zeit« wurde daraus in der Propaganda der erste Vierjahresplan, dem dann 1936 die Ankündigung eines weiteren folgte.

Aber Hitler unterließ es nicht, eine ganz wichtige Voraussetzung für die Erfüllung seines Versprechens zu nennen: die »Überwindung der kommunistischen Zersetzung Deutschlands«. Die entschiedene Wendung gegen die Kommunisten entsprang nicht der angeblichen ideologischen Fixierung Hitlers auf einen fundamentalistischen Antimarxismus, sondern beruhte auf taktischen Erwägungen. Mit der Bekämpfung der Kommunisten waren auch seine Kabinettskollegen einverstanden; es war der gemeinsame Nenner dieser heterogenen konservativ-nationalsozialistischen Regierung. Genau um diese Frage, die Unterdrückung der Kommunisten, ging es auch in den ersten Kabinettsberatungen, in denen er seine Koalitionspartner glatt überspielte. Das geschah bereits bei der Frage der Auflösung des Reichstages, gegen die sich Hugenberg gesperrt hatte. Hitler gab dazu zwei Versprechen ab: Der Ausgang der Wahl werde keinen Einfluß auf die Zusammensetzung der Regierung haben, und diese Wahl werde die letzte parlamentarische Wahl überhaupt sein.[2]

Mit der Auflösung des Reichstages und dem Wahltermin am 5. März hatte Hitler eine klare taktische Marschroute. Er setzte auf die absolute Mehrheit der Regierungsparteien, der NSDAP und der »Kampffront Schwarz-Weiß-Rot«, dem Zusammenschluß von DNVP und Stahlhelm, ferner auf das Verbot der KPD und die Kassierung der kommunistischen Mandate und schließlich auf ein Ermächtigungsgesetz mit Hilfe des so reduzierten Reichstags. Dieses Ziel hatte er schon im August 1932 im Visier gehabt. Wenn alle diese Bedingungen erfüllt waren, bedurfte es nur noch der Zustimmung des Zentrums. Für diese Zustimmung hatte er aber einen Trumpf in der Hinterhand, dessen Wirksamkeit sich dann auch prompt herausstellen sollte.

Am 3. Februar kam es zu einem improvisierten Zusammentreffen Hitlers

Alljährlich am 7. November fand in der sowjetischen Botschaft Unter den Linden ein großer Empfang zum Jahrestag der Oktoberrevolution statt, an dem »tout Berlin« teilnahm: Stresemann und Seeckt, George Grosz und Ernst Jünger, General von Hammerstein und sogar Franz von Papen, obwohl er ein glühender Antibolschewist war. Strahlender Mittelpunkt dieser Empfänge waren die Damen der Gesandtschaft, allen voran die ebenso geistvolle wie charmante Madame Lunatscharski, Gattin des Volkskommissars für Kultur. Sie trug die kostbarsten Juwelen und die elegantesten Pariser Modelle und entsprach so gar nicht der landläufigen Vorstellung von einer Vertreterin des Sowjetstaates. All dieser Glanz erlosch, als die Kommunisten mit der »Verordnung zum Schutz von Volk und Staat« zum Freiwild wurden. Von Jahr zu Jahr wurde die Gästeschar kleiner. »Zum letzten Mal wurde ich zu diesem Empfang geladen in jenem Jahr 1937, als wenige Tage vor dem 7. November Dr. Goebbels die große blutrünstige Kampfansage an die ›jüdisch-bolschewistische Weltgefahr‹ und die Sowjet-Union verkündete. Es ehrte Rowohlt, daß er, die Einladungskarte in den Händen drehend, ›Ach Scheiße‹ sagte und doch hinging. Rowohlt, ein Mann, der keine abstrakte Phantasie besaß, sondern nur eine ausgeprägt sinnliche, erschrak aber doch, als er den großen Raum mit der Leninbüste betrat. Außer Ernst Niekisch und einem blassen, zerstreut blickenden, jungen Mann namens Harnack, außer Rowohlt und mir waren keine Deutschen erschienen. Die Generalität war wie weggeschmolzen, die Universitätsprofessoren, die Geschäftsleute, die Magistratspersonen, die Diplomaten deutscher Couleur, – sie drängten sich nicht mehr um den Tisch« (Ernst von Salomon, »Der Fragebogen«).

mit den Befehlshabern der Reichswehr. General von Hammerstein, der Chef der Heeresleitung, hatte gehört, daß Hitler am Morgen überraschend Besuche in Berliner Kasernen gemacht hatte. Solche unangemeldeten Besuche an der militärischen Basis paßten dem General nicht. Da die Befehlshaber aber an diesem Tage in Berlin versammelt waren, lud Hammerstein den Kanzler zusammen mit den Generälen zum Abendessen ein. Danach legte Hitler seine Vorstellungen zur bewaffneten Macht und ihrer Stellung im künftigen Staate dar.[3] Sein Hauptziel sei die »Wiedergewinnung der politischen Macht«; darunter war die Wiedererlangung des vollen Großmachtstatus mit einer kriegsbereiten Armee zu verstehen. Der Rekrutierung sollte die allgemeine Wehrpflicht zugrunde liegen.

Eine solche Perspektive entsprach vollkommen der Einstellung der Offiziere. Noch mehr wird ihnen die Zusicherung Hitlers gefallen haben, nicht dem italienischen Beispiel zu folgen; es sei »keine Verquickung von Heer und SA beabsichtigt«. Das war ein Versprechen, das zu halten Hitler noch erhebliche Schwierigkeiten bereiten sollte. An diesem Abend reichte seine zweifellos ehrlich gemeinte Ankündigung aus, um die Sorge vor der ungeliebten Konkurrenz seiner Parteiarmee zu beschwichtigen. Um wehrwilligen Nachwuchs zu erhalten, gelte es jedoch, radikal mit Demokratie und Pazifismus aufzuräumen und den Marxismus »mit Stumpf und Stiel« auszurotten. Mit dieser innenpolitischen Aufräumarbeit sollte jedoch nicht die Reichswehr befaßt werden. Sie solle »unpolitisch und überparteilich bleiben«. Die Schmutzarbeit des Kampfes gegen den inneren Feind sollten nationalsozialistische Organisationen übernehmen. Auch das konnten die Generäle nur erleichtert zur Kenntnis nehmen, denn mit dieser an Bürgerkrieg erinnernden Aufgabe wollten sie nichts zu tun haben.

Hitler ging auch auf den möglichen Einsatz der Armee nach Abschluß der Aufrüstung ein, blieb dabei aber eher vage und sprach von der »Erkämpfung neuer Exportmöglichkeiten«. Das war sicher nicht ernst gemeint, denn man konnte durch Drohung mit Krieg ein Land wohl kaum zum Kauf deutscher Erzeugnisse zwingen. Vom Welthandel, von Export- und Importbilanzen hielt Hitler ohnehin nichts. Schon seit 1926, als der Export noch befriedigende Ergebnisse gezeigt hatte, polemisierte er dagegen. War es also mit dem Export nichts, blieb nur die »Eroberung neuen Lebensraums im Osten und dessen rücksichtslose Germanisierung«. Für Historiker, die Hitlers Politik primär als die Realisierung seines Programms verstehen, das er in »Mein Kampf« niedergelegt hat, ist diese Aussage von zentraler Bedeutung. Sie ist als einzige Äußerung in dieser Richtung und in diesem Zeitraum gleichsam der Pfeiler, der die These vom Vorhandensein eines derartigen Programms trägt, bis dann die Hoßbach-

Niederschrift, die Kriegsvorbereitung und schließlich der Krieg gegen die Sowjetunion die Durchführung des Programms zeigten.

Gegen eine solche Sicht sind allerdings Bedenken angebracht. Das Stichwort vom Lebensraum zu diesem Zeitpunkt schon als programmatische Fixierung einer militärischen Planung zu verstehen, wird der historischen Situation nicht gerecht. Das Stichwort Lebensraum war ihm stets geläufig und wurde in seinen ideologisch befrachteten Reden vor 1929 häufig behandelt. Es gehörte zu seinem politischen Repertoire; es war kein Bestandteil einer politischen Planung.

Hitler war erst vier Tage im Amt, als er vor den Befehlshabern sprach; er hatte den Kampf um die Macht im Innern noch vor sich. Hinzu kam – und diese Sorge sprach er sehr deutlich an – die außenpolitische Gefährdung. Ihn bewegte weit mehr die Frage, ob die Westmächte, vor allem Frankreich, ruhig zusehen würden, wie Deutschland aufrüstete, oder ob sie schon vorher angreifen würden. Hitler konnte sich zu diesem Zeitpunkt mit Sicherheit nicht vorstellen, daß die wirtschaftliche Erholung und die Aufrüstung tatsächlich ein solches Tempo erreichen würden, wie es dann der Fall war. Auch die anwesenden Offiziere scheinen die kriegerischen Töne nicht ernst genommen zu haben, da sie von der Realität des Hunderttausendmannheeres Welten entfernt schienen. Was sie weit mehr interessierte, waren die Zusicherungen zur Einführung der Wehrpflicht, zur klaren Trennung von der SA und das Versprechen, sie von der innenpolitischen Schmutzarbeit zu verschonen.

Zunächst zeigte Hitler eine gewisse Vorsicht. Wahlveranstaltungen der politischen Gegner wurden zwar intensiver gestört als zuvor, aber es herrschte noch nicht jener SA-Terror, der die Monate nach der Wahl dann bestimmen sollte. Die Regierung schuf Voraussetzungen für den wirksamen Einsatz der Staatsgewalt, wobei die »Verordnung zum Schutze des deutschen Volkes« ihr eine wirksame Handhabe gab zur Einschränkung der Versammlungsfreiheit und zum Verbot von Zeitungen. Göring, der als kommissarischer preußischer Innenminister die politische Schlüsselfunktion dieses Ressorts schnell erkannte und virtuos ausnutzte, setzte die Polizei energisch ein, und er verstärkte sie durch die Einstellung von SA-Mitgliedern als Hilfspolizisten. Zugleich lockerte er den Schußwaffengebrauch.

Der den Nazis zuvor praktisch verschlossene Rundfunk wurde nun von Goebbels äußerst effektiv genutzt. Er ließ Hitlers erste große Rede am 10. Februar im Sportpalast vom Rundfunk reichsweit übertragen und moderierte dabei selbst. Was der Partei für den Wahlkampf fehlte, war vorerst noch das Geld. Goebbels' Klagen klingen durchaus glaubwürdig.[4] Als Hitler aber am 20. Februar die Spitzen der deutschen Industrie empfing, löste sich das Problem schlagartig. Ganz staatsmännisch und ohne Polemik überzeugte er die Wirtschaftsführer davon, daß für ihn das Privateigentum und die schöpferische Persönlichkeit die Grundlagen der Gesellschaft bildeten. Es gelte aber gegen die Kommunisten vorzugehen, jene Minderheit, die das Privateigentum nicht anerkennen wolle. Der Erfolg der Regierung bei den bevorstehenden Wahlen böte die Möglichkeit des ruhigen Aufbaus. Um diesen sicherzustellen, machte Göring im Anschluß an die Ausführungen Hitlers den Herren sehr burschikos, aber wirksam klar, um was es jetzt ging: »Und nun, meine Herren, an die Kasse!«[5] Während die Industrie bis dahin die NSDAP als laute und plebejisch wirkende Oppositionspartei nur vereinzelt unterstützt hatte und auf Abstand bedacht war, hatte der Appell des Kanzlers an ihr Selbstbewußtsein und Verantwortungsgefühl die gewünschte Wirkung. Nun konnte die Partei den Wahlkampf ohne finanzielle Sorgen durchführen.

Am Abend des 27. Februar brannte der Reichstag. Am Tatort wurde ein Holländer verhaftet. Die am Brandort versammelte politische Führung war übereinstimmend der Meinung, daß der Brandanschlag von den Kommunisten als Signal zum Aufstand begangen worden sei. Schon in der Nacht setzte an Hand vorhandener Listen der politischen Polizei eine Verhaftungswelle ein, die vor allem Kommunisten, aber auch Sozialdemokraten erfaßte; sogar die Zeitungen dieser Parteien wurden verboten. Am nächsten Tag trat das Reichskabinett zusammen und beschloß die »Verordnung zum Schutz von Volk und Staat«, die Reichstagsbrandverordnung. Sie ermöglichte »zur Abwehr kommunistischer staatsgefährdender Gewaltakte« die Außerkraftsetzung der Grundrechte, das Vorgehen gegen Länder, die nicht die notwendigen Maßnahmen zu ergreifen bereit waren, und die empfindliche Erhöhung des Strafmaßes für verschiedene Delikte.

Bei der Verabschiedung dieser Verordnung konnten sich die Minister die spätere Anwendungspraxis wahrscheinlich nicht vorstellen: Die Verordnung begründete praktisch ein Polizeiregime, das weder auf die Verfassung noch auf Gesetze Rücksicht zu nehmen brauchte. Mit der kautschukartigen Begründung, daß eine Maßnahme zur »Abwehr kommunistischer staatsgefährdender Gewaltakte« notwendig sei, lieferte sie die »Rechtsgrundlage« für die verschiedensten Maßnahmen, vom Aufenthaltsverbot bis zur Einrichtung von Konzentrationslagern. Sie wurde zum tragenden Element einer neuen, von keiner juristischen Norm mehr beengten Staatlichkeit, die man zu Recht als Maßnahmenstaat bezeichnet hat.

Hitler hatte am Morgen nach dem Brand im Kabinett erklärt, der »psychologisch richtige Moment« für die Abrechnung mit den Kommunisten sei nun gekommen. Er war von der Urheberschaft der Kommunisten überzeugt. Da diese wußten, daß sie es nicht gewesen waren, beschuldigten sie die Nazis der Brandstiftung und untermauerten die These auch mit handfesten Fälschungen. Nach 1945 sorgte das Wissen um die weit furchtbareren Verbrechen, die diesem Auftakt gefolgt sind, dafür, daß die Nationalsozialisten weiterhin als Täter galten. Erst die minutiöse Untersuchung von Fritz Tobias hat die These der Alleintäterschaft van der Lubbes überzeugend nachgewiesen.[6] Es war die Tat eines querulatorisch-geltungssüchtigen Außenseiters mit kommunistischem Hintergrund, der in Verkennung der politischen Situation die Brandstiftung als Fanal zur Warnung vor der politischen Unterdrückung der Arbeiterschaft verstanden wissen wollte. Tatsächlich hat er sie durch seine Tat erst ausgelöst. Der große Erfolg der polizeilichen Verhaftungsaktion erklärte sich vor allem aus dem Überraschungsmoment, da niemand zu diesem Zeitpunkt mit Verfolgung und Verhaftung rechnete. Der geistesabwesend wirkende Holländer als alleiniger Täter – das bedeutete die Entlastung der Nationalsozialisten von diesem Verbrechen, was politisch korrekte Kreise als »volkspädagogisch« unerwünscht ansahen.

Es besteht keine Frage, daß der entscheidende Aspekt des Reichstagsbrandes seine virtuose Ausnutzung durch die Nationalsozialisten gewesen ist, die durch die Beschwörung der kommunistischen Gefahr mit der »Verordnung zum Schutz von Volk und Staat« die legale Basis für die beispiellose Unterdrückung von Kommunisten und Sozialdemokraten erhalten hatten. Daneben bleibt jedoch die Urheberschaft nicht ohne Bedeutung, denn es besteht ein erheblicher Unterschied, ob die Nazis den Anlaß selbst schufen, um dann die Verordnung erlassen zu können, oder ob sie nur eine gegebene Situation geschickt und skrupellos für ihre Zwecke ausnutzten. Die Geschichte des »Dritten Reiches« bietet weitere Beispiele für die Ausnutzung zufälliger Geschehnisse zu folgenschweren Aktionen.

Das Wahlergebnis vom 5. März entsprach Hitlers Erwartungen, der etwas mehr als fünfzig Prozent für die Regierung erhofft hatte. Die NSDAP erreichte 43,9, die Kampffront Schwarz-Weiß-Rot acht Prozent. Der Wahlerfolg beruhte vor allem auf der Mobilisierung der Nichtwähler. Die massive Regierungspropaganda, der von Hitler und Goebbels wirkungsvoll inszenierte Wahlkampf mit dem Einsatz von Rundfunk und Flugzeug zu Massenveranstaltungen in vielen deutschen Großstädten, die erhöhte Spannung durch den Reichstagsbrand – das alles hatte die Wahlbeteiligung noch einmal emporschnellen lassen. Linksparteien und Zentrum hatten dagegen ihre Positionen nur halten können.

Die Eröffnung des Reichstages fand am 21. März in der Garnisonkirche in Potsdam statt. Es war eine eindrucksvolle Inszenierung: Hindenburg in der Uniform eines preußischen Generalfeldmarschalls eröffnete die Reichstagssitzung und legte in der Gruft Friedrichs des Großen einen Kranz nieder. Die Synthese vom alten Preußen und dem neuen nationalen Deutschland schien Wirklichkeit geworden zu sein. Ansichtskarten mit den Köpfen Friedrichs, Bismarcks und Hitlers erfreuten sich großer Beliebtheit. Nach dem Staatsakt erfolgte dann vor dem Reichspräsidenten, der Reichsregierung und vielen Repräsentanten des kaiserlichen Deutschlands der Vorbeimarsch der Reichswehr, der SA, des Stahlhelms und anderer nationaler Verbände. Goebbels hatte mit der Veranstaltung und ihrer propagandistischen Auswertung Beachtliches geleistet.

Hitlers nächstes Etappenziel war der Erlaß des Ermächtigungsgesetzes. Er wollte mit der gewonnenen Mehrheit nicht zum Parlamentarismus zurückkehren. Damit sollte ebenso wie mit dem Marxismus für immer Schluß sein.

Das Zentrum, das für die Annahme des Ermächtigungsgesetzes ausschlaggebend war, versuchte einige Sicherungen einzubauen.[7] Hitlers Reaktion auf diese Forderungen war bezeichnend. Die Zentrumsführung erwartete eine schriftliche Antwort, die auch wiederholt angekündigt wurde, tatsächlich aber nie eintraf. Statt dessen machte Hitler in seiner Rede vor dem Reichstag interpretationsfähige Ausführungen, die zu den Zentrumsforderungen so viel Bezug hatten, daß die Fraktion sie als schwankende Brücke zur Zustimmung betrachtete. Neben der möglichen Aussicht auf ein Konkordat, das der Kirchenrechtler Kaas nach dem Vorbild der Lateranverträge in Verhandlungen mit Vertretern des Reiches anstrebte, war es die Hoffnung, die Lage der ihrer Partei angehörenden Beamten sichern zu können, die viele Zentrumspolitiker dem Ermächtigungsgesetz zustimmen ließ. Die Sorge um Parteimitglieder, die Beamte waren, bestimmte auch weitgehend das Verhalten von DVP und Staatspartei. Viele Beamte hatten sich freilich bereits selbst um Anschluß an die siegreiche Konkurrenz bemüht und reihten sich in das Heer der sogenannten Märzgefallenen ein.

Die Sozialdemokraten stimmten dagegen. Sie konnten dies tun, da mit der Zustimmung des Zentrums die Annahme gesichert war. Ihr Vorsitzender Otto Wels hielt eine tapfere Rede voll redlicher Gesinnung, aber ohne politische Wirkung.

Das »Gesetz zur Behebung der Not von Volk und Reich«, so hieß es offiziell, stellte eine einmalige politische und rechtliche Monstrosität dar. Mit einer manipulierten Mehrheit zustande gekommen, denn die kommunistischen Abgeordneten galten als anwesend, obwohl sie tatsächlich in Haft waren, bedeutete es nichts anderes als die Außerkraftsetzung der Weimarer Verfassung für den Zeitraum von vier Jahren und ein neues Gesetzgebungsverfahren. Nun konnte allein die Reichsregierung Gesetze beschließen, die vom Reichskanzler, nicht mehr vom Reichspräsidenten, ausgefertigt wurden. Der Reichstag war zum Akklamationsorgan herabgesunken.

Mit dem Verlust ihrer politischen Betätigungsmöglichkeiten und dem wachsenden Terror kam schließlich das Ende der Parteien. Es erfolgte teilweise durch Verbot wie bei der SPD, bei den meisten anderen durch Selbstauflösung. Die Deutschnationalen taten es nach dem Ausscheiden Hugenbergs aus dem Kabinett am 18. Juni, das Zentrum am 5. Juli, rechtzeitig vor der Paraphierung des Konkordats, das die Entpolitisierung des Klerus festlegte. Das Gesetz gegen die Neubildung von Parteien vom 14. Juli 1933 schloß das Kapitel ab.

Der Untergang des Weimarer Parteiensystems vermittelt kein Bild eines heroischen Abwehrkampfes. Dergleichen konnte auch nicht erwartet werden, denn demokratische Parteien befinden sich gegenüber nationalistischen Massenbewegungen, die eine Mischung aus Erweckungsbewegung und Schlägertruppe darstellen, immer in einer schwächeren Position. Aber das Scheitern war darüber hinaus nicht nur auf ideologische Differenzen zurückzuführen, die eine geschlossene Abwehr unmöglich machten, sondern vor allem auf die Taktik der Regierung. Sie bekämpfte die Parteien immer auf dem Boden jener spezifischen Legalität, die mit Papens Aktion gegen Preußen begonnen hatte. Es war ein manipuliertes Recht, setzte aber diejenigen, die sich dagegen auflehnten, von vornherein ins Unrecht.

Ein Kapitel besonderen Zuschnitts stellt die nationalsozialistische Machtübernahme an den Universitäten dar. Unter den Studenten hatten die Nationalsozialisten schon seit 1928 weit stärker als in der Gesamtbevölkerung Fuß gefaßt. Ihre Hochschulorganisation, der Nationalsozialistische Deutsche Studentenbund (NSDStb), konnte mit Hilfe von Korporationsstudenten an einer Reihe von Universitäten, sofern sie nicht katholisch waren, die Mehrheit erringen oder sich zumindest als stärkste politische Hochschulgruppe etablieren. Gab es schon vor 1933 studentische Kampagnen gegen einzelne linke oder pazifistische Hochschullehrer, so steigerten sich die Studentenfunktionäre im Frühjahr 1933 in einen »Machtrausch« und genossen das »Gefühl, die Universitäten, vor allem aber das studentische Leben, nach ihren Vorstellungen gestalten zu können«.[8] An den Hochschulen entwickelte sich zum ersten Mal eine Autoritätskrise. Es kam zu scharfen Konfrontationen zwischen Nazi-Studenten und Professoren.

Was dem Aufbegehren der Studenten den unwiderstehlichen Schwung verlieh, war die Ablehnung des Wissenschaftsbetriebs. Es war die akademische Ausbildung, deren Sinn sie nicht anerkennen wollten. Den Höhepunkt ihres Betätigungsdranges nach der »Machtergreifung« aber stellte eine Aktion dar, die im In- und Ausland als Inbegriff nationalsozialistischer Barbarei und Kulturfeindlichkeit verstanden wurde. Die »Aktion wider den undeutschen Geist«, die Bücherverbrennungen am 10. Mai, die von Studenten in allen deutschen Universitätsstädten veranstaltet wurden, beleuchteten zugleich den Auszug oder die Flucht von Künstlern und Schriftstellern. Die Kultur von Weimar, das signalisierten die Scheiterhaufen, war zu einem abrupten Ende gekommen. Fortan war künstlerischer Schund salonfähig; steriler Klassizismus setzte nun die Maßstäbe.

Dieses beschämende Schauspiel hatte die Deutsche Studentenschaft (DSt) aus eigener Initiative seit dem 2. April in einer reichsweiten Kampagne vorbereitet. Die Tatsache, daß Goebbels bei der Berliner Aktion sprach, bedeutete keineswegs, daß die Aktion von oben angeordnet worden war und die Studenten nur die willigen Werkzeuge darstellten,[9] ganz im Gegenteil: Es war eine studentische Eigeninitiative, der Goebbels lediglich eine größere Publizität verleihen sollte. In dieser Erwartung hatte man ihn um seine Teilnahme gebeten. Was in aller Welt als offizielle Absage an primitivste Normen der Zivilisation gewertet wurde, ging keineswegs auf die Anweisung der nationalsozialistischen Führung zurück. Die Aktion entsprang vielmehr dem Konkurrenzkampf nationalsozialistischer Studentenorganisationen. Die Deutsche Studentenschaft wollte damit ihren Machtanspruch gegenüber dem NS-Studentenbund zum Ausdruck bringen – ein frühes Beispiel für die später so häufig stattfindenden »NS-Kampfspiele«. So wurde der Welt eine Verachtung alles Geistigen signalisiert, die durchaus zutreffend, aber noch nicht die offizielle Politik des Regimes war, sondern vielmehr vom akademischen Nachwuchs instinktsicher vorweggenommen wurde.

Nach der »Machtergreifung« Hitlers setzte eine gigantische Postenjagd ein, die gemeinhin als »Gleichschaltung« bezeichnet wird. Was besonders auffällt, ist die dabei zutage tretende Passivität der Parteileitung in München. Im Gegensatz zu vergleichbaren Aktionen der Kommunisten nach 1945, bei denen immer die Parteiführung Regie führte, wenn es um die Besetzung von Schlüsselpositionen ging, läßt sich eine dirigierende oder vorwärtsdrängende Rolle der Parteileitung nicht feststellen. Das lag gewiß nicht am Ausscheiden Strassers, schließlich gab es Rudolf Heß und seinen Stabsleiter Bormann sowie Robert Ley, der die wichtigsten Funktionen Strassers übernommen hatte. Die Ursache lag vielmehr im Wesen der Partei. Die NSDAP war eine Agitations- und Wahlmaschine, folglich war die Reichspropagandaleitung unter Goebbels die einzig wirksame, auch die Basis erreichende Organisation. Die aber war ausschließlich mit Wahlkämpfen beschäftigt, was bis zum März 1933 die wichtigste Aufgabe der Partei überhaupt war. Die Parteileitung bestand aus Bürokraten, die zu nicht viel mehr fähig waren als zum Eintreiben von Mitgliedsbeiträgen und zum Schlichten von Intrigen und Eifersüchteleien unter den Funktionären. Hitler war als Kanzler und Wahlredner voll in Anspruch genommen. Göring setzte Kommissare ein und gab damit dem Auswechseln der politischen Beamten den für den Gesamtprozeß charakteristischen Anschein von Legalität, stand aber den Parteiaktivitäten fern. Da die Führung der Partei passiv blieb, war die sozialdarwinistische Auseinandersetzung der Funktionäre um Posten und Einfluß die notwendige Folge.

Von diesen Machtkämpfen blieb die Reichsregierung verschont. Papen hatte die Bedenken Hindenburgs vor der Ernennung Hitlers mit dem Argument zerstreut, daß Hitler gegenüber den erfahrenen, fachlich qualifizierten konservativen und keineswegs pronationalsozialistisch eingestellten Ministern keine Chance habe; er müsse tun, was diese für notwendig erachteten. Die Realität war eine andere. Hitler leitete die Kabinettssitzungen in den ersten Monaten nicht nur im formalen Sinne, sondern er beherrschte das Kabinett und war in der Lage, sich in die Diskussionen einzuschalten und diese zu einem Ergebnis zu führen. Abweichende Meinungen gab es selten und wenn, reagierte er geschickt darauf. Abgesehen von Detailfragen, die etwa landwirtschaftliche oder finanzpolitische Themen betrafen, vermittelte er durchaus den Eindruck, daß er mit den Verhandlungsgegenständen vertraut war. Er strahlte eine solche Autorität aus, daß Hugenberg, der am 30. Januar aus linker Sicht als Wirtschaftsdiktator und damit als der eigentlich starke Mann galt, höchstens einmal höflich bat, die Beschlußfassung in einer Sache auf die nächste Sitzung zu verschieben. Wenn Hitler aber die Eilbedürftigkeit betonte, fügte er sich widerspruchslos wie der Rest des Kabinetts.

Die verbindliche, aber souveräne Leitung des Kabinetts und die weitgehende Einigung in den Sachfragen zeigte nur die eine Seite Hitlers, genauer: das Maß an Verstellung, dessen er fähig war. Als nach der Reichstagswahl die »Nationale Revolution« ausbrach und Kritik am Verhalten der SA von konservativer Seite laut wurde, explodierte Hitler. Papen hatte in einem Brief an ihn Klage darüber geführt, daß ausländische Diplomaten und ihre Damen von SA-Leuten behelligt worden seien. Hitler ging der Sache nach und schrieb Papen einen langen Brief, nachdem er ihre relative Bedeutungslosigkeit erkannt hatte.[10] Das war nun nicht mehr der verbindliche Kanzler, auch nicht der messianische Künder einer neuen Volksgemeinschaft, sondern der haßerfüllte Agitator und Feind des Bürgertums, der mit drohendem Ton sich derartige Interventionen verbat. Er kam auf die Verfolgungen zu sprechen, die er und seine Bewegung zu ertragen hatten, lobte demgegenüber »die unerhörte Disziplin« seiner SA- und SS-Männer, warnte zugleich vor »Nörgeleien« und bedauerte, daß das Bürgertum nicht sechs Wochen Bolschewismus erlebt habe, »damit es den Unterschied zwischen der roten Revolution und unserer Erhebung kennengelernt hätte«. Wahrscheinlich hätte er überhaupt lieber in seiner alten Umgebung die Festnahmen und Vertreibungen der »Bonzen« aus den verschiedenen Ämtern gefeiert als die Rolle des besorgten, um das öffentliche Wohl bemühten Kanzlers zu spielen.

Auch in einer anderen Hinsicht verdienen die ersten Monate der Kanzlerschaft Hitlers Beachtung. Es ist die seltene Tatsache zu registrieren, daß er ein Versprechen, in diesem Fall das Kabinett nicht mehr zu verändern, weitgehend gehalten hat, obwohl er unter dem massiven Druck seiner engeren Gefolgsleute stand, etwa des leer ausgegangenen Goebbels, der jammerte: »Man patscht mich an die Wand.«[11] Nicht ohne Schwierigkeiten und unter erheblichen Abstrichen an Kompetenzen wurde Goebbels dann zur Belohnung für seinen erfolgreichen Wahlkampf am 14. März zum »Reichsminister für Volksaufklärung und Propaganda« ernannt. Dabei blieb es vorerst. Im Kabinett hatte er kein Gewicht; er war ganz einseitig nur ein Spezialist für Wahlkampf und Propaganda.

Hugenberg wurde nicht zielstrebig aus dem Kabinett herausgedrängt, sondern scheiterte im Juni an seiner politischen Unfähigkeit. Er konnte nicht delegieren und wollte alles alleine machen, was bei den vier von ihm geleiteten Ministerien – zwei Reichs- und zwei preußische Ressorts – zu Mißhelligkeiten mit der Bürokratie führte und Widerspruch bei den landwirtschaftlichen Organisationen hervorrief, die längst von den Nazis unterwandert waren. Ohne politischen Rückhalt übergab er auf der Londoner Weltwirtschaftskonferenz ein Memorandum, das Deutschland wieder ein Kolonialreich und »seiner tatkräftigen Rasse Siedlungsraum schaffen« sollte.[12] Da brauchte Hitler gar nicht aktiv zu werden; die Kritik Neuraths und Schachts fiel so scharf aus, daß Hugenberg von sich aus zurücktrat. Sein Nachfolger als Reichsminister für Ernährung und Landwirtschaft wurde der Leiter des agrarpolitischen Apparats der NSDAP, Richard Walther Darré, der in den folgenden Jahren den »Reichsnährstand« zu einem Imperium ausbaute, das vom Erzeuger bis zum Handel über die Genossenschaften und andere Verbände alles umfaßte, was mit Landwirtschaft zu tun hatte.

Für die Führer von SA und SS muß die »Machtergreifung« eine bittere Enttäuschung gewesen sein. Sie übten zwar Macht aus und noch öfter mißbrauchten sie sie, aber ihre tatsächliche Macht kam nicht in den entsprechenden staatlichen Positionen zum Ausdruck. Göring dagegen hatte als preußischer Innenminister die politische Polizei aus der allgemeinen Polizei bereits herausgelöst. Ihre Leitung hatte in der Prinz-Albrecht-Straße ein eigenes Dienstgebäude erhalten. Es wurde in freier Anlehnung an die frühere Bezeichnung preußischer Behördenspitzen »Geheimes Staatspolizeiamt« genannt. Seit April 1933 benutzte man auf einem Stempel als Amtsbezeichnung die Abkürzung »Gestapa«. Daraus sollte sich das Schreckenswort Gestapo entwickeln.[13]

Die Gestapo stellte zu Beginn des Jahres 1933 primär eine Fortsetzung der preußischen politischen Polizei dar, die schon vor 1933 fast ausschließlich mit der Bekämpfung der Kommunisten befaßt war. Nach dem Reichstagsbrand wurde diese Tätigkeit intensiviert und war sehr erfolgreich, da die KPD entgegen ihren drohenden Ankündigungen keineswegs für die Illegalität, den politischen Kampf aus dem Untergrund heraus, gerüstet war. Daher bereitete die reihenweise Verhaftung ihrer Führer und Funktionäre, darunter Ernst Thälmann, keine Schwierigkeiten.

Der erste Leiter dieser Polizeibehörde war jener Oberregierungsrat Diels, der Papen vor der Absetzung der preußischen Regierung über die Beziehungen des Staatssekretärs Abegg zu kommunistischen Abgeordneten informiert hatte. Er war später in Kontakt zu Göring gekommen, der an dem trinkfesten, die Weiblichkeit nicht verschmähenden ehemaligen Korpsstudenten Gefallen gefunden hatte. Diels verstand es zudem, den preußischen Ministerpräsidenten, diese »Mischung aus Brutalität, Unverfrorenheit und Jovialität«[14] richtig zu nehmen. Göring wiederum hegte eine tiefe Abneigung gegen eine Polizei, die zu eng mit SA und SS verbunden war. Die vielen SA-Polizeipräsidenten konnte er aber nicht verhindern. Zu ihnen gab es keine personelle Alternative. Er duldete bei der Polizei keine Hakenkreuzarmbinden oder Parteiabzeichen und bestimmte per Erlaß am 4. Mai, daß die Mitgliedschaft in der SA oder SS mit der Zugehörigkeit zur Polizei unvereinbar sei.[15] Er wollte »seine« Polizei allen von außen kommenden Beeinflussungen entziehen. Auch die Gestapo widmete sich hauptsächlich der Kommunistenjagd. Daneben versuchte Diels, den Terror der Berliner SA zu bekämpfen, indem er wilde Konzentrationslager und Folterkeller ausheben ließ. Dennoch konnte er sich letztlich gegenüber der SA nicht durchsetzen.

Es gab bei der Gestapo zunächst nur wenige Nazis. Ausnahmen waren Arthur Nebe, der schon 1931 der Partei beigetreten war, und der deutschnationale Regierungsassessor Hans Bernd Gisevius, der nicht schnell genug das sinkende Schiff seiner alten Partei verlassen konnte. Die beiden sollten später das problematischste Freundespaar des Widerstands werden.

Im November 1933 wurde die Gestapo aus der allgemeinen Verwaltung herausgenommen und direkt dem Ministerpräsidenten unterstellt. Die Gründung des »Forschungsamtes«, eine Einrichtung zum Abhören von Telefonaten, die weitgehend unbekannt blieb, rundete Görings Geheimpolizei-Imperium ab.

Während Göring sich in Preußen breitmachte und im April 1933 auch das

Amt des preußischen Ministerpräsidenten übernahm, mußten die Führer von SA und SS mit einer wesentlich bescheideneren Stellung vorliebnehmen. Röhm erhielt ein Unterkommen und ein Monatsgehalt als Staatssekretär bei dem soeben zum Reichskommissar für Bayern eingesetzten Ritter von Epp. Für Himmler blieb nur der Posten des Münchner Polizeipräsidenten. Von diesem Posten trat er mit seinem Stellvertreter Reinhard Heydrich, aber ohne Hilfe von Hitler, den Marsch durch die Institutionen an. Die nächste Station war seine Ernennung zum kommissarischen Chef der politischen Polizei Bayerns. Himmler und Heydrich vermehrten ihre Macht, indem sie die politische Polizei aller Länder bis auf Preußen übernahmen. Ende März richtete Himmler bei Dachau das erste Konzentrationslager ein. Es sollte dieses Dioskurenpaar des politischen Verbrechens mehr als ein Jahr kosten, bis sie Göring nach zähem Widerstand die Gestapo in Preußen abgenommen hatten und die Gestapo reichsweit vereinheitlichen konnten.

Mit dem Ende der Parteien wurde das Bestreben überdeutlich, die »Revolution« für beendet zu erklären. Nachdem die politischen Gegner erledigt waren, wollte die Führung jenen unkontrollierbaren Aktionen, die zu Eingriffen in das Wirtschaftsleben und zur Verfolgung Unschuldiger führten, ein Ende machen. Hitler selbst dekretierte das Ende der Revolution auf der Konferenz der Reichsstatthalter am 6. Juli 1933. Scharfe Aufrufe, die vor allem an die Adresse der SA gerichtet waren, folgten. Hitler ließ verkünden: »Die Revolution ist kein permanenter Zustand, sie darf sich nicht zu einem Dauerzustand ausbilden.«[16] Vor der Konferenz zeigte er sich einerseits zögerlicher, andererseits aber noch radikaler: »Machteroberung selbst ist leicht«, erklärte er; viel schwerer sei deren Sicherung, die erst gelungen sei, »wenn die Erneuerung der Menschen der neuen Form angepaßt ist«.[17]

Das Ausweichen in die Zukunft angesichts der konkreten Fragen, wie die Macht auf Dauer durch eine neue politische Ordnung zu sichern sei, erscheint nicht zufällig. Hitlers Unfähigkeit zu sinnvollen staatlichen Reformen, später dann zum Entwurf konstruktiver Lösungen für die im Krieg eroberten Gebiete, kommt schon hier deutlich zum Ausdruck.

DER 30. JUNI 1934

Auf der Reichsstatthalter-Konferenz am 6. Juli nahm Hitler in einem Punkt eine ebenso entschiedene wie drohende Haltung ein: Eine »zweite Revolution«, die im Gerede war, würde er nicht dulden. Seine Einstellung dazu war eindeutig: »Wir lassen keinen Zweifel darüber, daß wir einen solchen Versuch, wenn nötig, in Blut ertränken würden.«[18] Das zielte gegen die SA, denn in deren Führung ging das Schlagwort von der erst noch kommenden »nationalsozialistischen Revolution« um.

Die überraschend schnell und ohne nennenswerten Widerstand erfolgte »Gleichschaltung« wäre ohne die SA nicht möglich gewesen. Ihre Präsenz bei jedem Akt der Usurpation garantierte weitgehend den Erfolg. Jetzt sollte aber die Revolution beendet sein, ohne daß die SA in dem neuen Staat eine ihrem Selbstverständnis gemäße Stellung gefunden hatte. Das mußte böses Blut machen. Die »Machtergreifung« hatte der SA zwar viele Erfolge, aber nicht den Durchbruch zu eigener Dominanz gebracht. An Umfang hatte sie durch eine Welle von Neueintritten und weit mehr noch durch die Eingliederung des Stahlhelms und anderer Wehr- und Traditionsverbände beträchtlich zugenommen. Für Anfang 1934 wurde die Zahl der Mitglieder auf viereinhalb Millionen geschätzt.[19] Selbst wenn die Mehrheit davon zu den älteren, nicht mehr aktiven Jahrgängen gehörte, blieb die SA immer noch eine ungeheuer aufgeblähte Organisation, deren Massenhaftigkeit Beunruhigung auslöste, tatsächlich aber ihre Funktionsfähigkeit in Frage stellte. Offensichtlich wollte Röhm aber mit den hohen Zahlen renommieren und sein politisches Gewicht betonen.

Der Organisation mangelte es empfindlich an Geld. Der Reichsfinanzminister weigerte sich mit Zustimmung Hitlers, der SA regelmäßige Mittel zuzuweisen, und wenn Zahlungen geleistet wurden, waren sie recht gering. Mit der Verweigerung eines festen Etats verband sich die Absicht, die Konsolidierung der Organisation zu verhindern. Daher lebte die SA zu einem erheblichen Teil von »freiwilligen« Spenden der Industrie. Die große Frage war, welche Aufgabe für sie gefunden werden konnte, nachdem die »Gleichschaltung« beendet und ihre Helferrolle politisch nicht mehr erwünscht war. Da bot sich die vormilitärische Ausbildung an, die seit 1932 das »Reichskuratorium für Jugendertüchtigung« mit Blick auf eine künftige Miliz koordiniert hatte. Das Unternehmen wurde umfirmiert und dem SA-Obergruppenführer Friedrich Wilhelm Krüger unterstellt.

Auf die Dauer behagte Röhm diese Aufgabe jedoch nicht. Im Herbst 1933 zeigte der Stabschef immer weniger Interesse an der Milizausbildung.[20] Insofern konnte ihn die wehrpolitische Weichenstellung nicht besonders treffen, die die Reichswehrführung im Einvernehmen mit Hitler vornahm. Den Austritt Deutschlands aus der Abrüstungskonferenz und dem Völkerbund im Oktober 1933 nutzte das Militär nämlich unter Federführung des frisch ernannten, faktischen Generalstabschefs Ludwig Beck, um die Milizlösung aufzugeben und entschlossen eine Armee auf der Basis der allgemeinen Wehrpflicht aufzubauen. Die erste Planung von Beck im Dezember 1933 sah ein Friedensheer von 21 Divisionen und 300 000 Mann vor,[21] das er einige Zeit später auf eine Stärke von 23, am Ende gar von 30 bis 36 Divisionen bringen wollte.

Die Reichswehr war im Februar 1934 entschlossen, der SA nur noch die vormilitärische Ausbildung der Jugend und der nicht von der Wehrpflicht erfaßten Männer zu überlassen. Hitler billigte den Plan. Das forderte den Groll des sich geprellt fühlenden Röhm heraus, dessen häufig grob artikulierte Kritik zunahm. Einem früheren Freikorpsführer antwortete er auf dessen skeptische Frage, ob denn seine SA-Führer imstande seien, eine Division oder ein Korps zu führen: »Das werden sie können, wenn ich Kriegsminister bin.«[22] In einer Pressekonferenz erklärte er, »Reaktion und Revolution« seien »natürlich Todfeinde«, und er ließ keinen Zweifel daran, daß allein die SA das »unerschütterliche Bollwerk … gegen Reaktion, Spießer- und Muckertum« sei. Röhms Ziel war letztlich eine Milizarmee unter seinem Kommando, die neben der Reichswehr stehen sollte. Das widersprach aber der militärischen Tradition und lief letztlich auf eine Machtprobe hinaus, bei der sich zeigen mußte, ob Röhm tatsächlich in der Lage war, ein solches militärisch nicht zweckmäßiges Nebeneinander durchzusetzen.

Der Stabschef hielt aber nicht nur provozierende Reden oder schimpfte ohne Rücksicht auf Zeugen über Hitler. Seit Anfang des Jahres 1934 richtete er »Stabswachen« ein, was die Reichswehr beunruhigen mußte. Der Reichswehrminister von Blomberg beschwerte sich denn auch umgehend bei Hitler, nicht ohne den Umfang dieser neuen SA-Formationen gewaltig zu übertreiben.

Die SA war ein Machtfaktor von beträchtlichem Gewicht, der nicht einfach ausgeschaltet werden konnte. Solange es diese oppositionell eingestellte Mammutorganisation unter dem Befehl Röhms gab, der eine besondere Spielart bajuwarischen Frondierens pflegte, blieb die Herrschaft Hitlers gefährdet, konnte er nicht der alleinige, von allen anerkannte Führer sein. Aber wie sollte man die SA domestizieren und Röhm politisch ins Abseits dirigieren? Hitler schob die Entscheidung vor sich her, wurde sich aber immer mehr der Probleme bewußt, die mit dem Gewährenlassen Röhms entstanden.

Mit der am 20. April 1934 erfolgten Übernahme der Gestapo durch die SS änderte sich die Situation. Himmler und Heydrich war es gelungen, Diels zu verdrängen. Göring hatte der Übernahme schließlich zugestimmt, denn der »Eiserne« sollte weiterhin Chef der Gestapo bleiben, während Himmler sein Stellvertreter wurde und Heydrich die Leitung des Geheimen Staatspolizeiamtes übernahm. Nachdem dieses Übereinkommen erreicht war, hatten die beiden ungleichen Partner einen gemeinsamen Gegner: die SA. Weitere erbitterte Feinde der SA-Führung waren Heß und Goebbels. Die SS, die formal noch der SA unterstellt war, konnte von einer Entmachtung der SA nur gewinnen. Heydrich intensivierte das Sammeln belastenden Materials über die SA und stellte Ende April Kontakte zu Generalmajor von Reichenau, dem Chef des Ministeramtes, her, der ihm lebhaft schilderte, wie besorgt die Reichswehr angesichts der immer offener gezeigten Konkurrenz der SA sei. Ferner war der neue Chef der Heeresleitung, General von Fritsch, ein entschiedener Gegner der SA, und Generalleutnant Beck betrachtete die SA-Frage im Mai ausdrücklich als »Machtfrage«.[23]

Es wäre falsch, eine breite Zusammenarbeit von Reichswehr und SS gegen den gemeinsamen Feind anzunehmen. In Wirklichkeit operierten die Gegner der SA raffinierter. Heydrichs Leute waren erfolgreich bemüht, jeweils den anderen durch gezielte Falschmeldungen zu verunsichern und in den Glauben zu versetzen, daß die Gegenseite den Putsch vorbereite. So steigerten sich Nervosität und Mißtrauen auf beiden Seiten. Tatsächlich aber passierte nichts.

Am 4. Juni empfing Hitler Röhm in der Reichskanzlei. Über den Inhalt des Gesprächs ist nichts bekannt geworden. Vier Tage später gab Röhm in einem Tagesbefehl bekannt, daß er auf Rat seiner Ärzte eine Kur antreten wolle und einen Teil der SA-Führer für den Juni, die Masse der SA aber für den Juli beurlaube. Den Feinden der SA, die die Hoffnung hegten, »die SA werde aus ihrem Urlaub nicht mehr oder nur zum Teil wieder einrücken«, kündigte er höhnisch die »gebührende Antwort« an und schloß mit der Feststellung: »Die SA ist und bleibt das Schicksal Deutschlands.«[24]

Die drohende Sprache Röhms gab den Gerüchten von einem bevorstehenden SA-Putsch erheblichen Auftrieb. Die latente Bereitschaft zu Terror und Einschüchterung, die von der SA ausging, ließ die Spannung steigen. Was das Abwarten für Hitler aber besonders schwierig machte, war die allgemeine politische Lage. Dem Rausch der »nationalen Erhebung«, der Paraden, Aufmärsche und Reden des Sommers 1933 war zwar kein Katzenjammer, aber doch eine Ernüchterung gefolgt. Obwohl die Arbeitslosigkeit deutlich abgenommen hatte, war sie in den Großstädten immer noch groß. Gerade dort aber war die Anhängerschaft der Nationalsozialisten am geringsten. Das mußte vor allem Hitler ein Dorn im Auge sein, der sich eine Volksgemeinschaft nicht vorstellen konnte, in der fast die Hälfte der Bevölkerung seinem Regime entweder gleichgültig oder ablehnend gegenüberstand. Die »mentale« Gleichschaltung, die Orientierung des ganzen Volkes auf den »Führer«, war zu diesem Zeitpunkt noch nicht erreicht, zuweilen wurde sie durch die schiere Unfähigkeit lokaler und regionaler Machthaber geradezu verhindert.

Ein deutliches Indiz für den Stimmungsabfall im Frühjahr 1934 war die Rede von Goebbels am 11. Mai gegen »Meckerer und Miesmacher«. Sie offenbart, daß der Propagandaminister das Absinken der Stimmung durchaus registrierte, aber noch nicht die spätere Virtuosität besaß, Dinge schön zu reden.

Weit wichtiger aber sollte eine Rede werden, die Vizekanzler von Papen am 17. Juni in Marburg hielt. Sie war voll vernichtender Kritik an den Zuständen in Deutschland und machte vor dem Nationalsozialismus, dem Gerede von der »zweiten Welle« der Revolution und selbst vor der Person Hitlers nicht halt. Autor der Rede war Edgar Jung, ein Theoretiker der »Konservativen Revolution«, der zum Mitarbeiterkreis Papens gehörte. Die Rede mußte als Sensation und zugleich als Provokation wirken, zumal der Gestapo bekannt wurde, daß Papen und sein Kreis planten, mit Hilfe der Reichswehr nach dem Tode Hindenburgs eine monarchische Restauration einzuleiten, bei der Papen eine Reichsverweserschaft anstrebte.[25] Das war bei ruhiger Abwägung der Erfolgsaussichten nicht ernst zu nehmen, denn die Reichswehr stand fest zu Hitler, und die ehrgeizigen jungen Männer, die schon Ministerlisten schrieben, waren Leichtgewichte ohne jede politische Basis. Jung wurde bereits am 25. Juni verhaftet.

Am 27. Juni suchten Blomberg und Reichenau Hitler auf und werden ihm die ihnen vorliegenden Anzeichen für einen SA-Putsch mitgeteilt haben. Sehr wahrscheinlich hat Hitler sie beruhigt und ihnen wohl angekündigt, daß er die SA in absehbarer Zeit unschädlich machen werde. Das bedeutete jedoch keine Entspannung der Situation. Die Reichswehr wurde in Alarmbereitschaft versetzt.

Am 29. Juni meldete Generalleutnant von Kleist, der Wehrkreisbefehlshaber in Schlesien, was ihm dort Merkwürdiges widerfahren war. Er hatte die Spannungen zwischen Reichswehr und SA mit wachsender Besorgnis verfolgt und am 28. Juni den SA-Obergruppenführer Heines zu sich gebeten, um ihn dringend vor einem Putschversuch zu warnen. Heines antwortete, er sei genauestens über die Vorbereitungen der Reichswehr zur Niederschlagung der SA im Bilde. Er gab sein Ehrenwort, keinerlei Angriff auf die Reichswehr zu planen. Daraufhin entschloß sich General von Kleist, zur Reichswehrführung nach Berlin zu fliegen. Dort erstattete er seinen Vorgesetzten in der Heeresführung, den Generälen von Fritsch und Beck, Bericht darüber, was er von Heines gehört hatte, und formulierte seinen »Eindruck, daß wir – Reichswehr und SA – von dritter Seite, ich dachte an Himmler, gegeneinander gehetzt werden und daß viele Nachrichten von ihm ausgehen«. Vor dem herbeigerufenen General von Reichenau wiederholte er seinen Bericht. Dieser habe darauf nur gesagt: »Das mag stimmen, … jetzt aber ist es zu spät.«[26]

In der Historiographie wird eine Angabe mitgeschleppt, die, obwohl völlig unsinnig, dennoch ein zähes Leben hat und auch in die neueste SA-Darstellung übernommen worden ist. Sie besagt, Röhm sei am 28. Juni aus dem »National-verband Deutscher Offiziere« ausgestoßen worden.[27] Damit wird suggeriert, daß man erst von der Traditionsvereinigung grünes Licht erhalten mußte, bevor Röhm zum Abschuß freigegeben werden konnte! Dabei steht nicht einmal fest, ob Hitler damals schon entschlossen war, Röhm zu liquidieren. Die Umstände und die Art der Entscheidungsfindung vor dem 30. Juni sind noch immer nicht geklärt.

Wahrscheinlich muß man sich folgende Ausgangsposition vorstellen: Am 28. Juni nahm Hitler an der Hochzeit des Gauleiters Terboven in Essen teil. Himmler, Göring und SA-Obergruppenführer Lutze waren ebenfalls anwesend. Hitler in Essen – das bedeutete, daß er von den Informationsquellen, über die er in Berlin verfügte, abgeschnitten war. Er wurde aber aus Berlin angerufen und bekam eine Nachricht übermittelt, die so beschaffen gewesen sein muß, daß er sich sofort zum Handeln entschloß. Er befahl Röhm, für den 30. Juni eine SA-Führertagung in Bad Wiessee, seinem oberbayerischen Kurort, einzu-berufen. Göring sollte die vollziehende Gewalt in Berlin übernehmen. Lutze hat später selbst bekundet, Hitler habe nur die Erschießung von sieben SA-Führern geplant; von Röhm war damals noch nicht die Rede.[28] Tatsächlich aber entwickelte die Verhaftungs- und Erschießungsaktion eine Eigendynamik, vor allem auf Grund vorbereiteter Erschießungslisten. Diese Listen wurden bei der SS und bei der Gestapo angefertigt. Es gibt keinen Beleg dafür, daß die Reichs-wehr informiert oder gar daran beteiligt war. Berlin und München, wo Göring und Himmler das Sagen hatten und die Präsenz der SS besonders stark war, stellten Zentren der Aktion dar.

Goebbels' Tagebucheintragung vom 1. Juli 1934 gibt als Grund für Hitlers Entschluß zum Eingreifen an, daß »Röhm mit François-Poncet, Schleicher und Straßer konspiriere«.[29] Das war die Nachricht, die den zögernden Hitler end-lich zum Handeln veranlaßte. Die Meldung mußte ihn geradezu elektrisieren: Röhm in Verbindung mit Schleicher, seinem gefährlichsten Gegner, und Stras-ser, dem ehemaligen Konkurrenten in der Partei – und dieses Trio gar noch un-terstützt von der französischen Regierung? Das bedeutete für Hitler, daß Frankreich nicht mit seinen »Osttrabanten« über das noch wehrlose Deutsch-land herfallen würde, wie er am 3. Februar 1933 befürchtet hatte, sondern sich dieser »Verräter« bediente, um ihn zu beseitigen. Das war schließlich eine viel elegantere Art, die Gefahr einer deutschen Revanche aus der Welt zu schaffen! Dieses Szenario mußte Hitler in der Tat so gefährlich erscheinen, daß er sofort reagierte. Sein Entschluß ist allerdings auch vor dem Hintergrund wachsender Spannung und Nervosität zu sehen: Die Reichswehr war im Alarmzustand, und die SA spürte, daß etwas gegen sie geplant wurde. Am 29. Juni waren – wahrscheinlich auf Grund gefälschter Flugblätter – Einheiten der SA in München auf die Straße gegangen und hatten gegen Verrat protestiert.[30]

Unter dem Aspekt der Verschwörung mit Frankreich – das Gerücht sorgte unter französischen Diplomaten für beträchtliche Verwirrung – mußten Schleicher, Strasser und General von Bredow, Schleichers engster Mitarbeiter, zu den Opfern gehören. Ferner wurden SA-Führer aller Dienstgrade und andere in den Augen der SS Verdächtige, mitunter irrtümlich, erschossen. Das Begleichen alter Rechnungen, Morde ohne ersichtliches Motiv und Namenverwechslungen mit tödlichen Folgen blieben nicht aus. Auch die SS nutzte die Gelegenheit zur Säuberung in den eigenen Reihen. Eine Liste umfaßt 83 Namen, aber es ist nicht erwiesen, daß sie vollständig ist.

Die wilde, kaum kontrollierte Mordaktion läßt keinen Plan erkennen. Die Erschießungslisten müssen unter Zeitdruck erstellt worden sein. Der 30. Juni war schließlich für den Schlag gegen Röhm der letzte Tag, da eine am 1. Juli in Urlaub gehende SA schlecht putschen konnte.

Die SA traf der Schlag so unvorbereitet, daß sie keine Gegenwehr leistete. Das muß aber nicht heißen, daß sie keine Vorbereitungen für den Machtkampf getroffen hatte. Da das Regime über keine Möglichkeiten der Konfliktregelung verfügte, entsprach es in gewisser Weise seiner Logik, daß Hitler, von der eigenen Umgebung in Panik versetzt, nur durch Mord das Problem aus der Welt schaffen konnte. Es ist sehr unwahrscheinlich, daß Röhm der Entmachtung und partiellen Auflösung seiner SA widerstandslos zugestimmt hätte.

Gleichgültig, ob Hitler bewußt in Panik versetzt wurde oder nicht – mit der Übernahme der Verantwortung für alle Exekutionen bog er jede Erörterung über die Schuldfrage ab. Er erklärte vor dem Kabinett, es sei eine militärische Meuterei gewesen, »bei der es ein prozeßähnliches Verfahren nicht geben könne«.[31] Seine Rede am 13. Juli vor dem Reichstag strotzte vor Lügen und abenteuerlichen Begründungen. So bezeichnete er den SA-Gruppenführer Karl Ernst als denjenigen, der am 30. Juni, einem Sonnabend, nachmittags »Schlag fünf Uhr« den »Putsch« in Berlin habe auslösen sollen. Ausgerechnet am Nachmittag und ausgerechnet Ernst, der zu diesem Zeitpunkt in Bremen war, um sich zur Hochzeitsreise einzuschiffen. Er mußte von dort erst zurückgeholt werden, damit er in Lichterfelde erschossen werden konnte. Röhm wurde am Abend des 1. Juli von dem Dachauer KZ-Kommandanten Theodor Eicke erschossen.

Das gehörte fortan zum Stil des Dritten Reiches: In diesem scheinbar normalen Staat geschahen nicht nur Verbrechen, sondern der Regierungschef bekannte sich offen zu einer Mordaktion. Hitler, der seine Handlungen vor dem Reichstag damit rechtfertigte, daß er in dieser Lage Deutschlands »oberster

Gerichtsherr« gewesen sei, wurde das von dem Juristen Carl Schmitt sofort bestätigt, der fand, daß die »Tat des Führers echte Gerichtsbarkeit«[32] darstelle. Das
Reichskabinett attestierte umgehend in Gesetzesform, daß Hitlers Tat »als
Staatsnotwehr rechtens« gewesen sei. Hiermit wurden Staatsverbrechen legitimiert, und es konnte kein Zweifel bestehen, daß auch in Zukunft Mord zum
Mittel der Politik zählen würde. Die SS und ihre Konzentrationslager als Vollstrecker des Führerwillens konnten dadurch den Schrecken noch steigern. Die
politischen Morde, die zum ersten Mal in den bürgerkriegsähnlichen Auseinandersetzungen nach 1918 begangen wurden, fanden hier nicht nur eine Fortsetzung, sondern die offene staatliche Sanktionierung. Sie gehörten nun zum
System.

Die Haltung der Bevölkerung nach dem »Röhm-Putsch« ist schwer zu beurteilen. Die Erleichterung über das Verschwinden des SA-Terrors war begleitet
von einem weitverbreiteten Unbehagen. Menschen, die politisch dachten oder
mit dem SA-Milieu vertraut waren, mußten die Rechtfertigung Hitlers mit Un-
glauben und Skepsis aufnehmen. Bei der Reichswehr wurde das Ungeheuer-
liche der Mordaktion verdrängt von der Erleichterung, sich des gefährlichen
Rivalen entledigt zu haben. Daß die Reichswehr die Ausschaltung der SA forderte, war verständlich, weniger aber, daß sie die dabei angewandten brutalen
Methoden, zu denen auch die Erschießung zweier verabschiedeter Generäle
gehörte, ohne Reaktion zur Kenntnis nahm. Statt auf eine Untersuchung zu
dringen, dankte der Reichswehrminister dem Kanzler vor dem Kabinett über-
schwenglich »für sein entschlossenes und mutiges Handeln«, und in einem Erlaß an die Wehrmacht hieß es: »Der Führer hat mit soldatischer Entschlossenheit und vorbildlichem Mut die Verräter und Meuterer selbst angegriffen und
niedergeschmettert.«[33] Jetzt konnte es für Blomberg nur darum gehen, sich des
»unbegrenzten Vertrauens« des Führers, der das alles nur »zum großen Teil für
(die) Wehrmacht« getan habe, durch besondere Treue und Pflichterfüllung
würdig zu erweisen.[34] Daß mit der SS ein weit gefährlicherer Konkurrent entstand, als es die SA jemals gewesen war, erkannte man erst langsam.

Die Dankbarkeit und Ergebenheit gegenüber Hitler stand bei der Reichswehr im Vordergrund. Daher konnte die nach dem Tode Hindenburgs am
2. August 1934 von Blomberg selbst veranlaßte Vereidigung der Wehrmacht auf
den Führer und Reichskanzler als neuem Staatsoberhaupt nicht mehr überraschen. Es war ein Akt vorauseilenden Gehorsams. In der Folgezeit dämmerte es
der Reichswehr, daß sie, wie die saloppe Formel lautete, »das falsche Schwein
geschlachtet« hatte. Die Militärs versuchten den Schaden zu begrenzen, indem
sie den Aufbau der SS-Verfügungstruppe, Keimzelle der späteren Waffen-SS,
nach Kräften behinderten, worin sie bis 1938 relativ erfolgreich waren. Die

Reichswehrführung unter Blomberg, aber auch Fritsch und Beck hatten 1934 nur ein Ziel: in loyaler Zusammenarbeit mit dem Führer so schnell wie möglich aufzurüsten und so stark zu sein, daß die Truppe zu wirksamer Verteidigung fähig war. Aus diesem Grunde mußte die SA fallen. Daß ihre Partner bei dem schmutzigen Geschäft, SS und Gestapo, schon vor dem 30. Juni Verbrechen begangen hatten, wurde schlicht verdrängt.

Die Ausschaltung der SA bedeutete die blutige Sicherung der Alleinherrschaft Hitlers. Zugleich wurde damit diejenige Organisation unschädlich gemacht, die die »Machtergreifung« weitgehend ermöglicht hatte. Die erste wichtige Etappe des Aufstiegs zum Diktator war damit abgeschlossen. Mit der SA war die letzte, zugleich auch die größte Gruppierung seines früheren Anhangs politisch ausgeschaltet. Ähnlich wie die antikapitalistischen Ideologen unter seiner Gefolgschaft hatte sie politische und zudem wehrpolitische Vorstellungen vertreten, die er ablehnen mußte, da sie mit dem eigentlichen Ziel seiner Politik nicht zu vereinbaren waren: dem Krieg. Dieser konnte nur mit einer professionell ausgebildeten Wehrpflichtarmee und mit den modernsten Waffen geführt werden. Diesem Ziel durfte sich niemand, auch nicht sein Duzfreund Röhm, entgegenstellen.

ARBEITSBESCHAFFUNG UND WIRTSCHAFTSPOLITIK

Wenn ein Politiker nach Jahren einer verheerenden Wirtschaftskrise die Regierung übernimmt, ist zu vermuten, daß er ein mehr oder weniger klar ausgearbeitetes Konzept hat, wie die Krise zu bekämpfen sei. Von Hitler wird behauptet – das ist gleichsam Teil des öffentlichen Bewußtseins –, er habe allen Arbeit und Brot versprochen und damit letztlich Erfolg gehabt. In Wirklichkeit hat er, wie die neue Ausgabe seiner »Reden, Schriften, Anordnungen« bis 1933 zeigt, niemandem etwas versprochen. Er ging auch kaum auf die Wirtschaftskrise ein, sondern hämmerte seinen Zuhörern ständig ein, daß seit 1918 ein unaufhaltsamer Niedergang eingetreten sei. Einen Weg zur Besserung, zum nationalen Wiederaufstieg biete allein die Schaffung einer nationalen Solidarität, die alle Klassen und Schichten umfasse. Ein neuer Geist des Zusammenstehens sei notwendig, dann würde es auch mit Deutschland wieder aufwärts gehen. Das war seine Botschaft, die kein Versprechen enthielt, sondern nur vage Aufforderungen an die Wähler, die aber dennoch Zuspruch fand.

Tatsächlich besaß Hitler kein Konzept zur Bekämpfung der Krise, aber seine Zuhörer und Wähler erwarteten wohl von ihm auch keine konkreten Vorstellungen. Wahrscheinlich waren sie wie er davon überzeugt, daß es keine Mittel zur Bekämpfung der Krise gebe und man die Arbeitslosen als Siedler auf dem Lande unterbringen müsse. In seinem Aufruf vom 1. Februar 1933 gab es nur eine konkrete Ankündigung zur Wirtschaftspolitik: baldige Einführung der Arbeitsdienstpflicht und Förderung der Siedlungspolitik als »Grundpfeiler« des Programms. Ähnliches trug er zwei Tage später vor den Befehlshabern der Reichswehr vor: »Der Bauer muß gerettet werden! Siedlungspolitik! Künftige Steigerung d. Ausfuhr zwecklos. Aufnahmefähigkeit … begrenzt u. Produktion ist überall übersteigert. Im Siedeln liegt einzige Möglichkeit, Arbeitslosenheer z. T. wieder einzuspannen. Aber braucht Zeit u. radikale Änderung nicht zu erwarten, da Lebensraum für d(eutsches) Volk zu klein.«[35]

Arbeitsdienstpflicht als Voraussetzung für intensive Siedlungspolitik, da die Steigerung des Exports und damit eine Erholung der Industriekonjunktur ausgeschlossen erschien – das war eine weitverbreitete Anschauung. Hitlers Ausführungen in bezug auf die Arbeitsdienstpflicht verrieten gleichwohl fundamentale wirtschaftliche Unkenntnis und zugleich ein militarisiertes Denken. Denn der Aufbau einer pflichtmäßigen Mammutorganisation, wie sie sein Beauftragter Konstantin Hierl, der spätere Reichsarbeitsführer, entwarf, beruhte auf dem Trugschluß, daß eine Arbeitsdienstpflicht »rentabel« sein müsse, da die Dienstpflichtigen ohne Lohn, also praktisch umsonst arbeiten würden. Dabei waren die Unkosten höher als der zu erwartende Ertrag. Hitler hatte schlichtweg keine Ahnung, wie die Krise zu überwinden sei, und wählte von den damals diskutierten Überlebensstrategien mit der Arbeitsdienstpflicht die primitivste. Vor den Befehlshabern hatte er am 3. Februar 1933 erklärt, Arbeitsbeschaffung und Kreditschöpfung seien »Unsinn«. Statt dessen sprach er sich für eine »großangelegte Siedlungspolitik aus, die eine Ausweitung des Lebensraumes des deutschen Volkes zur Voraussetzung hat«. Dafür veranschlagte er viel Zeit, nämlich »einen Zeitraum von 50–60 Jahren«.[36]

Von den ersten Ansätzen staatlicher Arbeitsbeschaffung unter Brüning, die unter Papen und Schleicher fortgeführt worden waren und ein beachtliches Volumen erreicht hatten, wußte er entweder nichts, oder er hielt sie – was wahrscheinlicher ist – samt und sonders für verfehlt. Seltsam, wie da die zuständigen Ministerien ihre Arbeiten vorantrieben, während der Regierungschef abseits stand und erst allmählich und mühsam überzeugt werden mußte, daß dies der richtige Weg sei.

Geradezu elektrisiert reagierte Hitler aber auf den Vortrag, den ihm am 6. April Willy Hof hielt, Geschäftsführer einer Studiengesellschaft, die seit Jahren den Bau einer reinen Autostraße von Hamburg über Frankfurt bis Basel propagierte (Hafraba). Die Vorarbeiten und Pläne weckten sein höchstes Interesse, und er erklärte sich entschlossen, ein solches Straßennetz in Deutschland zu bauen. Das diene der »Motorisierung«, sei aber auch »aus Landesverteidigungsgründen zu erstreben«.[37] In den ersten Monaten seiner Regierungszeit schien er alle Maßnahmen nur danach zu beurteilen, wieweit sie für den Fall der Mobilmachung oder gar den Kriegsfall taugten. So sprach er sich schon im Mai 1933 für »armierten Beton« beim Autobahnbau aus, weil so die Wirkung von Fliegerbomben gemindert werden könne.

Da ein solches Straßennetz sich als Konkurrenz zur Reichsbahn entwickeln mußte, sollte diese das Projekt verwirklichen. Das waren alles wirre Pläne. Die Reichsbahn hielt sich zurück; die Reichswehr zeigte ihr Desinteresse, denn der Transport von Truppen auf der Bahn stand weiterhin im Vordergrund, und auch als Arbeitsbeschaffungsmaßnahme konnte der neue Autostraßenbau keine Priorität beanspruchen. Hitler aber war von der Vision des Autobahnnetzes, das Deutschland eines Tages überziehen sollte, so fasziniert, daß er schließlich nach schwierigen Anfängen doch das Projekt durchsetzte.

Am 1. Mai, an dem zum gesetzlichen Feiertag erhobenen »Tag der nationalen Arbeit«, dessen Ablauf von Goebbels bereits seit dem 24. März vorbereitet und besonders auf dem Tempelhofer Feld eindrucksvoll organisiert worden war, hatte Hitler den »Arbeitern der Stirn und der Faust« auch nur wieder die Arbeitsdienstpflicht als wirtschaftliche Rettung anzubieten, womit er zugleich seine Ressentiments gegen das Bürgertum zum Ausdruck brachte, polemisierte er doch gegen dessen angebliches »entsetzliches Vorurteil, nämlich daß Handarbeit minderwertig sei«. Dieses zu brechen sei »unser unverrückbarer Entschluß«. Darüber hinaus kündigte er auch dem »Bildungsproletariat« an, daß »viele wieder zu ehrenvoller Handarbeit gezwungen sein werden«.[38]

Der Autobahnbau wurde im Herbst 1933 in Angriff genommen, nachdem auch Hitler das Prinzip staatlicher Arbeitsbeschaffung begriffen hatte. Er bedeutete eine Ergänzung der bereits begonnenen und beschlossenen Maßnahmen und brachte Arbeitsgelegenheiten in oft sehr armen Gegenden – allerdings nur zum Tarif für Notstandsarbeiten zwischen 55 und 58 Pfennigen die Stunde. Wichtiger war wohl die propagandistische und ästhetische Wirkung dieser durch die Landschaft gezogenen Betonbänder, die den Aufbruch in ein neues technisches Zeitalter ankündigten.[39]

Der wirkliche Durchbruch bei der Arbeitsbeschaffung erfolgte am 1. Juni mit der Verabschiedung des »Reinhardt-Programms«,[40] genannt nach dem nationalsozialistischen Staatssekretär im Reichsfinanzministerium Fritz Reinhardt. Er war nicht dessen Schöpfer; sein Name sollte lediglich die politische Handschrift der neuen Herren verdeutlichen, von der freilich keine Rede sein konnte. Der ehemalige Handelsschullehrer Reinhardt wird aber verstanden haben, was die Ministerialbürokratie da ausgearbeitet hatte. Hitler dagegen begriff immer noch nicht, worum es ging. Er verbreitete sich im Kabinett über Hausreparaturen, die jedoch nur einen Punkt des Programms darstellten, und über die Ermäßigung der industriellen Steuerlast – davon hatten ihm Industrielle zwei Tage zuvor erzählt.

Das Reinhardt-Programm zeichnete sich durch die Vielfalt der Förderungsmaßnahmen aus. Von der Siedlung reichte die Maßnahmenpalette über Meliorationsarbeiten und Flußregulierungen, Haus- und Wohnungsreparaturen, Steuerbefreiungen bei Neuinvestitionen bis zu Ehestandsdarlehen und der damit verbundenen Reduzierung der Frauenarbeit. Die Finanzierung erfolgte durch Arbeitsschatzanweisungen, eine Umschreibung für die längst üblich gewordenen Wechsel. Oberster Grundsatz war der Vorrang der Handarbeit, da möglichst viele Menschen beschäftigt werden sollten. Wie sparsam man mit diesen Krediten aber umging, zeigt die Entlohnung der bei Tiefbauarbeiten Beschäftigten. Sie bezogen ihre Arbeitslosenhilfe weiter und bekamen lediglich eine warme Mahlzeit pro Tag für die schwere Arbeit. Für vier volle Arbeitswochen erhielten sie einen Gutschein in Höhe von 25 Reichsmark, für den sie Kleidung, Wäsche und anderes mehr kaufen konnten. Ehestandsdarlehen in Höhe von 1000 Reichsmark konnten beantragt werden, wenn die Ehefrau, sofern sie eine gewisse Zeitlang beschäftigt gewesen war, aus dem Arbeitsleben ausschied. Das Darlehen wurde ebenfalls in »Bedarfdeckungsscheinen« ausgezahlt, die für Möbel und Hausgerät in Zahlung gegeben werden konnten.

An diesen Beispielen läßt sich das Elend ablesen, das die langwährende Arbeitslosigkeit verursacht hatte. Zugleich wurde bei dieser Art der Arbeitsstreuung der Kauf bestimmter Produkte gezielt gefördert und die Konsumgüterindustrie angeregt, die von der Krise besonders hart betroffen war. Im September wurde ein zweites Programm dieser Art aufgelegt.

Es überrascht, daß in der frühen Phase der Arbeitsbeschaffung neben Hitler noch ein anderer, der gemeinhin als Garant des Erfolges der NS-Wirtschaftspolitik gilt, auffallende Zurückhaltung übte. Das war der am 16. März 1933 wieder zum Reichsbankpräsidenten gewählte Hjalmar Schacht. Er war ein Meister der Selbstvermarktung, aber alles andere als ein origineller Kopf. So wenig wie er 1923 die Inflation überwunden hatte, so wenig besaß er jetzt ein wirksames Konzept zur Krisenbekämpfung. Bei der Chefbesprechung am 31. Mai ließ der neue Reichsbankpräsident noch wissen, »eine Geldschöpfung lehne er ab«.[41] Nachdem das eigentliche Problem aber von anderen gelöst worden war[42] und das Programm zu greifen begann, ohne daß inflationäre Tendenzen spürbar wurden, sprang Schacht auf den fahrenden Wagen auf. Nun wurde er selber aktiv und schuf im Sommer 1933 die berühmten Mefo-Wechsel, die nicht auf die

»Öffa«, sondern auf die »Metallurgische Forschungsgesellschaft«, einer Gründung von vier bedeutenden Rüstungsunternehmen, gezogen wurden. Sie waren nur eine weitere Finanzierungskonstruktion, die in den folgenden Jahren jedoch immer mehr an Bedeutung gewann. Auf diese Weise wurde ein großer Teil der Rüstung finanziert.

Die Mefo-Wechsel hatten durch entsprechende Verlängerungen eine Laufzeit von insgesamt fünf Jahren und sollten dann vom Reich zurückgezahlt werden. Sie galten als geheim, doch ein emigrierter deutscher Publizist tippte bei der Analyse der veröffentlichten Reichsbankbilanz auf das Vorhandensein solcher Wechsel und verband sie mit der Person und Politik Schachts, was nicht geringes Aufsehen erregte, obwohl das wahre Ausmaß der Mefo-Wechsel nicht bekannt wurde.

Die Verbesserung der Wirtschaftslage im Jahre 1933, die weitgehend auf die Planungen vor der »Machtergreifung« zurückzuführen war, beeindruckt: Rund zwei Millionen Arbeitslose weniger verzeichnete die Statistik; die Produktion der Investitionsgüterindustrie nahm von 37,1 Prozent im Dezember 1932 auf 54,6 Prozent im Dezember 1933 zu, die Gesamtproduktion um rund 20 Prozent.[43] Es war eine Binnenkonjunktur, die vom Staat in Gang gesetzt wurde und dann auch die Privatindustrie erfaßte.

1933 spielte die Aufrüstung als Konjunkturmotor noch keine Rolle, doch am Ende des Jahres wurde ein Abkommen geschlossen, das dann für die Rüstung und Kriegsvorbereitung große Bedeutung gewinnen sollte. Das war der Benzinvertrag, den die Reichsregierung am 14. Dezember 1933 mit der I.G. Farbenindustrie AG abschloß. Der Chemiegigant hatte in den Jahren zuvor, als niemand mit Hitler als Reichskanzler rechnen konnte, ohne jeden rüstungswirtschaftlichen Hintergrund ein Verfahren zur Herstellung synthetischen Benzins entwickelt. In Hitlers Augen war das neue Produktionsverfahren natürlich von hoher wehrpolitischer Bedeutung. Es bot die Möglichkeit, ohne Kontrolle des Auslands Benzinvorräte anlegen und damit militärische Überraschungscoups landen zu können. Mit dem Vertrag – ursprünglich war ein Gesetz geplant, aber die Regierung scheute die Publizität und beschloß, lediglich eine Abnahmeverpflichtung einzugehen[44] – garantierte das Reich der I.G. Farben, zehn Jahre lang 300 000 Tonnen Benzin jährlich abzunehmen und dafür einen Preis zu zahlen, der die Gestehungskosten deckte. 12 000 Arbeitsplätze sollten dadurch geschaffen werden. Der Vertrag beleuchtete die miserable wirtschaftliche Situation, denn das Unternehmen war bereit, sein Leuna-Benzin lediglich zu den Gestehungskosten, also ohne Gewinn zu veräußern. Da die Gestehungskosten im Laufe der Jahre fielen, wird später auch eine Gewinnmarge erwirtschaftet worden sein. Daß der Preis für synthetisches Benzin wesentlich höher als der für Benzin aus Rohöl war, hatte nur sekundäre Bedeutung, da importiertes Benzin mit einem hohen Einfuhrzoll belegt wurde.

Festzuhalten bleibt, daß die Überwindung der Krise möglich wurde, weil das neue Kabinett die staatlichen Konjunkturprogramme fortsetzte, die 1932 aufgelegt worden waren und nicht der Aufrüstung dienten, aber dennoch den entscheidenden Ankurbelungseffekt in der Wirtschaft auslösten.[45] Dabei trug zu dem Erfolg wesentlich eines bei: Krise und Arbeitslosigkeit erzwangen ein solches Maß an Investitions- und Konsumverzicht, daß die Ersatzbeschaffung planbar war und keine inflationäre Überhitzung entstehen konnte. Die staatlichen Programme förderten durch Zuschüsse, Steuerbegünstigungen und Darlehen die Eigeninitiative privater und öffentlicher Unternehmen. Direkte Staatsaufträge waren noch zweitrangig.

Der Ministerialbürokratie gebührt im Grunde das Verdienst, die Überwindung der Wirtschaftskrise durch neue Formen der Kreditschöpfung ermöglicht zu haben. Sie operierte dabei mit völlig unorthodoxen Mitteln, denn es gab angesichts des Kapitalmangels und fehlender Auslandskredite keine anderen.

Vielfältige Indizien belegen, daß Hitler seit seinem Machtantritt Krieg im Sinn hatte. Das war ein Ziel, das den vollen Einsatz forderte und von vielen dennoch für unerreichbar gehalten wurde. Das ist leicht zu verstehen, wenn man bedenkt, daß auch die Politik des New Deal unter Franklin D. Roosevelt das Problem der Überwindung der Arbeitslosigkeit bis zum Kriegsausbruch nicht zu lösen vermochte. Dennoch ist der Satz nicht nur schief, sondern falsch, der behauptet: »Aufrüstung und Kriegsvorbereitung waren zweifellos von Anfang an das politische Ziel der nationalsozialistischen Herrschaft.«[46] Das setzt eine Geschlossenheit voraus, die nicht bestanden hat. Was Hitler letztlich plante, erkannte in den ersten Jahren kaum jemand. Aus den wirtschaftspolitischen Maßnahmen der Anfangsjahre ließ sich Hitlers Planung auch keineswegs ableiten. Denn damals ging es erst einmal darum, ein relativ kleines Friedensheer aufzustellen, mit dem kein Krieg zu führen war. Auch ist eine Definition nicht überzeugend, die Deutschlands Wirtschaft nach 1933 als »Kriegswirtschaft im Frieden« bestimmt,[47] da es eine wirkliche Kriegswirtschaft erst von 1942 an gegeben hat.

Die Aufrüstung setzte den Aufschwung fort und schuf keine Probleme, solange die Gesamtwirtschaft nicht primär auf Rüstung und Kriegsvorbereitung ausgerichtet war. Obwohl Hitler am 8. Februar 1933 im Kabinettsausschuß für Arbeitsbeschaffung erklärt hatte, daß für »die nächsten 4–5 Jahre der oberste Grundsatz lauten müsse: alles für die Wehrmacht«,[48] paßte die erste Phase der Aufrüstung bis 1935 noch durchaus zu der allgemeinen Wirtschaftserholung, ging es damals doch vor allem um Personaleinstellung, Bau von Kasernen und

Straßen, Anschaffung von Autos, Lastwagen, Uniformen und so weiter. Es ist andererseits durchaus fragwürdig, ob eine primär zivile Arbeitsbeschaffung bei einer zugleich gemäßigten Aufrüstung bis 1937 für Vollbeschäftigung gesorgt hätte. Wobei freilich zu bedenken ist, daß Vollbeschäftigung damals in keinem Industriestaat existierte. Auch vor 1930 hatte es in Deutschland immer eine Sockelarbeitslosigkeit von rund einer Million gegeben.

Doch die NS-Wirtschaftspolitik hatte schon 1933 eine Achillesferse: den schwachen Export und den daraus resultierenden Devisenmangel. Sie litt unter dem Boykott deutscher Waren und den geringeren Absatzchancen durch den immer höheren Zollschutz des Auslands. Schacht alarmierte am 30. April 1934 die Reichskanzlei mit der Nachricht, daß sich der Gold- und Devisenbestand der Reichsbank innerhalb von vier Monaten fast um ein Drittel verringert habe, von 396 auf 274 Millionen. Bis zum September sollte er sogar auf lächerliche 79 Millionen sinken.[49]

In seinen Memoiren vermeidet es Schacht, eine wichtige Ursache der Exportprobleme und damit der Devisenknappheit zu nennen: Hitler und Schacht schreckten vor der Inflationsangst der Bevölkerung zurück und werteten die Reichsmark auch nicht ab, als 1933 der Dollar vom Goldstandard gelöst wurde. Zwangsläufig entwickelte sich die deutsche Währung faktisch zur Binnenwährung. Mangels Devisen wurde der Schuldendienst für die Auslandsanleihen aus den zwanziger Jahren reduziert und schließlich eingestellt. Die fälligen Zinszahlungen, die nicht transferiert werden konnten, ließ Schacht in eine »Konversionskasse« einzahlen und den Gläubigern das Angebot machen, das Geld in Deutschland auszugeben oder deutsche Produkte zu kaufen. Das wurde jedoch nur zu einem geringen Teil wahrgenommen. Der Devisenmangel sollte das Dritte Reich bis in seinen Untergang begleiten.

Die krisenhafte Verschärfung der Devisenlage im Sommer 1934 brachte Schacht zusätzlich den Posten des Reichswirtschaftsministers ein. Er hatte sich seit der erneuten Übernahme der Reichsbank durch beflissenes Werben um Hitler ausgezeichnet und sich dessen Wohlwollen gesichert. Es gelang ihm daher auch, das Verständnis Hitlers dafür zu finden, daß Eingriffe der Partei in das Wirtschaftsleben, vor allem aber Maßnahmen gegen Juden, in der Wirtschaft zu unterbleiben hatten, da die dadurch verursachte Schädigung deutscher Interessen im internationalen Umfeld unbedingt vermieden werden müsse. Hitler hat nach dem Debakel des Boykotts vom 1. April 1933 für die nächsten Jahre Zurückhaltung gezeigt, zumal ihm Schachts Antisemitismus, der der alldeutschen Judenfeindschaft vor 1914 entsprach, ein gewisses Vertrauen eingeflößt haben mag.

Schacht wollte mit einem »Neuen Plan« den Außenhandel auf eine andere

Grundlage stellen und zugleich weitere Absatzmärkte erschließen. Da es an Devisen fehlte, ging er zu einer Art bilateraler Tauschwirtschaft über. Rohstoffe aus dem Ausland wurden gegen deutsche Maschinen und andere Produkte verrechnet. Eine wichtige Rolle spielten die neuen Preisprüfungsstellen, die die Preise so festsetzten, daß der deutsche Export gegebenenfalls auch subventioniert werden konnte. Bei Importen dagegen mußte die Dringlichkeit nachgewiesen werden. Mit diesem komplizierten, aber wirksamen System gelang es Schacht, vorübergehend die Handelsbilanz auszugleichen und sogar einen geringen Überschuß zu erwirtschaften.[50]

Im Sommer 1936 zwang die Rohstoff- und Devisenkrise das Regime, darüber zu befinden, ob das Rüstungstempo sich noch länger aufrecht erhalten lasse. Die Auseinandersetzungen darum gipfelten in einem Streit um die synthetische Treibstoffproduktion.[51] Schacht wollte das Aufrüstungstempo drosseln, stieß aber auf den massiven Widerstand der Wehrmacht. Mit der Kontroverse wuchs der Einfluß Görings, der ähnlich wie im Frühjahr 1933 jetzt eine Kompetenz nach der anderen im Bereich der Wehrwirtschaft an sich zog. Schacht leistete dabei hinhaltenden, letztlich aber vergeblichen Widerstand. Wie 1929 beim Young-Plan, erkannte er auch bei der forcierten Aufrüstung schon früh die Folgen der von ihm selbst befürworteten Politik und ging auf Distanz. Daher wehrte er sich auch nicht, als ihm Kompetenzen und schließlich das ganze Reichswirtschaftsministerium abgenommen wurden. Er wurde immer mehr zu einer mutigen Einmannopposition und scheute vor scharfen Auseinandersetzungen mit Parteifunktionären und selbst mit Göring nicht zurück, dem er ausgesprochen scharfe Briefe schrieb, wobei er sich freilich hütete, bestimmte Grenzen zu überschreiten.

In dieser Situation traf Hitler die Entscheidung. In seiner geheimen Denkschrift vom August 1936, von der nur Göring und Blomberg, später auch noch Speer ein Exemplar erhielten,[52] stellte er die Aufgaben: »I. Die deutsche Armee muß in 4 Jahren einsatzfähig sein. II. Die deutsche Wirtschaft muß in 4 Jahren kriegsfähig sein.« Nur in der Frage des Kriegsausbruchs, dem Eintreten der »offenen Krise«, legte er sich noch nicht fest. Einige Wochen zuvor hatte er Franco deutsche Hilfe zugesagt. Es galt, eine mögliche Bolschewisierung Spaniens zu verhindern. Er sah darin eine tödliche Bedrohung vor allem dann, wenn der Kommunismus nach Frankreich übergreifen und dort siegreich sein würde.

Das geheime Papier spiegelte Hitlers Denken: Ausgangspunkt war die tödliche Bedrohung durch den intensiv rüstenden Bolschewismus, gegen den eine wirkungsvolle Abwehr zu organisieren sei. Auch haßerfüllte Drohungen gegen die Juden, »dieses Verbrechertum«, fehlten nicht. Nun kam seine alte Einschätzung der Wirtschaft wieder offen zum Ausdruck, ohne Abmilderung durch Experteneinsprüche. Die Wirtschaft einschließlich ihrer Führer habe allein dem Volk zu dienen. Da die Steigerung des Exports nicht möglich sei, gelte es, ohne Rücksicht auf die Kosten in erster Linie die Erzeugung von Benzin, synthetischem Kautschuk (Buna) und Eisen aus deutschen Erzen energisch zu steigern. Das Ziel sei die »hundertprozentige Selbstversorgung« in weiten Bereichen der Wirtschaft. Sein Ressentiment gegen die Wirtschaft brach ungehemmt durch: »Die deutsche Wirtschaft aber wird die neuen Wirtschaftsaufgaben begreifen oder sie wird sich eben unfähig erweisen in dieser modernen Zeit, in der ein Sowjetstaat einen Riesenplan aufrichtet, noch weiter zu bestehen. Aber dann wird nicht Deutschland zugrundegehen, sondern es werden dies höchstens einige Wirtschaftler.«

Der Vierjahresplan (VJP) wurde durch Hitler auf dem Parteitag am 9. September verkündet. Dann vergingen noch sechs Wochen, bis sich Hitler zur Ernennung Görings als Beauftragter des VJP entschloß – übrigens mit begrenzteren Vollmachten, als sie sich dann Göring eigenmächtig zuschrieb. Göring zog nun eine Riesenbehörde auf. So neuartig wie diese wirtschaftspolitische Mammutorganisation war auch ihre rechtliche Grundlage. Hitler ließ dafür kein Gesetz ausarbeiten; es genügte die Führer-Verordnung vom 18. Oktober 1936, mit der Hitler die Durchführung des Plans Göring übertrug.[53]

Die spektakulärste Neuerung war die Gründung der Hermann-Göring-Werke, die in Salzgitter die dortigen Erze verhütteten. Der Plan hatte ein großes, propagandistisch auszuschlachtendes Ziel: Es galt die Autarkie Deutschlands zu sichern. Bei Benzin und Buna, aber auch bei Zellwolle und Kunstseide waren die Erfolge beträchtlich. Die Ursache dafür lag zum einen in der Tatsache, daß die planmäßige Förderung und Verbesserung der Produktion von Ersatzstoffen schon 1934 eingesetzt hatte. Zum anderen waren die Unternehmer, die diese neuen Industrien aufbauten und betrieben und in der Wirtschaftspolitik nach 1936 immer mehr Gewicht erhielten, Technokraten. Hans Kehrl, Paul Pleiger oder Josef Neckermann waren zwar überzeugte Nationalsozialisten, aber in erster Linie wirtschaftliche Experten und letztlich doch mehr Unternehmer als Technokraten einer Staatswirtschaft. Kehrl startete seine Karriere beispielsweise als mittelständischer Textilfabrikant in der Lausitz und wurde dann NSDAP-Gaufachberater für Wirtschaft.

Dagegen zeigte die »Erzeugungsschlacht« auf dem Lande, daß die Autarkie nicht zu erreichen war. Bei Brotgetreide und Kartoffeln war der Bedarf zu decken, es blieb aber die erhebliche »Fettlücke«; der Importbedarf bei Fleisch- und Milcherzeugnissen bestand weiter.

Betrachtet man die deutsche Wirtschaft nach 1933 als Ganzes, erscheint es kaum möglich, sie auf einen einfachen Nenner zu bringen. Was die Nazis in ihr

Programm von 1920 hineingeschrieben hatten, sollte nur in bezug auf die Juden in weit umfassenderer Weise verwirklicht werden, als es sich die Autoren 1920 vorstellen konnten. Was aber beispielsweise die Warenhäuser anging, so traf sie nach 1933 keineswegs der Bannstrahl, im Gegenteil: Kein anderer als Gottfried Feder, der frühere Wirtschaftsapostel der Partei, trat als Staatssekretär im Kabinett 1933 lebhaft dafür ein, den jüdischen Warenhauskonzern Tietz vor dem Zusammenbruch zu retten.[54] Ebenso behandelte man die sozialdemokratischen Konsumgenossenschaften sehr vorsichtig, um nicht die Einlagen der Mitglieder zu gefährden. Auch der Mittelstand entpuppte sich nicht als das, was die Linken ihm höhnisch prophezeit hatten, nämlich ein »entbehrlicher Stand« zu sein. Die Bauern bekamen zum ersten Mal eine Marktordnung mit Abnahmegarantie zu festen Preisen. Das führte zu einer erheblichen Einnahmenverbesserung, wenn sie durch Mechanisierung des Betriebes die Erträge steigerten. Handwerk und Handel, der alte Mittelstand, behielten ihre Selbstverwaltung. Ihre Sprecher waren überzeugte Parteigenossen, besaßen aber zugleich Sachautorität auf Grund ihres beruflichen Könnens.[55]

Das Eigentum der Unternehmer wurde nicht angetastet, aber sie waren auch nicht mehr ihr eigener Herr in den Unternehmen. Das bewirkte weniger die Arbeitsfront, die bis zu einem gewissen Grad die Funktion der Gewerkschaften als Arbeitnehmervertretung übernommen hatte, es waren vielmehr die staatlichen Stellen, die nun in einem Maße Produktionszahlen vorgaben und Beteiligungen an neuen Wirtschaftsunternehmen und Investitionen vorschrieben, wie es sich die Unternehmer in der Weimarer Republik – denkt man an ihr Gejammer über die angeblich so unerträglichen Staatseingriffe – noch nicht vorstellen konnten. Sie verdienten viel Geld, waren aber in der Vermögensanlage beschränkt. Spekulationen an der Börse gab es nicht mehr, da die Börsen und die Zinsentwicklung unter scharfer staatlicher Kontrolle standen. Es blieb eine Unternehmerwirtschaft, aber eine gelenkte, in der die staatlichen Stellen immer mehr das Sagen bekamen. Der Erfolg dieser Wirtschaft beruhte auf den Rahmenbedingungen einer politischen Diktatur. Diese vertrat keine eigene Wirtschaftsideologie und im Grunde auch keine eigene Wirtschaftspolitik, sondern arbeitete pragmatisch mit den Unternehmern zusammen, da nicht die Ideologie, sondern allein die Steigerung der Produktion im Vordergrund stand.

Wie erging es der Arbeiterschaft im Dritten Reich? Gelang es dem Regime, die sozialdemokratisch oder kommunistisch eingestellten Arbeiter zu sich herüberzuziehen, zu stolzen und selbstbewußten Mitgliedern der Volksgemeinschaft zu machen, wie es die Propaganda unentwegt suggerierte? Eine klare Antwort darauf ist nicht möglich. In der Forschung gibt es zwei Positionen. Die eine stützt sich auf Quellen, vor allem Berichte der Gestapo und der Treuhänder der Arbeit, die Beschwerden, abfällige Bemerkungen, sogar Hinweise auf Arbeitsniederlegungen und andere Anzeichen einer kritischen Einstellung enthalten. Das alles hat es sicher gegeben, aber die Frage bleibt, inwieweit diese Einzelbelege, selbst wenn sie in die Tausende gehen, repräsentativ sind. Auf der anderen Seite gibt es Zeugenbefragungen im Rahmen eines Forschungsprojekts der *oral history*, das die Haltung von Arbeitern des Ruhrgebiets erkundete.[56] Die ermittelten Ergebnisse entsprachen sicher nicht den Erwartungen der Interviewer. Im Rückblick zeigten die befragten Arbeiter eine erstaunliche Zustimmung zum Dritten Reich und seiner Sozialpolitik. Vor allem kam immer wieder die tiefe Erleichterung zum Ausdruck, überhaupt Arbeit zu haben.

Nun kann man einwenden, daß hier rückblickende Verklärung im Spiel ist; in der Erinnerung werden möglicherweise die Verhältnisse rosiger gesehen, als sie waren. Ein Argument spricht jedoch für diese Sicht: die Entlohnung. Zwar war schon im Mai 1933 ein Lohnstopp verhängt worden, der nicht nur beibehalten, sondern durch steigende Abgaben noch verschärft wurde. Tatsächlich blieben die Löhne auf dem Krisenniveau eingefroren, während der »Mehrwert« der voll arbeitenden Industrie entweder in Form von Steuern vom Staat abkassiert oder für Investitionen, etwa Betriebserweiterungen, genutzt wurde. Warum sollten aber die Arbeiter zufrieden sein, wenn sie in der Vollbeschäftigung nicht mehr verdienten als in der Krise? Das mußte doch die klassische Ausgangsposition für die Forderung nach Lohnerhöhungen sein und letzten Endes zu Streiks führen. Dennoch wurde der gezahlte Lohn hingenommen, ja mit Zufriedenheit quittiert. Der Grund lag im Wochenverdienst. Mit 56 bis 60 Arbeitsstunden in der Woche und den damit verbundenen Überstundenzuschlägen hatten die Arbeiter manchmal über die Hälfte mehr in der Lohntüte als zehn Jahre zuvor.

Ein konkretes Beispiel mag die Situation verdeutlichen. 1928 verdiente ein Berliner Metallarbeiter, ein Rohrzieher, 80 Pfennige in der Stunde, seit 1938 waren es 84 Pfennige. Das widerspricht zwar den allgemeinen Berechnungen, die eine Stagnation oder sogar einen Rückgang der Nominallöhne feststellen.[57] In diesem konkreten Fall läßt sich die Abweichung von dem allgemeinen Trend auf Grund der höheren Lebenskosten in Berlin leicht erklären. 1928 betrug die wöchentliche Arbeitszeit 48 Stunden, 1938 hingegen oft 60 Stunden – wegen der vielen Überstunden; insgesamt wurde 1938 an 309 Tagen gearbeitet.

Höchst aufschlußreich sind die Abzüge. Die Bürgersteuer, von Brüning als Hilfsmaßnahme für die Gemeinden eingeführt und von der nationalsozialistischen Opposition damals als Kopf- oder Negersteuer bekämpft, wurde weiter erhoben und betrug 42 Reichsmark im Jahr. Eine weitere Form staatlicher Abschöpfung kam hinzu: der Beitrag zur Arbeitslosenversicherung. Er war fast dreimal so hoch wie 1928, obwohl Vollbeschäftigung herrschte, die einen weit niedrigeren Satz möglich gemacht hätte. Man stelle sich vor: Der Beitrag zur Rentenversicherung, damals noch Invalidenversicherung genannt, war niedriger als der Beitrag zur Arbeitslosenversicherung und betrug 66,30 Reichsmark im Jahr. Der niedrige Beitrag kann im Grunde nicht überraschen, denn bei einer derartig langen und anstrengenden Arbeitszeit war die Lebenserwartung so gering, daß die Einzahlungen in die Rentenkasse niedrig bleiben konnten. Es war also letztlich die Selbsttäuschung, durch längere Arbeitszeit einen höheren Wochenverdienst zu erreichen, die unter den Arbeitern für die Massenloyalität gegenüber dem »Führer« gesorgt hat.

Die Arbeitslosigkeit war 1937 überwunden. Die Vollbeschäftigung führte von 1938 an zu boomartigen Überhitzungen. Arbeitskräftemangel wurde fühlbar und führte zu Abwanderungsbewegungen in Branchen, die besser zahlten. Das seit 1933 ziemlich stabile Lohn- und Preisniveau ließ sich, trotz Lohn- und Preisstopps, nur unter immer größeren Anstrengungen aufrecht erhalten. Die Rüstung besaß unbedingten Vorrang. Im Jahre 1938, so eine Schätzung, betrug der Anteil der Rüstung an den öffentlichen Ausgaben für Waren und Dienstleistungen 55 Prozent.[58]

Schacht hatte im Herbst 1937 zwar das Amt des Reichswirtschaftsministers verloren, blieb aber Reichsbankpräsident. Die Mefo-Wechsel sollten nach fünf Jahren Laufzeit vom Reich eingelöst werden, so lautete die Abmachung von 1933. Das hätte einen empfindlichen Rückschlag für die Finanzierung der Rüstung bedeutet. Als Schacht nun in einem Schreiben vom 7. Januar 1939, das alle Mitglieder des Direktoriums unterzeichnet hatten, die Rückzahlung anmahnte und überhaupt eine Wende in der Wirtschaftspolitik forderte, war die Reaktion eindeutig: Hitler entließ fast das gesamte Direktorium und ernannte Reichswirtschaftsminister Funk, einen ehemaligen Journalisten ohne Rückgrat, auch hier zu Schachts Nachfolger und wies die Reichsbank an, ungesäumt alle finanziellen Bedürfnisse des Reichs zu befriedigen. Damit hatte die Reichsbank ihre Steuerungs- und Kontrollfunktion verloren.

Es ist bald nach 1945 von Politikern und Publizisten die These vertreten worden – Kurt Schumacher hat dies mit besonderem Nachdruck getan[59] –, daß Hitlers Entschluß zum Krieg die zwangsläufige Folge seiner Wirtschaftspolitik gewesen sei. Auch Historiker haben später diese Auffassung geteilt. Die ständige Expansion der Rüstungsindustrie habe, so lautet das Argument, zwangsläufig zum Krieg führen müssen, denn nur so konnte die Erweiterung des Wirtschaftsraums und der Rohstoffbasis erreicht werden.[60] Die Überhitzung der Wirtschaft durch den Primat der Rüstung habe eine Situation erzeugt, die als Alternative zum Krieg nur den Rückfall in eine Wirtschaftskrise bot. Es sei nichts anderes als eine Flucht nach vorn, eine Flucht in den Krieg gewesen, in der das Bestreben Hitlers zum Ausdruck gekommen sei, »sich innenpolitischen Schwierigkeiten weder zu stellen noch sie zu analysieren, sondern sie durch Fixierung auf außenpolitische Ziele zu überspielen.«

Die These ist weder überzeugend noch zwingend, denn es waren durch den Vorrang der Rüstungsindustrie wichtige Wirtschaftszweige vernachlässigt worden. In der Konsumgüterindustrie waren die Investitionen im Vergleich zur Produktionsgüterindustrie erheblich zurückgeblieben. Der Wohnungsbau, der nie das Volumen des Wohnungsbaus in der Weimarer Republik erreicht hat, ging in den letzten Jahren vor dem Krieg empfindlich zurück, obwohl die Wohnungsnot wuchs. Es gab genug industrielle und private Nachfrage nach Investitions- und langlebigen Verbrauchsgütern, die bei einem Zurückfahren der Rüstung hätte befriedigt werden können. Statt dessen wurde der private Konsum zurückgeschraubt, während die Spareinlagen stiegen.

Ein Beispiel mag das verdeutlichen. Der Volkswagen wurde fast ausschließlich als Kübelwagen an die Wehrmacht geliefert. Als Käfer montiert, hätte er viele private Interessenten glücklich machen können. Vielleicht wäre die Nachfrage nicht so hoch wie die der Wehrmacht gewesen, hätte aber für eine befriedigende Auslastung des neuen großen Werkes in Wolfsburg gesorgt.

Hitler selbst hat 1939 seinen Entschluß zum Krieg auch mit wirtschaftlichen Notwendigkeiten begründet.[61] Das ist eine seiner vielen Lügen, denn die Wirtschaftspolitik war zuerst geringfügig, im Laufe der Jahre immer stärker von seinem Willen zum Krieg bestimmt worden. Die Vorstellung eines Welthandels in Form des friedlichen Warenaustausches war ihm immer ein Greuel gewesen. Kein anderer als er selbst veranlaßte die Wende zur Autarkiepolitik und damit zum Krieg. Es war also nicht die Wirtschaftspolitik, die eine Dynamik auslöste, welche die Führung nicht mehr unter Kontrolle bringen konnte und die deshalb im Krieg enden mußte, sondern Hitler forcierte bewußt diese Politik, um möglichst bald »seinen« Krieg beginnen zu können.

DIE HERRSCHAFTSSTRUKTUR DES REGIMES

Wie ist das Deutschland unter Hitler zu definieren? Daß es eine Diktatur war, ist bisher nicht bestritten worden. Damit hört jedoch die Einigkeit auf, und die Kontroversen über den Charakter des Regimes beginnen. War es ein deutscher Faschismus, ein Hitler-Faschismus, ein SS-Staat, ein Doppelstaat, eine Polykratie, ein nationaler Sozialismus, ein totalitäres Regime oder schlicht Hitlerismus?

Die Verwirrung der Begriffe ist nicht unverständlich angesichts der unübersehbaren ideologischen und politischen Widersprüche, die das »Dritte Reich« aufwies, der Verbrechen, zu denen es fähig war, und der Deutungen, die seit 1945 häufig durch politische Wertungen und weniger durch gesicherte historische Erkenntnisse bestimmt waren.

Hinzu kommt der Streit um die Politik, die von diesem wie immer zu definierenden System betrieben worden ist. Stellte die nationalsozialistische Politik seit 1933 die Ausführung des »Programms« von Hitler dar, das er in »Mein Kampf« niedergelegt und dann bis zu seinem Tode verwirklicht hatte? War das NS-Regime eine »Alleinherrschaft«, in der »die wesentlichen politischen Entscheidungen von einem einzelnen, in diesem Falle von Hitler, getroffen wurden«?[62] Diese Sicht des NS-Regimes – das Dritte Reich als eine ausschließlich von Hitler bestimmte Diktatur – steht im Zentrum dessen, was man gemeinhin den »programmatischen« oder »intentionalistischen« Forschungsansatz nennt. Dem steht die »strukturalistische« oder »funktionalistische« Deutung gegenüber, die das Verwaltungschaos herausarbeitet und die Kompetenzkonflikte analysiert, die sich zwischen den wie Pilze aus dem Boden schießenden Ämtern entwickelten. Hitler wirkt aus diesem Blickwinkel inmitten des sozialdarwinistisch geprägten Kampfes aller gegen alle mehr wie eine Symbolfigur, ja fast wie ein bloßer Propagandist. Er wird nicht als der letztlich alles entscheidende Führer gesehen; ein Protagonist dieser Richtung hat Hitler angesichts der bei ihm mitunter anzutreffenden Entscheidungsscheu sogar »schwacher Diktator« genannt.[63]

Bei so vielfältigen Frontstellungen und umstrittenen Positionen ist es kaum möglich, sich für eine der Definitionen des Charakters oder der Funktionsweise des »Dritten Reiches« eindeutig zu entscheiden. Es gilt vielmehr, diesen Dschungel von Kontroversen und persönlichen Animositäten auf einem Pfad zu durchqueren, der fruchtlose Auseinandersetzungen vermeidet und dennoch gewisse Grundeinsichten vermittelt.

Beginnen wir mit dem Systemcharakter. Es ist nach wie vor heftig umstritten, ob die NS-Diktatur ein totalitäres Regime war. Hier kommt die Totalitarismustheorie ins Spiel, die ursprünglich von den Politologen stammt. In der amerikanischen Öffentlichkeit wurde Totalitarismus seit der Mitte der dreißiger Jahre weithin und ohne Anspruch auf akademische Korrektheit als ein Begriff benutzt, der in gleicher Weise auf Hitlers Deutschland wie auf Stalins Sowjetunion paßte, wenn auch die Sowjetunion unter dem Eindruck der Moskauer Prozesse, des Hitler-Stalin-Paktes und der Aggression gegen Finnland im Winter 1939/40 als das totalitäre Regime mit der größeren kriminellen Intensität galt. Während der Kriegsallianz mit Moskau war davon natürlich nicht mehr die Rede, aber nach Ausbruch des Kalten Krieges wurde der Begriff reaktiviert und auf formale Kriterien eingegrenzt.[64]

In Westdeutschland fand der Begriff des Totalitarismus ein besonders positives, fast könnte man sagen: staatserhaltendes Echo, da die Gründung der Bundesrepublik als Abwehr und Abgrenzung zu dem totalitären System in der Sowjetzone wie auch als Bruch mit der NS-Vergangenheit verstanden wurde. Zugleich bot die Gleichsetzung von Nationalsozialismus und Kommunismus die Möglichkeit der Verdrängung oder der Relativierung nationalsozialistischer Verbrechen und eigenen Fehlverhaltens.

Der engagierteste Vertreter der Totalitarismustheorie ist Karl Dietrich Bracher, der zäh an dem Begriff festhält und seine Verwendbarkeit durch flexiblere und allgemeiner gehaltene Argumentationen weiterhin zu rechtfertigen sucht. So sieht er als entscheidendes Kriterium lediglich die »Unterscheidung von Demokratie und Diktatur, von repräsentativer und identitärer Herrschaftsform«, wie ihm überhaupt die Totalitarismustheorie ein »Instrument zur Erkennung und zur Einordnung der umfassenden Tendenzen und der pseudodemokratischen Ansprüche moderner Diktaturen« ist.[65] Und das gilt natürlich für linke wie für rechte Diktaturen.

Solche Thesen stießen im Laufe der sechziger Jahre bei der neuen Linken und ihrer Wiederentdeckung des Faschismus aus dem Geiste der Faschismustheorie auf zunehmende Kritik. Die faktische Gleichsetzung der Regime Hitlers und Stalins lehnten sie unter Protest ab, zumal der Begriff Totalitarismus eindeutig negativ besetzt war. Daher durfte er höchstens für den deutschen Totalitarismus zutreffen, dessen Verbrechen und spezifische Nähe zum Kapitalismus sowie seine rückwärtsgerichteten Rassen- und Gesellschaftsvorstellungen ihn als das singulär Schlechte erscheinen ließen. Der Satz von Max Horkheimer: »Wer aber vom Kapitalismus nicht reden will, sollte auch vom Faschismus schweigen«,[66] wurde damals fast als Offenbarung verstanden. Jede Vergleichbarkeit wurde entschieden abgelehnt, da »selbst in der pervertiertesten Form der kommunistischen Bewegung der elementare Wunsch nach sozialer Gerechtigkeit enthalten ist«.[67] Der »entscheidende Nachteil« sei, so die linke Abwehrargumentation, daß der »Totalitarismusansatz … Systeme zusammenrückt, die sich nach sozialökonomischen Entstehungsbedingungen, sozialen Grundlagen, sozialen Funktionen und politischer Zielsetzung scharf unterscheiden …«[68] Aus linker Sicht ergibt sich also die Unvergleichbarkeit durch das potentiell Gute einer sozialistischen gegenüber dem radikal Verbrecherischen einer faschistischen Diktatur.

Es überrascht, daß nicht vom Wortsinn des Totalitären ausgegangen wird und die verschiedenen Systeme daraufhin untersucht werden, wie total ein System die von ihm unterworfene Bevölkerung beherrscht oder ob es zumindest begrenzte Freiräume gestattet. Nun kann kein Zweifel darüber bestehen, daß sozialistische Diktaturen, unter denen die Stalinsche Variante sich nur durch ihre besondere Brutalität auszeichnete, eine wesentlich stärkere Tendenz zum Totalitären haben als faschistische. Da in diesen Diktaturen Privateigentum in fast jeder Form verboten war, galten Versuche der Begründung einer eigenen wirtschaftlichen Existenz, die eine elementare Voraussetzung von persönlicher Freiheit darstellt, folgerichtig als Verbrechen. Das Individuum wurde so dem System ausgeliefert und zur Anpassung gezwungen, damit das System überleben konnte. Alle Ausbildungs- und Aufstiegschancen hingen deshalb von der politischen Zuverlässigkeit ab, und nicht einmal die »Nischen«, die es unter den spezifischen Bedingungen der späten DDR gegeben hat, waren im bolschewistischen Rußland denkbar.

Das NS-Regime – Hitler hat dies wiederholt mit letzter Schärfe zum Ausdruck gebracht – vertrat auch einen Absolutheitsanspruch und verstand sich selbst als totalitär. Dieser Anspruch ließ sich aber nicht so vollständig wie in sozialistischen Systemen durchsetzen. Die überkommene Unternehmerwirtschaft stand zwar unter staatlichem Kommando, aber innerhalb der Wirtschaft gab es Freiräume, die vom Regime nicht kontrolliert wurden. Die Wehrmacht stand unter eigenem Recht; Partei und Gestapo hatten in ihr bis zum 20. Juli 1944 kein Mitspracherecht. Es gab auch Institutionen wie die Kirchen, die sogar, wenn auch nicht generell und in unterschiedlicher Intensität, den ideologischen Totalitätsanspruch des Regimes in Frage zu stellen wagten.

Ein weiterer gravierender Unterschied zu stalinistischen Diktaturen stellt die Rolle der Partei im NS-Staat dar. Bildete die Partei in der UdSSR das politische Rückgrat des Regimes mit dem Politbüro an der Spitze, so fehlte dem Dritten Reich Vergleichbares. Zwar wurde auch von den Nationalsozialisten die Einheit von Partei und Staat lauthals verkündet, sie stand aber letztlich nur auf dem Papier. Die NSDAP existierte als Partei neben dem Staat und versuchte auf vielfältige Weise in ihn einzudringen und Kontrolle auszuüben. Sie gebot über eine Riesenorganisation; schon 1935 zählte sie 24 Reichsleiter, 32 Gauleiter, 827 Kreisleiter, 20 724 Ortsgruppenleiter und Stützpunktführer, 54 976 Zellen- und 204 359 Blockwarte. Die Partei diente vor allem als Mittel zur Erzeugung von Massenloyalität, forciert durch die vermehrte Aufnahme von Mitgliedern, die dann mit ihren Beiträgen zu ihrer Finanzierung nicht unwesentlich beitrugen. Zugleich war sie Betätigungsfeld und Aufstiegschance für politische Aktivisten, hatte aber insgesamt eine mehr retardierende und störende als eine politisch einflußreiche oder gar beherrschende Stellung.

Die nebenrangige Stellung der Partei läßt auch einen weiteren, außerordentlich wichtigen Unterschied hervortreten. Die Kommunisten hatten ein Programm, dessen von Karl Marx abgeleiteter Messianismus, ergänzt durch die Handlungsanweisungen von Lenin und Stalin, dem System eine feste ideologische Grundlage verschaffte und damit die Parteiorganisation und den Staat strukturierte. Demgegenüber war die ideologische Basis der Nazis geradezu kümmerlich, da ihr Programm nicht viel mehr als Phrasen von der Volksgemeinschaft, verblasene rassentheoretische Schlagworte und antisemitische Ressentiments enthielt. Das hatte auf der anderen Seite zur Folge, daß für die NS-Führer ein größerer Handlungsspielraum bestand, wirkten doch die ideologischen Vorgaben nicht so beschränkend. So konnte das Regime auch eine »plebiszitäre Sensibilität«[69] entwickeln, die sozialistische Diktaturen niemals zulassen durften.

Der deutlichste Unterschied aber bestand in der Einstellung der Bevölkerung zu dem jeweiligen Regime. Während in der Sowjetunion ganze Schichten der Bevölkerung ausgerottet, umgesiedelt oder durch den Terror des Polizeiapparates unter Kontrolle gehalten wurden, so daß sie nicht fähig waren, einen kritischen Gedanken über dieses widersinnige Wirtschaftssystem und seinen politischen Überbau zu artikulieren, stand in Deutschland die große Mehrheit der Bevölkerung so fest hinter Hitler, daß die Männer der Gestapo, sicher kaum weniger brutal und skrupellos als ihre Kollegen in der Sowjetunion, wesentlich weniger zu tun hatten. Die wenigen »Systemgegner« hatten sie sicher im Griff, und sie benötigten dafür eine wesentlich geringere Zahl von Mitarbeitern als beispielsweise ihre Nachfolger in der DDR.

Das NS-Regime war, vor allem bis zum Ausbruch des Krieges, erst auf dem Weg zu einem totalitären Regime. Die Tendenzen dazu waren gewiß vorhanden und verstärkten sich im Krieg, ja nahmen mit jedem weiteren Jahr an Radikalität zu. Es gilt aber gleichwohl den tatsächlichen Unterschied zur linken Konkurrenz im Blick zu behalten.

Gelingt es mit Hilfe des Faschismusbegriffs, das Deutschland unter Hitler besser zu verstehen? Zunächst ist festzustellen, daß der Begriff »Faschismus« nach dem Sieg Mussolinis in Italien im Jahre 1922 zum Kampfbegriff der Linken wurde, vornehmlich der Kommunisten. Sie bezeichneten damit nicht nur die in der Folgezeit entstehenden Rechtsdiktaturen, sondern benutzten ihn auch als Vehikel der Verleumdung, etwa zur Denunzierung deutscher Sozialdemokraten als »Sozialfaschisten«. Dieser ursprünglich linke Begriff gewann durch die phänomenologische Faschismusanalyse, die Ernst Nolte 1963 mit seinem Buch »Der Faschismus in seiner Epoche« vorlegte, eine weit über das linke Spektrum hinausreichende Anerkennung. Es war vor allem die intellektuelle Linke, die diese von »bürgerlicher« Seite kommende Definition des Faschismus als Epochenbegriff emphatisch begrüßte, schien doch damit gleichsam von neutraler Instanz bescheinigt zu werden, daß die militanten Bewegungen und Diktaturen der Rechten in der Zwischenkriegszeit und im Zweiten Weltkrieg dieselbe ideologische Basis besessen hatten.

Allerdings zeigten sich bereits bei der Untersuchung weiterer kleinerer faschistischer Bewegungen in Europa die Grenzen der phänomenologischen Methode. Sie manifestierten sich zwar überall in gleicher oder ähnlicher Weise, im Ritual, in der Uniformierung, in der Organisation und vor allem in der ideologischen Ausrichtung, blieben aber letztlich nur Imitate der beiden großen Vorbilder. Für Nolte war der Faschismus primär ein Antimarxismus, eine gewaltsame Reaktion auf die revolutionäre Herausforderung des Kommunismus am Ende des Ersten Weltkrieges und von daher durch eine spezifische Nähe zu diesem Gegner geprägt.

Aber es gab zwischen Faschismus und Nationalsozialismus erhebliche Unterschiede. Mussolini konnte die revolutionäre Nachkriegskrise für sich nutzen, um an die Macht zu kommen. Hitler dagegen, der schon Ende 1922 als bayerischer Duce betrachtet wurde, scheiterte ein Jahr darauf, obwohl die Krise in Deutschland sich damals dramatisch zugespitzt hatte. Seinen Regierungsantritt zehn Jahre später verdankte er nicht kommunistischer Bedrohung, sondern einer komplizierten politischen und wirtschaftlichen Krisensituation.

In der Ideologie gab es erhebliche Unterschiede, vor allem in der Rassenfrage. Der Antisemitismus hatte eine ganz unterschiedliche Bedeutung. Der Faschismus nahm zudem weit mehr Rücksicht auf überkommene Machtstrukturen und wirkte angesichts der Rückständigkeit des Landes stärker als Entwicklungsdiktatur. Natürlich gab es auch Gemeinsamkeiten. Beide Bewegungen hatten charismatische Führerfiguren, die zugleich ehemalige Frontsoldaten waren, wie überhaupt der Führermythos und die Beschwörung des Fronterlebnisses und damit einhergehend die Ablehnung der parlamentarischen Demokratie beide Bewegungen prägten.

Die ganz wesentlichen Unterschiede zwischen Faschismus und Nationalsozialismus bestanden vor allem in der Beurteilung der Friedensverträge und der geforderten Revision dieser in Paris ausgehandelten Friedensordnung. In Italien waren die Faschisten ihre schärfsten Kritiker, weil sie die Behandlung ihre Landes auf der Friedenskonferenz nicht hinnehmen wollten. In ihren Augen war es betrogen worden, denn es hatte für seinen Bündnisbruch gegenüber Deutschland und Österreich-Ungarn nicht die volle Beute erhalten, auf die es einen Anspruch zu haben glaubte.

In Deutschland dagegen besaß die vehemente Ablehnung des Versailler Vertrages eine ganz andere politische und emotionale Dimension, weil das Reich als Hauptgegner der Entente einen harten und mit der Zuweisung der alleinigen Kriegsschuld als zutiefst ungerecht empfundenen Friedensvertrag hatte unterzeichnen müssen. Gegen den Vertrag und die dafür Schuldigen, die die Weiterführung des Krieges durch den »Dolchstoß« verhindert hatten, gegen diese »Novemberverbrecher« richtete sich in erster Linie der Kampf der äußersten Rechten, zu der die kleine Partei Hitlers als vorerst unbedeutende, aber in ihrer Aggressivität schärfste politische Kraft gehörte. Ihre Prägung durch Hitler beruhte auf Niederlage und Umsturz. Es war primär eine extrem nationalistische Bewegung, deren Hauptziel im Kampf gegen Versailles lag, also letztlich in der Revanche. Bis es so weit war, bekämpfte die Partei die innenpolitischen Gegner, die sie für die Niederlage verantwortlich machte, vorrangig Marxisten und Juden.

Die NSDAP war nicht in erster Linie, wie Nolte es sieht, eine antimarxistische Partei, die auf die Novemberrevolution mit der aggressiven Bekämpfung des Marxismus reagierte. Die Frontstellung gegen die Linke war vielmehr ein praktisches Erfordernis, denn der Kampf gegen Versailles mußte notwendigerweise auch die Bekämpfung und Niederringung des politischen Gegners – das war nicht nur die Linke, sondern das »System« überhaupt – zum Ziel haben, bevor die Wendung nach außen erfolgen konnte. Das politische Profil der Partei wurde nach dem Durchbruch zur Massenpartei weniger durch den Antimarxismus bestimmt als von der Verheißung des Ausgleichs zwischen Nation und Arbeiterschaft, der großen Synthese von Nationalismus und Sozialismus – von der Volksgemeinschaft. Ihr politisches Ziel war nicht negativ bestimmt durch die Bekämpfung des Marxismus als einer für Deutschland verhängnisvollen Bewegung, sondern zeigte ganz im Gegensatz dazu vage Umrisse einer neuen sozialen Ordnung auf, die dem Marxismus und seinen jüdischen Helfern den Boden unter den Füßen wegziehen sollte.

Schließlich bestand der ausschlaggebende Unterschied zwischen Faschismus und Nationalsozialismus in der Wirtschaftskraft und dem militärischen Potential beider Staaten. Hier waren die Systeme durch Welten voneinander getrennt, auch wenn der Schwung italienischer Militärparaden die Fähigkeit zum Kriegführen suggerierte. Nolte hatte zwar dem Nationalsozialismus als »Radikalfaschismus« eine besondere Qualität zugewiesen, dennoch ist das Trennende oder ganz simpel das andere so stark ausgeprägt, daß die analytische Schärfe des Begriffs fragwürdig bleibt.

Zur Definition des NS-Regimes wird häufig der Begriff der Polykratie verwendet. Er zeichnet sich vor allem dadurch aus, daß er die lange behauptete monolithische Geschlossenheit des Regimes, in dem der Führer mittels Partei, SS und anderen Instanzen gleichsam auf Knopfdruck schalten und walten konnte, überzeugend in Frage stellte. Das Vorhandensein eines polykratischen Systems verneint den vertikal strukturierten Führerstaat totalitären Charakters und legt den Hauptakzent darauf, daß es verschiedene Machtträger gab, zwischen denen mehr oder weniger gespannte Beziehungen herrschten. Sie kämpften um Macht und Einfluß, so etwa die SS, die Wehrmacht, die Parteiorganisation, die Vierjahresplanbehörden und nicht zuletzt die staatliche Verwaltung. Obwohl der Begriff das Konkurrierende der Gruppierungen plastisch bezeichnet, ist gegen ihn einzuwenden, daß er zu statisch ist und wie die Definition einer Regierungsform wirkt. Dabei tritt die von Hitler ausgelöste Dynamik, die dieses polykratische System immer wieder veränderte und unter Druck setzte, zu stark zurück.

Noch problematischer ist die Annahme eines »Machtkartells«, das 1933 entstanden sei, eines »Dreiecks« von NS-Bewegung, »Großwirtschaft« und Reichswehr.[70] Schließlich sei der SS- und Gestapo-Komplex hinzugekommen, womit der Widersinn dieses angeblichen Kartells noch offensichtlicher wird. Tatsächlich war die Reichswehr seit Februar 1933 kein Machtfaktor mehr. Die damals von Hitler geforderte und von den Befehlshabern bereitwillig akzeptierte Entpolitisierung hatte einen grundlegenden Wandel geschaffen. In der Weimarer Republik war die Reichswehr tatsächlich ein Machtfaktor von beträchtlichem Gewicht gewesen. Das war nun vorbei.

Wann machte die Wehrmacht ihren Einfluß in der Politik des Dritten Reiches geltend? Wann hatte ihr Votum entscheidendes Gewicht? Im Grunde niemals. Um Geld für die Rüstung brauchte sie nicht zu kämpfen, das wurde ihr nachgeworfen, denn möglichst rasche Aufrüstung und Kriegsbereitschaft waren für Hitler gleichsam oberstes Staatsziel. In diesem Zusammenhang findet sich auch häufig die Vorstellung, daß die eigentliche Machtgrundlage des Systems auf den von der NS-Propaganda behaupteten zwei Säulen geruht habe: der Partei und der Wehrmacht.[71] Das ist ein ganz irreführendes Bild. Die Partei übte zwar einen begrenzten Einfluß aus, aber die Wehrmacht war faktisch einflußlos.

War die Bürokratie ein Wegbereiter Hitlers und eine frühe Stütze seiner Herrschaft? Da fehlt jeder Beleg. Da die wenigsten Beamten materiell in der Lage waren, den Dienst zu quittieren, hieß es, sich anzupassen, sich wieder an das Jahr 1918/19 zu erinnern und sich die Frage zu stellen, die damals Ernst von Weizsäcker gestellt hatte: »Kann man da eigentlich mitmachen?«[72] Die Allermeisten konnten, und was 1933 noch vorsichtiges Abwarten war, wandelte sich häufig unter dem Eindruck der NS-Erfolge in begeisterte Gefolgschaft.

War die Wirtschaft ein Teil des Machtkartells? Sie hielt sich vor 1933 und danach zurück. Schacht war der Mann der Industrie gewesen, und sein Scheitern vermittelte deutlich genug, welcher politische Kurs eingeschlagen wurde – wenn nicht direkt in den Krieg, so doch in eine vom Staat immer stärker abhängig werdende Wirtschaft.

Die Vorstellung, daß es einen Pakt gegeben habe zwischen NS-Bewegung, Wirtschaft und Reichswehr, mutet geradezu aberwitzig an, denn was den Funktionseliten in Wirtschaft und Wehrmacht zu akzeptieren am schwersten fiel, waren die Partei und ihre plebejischen Funktionäre, die »Goldfasane«, und nur die Hochachtung und der Respekt vor dem Führer veranlaßten sie, über die Niederungen der Bewegung hinwegzusehen.

Auch der intentionalistische oder der strukturalistische Ansatz kann nicht befriedigen, es sind einseitige Positionen. Die Intentionalisten sind auf die Außenpolitik fixiert, sehen hier Hitler als den allein entscheidenden Mann und meinen, bei ihm sogar einen rational bestimmbaren Stufenplan erkennen zu können, der letztlich zur Weltherrschaft führen sollte – so etwa Andreas Hillgruber und Klaus Hildebrand.

Das so häufig zitierte Führungschaos, das mit einer von Hitler allein entwickelten Strategie nicht recht zusammenpaßt, wird deshalb als Herrschaftstechnik, als Anwendung des Grundsatzes »divide et impera« erklärt. So meinte schon Karl Dietrich Bracher zu Beginn der Erforschung des NS-Regimes, die »Schlüsselstellung des Führers« sei »gerade in dem unübersichtlichen Nebeneinander und Gegeneinander der Machtgruppen und persönlichen Bindungen begründet«.[73] Der berühmte Hitler-Biograph Joachim Fest ist noch entschiedener und deutet die »autoritär gelenkte Anarchie« originell, aber wenig überzeugend als ein »unentwirrbares Kompetenzknäuel, das einzig von Hitler selber mit gleichsam habsburgischem Führungsverstand überblickt, balanciert und beherrscht wurde«.[74]

Hans Mommsen spricht dagegen als führender Vertreter der Strukturalisten vom »Auflösungsprozeß des nur durch den Führermythos zusammengehaltenen Systems«, ja sogar von der »virtuellen Selbstzerstörung des Systems, die nur durch den im Zuge einer gleichen Strategie der Konfliktvertagung im Wege einer ›Flucht nach vorn‹ zustandekommenden Prozeß der Überdehnung der militärischen Ressourcen und den damit bestehenden staatlich-nationalen Existenzkampf aufgehalten wird«.[75] An anderer Stelle schreibt er, daß Hitler »nur extremer Exponent einer durch den Wegfall aller institutionellen, rechtlichen und moralischen Barrieren freigesetzten antihumanitären Impulskette war, die, einmal in Gang gebracht, sich potenzierend fortzeugte«.[76] Wer der Meinung ist, daß Strukturalismus generell etwas mit Unverständlichkeit zu tun hat, kann hier sein Vorurteil bestätigt finden.

Möglicherweise erleichtert es das Verständnis, wenn man sich vergegenwärtigt, was es mit der allseits konstatierten »autoritären Anarchie« im Dritten Reich auf sich hat. Dabei ist klar die Friedensperiode von der Kriegszeit zu unterscheiden. Der Eindruck chaotischer Zustände bildete sich aus, als seit dem Ende der fünfziger Jahre die NS-Akten für die Forschung zugänglich wurden. Die damit befaßten Historiker teilten – wie nicht anders zu erwarten - die landläufige Vorstellung von einer effizient arbeitenden, weitgehend noch an Recht und Gesetz orientierten Bürokratie. Die Akten standen dazu im krassen Gegensatz. Sie waren grob und fordernd im Ton und argumentierten teilweise drohend unter Berufung auf Zusagen des Führers oder ähnliche Pressionen. Zugleich offenbarten besonders die Akten von SS und Gestapo, die naturgemäß im Vordergrund des Interesses standen, ein ständiges Auf und Ab innerhalb des Organisationsgefüges, Schaffung neuer Ämter, Festlegung veränderter Zuständigkeiten. NS-Geschichte entwickelte sich, wenn aus den Akten erarbeitet, notwendig zur Verwaltungsgeschichte. Zuerst war jeweils zu klären, wer denn wofür zuständig gewesen ist.

Angesichts dieses Aktenbefundes entwickelte sich bei den NS-Forschern die Tendenz, von dem Stil der Akten auf die Effizienz der Verwaltungen und Organisationen zu schließen. Hier entsteht jedoch ein Problem. Es gibt weder historische noch aktuelle Kriterien, an denen man die Leistungsfähigkeit von Verwaltungen messen kann. Daß eine Auseinandersetzung zwischen verschiedenen Bürokratien in einem sehr rüden Ton ausgetragen wird, sagt noch nichts über deren Effektivität aus.

Aus verschiedenen Indizien ohne objektivierbare Kriterien ein Führungs- und Verwaltungschaos zu rekonstruieren, ist wissenschaftlich nicht haltbar. Es gilt daher die Bereiche aufzuzeigen, in denen Kompetenzkonflikte auftraten und konkurrierende Gewalten aufeinandertrafen. Dabei ist zu beachten, daß das Deutschland nach 1933 ein ganz einzigartiger Schauplatz bürokratischer – also von staatlichen Stellen angeordneter und durchgeführter – Maßnahmen war. Da ging es um die Arbeitsbeschaffung innerhalb weniger Jahre, dann um die Rüstungsproduktion mit der Folge des Aufbaus ganz neuer Industrien, die Ersatzstoffe herstellten, schließlich vor allem um den Aufbau der Wehrmacht. Das alles waren Aufgaben von großer Tragweite, die unter großem Zeitdruck standen und ständig mit materiellen und personellen Engpässen zu kämpfen hatten. Damit wurde zugleich der Rahmen der überkommenen Verwaltung gesprengt, insbesondere auf dem Gebiet der Wirtschaftspolitik, wo neue Organisationen entstanden, die den Vierjahresplan überwachen und durchführen sollten.

Um das Spezifische des NS-»Führungschaos« zu beurteilen, gibt es nur eine Möglichkeit: Man müßte mit einem komparativen Ansatz den Aufbau der

Kriegsindustrien und die Aufstellung der Streitkräfte in den USA von 1941 an in die Untersuchung einbeziehen, um funktionale Zwänge herauszuarbeiten, die in beiden Staaten auftraten. Erst dann kann man die spezifischen Bedingungen der NS-Diktatur und die damit zusammenhängenden Problemstellungen erkennen.

Rüstung und Kriegsvorbereitung schufen neue Aktionsfelder. Daneben blieben jedoch traditionelles Rollenverhalten und Karrierestreben in Geltung. Der Staat und seine Verwaltung behielten ihr Prestige, daraus erklären sich die Versuche von seiten der Partei und vor allem der SS, in der Staatsverwaltung Fuß zu fassen, staatliche Finanzierung zu erhalten und letztlich ihren Mitgliedern den begehrten Beamtenstatus zu sichern. Denn die Ministerialbürokratie stellte immer noch das Zentrum der staatlichen Verwaltung dar. Sie war gewiß schwerfälliger geworden, zumal die Ministerien 1934/35 die in ihre Ressorts fallenden Kompetenzen der Landesbehörden an sich gezogen hatten. Die immer seltener werdenden Kabinettssitzungen – 1938 hörten sie ganz auf – übten keinen Druck mehr auf die Ressorts zu Vorklärungen und Beschlußfassungen aus. Die Beamten traten in der Regel der Partei bei, paßten sich an, dienten treu dem Führer, aber wahrten zugleich ihre Interessen. Darin wurden sie von dem Reichsminister des Innern, Frick, bestärkt. Das Ergebnis war das Beamtengesetz vom 27. Januar 1937, in dem gefordert wurde, der Beamte solle »von nationalsozialistischem Geist durchdrungen sein … und sich in seinem ganzen Verhalten von der Tatsache leiten lassen, daß die Nationalsozialistische Deutsche Arbeiterpartei in unlösbarer Verbundenheit mit dem Volke die Trägerin des deutschen Staatsgedanken ist«.[77] Trotz dieser ideologischen Phrasen definierte das Gesetz die Aufgaben und Rechte der Beamten so sachgerecht, daß es nach Säuberung von der NS-Terminologie und kleinen Änderungen in der Substanz als Bundesbeamtengesetz in Kraft geblieben ist, denn es schuf keinen neuen politischen Typ des Beamten, sondern bestimmte seine Stellung im Rahmen der überkommenen Verwaltung.

Da die Beamten in ihrer traditionellen Stellung bestätigt wurden, wird ein vielleicht nicht besonders auffallender, dennoch aber deutlicher Unterschied zwischen Beamten und Parteifunktionären bestanden haben, der im Imperium Himmlers Unzufriedenheiten schürte.

Himmler wurde am 17. Juni 1936 durch Führererlaß »Reichsführer-SS und Chef der Deutschen Polizei« im Reichsministerium des Innern. Im Rang war er einem Staatssekretär gleichgestellt; auf die Verbeamtung hatte er verzichtet. Damit hatte Himmler es geschafft, die gesamte Polizei – Ordnungspolizei, Kriminalpolizei und Gestapo – unter seinem Befehl zusammenzufassen. Alle drei Sparten der Polizei – wobei Kriminalpolizei und Gestapo die Sicherheitspolizei bildeten – waren »verreichlicht«. Die Polizei war nicht mehr Ländersache, sondern unterstand nun Himmler, der damit die polizeilichen Machtmittel des Staates in seiner Hand konzentrierte.[78]

Himmler war einerseits als Reichsführer-SS der Führer einer Parteiorganisation, der Schutzstaffel, zu der neben ihrem Stammverband, der Allgemeinen SS, neue spezialisierte Einheiten und Institutionen gehörten. Darunter fielen die Verfügungstruppen (VT), die KZ-bewachenden Totenkopfverbände, die Konzentrationslager und der Sicherheitsdienst (SD). Ursprünglich war dies eine kleine Organisation, die die Partei bespitzeln sollte; erst später entwickelte sie sich zu einem Inlands- und Auslandsnachrichtendienst, teilweise in Konkurrenz zur Gestapo und zur militärischen Abwehr unter Admiral Canaris.

Andererseits war Himmler als Chef der Deutschen Polizei oberster Vorgesetzter der verschiedenen Polizeien, also von Beamten. Die Doppelrolle Himmlers, genauer das Nebeneinander von staatlichen und Parteifunktionen, zeigt eine für das NS-Regime typische Verklammerung von tradierter Staatlichkeit und einem parteieigenen Bereich außerhalb der überlieferten Rechtsordnung. Von diesem Aspekt her rechtfertigt sich die Charakterisierung des NS-Regimes als eines Doppelstaates. So verrichteten der Schutzmann, der seit Jahren den Verkehr regelte, und der vertraute Beamte auf dem Polizeirevier denselben Dienst wie vor 1933. Neben dieser Normalität aber gab es die Außernormalität ganz anderer neuer und furchterregender Einrichtungen wie Gestapo und KZ, angesiedelt in einer Tabuzone, die die meisten Deutschen mieden. Die Menschen, die dem Führer zujubelten, weil er ihnen Arbeit verschafft und Deutschland von den Fesseln der Versailler Vertrages befreit hatte, wollten gar nicht wissen, was in den Konzentrationslagern geschah.

Auf längere Sicht sollte die Verzahnung von Polizei und SS dazu führen, daß die staatliche Polizei immer enger mit der SS verbunden und so »entstaatlicht« wurde, also nicht mehr Bestandteil der staatlichen Verwaltung war. Das entsprach auch dem Plan Himmlers, aus Polizei und SS ein »Staatsschutzkorps« zu bilden.

Vorerst lag jedoch das Schwergewicht noch bei der staatlichen Verwaltung, aber auch das Sozialprestige der Beamten erwies sich als stärker. Das zeigte sich bei einem scheinbar geringfügigen Anlaß, der jedoch eine beträchtliche Aussagekraft besitzt. Im September 1939 wurden Dienststellen der Sicherheitspolizei und des SD in einer neuen Zentrale, dem Reichssicherheitshauptamt (RSHA), zusammengefaßt. Tatsächlich war das keine neue Spitzenbehörde, sondern eher ein Kompromiß, denn im Außenverkehr, im Kontakt mit anderen staatlichen Behörden, durfte der Name nicht verwendet werden. So führte das RSHA ein bürokratisches »Schattenleben, offiziell durfte es niemand kennen«.[79] Nach außen trat das RSHA als der »Chef der Sicherheitspolizei und des SD« in Erscheinung. Was die Probleme verursachte, war die Tatsache, daß hier staatliche und Parteidienststellen unter einem Dach arbeiteten, wobei die SD-Mitarbeiter teilweise schlechter besoldet wurden. Ein solches Nebeneinander von Beamten und Parteiangestellten erregte im Staatsapparat Bedenken, bei der Partei aber offenen Widerstand. Diese bekämpfte den Drang ihrer Funktionäre zur Beamtenkrippe mit allen Mitteln, um nicht an Einfluß zu verlieren. Letztlich hatte Himmler der Einrichtung des RSHA nur zugestimmt, um Schwierigkeiten mit der Partei aus dem Weg zu gehen.

Über die Rolle der Beamten und ihre Qualifikation kam es in der RSHA-Spitze zum Streit und schließlich zum Bruch zwischen Heydrich, dem Chef des Hauptamtes, und einem seiner engsten Mitarbeiter, Werner Best. SS-Brigadeführer Best, Leiter des Amtes I (Verwaltung und Recht), hatte die Forderung aufgestellt, die höheren Ränge beim SD, aber auch bei Gestapo und Kriminalpolizei müßten mit Volljuristen besetzt werden. Heydrich lehnte Bests Vorstellungen strikt ab, die dahin gingen, daß der Jurist »Ordner in der Volksordnung« sei und »daß er in jedem Bereiche … seine ordnende Funktion ausüben kann«.[80]

Was auf den ersten Blick wie ein Versuch wirken mag, an der Spitze des SS-Imperiums mit Juristen Leute einzusetzen, deren Handeln noch an rechtlichen Normen orientiert war, stellte sich tatsächlich als Prinzipienreiterei von Best heraus. Er wollte den SD ducken und die Nichtjuristen einschüchtern. Es gibt keinen Grund anzunehmen, daß er daran interessiert gewesen sei, neue rechtliche Maßstäbe zu setzen oder das Vorgehen der Gestapo zu mäßigen. Denn während er seinen Streit mit Heydrich durchfocht, bereitete er die Tätigkeit der Einsatzgruppen in Polen vor, die vor allem die polnische Intelligenz und Geistlichkeit verhaften und liquidieren sollten.[81] Um die Rolle der Juristen und damit die Führungsstruktur des RSHA führte Best einen erbitterten Kampf mit dem Ergebnis, daß er das Amt verließ und 1940 bei der Wehrmacht einrückte.

Kampf um die Macht und Machterweiterung um jeden Preis standen im Vordergrund der internen Auseinandersetzung; daneben zeigte sich die Unfähigkeit zur Errichtung einer neuen politischen Ordnung, was durch emotionale Phrasen von einer neu zu schaffenden Volksordnung überdeckt wurde. Darin offenbarte sich die völlige Mißachtung menschlichen Lebens und überkommener Moralvorstellungen. Am Fall Best wird das Nebeneinander von Machtbewußtsein und Unmenschlichkeit, von Technokraten der Macht und Organisatoren des Massenmords beispielhaft deutlich.

Reichsführer-SS Heinrich Himmler sorgte umsichtig für den Ausbau seines Herrschaftsbereichs und zugleich für seine SS-Männer. Diese wußten, was sie an ihm hatten. Die Platitüden, die er von sich gab – »der Führer hat immer recht, ob es sich um einen Gesellschaftsanzug, ob es sich um Bunker oder um Reichsautobahnen handelt«[82] –, und die absonderliche Mystik des Bluts und der Rasse, über die er sich langatmig verbreitete, auch die Dürftigkeit seiner physischen Erscheinung verführen zu einer Unterschätzung seiner Intelligenz und seines Organisationsgeschicks. Davor sollte man sich hüten. Denn der Aufbau seines immer mächtiger werdenden Imperiums stellte eine beachtliche Leistung – unter negativem Vorzeichen – dar. Er mußte viele Widerstände überwinden und bedurfte erheblichen Geschicks, um ein heterogenes Gebilde zusammenzuhalten, das sowohl die Ordnungspolizei als auch die Stiftung »Lebensborn« und die Germanenforschung umfaßte. Er stand nach Göring, Goebbels und Heß dem Führer am nächsten. Während Goebbels nach 1937 an Einfluß verlor und Heß primär die Partei verwaltete, beruhte Himmlers Machtposition auf seinem SS-Imperium. Er hatte es selbständig aufgebaut – zwar mit Hitlers Einverständnis, aber doch weitgehend auf sich gestellt. Göring dagegen sammelte spektakulär und wie selbstverständlich staatliche Machtpositionen und sonnte sich in ihrem Glanz.

War Hitler ein schwacher Diktator? Das Teile-und-herrsche-Prinzip ist bei ihm nicht festzustellen, er praktizierte es nicht,[83] denn er kümmerte sich nicht um die Kompetenzstreitigkeiten zwischen seinen Unterführern. Große Teile der Innenpolitik interessierten ihn kaum. Er nahm einfach nicht zur Kenntnis, worum es da ging. Das glich seiner Führungspraxis als Parteiführer vor 1933, als er sich auch nicht um den Apparat gekümmert hatte. Damals führte er die Partei am langen Zügel, die Gauleiter besaßen sein Vertrauen, und er ließ sie schalten und walten. Nur eines durfte es nicht geben: Verrat oder Verschwörung gegen seine Person. Als Führer und Reichskanzler konnte er sich auf seinen engsten Führungskreis vollkommen verlassen; erst recht auf die Beamten in den Kanzleien wie etwa Staatssekretär Otto Meißner, der schon Ebert und Hindenburg treu gedient hatte.

Nach der Ausschaltung der SA gab es keinen politischen Gegner mehr; die Wirtschaft erholte sich, und die Aufrüstung kam auf Touren. Der Führer wollte sich nicht um alles kümmern oder alles unter seiner Kontrolle halten, zumal er wußte, daß er die »Autorität des Unterführers nach unten hin« wahren konnte, wenn er sich so verhielt.[84] Als aber bei der Rüstung und bei der Finanzierung der notwendigen Importe Probleme auftauchten, war er nach einiger Zeit des Abwartens zur Stelle und wies in seiner Denkschrift über den Vierjahresplan den Weg, der eindeutig in Richtung auf den Krieg führte. Mit dieser Entscheidung und der dadurch freigesetzten Dynamik, die eine Überforderung der Wirtschaft und der Verwaltung zur Folge haben mußte, setzte nun im Kampf um die Erfüllung der Planvorgaben und bei den dafür notwendigen Improvisationen das spezifische »Chaos« ein, das die Akten widerspiegeln.

Das Chaos war also nicht das Ergebnis einer mangelhaften Herrschaftstechnik oder der Führungsschwäche Hitlers, sondern er selbst war es, der durch seine unerfüllbaren Zielvorgaben dafür erst die Voraussetzung schuf. In gleicher Weise setzte Hitler die Maßstäbe und Entscheidungen seiner erst revisionistischen, dann expansionistischen Politik, und die Zustimmung und gläubige Verehrung, die ihm die nicht für möglich gehaltenen Erfolge einbrachten, festigten seine Stellung. Himmler garantierte ihm die innere Sicherheit, während der populäre Göring die Ziele Hitlers vor allem in der Wirtschaftspolitik durchsetzte. Das unvermeidliche Kompetenzgerangel wurde dabei in Kauf genommen. Folglich sank die Bedeutung der Propaganda, da die Erfolge des Regimes sich von selbst verkauften und die Propaganda die allgemeine Zustimmung nur zu festigen brauchte.

Das NS-Regime war primär die Diktatur Hitlers. Er alleine war es, der die Weichenstellung in Richtung Krieg vornahm. Sein Herrschaftssystem, wenn man davon überhaupt sprechen kann, bestand vor allem darin, weite Teile der Verwaltung und der Wirtschaft bestehen zu lassen und dem tradierten Staat totalitäre Elemente wie die SS hinzuzufügen. Der forcierte Aufbau der Wehrmacht, die Hauptquelle für das »Organisationschaos«, schien aber zugleich die Normalität des bestehenden Staates zu bestätigen; denn in ihr war die Partei nicht präsent, und sie konnte sogar – nach dem etwas hochgestochenen Diktum Gottfried Benns – als »aristokratische Form der Emigration« gelten. Bis in den Krieg hinein blieb die ideologische Indoktrination – verglichen mit kommunistischen Regimen – relativ gering, und man konnte sich ihr durchaus entziehen. In der Orientierung auf die Führer- und Integrationsfigur Hitler ergab sich ein Maß an Geschlossenheit und Zustimmung, das zu begreifen heute schwerfällt.

EXPANSION OHNE KRIEG

Überspitzt könnte man sagen, die Wehrmacht des Dritten Reiches errang ihre größten Erfolge, als sie erst in Ansätzen vorhanden oder nur beschränkt einsatzfähig war: in den Jahren von 1935 bis 1938.

Das Jahr 1935 besiegelte das Ende des Versailler Vertrages und das auf diesem aufgebaute politische System in einem solchen Tempo, wie es sich die Zeitgenossen zuvor kaum hätten vorstellen können.

Der erste Schlag, der das System traf, war das im Januar 1935 fällige Plebiszit an der Saar. Nach fünfzehn Jahren der politischen Eigenständigkeit unter Aufsicht des Völkerbundes sollte eine Volksabstimmung klären, ob dieses Industriegebiet mit einer starken, weitgehend katholischen Arbeiterbevölkerung nach Deutschland zurückkehren, selbständig bleiben oder zu Frankreich gehören wolle. Die letzten Wahlen an der Saar im Jahre 1932 hatten immerhin knapp vierzig Prozent Linksstimmen gebracht. Stellte man in Rechnung, daß der zunehmende Druck gegen die katholische Kirche und vor allem gegen katholische Jugendorganisationen im Reich und der dort praktizierte Terror gegen Oppositionelle sowie die Aufhebung aller demokratischen Rechte abschreckend wirkten, konnte das Ergebnis durchaus als offen erscheinen. Die Kampagne der Nazigegner unter dem Motto: »Schlagt Hitler an der Saar!« endete allerdings mit einem Fiasko. Bei der Abstimmung erzielten die Befürworter der Heimkehr zur »deutschen Mutter« trotz massiver antifaschistischer Propaganda nicht bloß einen Sieg, sondern einen Triumph. Sie erhielten 90,8 Prozent, die Befürworter des Status quo 8,8 und die Anhänger Frankreichs 0,4 Prozent der Stimmen. Wenn eine katholische Arbeiterbevölkerung in diesem Ausmaß für die Rückkehr in eine Diktatur stimmte, so ist diese unter internationaler Kontrolle abgehaltene Abstimmung auch ein Maßstab für die Volksabstimmungen und späteren Reichstagswahlen, die noch höhere Ergebnisse erreichten. Mochten da auch Manipulationen im Spiel sein, so ist doch davon auszugehen, daß fast die gesamte Bevölkerung hinter Hitler stand, auch wenn man sich das heute kaum noch vorstellen kann oder diese Tatsache schlicht verdrängt.

Die Saarabstimmung zeigte zugleich, daß der deutsche Revisionismus sich durchgesetzt hatte. Paris hatte die zeitweise Abtrennung des Saargebiets mit der Erwartung gerechtfertigt, die Bewohner könnten sich in der Zwischenzeit darüber klarwerden, ob sie nicht wieder zu Frankreich gehören wollten, zu dem sie schon einmal (1792 – 1815) gehört hatten. Der deutsche Protest gegen Versailles seit 1919, der seit 1930 erheblich zugenommen und nach 1933 zu immer ungenierteren Verstößen gegen den Vertrag geführt hatte, rief auf der Gegenseite zusehends schwächere Reaktionen hervor. 1935 hielten Bevölkerung und Öffentlichkeit in den westlichen Siegerländern die Nachkriegsordnung im Grunde ebenfalls für obsolet und waren zu ihrer Verteidigung nicht mehr bereit. Hinzu kam, daß die Wirtschaftskrise, die Frankreich erst jetzt voll traf, im krassen Gegensatz zu dem rasanten Konjunkturaufschwung in Deutschland stand. Zugleich rief die wachsende Stärke der französischen Kommunisten das Gespenst der Bolschewisierung hervor, während sich das neue und so modern wirkende antikommunistische Reich vorteilhaft von der inneren Zerrissenheit der westeuropäischen Demokratien unterschied.

Hitler hatte schon in seinen Wiener Jahren das parlamentarische System verachten gelernt. Den Parlamentarismus mit seinen schwächlichen Kompromissen und taktischen Absprachen, der zu großen Lösungen nicht fähig schien, weil dafür stabile Mehrheiten fehlten, bedachte er seitdem mit sarkastischer Geringschätzung. Die wachsenden innenpolitischen Gegensätze in Frankreich werden ihn noch in der Anschauung bestärkt haben, daß von diesem Gegner keine Gefahr mehr ausging.

Das war nicht immer so gewesen. Im Herbst 1933 war die Reichswehrführung wesentlich forscher aufgetreten als der Kanzler; Reichswehrminister von Blomberg war die treibende Kraft bei der Entscheidung gewesen, Abrüstungskonferenz und Völkerbund zu verlassen. Die Vorsicht Hitlers in der Anfangszeit seiner Kanzlerschaft kommt auch im Abschluß des Nichtangriffspaktes mit Polen im Januar 1934 zum Ausdruck, in dem er einem Gewaltverzicht und dem Ausbau der bilateralen Beziehungen zustimmte, wobei die Grenzfrage ausgeklammert wurde.[85] Keine Regierung der Weimarer Republik hätte für einen solchen Vertrag eine Mehrheit gefunden.

Im März 1935 war es dagegen Hitler, der vorpreschte und die Generäle in größte Bestürzung versetzte, als er beschloß, die Einführung der allgemeinen Wehrpflicht zu verkünden. Sein Vorgehen zeigte keinerlei Spontaneität, sondern war genau kalkuliert. Zuerst galt es, die völlige Geheimhaltung zu sichern. Hitler wollte nicht einmal den Reichswehrminister, der nach der Einführung der Wehrpflicht wieder Kriegsminister heißen sollte, ins Vertrauen ziehen, ließ dann aber nach den gegenteiligen Vorstellungen des Wehrmachtsadjutanten Major Hoßbach doch zu, daß dieser am 15. März in Berlin eine Ministerrunde über das Vorhaben informierte. Dort wurde die Ankündigung, das Heer auf der Grundlage der allgemeinen Wehrpflicht in 12 Korps und 36 Divisionen zu organisieren, von den zivilen Ministern mit Gelassenheit, von Blomberg aber höchst erregt aufgenommen. Der Minister lehnte die Einführung zu diesem Zeitpunkt entschieden ab. Auch General von Fritsch, seit Februar 1934 Chef der Heeresleitung, äußerte am folgenden Tag Bedenken.[86]

Der Zeitpunkt war von Hitler bewußt gewählt, denn zur selben Zeit beschloß Frankreichs Regierung die Wiedereinführung der zweijährigen Wehrpflicht, also eine Maßnahme zur Aufrüstung, die sich als Vorwand für das deutsche Vorgehen nutzen ließ. Die diplomatischen Protestnoten Großbritanniens, Frankreichs und Italiens machten um so weniger Eindruck, als in Berlin der Besuch zweier prominenter Briten, des britischen Außenministers Sir John Simon und des Lordsiegelbewahrers Anthony Eden, bevorstand, die mit Hitler die politische Situation erörtern wollten. Es war der Auftakt zu Verhandlungen über die deutsch-britischen Flottenstärken. Schärfer konnte das Ende von Ver-

sailles nicht zum Ausdruck kommen: Wenn eine der wichtigsten Signatar-
mächte des Vertrages es nicht nur zuließ, daß einer der Ecksteine des Vertrages,
das Verbot der Wehrpflicht, herausgebrochen wurde, sondern drei Monate später die im Vertrag festgesetzte Rüstungsbegrenzung für die Marine formal
außer Kraft setzte, dann war der Friedensvertrag von 1919 nur noch Makulatur.

Die öffentliche Verkündung der Wiedereinführung der Wehrpflicht fand
am 16. März 1935 statt. Hitlers Erklärung aus diesem Anlaß triefte geradezu vor
Friedensliebe und enthielt die Versicherung, nicht über die jetzt verkündete
Heeresvermehrung auf 36 Divisionen hinauszugehen. Er vergaß auch nicht zu
betonen, daß die neue Wehrmacht selbstverständlich »kein Instrument kriegerischen Angriffs« sei.[87] Es war Hitlers erste spektakuläre Wochenendaktion,
die vollendete Tatsachen schuf. Weitere sollten folgen.

Die Wiedereinführung der Wehrpflicht war eine Zäsur, die in ihrer emotionalen Tragweite kaum zu überschätzen ist. Was die vielen Regierungen der
Weimarer Republik auch erstrebt, aber nie erreicht hatten, allenfalls durch
Duldung illegaler Aktivitäten der Reichswehr, war nun offen und ohne Tarnung geschehen. Die Wehrpflicht verband sich in keinem Land, Frankreich
vielleicht ausgenommen, so stark mit dem nationalen Selbstverständnis wie in
Deutschland. Der Nationalismus und die Idee eines Volks in Waffen war einst
zur selben Zeit entstanden und hatte in den Freiheitskriegen die Feuertaufe
empfangen. Fortan blieben die Wehrpflicht und die dank der Wehrpflicht siegreichen Kriege für das Nationalbewußtsein bestimmend, bis die nicht hinge-
nommene Niederlage von 1918 zu ihrem Verbot führte.

Nun machte sich ein Jahrgang bereit, in die Kasernen einzuziehen, und die
älteren Jahrgänge richteten sich darauf ein, eine – wenn auch verkürzte – Ausbildung zu erhalten. Viele Abiturienten standen vor ganz neuen Fragen: Sollten
sie Berufs- oder Reserveoffizier werden? Für welche Waffengattung sollten sie
sich entscheiden, an welchen neuen Waffen – Flugzeug, Panzer, U-Boot – sollten sie ausgebildet werden? Diese Möglichkeiten sorgten neben dem wenig
attraktiven Arbeitsdienst, der dem Wehrdienst vorgeschaltet wurde, für Dis-
kussionsstoff.

Über Politik als solche wurde dagegen nicht mehr diskutiert. Sie vollzog sich
von nun an in den großen, am Volksempfänger gehörten Reden Hitlers und
seinen darauffolgenden Aktionen. Der »Führer« beherrschte zunehmend das
politische Denken der Deutschen. Die Älteren mochten sich an Wilhelm II. erinnern, der sie vor gar nicht langer Zeit mit seinen Reden fasziniert hatte. Die
durch seine Abdankung entstandene Lücke und die weitgehende Anonymität
der Politik in der Weimarer Republik war nun ausgefüllt und neu besetzt. Aber
es geschah weit mehr als das: Der Kaiser hatte gedroht und gefordert, aber

nichts erreicht; Hitler dagegen handelte und rechtfertigte dann seine Taten in Reden, die die Gefühle der Deutschen in ganz einmaliger Weise anrührten. Er hatte es geschafft, die Wehrpflicht wieder einzuführen, ohne einen scharfen Schuß abzugeben, und auf der Gegenseite waren nur schwächliche Proteste gefolgt.

Der nächste Schritt, die Besetzung des entmilitarisierten Rheinlandes, war gefährlicher und in seinen Konsequenzen nicht klar zu überschauen. Auch dieser Coup Hitlers gelang. Es war eine auf Überraschung und vorgetäuschter Stärke beruhende Aktion, die auf mehreren Ebenen zugleich ablief. Der militärische Einmarsch wurde der Öffentlichkeit erst bekanntgegeben, als die Truppen bereits auf dem Marsch waren. Zugleich wurde das Unternehmen von einem geschickten diplomatischen Manöver begleitet und das Ergebnis dem Volk zur Billigung vorgelegt.

Den Entschluß zum Einmarsch faßte Hitler am 12. Februar 1936, als er auf der Durchreise in Berlin Station machte und General von Fritsch davon in Kenntnis setzte. Die Generäle zeigten auch hier wieder Vorbehalte – Goebbels notierte: »Die Militärs sind am bedenklichsten«[88] –, aber zugleich war die Gelegenheit zu verlockend, das weite, teilweise dicht bevölkerte Gebiet im Westen mit seiner hochentwickelten Industrie in die deutsche Wehrverfassung voll einzubeziehen und dort Truppen zu stationieren, Musterungen durchzuführen und die volle Souveränität des Reiches wiederherzustellen. Zwei Tage später empfing Hitler den deutschen Rom-Botschafter Ulrich von Hassell, dem er die wichtige Aufgabe anvertraute, den Duce für die geplante Aktion zu einer Haltung wohlwollender Neutralität zu bewegen.

Den richtigen Zeitpunkt für das Unternehmen zu bestimmen war nicht leicht. Hier trug Hitler »schwere Verantwortung«, wie Goebbels respektvoll notierte.[89] Fritsch hatte eine Vorbereitungszeit von sechs Tagen verlangt und wollte die Truppen in der Nacht vom Freitag zum Sonnabend in Marsch setzen. Für diesen Sonnabend, den 7. März, wurde der Reichstag zusammengerufen. Während die Truppen unter dem Jubel der Bevölkerung ins Rheinland einmarschierten, erklärte Hitler in einer langen, sorgfältig ausgearbeiteten Rede den Locarno-Vertrag und mit ihm das Entmilitarisierungsgebot für nichtig. Zugleich löste er den Reichstag auf und ordnete Neuwahlen für den 29. März an – genügend Zeit für Goebbels, eine furiose Wahlpropaganda zu organisieren, wofür sich der Propagandaminister mit der ihm eigenen Selbstgefälligkeit das Zeugnis ausstellen sollte: »Das war mein Meisterstück.«[90]

Die deutschen Truppen marschierten – aber mit äußerster Vorsicht. Nur insgesamt 22 000 Mann rückten in das entmilitarisierte Gebiet ein. In die am weitesten westlich gelegenen Städte Trier, Saarbrücken und Aachen wurde nur je ein Bataillon entsandt. Sie hatten die strikte Anweisung, sich bei französischer Intervention sofort zurückzuziehen. Hitler hatte va banque gespielt und gewonnen. Er konnte keineswegs des Erfolges sicher sein und war entsprechend nervös. Später bezeichnete er die Tage nach dem Rheinland-Einmarsch als die »aufregendste Zeitspanne« seines Lebens.[91]

In Paris schoben sich Regierung und Generalstab gegenseitig die Verantwortung zu, ohne einen Beschluß zu fassen. Die innenpolitische Blockierung in Frankreich machte blind gegenüber der äußeren Bedrohung. Hinzu kam, daß die französische Armeeführung die Stärke der deutschen Truppen, die ins Rheinland einmarschiert waren, grotesk überschätzte. Während Regimegegner wie Konrad Adenauer tief enttäuscht waren, daß Frankreich und Großbritannien passiv blieben, spielten sich am 28. März beim Besuch Hitlers in der rheinischen Metropole Köln unter dem Glockengeläut des Doms unglaubliche Szenen der Begeisterung ab. Deutsche Soldaten am Rhein – die letzten hatte man auf dem Rückzug am 3. Dezember 1918 gesehen –, das elektrisierte die Gemüter.

Der »Wahlkampf« war mehr ein Triumphzug, der Hitler durch Deutschland führte; er sorgte für eine ungeheure Mobilisierung der Bevölkerung. Der Erfolg machte ihn kühner und ließ ihn offener sprechen. So erklärte er am 14. März in München: »Weder Drohungen noch Warnungen werden mich von meinem Weg abbringen. Ich gehe mit traumwandlerischer Sicherheit den Weg, den mich die Vorsehung gehen heißt. Mein Ziel ist der Friede, der auf der Gleichberechtigung der Völker begründet ist. Wir sind eine Großmacht Europas und wollen als Großmacht gewürdigt werden!«[92] Später mußten die Deutschen dann zur Kenntnis nehmen, wohin die »Vorsehung« Hitlers sie führte – auf die Schlachtfelder Europas. Die Beteuerung der Friedensliebe war pure Heuchelei; aber gerade sie stellte für seine Zuhörer die wichtigste Botschaft dar. Hitlers einzigartige Stellung beruhte darauf, daß er politische Erfolge erzielte und das deutsche Volk in der trügerischen Sicherheit wiegte, er wolle keinen Krieg. Erst im historischen Rückblick fällt auf, daß 1936 bereits die Vorsehung zitiert wurde. Ein Jahr zuvor hatte er noch erklärt, daß das deutsche Volk »ausschließlich das gleiche Recht« wie alle anderen wolle. Nun hieß es schon, daß Deutschland als »Großmacht gewürdigt werden wolle«. Die Ansprüche stiegen.

Der Erfolg bei den Wahlen, im Grunde ein Plebiszit über den bisher größten und spektakulärsten Erfolg Hitlers, konnte nicht ausbleiben. Es scheint aber selbst für Goebbels eine echte Überraschung gewesen zu sein, daß die Zustimmung so hoch ausfiel. Er notierte als »Ergebnis: 98,6 Prozent Wahlbeteiligung, 44 399 000 für den Führer, 542 000 dagegen. Ein Sieg von 98,79 Prozent« und fuhr fort: »Das Volk ist aufgestanden. Der Führer hat die Nation geeinigt. So hatten wir das in unseren kühnsten Träumen nicht erhofft. Wir sind alle wie benommen. Der Führer ist ganz still und schweigsam. Er legt mir nur die Hände auf die Schultern. Seine Augen sind ganz naß.«[93] Hier bricht gewiß das kitschige Pathos von Goebbels durch, aber das Gefühl, so etwas wie eine Schallgrenze durchbrochen zu haben, war sicherlich echt.

War es ein »totalitäres« Ergebnis, wie es kommunistische Diktaturen in regelmäßigem Abstand und mit noch höherer Zustimmungsrate zurechtfälschen? Mit Sicherheit nicht. Aber es war ebensowenig eine normale, demokratischen Wahlen vergleichbare Abstimmung. Die hohe Wahlbeteiligung drückte so etwas wie einen Wahlzwang aus. Wer wollte schon seine Distanz zu erkennen geben, wenn er nicht im Wahllokal erschien? Mit Sicherheit kamen auf manchen Ebenen Fälschungen vor, wenn etwa eifrige Funktionäre ein perfektes Ergebnis präsentieren wollten. Das ändert das Ergebnis jedoch höchstens um wenige Punkte. Zieht man die Volksabstimmung an der Saar zum Vergleich heran, waren bei der Wahl im März durchaus einige Prozentpunkte mehr zu erwarten.

Hitler hatte tatsächlich die Machtverhältnisse in Europa verändert, obwohl er den Deutschen und dem Ausland immer wieder einredete, er fordere allein, was im Grunde das Natürlichste der Welt sei. Das Wahlergebnis war wohl der klarste Ausdruck des »Hitlerismus«,[94] jener Zustimmung der Deutschen zu seiner Person, die durchaus auch Züge religiöser Verehrung trug. Die überwältigende Zustimmung galt damit in erster Linie dem Mann, dem sie diese Erfolge zu verdanken glaubten, nicht seiner Partei, nicht dem Regime oder dessen Ideologie. Wenn diese zur Abstimmung gestanden hätten, wäre das Ergebnis mit Sicherheit anders ausgefallen.

»Die Reihen fast geschlossen« heißt ein Sammelband zur Alltagsgeschichte im Nationalsozialismus,[95] der den Vers des Horst-Wessel-Liedes pointiert variiert. Das Wortspiel trifft den Sachverhalt gut. Zwischen dem charismatischen Führer und dem alltäglichen Ärger mit Parteiinstanzen wurde keine Verbindung hergestellt, woraus sich dann der populäre Seufzer entwickelte: »Wenn das der Führer wüßte!« Diese Einstellung bildete sich auch bei den zum Regime zumindest distanzierten Gruppierungen innerhalb der Bevölkerung heraus, vor allem in den gebildeten Schichten.

In erster Linie sind in diesem Zusammenhang die Studenten zu nennen, die nationalsozialistische Avantgarde von 1929/30, die zunehmend unter der Gängelung der NS-Funktionäre stöhnten, mußten sie doch nicht nur den Arbeitsdienst absolvieren, sondern noch SA-Dienst leisten und Schulungen über sich ergehen lassen, über deren erbärmliches Niveau kein Zweifel bestand. Außerdem erregte die Zerschlagung der Korporationen böses Blut. So ergab sich bei

den Studenten weitgehend der Eindruck »völliger Lethargie«.[96] Aber auch eine
Kirchengemeinde, die treu zum Führer stand und zugleich ihrem Pfarrer vertraute, mußte es befremden, wenn Männer in Hut und Ledermantel die Predigt
des Pfarrers mitschrieben. Erst recht trat bei der Wehrmacht diese Diskrepanz
zwischen der vollen Loyalität gegenüber Hitler und dem Mißtraucn gegenüber
der SS und der Partei hervor. Der neue »oberste Kriegsherr«, auf den sie vereidigt
war, stand jenseits der Kritik, aber die kaum verhüllte Feindschaft und Bespit-
zelung, die das Offizierskorps von seiten der SS und der Partei erfahren mußte,
schufen eine tiefsitzende Abneigung, wenn nicht gar Feindseligkeit.

Mehr noch als die Besetzung des Rheinlandes boten die Olympischen Spiele
1936 in Berlin den glanzvollen Rahmen nationalsozialistischer Selbstdarstellung, obwohl der Leistungssport ursprünglich von der Partei abgelehnt worden war.[97] Es war so etwas wie eine nationale Gemeinschaftsleistung, die hier
erbracht wurde, denn zum ersten Mal richtete der Staat selbst die Spiele wie
auch das kulturelle Rahmenprogramm aus. Die perfekte Organisation der Veranstaltung in den eigens errichteten Sportstätten, aber auch die gleichzeitig gewährte Liberalisierung – selbst Jazz durfte wieder gespielt werden – vermittelte
den Eindruck politischer Normalität und des friedlichen Wettbewerbs, den
dann der geniale Olympiafilm von Leni Riefenstahl noch weltweit verbreitete.
Ohne Rücksicht auf die Kosten hatte Deutschland dieses Ereignis in enorm
kurzer Vorbereitungszeit glanzvoll in Szene gesetzt und damit unterstrichen,
daß das Deutsche Reich dabei war, wieder eine Großmacht von bezwingender
Vitalität zu werden, die sich von der scheinbaren Dekadenz der westlichen
Demokratien vorteilhaft abhob.

Die glanzvolle Kulisse verdeckte die machtpolitischen Entscheidungen, die
fast gleichzeitig getroffen wurden. Am 25. Juli entschloß sich Hitler, in Spaniens Bürgerkrieg zu intervenieren. Das geschah nicht zur Erprobung neuer
Waffen, sondern aus defensiven Überlegungen: Spanien sollte nicht dem Bolschewismus anheimfallen, da in diesem Falle auch Frankreich stark gefährdet
schien, wo es bei den Wahlen bereits einen Linksrutsch gegeben hatte, an dessen Ende die Bildung einer Volksfrontregierung stand.

Wenige Wochen später folgte der nächste Streich: die Wende zur Aggression.
Sie kam einher mit Hitlers Denkschrift zum Vierjahresplan und seiner Anwei-
sung, schon in vier Jahren wirtschaftlich und militärisch kriegsbereit zu sein.
Die kurzfristige Terminierung war wohl mehr die Reaktion auf die vorange-
gangenen Auseinandersetzungen zwischen der Wehrmacht und Schacht über
die Verteilung von Rohstoffen und Devisen. Hitler haßte solche bürokratischen
Grabenkämpfe. Um ihnen ein Ende zu machen, setzte er den Konkurrenten
Fristen, an deren Einhaltung er wahrscheinlich selbst nicht glaubte. Gleich-

wohl trieb ihn die Befürchtung zur Eile, durch zu lange Vorbereitungen den Rüstungsvorsprung und damit die militärische Überlegenheit gegenüber den Westmächten zu verlieren.

Der Verteilungskampf zwischen den Wehrmachtsteilen hörte jedoch auch nach der Verkündung des Vierjahresplans nicht auf. Am 5. November 1937 beraumte Hitler deshalb eine Sitzung in der Reichskanzlei an, auf der »Rüstungslage und Rohstoffbedarf« erörtert werden sollten. An der Sitzung nahmen unter der Leitung Hitlers Kriegsminister von Blomberg, die Oberbefehlshaber von Heer, Luftwaffe und Kriegsmarine, Außenminister von Neurath und der Wehrmachtsadjutant des Führers, Oberst Hoßbach, teil. Im Vorzimmer saßen die Wirtschaftsexperten und warteten vergeblich darauf, zu den Verhandlungen hinzugezogen zu werden.

Statt zu entscheiden, welcher Waffengattung oder welchem Waffenprogramm Priorität zukomme und wie die knappen Ressourcen zu verteilen seien, entwickelte Hitler dem engeren Teilnehmerkreis der Sitzung seine Vorstellungen zur Überwindung von Deutschlands angeblicher Raumnot, die letztlich nur zu beheben sei, wenn man »den Weg der Gewalt« gehe. Diese Ausführungen Hitlers hielt der Wehrmachtsadjutant Hoßbach einige Tage später in einer Gedächtnis-Niederschrift fest, dem berühmten »Hoßbach-Protokoll«,[98] das die Anklage in Nürnberg als wichtiges Dokument der Planung und Vorbereitung des Zweiten Weltkrieges bewertet hat. Spätestens 1943/45 – so Hitler – müsse die »deutsche Raumfrage« gelöst werden; die Aufrüstung der Wehrmacht sei dann »annähernd beendet«, und man dürfe nicht länger zögern, weil sonst »nur noch eine Veränderung zu unseren Ungunsten« zu erwarten sei. Eine frühere Möglichkeit biete sich aber, wenn die französische Armee auf Grund innenpolitischer Wirren gelähmt sei oder Frankreich im Mittelmeer – möglicherweise gemeinsam mit England – in einen Konflikt mit Italien um Spanien und spanische Besitzungen gerate. Dann sei, ohne Bedrohung von Westen her, die Gelegenheit zu einer »kriegerischen Erledigung der tschechischen und österreichischen Frage« da.

In der anschließenden Diskussion warnten Blomberg und Fritsch, Deutschland dürfe nicht England und Frankreich gemeinsam zu Gegnern haben. Insbesondere der Oberbefehlshaber des Heeres zeigte sich besorgt über die noch immer vorhandene Überlegenheit der französischen Armee an der deutschen Westgrenze und wies auf seine faktisch kaum einsatzfähigen Divisionen hin, die zur Verteidigung im Westen vorgesehen seien. Also die üblichen Bedenken von Militärs, mehr nicht. Dabei zeigten Hitlers Ausführungen durchaus noch keine Entschlossenheit, den großen Krieg zu beginnen. Er kündigte zwar die Lösung der »Raumfrage« durch Krieg an, aber das erst für eine relativ ferne Zukunft, in frühestens fünf Jahren. Im Februar 1933 hatte er Ähnliches avisiert, im Februar 1934 rechnete er mit acht Jahren,[99] bis es zum Krieg kommen könne, und vom Problem des Lebensraums und dessen Lösung wird er wiederholt in seinen nächtlichen Monologen gesprochen haben.

Hitler wollte im November 1937 primär die Tschechoslowakei angreifen und glaubte dies ohne das Risiko eines Krieges mit den Westmächten tun zu können. Die Militärs äußerten Bedenken, signalisierten aber sofort ihre Bereitschaft zum Mitmachen. Fritsch berichtete, er habe bereits eine Studie angeordnet, die untersuchen solle, wie man das tschechische Festungssystem knakken könne. Blomberg dagegen, stets bemüht, den Willen des Führers zu erfüllen, ergänzte einen Monat später die »Weisung für die einheitliche Kriegsvorbereitung« vom 24. Juni 1937 durch den Nachtrag, daß die Tschechoslowakei schon früher angegriffen werden könne, falls sie außer Rußland keinen ernstzunehmenden Bündnispartner habe.[100]

Es kann keine Rede davon sein, daß Hitler am 5. November ein Kriegsprogramm vorgetragen hat, das auf den entschiedenen Widerstand der Generäle wie auch des Außenministers gestoßen ist. Folglich kann Hitler nicht entschlossen gewesen sein, sich von ihnen zu trennen mit der Begründung, er könne mit solchen Befehlshabern den von ihm geplanten Krieg nicht führen. Der Entschluß Hitlers, sich von diesen schwunglosen und ängstlichen Generälen zu trennen, soll dann zu einer Aktion geführt haben, die als Blomberg-Fritsch-Krise in die Geschichte eingegangen ist.

Um sich der beiden Kriegsgegner zu entledigen, so die bekannte Version, ersann die Gestapo, Göring oder wer immer als weiterer Urheber noch benannt wurde, ein teuflisches Konzept: Blomberg wurde eine Frau zugeschoben, die er heiratete; Trauzeugen waren Hitler und Göring. Als sich herausstellte, daß die Auserwählte bei der Sittenpolizei aktenkundig war, mußte der Kriegsminister zurücktreten. Fast zur gleichen Zeit wurden Anschuldigungen laut, Generaloberst Freiherr von Fritsch sei homosexuell; nach einer dramatischen Gegenüberstellung mit dem schwulen Erpresser habe sich Hitler von der Anschuldigung überzeugt gezeigt und von Fritsch verabschiedet, obwohl das Ganze nur eine Intrige der Gestapo gewesen sei. So entledigte sich Hitler bis zum 4. Februar 1938 der beiden lästigen Militärs, um dann selbst den Oberbefehl über die Wehrmacht zu übernehmen mit General Keitel als Chef des neuen Oberkommandos der Wehrmacht (OKW). Man fragt sich allerdings, warum es eines solchen Aufwandes bedurft haben soll, wenn Hitler doch jederzeit, ohne besondere Mühe, eine scharfe und als verletzend empfundene Auseinandersetzung mit Blomberg und Fritsch vom Zaun brechen konnte, die diesen keinen anderen Ausweg gelassen hätte als das sofortige Abschiedsgesuch.

Die kausale Verknüpfung der Sitzung vom 5. November mit dem Sturz der beiden Generäle geht vor allem auf Hoßbach zurück, auf seine Niederschrift und die Bedeutung, die ihr im Nürnberger Prozeß beigemessen wurde. Friedrich Hoßbach war ein recht problematischer Zeitgenosse, der nach 1945 die Ereignisse und seine Rolle dabei widersprüchlich und nicht selten wahrheitswidrig dargestellt hat. Hoßbach diente nicht nur als Wehrmachtsadjutant des Führers, sondern war zugleich für die Personalien des Heeres zuständig. Er war ein Mann voller Ehrgeiz und zugleich Hitler so sehr ergeben, daß dieser zu dem damaligen Oberst ein durchaus vertrauensvolles Verhältnis unterhielt und ihm später sogar eine Dotation zukommen ließ. Zugleich verstand Hoßbach sich aber als Vertreter der Interessen des Heeres und dessen Anspruchs, die wichtigste Waffengattung innerhalb der Wehrmacht zu sein und zu bleiben.

Durch die Darstellung von Hans Bernd Gisevius, die 1946 unter dem Titel »Bis zum bittern Ende« zuerst in der Schweiz, nach der Währungsreform auch in Westdeutschland erschien, ist die Version von der ehrabschneidenden Gestapo-Intrige, die Blomberg und vor allem Fritsch Stellung und Ruf kosteten, untermauert worden. Generationen von Zeithistorikern haben diese Darstellung übernommen und – in Einzelheiten vielfach variiert und angereichert – fast fünfzig Jahre lang aufrechterhalten, aber niemals quellenkritisch untersucht. Dabei enthalten die von Gisevius veröffentlichten Bände lediglich aufgeschnappte, kolportagehafte Berichte, wichtigtuerische Behauptungen, was er alles gesehen haben will, und selbst das tatsächlich Erlebte wird oft tendenziell verzerrt wiedergegeben. Eine ähnlich trübe Quelle zum Thema Hitler sind übrigens die Produkte von Hermann Rauschning, vor allem sein Pamphlet »Gespräche mit Hitler«. Diese Hauptquelle der Hitler-Forschung zeichnet sich vornehmlich dadurch aus, daß Rauschning mit Hitler niemals vertraulich oder gar unter vier Augen gesprochen hat.[101]

Erst die Publikation der intensiven Forschungen von Fritz Tobias brachte 1994 Licht in das Dunkel des Blomberg-Fritsch-Spektakels mit all seinen Behauptungen, Unterstellungen und Schuldzuweisungen. Diese minutiöse Untersuchung informiert zuverlässig über den Ablauf der Affäre, die durch ein ganz banales Ereignis ausgelöst wurde: Der Reichskriegsminister und Generalfeldmarschall von Blomberg, ein fast sechzigjähriger Witwer mit fünf erwachsenen Kindern, verliebte sich rettungslos in eine junge Frau. Er wußte, daß sie eine »Vergangenheit« hatte, kannte aber offensichtlich keine Einzelheiten. Da die Frau den Anforderungen der Heiratsordnung der Wehrmacht, die einen »einwandfreien Ruf« der Braut vorschrieb,[102] mit Sicherheit nicht genügte, suchte der General durch strikte Geheimhaltung der Trauung und in klarer Erkenntnis ihrer Unvereinbarkeit mit dem Ehrenkodex des Offizierskorps vollendete Tatsachen zu schaffen. Er erbat Hitlers Dispens von der Heiratsordnung mit der Andeutung, daß seine Braut ein »Mädchen aus dem Volke« sei und eine »gewisse Vergangenheit« habe. Das störte Hitler nicht, im Gegenteil, nur so konnte die ihm zutiefst unsympathische, kastenmäßige Abgeschlossenheit des Offizierskorps aufgebrochen werden, und er war ebenso wie Göring – bereit, als Trauzeuge an der Zeremonie mitzuwirken. Blomberg, der darauf spekulierte, daß prominente Trauzeugen den sonst unvermeidlichen Skandal nicht hochkommen lassen würden, hatte mit Hitler und Göring die beste Wahl getroffen.

Die Trauung fand am 12. Januar in völliger Geheimhaltung in einem Saal des Kriegsministeriums statt. Die äußerst knappe Berichterstattung in der Presse genügte indes, die Vergangenheit der »jungen Marschallin« aufzudecken. Polizisten meldeten, in Prostituiertenlokalen feiere man den Erfolg einer Kollegin. Die Überprüfung ergab rasch, daß Fräulein Gruhn in der Kartei der Sittenpolizei registriert war und daß einschlägige Akten über sie existierten. Polizeipräsident Graf Helldorff suchte mit den skandalträchtigen Unterlagen am 23. Januar General Keitel auf. Da weder Helldorff noch Keitel die junge Frau von Blomberg kannten, gingen sie zu dem Mann, der mehr wissen mußte als sie: zu dem Trauzeugen Göring. Dieser stellte mit allen Anzeichen des Entsetzens die Identität fest. Als Hitler am Abend des 24. November die »fürchterliche« Nachricht erhielt, war er zutiefst erschüttert. Die folgenden Tage zog er sich zurück. Sogar die Reichstagssitzung am 30. Januar zur Erinnerung an die »Machtergreifung« wurde abgesagt. »Die schwerste Krise des Regimes seit der Röhmaffäre«, kommentierte Goebbels knapp.[103] Etwas sei in ihm zerbrochen, erklärte Hitler wenig später, und zu seinem Adjutanten Wiedemann sagte er: »Wenn ein deutscher Feldmarschall eine Hure heiratet, dann ist auf der Welt alles möglich.«[104]

Hitlers Betroffenheit ist durchaus verständlich. Vieles kam zusammen: die Täuschung durch Blomberg, den er persönlich sehr geschätzt hatte, die Desillusionierung über die von ihm hochgeschätzte Generalität, die Angst vor dem Skandal, wenn das Ausland die Sache erführe, und nicht zuletzt die Frage, wer als Nachfolger Blombergs in Betracht käme. Göring hatte rasch seine Kandidatur angemeldet, Hitler winkte jedoch ab. Blomberg selbst war es, der gegenüber Hitler die Empfehlung aussprach: Der Führer selbst solle den Oberbefehl übernehmen.

Der Oberbefehlshaber des Heeres, Generaloberst von Fritsch, hätte der gegebene Nachfolger sein können. Aber hier zögerte Hitler. Er hatte durch Blombergs Verhalten jedes Vertrauen in die Generalität verloren. Er entsann sich nun, daß auch bei Fritsch etwas nicht stimmte. Im Sommer 1936 hatte er eine Gestapo-Akte vorgelegt bekommen, in der Fritsch der Homosexualität bezich-

tigt worden war.[105] Indigniert hatte Hitler damals eine Untersuchung abgelehnt und den Befehl gegeben, die Akte zu vernichten. Nun aber befahl er deren
Rekonstruktion.

Um sich Klarheit zu verschaffen, wollte Hitler Fritsch testen. Er befahl Hoßbach, den Generaloberst für den 26. Januar in die Reichskanzlei zu bestellen,
trug ihm aber ausdrücklich auf, Fritsch nichts von dem Verdacht mitzuteilen.
Hitler wollte sich ein eigenes Urteil auf Grund der spontanen Reaktion des Verdächtigen bilden. Hoßbach hielt sich jedoch nicht an die Weisung und bekannte das am nächsten Tag auch gegenüber Hitler. Die Unbefangenheit bei
dem Treffen war dahin, der Generaloberst taktierte und wußte nicht, worauf
die Sache hinauslaufen sollte. Als Hitler dann den Erpresser Otto Schmidt auftreten ließ und dieser Fritsch ohne jedes Zeichen von Unsicherheit identifi-
zierte, nutzte dem Generaloberst auch sein Ehrenwort nichts. Hitler fühlte sich
von der Generalität so getäuscht, daß er dem Erpresser mehr Glauben schenkte
als dem Offizier. Am 3. Februar mußte Fritsch sein Abschiedsgesuch einreichen.

Das Verhalten Hitlers war nicht so einzigartig, wie es zunächst scheinen
mag. Ganz ähnlich verhielt sich auch Bundesverteidigungsminister Wörner in
der Affäre Kießling.

Es ist indes falsch anzunehmen, daß gegen Fritsch eine gezielte Kampagne
geführt wurde. Fritsch ging freiwillig zur Gestapo und ließ sich dort vernehmen, wozu er als Offizier nicht verpflichtet war. Er wollte selbst herausbe-
kommen, wer hinter der Sache stecke. Am 10. März fand dann die erste Sitzung
des von Hitler eingesetzten Kriegsgerichts statt. Dem Verteidiger Fritschs
gelang es, die Unschuld seines Klienten nachzuweisen; er hatte mit Hilfe der
Militärjustiz aufgedeckt, daß eine Personenverwechslung vorlag. Göring als
Vorsitzendem des Gerichtes blieb es dann vorbehalten, den Erpresser so unter
Druck zu setzen, daß er ihn zu dem Eingeständnis veranlaßte: »Jawoll, ick habe
jelogen!«[106]

Der Freispruch aus erwiesener Unschuld befriedigte Fritsch jedoch nicht.
Er – wie auch andere Generäle – erwartete eine öffentliche Rehabilitierung
durch Hitler. Die aber unterblieb, da der Führer sich nicht selbst ins Unrecht
setzen wollte. Fritsch sah sich in erster Linie als Opfer der Machenschaften von
SS und Gestapo. Deswegen erwog er sogar den unsinnigen Plan, Himmler zum
Duell zu fordern. Die Forschungen von Tobias belegen, daß die Gestapo keineswegs eine treibende Kraft in der Fritsch-Affäre gewesen ist. Fritsch hat aber
Himmler und seine Leute für die Drahtzieher gehalten, da er sich die Anschuldigungen nicht anders erklären konnte. Schon während der Vernehmungen,
mehr noch nach der Aufdeckung der Namensverwechslung und des daraufhin
erfolgten Freispruchs blieb er auf die SS als Gegner fixiert.

In der Literatur erscheint überwiegend das Bild des Generalobersten von Fritsch als eines aufrechten Soldaten, der all das Unrecht erleiden mußte, weil er gegen Hitlers Kriegstreiberei Front gemacht hatte und im Grunde als Gegner Hitlers einzuschätzen ist. Dieser habe das durchaus zur Kenntnis genommen und ihn deswegen mittels der schmutzigen Homosexuellenaffäre aus dem Wege geräumt. Trifft schon die Behauptung der Gestapo-Intrige nicht zu, gilt das noch mehr von der angeblichen Gegnerschaft zu Hitler. Das ist reine Erfindung. Fritsch war ein Bewunderer und gläubiger Gefolgsmann des Führers; Hitler wußte das durchaus zu schätzen, wenn er sich auch bei dem Oberbefehlshaber des Heeres etwas mehr Schwung und Wagemut gewünscht hätte.

In politischer Hinsicht war aber Fritsch alles andere als ein »Edelmann der Gesinnung« (Ludwig Beck), ganz im Gegenteil: Er war ein plumper Konservativer mit trüben elitären Instinkten. Den Reichspräsidenten Ebert hatte er einmal als »ganz einseitigen sozialdemokratischen Parteimann u. großen Schweinehund« geschmäht.[107] Seine Übereinstimmung mit der Politik Hitlers, die auch die ihm widerfahrene Behandlung überdauert hat, kommt in einem Brief zum Ausdruck, den er am 11. Dezember 1938 an eine Bekannte schrieb. Dort heißt es: »Bald nach dem Kriege kam ich zur Ansicht, daß 3 Schlachten siegreich zu schlagen seien, wenn Deutschland wieder mächtig werden sollte. 1. die Schlacht gegen die Arbeiterschaft, sie hat Hitler siegreich geschlagen. 2. gegen die katholische Kirche, besser gesagt gegen den Ultramontanismus u. 3. gegen die Juden. In diesen Kämpfen stehen wir noch mittendrin. Und der Kampf gegen die Juden ist der schwerste. Hoffentlich ist man sich über die Schwere dieses Kampfes überall klar.«[108] Ein solches Urteil niederzuschreiben, nachdem einen Monat zuvor die Synagogen gebrannt und es Massenverhaftungen von Juden gegeben hatte, zeugt von einem unbeugsamen Antisemitismus. Darüber hinaus aber offenbart sich ein zutiefst reaktionäres Weltbild, das jede Emanzipationsbestrebung grundsätzlich verdammte. Die Bücher, die den Regimegegner Fritsch feiern, macht dieser erst 1980 veröffentlichte Brief zu Makulatur.

Am 27. Januar gab Hitler gegenüber General Keitel zu erkennen, daß er den Oberbefehl übernehmen und damit die Nachfolge Blombergs selbst antreten werde, wobei er sich auf ihn, Keitel, stützen wolle. Etwas länger dauerte es, bis der Nachfolger von Fritsch feststand, nachdem eine Reihe von Kandidaten in die engere Wahl gezogen, aber verworfen worden waren. Neuer Oberbefehlshaber des Heeres wurde General Walther von Brauchitsch, der Hitler jedoch in keiner Weise gewachsen war und eher eine Notlösung darstellte.

Am 4. Februar wurde der Öffentlichkeit dann ein umfangreiches Revirement präsentiert. Die wichtigste Entscheidung war die Übernahme des Oberbefehls durch Hitler selbst und die Schaffung des Oberkommandos der Wehrmacht, dessen Leitung Keitel übernahm. Der Posten des Kriegsministers fiel fortan weg. Die Neuregelung bedeutete eine radikale Änderung der militärischen und damit zugleich politischen Führungsstruktur. Hitler befand sich nach dem Rücktritt Blombergs vor einem Dilemma: Auf der einen Seite hatte er keinen Ersatz für Blomberg, keinen General, der ihm so eifrig und effektiv dienen konnte; auf der anderen Seite aber zeichneten sich im Spitzengefüge der Wehrmacht Kompetenzkonflikte ab. Unter Blomberg hatte das ihm direkt unterstehende Wehrmachtsamt im Zuge der Aufrüstung immer mehr Kompetenzen an sich gezogen. Es stieß dabei auf den Widerstand des Heeres, das auf Grund seines ausschlaggebenden Gewichts im Kriegsfall seine Stellung aufgewertet wissen wollte. In dieser ungeklärten Situation war es riskant, die einstige Machtfülle Blombergs einem weniger kompetenten General anzuvertrauen. Es bestand die Gefahr, daß dann das Kompetenzgerangel zunahm und die Geschlossenheit der Wehrmacht Schaden erlitt.

Der Streit um Kompetenzen war für das Militär nichts Ungewöhnliches. Es ist daher ein fundamentales Mißverständnis, solche Kämpfe um Zuständigkeiten als »Auseinandersetzungen zwischen Flügeln einer machttragenden Elite des ›Dritten Reiches‹« zu interpretieren.[109] In dieser ungeklärten Situation reagierte Hitler in der für ihn charakteristischen Weise: Statt nach einer vernünftigen Lösung zu suchen, setzte er sich selbst an die Stelle Blombergs und schuf mit dem OKW nicht einen Wehrmachtsgeneralstab im eigentlichen Sinne, sondern einen Stab, der ihm direkt unterstand. Damit fand jedoch das Konkurrenzverhältnis zum OKH, dem Oberkommando des Heeres, keineswegs ein Ende, vielmehr sollte es den ganzen Krieg über die militärische Führungsstruktur prägen.

Die wesentlichen Änderungen in der militärischen Spitze wurden in einem virtuos in Bewegung gesetzten Beförderungs- und Verabschiedungskarussell vernebelt, indem Dutzende von Generälen befördert, in den Ruhestand versetzt oder mit anderen Aufgaben betraut wurden. Zugleich wechselte man die Spitze des Auswärtigen Amtes aus und stellte mehrere Botschafter, darunter Franz von Papen in Wien und Ulrich von Hassell in Rom, zur Disposition. Auch Reichsaußenminister von Neurath mußte Abschied nehmen; sein Nachfolger wurde der Londoner Botschafter Joachim von Ribbentrop. Die Ernennung des erklärten Englandfeindes Ribbentrop ist ein Indiz dafür, daß zu diesem Zeitpunkt Hitlers Programmpunkt eines Bündnisses mit England keine Rolle mehr spielte. Ribbentrop wählte als Staatssekretär den Berufsdiplomaten Ernst von Weizsäcker, und er ließ diesen nicht im Zweifel darüber, wohin die Reise politisch gehen werde. Ein »großes Programm« sei zu verwirklichen, »das nicht ohne das Schwert zu erfüllen« sei. Bis dahin seien aber »noch 3 – 4 Jahre Vorbereitung nötig«.[110] In dieser Zeitspanne schien Weizsäcker offensichtlich eine Chance zu sehen, die er zur Sicherung des Friedens nutzen wollte.

Das groß angelegte Revirement sollte bewußt der Ablenkung dienen. Neurath hatte man hauptsächlich geopfert, um dem Stühlerücken auch einen außenpolitischen Anstrich zu geben. Der damalige Oberst Alfred Jodl vermerkte bereits am 31. Januar in seinem Diensttagebuch: »Führer will die Scheinwerfer von der Wehrmacht ablenken, Europa in Atem halten u. … nicht den Eindruck eines Schwächemoments, sondern einer Kraftkonzentration erwecken.« Und er fügte den drohenden Satz hinzu, der österreichische Bundeskanzler Schuschnigg »soll nicht Mut fassen, sondern zittern«.[111] Und so geschah es. Als der abberufene Botschafter von Papen bei Hitler seinen Abschiedsbesuch machte und dabei mitteilte, der österreichische Bundeskanzler akzeptiere ein Treffen mit Hitler zur Verbesserung der deutsch-österreichischen Beziehungen, sah Hitler hier den Hebel zu einer spektakulären Aktion auf außenpolitischem Gebiet.

Das Verhältnis zu Österreich war seit dem mißglückten Aufstand der Nationalsozialisten in Wien und der Ermordung des damaligen Kanzlers Dollfuß im Juli 1934 schwer belastet. Die Unterdrückung der Nationalsozialisten wurde von deutscher Seite mit wirtschaftlichen Schikanen beantwortet, die letztlich die Ausweglosigkeit, in der sich die Alpenrepublik befand, nur noch deutlicher erscheinen ließ. Denn in dem Maße, in dem Italien als Schutzmacht ausfiel und sich die beiden Mächte seit 1936 unter dem Stichwort der »Achse« und spektakulären, propagandistisch glänzend inszenierten Staatsbesuchen immer mehr annäherten, verlor das autoritäre Regime in Österreich politisch an Boden.

Das Treffen auf dem Obersalzberg mit Schuschnigg am 12. Februar 1938 zeigte zum ersten Mal, wie Hitler mit Vertretern kleinerer Staaten umzugehen beliebte. Seine Verhandlungsführung bestand aus Einschüchterung durch die Präsenz hoher Offiziere, langen Monologen und brutalen Erpressungsmanövern. Am Ende wurde ein Protokoll unterzeichnet, das im Grunde eine Kapitulation vor den Forderungen Hitlers war. Österreich befand sich nun im Schlepptau der deutschen Politik. Der Diktator war mit seinem spektakulären Erfolg durchaus zufrieden; Goebbels notierte: »Österreichfrage nun geregelt.«[112]

Als Schuschnigg aber am 9. März kurzfristig eine Volksabstimmung ankündigte, deren Durchführungsbestimmungen Manipulationen wahrscheinlich machten, sorgte die deutsche Seite unter der geschickten Regie Görings umgehend für eine dramatische Verschärfung der Krise. Sie gipfelte am 12. März im Einmarsch deutscher Truppen in Österreich. Die deutschen Soldaten wurden mit ungeheurer Begeisterung begrüßt; von Gegenwehr war nichts zu spüren, obwohl die hastig improvisierten militärischen Maßnahmen vielfach chaotische Verhältnisse entstehen ließen. Das Risiko ernsthafter Verwicklungen mit den Westmächten bestand nicht, denn durch die Telefonüberwachung der westlichen Botschaften in Wien konnte das Forschungsamt melden, daß von dieser Seite kein ernsthafter Widerstand zu erwarten sei.

Als Hitler, der Österreicher aus dem Waldviertel, am 15. März inmitten einer jubelnden Menge auf dem Heldenplatz in Wien »vor der Geschichte nunmehr den Eintritt meiner Heimat in das Deutsche Reich« meldete, konnte er seinen bis dahin größten Erfolg verbuchen, so sehr ihn auch das spätere Österreich nach Kräften aus dem Gedächtnis zu verdrängen suchte. Hitler war scheinbar das gelungen, was Bismarck mit der kleindeutschen Lösung hatte offen lassen müssen. Nach 1918 hatte die Mehrheit der Österreicher in der Zugehörigkeit zum Deutschen Reich die einzige politisch wie wirtschaftlich sinnvolle Zukunftsperspektive gesehen, und die Deutschen standen dem wohlwollend gegenüber, ohne irgendwelche Kenntnis von den damit verbundenen Problemen zu haben.

Am Beispiel des »Anschlusses« läßt sich auch wieder das Sprunghafte und Improvisierte der Politik Hitlers ablesen. Am 5. November 1937 wollte er Österreich ähnlich wie die Tschechoslowakei behandeln, nämlich gegen beide Staaten Krieg führen. Mit dem weitgehenden Einlenken Schuschniggs bei dem Treffen auf dem Obersalzberg, was ursprünglich nur als Ablenkungsmanöver von der Blomberg-Fritsch-Krise gedacht war, hatte er mehr erreicht als erwartet und sich damit zufriedengegeben. Nachdem aber der österreichische Kanzler den schweren Fehler der Ankündigung eines fragwürdigen Plebiszits begangen hatte, nutzten Hitler und Göring diese Schwäche und drangen kaltblütig bis zu ihrem Ziel vor. Daß mit den deutschen Truppen zugleich SS und Gestapo einrückten und sofort mit der Jagd auf Juden und Regimegegner begannen, stand auf einem anderen, davon aber nicht zu trennenden Blatt.

Die »Wiedervereinigung Österreichs mit dem Deutschen Reich«, wie die offizielle, nichtsdestoweniger historisch fragwürdige Formel lautete, stellte den Höhepunkt und zugleich Abschluß einer Revisionspolitik dar, die ohne einen Krieg auskam, den zu führen Deutschland noch gar nicht in der Lage war. Sie lebte von der Bereitschaft zu begrenzten Vorstößen gegen etablierte Ordnungen und der psychologisch richtigen Einschätzung gegnerischer Reaktionen. Damit war es nun vorbei. Mit der Wendung gegen die Tschechoslowakei änderte sich das Bild. Von nun an war es der Wille zum Krieg, der Hitler zunehmend beherrschte.

JUDENPOLITIK

Im Jahre 1933 lebten im Deutschen Reich 502 799 Juden deutscher Staatsangehörigkeit. Das war weniger als ein Prozent der Bevölkerung. Hinzu kamen 90 747 Juden, die nicht deutsche Staatsangehörige waren. Bis 1939 ging die Zahl der deutschen Juden auf 213 930 zurück – Ergebnis eines immer brutaleren Drucks zur Auswanderung.

Die Vorstellung, die Judenpolitik sei plänmäßig auf den Holocaust ausgerichtet gewesen, ist falsch. Die Entrechtung und weitgehende Verdrängung der Juden aus Deutschland lief in mehreren Phasen ab, bis 1941 mit dem Entschluß zur »Endlösung« eine ganz neue Dimension des Verbrechens erreicht wurde. Der Zeitraum davor ist nicht durch eine gleichbleibende Tendenz kontinuierlicher Verschlechterung der jüdischen Lage bestimmt, vielmehr wechselten Phasen krisenhafter Zuspitzung mit Zeiten trügerischer Ruhe.

Die schwankende Haltung des Regimes, die es auch für die Betroffenen nicht einfach machte, zu einer klaren Einschätzung ihrer Lage und ihrer Zukunftsaussichten zu kommen, war das Ergebnis unterschiedlicher Interessen und Gruppierungen. Die NSDAP hielt seit ihrer Gründung eine extrem nationalistische und zugleich im Kern antisemitische Ideologie zusammen. Dennoch schaffte sie den politischen Durchbruch im Jahre 1930 und den spektakulären Wahlsieg vom Juli 1932 nur, weil Hitler die antisemitische Propaganda bewußt zurückgenommen hatte. Das schloß allerdings antisemitische Pöbeleien wie die im September 1931 auf dem Berliner Kurfürstendamm nicht aus; auch pflegte der harte Kern der »alten Kämpfer« sein antijüdisches Feindbild weiter.

Mit der »nationalen Revolution«, die nach dem Wahlsieg vom 5. März 1933 einsetzte, mehrten sich antisemitische Zwischenfälle. Sie wurden jedoch nicht von oben angeordnet, sondern entsprangen ganz unterschiedlichen Motivationen. Einzelne Nazis, SA-Trupps oder radikale Mittelstandsgruppen verfolgten mit ihren aggressiven Aktionen Juden. Da gab es aber auch ein weniger direktes Vorgehen, das in seiner Wirkung weit folgenschwerer war, weil es Künstler, Schriftsteller oder Persönlichkeiten traf, die in der Öffentlichkeit agierten und aus öffentlichen Auftritten ihren Lebensunterhalt bezogen. Sie waren wirtschaftlich leicht zu treffen durch Auftrittsverbote, den Ausschluß aus künstlerischen oder wissenschaftlichen Vereinigungen und die Kündigung von Engagements. Das erzeugte Druck, und nicht wenige der Betroffenen zogen daraus die Konsequenzen und verließen Deutschland mehr oder weniger fluchtartig.

Der Boykott hingegen, der am 28. März 1933 verkündet wurde, hatte eine ganz andere Qualität. Er ging von Hitler selbst aus, der ihn zwei Tage zuvor mit Goebbels abgesprochen hatte. Haß und Rachsucht bestimmten das Vorgehen der beiden, aber auch die primitive Vorstellung, sie könnten das Ausland mit einem Boykott zu einer freundlicheren Berichterstattung über das »neue« Deutschland zwingen. Der Boykott richtete sich nicht nur gegen jüdische Geschäfte, sondern ebenso gegen jüdische Arztpraxen und Rechtsanwaltskanzleien. Die Aktion sollte eine Art Gegenboykott sein, die Antwort auf die antinazistische »Greuelpropaganda« jüdischer Kreise und deren Boykottaufrufe gegen deutsche Waren im Ausland. Worum es dabei konkret ging, ist schwer zu sagen. Der »Reichsbund jüdischer Frontsoldaten« sah zumindest als Urheber des Warenboykotts »sogenannte jüdische Intellektuelle«, die im Ausland eine »unverantwortliche Hetze« gegen Deutschland entfaltet hätten.[113] Wie dem auch sei, der Boykott begann am 1. April. Ein Gesamturteil über die Intensität und die Aggressivität seiner Durchführung ist naturgemäß schwierig. In Berlin soll er eher ein Reinfall gewesen sein.[114]

Schon vor Beginn des Boykotts hatten in der Regierung zähe Bemühungen zur Schadensbegrenzung eingesetzt, die vor allem auf die Minister Neurath und Schacht zurückgingen. Sie rangen schließlich dem zögernden Hitler in der Nacht zum 2. April die Zustimmung zum offiziellen Ende des Boykotts ab. Im Inland hatten alarmierende Zwischenfälle wie der Versuch, Banken zu besetzen und dort jüdische Konten zu überprüfen,[115] gezeigt, daß die antisemitischen Ausschreitungen für das Regime gefährliche Formen annahmen. Weit größer war der Schaden für die Exporte und die Geschäftsbeziehungen zum Ausland.

Hitler begriff, daß die pogromartigen Ausschreitungen seiner Anhänger auch ihm gefährlich werden konnten. Nur deshalb ließ er sich von Schacht und Neurath bewegen, fortan mehr Rücksicht auf die Juden zu nehmen, vor allem wenn sie wichtige Stellungen in der Wirtschaft innehatten. Der von dem selbst provozierten Boykott angerichtete Schaden beeindruckte Hitler immerhin so nachhaltig, daß er noch im Juli 1933 erklärte: »Die Judenfrage wieder aufzurollen, heißt die ganze Welt wieder in Aufruhr bringen.«[116] Das aber sollte unbedingt vermieden werden, solange Deutschland unter der Krise litt. Als Rudolf Heß im März 1934 erfuhr, daß die »NS-Hago«, die radikale Mittelstandsorganisation der Partei, eine neue Boykottbewegung gegen jüdische Geschäfte plane, wies er alle Reichs- und Gauleiter energisch an, derartige Aktivitäten zu unterbinden, da Hitler nicht sein Einverständnis gegeben habe: »So schwerwiegende Aktionen mit ihren Rückwirkungen im Ausland dürfen nach wie vor nur auf Befehl des Führers vonstatten gehen.«[117]

Der Judenboykott von 1933 hatte noch eine weitere Konsequenz: das »Gesetz zur Wiederherstellung des Berufsbeamtentums« vom 7. April. Seine Hauptstoßrichtung ging zwar gegen die Parteibuchbeamten der Weimarer Republik, bestimmte aber auch, daß Beamte »nichtarischer Abstammung« in den Ruhestand zu versetzen seien; Frontsoldaten und Beamte, die schon vor 1914 in den Staatsdienst eingetreten waren, wurden allerdings von dieser Regelung ausgenommen.

In den nächsten Monaten unterblieben zwar spektakuläre Aktionen gegen Juden, aber mit Hilfe bürokratischer Schikanen wurden die Angehörigen freier Berufe, vor allem Ärzte und Rechtsanwälte, massiv behindert. Außerdem wurden jüdische Studenten diskriminiert, indem man ihnen die Immatrikulation erschwerte oder sie nicht zu den Abschlußprüfungen zuließ. Die Maßnahmen des Jahres 1933 lösten die erste große Welle der Auswanderung aus. Gleichzeitig entstanden Selbsthilfeeinrichtungen und Beratungsstellen, die den in Deutschland bleibenden Juden eine wirtschaftliche Existenz auch unter erheblich erschwerten Bedingungen gewährleisten wollten.

Was folgte, hat man die Illusion der »Schonzeit« genannt.[118] Das mag angesichts der in Berlin und anderswo im Juli 1935 ausbrechenden antisemitischen Unruhen und dem Erlaß der »Nürnberger Gesetze« auf den ersten Blick überraschen. Tatsächlich änderte sich durch beides wenig an der – zweifellos bedrängten – Lage der Juden. In der Wirtschaft nahmen sie am allgemeinen Aufschwung in begrenztem Maße teil. Viele hatten indes die Zeichen der Zeit erkannt und wanderten aus; es war damals noch möglich, im Rahmen des Haavara-Abkommens, das 1933 zwischen dem Reichswirtschaftsministerium und zionistischen Organisationen abgeschlossen wurde, als Startkapital für eine Existenz Reichsmark legal nach Palästina zu transferieren.

Die verstärkte Judenhetze des Sommers 1935, die im folgenden Jahr wegen der Olympischen Spiele wieder unterbunden werden sollte, signalisierte die wachsende Unzufriedenheit gewisser Parteikreise mit der offiziellen Judenpolitik: Den antisemitischen Fanatikern, vor allem den sich um ihren Anteil am Sieg betrogen fühlenden »alten Kämpfern«, erschien die Behandlung der Juden von zuviel Rücksichtnahme bestimmt. Sie stifteten Unruhe, indem sie Zwischenfälle provozierten, Schilder mit der Aufschrift »Für Juden verboten« an Parkbänken anbrachten und Kurorte für »judenrein« erklärten. Schacht hat gegen diese Willkürmaßnahmen wiederholt protestiert, sie in einer berühmt gewordenen Rede in Königsberg 1935 sogar verurteilt und stets auf deren schlimme wirtschaftliche Folgen hingewiesen. Eine besondere Rolle als Beschützer der Juden spielte er aber keineswegs. Ihm ging es um die Begrenzung des wirtschaftlichen Schadens, den die antisemitischen Ausschreitungen anrichteten, und die Zurückweisung der Machtansprüche einzelner Parteifunktionäre. In bezug auf die Juden vertrat er die Ansicht, daß sie einen Status minderen Rechts erhalten und bestimmte Berufe gar nicht mehr ausüben sollten.[119]

Zu den Bremsern in der Judenpolitik gehörte neben Schacht und Kreisen der Wirtschaft auch die Ministerialbürokratie. Die Juristen des Reichsministeriums des Innern taten sich schwer, eine halbwegs schlüssige Judengesetzgebung zu entwickeln, die mit den Rechtsnormen des Staates vereinbar war, und so produzierte Fricks Bürokratie mehr Bedenken als praktische Lösungen. Denn wie sollte ein »rassisches Recht« juristisch begründet werden? Die ausführliche Beschäftigung mit diesem juristischen Problem bewirkte, daß in der Rassengesetzgebung vorerst nichts geschah. Im Lager der entschiedenen Antisemiten der Bewegung nahm aber der Druck zu, den Rechtsstatus der Juden fühlbar zu verschlechtern.

Hitler hielt sich aus den Auseinandersetzungen des Sommers 1935 heraus, selbst auf dem Nürnberger Parteitag im September bezog er nicht eindeutig Stellung. Nun wäre es gewiß übertrieben anzunehmen, daß er schließlich handelte, weil er von zwei Seiten unter Druck geriet: von seiten der mauernden Bürokratie und von seiten der antisemitischen Funktionäre unter dem Reichsärzteführer Wagner, die radikale Forderungen erhoben. Druck war es gewiß nicht, was sein Handeln bestimmte, vielmehr muß in dieser von einer gewissen Stagnation gekennzeichneten Situation bei ihm das Gefühl vorhanden gewesen sein, daß etwas geschehen müsse, was die Anhänger befriedigte ohne Schwierigkeiten mit dem Ausland heraufzubeschwören.

Der Nürnberger Parteitag im September, das größte propagandistische Spektakel des Jahres, wäre die geeignete Plattform zur wirksamen Propagierung einer Neuregelung gewesen. Aber Hitler improvisierte dort recht eigenartig. Der Judenreferent des Innenministeriums wurde nach Nürnberg zitiert, um dort am Rande des Parteitags mit anderen Ministerialbeamten unter Leitung von Staatssekretär Pfundtner Gesetzentwürfe zu produzieren. Diese wies Hitler jedoch als änderungsbedürftig zurück. Schließlich beeilten sich die Beamten in der Nacht vom 14. zum 15. September, die Entwürfe für zwei Gesetze fertigzustellen, die dem eigens nach Nürnberg einberufenen Reichstag vorgelegt werden sollten: ein »Reichsbürgergesetz« und ein »Gesetz zum Schutz des deutschen Blutes und der deutschen Ehre«. Hinzu kam noch ein »Reichsflaggengesetz«, das die Hakenkreuzfahne zur Reichs- und Handelsflagge bestimmte.

Von den Entwürfen für die beiden ersten Gesetze wählte Hitler jeweils die mildeste Fassung aus.[120] Beiden Gesetzen sah man an, wie hastig sie entstanden waren. Das »Reichsbürgergesetz« stellte lediglich fest, daß Juden nicht »Reichsbürger« sein konnten, was immer das sein mochte. Das »Blutschutzgesetz« hingegen verbot die Eheschließung zwischen Juden und Nichtjuden und stellte den außerehelichen Geschlechtsverkehr unter Strafe. Es signalisierte überdeutlich, daß damit die klare rechtliche Trennung zwischen Juden und »Staatsangehörigen deutschen oder artverwandten Blutes« vollzogen war: Es war das abrupte Ende eines nicht immer konfliktlosen Neben- und Miteinanders von Deutschen und Juden. So wurde brutal eine Entwicklung abgebrochen, die in den zurückliegenden mehr als hundert Jahren zu einer immer stärkeren Integration der Juden in die deutsche Gesellschaft geführt hatte, eine Erfolgsgeschichte, die einzigartig bleibt – allen Rückschlägen und den verschiedenen antisemitischen Wellen zum Trotz. Denn die Juden hatten bis 1933 im wirtschaftlichen und kulturellen Leben Deutschlands eine Stellung wie in keinem anderen Land mit einem vergleichbaren jüdischen Bevölkerungsanteil errungen.

In den Nürnberger Gesetzen fehlte jegliche Begriffsbestimmung, wer eigentlich Jude sei, erst recht eine Klarstellung darüber, was denn unter »artverwandtem Blut« zu verstehen sei. Solche schwammigen Begriffe betonten nur die tiefe Kluft, die zwischen Juden und Nichtjuden fortan bestehen sollte. Die Gesetze waren relativ nichtssagend; erst die nachfolgenden Verordnungen brachten die unsäglichen Definitionen von »Jude« und »Mischling« und schrieben vor, unter welchen Bedingungen Mischehen geschlossen werden durften. Die immer neuen Bestimmungen und zum Teil auch die einschlägigen Kommentare zum »Blutschutzgesetz« belegen, wie kompliziert es war, den Rechtsstatus von »Mischlingen« festzulegen. Zudem berührte diese Problematik breitere Kreise der nichtjüdischen Bevölkerung, und es kamen die Kirchen ins Spiel, die sich für getaufte Juden oder christliche Mischehen einsetzten. Die Fülle der Verordnungen zur Regelung der komplizierten Materie wurde bald unübersichtlich, was die Möglichkeit bot, mittels einer sachverständigen Kommentierung die bestehenden Widersprüche zugunsten der Betroffenen auszunutzen. Das veranlaßte 1936 den Leiter des Personenstandsreferats im Innenministerium, Hans Globke, ein überzeugter Vertreter des politischen Katholizismus, das Angebot seines Staatssekretärs Stuckart anzunehmen und mit ihm gemeinsam einen Kommentar zur Judengesetzgebung zu verfassen. Dabei lieferte Stuckart die propagandistischen Phrasen des einleitenden Teils, während Globke die eigentliche Kommentierung übernahm. An der Kodifizierung staatlichen Unrechts konnte aber auch Globkes Text nichts ändern. Der gut gemeinte Versuch sollte den Verfasser des Kommentars nach 1945 dann zum Gegenstand unzähliger Verunglimpfungen und absichtlicher Mißverständnisse machen.

Das Jahr 1938 brachte die entscheidende Wende: die planmäßige Ausschaltung der Juden aus dem Wirtschaftsleben. Die Rücksichtnahme auf die Wirtschaft, die bis dahin wie ein Schutz gewirkt hatte, fiel nach und nach fort. Die

Hochkonjunktur im Reich und die geringere Bedeutung des Exports ließen eine weitere Schonung als überflüssig erscheinen. Eine stimulierende Wirkung bei der Ausschaltung der Juden hatte auch der Anschluß Österreichs. Am 20. Mai wurden die Nürnberger Gesetze in der »Ostmark« eingeführt und »Mischlinge« mit bis dahin österreichischer Staatsangehörigkeit schlechter gestellt.[121] Die Flut der folgenden Verordnungen diente nicht zuletzt dem Zweck, den in Wien zahlenmäßig starken jüdischen Bevölkerungsanteil empfindlich zu treffen und aus dem Wirtschaftsleben zu verdrängen. Im Juni definierte eine Verordnung, was jüdische Gewerbebetriebe seien, um sie so unter Ausnahmerecht zu stellen. Schon vorher erfolgte das Verbot der »Tarnung jüdischer Gewerbebetriebe«, womit der Druck zur Veräußerung (»Arisierung«) jüdischer Unternehmen verstärkt wurde. Fast gleichzeitig ordnete man die Anmeldung jüdischer Vermögen an, um sich so Zugriffsmöglichkeiten zu verschaffen.

Im Juli 1938 erschien eine Liste aller Berufe, die von Juden nicht mehr ausgeübt werden durften. Im selben Monat wurde verordnet, daß die Approbationen jüdischer Ärzte zum 30. September erloschen, gleiches wurde wenig später zum 30. November für die Rechtsanwälte angekündigt. Eine Fülle anderer Maßnahmen folgte, etwa die Vorschrift zur Änderung des Reisepasses; fortan wurde Juden ein »J« in den Paß gestempelt. Diese Maßnahme ging auf die Forderung Schweizer Behörden zurück, die eine Handhabe wünschten, um Juden von anderen deutschen Staatsbürgern unterscheiden zu können und sie gegebenenfalls an der Einreise zu hindern.[122]

Die Forderung der Schweiz macht auf ein Dilemma aufmerksam, das durch die widersprüchliche Judenpolitik entstanden war. Denn je mehr die deutschen Juden verarmten, desto geringer wurde die Bereitschaft des Auslands, jüdische Flüchtlinge aufzunehmen. In der Kennzeichnung der Pässe sahen die Schweizer lediglich eine Präventivmaßnahme, denn so war es leichter, die Juden gar nicht erst ins Land hineinzulassen, wo sie Flüchtlingsstatus beantragen konnten. Eine internationale Konferenz, die im Juli 1938 in Evian am Genfer See stattfand, hatte zudem deutlich gemacht, wie wenig auch andere Staaten willens waren, bedrängten Juden Asyl zu gewähren, was die NS-Propaganda genüßlich ausschlachtete.[123]

Die Juden saßen in der Falle: Die Auswanderung wurde zunehmend erschwert und ihre wirtschaftliche Lage immer schwieriger. In dieser Situation gewannen die SS und die von ihr beherrschten Polizeiorgane an Einfluß. Schon die Einigung mit den Eidgenossen über die Kennzeichnung jüdischer Pässe war von Heydrichs Stellvertreter Werner Best, dem Chef der Abwehr- und Ausländerpolizei, herbeigeführt worden. Die SS besaß im Gegensatz zu den wilden Antisemiten in der Partei und der perspektivlosen Ministerialbürokratie ein in sich schlüssiges Konzept. Für sie hatte die Auswanderung unbedingte Priorität, während die im Land verbleibenden Juden von jüdischen Unterstützungszahlungen aus dem In- und Ausland leben sollten.[124] Um darüber hinaus die Zahl der in Deutschland lebenden Juden zu senken, hatte sich die SS mit ihrem Polizeiapparat ein eigenes Instrument geschaffen. Adolf Eichmann begann im August 1938 als Judenreferent des Inspekteurs der Sicherheitspolizei und des SD in Wien mit Hilfe einer dort eigens gegründeten »Zentralstelle für jüdische Auswanderung« den Exodus voranzutreiben; durch eine brutale Enteignungspolitik veranlaßte er innerhalb eines halben Jahres mehr als 45 000 Juden zur Auswanderung. Polnische Juden, die in Wien lebten, wurden ausgewiesen und mußten nach Polen zurückkehren. Ihre Ausweisung wurde bald reichsweit mit unerhörter Härte von der Gestapo praktiziert, wobei ganz geringfügige Anlässe zur Rechtfertigung dieser einschneidenden Maßnahmen dienten.

Die Reaktion von polnischer Seite blieb nicht aus. Um weiteren Judentransporten einen Riegel vorzuschieben, wollte sich die Regierung in Warschau möglichst vieler ihrer Juden im deutschen Machtbereich entledigen – durch eine Verordnung, die alle länger als fünf Jahre im Ausland lebenden Staatsbürger Polens zu Staatenlosen machte, wenn sie nicht ihre Pässe bis zum 29. Oktober 1938 von polnischen Konsulaten überprüfen und erneuern ließen. Das deutsche Auswärtige Amt durchschaute das Manöver natürlich und versuchte, Polen zu einer Verschiebung der Aktion zu bewegen. Als Warschau am 26. Oktober ablehnte, brachte das AA die Gestapo ins Spiel – mit dem Auftrag, die polnischen Juden im Reich sofort nach Polen abzuschieben. Da Heydrichs Schergen nur zwei Tage bis zum polnischen Stichtag blieben, verhafteten sie mit bisher nicht gekannter Brutalität am 27. und 28. Oktober alle Juden mit polnischen Pässen, derer sie habhaft werden konnten – insgesamt 17 000. Diese wurden in Sammeltransporten an die Grenze gebracht. Meist trafen sie jedoch zu spät ein: Die polnischen Behörden ließen sie nicht mehr durch; verstört vegetierten die Juden im Niemandsland zwischen deutscher und polnischer Grenze dahin.

Der Vorgang war in zweifacher Hinsicht bedeutungsvoll. Zum einen fand hier erstmals eine von der SS-Führung gelenkte zentrale Erfassungs- und Abschiebeaktion statt. Die Verhaftungen waren keine gewalttätigen Zwischenfälle – dergleichen lehnte die SS ohnehin als Radau-Antisemitismus ab –, sondern ein mit dem Auswärtigen Amt abgestimmtes Vorgehen, leidenschaftslos und nicht von den üblichen antisemitischen Ressentiments angeheizt. Eine neue Methode wurde erprobt: »den ›völkischen‹ Gegner radikal und rücksichtslos zu bekämpfen, ohne ihn zu hassen«. Die elitäre Ideologie und bürokratische Effizienz der Führung der Sicherheitspolizei hatte die erste Bewährungsprobe bestanden und ein Beispiel abgeliefert, das noch Schule machen und auf furchtbare Weise eine Fortsetzung finden sollte. Zum anderen aber löste die hektische Erfassung und Abschiebung der polnischen Juden im Oktober 1938 den genau entgegengesetzten Effekt aus, nämlich einen Pogrom, der alle bisherigen Gewalttaten weit in den Schatten stellte.

Zu den zur Abschiebung nach Polen bestimmten Juden, die unter erbärmlichen Bedingungen an der Grenze festgehalten wurden, gehörte auch eine Familie Grynszpan aus Hannover. Über ihr trauriges Schicksal hatte sie den Sohn Herschel informiert, der seit Anfang 1938 illegal in Paris lebte, wo er sich als Strichjunge durchschlug. Die Nachricht über die Lage seiner Familie löste bei dem jungen Grynszpan Wut und Rachegelüste aus. Er kaufte sich einen Trommelrevolver und fuhr am 7. November zur deutschen Botschaft in der Rue de Lille. Dort empfing ihn der Legationssekretär Ernst vom Rath, der Grynszpan aus dem Homosexuellenmilieu kannte und von diesem auch schon bedrängt worden war, ihm gültige Dokumente zur Wiedereinreise nach Deutschland zu beschaffen. Grynszpan schoß auf den Diplomaten und verletzte ihn schwer. Bei seiner umgehenden Festnahme bezeichnete er sich als »Rächer der in Deutschland verfolgten Juden«.[125]

Hätte irgendeine Kenntnis über den homosexuellen Hintergrund von Täter und Opfer bestanden, würde der Anschlag nicht viel Aufsehen erregt haben, wenn nicht gar in Deutschland die Information unterdrückt worden wäre. Ein deutscher Diplomat war schließlich nicht homosexuell. Als im Februar 1936 Wilhelm Gustloff, der Landesgruppenleiter der Auslandsorganisation der NSDAP in der Schweiz, von einem Juden ermordet wurde, hatte die NS-Presse die Tat propagandistisch ausgeschlachtet, ohne daß antisemitische Aktionen gefolgt waren. Im November 1938 hatte sich jedoch die Situation im Bewußtsein der jüngsten außenpolitischen Erfolge und im Zuge der Ausschaltungsmaßnahmen gegen die Juden grundlegend geändert. Nun bot die Tat Grynszpans einen willkommenen Anlaß, den Judenhaß zu schüren.

Ähnlich wie der querulatorische Außenseiter van der Lubbe mit seinem »Fanal«, dem Reichstagsbrand, Tod und Verfolgung tausender Kommunisten und Sozialdemokraten verursacht hatte, bewirkte nun die Tat eines Asozialen katastrophale Folgen für die Juden in Deutschland. Dies festzustellen heißt nicht, die Schuld der Nationalsozialisten in irgendeiner Weise abschwächen zu wollen oder zu suggerieren, daß die Nazis immer wieder Opfer unbedachter Provokationen geworden seien. Davon kann keine Rede sein. Die Linke wäre auch ohne Reichstagsbrand verboten und verfolgt worden; das gleiche gilt für die Juden. Es ist aber nicht unwichtig festzustellen, daß diese Verfolgungen nicht das Ergebnis eines politischen Radikalisierungsprozesses waren, den die Nazis konsequent vorangetrieben hatten. Vielmehr zeigte sich hier wie in anderen Fällen die Planlosigkeit ihres Vorgehens. Hitler war virtuos im Reagieren, nicht aber im Entwerfen politischer Strategien.

Die Tat Grynszpans geschah am Vormittag. Schon die Abendzeitungen des Tages verbanden die Nachrichten über den Gesundheitszustand des Opfers mit einer wilden antisemitischen Kampagne, die aus der Gegenüberstellung von edler Diplomatengestalt – der Führer beförderte vom Rath noch auf dem Sterbebett zum Gesandtschaftsrat I. Klasse – und jüdischem Meuchelmörder ihre emotionale Aufladung bezog. Bereits in der Nacht zum 8. November kam es in den traditionell antisemitischen Gebieten Hessens zu pogromartigen Ausschreitungen, die in der folgenden Nacht noch zunahmen. Die ersten Synagogen brannten.

Am 9. November fand der alljährliche Gedenkmarsch zur Feldherrnhalle statt. Am Abend trafen sich dann die Teilnehmer im alten Münchner Rathaus. Während dieses Treffens wurde der Tod Ernst vom Raths bekannt. Goebbels teilte Hitler die Nachricht mit und informierte ihn darüber, welche Ausschreitungen sich bis zu diesem Zeitpunkt bereits ereignet hatten. Hitler bestimmte: »Demonstrationen weiterlaufen lassen. Polizei zurückziehen. Die Juden sollen einmal den Volkszorn zu verspüren bekommen.«[126] Hitler sprach an diesem Abend nicht, ging bald und überließ es Goebbels, der Versammlung die Todesnachricht mitzuteilen und seine Zuhörer im Sinne der Anweisung Hitlers zu instruieren. Goebbels war derjenige unter den führenden Nazis, der den größten Eifer zeigte, seinen primitiven, von Neid- und Haßkomplexen genährten Antisemitismus in die Tat umzusetzen. Mit Befriedigung konnte der Minister daher feststellen, wie im Anschluß an seine Hetzrede die Anwesenden an die Telefone »sausten«.

Unmittelbar nach Bekanntwerden der Todesnachricht ergingen also von den Teilnehmern an diesem Parteitreffen in München direkte Weisungen an ihre jeweiligen Parteiorganisationen, die mehr oder weniger deutlich zum Handeln aufforderten. Was ohnehin in der Luft lag, nachdem die Meldungen der letzten Tage über das Leiden des Gesandtschaftsrates die Stimmung angeheizt hatten, entlud sich nun in dem Bewußtsein, daß alle Aktionen gegen Juden von der obersten Führung gedeckt würden. Der Pogrom war kein Massenunternehmen, keine Rede davon, daß die Bevölkerung in ihrer Mehrheit dahinterstand. Es waren die altbekannten antisemitischen Aktivisten, die nun jedoch mit besonderer Entschlossenheit und ohne Furcht vor der Polizei zu Werke gingen.

Am erstaunlichsten mutet jedoch eine Tatsache an: Von dem reichsweiten Pogrom wußten die SS-Führung und die Gestapo nichts. Diejenigen Institutionen des Dritten Reiches, deren Aufgabe es war, über die öffentliche Sicherheit zu wachen, alles zu kontrollieren und über alles Bescheid zu wissen, die sich zudem in den Wochen zuvor in der Judenpolitik in den Vordergrund geschoben hatten, besaßen keine Kenntnis davon, daß das Startzeichen zum Pogrom von jener Parteiveranstaltung in München ausgegangen war! Niemand hielt es für notwendig, die Gestapo-Spitze über die zu erwartenden Aktionen in Kenntnis zu setzen. Himmler und Heydrich waren im Rathaus nicht mehr anwesend, als Goebbels zum Handeln aufforderte. So erhielt beispielsweise der Münchner Polizeipräsident von Eberstein, ein hoher SS-Führer, erste Informationen darüber, daß in München eine Synagoge und das Schloß des Barons Hirsch brannten, erst kurz vor Mitternacht an der Feldherrnhalle, wo er der Vereidigung von SS-Rekruten beiwohnte.[127]

Der Pogrom, der als »Reichskristallnacht« in die Geschichte eingegangen ist, stellt eine Brand- und Zerstörungsaktion ohne Beispiel dar. Es war eine mit Billigung Hitlers von Goebbels ausgelöste Aktion, die wie der Funke im Pulverfaß wirkte, da der antisemitische Bodensatz der Bewegung von der Kampagne der Vortage bereits hoch emotionalisiert war und auf das Signal zum Losschlagen wartete. Die kalten Strategen der SS konnten da nur stören. Und es war nur folgerichtig, daß Goebbels als der eigentliche Urheber am Vormittag des 10. November energisch weitere Brandstiftungen oder Zerstörungen verbot. Gewiß gab es auch Gegenden, in denen das antisemitische Potential schwächer war, aber dort machte sich dann die Regie der Parteifunktionäre stärker bemerkbar, die mitunter die »kochende Volksseele« regelrecht organisieren mußten.[128]

Spät – dafür aber um so wirkungsvoller – schaltete sich die Gestapo ein und setzte ihren Führungsanspruch durch. Während die Synagogen brannten und Geschäfte zerstört und geplündert wurden, versuchte sie gegen Mitternacht die Dinge unter Kontrolle zu bekommen. Fernschreiben von Gestapo-Chef Müller und Heydrich legten das Vorgehen fest: Gegen Brandstifter von Synagogen und bei der Zerstörung von Geschäften dürfe nicht eingeschritten werden, wohl aber gegen Plünderer. Deutsches Eigentum sei unbedingt zu schützen. Als wichtigste Maßnahme wurde die Festnahme von 20 000 bis 30 000 Juden angekündigt, die auch umgehend erfolgte. Die Verhafteten wurden in Konzentrationslager eingeliefert, deren Kapazität aber nicht ausreichte, so daß die Häftlinge herumstehen mußten und in quälenden und entwürdigenden Zählappellen ihre Zeit bis zur Entlassung verbrachten. Um den Juden klarzumachen, daß sie in Deutschland keine Zukunft mehr hatten, hätte es einer solchen Verhaftungsaktion nicht bedurft. Dies war nichts anderes als eine Demonstration der Macht. Nur die SS, so lautete die Botschaft, war für Juden zuständig. Wilde Parteiaktionen hatten fortan zu unterbleiben.

Die Schadensbilanz war beträchtlich: 815 Geschäfte zerstört, 29 Warenhäuser demoliert, 171 Wohnhäuser vernichtet, 76 Synagogen verwüstet und weitere 191 in Brand gesteckt; 36 Juden wurden ermordet, 36 schwer verletzt, 174 Plünderer wurden festgenommen.[129]

Wer sollte für den Schaden aufkommen? Sollten etwa die Versicherungen in Anspruch genommen werden? Die zerstörten Schaufensterscheiben, deren Klirren zur Bezeichnung »Kristallnacht« geführt hatte, mußten weitgehend importiert werden und kosteten wertvolle Devisen. Hier bewies Göring, der als Beauftragter für den Vierjahresplan mit den wirtschaftlichen Schäden in erster Linie zu tun hatte, seine Skrupellosigkeit. Als die Schäden in der Ministersitzung am 12. November erörtert wurden, äußerte er: »Mir wäre lieber gewesen, Ihr hättet 200 Juden erschlagen und hättet nicht solche Werte vernichtet.«[130]

Göring unterbreitete schließlich den Vorschlag, die Juden selbst für die Schäden haftbar zu machen und sie zu einer »Sühne« in Höhe von einer Milliarde Mark heranzuziehen. Mit nicht zu überbietendem Zynismus regelte Göring mit den Versicherungen die Frage der Haftung. Die Regelung sah vor, daß die Versicherungen für den entstandenen Schaden aufkamen. Aber dann kam eine neue Verordnung zur Anwendung, die bestimmte, daß Versicherungsansprüche von Juden vom Deutschen Reich beschlagnahmt wurden. Im vollen Einverständnis mit den Versicherungen erhielten die Opfer also nichts. Die gleichzeitig erlassene »Verordnung über die Ausschaltung der Juden aus dem deutschen Wirtschaftsleben« setzte nun radikal jeder jüdischen Wirtschaftstätigkeit ein Ende. Juden durften keine Geschäfte mehr betreiben, nicht mehr Leiter oder Angestellte von Unternehmen sein; jüdische Gewerbebetriebe waren zu schließen. Wenn die Verordnungen noch irgendwo Nischen ließen, waren diese so klein, daß man darin nur eine höchst kümmerliche Existenz fristen konnte.

Durch den Terror der willkürlichen Massenverhaftungen und den Entzug der Existenzgrundlagen gewann die Auswanderung an Bedeutung. Auch nationalbewußte Juden wie Victor Klemperer waren nun zur Auswanderung bereit.[131] Die Judenpolitik war an einem Wendepunkt angelangt. Die Ausschaltung aus der Wirtschaft und die damit verbundene zwangsweise Arisierung des jüdischen Besitzes schuf einen Druck, der die Auswanderungszahlen in die Höhe schnellen ließ. Die Durchführung lag jetzt bei Sicherheitspolizei und SD. Im Januar 1939 wurde die »Reichszentrale für jüdische Auswanderung« gegründet; im selben Monat sind die »Mietverhältnisse mit Juden« dergestalt geregelt worden, daß diese angewiesen wurden, in bestimmten »Judenhäusern« Quartier zu nehmen. Im April wurde unter Aufsicht der Gestapo die »Reichsvereinigung der Juden in Deutschland« gegründet, der alle Juden, selbst getaufte, angehören mußten.

Wichtigstes Ziel war die Beschleunigung der Auswanderung. Hatten 1938 rund 40 000 Juden das Altreich, also Deutschland in den Grenzen von 1937, verlassen, waren es 1939 schon 78 000. Um die Zahlen zu steigern, war der SD auch bereit, mit jüdischen Organisationen zu kooperieren, die illegal jüdische Einwanderer nach Palästina schafften.[132] Damit war die »Judenfrage« aus der Sicht derer, die sie ständig im Munde führten, im Grunde gelöst. Die jüdische Restbevölkerung – verarmt, ohne Möglichkeit zu wirtschaftlicher Betätigung, von den verschiedensten Verboten bedroht und zudem überaltert – trat in der Öffentlichkeit kaum noch in Erscheinung. Ohne Krieg hätte sich das Problem durch weitere Auswanderung und den Tod der Alten erledigt.

Als Experte für die Auswanderung rückte Adolf Eichmann als Referent in das Reichssicherheitshauptamt ein, wo er dann im Jahre 1941 das Referat IVB4 (Judenangelegenheiten, Räumungsangelegenheiten) erhielt. Dieser Name und dieses Referat sollten sich schließlich mit einer einmaligen Mord- und Vernichtungsaktion verbinden.

DER WEG IN DEN KRIEG

Das Jahr 1938 zeigte Hitler auf dem Höhepunkt seiner Erfolge, aber die Wende deutete sich bereits an. Bis zum Anschluß Österreichs offenbarten Anlage und Durchführung seiner Aktionen, daß er schrittweise vorging und unkalkulierbare Risiken zu meiden verstand. Was nun folgte, wie er die Sudetendeutschen »heim ins Reich« holte, zur militärischen Auseinandersetzung mit der Tschechoslowakei drängte, die Krise anheizte und nur widerwillig die Ergebnisse der Münchner Konferenz hinnahm – dabei feierliche Versprechen abgebend, um sie kurze Zeit später wieder zu brechen –, das alles verriet die schwindende Selbstkontrolle und Erfolgstrunkenheit eines Mannes, der weder innen- noch außenpolitische Rücksichtnahmen länger in Kauf nehmen wollte. Auch seine zunehmende Unrast fiel auf, ebenso die wachsende Aggressivität gegen alle Kritiker und Skeptiker, seien es deutsche Generäle oder ausländische Staatsmänner. Die Primitivität von Hitlers Denkens und sein starres Rechthabenwollen traten schon jetzt in den Vordergrund, auf dem Gipfel seiner großen Erfolge, nicht erst in der Stunde der Niederlage.

Bei der Wendung gegen die Tschechoslowakei, die sich seit April 1938 abzeichnete, kaum einen Monat nach der Annexion Österreichs, ging es von Beginn an um Konflikt und Gewalt, um das Verwirklichen von Hitlers »unabänderlichem Entschluß«, diese ČSR »in absehbarer Zeit durch eine militärische Aktion zu zerschlagen«, wie seine Weisung vom 30. Mai besagte.[133]

Die Tschechoslowakische Republik besaß eine zahlenmäßig starke deutsche Minderheit, von der das Gros in einem geschlossenen Siedlungsgebiet lebte und seit 1902 nach einem vom Bayerischen Wald bis zum Eulengebirge reichenden Gebirgszug zwischen Schlesien, Böhmen und Mähren benannt wurde. In den Pariser Vorortverträgen war vom Selbstbestimmungsrecht für die Sudetendeutschen nicht die Rede gewesen. Daß man sie in den Staatsverband der ČSR einverleibt hatte, ohne jede Möglichkeit zur Artikulation eigener politischer Vorstellungen, stellte wohl die ärgste Verletzung des von Woodrow Wilson einst proklamierten Prinzips des Selbstbestimmungsrechts dar. Allmählich räumte Prag den Sudetendeutschen jedoch einen Status ein, der sich vorteilhaft von dem deutscher Minderheiten in anderen Ländern Ostmitteleuropas abhob. Der politische und wirtschaftliche Aufschwung des Deutschen Reiches nach 1933, erst recht aber der Anschluß Österreichs steigerte bei den Deutschen in der ČSR aber das Verlangen, auch zum Reich zu gehören. Daraus erwuchsen zunehmend Spannungen, die sich zu einem »Volkstumskampf« verdichteten und im Sommer 1938 zuspitzten. Gewalttätige Auseinandersetzungen zwischen Deutschen und Tschechen häuften sich, nicht zuletzt angeheizt von der deutschen Presse und ihrer von Joseph Goebbels instrumentierten Hetzkampagne.

Im Nu geriet Europa in eine schwere Krise. Noch gab es Mächte, die entschlossen waren, den von Hitler geplanten Krieg zu verhindern, allen voran die britische Regierung. Großbritannien hatte seit den zwanziger Jahren immer wieder zu erkennen gegeben, daß es im Grunde die 1919 festgelegten deutschen Ostgrenzen für revidierbar hielt. Denn sie waren hauptsächlich auf französischen Druck zustande gekommen, bestimmt von dem Bestreben, den territorialen Wünschen der neuen osteuropäischen Verbündeten Frankreichs Rechnung zu tragen. Das geschah unbeschadet der Tatsache, daß dadurch nicht Nationalstaaten entstanden, sondern Nationalitätenstaaten wie die alte Donaumonarchie, nur aggressiver und ohne deren Patina. So kam für London ein energisches Beharren auf dem Status quo nicht in Frage, und das Foreign Office sah Anfang September 1938 auch keinen Grund, einen Autonomiestatus für das Sudetengebiet nicht für die vernünftigste Lösung zu halten. Das reichte indes bald nicht mehr aus, denn Hitler verschärfte ständig seine Forderungen und Drohungen. Gleichwohl stellte das Sudetenproblem aus britischer Sicht keinen zwingenden Kriegsgrund dar.

Die Appeasement-Politik des Premiers Neville Chamberlain ist unendlich oft als schwächliches Zurückweichen vor dem Diktator getadelt worden. Darauf erneut einzugehen, ist wenig ergiebig. Aufschlußreicher scheinen die Faktoren, die diese Politik bestimmten: Da war die Erfahrung mit dem Diktator Mussolini, mit dem ein Modus vivendi gefunden worden war, und da wirkte vor allem die Erkenntnis, daß Großbritannien seine Weltmachtstellung nicht würde aufrechterhalten können. Zum einen bereitete die prekäre Wirtschaftslage erhebliche Sorgen, zum anderen band die Bedrohung der ostasiatischen Besitzungen durch Japans Expansion erhebliche Kräfte. Kein Wunder, daß die Briten wenig Lust hatten, noch einmal in einen europäischen Krieg wie jenen von 1914 zu geraten, der ihnen in der Entstehung wie im Ergebnis immer fragwürdiger geworden war.

Bei aller Neigung zum Kompromiß hielt Großbritannien sein Pulver trokken. Für einen Rüstungswettlauf mit dem Deutschen Reich fehlten die finanziellen Mittel; umfangreiche Heeresvermehrungen konnten nicht einfach auf Verdacht beschlossen werden.[134] Daher konzentrierten sich Englands Politiker und Militärs auf die Luftrüstung, wobei der Bau strategischer Bomber und leistungsfähiger Abfangjäger Vorrang erhielt. Ein solches Bauprogramm war konjunkturpolitisch wie militärisch vertretbar: Es wurde in langlebige Rüstungsgüter investiert, die nicht schnell veralteten und deren arbeitsintensive Produktion zugleich neue Arbeitsplätze schuf.

Wie zurückhaltend sich London aber auch gab – die Regierung entschloß sich zur diplomatischen Intervention, als die Sudetenkrise im September eskalierte. Hitlers wilde Rede auf dem Nürnberger Parteitag mit seiner Drohung, die Unterdrückung der Deutschen in der ČSR werde »schwere Folgen« haben und Deutschland sei bereit, die »Konsequenzen so oder so zu tragen«,[135] bildete das Signal für eine Art Aufstand im Sudetenland, der zahlreiche Todesopfer forderte. Um herauszufinden, ob eine friedliche Lösung noch gefunden werden könne oder der Krieg unvermeidbar sei, entschloß sich der britische Premier, Hitlers Vorstellungen selbst zu erkunden. So kam er nach Deutschland und verschmähte selbst das für ihn ungewohnte Flugzeug nicht, um Hitler zunächst in Berchtesgaden, dann in Godesberg zu treffen.

Die Gespräche fanden unter dramatischen Begleitumständen und massiven Drohungen Hitlers statt, führten aber zuerst zu einer grundsätzlichen Einigung über die Abtretung der mehrheitlich deutschen Gebiete in der ČSR. Weitere ultimative Forderungen des Diktators und ihre Ablehnung durch die Prager Regierung stellten aber alles wieder in Frage und verschafften Hitler einen Vorwand, seinen Konfrontationskurs noch brutaler fortzusetzen. In einer Versammlung im Berliner Sportpalast am 26. September verkündete er ebenso großspurig wie verlogen: »Wir wollen gar keine Tschechen«, und er versicherte, »daß es – wenn dieses Problem gelöst ist – für Deutschland in Europa kein terri-

toriales Problem mehr gibt«.[136] Vor dem fanatisierten Publikum drohte er Prag
unverhüllt mit Krieg. Seine Hetzrede löste einen Jubel aus, dem Goebbels in
einer Wendung Ausdruck verlieh, die für Millionen Deutsche noch schicksalhafte Bedeutung gewinnen sollte: »Führer befiehl, wir folgen!«

Die Krise spitzte sich zu. Prag blieb bei seiner ablehnenden Haltung, in
Frankreich und Großbritannien begannen militärische Vorbereitungen.
Prompt reagierte Hitler mit verstärkten Truppenbewegungen in Richtung auf
die tschechische Grenze. Um die Stimmung auch außerhalb des Sportpalastes
anzuheizen und dem Ausland Kriegsbereitschaft zu demonstrieren, marschierten Truppen aus verschiedenen Einheiten durch Berlin und an der Reichskanzlei vorbei. Dieser improvisierte Propagandamarsch rief bei den Berlinern keinerlei Kriegsbegeisterung hervor, was Hitler nicht ohne Wut und Enttäuschung quittierte. Er selbst war zu dieser Stunde zum Krieg bereit und wurde
darin von seinem Außenminister noch bestärkt.[137] Am 28. September erfolgte
aber die überraschende Wendung, als Chamberlain mit der Rückendeckung
Mussolinis eine Konferenz der vier Großmächte zur Lösung der Krise vorschlug. Der Schritt der Briten und Italiener erfolgte mit geschickter Unterstützung durch den Staatssekretär Ernst von Weizsäcker, der sich gegen seinen
eigenen Minister für eine friedliche Lösung eingesetzt und in enger Zusammenarbeit mit den italienischen und britischen Botschaftern eine Verhand-
lungslösung vorbereitet hatte. Hitler ging auf die Münchner Konferenz, die er
ursprünglich nicht wollte, ein, weil Mussolini sich für dieses Treffen eingesetzt
hatte; aber auch die mangelnde Kriegsbegeisterung der Deutschen, auf die
Goebbels besorgt hinwies, hat ihn wohl dazu bewogen.[138]

Weizsäcker hatte zwar die kriegerische Lösung abgelehnt, gleichwohl zielte
auch er auf die Zerschlagung der Tschechoslowakei. Der Staatssekretär befürwortete lediglich eine andere Methode. Er trat für einen »chemische(n) Auflösungsprozeß«[139] dieses künstlichen Staatsgebildes ein, der einsetzen würde,
sobald die sudetendeutschen Gebiete an das Reich abgetreten und weitere Ter-
ritorialansprüche von slowakischer, ungarischer und polnischer Seite befriedigt waren. So konnte das gewünschte Ergebnis auch ohne Waffengewalt erreicht werden.

Der Einsatz von Waffen hätte dem Regime wohl Schwierigkeiten bereitet,
zeigten doch führende Militärs wenig Neigung, Hitler in den Krieg zu folgen.
Die Blomberg-Fritsch-Krise und der unbeirrbare Kriegskurs gegen die Tschechoslowakei hatten das Verhältnis Hitlers zur Generalität erheblich ramponiert. Selbst Generaloberst von Brauchitsch, der schwache Nachfolger von
Fritsch als Oberbefehlshaber des Heeres, wies den Diktator, wenn auch ohne
den nötigen Nachdruck, auf den unfertigen Zustand der Truppe hin. Die im-

mer wiederkehrende Frage, wie man sich denn gegen Frankreich verteidigen solle, wenn es den Tschechen zu Hilfe käme, lösten schon im Sommer 1938 Hitlers später so sattsam bekannte Mißfallensbekundungen aus. Am 16. Oktober notierte der Heeresadjutant: Das »Heer sei sein unsicherstes Element im Staat, noch schlimmer als das A.A. und die Justiz«.[140]

Das Verhältnis Hitlers zu weiten Teilen der Generalität war schon damals arg strapaziert, denn der militärische Sachverstand konnte sein Vorgehen nicht billigen. Die Fakten sprachen eine zu deutliche Sprache: Da war der empfindliche Mangel an Offizieren; das Heer reaktivierte, was es bekommen konnte, Polizeioffiziere und Leutnants und Oberleutnants aus dem Weltkrieg. Da war, noch weit problematischer, der Mangel an Generalstabsoffizieren. Ein junger Stabsoffizier, der die Kriegsakademie mit glänzenden Ergebnissen absolviert hatte, machte sich schon Anfang 1939 Gedanken darüber, was es bedeuten würde, wenn immer mehr Offizieren die »Grundlage echten Soldatentums« verlorenging, das unentbehrliche Ethos des Offiziers, die verantwortungsvolle Führung, die Sorge um die ihm anvertrauten Soldaten. Es war der Rittmeister Graf Stauffenberg, der selbstkritisch fand, daß man »schon der Masse unseren Tribut (habe) entrichten müssen«.[141]

Den Hitler ergebenen Oberst Jodl bekümmerte zutiefst die skeptische Haltung des Generalstabs, deren Ursache er darin sah, daß dieser »an das Genie des Führers nicht glaubt«. Den »Gegensatz zwischen der Auffassung der Generale und der des Führers« hörte er schon »die Spatzen von den Dächern pfeifen«, und »tieftraurig« konstatierte er, »daß der Führer das ganze Volk hinter sich hat, nur nicht die führenden Generale des Heeres«.[142]

Eine besondere Position unter den Spitzenmilitärs kam dem Generalstabschef Ludwig Beck zu, einem brillanten Soldaten, den Ehrgeiz und ein beachtliches Selbstgefühl auszeichneten.[143] Als Anhänger Hitlers war er 1933 schnell aufgerückt und an die Spitze des Truppenamtes, des späteren Generalstabs, gelangt. Als er aber sah, daß Hitler immer deutlicher auf den Krieg zusteuerte, kamen ihm Bedenken. Er schrieb warnende Denkschriften, die die Niederlage und den Untergang Deutschlands voraussagten, wenn es zum Krieg gegen England und Frankreich käme.

Hitler muß Beck lange Zeit nicht sehr ernst genommen haben. Wie viele seiner Denkschriften ihn erreichten, läßt sich nicht mehr feststellen. Eine erregte den Diktator im Juli 1938 jedenfalls maßlos, eigentlich nur das Teilstück einer Beck-Denkschrift, das Keitel und Brauchitsch ihm nach langem Zögern doch noch vorgelegt hatten. Da hatte Beck angeblich die militärischen Stärkeverhältnisse der Gegenseite zu hoch angesetzt, was den auf Zahlen fixierten Hitler sofort in höchste Wut versetzte: »Kindische Kräfteberechnungen.«[144] Weil der schwache Brauchitsch sich danach nicht mehr bereit zeigte, seinen Mitarbeiter zu decken, reichte Beck sein Rücktrittsgesuch als Generalstabschef ein, bat jedoch nicht darum, aus dem Heer ausscheiden zu dürfen.[145] Mit der weiteren Verwendung Becks hatte Hitler es nicht eilig; ihm genügte, daß General Franz Halder, bis dahin Oberquartiermeister I und Stellvertreter Becks, der mehr Tatkraft und Entschlossenheit zeigte, am 1. September die Funktionen des Generalstabschefs übernahm. Beck wurde Ende September beurlaubt und schied einen Monat später aus dem aktiven Dienst aus. In seinen Papieren aus dem Sommer 1938 finden sich zwar kritische Äußerungen über das Regime und die wachsende Bonzokratie, aber die Person Hitlers wurde ausdrücklich davon ausgenommen. Daß er schließlich zu den Attentätern des 20. Juli gehörte, verdient hohen Respekt, denn er vollzog damit eine Entwicklung, zu der nur wenige fähig waren.

Dachte Halder radikaler? Mit seinem Namen ist verbunden, was als »Septemberverschwörung« durch die Literatur geistert und in der zunehmenden historischen Entfernung immer größere Bedeutung gewinnt. Damals soll es angesichts der wachsenden Kriegsgefahr eine Konspiration hoher Militärs gegeben haben, die im Augenblick des Kriegsausbruchs losschlagen und Hitler in der Reichskanzlei festnehmen, möglicherweise sogar umbringen wollten. Eine neuere Gesamtdarstellung von Joachim Fest kommt dabei zu dem erstaunlichen Urteil, »daß trotz erheblicher Unsicherheitsfaktoren kein anderer Umsturzversuch jener Jahre vergleichbar große Erfolgschancen gehabt hat«.[146] Diesen Befund glaubt Fest aus einem Geschehensablauf ablesen zu können, den er mit der empörenden Intrige gegen den Generaloberst von Fritsch im Februar 1938 beginnen läßt. Durch den Blomberg-Fritsch-Skandal, argumentiert der Autor, seien manchen Militärs die Augen über den Charakter des Regimes geöffnet worden. Die kritische Distanz sei dann durch die beiden entschiedensten Oppositionellen, Oberstleutnant Oster von der Abwehr und Regierungsrat Gisevius, verstärkt worden, die für den Umsturz plädierten. Mit der Sudetenkrise und der aufziehenden Kriegsgefahr habe sich der Widerstand unter den Militärs verfestigt. Von Beck bis zu Halder, vom Abwehrchef Canaris bis zu Brauchitsch habe grundsätzliche Übereinstimmung darüber geherrscht, daß rasch gehandelt werden müsse, was natürlich unterschiedliche Positionen im einzelnen nicht ausgeschlossen habe. Hinzugekommen sei der Reichsbankpräsident Schacht, der im Sommer 1938 enge Beziehungen zu dem putschbereiten General Erwin von Witzleben, Befehlshaber des Wehrkreises III, angeknüpft habe. Auch zu Goerdeler, dem preußischen Finanzminister Popitz und dem ehemaligen Botschafter von Hassell habe es enge Kontakte gegeben.

Witzleben erscheint überall als die Schlüsselfigur der Verschwörung. Sein

Wehrkreis umfaßte Berlin und Brandenburg; ihm unterstanden zwei Divisionen, darunter die in Potsdam liegende 23. Infanteriedivision, deren Kommandeur, Generalmajor Graf Brockdorff-Ahlefeldt, von Witzleben für das Unternehmen gewonnen worden sei. Die Division stellte, so weiß Fest, »die stärkste militärische Macht im engeren Berliner Raum dar und war daher für den Erfolg des Vorhabens von ausschlaggebender Bedeutung«.[147] Außerdem war Generalleutnant Hoepner, der Kommandeur der 1. Leichten Division, die im Vogtland stand, ebenfalls eingeweiht. Sein Verband sollte notfalls den Transport der SS-Leibstandarte Adolf Hitler von München nach Berlin auf halbem Wege stoppen. Schließlich sollte der Abwehrmajor Friedrich Wilhelm Heinz mit einer »Kommandoeinheit verwegener Landsknechtsnaturen« in die Reichskanzlei eindringen und Hitler ausschalten. Die Pläne seien mehr oder weniger fertig gewesen, es habe »jeder unausgesetzt mit jedem« verhandelt.[148] Alles schien hervorragend zu laufen – »da blieb die Uhr stehen«.[149] Hitler akzeptierte die Einberufung der Konferenz nach München, und damit entfiel die Voraussetzung zum Losschlagen. Denn gegen einen Führer, der wieder ohne Krieg einen großen außenpolitischen Erfolg errang, konnte niemand putschen.

Bleibt die Frage, ob damals tatsächlich ein Umsturzversuch mit den womöglich größten Erfolgsaussichten sein Ende gefunden hat. Dies kann nur entschieden verneint werden. Die »Septemberverschwörung« hat sich zu einem Phantom entwickelt, das im Laufe der Jahrzehnte an Umfang zugenommen hat, ohne daß verläßliche Quellen neue Aufschlüsse böten. Als wahren Kern wird man akzeptieren können, daß Distanz und Kritik gegenüber Hitler in Teilen der Generalität vorherrschten und wachsende Besorgnis ob seines ungezügelten Willens zum Krieg umging. Es ist ferner anzunehmen, daß Pläne erörtert wurden, die darauf abzielten, den für Deutschland verhängnisvollen Diktator zu bremsen oder – besser noch – unschädlich zu machen.

Wie sollte das aber gelingen angesichts der gläubigen Verehrung, die der Führer bei seinen Landsleuten genoß? Das ungeheure Maß an Zustimmung, das Hitler fand, beruhte doch darauf, daß er alle Erfolge stets ohne Krieg erreicht hatte. Das war für die Masse des Volkes entscheidend, denn nach Krieg gelüstete es die Deutschen nicht. Daher war die Überlegung von Regimegegnern nicht falsch, daß im Augenblick des Kriegsausbruchs, des offensichtlichen Scheiterns von Hitlers Politik »friedlicher« Eroberungen, eine radikale Ernüchterung in der Bevölkerung einsetzten würde und der Glaube an den Führer erschüttert wäre. Damit bot sich endlich die Chance zu einer Aktion gegen Hitler, aber mehr nicht.

Man konnte mit großer Wahrscheinlichkeit auf die Unterstützung der militärischen Führung rechnen, die sich von dem Alpdruck befreit fühlen mußte, mit einem unfertigen Heer der sicheren Niederlage entgegenzuziehen, sollte es zum Krieg mit den Westmächten kommen. Auf einem ganz anderen Blatt steht jedoch, wie ein solcher Putsch praktisch hätte durchgeführt werden können. Wie konnten sich die Verschwörer gegenüber den vielen Hitler-Anhängern durchsetzen, die überall in Heer und Verwaltung saßen? Verschwörer wie Oster und Gisevius werden den Generälen, zu denen sie Zutritt hatten, die Notwendigkeit eines Umsturzes eindringlich vor Augen geführt und wahrscheinlich dabei ein mehr oder weniger positives Echo erzielt haben. Es ist jedoch ein weiter Weg von der Bejahung radikalen Wechsels bis zur Planung eines Staatsstreiches. Hans Bernd Gisevius' viel zitiertes Buch »Bis zum bittern Ende« kann nur mit höchster Vorsicht verwendet, nicht aber unkritisch als Leitfaden durch die Konspirationsgeschichte benutzt werden.

Auch gegenüber der »Abrechnung mit Hitler«, die Hjalmar Schacht 1948 veröffentlichte, ist erhebliche Skepsis angebracht. Der Finanzier der deutschen Aufrüstung verfolgte mit der Darstellung seiner Widerstandsaktion im Jahre 1938 das Ziel, dadurch sein schlechtes Image als Magier der Mefo-Wechsel aufzubessern. Das hieß für den Egozentriker Schacht, daß er bei dem Unternehmen neben Witzleben eine führende Figur dargestellt habe. Der Herr Reichsbankpräsident kümmerte sich sogar zusammen mit den Militärs um Details: »In wochenlangen Besprechungen legten wir gemeinsam die vom Militär zu besetzenden Plätze und Gebäude fest«, und er vergißt auch nicht »die Locierung der Truppen, insbesondere der Panzerwagen«.[150]

Die Verwirrung über die Putschaktivitäten beruht auch darauf, daß es 1938 zwei verschiedene Ursachen für Putschpläne gab. Das war zum einen die Fritsch-Affäre, und zum anderen waren es die Kriegspläne Hitlers, gegen die sich Widerstand erhob. Zum wahren Kern der »Septemberverschwörung« vorzudringen, ist indes schwierig, weil die drei wichtigsten Akteure unter den Generälen, die den Putsch durchführen sollten – Witzleben, Brockdorff-Ahlefeldt und Hoepner –, den Krieg nicht überlebt haben. So muß offenbleiben, inwieweit sie von Überlegungen, einen Staatsstreich zu wagen, wußten und daran teilnahmen. Für Hoepner, dessen Division in Thüringen an der Grenze stand, kann dies mit Sicherheit ausgeschlossen werden.[151] Andererseits scheint festzustehen, daß Oster im Sommer 1938 Schacht, Halder und Witzleben zusammengebracht hat. Gisevius hatte sich dazwischengedrängt und besonders auf Halder abschreckend gewirkt. Was war aber und vor allem wann Gegenstand von Erörterungen oder gar Planungen? Schon Gerhard Ritter hat festgestellt, »die verschiedenen Berichte … widersprechen einander in Einzelheiten der Erinnerung so stark, daß kein klares Bild mehr über die ersten Begegnungen zwischen Schacht, Halder, Gisevius und Witzleben zu gewinnen ist«.[152]

Eine wichtige Frage, nämlich wie weit die Planungen fortgeschritten waren, kann im Grunde nicht beantwortet werden. Es mag mehr als ein Treffen gegeben haben, aber wurde dabei schon wirklich festgelegt, wer bei der Aktion was zu tun hatte? Halder teilte 1946 dem Anwalt Schachts mit, mit dem Besuch Chamberlains bei Hitler auf dem Obersalzberg »war unser Plan zu Ende«.[153] Das heißt nichts anderes, als daß die von Gisevius kolportierte dramatische Zuspitzung bis zum 28. September gar nicht stattgefunden hat.

Das ist eine bedeutsame Aussage von einem der wichtigsten Akteure. Sie wirkt glaubhaft, weil Halder für sich nur eine begrenzte Beteiligung einräumte und nicht mit angeblichen Widerstandsmeriten glänzte. Wenn der Generalstabschef aber in der eigentlich dramatischen Phase nicht mehr mitmachte, erhält die »Verschwörung« eine wesentlich geringere Bedeutung. Daher wird in der kürzlich erschienenen Halder-Biographie sehr vorsichtig geurteilt, sein Verhalten auf dem Höhepunkt der Sudetenkrise sei darauf hinausgelaufen, »jedes internationale Risiko nach Möglichkeit zu vermeiden, letzten Endes also Hitlers Politik gegen die Tschechoslowakei so gut wie möglich abzusichern«.[154]

Das Bild, das die wenigen Quellen von Halder im September vermitteln, ist voller Widersprüche. Am Ende des Nürnberger Parteitages hatte er fast eine halbe Nacht lang mit Hitler erbittert darüber gestritten, wie die Panzer am wirkungsvollsten gegen die Tschechen eingesetzt werden sollten. Kämpft um den Truppeneinsatz mit solcher Hartnäckigkeit, wer es gar nicht zum Kriege kommen lassen will? Die wenigen glaubwürdigen Zeugnisse über sein Verhalten in der Sudetenkrise zeichnen ein merkwürdiges Bild. Am 26. August herrschte er den Heeresadjutanten Engel an, der ihm über allerlei heeresfeindliche Pläne in der Reichskanzlei berichtet hatte: »Lassen Sie mich mit diesem lächerlichen Kram zufrieden. Mich interessieren Gedanken über die weltpolitische Lage durch [sic] den deutschen Reichskanzler.« Als aber am 28. September mit der Einberufung der Münchner Konferenz der Krieg vorerst abgewendet war, saß er am Schreibtisch, »völlig zusammengebrochen, weint, hält alles für verloren, glaubt nicht an Einigung«.[155] Weinte er der vergangenen Chance nach, seinen ersten Feldzug führen zu können? Die Tränen pflegten ihm auch später zu kommen, wenn der Führer ihn abgekanzelt hatte. Dann entfaltete er umständlich sein Taschentuch, wischte sie fort und seufzte: »Der Führer versteht mich nicht.«[156]

Die skurrilste Episode der »Septemberverschwörung« stellt die angebliche Mitwirkung des Friedrich Wilhelm Heinz dar. Er hat sich erst 1952 durch seine Aussage vor einem Arbeitskreis, die von Helmut Krausnick übernommen wurde,[157] in die Geschichte hineingelogen. Heinz stellt eine der fragwürdigsten Figuren der rechten Szene dar. Er war Freikorpsmitglied und Aktivist der »Organisation Consul«, beteiligt am Rathenau-Mord, dann Stahlhelm-Führer, vorübergehend Mitglied der NSDAP. Anfang der dreißiger Jahre hielt er sich als nationalistischer Schriftsteller über Wasser und landete 1936 in einem Hafen, der für Existenzen wie ihn offenstand, nämlich in der Abwehr. Es gibt sogar einen glaubwürdigen Zeugen dafür, daß Heinz die von ihm selbst behauptete Rolle in der »Septemberverschwörung« gar nicht gespielt haben kann, und das ist niemand anderes als Gisevius, in dessen Bericht über die Konspiration von 1938 Heinz überhaupt nicht auftaucht. Gisevius erwähnt ihn erst später, mitten im Krieg, als Oberstleutnant bei der Abwehr. Es besteht aber kein Anlaß für Gisevius, Heinz in der Versenkung verschwinden zu lassen, wenn er tatsächlich eine so wichtige Aufgabe übernommen haben sollte.

Zudem erscheint der »Stoßtrupp«, den Heinz angeblich führte, als Phantasiegebilde. Er war bei der Abwehr für Propaganda zuständig, also dort mehr eine Randfigur. Selbst wenn die Planungen so weit gediehen sein sollten, daß man mit einem Stoßtrupp in die Reichskanzlei eindringen wollte, wird man dies mit ausgesuchten Offizieren getan haben, nicht aber mit ehemaligen »Stahlhelmstudenten«, die Heinz nach so langer Zeit wieder zusammengetrommelt haben wollte. Denn derartige Gruppen verloren unter den veränderten politischen und wirtschaftlichen Bedingungen nach 1933 gewiß schnell den Kontakt miteinander.

Nach dem Krieg war ebendieser Heinz auf dem besten Weg, in der Bundesrepublik Karriere zu machen. Doch dann gab er eine falsche eidesstattliche Versicherung ab, was ihm nachgewiesen wurde und seinen Aufstieg jäh beendete.

Apologeten in eigener Sache und Wichtigtuer haben aus einem Plan, der vage im Falle des Krieges gegen die ČSR den Staatsstreich vorsah, eine regelrechte Verschwörung gemacht, die in der hier beschriebenen Form mit Sicherheit nicht bestanden hat. Die überzeugendste Widerlegung all der windigen Behauptungen stellt die 1988 erschienene erweiterte Ausgabe der Tagebücher Ulrich von Hassells dar. Sie setzen am 17. September 1938 ein, also in der akuten Phase von Sudetenkrise und angeblicher Verschwörung. Der frühere Botschafter in Rom, der in den regimekritischen Kreisen geradezu das Gras wachsen hörte, sprach in jener Zeit mit verschiedenen oppositionell eingestellten Persönlichkeiten, unter anderen auch mit Popitz, aber er hörte nichts von dem, was Schacht, Witzleben, Oster, Gisevius und all die anderen damals angeblich geplant hatten.

Ein disparates Quellenzeugnis aus dem Jahre 1945 beleuchtet das tatsächliche Dilemma, das entstand, wenn Umsturzpläne in die Wirklichkeit umgesetzt werden sollten. General Thomas berichtete damals in einer rückblickenden Aufzeichnung, daß Generalmajor von Brockdorff-Ahlefeldt General von Witzleben mitteilen ließ, »das junge Offizierskorps sei nicht zuverlässig und würde wohl gegen die SS, nicht aber gegen die Person Hitlers zu kämpfen bereit sein«.[158] Es mag Pläne und Absprachen in der luftigen Höhe von Generalstab und Generalkommando gegeben haben, denen aber jede Durchschlagskraft fehlte, weil sie an der Hitler-Gläubigkeit der jüngeren Offiziere scheitern mußten.

Hitler hat wiederholt seinen Widerwillen gegen die ihm aufgenötigte friedliche Lösung der Sudetenkrise geäußert. Bis an sein Ende hielt sich bei ihm die irreale Vorstellung, daß er den Krieg schon 1938 hätte beginnen müssen, um ihn zu gewinnen. Es konnte ihm nicht schnell genug gehen. Bereits Ende Oktober begannen daher die Planungen für den nächsten Schritt, die Erledigung der »Resttschechei«. Das war militärisch gesehen kein großes Problem, befand sich dieser Rumpfstaat doch nach Verlust seiner Grenzbefestigungen in einer militärisch desolaten Lage. Seine Besetzung war vor allem ein politisches Problem, genauer ein Problem Hitlers. Wie er dabei in der Nacht vom 14. zum 15. März den nach dem Abfall der Slowakei zu ihm geeilten Prager Staatspräsidenten Hácha unter Druck setzte und mit Bombardierung drohte, falls dieser nicht »das Schicksal des tschechischen Volkes und Landes vertrauensvoll in die Hände des Führers« lege,[159] war nichts anderes als brutale Erpressung. Die militärische Besetzung begann wenige Stunden danach, der tschechische Rumpfstaat wurde zum »Protektorat Böhmen und Mähren«.

Damit war eine grundlegende politische Wende eingetreten. Hitler hatte sich entlarvt. Sein Wille zum Revisionismus von Versailles und seine Beteuerung, Deutsche lediglich von fremder Herrschaft befreien zu wollen, enthüllten sich nun als vorsätzliche Täuschung. Zum Vorschein kam, was Hitler schon immer betrieben hatte: eine Politik der gebrochenen Versprechen und skrupelloser Gewaltanwendung.

Das nächste Ziel war Polen; im April 1939, nur wenige Wochen nach Prag, erging die Weisung für den Angriff auf Polen. Aber diesmal war das Risiko höher, denn Polen war nicht kampflos zu erobern. Die britische Regierung hatte unter dem Eindruck der deutschen Besetzung Prags die Unabhängigkeit Polens garantiert. Das war mehr ein mit drohendem Unterton gegebenes Allianzversprechen als eine tatsächliche Bündniszusage. Die vom Auswärtigen Amt betriebenen Versuche, mit Polen zu einem Ausgleich zu kommen, der die Rückgabe Danzigs an Deutschland ermöglichte und den Verkehr nach Ostpreußen erleichterte, hatten zu keinem Ergebnis geführt. Polen war zu keiner Konzession bereit und fühlte sich ungemein stark. Ernst von Weizsäcker sah im April den Frieden noch nicht gefährdet, vielmehr befürchtete er »eine Gefahr nur bei den zügellosen, untergeordneten polnischen Organen, die in slawischer Großmannssucht auf dem europäischen Klavier klimpern«.[160] Von der bereits am 3. April ergangenen Weisung zum Angriff hatte er keine Ahnung, und er verdrängte offensichtlich den ungebrochenen Kriegswillen Hitlers. Dem ging es keineswegs um Danzig und auch nicht um mehr oder weniger große Grenzkorrekturen, sondern um die Vernichtung des polnischen Staates. Am 23. Mai 1939 legte er seine Pläne vor den Oberbefehlshabern dar.[161] Polen, so seine These, sei »bei erster passender Gelegenheit anzugreifen«, da es immer bei den Gegnern Deutschlands zu finden sein werde. Zugleich wurde die Besetzung Polens »als Erweiterung des Lebensraums im Osten« bezeichnet, denn die »Lebensmittelversorgung ist nur von dort möglich, wo geringe Besiedlung herrscht«. Als zusätzlicher Faktor zähle, daß »die deutsche gründliche Bewirtschaftung die Überschüsse gewaltig steigern« werde. Hier zeigt sich die Beliebigkeit des Arguments der Eroberung von Lebensraum.

Das Vorgehen gegen Polen ähnelte dem ursprünglichen Konzept gegen die Tschechoslowakei: Isolierung des Gegners, ohne daß es zum Konflikt mit dem Westen kommt. Allerdings rechnete Hitler diesmal tatsächlich mit Krieg, ja er hoffte darauf, denn am 22. August sollte er die Besorgnis äußern, daß ihm nicht »noch im letzten Moment irgendein Schweinehund einen Vermittlungsvorschlag vorlegt«.[162] Interessant sind in dem Mai-Monolog die Ausführungen Hitlers über den tatsächlichen Gegner: Großbritannien. Immer wieder kam er darauf zurück. England sähe »in der deutschen Entwicklung die Fundierung einer Hegemonie«, die es nicht zulassen werde. »Die Auseinandersetzung mit England geht auf Leben und Tod«, heißt es an anderer Stelle. Man müsse unbedingt die Kanalküste besetzen, um wirkungsvoll Krieg gegen England führen zu können, aber diese Operation sei von dem Feldzug gegen Polen strikt zu trennen. Er wollte um jeden Preis vermeiden, in einen Krieg gegen England »hineinzuschlittern«. Die Sowjetunion fand nur beiläufige Erwähnung.

Merkwürdig nur, daß Hitler nichts über sein vermeintliches Programm sagte, das ihm manche Historiker unterstellen und das die Absicht enthalten haben soll, Polen zu zerschlagen, um eine gemeinsame Grenze mit der Sowjetunion zu erhalten, von der aus dann der Krieg mit ihr um Lebensraum im Osten geführt werden sollte. Zu diesem Zeitpunkt standen derartige Vorstellungen bei Hitler mit Sicherheit nicht im Vordergrund, was nicht heißen soll, daß sie nicht vorhanden gewesen wären. Es ist nur die Frage, ob es im Denken Hitlers tatsächlich die Systematik und Folgerichtigkeit gab, die ihm häufig unterstellt wird.

Zur Stützung der These von Hitlers programmgelenktem Vorgehen im August 1939 wird immer wieder ein Ausspruch zitiert, dem in diesem Zusammenhang eine Schlüsselrolle zugewiesen wird. Der Hochkommissar des Völkerbundes in Danzig, Carl J. Burckhardt, hat in seinen Memoiren einen Satz Hitlers vom 11. August 1939 überliefert, den er selbst als den »aller-merkwürdigsten Ausspruch« des Führers bezeichnet hat. Er lautet: »Alles, was ich unternehme, ist gegen Rußland gerichtet; wenn der Westen zu dumm und zu blind ist, um dies zu begreifen, werde ich gezwungen sein, mich mit den Russen zu verständigen, den Westen zu schlagen und dann nach seiner Niederlage mich mit meinen versammelten Kräften gegen die Sowjetunion zu wenden. Ich brauche die Ukraine, damit man uns nicht wieder wie im letzten Krieg aushungern kann.«[163] Wie eine kritische Analyse der Memoiren sowie der politischen Vorstellungen Burckhardts inzwischen ergeben hat, ist dieser Ausspruch Hitlers aber nie gefallen. Burckhardt hat ihn später als eigene Erfindung hinzugefügt.[164]

Im Sommer 1939 erfuhr die außenpolitische Situation in Europa eine unerwartete Veränderung. Die Sowjetunion wurde in geradezu dramatischer Form diplomatisch aufgewertet. Der blutrünstige Paria der europäischen Staatenwelt, den zu der Münchner Konferenz hinzuzuziehen keine Seite für notwendig gehalten hatte, wurde plötzlich umworben. Britische und französische Militärdelegationen reisten nach Moskau und verhandelten über ein Bündnis. Das eigentliche Problem konnte aber von ihnen nicht gelöst werden: das Durchmarschrecht sowjetischer Truppen durch Polen. Wenn man gemeinsam gegen Deutschland kämpfen wollte, war das aber die elementare Voraussetzung. Was von der Unabhängigkeit Polens übrigblieb, wenn die Rote Armee durch Polen marschierte, konnten sich die Westmächte durchaus vorstellen, und das wollten sie nicht dulden. Schließlich konnte niemand ahnen, daß die erklärten Todfeinde, das nationalsozialistische Deutschland und das bolschewistische Rußland, rasch handelseinig werden sollten – ganz im Gegensatz zu den Vertretern Moskaus und der Westmächte.

Wann die Hinwendung Stalins zu Hitler-Deutschland erfolgte, ist nicht mit Sicherheit zu bestimmen. Immerhin ist nachweisbar, daß Stalin 1939 die Weichen stellte, zuerst mit seiner Rede auf dem Parteitag im März, in der er vor Mächten warnte, »die gewohnt sind, sich von anderen die Kastanien aus dem Feuer holen zu lassen«. Dann wurde der jüdische Außenminister Litwinow durch Molotow ersetzt, und es begann das vorsichtige Sondieren: über die Erneuerung des deutsch-sowjetischen Handelsvertrages und die Belebung der fast zum Erliegen gekommenen Wirtschaftsbeziehungen,[165] schließlich auch über die Verbesserung der politischen Beziehungen. Auf deutscher Seite zeigte man ebenfalls Interesse. Staatssekretär von Weizsäcker erklärte Ende Mai dem sowjetischen Geschäftsträger »nach einer persönlichen Instruktion des Führers«: »Ihr könnt unsere Freunde oder unsere Feinde sein, ganz wie ihr wollt.«[166]

Richtig Schwung bekamen die Gespräche aber erst im August, weil noch vor Beginn des Angriffs auf Polen zur Abschreckung der Westmächte der Pakt mit Stalin abgeschlossen sein sollte. Noch zögerte Molotow, selbst als die deutsche Seite mit dem Vorschlag einer großen politischen Lösung in Ostmitteleuropa lockte. Nach einigem Hin und Her – wobei das Telegramm Hitlers an Stalin, das den Besuch Ribbentrops in Moskau und das Eingehen auf die sowjetischen Wünsche ankündigte, den makabren Höhepunkt darstellte –, kam es in der Nacht zum 24. August zur Unterzeichnung des Nichtangriffspaktes und eines geheimen Zusatzprotokolls. Damit war die Bahn frei zum Krieg, mehr noch: Die vierte polnische Teilung seit 1772 war besiegelt. Stalin konnte die Auslieferung des Baltikums und des damaligen Ostpolens als eine »Reconquista zarischen Territoriums«[167] verbuchen, die kurz zuvor noch unvorstellbar schien. Moskau verzeichnete einen riesigen Landgewinn, verbesserte seine strategische Position und sah sich in der Lage, die traditionelle russische Politik der Sicherung einer Einflußzone in Südosteuropa fortzusetzen.

Kam es zum Krieg unter den »imperialistischen Mächten«, so Stalins Kalkül, dann blieb er in der Hinterhand und konnte warten, bis ihm der Kriegseintritt sinnvoll erschien. Hitler fühlte sich ebenfalls als Gewinner; er war sich der Neutralität Stalins im kommenden Krieg gegen Polen sicher und erhoffte sich erhebliche Rohstoff- und Lebensmittellieferungen. Über die Bedeutung dieser Lieferungen besteht keine Einigkeit. Manche stufen den Wert der sowjetischen Exporte für die deutsche Kriegführung als »denkbar gering« ein.[168] Dagegen betont eine kürzlich erschienene Arbeit den erheblichen Umfang der Lieferungen, weist aber zugleich auch auf die Rolle Moskaus als Blockadebrecher hin, da wichtige Rohstoffe aus Ostasien durch die Sowjetunion nach Deutschland gelangten.[169]

Von Bolschewisten, geschweige denn vom jüdischen Bolschewismus, war nun in der NS-Propaganda nicht mehr die Rede; statt dessen sprach sie mit sympathischem Unterton vom russischen Volk. Als Hitler sich am 22. August vor der höheren Generalität auf dem Obersalzberg präsentierte, strahlte er Zuversicht aus und berauschte sich am Wert der Persönlichkeit, durch den sich angeblich die Achse mit ihm und dem Duce von der unterdurchschnittlichen Führung der westlichen Demokratien unterscheide, die er als »kleine Würmchen« abqualifizierte: »In der Zukunft wird es wohl niemals wieder einen Mann geben, der mehr Autorität hat als ich.«[170] Das war eine durchaus richtige Feststellung, nur zogen die Deutschen nach 1945 daraus eine andere Konsequenz, indem sie sich für eine Staatsform entschieden, die solche Konzentration von Macht und ihren Mißbrauch in Zukunft ausschloß.

Diesem »großen Wert-Faktor«, der in seiner Person lag, sah Hitler jedoch ge-

Im München machte sich 1939 der Attentäter Georg Elser daran, in einer Säule des Saales im Bürgerbräu-keller, in dem sich am 8. November die »alten Kämpfer« zu treffen pflegten, eine Bombe zu installieren. Sprengladung und Zünder sollten dann auch am 8. November präzise funktionieren, und die Explosion erfolgte exakt zu der Zeit, die für Hitlers Rede vorgesehen zu sein pflegte. Doch an diesem Tage sprach der »Führer« ungewöhnlich kurz und verließ die Versammlung früher als gewohnt, um noch am selben Tag nach Berlin zurückzufahren. Ob Hitlers Gespür ihn warnte oder nicht – die ingeniöse Tüftelarbeit eines Einzel-gängers hätte Geschichte machen können. Es war das Werk eines mutigen Mannes, dessen Tat kaum ins öffentliche Bewußtsein gedrungen ist, der es aber geschafft hatte, eine ausreichende Sprengladung herzu-stellen und das Problem der Zündung einwandfrei zu lösen. Nur auf den vorzeitigen Aufbruch Hitlers konnte er nicht reagieren.

fährdet, da er »jederzeit von einem Verbrecher, von einem Idioten beseitigt werden« könne. Hier irrte der »Führer« nicht, wie sich wenige Wochen später in München zeigen sollte.

Auf dem Obersalzberg wird am 22. August wohl niemand Gefahren solcher Art ernst genommen haben. Fast schienen die Befehlshaber der Heeresgruppen und Armeen, die mit ihren Generalstabschefs dorthin zusammengerufen worden waren, ein wenig sorglos, wirkte doch auf sie die Rede Hitlers nicht als Ankündigung des Krieges, für dessen Beginn damals der 26. August vorgesehen war. So hatte der Generalleutnant von Manstein keineswegs den Eindruck, daß der Krieg unmittelbar bevorstand.[171]

In Wirklichkeit lief die verdeckte Mobilmachung aber schon auf hohen Touren, in Deutschland wie in Frankreich und Polen. In Polen mehrten sich blutige Ausschreitungen gegen die deutsche Minderheit, die die ohnehin bestehende antipolnische Stimmung in Deutschland in offenen Haß umschlagen ließen. Am 25. August, einen Tag vor Beginn der geplanten Feindseligkeiten, wurde der deutsche Aufmarsch jedoch plötzlich angehalten. Die Nachricht vom Abschluß des britisch-polnischen Beistandspaktes und die Erklärung Mussolinis, daß Italien nicht kriegsbereit sei, was eine Art von Offenbarungseid für dieses Operettenbündnis darstellte, ließ Hitler noch einmal zurückzucken. »Ziemlich zusammengebrochen« sei der Führer gewesen, notierte Halder.[172] In den folgenden Tagen überschlugen sich die diplomatischen Aktivitäten. Versuche zu einer Entschärfung der Krise, die von britischer Seite gemacht wurden, lehnte Hitler ab in dem Glauben, daß diese nur Zeichen der Schwäche seien und wie vor München nur auf das schließliche Nachgeben der Briten hindeuteten.

Göring aber wurde unruhig; wie kaum ein anderer NS-Potentat war er bereit, aus Lust an der risikolosen Machtausübung und in Erkenntnis der beschränkten Ressourcen Deutschlands den Frieden zu erhalten. Über Mittelsleute ließ er in England sondieren, ob es noch einen Weg aus der Krise gebe. Am Ende wagte Göring sogar ein paar Widerworte gegen seinen Führer. Am 29. August sagte er zu Hitler: »... wir sollen doch das va banque Spiel lassen.« Hitler gab zurück: »Ich habe in meinem Leben immer va banque gespielt.«[173] Dieser Satz ist schon häufig zitiert worden, er kann gar nicht oft genug wiederholt werden – Hitler ein Vabanquespieler, der alles auf eine Karte setzt und sich allein auf den bevorstehenden Coup konzentriert, den er gerade im Blickfeld hat. Ist ein Mensch, der sich selbst so einschätzt, als ein Politiker zu beurteilen, der zäh die Verwirklichung eines Programms verfolgte und schon als sektiererischer Ideologe in den zwanziger Jahren von der Weltherrschaft geträumt hatte, die er nun Schritt für Schritt verwirklichte?

Zu Hitlers Selbstcharakterisierung als Spieler paßt auch sein feines Gespür für Situationen und die Mentalitäten und Handlungsweisen demokratischer Politiker. Das ließ ihn die Erfolgsaussichten bei der Rheinlandbesetzung richtig beurteilen, ebenso blieb er damit gegenüber Chamberlain nicht erfolglos und hatte auch in den letzten Augusttagen richtig herausgespürt, daß die britische Regierung noch nicht wirklich zum Krieg entschlossen war. Auch seine Einschätzung der aus innenpolitischen Gründen geringen Angriffsbereitschaft Frankreichs war richtig; so konnte er den Westwall weitgehend von Truppen entblößen und mit der großen Mehrheit des Heeres über Polen herfallen.

Der Pakt mit Stalin und die ständige Versicherung von Hitlers kriegslüsternem Außenminister, daß die Westmächte im Konflikt mit Polen nicht eingreifen würden, hatten katastrophale Folgen: Der schließlich auf den 1. September festgelegte Kriegsbeginn wurde nicht noch einmal verschoben. Die offizielle Begründung für den Beginn der Feindseligkeiten wurde mit schon vor dem Überfall erschossenen KZ-Häftlingen in polnischen Uniformen, die deutsche Grenzposten angegriffen haben sollten, in beschämender Dürftigkeit geliefert. Am Rundfunk konnten die Deutschen ihren Führer verkünden hören, »ab 5 Uhr 45 wird zurückgeschossen«. Tatsächlich begannen die Feindseligkeiten schon eine Stunde früher.

Bis zum 3. September hatten sich auch die Westmächte durchgerungen, dieses Mal die Aggression nicht tatenlos hinzunehmen, und erklärten den Krieg. Ihre Kriegserklärung rief bei Hitler erhebliche Bestürzung hervor und machte nur noch einmal deutlich, daß er wieder mit britischer Nachgiebigkeit gerechnet hatte. Göring dagegen zeigte mehr Sinn für Realität, als er sagte: »Wenn wir diesen Krieg verlieren, dann möge uns der Himmel gnädig sein.«[174]

Deutschland im Zweiten Weltkrieg

DIE PHASE DER »BLITZKRIEGE«

Mit der Entfesselung des Zweiten Weltkrieges begann keineswegs der zweite
Teil eines dreißigjährigen Krieges, der 1914 seinen Anfang genommen hatte
und 1945 sein Ende finden sollte, und ebenso diente die Zwischenkriegszeit
nicht der Vorbereitung auf die Fortsetzung des Krieges. Der Revisionismus der
Weimarer Republik mit seinen begrenzten Erfolgen und seiner langsamen
Annäherung an die ehemaligen Kriegsgegner hat vielmehr die Aussicht auf eine
friedliche Zukunft bestärkt. Auch die auf beiden Seiten vorherrschende Ernüchterung über die Ergebnislosigkeit des Konflikts und die Fülle der neuen
Probleme politischer und wirtschaftlicher Art, die durch den Krieg entstanden
waren, trug dazu bei. Die wirtschaftlichen Probleme, die überall – wenn auch in
unterschiedlicher Stärke – auftraten, hatten deutlich gemacht, daß die akuten
Schwierigkeiten Herausforderungen ganz anderer Art darstellten. Durch Krieg
konnten sie jedenfalls nicht gelöst werden.

Mit der Machtergreifung Hitlers kam ein neues und zugleich atavistisches
Element in die Politik. Als er bereits wenige Tage nach seinem Amtsantritt vor
den Befehlshabern der Reichswehr von der Eroberung neuen Lebensraums im
Osten und dessen rücksichtsloser Germanisierung sprach, nahmen die Generäle seine Ausführungen noch nicht ernst. Auch die Aufrüstung rief in ihrer
ersten Phase keine Besorgnisse hervor, da es vorerst galt, die bestehende Sicher-
heitslücke zu schließen und Deutschland überhaupt verteidigungsfähig zu
machen.

Die außenpolitischen Erfolge Hitlers in ihrer charakteristischen Verbindung von Rhetorik, die auf friedlichen Revisionismus abgestimmt war, und
dem Einsatz militärischer Mittel bewirkten dann eine Veränderung. Die Spitzen der Generalität wie auch weltkundige Wirtschaftsführer erkannten zunehmend die Kriegsbereitschaft, ja Kriegsbesessenheit Hitlers. Im November 1939
bekannte sich dieser selbst dazu: »Der Entschluß zum Schlagen war immer in
mir.«[1] Das ist wohl eine der ehrlichsten Äußerungen, die er je über sich selbst
gemacht hat. Krieg zu führen, Revanche zu fordern, einen Gegner nach dem anderen »anzufallen« und niederzuwerfen – darum ging es ihm.

Der Hitler-Mythos, der auf dem Fundament einer Kette großer Erfolge ohne Krieg gegründet war, verbarg vor der Masse der Bevölkerung, vor allem vor den jungen Soldaten, die jetzt eingezogen wurden, Hitlers unbedingten Kriegswillen. Seine Erfolge prägten das Bewußtsein und hielten das Volk in Atem. Jede seiner waghalsigen Aktionen löste zunächst Besorgnis aus, festigte aber nach dem glücklichen Ausgang das Zutrauen in die einzigartigen Fähigkeiten des Führers um so mehr.

Die jungen Soldaten hatten – anders als die Generäle an der Spitze – keinen Einblick in die tatsächliche Lage. Ihre Kindheitserinnerungen reichten in die Weimarer Republik zurück, in die Zeit der Krise mit Arbeitslosigkeit und bürgerkriegsähnlichen Auseinandersetzungen. Ihre prägenden Jugendjahre aber hoben sich höchst vorteilhaft von der Zeit vor 1933 ab. Es gab Arbeit. Die Zufriedenheit über den nationalen Wiederaufstieg und das Vertrauen in die Zukunft hatten zugenommen. Die Militarisierung von Denken und Tun stand im Vordergrund. Arbeitsdienst und Wehrdienst hatten Vorrang vor dem Studium.

Diese Generation kannte nur den nationalistischen Rausch und wußte kaum noch etwas von den Lebensformen und kulturelle Freiheiten, die sich seit der Jahrhundertwende eröffnet hatten. Der künstlerischen Moderne, die diese Entwicklung bewirkt hatte und die unter so spektakulären Bedingungen zum Durchbruch gelangt war, wurde 1936 mit der Ausstellung »Entartete Kunst« ein schauriges Ende bereitet. Der Kulturbetrieb stand von nun an unter scharfer Kontrolle, moderne Literatur war fast nur noch in Übersetzungen – zumeist der großen amerikanischen Schriftsteller – zugänglich. Die schikanöse Gängelung von Künstlern und Autoren nahm zu. Gottfried Benn, der 1933 im neuen Staat »eine echte neue geschichtliche Bewegung« erkannt zu haben glaubte, schrieb 1936: »Furtwängler dirigiert nicht mehr. Hindemith ist in Ankara. Poelzig geht nach Ankara. Ein Buch über Barlach wurde verboten. Ich bin ein öffentliches Ferkel … Den einen bekämpft man, weil er ostisch ist, den anderen, weil er mediterran ist, den dritten, weil er humanistisch ist, den vierten, weil er christlich ist – alles bekämpfen sie, bloß selber leisten, das können sie nicht.«[2]

Nur wenige von den drei Millionen, die 1939 zum Wehrdienst eingezogen wurden, hatten Remarque gelesen, waren Mitglieder der Jugendbewegung oder christlicher, sozialistischer und anderer Jugendorganisationen gewesen. Das war nicht alles verschwunden, aber es wurde verdrängt. Die außenpolitischen Erfolge Hitlers, das ungewöhnlich hohe Maß an Zustimmung in der Bevölkerung und die besondere Begeisterung über das Ende der Rüstungsbeschränkungen schufen nun die Voraussetzung für einen ganz einzigartigen Prozeß der Militarisierung, der langsam seinem Höhepunkt zustrebte.

Hitler wollte den Krieg, und nur er war für die Entwicklung, die dorthin

führte, verantwortlich. Er fanatisierte die Menschen nicht für einen Erobe-
rungs- oder Revanchekrieg, sondern wiegte die ihm willig folgende Bevölkerung in dem Glauben, daß es ihm nur um Gleichberechtigung und um die
Heimholung der Deutschen ins Reich ginge. »Ein Volk, ein Reich, ein Führer« –
ein solcher Spruch ohne Aggressivität brachte zum Ausdruck, was die Bevölkerung dachte und womit sie einverstanden war. Die wenigen, die auf Grund
ihrer beruflichen Position mehr Einblick in die Entwicklung hatten und
eigentlich wissen mußten, daß Hitler auf den Krieg zusteuerte, ergaben sich
dem Schicksal, beruhigten sich damit, daß bisher immer alles glimpflich abgelaufen sei, und hofften, daß es so weitergehen möge.

Es war eine paradoxe Situation: Ein Volk bereitete sich mit Hochdruck auf
einen Krieg vor, ohne ihn zu wollen oder von seiner Notwendigkeit überzeugt
zu sein, ja ohne zu wissen, daß er schon unmittelbar bevorstand. Diskussionen
darüber gab es nicht, Fragen vermied man, weil die Erfahrung lehrte, daß man
sich damit nur Schwierigkeiten einhandelte. Der Täuschung über die wahren
Absichten Hitlers trug die verdeckte Mobilmachung Rechnung, die nichts anderes darstellte als ein »In-den-Krieg-Hineinmogeln«[3] in den Krieg. Auch später hat Hitler sich über den Kriegsbeginn von 1939 immer nur sehr undeutlich
geäußert und den Eindruck zu erwecken gesucht, er habe einen Verteidigungskrieg führen müssen. Die eher gedrückte Stimmung bei Kriegsbeginn hob sich,
als nach wenigen Tagen die ersten Erfolgsmeldungen eintrafen.

Der rasche Zusammenbruch des polnischen Widerstandes beruhte auf mehreren Ursachen. Entscheidend für die Niederlage war der Beschluß der deutschen Führung, die Hauptmasse ihrer Truppen im Vertrauen auf die Passivität
der Westmächte im Osten einzusetzen und der Front im Westen nur sehr wenige Truppen zuzuweisen, von denen die meisten nicht einmal wirklich einsatzfähig waren. Das Gros der aktiven Divisionen wurde gegen Polen geworfen.
Gegen diese Übermacht, die zudem besser bewaffnet war und auch effektiver
geführt wurde, half auch die Tapferkeit nicht, die den polnischen Soldaten allgemein attestiert wurde. Ihre Truppen waren zum Teil weit im Westen aufgestellt worden, denn Polen wollte nichts von dem grenznahen Territorium mit
seiner kriegswirtschaftlichen Basis aufgeben. Die politische Führung vertraute
dabei auf die französische Zusage, innerhalb kurzer Zeit im Westen eine Offensive zu beginnen und damit starke deutsche Kräfte zu binden,[4] und sie ahnte
nicht, wie tief die deutsche Zangenbewegung angelegt war. Zwei Heeresgruppen, die eine von Hinterpommern und Ostpreußen, die andere von Schlesien
und der Slowakei aus, stießen in Richtung Warschau vor. Die Lage war aussichtslos, da auch die Lufthoheit sofort der Luftwaffe zufiel und die Panzertruppen tiefe Einbrüche in die polnischen Stellungen erzielten.

Am 27. September kapitulierte Warschau, womit der Feldzug faktisch zu Ende war. Bereits am 17. September war die Rote Armee in die östliche Hälfte des polnischen Staates eingerückt, was für dessen Truppen, die sich nach Osten zurückzogen, fatale Folgen haben sollte: Angehörige des polnischen Heeres wurden interniert und später – wie in Katyn – ermordet. Aber auch die Einsatzgruppen der Sicherheitspolizei und des SD begannen in dem eroberten Gebiet sofort mit einer intensiven Menschenjagd. Sie verhafteten oder liquidierten alle Polen, die als Träger eines nationalen Widerstandes in Frage kommen konnten. Es war Heydrich, der diese »Flurbereinigung« plante. Wer nicht ins Konzentrationslager kam, wurde nach Osten abgeschoben. Dieses eigenmächtige Vorgehen führte zu schweren Zusammenstößen mit der Wehrmacht. Halder notierte: »Judentum, Intelligenz, Geistlichkeit, Adel.«[5]

Der westliche Teil Polens, jetzt fest unter deutscher Kontrolle, wurde noch einmal aufgeteilt. Die 1919 an Polen abgetretenen Provinzen Posen und Westpreußen wurden mit den sich daran anschließenden rein polnischen Gebieten zu den neuen »Reichsgauen« Posen (ab 1940: Wartheland) und Westpreußen-Danzig zusammengefaßt. Der östliche Teil bildete dann das Generalgouvernement mit dem in Krakau residierenden Generalgouverneur Hans Frank an der Spitze. Tatsächlich hatte zumeist Heydrichs Sicherheitspolizei das Sagen, die unter dem Stichwort der »Rasse- und Volkstumspolitik« ein beispielloses Terrorregime errichtete, verstärkt noch durch heftige Kompetenzstreitigkeiten zwischen Generalgouverneur Frank und den Vertretern von SS und Polizei.

In den Reichsgauen wurde innerhalb weniger Monate eine rücksichtslose Umsiedlungsaktion durchgeführt. Viele Juden, aber auch Hunderttausende Polen wurden in das Generalgouvernement ausgewiesen. Ihr Besitz – Häuser, Wohnungen, landwirtschaftlicher Grundbesitz – wurde enteignet, von deutschen Einwohnern in Besitz genommen oder den Volksdeutschen übergeben, die aus der den der Sowjetunion zugefallenen Teilen Polens und des Baltikums kamen. Die große Mehrheit der Bevölkerung in den neuen »Reichsgauen« war polnischer Nationalität und erlebte nun eine brutale »Eindeutschung«. Eine »deutschen Volksliste« unterteilte die Bevölkerung in Gruppen mit unterschiedlichem Rechtsstatus, der vom Reichsbürger und volksdeutschen Umsiedler über den »Deutschtums-Anwärter auf Probe« bis zum »Staatsangehörigen auf Probe« reichte. Dann folgten die mehr als sechs Millionen polnischen »Schutzangehörigen«, ein zynischer Euphemismus, da sie weder Schutz erhielten noch Rechte hatten und wie die Polen im Generalgouvernement nur als billige Arbeitskräfte ausgebeutet wurden. Die Kenntnis von der brutalen deutschen Verwaltungspraxis ist relativ begrenzt. Sie stellt aber zweifellos ein besonders schandbares Kapitel der NS-Politik dar.

Die Wehrmacht nahm in Polen rein militärische und rüstungswirtschaftliche Interessen wahr und zeigte keinen Ehrgeiz, über die Militärverwaltung politischen Einfluß auszuüben, da sie die Verbrechen der SS doch nicht verhindern konnte und Beschwerden darüber beim obersten Kriegsherrn Hitler nur das Ressentiment gegen das Heer verstärkten.[6] Dennoch entwickelte sich seit Ende September 1939 eine neue scharfe Auseinandersetzung zwischen Hitler und dem OKH, hinter dem fast die gesamte Generalität des Heeres stand. Es ging um Sinn und Zeitpunkt der von Hitler gewünschten Westoffensive, ja überhaupt um die Ausweitung und Fortsetzung des Krieges. Bereits am 9. Oktober erging die Weisung, einen Vorstoß durch Holland und Belgien in Richtung auf die französische Kanalküste vorzubereiten. Als Angriffstermin legte der Diktator am 5. November den 12. November fest. Hitler begründete die Eile mit dem Argument, der Zeitfaktor sei entscheidend, jedes Hinausschieben stärke die Gegenseite, und es gelte, die augenblickliche Überlegenheit des Heeres voll zu nutzen. Rational waren die Argumente Hitlers nicht nachvollziehbar.

Die Generalität sah die Lage denn auch völlig anders. Sie dachte vor allem an den Stellungskrieg im Weltkrieg und befürchtete dessen Wiederholung, wenn die Truppen im Winter im regennassen Boden Flanderns und Nordfrankreichs steckenblieben, wo sie bei der zu erwartenden ungünstigen Wetterlage von der Luftwaffe nicht ausreichend geschützt werden konnten. Außerdem hatte das Heer bei einem so frühen Angriffstermin keine Zeit mehr, die Fahrzeuge zu überholen und die Erfahrungen aus dem Polenfeldzug zu verwerten. Aber alle Versuche, Hitler mit militärischen Argumenten von der Offensive im Herbst oder Winter abzuhalten, scheiterten. Das Wetter erwies sich schließlich als der entscheidende Faktor, dem sich auch Hitler beugen mußte. So wurde am Ende nach immer neuen und immer wieder verschobenen Angriffsterminen die Offensive auf das Frühjahr 1940 vertagt.

Während der Auseinandersetzungen um den Westfeldzug wurde auch die Opposition gegen das Regime wieder aktiv. Sie hielt sogar angesichts der weitverbreiteten Ablehnung der Offensive einen Staatsstreich für möglich. Beck, Goerdeler, von Weizsäcker, aber auch Canaris und sein aktivistischer Stabschef Oster waren überzeugt, daß der Beginn der Offensive im Westen ein Anlaß zum Losschlagen sei, spätestens aber das Scheitern zum Umsturz ausgenutzt werden müsse. Generalstabschef Halder war dabei besonders stark engagiert, denn er mußte mit seinen Offizieren einen Aufmarschplan erarbeiten, den er als verhängnisvoll betrachtete. In sein Diensttagebuch trug er am 14. Oktober drei Möglichkeiten ein: »Angriff, Abwarten, grundlegende Veränderungen.«[7] Unter letzterem war wohl so etwas wie ein Staatsstreich zu verstehen. Am 16. Oktober besuchte ihn der Abwehrchef Canaris und kam von dem Gespräch »sehr erschüttert« zurück, wie der Canaris-Intimus Groscurth notierte: »Völliger Nervenzusammenbruch«, habe ihm der Admiral berichtet.[8]

Hier zeigte sich wieder das alte Dilemma: Weder Halder noch Brauchitsch waren zu einem Staatsstreich in der Lage. Es war geradezu rührend, wie Halder Groscurth »(m)it Tränen« in den Augen anvertraute, »er sei seit Wochen mit der Pistole in der Tasche zu Emil (= Hitler) gegangen, um ihn evtl. über den Haufen zu schießen«.[9] Vier Tage später aber war er wie umgewandelt und meinte, daß die Offensive durchgeführt werden müsse. Die innere Widersprüchlichkeit seines Verhaltens ist unübersehbar. Die Doppelrolle als Verschwörer und verantwortlicher Gehilfe Hitlers auszufüllen, war Halder nicht gegeben. Das ist kein Vorwurf, sondern eine Feststellung.

Es bleibt der Eindruck, daß die Opposition gegen die Offensive vor allem darauf beruhte, daß man ihr Mißlingen fürchtete und sie deshalb hinauszögern wollte. Es gab freilich auch einige Leute, die über die Möglichkeit des Staatsstreiches diskutierten, aber nicht erkennen ließen, wie er konkret ausgeführt werden sollte – Grund genug, diese Episode eher als ein militärisch bedingtes Aufbegehren gegen Hitler und dessen aberwitzigen Offensivplan zu werten denn als einen ernsthaften Versuch zum Staatsstreich.

DER FRANKREICHFELDZUG

Mit dem Hinausschieben der Westoffensive bis zum Mai 1940 konnte man die Zeit nun doch nutzen, um die Erfahrungen und Erkenntnisse aus dem Polenfeldzug auszuwerten. Neue Gefechtsformen wurden eingeübt, der koordinierte Einsatz von Panzern, motorisierten Einheiten und Luftwaffe geprobt.

Die von Hitler vorgegebene Weisung sah den Angriff durch Belgien und Holland auf Nordfrankreich vor. Dabei sollten der französischen Armee schwere Verluste zugefügt und die Basis für eine »aussichtsreiche Luft- und Seekriegführung gegen England« geschaffen werden.[10] Das OKH arbeitete einen entsprechenden Plan aus. Mit seinem Schwerpunkt auf dem rechten Flügel erinnerte er oberflächlich an den Schlieffen-Plan. Gegenüber dieser begrenzten Zielsetzung vertrat Generalleutnant Erich von Manstein, der Generalstabschef der Heeresgruppe A, ein ganz anderes Konzept. Er wollte nicht nur die Kanalküste erobern, sondern in zwei Etappen den Feldzug in Frankreich entscheiden. Manstein mißfiel nämlich, daß die Planung des OKH seiner Heeresgruppe nur eine nebenrangige Aufgabe zugedacht hatte. Sie lag im Raum zwischen

Aachen und der Mosel und sollte die weiter nördlich von ihr stehende Heeresgruppe B in der Flanke schützen. Auf diese Heeresgruppe B konzentrierte sich der eigentliche Schwerpunkt der Operation: Sie sollte durch Holland und Belgien in Richtung Nordfrankreich vorstoßen.

Nach Mansteins Plan fiel der Heeresgruppe A die Schlüsselrolle zu. Dazu mußte sie natürlich verstärkt werden. Sie sollte mit starken Panzerkräften in einem Überraschungsangriff durch die Ardennen, die für Panzer als unpassierbar galten, in Richtung Sedan vorstoßen und innerhalb kürzester Zeit die Maas überqueren. Die Stoßrichtung empfahl sich auch deshalb, weil bei Sedan die Maginot-Linie endete. Von dort sollten die Panzer im ununterbrochenen Angriff nicht nach Süden in Richtung Paris, sondern nach Westen bis zur Kanalküste vordringen. Damit war der Hauptmacht der französisch-britischen und belgischen Streitkräfte, die sich zur selben Zeit in Belgien der Heeresgruppe B entgegenstellten, der Rückzug abgeschnitten, was eine Einschließung größten Ausmaßes bedeutete.

Hitler, dem eine kreative strategische Phantasie nicht abzusprechen war, hatte sich inzwischen auch von dem »alten Schlieffenschinken« abgewendet und fand einen Angriff in Richtung auf Sedan durchaus interessant. Schließlich kam es zu einer Begegnung Hitlers mit Manstein. Hitler faszinierte der »Sichelschnitt«, den der General vortrug, und er stimmte dem Plan zu.[11] Eine Panne ließ das Unternehmen schließlich noch attraktiver erscheinen: Zwei Stabsoffiziere der Luftwaffe hatten in Belgien notlanden müssen und nicht mehr alles Material verbrennen können, bevor sie festgenommen wurden. Die Unterlagen enthielten Einzelheiten der bisherigen OKH-Planung des Vormarschs durch Belgien, worauf sich die Alliierten nun einstellen konnten.

Die Offensive im Westen, die am 10. Mai 1940 losbrach, ist als der klassische »Blitzkrieg« in die Geschichte eingegangen. Obwohl schon während des Polenfeldzuges geprägt, erhielt der Begriff erst jetzt seine magische Wirkung. Das Wort »Blitz« gehört seitdem zur englischen Umgangssprache. Die deutsche Wehrmacht war zum Bewegungskrieg zurückgekehrt, dessen Geschwindigkeit in der Tat blitzartig zu sein schien. Die Offensive begann gleichzeitig mit dem Angriff auf Holland und Belgien und dem Angriff durch die Ardennen. Ihre Durchführung zeigte – weit deutlicher als das im Polenfeldzug geschehen war – der staunenden Weltöffentlichkeit neue Gefechtstaktiken und Kriegstechniken, die die Kriegführung revolutionierten. Diese beruhten vor allem auf der abgestimmten Taktik des »Gefechtes der verbundenen Waffen«, also Panzern, motorisierten Einheiten und Artillerie, die von der Luftwaffe über Funk wirksam unterstützt wurden. Als psychologische Waffe kam das Heulen der »Stukas« hinzu, Sturzkampfbombern vom Typ Ju 87, die sich unter sirenenartigem

Geheul auf ihr Ziel stürzten und eine hohe Treffsicherheit erreichten. Weiter beeindruckten die in eigenen Luftlandeeinheiten zusammengefaßten Fallschirmjäger, die im Hinterland des Gegners absprangen, um Brücken oder Flugplätze zu besetzen. In Belgien eroberten sie das moderne, für uneinnehmbar geltende Fort Eben-Emael, indem sie mit Lastenseglern auf den Dächern und Geschütztürmen landeten und von dort aus das Fort eroberten. Nach vier Tagen hatten die Panzerspitzen und vorgeschobenen Infanterieeinheiten die Maas bei Sedan überschritten. Einen Tag später kapitulierte Holland.

Ganz reibungslos ist die Operation durch die Ardennen allerdings nicht abgelaufen. Die Vorbereitung vollzog sich im zähen Ringen der Oberbefehlshaber der Heeresgruppe A und den auf ihre Eigenständigkeit bedachten Panzertruppen.[12] Die Oberbefehlshaber waren konservativ und standen dem operativ selbständigen Einsatz der Panzer skeptisch gegenüber. Sie wollten mit der Infanterie den Durchbruch schaffen, dann erst sollten die Panzer zum weiteren Vorstoß antreten. Trotz aller Bedenken wurde dennoch die »Panzergruppe Kleist« gebildet, »der weitaus stärkste motorisierte Großverband«, der »die Hälfte aller deutschen Panzer« umfaßte und keiner Armee, sondern allein der Heeresgruppe unterstellt war. Das war die Voraussetzung für den »erstmaligen operativ selbständigen Einsatz der Panzerwaffe«, deren Stabsoffiziere, zu denen später so bekannte Generäle wie Zeitzler, Wenck und Graf Kielmansegg gehörten, die die Bedenken der benachbarten Armeen kannten. Diese Offiziere wußten, daß sie ihre Operation nur dann durchführen konnten, wenn sie die Logistik gemäß den besonderen Bedürfnissen der Panzertruppe selbst organisierten und ein raffiniertes System des Treibstofftransports entwickelten. Auch 20 000 Pervitintabletten wurden mitgenommen, denn in den ersten Angriffstagen war an Schlaf nicht zu denken. Welche logistischen Probleme zu bewältigen waren, mag die Tatsache verdeutlichen, daß die Bereitstellungsräume der Panzertruppe im Osten bis nach Marburg zurückreichten.

Nach dem Übergang über die Maas brachen die deutschen Panzerverbände am 13. Mai nach Westen auf. Es begann die Jagd der Panzer, die vorwärtsstürmten, ohne auf die langsamere Infanterie zu warten. Ihre Spitzen erreichten bereits am Abend des 20. Mai Abbeville an der unteren Somme. Damit war der Feldzug im Grunde schon entschieden, denn der schnelle Vorstoß hatte die Masse der alliierten Truppen in Belgien und Nordfrankreich abgeschnitten, die sich jetzt – von allen Seiten angegriffen – auf die flandrische Küste zurückzogen. Dünkirchen wurde der wichtigste Hafen zur Einschiffung nach England. Nur auf diesem Wege konnten die alliierten Kräfte der Gefangenschaft entgehen.

Das Entkommen vornehmlich des britischen Expeditionskorps über See ist auf Rundstedts »Halt-Befehl« vom 23. Mai zurückzuführen, den Hitler billigte. Der Befehl zeigte, daß der Oberbefehlshaber der Heeresgruppe A nicht ganz auf der Höhe der Situation war und die Chance der Vernichtung der eingeschlossenen alliierten Truppen nicht erkannte. Die sofort von verschiedenen Seiten geäußerte Kritik an dem Befehl drang aber vorerst nicht durch, da nach Meinung Rundstedts die »Panzer sich erholen sollen«.[13] Die Angriffspause hatte zur Folge, daß die eingeschlossenen britischen und französischen Truppen sich zur wirksamen Verteidigung um Dünkirchen einrichten konnten. Göring hatte zwar großsprecherisch angekündigt, die in Dünkirchen zusammengepferchten Truppen aus der Luft erledigen zu können, aber als die Royal Air Force am Himmel erschien, errang sie ohne Schwierigkeiten die Lufthoheit, da die Luftwaffe wegen langer Anmarschwege nicht wirkungsvoll operieren konnte und hohe Verluste erlitt.

Auch ohne »Halt-Befehl« wäre es wohl gelungen, vielleicht nicht die tatsächlich geretteten 370 000 Engländer und Franzosen, immerhin aber eine beträchtliche Zahl von Soldaten über den Kanal zu transportieren. Auf keinen Fall verknüpften sich mit dem »Halt-Befehl« bei Hitler irgendwelche Erwartungen, durch die großzügige Geste, den geschlagenen Gegner abziehen zu lassen, die britische Regierung friedensgeneigter zu machen. Einzig eine falsche Lagebeurteilung – die einem Oberbefehlshaber bei Truppenbewegungen und Kampfhandlungen von solcher Schnelligkeit und Unübersichtlichkeit leicht unterlaufen kann – hatte derartig weitreichende, vor allem moralische Konsequenzen zur Folge. Aber selbst wenn das gesamte britische Expeditionskorps in deutsche Gefangenschaft geraten wäre, hätte das schließlich am Ergebnis des Krieges nichts geändert.

Anfang Juni war der Feldzug entschieden; die Widerstandslinie, die die französische Armee in aller Eile südlich der Somme aufbaute, konnte den deutschen Vormarsch nicht aufhalten. Am 14. Juni marschierten deutsche Truppen in Paris ein, drei Tage später bat der neue Ministerpräsident Pétain, im Weltkrieg einer der Heerführer, der am Sieg gegen Deutschland erheblichen Anteil gehabt hatte, um Waffenstillstand. Die Verhandlungen wurden im Wald bei Compiègne geführt und am 22. Juni zum Abschluß gebracht – im selben Salonwagen, in dem Marschall Foch Staatssekretär Erzberger die Waffenstillstandsbedingungen übergeben hatte. Das schien eine geglückte Revanche zu sein, doch wurde dabei übersehen, daß der Sieg über Frankreich noch nicht das Ende des Krieges bedeutete. Ein weitgehend unbekannter französischer Offizier namens Charles de Gaulle, der sich aus London über das Radio an die Franzosen wandte und sie zur Fortsetzung des Kampfes aufforderte, schätzte das richtig ein: Frankreich habe eine Schlacht, nicht aber den Krieg verloren.

Die alliierte Niederlage im Westen war nicht das Ergebnis deutscher Über-legenheit. In allen Belangen – Mannschaftsstärken, Panzer, Jagdflugzeuge, Bomber, Artillerie – waren die Deutschen numerisch unterlegen, bestenfalls gleichstark. Für einen Angreifer, der mit einer dreifachen Überlegenheit in die Schlacht ziehen sollte, ist das gemeinhin eine hoffnungslose Ausgangsposition. In diesem Feldzug war aber nicht die materielle Stärke ausschlaggebend, son-dern die neue Strategie mit neuen Waffen, die über eine überholte Defensiv-strategie triumphiert hatte. Auf deutscher Seite hatte man die Chancen der neuen Waffen zwar erkannt und die Taktik darauf abgestellt, aber vor Beginn der Offensive nicht ihre tatsächlichen Erfolgsmöglichkeiten gesehen. Letztlich hatten Mansteins Konzept des »Sichelschnitts« und der Entschluß zum eigen-ständigen Angriff nur mit Panzern und motorisierten Verbänden ohne jede Rücksicht auf offene Flanken zum Sieg geführt. Dies war ein Triumph der Auf-tragstaktik (bei der die Führung das Ziel festlegte, während die Durchführung dem Unterführer überlassen blieb) der deutschen Generalstabstradition, die auch in den mittleren und unteren Führungsrängen jene Mischung aus Intelli-genz und Tapferkeit, Entschlußkraft und Organisationsgeschick hervorge-bracht hatte, die keine andere Armee im gleichen Maße besaß.

Die Wirkung des Sieges über Frankreich war ungeheuer. Obwohl er keines-wegs der Führungskraft Adolf Hitlers zuzuschreiben war, fragten sich selbst Gegner Hitlers und kritisch denkende Offiziere, die im Weltkrieg vier Jahre lang um einige Quadratkilometer zerschossenen Geländes erbittert gekämpft hatten, nun verunsichert, ob ihre Kritik am »Führer« nicht doch falsch gewesen sei, wenn es ihm gegeben war, einen solchen Sieg zu erringen. Die von Keitel zuerst benutzte Propagandaformel vom »größten Feldherrn aller Zeiten« fand eine Zeitlang Glauben, bis wenige Jahre später deren spöttische Abkürzung »Gröfaz« das Gegenteil bekundete. Immerhin hat Hitler während des Frank-reichfeldzuges den Generälen noch nicht ins Handwerk gepfuscht.

DES DILEMMA NACH DEM SIEG ÜBER FRANKREICH

Hitlers Krieg im Westen galt in erster Linie dem Hauptgegner Großbritan-nien. Deshalb zielte er bei den ersten Plänen für die Westoffensive vor allem auf die Gewinnung der französischen Kanalküste, um von dort den Krieg gegen England wirksam führen zu können. Denn der »Wille zum Schlagen«, mithin sein Vorsatz, die von ihm geschaffene Wehrmacht auch einzusetzen, hat sein Handeln wohl mehr bestimmt als das »Programm« zur Eroberung von Lebensraum. Krieg zu führen war Hitlers Element, wobei er sich jeweils auf den nächsten Gegner konzentrierte. Nachdem es mit der Tschechoslowakei wider Erwarten friedlich ausgegangen war, führte ihn der Krieg zuerst nach Polen und dann zu dem Sieg im Westen, den er in dieser Schnelligkeit allerdings nicht vorausgesehen hatte, und so gab es auch keine Planung für die Fortsetzung des Kampfes und den erfolgreichen Abschluß des Krieges mit England. Weder waren genügend U-Boote vorhanden noch war die Luftwaffe für einen Kampf mit England gerüstet. Mit dem »Blitzsieg« im Westen hatte die deutsche Führung zwar ein neues erfolgreiches Konzept für den Bewegungskrieg entwickelt, aber das eignete sich nicht zum Krieg gegen England. Tatsächlich befand Hitler sich in einer schwierigen Lage. Solange die Royal Air Force die Lufthoheit über England besaß, war eine Invasion praktisch unmöglich – ein Grund für die Idee, erst einmal die Luftwaffe einzusetzen, um die Luftherrschaft über die Insel zu erringen und deren kriegswichtige Industrien zu zerstören.

Im August begann die Luftschlacht um England,[14] in der die Luftwaffe nie die Oberhand gewinnen konnte. Die ursprüngliche Zielsetzung, nur gegen die feindliche Luftwaffe und gegen Rüstungsziele Krieg zu führen, wurde bald aufgegeben, weil es schwierig war, die gut getarnten Fabriken aufzuspüren, und weil man dabei zudem die eigenen Verbände gefährdete.

Am 24. August erfolgte der erste Angriff auf London, am 25./26. August der britische Vergeltungsschlag auf Berlin. Der Luftkrieg gegen die Zivilbevölkerung war eröffnet. Als im Frühjahr 1941 die Luftoffensive eingestellt wurde, standen die hohen deutschen Verluste in keinem Verhältnis zu den britischen und der zugleich rapide steigenden britischen Flugzeugproduktion, bei der die schweren Bomber einen immer größeren Anteil hatten. Bei der Luftwaffe wogen noch schwerer als die Verluste der Flugzeuge – allein im Monat Oktober gingen 527 Maschinen verloren – die Verluste der Flugzeugbesatzungen. Von diesem Aderlaß sollte sie sich nicht mehr erholen. Der Bedarf an fliegendem Personal konnte nur auf Kosten der Gründlichkeit der Ausbildung gedeckt werden. So blieb nach der Niederlage in der Luftschlacht um England das Unternehmen »Seelöwe«, die Invasion der Britischen Insel, ein Phantomgebilde, das die Zeitgenossen, aber auch die Nachwelt noch lange beschäftigt hat.

War das Zentrum unbezwingbar, boten sich strategische Ziele an der Peripherie an, um Großbritannien unter Druck zu setzen. Hierfür kam in erster Linie das Mittelmeer in Frage. Aber da erwies sich Italien als ungemein schwieriger Bündnispartner. Tatsächlich stellte es mehr die Karikatur eines solchen dar. Das Italien des Duce zeigte wenig Initiative, das »mare nostro« tatkräftig in Besitz zu nehmen. Die italienische Flotte litt an Auszehrung. Weniger in Seegefechten als durch Einwirkung britischer Luftstreitkräfte ging ein Schiff nach dem anderen verloren – durch Fliegerbomben auf der Reede oder im Hafen versenkt. Damit blieb die britische Seeherrschaft im Mittelmeer ungebrochen. Die Festung Malta, der auch einige Bombenangriffe nicht viel anhaben konnten, nahm weiterhin ihre dominierende Stellung als Sperriegel ein.

Die gegenseitige Achtung der Achsenmächte begann Schaden zu nehmen, zumal sich auf italienischer Seite ein grotesk wirkendes Konkurrenzverhältnis zu Deutschland entwickelte. So begann Mussolini am 28. Oktober 1940 seinen Krieg gegen Griechenland[15] und informierte Hitler erst einen Tag vorher, als nichts mehr zu ändern war. Das Unternehmen war aber so oberflächlich vorbereitet, daß der Angriff sich schnell festlief und schließlich deutsches Eingreifen erforderlich machte. Britische Streitkräfte kamen Griechenland zu Hilfe und landeten auf Kreta sowie auf dem Festland. Damit kamen die rumänischen Ölfelder in den Bereich britischer Luftangriffe, was die Notwendigkeit deutscher Intervention noch dringlicher machte, zumal Anfang März erneut eine italienische Offensive schnell wieder steckenblieb.

Die jugoslawische Regierung hatte bis zu diesem Zeitpunkt Deutschland gegenüber eine entgegenkommende Politik betrieben. Am 27. März 1941 schuf ein Militärputsch aber eine neue Lage. Eine nicht mehr prodeutsche, sondern das Bündnis mit Stalin anstrebende neue Regierung konnte das seit Dezember geplante Unternehmen »Marita« gefährden, das den Italienern Entlastung durch eine Offensive gegen die ägäische Küste bringen sollte. Ohne die weitere Entwicklung abzuwarten, nahm Hitler den Putsch zum Anlaß, »Jugoslawien militärisch und als Staatsgebilde zu zerschlagen«.[16] Das Unternehmen sei möglichst rasch und mit starken Kräften durchzuführen, so daß der Zusammenbruch Jugoslawiens »in kürzester Frist« erfolge. Das geschah bereits am 17. April. Jugoslawien kapitulierte und wurde aufgeteilt – unter anderem in das Satellitengebilde Kroatien –, während Serbien unter deutscher Besatzung blieb und Ungarn einen Teil des Banats wieder erhielt.

Die britischen Truppen verließen das Festland und zogen sich nach Kreta zurück. Am 20. Mai erfolgte dort die Landung deutscher Fallschirm- und Luftlandetruppen. Da die britischen Verteidiger nach Entschlüsselung des deutschen Funkverkehrs mit dem Angriff rechneten, konnte der Widerstand nur in sehr verlustreichen Kämpfen gebrochen werden. Die Eroberung der Insel kostete die Wehrmacht mehr Tote als der Feldzug gegen Jugoslawien und Griechenland. Dabei hatte der Besitz der Insel für die deutsche Kriegführung im Mittelmeer nur wenig Bedeutung. Die strategisch weit wichtigere Insel Malta auf ähnliche Weise zu erobern, wurde angesichts der bei der Landung auf Kreta entstandenen unerwartet hohen Verluste vorerst nicht mehr in Betracht gezogen.

Am 16. September bereiteten die Briten dem ebenfalls schlecht vorbereiteten Vorstoß des Duce von Libyen aus gegen Ägypten ein schmähliches Ende. Mit der Niederlage der zahlenmäßig starken italienischen Verbände und dem Vorrücken der Briten nach Westen wuchs die Wahrscheinlichkeit, daß Italien ganz von der nordafrikanischen Küste vertrieben würde. Ohne wirksame deutsche Hilfe konnte es sich dort ohnehin nicht mehr halten. Am 3. Februar 1941 fiel die Entscheidung, deutsche Truppen zu entsenden. So entstand das »Deutsche Afrikakorps« unter Generalleutnant Rommel, dem sagenhaften »Wüstenfuchs«, dessen spektakuläre Operationen ihm bald bei Freund und Feind ein bleibendes Andenken verschaffen sollten. Sie machten ihn zum populärsten deutschen General, wozu aber auch seine im deutschen Offizierskorps einmalige Begabung beitrug, sich in den Medien wirkungsvoll zu verkaufen.[17] Rommel galt als taktisch höchst umsichtiger und listenreicher Führer von ungeheurem Ehrgeiz und starkem Geltungsbedürfnis, der große Erfolge erringen konnte, solange er das Überraschungsmoment auf seiner Seite hatte und das Kräfteverhältnis sich nicht allzu stark zu seinen Ungunsten entwickelte.

Dennoch wurde der Entschluß zur Entsendung der Truppen nach Nordafrika eher zögerlich gefaßt, denn inzwischen richtete sich der Blick nach Osten. Dort sollte die Entscheidung fallen.

DAS GESCHEITERTE UNTERNEHMEN »BARBAROSSA«

Vier Wochen waren seit dem Abschluß des Waffenstillstandes bei Compiègne vergangen. Noch hatten die Briten kein Zeichen des Einlenkens erkennen lassen, da peilte Hitler schon ein neues Ziel an: Rußland.

Bereits Ende Juli 1940 kam ein Krieg gegen die Sowjetunion zur Sprache. Ausgangspunkt war Hitlers Erkenntnis, daß das Unternehmen »Seelöwe« zu viele Risiken berge. England sollte daher auf andere Weise zum Frieden gezwungen werden, nämlich indem man es von denen abschnitt, die ihm beistehen konnten: die USA und die Sowjetunion. Die USA wurden durchaus als potentieller Gegner eingeschätzt, aber sie waren noch nicht kriegsbereit und konnten daher Großbritannien nicht wirklich entlasten. Mit Rußland lagen die Dinge anders. Das war nach Ansicht Hitlers der Festlandsdegen, auf den England setzte, um den Krieg gegen Deutschland zu gewinnen. Festlandsdegen – das war ein vertrauter Begriff aus der wilhelminischen Zeit, bei dem das Minderwertigkeitsgefühl stets mitschwang: das reiche England, das einen Festlandsdegen anheuerte und bezahlte, damit dieser für die Briten die Kastanien aus dem Feuer hole, eine Rolle, die das kaiserliche Deutschland stets mit Empörung abgelehnt hatte, obwohl sie ihm gar nicht angeboten worden war.

Hitlers Entschluß zur Wendung gegen die Sowjetunion vollzog sich innerhalb weniger Tage. Schon am 31. Juli 1940 stand für ihn fest: »Rußland Faktor, auf den England am meisten setzt ... Ist aber Rußland zerschlagen, dann ist Englands letzte Hoffnung getilgt« – und das zwangsläufige Ergebnis würde sein: »Der Herr Europas und des Balkans ist dann Deutschland.«[18] Man beachte die feine Differenzierung von Europa und Balkan – und die Bescheidenheit: Lediglich die Hegemonie in Europa sah er als Ergebnis.

Diese Überlegungen waren der Ausgangspunkt für das Unternehmen »Barbarossa«. Es handelte sich dabei um ein rein militärisches Kalkül. Der Krieg gegen England sollte zum Abschluß kommen, indem der letzte potentielle Verbündete auf dem Kontinent ausgeschaltet wurde. Das war nicht als ein ordinärer militärischer Sieg gedacht mit Kapitulation und Gebietsabtretungen, sondern hier ging es um die Zerschlagung eines fremden Staates wie im Falle Polens und Jugoslawiens. Wie ein roter Faden zieht sich durch die Planungen die für ganz selbstverständlich gehaltene Annahme, daß die Sowjetunion innerhalb weniger Wochen zu schlagen sei. Die Siegesgewißheit beruhte auf dem Größenwahn, der nach dem Frankreichfeldzug ausbrach. Zu Recht hat ein Historiker festgestellt: »Der unerwartete Blitzsieg im Westen ließ den Blitzkrieg im Osten erst möglich werden.«[19]

Am 18. Dezember erging die Weisung für das Unternehmen »Barbarossa«.[20] Damit war aber noch nicht das letzte Wort gesprochen. Hitler wollte die Vorbereitungen für »Barbarossa« vorerst nur als »Vorsichtsmaßnahmen« verstanden wissen, was den ratlosen Brauchitsch veranlaßte, sich bei Hitlers Heeresadjutanten zu erkundigen, ob der Führer nun »tatsächlich Waffengang will oder nur bluffen«. Der Adjutant war sich auch nicht sicher und meinte, Hitler wisse selber nicht, »wie es weitergehen soll«, und beschäftige sich mit verschiedenen Faktoren: »Mißtrauisch gegen eigene militär(ische) Führung, Unklarheit über russ(ische) Stärke, Enttäuschung üb(er) Härte der Engländer ...«[21]

Die Vorbereitungen gingen vorerst weiter. Am 30. März 1941 wurde die höhere Generalität ins Bild gesetzt. Inzwischen hatte Hitler den Plan auch ideologisch aufgeladen. Seine Ausführungen setzten ein bei der Notwendigkeit, »die russische Lage zu bereinigen« wegen der Hoffnung Englands auf Hilfe aus Amerika und der Sowjetunion. Diese war für Hitler auf einmal keine Macht mehr, mit der man Abmachungen treffen und friedliche Nachbarschaft halten konnte. »Verträge werden aber nur so lange gehalten, wie sie zweckmäßig sind«, stellte er nun unter Berufung auf Bismarck fest, der etwas Ähnliches einmal gesagt, aber nie getan hatte. Hitlers zunehmende Gereiztheit war auch darauf zurückzuführen, daß der sowjetische Partner immer unangenehmer wurde und Forderungen anmeldete, auf die er nicht einzugehen wünschte.

Mit der Sowjetunion als nächstem Gegner wurde das alte ideologisch fixierte Feindbild sofort wieder lebendig. Was aus einem militärischen Kalkül entstand, erhielt im Zuge der Vorbereitungen eine ideologische Dimension. Nun sprach Hitler vom »Kampf zweier Weltanschauungen«, nun war der »Bolschewismus ... gleich asoziales Verbrechertum« und stellte eine »ungeheure Gefahr für die Zukunft« dar. Welche Folgen das für die Führung des kommenden Krieges haben würde, machte er zugleich mehr als deutlich: »Der Kommunist ist vorher kein Kamerad und nachher kein Kamerad. Es handelt sich um einen Vernichtungskampf.«[22] Nie wieder dürfe eine bolschewistische Gefahr entstehen. Daher sei dieser Gegner zu vernichten. Ein bloßer Sieg sei ausgeschlossen, da er dem Feind das Entkommen ermögliche. Die deutsche Herrschaft solle sich bis zu der Linie Wolga-Archangelsk erstrecken, so daß die sowjetische Luftwaffe nicht imstande sei, »reichsdeutsches Gebiet« anzugreifen.

Von der Notwendigkeit, Lebensraum für das deutsche Volk zu schaffen, war in diesem Zusammenhang nicht die Rede, viel häufiger dagegen von den riesigen Entfernungen, die es zu bewältigen gelte. Möglicherweise fehlte dieser Aspekt, weil man mit den zwei Dritteln polnischer Bevölkerung in den neuen »Reichsgauen« im Osten, mit den Polen im Generalgouvernement, den Tschechen im Protektorat und auch mit den Franzosen, wenn es zur Verschiebung der deutsch-französischen Grenze nach Westen kam, schon genug Probleme hatte. Die somnambulen Hervorbringungen bei Hitlers späteren Tischgesprächen, bei denen es immer wieder um die deutsche Besiedlung der Ukraine, um die Entwicklung spezieller Breitspur-Eisenbahnwagen für den Osten oder die Errichtung einer bürokratiefreien Herrschaft ging, entsprangen meist nur dem Bedürfnis, den mörderischen Krieg im Osten zu rechtfertigen. Ein halbwegs realistisches Konzept kam dabei nicht zum Vorschein.

Bis auf ganz wenige Ausnahmen sah die Generalität den Kampf gegen die Sowjetunion nicht als Problem an. Die meisten Befehlshaber hielten ihn für erledigt innerhalb von acht bis zehn Wochen.[23] Der Oberbefehlshaber des Heeres rechnete sogar mit nur vier Wochen für die entscheidenden Grenzschlachten und einigen Wochen weiterer Kämpfe.

Bei diesem erschütternden Gleichklang irrealen Denkens darf eine abweichende Stimme Gehör beanspruchen. Staatssekretär von Weizsäcker war ursprünglich ein Gegner des Krieges überhaupt gewesen, dann aber hatte er sich mit den Gegebenheiten abgefunden und nach dem Sieg über Frankreich noch auf eine Einigung mit England gehofft. Ihn konnte das Argument, daß England friedenswillig gemacht werde, wenn Rußland als möglicher Bundesgenosse ausgeschaltet sei, nicht überzeugen. Er hielt auch gegenüber Ribbentrop mit seinem Urteil nicht zurück: »Ein deutscher Angriff auf Rußland würde den Engländern nur neuen moralischen Auftrieb geben. Er würde dort bewertet als deutscher Zweifel am Erfolg unseres Kampfes gegen England.« Damit hatte er Hitlers Überlegungen genau getroffen. Zwar schien es auch Weizsäcker kein Problem, Moskau zu erobern, aber er sah darin kein Ende des Krieges, sondern meinte, daß man gegen Rußland »wirtschaftlich verlieren« werde.[24] Aber solch eine Stimme systemimmanenter Kritik hatte keine Aussicht, gehört zu werden.

In die Vorbereitungsphase des Unternehmens »Barbarossa« fiel der spektakuläre Englandflug von Rudolf Heß, dem Stellvertreter des Führers, der am 10. Mai über Schottland mit einem Fallschirm absprang. Das war eine hervorragende fliegerische Leistung, die mit der parteiamtlichen Erklärung – Hinweis auf geistige Umnachtung – schlecht zusammenpaßte. Hitler war schwer getroffen, aber auch die NS-Führung. Man empfand den Flug als empfindliche Niederlage. Der Flüsterwitz bemächtigte sich rasch der Affäre: »Brauner Wellensittich entflogen. Abzugeben Reichskanzlei«, notierte Klemperer.[25]

Lange hielt sich das Gerücht, Heß sei im Auftrage Hitlers nach England geflogen und habe dort ein letztes Friedensangebot vorgelegt. Tatsächlich aber flog Heß in eigener Verantwortung und wollte mit Hilfe einer innerbritischen Opposition gegen Churchill für den alten Plan wirken, Großbritannien das Empire zu überlassen und Deutschland die Führung auf dem Kontinent.[26]

Stalin wird auf all das mit erhöhtem Mißtrauen reagiert haben. Die gezielte Desinformationspolitik der britischen Seite rund um die Heß-Mission mußte ihn verunsichern und die Furcht schüren, Deutschland und England könnten sich einigen. Wahrscheinlich bestärkten diese undurchsichtigen Manöver ihn darin, fortan in jeder überraschenden oder unbequemen Information aus dem »imperialistischen« Lager eine Provokation zu wittern, auf die er nicht zu reagieren gedachte. Das hat dann dazu beigetragen, daß er die Meldungen über den bevorstehenden deutschen Angriff nicht ernst nahm.

Der Aufmarsch für »Barbarossa« lief seit Februar und wurde kontinuierlich gesteigert. Vom 23. Mai an führte der »Hochleistungsfahrplan« die letzten beiden Aufmarschstaffeln heran, so daß die Operationen am 22. Juni beginnen konnten. Nun ließ sich ein Aufmarsch von 153 Divisionen, 2740 Flugzeugen und unzähligem technischen Gerät selbst bei sorgfältiger Tarnung nicht geheim halten. Zwar wurden Gerüchte ausgestreut, die Truppenkonzentration in Polen gelte der Vorbereitung des Unternehmens »Seelöwe«, doch die Sowjets werden von ihren Agenten jenseits der Demarkationslinie wohl genauere Informationen über die deutschen Truppenkonzentrationen erhalten haben. Sie reagierten aber nicht.

In diesem Zusammenhang ist auf die seit etlichen Jahren vertretene These von einem Präventivkrieg Stalins einzugehen, nach der Hitler mit seinem Angriff dem Moskauer Konkurrenten nur zuvorgekommen sei.[27] Auf deutscher Seite hat man, als das Unternehmen »Barbarossa« vorbereitet wurde, nichts von sowjetischen Angriffsvorbereitungen bemerkt. Mittlerweile kann aber davon ausgegangen werden, daß als Reaktion auf den deutschen Aufmarsch eine Verstärkung der sowjetischen Truppen im Grenzbereich vorgenommen wurde. Darüber hinaus hatte Armeegeneral Schukow, der Generalstabschef der Roten Armee, einen Plan für einen Präventivkrieg ausarbeiten lassen, um den Gegner angreifen zu können, bevor er seinen Aufmarsch vollendet hatte. Stalin hat den Plan aber nicht gebilligt. Einen solchen Plan zu entwerfen ist eine Sache, den Befehl zu seiner Ausführung zu geben eine andere. Es ist schlechterdings nicht vorstellbar, daß ein sowjetischer Präventivkrieg damals ernsthaft geplant wurde. Das war vollkommen irreal angesichts der viel zu geringen Mobilität der sowjetischen Streitkräfte und ihrer ungelösten Nachschubprobleme.

Man hat es sich im Verlauf der vergangenen Jahre angewöhnt, vom »Überfall« auf die Sowjetunion zu sprechen, als sei das friedlich mit der Planerfüllung beschäftigte Sowjetvolk im tiefsten Frieden überfallen worden. Das trifft jedoch nicht den Sachverhalt. Angesichts der deutschen Truppenmassierung und der genauen, auf unzähligen Informationen des Geheimdienstes basierenden Gewißheit, daß der deutsche Angriff unmittelbar bevorstand, scheint die Bezeichnung Überfall für den Kriegsbeginn die Situation nicht angemessen wiederzugeben. Die Rote Armee hätte Gegenmaßnahmen ergreifen können, aber Stalin hat das strikt verboten. Die Spatzen pfiffen es von den Dächern, nur Stalin weigerte sich, die Realität anzuerkennen. Als ihm der Beginn des Feindseligkeiten gemeldet wurde, grollte er, »sie haben uns hinterhältig überfallen wie Räuber«.[28]

Mit dem Angriff auf die Sowjetunion am 22. Juni 1941 begann ein Krieg von einzigartiger Dimension. Auf keinem anderen Kriegsschauplatz kämpften und starben mehr Menschen und wurden mehr Verbrechen verübt. Schließlich wurde hier der Krieg gegen Deutschland auch insgesamt entschieden.

Für diesen Krieg werden seit einigen Jahrzehnten, in zunehmendem Maße seit den achtziger Jahren, moralisch qualifizierende Bezeichnungen gewählt. Für Ernst Nolte, der damit begann, war es der »ungeheuerlichste Eroberungs-, Versklavungs- und Vernichtungskrieg, den die moderne Geschichte kennt«.[29] Danach haben sich Bezeichnungen wie »Rassen- und Vernichtungskrieg« oder »Rassen-, Eroberungs- und Vernichtungskrieg« eingebürgert und als eine Variante »Weltanschauungs- und Beutekrieg«. In Anlehnung an die Definition von Nolte, der damals noch nicht das »historische Prius« des bolschewistischen

Massenmordes entdeckt hatte, sprach Andreas Hillgruber von einem »rassen-
ideologischen Vernichtungskrieg«, der dadurch entstanden sei, daß die »Normalform‹ des Nationalkrieges in einen ideologischen Vernichtungskrieg über-
schlug«.[30]

Hier wäre nun einmal zu prüfen, ob man dem Wesen dieses Krieges gerecht
wird, wenn man die ideologische Komponente so eindeutig in den Vordergrund schiebt. Muß man nicht unterscheiden zwischen den Erwartungen Hitlers, gleichsam seinen theoretischen Voraussetzungen, und der tatsächlichen
Praxis des Rußlandkrieges? Dies war nur scheinbar ein »Normalkrieg« in der
Tradition der modernen Kriege seit der Französischen Revolution; beide Seiten
bemühten sich, unter Einsatz der wirksamsten Waffen und aller Lehren der
Kriegskunst, bewährter wie neuer, Krieg zu führen, aber die ideologische Ausrichtung und die Brutalität der Kriegführung waren von Beginn an eine Besonderheit dieses Feldzuges. Auch wenn die Massenmorde an Juden keine »Kriegshandlungen« darstellen[31] und daher bei der Bewertung der Kriegshandlungen
außer acht bleiben, war dies kein »Normalkrieg«. Da war auf deutscher Seite der
»Kommissarbefehl«, der die Erschießung politischer Kommissare ohne jegliches Verfahren vorschrieb oder das Verhungernlassen von Millionen sowjetischer Kriegsgefangener. Deren Tod beruhte zu einem Teil auf objektiven
Schwierigkeiten, aber auch auf den Ressentiments gegen slawische »Untermenschen«.

Eine entscheidende Komponente der ideologischen Kriegführung offenbarte die Weigerung Hitlers, mit den Gegnern Stalins, seien es Russen, Ukrai-
ner oder andere Nationalitäten, zusammenzuarbeiten, obwohl häufig berichtet wird, daß die Bevölkerung die Wehrmacht zunächst als Befreier begrüßt
habe. Eine von Beginn an zielstrebig verfolgte Politik der Zusammenarbeit mit
nationalen und politischen Gegnern Stalins hätte die deutschen Erfolgsaussichten verbessern können. Aber das ist nur eine Hypothese, die mit der Realität, nämlich Hitlers rassistisch fundierten Versklavungsplänen für die unterworfene Bevölkerung, nicht in Übereinstimmung zu bringen ist. Als das NS-
Regime schließlich widerstrebend auf den Sowjetgeneral Wlassow und seine
antibolschewistischen Freiwilligen zurückgriff, war es längst zu spät.

Auf sowjetischer Seite wiederum kam die ideologische Komponente in unterschiedlicher Weise zum Ausdruck. Da waren zuerst die Massenexekutionen
von politischen Häftlingen durch die Geheimpolizei, etwa in Lemberg unmittelbar vor dem deutschen Einmarsch. Sie übten auf die Angehörigen der Wehrmacht einen nachhaltigen Eindruck aus. Noch stärker wurde das Bild vom sowjetischen Gegner geprägt durch das Auffinden bestialisch verstümmelter
deutscher Soldaten, die der Gegenseite in die Hände gefallen waren.[32] Darüber

hinaus kam die ideologisch geprägte Kriegführung vor allem in der Menschen-
verachtung zum Ausdruck, mit der kaum ausgebildete Soldaten sinnlos in das
tödliche Feuer des Gegners getrieben wurden. Hier entfaltete die Macht der
totalitären Diktatur Stalins ihre verheerende Wirkung. Zugleich zeigte die konsequente Haß- und Vernichtungspropaganda gegen das »faschistische Mord-
gesindel«, daß die sowjetische Kriegführung nichts mit den Normen des
Kriegsrechts zu tun haben wollte. Ähnliche Vorstellungen gab es auch auf deutscher Seite, besonders bei Hitler, aber sie dienten kaum der Indoktrination der
Soldaten.

Die Wehrmacht führte im Prinzip den Krieg im Osten wie an anderen Fronten. Die Propaganda von der eigenen Überlegenheit und der Minderwertigkeit
des Gegners trat in dem Maße in den Hintergrund, wie der sowjetische Gegner
an Stärke und militärischem Können gewann. Die wichtigsten ideologisch-
politischen Komponenten, die die deutschen Soldaten beeinflußten, war die
Begegnung mit dem »Vaterland der Werktätigen«, in dem die Lebensumstände
so elend waren, daß sie Entsetzen auslösten, und die sowjetische Kriegführung,
die den festen Willen, nicht in die Hände des Gegners zu fallen und damit in sowjetische Kriegsgefangenschaft zu geraten, noch stärkte.

Auf deutscher Seite gab es nichts, was der Haßpropaganda zur Aufput-
schung der sowjetischen Soldaten, bei der der Schriftsteller Ilja Ehrenburg eine
große Rolle spielte, entsprach. Der erst in der letzten Phase des Krieges eingeführt NS-Führungsoffizier übte keinen nennenswerten Einfluß aus. Gewiß erließ das OKW – das militärische Sekretariat Hitlers – verbrecherische Befehle,
aber es gab wohl kaum einen Bataillonskommandeur, der seine Leute zum Angriff führte mit der Begründung, es gelte den Bolschewismus zu vernichten.

Das eigentliche Problem liegt letztlich darin, daß die Wehrmacht vom einfachen Soldaten bis zum General davon überzeugt war, ein verbrecherisches
System zu bekämpfen. Diese Überzeugung hatte sich verbreitet, ohne daß es
besonderer propagandistischer Bemühungen bedurft hätte. An dieser Überzeugung änderte sich auch nichts, als im Laufe des Krieges immer mehr Wehr-
machtsangehörige erkannten, daß sie ebenfalls einer verbrecherischen Diktatur dienten. Viele wußten, auch wenn sie es verdrängten, daß auf deutscher
Seite Verbrechen, grauenhafte Verbrechen begangen wurden.

Auch zur Judenvernichtung hat die Wehrmacht beigetragen, indem sie auf
verschiedenen Ebenen Hilfestellung leistete oder zumindest Zustimmung signalisierte. Die Behauptung, die Wehrmacht sei sauber gewesen und habe sich
von den Verbrechen der SS ferngehalten, ist nicht aufrechtzuerhalten. Sie
wurde nach 1945 von der deutschen Generalität mit Hilfe der Amerikaner erfolgreich verbreitet, als es um den westdeutschen Verteidigungsbeitrag ging.

Die nicht zu leugnende Mitschuld bestimmte aber nicht die Kriegführung insgesamt. Eine so apodiktische und verallgemeinernde Feststellung wie die des Antisemitismusforschers Wolfgang Benz trifft kaum den Sachverhalt: »Die Wehrmacht war in die Verbrechen des NS-Staats durch aktive Beteiligung und passive Duldung verstrickt.«[33]

Der Krieg im Osten war auch kein Krieg zur Eroberung von Lebensraum. Es gab gar nicht genug Deutsche und Angehörige »artverwandten Blutes«, die den riesigen Ostraum hätten besiedeln können. Mehr Raum zum Leben brauchten die Deutschen nicht, und auch Hitler sprach nicht mehr davon. Ihm ging es nur noch um die Beherrschung dieser Landmasse und die Versklavung der Bewohner. Das eroberte Gebiet war kein Raum für das Leben, sondern für den Tod.

Der Rußlandfeldzug war – anders als die vorangegangenen Operationen – der Krieg Adolf Hitlers. Er war der Feldherr, der den Kreuzzug gegen den »asiatischen« Bolschewismus entwarf. Er hat den Kriegsverlauf durch die von ihm verschuldeten Katastrophen weitgehend selbst bestimmt, und seine Kriegführung war es auch, die am Ende das ungeheure Vertrauen zerstörte, das er einst bei den Deutschen, den Soldaten wie den zu Hause Gebliebenen, genoß.

Zu Beginn des Unternehmens herrschte allgemein Optimismus vor. In vier Wochen sollte der Feldzug beendet sein. In Wahrheit war er in weniger als vier Wochen bereits gescheitert. Denn trotz der siegreichen Kesselschlachten zu Beginn war der Gegner nicht geschlagen, und eine Umfassung vergleichbar derjenigen Ende Mai 1940 in Belgien und Nordfrankreich war angesichts der ungeheuren Entfernungen nicht möglich. Gleichwohl hatte die deutsche Führung im Juli den Eindruck, der Feldzug sei entschieden. Selbst ein relativ zurückhaltend urteilender Mann wie Generalstabschef Halder glaubte bereits am 3. Juli ernsthaft, daß »der Feldzug gegen Rußland innerhalb (von) 14 Tagen gewonnen wurde«.[34] Zwar rechnete er noch mit weiteren Wochen harter Kämpfe, bis der letzte Widerstand gebrochen war, aber die Entscheidung war für ihn schon gefallen. Viel Wunschdenken mag dabei im Spiel gewesen sein, denn das deutsche Heer verfügte faktisch über keine Reserven. Was als Ersatz bereitgestellt war, reichte schon nach zwei Monaten nicht mehr aus, um die eingetretenen Verluste auszugleichen. Bald hatten die vorhandenen 136 Verbände nur noch die Kampfkraft von lediglich sechzig Prozent ihrer ursprünglichen Stärke.[35]

Hitler und sein engerer Kreis – Göring, Keitel, Rosenberg und Bormann – übten sich im Juli in ungetrübter Siegeszuversicht. Wie sie sich die Beherrschung des europäischen Rußlands vorstellten, wurde in einer Besprechung am 16. Juli deutlich. Hitlers Hauptsorge galt dabei der Geheimhaltung. Bewußte Täuschung sei nötig, um »(a)lle notwendigen Maßnahmen – Erschießen, Aussiedeln etc.« durchzuführen. Es gelte, den »riesenhaften Kuchen« zu zerlegen, »damit wir ihn erstens beherrschen, zweitens verwalten und drittens ausbeuten können«.[36] Nur Deutsche dürften in Rußland Waffen tragen, die Polizei müsse mit Panzerwagen ausgerüstet werden, damit sie ihre Abschnitte kontrollieren könne, Görings Luftwaffe müsse im Osten üben, um jederzeit bereit zu sein, Aufstände niederzubomben. Das Baltikum sollte als »Baltenland« zum Reich kommen, auch die Krim, auf die Hitler besonderen Wert legte, während das Ölgebiet um Baku als Militärkolonie vorgesehen war. Das Baltikum und Weißrußland sollten von Reichskommissaren verwaltet werden. Diese Vorstellungen offenbaren nicht nur eine erbarmungslose Grausamkeit, sondern auch eine geradezu kriminelle Dummheit, wenn ganz selbstverständlich festgestellt wird, daß »westlich des Urals kein fremdes Militär« existieren dürfe.

Tatsächlich hatte der Partisanenkrieg schon begonnen, der mit der Zeit immer mehr Zulauf erhielt, weil die Bevölkerung keine Alternative zum Widerstand sah oder durch sowjetische Kommissare dazu gezwungen wurde. Unter dem Druck des deutschen Angriffs machte Stalin auch ideologische Konzessionen, indem er einen Sowjetpatriotismus propagierte, der auf russischen Traditionen aufbaute, und die Kirchen wieder öffnen ließ. Der Internationalismus trat in den Hintergrund, da es galt, den »Großen Vaterländischen Krieg« siegreich zu führen.

Wer sich dagegen Hitlers Vorstellungen zur Beherrschung des Ostraums vergegenwärtigt, kann nur eine sinnvolle Schlußfolgerung ziehen: Es ist grundverkehrt, Hitler ein Programm und eine Strategie zu unterstellen, die auf einen »Weltblitzkrieg«[37] hinauslief. Eine solche Unterstellung ist rein hypothetisch und läßt die für den »Führer« charakteristische selbstzerstörerische Brutalität und Primitivität außer acht. Es ist auch ganz sinnlos, irgendwelche Gedankenfetzen und Wunschvorstellungen zu einer kohärent erscheinenden Strategie zusammenzubasteln, denn selbst wenn der Rußlandfeldzug schnell abgeschlossen worden wäre, hätte ein Besatzungs- und Ausbeutungssystem, wie es Hitler vorschwebte, unweigerlich zu einem Partisanenkrieg geführt. Dieser Partisanenkrieg hätte Deutschlands Kräfte völlig in Anspruch genommen und ihm keine Möglichkeit zu weiteren Aktionen gelassen.

Nach vier Wochen erbitterter, wenn auch siegreicher Kämpfe kam die erste Ernüchterung. Auf einmal war Halder klar, daß »der Koloß Rußland ... von uns unterschätzt worden ist«.[38] Der Gegner war keineswegs geschlagen, sondern führte zur Überraschung der deutschen Führung immer neue Truppen in den Kampf. Nun kam es zum Streit über den Schwerpunkt der kommenden Operationen. Der Feldherr Hitler begann in das Geschehen einzugreifen.

Der Feldzugsplan hatte das Vorrücken von drei Heeresgruppen vorgesehen:

der Heeresgruppe Nord in Richtung Leningrad, der Heeresgruppe Mitte in Richtung Moskau und der Heeresgruppe Süd in Richtung Kiew. Maßgebend dabei war die Erwartung, daß die Entscheidung schon gefallen war, wenn die Truppen sich diesen Städten näherten. Hitler dagegen wollte einen Hauptstoß nach Norden, nach Leningrad führen. Das hatte ideologische Gründe, denn Leningrad galt ihm als politischer Seuchenherd, während der Stoß nach Südosten, den er plante, wirtschaftliche Ziele hatte und in erster Linie den Ölquellen am Kaukasus galt. Rohstoffe übten auf Hitler eine geradezu magische Anziehungskraft aus. Auch die Krim sollte möglichst rasch erobert werden.

Gegen den Plan Hitlers erhoben Halder und auch Brauchitsch Einwände. Sie sprachen sich für den Hauptstoß auf Moskau aus und gegen den Angriff auf die Ukraine, da dies eine Verzettelung der Kräfte bedeute, die letztlich dem Feind zugute komme. Sie waren der Überzeugung, daß der Gegner seine Hauptstreitmacht zum Schutze Moskaus aufstellen werde. Deshalb gelte es, die sowjetische Hauptstadt anzugreifen, um diese Streitmacht zu schlagen und damit die Entscheidung zu erzwingen. Der Streit zog sich fast einen Monat – bis zum 21. August – hin mit dem Ergebnis, daß Hitler befahl, den Hauptstoß in Richtung Ukraine zu führen. Ein solcher Feldzug aber konnte, das stand fest, nicht vor Einbruch des Winters beendet sein.

Im Süden wurde schon Ende September der Kessel um Kiew zur Übergabe gezwungen. Es gab Hunderttausende von Gefangenen und große Mengen von erbeuteten Waffen. Am 2. Oktober begann der Angriff der Heeresgruppe Mitte auf Moskau, für den Hitler drei Wochen zuvor schließlich doch den Befehl erteilt hatte. Der Widerstand der Roten Armee, die einsetzende Schlammperiode und ein früher und zudem sehr scharfer Wintereinbruch setzten Mensch und Material schwer zu, zumal die Deutschen auf all diese Schwierigkeiten gar nicht eingerichtet waren. Dennoch wurde die Offensive fortgeführt. Es war weniger Hitler als Halder, der die Entscheidung vor Moskau herbeizwingen wollte. Der Generalstabschef war »durchdrungen von dem Gedanken, daß es bei beiden Gegnern um die letzte Kraftanstrengung geht und der härtere Wille recht behält. Feind hat auch keine Tiefe mehr und ist sicherlich noch schlechter dran als wir.«[39] Hier irrte Halder ganz beträchtlich, denn am 5. Dezember brach die sowjetische Gegenoffensive los und stürzte das deutsche Heer in seine bis dahin schwerste Krise.

Mit der Ablösung des Oberbefehlshabers des Heeres, Generalfeldmarschall von Brauchitsch, am 19. Dezember durch Hitler wurde die Lage noch desolater.[40] Er mischte sich jetzt nicht nur in die Führung des Heeres ein, was er bereits vorher zuweilen getan hatte, sondern war nun formal dafür zuständig.

Von nun an dehnten sich die Lagebesprechungen noch mehr aus, weil immer mehr Fragen und Eingebungen des Führers besprochen werden mußten.

Der Krise an der Front trug Hitler in einer für ihn typischen Weise Rechnung, die in Zukunft zu einem seiner wichtigsten Führungsgrundsätze werden sollte. Am 26. Dezember befahl er die Verteidigung und den Kampf »um jeden fußbreit Boden mit letztem Einsatz«, wozu auch der stützpunktartige Ausbau von Ortschaften und Gehöften gehörte, die »mit allen Mitteln bis zum letzten zu halten« seien.[41] Militärische Führer, die dem zuwiderhandelten, wurden bestraft. So wurde Generaloberst Hoepner, Oberbefehlshaber der 4. Panzerarmee, von Hitler abgesetzt und aus der Wehrmacht ausgestoßen, weil er eigenmächtig zwei seiner von der Vernichtung bedrohten Korps zurückgenommen hatte.

In der Heimat brach eine Unruhe aus wie nie zuvor. Die »Meldungen aus dem Reich«, der Informationsdienst des SD für die politische Führung, verzeichnete kritische Reaktionen in der Bevölkerung.[42] Schließlich waren die Witterungsunbilden im fernen Rußland kein unvorhersehbarer Schicksalsschlag, mit dem man nicht hatte rechnen können. Schon im August hatte die Führung gewußt, daß die Operationen auch im Winter fortgesetzt werden würden und hatte dafür Vorbereitungen getroffen, aber diese waren völlig unzulänglich gewesen.[43]

Während der Krise um Moskau kam es tatsächlich zur Wende des Krieges. Mit dem japanischen Überfall auf Pearl Harbor am 7. Dezember 1941 und Hitlers Kriegserklärung an die Vereinigten Staaten vier Tage später war auch die alles entscheidende Macht in einen Krieg eingetreten, der ohnehin von Beginn an den Charakter einer letztlich weltweiten Auseinandersetzung hatte. Spätestens seit dem Angriff auf Polen stand für US-Präsident Franklin D. Roosevelt fest – und er wurde darin seit 1940 von Winston Churchill bestärkt –, daß das verbrecherische Regime Hitlers nicht länger hinnehmbar sei und die USA früher oder später in den Krieg eintreten mußten. Dazu paßte auch, daß die Entscheidung zum Bau der Atombombe bereits im Oktober 1941, vor Eintritt der USA in den Krieg, getroffen wurde.

Es ist viel darüber gerätselt worden, warum Hitler auf den japanischen Angriff gegen die USA mit einer Kriegserklärung reagiert hat, obwohl er über die japanischen Pläne gar nicht informiert worden war. Dahinter stand wohl die Überlegung, den Krieg des Bündnispartners demonstrativ zu unterstützen. In der akuten Krise vor Moskau wird auch die Hoffnung auf Entlastung mitgespielt haben, die Erwartung, daß der Krieg die USA vorerst im Pazifik binden und am Eingreifen auf dem europäischen Kriegsschauplatz hindern werde. Da sich das Verhältnis zu den USA so verschlechtert hatte, daß mit einem Krieg ohnehin zu rechnen war, mag Hitler auch den Bruch mit Washington gesucht haben.

Die Sommeroffensive 1942 zeigte noch deutlicher als die Offensive des Vorjahrs das Unvermögen der deutschen Führung, Prioritäten zu setzen und die Leistungsfähigkeit der Wehrmacht halbwegs realistisch einzuschätzen. Die Kampfkraft des Heeres war gegenüber 1941 erheblich zurückgegangen und bei der Heeresgruppe Süd sogar auf die Hälfte geschrumpft, obwohl das Heer zahlenmäßig immer stärker wurde.[44] Das Absinken der Kampfkraft hinderte Hitler jedoch nicht daran, weitgesteckte Ziele festzusetzen: Stalingrad, das politische Symbol, mußte fallen, und der Kaukasus mit den Ölquellen am Kaspischen Meer sollte erobert werden. Den Oberbefehl über den Angriff auf Stalingrad behielt Hitler selbstverständlich sich selber vor.

Der weitausgreifende Vorstoß in Richtung Stalingrad bedeutete für die sowjetische Führung geradezu eine Einladung, nach Süden vorzudringen und die 6. Armee, die auf Stalingrad angesetzt war, in der Flanke zu treffen und einzuschließen. Ausgerechnet diese Flanke war völlig unzureichend gesichert, denn dort standen rumänische, italienische und ungarische Truppen von zweifelhafter Kampfkraft und kümmerlicher Bewaffnung, und selbst die eingeschobenen deutschen Truppen waren schwach und schlecht bewaffnet.

Die 6. Armee erreichte im September die Außenbezirke Stalingrads und kämpfte sich zäh gegen den stärker werdenden Widerstand in Richtung Wolga vor. Da geschah am 19. November, was im Grunde unvermeidlich war: Eine sowjetische Offensive, gründlich vorbereitet mit einer erdrückenden Überlegenheit von Panzern und Artillerie, brach von Nordwesten und Süden los und schnitt die 6. Armee von ihren rückwärtigen Verbindungen ab. Die Gewalt des Angriffs verursachte auf deutscher Seite eine Panik: »Von Angst vor den russischen Panzern gepeitscht, jagten Lkw, Befehlswagen, Pkw, Kräder, Reiter und pferdebespannte Fahrzeuge nach Westen, prallten aufeinander, fuhren sich fest, stürzten um, versperrten den Weg.«[45] Die Einkesselung der 6. Armee war eine Tatsache, an der nichts mehr zu ändern war. Da Hitler in den ersten beiden Tagen nach der Einschließung der 6. Armee nicht reagierte, hätte ihr Oberbefehlshaber Paulus sofort den Ausbruch anordnen müssen. Aber der General war zu einer selbständigen Entscheidung von solcher Tragweite gar nicht fähig, und so bat er Hitler per Funkspruch um die Genehmigung zum Ausbruch aus dem Kessel – die dieser natürlich verweigerte. Statt dessen befahl der Führer die »Festung« Stalingrad zu halten. Als General von Seydlitz, der die Nordfront des Kessels kommandierte, am folgenden Tag den Ausbruch forderte, lehnte der Generalstabschef der 6. Armee das ab mit der Bemerkung: »Wir haben uns nicht den Kopf des Führers zu zerbrechen und (Gen.v.) Seydlitz nicht den des (O.B.).«[46]

Hitler, der noch am 8. November in seiner traditionellen Bürgerbräu-Rede geprahlt hatte, daß Stalingrad schon in deutschem Besitz sei und die Sowjets dort »nur noch ein paar ganz kleine Plätzchen« hielten,[47] wollte die verzweifelte Situation der 6. Armee nicht zur Kenntnis nehmen. Statt einem schnellen Ausbruch zuzustimmen, beharrte er stur darauf, die Stellungen zu halten. Einem Entsatzversuch stimmte er nur unter der Voraussetzung zu, daß die 6. Armee Verstärkung und Nachschub erhalte, nicht aber die Öffnung des Kessels zum Rückzug nutze.

Noch hatte die 6. Armee eine ganz entscheidende Aufgabe: Solange sie im Kessel kämpfte, zog sie den Großteil der sowjetischen Truppen auf sich, da es für die Sowjets eine Prestigefrage war, möglichst rasch die Stadt zu erobern und so deren Namenspatron zu huldigen. Damit banden die hungernden und frierenden Soldaten riesige sowjetische Truppenmassen. Allein sieben sowjetische Armeen waren gegen die 6. Armee im Einsatz. Die deutschen Soldaten konnten sich nur behaupten, weil sie die Trümmer der Stadt Stalingrad in eine Festung verwandelt hatten, in der sie als Verteidiger im Vorteil waren.

Währenddessen sollte Generalfeldmarschall von Manstein mit den zerschlagenen deutschen und rumänischen Verbänden südlich und westlich von Stalingrad die neue Heeresgruppe »Don« aufbauen. Sie hatte die Aufgabe, durch Frontstellung nach Norden die Situation zu stabilisieren. Zu diesem Zeitpunkt war der gesamte Südflügel der Ostfront in hohem Maße gefährdet. Eine Katastrophe, die schon damals den Krieg in Rußland hätte entscheiden können, zeichnete sich ab.

Die Entsatztruppen schafften es schließlich, sich dem Kessel von Stalingrad so weit zu nähern, daß sie das Artilleriefeuer von dort hören konnten; weiter ging es aber nicht mehr. Paulus zeigte sich unentschlossen bei der Planung des Ausbruchs, und Hitler war strikt gegen die Aufgabe von Stalingrad. Dem Nachfolger Halders, Generalstabschef Zeitzler, vertraute er an: »Wir dürfen unter keinen Umständen das (Stalingrad) erst aufgeben. Es wieder gewinnen werden wir nicht mehr.«[48] Damit war die letzte Chance auf Rettung von Teilen der Armee vertan. Was folgte war der Todeskampf der 6. Armee. Der Kessel schrumpfte und wurde schließlich durch sowjetische Angriffe in zwei kleinere aufgeteilt. Die Versorgung aus der Luft, die ohnehin nie ausgereicht hatte, weil Göring entgegen seiner großspurigen Versicherung die dafür nötigen Transportkapazitäten gar nicht zur Verfügung stellen konnte, sank auf ein Minimum, als am 23. Januar der letzte Flugplatz verloren ging. Am 31. Januar und am 2. Februar kapitulierten, unabhängig voneinander, die beiden Kessel. Paulus ging in Gefangenschaft, nachdem er am Tag zuvor seinem Führer noch Glückwünsche zum zehnten Jahrestag der Machtergreifung übermittelt hatte.

91 000 Soldaten gerieten in Gefangenschaft. In ihrem Zustand hatten nur

wenige eine Überlebenschance. Vornehmlich die Offiziere gehörten zu den rund 5500, die nach Deutschland zurückkehrten. Die Sowjetmacht begünstigte nämlich keineswegs die Gefangenen, die der Arbeiterklasse angehörten, sondern die Offiziere, die deutlich höhere Verpflegungsrationen erhielten. Das Grauen auf dem Marsch in die Gefangenschaft schilderte ein Betroffener ganz leidenschaftslos: »Unser Weg führte durch den hohen Schnee am Straßenrand, denn die Straße mit ihrer festgetretenen und festgefahrenen Schneespur wurde ausschließlich von den zur Front zurückfahrenden Autos, Schlitten und marschierenden Kampfeinheiten der Russen benutzt. Für uns war deshalb der Marsch besonders beschwerlich. Unsere Kräfte waren schnell verbraucht. Die große Kälte gab uns den Rest. Immer wieder passierte es, daß vorbeiziehende Russen Kameraden von uns aus der Kolonne zogen, auf die Erde in den Schnee warfen und sie nach brauchbaren Bekleidungsstücken und Wertgegenständen untersuchten. Viele überlebten diese Untersuchungen nicht. Vor mir wurde einer aus der Reihe gezogen, den man in aller Eile zwang, seine Handschuhe und Lederstiefel auszuziehen und nur mit Socken an den Füßen weiter zu marschieren. Es bestand keine Gelegenheit, ihm zu helfen. Die Wachtposten trieben uns dauernd zum schnelleren Marsch durch den hohen Schnee an. Wer zurückblieb, wurde von den am Schluß eingesetzten russischen Soldaten erbarmungslos erschossen. Wir hörten immer wieder Rufe und Schreie und die darauf folgenden Schüsse. Keiner von uns drehte sich um oder sagte ein Wort dazu.«[49]

Die Katastrophe von Stalingrad hat im Bewußtsein der Deutschen tiefe Spuren hinterlassen. Walter Kempowski hat mit Hilfe von Tagebüchern und anderen Quellen die Reaktion in der Bevölkerung, gleichsam ihre Tiefenwirkung, aufzuzeigen versucht.[50] Der Schock über den Fall Stalingrads ging wahrscheinlich so tief, weil die Bevölkerung über den Ernst der Lage so bewußt und so schwer getäuscht worden war. Erst am 21. Januar rang sich Goebbels zu der Erkenntnis durch: »Wir müssen uns nun allmählich mit dem Gedanken vertraut machen, das deutsche Volk über die dortige Situation zu unterrichten …, bisher war der Führer immer noch dagegen.«[51] Hitler und sein Propagandaminister konnten sich offensichtlich vorstellen, wie diese Unheilsbotschaft wirken mußte. Auch die »Meldungen aus dem Reich« registrierten schonungslos, daß »das ganze Volk z. Zt. bis ins Tiefste aufgewühlt« ist.[52]

Was durchsickerte und besonders heftige Gefühle auslöste, waren neben der großen Zahl der geopferten Soldaten, dem Untergang einer ganzen Armee, die Umstände des Leidens und Sterbens: die erbärmlichen Lebensbedingungen im Kessel, der quälende Hunger und die mörderische Kälte, die den Soldaten zugesetzt hatten.

Die Bevölkerung ahnte freilich noch nicht, daß Stalingrad nur der Auftakt für weitere militärische Katastrophen von ähnlichem, wenn nicht gar noch größerem Ausmaß war: Nordafrika, Krim, Heeresgruppe Mitte bezeichneten weitere Stationen auf dem Weg in die totale Niederlage.

KRIEGSWENDE 1943

Die Katastrophe von Stalingrad brachte das Ende aller Hoffnungen auf einen siegreichen Abschluß des Rußlandfeldzuges. Zugleich wurden die Sowjets – nicht zuletzt dank amerikanischer Hilfe – immer stärker. Ihre Operationen und die Art, wie sie ihre Panzer einsetzten, zeigten, daß sie vom Gegner gelernt hatten.

Aber nicht nur Stalingrad zeigte die Wende an. Auch in Nordafrika erlitten die deutschen Truppen eine schwere Niederlage. Seit dem Frühjahr 1941 hatte Rommel dort mit wechselndem Erfolg operiert. Sein größter Triumph war die Eroberung der Festung Tobruk im Juni 1942 gewesen. Als aber der britische Oberbefehlshaber Montgomery am 23. Oktober bei El Alamein mit einer weit überlegenen Streitmacht zur Gegenoffensive antrat, geriet er in eine schier ausweglose Lage. Nun geschah das, was an der Ostfront schon fast zur Regel geworden war: Am 3. November erteilte Hitler ihm einen Haltebefehl. Das erschütterte das Vertrauen des Generalfeldmarschalls in den Führer, hielt ihn aber nicht von der geplanten Rückzugsoperation ab.

Die deutschen und italienischen Truppen zogen sich von El Alamein bis zur tunesischen Grenze zurück. Als der Nachschubmangel ihre Bewegungsfreiheit lähmte, mußten sie schließlich im Mai 1943 kapitulieren. Rommel hatte man schon vorher abberufen, damit seine Feldherrngloriole nicht durch die Niederlage Schaden nahm.

Einen wesentlichen Anteil an der sich abzeichnenden Niederlage hatte Hitlers Art, den Krieg zu führen. Damit soll natürlich nicht gesagt werden, daß der Krieg ohne seine Fehler nicht verlorengegangen wäre, aber die beherrschende Rolle Hitlers verhinderte eine professionellere und damit weniger verlustreiche Kriegführung. Hier stellt sich auch die Frage nach der Verantwortlichkeit seiner nächsten Führungsgehilfen, denn er allein konnte nicht alles bewirken. Man muß allerdings bedenken, welch ungeheure Zähigkeit Hitler besaß, seinen Standpunkt zu vertreten und durchzusetzen. Zudem wählte er sich vornehmlich Mitarbeiter aus, die er leicht beeinflussen konnte. Nicht zu verachten ist auch der Ehrgeiz, der viele Offiziere in die höheren Ränge der militärischen

Führung getrieben hatte; sie opponierten nicht entschieden gegen Hitlers Vorstellungen, um ihre Posten nicht zu verlieren. Dennoch gab es immer wieder Offiziere, die entschlossen waren, ihm die Lage an der Front schonungslos darzulegen. Aber solche Vorstöße wehrte er ab, indem er lange Reihen von Produktionszahlen vortrug, die niemand kontrollieren konnte, Hilfe zusagte oder neue Waffen – »Wunderwaffen« – versprach. Er verstand es meisterhaft, die Zweifler zu überzeugen und mit neuem Vertrauen zu erfüllen oder sie einfach mundtot zu machen.

Hitlers Handlungsmaximen waren voller Widersprüche. Unangenehme Entscheidungen versuchte er möglichst lange hinauszuschieben, was zur Folge hatte, daß oft stärkere Kräfte eingesetzt werden mußten, als bei einer rechtzeitig getroffenen Entscheidung nötig gewesen wären.

Charakteristisch für ihn war auch die falsche Prioritätensetzung. So verfolgte er 1942 mit dem Stoß auf Stalingrad und den Kaukasus primär wirtschaftliche Ziele und vernachlässigte dabei vollkommen, daß der militärische Sieg über den Gegner errungen sein mußte, bevor man solche Ziele in Angriff nehmen konnte.

Selbst nach der Niederlage von Stalingrad und der Zurücknahme der Front bestand noch die Möglichkeit, den Bewegungskrieg durch Panzeroperationen – Markenzeichen der deutschen Strategie seit dem Frankreichfeldzug – fortzusetzen und dem Gegner durch überraschende Angriffe schwere Verluste zuzufügen. Hitler aber verfiel auf das Gegenteil: stures Halten um jeden Preis, wobei willkürlich Orte zu festen Plätzen erklärt wurden, die nicht aufgegeben werden durften. Das war eine Frage der Macht, denn Hitler mußte bei einer beweglichen Kriegführung in den Hintergrund treten, da er sie nicht beherrschte, und weil er vieles nicht verstand, hegte er Mißtrauen gegen die Generalität, die er verdächtigte, die Lage zu dramatisieren. So suchte er Zuflucht zu Einzelanordnungen, die er vom Führerhauptquartier aus – er erschien niemals direkt an der Ostfront, höchstens bei Armeeoberkommandos – auf Grund von überholtem Kartenmaterial traf.

Manstein versuchte – will man seinen Erinnerungen glauben – Hitler zu bewegen, das Gegeneinander von OKH und OKW zu beenden und neben sich als Oberbefehlshaber einen verantwortlichen Generalstabschef zu akzeptieren. Dabei dachte er wahrscheinlich an sich selbst, was sicher keine schlechte Lösung gewesen wäre. Allerdings fragt man sich, wie er einen derartig naiven Vorschlag unterbreiten konnte. Bei der ungeheuren Egozentrik und Entschlossenheit Hitlers, nichts aus der Hand zu geben, hatten derartige Vorschläge nicht die geringste Chance. Sein Sendungsbewußtsein, seine Überzeugung, nur er sei von der Vorsehung auserwählt, Deutschland in jenen Kampf zu führen, in dem er »das Schicksal aller Wesen« sah,[53] ließ keine andere Lösung zu als die seiner alleinigen, totalen Führerstellung. In seiner Hybris ging er am 8. November 1941 – berauscht von den bisherigen militärischen Erfolgen – so weit zu erklären: »Ich habe überhaupt keine Experten. Bei mir genügt immer mein Kopf ganz allein.«[54] Bei einer solchen Einstellung mußte das Führungschaos zunehmen. Unter dem Eindruck schwindender Ressourcen mehrten sich zudem die Verteilungskämpfe; das Ersatzwesen entwickelte sich zum ständigen Ärgernis.

Zu diesem Chaos trug ferner die Waffen-SS bei, die sich zu einem neuen Machtfaktor entwickelte. 1941 gab es bereits fünf SS-Divisionen, seit 1943 wurden SS-Divisionen auch mit Panzern ausgerüstet, und es entstanden sogar SS-Panzerkorps. Die Waffen-SS zeichnete sich durch besondere Tapferkeit aus; ihre Angehörigen blieben aber politische Soldaten und waren deshalb anfälliger für Kriegsverbrechen als die Wehrmacht.[55] Seit April 1941 gehörten auch die KZ-Wachmannschaften offiziell zur Waffen-SS, die seit 1943 zur Feuerwehr an der Ostfront wurde und deshalb besser ausgerüstet war als die Wehrmacht. Sie empfand sich als deren Konkurrenz und war bestrebt, sich gegenüber dieser auszuzeichnen. Da aber ihr Führerkorps keine Generalstabsausbildung absolviert hatte, wurden die Truppen schlecht geführt. Schneidigkeit des Angriffs mußte fehlendes Stabswissen ersetzen mit dem Ergebnis, daß die Verluste bei den SS-Divisionen unverhältnismäßig hoch ausfielen. Hier ist der seltene Fall eingetreten, daß die engagierten Befürworter eines verbrecherischen Systems oft auch persönlich bis zur letzten Konsequenz dafür einstanden.

Das militärische Geschehen im Sommer und Herbst 1943 spielte sich in verschiedenen Bereichen ab. Im Osten unternahm Hitler im Juli bei Kursk eine Offensive, seine letzte an der Ostfront. Sie schien wenig Erfolg zu versprechen und wurde gegen den Rat führender Militärs wie Guderian geplant; letztlich mußte sie schon vor der eigentlichen Entscheidung abgebrochen werden, weil Hitler Truppen aus der Angriffsfront herausziehen ließ, um die in Sizilien gelandeten Alliierten zu bekämpfen. Das war wieder eine seiner typische Fehlentscheidungen: Bis die Verbände Italien erreicht hatten, war dort die Lage auch ohne sie vorübergehend stabilisiert, die Offensive in Kursk aber war abgebrochen worden, als der Kampf noch gar nicht entschieden war.

Das Jahr 1943 brachte Hiobsbotschaften am laufenden Band: Da waren die Katastrophe in Stalingrad, das Scheitern des U-Boot-Krieges, der Abfall Italiens und schließlich der Luftkrieg über Deutschland. Der Oberbefehlshaber des britischen Bomberkommandos, General Arthur Harris, war der Überzeugung, Deutschland durch eine massive Bombenoffensive schon 1943 in die Knie zwingen zu können. Nachdem Harris im Frühjahr 1942 bei gezielten Angriffen auf die Rüstungsindustrie im Ruhrgebiet schwere Verluste hatte hinnehmen müssen, wurde die Strategie geändert. Obwohl offiziell am Ziel der Bombardierung strategisch wichtiger Ziele festgehalten wurde, verschob sich der Schwerpunkt der Operationen. Es ging nun hauptsächlich gegen die Zivilbevölkerung: Die Deutschen sollten »de-housed« werden. Die britischen Bomber kamen nachts, da sie die hohen Verluste bei Tag vermeiden wollten. Dafür war bei Nachtangriffen die Zielgenauigkeit geringer, was aber immer weniger ins Gewicht fiel, da man bis dahin für unvorstellbar gehaltene Mengen von Bombern einsetzen konnte. Am 31. Mai 1942 erfolgte gegen Köln ein Angriff mit 1046 Bombern, die die Stadt in ein Flammenmeer verwandelten.

Den Höhepunkt dieses Luftkrieges vornehmlich gegen die Zivilbevölkerung stellte der Angriff auf Hamburg zwischen dem 25. Juli und 3. August 1943 dar, als britische Bomber nachts und ihre amerikanischen Verbündeten bei Tag Angriffe flogen. Zuerst erfolgte der Abwurf von Sprengbomben über den Wohngebieten, die die Häuser beschädigten und die Dächer abdeckten. Dann fielen Brandbomben, die in den beschädigten Häusern verheerend wirkten. Sie lösten einen Feuersturm aus, der weite Teile der Stadt vernichtete. Ungefähr 50 000 Menschen fanden den Tod; das waren mehr Opfer als später der Angriff auf Dresden fordern sollte. Aber »Bomber-Harris« irrte und mit ihm Militärs und Politiker beider Seiten, die der ebenso primitiven wie brutalen Vorstellung anhingen, daß ein Krieg sich aus der Luft entscheiden ließe und nicht im Erdkampf mit der Besetzung gegnerischen Territoriums.

Die Angriffe gegen die Zivilbevölkerung blieben nicht ohne Auswirkungen. Die Siegeszuversicht schwand angesichts der alliierten Bomberüberlegenheit und der Wirksamkeit ihrer Angriffe. Auch das Vertrauen in die Führung wurde erschüttert, aber das blieb politisch folgenlos, solange jede Form des Aufbegehrens undenkbar war. Gewiß werden die Nächte in den unsicheren Luftschutzkellern bei der Zivilbevölkerung, die auf derartige Situationen nicht vorbereitet war, psychologische Schäden hinterlassen haben. Zuerst reagierte man jedoch mit Witzen auf den Schock. Die SD-eigenen »Meldungen aus dem Reich« hielten etwa im Zusammenhang mit den Bombenangriffen fest: »Nächstens gibt es mehr Butter, weil die Führerbilder entrahmt werden«; oder: »Zarah Leander … muß dem Führer vorsingen: ›Ich weiß, es wird einmal ein Wunder geschehn.‹«[56] Solche Scherze waren nicht ungefährlich, denn sie erfüllten den Tatbestand der Wehrkraftzersetzung und konnten somit das Leben kosten. Seit 1941 sollen gegen Zivilisten 15 000 Todesurteile verhängt worden sein, von denen ungefähr zwei Drittel vollstreckt wurden.

Es stellt sich die Frage, warum der Krieg nicht angesichts all der schweren Rückschläge und Niederlagen schon 1943 zu Ende ging. Die Antwort ist einfach: Tatsächlich geschah so etwas wie ein Wunder, und zwar dort, wo man es kaum erwartet hätte – auf dem Rüstungssektor. Trotz der Bombenangriffe stieg 1943 die Produktion an und erreichte im Sommer 1944 ihren Höhepunkt.

Die Kriegspolitik Hitlers stand zu der bis dahin praktizierten Wirtschaftspolitik in einem bemerkenswerten Widerspruch. Der Uferlosigkeit seiner strategischen Eroberungsziele entsprach nicht die Bereitschaft zur rücksichtslosen Steigerung der Rüstungsproduktion. Ihn schreckten die Erfahrungen des Ersten Weltkrieges, in dem eine immer stärkere Erfassung ziviler Arbeitskräfte bei unzureichender Ernährung zu wachsender Unzufriedenheit geführt hatte. Diese Fehler wollte Hitler vermeiden.

Die Rüstungsproduktion war 1941 zurückgegangen, da die Führung einen weiteren Blitzkrieg erwartet hatte. Als dann Engpässe in der Wirtschaft auftraten, sollte Fritz Todt, der Schöpfer der Reichsautobahnen und des Westwalls und zudem ein außerordentlich befähigter Organisator, Wandel schaffen. Er wurde 1940 zum Minister für »Bewaffnung und Munition« ernannt und erhielt die schwere Aufgabe, die Produktion zu steigern und die Kompetenz- und Interessenkonflikte zu überwinden. Todt kam im Februar 1942 ums Leben. Sein Nachfolger wurde Albert Speer, Hitlers Architekt, und dieser bescherte Hitler das »Wunder« in der Rüstungsindustrie.

Im Gegensatz zu Hitler war Speer fähig zu delegieren. Er ließ bewährte Organisatoren, etwa Hans Kehrl, den er im Reichswirtschaftsministerium vorfand, weiterarbeiten, obwohl ihn offensichtlich wenig Sympathie mit diesem verband. Deshalb findet sich der Name Kehrl auch nicht in Speers Memoiren, wie man bei ihm überhaupt unterscheiden muß zwischen robuster Wahrnehmung der eigenen Interessen und den gefühlvollen Ausführungen in seinen Erinnerungen,[57] die ihn als eine Art reinen Tor im NS-Dschungel darstellen.

Speer schuf als Leitungsinstanz eine »Zentrale Planung«,[58] dann unterstellte er sich die Rüstungsinspektionen und -kommandos der Wehrmacht, die bis dahin unmittelbar mit der Industrie zusammengearbeitet hatten. Vor allem aber gelang es ihm, wichtige Teile des Reichswirtschaftsministeriums unter seine Kontrolle zu bringen. Damit waren die Planung, die Rohstoffproduktion und -zuteilung sowie die Auftragserteilung an die Industrie in effizienter Weise zusammengefaßt. Auf gute Beziehungen zur Industrie legte er großen Wert. Der Erfolg Speers mag auch mit der distanzierten Art, wie er mit den ihm unterstellten Behörden und Ämtern umging, zu erklären sein. Von seinen Mitarbeitern erwartete er Höchstleistungen. Die Bombardierung des Wirtschaftsministeriums kommentierte er zynisch mit den Worten, daß »hierdurch die sehr erheblichen Ansätze zu einer bürokratischen Behandlung von Problemen … automatisch überwunden sind«.[59]

Für die Arbeitskräfte sorgte der »Generalbevollmächtigte für den Arbeitsein-satz« Sauckel. Neben Millionen von Kriegsgefangenen wurden Zwangsarbeiter aus den besetzten Gebieten eingesetzt. Die Arbeitsproduktivität war zwar ge-ring, aber man glaubte darauf nicht Rücksicht nehmen zu müssen, da die bru-talen Rekrutierungsmethoden für Nachschub sorgten.

Die Steigerung der Rüstungsproduktion war beachtlich. Die Rüstungsend-fertigung verdreifachte sich zwischen 1942 und 1944, bei Panzern verfünffachte sich die Produktion, bei der Flugzeugherstellung fand von 1943 auf 1944 eine Verdoppelung statt. Im Jahre 1943 wurden 370 000 gepanzerte Fahrzeuge pro-duziert, 1940 waren es 38 000.[60] Diese imponierenden Zahlen bedeuteten vor al-lem eines: Durch die Produktionssteigerungen wurde der Krieg erheblich ver-längert. Die Fähigkeit, nach 1942 den Krieg fortzusetzen, beruhte auf der von Speer forcierten Leistung der Rüstungsindustrie. Letztlich hat dieser »Erfolg« Millionen Menschen das Leben gekostet.

JUDENVERNICHTUNG

Nach Kriegsausbruch ging die von der SS forcierte Emigration der Juden er-heblich zurück; im Oktober 1941 wurde sie förmlich verboten. Dennoch gelang von Anfang 1940 bis zum September 1941 noch etwa 23 000 Juden die Auswan-derung. Die jüdische Bevölkerung in Deutschland war seit Beginn der NS-Herrschaft um fast zwei Drittel geschrumpft, und diejenigen, die noch im Land lebten, waren völlig marginalisiert und an den Rand des Existenzminimums gedrängt. Aber selbst dieses elendige Leben wurde noch durch bürokratische Schikanen aller Art erschwert.

Mit dem Ende des Polenfeldzugs erhöhte sich die Zahl der Juden im Reich wieder schlagartig, da in den »eingegliederten« Gebieten Polens, in den neuen »Reichsgauen« und im Generalgouvernement mehr als zwei Millionen Juden lebten.[61] Das war eine ganz andere Größenordnung als in Deutschland, wo 1933 rund eine halbe Million Juden registriert worden war.

Die polnischen Juden standen seit dem Beginn des Krieges unter einem bru-talen Verfolgungsdruck. Erschießungen, Zerstörungen von Synagogen und Ab-schiebungen in das Generalgouvernement waren an der Tagesordnung. Im Laufe des Jahres 1940 wurde die jüdische Bevölkerung in Ghettos zusammenge-pfercht, in denen miserable Lebensbedingungen herrschten. Die Ernährung war mangelhaft und die sanitäre Versorgung katastrophal – mit fatalen Folgen: Die beiden größten Ghettos, das in Warschau und das in Lodz, registrierten

Mitte 1941 eine Todesrate von einem Prozent im Monat.[62] Das war jedoch nicht das Ergebnis einer gezielten Vernichtungspolitik, sondern eher auf die brutale Gleichgültigkeit zurückzuführen, mit der die SS die Folgen der unmenschlichen Lebensbedingungen hinnahm.

Zur Entlastung ihres Überwachungssystems bedienten sich die deutschen Herren eines besonders perfiden Mittels, nämlich der sogenannten Judenräte in den Gemeinden und Ghettos, die sich aus maßgebenden Persönlichkeiten und Rabbinern zusammensetzten. Sie wurden für die »exakte und termingemäße Durchführung« aller Anweisungen »voll verantwortlich« gemacht und bildeten so, ob sie es wollten oder nicht, den verlängerten Arm der deutschen Zivilverwaltung und des Polizeiapparates, die die Räte skrupellos für ihre Zwecke einsetzten.[63]

Die SS-Führung hatte vor dem Krieg mit besonderem Nachdruck die Auswanderung der Juden betrieben. Eine Fortsetzung dieser Praxis mit episodenhaftem Charakter war der im Herbst 1939 unternommene Versuch, deutsche Juden in einem Reservat im Raum Lublin als Siedler anzusetzen. Der Plan traf allerdings auf den Widerstand des Generalgouverneurs Frank, der sich gegen weitere Abschiebungen in sein Territorium wehrte. In diesen Zusammenhang gehört auch der 1940/41 aufkommende Plan, die im deutschen Herrschaftsbereich lebenden Juden auf der Insel Madagaskar anzusiedeln. Das besiegte Frankreich sollte die Insel als Mandatsgebiet an Deutschland abtreten, das die Insel dann in ein riesiges Ghetto verwandeln wollte. Die dorthin deportierten Juden sollten unter deutscher Aufsicht und militärischem Schutz einen Autonomiestatus erhalten. Der Plan hatte angesichts der französischen und britischen Ablehnung jedoch keine Chance auf Verwirklichung. Das hinderte das Auswärtige Amt und selbst Hitler nicht daran, das Projekt kurzzeitig als ernsthafte Alternative in Erwägung zu ziehen.[64]

Es wird immer wieder behauptet, daß die Ausrottung der Juden neben der Gewinnung von Lebensraum das Hauptziel Hitlers im Krieg gegen die Sowjetunion gewesen sei. Eine populäre Darstellung urteilt apodiktisch: »Krieg und Vernichtung aber hießen die beiden untrennbar wie siamesische Zwillinge miteinander verwachsenen Kernziele Hitlers.«[65] Seit seinen antisemitischen Tiraden in »Mein Kampf«, so heißt es, habe er dieses Ziel als maximale Lösung im Sinn gehabt und daher bei der Vorbereitung des Rußlandfeldzuges den Befehl zur Ausrottung der Juden gegeben. Eine so konsequente Haltung ist aber nicht nachzuweisen, und sie ist auch wenig wahrscheinlich. Denn wenn der Judenmord Hitlers »Endziel« war, dann ergab die forcierte Auswanderung der Juden aus Deutschland bis 1939 keinen Sinn.[66] Erst recht ist sein angebliches Streben nach der Weltherrschaft nicht damit in Einklang zu bringen, daß den Juden die

Auswanderung erlaubt war, denn die ihrer Heimat und ihres Vermögens beraubten Menschen mußten als natürliche Feinde Nazi-Deutschlands gelten, die ihr Wissen und Können seinen Gegnern zur Verfügung stellen würden. Andere Autoren mutmaßten, der Judenmord sei eine grausige Rache, mit der Hitler auf die ihm Ende 1941 allmählich dämmernde Erkenntnis reagiert habe, daß der Krieg für ihn verloren war. Abgesehen davon, daß für diese These keine stichhaltigen Belege vorliegen, spricht vor allem eine Tatsache massiv dagegen: Zu diesem Zeitpunkt hatte der Massenmord an den Juden schon längst begonnen.

Hitler hatte bekanntlich am 30. Januar 1939, also noch vor Kriegsbeginn, den Juden gedroht: »Wenn es dem internationalen Finanzjudentum in und außerhalb Europas gelingen sollte, die Völker noch einmal in einen Weltkrieg zu stürzen, dann wird das Ergebnis nicht die Bolschewisierung der Erde und damit der Sieg des Judentums sein, sondern die Vernichtung der jüdischen Rasse in Europa.«[67] War das die programmatische Ankündigung, die von 1941/42 an verwirklicht wurde und auf die sich Himmler und Goebbels später wiederholt beriefen? Das ist nicht ohne weiteres einsichtig, denn Hitler hatte zu diesem Zeitpunkt keineswegs die Absicht, einen Weltkrieg zu führen. Er glaubte eher, daß Großbritannien, wo in Verbindung mit den USA ein Großteil des »Finanzjudentums« wirkte, sich seinen Kriegsplänen nicht entgegenstellen würde. Auch der Nichtangriffspakt mit der Sowjetunion lag noch in weiter Ferne. Daher erscheint die Drohung irgendwie rückwärts gerichtet, auf die Konstellation am Ende des Ersten Weltkriegs bezogen: hier die siegreichen »plutokratischen« Westmächte, dort der Bolschewismus mit seinen zahlreichen jüdischen Führern. Von diesem bolschewistischen Rußland war nach Hitlers Überzeugung der Revolutionierungsversuch im November 1918 ausgegangen, der Deutschland wehrlos gemacht, ihm den »Dolchstoß« versetzt hatte. Auf diese kapitalistisch-bolschewistische Weltverschwörung wies er im Januar 1939 hin, darauf bezog sich seine Vernichtungsdrohung, nicht aber auf eine politische Lage, mit der er in absehbarer Zeit rechnete. In seiner Vorstellung hatte Deutschland den Weltkrieg durch jüdische Machenschaften verloren. Eine Wiederholung würde er um keinen Preis zulassen, sondern furchtbare Rache an den Juden nehmen. So war seine Botschaft vom 30. Januar 1939 mehr eine allgemeine Drohung, aber keine Anleitung zum Handeln.

Gegen die These, daß die Ausrottung der Juden Hitlers »Endziel« gewesen sei, spricht auch, daß ihn später, im Juli 1940, zum Krieg gegen die Sowjetunion in erster Linie nicht ideologische Motive, sondern strategische Überlegungen veranlaßten: Er wollte Großbritannien durch die Ausschaltung des russischen »Festlandsdegens« friedensbereit machen. Erst im Laufe der Vorbereitungen des Unternehmens »Barbarossa« gab Hitler dem Krieg eine ideologische Dimension. Nun ging es auch gegen den Bolschewismus und damit gegen die Juden, da Hitler beides gleichsetzte.

Gleichwohl verwirklichten die ersten Morde an den Juden in Rußland nicht sofort die kaltblütige öffentliche Ankündigung von 1939. Als die Mordaktionen begannen, stand noch nicht der erklärte Wille zum Holocaust, zur Vernichtung aller Juden im deutschen Herrschaftsbereich, im Vordergrund. Dorthin führte vielmehr eine schrittweise Entwicklung, bei der es mehrere Stufen zu unterscheiden gilt. Die erste war die »Aktion T 4«, die Tötung »lebensunwerten Lebens«. Das war die erste Massenvernichtung – in diesem Fall bestimmter Kategorien von Heiminsassen –, und sie setzte Maßstäbe für die weiteren Tötungsaktionen. Die Opfer wurden in der Regel durch Kohlenmonoxyd getötet, wobei nicht die SS, sondern die Parteikanzlei des Führers zusammen mit der medizinischen »Wissenschaft« die entscheidende Rolle spielte. In ihrem Säuberungswahn ließ sie sich von erbbiologischen Theorien und Züchtungsvorstellungen leiten. Der Kriegsbeginn hatte deren Verfechtern Auftrieb gegeben, und Hitler hatte die Genehmigung zur Durchführung des »Euthanasieprogramms« erteilt. Monat für Monat wurde nun getötet, bis Proteste der Bevölkerung und der Kirchen – allen voran der Münstersche Bischof Graf von Galen mit seinen mutigen Predigten – Mitte 1941 das schauerliche Treiben unterbrachen.

Bei der Vorbereitung des Rußlandfeldzuges stellte sich aber die Frage, was mit den fünf Millionen sowjetischen Juden geschehen sollte, wenn sie alle wie ihre Glaubensgenossen in Polen in deutsche Hände fielen – mußte das nicht noch mehr Ghettos, potentielle Seuchenherde, unnütze Esser bedeuten? Die Situation der Juden in Polen befand sich damals in der Schwebe, denn noch war keine Entscheidung über ihre Zukunft gefallen. Gleichwohl war die Judenfrage für die SS-Führung ein Problem, das möglichst bald gelöst werden mußte. Die Schlüsselrolle sollte dabei Heydrich zufallen.

Im Frühjahr 1941 war Hitler noch nicht soweit, den Juden gegenüber eine seiner Drohung vom Januar 1939 entsprechende Haltung einzunehmen. Wohl finden sich bei ihm Wendungen gegen den »jüdisch-kapitalistischen Weltfeind«,[68] und auch Goebbels schimpfte auf die plutokratischen Kreise in England, die das Land weiterhin im Krieg hielten, aber derartige Ausfälle hatten keine Auswirkungen. Die Vorbereitung auf die Auseinandersetzung mit dem »jüdisch-bolschewistischen« Gegner erfolgte auf anderen Ebenen.

Anfang März erteilte Hitler dem General Jodl, Chef des Wehrmachtsführungsstabes, Instruktionen, die festlegten, daß die »jüdisch-bolschewistische Intelligenz ... beseitigt« werden müsse und alle »Bolschewistenhäuptlinge und

Kommissare sofort unschädlich zu machen« seien.[69] Diese »Sonderaufgaben« hätten die Organe des Reichsführers-SS hinter dem Operationsgebiet des Heeres durchzuführen. Ein zwischen Generalquartiermeister Wagner und Heydrich ausgehandelter Erlaß regelte dann die Befugnisse der mit der Durchführung zu betrauenden Sonderkommandos (später: Einsatzgruppen) der Sicherheitspolizei und des SD, deren Aufgaben allerdings recht allgemein umschrieben wurden. Worauf es Heydrich bei dieser Regelung ankam, war das Zugeständnis der Militärs, die Einsatzgruppen am Rande des Operationsgebietes des Heeres, sofern militärisch unbedenklich, »ihre Aufgaben in eigener Verantwortlichkeit« durchführen zu lassen.[70]

Mit Hitlers völkerrechtswidrigem Kommissarbefehl vom 6. Juni war die Grundlage für die Erschießung von Kommissaren durch die Wehrmacht erfolgt. Das Wesentliche des Kommissarbefehls bestand vor allem darin, daß er auch den Einsatzgruppen, die der Front folgten, die »Rechtsgrundlage« für ihre Tätigkeit hinter der kämpfenden Truppe verschaffte. Sie wurde durch die Instruktionen Heydrichs für die Einsatzgruppen noch erheblich ausgeweitet.

Vier Einsatzgruppen wurden gebildet, im Norden beginnend mit der Einsatzgruppe A und endend bei der Einsatzgruppe D für die südliche Ukraine. Ihre Aufstellung bereitete erhebliche Schwierigkeiten. Die meisten Amtschefs im Reichssicherheitshauptamt, die diese Aufgabe eigentlich übernehmen sollten, wußten sich zu drücken. Von ihnen waren nur der Gisevius-Freund und problematische Widerstandskämpfer Arthur Nebe und der kritische NS-Intellektuelle und Meinungsforscher Otto Ohlendorf zur Übernahme einer Einsatzgruppe auch für längere Zeit bereit. Mit Mühe hatte Heydrich im Mai 3000 Mann für die Einsatzgruppen zusammengekratzt, die aus nahezu allen Bereichen des SS- und Polizeiimperiums kamen. Das zeigt die Schwierigkeit der Rekrutierung, denn niemand wurde erschossen, der sich weigerte, bei einer Einsatzgruppe mitzumarschieren. Diese hatten eine Stärke von jeweils 600 bis 1000 Mann.[71]

Ende Mai begannen die Vorbereitungen, vor allem die Indoktrination der Führer der Einsatzgruppen und Einsatzkommandos, die endlich erfuhren, was sie in Rußland zu tun hätten. Die Akzentverschiebung von der Bekämpfung bolschewistischer Kommissare und Funktionäre zur generellen Ermordung der Juden, zuerst nur der Männer, bald aber der gesamten jüdischen Bevölkerung, wurde deutlich. So erklärte Heydrich vor den Kommandoführern, »daß das Ostjudentum das Reservoir des Bolschewismus sei und deshalb nach Ansicht des Führers vernichtet werden muß«.[72] In einem Schreiben Heydrichs vom 2. Juli 1941 an die höheren SS- und Polizeiführer hieß es dagegen, zu erschießen seien »alle Funktionäre der Komintern ..., die höheren, mittleren und radikalen unteren Funktionäre der Partei …, Volkskommissare, Juden in Partei- und Staatsstellungen, sonstige radikale Elemente …«[73] Hier wird der Unterschied deutlich: Während Heydrich sich mündlich vor seinen Unterführern ungeniert äußerte, drückte er sich schriftlich vorsichtiger aus. Von der Ermordung der jüdischen Bevölkerung war deshalb nicht die Rede. Heydrich und seine Unterführer taten so, als ginge es allein gegen die Kommunisten, in Wahrheit aber zielte ihr Einsatz ganz allgemein auf die Juden.

Als sich die Einsatzgruppen am 23. Juni ostwärts in Bewegung setzten und ihr Mordhandwerk begannen, lag ihnen nichts Schriftliches vor, sondern sie folgten im wesentlichen mündlichen Befehlen, die sich in mehr oder weniger deutlicher Form auf den Reichsführer-SS oder den Führer beriefen. Ein Befehl Hitlers zur »Endlösung« existiert wahrscheinlich nicht, aber es kann kein Zweifel bestehen, daß er seit den Instruktionen vom März 1941 über die Vorbereitungen und dann über die Praxis der Mordaktionen informiert gewesen ist und diese gebilligt hat. Es ist bezeichnend, daß sich das Regime zu diesen Verbrechen nicht offen bekannte, sondern den indirekten Weg wählte: Man redete von der Bekämpfung des Bolschewismus und praktizierte die Ausrottung der Juden; die Anweisungen dazu erfolgten möglichst nicht in schriftlicher Form, ihre Durchführung unter höchster Geheimhaltung.

Hitler hat sich auch in späteren Äußerungen niemals klar zur Ermordung der Juden bekannt. Himmler konnte das Thema nicht vermeiden, wobei er oft haarsträubende Rechtfertigungen fand. Das von ihm selbst befohlenen Morden konnte er nicht mit ansehen,[74] brüstete sich aber später damit, »tausend Leichen gesehen zu haben und dabei … anständig geblieben zu sein, das hat uns hart gemacht«.[75]

Bis zum Ende des Jahres 1941 hatten die Einsatzgruppen mehr als 550 000 Juden ermordet, in zahllosen Einzelaktionen, von der Liquidation einer Dorfbevölkerung bis zu grauenvollen Massenerschießung wie der in Babi Jar, bei der 33 771 Juden ermordet wurden. Die Einsatzgruppen wurden dabei unterstützt von SS und Polizei, so etwa vom 3. Polizeiregiment, der 1. SS-Brigade und verschiedenen Polizeibataillonen. Die Unterstützung judenfeindlicher Schichten der einheimischen Bevölkerung war erwünscht: »Selbstreinigungsversuchen antikommunistischer oder antijüdischer Kreise … sind keine Hindernisse zu bereiten.«[76] Damit forderte Heydrich zum Pogrom auf, was nach dem Einmarsch der Wehrmacht in Lettland, Litauen und auch in der Ukraine umgehend befolgt wurde. Dies war die Geburtsstunde einheimischer Mordbanden, aus denen sich dann zum Teil das nichtdeutsche Personal der Vernichtungslager rekrutierte.

SS-Gruppenführer Heydrich hatte die tatsächliche Führung der Einsatzgruppen und damit die Durchführung des Massenmordes übernommen. Um seine Stellung auch im staatlichen Bereich abzusichern, hatte er sich von Göring am 31. Juli 1941 eine entsprechende Ermächtigung ausstellen lassen. Göring galt noch immer als der zweite Mann nach Hitler und verfügte als Inhaber wichtiger staatlicher Ämter – preußischer Ministerpräsident, nomineller Chef der Gestapo, Beauftragter für den Vierjahresplan und Oberbefehlshaber der Luftwaffe – über beträchtlichen Einfluß. Das Schreiben beauftragte Heydrich, »alle erforderlichen Vorbereitungen in organisatorischer, sachlicher und materieller Hinsicht zu treffen für eine Gesamtlösung der Judenfrage im deutschen Einflußgebiet in Europa«.[77] Das war nicht die verschleierte Genehmigung für die Massenvernichtung, sondern die Erlaubnis, andere »Zentralinstanzen«, also auch staatliche Stellen, zu beteiligen, wenn deren Zuständigkeiten berührt wurden. Heydrich leitete aus diesem Schreiben Görings seine offizielle Bestellung für die »Endlösung« der Judenfrage ab, die für ihn damit eine staatliche Maßnahme wurde. Die Unterschrift Görings bedeutete für ihn eine Handlungsermächtigung auf staatlicher Ebene jenseits der SS- und Polizeisphäre, in der er bis dahin tätig war.

Daß die Beauftragung Heydrichs durch Göring erfolgte, weil Hitler bei der Judenvernichtung direkt nicht in Erscheinung treten wollte, ist naheliegend, aber nicht bewiesen. Das Schreiben war von Heydrich konzipiert, und Göring hatte es nur unterschrieben. Heydrich wollte mit dieser »Bestellung« wahrscheinlich gegenüber Himmler politisch an Gewicht gewinnen, ohne einen Konflikt mit ihm heraufzubeschwören. Denn der Reichsführer-SS stand der Judenvernichtung eher distanziert gegenüber. 1940 hatte er noch in einer Denkschrift für Hitler die »bolschewistische Methode der physischen Ausrottung eines Volkes aus innerer Überzeugung als ungermanisch« abgelehnt.[78] Das Konzentrationslager Auschwitz hatte er nur zweimal besucht und wenig Interesse an der Vernichtungsmaschinerie sowie an den dort vorgefundenen Mißständen gezeigt.[79] In seinen Reden hat er stets die Ordnung und Sauberkeit der Konzentrationslager gerühmt und behauptet, daß bei Unkorrektheiten sofort hart durchgegriffen werde. Die Realität wollte er nicht zur Kenntnis nehmen, er verdrängte sie.

Das Morden der Einsatzgruppen in Rußland hatte Konsequenzen. Nun war der Damm gebrochen, der zögerliche Umgang mit der Frage, was mit den übrigen Juden geschehen solle, wich Forderungen nach deren Beseitigung. Die noch in Deutschland lebenden Juden sollten nach Osten deportiert oder die Juden aus dem »Reichsgau Wartheland« entfernt werden, wobei die nicht Arbeitsfähigen »durch irgendein schnellwirkendes Mittel zu erledigen« seien. Das sei »angenehmer, als sie verhungern zu lassen«.[80]

Im Herbst 1941 fiel wahrscheinlich die Entscheidung zur »Endlösung«, zur Vernichtung der Juden in dafür bestimmten Lagern. Rudolf Höß, der Kommandant von Auschwitz, wurde eigens nach Berlin beordert. Er berichtet, daß Himmler ihm erklärt habe: »Der Führer hat die Endlösung der Judenfrage befohlen, wir – die SS – haben diesen Befehl durchzuführen.«[81] Der Referent für Judenangelegenheiten im Reichssicherheitshauptamt, Adolf Eichmann, sollte Höß mit weiteren Einzelheiten vertraut machen.

Zunächst herrschte keine Klarheit darüber, wie die Aufgabe zu bewältigen und welche Methode dabei anzuwenden sei. Im Dezember 1941 setzte die Vernichtung ein. Im Lager Chelmno (Kulmhof) wurden Juden aus Lodz und anderen Ghettos des »Reichsgaus« in Gaswagen ermordet. Im Oktober rollten die ersten Züge mit deutschen Juden ins Baltikum, wo sie erschossen wurden. Im Herbst 1941 wurde das geeignete Gift gefunden – Zyklon B –, das Blausäure freisetzt und so rasch den Tod herbeiführt. Russische Kriegsgefangene waren in Auschwitz die ersten Opfer. Die Entscheidung für Giftgas beruhte nicht zuletzt auf der ungeheuren Größenordnung der Mordaktion, der alle Juden im deutschen Herrschaftsbereich zum Opfer fallen sollten. Die Einsatzkommandos zeigten aber bereits Schwächeerscheinungen. Trotz erheblichen Alkoholkonsums und der ständigen Betonung, wie notwendig es sei, diese gefährlichen Feinde Deutschlands und Europas zu liquidieren, mehrten sich die Ausfälle. Selbst ein höherer SS- und Polizeiführer wie von dem Bach-Zelewski hatte bei den von ihm geleiteten Judenerschießungen einen Nervenzusammenbruch erlitten und wurde seiner Alpträume nicht mehr Herr. Das war ein beunruhigendes Zeichen für Himmler, der daraufhin zur Suche nach weniger blutigen Verfahren anspornte. Mit Zyklon B war das wirksamste Gift gefunden, und nun galt es, Bauten zu konstruieren, in denen sich die Gaskammern als Duschanlagen tarnen und die Opfer täuschen ließen. Außerdem benötigte man ausreichende Verbrennungsanlagen, da unbedingt alle Spuren beseitigt werden mußten.

Gewiß hat es Polizeibataillone gegeben, die ihren grauenvollen Dienst ohne größere Erschütterungen verrichteten.[82] Da wird mancherlei zusammengekommen sein: ein hoher Anteil an Parteimitgliedern, Karrierehoffnungen für die Zeit nach dem Krieg, die relativ risikolose Tätigkeit hinter der Front bei guter Verpflegung und das berauschende Gefühl, Herr über Leben und Tod zu sein. Nicht zuletzt haben psychologische Beeinflussungsstrategien erstaunlich viele Menschen zu Taten befähigt, die sie im normalen Leben wohl nie begangen hätten.[83]

Reinhard Heydrich war die treibende Kraft der Einsatzgruppen gewesen; er hatte das offiziell erklärte Ziel der Bekämpfung des Bolschewismus in die Mas-

senerschießungen der Juden umgebogen. Mit Sicherheit aber hielt er die sogenannte Wannsee-Konferenz am 20. Januar 1942 nicht ab, um dort die »Endlösung der Judenfrage« zu beschließen. Die Judenvernichtung hatte mit der
Tätigkeit der Einsatzgruppen bereits begonnen. Im Herbst 1941 war der weitergehende Entschluß zur »Endlösung« gefaßt und als Voraussetzung dafür der
Bau von Vernichtungslagern angeordnet worden. Damit war die Entscheidung
gefallen, sämtliche unter deutscher Herrschaft lebenden Juden zu töten.

Die Konferenz scheint überhaupt nicht in die politische Landschaft zu passen, da auf ihr nicht Anweisungen und Befehle erteilt werden sollten, wie es
dem Führerprinzip entsprach. Geplant war vielmehr eine »gemeinsame Aussprache« zur »Endlösung der Judenfrage«. Wie eine scharfsinnige Untersuchung
ergeben hat, hatte der Veranstalter der »Konferenz« in Wahrheit etwas ganz anderes im Sinn.[84] Danach verfolgte er mit dem Treffen – von Konferenz zu sprechen ist im Grunde verfehlt – wesentlich simplere Ziele. Letztlich ging es auf
Heydrichs Wunsch zurück, sich einem Kreis von Staatssekretären, die ihm politisch nahestanden, in seiner neuen Funktion als Judenkommissar vorzustellen.
Deshalb war schon im Einladungsschreiben angedeutet, daß es sich um kein
nüchternes Bürokratentreffen handelte. Auch der Ort war ungewöhnlich viel-
versprechend: Man wollte in einer prächtigen Wannseevilla zusammenkommen. Das war für die deutsche Behördentradition etwas völlig Ungewöhnliches, im dritten Kriegsjahr allerdings eine angenehme Überraschung. Die damit erweckte Erwartung auf eine exquisite Bewirtung wird sicher nicht
enttäuscht worden sein.

Heydrich wollte sich also als der für die Endlösung zuständige Mann präsentieren und bezog sich dabei auf das von ihm selbst veranlaßte Schreiben
Görings vom 31. Juli 1941. Er teilte mit, daß er nach seiner »Bestellung« durch
den Reichsmarschall bei der »Endlösung« die Federführung habe. Das war der
wichtigste Punkt, um den es ihm ging. Aber damit nicht genug: Ende September war er zum stellvertretenden Reichsprotektor von Böhmen und Mähren ernannt worden, um die Tschechen ruhig zu halten. Zugleich erfolgte seine Beförderung zum SS-Obergruppenführer und General der Polizei, eine Genugtuung für ihn, der bereits 1934 SS-Gruppenführer geworden war und seit 1939
das rasante Beförderungstempo bei der Wehrmacht hatte mitansehen müssen,
wo innerhalb von Jahresfrist Generäle zu Generalfeldmarschällen aufstiegen.

Was Heydrich dann in der Wannseevilla vortrug, hatte wenig mit der Praxis
der Judenvernichtung zu tun. Er sprach von der »Evakuierung« der Juden in
den Osten, die dort Arbeitskolonnen bilden und »Straßen bauend in diese Gebiete geführt« würden, »wobei ein Großteil durch natürliche Verminderung
ausfallen wird«. Der »allfällig endlich verbleibende Restbestand« – hier brach

bei dem Protokollführer Eichmann das österreichische Bürokratendeutsch durch – müsse, »da es sich bei diesen zweifellos um den widerstandsfähigsten Teil handelt, entsprechend behandelt werden … «.[85] Wie undeutlich die Ausführungen Heydrichs gewesen sein müssen, zeigt die Einlassung des Staatssekretärs aus dem Generalgouvernement, der darauf drängte, mit der Evakuierung der Juden doch in Polen zu beginnen. Offensichtlich hatte er die laufenden Mordaktionen im Osten noch gar nicht zur Kenntnis genommen. Unter dem Genuß von Cognac – nach Eichmanns späterer Erinnerung war es zwar »eine offizielle Angelegenheit, aber doch wieder keine chefoffizielle Angelegenheit«[86] – nahm den meisten Raum in der Diskussion nicht das Ob und Wie der »Endlösung« ein, sondern die Frage der Mischlinge. An dieser Frage hatten sich auch schon die Juristen festgeklammert und versucht, nicht in den Abgrund zu schauen, der sich vor ihnen auftat. Der Frage der Behandlung von jüdischen Mischlingen wurden noch zwei weitere, letztlich ergebnislose Konferenzen gewidmet, und auch die »Endlösung« wurde auf der »Wannsee-Konferenz« nicht beschlossen – das war bereits zuvor geschehen.

Im Laufe des Jahres 1942 nahmen die Vernichtungslager den Betrieb in großem Maßstab auf. Joseph Goebbels notierte am 27. März 1942 in seinem Tagebuch mit bemerkenswerter Offenheit: »Aus dem Generalgouvernement werden jetzt … die Juden nach dem Osten abgeschoben. Es wird hier ein ziemlich barbarisches und nicht näher zu beschreibendes Verfahren angewandt, und von den Juden selbst bleibt nicht mehr viel übrig … Der ehemalige Gauleiter von Wien, der diese Aktion durchführt, tut das mit ziemlicher Umsicht und auch mit einem Verfahren, das nicht allzu auffällig wirkt. An den Juden wird ein Strafgericht vollzogen, das zwar barbarisch ist, das sie aber vollauf verdient haben … Man darf in diesen Dingen keine Sentimentalität obwalten lassen. Die Juden würden, wenn wir uns nicht ihrer erwehren würden, uns vernichten. Es ist ein Kampf auf Leben und Tod zwischen der arischen Rasse und dem jüdischen Bazillus. Keine andere Regierung und kein anderes Regime konnte die Kraft aufbringen, diese Frage generell zu lösen. Auch hier ist der Führer der unentwegte Vorkämpfer und Wortführer einer radikalen Lösung, die nach Lage der Dinge geboten ist und deshalb unausweichlich erscheint. Gott sei Dank haben wir jetzt während des Krieges eine ganze Reihe von Möglichkeiten, die uns im Frieden verwehrt wären … «[87]

Die polnischen Vernichtungslager Auschwitz und Majdanek unterschieden sich in einem wesentlichen Punkt von Treblinka, Belczek, Sobibor und Chelmno, die im Grunde keine Lager, sondern Vernichtungsorte waren, wo die Juden sofort nach der Ankunft ermordet wurden – ungefähr zwei Millionen.[88] In Auschwitz fanden nach der Ankunft der Züge die schaurigen Selektionen statt, die zwischen Arbeitsfähigen und arbeitsunfähigen Alten, Frauen und Kindern unterschieden; letztere wurden sofort ins Gas geschickt. Auschwitz und Majdanek gewannen aber auch als Arbeitslager an Bedeutung. In Auschwitz hatte die I.G. Farben 1941/42 gemeinsam mit der SS, die für genügend Arbeitskräfte zu sorgen versprach, ein großes Werk zur Produktion von Buna geplant, noch bevor man Auschwitz zum Vernichtungslager bestimmte. Der Bau des Werkes blieb allerdings stecken, weil die SS sich als völlig unfähig erwies, die Häftlinge menschlich zu behandeln und rational einzusetzen. So wurde das Werk niemals fertig. Aber es siedelten sich auch andere Rüstungsbetriebe an, die mit Kriegsgefangenen sowie mit jüdischen und polnischen Zwangsarbeitern produzierten. Die Beschäftigten hatten damit eine bescheidene Chance zum Überleben, die aber durch die katastrophalen Verhältnisse im Lager begrenzt war. Neben der mangelhaften Ernährung und den hygienischen Mißständen bestimmte vor allem der extreme Sozialdarwinismus die Häftlingsexistenz, allem voran das Zusammenspiel von Aufsehern und Häftlingsaristokratie, ein Produkt der jedes Lager durchdringenden Korruption. Man schätzt, daß in Auschwitz eine Million Juden umkamen, davon 300 000 deutsche und westeuropäische, 300 000 polnische und jene 400 000 ungarischen Juden, die noch 1944 nach zähen Verhandlungen mit der Budapester Regierung an Eichmann ausgeliefert wurden. Sie waren die letzte große Gruppe, die in Auschwitz vernichtet wurde.

Anfang 1945 endete das entsetzliche Grauen in dem furchtbaren Chaos, das Himmlers Befehl anrichtete, die Konzentrationslager bei Annäherung der Front zu räumen. Die Folge waren Todesmärsche der Häftlinge, die oft ohne Ziel von den Wachmannschaften vorangetrieben wurden. Nicht einmal im Augenblick der Niederlage waren die brutalen und zugleich unendlich primitiven KZ-Schergen fähig, in den Häftlingen Menschen zu sehen und an ihrem Überleben Interesse zu zeigen, obwohl das durchaus den eigenen Interessen hätte dienen können.

Deutschland hat mit dem Schuldvorwurf, daß in seinem Namen zwischen fünf und sechs Millionen Juden ermordet worden sind, noch lange zu leben. Es ist mittlerweile so etwas wie eine Holocaustindustrie entstanden, die eine Unmenge von Berichten und Erklärungsversuchen hervorbringt, eine »Erinnerungskultur« hat sich ausgebildet mit unterschiedlichen Fragestellungen und Ansätzen zur Ursachenforschung, die immer umfassender und tiefgründiger werden, aber keinen Konsens stiften.

Vergleiche mit anderen Massenverbrechen helfen nicht weiter, ganz zu schweigen von apologetischen Versuchen, von den Kommunisten begangene Verbrechen damit in Verbindung zu bringen und aufzurechnen. Das Einzig-

artige und so schwer zu Verstehende liegt in der Tatsache, daß im Namen eines
Volkes von hoher Kultur, leistungsfähiger Wirtschaft und entwickelter Sozialpolitik, in der die Sorge um wirtschaftlich Schwache oder in Not Geratene
einen wichtigen Rang besaß, so furchtbare Verbrechen begangen worden sind.
Dabei zeigte sich der Antisemitismus in Deutschland im Vergleich zum osteuropäischen in eher gemäßigter Form und unterschied sich nicht grundsätzlich etwa von der französischen Judenfeindschaft.

Wenn hier bewußt davon gesprochen wird, daß im Namen des deutschen
Volkes – nicht von *den* Deutschen – diese Verbrechen begangen wurden, so bezeichnet das bereits den Dissens. Seit drei Jahrzehnten bemüht man sich man-
cherorts immer intensiver unter Hinweis auf Soldaten, die Zeugen der Erschießungen wurden, auf das Eisenbahnpersonal, das die Züge nach Auschwitz
lenkte, und andere »wissende« Personenkreise den Eindruck zu erwecken, als
habe im Grunde fast jeder Deutsche von dem Massenmord gewußt und ihn bil-
ligend hingenommen, da Mißfallensbekundungen nicht bekannt geworden
sind. Dabei wird verdrängt, daß die »Endlösung« eine »geheime Reichssache«
blieb und zudem die Einstellung weit verbreitet war, allem, was mit Juden zusammenhing, mit erhöhter Vorsicht zu begegnen. Selbst wer zuverlässige Berichte erhielt, wird sie eher verdrängt als verbreitet haben. Man vermied es, sich
auszumalen, was angesichts dieser Untaten zu erwarten war, wenn Deutschland den Krieg verlor.

Die Unterstellung weitverbreiteter Kenntnis der Verbrechen ist im Kern de-
nunziatorisch und dient nicht der Wahrheitsfindung. Auch durch ständige
Wiederholungen werden derartige Behauptungen nicht richtig. Daß eine
solche Sichtweise aber gleichsam offiziell ist, das zeigt die Rede, die Bundespräsident Roman Herzog am 8. Mai 1995 in Berlin gehalten hat: »Den Holocaust
vieler Völker haben Deutsche begangen.« Dieser Formulierung gab der Bundespräsident affirmativ noch zusätzliches Gewicht: »Darüber brauchen wir
heute wohl nicht noch einmal zu diskutieren.« Dann fuhr er fort: »Die Deutschen wissen auch heute noch sehr wohl – heute vielleicht deutlicher als vor
50 Jahren –, daß ihre damalige Regierung und viele ihrer Väter es gewesen waren, die für den Holocaust verantwortlich waren …«[89] Es ist überraschend, von
einem bekannten Staatsrechtslehrer zu hören, daß Deutschland im Krieg eine
Regierung hatte und nicht eine Führerdiktatur war, mehr noch aber befremdet
die Behauptung, daß viele Väter – bei »viel« suggeriert der Sprachgebrauch
wenigstens dreißig Prozent – nicht nur Täter, sondern sogar dafür verantwortlich waren.

Es gibt ein bemerkenswertes Zeugnis über die Reaktion auf die Verbrechen
von Auschwitz im Ausland. Der Nestor der holländischen Zeitgeschichtsfor-

schung Louis de Jong hat 1969 in einem Aufsatz Erstaunliches mitgeteilt.[90] Demnach wurden holländische Häftlinge, die es nach Auschwitz verschlagen hatte, 1943 in ihre Heimat entlassen. Sie berichteten dort über das, was sie gesehen und gehört hatten – aber man glaubte ihnen nicht. Die Holländer, die die Deutschen haßten und ihnen alles Schlechte zutrauten, hielten derartige Verbrechen nicht für möglich. Wenn schon Holländer skeptisch waren, wie sehr dann Deutsche, die davon weit stärker betroffen sein mußten.

Die antisemitische Propaganda, die im Krieg fast in dem Maße zunahm, wie die Zahl der Juden abnahm, beeindruckte höchstens HJ-Führer und den Bodensatz der alten Kämpfer. Victor Klemperer, der sorgfältige und das Geschehen stets reflektierende Beobachter, schrieb im März 1940: »Ich frage mich oft, wo der wilde Antisemitismus steckt. Für meinen Teil begegne ich viel Sympathie, man hilft mir aus, aber natürlich angstvoll.«[91] Später lernte er dann den Antisemitismus durch die rohe Gewalt der Gestapo zur Genüge kennen, aber das war die andere Seite. Die strenge Geheimhaltung der Judenvernichtung war nicht zuletzt deshalb eine Notwendigkeit, weil schon vor 1933 der Antisemitismus in Deutschland zur Randerscheinung geworden war und während der NS-Herrschaft – sieht man vom harten Kern der Fanatiker ab – an Bedeutung weiter verlor. Nach Kriegsausbruch, vollends nach der Anordnung vom September 1941, den Judenstern zu tragen, waren die Juden im allgemeinen eher ein Objekt der Irritation, wenn nicht des Mitleids und kein Gegenstand allgemeiner Feindschaft.

Hätte ein Publikum wie jenes, das Goebbels 1943 im Sportpalast bei der Ankündigung des totalen Krieges frenetisch zujubelte, in ähnlicher Weise reagiert, wenn es um die Vertreibung und Vernichtung der Juden gegangen wäre, dann könnte man daraus auf eine bedingte Zustimmung schließen. Aber eine solche Demonstration der Judenfeindschaft gab es nicht. Statt dessen herrschte strikte Geheimhaltung, wurden die verbliebenen Juden in speziellen Häusern untergebracht, wo sie der gewohnten Nachbarschaft entzogen waren. Selbst die Verantwortlichen wagten nicht, das von ihnen inszenierte Verbrechen beim Namen zu nennen, sondern gaben vor, es gehe gegen die Bolschewisten und später dann um die »Evakuierung« oder »Aussiedlung« der Juden.

Es waren vor allem zwei Faktoren, die zum Holocaust führten. Zum einen war es die Tatsache, daß im Osten und Südosten massenhaft Juden in deutsche Hand fielen, die man einfach lossein wollte, und das bedeutete in der brutalen Sicht von Hitler und der SS ihre massenhafte Ermordung. Zum anderen besteht das nicht zu leugnende Faktum, daß der Mann, dessen Wille in diesem Regime in vielen Bereichen ausschlaggebend war, Ende des Ersten Weltkrieges die abstruse Theorie von der kapitalistisch-bolschewistischen Weltverschwörung der

Juden als Erklärung für die deutsche Niederlage sich zu eigen gemacht hatte, die seitdem einen Eckstein seiner Weltanschauung darstellte. Er hat die Juden nicht nach dem Eingeständnis der eigenen Niederlage Ende 1941 umbringen lassen, denn die Erkenntnis, daß der Krieg verloren sei, lag ihm damals völlig fern. Das ist eine abwegige Kombination. Aber es ist durchaus möglich, daß nach dem Kriegseintritt der USA und damit des dort besonders mächtigen »Finanzjudentums« bei ihm das Bestreben wuchs, sich dafür an dem Teil der Juden zu rächen, den er in seiner Gewalt hatte.

Die »Lösung der Judenfrage« durch Massenvernichtung war kein Programmpunkt Hitlers. Es heißt Hitlers politische Ziele mißverstehen, wenn man Antimarxismus und Antisemitismus für dominierende Elemente seiner Politik hält. Wie die meisten Menschen wollte er etwas aufbauen, nicht nur etwas bekämpfen. Schließlich wollte er einmal Architekt werden und gigantische Bauwerke errichten. Sein Ziel war es, Deutschland unter seiner Führung nach der Niederlage im Ersten Weltkrieg, seinem Schlüsselerlebnis, durch den von ihm zu führenden Krieg wieder zu einer großen und einflußreichen Macht zu erheben. Die Ausschaltung des Marxismus bereitete in diesem Zusammenhang keine Schwierigkeiten, und es gelang ihm sogar, der Linken die Massengefolgschaft abspenstig zu machen. Die fortlaufende Entrechtung der jüdischen Bevölkerung vor Kriegsausbruch wiegt nicht dadurch moralisch leichter, daß ihr Ziel die Auswanderung und nicht die Vernichtung war. In der perspektivischen Fortentwicklung dieser forcierten Auswanderung hatte Auschwitz noch keinen Platz. Erst der Krieg öffnete das Tor zu dieser Radikalisierung.

Es ist vor einiger Zeit eine etwas unübersichtliche Diskussion um die Historisierung des Nationalsozialismus geführt worden, in der behauptet wurde, ihn als geschichtliche Erscheinung – also als etwas Vergangenes – zu betrachten, würde auf seine Relativierung und Verharmlosung hinauslaufen. Eine solche Befürchtung trifft nicht den Kern. Mehr als fünfzig Jahre nach dem Ende des Zweiten Weltkrieges sind Nationalsozialismus und Holocaust Geschichte, legitime Gegenstände der Geschichtswissenschaft. Die frühe Begründung der Zeitgeschichtsforschung in Deutschland diente doch vor allem dem Zweck, durch aus den Quellen erarbeitete Darstellungen die Legenden und Rechtfertigungsbemühungen zu bekämpfen. Dazu gehört schließlich auch die möglichst genaue Ermittlung der Opfer, um die Lügen und Fälschungen der Revisionisten zu widerlegen. Die nüchterne Arbeit des Historikers ist ebenso notwendig wie das Sichoffenhalten für das Grauen dieser Epoche. Das eine schließt das andere nicht aus.

WIDERSTAND

Eine Diktatur provoziert mit dem von ihr erzeugten Druck nicht unbedingt Gegendruck. Es gibt keine Dialektik der politischen Gewalt. Wenn der Macht- und Unterdrückungsapparat der Diktatur intakt ist und alles unter Kontrolle hat, sind eher Opfer zu beklagen, als daß sich eine Opposition bilden kann. Im »Dritten Reich« hatten es Gegner des Regimes besonders schwer. Es gab mit der Gestapo eine sehr effektive politische Polizei, die unzuverlässig erscheinende Bürger abhörte, bespitzelte, überwachte und auf vielfältige Weise einschüchterte. Sie hatte es relativ leicht, ihre Aufgabe zu erfüllen, weil die Zustimmung zum Regime beschämend groß war.

Vor allem aber war die Niederlage der politischen Gegner, der ohnehin wenig geschätzten Parteien, im Jahre 1933 so niederschmetternd gewesen, daß oppositionelle Zirkel faktisch nicht existierten. Aus der Emigration konnte man Broschüren und Flugblätter nach Deutschland schmuggeln, aber die zeigten kaum Wirkung. Es gab keinen organisierten Widerstand der nun verbotenen und aufgelösten Parteien. Bei den früheren Linksparteien sowie im Linkskatholizismus und seinen Gewerkschaften und Arbeitervereinen blieben auf Grund der stärker ausgebildeten Organisationsstruktur Verbindungen erhalten, von denen aber keine politischen Aktionen ausgehen konnten. Dagegen zeigte sich im bürgerlichen Milieu, im Einzugsbereich der ehemaligen Mitte- und Rechtsparteien, die schon vor 1930 wenig oder gar nichts mehr zu sagen hatten, mehr Bewegung. Allerdings war dies nicht auf gewachsene Parteistrukturen zurückzuführen, sondern darauf, daß etliche ihrer Mitglieder nicht wie die der Linksparteien aus ihren Ämtern verjagt worden waren. Sie trafen sich in gesellschaftlichen Zirkeln und hielten unauffälligen Kontakt. Mit Widerstand hatte das jedoch nichts zu tun. Diese Menschen hatten mehr Einblick in das, was vorging, und übten im vertrauten Kreis Kritik, und zwar vornehmlich an der Partei und ihren oft unfähigen Repräsentanten, mehr noch an dem ihnen unheimlich erscheinenden Machtstreben der SS.

Ereignisse, die den Glauben an den Führer zu erschüttern und Anhänger in Gegner zu verwandeln vermochten, waren die Mordaktionen vom 30. Juni 1934, die Opfer in ganz verschiedenen Bereichen forderten und deren nachträgliche Rechtfertigung durch Hitler manchen abstieß. Dann ist die Fritsch-Affäre zu nennen, die im Offizierskorps tiefe Spuren hinterließ und die Abneigung gegen SS und Gestapo vertiefte. Schließlich war die »Reichskristallnacht« vom 9. November 1938 ein Ereignis, bei dem der primitive Antisemitismus und vor allem die Zerstörung von jüdischen Gotteshäusern gerade konservative Menschen erschütterte und dem Regime entfremdete.

Im Verhältnis zu den Kirchen gab es erhebliche Spannungen. Versuche, die evangelische Kirche gleichzuschalten, riefen energische Gegenwehr durch die sich bildende Bekennende Kirche hervor, bei der das Ringen um kirchliche Selbständigkeit mit der Kritik an den kirchenfeindlichen Maßnahmen des Regimes zusammenfiel und zu zahlreichen Verhaftungen führte. Im Verhältnis zur katholischen Kirche blieben dramatische Konfrontationen zwar aus, aber auch ihre Beziehungen zum Staat waren belastet. Es gab ständige Auseinandersetzungen um die Auslegung des 1933 geschlossenen Reichskonkordats, das der Kirche damals so vorteilhaft erschienen war und das nun von staatlicher Seite immer mehr ausgehöhlt wurde. Kirchlicher Widerstand war eher ein Widerstehen im Wortsinne. Er wollte und konnte keine Vorbereitung eines politischen Widerstandes sein. Daran änderte auch die Tatsache nichts, daß wichtige Männer des späteren Widerstandes aus dem kirchlichen Raum kamen.

Die ersten Oppositionellen, die als Verschwörer anzusprechen sind, waren Außenseiter, die aus ganz verschiedenen Motiven zu Gegnern des Regimes wurden und sich zäh für seine Beseitigung einsetzten. Da war der Gerichtsassessor Hans Bernd Gisevius. Er gehörte zu den Gestapo-Beamten der ersten Stunde und plante dort eine große Karriere. Allerdings bekam er bald Schwierigkeiten und wechselte ins Reichsinnenministerium, wo er im Polizeibereich Verwendung fand und zum Regierungsrat aufstieg. Auch dort hielt er sich nicht lange, sondern wurde in die Landesverwaltung nach Schleswig und Münster abgeschoben. Er ließ sich schließlich ohne Bezüge beurlauben, um in Berlin präsent zu sein. Wann er zum Regimegegner wurde, ist schwer zu sagen. Bei der Röhm-Aktion 1934 scheint er noch ziemlich nah an den Ereignissen auf der Seite der Verfolger gewesen zu sein. Danach sind die von ihm behaupteten Insider-Kenntnisse über die Verbrechen der Gestapo, mit denen er einen Putsch rechtfertigen wollte, mehr als fragwürdig,[92] da er die Einrichtung nur in der Anfangsphase kannte.

Für seine konspirativen Aktivitäten war es sehr hilfreich, daß Gisevius mit Hans Oster in Kontakt kam. Oster, Major der Reichswehr, der reich geheiratet hatte, mußte 1931 nach einem amourösen Abenteuer beim rheinischen Karneval den Dienst quittieren. Die antiquierten Moralanschauungen der Reichswehr entfalteten auch hier ihre Wirkung und machten ihn im Offizierskorps zum Außenseiter, was seine Wirksamkeit notwendigerweise beeinträchtigen mußte. Gegenüber dem Nationalsozialismus bestanden bei ihm schon frühzeitig Vorbehalte. So lehnte er 1933 das Angebot ab, der SS beizutreten. Im Oktober 1933 fand er als Zivilangestellter bei der Abwehr ein Unterkommen. Oster hat später den 30. Juni 1934 als den Tag bezeichnet, an dem ihm der Charakter des Regimes endgültig bewußt geworden sei.[93]

Mit dem neuen Abwehrchef Canaris verbesserte sich 1935 seine Situation; er wurde reaktiviert. War Gisevius der wichtigtuerische Verschwörer, so war Oster mehr der Aktivist, der im militärischen Bereich Kontakte knüpfte und dessen Geschäftigkeit nicht immer im richtigen Verhältnis zu seinem Urteilsvermögen stand. Oster empörte sich besonders über das schändliche Verhalten gegenüber Generaloberst von Fritsch. Er trat 1938 in näheren Kontakt zu Generaloberst Beck und gehörte als treibende Kraft zu denjenigen, die davon redeten, die Sudetenkrise, wenn sie zum Krieg führe, zu einem Staatsstreich nutzen zu wollen. Der Wille war gewiß da, aber die Mittel fehlten.

Gisevius und Oster spielten keine große Rolle, als die Stunde des Widerstandes schlug. Oster war 1943 in einen undurchsichtigen Devisentransfer in die Schweiz verwickelt und stand erst unter Hausarrest, später wurde er verhaftet. Er hatte seinen Verschwörungskumpan Gisevius zuvor bei der Abwehr untergebracht und ihm 1943 den Posten eines Vizekonsuls in Zürich verschafft. Dort nahm Gisevius Verbindung zum OSS, dem amerikanischen Geheimdienst, auf, in dessen Auftrag er im Sommer 1944 nach Berlin fuhr, um am Ort des Geschehens zu sein, wenn das Attentat auf Hitler stattfand. Als er nach dem 20. Juli untertauchte, verhalfen ihm amerikanische Agenten zur Flucht. Sie verschafften ihm perfekt gefälschte Papiere, die ihm eine neue Identität als Gestapo-Beamter verliehen. Seine amerikanischen Helfer hielten für einen Typen wie ihn eine derartige Tarnung für die geeignetste.[94]

Schließlich gehört der ehemalige Leipziger Oberbürgermeister Carl Goerdeler zu den frühen Oppositionellen. Auch er war mehr oder weniger ein Außenseiter, allerdings in ganz anderer Weise als Gisevius und Oster. Er war Kommunalpolitiker in der besten Tradition der deutschen Selbstverwaltung, zupackend, wagemutig und um Ausgleich bemüht. Den Fragen der Wirtschaft stand er offen gegenüber, was für eine so gewerbereiche Stadt wie Leipzig naheliegend war, und er besaß ein politisches Interesse, das über die kommunale Ebene hinausging und auf die Reichspolitik zielte.

Schon unter Brüning war Goerdeler Preiskommissar der Reichsregierung gewesen – ein Amt, das er im November 1934 wieder erhielt, von dem er aber im Juli 1936 zurücktrat. Aus beiden Phasen seiner Tätigkeit liegen Verlautbarungen vor, die für ihn typisch sind: Denkschriften, umfangreiche Darlegungen zur allgemeinen Wirtschaftspolitik im Jahre 1932 und 1936 eine Denkschrift, die leidenschaftlich für einen Kurswechsel, also für eine Rückkehr zur liberalen Wirtschaftspolitik eintrat. Seine Vorstellungen hatten aber keine Aussicht auf Verwirklichung in dem Kampf, der zwischen Schacht und Göring um die zukünftige Wirtschaftspolitik ausgetragen wurde. Hitler selbst setzte dann mit seiner Denkschrift über den Vierjahresplan den Kurs fest.

Goerdeler, von Hause aus ein Deutschnationaler, hatte – auch das ist für ihn typisch – die Machtergreifung überstanden und mit den örtlichen Vertretern der NSDAP eine vernünftige Basis der Zusammenarbeit gefunden. Die Nazis hatten keinen Ersatzkandidaten für den populären und zugleich tüchtigen Oberbürgermeister, der kaum politische Berührungsängste kannte und über verschiedene Dinge hinwegsah, solange ihm ein erfolgreiches Wirken möglich schien. Nach seinem Rücktritt als Preiskommissar verlor er jedoch auch in Leipzig politisch an Boden. Deshalb nahm er die 1937 ohne sein Einverständnis erfolgte Entfernung des Mendelssohn-Bartholdy-Denkmals zum Anlaß für seinen Rücktritt als Oberbürgermeister.[95]

Die finanzielle Unterstützung durch den NS-feindlichen Stuttgarter Unternehmer Robert Bosch erlaubte Goerdeler – getarnt als Repräsentant des Unternehmens in Berlin – eine intensive Reisetätigkeit im Inland und vor allem im Ausland, wo er vielfältige Kontakte knüpfte. Die ihm zugänglichen Kreise im Ausland warnte er unermüdlich vor Hitler und verlangte mehr Festigkeit gegenüber dessen Forderungen. Später war die Zusammenarbeit mit Beck sehr eng, so daß beide als die Häupter der Verschwörung gegen Hitler galten. Goerdelers Auslandsreisen erfuhren auch Unterstützung durch den ehemaligen Reichskanzler Heinrich Brüning.

Goerdelers Bemühungen, britischen Politikern die Vorstellung zu vermitteln, daß eine deutsche Widerstandsbewegung gegen Hitler nur erfolgreich zu wirken in der Lage sei, wenn sie auf Hilfe aus London rechnen könne, zeigten ein fundamentales Mißverständnis, dem übrigens auch Trott zu Solz erlegen ist. Für die Briten waren Konservative wie Goerdeler, der für Deutschland Kolonien und die Ostgrenze von 1914 forderte, nicht zu fördernde, ihnen nahestehende Politiker, sondern Vertreter des Kaiserreichs, die sich kaum von den Nazis unterschieden. Zudem war Goerdeler nicht darüber unterrichtet, daß Unterstaatssekretär Vansittart, der sich seine Pläne höflich anhörte, ein entschiedener Gegner Deutschlands war und das Bündnis mit Frankreich hochhielt.

Goerdelers Bedeutung für den Widerstand besteht vor allem darin, daß er mit unverwüstlichem Optimismus und nicht nachlassender Energie so etwas wie eine Widerstandsbewegung überhaupt auf die Beine gebracht hat. Er war der Motor, der zwar keineswegs optimal, bisweilen sogar bodenlos leichtsinnig arbeitete, aber die Kontakte zu verschiedenen Gruppen und Politikern knüpfte und unermüdlich nach Männern Ausschau hielt, die er für seine Pläne gewinnen konnte. Auch bei Konrad Adenauer ließ er vorfühlen, stieß aber auf entschiedene Ablehnung.

Dem Inhalt seiner Denkschriften und den politischen Planungen, die nach dem Sturz des Regimes verwirklicht werden sollten, darf nicht zu viel Gewicht beigemessen werden. Sie wären von der Wirklichkeit schnell überholt worden. Wichtiger scheint dagegen, daß Goerdeler sich in der Wirtschaftspolitik nicht für einen ungebrochenen Kapitalismus einsetzte, sondern dem Ordo-Liberalismus der späteren Freiburger Schule nahestand. Die Tatsache, daß er zu einer vertrauensvollen Zusammenarbeit mit Gewerkschaftsführern wie Wilhelm Leuschner, Jakob Kaiser und Max Habermann, die verschiedenen Richtungen angehörten, bereit war, zeigt, daß er wirtschaftliche Freiheit von sozialer Verantwortung nicht trennen wollte. Auch zu Sozialdemokraten wie Julius Leber, Carlo Mierendorff und Theodor Haubach knüpfte er Beziehungen, die nicht immer konfliktfrei waren. Auf konservativer Seite stieß seine Geschäftigkeit bei Ulrich von Hassell und Johannes Popitz ebenfalls auf Kritik.

Wäre es zu einem erfolgreichen Umsturz gekommen, kann die Prognose gewagt werden, daß Goerdeler trotz seiner Verdienste nicht lange eine führende Rolle gespielt hätte. Was ihn letztlich von der Führung ausschloß, war sein Wunschdenken, daß der Tyrann freiwillig das Feld räumen würde.[96] Ein Attentat auf Hitler lehnte er entschieden ab.

Die erste größere Gruppe, die tatsächlich zum aktiven Widerstand bereit war, war die »Rote Kapelle«. Der Name entstammte dem Jargon der Abwehr, demzufolge die Berliner Gruppe mit anderen Funksignalen, die aus Brüssel und Frankreich von kommunistischen Agenten gesendet wurden, eine Kapelle gebildet habe. Die Beurteilung der Gruppe stand lange Zeit unter dem Eindruck, daß dies eine kommunistische Spionagegruppe unter Führung von Arvid Harnack und Harro Schulze-Boysen gewesen sei, die planmäßig der sowjetischen Seite Nachrichten übermittelte. Ihre Mitglieder sind nach der Festnahme größtenteils wegen Landesverrat hingerichtet worden.

Nach der Wende von 1989 modifizierte sich auf Grund neuer Quellen das Bild. Harnack war und blieb der überzeugte Kommunist, der bewußt der Sowjetunion diente, während bei Schulze-Boysen die Ablehnung des NS-Systems und nationalbolschewistische Vorstellungen einer deutsch-sowjetischen Zusammenarbeit mehr im Vordergrund standen. In fast regelmäßiger Folge warnten beide Anfang 1941 sowjetische Botschaftsangehörige in Berlin vor dem bevorstehenden Angriff auf die Sowjetunion. Sie konnten dabei wichtige Einzelheiten der geplanten Luftkriegführung mitteilen, da Schulze-Boysen im Luftwaffengeneralstab Dienst tat. Ihre Meldungen bewirkten aber nichts. Die Moskauer Zentrale klagte vielmehr, sie bekäme von so vielen Seiten derartige Nachrichten, »daß … sich die Frage stellt, ob es sich hier um eine gezielte Desinformationskampagne handelt«.[97]

Das Besondere der »Roten Kapelle« war ihr unorthodoxes Verhalten und die völlige Vernachlässigung jeder konspirativen Abschottung. Es war eine vielfach gegliederte Gruppe von zumeist jungen Menschen und einem hohen Anteil an Frauen, die sich vor allem in ihrer Ablehnung des Regimes einig waren. Viele der Mitglieder wußten nicht, daß sie Teil einer sowjetischen Spionagezelle waren. Sie waren noch bestimmt von einer auf die Weimarer Jugendkultur zurückgehenden Protesthaltung,[98] die weltanschaulich nicht festgelegt war und für die die Frage, wo jeder persönlich stand, im Grunde keine Rolle spielte. Wichtiger war die Haltung des einzelnen. Die soziale Zusammensetzung der Gruppe wies eine bemerkenswerte Struktur auf. Mitglieder mit Volksschulbildung waren ungefähr genauso stark vertreten wie solche mit Hochschulbildung. Intellektuelle, Künstler und kommunistische Arbeiter kamen hier zusammen und bildeten eine heterogene Verbindung, bei der die ideologisch nicht festgelegte Führungsfigur Schulze-Boysen eine zentrale Rolle spielte.

Wie viele Funksprüche abgesetzt wurden, ist umstritten; auf jeden Fall gab es erhebliche technische Probleme mit dem Funkgerät. Die Widerstandtätigkeit lag mehr in der Herstellung von Flugblättern und im nächtlichen Bepinseln von Wänden mit regimefeindlichen Parolen. Allein derartige Tätigkeiten hätten für ein Todesurteil gereicht. Was der Gruppe aber zum Verhängnis wurde, war ihre Entlarvung durch die Entschlüsselung eines Funkspruchs aus Brüssel im Juni 1942, die das Vorhandensein eines großen kommunistischen Spionageringes in Berlin vermuten ließ. Hoher Fahndungsdruck und der Vernehmungsterror durch eine Sonderkommission der Gestapo führten zu schnellen Ergebnissen. Schulze-Boysen wurde Ende August, das Ehepaar Harnack eine gute Woche später festgenommen. Ende Oktober waren 129 Personen in Haft. Die großen Prozesse fanden im Dezember 1942 vor dem Reichskriegsgericht statt, das gegen 45 Angeklagte die Todesstrafe verhängte.

Die Gruppe der »Weißen Rose« weist in mancher Hinsicht Ähnlichkeiten zur »Roten Kapelle« auf. Es waren Studenten, einige Mitglieder der Jugendbewegung, die wegen bündischer Kontakte schon Schwierigkeiten mit der Gestapo bekommen hatten. Im Grunde handelte es sich um unpolitische junge Menschen, die der Überzeugung waren, gegen das Regime und seine Verbrechen protestieren zu müssen. Um die Menschen aufzurütteln, verfaßten sie Flugblätter, die an beliebige, aus dem Telefonbuch ermittelte Personen versandt wurden. Die ersten Flugblätter spiegelten noch die Seminaratmosphäre mit hochgestochenen literarischen Formulierungen und Vergleichen wider. Aber mit dem fünften Flugblatt, an dem der Münchner Professor Kurt Huber mitwirkte, änderte sich die Sprache. Ein Prozeß der Politisierung hatte in der Gruppe eingesetzt, der durch die Katastrophe von Stalingrad ganz entscheidend verstärkt wurde. Pöbelhafte Ausführungen des oberbayerischen Gauleiters in der Universität führten zu offenem Aufbegehren der Studentinnen und Studenten. Unmittelbar nach Bekanntgabe des Untergangs der 6. Armee am 5. Februar 1943 brachten sie Anti-NS-Parolen an der Universität und an anderen Gebäuden an. Sie wiederholten die Aktionen am 8. und 15. Februar. Das mußte die Aufmerksamkeit der Gestapo hervorrufen.

Das letzte Flugblatt hatte Huber am 14. Februar allein geschrieben. Es wurde wie die früheren mit der Post versandt, zugleich wurden weitere Auflagen an anderen Orten hergestellt. Als Hans und Sophie Scholl am 18. Februar Flugblätter in den Fluren der Universität auslegten und Sophie den Rest von oben in den Lichthof der Universität hinabregnen ließ, wurde sie vom Hausmeister festgehalten und ergab sich in ihr Schicksal.[99] Das rauschhafte Gefühl, in der Stalingrad-Krise politisch etwas bewirken zu können, hatte sie alle Vorsichtsmaßregeln vernachlässigen lassen. Wie nervös der Unterdrückungsapparat auf diesen Akt des Widerstands einer kleinen Gruppe reagierte, die nicht wie die »Rote Kapelle« mit Kommunisten oder Spionage in Verbindung zu bringen war, zeigt die Geschwindigkeit, mit der der Volksgerichtshof nach München reiste und am 22. Februar die Urteile sprach. Sie wurden noch am selben Tag vollstreckt.

Der »Kreisauer Kreis« nimmt im Widerstand eine Sonderstellung ein. Ihm ging es nicht um die Bekämpfung und den Sturz des NS-Regimes, sondern um die Neuordnung im Widerstand,[100] um den Aufbau Deutschlands nach der zu erwartenden Niederlage. Die Tatsache, daß Denken und Planen als todeswürdige Verbrechen galten und diejenigen, denen die Zugehörigkeit zu dem Kreis nachgewiesen werden konnte, zum Tode verurteilt wurden, hat die Brutalität des Regimes besonders eindrucksvoll demonstriert. Die Konzepte selbst, die für den Wiederaufbau erarbeitet wurden, haben sich nicht als zukunftsweisend herausgestellt.

Dem Kreis, der zwischen 1941 und 1943 mehrmals zusammenkam, gehörten Vertreter beider Konfessionen, sowohl Theologen als auch Politiker, sowie einige Sozialdemokraten, Professoren und Adlige an. Die Denkschriften des Kreises waren von ethischen Grundsätzen bestimmt und wiesen den Kirchen erhöhte Verantwortung zu. Was den politischen Neuaufbau anlangt, waren die Auffassungen von Zurückhaltung geprägt, wie so häufig im Widerstand. Denn man mißtraute im Grunde dem Souverän, dem Volk, das schon einmal den Verführungskünsten eines Demagogen erlegen war. Deshalb sollte ein politischer Aufbau von unten über die kommunale Selbstverwaltung erfolgen; Parteien sollten nicht zugelassen werden. Das war eine konservative Utopie, die niemals Bestand haben konnte, da es zur Neugründung von Parteien keine wirkliche

Alternative gab. Ähnlich kompliziert dachte man sich auch den Aufbau der Wirtschaft.

Es ist wahrscheinlich auf diese letztlich nicht realistischen Planungen zurückzuführen, daß wichtige Mitglieder des Kreises zur politischen Aktion drängten, so daß sie schließlich zum Kreis um Stauffenberg stießen. Dazu gehörten die Sozialdemokraten, aber auch York von Wartenburg und Eugen Gerstenmaier.

Es ist schwierig, für den Personenkreis, der hinter dem Attentat am 20. Juli 1944 stand, eine alle Gruppierungen abdeckende Bezeichnung zu finden. Da gab es die Militärs, die den Umsturz planten und den Anschlag ausführten; es waren Adlige verschiedener Herkunft und sozialer Stellung vertreten, Aristokraten wie der Brandenburger Carl Hans Graf von Hardenberg, der Schlesier Peter Graf Yorck von Wartenburg, der Ostpreuße Heinrich Graf von Lehndorff, der politische Beamte und bekehrte Nationalsozialist Fritz-Dietlof von der Schulenburg, eine Reihe von Rechtsanwälten wie Josef Wirmer, Otto Lenz, Hans Koch und Fritz Elsas, die zur politischen Mitte gehörten, aber auch Sozialdemokraten wie Julius Leber und seine Freunde und Gewerkschaftsführer wie Wilhelm Leuschner und Jakob Kaiser – um nur mit diesen wenigen Namen die Breite des politischen Spektrums zu umreißen.

Die politische Ausrichtung der Bewegung, die zum 20. Juli führte, wird immer häufiger als nationalkonservative Opposition, als Vertretung der älteren Eliten mißverstanden, die erst nach »jahrelanger Reizung durch die Entfaltung bestimmter Züge des Regimes« zur Opposition fanden.[101] Oder aber die Bewegung wird als völlig isolierte Klasse beschrieben – Adel, Großbürgertum und obere Mittelschichten mit »autoritären und elitären Staatsvorstellungen«, die »schon am Ende der Weimarer Republik keinen Rückhalt in der Bevölkerung besessen hatte(n)«. Deswegen bestünde die Bedeutung des 20. Juli lediglich in einer Art nachträglicher Ehrenrettung einer »längst untergegangenen Welt«.[102]

Nur die Militärs oder genauer: aktionsbereite Gruppen im Offizierskorps können eine Diktatur im Krieg stürzen. Zudem muß die militärische Lage so kritisch oder aussichtslos sein, daß mit genügend Unterstützung oder zumindest passiver Hinnahme eines Umsturzes gerechnet werden kann. Schon 1943 hatte es bei Offizieren im Stab der Heeresgruppe Mitte unter Henning von Tresckow Versuche gegeben, Hitler durch ein Bombenattentat zu beseitigen. Es war nicht nur die immer kritischere militärische Lage, sondern es waren vor allem die Verbrechen des Systems, die Judenmorde hinter der Front, die den Entschluß zum Handeln reifen ließen. Es ist Offizieren, deren Beruf letztlich der Krieg ist, kaum vorzuwerfen, daß sie nicht bereits während der Blitzkriege an Umsturz dachten. Aber schon die Art, wie die Winterkrise vor Moskau bewältigt wurde, mehr noch die strategischen Fehler, die zu der Katastrophe von Stalingrad führten, förderten bei manchen Offizieren das Umdenken. Quantitative Einschätzungen, wie viele dem Widerstand angehörten oder ihm nahestanden, sind nicht möglich, denn es war ein Lernprozeß, der vom Wunschdenken zur Wahrnehmung der Realität führte. Bei den einen setzte er früher, bei den anderen später ein und bei vielen Offizieren mit Sicherheit überhaupt nicht.

Bei Claus Graf Schenk von Stauffenberg wird diese Entwicklung besonders eindrucksvoll deutlich. Er war sicherlich nach 1933 kein Gegner des Nationalsozialismus, hegte aber – vor allem gegen die Partei und die SS – Vorbehalte, was naheliegend ist bei den engen Beziehungen, die Stauffenberg und seine Brüder zu dem Dichter Stefan George unterhielten.[103] Die elitäre Distanzierung von der Masse machte den George-Kreis für nationalsozialistische Annäherungsversuche schließlich wenig zugänglich.

Claus von Stauffenberg hat sich schon 1939 über die Entwicklung des Offizierskorps besorgt gezeigt.[104] Bei ihm kamen unterschiedliche, zum Teil gegensätzliche Denkansätze und Fähigkeiten zusammen. Die Geistigkeit des George-Kreises unterschied ihn völlig von seinen Offizierskameraden; aber er war keineswegs ein elitärer Einzelgänger, sondern ungemein kontaktstark, und er verfügte über ein Charisma, das ihn zu einer besonderen, aber dennoch allgemein akzeptierten Persönlichkeit machte. Ebenso wichtig wie die Fähigkeit, ganz unkompliziert mit Menschen unterschiedlichster politischer Couleur umgehen zu können, war seine Fähigkeit als Organisator, die ihm schon bei seiner Versetzung in den Generalstab bescheinigt worden war.[105]

Stauffenberg war zuerst im Generalstab des OKH auf organisatorischem Gebiet tätig, was ihn auf Grund der bürokratischen Enge eher frustrierte. Immerhin lernte er so das organisatorische Chaos in der Wehrmachtsführung kennen, aber auch das Mißverhältnis von Verlusten und dem immer schwächer werdenden Ersatz. Im Sommer 1942 stand für ihn fest, daß Hitler beseitigt werden müsse. Die oft vorgeschützten Probleme des Eides und des politischen Mordes beeindruckten ihn nicht. Vor vielen Offizieren, denen er begegnete und mit denen er die Lage erörterte, machte er keinen Hehl aus seinem Vorsatz – oft in drastischen Ausdrücken –, Hitler zu ermorden. Ein vorsichtiges Sondieren bei Manstein im Februar 1943 zeigte keinerlei Ergebnis. Der Fronteinsatz in Tunesien als Ia der 10. Panzerdivision erscheint daher wie eine Flucht aus dem Generalstab. Bei den Kämpfen des Afrikakorps gegen die aus Algerien vorrückenden Amerikaner wurde Stauffenberg im April 1943 schwer verletzt. Er verlor das linke Auge und zwei Finger der linken Hand, die rechte mußte amputiert werden.

Nach längerem Lazarettaufenthalt und Genesungsurlaub kam Stauffenberg als Chef des Stabes in das Allgemeine Heeresamt unter General Olbricht. Dieses wiederum unterstand dem Chef der Heeresrüstung und des Ersatzheeres. Er befand sich also im Zentrum des Ersatzwesens der Wehrmacht. Das Ersatzheer war kein Heer im Sinne einer militärischen Einheit, sondern eher eine rechnerische Größe. Im Grunde war es die Gesamtheit der militärischen Einheiten im Heimatkriegsgebiet, die aufgestellt, aufgelöst, aufgefüllt oder zu anderen Verbänden zusammengestellt wurden, bevor sie wieder an die Front kamen.

Seit dem Frühjahr 1942 gab es Pläne für den Fall »Walküre«.[106] Diese erfaßten diejenigen Einheiten, die so weit einsatzfähig waren, daß sie zum Küstenschutz, zur Bekämpfung von Luftlandetruppen oder bei inneren Unruhen, ausgelöst etwa durch die Millionen Zwangsarbeiter, eingesetzt werden konnten. Die Ausarbeitung der Befehle für derartige Operationen geschah unter höchster Geheimhaltung und war nur wenigen bekannt. Unter General Olbricht hatte bereits Oberst von Tresckow vor seiner Versetzung zur Heeresgruppe Mitte und nach ihm Stauffenberg mit Hilfe weiterer Offiziere wie dem Major von Oertzen die vorhandenen Befehle so umgearbeitet, daß sie auch für die Durchführung eines Staatsstreichs benutzt werden konnten. Das bedeutete praktisch, daß bei Auslösung des Unternehmens »Walküre« bestimmte Einheiten Absperrungen, Besetzungen öffentlicher Gebäude oder Festnahmen auf Grund dieser Befehle durchführen konnten. Die Ausnutzung der »Walküre«-Planung für einen Staatsstreich durch das Umfunktionieren der vorliegenden Befehle zeigte die richtige Mischung aus Kaltblütigkeit und Intelligenz, die für ein solches Unternehmen erforderlich war. Denn Soldaten müssen Befehlen folgen, selbst wenn sie überraschend erscheinen wie etwa die Absperrung des Regierungsviertels in Berlin. Dies vorbereitet zu haben, stellt eine große Leistung von Tresckow, Stauffenberg und den anderen damit befaßten Offizieren dar. Damit war zum ersten Mal die Voraussetzung für ein Gelingen des Putsches gegeben.

Die Verschwörung verdient auch unter einem anderen Aspekt Beachtung. Es war der erste und einzige Obristenputsch der deutschen Militärgeschichte. In anderen Ländern hat es seitdem zahlreiche Unternehmen dieser Art gegeben. Man denke etwa an Oberst Nasser in Ägypten, die französischen Obristen der Organisation de l'Armée Secrète (OAS) in Algerien, den Staatsstreich des Oberst Papadopulos 1967 in Griechenland. Daß es jeweils Offiziere im Range des Obersten waren, ist kein Zufall, denn diese verfügen einerseits über Führungserfahrung, sind aber andererseits der Front näher und besitzen mehr persönliche Kontakte zu jüngeren Offizieren. Dagegen sind Generäle – von den Hitler-

schen Feldmarschällen ganz zu schweigen – notwendigerweise vom Truppen-
alltag mehr abgehoben und können nur mittelbar an die Truppe heran-
kommen.

Der erfolgreiche Staatsstreich setzt aber das gelungene Attentat voraus. Als
Attentäter kam kein anderer als Stauffenberg selbst in Frage, einmal, weil er die
nervliche Kraft für die Tat besaß, zum andern, weil andere mögliche Kandidaten keinen Zugang zu Hitler hatten. Nach zwei fehlgeschlagenen Versuchen
flog Stauffenberg am 20. Juli 1944 mit seinem Adjutanten von Haeften nach
Rastenburg in die Wolfsschanze. Er mußte dort erscheinen, weil Hitler sich um
alles selbst kümmerte, selbst um eine relativ wenig bedeutende Angelegenheit
wie die Aufstellung und Ausrüstung von Divisionen. In diesem Fall ging es um
die 19. Res. Infanteriedivision, über die entschieden werden sollte. Stauffenberg
mußte zur Berichterstattung darüber anwesend sein.

Stauffenberg hatte zwei Bomben in seiner Aktentasche. Warum er nur die
eine scharf machte, darüber ist angesichts seiner körperlichen Behinderung
und der Ausnahmesituation, in der er sich befand, nicht zu spekulieren. Wir
wissen heute, daß wahrscheinlich auch die eine Bombe ausgereicht hätte, Hitler zu töten, wenn die Tasche an einer günstigeren Stelle gestanden hätte. Aber
der Tisch, um den herum die Besprechung stattfand, hatte nicht vier Beine,
sondern an beiden Seiten massive bohlenartige Platten. Stauffenberg stellte die
Tasche an die äußere, nicht an die innere Seite dieser Trägerplatte, so daß die
Explosion in Richtung auf Hitler wesentlich vermindert wurde und dieser nur
geringe Verletzungen davontrug.

Die halbherzig anlaufende »Walküre«-Aktion blieb stecken, als immer wahrscheinlicher wurde, daß Hitler das Attentat überlebt hatte. Stauffenberg wurde
noch am selben Abend im Hof des Bendlerblocks mit den dort festgenommenen anderen Verschwörern erschossen. Himmler hatte gegenüber den oft
unvorsichtig agierenden Verschwörern bis dahin eine auffallende Unaufmerk-
samkeit gezeigt hatte, was die Vermutung nahelegt, daß er in Kenntnis der
Kriegslage die Möglichkeit der Beseitigung des Führers zumindest hinzunehmen bereit war. Nun erblickte er aber im Scheitern des Attentats das Walten der
Vorsehung und leitete eine Großfahndung ein, die die Gefängnisse füllte und
die Gestapo-Kommissare zu Höchstleistungen veranlaßte. Schon Anfang
August fällte der Volksgerichtshof unter Freislers Vorsitz die ersten Todesurteile, die zum Teil umgehend vollstreckt wurden. Die Verfahren und Hin-
richtungen sollten sich noch bis in den April 1945 hinziehen.

Auch Generalfeldmarschall Rommel, der populärste deutsche Heerführer,
gehörte zu den Opfern, obwohl er mit dem Widerstand nichts zu tun gehabt
hatte. Er wurde das Opfer seines Ruhms. Der »Wüstenfuchs« hatte als Ober-

befehlshaber der Heeresgruppe B in Frankreich unermüdlich die Verstärkung des Atlantikwalls betrieben, was sich allerdings mehr in der Propaganda als in der Wirklichkeit abspielte. Der Erfolg der alliierten Invasion und die ungeheure Materialüberlegenheit der Gegenseite zeigten ihm, daß die Entscheidung im Westen gefallen war. Es müßten, so meinte er, Konsequenzen gezogen werden. Wahrscheinlich schwebte ihm ein Separatfrieden mit den Westmächten vor. In seiner politischen Naivität hielt er es für möglich, Hitler davon überzeugen zu können. Er glaubte noch immer an das Genie des Führers und gab die Schuld an der militärischen Lage sowie an den politischen Zuständen dessen Umgebung, der er mit Mißtrauen und Verachtung begegnete.

Mitglieder des Widerstandes, vor allem Rommels Stabschef Generalleutnant Speidel und der Militärbefehlshaber in Frankreich, General von Stülpnagel, hofften, Rommel auf ihre Seite ziehen zu können und damit auch die vielen Deutschen zu gewinnen, die noch immer glaubten, daß er allein in der Lage sei, das Blatt zu wenden. Tatsächlich hatte Rommel bis zum Juli 1944 keine Kenntnis von den Plänen des Widerstandes gehabt. Am 17. Juli wurde er bei einem Tieffliegerangriff schwer verletzt, fiel für Wochen aus und hatte mit der Aktion der Verschwörer in Paris, die am 20. Juli dort durchaus erfolgreich war, nichts zu tun. Nach dem Scheitern des Unternehmens waren es Aussagen von verhafteten Offizieren sowie sein Name in den Unterlagen Goerdelers, die die Gestapo auf seine Spur setzten. Die Verdachtsmomente wogen jedoch zunächst nicht sehr schwer. Viel ernster nahm Rommel selbst die Feindschaft führender Militärs, die ihn als Außenseiter ablehnten und als erfolgreichen Konkurrenten haßten. Dazu gehörten auch die Spitzen des OKW, Keitel und Jodl, die sich von ihm angegriffen fühlten.

Rommel wußte nichts von General Speidels Beziehung zum Widerstand. Die Nachricht von dessen Verhaftung löste bei ihm keine erhöhte Wachsamkeit aus, im Gegenteil: In einem Schreiben an Hitler lobte er die Qualitäten Speidels. Als der Verbindungsoffizier Caesar von Hofacker diesen unter der Folter der Mitwisserschaft bezichtigte, soll sich Speidel mit der Aussage, er habe seinem Vorgesetzten Rommel über die Attentatspläne eine dienstliche Meldung gemacht, geholfen haben. Später hat er das bestritten. Eine solche Aussage wird in der Regel als Schutzbehauptung gewertet und wiegt deshalb nicht schwer. Nicht so bei Speidel. Die Generäle des Ehrenhofs des Heeres, die am 4. Oktober über Speidel zu Gericht saßen, sprachen ihn dennoch nicht schuldig. Damit mußten die Offiziere, unter ihnen Generaloberst Guderian, Rommel in Bedrängnis bringen.[107] Bei den ohnehin bestehenden Verdachtsmomenten gegen ihn gab diese Entscheidung sehr wahrscheinlich den Ausschlag.

Einer Aufforderung, nach Berlin zu kommen, widersetzte sich der Feldmarschall. Darauf erschienen zwei Generäle in seinem Haus bei Ulm und stellten ihn vor die Alternative: entweder Anklage vor dem Volksgerichtshof oder Gift und anschließendes Staatsbegräbnis. Rommel wählte mit Rücksicht auf seine Familie letzteres.

Joachim Fest hat in dem Schlußkapitel seines Buches über den langen Weg zum Staatsstreich eine meisterhafte Bilanz gezogen, die er Lohn der Vergeblichkeit nennt.[108] Schon diese Wendung zeigt die Widersprüchlichkeit der Bewegung, umreißt aber auch den Mut der wenigen gegenüber der Bequemlichkeit der Konformisten. Sie verweist auf das Dilemma eines Widerstandes ohne Volk, aber zugleich auf die aus allen Schichten kommende Bereitschaft, diesem Regime endlich zu widerstehen und es unter Einsatz des eigenen Lebens zu bekämpfen. Im Sommer 1944 kam es nach dem Wort, das Henning von Tresckow zugeschrieben wird, tatsächlich »nicht mehr auf den praktischen Zweck an, sondern darauf, daß der deutsche Widerstand vor der Welt und vor der Geschichte den entscheidenden Wurf gewagt hat«.[109]

Aber ebensowenig ist zu leugnen, daß ein gelungenes Attentat weit mehr Probleme geschaffen hätte, als das dumpfe Fortschreiten auf dem Weg in die bedingungslose Kapitulation. Wie leicht konnte durch den Umsturz, der die Niederlage dennoch nicht abwenden konnte, wieder eine Dolchstoßlegende entstehen! Wie sollte der politische Neuanfang vonstatten gehen, wenn die Mitglieder des Widerstandes, die sich nicht als politische Kraft formieren konnten, der eingefahrenen Parteiorganisation – ganz zu schweigen von SS und Gestapo – hätten gegenübertreten müssen?

So wichtig es für die deutsche Zukunft sein mußte, daß dieser Krieg, der durch den hybriden Hegemonialanspruch Hitlers ausgelöst worden war, buchstäblich ausbrannte, so wichtig ist dennoch die Tatsache, daß es eine Minderheit gab – im Grunde sind es immer Minderheiten, die etwas bewegen –, die sich dem Verbrechen und Wahnsinn der Kriegführung Hitlers entgegenstellte. Das sollte bei aller Kritik im einzelnen nicht vergessen werden.

DAS ENDE DES KRIEGES

Die letzten Weichen für den Untergang des Hitler-Reiches wurden im Sommer 1944 gestellt. Seit Beginn der alliierten Landung am 6. Juni in der Normandie und der einige Wochen später erfolgenden sowjetischen Offensive gegen die Heeresgruppe Mitte wurden innerhalb weniger Wochen 28 Divisionen mit

350 000 Soldaten vernichtet und damit die letzte Phase des Krieges in Europa eingeleitet. Der Invasion im Westen war die strategische Luftoffensive der Amerikaner und Briten gegen Deutschland vorausgegangen, die systematisch die Ölraffinerien und Hydrierwerke zerbombten und damit die Treibstoffproduktion drastisch reduzierten. Zugleich wurde durch gezielte Angriffe das Verkehrssystem empfindlich gestört. Die Rote Armee stieß innerhalb von Wochen bis zur Weichsel vor, um in Praha, der östlichen Vorstadt Warschaus, Gewehr bei Fuß abzuwarten, bis die SS- und Polizeiverbände den Aufstand der polnischen Untergrundarmee in Warschau niedergeschlagen hatten. Wieder einmal hatte die deutsche Seite der sowjetischen in die Hände gearbeitet: Sie vernichtete die nichtkommunistischen polnischen Kräfte und erleichterte so den Sowjets später die politische Machtübernahme in Polen.

Der deutsche Widerstand gegen die vordringenden Alliierten war trotz der völligen alliierten Luftüberlegenheit und eigener Nachschubprobleme erstaunlich zäh. Erst am 31. Juli erfolgte der Durchbruch bei Avranches. Das war die Entscheidung in Frankreich und das Zeichen für den mehr oder weniger geregelten Rückzug hinter die Reichsgrenze, zum Westwall. Zuvor hatte es General de Gaulle verstanden, mit seiner 2. Panzerdivision so schnell nach Paris vorzustoßen, daß seine eigenen Leute, die Vertreter des Freien Frankreichs, schon im Pariser Rathaus und in der Präfektur das Heft in der Hand hielten, als ihre kommunistischen Konkurrenten aus dem Untergrund auftauchten.

Der Westwall, der ohnehin nie fertig geworden war, stellte kein Hindernis dar, das den Vormarsch für längere Zeit aufhalten konnte. Als letztes Aufgebot wurde Ende September der Volkssturm in die Schlacht geworfen; er bestand aus allen waffenfähigen Männern zwischen sechzehn und sechzig Jahren. Sie waren kaum ausgebildet und völlig mangelhaft bewaffnet, und so war der militärische Wert gering, die Verluste dagegen hoch. Ein immer brutaleres System der Kontrolle und Überwachung und vor allem die Jagd auf Deserteure, die die Militärjustiz dann unnachsichtig verfolgte, sorgten dafür, daß die Soldaten schon aus Selbsterhaltungstrieb ihre Stellungen nicht verließen, sondern verteidigten und so einen allgemeinen Zusammenbruch der Fronten verhinderten. Ungefähr 20 000 Todesurteile sollen gegen Soldaten vollstreckt worden sein, was nur zeigt, in welchem Maße der Krieg auch gegen das eigene Volk geführt wurde.

Mit den letzten Reserven wollte Hitler im Dezember noch einmal aus den Ardennen heraus offensiv werden. Sie hatten im Mai 1940 den Ausgangspunkt für den Sieg in Frankreich gebildet. Diesmal aber plante er, mehr in nördlicher Richtung anzugreifen, die Alliierten in der Flanke zu packen und möglichst bis

Antwerpen vorzudringen. Aber trotz der Anfangserfolge stand bereits nach wenigen Tagen, als das Wetter aufklarte und die alliierte Luftwaffe wieder einsatzfähig war, das Scheitern fest.

Die im Westen sinnlos eingesetzten Truppen fehlten, als am 12. Januar 1945 die sowjetische Offensive aus dem Baranow-Brückenkopf an der Weichsel losbrach. Innerhalb von drei Wochen erreichte die Rote Armee die Oder und sicherte bei Seelow einen kleinen Brückenkopf auf dem westlichen Ufer, der trotz heftiger deutscher Gegenangriffe immer mehr ausgeweitet werden konnte. Zugleich wurde Ostpreußen abgeschnitten. Die bis dahin ahnungslose Bevölkerung, die der Gauleiter Koch an der rechtzeitigen Evakuierung gehindert hatte, flüchtete nun überstürzt nach Westen, zum Teil über das Eis des Haffs auf die Nehrung in Richtung Danzig, und als die Landverbindung dorthin abriß, zum Kriegshafen Pillau, um sich über See evakuieren zu lassen. Auch aus Pommern, Posen, der Neumark und Schlesien flüchteten die Menschen oft unter chaotischen Bedingungen: im Winter, mit unzureichender Ausrüstung, inmitten zurückgehender Wehrmachtseinheiten und in panischer Angst vor den Sowjets.

Was die Frauen erwartete, hatte bereits der erste sowjetische Vorstoß nach Ostpreußen im Herbst 1944 mit letzter Deutlichkeit gezeigt. Die im Gegenstoß wieder eroberten Dörfer zeigten Bilder, die Goebbels nicht hätte erfinden können. Hierbei stellt sich die Frage, ob für diejenigen, die den Deutsch-Sowjetischen Krieg als Rassen- und Vernichtungskrieg definieren, darunter auch die unermüdliche Haßpropaganda des russisch-jüdischen Schriftstellers Ilja Ehrenburg fällt. Dieser hatte mit seiner ständig variierten Agitation (Töte den Deutschen!) große Wirkung erzielt und war von den Rotarmisten als »Marschall unserer Literatur« gefeiert worden.[110] Noch vor Kriegsende aber wurde er kaltgestellt, da seine Rache- und Vernichtungstiraden Anfang 1945 nicht mit der künftigen sowjetischen Deutschlandpolitik in Übereinstimmung zu bringen waren.

Anfang März erreichten die Westalliierten den Rhein. Köln wurde völlig zerstört. Am 7. März gelang den Amerikanern über die kaum zerstörte Eisenbahnbrücke bei Remagen der Übergang auf das rechte Rheinufer. In den Tagen zuvor hatte die amerikanische Artillerie heftig das rechte Rheinufer beschossen und auch in Rhöndorf das stattliche, weiß gestrichene Haus des ehemaligen Kölner Oberbürgermeisters unter Feuer genommen, ohne es jedoch ernsthaft zu beschädigen. Der Erzzivilist Konrad Adenauer hatte auf diese Weise noch sein eigenes Kriegserlebnis und behauptete später, er habe eine der Granaten auf sich zufliegen sehen, was freilich ironische Kommentare hervorrief, weil das menschliche Auge dazu nicht in der Lage ist.

Die Bombenangriffe nahmen an Zahl und Intensität ständig zu. Bis dahin unversehrte Städte ohne jede wirtschaftliche oder militärische Bedeutung – etwa Würzburg und Potsdam – wurden zerstört. Auch Dresden hatte weder große Bedeutung als Rüstungszentrum noch als Nachschubader für die Ostfront. Die Vernichtung dieses kunst- und baugeschichtlichen Juwels war der Höhepunkt des Terrorbombens.[111] Wahrscheinlich hat bei der Planung des Angriffs der Gedanke an Revanche für den Einsatz der deutschen Vergeltungswaffen V 1 und V 2, die im Juni beziehungsweise im September 1944 britische Ziele angegriffen hatten, eine Rolle gespielt.

Das große alliierte Übersetzmanöver über den Rhein fand zwei Wochen nach Remagen stromabwärts statt. Der deutsche Widerstand war nur noch gering; in den Monaten zuvor, in den Kämpfen im westlichen Rheinland, waren die letzten Kräfte verbraucht worden.[112] So gelang die Einschließung des Ruhrgebiets ohne große Schwierigkeiten. Am 18. April wurde dort der Widerstand eingestellt. Generalfeldmarschall Model, einst ein überzeugter Gefolgsmann Hitlers, wollte nicht kapitulieren, befahl daher die Auflösung der Heeresgruppe und zeigte eine für hohe Offiziere seltene Konsequenz: Er erschoß sich. Organisierten deutschen Widerstand gab es seitdem im Westen nicht mehr. Die Briten unter Montgomery rückten in Richtung Hamburg vor und erreichten schließlich Wismar. Die Amerikaner unter Eisenhower bewegten sich auf Thüringen und Sachsen zu. Beide sparten vorsichtig die direkte Vormarschlinie in Richtung Berlin aus. Sie hätten die Stadt vor den Sowjets erreichen können, wenn der Wille dazu vorhanden gewesen wäre.[113]

Die Aufgabe, die Reichshauptstadt zu erobern, überließen die Westalliierten der Roten Armee. Am 16. April brach die sowjetische Großoffensive mit einer bis dahin unbekannten Feuerkraft los. Die schwachen deutschen Verteidigungslinien waren schnell durchbrochen; am 21. April wurde der Stadtrand erreicht und am 24. April Berlin weiträumig eingeschlossen. Die Schlacht um Berlin dauerte bis zum 2. Mai.

Die letzten Tage in der Reichskanzlei zeigten eine gespenstische Atmosphäre. Ohne Bezug zur Realität blieb bis zuletzt die Hoffnung auf ein Wunder lebendig. Sie klammerte sich an die Möglichkeit des Auseinanderbrechens der feindlichen Koalition und eines Wechsels der Allianzen, vor allem nach dem Tod Präsident Roosevelts am 12. April. Da wurde Carlyles Biographie über Friedrich den Großen zur Pflichtlektüre, denn man hoffte auf die Wiederholung dessen, was sich im Siebenjährigen Krieg nach dem Tod der Zarin Elisabeth ereignet hatte, deren Nachfolger aus der Kriegskoalition gegen Preußen ausgeschieden war. Neben dem illusionären Suchen nach Auswegen reagierte Hitler in wilden Ausbrüchen von Haß und Vergeltung auf den Versuch Gö-

rings, seine Nachfolge schon zu Lebzeiten anzutreten, wie auf die Friedensfüh-
ler, die Himmler über schwedische Verbindungsleute ausgestreckt hatte.

Während überall Verrat zu konstatieren war, blieb einer loyal: Joseph Goebbels. Er zog mit seiner Familie in den Bunker der Reichskanzlei – überglück-
lich, nach vielen Zurücksetzungen endlich beweisen zu können, daß er der
Treueste von allen war. Und das bedeutete letztlich, daß er mit seiner Familie
Hitler in den Tod zu folgen bereit war. Zuvor, am 29. April, hatte er den Lohn
für seine Treue empfangen: Im politischen Testament bestimmte Hitler ihn
zum Reichskanzler. Damit hatte er alle Konkurrenten hinter sich gelassen – ein
Sieg im Angesicht des Todes. Am 30. April heiratete Hitler Eva Braun, eine Geste
kleinbürgerlicher Ehrpusseligkeit. Gesundheitlich ein Wrack und von der Par-
kinsonschen Krankheit gezeichnet, die aber ohne Auswirkung auf seine geistige Aktivität blieb, so normal oder abnorm sie auch immer erscheinen
mochte, nahm er sich später am Tag mit seiner Frau das Leben. Wie das geschah, ist im Grunde nicht wichtig und bis heute auch nicht geklärt: Gift oder
Pistole – wahrscheinlich beides.

Angehörige des sowjetischen Abwehrdienstes fanden die verkohlten Leichen
Hitlers, Goebbels und ihres Anhangs, ließen diese am 8. Mai in der Klinik Buch
obduzieren und behielten die Überreste in ihrer Obhut. Als aber der mißtrauische Stalin wenig später Gefallen an der Möglichkeit fand, daß Hitler geflohen
und sich in irgendeinem nicht sozialistischen Land versteckt halten könnte, zogen die Abwehrleute die naheliegende Konsequenz: Sie schwiegen. Erst 1970
befahl KGB-Chef Andropow die Verbrennung und Verstreuung der Überreste.
Das geschah, als der Kasernenkomplex in Magdeburg, auf dem die Reste ver-
scharrt waren, von den Sowjets geräumt und den DDR-Behörden übergeben
wurde.[114]

Das Ende des Dritten Reiches zeigte weder Größe noch Tragik. Die perspek-
tivlose Minderwertigkeit des Regimes, das nur auf Macht fixiert war, trat bei
seinem Zusammenbruch nur noch deutlicher in Erscheinung. Zu den widersprüchlichen Bildern der letzten Tage des »Tausendjährigen Reiches« gehörten
an den Laternen aufgehängte Soldaten, Parteibonzen, die mit Anhang und fet-
ter Beute der Alpenfestung zustrebten, die in Wahrheit gar nicht existierte, aber
auch der fanatische Widerstand junger, kaum ausgebildeter Soldaten, die, von
der Propaganda verblendet, zum Heldentod für das Vaterland bereit waren.

Hitlers Testament vom 29. April ist eine bizarre Mischung aus Subalternität
und Verlogenheit. Er ist nicht mehr der vom Erfolg verwöhnte Diktator, der
mit seinen Reden die Deutschen faszinierte und auf den Millionen ihre Hoffnungen und Wünsche projizierten, sondern wieder der geifernde Ideologe aus
der Kampfzeit. Was er in den Jahren des Erfolges verdecken konnte, schlug nun

Berlin, Potsdamer Platz, 1945: Befreiung von der alleinigen Schuld am Ersten Weltkrieg und Revision des Versailler Vertrages hatten sich die Deutschen von Hitler erhofft. Sie waren ihm gefolgt und hatten entweder nicht sehen können oder auch nicht wissen wollen, wohin er sie führte. Es gabe nur wenige, die bereit und mutig genug waren, aus ihrer Erkenntnis, daß Deutschland einem Tyrannen erlag, die Konsequenzen zu ziehen und gegen den »Volksgeist« Widerstand zu leisten. Dieser Wenigen wurde das Regime leicht Herr. Als dann der Krieg zu Ende war und es noch schlimmer gekommen war als 1918, wollten die Deutschen alles schnell vergessen.

Buchenwald 1945: Das große Entsetzen aber ereilte die Deutschen erst nach dem Krieg. In ihrem Namen waren Millionen von Menschen grausam ermordet worden: Juden, Polen, Sinti und Roma, Homosexuelle, Sozialdemokraten und Kommunisten, Katholiken und Protestanten, unschuldige Männer, Frauen und Kinder. Dieses unfaßbare Verbrechen verbindet sich seitdem mit dem deutschen Namen, und die fassungslosen nachfolgenden Generationen der Deutschen stehen ratlos vor die Frage, wie diese Verbrechen jemals gesühnt werden können.

wieder durch: der primitive Antisemitismus, der den Juden, den »internationalen Geld- und Finanzverschwörern«, an allem die Schuld gab. Nichts charakterisiert die ganze Erbärmlichkeit seines Wesens mehr als die Beteuerungen, er habe den Krieg nicht gewollt. Angesichts der beispiellosen Niederlage log er sich aus der Verantwortung heraus. »Peinliche Einhaltung der Rassegesetze« und »unbarmherziger Widerstand« gegen das »internationale Judentum« – mit diesem Vermächtnis verabschiedete er sich von der Geschichte.

Es ist kein Zufall, daß ein Hitler-Mythos nicht entstanden ist. Als Hitler seinem Leben ein Ende setzte, befanden sich Millionen auf der Flucht oder erwarteten in den Kellern ihr Schicksal. Soldaten sahen auf dem Rückzug, wie viele Stäbe es gab, die sich gut erhalten und motorisiert absetzten, während sie selbst sinnlosen Durchhaltebefehlen folgen mußten. Es dämmerte ihnen, auf welchen Wahnsinn sie sich mit ihrem Glauben an Hitler und seinen Krieg eingelassen hatten. Der Erkenntnisprozeß beschleunigte sich, als sie nach der Kapitulation die Sieger sahen, vor allem die Amerikaner, die mit einer Ausrüstung vorrückten, die perfekt wie aus dem Spielzeugkasten wirkte; eine voll motorisierte Armee mit einheitlichen Fahrzeugtypen und einheitlicher Ausstattung, alles Produkte aus einer gigantischen Serienproduktion, die den denkbar größten Gegensatz zu den ramponierten, aus unzähligen Modellen und in aller Herren Länder requirierten Fahrzeugen der Wehrmacht darstellte. Daß man gegen eine industrielle Supermacht wie die USA den Krieg nie hätte gewinnen können, gehörte zu den ersten Erkenntnissen.

Nach Hitlers Tod dienten die folgenden Tage vor allem der Rettung möglichst vieler Soldaten und Zivilisten vor den sowjetischen Truppen und vor sowjetischer Kriegsgefangenschaft. Mit der bedingungslosen Kapitulation am 7. Mai im westalliierten Hauptquartier in Reims, die am Folgetag in Karlshorst vor dem sowjetischen Oberkommandierenden wiederholt werden mußte, kam der blutigste Krieg der Weltgeschichte zu seinem Ende.

Was die Deutschen danach fatalistisch als Zusammenbruch bezeichneten, war keine Befreiung. Erleichterung war das vorherrschende Gefühl, Erleichterung, daß der Krieg endlich zu Ende war. So wenig wie sie ein Schuldgefühl gehabt hatten, als sie 1939 in den Krieg gezogen waren, so gering war das Wissen und das Bewußtsein von Schuld und Verantwortung für das, was dieser Krieg bedeutet hatte. Schuldgefühle konnten sich im Mai auch kaum entwickeln angesichts der Exzesse auf seiten der Sieger. Bedingungslose Kapitulation hieß für die meisten der rund dreizehn Millionen Soldaten, auf die die Wehrmacht schließlich angeschwollen war, Gefangenschaft, in der sie oft ein hartes Schicksal, wenn nicht der Tod erwartete.

Es gehört zu den Verdrängungsmechanismen, die sich in Deutschland in

Fragen des Zweiten Weltkriegs ausgebildet haben, daß die Zahl der deutschen Opfer erst kürzlich zuverlässig ermittelt wurde. Sie beträgt 5,3 Millionen gefallene Soldaten.[115] Kaum jemand hatte sich dafür interessiert.

Deutschland befand sich seit dem Mai 1945 in einem einzigartigen Zustand: Millionen Menschen auf der Flucht, Millionen obdachlos, Millionen evakuiert und auf dem Lande untergebracht, ein Land, dem Millionen Männer fehlten, die als Kriegsgefangene in alliiertem Gewahrsam blieben. Was immer die Zukunft noch an Chancen für die Deutschen bieten sollte – eines stand fest: Hitler Gefolgschaft geleistet zu haben, hatte in die umfassendste Niederlage, das größte Debakel der deutschen Geschichte geführt; Deutschlands Rolle als Großmacht war in diesem Jahrhundert ausgespielt.

Die Zeit der alliierten Besatzungsherrschaft

DIE ALLIIERTEN 1945 IN DEUTSCHLAND

In einem waren sich 1945 alle Kriegsgegner Deutschlands einig: Der Krieg war nicht nur gegen Hitler und das NS-Regime geführt worden, sondern gegen Deutschland, die größte Wirtschafts- und Militärmacht in Europa. Schon nach dem Ersten Weltkrieg hatte man versucht, die Deutschen außerstande zu setzen, weiteren Schaden anzurichten, wie die französische Formel besagte. Die Deutschland auferlegten Gebietsverluste, Rüstungsbegrenzungen und Reparationsverpflichtungen hatten sich aber als unzulänglich erwiesen. Nun galt es, nicht nur die NS-Diktatur zu vernichten und ihre Repräsentanten zu bestrafen, sondern auch den Militarismus systematisch zu zerstören und die deutsche Wirtschaft nachhaltig zu schwächen.

Im Revolutionswinter 1918/19 hatte es einige Zeit so ausgesehen, als würde das knapp fünfzig Jahre zuvor auf dem Schlachtfeld gegründete Deutsche Reich nach der Niederlage wieder auseinanderfallen, Süd- und Westdeutschland sich von Berlin und dem Osten lossagen. Was damals schon im Ansatz scheiterte, wurde nun eifrig erörtert. Seit der Konferenz von Teheran im Dezember 1943 bis zum Frühjahr 1945 gab es immer wieder Zerstückelungspläne, die aber weder gebilligt noch abgelehnt wurden. Die Frage blieb in der Schwebe. Daneben verfolgte der amerikanische Finanzminister Henry Morgenthau seinen eigenen Plan, das deutsche Problem zu lösen. Deutschlands Industrie sollte zerstört, das Ruhrgebiet der Landwirtschaft zurückgegeben werden, auch wenn das den Tod von Millionen gekostet hätte. Teile des Plans wurden in abgeschwächter Form Bestandteil der amerikanischen Deutschlandpolitik, die aber letztlich nicht verwirklicht wurde. Die Bestätigung nach 1945, daß es sich bei diesem Konzept nicht um eine Erfindung von Goebbels gehandelt hatte, bewirkte vor allem, daß die Deutschen es voller Empörung als Alibi benutzten.

Neben der Teilung Deutschlands in verschiedene Nachfolgestaaten erörterten die Alliierten die Frage von Gebietsabtretungen. Auch hier fielen keine Entscheidungen. General de Gaulle forderte 1944 die Rheinlinie als Grenze, westlich derer »Allemagnes françaises« gegründet werden sollten. Damit drang er nicht durch. Mehr Erfolg hatten die Polen. Obwohl die Alliierten auf der Konferenz von Jalta nur grundsätzlich darin übereingestimmt hatten, deutsche Gebiete im Osten an Polen abzutreten, schaffte hier Stalin in den folgenden Monaten vollendete Tatsachen. Mit der Vertreibung der Deutschen erfolgte sogleich die faktische Abtrennung von Deutschland, die die Westalliierten unter dem schwachen Vorbehalt, daß die endgültige Regelung auf der Friedenskonferenz zu erfolgen habe, zur Kenntnis nahmen.

Die Inbesitznahme der deutschen Ostgebiete allein mit sowjetischer Hilfe sollte Polen zweifellos langfristig an Moskau binden und zugleich die polnischen Kommunisten stärken. Nur die Sowjetunion konnte den Polen ihre neuen Westgebiete garantieren und sie vor dem deutschen Revanchismus schützen. Daß solche politischen Bestrebungen in Deutschland keine Chance mehr hatten, konnte damals niemand vorhersehen.

Entscheidender als die Zerstückelungspläne war das Londoner Protokoll zur Einteilung Deutschlands in Besatzungszonen, das die Alliierten am 12. September 1944 unterzeichnet hatten. Hier wurde bereits die Demarkationslinie zwischen der sowjetischen und den westalliierten Zonen, die zukünftige Zonengrenze, festgelegt. Später entstand dann aus den wirtschaftlich schwächsten Teilen des britischen und amerikanischen Besatzungsgebiets die französische Zone. Darüber hinaus wurde festgelegt, daß das Territorium von Groß-Berlin von den Alliierten gemeinsam zu verwalten sei. Nur über die Zugangswege der Westalliierten nach Berlin enthielt das Protokoll von 1944 keine Angaben; hier sahen die Verbündeten wohl kein Problem.

Der Einmarsch der Alliierten in Deutschland fand auf sehr unterschiedliche Weise statt. Die Direktive für die US-Truppen (JCS 1067) ließ über den Besatzungszweck keinen Zweifel: »Deutschland wird nicht besetzt zum Zwecke seiner Befreiung, sondern als besiegter Feindstaat.«[1] Ausschreitungen kamen vor, hielten sich aber schon allein deshalb in Grenzen, weil die reichlich zur Verfügung stehenden Zigaretten und Schokoladenriegel den amerikanischen Soldaten viele Wünsche erfüllten, mochte dem auch das Non-Fraternisation-Gebot offiziell entgegenstehen.

Die Sowjets bezeichneten ihren Einmarsch als Befreiung und ließen sich von ihren kommunistischen deutschen Helfern entsprechend feiern. Das Gegenteil traf zu. Eine von der deutschen Bevölkerung aller NS-Propaganda zum Trotz für unvorstellbar gehaltene Welle von Vergewaltigungen und Plünderungen rollte über das Land hinweg.[2] Sie haben das Verhältnis zu den Sowjets und ihrer Politik dauerhaft geprägt, auch wenn in der späten DDR die Erinnerung daran immer mehr verdrängt worden sein mag. Die Briten verhielten sich am korrektesten, wobei Temperament und die lange Kolonialpraxis, die sie Erfahrungen sammeln ließ bei der Behandlung unterworfener Völkerschaften, bestimmend gewesen sein dürften. Unter ganz anderen Umständen vollzog sich der Einmarsch der Franzosen: Mit nur wenigen regulären Truppen, dafür aber zahlreichen Einheiten der linksgerichteten Forces Françaises de l'Intérieur, die de Gaulle aus dem Lande haben wollte, drangsalierte die französische Besatzung die Besiegten in der ersten Zeit mit Plünderungen und gehässigen Schikanen, die die Zeitgenossen nie vergessen sollten.

Gordon Craig hat den Standpunkt vertreten, die Niederlage Deutschlands sei so total gewesen, daß sie den Deutschen den Vorteil des Neuanfangs geboten habe: »Wenn Adolf Hitler etwas war, dann gründlich. Er vernichtete die Fundamente des traditionalistisch geprägten Widerstands gegen Modernität und Liberalismus ebenso vollständig, wie er die Strukturen des Rechtsstaats und der Demokratie zerstört hatte.«[3] Das ist eine Überschätzung der Situation. Tatsächlich hatte Hitler viel mehr übriggelassen, als es das Bild von der allgemeinen Zerstörung suggerierte. Für den politischen Neuanfang stand 1945 eine Generation bereit, die schon in der Weimarer Republik Verantwortung getragen hatte, für die Wehrmacht jedoch zu alt gewesen war. Von den Weimarer Politikern erlebten nur die Minister und prominenten Politiker kein Comeback, weil sie zu sehr mit dem Untergang der Republik identifiziert wurden, mit dem niemand belastet sein wollte. Aber Parlamentarier und politische Beamte, die 1933 entlassen worden waren, standen nun mit ihrer politischen Erfahrung wieder zur Verfügung.

Eine Zeitlang wurde in der Bundesrepublik eine Debatte über die vergebenen Chancen der Stunde Null geführt. Tatsächlich hat es nie eine Stunde Null gegeben, es sei denn, man will den kurzen Zeitraum zwischen Abzug der Wehrmacht und Einzug der Sieger dafür halten. Scharfe Bestimmungen der Besatzung mit Ausgangssperren, kargen Lebensmittelzuteilungen, Verboten politischer Betätigung, der Unterbindung fast jeglicher Kommunikation durch die häufig geforderte Ablieferung von Radios und Telefonen, dazu das völlig zusammengebrochene Verkehrssystem und die Abschottung der einzelnen Zonen ließen nur Zeit, das Überleben zu sichern und in der näheren Umgebung Kontakte aufzunehmen, sich zu vergewissern, wer noch am Leben war.

Die Besatzung hatte das Sagen; ihren Befehlen und Verordnungen war Folge zu leisten. Amerikaner und Briten hatten weiße Listen vorbereitet mit Namen, die für die Zusammenarbeit mit der Besatzung in Frage kamen. Daß der Name Adenauer auf der Liste für den Regierungsbezirk Köln an erster Stelle stand, ergab sich aus der alphabetischen Ordnung. Der ehemalige Oberbürgermeister wertete dies dennoch als Rangfolge, als amerikanische Offiziere ihn um die Übernahme seines früheren Amtes baten. Die Sowjets hatten keine so systematische Vorbereitung; dafür klärte die Gruppe Ulbricht, seit den ersten Maitagen in Berlin an Ort und Stelle, wer noch lebte und in die Planungen zur Eroberung der Macht einbezogen werden konnte.

Das Gegenstück zur weißen Liste war der automatic Arrest, die Festnahme von Personen, die als Funktionäre oder Prominente des NS-Regimes galten und in Lager, oft ehemalige KZ, eingeliefert wurden.[4] Stützten sich die Amerikaner auf eine – wenn auch nicht fehlerfreie – systematische Vorbereitung, so verwandten die Sowjets weniger Mühe auf die Inhaftierung von Verdächtigen. Insgesamt elf Speziallager des NKWD (Volkskommissariat für Innere Angelegenheiten der UdSSR, seit 1946 MWD), lauter deutsche Gulags, wurden eingerichtet, in die nicht nur Kriegsverbrecher, Funktionäre und Mitglieder von NSDAP, SS, Gestapo und anderen NS-Organisationen kamen, sondern auf Befehl von Geheimdienstchef Berija auch Leiter örtlicher Verwaltungen, großer Wirtschafts- und Verwaltungsorganisationen sowie »feindliche Elemente«. Daneben jagten Fahndungstrupps sowjetische Kriegsgefangene und Zwangsarbeiter, deren Verhalten überprüft wurde, was nicht selten zu langjähriger Lagerhaft führte. Nicht zuletzt richteten sich Razzien gegen potentielle Gegner der sowjetischen Politik, die vorbeugend ausgeschaltet werden sollten.

Tatsächlich erfolgten die Verhaftungen willkürlich. Bereits geringfügige Verdachtsmomente, die häufig auf Denunziation beruhten, reichten aus, um Menschen spurlos und oft für immer in den Lagern verschwinden zu lassen. Besondere Aufmerksamkeit galt den Werwölfen, jener Untergrundorganisation, die zum größten Teil aus HJ-Mitgliedern bestanden hatte und hinter den sowjetischen Linien eingesetzt werden sollte. Realistische Schätzungen sprechen von 160 000 bis 260 000 Internierten, von denen 65 000 bis 80 000 in den Lagern den Tod fanden.[5] Erst 1950 wurden in der DDR die letzten sowjetischen Lager aufgelöst.

Im Verhältnis zwischen den Westmächten und der Sowjetunion traten schon früh Spannungen auf; Risse im Bündnis zeichneten sich ab, die allerdings noch nicht in der Öffentlichkeit sichtbar wurden. Winston Churchill hatte bereits am 12. Mai 1945 an den neuen US-Präsidenten Harry S. Truman telegrafiert: »Längs der russischen Front ist ein eiserner Vorhang niedergegangen.« Das weite Vorrücken der Sowjets nach Westen auf eine Linie, die von Lübeck an der Ostsee bis Triest an der Adria reichte, ließ ihn bereits bei dem ihm eigenen Sinn für Dramatik mit dem dritten Weltkrieg rechnen.[6] Die Briten hatten teilweise geradezu demonstrativ deutsche Truppen, die von der Ostfront zu ihnen überliefen, in Gefangenschaft genommen und so vor den Sowjets gerettet. Die Amerikaner hatten dies vor allem in Böhmen abgelehnt.

Die US-Streitkräfte zeigten nur wenig Neigung, nach der Kapitulation die von ihnen besetzten Teile Thüringens und Sachsens, die nach dem Londoner

Protokoll zur sowjetischen Zone gehörten, zu räumen. Sie nutzten den Aufenthalt, um die dort produzierten und gelagerten V2-Raketen abzutransportieren und deutsche Spezialisten, die für die Sowjets von Interesse sein konnten, in den Westen zu locken. Erst als die Sowjets drohten, die Westalliierten nicht nach Berlin zu lassen, um ihre Sektoren zu besetzen, zogen die Amerikaner sich zum Schrecken der Bevölkerung zurück. Eine gemeinsame Siegesparade in der ehemaligen Reichshauptstadt, eigentlich ein Muß für alle Militärs, fand nicht statt. Kommunistische Vertrauensleute gaben den Berlinern schon früh zu verstehen, daß sie sich nicht zu sehr mit den westlichen Alliierten einlassen sollten, da diese doch nicht lange in der Stadt bleiben würden.[7]

Mit einem neuen, außenpolitisch noch unerfahrenen Präsidenten der USA, den der Krieg im Pazifik und die Entwicklung der neuen Superwaffe, der Atombombe, voll in Anspruch nahmen, mit einem britischen Premier, der voller Pessimismus in die Zukunft schaute und nicht wußte, wie der sowjetischen Übermacht auf dem Kontinent angesichts des schon absehbaren Abzugs der Amerikaner zu begegnen sei, konnte das Treffen der beiden westlichen Staatsmänner mit Stalin, dem offensichtlichen Sieger in Europa, keine dauerhaften Abmachungen bringen. Die Konferenz der großen Drei sollte eigentlich in Berlin, der Hauptstadt des besiegten Feindes, stattfinden. Sie wurde aber mangels benutzbarer Räumlichkeiten in das Schloß Cecilienhof in Potsdam einberufen.

Den Potsdamer Konferenzteilnehmern war eines bewußt: Wer Deutschland besaß, beherrschte Europa. Was dann als Potsdamer Abkommen in die Geschichte eingegangen ist, war kein völkerrechtlicher Vertrag, sondern ein Kommuniqué, das die drei Regierungschefs unterzeichnet hatten. Es beschrieb, was in Deutschland in nächster Zukunft geschehen sollte. Die politischen Grundsätze lauteten: Entmilitarisierung, Entnazifizierung, Demokratisierung und Dezentralisierung der Wirtschaft. Diese Begriffe konnte jede Seite nach Belieben interpretieren. Daß die westliche Seite trotz der Erfahrungen mit Polen noch immer annahm, mit Demokratisierung oder Dezentralisierung der Wirtschaft in der Sache dasselbe zu meinen wie Stalin, verdeutlicht ihre vom Prinzip Hoffnung geleitete Konzessionsbereitschaft. Deutschland wurde zwar als Ganzes behandelt, aber in Wirklichkeit standen die Besatzungszonen als neue politische Einheiten im Vordergrund. Die Bildung einer deutschen Regierung war nicht vorgesehen; dafür stellte man die Einsetzung von Zentralverwaltungen unter Leitung von Staatssekretären in Aussicht. Aber diese gesamtdeutsche Klammer erwies sich als so schwach, daß sie bereits durch ein französisches Veto beseitigt werden konnte.

Zu den Reparationen, die schon in Jalta umstritten waren, wurde als Grundsatz festgelegt, daß jede Macht sich aus ihrer Zone bediene, die Sowjetunion darüber hinaus Ausrüstungen und Lieferungen aus den Westzonen erhalten solle. Die entsprechenden Bestimmungen waren aber so kompliziert, daß sie nie funktionierten. Das Reparationsproblem wurde teilweise als Ausgangspunkt für den Teilungsprozeß angesehen, der bereits in Potsdam begonnen habe.[8] In Wirklichkeit hat es keine entscheidende Rolle gespielt und diente nur als Vorwand für Beschwerden und Vorwürfe. Im Grunde waren die demontierten Anlagen für die Sowjets kaum von Wert, weil sie nur selten in der Lage waren, sie wieder aufzubauen, und so verkamen viele Maschinen zu Schrott.

Die Potsdamer Beschlüsse haben keine große Bedeutung erlangt. Später dienten sie allerdings der östlichen Propaganda dazu, dem Westen ständig den Bruch des Abkommens vorzuwerfen.

Sechs Wochen vor Beginn der Dreierkonferenz war schon eine Entscheidung gefallen, die sich politisch als weitaus folgenreicher als die Propagandaformeln von Potsdam erweisen sollte. Am 5. Juni 1945 unterzeichneten die Oberbefehlshaber der vier alliierten Mächte in Berlin im Auftrag ihrer Regierungen eine Erklärung, mit der sie die oberste Regierungsgewalt in Deutschland übernahmen.[9] Zugleich wurde der Kontrollrat eingesetzt, dem die alliierten Oberbefehlshaber angehörten; er sollte in allen Deutschland als Ganzes betreffenden Angelegenheiten zuständig sein. Das war die alliierte Militärregierung für ganz Deutschland. Ihre Entscheidungen mußten einstimmig gefaßt werden. Die Voraussetzung dafür, daß trotz dieser Bestimmung effektiv regiert werden konnte, war die weitgehende Übereinstimmung der vier Mächte über das, was mit Deutschland geschehen sollte. Davon konnte jedoch keine Rede sein.

Wichtiger als die Einsetzung des Kontrollrats war die Übernahme der obersten Regierungsgewalt. Die Erklärung war wirklich umfassend: Die alliierten Regierungen übernahmen alle Macht in Deutschland einschließlich sämtlicher Befugnisse der deutschen Regierung, des Oberkommandos der Wehrmacht und der Regierungen, Verwaltungen und Behörden der Länder, Städte und Gemeinden. Fortan gab es keine deutsche Staatlichkeit aus eigenem Recht mehr. Das Völkerrechtssubjekt Deutschland hatte zu existieren aufgehört. Selbst der letzte Dorfbürgermeister konnte nur amtieren, wenn ihn Instanzen eingesetzt hatten, die von alliierten Stellen dazu ermächtigt waren. Hinter all diesen Regelungen stand der Wille zur totalen Kontrolle und Beherrschung Deutschlands. Die Übernahme aller staatlichen Gewalt überschritt bei weitem die Rechte einer militärischen Besatzung nach bisher gültigem internationalen Recht. Aber der von Deutschland entfesselte Krieg hatte sich auch nicht an internationales Recht gehalten: Mit der Übernahme war zugleich eine weitere Entscheidung gefallen. Mit der Annullierung deutscher Staatlichkeit verschwand auch faktisch das Deutsche Reich. Deutsche Staatsrechtler mochten später ausführlich die These vertreten, das Reich sei nicht untergegangen. Tatsächlich hatte die Bundesrepublik später nur für die Schulden des Reiches aufzukommen, ohne daraus aber Rechte ableiten zu können.

Das Faszinierende und historisch Einmalige an dieser Übernahmeerklärung ist nicht ihr weitreichender Anspruch, sondern ihr dialektischer Umschlag in der Folgezeit. Was als rechtliche Absicherung der totalen Unterwerfung Deutschlands gedacht war – in der Erklärung wird nur die Versicherung abgegeben, daß sie nicht die Annektierung Deutschlands bedeute –, entwickelte sich zur stärksten rechtlichen Klammer für das Fortbestehen eben dieses Deutschland als Ganzem, mochte es auch bald zur Teilung des Landes kommen, die später viele Deutsche in Ost und West als endgültig zu akzeptieren bereit waren.

Die gemeinsame alliierte Erklärung vom 5. Juni 1945 begründete das Recht der Westmächte auf Anwesenheit in Deutschland, vor allem aber in Berlin. In den Westverträgen von 1952 tauchte sie nur diskret, dennoch unübersehbar auf. Mit dem Berlin-Abkommen von 1971 wurde dann auf dieses Recht wieder ausdrücklich Bezug genommen. Nach langen Jahren des Ableugnens hatten sich auch die Sowjets nun erneut zu dieser gemeinsamen Rechtsbasis bekannt. Damit wurde ein sichtbares Zeichen der Entspannung gesetzt. Und es war kein Zufall, daß diese Erklärung erst am 2. Oktober 1990 außer Kraft trat, denn mit der Wiedervereinigung erloschen alle alliierten Rechte in Deutschland. Bis dahin stellte die Erklärung so etwas dar wie das von den Siegermächten Deutschland auferlegte Grundgesetz.

Die alliierte Erklärung erhielt schon nach wenigen Jahren eine ganz andere Bedeutung als der Versailler Vertrag, der eine ähnliche Funktion für die Weimarer Republik besessen hatte, wegen seines Kriegsschuldvorwurfs jedoch von den Deutschen erbittert abgelehnt worden war. Aus dem Beherrschungsanspruch war eine Schutzverpflichtung für Westdeutschland und für West-Berlin entstanden, zu der die Westalliierten stets gestanden haben. Während der Versailler Vertrag die Deutschen vom Westen entfremdete, sollte ihnen das Grundgesetz von 1945 den Weg in die westliche Gemeinschaft ebnen.

DER POLITISCHE NEUBEGINN

Nach dem Einmarsch hatten die Westalliierten wenig Neigung, in ihren Zonen den Deutschen eine politische Betätigung zu erlauben. Sie sollten umerzogen werden. Das konnte nur in einem längerfristigen Prozeß geschehen, an dessen Ende erst die Zulassung politischer Parteien stand. Zudem war ein Aufbau von unten vorgesehen; von der kommunalen und der Ebene der Landkreise aus sollten die Deutschen Schritt für Schritt an größere politische Verantwortung gewöhnt werden. An politische Organisationen auf Zonenebene, ganz zu schweigen von solchen auf Reichsebene, wie man damals noch ganz unbefangen zu sagen pflegte, dachten die westlichen Alliierten vorerst nicht. Diese Strategie langsamer Gewöhnung hat Stalin zum Ärger seiner westlichen Partner schon sehr früh durchkreuzt. Bereits im Juni eröffnete er die politische Offensive um die Gewinnung der Deutschen. Schon vorher hatte er allen Zerstückelungsplänen eine Absage erteilt mit seinem unzählige Male zitierten Wort: »Die Hitler kommen und gehen; das deutsche Volk bleibt bestehen.« Durch den Befehl Nr. 2 der Sowjetischen Militäradministration in Deutschland (SMAD) wurden am 10. Juni 1945 in Berlin und in der Sowjetischen Besatzungszone politische Parteien zugelassen.

Es konnte nicht überraschen, daß die Kommunisten als erste mit einem Gründungsaufruf an die Öffentlichkeit traten, und zwar nur einen Tag, nachdem die Sowjets das Startzeichen gegeben hatten. Dieser Aufruf war schon vorher in Moskau ausgearbeitet worden. Stalin selbst hatte am 4. Juni 1945 in Moskau in einer Besprechung mit Molotow, Schdanow und dem KPD-Führer Pieck die Kernaussage des Programms festgelegt. Dabei hatte er schon zu diesem frühen Zeitpunkt Besorgnis erkennen lassen: »Perspektive – es wird zwei Deutschlands geben – trotz aller Einheit der Verbündeten.«[10]

Das war ein rätselhafter Ausspruch, denn Stalins Blick schien doch auf Gesamtdeutschland gerichtet, in dem er möglichst den beherrschenden Einfluß ausüben wollte. Vielleicht war er selbst im Zweifel darüber, ob er dieses Ziel erreichen würde, und sah deshalb schon die Spaltung kommen. Auf jeden Fall ist damit früh die Ambivalenz der sowjetischen Deutschlandpolitik belegt: Sie war auf ganz Deutschland ausgerichtet, zugleich schuf sie aber in der Sowjetzone ein ihren Interessen entsprechendes Herrschaftssystem, dem auch die Wirtschaft rasch angepaßt wurde. Dadurch unterschied sich diese Zone schon bald von den westlichen Besatzungsgebieten.

Der Gründungsaufruf der KPD war in seiner Verlogenheit kaum zu übertreffen. Die Kommunisten wollten als biedere Demokraten erscheinen und beteuerten ausdrücklich: »Wir sind der Auffassung, daß der Weg, Deutschland das Sowjetsystem aufzuzwingen, falsch wäre.« Das Wort Sozialismus fand überhaupt keine Verwendung. Es gelte, so die Kommunisten, neben der vollständigen Liquidierung der Überreste des Hitler-Regimes – was ja selbstverständlich war – »die Sache der Demokratisierung Deutschlands, die Sache der bürgerlich-demokratischen Umbildung, die 1848 begonnen wurde, zu Ende zu führen, die feudalen Überreste völlig zu beseitigen und den reaktionären altpreußischen

Militarismus mit allen seinen ökonomischen und politischen Ablegern zu vernichten«.[11] Das war alles: Liquidierung des Großgrundbesitzes und Demokratisierung auf breiter Basis, um so einen Block der antifaschistischen Parteien zu bilden.

Tatsächlich hatten die Sowjets und ihre deutschen Helfer in Berlin schon gezeigt, wohin die Reise gehen sollte. Innerhalb von zwei Wochen hatte es Ulbricht im Mai geschafft, einen Magistrat für Groß-Berlin auf die Beine zu stellen. Getreu dem von Wolfgang Leonhard überlieferten Wort: »Es muß demokratisch aussehen, aber wir müssen alles in der Hand haben«,[12] hatte der sächsische Apparatschik eine unpolitische Null zum Oberbürgermeister gemacht, als Stellvertreter aber den Kommunisten Maron eingesetzt, der tatsächlich das Sagen hatte. Für die Magistratsmitglieder ließ man eine Siedlung in Biesdorf räumen, um diese privilegierte Gruppe im Ghetto bequemer kontrollieren und versorgen zu können. Die Dienststellen wurden möglichst im Sowjetsektor eingerichtet. Andreas Hermes von der CDU, Stadtrat für Ernährung und auf diesem Gebiet ein anerkannter Fachmann, wurde bereits im Juni zum Rücktritt gezwungen, weil er sich weigerte, mit seiner Verwaltung in den Sowjetsektor umzuziehen und sich der kommunistischen Regie im Magistrat zu unterwerfen. Mitgliedern der NSDAP aber war eine Behandlung zugedacht, die den bewährten Methoden der Bolschewiki entsprach: Sie sollten die schlechteste Lebensmittelkarte erhalten und aus ihrer Wohnung ausgewiesen werden, Besitzer von Lebensmittelgeschäften ihren Laden verlieren. Dieser »Säuberungsprozeß« geriet dann durch den Einzug der Westalliierten im Juli 1945 ins Stocken.[13]

Die SPD brauchte nur wenig mehr Zeit für ihren Aufruf.[14] Er erschien am 15. Juni. Es war keine Aufforderung zur Parteigründung, denn die SPD existierte bereits. Mit dem Ende der Kampfhandlungen in Berlin hatten sich Sozialdemokraten zu Fuß auf den Weg gemacht, um sich bei der neuen Geschäftsstelle der Partei zu melden. Ihr von allen akzeptierter Führer war der ehemalige Reichstagsabgeordnete Otto Grotewohl, der zusammen mit Erich Gniffke während des Krieges in Berlin ein Geschäft betrieben hatte.

Der Aufruf der SPD war wesentlich radikaler und anspruchsvoller als die kommunistische Mimikry: Demokratie nur für Demokraten, die Arbeiterklasse als Trägerin des Staatsgedankens, Verstaatlichung oder staatliche Kontrolle von Banken, Industrie und anderen Gewerbezweigen einschließlich des Hausbesitzes. Sogar vor der Anpassung des Rechts an die antifaschistisch-demokratische Staatsauffassung schreckten die Verfasser nicht zurück.

Den Aufruf hatte der Zentralausschuß erlassen; das war das Führungsgremium der SPD in Berlin, das für die Sowjetzone sprach und – ähnliches galt für die CDU – als Führungsgremium in der Reichshauptstadt zugleich eine Leitungsfunktion für ganz Deutschland beanspruchte. An seiner Spitze standen neben Grotewohl und Gniffke noch Max Fechner und Gustav Dahrendorf. Tatsächlich aber reichten die Befugnisse des Ausschusses nicht über Berlin hinaus. Dafür sorgten die Sowjets, indem sie der SPD an Autos, Papier, Benzin, Lebensmitteln und Reisen nur ein Bruchteil der massiven Unterstützung genehmigten, die die Kommunisten erhielten.

In den Westzonen hatte Kurt Schumacher, 1943 schwer gezeichnet aus der KZ-Haft nach Hannover entlassen, schon vor Kriegsende mit dem Wiederaufbau der SPD begonnen; seine Persönlichkeit und der hinter ihm liegende Leidensweg machten ihn zu einer anerkannten Führungsfigur. Er nahm schon vor der offiziellen Zulassung von politischen Parteien Kontakt zu Sozialdemokraten in anderen Städten und zum Exil-Parteivorstand in London auf. Die von ihm einberufene Parteikonferenz in Wennigsen bei Hannover bestätigte Anfang Oktober seinen Führungsanspruch in den Westzonen. Zu den Vertretern des Berliner Zentralausschusses ging er auf Distanz. Er sah in Grotewohl gewiß auch einen Rivalen, aber vor allem einen Politiker, der durch seine Bereitschaft zur Zusammenarbeit mit den Sowjets rasch ins Abseits geraten mußte. Schumachers Politik, die bald in der SPD programmatisch festgeschrieben wurde, war da eindeutiger: uneingeschränktes Bekenntnis zur Demokratie, Aufbau einer sozialistischen Wirtschaft, Zugehörigkeit Deutschlands zu einem sozialistischen Westeuropa. Gegenüber den Kommunisten zog er von Anfang an resolut eine Trennlinie angesichts der Tatsache, »daß die Kommunisten fest an eine einzige der großen Siegermächte und damit an Rußland als Staat und an seine außenpolitischen Ziele gebunden sind«.[15]

Mit welchen Parteien er sich in Zukunft auseinanderzusetzen hatte, konnte sich Schumacher im Sommer 1945 noch nicht recht vorstellen. Ob eine bürgerliche Sammlung oder das Zentrum als Gegner antreten würde, war ihm letztlich gleichgültig, da für ihn kein Zweifel bestand, daß allein die Sozialdemokratie zur politischen Führung im Nachkriegsdeutschland berufen sei. So überraschte auch ihn die Entstehung der CDU, die die politische Landschaft der Bundesrepublik nachhaltig geprägt hat. Diese wichtigste und erfolgreichste Parteigründung der Nachkriegszeit erfolgte in verschiedenen Städten zugleich, wobei die Gründungen ganz unabhängig voneinander waren. Ihnen allen lag die Überlegung zugrunde, nach dem schmählichen Ende des politischen Katholizismus im Jahre 1933 die alten Wege der Zentrumspartei endlich zu verlassen. Zudem hatte der Widerstand gegen den Nationalsozialismus Protestanten und Katholiken zusammengeführt und die Einsicht geweckt, daß die konfessionelle Spaltung zur Schwächung des bürgerlichen Lagers entscheidend beigetragen habe – eine wesentliche Ursache für das Scheitern der ersten Demokratie in Deutschland.

Die Mitglieder der Berliner CDU, die ihren Gründungsaufruf am 26. Juni 1945 veröffentlichten,[16] kamen vielfach aus dem Widerstand. Es waren aber nicht nur Vertreter beider Konfessionen dabei, sondern auch liberale Politiker der Weimarer Republik wie Ernst Lemmer, Walter Schreiber und Otto Nuschke.

Im Rheinland lag der Schwerpunkt in Köln. Hier drängten ehemalige Zentrumspolitiker schon im Mai zur Gründung einer christlich-demokratischen Partei, obwohl offiziell noch ein politisches Betätigungsverbot bestand. Der wiedereingesetzte Oberbürgermeister Konrad Adenauer ging damals zu der neuen Partei klar auf Distanz. Er hielt im Sommer 1945 von Parteigründungen überhaupt nicht viel, sondern wollte mit französischer Hilfe einen Rheinstaat gründen. Damit hatte er freilich keinen Erfolg: Die Briten bekamen Wind von seinen Kontakten zu französischen Offizieren und entließen ihn Anfang Oktober unter der lächerlichen Beschuldigung, nicht für die ordnungsgemäße Reinigung der Straßen gesorgt zu haben.[17]

Die Kölner Leitsätze der CDU, die am 17. Juni im Kolping-Haus vorgestellt wurden, zeichneten sich durch einen dezidierten christlichen Sozialismus aus.[18] Nun waren viele Parteien in der ersten Nachkriegszeit relativ großzügig mit ihren Forderungen nach Verstaatlichung oder Sozialisierung, denn es gab nichts zu sozialisieren. Die Kölner Parteigründer standen aber unter dem Einfluß der Dominikanermönche des Klosters Walberberg und meinten es mit dem Sozialismus ernst. Damit entstand für die Partei die Gefahr, vom rheinischen und westfälischen Bürgertum nicht akzeptiert und in Nordrhein-Westfalen eher die politische Vertretung der katholischen Arbeiterbewegung zu werden.

Es gelang der CDU schließlich, hier einen Ausgleich zu finden und zur echten Volkspartei zu werden, deren Wählerschaft von bürgerlichen Konservativen bis zu christlichen Arbeitern reichte. Diese wichtige Aufgabe hat Adenauer gelöst, der sich im Januar 1946 entschloß, die Führung der CDU in der britischen Zone zu übernehmen. Dabei schaltete er sich intensiv – und das war entscheidend – in die Programmdiskussion ein. Es gelang ihm, durch eigene Entwürfe die Partei auf eine mittlere Linie zu bringen, indem er mit dem Ahlener Programm 1947 ein Konzept zur Verhinderung von Machtkonzentration in Wirtschaft und Politik vorstellte, das gegenüber den platten Sozialisierungskonzepten anspruchsvoller und politisch gewichtiger erschien.

Eine etwas andere Richtung nahm die Entwicklung der CSU in Bayern. Auch sie war eine interkonfessionelle Partei, die – anders als die Bayerische Volkspartei vor 1933 – in allen Regionen des Landes auftrat. Doch sie wurde angesichts der heterogenen Struktur Bayerns durch massive innerparteiliche Richtungskämpfe erschüttert, bei denen es darum ging, ob die neue Partei eine eher frän-kisch-liberale oder altbayerisch-partikularistische Ausrichtung erhalten sollte.

Die Liberalen hatten den schwierigsten Start. In der Sowjetzone war zwar schon im Juni 1945 eine Liberal-Demokratische Partei Deutschlands (LDP) ent-standen, das entsprach aber mehr der sowjetischen Arithmetik, wonach zum Block der antifaschistischen Parteien auch eine bürgerlich fortschrittliche gehören müßte. Immerhin erreichten die Liberalen bei den Landtagswahlen von 1946 ähnliche Stimmergebnisse wie die CDU. In den ehemaligen Hochbur-gen Württemberg und den Hansestädten Hamburg und Bremen gab es eine liberale Wiederbelebung, aber es dauerte bis zum Ende des Jahres 1948, ehe mit dem Heppenheimer Programm eine programmatische Grundlage für die Freie Demokratische Partei in Westdeutschland gefunden war. Weder im Namen noch im Programm tauchte der Begriff liberal auf. Die Partei war mehr ein Sam-melbecken liberaler Minderheiten und solcher bürgerlichen Schichten, die sich als national verstanden.

Eine Schlüsselrolle in der Politik der FDP nahm Nordrhein-Westfalen ein. Die Größe des Landes sowie seine industrielle und soziale Struktur waren für die Existenz der Partei letztlich ausschlaggebend. In dieser Region, die geprägt war von der Großindustrie und der mehrheitlich katholischen Bevölkerung, bot sie Bürgerlichen, die Sozialismus und politischen Katholizismus ablehn-ten, die Alternative einer dritten Partei. Zugleich war die Partei ein Auffang-becken für Flüchtlinge, die im Westen vielfach auf Ablehnung stießen und mit allerlei Schikanen zu kämpfen hatten. Die nordrhein-westfälische Parteiorga-nisation nahm unter der nachsichtigen Führung ihres Vorsitzenden, des Verle-gers Friedrich Middelhauve, die Versprengten des Kriegsendes in ihre Reihen auf – junge Offiziere, ehemalige NS-Funktionäre, HJ-Führer und andere durch den Zusammenbruch aus der Bahn Geworfene, deren Nationalismus oft nur schwer vom Neonazismus zu unterscheiden war.

Parteiführer hatten in den ersten Nachkriegsjahren weder Macht noch Ein-fluß. Sie mußten Kärrnerarbeit leisten und versuchen, trotz der schwierigen Verkehrslage die Verbindung mit den Parteiorganisationen im Lande aufrecht-zuerhalten und auszubauen. Darüber hinaus hatten sie die Möglichkeit, sich durch Reden in der Öffentlichkeit direkt an ihre Anhänger und an die Men-schen zu wenden, die eine neue politische Orientierung suchten. Ein zentrales Thema stellte die Auseinandersetzung mit dem Nationalsozialismus dar, dabei werden in den ersten Reden der Zonenvorsitzenden Schumacher und Adenauer erhebliche Unterschiede in der Beurteilung der NS-Vergangenheit deutlich.

In seiner ersten großen Rede, die er im Juli 1945 in Hannover hielt – sie wird fälschlich auf den 6. Mai vordatiert –,[19] rechnete Schumacher mit den Nazis scharf und verächtlich ab. Für ihn war der Nationalsozialismus ein »Aufstand der Taugenichtse«, einer Horde verkrachter Existenzen. Gefährlich habe diese Mischung von »Lumpenbourgeoisie« und »Lumpenproletariat« nur werden können, weil die Nazis »Knechte des Großkapitals« gewesen seien: »Schwerindustrie, Rüstungskapital, Militarismus und all die Feudalen … tragen als Geburtshelfer der Nazi-Herrschaft die volle Verantwortung für alles, was geschehen ist.« Wir wissen heute, daß diese Anschuldigungen historisch falsch sind, aber damals wurden sie als richtig angesehen. Schumacher wollte mit seiner Rede Genossen wie Sympathisanten nicht mit einer kritischen Bestandsaufnahme behelligen. Es erschien ihm nützlicher, die Nazis als im Grunde lächerliche Figuren abzutun, denen lediglich die Mobilmachung der menschlichen Dummheit – so sein Diktum 1932 gegen Goebbels im Reichstag – gelungen sei. Bei so viel Minderwertigkeit bestand für ihn keine Notwendigkeit, die Vergangenheit und damit auch das Versagen der eigenen Partei beim Untergang der Weimarer Republik kritisch zu analysieren.

Konrad Adenauer hielt seine erste politische Rede relativ spät, im April 1946 in Köln, als es langsam Zeit wurde, für die neue Partei in der Öffentlichkeit zu werben.[20] Seine Analyse des Nationalsozialismus fiel ganz anders aus. Für Adenauer war er eine unheilvolle Verbindung von Preußentum und Materialismus gewesen. Das war eine überraschende Kombination, aber für Adenauer stellte es kein Problem dar, diese Begriffe miteinander zu verschmelzen. Zugleich verband er – was nicht weniger überraschend ist – mit dem Nationalsozialismus die materialistische Weltanschauung des Marxismus: »Der Nationalsozialismus war nichts anderes als eine bis ins Verbrechen hinein vorgetragene Konsequenz der sich aus der materialistischen Weltanschauung ergebenden Anbetung der Macht und Mißachtung, ja Verachtung des Wertes des Einzelmenschen.« Ob seine Zuhörer das verstanden und damit einverstanden waren oder nicht – auf jeden Fall wurde auch ihnen das tröstliche Gefühl vermittelt, daß sie damit nichts mehr zu tun hatten.

An beiden Erklärungsversuchen läßt sich zeigen, daß die späteren Vorwürfe, man habe bei der Bewältigung der Vergangenheit nach 1945 vollkommen versagt, eine fundamentale Tatsache ignorieren: Die meisten Deutschen waren damals keine Demokraten. Schumacher hat das selbst einmal eingeräumt. Aber sie wollten nicht mehr daran erinnert werden, daß sie einmal dem Führer zugejubelt hatten, und erst recht nicht daran, welche Fehler sie von 1933 bis 1945 begangen hatten.

Mit der Besetzung Deutschlands durch die Alliierten waren alle Mitglieder der NSDAP aus Verwaltung und Wirtschaft entlassen worden. Diese vorschnelle Maßnahme mußte im Westen zum Teil revidiert werden, denn unter den Millionen Parteimitgliedern, die als Beamte oft geschlossen der Partei beigetreten, politisch aber nicht aktiv geworden waren, gab es etliche, die wegen ihrer technischen Kenntnisse als unentbehrlich galten und deshalb weiter beschäftigt wurden; andere wiederum waren trotz nomineller Parteizugehörigkeit anerkannte Gegner des Regimes gewesen, und es erschien wenig sinnvoll, diese zu bestrafen.

Die Entnazifizierung, das große Thema der ersten Jahre, wurde in den Besatzungszonen unterschiedlich gehandhabt. Am pragmatischsten gingen die Briten vor, die das Gros der NSDAP-Mitglieder als Mitläufer einstuften und dabei wenig bürokratischen Aufwand betrieben. Bei den Franzosen standen stärker Opportunitätserwägungen im Vordergrund. Die Sowjets hatten nach der ersten Welle willkürlicher Verhaftungen und der Entlassung aller Parteimitglieder schon Anfang 1946 eine Differenzierung bei den NSDAP-Mitgliedern ins Auge gefaßt. Sie wollten die ehemaligen passiven Parteigenossen für sich gewinnen, was hieß, ihnen wieder Arbeitsgelegenheiten zu bieten. Tatsächlich hatten die neuen Machthaber mit der Entfernung aller Angehörigen der NSDAP aus dem öffentlichen Dienst die staatliche Verwaltung faktisch zerschlagen. Für den Ersatz war politische Zuverlässigkeit wichtiger als die fachliche Qualifikation.

Die Amerikaner legten das umfangreichste Entnazifizierungsprogramm vor und konnten ihre Vorstellungen sogar im Alliierten Kontrollrat als Kontrollratsdirektive 24 durchsetzen. Das bedeutete aber nicht, daß sich ihre Verbündeten danach richteten. Alle erwachsenen Deutschen mußten demnach einen 131 Fragen umfassenden Bogen ausfüllen. Sein detailliertes Auskunftsbegehren inspirierte den Schriftsteller Ernst von Salomon, der zwar eine politisch extreme Vergangenheit hatte, aber nicht Mitglied der NSDAP gewesen und dennoch 1945 in den automatischen Arrest der Amerikaner geraten war, zu einem farbigen Lebensbericht, der einer der ersten bundesdeutschen Bestseller wurde.[21]

Wichtiger als der Fragebogen war die von den USA eingebrachte Direktive über die Entlassung von Nationalsozialisten aus Ämtern und Stellungen und schließlich das Befreiungsgesetz vom 5. März 1946. Es stellte die juristische Grundlage für die Entnazifizierung gemäß den amerikanischen Vorstellungen dar und stufte die Deutschen nach Ausfüllen der Fragebögen in fünf Kategorien ein, vom Hauptschuldigen über den Mitläufer bis zum Entlasteten. Das nach diesem Gesetz organisierte Entnazifizierungsverfahren schuf einen aufgeblähten Apparat. Es wurde zu Recht als »Mitläuferfabrik« bezeichnet.[22] Dieses ernüchternde Ergebnis beruhte auf einem fundamentalen Mißverständnis der amerikanischen Gesetzesmacher in bezug auf die politische Bedeutung der

Mitgliedschaft in der NSDAP. Sie verkannten die Tatsache, daß die Mitgliedschaft, besonders die von Angehörigen des öffentlichen Dienstes, nicht Ausdruck aktiven Engagements und wirklicher politischer Überzeugung war, sondern auf sanften Druck bei grundsätzlicher Übereinstimmung mit dem Führer und seiner Politik erfolgt war. Die wahrscheinlich wirksamste Tätigkeit der Masse der Mitglieder war die Entrichtung des Mitgliedsbeitrages, der zur Finanzierung der Partei in erheblichem Maße beigetragen hatte.

Die amerikanische Urheberschaft des Befreiungsgesetzes war unübersehbar. Seine Anlage spiegelte die gleiche juristische Vorgehensweise wider, die beispielsweise dazu geführt hatte, Al Capone nicht wegen Mordes, sondern wegen Steuerhinterziehung für viele Jahre hinter Schloß und Riegel zu bringen. Das Gesetz enthielt nämlich eine Fülle dehnbarer Bestimmungen, mit denen auf irgendeine Weise eine Verurteilung erreicht werden sollte. Tatsächlich geschah jedoch das Gegenteil. Ein Beispiel mag das verdeutlichen: Es galt als Aktivist – das war die zweite Kategorie nach den Hauptschuldigen –, »wer durch nationalsozialistische Lehre oder Erziehung die Jugend an Leib und Seele vergiftet« oder »wer sich als überzeugter Anhänger der nationalsozialistischen Gewaltherrschaft, insbesondere ihrer Rassenlehre, erwiesen« hatte.[23] Bei so schwammigen Bestimmungen konnten die »Persilscheine«, Leumundszeugnisse von anerkannten Gegnern des Regimes, eine wertvolle Hilfe sein.

Es ist jedoch falsch, die Entnazifizierung für völlig wirkungslos zu halten, denn mit ihrer Hilfe degradierte man Parteifunktionäre zu Straßenfegern oder verurteilte von der Partei eingesetzte Journalisten zu körperlicher Arbeit. Aktive Nazis wurden dauerhaft oder zumindest für etliche Jahre aus dem öffentlichen Dienst entfernt.

Auch der Prozeß gegen die Hauptkriegsverbrecher, der von November 1945 an zehn Monate lang in Nürnberg, der Stadt der Reichsparteitage, stattfand, stieß damals und später auf Kritik. Da hieß es, Sieger hatten über Besiegte gerichtet, das Recht, nach dem gerichtet wurde, sei erst nachträglich geschaffen worden, und nicht zuletzt hätte auch Stalin angeklagt werden müssen, da er durch den Pakt mit Hitler ganz wesentlich zur Entfesselung eines Angriffskrieges beigetragen habe. Dem ist entgegenzuhalten, daß in Nürnberg kein Unschuldiger verurteilt worden ist. Alle Kritik am Nürnberger Prozeß muß aber verstummen bei der Vorstellung, die Angeklagten wären von der deutschen Justiz zur Rechenschaft gezogen worden. Göring hätte man dann wohl nur für seine Mitwirkung an der Niederschlagung des Röhm-Putsches zur Verantwortung gezogen, und die wäre wahrscheinlich nur als Totschlag unter milderen Umständen bewertet worden.

Neben dem Nürnberger Hauptverfahren fanden weitere Kriegsverbrecherprozesse statt, bei denen 5006 Angeklagte verurteilt wurden, davon 794 zum Tode. 486 Verurteilte wurden hingerichtet.[24] Die Zahlen belegen die erheblichen Bemühungen der alliierten Strafverfolgung, aber sie zeigen auch Grenzen auf, denn im Durcheinander der Nachkriegszeit standen Unterlagen und Zeugen oft nicht zur Verfügung.

Seit September 1945 begannen die Besatzungsmächte, nicht einheitlich und ohne sich abzustimmen, Landesregierungen zu ernennen und Länder zu gründen. Damit entstand eine neue politische Führungsschicht. Die Ministerpräsidenten und Minister der Länder wurden von den Alliierten ernannt und später von den Länderparlamenten gewählt, sobald die ersten Wahlen stattgefunden hatten. Es waren dies die Männer der ersten Stunde, die unter verschiedenen Umständen Ministerwürden erlangen und auch schnell wieder verlieren konnten. Viele von ihnen konnten sich aber behaupten und wurden wie Wilhelm Kaisen in Bremen oder Peter Altmeier in Rheinland-Pfalz zum Inbegriff politischer Stabilität. Über eigene Macht verfügten die Länderregierungen jedoch nicht. Sie unterstanden ständiger alliierter Kontrolle.

Zur Lösung der dringendsten Probleme waren diese Regierungen nicht in der Lage. Sie verwalteten Mangel und Not. Die Lebensmittelrationen reichten zum Überleben kaum aus. Die Wohnungsnot war unbeschreiblich, Material zur Reparatur von Wohnungen kaum vorhanden. Der schwarze Markt blühte. Die dort gehandelten Waren stammten aus vielen Quellen. Eine beherrschende Rolle spielten Angehörige der Besatzungsmächte. Sie verschoben Lebensmittel aus Militärbeständen und traten als Käufer für Schmuck, Uhren, Kunstwerke, Kameras, Ferngläser und ähnliches auf.

Man trifft immer wieder auf die Behauptung, daß in der Nachkriegszeit Inflation geherrscht habe und das Geld nichts wert gewesen sei. Das ist falsch. Die Reichsmark hatte zwar erheblich an Wert eingebüßt, aber die Schwarzmarktpreise für Zigaretten, Brot und andere Nahrungsmittel zeigten eine gewisse Stabilität. Wer über genügend Reichsmark verfügte, konnte sich dort versorgen. Das Problem war nur, daß die meisten Menschen kaum Geld hatten. Das Lohn- und Gehaltsniveau entsprach dem der Kriegszeit und reichte lediglich aus, um die auf Karten zugeteilten Waren zu kaufen. Wer in den Westzonen erspartes Geld besaß, konnte sich damit auf dem schwarzen Markt versorgen. Anders sah es bei den Flüchtlingen und Vertriebenen aus. In der Sowjetzone und in Berlin hatten die Sowjets Banken und Sparkassen geschlossen und statt dessen zur Verrechnung Zahlungskontore eingerichtet. Das Geld hatte also durchaus noch einen – wenn auch geringeren – Wert; man konnte damit das Wichtigste kaufen, vor allem Grundnahrungsmittel wie Brot, Speck, Zucker und ähnliches, woran es am meisten mangelte.

Die wirtschaftlichen Probleme erfuhren in dem extrem kalten Winter 1946/47 eine dramatische Verschärfung. Das Deprimierende an der deutschen Lage war, daß der Wiederaufbau nicht in Gang kam, sondern das Land wirtschaftlich bestenfalls auf der Stelle trat. Demontage statt Produktionssteigerung bestimmten das Bild, der alliierte Industrieplan vom März 1946 sah eine so stark reduzierte Industrieproduktion vor, daß eine Überwindung der Stagnation nicht möglich war. Statt qualifizierte Arbeit zu leisten und hochwertige, exportfähige Güter herzustellen, verbrachten die Menschen Stunden und Tage beim Hamstern, zogen auf ihrem Balkon Tabakpflanzen und bauten auf winzigen Stücken Land Kartoffeln, Bohnen und Tomaten an. Oder sie waren auf der Suche nach Heizmaterial, denn auch auf diesem Gebiet reichten die Zuteilungen nicht aus. Man organisierte, statt zu arbeiten.

Konrad Adenauer schrieb in diesen Tagen an einen Kölner Bekannten in Amerika: »Die Befreiung ist eine grausame und harte Enttäuschung. Wenn nicht ein Wunder geschieht, geht das deutsche Volk zugrunde, langsam, aber sicher!«[25] Hier kommen Adenauers Pessimismus und seine Ungeduld massiv zum Ausdruck. Er wollte den langsamen Wandlungsprozeß nicht wahrnehmen, der sich in Deutschland vollzog. Schon im September 1945 hatte er das Urteil gefällt, Rußland sei entschlossen, seine eigenen Wege zu gehen. Der Osten scheide für eine nicht zu schätzende Zeit aus den Überlegungen aus.[26] Man solle sich also nicht weiter um ihn kümmern. Im März 1946 klang es drängender: »Asien steht an der Elbe. Nur ein wirtschaftlich und geistig gesundes Westeuropa ... kann das weitere geistige und machtmäßige Vordringen Asiens aufhalten.«[27] Vor diesem Hintergrund wird die Schärfe seiner Kritik verständlich. Ihn interessierte nicht die Situation im Osten, sondern die Chance des politischen Aufbaus im Westen, und der kam nicht so schnell voran, wie er sich das wünschte. Tatsächlich waren es aber die politischen Verhältnisse im Osten, die die politische Kursänderung auslösten und nun auch für die Westzonen entscheidende Bedeutung erlangen sollten.

DIE ENTWICKLUNG IN DER SOWJETZONE UND DIE WENDE IN DER WESTLICHEN DEUTSCHLANDPOLITIK

Der Kalte Krieg, die große Konfrontation der beiden Weltmächte in den ersten Nachkriegsjahren, hatte zweifellos eine globale Dimension. An ganz verschiedenen Stellen der Weltkarte zeichneten sich Interessenkonflikte ab, traten fundamentale Unterschiede im politischen Denken und Handeln immer deutlicher hervor; George F. Kennan hat sie in seinem berühmten »Langen Telegramm« vom Februar 1946 überaus prägnant formuliert. In Deutschland erhielt die Auseinandersetzung ein spezielles Gewicht, und zwar zum einen wegen der strategischen Bedeutung des Landes, dessen Besitz über die Herrschaft in Europa entschied, zum andern weil in Deutschland Ost und West besonders intensiv aufeinanderstießen und vor allem in Berlin die sowjetische Taktik genau beobachtet werden konnte.

Es begann damit, daß die Potsdamer Beschlüsse, die wirtschaftliche Zusammenarbeit und Warenaustausch zwischen den Zonen vorsahen, nicht umgesetzt wurden. Vor allem die den Westzonen aus der Sowjetischen Besatzungszone zugesagten Lebensmittel blieben aus. In einem Bericht vom 26. Mai 1946 schrieb General Clay: »Nach einem Jahr Besatzung bilden die Zonen hermetisch abgeschlossene Gebiete mit fast keinerlei freiem Austausch an Gütern, Personen und Ideen.«[28] Um von einer Zone in die andere zu gelangen, bedurfte es eines Interzonenpasses. Da die Sowjets bei Ausstellung dieser Reisedokumente große Zurückhaltung zeigten, mußten viele über die grüne Grenze gehen.

Wichtiger waren jedoch die politischen Veränderungen in der Sowjetzone. Seit dem Juli 1945 richtete die SMAD Zentralverwaltungen ein. Was in Potsdam für das gesamte Land vorgesehen worden war, wurde nun allein in der Sowjetzone aufgebaut. An geschultem Verwaltungspersonal herrschte allerdings großer Mangel. Mit der Entlassung aller Parteimitglieder und anderer nicht genehmer Personen war die überkommene Verwaltung zerschlagen worden. Nun traten neue Organe an ihre Stelle, allen voran die Volkspolizei, deren Aufbau die größte politische Aufmerksamkeit geschenkt wurde. Die wichtigen Posten, vor allem in den politischen Kommissariaten der Kriminalpolizei (K5), dem Vorläufer der Stasi, erhielten nur bewährte Genossen. Mit der »Justizreform« wurden zugleich 85 Prozent der Richter und Staatsanwälte wegen ihrer Mitgliedschaft in der NSDAP entlassen und durch im Eilverfahren ausgebildete »Volksrichter« ersetzt.[29]

Die Bodenreform im September 1945, durch die aller Grundbesitz mit mehr als 100 Hektar Landbesitz enteignet wurden, veränderte die Sozialstruktur auf dem flachen Lande grundlegend. Mit den Neubauern, die unter großem Propagandaaufwand Landparzellen erhielten, von deren Ertrag sie oft nicht leben konnten, schuf man eine Bevölkerungsgruppe, die später leichter für die Kollektivierungsmaßnahmen gewonnen werden konnte. Die bald darauf einsetzende sogenannte Industriereform war getarnt als Enteignung der Nazibonzen und Kriegsverbrecher. Unternehmen oder Zweigwerke, deren Leiter vor den Sowjets geflohen waren, wurden in sogenannte volkseigene Betriebe, staatliche Unternehmen häufig in sowjetische Aktiengesellschaften (SAG) umgewandelt.

Weit folgenreicher war aber die von SMAD und den Kommunisten betriebene Zwangsvereinigung von SPD und KPD zur Sozialistischen Einheitspartei Deutschlands (SED), mit der die Sowjets in ihrer Zone ihr eigenes politisches System einzuführen begannen, was die faktische Spaltung Deutschlands bedeutete. Die Westalliierten in ihren Berliner Sektoren erlebten diesen Vorgang gleichsam von einem Logenplatz aus. Sie wurden über die Entwicklung, die am 21./22. April 1946 mit dem Vereinigungsparteitag abgeschlossen wurde, von vielen Seiten ausgezeichnet informiert.

Bereits im Juni 1945 hatten die führenden Sozialdemokraten in Berlin den Kommunisten eine engere Zusammenarbeit vorgeschlagen, die diese jedoch ablehnten. In der Folgezeit entwickelte sich die SPD zur stärksten politischen Kraft in Berlin und in der Sowjetzone. Otto Grotewohl, ihr unbestrittener Führer, fühlte sich von einer Welle der Zustimmung getragen und erhob als Vertreter deutscher Interessen immer weitergehende Forderungen, die den Sowjets nicht gefallen konnten. In seiner Rede vom 14. September meldete er den Führungsanspruch der SPD an, mahnte die Kommunisten, demokratische Regeln einzuhalten, und verwahrte sich energisch dagegen, daß die SPD in irgendeiner Weise von Sowjets und Kommunisten abhängig sei. Eine derartige Abgrenzung mußte die Kritik der KPD hervorrufen. Aber auch bei Kurt Schumacher in Hannover stießen die Vorstellungen Grotewohls und des Berliner Zentralausschusses auf Ablehnung. Der westdeutsche SPD-Führer teilte nicht die Position der Berliner Genossen, die meinten, man könne sich gegen die Kommunisten behaupten.

Am 11. November hielt Grotewohl in Berlin die wohl mutigste Rede seines Lebens. Obwohl er selbst ein guter Redner war, hatte ihm diese Rede Gustav Klingelhöfer entworfen, einer jener heute fast vergessenen Sozialdemokraten, die sich um die Selbstbehauptung Berlins und den Aufbau des politischen Lebens in der gespaltenen Stadt hoch verdient gemacht haben. Klingelhöfer hatte Grotewohl vier klare Bedingungen für den Zusammenschluß mit den Kommunisten aufgeschrieben: »Die Einheit der Arbeiterbewegung kann kein Beschluß von Instanzen sein«; wichtiger noch war die Feststellung, »die Einheit ... kann unmöglich, auch nur im geringsten, das Ergebnis eines äußeren Druckes oder indirekten Zwanges sein«. Außerdem sei ein Zusammenschluß nicht eine kurzfristig durchzuführende Aktion, sondern könne »nur das Werk und das Ergebnis des sozialistischen und demokratischen Aufbaus sein«. Schließlich forderte er »die schnellste Schaffung einheitlicher Reichsparteitage der deutschen Arbeiterklasse«, um dem von Sowjets und Kommunisten ausgehenden Druck zu entgehen. Grotewohl vergaß auch nicht den Hinweis, daß ohne die Ostgebiete Deutschland nicht überleben könne: »Man lasse uns genügend Land, um uns zu ernähren.«[30]

Grotewohls Rede wurde von den Vertretern Moskaus als Provokation empfunden, die sowjetische Zensur verbot die Verbreitung. Dennoch war sie nur ein Pyrrhus-Sieg; mit der Empörung der Kommunisten war zu rechnen gewesen, problematisch aber war, daß auch den Zentralausschuß, das eigene Führungsgremium, soviel Mut und Offenheit mehr als irritierte. Der sowjetische Druck begann zu wirken. Die Sowjets versuchten, Grotewohls Stellung im Zentralausschuß zu erschüttern, hatten damit aber keinen Erfolg. Wirkungsvoller war ein Empfang bei Marschall Schukow im Dezember, der ihm eröffnete, daß Stalin an der Vereinigung der beiden Parteien sehr interessiert sei und daß danach auch in Deutschland politische Fortschritte zu erwarten seien.[31]

Mit Grotewohls Rede lagen die Bedingungen der Sozialdemokraten für einen Zusammenschluß mit der KPD auf dem Tisch. Die Kommunisten setzten aber ganz andere Prioritäten. Im September und Oktober hatten Pieck und Ulbricht sich noch relativ vorsichtig für die Vereinigung ausgesprochen. Wahlen in Ungarn und Österreich hatten aber die Schwäche der Kommunisten überaus deutlich gemacht. Eine dauerhafte Herrschaft in der eigenen Zone konnten die Sowjets daher nur errichten, wenn die SPD als Konkurrentin der KPD ausgeschaltet war und gleichsam als Blutspenderin diente bei der Organisation einer großen, von ihnen lenkbaren Partei. Deshalb wechselten die Kommunisten im Herbst ihre Taktik: Nun war nicht mehr von der Aktionseinheit als erstem Schritt die Rede, sondern es ging gleich um den Zusammenschluß beider Parteien.[32] Erheblicher Zeitdruck ergab sich daraus, daß die Fusion vor den bevorstehenden Landtagswahlen abgeschlossen sein mußte, damit nicht die unterschiedliche Stärke von SPD und KPD sichtbar wurde. Noch konnte man den Zusammenschluß auf der Basis der Parität durchführen, wie immer diese manipuliert sein mochte.

Grotewohl war in einer schwierigen Situation. In Karlshorst sah er das sowjetische Interesse an seiner Person und damit die Chance, eine politische Führungsposition zu erhalten. Leistete er aber gegen den kommunistischen Druck weiterhin Widerstand, bliebe ihm nichts anderes übrig, als sich in den Westen abzusetzen, wo er sich womöglich von Schumacher anhören mußte, daß sein Scheitern vorhersehbar gewesen sei.

Wann immer Grotewohl sich entschied, auf die Seite der Sowjets überzuwechseln – auf jeden Fall wurde sein Widerstand von Dezember an schwächer. Angesichts der Unterstützung, die er bei den Sowjets genoß, und im Bewußtsein seiner Popularität, mit der sich Pieck und Ulbricht nicht messen konnten, schienen ihm immer noch politische Optionen auch auf gesamtdeutscher Ebene offenzustehen. Kurz vor Weihnachten gerieten die Sozialdemokraten im Verlauf der Sechziger-Konferenz, die von je dreißig Vertretern beider Parteien beschickt wurde, aber endgültig auf die schiefe Ebene. Sie stimmten nach quälend langen Diskussionen einer Entschließung zu, die für Uneingeweihte kaum verständlich war, aber verschiedene Deutungen zuließ und von den Sowjets als Aufforderung verstanden wurde, jetzt die Vereinigung selber voranzutreiben. Wirkungslos blieben Warnungen wie die von Klingelhöfer, der auf der Konferenz die Frage stellte: »Was wird die Sowjetunion sagen, wenn die Einheit in der Sowjetzone das praktische Ergebnis haben würde, daß die Einheit Deutschlands unmöglich werden würde?«[33] War er so sicher, daß die Sowjets das nicht schon längst einkalkuliert hatten?

Die Sowjets nahmen die Fusion schließlich selbst in die Hand. Neuruppin, das als erste Stadt Vollzug melden konnte, war insofern ein verdächtiges Beispiel dafür, weil es dort eine alte sozialdemokratische Organisation, aber kaum Kommunisten gegeben hatte, und so konnte letztlich nur der Ortskommandant die Vereinigung angestoßen haben. Am 23. Februar 1946 wurde im Kreis Neuruppin die Vereinigung von SPD und KPD beschlossen, die erste im Lande Brandenburg,[34] und binnen Monatsfrist war sie im ganzen Land vollzogen. Schon Anfang Februar berichteten Grotewohl und Gustav Dahrendorf, der theoretische Kopf im Zentralausschuß, der britischen Militärregierung in Berlin-Charlottenburg illusionslos von der politischen Situation in der Sowjetzone. Die Vereinigung sei »keine Frage von Programmen, sondern nackter Tatsachen. Sie würden nicht nur persönlich unter stärksten Druck gesetzt ..., ihre Organisationen in den Ländern seien vollkommen unterwandert.« Mitglieder, die sich kurz zuvor gegenüber Grotewohl noch zum Widerstand bereit erklärt hatten, »flehten ihn nun an, die Sache hinter sich zu bringen«.[35]

Grotewohl selbst hat gegenüber seinem britischen Gesprächspartner von dem unverrückbaren Eisernen Vorhang gesprochen, der durch Deutschland gehe, und dieser hat ihm nicht widersprochen. Der Vorsitzende des Berliner Zentralausschusses unterhielt intensive Kontakte zu den Briten, die ihn als Politiker durchaus schätzten. Es war aber für seinen Ehrgeiz charakteristisch, daß er sich in voller Kenntnis kommunistischer Methoden doch für die Einheitspartei entschied. Die Weichen zur Vereinigung wurden auf der Sitzung des Zentralausschusses der SPD am 10. Februar gestellt. Maßgebend war hier das Votum der Landesvorsitzenden. Mit dem Vereinigungsparteitag am 21. und 22. April 1946 war alles zu Ende. Das Parteiemblem des gemeinsamen Händedrucks vertuschte, daß die eine Hand die andere wie im Schraubstock hielt.

Die DDR-Geschichtsschreibung hat stets vehement bestritten, daß es bei

der Fusion von SPD und KPD um eine Zwangsvereinigung gegangen sei, wie
der westliche Vorwurf lautete. Auch bei den Veranstaltungen zum fünfzigsten
Jahrestag der Vereinigung hat die PDS im Kern diese Position aufrechterhalten.
In der Tat lassen sich dafür einige Argumente ins Feld führen, schließlich gab es
keine scharfe Scheidung, etwa in dem Sinne, daß Besatzungsmacht und KPD
die widerstrebenden Sozialdemokraten mit brutaler Gewalt in die SED zwan-
gen. Das Argument der Kommunisten, Hitler wäre nicht an die Macht gekommen, hätte es schon 1933 die Einheit der Arbeiterklasse gegeben, erwies sich als
sehr wirkungsvoll. Es war zwar historisch absolut unzutreffend, denn die Spaltung nach 1917 war unvermeidlich gewesen und durch die Hetze gegen die »so-
zialfaschistische« SPD noch vertieft worden. Doch es war kaum jemand in der
Lage, präzise Gegenargumente gegen die Behauptungen der Kommunisten
vorzutragen. Ganz abgesehen davon hofften viele Sozialdemokraten auf attraktive Posten und Ernährungszulagen und glaubten sich bei der Postenjagd
gegen die primitiveren Kommunisten dank höherer Qualifikation behaupten
zu können. Dabei verdrängten sie allerdings, daß ihre eigene Organisation
schon stark unterwandert war und es letztlich um die Macht und nicht um bessere Argumente ging.

Die Zustimmungserklärungen zur Vereinigung allein besagen nicht viel, da
nur wenige es wagten – besonders in den überschaubaren Bereichen auf dem
flachen Lande –, gegen die forcierte Vereinigung Vorbehalte anzumelden, denn
sie riskierten damit, als Saboteure denunziert und in sowjetische Lager verschleppt zu werden.

Wie sublim der doppelte Druck politisch-moralischer Argumente und
nackter Gewalt auf die SPD-Mitglieder war, offenbarte nicht zuletzt die Entwicklung in Berlin, wo schließlich in den Westsektoren die Urabstimmung erzwungen wurde; sie endete mit der Ablehnung des Vereinigungsvorschlages.
Selbst im Westen war die Vereinigungspropaganda der Kommunisten lange
Zeit kaum auf Kritik gestoßen, bis schließlich eine kleine Gruppe von Außenseitern die Gefahr erkannte und den Widerstand organisierte, wobei die im
amerikanischen Sektor lizensierte Zeitung »Der Tagesspiegel« ihnen als Forum
diente. Erst nach der Sechziger-Konferenz wurde vielen klar, wie groß die Gefahr war, von den Kommunisten überrollt zu werden. Nur langsam formierte
sich der Widerstand, und erst in der zweiten Märzhälfte kam eine zentral organisierte Opposition zustande.[36] Zuvor hatte am 1. März im Admiralspalast in
der Friedrichstraße die denkwürdige Funktionärskonferenz stattgefunden, auf
welcher der vor kurzem noch so populäre Grotewohl niedergeschrien und eine
vom Kreisverband Reinickendorf eingebrachte Entschließung angenommen
worden war, die eine Urabstimmung über die Vereinigung forderte. In dem

folgenden Abstimmungskampf verliefen Zustimmung und Ablehnung nicht entlang den Sektorengrenzen, vielmehr sprachen sich vier Kreisverbände des Sowjetsektors gegen die Fusion aus, während Neukölln erhebliche Zustimmung verzeichnete.

Der Erfolg der Urabstimmung hing ganz entscheidend von der Fragestellung ab. Das mag demonstrieren, welche Vorsicht geboten war angesichts der Bedenken, die selbst in den Westsektoren bestanden haben. Es waren zwei Fragen zu beantworten. Sie lauteten: »Bist Du für den sofortigen Zusammenschluß beider Arbeiterparteien?«, und »Bist Du für ein Bündnis beider Parteien, welches gemeinsame Arbeit sichert und den Bruderkampf ausschließt?« Die Mitglieder wurden also nicht vor eine harte Alternative gestellt, sondern nur aufgefordert, über die sofortige Fusion zu entscheiden. Wer hier »nein« sagte, konnte die weitere Zusammenarbeit dennoch bejahen, also den Standpunkt vertreten, daß der Weg zur Einheit noch gar nicht verbaut sei.

Die Urabstimmung der SPD-Mitglieder fand am 31. März 1946 statt. Im Sowjetsektor wurde sie unter einem bürokratischen Vorwand im letzten Augenblick verhindert. In den Westsektoren nahmen 72,9 Prozent an der Abstimmung teil, davon stimmten 82,6 Prozent gegen die sofortige Vereinigung, aber 62 Prozent für ein Bündnis und gegen den Bruderkampf. Die Wahlbeteiligung war angesichts der ungemein starken Politisierung und Polarisierung erstaunlich gering. Ein sowjetischer Bericht an das ZK in Moskau kam mit Hilfe einiger Rechenkunststücke – wobei er zudem von einer zu hohen Mitgliederzahl ausging – zu dem Ergebnis,[37] daß die Gegner der Vereinigung eine entschiedene Niederlage erlitten hätten. Das war reines Wunschdenken.

Die SPD hingegen hat seit 1946 das Ergebnis als strahlenden Sieg für die Demokratie gefeiert. Tatsächlich ist das Resultat viel weniger beeindruckend, wenn man die erstaunlich geringe Wahlbeteiligung in Betracht zieht. Wahrscheinlich war es auf die Angst vor den Sowjets zurückzuführen, daß fast dreißig Prozent der Mitglieder zu Hause blieben. Dabei waren die zur Abstimmung stehenden Fragen geschmeidig genug gestellt worden: Das Nein zur Fusion war mit der Versicherung der weiteren Zusammenarbeit gekoppelt, also abgeschwächt, und konnte sogar als Ausrede dienen. Wenn aber schon in den Westsektoren die Furcht vor den Sowjets grassierte, wird verständlich, unter welch stärkerem Druck, dem sie dann auch meist erlag, die Bevölkerung der Sowjetzone stand.

Die politische Bedeutung der Urabstimmung zeigte sich an den Reaktionen der Amerikaner und Briten in Berlin. Zwei Tage vor dem Termin erklärte der amerikanische Stadtkommandant, er werde eine Fusion von SPD und KPD nur anerkennen, wenn sie das Ergebnis freier Willensäußerung der Mitglieder sei.

Amerikanische und britische Offiziere suchten die Abstimmungslokale im Sowjetsektor auf und stellten fest, daß sie geschlossen waren. Ihr ostentatives Erscheinen löste bei sowjetischen Militärs erhebliche Nervosität aus und führte
sogar zu vorübergehenden Festnahmen.[38]

Das brutale Vorgehen der Sowjets beeindruckte vor allem die britische Regierung. Für sie und ihren klarsichtigen Außenminister Ernest Bevin bedeutete
die Gründung der SED nur den ersten Schritt, der im Westen seine Fortsetzung
finden würde. Denn Bevin ging davon aus, »daß die sowjetische Regierung auch
in Zukunft alles daransetzen wird, um sicherzustellen, daß die zukünftige
deutsche Regierung kommunistisch und von ihr kontrolliert wird«.[39] Deshalb
lehnte er die Bildung einer Zentralregierung in Berlin ab. Statt dessen gingen
die britischen Pläne von einem Deutschland mit föderalistischer Struktur aus,
wie schon die Umwandlung der preußischen Provinzen Hannover und Schleswig-Holstein sowie Hamburgs in Länder zeigte. Mit der Gründung des Landes
Nordrhein-Westfalen, die am 17. Juni 1946 verkündet wurde, fiel zugleich die
Entscheidung über die Zukunft des Ruhrgebiets. Frankreich hatte dessen In-
ternationalisierung gefordert. Wären die französischen Interessen gebührend
berücksichtigt worden, hätte auch die Sowjetunion fordern können, an der internationalen Verwaltung des Ruhrgebiets beteiligt zu werden und mit eigenen Truppen bei der Besatzung dieses Territoriums vertreten zu sein. Die Briten machten diesen Bestrebungen ein Ende, indem sie das Ruhrgebiet in das
neue Land Nordrhein-Westfalen einbetteten, so daß es nicht mehr als ein besonderes Gebiet herausgetrennt werden konnte.

Im Mai 1946 fixierte Bevin als wichtigste Punkte seiner Politik: »Wir sollten
möglichst eng mit den Amerikanern zusammenarbeiten. Wir sollten unsere
Stellung in Berlin halten.«[40] Das waren zwei grundsätzliche Positionen, an
denen sich die britische Deutschlandpolitik der folgenden Jahre orientieren
sollte. Die Pariser Außenministerkonferenz brachte im Sommer 1946 keine
Einigung in den zentralen Fragen der Deutschlandpolitik. Statt dessen verabredeten Briten und Amerikaner, ihre Zonen zusammenzulegen und mit dem
Beginn des Jahres 1947 die Bizone ins Leben zu rufen. So wurde nicht nur die
westalliierte Zusammenarbeit intensiviert, sondern zugleich die wirtschaftliche Hilfe für Großbritannien verstärkt, erleichterte doch die Verabredung die
Finanzierung der Lebensmittellieferungen, die die Briten aus den USA zur
Ernährung der Bevölkerung ihrer Zone erhielten.

Schließlich demonstrierte US-Außenminister Byrnes, daß auch die Vereinigten Staaten entschlossen waren, ihre Position in Deutschland zu halten. Das
brachte seine Rede am 6. September 1946 in Stuttgart zum Ausdruck. Sie
äußerte Kritik an den wirtschaftlichen Zuständen; die Deutschen würden ge-

hindert, die Wirtschaft so zu entwickeln, daß sie sich selbst ernähren und sich aus ihrer Not emporarbeiten könnten. Aber am wichtigsten war sein Versprechen: »Wir ziehen uns nicht zurück. Wir bleiben hier und werden unseren Anteil an der Last auf uns nehmen. Solange die Anwesenheit von Besetzungskräften in Deutschland notwendig ist, wird die Armee der Vereinigten Staaten einen Teil dieser Besetzungsmacht bilden.«[41]

Mit dem Scheitern der Moskauer Außenministerkonferenz im Frühjahr 1947 sowie der Verkündung des Marshall-Plans am 5. Juni war die Entscheidung gefallen, die wirtschaftliche Dauerkrise in Westeuropa durch eine großzügige und gut durchdachte amerikanische Wirtschaftshilfe zu überwinden. Die Westzonen würden einen – wenn auch geringeren – Anteil davon bekommen. Aber ein solches Hilfsprogramm brauchte Zeit bis zu seiner Durchführung. Zugleich mußten die Westzonen eine neue politische Organisation erhalten. Es war notwendig, aus ihnen einen Staat zu formen. Diese Aufgabe, die ganz unerwartete Krisen auslöste, sollte in den Jahren 1948 und 1949 gelöst werden.

Die Grundkonstellation für das Deutschland der Nachkriegszeit zeichnete sich schon 1945/46 ab. Da waren auf der einen Seite die weitgehend homogenen Westzonen mit einer durch die Zuwanderung der Flüchtlinge vermehrten Bevölkerung, auf der anderen Seite die Sowjetzone auf dem Wege der Stalinisierung und eigener Staatwerdung. Inmitten dieser Zone befanden sich die Westsektoren von Berlin, deren Existenz auf die kommunistische Umgebung provozierend wirken mußte. Die Krise um Berlin war gleichsam vorprogrammiert.

DIE BERLINER BLOCKADE

Die Abschnürung der Westsektoren von Berlin und die Versorgung von mehr als zwei Millionen Menschen auf dem Luftweg hat sich als einer der Höhepunkte des Kalten Krieges tief in das öffentliche Bewußtsein eingeprägt. Das geschah vor allem deshalb, weil hier eine politische und ideologische Auseinandersetzung mit der kommunistischen Führungsmacht gewaltlos ausgetragen wurde und mit einem Sieg des Westens endete.

Wie die Vorgeschichte der Blockade zeigt, ging es um die Verhinderung der Weststaatsbildung, über die die sowjetische Seite gut informiert war. Daher stellten die sowjetischen Maßnahmen, deren spektakulärste am 20. März 1948 der Auszug aus dem Kontrollrat war, nicht eine vom Westen mitverursachte Gegenreaktion dar, sondern waren Teil einer seit 1947 entwickelten Strategie, die darauf abzielte, die Westmächte durch Druck auf Berlin in Schwierigkeiten zu bringen und zu Zugeständnissen zu veranlassen. Dabei ging es den Sowjets um Forderungen, mit denen sie ihre Stellung in Deutschland ausbauen wollten, etwa durch Beteiligung an der Kontrolle der Ruhr. Kamen sie dabei nicht zum Erfolg, konnten sie durch Verstärkung des Drucks auf Berlin versuchen, die Westmächte zum Abzug aus ihren Sektoren zu zwingen.[42] So etwa sah die Strategie aus, die zur Blockade führte, auf die der Westen dann zur völligen Überraschung der Sowjets mit der Luftbrücke antwortete.

Zugleich aber fand in Berlin eine dramatische Auseinandersetzung zwischen Demokratie und Kommunismus statt, die mit der Teilung der Stadt am Ende des Jahres ihren Abschluß fand. Beide, die Luftbrücke und der Abwehrkampf in Berlin, gehören eng zusammen. Der Freiheits- und Selbstbehauptungswille der Berliner war Voraussetzung und Bedingung für die Luftbrücke, denn für eine Bevölkerung, die vor den Sowjets zu kapitulieren bereit war, brauchte man keine aufwendige Versorgung auf dem Luftweg zu organisieren.

Die Viersektorenstadt Berlin stellte im Nachkriegsdeutschland ein besonderes politisches Gebilde dar. Sie lag inmitten der Sowjetzone, wurde von einem Magistrat verwaltet, dem alle vier Parteien angehörten, und durch die alliierte Kommandantura kontrolliert. Dort herrschte bis Anfang 1948 durchaus der Wille zur Zusammenarbeit vor. Auch bei den Berliner Parteien gab es noch keine entschiedene Frontstellung gegen die Kommunisten. Was die wichtigste politische Erfahrung des Jahres 1948 für die Berliner Politik werden sollte, der antikommunistische Konsens der demokratischen Parteien, der dann mehr als fünfzehn Jahre Bestand haben sollte, mußte erst noch wachsen. Die SPD, die mit Abstand größte Partei, verstand sich damals noch weithin als Arbeiterpartei mit sozialistischen Zielsetzungen, was eine partielle Zusammenarbeit mit der SED, etwa in der Schulpolitik, ermöglichte. Umgekehrt hegten die beiden bürgerlichen Parteien, CDU und LDP, genauso innere Vorbehalte gegen die Sozialdemokraten wie diese gegen die Bürgerlichen.

Berlin bot ein eigenartiges Panorama. Es war noch eine ungeteilte Stadt; westlich lizenzierte Zeitungen konnten bis zum September 1948 auch im Sowjetsektor gekauft werden. Fünf der acht Ost-Berliner Bezirksbürgermeister gehörten der SPD an. Die überwiegend nichtkommunistische Magistratsverwaltung arbeitete unbehelligt im Sowjetsektor.

An diesem Bild scheinbarer Normalität störte allerdings, daß immer wieder Menschen auf offener Straße entführt wurden. Ein Fremdkörper war die Linden-Universität. Sie besaß keinen autonomen Status und unterstand nicht dem Magistrat, sondern der Zentralverwaltung für Volksbildung in der Sowjetischen Besatzungszone, die von dem Kommunisten Paul Wandel geleitet wurde. Der kommunistische Einfluß an der Universität machte sich seit 1947 zusehends in Willkürakten beim Zulassungsverfahren, in der Beschneidung der studentischen Selbstverwaltung und bei der Ergänzung des Lehrkörpers durch SED-gesteuerte Lehrbeauftragte bemerkbar. Auch das Verschwinden mehrerer politisch engagierter Studenten sorgte für wachsende Unruhe.

Eine Krise an der Spitze des Magistrats im April 1947 zeigte, daß Gegensätze durchaus vorhanden waren. Als die Stadtverordnetenversammlung dem 1946 gewählten Oberbürgermeister Ostrowski (SPD) wegen seiner immer engeren Zusammenarbeit mit der SED, die letztlich auf sowjetische Initiative zurückging, das Mißtrauen aussprach, reichte dieser bei der Kommandantur seinen Rücktritt ein. Daraufhin wurde Ernst Reuter, Stadtrat für Verkehr und öffentliche Betriebe, von den Stadtverordneten mit großer Mehrheit in dieses Amt gewählt, obwohl die SED und die Sowjets ihn ablehnten und versucht hatten, seine Wahl zu verhindern. Der sowjetische Stadtkommandant bestätigte ihn nicht, und der Kontrollrat, dem die Angelegenheit unterbreitet wurde, hielt den ablehnenden Beschluß aufrecht. Die Westalliierten nahmen die Entscheidung also hin.

Dabei blieb es. Eine wirksame demonstrative Unterstützung für Reuter und die Sozialdemokratie gab es von westlicher Seite nicht. Die westlichen Besatzungsmächte, besonders die Amerikaner, hielten sich zurück. Lucius D. Clay, der Oberbefehlshaber der US-Streitkräfte in Europa und Militärgouverneur in Deutschland, war ein »Autokrat mit demokratischen Überzeugungen« (Harold Hurwitz). Den Umgang mit deutschen Politikern lehnte er weitgehend ab. Er zog es vor, sich von amerikanischen Journalisten informieren zu lassen.

Wenn die Amerikaner halfen, taten sie es mehr auf indirektem Weg. So erlaubten sie dem »Tagesspiegel«, den kritischen Stimmen mehr Raum zu geben, als die US-Politik eigentlich vorsah, ferner ließen sie in ihrem Sektor mit dem »Colloquium« eine Zeitschrift für die Studenten der Linden-Universität zu, und nicht zuletzt gründeten sie den RIAS, den »Rundfunk im amerikanischen Sektor«, als unabhängiges Informationsmedium. Über die privaten Kontakte von Politikern und Studenten zu meist jungen amerikanischen und britischen Besatzungsangehörigen entstand aber doch allmählich ein ganz neuartiger Meinungs- und Erfahrungsaustausch, der für beide Seiten wichtig war. Das konnte freilich nicht darüber hinwegtäuschen, daß die amerikanische Seite offiziell auf Distanz blieb. Niemals erhielten die deutschen Politiker eine klare Antwort auf die Frage, ob die Amerikaner die Deutschen im Kampf gegen die Kommunisten unterstützen würden. Ein Magistratsmitglied brachte diese Ungewißheit Amerikanern gegenüber einmal drastisch zum Ausdruck: »Wir machen uns nichts daraus, mit dem Rücken an der Wand zu kämpfen, aber Sie sind keine Wand, an die wir uns anlehnen können.«[43]

Während die Amerikaner sich reserviert gaben, gingen die Sowjets in die Offensive. Im Februar 1948 putschten die Kommunisten in der Tschechoslowakei, und in Berlin fragte man sich, wer als nächster dem kommunistischen Machtanspruch zum Opfer fallen würde. Diese Situation muß man sich vergegenwärtigen, wenn man die Wirkung Reuters und seiner großen Reden verstehen will. Die politische Lage Deutschlands beschrieb er schon im Januar 1948 ohne Illusionen: »Deutschland ist in zwei Teile geteilt durch die Schuld einer Besatzungsmacht, die in ihrem Bereich eine eiserne Diktatur einer Partei aufrichtet.«[44] Am 18. März sprach er auf einer Veranstaltung zum Gedenken an die Berliner Märzrevolution von 1848 den Demonstranten vor dem Reichstag aus der Seele, als er sagte: »Es fragt sich die Welt: Was wird kommen, Prag, Finnland – wer kommt dann dran? Berlin wird nicht drankommen! An unserem eisernen Willen wird sich die Flut brechen. Und dann wird auch die Welt wissen, daß sie uns nicht im Stich lassen darf, und sie wird uns nicht im Stich lassen! Wir wissen, daß wir alle wie ein Mann unsere Freiheit hier in Berlin verteidigen werden.« Seinen Zuhörern machte er unerbittlich klar: »In diesem Kampf siegt derjenige, der die stärksten Nerven hat.«[45]

Reuters Ansprache bringt die politische Strategie, mit der er Berlin durch die Blockade führen sollte, prägnant zum Ausdruck. Da war zunächst der unerschütterliche Optimismus, daß Berlin »nicht drankommen wird«, sofern die Berliner starke Nerven zeigten und fest zusammenhielten. Die Weltöffentlichkeit werde dann von ihnen und ihrem unbeugsamen Willen Kenntnis nehmen und ihnen nicht nur helfen wollen, sondern helfen müssen. Er setzte also zwei ganz verschiedene Haltungen und Verhaltensweisen in eine direkte Beziehung: Zeigten sich die Berliner mutig und entschlossen, werde die Welt sie nicht im Stich lassen. Weil er zutiefst glaubte, daß es bei diesem Kampf um die Freiheit ging, war er auch fest davon überzeugt, daß Hilfe kommen werde.

Die Freiheit ist in Reuters Politik und in seinen Reden der zentrale Begriff. Das war eine neue Dimension des politischen Denkens, die bis dahin in Deutschland keine Tradition hatte. Zugleich war Freiheit damals etwas ganz Elementares. Sie bedeutete in Berlin selbstverständlich und vor allem Antikommunismus. Daß der Kommunismus das Gegenteil von Freiheit war, dazu bot die Sowjetmacht in ihrer Zone täglich Anschauungsunterricht: mit den Vorladungen auf die Kommandantur, wo man sich für dieses oder jenes zu rechtfertigen hatte, mit der Besetzung wichtiger Posten mit wenig qualifizierten, aber politisch zuverlässigen Genossen, vor allem aber mit der latenten Drohung, daß man jederzeit in einem der berüchtigten Lager verschwinden könne.

Freiheit als Antikommunismus, das war das eine, aber noch viel wichtiger war, daß das zentrale Verständnis des Freiheitsbegriffs bei Reuter der ameri-

kanischen Philosophie der Freiheit entsprach. So fand Reuters Appell an die
Welt ganz besonders in den USA ein eindrucksvolles Echo. Die 1950 im Turm
des Schöneberger Rathauses aufgehängte Freiheitsglocke, ein Nachguß der berühmten Glocke von Philadelphia, wo am 4. Juli 1776 die Unabhängigkeitser-
klärung der USA erfolgt und einige Jahre später die Freiheit als Grundwert der
menschlichen Gesellschaft in die Verfassung geschrieben worden war, sollte
dies prägnant zum Ausdruck bringen. Mit dem immer wieder betonten Streben nach Freiheit als einem Grundrecht, für das einzutreten kein Opfer zu
hoch sei, artikulierte Reuter eine Forderung, die in Deutschland keineswegs –
auch nicht in den Westzonen – allgemein geteilt wurde. Erst in den siebziger
Jahren hat in der westdeutschen Bevölkerung, wie Meinungsbefragungen ergaben, die Freiheit unter allen Werten die höchste Priorität erhalten.

Die Fronten waren also bereits abgesteckt, bevor die große Politik Berlin zum
Schauplatz einer in vielfacher Hinsicht einmaligen Krise machte. Die Zuspitzung
begann am 20. März, als die Sowjets die Zusammenarbeit im Kontrollrat auf-
kündigten. Marschall Sokolowski, der turnusgemäß den Vorsitz innehatte, be-
schuldigte die Westmächte des Bruchs des Potsdamer Abkommens und konstatierte, daß »der Kontrollrat in Wirklichkeit nicht mehr als Organ der höchsten
Gewalt in Deutschland besteht«.[46] Dann brach er die Sitzung ab und vertagte
sie auf unbestimmte Zeit. Der Kontrollrat sollte nie wieder zusammentreten.

Von nun an wurden Militärzüge der Alliierten von den Sowjets nicht mehr
abgefertigt oder langen Kontrollen unterworfen und schließlich zurückge-
schickt. Daraufhin verstärkten die Alliierten die Versorgung auf dem Luftweg.
Im April wurde die »kleine Luftbrücke« eingerichtet. Die Sowjets antworteten
darauf mit der Einschränkung des Interzonenverkehrs. Die Zahl der Personen-
züge wurde reduziert, der Warentransport schrumpfte infolge bürokratischer
Schikanen. Am 15. Juni, eine knappe Woche vor der Währungsreform im Westen, wurde die Autobahnbrücke über die Elbe bei Magdeburg »wegen notwendiger Reparaturarbeiten« gesperrt und eine komplizierte Umleitung mit
Fähren in Aussicht gestellt.

Eine weiterer Schritt auf dem Weg in die Krise war der Auszug der Sowjets
aus der Kommandantura am 16. Juni unter einem nichtigen Vorwand. In Wahrheit war wie bei der Aufkündigung der Zusammenarbeit im Kontrollrat auch
diesmal die Londoner Sechsmächtekonferenz über Deutschland der Auslöser
ihres Handelns. In London hatten sich die Außenminister der westlichen Alliierten und der Beneluxstaaten nämlich auf die Einbeziehung Westdeutschlands
in den Marshall-Plan und auf die Bildung eines westdeutschen Staates verstän-
digt. Mit ihrer Obstruktion und den systematischen Verkehrsbehinderungen
verfolgten die Sowjets wahrscheinlich das Ziel, die Westmächte an den Ver-

handlungstisch zu zwingen. Sie wollten sie vor die Alternative stellen, entweder die Pläne zur Gründung eines Weststaates aufzugeben oder Berlin zu räumen.

Die Westalliierten hatten bei ihren Plänen mit Sicherheit der Frage, was denn mit den Westsektoren Berlins geschehen solle, wenn in den Westzonen eine neue Währung als Start für einen neuen Staat eingeführt würde, zu wenig Aufmerksamkeit geschenkt. Sie waren darauf fixiert, die Wirtschaft der Westzonen durch eine wertbeständige Währung auf eine solide Grundlage zu stellen und dann den neuen Staat zu gründen. Wie sich das alles auf Berlin auswirken konnte, wurde nicht erörtert. Gewiß hatte der westalliierte Finanzausschuß für alle Fälle die Versorgung der Westsektoren mit dem neuen Geld vorbereitet,[47] aber die möglichen, wenn nicht wahrscheinlichen Konsequenzen hatte man nicht bedacht.

Am 20. Juni wurde in Westdeutschland die neue Währung eingeführt. In Berlin geschah nichts dergleichen; die westlichen Militärgouverneure verhielten sich sehr vorsichtig und waren am 22. Juni gegenüber ihrem sowjetischen Kollegen auffällig entgegenkommend.[48] Sie hofften noch, mit den Sowjets eine Vereinbarung erzielen zu können über eine gemeinsame Währung für ganz Berlin, die unter der Kontrolle der vier Mächte stehen sollte. Doch schon am folgenden Tag ordneten die Sowjets die Einführung einer neuen Währung für die Sowjetzone und ganz Berlin – also einschließlich der Westsektoren – an, da die Westsektoren Teil der Sowjetzone seien. Daraufhin führten die Westmächte die Westmark in ihren Sektoren ein, ließen aber die Ostmark als Zahlungsmittel für Waren auf Lebensmittelkarten sowie für Verkehrsmittel, Mieten, Strom und Gas weiter gelten. Der Magistrat beschloß, daß die sowjetische Reform nur für den Sowjetsektor gelte, in den anderen Sektoren aber die Befehle der westlichen Stadtkommandanten Geltung haben sollten und somit die Westmark in begrenztem Maße in Umlauf zu setzen sei. Der folgende Tag brachte die vollständige Blockade, die noch durch die weitgehende Abschaltung der Stromlieferungen verschärft wurde.

Die SPD veranstaltete an diesem Tag eine Kundgebung in der Nähe der Sektorengrenze, wo Reuter sprach. Er beurteilte die politische Gesamtsituation als sehr ernst und machte seinen Zuhörern klar, daß der Sieg der Freiheit nicht so leicht zu erringen sein werde: »Diese Freiheit wird uns nicht geschenkt. Wir müssen für sie selbst bis zum Letzten einstehen.« Entschieden nahm er gegen Quertreiber im eigenen Lager Stellung, die »in einer kritischen Stunde anfangen davon zu reden, man müsse mit den Realitäten, mit den Tatsachen, mit den Dingen und mit den Verhältnissen sich abfinden«.[49]

Am nächsten Tag fand das entscheidende Gespräch zwischen Reuter und Clay statt. Der General weihte Reuter in den Plan ein, Berlin aus der Luft zu versorgen, was allerdings bedeute, daß nur ein Minimum an Nachschub herangeschafft werden könne und die Bevölkerung schwere Entbehrungen auf sich nehmen müsse. Reuters Antwort kam ohne Zögern: »Herr General, es kann überhaupt keine Frage sein, wo die Berliner stehen; die Berliner werden für ihre Freiheit eintreten.« Sie würden den sowjetischen Forderungen nicht nachgeben.[50] Mit dieser Zusicherung Reuters konnte Clay auf Washington Druck ausüben, indem er telegrafierte: »Wir dürfen ihr Vertrauen durch kein Anzeichen eines Rückzuges aus Berlin erschüttern …«[51] Vor dem Gespräch mit Reuter hatte Clay General Curtis Le May angerufen, den Oberbefehlshaber der amerikanischen Luftstreitkräfte in Europa, und diesen gefragt, ob die amerikanischen Flugzeuge in der Lage seien, Kohle zu transportieren. Diese überraschende Frage zeigt, daß Clay keine Erfahrungen mit einem derartigen Unternehmen hatte. Clay war ein General, der politisch denken und mit Politikern umgehen konnte. Seine Frage nach dem Kohletransport zielte auf das Wesentliche: Konnte die Lebensfähigkeit der Stadt durch eine Luftbrücke für längere Zeit sichergestellt werden?

Clays Lagebeurteilung beruhte auf der Überzeugung, daß die Sowjets nicht zum Krieg entschlossen waren und im Grunde nur blufften. Vor diesem Hintergrund ist auch sein Vorschlag zu verstehen, einen bewaffneten Konvoi von Helmstedt aus über die angeblich unbefahrbare Autobahn zu schicken, um die Behauptungen der Sowjets Lügen zu strafen.[52] Der politischen und militärischen Führung in Washington schien dieser Plan jedoch ein unkalkulierbares Risiko zu bergen, weshalb sie ihn ablehnte.

Clay ist ein Beispiel dafür, wie wichtig die Persönlichkeit in einer politisch entscheidenden Situation sein kann. Auch Reuter erwies sich als souverän in der Lagebeurteilung, die immer auf ganz Deutschland bezogen war. Er gehörte zu den wenigen klarsichtigen Berliner Politikern, die in der Gründung des Weststaates auch für Berlin die Zukunft sahen, da nur ein wirtschaftlich starkes Westdeutschland in der Lage sein würde, Berlin zu unterstützen. Wie umstritten dieser Standpunkt in der eigenen Partei war, hatte das Auftreten von Louise Schroeder auf der Ministerpräsidentenkonferenz im Hotel »Rittersturz« bei Koblenz gezeigt. Sie wollte die sich abzeichnende Teilung nicht hinnehmen und beschwor ihre Kollegen, nach Auswegen zu suchen. Reuter brachte dann in der nächsten Sitzung die nötige Klarheit mit der Erklärung, »daß wir zu dem Teil Deutschlands kommen, zu dem wir unserer politischen Überzeugung nach gehören und mit dem wir aus wirtschaftlichen Gründen auf Gedeih und Verderb verbunden sind«.[53]

Am 26. Juni begann die Versorgung Berlins aus der Luft. Im westlichen Ausland solidarisierte sich nun mancher mit der bedrängten Bevölkerung, ohne des Paradoxons zu achten, daß die Versorgung der als Freiheitskämpfer gefeierten Berliner mit guten amerikanischen Lebensmitteln aus Mitleid und Besorgnis geschah, während noch kurz zuvor eine weitaus schlechtere Ernährung als gut genug für häßliche Deutsche und Ex-Nazis gegolten hatte.

Während der Blockade vollzog sich die Spaltung Berlins. Störungen der Stadtverordnetenversammlung am 23. Juni bildeten den Auftakt dazu. Stadtverordnete wurden tätlich angegriffen, aber die Polizei des kommunistischen Polizeipräsidenten erschien nicht, um sie zu schützen. Im Juli nahm der sowjetische Druck auf die Berliner Stadtverwaltung zu. Die Spaltung der Verwaltung begann bei der Polizei, denn der kompromißbereite Bürgermeister Friedensburg sah sich schließlich gezwungen, den kommunistischen Polizeipräsidenten abzusetzen. Da aber der sowjetische Stadtkommandant diesen sogleich im Amt bestätigte, wurde die Ernennung eines Polizeipräsidenten für die Westsektoren notwendig. Am 6. September scheiterte dann der letzte Versuch, im Stadthaus in der Parochialstraße eine Sitzung zu eröffnen. Die demokratischen Parteien traten von da an im Studentenhaus am Steinplatz in Charlottenburg zusammen.

Die Sprengung der Stadtverordnetenversammlung unter sowjetischer Regie löste beträchtliche Erregung aus, die noch verstärkt wurde durch das Gerücht, die Ostmark solle alleinige Währung in ganz Berlin und die Blockade aufgehoben werden. In dieser Stunde der Verunsicherung kam es am 9. September zu einer großen Kundgebung aller demokratischen Parteien vor dem Reichstag, auf der Reuter seinen berühmten Appell an die Völker der Welt richtete. Er nahm den Westen in die Pflicht für die Freiheit der Berliner, um zu verhindern, daß »über unser Schicksal hier gewürfelt« wird.[54] Die Erregung der Teilnehmer war so groß, daß Demonstranten die rote Fahne vom Brandenburger Tor herunterholten, ja sogar Ostpolizei und Sowjets tätlich angriffen. Nur durch das entschlossene Dazwischentreten der britischen Militärpolizei konnte ein Blutbad verhindert werden.

Es ist im Rückblick erstaunlich, wie lange sich in den demokratischen Parteien der Wille hielt, an der verwaltungsmäßigen Einheit der Stadt festzuhalten. Während Reuter am 20. September den Standpunkt bezog, »daß die Illusionen um ein einheitliches Berlin zu Ende gehen«,[55] wollten die Parteien nicht einmal einen administrativen Notausschuß für die Westsektoren akzeptieren. Aber die Verhältnisse waren stärker; verschiedene Verwaltungen siedelten ganz oder teilweise in den Westen über.

Das Ende kam relativ schnell. Nach einer massiven Propagandakampagne der Kommunisten versammelten sich am 30. November im Ost-Berliner Admiralspalast die 23 SED-Stadtverordneten und weitere 1616 Funktionäre »demokratischer Massenorganisationen« sowie einige frühe Exemplare der »Blockflöten«. Sie erklärten den bestehenden Magistrat für abgesetzt und ernannten einen »provisorischen demokratischen Magistrat Groß-Berlin« unter dem SED-Politiker Friedrich Ebert. Die Wahlen in den Westsektoren am 5. Dezember beendeten das versteckte Gegeneinander. Sie ergaben einen hohen Wahlsieg der SPD; Ernst Reuter wurde zum Oberbürgermeister gewählt. Die Teilung Berlins war Realität.

Noch eine Abspaltung verzeichnete der Kampf um Berlin: die Gründung der Freien Universität. Am 23. April hatte in der Halbruine des Hotels »Esplanade« eine Protestversammlung von 2000 Studenten stattgefunden, die forderten: entweder werde die Berliner Universität unter die Kontrolle des Magistrats gestellt oder eine freie Universität in den Westsektoren gegründet. General Clay beauftragte daraufhin den Journalisten Kendall Foss, einen jungen Korrespondenten der linksliberalen »New York Post« und der »Neuen Zeitung«, mit den Studenten in Kontakt zu bleiben.[56] Mit dem Auftrag an Foss umging Clay die für Hochschulfragen zuständigen Bürokraten seiner eigenen Militärregierung, deren Pläne keine neue Universität vorsahen. Zur gleichen Zeit wurden ohne Kenntnis der Amerikaner kurz vor Beginn der Blockade die Berliner initiativ. Eine kleine Gruppe sprach sich am 19. Juni für die Errichtung einer Freien Universität aus und nominierte einen Gründungsausschuß, in dem Reuter den Vorsitz übernahm. Ihm gehörten Persönlichkeiten des politischen und öffentlichen Lebens, aber auch zwei Studenten an. Sie konstituierten sich ohne jede Zusage auf amerikanische Unterstützung.

Es wiederholte sich also, was für den Berliner Widerstand vor der Blockade bereits charakteristisch gewesen war: Ohne Zusicherung fremder Hilfe artikulierten die Betroffenen ihren Protest, was den Amerikanern imponierte und sie zu schneller und effektiver Hilfe veranlaßte. Am 27. Juli beantragte Reuter bei den drei Stadtkommandanten, der Gründung der Freien Universität zuzustimmen. An Clay richtete er ein persönlich gehaltenes Schreiben, in dem er nachdrücklich um amerikanische Unterstützung bat.[57] Der General antwortete nicht sofort, sondern holte erst die Zustimmung der vorgesetzten Instanzen ein. Am 30. August schrieb er Reuter: »Ich werde die Entwicklung dieser Universität mit lebhaftem Interesse verfolgen und ich werde bereitwillig auf jede nur mögliche Weise helfen.«[58]

Die Gründung der Freien Universität steht in einem genuinen Zusammenhang mit Blockade und Luftbrücke, denn weder vorher noch nachher hätte man den Mut aufgebracht, eine zweite Universität in der geteilten Stadt aufzubauen. Die FU wurde ein konstitutiver Bestandteil des Landes Berlin. Sie trug zu dessen Lebensfähigkeit als politisches und wissenschaftliches Kraftzentrum

12. Mai 1949: Ende der Blockade. Der Druck auf die Berliner hatte ganz unerwartete Auswirkungen gezeigt. Wenn es ums Überleben ging, verloren manche Probleme an Gewicht. Der Berliner Arzt und Dichter Gottfried Benn wunderte sich: »Merkwürdigerweise gibt es hier auch sehr viel weniger Neurosen und Psychoneurosen wie früher, Hysterie wohl gar nicht mehr.« Die Berliner Blockade war der erste Höhepunkt im Kalten Krieg zwischen Ost und West. Von nun an war die geteilte Stadt ein Faustpfand in dieser Auseinandersetzung.

erheblich bei. Bis 1961 ermöglichte sie Studenten aus der DDR das Studium, ohne daß diese definitiv in den Westen umsiedeln mußten. Bis zum Mauerbau war sie eine Brücke in den Osten, danach wurde sie ein Magnet für die Zuwanderung von Studenten und jungen Leuten aus der Bundesrepublik. Daß auch weniger willkommene Zuwanderer darunter waren, was bei Migrationsprozessen unvermeidlich ist, wußte Berlin zu verkraften. Im historischen Rückblick kann diese Infusion von Jugend und ihre Bedeutung für eine überalterte Stadtbevölkerung kaum überschätzt werden.

Der heldenhaften Blockadezeit, die am 12. Mai 1949 endete, folgte der graue Alltag mit seiner bitteren Normalität. Sie war durch die verlorene Hauptstadtfunktion, die Abwanderung wichtiger Teile der Wirtschaft und – als Ergebnis von beidem – durch eine hohe Arbeitslosigkeit bestimmt, was wachsende Subventionen erforderlich machte. Aber gerade dadurch wurde die Stadt in der Propaganda des Kalten Krieges zum Schaufenster der freien Welt und später jenes Hindernis, das durch seine bloße Existenz die von verschiedener Seite gewünschte Endgültigkeit der Teilung verhinderte.

Der Erfolg der Luftbrücke wirkte in Washington wie ein Katalysator. Das amerikanische Engagement in Europa wurde nun ganz erheblich verstärkt und führte nicht zuletzt zur Gründung der NATO im April 1949. Der Sieg über Stalins Absicht, die Westmächte aus Berlin zu vertreiben, hatte weitreichende Folgen. Letztlich beruhte die atomare Abschreckung der USA auf der Glaubwürdigkeit der amerikanischen Drohung, die Freiheit der zwei Millionen West-Berliner bis zum äußersten zu verteidigen. Das Bewußtsein, daß sowjetischer Druck auf Berlin die USA an einer empfindlichen Stelle traf, wirkte so mäßigend auf den Ost-West-Konflikt.[59]

Am wichtigsten aber blieb, daß mit der Blockade das Bündnis mit dem Westen entstanden war, das stellvertretend für alle Deutschen abgeschlossen wurde. Mit ihrem Widerstand gegen die sowjetische Einschnürung, so schrieb später Drew Middleton, ein ehemaliger Korrespondent der »New York Times« in Berlin, »gewann in diesem langen Winter die Bevölkerung von West-Berlin Deutschlands Passierschein nach West-Europa«.[60] Was als Westbindung und gemeinsame Verteidigungsanstrengung in den fünfziger Jahren weiterwuchs, hatte in Berlin begonnen – in der Zeit, als es um die Hilfe für Menschen ging, die vom Kommunismus bedroht wurden. Daß es Deutsche waren, die auf die Hilfe angewiesen und für sie dankbar waren, löste die noch aus dem Krieg rührende Feindschaft ab und führte zu einer Partnerschaft, die im Laufe der kommenden Jahrzehnte immer fester wurde und später im Prozeß der Wiedervereinigung 1989/90 ihre Wirksamkeit nachdrücklich unter Beweis stellen sollte.

STAATSGRÜNDUNG UND KALTER KRIEG

Man hat sich im Laufe der vergangenen Jahrzehnte angewöhnt, die Ost-West-Spannungen, die 1948 mit der Berliner Blockade einen dramatischen Höhepunkt erreichten, als die große Wende in der Nachkriegszeit zu betrachten. Die westalliierte Deutschlandpolitik habe damals einen radikalen Kurswechsel vollzogen. Aus den häßlichen Deutschen, die ständig über ihr trauriges Schicksal jammerten und wenig Reue über ihre Untaten zeigten, seien plötzlich Bündnispartner geworden, die vor allem die USA massiv fördern und sogar möglichst bald wieder zu Soldaten machen wollten. Die guten Vorsätze – Entnazifizierung und Reeducation – seien über Bord geworfen worden zum Bedauern all jener, die ihre Fortsetzung wünschten.

Eine solche Sichtweise ist im Prinzip nicht falsch, aber doch zu eng. Es fand kein abrupter Wechsel statt, vielmehr wurden neue Prioritäten gesetzt, ohne daß alte Zielsetzungen aufgegeben wurden. Immer noch erstrebte man Sicherheit *vor* Deutschland, aber mit der Sowjetunion und den unter ihrem Einfluß stehenden Staaten Osteuropas sowie der immer mehr dem sowjetischen Vorbild angepaßten Ostzone Deutschlands war eine neue akute Bedrohung aufgetaucht. So hieß fortan der Grundsatz der amerikanischen Deutschlandpolitik: Sicherheit *vor* und *für* Deutschland.

Vor allem gilt es, die westeuropäische Dimension im Blick zu behalten. Für die USA stand damals nicht Deutschland, sondern Westeuropa im Vordergrund. Auf die Klagen der Westdeutschen über ihre Hungerrationen gab die Regierung wenig. Das änderte sich erst, als zwei Gesichtspunkte stärker in den Vordergrund rückten: Zum einen wurde die Überlegung, daß Deutschland eine zentrale Rolle in der politischen Auseinandersetzung mit der Sowjetunion spielte, immer deutlicher, und so war es ein Gebot der Klugheit, die Westdeutschen nicht den Sowjets in die Arme zu treiben; zum anderen erkannte Washington, daß es in Westeuropa eine gegenseitige Abhängigkeit gab. Zwischen der Stärkung der westeuropäischen Wirtschaft und dem westdeutschen Wiederaufbau bestand ein Zusammenhang. In Washington setzte sich immer mehr der Standpunkt durch, daß die wirtschaftliche Konsolidierung Westeuropas ohne Hilfe für Westdeutschland nicht gelingen könne. Nicht um ihrer selbst willen, sondern um Westeuropa voranzubringen müsse man die Deutschen in die Hilfe für Westeuropa einbeziehen.[61]

Das Umdenken setzte 1947 mit dem Marshall-Plan ein. Aus der kurzen Rede, die US-Außenminister George Marshall am 5. Juni 1947 in Harvard hielt, konnte man beim besten Willen nicht herauslesen, daß dies das Startzeichen für die umfassendste und erfolgreichste Wirtschaftshilfe der Nachkriegszeit war. Marshall sprach lediglich vage von wirtschaftlich desolaten Zuständen in Europa. Die Hilfe, die er den Staaten Europas anbot, sollte aber nur gewährt werden, wenn diese es schafften, ein Programm zur Selbsthilfe auf die Beine zu stellen.[62] Die Voraussetzungen dafür wurden auf der Sechsmächtekonferenz im Frühjahr und im Frühsommer 1948 in London verhandelt. Zu den Delegationen der drei Westmächte stießen Vertreter aus den Beneluxstaaten. Letztere hatten vornehmlich die Aufgabe, die Verhandlungen aufzulockern und eine anglo-amerikanisch-französische Konfrontation zu vermeiden, indem sie ihre eigenen Vorstellungen einbrachten.

Die Dauer der Konferenz spricht für sich. Die Verhandlungen darüber, was mit Deutschland geschehen solle, wo der östliche und der westliche Machtbereich aneinanderstießen, gestalteten sich schwierig. Frankreich machte die meisten Schwierigkeiten und widersetzte sich zäh der Ausweitung der Bizone zu einem westdeutschen Staat. Es zog einen lockeren Staatenbund selbst einem stark föderalistisch geprägten Staatswesen vor. Die prekäre innenpolitische Situation Frankreichs mit einer starken kommunistischen Partei als Opposition machte es für die Regierung schwer, Kompromissen zuzustimmen. Daher stieß die anglo-amerikanische Forderung auf Wiederherstellung der Einheit Deutschlands – auch wenn das mehr Propaganda als ernstzunehmende Politik war – auf noch größere Ablehnung. Bei den Briten gab es eine gewisse Doppelgleisigkeit. Außenminister Bevin betonte im November 1947 die große Linie: »Bei der Behandlung der künftigen politischen Organisation Deutschlands müssen wir immer auf ein schließlich geeintes Deutschland zielen.« Ein hoher Beamter des Foreign Office hob dagegen mehr auf die praktische Politik ab, auf die Vorzüge der deutschen Teilung: »Westdeutschland mit 40 Millionen von der Russenfurcht beherrschten Einwohnern ist dagegen auf die Zusammenarbeit mit den Westmächten angewiesen«; bei einem vereinten Deutschland würde das keineswegs der Fall sein: »Damit ist auf jeden Fall ganz klar, daß es ein vereintes Deutschland nicht geben darf.«[63]

Das Kommuniqué vom 7. Juni über die Ergebnisse der Konferenz mußte enttäuschen. In diesen »Londoner Empfehlungen« hieß es ziemlich verklausuliert, daß die Westzonen eine Verfassung erhalten sollten; von der Gründung eines Staates war nicht die Rede. Sehr viel mehr Gewicht hatte die Ankündigung der Schaffung einer internationalen Behörde zur Kontrolle des Ruhrgebiets. Damit sollte die Ruhrkohle, der wertvollste und überall begehrte Rohstoff, unter ausländische Aufsicht gestellt werden, da in dem Leitungsgremium, das fünfzehn Mitglieder umfaßte, nur drei Deutsche vertreten sein würden. Das forderte Kritik heraus, bei der sich der Vorsitzende der CDU in der britischen Zone besonders hervortat. Einem holländischen Journalisten er-

klärte Adenauer, der Versailler Vertrag sei gegenüber dem Ruhrstatut ein
»Rosenstrauß« – für ihn Grund genug, sogar eigens nach Hannover zu fahren
und mit der sozialdemokratischen Führung über gemeinsame Schritte gegen
das Statut zu beraten.[64] Ihn schreckten die Weimarer Erfahrungen; auch
jetzt könne eine nationale Opposition wieder gegen Erfüllungspolitiker auftreten.

Andere Politiker wie der bayerische Ministerpräsident Ehard waren hingegen von den stark föderalistisch geprägten Vorstellungen der Alliierten sehr an-
getan und erhofften eine größere Eigenständigkeit der Länder. An den Londoner Empfehlungen wird vornehmlich eines deutlich: Es ging weniger um den
westdeutschen Staat und einen politischen Neuanfang für die Deutschen als
vielmehr um die mühselige Suche nach einem Kompromiß unter den Alliierten. Die Deutschen waren lediglich Objekt, nicht Subjekt der Staatsgründung.
Die westdeutschen Politiker erfuhren von den Besatzungsmächten eher bruch-
stückhaft von den Verhandlungen.

Aus London sickerte schließlich auch die Information durch, daß demnächst
eine Währungsreform bevorstehe. Aber über die näheren Einzelheiten waren
die Politiker nicht informiert. Zwar hatten die Besatzungsbehörden die deutschen Währungsexperten schon im April unter größter Geheimhaltung an
einem entlegenen Ort zusammengezogen und ihnen verschiedene Aufgaben
gestellt, die diese gewissenhaft bearbeiteten. Aber die Entscheidung, was geschehen würde, lag allein bei den Alliierten. Die Währungsreform wurde dann
ganz kurzfristig am 18. Juni für den 20. Juni angekündigt. An diesem Sonntag
erhielt jeder Westdeutsche ein Kopfgeld von vierzig Mark. Wenig später wurden noch einmal zwanzig Mark gezahlt. Alle währungspolitischen Entscheidungen, die diese Aktion möglich machten, lagen in der Hand der Amerikaner.
Dabei spielte ein junges Finanzgenie, ein Leutnant namens Edward H. Tenen-
baum, Absolvent der Yale University, die führende Rolle.[65]

Die Alliierten übernahmen mit der Durchführung der Reform auch die
Verantwortung für die harten Konsequenzen des Währungsschnittes. Kein
deutscher Politiker wurde dafür verantwortlich gemacht. Das war für den Start
des neuen Staates ein eminenter Vorteil, denn so entfiel die bittere innenpolitische Diskussion mit den unausweichlichen gegenseitigen Schuldzuweisungen.
Was von den Alliierten kam, schluckte man. Ganz anders hätte es ausgesehen,
wenn man einem deutschen Politiker die Schuld für Verluste hätte zuschieben
können. Mit Einführung des neuen Geldes füllten sich sogleich die Schaufenster der Geschäfte mit gehorteten Waren. Besitzer von Sparguthaben, Anleihen
und anderen Schuldverschreibungen verloren fast alles. Nur 6,5 Prozent der
Sparguthaben sollten später ausgezahlt werden. Die Sachwertbesitzer und be-

sonders die Besitzer von Produktionsmitteln wurden geschont, wenn nicht gar gefördert. Das war eine nicht zu vermeidende Ungerechtigkeit. Der Gesichtspunkt der Gleichbehandlung mußte zurücktreten hinter das Erfordernis, die Wirtschaft wieder in Gang zu bringen. Erst mußte etwas zum Verteilen vorhanden sein, wenn die wirtschaftlich Schwachen und Benachteiligten ihren Anteil erhalten sollten. Diesen Anteil bereitzustellen und gewisse Härten abzumildern gelang schließlich durch den Lastenausgleich von 1952.

Hatten die deutschen Politiker auch keine Verantwortung für die Währungsreform, so bedeutete sie für Ludwig Erhard dennoch eine Sternstunde. Er war im März eher zufällig in das Amt des Wirtschaftsdirektors der Bizone gewählt worden, das sein Vorgänger Semler verloren hatte, weil er amerikanische Maislieferungen als »Hühnerfutter« bezeichnet hatte. Mit der Währungsreform hatte Erhard direkt nichts zu tun. Er sorgte aber mit einem Gesetz, das eine flankierende Maßnahme darstellte, für Furore. Am Tage der Ankündigung des Währungsschnittes hatte der Wirtschaftsrat, das Parlament der Bizone, ein »Leitsätzegesetz« angenommen.[66] Es enthielt ein vollmundiges Bekenntnis zur Marktwirtschaft, die grundsätzliche Abkehr von der Zwangswirtschaft und die Ankündigung von Preisfreigaben. Tatsächlich blieb es in weiten Bereichen – vor allem bei Nahrungsmitteln – bei Bewirtschaftung und Preisfestsetzungen. Das war nach Lage der Dinge gar nicht zu vermeiden. Wichtiger war aber die Botschaft, daß man die Zwangswirtschaft möglichst bald abschaffen wolle.

Am Tage des Geldumtauschs ließ Erhard durch seinen Pressesprecher ankündigen, daß viele Bewirtschaftungsmaßnahmen und Preisbindungen aufgehoben würden. Die Folge der eigenmächtigen Ankündigungen war eine Auseinandersetzung mit General Clay. Als Militärgouverneur pochte dieser auf die Zuständigkeit der Besatzungsmacht. Auf den Vorwurf des Generals, daß er alliierte Anordnungen eigenmächtig geändert habe, soll Erhard gesagt haben: »Ich habe sie nicht geändert. Ich habe sie aufgehoben.«[67] Der markige Ausspruch dürfte in das Reich der Legende gehören. Tatsächlich war Erhards Schritt mit der Militärverwaltung abgestimmt.

Freilich ging nicht alles so glatt vonstatten, wie es im verklärten Rückblick erscheint. Es gab im Herbst kritische Situationen mit erbitterten Massenprotesten, da die Preise stiegen, während der Lohnstopp bestehen blieb. Aber das waren Anpassungsschwierigkeiten, die bald überwunden wurden. Zudem hatte die politische Hochspannung jener Monate, ausgelöst durch die Blockade Berlins, eine mäßigende Wirkung.

Die Währungsreform war nicht nur das Ende von schwarzem Markt und Tauschwirtschaft, sondern auch die wichtigste Voraussetzung für die westdeutsche Staatsgründung. Mit dem neuen Geld, das rasch seine Stabilität unter

Beweis stellte, wurden die Westzonen endlich zu einem gemeinsamen Markt zusammengefaßt. Die Marshall-Plan-Hilfe konnte anlaufen.

Kaum zwei Wochen nach Ausgabe des Kopfgeldes erging der Befehl zur Staatsgründung. Die Ministerpräsidenten der westdeutschen Länder wurden in das Gebäude der I.G. Farben, den Sitz der Militärgouverneure, befohlen, um die »Frankfurter Dokumente« entgegenzunehmen.[68] Sie enthielten im wesentlichen die Anweisungen für die geforderte Staatsgründung. Die Länderchefs sollten eine verfassunggebende Versammlung einberufen; die von dieser auszuarbeitende Verfassung war dann einer Volksabstimmung zu unterbreiten. Zugleich wurde festgelegt, daß nicht irgendeine Verfassung, sondern eine für die »Regierungsform des föderalistischen Typs« zu schaffen sei.

Die Militärgouverneure stellten ferner klar, auf welchen Gebieten sie weiterhin das Sagen haben würden. Das reichte von den auswärtigen Beziehungen über die Kontrolle des Außenhandels bis hin zur Überwachung der Landesregierungen, die die Demokratisierung des öffentlichen Lebens zu betreiben hatten. Die Auflistung der weiterbestehenden alliierten Vorrechte zeigt den Zeitdruck, mit dem das Ganze über die Bühne ging. Sinnvoll wäre der Erlaß eines Besatzungsstatuts gewesen, das alle alliierten Vorrechte aufführte, bevor die Westdeutschen sich an die Ausarbeitung ihrer eigenen Verfassung machten. Aber auch hier waren sich die Alliierten nicht einig geworden, denn die Franzosen wollten alles genau festlegen und nicht nur allgemeine Grundsätze formulieren. Daher wurde das Besatzungsstatut erst der neuen Bundesregierung formell übergeben.

Die schroffe Aufforderung der Besatzungsmächte an die westdeutschen Ministerpräsidenten, gefälligst einen Staat zu gründen, steht einmalig da. Normalerweise versucht die unter einem Besatzungs- oder sonstigem fremden Regime stehende Bevölkerung, durch Druck von unten mehr politische Mitsprache einzufordern. Davon war aber in den Westzonen keine Rede. Niemand stellte derartige Forderungen. So kam es zu der einzigartigen Situation, daß die Westdeutschen einen Staat gründen sollten, den sie gar nicht wollten. Wer eine solche Forderung in der Öffentlichkeit zu erheben wagte, zog sich den Vorwurf der Spaltung, der Abkehr von der Einheit Deutschlands zu. Dieses nationale Tabu zu verletzen verbot sich von selbst. Konrad Adenauer hat erst im August 1948, nachdem die Entscheidung für die Staatsgründung bereits gefallen war, auf dem CDU-Parteitag der britischen Zone öffentlich bekannt, er habe »von Anfang an mit Entschiedenheit den Standpunkt vertreten, daß ... wir wenigstens den Teil Deutschlands, der nicht unter russischer Herrschaft steht, politisch neu organisieren müssen«.[69]

Die Ministerpräsidenten mußten noch im Juli zu den Dokumenten Stellung nehmen. Wie sie es auf ihrem Treffen im »Rittersturz« bei Koblenz taten, zeugt von einer vorsichtigen Taktik. Einfach zustimmen mochten sie so wenig wie die Dokumente ablehnen. So lief die erste Stellungnahme – wohl unter dem Eindruck des beschwörenden Appells der amtierenden Berliner Oberbürgermeisterin Louise Schroeder, nichts Endgültiges zu beschließen – auf eine vorsichtige Ablehnung hinaus, was den Zorn Clays erregte, der kein Verständnis für solche Empfindlichkeiten hatte. Tatsächlich aber war das vermeintliche Nein mehr als eine Ausgangsposition zu verstehen, über die man verhandeln konnte. Die Mehrheit der Ministerpräsidenten war durchaus für einen Staat, nur sollte er deutlich den Charakter eines Provisoriums tragen.[70] Daher lehnten sie die Berufung einer deutschen Nationalversammlung ebenso ab wie die Ausarbeitung einer Verfassung. Statt dessen sprachen sie sich für einen Parlamentarischen Rat aus, der ein Grundgesetz ausarbeiten sollte, für das Carlo Schmid das Wort prägte, im Grunde dürfe es nur ein Organisationsstatut sein.[71]

Bevor der Parlamentarische Rat in Bonn zusammentrat, tagte in Herrenchiemsee auf Einladung der bayerischen Regierung ein Konvent von Verfassungsexperten. Die Regie war durchsichtig. Unter bayerischer Leitung und mit zahlreichen bayerischen Juristen sollten möglichst weitgehende Vorentscheidungen für die künftige Verfassung getroffen werden. Mit Carlo Schmid erwuchs aber den bayerischen Erzföderalisten ein ebenso eloquenter wie wirkungsvoller Gegner. Dennoch erarbeitete der Konvent von Herrenchiemsee in vielen Bereichen Lösungen, die dann in das Grundgesetz aufgenommen wurden. Gewisse Leitgedanken wurden festgelegt: Es sollte zwei Kammern der Legislative geben, das Staatsoberhaupt galt als neutrale Gewalt ohne die Kompetenzen des Reichspräsidenten, denn Hindenburgs Notverordnungen wirkten abschreckend. Auch war die Abneigung gegen Volksbegehren und Volksentscheid nach den Erfahrungen in der Weimarer Republik deutlich ausgeprägt.

Der Parlamentarische Rat trat am 1. September in Bonn zusammen. Zu seinem Präsidenten wurde Konrad Adenauer, zum Vorsitzenden des wichtigen Hauptausschusses Carlo Schmid gewählt. Der Rat umfaßte 65 Mitglieder, die in den Landesparlamenten gewählt wurden. SPD und CDU/CSU waren mit je 27 Stimmen in gleicher Stärke vertreten. Eine feste Mehrheit bildete sich nicht. So besaß das Votum der Liberalen erhebliches Gewicht. Dennoch stellten die Beschlüsse meist Kompromisse dar. Kein Wunder, daß die Forderungen nach Festschreibung sozialistischer Positionen ebensowenig Berücksichtigung fanden wie das katholische Verlangen nach dem Elternrecht. Viel Raum nahmen die Erörterungen über die Gestalt der zweiten Kammer – ob Ländervertretung oder aber Senat – ein. Sie wurde allerdings nicht durch einen Kompromiß, sondern außerhalb des Parlamentarischen Rates durch die überraschende Einigung zwischen dem bayerischen Ministerpräsidenten Ehard (CSU) und dem nordrhein-westfälischen Innenminister Menzel (SPD) im Bonner Hotel »Königshof« zugunsten der Bundesratslösung entschieden. Der Egoismus der beiden größten Länder hatte sich gegen die Rücksichtnahme auf die Parteizugehörigkeit durchgesetzt.

Weitaus heftiger waren die Auseinandersetzungen um die Finanzverfassung. Da ging es um die Kernfrage, ob der Bund überhaupt eine eigene Finanzverwaltung haben solle. Hier kamen auch die Alliierten ins Spiel, denn mit ihrer offenen Befürwortung eines übertriebenen Föderalismus verfolgten sie das Ziel, einen möglichst schwachen Staat zu genehmigen, dessen Zentrale, die Bundesregierung, nur wenig zu sagen hatte, weil sie nicht einmal über eigene Einnahmen verfügte. Auch im Parlamentarischen Rat wurden dazu entgegengesetzte Positionen vertreten. Das Klima zwischen den Unionsparteien und der SPD wurde weiter vergiftet durch die begründete Vermutung, Adenauer bediene sich der Alliierten, um die föderalistische Position seiner Fraktion in dieser Frage durchzusetzen. Dabei war er gar kein Föderalist. Es ging ihm auch weniger um die Sache als um den raschen Abschluß der Beratungen. Er wollte das Veto der Franzosen und damit Verzögerungen vermeiden. Carlo Schmid dagegen wandte sich gegen die Einflußnahme der Militärgouverneure. Sie sollten erst zu dem fertigen Entwurf Stellung nehmen, der am 10. Februar 1949 im Hauptausschuß verabschiedet wurde.

Die Stellungnahme der Alliierten war niederschmetternd. Sie lehnten den Verfassungsentwurf am 2. März ab und wiesen auch die überarbeiteten Artikel zurück. Die Krise war offenkundig. Das war die Stunde Kurt Schumachers. Er legte die SPD auf einen Konfrontationskurs fest und drohte sogar mit der Ablehnung des Grundgesetzes. Nun lenkten die Alliierten ein. Der düpierte Adenauer behauptete daraufhin, Schmid und Menzel hätten schon vorher vom britischen Militärgouverneur Robertson erfahren, daß die Alliierten zum Einlenken bereit seien. Auch den Wahlkampf bestritt Adenauer noch mit dieser Anschuldigung. Tatsächlich hatte Schmid aus Gesprächen mit alliierten Vertretern den Eindruck gewonnen, daß diese möglicherweise einlenken würden. Allerdings wußte er nicht, daß die westlichen Außenminister den Militärgouverneuren bereits die Möglichkeit zum Nachgeben eröffnet hatten, und zwar in Form eines zweiten, milderen Memorandums.

Der Kompromiß wurde rasch mit neuen Formulierungen festgelegt. Am 8. Mai fand die Schlußabstimmung im Parlamentarischen Rat statt; nachdem es alle Länder bis auf Bayern gebilligt hatten, wurde das Grundgesetz am 23. Mai verkündet. Die Eile erklärte sich aus Terminzwängen, denn am selben

Tag begannen Viermächteverhandlungen in Paris, bei denen versucht werden sollte, noch einmal eine Lösung für Gesamtdeutschland zu finden. Um zu vermeiden, daß das Grundgesetz auf der Konferenz zur Diskussion gestellt wurde, waren die Verfassungsväter bestrebt, ihr Werk noch vorher abzuschließen.

Betrachtet man den Zeitraum von der Übergabe der »Frankfurter Dokumente« bis zum Inkrafttreten des Grundgesetzes und damit der entscheidenden Phase der Staatsbildung, so läßt sich eine wichtige und für das Verhältnis zu den westlichen Besatzungsmächten charakteristische Entwicklung feststellen: Was mit der Entgegennahme der Anweisung zur Staatsbildung begann, erwies sich schon bald als ein eigenständiger, von den deutschen Politikern im Parlamentarischen Rat bestimmter Prozeß, bei dem es zwar nach dem Verständnis vieler seiner Mitglieder nur um ein Statut für ein staatliches Provisorium ging, in Wirklichkeit kam aber eine sorgfältig ausgearbeitete Verfassung zustande, deren Funktionsfähigkeit noch nach fünfzig Jahren unbestritten ist.

Der Parlamentarische Rat setzte eigene politische Grundvorstellungen durch, die oft nicht den Anschauungen der Besatzungsmächte entsprachen. Dazu gehörte etwa die Beibehaltung des Berufsbeamtentums, das bei Briten und Amerikanern auf wenig Sympathie stieß.[72] Während der Arbeit am Grundgesetz bildete sich ein mitunter gespanntes, gleichwohl partnerschaftliches Verhältnis heraus, bei dem beide Seiten trotz unterschiedlicher Voraussetzungen kompromißfähig blieben. Als die SPD mit dem Beharren auf echten bundesstaatlichen Strukturen das Scheitern des Verfassungswerkes androhte, lenkten die Alliierten ein, denn eine Verfassung, die gegen die demokratische Linke zustande kam, konnte ihnen nichts nutzen. Die Besatzungsmächte diktierten nicht, auch wenn sie mitunter massiven Druck ausübten. Es war die Form der Zusammenarbeit, die das Verhältnis prägte.

Ein Beispiel mag das verdeutlichen. Als die alliierten Vertreter am 25. März in Bonn die deutschen Kompromißvorschläge als nicht weitgehend genug zurückwiesen, schloß der alliierte Sprecher, der junge französische Diplomat Jean Sauvagnargues, seine ablehnende Stellungnahme mit dem Satz: »Meine Herren, die Sitzung ist beendet. Wir haben Kaffee im nächsten Raum und wir hoffen dann, Gelegenheit zu haben, rein persönlich die Dinge weiter zu besprechen.«[73] Das war etwas ganz anderes als die Wodkagelage, auf denen die Sowjets die Zustimmung ihrer deutschen Gesprächspartner einzuholen pflegten.

Die Bundesrepublik wurde in wirtschaftlicher Hinsicht das, was Kurt Schumacher schon 1947 den »ökonomischen Magneten« genannt hatte.[74] Die Magnetwirkung des westdeutschen Staates blieb sein Markenzeichen, solange Deutschland geteilt war. Politisch gesehen wurde er als deutscher Kernstaat angesehen; darüber bestand bei allen demokratischen Kräften Einigkeit.

DIE UMFIRMIERUNG DER SOWJETZONE

Gänzlich anders als in den Westzonen verlief der Gründungsprozeß in der Sowjetischen Besatzungszone (SBZ). Hier gab es mit der SED die gefügige politische Partei, die von den Sowjets, den »Freunden«, abhängig war und von ihnen als ausführendes Organ benutzt werden konnte.

Mit der Bodenreform, der Enteignung angeblicher Kriegsverbrecher und der Zwangsvereinigung von SPD und KPD zur SED hatten die Sowjets bereits im ersten Jahr nach Ende des Krieges einschneidende Veränderungen in ihrer Zone bewirkt. Dennoch bedurfte es noch weiterer Maßnahmen und der Verschärfung der Ost-West-Auseinandersetzung, ehe Stalin den »ersten Arbeiter- und Bauernstaat« auf deutschem Boden ausrufen ließ.

Das »stalinistische Herrschaftssystem« wurde in der Ostzone zunächst in einem Bereich wirksam, der für eine kommunistische Diktatur von lebenswichtiger Bedeutung ist: bei der Polizei. Mit der durch sowjetischen Befehl am 30. Juli 1946 ins Leben gerufenen Deutschen Verwaltung des Innern, deren Existenz vorerst strikt geheimgehalten wurde, erfolgte ein wichtiger Schritt in Richtung auf eine straff zentralisierte Polizei.[75] Sie sollte nach den Worten des späteren Stasi-Chefs Erich Mielke eine »scharfe Waffe des demokratischen Aufbaus« werden.[76] Das bedeutete neben der massiven Verstärkung der Polizei auch den zonenweiten Aufbau der K-5, der politischen Dezernate und Kommissariate der Kriminalpolizei. Dahinter verbarg sich die Gründung der ersten geheimen politischen Polizei. Sie genoß von Beginn an einen Sonderstatus im Polizeiapparat mit der Aufgabe, unter Anleitung und Kontrolle der SMAD alle tatsächlichen und vermeintlichen Gegner der »antifaschistisch-demokratischen Ordnung« zu bekämpfen.[77]

Im Frühjahr 1949 wurde dann die K-5 aus der Kriminalpolizei herausgelöst und unter der Leitung von Erich Mielke für die bevorstehende Staatsgründung in Stellung gebracht. Seit Oktober 1949 firmierte sie als »Hauptverwaltung zum Schutze der Wirtschaft und der demokratischen Ordnung«. Das war die unmittelbare Vorläuferin der Staatssicherheit, die damit im Kern schon aufgebaut war, bevor der Staat überhaupt gegründet wurde.

Auf wirtschaftspolitischem Gebiet erfolgte bereits 1947 die Gründung der Deutschen Wirtschaftskommission (DWK), die Weisungsbefugnisse gegenüber den Ländern erhielt. Ihre Kompetenzen wurden Anfang 1948 erweitert, so daß sie die wirtschaftspolitische Zentralinstanz der Sowjetzone darstellte.

Weitaus problematischer und ein Indiz dafür, daß die Abspaltung der SBZ im Vordergrund der sowjetischen Politik stand und die gesamtdeutsche Propaganda eher ein Ablenkungsmanöver darstellte, war der geheime Aufbau bewaffneter Streitkräfte im Rahmen der Volkspolizei. Er setzte 1947/48 zeitgleich mit der Propaganda gegen die drohende »Remilitarisierung Westdeutschlands« ein, obwohl man im Westen über vage theoretische Erörterungen noch nicht hinauskam.[78] Im Osten dagegen schritt die Planung zügig voran. Im Frühjahr 1948 wurde die Aufstellung von »Volkspolizeibereitschaften« beschlossen. Sie hatten paramilitärischen Charakter. Ein Jahr später folgten Volkspolizeischulen, in denen die Ausbildung von militärischen Kadern beschleunigt und damit die Voraussetzung für die Aufstellung einer Truppe geschaffen werden sollte – der Kasernierten Volkspolizei. Die Größenordnung der Planungen war beachtlich. Im Juli 1949 rechnete man mit einer Stärke von 180 000 Mann.[79] Als ähnliche Zahlen auf dem Höhepunkt der Koreakrise im Sommer 1950 in Bonn bekannt wurden, sollte dies bei Adenauer panikartige Reaktionen auslösen.

Aber die Umsetzung blieb beträchtlich hinter der Planung zurück. Das hing teilweise mit allgemein sozialistischen Gesetzmäßigkeiten zusammen, beruhte aber auch auf den Grundsätzen zur Rekrutierung der Kader, die im Sicherheitsapparat eingesetzt werden sollten. Hier wurde größter Wert auf die proletarische Herkunft gelegt, da diese für die Sowjets der wirksamste Schutz gegen politische Unzuverlässigkeit und Verrat zu sein schien. Dafür nahm man bei der fachlichen Qualifikation erhebliche Abstriche hin. Nur in den oberen Rängen glaubte man auf Offiziere der Wehrmacht noch nicht verzichten zu können.

Was im Sicherheits- und Wirtschaftsbereich relativ problemlos erreicht wurde, nämlich die Schaffung neuer Organe für den zu gründenden Staat, der nach sowjetischem Vorbild funktionieren sollte, bereitete im politischen Bereich erheblich größere Schwierigkeiten. Nach der Zwangsvereinigung mit den Kommunisten war zwar die SPD als eigenständige Partei von der Bildfläche verschwunden, aber die neue Partei war alles andere als homogen. Ihre Mitglieder kamen aus ganz verschiedenen Bereichen: Da waren die vielen ehemaligen Sozialdemokraten, neben ihnen die Altkommunisten, die schon vor 1933 der KPD angehört hatten, und schließlich die seit dem Sommer 1945 vornehmlich auf dem flachen Lande mit Hilfe sowjetischer Besatzungsoffiziere rekrutierten neuen Mitglieder der KPD.[80]

Die SED wurde als »Russenpartei« von der Mehrheit der Bevölkerung abgelehnt, und innerhalb der Partei sorgte die Politik der Führung für Mißstimmung und Opposition. Die Blockparteien CDU und LDP stellten zwar politisch keine Gefahr dar, aber der SED-Spitze war wohl bewußt, daß die bürgerlichen Parteien noch nicht die Hoffnung aufgegeben hatten, bei einer Änderung der politischen Großwetterlage wieder zum Zuge zu kommen. Ähnliche Illusionen hegten auch viele ehemalige Sozialdemokraten, deren Erwartungen nach der

Zwangsvereinigung bald enttäuscht wurden, als sie sich mit Ausnahme einiger Führer wie Grotewohl, der sich des Wohlwollens von Pieck erfreute, schon bald an den Rand gedrängt sahen. Von der versprochenen Parität bei der Besetzung von Parteiämtern konnte tatsächlich keine Rede sein.

Auch die häufig widersprüchlichen Positionen der Sowjets in der Deutschlandpolitik stellten die SED vor Schwierigkeiten. Im Sommer 1947, nach der Wende der westlichen Politik mit dem Angebot der Marshall-Plan-Hilfe, auf die Moskau ablehnend reagierte, trat dies besonders hervor. Die Sowjets mußten nämlich erkennen, daß die Westmächte auf die Zusammenarbeit mit ihnen immer weniger Wert legten und sich mehr um die Lebensfähigkeit der Bizone als um den Konsens in der Viermächteverwaltung kümmerten. Daraufhin änderten sie ihren politischen Kurs, indem sie die Propaganda für »Einheit und gerechten Frieden« verstärkten. In Wahrheit ging es ihnen aber um die Aufrechterhaltung der Viermächteverwaltung, die ihnen Mitsprache und Einfluß in den Westzonen versprach.[81]

Ein krasses Beispiel für die improvisierten und wenig vorbereiteten Aktionen der SED war der »1. Deutsche Volkskongreß für Einheit und gerechten Frieden«, der am 6. und 7. Dezember 1947 in Berlin stattfand. Ursprünglich sollte er von allen Blockparteien der Ostzone getragen werden, aber als sich CDU und LPD mehr oder weniger verweigerten, mußte die SED überstürzt die Vorbereitung selbst übernehmen und versuchen, dem Vorhaben dennoch einen überparteilichen Anstrich zu verleihen. Damit hatte sie schon genug Probleme, aber nun fand bei dieser Gelegenheit auch noch die in den Wochen zuvor beklagte Unzufriedenheit unter ihren Mitgliedern ein Ventil. Gerade die ehemaligen Sozialdemokraten zeigten auf dem Kongreß ihr »Gefühl für Demokratie und die Inanspruchnahme des Rechtes auf Mitbestimmung«, so daß Wilhelm Pieck am Ende froh war, die Veranstaltung mit »mehr Glück als Verstand« über die Klippen gesteuert zu haben.[82]

Der Volkskongreß hatte ganz verschiedene Auswirkungen. Die plötzlich aufbrechende Spontaneität unter den Genossen, die auf Veränderung hofften, wirkte auf die SED-Führung höchst beunruhigend und verstärkte die Tendenzen zur Stalinisierung der Partei, zur Umwandlung in die »Partei neuen Typus«. Aber man behielt die Einrichtung des Volkskongresses bei; im März 1948 gab es eine Neuauflage, die etwas gründlicher vorbereitet war. Erwähnenswert ist dieser 2. Volkskongreß nur, weil aus ihm ein »Deutscher Volksrat« hervorging, der eine Verfassung ausarbeiten sollte. Er wurde später zum Gegenstück des Parlamentarischen Rates und schließlich zur provisorischen Volkskammer – mit dem wichtigen Unterschied, daß der Volksrat keine demokratische Legitimation besaß.

Die Zuspitzung des Ost-West-Konflikts durch die Berliner Blockade und der Bruch der Sowjetunion mit Jugoslawien im Sommer 1948 stellten endgültig die Weichen für die Stalinisierung der SED. Aus einer aufgeblähten Massenpartei von nicht ganz zwei Millionen Mitgliedern – wohlgemerkt nur in der Ostzone, da die SED in den Westzonen nicht zugelassen war – wurde eine leninistische Kaderpartei. Wie wenig man den Mitgliedern traute, zeigt die Tatsache, daß diese Umwandlung ohne die Abhaltung eines Parteitages erfolgte. Zwischen 1947 und 1950 fielen die Parteitage aus.

In der »Partei neuen Typs« dominierten unter dem wachsenden Einfluß Walter Ulbrichts die Kommunisten. Es war nur konsequent, daß als neue Parole der Kampf gegen den »Sozialdemokratismus« ausgegeben wurde. Schon im September 1948 erklärte das Zentralsekretariat der SED Stalins »Kurzen Lehrgang« zur Geschichte der KPdSU zur Basis der Parteischulung.[83] Als wirksamstes Werkzeug zur Durchführung der Stalinisierung erwies sich die gleichzeitig gegründete »Zentrale Parteikontroll-Kommission« (ZPKK). Mit ihrer Hilfe konnte Ulbricht seine innerparteilichen Gegner bekämpfen und die Partei »säubern«. Schließlich wurde im Januar 1949 das Politbüro gegründet – sichtbares Zeichen dafür, daß die Partei neuen Typs nun die richtige Spitze besaß. Ulbricht wurde das mächtigste Mitglied.

Vor dem Hintergrund der Entstehung des Weststaates vollzog sich dann der letzte formale Akt der Staatsgründung im Osten. Am 12. Dezember 1948 reisten die SED-Führer Pieck, Grotewohl und Ulbricht nach Moskau. Am 18. Dezember trafen sie mit Stalin zu einer ausführlichen Aussprache zusammen.[84] Dabei erläuterte die Delegation, daß sie, sobald der Weststaat gebildet sei, in der Ostzone die staatlichen Zentralorgane zu einer »deutschen Regierung für die sowjetische Besatzungszone« zusammenfassen wolle – eine sachlich durchaus zutreffende Bezeichnung. Die politische Situation wurde folgendermaßen umschrieben: »Der alte Staatsapparat ist zerschlagen … Großgrundbesitzer und Monopolkapitalisten sind enteignet … Die SED leitet im Block mit den anderen Parteien den Staat.« Aber noch gebe es reaktionäre Bürokraten, bedeutende kapitalistische Kräfte in Industrie, Handel und Landwirtschaft, auch die »reaktionären Elemente in den bürgerlichen Parteien«, die »noch nicht geschlagen« seien. Dennoch bestehe schon eine »höhere demokratische Ordnung«, womit zum Ausdruck gebracht werden sollte, daß zwar alles schon sehr »demokratisch«, aber die »Volksdemokratie« noch nicht verwirklicht sei. Stalin verhielt sich vorsichtig, billigte aber die SED-Politik. Er empfahl die Trennung der westdeutschen KPD von der SED und sprach sich für die Bildung einer »provisorischen deutschen Regierung« nach der Etablierung einer westdeutschen Regierung aus.

Die letzten Schritte vor der Proklamation der DDR, deren »Geburtstag« dann später als staatlicher Feiertag zelebriert wurde, zeigen zweierlei: Zum einen ging es um die Gründung eines Staatswesens in der Sowjetischen Besatzungszone und um nichts anderes, die gesamtdeutschen Ansprüche traten völlig zurück, auch wenn die Propaganda das Gegenteil behauptete; zum andern offenbarte sich die völlige Abhängigkeit von Moskau.

Einen Tag nach der Wahl Adenauers zum ersten deutschen Bundeskanzler, am 16. September, flogen Pieck, Ulbricht und Grotewohl erneut nach Moskau, um bei dem »weisen Lehrer des deutschen Volkes« die endgültige Zustimmung für die Staatsgründung einzuholen. Devot dankten sie »dem Genossen Stalin für die Berufung zu dieser Besprechung« und erbaten seinen Rat, »wie wir bei der Bildung der deutschen Regierung vorgehen sollen«. Ihre Vorstellungen legten sie dann in einem Schreiben ausführlich dar. Zur Bildung der Regierung hieß es, Pieck solle Präsident, Grotewohl Ministerpräsident und Ulbricht dessen erster Stellvertreter werden. Darüber hinaus traten sie für die Verschiebung der Wahlen bis zu einem Zeitpunkt ein, an dem es möglich sei, »Einheitslisten mit den andern Parteien aufzustellen« – also die Wahlen durch eine Einheitsliste zu einer Farce zu machen. Das sollte dann auch bei den ersten Volkskammerwahlen im Oktober 1950 geschehen.

Weiter bat die designierte Regierung des zukünftigen Staates um Wirtschaftshilfe, um die Lieferung von Walzwerkerzeugnissen, Baumwolle, Brotgetreide, Lkw und anderen Gütern. Damit hoffte sie, den wirtschaftlichen Start etwas erleichtern zu können. Ferner bemühte sie sich darum, mit Einverständnis der »Freunde« »erklären zu dürfen, daß bis Ende 1949 alle Kriegsgefangenen aus der Sowjetunion entlassen werden«. Zudem hielt sie es »für zweckmäßig, die bestehenden Straflager in der Ostzone aufzulösen«. Diese sowjetischen Speziallager verbreiteten Furcht und Schrecken; sie galten gleichsam als Inkarnation der Sowjetherrschaft. Mit ihrer Beseitigung und der Freilassung der Kriegsgefangenen wollte man eine Besserung der Verhältnisse signalisieren und die Akzeptanz der zukünftigen Staatsführung in der Bevölkerung erhöhen.

Nachdem der Diktator im Kreml seinen Segen erteilt hatte, erfolgte am 7. Oktober 1949 der offizielle Gründungsakt.[85] An diesem Tag versammelte sich der Deutsche Volksrat im ehemaligen Reichsluftfahrtministerium in Ost-Berlin, erklärte sich zur »Provisorischen Volkskammer« und billigte nach einer Sitzungspause das Gesetz über das Inkrafttreten der »Verfassung der Deutschen Demokratischen Republik« und ein weiteres über die Bildung der provisorischen Regierung.

Die DDR war da. In der Substanz unterschied sich dieser Staat nur wenig von dem ihm vorausgegangenen Regime. Zwar wurden mehr Funktionen von der SED und der staatlichen Verwaltung wahrgenommen, und im Laufe der Jahre nahm die sowjetische Kontrolle und direkte Einflußnahme ab, aber in einem Punkt änderte sich nichts: Wie die Gründung in Moskau beschlossen wurde, so existierte dieser Staat nur auf Grund der abschreckenden Wirkung der sowjetischen Truppen, durch die Furcht, daß sie jeden Versuch zum Sturz des Regimes sofort mit Gewalt niederschlagen würden.

Konrad Adenauer erklärte im Frühjahr 1958 dem sowjetischen Botschafter Andrej Smirnow: »Wenn heute die Unterstützung der Sowjetunion aussetzen würde, wäre die Sowjetzonenregierung spätestens morgen weg.«[86] Als 1989 klar wurde, daß die sowjetische Führung keine Panzer mehr gegen die DDR-Bevölkerung einsetzen würde, dauerte es zwar etwas länger, aber der Sachverhalt blieb derselbe – Adenauers Prognose bewahrheitete sich.

Die DDR war ein Staat ohne Wurzeln in der deutschen Geschichte, ein Staat, dessen Gründung vor allem auf den Interessen der Besatzungsmacht beruhte. Diese pfropfte ihm ihr politisches, wirtschaftliches und soziales System auf, das jedoch den politischen Traditionen und der Wirtschaftsstruktur in diesem Land vollkommen widersprach. Ihre deutschen Kollaborateure hatten vor 1933 nur einen marginalen Teil der deutschen Gesellschaft repräsentiert. Zu einer revolutionären Umwälzung aus eigener Kraft waren sie damals nicht in der Lage, und noch weniger war nach 1945 der relativ kleinen Clique um Walter Ulbricht zuzutrauen, die sich im Zuge der Stalinisierung der SED durchgesetzt hatte. Ihr Sieg bedeutete die Ausschaltung sowohl von Altkommunisten wie ehemaligen Sozialdemokraten, die aus unterschiedlichen Gründen die simple Imitation des Sowjetmodells ablehnten. Damit wurde die innenpolitische Basis noch schmaler, die Abhängigkeit von den Sowjets dafür aber um so größer.

Eine »doppelte Staatsgründung« habe 1949 stattgefunden, hat ein sozialdemokratischer Historiker in den achtziger Jahren festgestellt,[87] als dem Zeitgeist gehorchend Teilung und Zweistaatlichkeit als unabänderliche Gegebenheiten im Westen weithin anerkannt und sogar gerechtfertigt schienen. Eine solche These mit Entschiedenheit zu verneinen heißt nicht, die Geschichte der Sieger zu schreiben und vom Ende des Regimes auf seine Anfänge zu schließen. Der Vergleich mit Westdeutschland zeigt den Unterschied. Im Sommer 1949 wurde die Bundesrepublik auf westalliierte Initiative als demokratischer Staat gegründet, nachdem das Grundgesetz ausgearbeitet und gebilligt worden war und die ersten Wahlen eine breite Zustimmung zu dieser Demokratiegründung ergeben hatten.

Ganz anders lagen die Verhältnisse in der Sowjetzone. Das war keine Staatsgründung aus eigener Kraft, sondern die Etablierung einer Marionettenregierung, die den Willen des Volkes und sogar das Aufbegehren der eigenen Partei befürchten mußte. Nur aus diesem Grunde wurden die Wahlen verschoben bis die Einheitsliste Überraschungen, also die Manifestation des Volkswillens, ausschloß. Die Verfassung garantierte zwar Rechte auf dem Papier, nicht aber in der politischen Praxis. Dort setzte die Staatssicherheit die Normen. Damit soll keine generelle Aussage über diesen Staat gemacht werden, denn eine Entwicklung zu begrenzter wirtschaftlicher Selbständigkeit und einem gewissen Maß an politischer Freiheit – etwa einer Art Gulaschkommunismus – schien nicht von vornherein undenkbar, wenn auch wenig wahrscheinlich. Auf jeden Fall aber zeigen die Quellen, die die interne Entscheidungsfindung dokumentieren und erst nach der Wende zugänglich wurden, die ganze Erbärmlichkeit des Gründungsvorgangs.

DER ABSCHLUSS DER WESTSTAATSGRÜNDUNG

Durch den Auftrag der westlichen Besatzungsmächte, eine konstituierende Versammlung zu bilden und eine Verfassung auszuarbeiten, war bei der Staatsgründung im Westen der zweite Schritt vor dem ersten erfolgt, denn ein staatlicher Neuanfang beginnt in der Regel mit Wahlen zu einer Nationalversammlung, die eine Regierung wählt und sich dann den Verfassungsfragen zuwendet. Das Grundgesetz war aber bereits beschlossen, als der Parlamentarische Rat Wahlen ausschrieb und als Wahltag den 14. August festsetzte.

Den Wahlkampf führten die Parteien in traditioneller Weise: mit Versammlungen und Plakaten wie in der Weimarer Zeit, wobei die Partei im Vordergrund stand und noch nicht irgendwelche Spitzenpolitiker. Mit Ausnahme von Kurt Schumacher, dem unbestrittenen Führer der Sozialdemokratie, gab es die ohnehin noch nicht. Die CDU war nicht einmal als Partei auf Bundesebene organisiert; sie bestand noch aus Landesparteien, die weitgehend selbständig agierten und nur eine recht lose Arbeitsgemeinschaft bildeten.

Aber die Union hatte dennoch ein Zugpferd: Ludwig Erhard.[88] Sein Name war Programm; er stand für soziale Marktwirtschaft und für die entschlossene Ablehnung jeder Form von Plan- oder Zwangswirtschaft. Ganz besonders zeichnete ihn aus, daß er nicht als Parteipolitiker abgestempelt war. Mit ihm konnten sich auch jene Parteien identifizieren, die schon im Frankfurter Wirtschaftsrat mit der CDU/CSU eine Koalition gebildet hatten. Seine optimistische Botschaft brachte die CDU dazu, ihr Ahlener Parteiprogramm mit den Forderungen nach Kontrolle und Mitbestimmung der Industrie in der Versenkung verschwinden zu lassen. Die CSU sah in dem Franken Erhard den Landsmann, die FDP betrachtete ihn im Grunde als einen Liberalen, dessen Wirtschaftspolitik jede Unterstützung verdiente.

Die Wirtschaftspolitik stellte denn auch das einzige wichtige Wahlkampfthema dar. Über die große Politik stand den Deutschen keine Entscheidungsbefugnis zu, aber wie in Zukunft die Wirtschaft funktionieren sollte, das beschäftigte die Wähler, und darüber konnten sie tatsächlich abstimmen. »Planwirtschaft oder Marktwirtschaft« hieß die Parole. Sie bestimmte weitgehend den Wahlkampf und machte Erhard zur bekanntesten politischen Persönlichkeit.

Es war klar, daß bei einem Sieg der SPD der erste Bundeskanzler Schumacher heißen würde. Wer es im Falle eines Wahlsiegs der CDU sein würde, stand nicht fest. Erhard kämpfte für die liberale Wirtschaftsordnung, nicht aber um das Kanzleramt. CDU/CSU, FDP und DP (Deutsche Partei) identifizierten sich selber als die »die Wirtschaftspolitik des Herrn Professor Erhard tragenden Parteien«. Adenauer war gewiß ein bekannter Politiker, der die SPD eifrig bekämpfte und nicht müde wurde, der Partei eine Anfälligkeit für den Osten und die Liaison mit der britischen Labourregierung zu unterstellen. Aber niemand kam auf die Idee, daß er der künftige Bundeskanzler sein könnte.

Seit wann Adenauer das Amt des Regierungschefs anstrebte läßt sich nicht genau bestimmen. Als aber feststand, daß das Grundgesetz einen starken Kanzler vorsah, wird sein Interesse gewachsen sein. Er selbst hat zum Auftakt des Wahlkampfes auf die Stellung des Kanzlers als der »wichtigsten Persönlichkeit in dem neuen Deutschland« hingewiesen. Seine Stärke ergebe sich aus dem konstruktiven Mißtrauensvotum, durch das sich nicht das »traurige Beispiel in der Weimarer Republik« wiederholen könne, und aus der Richtlinienkompetenz. Wichtiger erschien ihm aber, was der Kanzler zu bewältigen hatte: die Organisation der Bundesregierung, aber auch den »Eintritt in die europäische Union« und – noch kühner – sogar »die Frage der Stellung Deutschlands zum Atlantikpakt«, also die mögliche Mitgliedschaft in der NATO.[89]

Man kann Adenauer getrost unterstellen, daß er schon seit Kriegsende die politische Führung anstrebte und ein Spitzenamt zu übernehmen bereit war, sobald es ein solches gab. Die Stellung des Kanzlers und dessen Kompetenzen, wie er sie sah, und zugleich die wichtigen Aufgaben, die die neue Bundesregierung zu lösen hatte, ließen in seinen Augen nur den Schluß zu: Er allein war fähig, den Posten des Kanzlers zu übernehmen.

Das Wahlergebnis vom 14. August zeigte dann die CDU/CSU mit einem knappen Vorsprung von nicht einmal zwei Prozent vor den Sozialdemokraten. Aber der direkte Vergleich zwischen den beiden großen Parteien täuscht, denn in Wirklichkeit war eine klare Entscheidung zugunsten der Parteienkoalition gefallen, die Erhards soziale Marktwirtschaft stützte.

Zunächst galt es, die in der Union weitverbreitete Neigung zu einer großen Koalition zu bekämpfen und die bürgerlichen Parteien hinter sich zu bringen. Mit FDP und DP hatte Adenauer schon vor der Wahl eine Verständigung erzielt. Die wichtige Vorklärung mit dem bayerischen Ministerpräsidenten Ehard fand am 20. August in Frankfurt statt. Die beiden Politiker einigten sich dabei auf folgende Linie: Adenauer sollte Kanzler, Ehard Präsident des Bundesrates und Heuss Bundespräsident werden. Zugleich sicherte Adenauer zu, daß Ludwig Erhard seine Wirtschaftspolitik fortführen und die CSU möglichst das Finanzministerium erhalten werde.

Für den 21. August, den Sonntag nach der Wahl, lud Adenauer führende Unionspolitiker in sein Haus nach Rhöndorf.[90] Das geschah auch, um nicht von »Kellnern und Journalisten ausgehorcht« zu werden,[91] aber in erster Linie wollte er mit diesem Treffen eine Parteikonferenz mit festem Delegiertenschlüssel verhindern und statt dessen als Hausherr mit seinen Gästen diskutieren und nach exquisiter Bewirtung zu ersten Entscheidungen kommen. Ungefähr dreißig Politiker hatte er geladen. Sein parteipolitischer Hauptgegner Karl Arnold, der Ministerpräsident von Nordrhein-Westfalen, war nicht darunter. Der Kreis war bunt zusammengesetzt: Da waren Adenauers Vertraute Herbert Blankenhorn und Robert Pferdmenges, dann CDU-Ministerpräsidenten, Politiker unterschiedlicher Couleur, auch der junge Bundestagsabgeordnete und CSU-Generalsekretär Franz Josef Strauß.

Das Treffen sollte vor allem in der Frage der künftigen Koalition eine Entscheidung bringen. Adenauer hatte bewußt Befürworter einer Koalition mit FDP und DP, aber auch Anhänger einer großen Koalition mit der SPD eingeladen. Zu letzteren gehörten die süddeutschen Ministerpräsidenten mit Ausnahme Ehards, der nicht gekommen war. Die Anhänger der bürgerlichen Koalition hatten zwar die Mehrheit, aber auch die Minderheit kam ausführlich zu Wort und wurde in der Diskussion sehr schonend behandelt.

Für Adenauer freilich bestand kein Zweifel an der einzuschlagenden Richtung. Der Wähler habe der sozialistischen Planwirtschaft eine klare Absage erteilt, und demzufolge sei eine Regierung zu bilden, die dieser Einstellung Rechnung trage, also die Politik der sozialen Marktwirtschaft fortführe. Ein »Regierungsmischmasch«, worunter er eine Koalition mit der SPD verstand, sei ihm ein Greuel. Deren Befürworter warnten eindringlich vor den Schwierigkeiten, die ohne die Mitarbeit der SPD, wie sie bisher in den Ländern praktiziert worden sei, nicht bewältigt werden könnten. Zugleich traten sie aber für die Fortsetzung von Erhards Politik ein. Dieser Widerspruch war jedoch unüberwindbar, zumal Erhard selbst kategorisch erklärte, für eine große Koalition nicht zur Verfügung zu stehen. Ohne förmliche Abstimmung, aber auch ohne polemische Zuspitzungen stand fest, daß die Mehrheit entschieden der bürgerlichen Koalition zuneigte.

Das hervorragende kalte Buffet und der ausgezeichnete Wein sorgten dann in der Pause für eine entspannte Stimmung. Damit war der Augenblick gekommen, die Personalfragen anzuschneiden. Bei der wichtigsten, der des Kanzlers, die noch nie zuvor diskutiert worden war, gab es die größte Überraschung. Adenauer erklärte: »Man hat mich dazu vermocht, mich für die Stellung des Bundeskanzlers zur Verfügung zu stellen.«[92] Er wies sogleich auf seine »gewisse Erfahrung in staatlichen Dingen« hin und auf seinen Arzt, der gemeint habe, »für zwei Jahre« könne er das Amt noch führen. Die Verblüffung war allgemein, aber es regte sich kein Widerspruch.

Die Weichenstellung war erfolgt. Die Rhöndorfer Konferenz hatte das erwünschte Ergebnis erbracht. In der Partei stand Adenauer nun als Kanzlerkandidat fest, was auch die weiteren Besprechungen in größerem Rahmen nicht mehr in Frage stellten. Damit war auch die Entscheidung für die soziale Marktwirtschaft und gegen die große Koalition gefallen.

Bis zur Kanzlerwahl waren noch etliche Hürden zu nehmen. Zuerst mußte die SPD von sich aus die große Koalition ablehnen, um deren Befürwortern in der Union endgültig den Wind aus den Segeln zu nehmen. Es vergingen fast zwei Wochen, bis der Parteivorstand der SPD in Bad Dürkheim eine entsprechende Entschließung verabschiedete. Dann sah sich Adenauer genötigt, sein Koalitionspaket im größeren Rahmen, vor allem vor der CDU/CSU-Bundestagsfraktion, zu vertreten und durchzusetzen. Schwierigkeiten und böse Überraschungen blieben nicht aus. Diese nutzte Fritz Schäffer zur Durchsetzung bayerischer Interessen, indem er im Poker um Ministerposten sich selbst das Finanzministerium sicherte und der CSU insgesamt drei Sitze im Kabinett erstritt. Ehard dagegen erhielt das zugesagte Amt nicht.

Mit Schäffer kam ein Mann zum Zuge, dessen Bedeutung für die frühe Geschichte der Bundesrepublik kaum überschätzt werden kann. Seine resolute Steuerpolitik, die auch vor den großen Einkommen nicht haltmachte, schuf die Voraussetzung für die Lösung der drängenden sozialen Probleme wie Wohnungsbau und Lastenausgleich. Damit erhielt die Politik der sozialen Marktwirtschaft ihre sozialpolitische Glaubwürdigkeit.

Fester als erwartet erwies sich der Widerstand gegen den zweiten Punkt von Adenauers Personalkonzept. Die Zustimmung zur Wahl des FDP-Vorsitzenden Theodor Heuss zum Bundespräsidenten fiel der Unionsfraktion unendlich schwer. Alle möglichen Einwände wurden gegen den liberalen Schwaben

vorgebracht. Später konnte man sich kaum vorstellen, daß dieser Maßstäbe set-
zende erste Bundespräsident vor seiner Wahl so viel Skepsis und Bedenken hervorgerufen hatte.

Adenauer kämpfte zäh für seinen Kandidaten, da der Bundespräsident den
Bundeskanzler vorschlug. Da durfte also keine Panne passieren. Erst im zweiten
Wahlgang erhielt Heuss die Mehrheit, nachdem ihm im ersten offenbar auch
einige Abgeordnete der Koalition ihre Stimme verweigert hatten. Das war ein
böses Omen für die Kanzlerwahl, und tatsächlich wurde Adenauer am 15. September mit nur einer – seiner – Stimme Mehrheit zum Kanzler gewählt. Noch
Jahrzehnte später zeigten sich die Schulbücher befremdet darüber, daß Adenauer sich selbst gewählt habe. Eine solche Haltung zeugt von politischer Naivität, denn bei knappen Mehrheitsverhältnissen geht es um die Sache, nicht um
die Person. Letztlich war aber gar nicht Adenauers Stimme ausschlaggebend,
sondern die eines Abgeordneten der Bayernpartei, den Schäffer dazu überredet
hatte, für den Kandidaten der Koalition zu stimmen – ganz abgesehen davon,
daß die Koalition, hätte sie geschlossen abgestimmt, es auf 208 Ja-Stimmen
hätte bringen können, also sechs mehr als die für Adenauer abgegebenen.

Die Regierungsbildung war alles andere als einfach. Adenauer mußte den
kleinen Parteien entgegenkommen; das ging zu Lasten der CDU. Doch es zeigte
sich hier bereits, wie es der Kanzler verstand, seine Partei dazu zu bewegen, ihre
durchaus berechtigten Personalforderungen zurückzuschrauben. Das fiel auch
deshalb nicht leicht, weil in der nur locker organisierten CDU landsmannschaftliche und vor allem konfessionelle Gesichtspunkte berücksichtigt werden mußten. Allein letzterem Umstand verdankte es Gustav Heinemann, daß
er erster Innenminister wurde; die evangelischen Parteifreunde hatten ihn gegen Adenauers zähen Widerstand durchgesetzt.

Am 20. September war das Feilschen um Regierungsämter endgültig vorbei.
Adenauer gab seine Regierungserklärung vor dem Bundestag ab. Sie begann
mit der Rechtfertigung der kleinen Koalition: Die Bundestagswahl habe die
Entscheidung für die soziale Marktwirtschaft gebracht und folglich entspreche
die Regierungskoalition dem Wählerwillen. Dann behandelte er Punkte, die
auch in späteren deutschen Regierungserklärungen nicht fehlen sollten: die
Ankündigung von Steuersenkungen, aber auch die Zurückweisung vornehmlich im Ausland geäußerter Befürchtungen über das Aufkommen neuer rechtsradikaler und antisemitischer Tendenzen. Im übrigen steht diese Regierungserklärung einmalig da: Ihre Versprechungen tatkräftiger Unterstützung für
Mittelstand, Vertriebene und Kriegsopfer sollten weitgehend erfüllt werden.

Adenauers Bemerkungen zur deutschen Teilung waren dagegen blaß und
eher fatalistisch: Sie würde »eines Tages wieder verschwinden«, denn wenn, wie

er hoffte, die »Spannungen« zurückgingen zwischen den Siegermächten, würde der »Wiedervereinigung … nichts mehr im Wege« stehen.[93] Dieser Rede fehlte es zweifellos an visionärem Schwung, weil es Adenauer vor allem darum ging, das ihm anvertraute Staatswesen so rasch wie möglich voranzubringen. Das war eine gewaltige Aufgabe – die Bundesbehörden mußten aufgebaut, die Wirtschaft zu voller Leistung gebracht und die Kriegsopfer im weitesten Sinne versorgt werden. Auf diese Probleme war er konzentriert, daher die dürftigen Äußerungen zu Teilung und Wiedervereinigung.

Mit der Vereidigung der Regierung war die Staatsgründung aber noch nicht vollendet. Den eigentlichen Abschluß bildete am folgenden Tag der Antrittsbesuch des Kanzlers bei den Hohen Kommissaren auf dem Petersberg, die weiterhin die oberste Regierungsgewalt in der Bundesrepublik ausübten. Bei diesem Besuch sollte das schon im April verabschiedete Statut, das die Beziehungen zwischen den Besatzungsmächten und der Bundesregierung regelte, übergeben werden.

Der Antrittsbesuch ist vor allem durch den kalkulierten Regelverstoß bekanntgeworden, den sich Adenauer erlaubte, als er protokollwidrig auf den Teppich trat, auf dem die Hohen Kommissare standen, und damit den Willen zur Gleichbehandlung zum Ausdruck brachte. Die feierliche Überreichung des Besatzungsstatuts lehnte Adenauer entschieden ab. Deshalb drückte man es seinem Gehilfen Blankenhorn beim Abschied »stillschweigend« in die Hand.[94] Viel wichtiger war, was der Kanzler den alliierten Vertretern erklärte. Da gab es keine Zusicherungen der guten Zusammenarbeit und des Wohlverhaltens, sondern ein Gemisch aus Forderungen und Befürchtungen, die leicht bedrohlich klangen.[95] Das Besatzungsstatut sollte – so seine dringende Bitte – nur »in einer großzügigen und maßvollen Weise« angewandt werden. Zugleich äußerte er die Erwartung, daß es möglichst bald revidiert werde, obwohl es gerade erst in Kraft getreten war. Die baldige Revision begründete er mit den drängenden sozialen Problemen, da ein Staat ohne ein »Minimum an wirtschaftlicher Existenzfähigkeit« gefährdet sei. Er wies auf den »Triebsand der Millionen von Flüchtlingen« hin und drohte, wenn man ihnen nicht Arbeit und ein Dach über dem Kopf böte, gäbe es keine »stabile innere Ordnung«. Ebenso müßten die Verhältnisse an der Ruhr so verändert werden, daß zumindest die »Keimzelle einer Ordnung« dort entstehen könne. Er machte also die Alliierten mitverantwortlich für die Entwicklung der Bundesrepublik, nicht zuletzt dafür, was eintreten würde, wenn der »Triebsand« unkontrolliert in Bewegung geriet.

Vor allem kommt in der Ansprache Adenauers ein Gesichtspunkt zum Ausdruck, der für ihn, aber auch für die politische Kultur der Bundesrepublik hohe

Bedeutung erhalten sollte: die Freiheit. Die Deutschen besäßen sie zwar noch nicht, aber er sprach es als sein Ziel an, in Zusammenarbeit mit den Alliierten das deutsche Volk »wieder zur völligen Freiheit« zu führen. Es ist erstaunlich, aber kein Zufall, daß bei Reuter wie bei Adenauer der Freiheit eine so große Bedeutung beigemessen wurde. Was bei Reuter vor allem als Freiheit vor politischer Unterdrückung verstanden wurde, war bei Adenauer mehr auf Selbstbestimmung und das Ende der Besatzung ausgerichtet. Aber letztlich ging es um das gleiche.

Hier zeigte sich der politische Wille zum Neubeginn: Noch nie war in Deutschland das Bekenntnis zur Freiheit als Ziel politischen Bemühens so deutlich ausgesprochen worden wie in der jungen Bundesrepublik. Hier kam der Wille zum Ausdruck, mit der Vergangenheit zu brechen und nationaler Machtpolitik zu entsagen. Diese Haltung sollte die politische Kultur der Bundesrepublik nachhaltig prägen.

RESTAURATION?

Schon in den fünfziger Jahren kam, befeuert durch die DDR-Propaganda, das Schlagwort von der Restauration in Mode, das in den folgenden Jahrzehnten zum Schlüsselbegriff der Zeit- und Gesellschaftskritik werden sollte. Eine Restauration, so wurde suggeriert, habe nach 1945 in der Bundesrepublik stattgefunden. Was damit gemeint war, blieb schwammig: Was sollte denn restauriert werden – das Kaiserreich, die Weimarer Republik oder gar das »Dritte Reich«? Die einzigartige geistig-politische Situation bestand ja gerade darin, daß die Vergangenheit mit ihren drei gescheiterten Staatsformen ein beispielloses Trümmerfeld hinterlassen hatte. In den Überresten fanden sich – bildlich gesprochen – wertvolle Einzelstücke, aber es gab keine lebendigen Traditionen, an die wieder angeknüpft werden konnte.

Der Historiker Jürgen Kocka, eine der wenigen Gegenstimmen im Chor der Restaurationsfahnder, weist die These von der Restauration zurück, indem er den Kontinuitätsbruch herausarbeitet, zugleich aber am Beispiel der erfolgreichen kapitalistischen Wirtschaft und Verwaltung auf die vor allem von der amerikanischen Besatzungsmacht bewirkten Veränderungen aufmerksam macht.[96]

Zum Vorwurf der Restauration kommt die Verklärung der »Stunde Null«. Weil man die einmalige Chance des Neubeginns nicht genutzt habe – so das immer wieder vorgetragene Argument –, sei das Ergebnis halt Restauration gewesen. Tatsächlich ist das Gegenteil richtig. Während des Krieges und der unmittelbaren Nachkriegszeit traten tiefgreifende Veränderungen ein, die sich nachhaltig auf die Sozial- und Wirtschaftsstruktur auswirkten und auch die politischen Rahmenbedingungen entscheidend veränderten. Statt Restauration entstand etwas Neues, eine neue, sehr produktive Mischung.

Der tiefe Schock des Kriegsendes, des Zusammenbruchs, verwehrte den Blick zurück. Angesichts der Trümmer schaute man nach vorn; es ging um Wiederaufbau in vielfacher Hinsicht. Das betraf auch das politische Leben. Viele der heimkehrenden Soldaten und jungen Offiziere, die am liebsten der Politik den Rücken gekehrt hätten, fühlten nun in sich die Verpflichtung, am Aufbau eines demokratischen Gemeinwesens mitzuarbeiten und einer Partei beizutreten. Diese Generation von Politikern hat die Bundesrepublik auf allen Ebenen des öffentlichen Lebens fast fünfzig Jahre getragen. Führende Persönlichkeiten waren Männer wie Helmut Schmidt, Franz Josef Strauß, Rainer Barzel, Erich Mende und Georg Leber.

In ganz erheblichem Maß hat zu dieser Entwicklung der Bundesrepublik ein Faktum beigetragen: die ungeheure Bevölkerungsverschiebung durch Flucht und Vertreibung. Die Aufnahme von über acht Millionen Vertriebenen[97] stellte die Westzonen anfangs vor erhebliche Probleme, die jedoch bald gelöst wurden, was die Bevölkerungsstruktur vorteilhaft veränderte. Mit den Vertriebenen, die fast alles verloren hatten, kamen hochmotivierte, leistungsfähige und disziplinierte Arbeitskräfte nach Westdeutschland. Sie wurden zwangsläufig auf dem Lande oder in kleinen Städten untergebracht, denn die zerbombten Großstädte konnten sie nicht aufnehmen. Viele von ihnen blieben dort und gründeten eine neue Existenz. Damit wurde die seit der Industrialisierung einsetzende Landflucht gestoppt. Gewerbebetriebe, die nichts mit Landwirtschaft zu tun hatten, wurden von Flüchtlingen in ländlichen Regionen gegründet, andere Unternehmen siedelten sich dort wegen des Arbeitskräftepotentials der Vertriebenen an. Der deutsche Osten war eine strukturschwache Region mit hohem Zuschußbedarf gewesen. Der erbitterte Kampf um die notwendigen Subventionen war ein permanenter Störfaktor, der die Innenpolitik belastet hatte. Das war nun Geschichte. Das Land ging verloren, aber die Menschen überlebten und trugen mit ihrer Arbeit ganz wesentlich zum wirtschaftlichen Aufstieg der Bundesrepublik bei. Das gleiche gilt für die Zonenflüchtlinge, die seit 1950 in beträchtlichen Schüben in die Bundesrepublik kamen.

Die erfolgreiche Industrialisierung des flachen Landes wäre aber gar nicht möglich gewesen ohne den Strukturwandel der deutschen Industrie, der nach Kriegsende einsetzte. Die traditionell tonangebende Schwerindustrie verlor jetzt weithin an Bedeutung. Der Ruhrindustrie wurden von Briten und Amerikanern umstürzende Veränderungen aufgezwungen, Kohle und Stahl getrennt, die großen Konzerne zerschlagen und ein beträchtlicher Teil der Unternehmer in alliierten Gewahrsam genommen.

Die Zukunft lag in der verarbeitenden Industrie, vornehmlich auf dem Konsumsektor. Automobile und Chemieerzeugnisse sollten bald eine enorme Nachfrage erleben. Der Großindustrielle Friedrich Flick hat das schon als Häftling in Landsberg erkannt und daraus die Konsequenzen gezogen. Eine Wiederherstellung der Vorherrschaft der Schwerindustrie war damit ausgeschlossen, zumal deren Stellung mit dem Siegeszug des billigen Erdöls ins Wanken und der Bergbau bald sogar in eine Dauerkrise geriet. Mit dem Schwerpunkt auf der verarbeitenden Industrie und ihrer immer größeren Diversifizierung entstanden keine neuen industriellen Machtzentren. Daher konnte ein Mann wie Fritz Berg, seines Zeichens Bettenfabrikant aus dem Sauerland, mehr als ein Jahrzehnt an der Spitze des Bundesverbandes der deutschen Industrie stehen.

Aus historischer Sicht ist festzustellen, daß mit dem Konzept der sozialen Marktwirtschaft eine tiefgreifende Veränderung erfolgte, allerdings nichts grundsätzlich Neues entstand. Im Rahmen des Wirtschaftsgeschehens stellte sie aber eine zukunftsweisende Modifikation dar: Veränderung der Wirtschaftsstruktur durch die Zerschlagung von Schwerindustrie, Großchemie und Großbanken, aber keine Restauration eines aggressiven Privatkapitalismus mit der Börse als Indikator für Gewinn- und Verlusterwartungen. Börse und Aktien sind dem Deutschen noch immer – selbst nach fünfzig Jahren Wohlstand – im Grunde verdächtig. Es dauerte Jahrzehnte, bis Spekulationstechniken wie der Optionshandel überhaupt wieder zugelassen wurden und genügend Teilnehmer diese Techniken beherrschten.

Die neue liberale Ordnung bedeutete einen gelungenen Mittelweg, eine volle Bejahung der Marktwirtschaft, in die aber Sicherungen eingebaut wurden, die verhinderten, daß die am Markt Starken ihre Macht unkontrolliert auf Kosten der Schwächeren einsetzten. Mit der sozialen Marktwirtschaft, wie sie die Freiburger Schule während des Krieges konzipiert hatte und wie Ludwig Erhard und seine Mitstreiter sie dann nach 1948 praktizierten, wurde in der Bundesrepublik ein einzigartiges Wirtschaftsmodell eingeführt. Es unterschied sich ganz wesentlich von den anderen großen westeuropäischen Volkswirtschaften. Dies war ein deutscher Sonderweg, denn sowohl in England als auch in Frankreich fanden nach dem Krieg umfangreiche Sozialisierungen statt. In Frankreich wurde sogar eine zentrale Planungsbehörde eingerichtet. Die Folgen waren wirtschaftliches Siechtum und gebremstes Wachstum, während in der Bundesrepublik mit ihren modernen Fabriken und leistungsbereiten Arbeitern eine beispiellose Aufholjagd einsetzte. Man wollte sich das so lang Entbehrte endlich auch leisten können – ein Vorgang, den man gemeinhin »Wirtschaftswunder« nennt.

Die deutsche Verwaltung machte ebenfalls einen Wandel durch.[98] Das Berufsbeamtentum wurde zwar nicht generell abgeschafft, aber mit der Kapitulation geschah das für Beamte kaum Vorstellbare: Die Sicherheit des Arbeitsplatzes, den Status des Beamten auf Lebenszeit gab es plötzlich nicht mehr automatisch, und der Dienstherr der meisten Beamten, das Reich und der preußische Staat, war von der Bildfläche verschwunden. Viele der zur Wehrmacht eingezogenen Beamten mußten sich nach der Entlassung aus der Kriegsgefangenschaft nach einer anderen Tätigkeit umsehen. Mit den neugegründeten Ländern entstanden neue Verwaltungen, deren leitende Beamte, vor allem die politischen Beamten – etwa die Landräte –, von der Besatzungsmacht ausgesucht oder zumindest überprüft wurden. Wesentliches Merkmal der ersten Nachkriegsjahre war die durch die Verhältnisse erzwungene Mobilität, besonders des höheren Dienstes. Seine Angehörigen mußten sich auch an den politischen Parteien orientieren, wenn sie an ihrer Wiederverwendung interessiert waren. Durch den dezentralisierten Neuanfang auf Länderebene ergaben sich Karrierechancen regionaler Art und ganz neue Perspektiven für die, die sie zu nutzen verstanden. So tauchten beispielsweise in den Ministerien und Verwaltungen der Länder ehemalige Diplomaten der Wilhelmstraße in Berlin auf, denen der auswärtige Dienst auf absehbare Zeit verschlossen schien.

Es wäre falsch, von einer Reform oder Umstrukturierung der Beamtenschaft zu sprechen. Aber der politische Neubeginn bot den unschätzbaren Vorteil, bei Neueinstellungen unter verschiedenen Bewerbern auswählen zu können. Auch wenn schließlich viele Angehörige der Berliner Ministerialbürokratie in Bonn landeten, gab es dennoch eine andere Zusammensetzung, allein schon durch den höheren Anteil katholischer Beamter, die dort wirkten. Es war in gewisser Weise eine neue Mischung der Beamtenschaft entstanden, deren Leistungsbereitschaft stark ausgeprägt war. Das galt vor allem für die Kriegsteilnehmer, die nach Wehrdienst und Gefangenschaft endlich wieder eine feste Stellung bekommen, Geld verdienen und sich nach oben arbeiten wollten.

Die Frage der Mitgliedschaft in der NSDAP spielte keine entscheidende Rolle mehr. Das war die Folge der Entnazifizierungsbemühungen, die man leid war. Zwischen Regierung und Opposition herrschte Einigkeit, daß keine Notwendigkeit bestand, die Tür zum öffentlichen Dienst generell vor ehemaligen Mitgliedern der NSDAP zuzuschlagen. Wie richtig die Entscheidung war, nicht wirklich belastete Beamte wieder zu verwenden, zeigte die Folgezeit; es gab keine nennenswerten Tendenzen in der Bürokratie, die demokratische Entwicklung zu behindern oder gar zu sabotieren.

Die bedingungslose Kapitulation bedeutete für eine traditionelle Funktionselite, nämlich das Offizierskorps, einen ganz tiefen Einschnitt. Sein Sozialprestige war in Deutschland außerordentlich hoch gewesen, und das Offizierskorps war es gewöhnt, daß seine Forderungen erfüllt wurden. Mit Kapitulation und Gefangennahme verschwand es vollständig von der Bildfläche. Zehn Jahre lang gab es unter deutschem Kommando weder Soldaten noch Offiziere, und als 1956 die ersten Freiwilligen wieder einrückten, hatte sich das gesellschaftliche Umfeld ebenso verändert wie die Einstellung zum Militär überhaupt. Die Hochachtung vor allem Militärischem, die in Deutschland tief verwurzelt und zum Militarismus ausgeartet war, gab es nicht mehr, im Gegenteil: Militär und Wehrdienst fanden eher Ablehnung als Anerkennung. Das zahlenmäßig aufgeblähte Offizierskorps der Wehrmacht – allein mehr als 3000 Generäle hatten Krieg und Gefangenschaft überlebt – war alles andere als homogen gewesen. Nach 1945 zeigte es sich zerstritten und als soziale Gruppe ohne Einfluß. Viele der jüngeren Offiziere waren in die Wirtschaft gegangen und dort teilweise sehr erfolgreich. Andere wechselten, da weder Zeit noch Geld zum Studium vorhanden war, in den Journalismus, in die Parteien oder in Verbände.

Nach zehn Jahren ohne Armee und Soldaten war die militärische Tradition im öffentlichen Bewußtsein nicht mehr vorhanden. Die Bundeswehr hatte deshalb mit der Traditionspflege viele Probleme. Erst 1965 veröffentlichte sie ihren ersten »Traditionserlaß«. Es gab keine Rückkehr zum »Staat im Staate«, statt dessen erfolgte der Neuaufbau unter einer zivilen politischen Führung. Von einer restaurativen Entwicklung konnte keine Rede sein. Der Kontinuitätsbruch ist zusammen mit der Neuorientierung im westlichen Bündnis die zukunftsweisende Perspektive für die Bundeswehr geworden.

Durch die Gründung der CDU und ihrer bayerischen Schwesterpartei, der CSU, ist es in einem entscheidenden Bereich der Politik zu einem wirksamen Neubeginn gekommen, dem Gegenteil von Restauration. Die innenpolitische Landschaft Deutschlands war seit dem Kaiserreich von der ideologischen Spaltung des bürgerlichen Lagers geprägt. Es zerfiel in konservativ-protestantische, liberale Parteien und die Zentrumspartei als Interessenvertretung des katholischen Volksteils sowie die politische Vertretung der Arbeiterbewegung. Die CDU dagegen war von Anfang an eine Volkspartei mit dem Anspruch, dem Arbeiter ebenso wie dem Mittelstand und dem Unternehmer eine politische Heimat zu geben. Damit ist eine neue Partei entstanden, die als Alternative zur SPD, die weitgehend noch eine Partei der Arbeiterschaft und der unteren Ränge des öffentlichen Dienstes geblieben war, zum Kampf um die Erringung der Mehrheit antreten konnte. Zugleich wurde damit rechten Parteien das Wasser abgegraben.

Auch aus einer anderen Perspektive erscheint die Vorstellung einer Restauration nach 1945 abwegig. Die Entwicklung in Westdeutschland unterlag alliierter Planung und Kontrolle. Es war eine Besatzungsdiktatur, die allerdings nicht als solche verstanden wurde, da die deutsche Verwaltung als Puffer vieles abfing und die alliierte Propaganda für die Demokratie dies überdeckte. Die alliierte Besatzung schuf jedoch wirksam die Rahmenbedingungen für den demokratischen Neuanfang, auch wenn einzelne Maßnahmen, etwa die Ernennung von Landtagsabgeordneten an Stelle ihrer Bestimmung durch Landtagswahlen, wenig demokratisch anmuteten. Die Besatzung wirkte wie ein Schutzschild, hinter dem die Demokratie sich entwickeln konnte und wo sie vor den Attacken ihrer Feinde geschützt war. Denn die Deutschen nach 1945 waren keineswegs Demokraten. Noch im Juli 1952 hatten 24 Prozent der Bevölkerung von Adolf Hitler eine »gute Meinung«, im November des Vorjahres gaben 32 Prozent einer Monarchie den Vorzug, und im Oktober 1948 hielten 57 Prozent den Nationalsozialismus »für eine gute Idee, die schlecht ausgeführt wurde«.[99] Nach 1990 sollte sich in der ehemaligen DDR dasselbe wiederholen, nur ging es da um den Sozialismus. Die Zahlen lassen erahnen, wieviel Glut in Deutschlands verwirrter Gesellschaft noch unter der Asche des Zusammenbruchs lag.

Am Beginn der Weimarer Republik hatte der Streit um die Schuld an der Niederlage gestanden. Er hatte die Innenpolitik vergiftet und die Republik geschwächt. Nach dem Ende des Zweiten Weltkriegs verhinderten die Besatzungsmächte derartige öffentliche Schuldzuweisungen und Auseinandersetzungen. Nicht einmal für das Nachkriegselend waren die deutschen Parteien verantwortlich. Es sind die Alliierten gewesen, die drei Jahre nach Kriegsende die Währungsreform verordneten. Das wurde nicht mit Empörung zur Kenntnis genommen, vielmehr war man froh, wieder zu geordneten Verhältnissen zurückkehren zu können.

Mit der politischen Kontrolle ging auch die kulturpolitische Beeinflussung einher. Die Bundesrepublik öffnete sich dem Westen; man verschlang die bis dahin unbekannte Literatur. Das war eine neue Erfahrung, ganz anders als in der Weimarer Republik, als der Westen mit Versailles gleichgesetzt wurde. Westliche Demokratie und westliches Bündnis bewirkten eine neue politische Orientierung. Daher konnte Bonn nie Weimar werden. Der Erfolg der von den Westalliierten verordneten, von den Deutschen aber willig akzeptierten Demokratie beruhte ganz erheblich auf der Tatsache, daß es keine politische Alternative gab. Zu Rapallo führte kein Weg zurück.

Dennoch fürchteten die Westmächte weiterhin, daß die Deutschen sich der Sowjetunion wieder annähern könnten. Doch diese trug ungewollt dazu bei, das Verhältnis der Westdeutschen zu ihrer Besatzung zu verbessern. Kritik an ihnen wurde stets durch die Erkenntnis gemildert, daß die westlichen Besatzer im Vergleich zu den Sowjets wesentlich günstiger abschnitten, was jeder Blick in die Sowjetzone lehrte. Das Schlagwort von der Systemkonkurrenz wird freilich der Erfahrung nicht gerecht. Es suggeriert zudem, die beiden deutschen Staaten hätten sich im Zuge jenes Wettbewerbs der jeweiligen Führungsmacht angeschlossen und deren politisches System übernommen. Damit wird der fundamentale Unterschied zwischen Ost und West verwischt.

Das demokratisch-parlamentarische System wurde ebenso wie die Westintegration von der großen Mehrheit der Westdeutschen – wenn auch nach anfänglichem Zögern – innerlich akzeptiert, während die Sowjetisierung der SBZ gegen den Willen der Ostdeutschen erfolgte und zur Massenflucht führte. Die Bevölkerung der Bundesrepublik war dagegen im Westen »angekommen«.[100] Da hatten restaurative Kräfte keine Chance. Der Zug ging in die entgegengesetzte Richtung, in die Konsum- und egalisierte Mittelstandsgesellschaft. Die »alten Eliten« waren nur noch in Einzelfällen vorhanden. Ein herausragendes und zugleich imponierendes Beispiel der Kontinuität ist die Familie von Weizsäcker, die vom königlich-württembergischen Ministerpräsidenten des Kaiserreiches bis zum Bundespräsidenten in diesem Jahrhundert Führungspositionen wahrnahm. Das Jahr 1945 stellt in diesem Zusammenhang eine Zäsur, aber keinen Bruch dar. Fast alle Funktionseliten hatten bei Kriegsende keine Funktion mehr, wenn sie nicht überhaupt aus dem Verkehr gezogen waren. Das betraf Beamte, Offiziere und Führungskräfte der Wirtschaft. Es hing nun weithin vom Geschick des einzelnen ab, wie der neue Start glückte.

Im Rückblick kann die »schöpferische Pause« von längerer oder kürzerer Dauer, die den Funktionseliten verordnet wurde, in ihrer Bedeutung kaum überschätzt werden. Ob sie im alten Beruf wieder unterkamen oder wechselten – Krieg und unmittelbare Nachkriegszeit hatten sie tief geprägt und für Neues aufgeschlossen. Was sie nach der Währungsreform und der Staatsgründung erlebten und mitgestalteten, war keine Restauration, sondern ein Neuanfang. Er war durch etwas bestimmt, was es zuvor in Deutschland nicht gegeben hatte – durch politische Stabilität. Die konnte man nicht restaurieren.

Die Ära Adenauer

1949 BIS 1953: JAHRE DER POLITISCHEN WEICHENSTELLUNG

Die Geschichte der Bundesrepublik unterscheidet sich denkbar kraß von der Entwicklung Deutschlands in der ersten Hälfte des Jahrhunderts. Statt der Kriege und Krisen ging es nun erheblich friedlicher zu. Stabile Demokratie und wirtschaftliches Wachstum standen im Vordergrund. Dennoch war das Drohpotential des Ostens stets gegenwärtig, was zu einer einmaligen Bewußtseinslage führte. Die Bundesbürger genossen mit Behagen und Dankbarkeit den wachsenden Wohlstand, zugleich aber fürchteten sie, daß Krisen in einen Atomkrieg münden könnten, der das Ende Deutschlands bedeuten konnte. Man tanzte zwar nicht auf dem Vulkan, ließ aber nie die dunkle Wolke der atomaren Bedrohung aus dem Auge, aus der ein tödliches Unwetter niedergehen konnte. Erst in den sechziger Jahren, nach der Kubakrise von 1962, ließen Bedrohung und krisenhafte Zuspitzungen nach.

So ist die Ära Adenauer gleichwohl von äußeren Konflikten und Kriegsgefahren geprägt. Die Koreakrise von 1950, die Erhebung des 17. Juni 1953, der Ungarnaufstand 1956, der Mauerbau 1961 und die Kubakrise des folgenden Jahres lösten nicht nur Kriegsangst aus, sie hatten zugleich einschneidende innenpolitische Folgen. Zum Teil bestätigten sie die Politik Adenauers, was sich bei den Bundestagswahlen von 1953 und 1957 auszahlte. Der Schock des Mauerbaus aber stellte die Politik Adenauers in Frage und bescherte ihm den Verlust der absoluten Mehrheit bei den Wahlen von 1961.

Die erste Bundesregierung und ihr Kanzler hatten einen schwierigen Start. Innen- und wirtschaftspolitische Fragen erhielten ihre spezifische Bedeutung dadurch, daß die Hohen Kommissare die oberste Entscheidungsbefugnis besaßen. So hatten genuin innenpolitische Entschlüsse zugleich eine außenpolitische Dimension. Der Kanzler wurde dadurch zu einem Spagat verurteilt: Er mußte seine Entscheidungen einerseits durch Parlament und Bundesregierung steuern und sie andererseits auch bei den Herren auf dem Petersberg durchsetzen.

Konrad Adenauer hatte bereits bei der Regierungsbildung gezeigt, daß er Durchsetzungsvermögen und Autorität besaß. Mochte er noch vor seiner Wahl

zum Bundeskanzler gescherzt haben: »Ich bin diktatorisch nur mit starkem demokratischen Einschlag«,[1] so merkte man in Bonn bald, daß der demokratische
Einschlag nicht selten hinter seinen autoritären Stil zurücktrat. Der Kanzler war
auf seine Richtlinienkompetenz fixiert, die zwar schon in der Weimarer Reichsverfassung verankert, dort aber toter Buchstabe geblieben war. Die Stellung des
Reichskanzlers war damals auf Grund der instabilen Mehrheitsverhältnisse
schwach, und sie wurde durch die starke Stellung des Reichspräsidenten, der –
vom Volk gewählt – über die Diktaturgewalt verfügte, noch mehr geschwächt.

Die Beschränkung des Bundespräsidenten auf vornehmlich repräsentative
Aufgaben kam Adenauer zugute, der sich auf eine Mehrheit stützte und fest
davon überzeugt war, daß die Richtlinienkompetenz die entscheidende Prärogative des Kanzlers sei. Diese setzte er unbedenklich ein, selbst als es um die
Teilnahme an der Beerdigung des letzten deutschen Kronprinzen ging. So erwuchs aus seinem subjektiven Anspruch und seinem stupenden Durchsetzungsvermögen eine neue Verfassungswirklichkeit. Die Kanzlerdemokratie
galt fortan als allgemein anerkanntes Markenzeichen der Bundesrepublik,
auch wenn in den achtziger Jahren zum ersten Mal Zweifel aufkamen, ob sich
die Kanzlerdemokratie nicht längst in eine »Koordinationsdemokratie« verwandelt habe.[2]

Zur Profilierung des Kanzlers trug auch die Polarisierung seines Verhältnis-
ses zur Opposition wesentlich bei. Obwohl Adenauer sich über die wichtige
Funktion der Opposition im parlamentarischen System sehr abgewogen ver-
breiten konnte, war er doch von der Notwendigkeit, die SPD nicht an die
Macht gelangen zu lassen, zutiefst überzeugt. Sein Kontrahent Schumacher,
der Adenauer noch im Wahlkampf sträflich unterschätzt hatte, akzeptierte die
Rollenverteilung und verschärfte den Gegensatz durch bewußt verletzende
Polemik. Die Demokratie hat darunter nicht gelitten, im Gegenteil: Der offene
Schlagabtausch zwischen Regierung und Opposition diente der Einübung der
Demokratie und hat, wie der Schumacher-Biograph Peter Merseburger zu
Recht feststellt, der parlamentarischen Demokratie »entscheidend« geholfen,
»im deutschen Volk endlich feste Wurzeln zu schlagen«.[3]

Der Ausbau des Palais Schaumburg, Sitz des Bundeskanzleramtes, zur
Machtzentrale festigte gleichfalls die Stellung des Kanzlers. Die tatsächliche
Leitung des Amtes lag bei Hans Globke, der bis 1953 noch als Ministerialdirektor diente und erst dann zum Staatssekretär ernannt wurde. Nach 1945 war er,
der im Krieg Kontakte zum Widerstand geknüpft hatte, in Nordrhein-Westfalen tätig geworden, hatte aber auch in alliierten Kriegsverbrecher-Prozessen als
Zeuge der Anklage ausgesagt. Sein Kommentar zu den »Nürnberger Gesetzen«
war den Besatzungsmächten mit Sicherheit bekannt, sprach nach Ansicht der

Amerikaner aber offensichtlich nicht gegen seine Zeugenschaft. Ohne ihre Zustimmung hätte er auch seine Stellung im Palais Schaumburg nie erhalten.

Globke organisierte das Kanzleramt als effektive Kontrollstelle der Regierung. Er richtete die »Spiegel-Referate« ein, die zu den betreffenden Ministerien Kontakt hielten und über den Stand der Arbeiten dort genau informiert waren. Er war aber keineswegs nur ein effektiv arbeitender Bürokrat, sondern entwickelte auch eine Leidenschaft für die Politik. Dieser mit einem ausgezeichneten Gedächtnis begabte, kluge und kenntnisreich urteilende Staatssekretär wurde der wichtigste Berater Adenauers und blieb doch immer im Hintergrund.

Neben Globke stand dem Kanzler für den Verkehr mit den Hohen Kommissaren wie überhaupt für außenpolitische Fragen der einstige Karrierediplomat Herbert Blankenhorn zur Verfügung. Im Jahre 1948 wurde er der leitende Mitarbeiter des CDU-Vorsitzenden in der britischen Zone, seitdem stellte er seine Unentbehrlichkeit für Adenauer in den verschiedensten Situationen unter Beweis.

Der Erfolg von Adenauers Politik hing entscheidend von seinem Verhältnis zu den Hohen Kommissaren ab. Deren Aufgabe war es ja nicht, dem neuen Staat und dessen Regierungschef hilfreich zur Seite zu stehen, sondern die Interessen ihrer jeweiligen Staaten zu vertreten. Adenauer schien ihnen alles andere als sympathisch zu sein, vertrat er doch in ihren Augen den Typ des autoritären und machtbewußten Deutschen der älteren Generation, mit der die Alliierten eigentlich nichts mehr zu tun haben wollten. Aber dieser Kanzler führte ihnen bereits auf der ersten Arbeitssitzung unmißverständlich vor, daß sie gut beraten waren, mit ihm zu arbeiten. Als der französische Hochkommissar François-Poncet nämlich den Siegerstandpunkt etwas stark herauskehrte, entgegnete ihm der schlagfertige Kanzler, die SPD – und das hieß Schumacher – werde fragen, ob es bei der Sitzung »um Verhandlung oder Diktat« gegangen sei.[4] »Diktat«, das mußte in Erinnerung an das Versailler Diktat wieder zu einer »nationalen Opposition« führen, deren Sprecher kein anderer als der SPD-Vorsitzende sein würde. Dieser radikale Vertreter deutscher Interessen war für die Alliierten jedoch ein rotes Tuch.

Es war bezeichnend für den Kanzler, daß er zur Hohen Kommission auf dem Petersberg fast immer allein fuhr, allenfalls Blankenhorn durfte ihn begleiten. Er wollte keine Zeugen, die darüber berichten konnten, wie ihm in den Verhandlungen Zugeständnisse abgerungen wurden. Er besaß das Monopol des Zugangs zu den Hohen Kommissaren und damit einen wichtigen Trumpf in der innenpolitischen Auseinandersetzung. Das wußte er zu nutzen, wie das Petersberger Abkommen vom 22. November 1949[5] zeigte.

Das Petersberger Abkommen, diesen ersten Versuch einer Neuordnung der deutsch-alliierten Beziehungen, hat Adenauer selbst später immer wieder als den erfolgreichen Beginn seiner Westpolitik gewürdigt. Es ging damals vor allem um den Beitritt der Bundesrepublik zur Ruhrbehörde, jenem im Jahr zuvor beschlossenen alliierten Kontrollgremium, in dem die Bundesrepublik nur schwach vertreten sein sollte. Nicht zufällig fiel das verletzende Wort Schumachers vom »Kanzler der Alliierten« in der Debatte über dieses Abkommen, denn die Zugeständnisse, die Adenauer erhielt, waren mehr als bescheiden, und die wirklich spektakuläre Konzession kostete die Alliierten nichts. Für den Kanzler aber war sie ungemein wichtig. Die Alliierten strichen nämlich einige der großen Industriewerke von der Demontageliste, darunter die August-Thyssen-Hütte. Das brachte Adenauer die Zustimmung der Gewerkschaften. Er schluckte die bittere Pille des Beitritts zur Ruhrbehörde und bekam dafür den Demontagestopp, der Arbeitsplätze sicherte. Er wußte, daß mit der Ruhrbehörde nicht das letzte Wort gesprochen war, und kooperierte mit den Westmächten, weil es dazu keine Alternative gab. Er setzte auf die Zusage der Gegenseite, die »Beziehungen auf der Grundlage gegenseitigen Vertrauens fortschreitend zu entwickeln«. Damit sollte er recht behalten, und so blieb das Petersberger Abkommen ein erster markanter Schritt auf dem Weg zur Westintegration. Er konnte getan werden, weil Adenauer zu Konzessionen bereit gewesen war. Ihn hatte dabei die Überzeugung geleitet, daß diese sich später politisch auszahlen würden – auch damit sollte er weitgehend recht behalten.

Kaum war das Petersberger Abkommen unter Dach und Fach, rückten die Beziehungen zu Frankreich in den Blick. Der Bundeskanzler gehörte zu den ganz wenigen deutschen Politikern, die das französische Sicherheitsverlangen ernstnahmen, und er hoffte, im Rahmen einer europäischen Einigung eine Besserung dieses Verhältnisses erreichen zu können. In dem französischen Außenminister Robert Schuman, einem Lothringer, glaubte er den geeigneten Partner für eine Verständigung gefunden zu haben. Adenauer unterschätzte dabei freilich Schumans Durchsetzungsvermögen ebenso wie das Bestreben Frankreichs, ohne Rücksicht auf europäische Schalmeienklänge nationale Interessenpolitik zu betreiben – auf deutsche Kosten.

In den Verhandlungen mit Frankreich ging es um das Saargebiet, das seit Kriegsende vom übrigen Deutschland getrennt war und immer enger mit Frankreich verbunden wurde. Die materielle Besserstellung durch die Anbindung an Frankreich ließ den meisten Saarländern die Abtrennung als akzeptabel erscheinen; die Gegner schüchterte ein rigides Polizeiregime ein. Auf deutscher Seite kritisierten die Parteien, vor allem die Liberalen und besonders ihr Vorsitzender, Bundesjustizminister Thomas Dehler, lautstark die französische Politik einer schleichenden Annexion. Aber auch Jakob Kaiser, Bundesminister für gesamtdeutsche Fragen, sah sich zum Eingreifen veranlaßt und förderte unter der Hand die verbotenen deutschen Parteien, wobei er sich auch von Adenauer nicht bremsen ließ.

Als Anfang 1950 die Spannungen um die Saar zunahmen, beschlossen die Alliierten, ein Exempel zu statuieren. Die Bundesrepublik sollte gleichzeitig mit dem Saargebiet den Antrag auf die assoziierte Mitgliedschaft im Europarat stellen. Dieser demütigenden Forderung nachzukommen – die Bundesrepublik als einzige legitime deutsche Regierung und das kümmerliche Satellitengebilde sollten gleichrangig behandelt werden –, war innenpolitisch kaum durchzusetzen. Selbst im Kabinett regte sich Widerstand.

Die drohende Konfrontation mit den Alliierten wurde jedoch durch den Plan einer gemeinsamen Kontrolle der deutschen und französischen Schwerindustrie, den Schuman-Plan, vermieden. Sein Urheber, Jean Monnet, der Cheflenker der französischen Planwirtschaft, hatte mit diesem Projekt ursprünglich das Ziel verfolgt, mit der modernisierten französischen Schwerindustrie auf dem europäischen Kontinent eine Vormachtstellung zu erringen. Er hatte dabei allerdings den Aufholelan der Ruhrindustrie unterschätzt. Bedeutsam an dem Plan war weniger der wirtschaftliche als vielmehr der politische Aspekt: Die Schwerindustrie der Mitgliedsstaaten kam unter die Kontrolle einer supranationalen Institution, der Hohen Behörde der Montanunion. Indem alle nationalen Schwerindustrien dieser Kontrolle unterstellt wurden, konnte das französische Mißtrauen, die Deutschen könnten geheim doch wieder rüsten, besänftigt und zugleich eine einseitige Diskriminierung der Bundesrepublik vermieden werden. Überdies wurde eine erfolgversprechende Perspektive auf ein vereinigtes West-Europa eröffnet. Die Hürden für den Beitritt zum Europarat waren damit überwunden. Wenn die euphorischen Erwartungen sich später auch nicht erfüllten, bedeutete die Veröffentlichung des Plans im Mai 1950 doch eine wesentliche Verbesserung der deutsch-französischen Beziehungen.

Mit dem Ausbruch des Koreakrieges am 25. Juni 1950 rückte dann die Sicherheitsfrage in den Vordergrund. Furcht breitete sich aus in Westdeutschland. Die Verantwortlichen rechneten mit riesigen Fluchtströmen, wenn es auch hier zu einem Angriff kommunistischer Truppen auf den westlichen Teilstaat kommen sollte.

Adenauer war spätestens seit 1948 davon überzeugt, daß der Westen auf einen deutschen Verteidigungsbeitrag angewiesen sei. Außerdem hielt er es für ganz selbstverständlich, daß ein normaler Staat – und die Bundesrepublik sollte so rasch wie möglich einer werden – über ausreichende Streitkräfte verfügte. Schon Ende 1948 hatte er sich von dem ehemaligen Generalleutnant Hans Speidel vortragen lassen, wie drastisch die sowjetische Überlegenheit in

Europa von den westlichen Militärs eingeschätzt wurde. In Zeitungsinterviews, etwa am 3. Dezember 1949 im »Cleveland Plain Dealer«, sprach sich der Kanzler für einen deutschen Verteidigungsbeitrag im Rahmen einer europäischen Armee aus, erregte damit aber weit mehr Kritik als Zustimmung.

Adenauer war gewohnt, das als richtig Erkannte in die Tat umzusetzen. Wenn Militärexperten warnten, Westeuropa sei mit den dort stationierten Streitkräften nicht zu verteidigen, konnte ihm das nicht gleichgültig sein, schließlich war er der Regierungschef des am meisten gefährdeten Staates. Schon im Frühjahr 1950, also vor Ausbruch des Koreakrieges, hatte er die Hohen Kommissare gedrängt, angesichts der sowjetischen Überlegenheit Möglichkeiten für einen deutschen Verteidigungsbeitrag zu suchen. Der konnte bestehen aus einer in Frankreich aufzustellenden internationalen Legion, aus einer mobilen Bundesgendarmerie oder auch aus »10 bis 12 deutschen Panzerdivisionen«.[6] Die Hohen Kommissare hörten sich die Besorgnisse des Kanzlers an, reagierten aber ausweichend und glaubten an keine unmittelbare sowjetische Bedrohung.

Durch den kommunistischen Angriff in Korea fühlte sich Adenauer bestätigt und versuchte nun in verstärktem Maße, Druck auf die Hohen Kommissare auszuüben. So meldete er etwa am 1. Juli, die Bewohner des Zonenrandgebietes fürchteten, »daß ganz plötzlich russische Panzer westwärts durch ihre Orte rollen werden«.[7] Knapp zwei Wochen später meinte er gegenüber dem amerikanischen Hohen Kommissar McCloy, beide Seiten, der Westen wie der Osten, müßten danach streben, »für den bereits im Ausbruch befindlichen oder vielleicht auch erst drohenden Dritten Weltkrieg« das westdeutsche Potential zu sichern.[8] Dramatischer läßt sich die Bedrohung, die er aus der politischen Situation ableitete, nicht zum Ausdruck bringen.

Bei dieser Gelegenheit entwickelte er ein eindrucksvolles Bedrohungsszenarium, indem er auf die Zahl und Stärke der in Ostdeutschland stationierten sowjetischen Truppen sowie auf die in rasantem Aufbau befindliche Volkspolizeiarmee hinwies.[9] Vor allem gegen diese »Ostzonenarmee« wollte er ein Gegengewicht schaffen in Form einer »deutschen Verteidigungsmacht ... von freiwilligen Formationen bis zur Gesamtstärke von 150 000 Mann«. Die Hohen Kommissare verhielten sich gegenüber den Ausführungen Adenauers eher skeptisch. Entscheidungen konnte sie ohnehin nicht treffen.

Entscheiden konnten nur die Außenminister der Westmächte, die sich vom 12. bis 18. September treffen sollten, um auch über die Frage eines deutschen Verteidigungsbeitrages zu beraten. Für die Konferenz ließ Adenauer zwei Memoranden ausarbeiten. Das eine beschäftigte sich mit der Sicherheitsfrage im Sinne seiner Ausführungen vor den Hohen Kommissaren, akzentuierte aber stärker die Notwendigkeit, eine Bundespolizei lediglich als Gegengewicht gegen die Volkspolizei und zur Abwehr subversiver kommunistischer Aktionen aufzustellen. Gleichzeitig forderte er die Verstärkung der Besatzungstruppen und wiederholte seine Bereitschaft, »im Falle der Bildung einer internationalen westeuropäischen Armee einen Beitrag in Form eines deutschen Kontingents zu leisten«,[10] für das sein Sicherheitsberater Graf Schwerin, ein ehemaliger General der Panzertruppen, einen Plan ausgearbeitet hatte. Listig schlug Adenauer vor, die Alliierten selbst sollten die Polizeitruppe unter Berufung auf das Besatzungsstatut aufstellen. Ein solches Vorgehen hätte ihm jeden innenpolitischen Ärger erspart.

Im zweiten Memorandum wurden die politischen Schlußfolgerungen gezogen für den Fall, daß der Status der Bundesrepublik durch die Einbeziehung in die westlichen Verteidigungsanstrengungen so dramatisch verändert würde: Gleiche Pflichten bedeuteten auch gleiche Rechte, mehr »Handlungsfreiheit und Verantwortlichkeit«; es mußte daher eine »umfassende Umgestaltung« der Beziehungen zwischen der Bundesrepublik und den Besatzungsmächten erfolgen. Beide Schriftstücke wurden allen Hohen Kommissaren am 30. August übermittelt.

Das Ergebnis der New Yorker Außenministerkonferenz entsprach nicht den Erwartungen Adenauers. Die USA hatten sich gegen den entschiedenen Widerstand Frankreichs und britische Vorbehalte nicht durchsetzen können. Daher wurde die Aufstellung einer als Bundespolizei getarnten Truppe abgelehnt. Beschlossen wurde dagegen eine Sicherheitsgarantie für das Gebiet der Bundesrepublik und Berlin; amerikanische Truppenverstärkungen wurden zugesagt sowie Verhandlungen zur Revision des Besatzungsstatuts in Aussicht gestellt.

Innenpolitisch blieben Adenauers Vorstöße nicht ohne Folgen. Bundesinnenminister Heinemann kritisierte, daß der Kanzler so weitgehende Schritte wie das Angebot eines deutschen Verteidigungsbeitrages, einer »Remilitarisierung«, unternommen habe, ohne einen Beschluß der Bundesregierung darüber herbeizuführen. Adenauer leugnete alles ab; so kam es zu Auseinandersetzungen im Kabinett zwischen Heinemann, assistiert von Jakob Kaiser, und dem Kanzler, die schließlich zum Ausscheiden Heinemanns aus der Bundesregierung führten.

Trotz des abschlägigen Ergebnisses der New Yorker Konferenz gingen die schon zuvor aufgenommenen Gespräche über die Wiederbewaffnung zwischen General Hays, dem stellvertretenden US-Hochkommissar, und seinen deutschen Gesprächspartnern Blankenhorn und Schwerin weiter. Ende September skizzierte Hays unbeeindruckt von der offiziellen Linie der Alliierten die kurzfristige Aufstellung von sechs deutschen Divisionen.[11] Anfang Oktober fand im

Kloster Himmerod eine Tagung von hohen deutschen Offizieren statt, deren Ergebnisse in einer Denkschrift niedergelegt wurden, die sich später als das Gründungskonzept der Bundeswehr erweisen sollte.

Aber all diese Maßnahmen liefen ins Leere. Paris stoppte die deutsch-amerikanische Kooperation mit dem Ende Oktober veröffentlichten Plan einer Europa-Armee (Pleven-Plan), die nach dem Vorbild des Schuman-Plans ebenfalls von Monnet konzipiert worden war. Weder Adenauer noch McCloy konnten dem Pleven-Plan irgend etwas abgewinnen. Die militärische Zweckmäßigkeit mußte jedoch hinter den maßgebenden Grundsätzen der amerikanischen Europapolitik zurückstehen, wonach die Einigung Westeuropas nur möglich war, wenn Frankreich stets der Vorrang vor der Bundesrepublik eingeräumt wurde. Nur so war Frankreich für die Integrationsbemühungen zu gewinnen. Eine westdeutsche Armee konnte gegen den Willen Frankreichs nicht aufgestellt werden, denn Washington wollte die alte unheilvolle Konfrontation um keinen Preis wieder aufleben lassen. So kam es zu langen zähen Verhandlungen im Zeichen supranationaler Fortschrittlichkeit, die schließlich ein Papiermonster hervorbrachten: die Europäische Verteidigungsgemeinschaft (EVG).

Adenauer hatte mit seiner forcierten Initiative zur Wiederbewaffnung Schiffbruch erlitten. Die Aufstellung deutscher Streitkräfte war auf den langen Weg von Verhandlungen verwiesen worden – mit dem Ergebnis, daß die ersten Soldaten erst fünf Jahre später in die Kaserne einrückten. Die Vorbereitungen eines deutschen Wehrbeitrages mußten von nun an zurückhaltend erfolgen. Der Gewerkschaftler Theodor Blank übernahm im Oktober diese Aufgabe mit der sinnigen Bezeichnung: »Der Beauftragte des Bundeskanzlers für die mit der Vermehrung der alliierten Truppen zusammenhängenden Fragen«. Er wurde im Rang eines Staatssekretärs dem Bundeskanzler unterstellt.

Die Forschung in der Bundesrepublik hat – ausgehend von der Darstellung Adenauers in seinen Memoiren – die Initiative zur Wiederbewaffnung primär als ein Mittel verstanden, mit dem ein Mehr an Souveränität und Gleichberechtigung erreicht werden sollte. Diese These, 1969 von Arnulf Baring aufgestellt,[12] entwickelte sich allmählich zu einer nicht mehr zu bezweifelnden Schulbuchweisheit. Allerdings zog Hans-Peter Schwarz sie 1986 auf Grund des inzwischen zugänglichen neuen Quellenmaterials – zwar vorsichtig, aber immerhin vernehmlich – in Zweifel und empfahl eine »gewisse Korrektur«.[13] Eine genauere Analyse der Aktivitäten Adenauers zeigt denn auch eindeutig, daß die Bedrohung aus dem Osten vor und während der Koreakrise sein Hauptantrieb gewesen ist, die Aufstellung deutscher Streitkräfte zu fordern. Daß er dabei politisch bedenkliche Vorgehensweisen wählte,[14] ist nachvollziehbar, wenn er der Überzeugung war, daß der dritte Weltkrieg unmittelbar bevorstehe und in

Korea bereits begonnen habe. Dann ging es ihm um eine schnelle Bewaffnung und nicht um raffinierte Schachzüge zur Erlangung der Souveränität.

Im historischen Rückblick kann man an Adenauers Initiative vom Sommer 1950 charakteristische Merkmale seines politischen Vorgehens und Durchsetzungsvermögens erkennen. Es war vor allem der Bundeskanzler, der das Thema Wiederbewaffnung den Alliierten geradezu aufzwang. Damit hatte er im ersten Anlauf zwar keinen Erfolg, aber die Frage blieb fortan auf dem Verhandlungstisch. Zugleich wird dabei die Art seiner Entscheidungsfindung beleuchtet. Er war von der Bedrohung, besonders auf subversivem Wege durch »fünfte Kolonnen«, zutiefst überzeugt und deshalb zum Handeln entschlossen. Seine eigenen Informationen über die militärische Lage waren sehr zweifelhafter Natur. Erklärungen von alliierter Seite, ein Krieg stehe nicht unmittelbar bevor, schenkte er im Sommer 1950 keinen Glauben. Noch weniger Rücksicht glaubte er auf innenpolitische Bedenken nehmen zu können. Wenn Gefahr im Verzug war und eine Bundespolizei die Form der Aufrüstung war, die möglicherweise von den Alliierten am ehesten hingenommen werden konnte, dann mußte man eine solche Polizei fordern, auch wenn die Verfassung derartiges nicht vorsah.

In der Folgezeit leugnete Adenauer eisern seine eigene Initiative. Vor der CDU/CSU-Bundestagsfraktion erklärte er beispielsweise im Februar 1951, es sei nie ein Angebot seitens des Kabinetts in der Frage des Verteidigungsbeitrages unterbreitet worden.[15]

Auf dem Höhepunkt der Koreakrise zeigte sich auch Kurt Schumacher zum Widerstand entschlossen. Er war dabei sogar radikaler als Adenauer und verlangte eine Verteidigungslinie östlich der Oder. Als sich aber im Herbst 1950 die militärische Lage in Korea vorübergehend entspannte und vage Einzelheiten über Adenauers eigenmächtiges Vorgehen in der Wehrfrage bekannt wurden, ging die SPD auf scharfen Oppositionskurs, was durch das populäre »Ohne mich!« leichtfiel. So vertiefte sich der Graben zur Opposition. In der Folgezeit weitete sich die Ablehnung auf die gesamte Westintegration aus; sie wurde zur Grundsatzopposition, obwohl sie SPD weder pazifistisch noch europafeindlich war. Was aus Verärgerung über Adenauers Eigenmächtigkeit und Schroffheit begonnen hatte, erwies sich bald als eine entscheidende Weichenstellung für die nächsten zehn Jahre. So entstand das stereotype Bild der SPD als einer Partei der Nein-Sager, ungeachtet der Tatsache, daß sie an den meisten Gesetzen konstruktiv mitwirkte. In der Wohnungsbaupolitik kam es sogar zu einer stillschweigend praktizierten großen Koalition, was in der breiten Öffentlichkeit überhaupt nicht zur Kenntnis genommen wurde.[16] Erst Herbert Wehner gelang es, den Eindruck starrer Oppositionspolitik zu überwinden.

In wirtschaftlicher Hinsicht wirkte sich der Krieg in Korea unterschiedlich aus. Generell von einem Koreaboom zu sprechen, verzeichnet die Entwicklung. Der Konflikt bewirkte nämlich im Herbst 1950 ein scharfes Anziehen der Rohstoffpreise. Die Folge waren Preissteigerungen im Inland, massive Lohnforderungen der Gewerkschaften und zunehmende Devisenknappheit. Hinzu kam im Winter 1950/51 eine empfindliche Kohleknappheit, die sogar zur Senkung der industriellen Produktion zwang. In den Augen Adenauers trug der Wirtschaftsminister dafür die Verantwortung. Schon zu diesem Zeitpunkt stand das kritische Urteil des Kanzlers über die politischen Fähigkeiten seines Wirtschaftsministers fest.[17] Aus dem Versuch, Erhard zu entmachten, wurde infolge der raschen Überwindung des wirtschaftlichen Engpasses freilich nichts. Mit der weltweiten Nachfrage nach Fertigwaren von hoher Qualität schlug die Stunde für den deutschen Export, der das Wirtschaftswunder in Gang setzte.

Auch in der Frage der Souveränität zeigte sich Fortschritt. Die Verhandlungen über die Ablösung des Besatzungsstatuts führten im folgenden Mai zum Abschluß des Generalvertrags, später Deutschlandvertrag genannt. Daran gekoppelt wurde in Paris über die Bildung der Europäischen Verteidigungsgemeinschaft beraten, die die Aufstellung von zwölf deutschen Divisionen im Rahmen der neuen supranationalen Verteidigungsorganisation vorsah. Im Gegensatz zu den anderen Mitgliedern der EVG war die Bundesrepublik kein NATO-Mitglied – eine deutliche Diskriminierung, gegen die sich Adenauer lange sträubte. Er nahm sie schließlich in der Erwartung hin, daß der NATO-Beitritt der Bundesrepublik »von selbst kommen werde«,[18] wie McCloy ihm versichert hatte. So einfach sollte es zwar nicht werden, aber grundsätzlich lag der amerikanische Hochkommissar richtig.

Es ist grundverkehrt, Adenauer als blinden Verfechter der Westintegration hinzustellen. Denn trotz seines Eintretens für Europa und das westliche Bündnis verfolgte er zäh nationale Interessen. Er war zutiefst davon überzeugt, daß es notwendig sei, der Bundesrepublik einen Platz im westlichen Bündnis zu sichern. Seine Beurteilung des Ost-West-Verhältnisses ging davon aus, daß Westdeutschland eine zentrale Rolle im Mächtegleichgewicht spielte. Fiele die Bundesrepublik in den sowjetischen Machtbereich, würde das verheerende Folgen haben. Dann sei die Verteidigung Westeuropas nicht mehr möglich, und das würde bedeuten, daß es früher oder später ebenfalls den Sowjets in die Hände fallen mußte. Eine solche Veränderung des Mächtegleichgewichts würde aber auch die USA ernsthaft gefährden. Selbst in späteren Jahren wurde er nicht müde, die Amerikaner vor politischen Plänen zu warnen, die zur Neutralisierung Deutschlands oder Westeuropas führen könnten. Das liefere Europa unrettbar der kommunistischen Herrschaft aus. Sein Zutrauen in die

Standfestigkeit der Amerikaner war gering. Vor dem Fraktionsvorstand etwa rechtfertigte er im Februar 1951 die Wiederbewaffnung mit dem Argument: »Die Anwesenheit deutscher Generäle in der engsten Umgebung Eisenhowers würde die Planung und Durchführung irgendwelcher großräumiger Absetzbewegungen verhindern«.[19] Eisenhower war damals Oberbefehlshaber der NATO.

Im Lichte dieser Lagebeurteilung mußte es im Interesse Bonns wie der Westmächte liegen, die Bundesrepublik möglichst rasch zu einem starken Partner im westlichen Verteidigungsbündnis zu machen. Der Abschluß der Westverträge, die dieses Ziel erreichen sollten, stellt Adenauers größte politische Leistung dar. Er drängte auf den Vertragsabschluß, obwohl die Mehrheit der Bevölkerung keineswegs auf seiner Seite stand. Nichts konnte ihn von seiner Politik abbringen, denn er sah zu ihr keine Alternative. In der Gewißheit, daß ihr Erfolg schließlich die Zweifler überzeugen werde, nahm er auch ungerührt die schweren Niederlagen hin, die die Union bei den Landtagswahlen 1951 einstecken mußte.

Der Kanzler war die zentrale Figur bei der Verhandlung der Westverträge. Er war sein eigener Außenminister und zugleich für die Sicherheitspolitik zuständig. Dieses Bild prägte sich ein: Die Fülle seiner Kompetenzen sowie ihre souveräne Wahrnehmung betonten die Einzigartigkeit seiner Stellung, alle Entscheidungen lagen stets bei ihm. Die alliierte Gegenseite und auch die eigenen Leute lernten rasch die ungeheure Leistungsfähigkeit Adenauers kennen und respektieren.

Niemals verließ den Kanzler das latente Mißtrauen in die Standfestigkeit der Westmächte. Ein Alpdruck lastete auf ihm: »Er heißt Potsdam«,[20] womit er meinte, die Vier Mächte könnten sich noch einmal auf Kosten Deutschlands einigen. Auch nahm er nicht ohne Bitterkeit zur Kenntnis, daß die Gegenseite seine Vorstellungen von der Rolle einer wirklich gleichberechtigten Bundesrepublik keineswegs teilte. Adenauer wollte mit dem Ende des Besatzungsstatuts die volle Souveränität erreichen und auf der Basis ungeschmälerter Gleichberechtigung mit den Westmächten Verträge über die Stationierung alliierter Truppen schließen. Die Hohen Kommissare hingegen gingen nüchtern von der Übernahme der obersten Regierungsgewalt im Jahre 1945 aus, an der sie weiter festhielten.

Für den französischen Hohen Kommissar war diese Regierungsgewalt, wie er Adenauer einmal erklärte, so etwas wie eine »Wurzel, die im Boden steckt«, woraus er folgerte, aus dieser Wurzel sei der »Baum der Besatzung mit seinen sehr vielen Zweigen gewachsen«.[21] Es ginge bei den Verhandlungen also nur darum herauszufinden, welche Äste entfernt werden könnten, mehr nicht. Adenauer war da ganz anderer Ansicht. Er hielt von der obersten Regierungsgewalt der Alliierten nichts und wollte sie ersetzt sehen: »Es falle ihm schwer, einzusehen«, so erklärte er am 1. Oktober 1951 den Hohen Kommissaren, »warum man diese höchste Gewalt heute noch wegen Berlin und der Wiederherstellung der Einheit aufrechterhalten wolle.«[22]

Es gelang Adenauer nicht, den Widerstand der Alliierten zu überwinden, zumal ihm klar gemacht wurde, daß die Existenz West-Berlins und das Recht auf Zugang zur Stadt davon abhinge. Beides wollte er nicht gefährden. Zu diesem Zeitpunkt kommt die Ambivalenz der obersten Regierungsgewalt der Alliierten noch deutlich zum Ausdruck: Auf der einen Seite diente sie den Alliierten zur bequemen Sicherung ihrer Position in Westdeutschland, auf der anderen erwuchsen ihnen aus der Erklärung von 1945 auch Verantwortlichkeiten, namentlich in der Berlin-Politik. Die Alliierten wollten ihre Siegerprivilegien sichern, Adenauer aber hatte das Ziel, Herr im eigenen Hause zu sein. Das waren gegensätzliche Positionen, aber man traf sich in der Behauptung Berlins. Dieser Aspekt sollte dann in Zukunft immer wichtiger werden.

Adenauer konnte auch nicht durchsetzen, daß der Bundesrepublik im Generalvertrag die Souveränität eingeräumt wurde. Im Jahre 1952 war die Gegenseite dazu noch nicht bereit. Dennoch wurde der Kanzler nicht müde, das Vertragswerk zu loben und es sogar als einen Ersatz für den Friedensvertrag zu feiern. Dabei wußte er selbst am besten, wie oft er hatte zurückstecken müssen, so oft, daß er einmal sogar gedroht hatte, die Verhandlungen auffliegen zu lassen und nicht mehr hinzugehen.[23] Wieder einmal mußte er magere Ergebnisse schönreden in der Erwartung, bei späterer Gelegenheit weitere Fortschritte zu erzielen und das Angekündigte tatsächlich zu erreichen.

In der Schlußphase der Verhandlungen über die Westverträge meldete sich die sowjetische Seite. Am 10. März 1952 richtete die Sowjetunion eine Note an die drei Westalliierten, die im Grunde aber auf die Westdeutschen zielte. Der Kreml schlug den Abschluß eines Friedensvertrages mit Deutschland vor und präsentierte zugleich den Entwurf eines entsprechenden Abkommens. Es sah ein vereinigtes Deutschland in den Grenzen von 1945 vor, den Abzug aller Besatzungsmächte, politische Bündnislosigkeit, eigene Streitkräfte und eine Rüstungsproduktion. Die Note kam nicht völlig unerwartet: Im September 1951 hatte DDR-Ministerpräsident Grotewohl schon einen Plan vorgelegt, der auch freie Wahlen in Gesamtdeutschland vorsah, aber über deren Organisation keine konkreten Vorschläge machte. Am 9. April 1952 schoben die Sowjets eine zweite Note nach, in der die Durchführung »freier gesamtdeutscher Wahlen« vorgeschlagen wurde.

Adenauers Einstellung war eindeutig: Jede Form von Neutralität und das Aussetzen der Vertragsverhandlungen waren für ihn inakzeptabel. Es kam in dieser Situation darauf an, nicht den Eindruck zu erwecken, »als wenn wir in unserer Politik schwankten«.[24] Den Westalliierten empfahl er die Zurückweisung der Note, denn er sah darin ein Störmanöver Stalins, der den Abschluß der Westverträge zu verhindern trachte. Einzelne Stimmen sprachen sich für Verhandlungen über die Note aus, auch Jakob Kaiser wollte näher auf sie eingehen, aber diese Einzelgänger konnten nichts bewegen. Allein die mächtige SPD-Opposition hätte für Aufsehen sorgen und im Bundestag die Regierung auffordern können, die Ernsthaftigkeit des Moskauer Angebots zu prüfen. Aber nichts dergleichen geschah. Die SPD-Presse schwieg sich aus. Schumacher schrieb lediglich einen Brief an den Kanzler mit der Bitte um Prüfung der Note. Erst Jahre später sollten die ehemaligen Bundesminister Dehler und Heinemann in der denkwürdigen Parlamentsdebatte vom 23. Januar 1958 dem Kanzler vorwerfen, auf die Note bewußt nicht eingegangen zu sein, obwohl sie doch ein Angebot auf Wiedervereinigung enthalten habe, das seitdem von den Sowjets nicht wiederholt worden sei.

In dieser Debatte wurde die Note gleichsam wiederentdeckt, aber mit ganz anderen Augen betrachtet. Daraus hat sich in den folgenden Jahrzehnten die These von der »verpaßten Gelegenheit« entwickelt, die auf dem Vorwurf beruhte, der Kanzler habe es versäumt auszuloten – das ist das entscheidende Stichwort –, ob es die Sowjets nicht doch ernst gemeint hätten. Ein solches Ausloten barg aber Risiken, da die Reaktion auf die Note in den Augen der Westmächte über die Vertrauenswürdigkeit ihres künftigen Bündnispartners Auskunft gab: Hielt er Kurs oder begann er zu schwanken und zu manövrieren, bloß weil eine im Ton gemäßigte sowjetische Note Einheit und Neutralität vorschlug? Das hätte das Vertrauen in den Kanzler massiv erschüttert. Dieser aber war von der instrumentalen Störfunktion der »Stalin-Note« überzeugt und reagierte nicht darauf, sondern beriet die Westmächte, wie sie auf diese Noten antworten sollten.

Auf die Erfolglosigkeit ihres Vorstoßes antworteten die Sowjets auf ihre Weise. Nach Unterzeichnung der Verträge in Bonn und Paris am 25. und 26. Mai 1952 wurde die Zonengrenze hermetisch abgeriegelt und West-Berlinern der Zugang zur DDR – mit Ausnahme Ost-Berlins – verwehrt. Das war eine von langer Hand vorbereitete Maßnahme. Die SED-Führung zeigte nie Besorgnis, sie könnte zugunsten eines demokratischen und neutralen Gesamtdeutschlands geopfert werden. Vielmehr hatte Pieck schon am 1. April 1952 bei einer Besprechung in Moskau notiert: »Volksarmee schaffen – ohne Geschrei.«[25]

Nach der Öffnung der sowjetischen Archive sind keine Quellen gefunden worden, die die These stützen könnten, die Sowjetunion habe tatsächlich die Neutralität Gesamtdeutschlands angeboten und damit die DDR zur Disposition gestellt. Nicht einmal mit Verhandlungen über ihre Note haben die Sowjets gerechnet. Dagegen sprechen viele Argumente dafür, daß Moskau sich mit der westdeutschen »Remilitarisierung« bereits abgefunden hatte. Die Note war daher vor allem auf die Stärkung derjenigen Kreise gerichtet, die in Opposition zur Regierung Adenauer standen. Stalin selbst soll an der Annahme der sowjetischen Vorschläge überhaupt nicht interessiert gewesen sein.[26]

Adenauer konnte den sowjetischen Avancen widerstehen, obwohl die Mehrheit der Deutschen der Wiederherstellung der Einheit eindeutig die Priorität zuwies, weil er Wiederbewaffnung und Westintegration als Grundlage seiner Deutschlandpolitik darstellte. Es war diese »Politik der Stärke«, die seiner festen Überzeugung nach die Wiedervereinigung bringen würde. Und darin folgten ihm die Deutschen. Seit Herbst 1950 operierte er mit diesem Konzept. Wie viele seiner Landsleute war er von der Richtigkeit des Satzes überzeugt, daß die Russen nur die Sprache der Gewalt verstünden und nur vor militärischer Stärke Respekt hätten. Kaum variiert brachte er immer wieder zum Ausdruck, daß man nur auf diesem Weg zum Erfolg kommen werde. Im September 1951 etwa hieß es: »Wir müssen uns stark machen, dann können wir auf dem Wege von Verhandlungen die Freiheit für ganz Deutschland erzwingen.«[27] Oder er argumentierte: »Mit Sowjet-Rußland kann man nur verhandeln, wenn man mindestens gleichstark ist.«[28] Am 16. März 1952, wenige Tage nach dem Bekanntwerden der Stalin-Note, fühlte er sich in seinen Erwartungen bestätigt. Über die Wiedervereinigung hinaus dachte er nun sogar an eine Neuordnung im Osten Europas, denn er hielt den »Zeitpunkt für nicht mehr allzu fern, zu dem Sowjetrußland sich zu einem vernünftigen Gespräch bereiterklärt«.[29] Das sollte er nicht mehr erleben, im Gegenteil: das Chruschtschow-Ulimatum von 1958 machte diese Überzeugung vorerst zum Wunschdenken. Kurt Schumacher hatte sie schon 1951 als »völlig substanzlose und undurchdachte Propagandaformel« bezeichnet.[30]

Von großer Bedeutung für den Erfolg der Westpolitik, die der Bevölkerung zudem von einer virtuos arbeitenden Propaganda nahegebracht wurde, erwies sich die 1951 einsetzende erfreuliche Wirtschaftsentwicklung. Im April 1952 lag die Union in den Meinungsumfragen zum ersten Mal vor der SPD. Der Vorsprung sollte bis zum September 1953, der nächsten Bundestagswahl, kontinuierlich zunehmen. Basierend auf der wirtschaftlichen Aufwärtsentwicklung und dem ganz neuen Bewußtsein, mit dem Westen verbündet zu sein und zu dessen Führungsmacht, den USA, ein besonders gutes Verhältnis zu haben, erhielt der erste USA-Besuch Adenauers im April 1953 große Bedeutung. Er brachte zum Ausdruck, wie sehr der Kanzler und der von ihm repräsentierte Staat an Achtung gewonnen hatten. Da kam nicht wieder einer dieser europäischen Politiker, die um Kredite nachsuchten, sondern ein Mann, der die Bürger seines Landes einer starken Führung unterworfen hatte und fest zum Bündnis mit dem Westen stand. Und dieser Mann repräsentierte einen Staat, in dem der wirtschaftliche Wiederaufbau alle Erwartungen übertraf.

Im Grunde war Adenauer für die Amerikaner der Regierungschef eines neuen Staates; wahrscheinlich sprach er deswegen bewußt nicht von der Wiedervereinigung. In Washington wurde er als der Erbauer eines neuen Deutschlands entsprechend respektvoll empfangen, und auch die Medien zeigten ungewöhnlich starkes Interesse. Die Kranzniederlegung auf dem Heldenfriedhof in Arlington, das Aufziehen der deutschen Farben und das Abspielen des Deutschlandliedes waren für Adenauer die emotionalen Höhepunkte des Besuchs. Der Film über den Amerikabesuch sollte dann eine wichtige Hilfe im Wahlkampf sein. Noch im kleinsten Dorf wurde er abgespielt.

Bei den im September stattfindenden Bundestagswahlen sollte die Akzeptanz im Westen zu seinem Erfolg beitragen, aber noch mehr sollte sich das dramatische Geschehen im Osten Deutschlands auswirken.

DIE VOLKSERHEBUNG VOM 17. JUNI 1953

Im Juli 1952 hatte die 2. Parteikonferenz der SED den »planmäßigen Aufbau des Sozialismus« beschlossen. Das bedeutete zum einen, die »Grundlagen« des Sozialismus – nach dem sowjetischen Vorbild die Schwerindustrie – mit Vorrang und unter erheblichem Zeitdruck auszubauen. Deswegen war immer wieder vom »beschleunigten Aufbau« die Rede. Das vorgelegte Tempo war in der Tat erstaunlich, umwälzende Veränderungen zeichneten sich ab, der politische Druck nahm zu. Ulbrichts Schlußwort auf der Konferenz zeigte, wohin die Reise ging: »Wir werden siegen, weil uns der große Stalin führt!«[31] Es galt, die Sowjetisierung gleichsam in einem Zug zu vollenden.

Der »demokratische Zentralismus« machte Fortschritte. Noch im Juli wurden die Länder aufgelöst und die DDR in fünfzehn Bezirke eingeteilt. Bei der ohnehin wenig leistungsfähigen Verwaltung bedeutete eine solche Neugliederung einen weiteren Funktionsabfall der Bürokratie. Der überstürzte Aufbau der Schwerindustrie zog Arbeiter aus den anderen Industrien ab, die Produktion von Konsumgütern ging zurück. Die Aufrüstung der Kasernierten Volkspolizei (KVP) erforderte weitere Arbeitskräfte, die dann in der Produktion fehlten. Zugleich wurde die Kollektivierung der Landwirtschaft mit Hochdruck betrieben. Mittels schikanöser Ablieferungsvorgaben wurden die Bauern vor die

Alternative Flucht oder Eintritt in die Landwirtschaftliche Produktionsgenossenschaft (LPG) gestellt. Zugleich überrollte eine Welle von Enteignungen die Industrie. Selbständige und Freiberufler wurden gezielt eingeschüchtert und schlechtergestellt, sogar die Lebensmittelkarten wurden ihnen entzogen. Mit zunehmender Schärfe ging man auch gegen die Kirchen vor, besonders gegen die evangelische »Junge Gemeinde«. Das sich ausbildende totalitäre System konnte keine Institution mehr dulden, die eine andere Weltanschauung verkündete. Ein Kirchenkampf von beachtlicher Brutalität war die Folge.

Die rigide Hektik des Regimes zeigte eine Versorgungskrise von erheblichem Ausmaß, die noch verschärft wurde durch die Anfang 1953 steil ansteigende Massenflucht der DDR-Bürger in den Westen. In den ersten fünf Monaten verließen fast 200 000 Menschen den »Arbeiter- und Bauernstaat«, allein im März waren es über 58 000 – die absolut höchste Zahl von Zonenflüchtlingen in einem Monat; im Juli 1961 sollten »nur« etwas mehr als 30 000 Menschen das Schlupfloch Berlin in den Westen nutzen.

Aus allen Schichten kamen die Menschen, die der DDR den Rücken kehrten, vornehmlich aber waren es Angehörige des Bürgertums und Bauern. Aber nicht nur »Klassengegner«, auch Parteigänger verließen die DDR. 11 000 SED-Mitglieder sollen 1953 geflohen sein. Bereits in den ersten vier Monaten des Jahres zählten die Sowjets 8000 Angehörige der Kasernierten Volkspolizei, die sich in den Westen abgesetzt hatten.[32]

In dieser von Versorgungsmängeln, Terrorkampagnen und Massenflucht geprägten Situation wurde im Mai eine Normenerhöhung um zehn Prozent verkündet. Normen waren ein Fixpunkt der Sowjetökonomie. Sie schrieben eine bestimmte Arbeitsleistung und Planerfüllung vor, allerdings meist allzu schwammig und nicht eindeutig festgelegt. Die angekündigte Normerhöhung konnten die Arbeiter daher nur als Lohnsenkung verstehen, als Aufforderung, bei gleicher Entlohnung mehr zu arbeiten.

Während Ulbricht und die ihm folgende SED-Führung alle Anzeichen der heraufziehenden Krise ignorierten, ja zu erkennen gaben, daß sie die Sowjetisierungskampagne noch zu verschärfen gedachten, kam aus Moskau gänzlich unerwartet ein energisches Stopsignal. Am 5. März 1953 war Stalin gestorben. Das hatte Auseinandersetzungen in der sowjetischen Führung zur Folge. Der Kampf um die Macht tobte in den Monaten nach seinem Tod – und er war noch nicht entschieden, als Anfang Juni Ulbricht und Grotewohl nach Moskau in den Kreml zitiert wurden. Dort konfrontierte man sie mit einer sowjetischen Lagebeurteilung, die vernichtend war. Das Präsidium des Ministerrats, damals das höchste Führungsorgan der UdSSR, zählte in einem »Beschluß« schwere Fehler der DDR-Führung auf. Die »Forcierung des Aufbaus des Sozialismus in der DDR« hielt es schlicht für falsch. Ganz und gar erstaunlich aber waren die Maßnahmen, die der Kreml zur Überwindung der Krise empfahl: das »künstliche Aufbringen« der LPGs sei einzustellen; die Politik der Zurückdrängung der mittleren und kleinen Betriebe sei zu »verwerfen«; die »Steuerpresse« für private Unternehmen sei zu lindern, und Selbständige sollten wieder Lebensmittelkarten erhalten. Das war noch nicht alles: »Maßnahmen zur Stärkung der Gesetzlichkeit« wurden angemahnt, und fortan sollten staatliche Zwangsmaßnahmen, »nacktes Administrieren«, vor allem auch gegen die Kirche, unterbleiben; es hieß sogar, »die Verfolgung der einfachen Teilnehmer … der Jungen Gemeinde ist einzustellen.«[33] Mit diesen höchst überraschenden Anweisung mußte sich das SED-Politbüro vom 6. Juni an unter Aufsicht des zum Hohen Kommissar ernannten Wladimir S. Semjonow beschäftigen, und schon am 9. mußte es den »Neuen Kurs« beschließen. Als sich Rudolf Herrnstadt bei Semjonow über die Eile beschwerte und mehr Zeit zur Vorbereitung des Kurswechsels forderte, wurde dem Politbüro-Mitglied beschieden: »In vierzehn Tagen werden Sie vielleicht schon keinen Staat mehr haben.«[34]

Das nun von der SED-Führung unter sowjetischem Druck vorgelegte Tempo war halsbrecherisch. Am 11. Juni erschien im »Neuen Deutschland« ein Kommuniqué des Politbüros, das »seitens der SED und der Regierung der DDR in der Vergangenheit eine Reihe von Fehlern« einräumte und deren Abstellung versprach. Die in Aussicht gestellten Veränderungen hielten sich, wenn auch vorsichtig formuliert, an die sowjetischen Weisungen. Am folgenden Tag wurden bereits die ersten Regierungsverordnungen veröffentlicht.

Der plötzliche Kurswechsel bewirkte aber nicht das, was die Führung in Moskau erwartet hatte. Nicht ein Gefühl der Erleichterung und Zustimmung breitete sich aus, sondern das Gegenteil: Das Eingeständnis der Schwäche des SED-Regimes ließ die hochgespannte Erwartung aufkommen, daß hiermit das Ende der SED-Herrschaft eingeläutet sei. Die Funktionäre und Agitatoren der Partei waren verunsichert, da die Orientierung von oben fehlte.[35] Der Autoritätsverlust des Regimes war offenkundig. Es nützte auch nichts, daß die SED-Diktatur gegenüber Bauern, Republikflüchtlingen und dem Bürgertum einlenkte, denn die Normenerhöhung für die Arbeiter, die sie nicht zurücknahm, wirkte nun wie der berühmte Funke im Pulverfaß. Wie so häufig in der Geschichte waren es nicht schlecht-, sondern die bestbezahlten Arbeiter – in diesem Fall die Maurer, Bauarbeiter und Zimmerleute auf Block 40 in der Stalinallee –, die am 15. Juni die Arbeit niederlegten. Am folgenden Tag weitete sich die Streikbewegung aus. Ein Demonstrationszug formierte sich und marschierte zum Haus der Ministerien, dem ehemaligen Reichsluftfahrtministerium. Die Demonstranten wollten Ulbricht und Grotewohl sprechen. Die aber waren nicht anwesend. Wer sich von den Spitzenfunktionären zeigte, wurde niedergeschrien, auch der damals noch gläubige Stalinist Robert Havemann.

Am Nachmittag erschienen Arbeiter im RIAS und forderten, der Sender solle zum Aufstand in der Zone aufrufen. Dieses Ansinnen war mit der abwiegelnden Haltung der amerikanischen Vorgesetzten nicht zu vereinbaren, aber die RIAS-Journalisten formulierten für die Streikenden dennoch einige Punkte, die sie dann als Aufruf des Streikkomitees verbreiteten, bis nach einigen Stunden auch diese Meldung auf Anordnung des amerikanischen Hohen Kommissars Conant nicht mehr gesendet werden durfte.[36] Die Forderungen der Streikenden brachten unmittelbare Sorgen, aber auch politische Ziele zum Ausdruck: Verbesserung der Einkommen und freie, geheime Wahlen. Das war und blieb es, was die Streikenden zusammenhielt: Protest gegen die geplante Einkommensminderung und gleichzeitig ein Bekenntnis für das große politische Ziel der deutschen Einheit, die durch freie Wahlen wiederhergestellt werden sollte. Es handelte sich hier also nicht nur um einen Arbeiterprotest gegen erhöhte Normen, das war eher der Anlaß, sondern um einen Protest, aus dem in kürzester Zeit eine Volkserhebung erwuchs mit der Forderung nach freien Wahlen.

Die ständig wiederholten Rundfunksendungen zum Anliegen der streikenden Arbeiter hatten eine ungeheure Wirkung. Da der RIAS und der NWDR fast überall in der Zone zu empfangen waren, gelangten die Forderungen, mit denen sich beinahe alle identifizieren konnten, in jeden Winkel des Landes. Die Streikenden machten sie schließlich zur Grundlage des eigenen Vorgehens.

Für den Vormittag des 17. Juni war eine Demonstration am Strausberger Platz angekündigt, in den Großbetrieben wurde gestreikt. Die Polizei konnte sich ähnlich wie 1989 gegenüber der Menge von Demonstranten nicht durchsetzen. Die Lage spitzte sich zu.[37] Die SED-Führung wurde von den Sowjets nach Karlshorst in Sicherheit gebracht und übernachtete auch dort. Die sowjetischen Truppen waren schon seit dem frühen Morgen in Alarmzustand und bezogen um 10 Uhr Bereitstellungsräume. Auf den Zufahrtsstraßen nach Berlin rollten Truppenverbände zur Verstärkung heran. Gegen Mittag fielen erste Schüsse. Aus Moskau kam der Befehl zur Ausrufung des Ausnahmezustandes; er trat um 13 Uhr in Kraft. Seine Botschaft war eindeutig: striktes Verbot jeder Demonstration und Versammlung von mehr als drei Personen; nächtliches Ausgangsverbot von 21 bis 5 Uhr früh und die Androhung, daß Zuwiderhandelnde nach Kriegsgesetzen bestraft würden. Sowjetische Soldaten und Volkspolizisten trieben die Demonstranten unter Einsatz von Schußwaffen auseinander. Gegen das Symbol der fremden Militärmacht, die Sowjetpanzer in der Leipziger Straße und am Potsdamer Platz, warfen jugendliche Demonstranten

Steine und gaben damit der hoffnungslosen Unterlegenheit der Aufständischen Ausdruck.

Bis zur Wende war meist nur bekannt, was sich damals im Ostsektor ereignete. Darüber hinaus kannte man die Streiks und Demonstrationen in Großstädten wie Magdeburg, Halle und Leipzig. So konnte vor dem Fall der Mauer die These aufgestellt werden, »aufs ganze gesehen war die revolutionäre Welle schon gebrochen, bevor die Russen aufmarschierten«.[38] Das ist zu kurzsichtig geurteilt, denn eine spontane Protestbewegung kann nicht innerhalb weniger Stunden eine aktionsfähige politische Führung aus sich heraus bilden. Es fehlte ja jegliche organisatorische Vorbereitung für eine politische Opposition. Ohne das Eingreifen der Sowjets hätten sich aber sehr schnell aktionsbereite Gruppen zusammengefunden. Lange Zeit ist der Aufstand – immer mit Blick auf die Arbeiter der Stalinallee – als Arbeiteraufstand beurteilt worden. Die vielen inzwischen bekanntgewordenen Orte, in denen es zu Zwischenfällen und Zusammenstößen kam, zeigen aber das Bild eines ganzen Landes im Aufruhr.[39] Es ist zudem nicht richtig, das Ende des Aufstands mit dem Einsatz des sowjetischen Militärs gleichzusetzen. Noch am 18. Juni wurden die Streiks auf breiter Ebene fortgesetzt. Es dauerte anschließend noch Wochen, bis die SED die Lage wieder fest im Griff hatte.

Die Volkserhebung war auch kaum eine »Revolution«, denn die Bewegung kam über die erste Phase des Aufstands nicht hinaus. Gleichwohl kann man sich unschwer vorstellen, wie es weitergegangen wäre, wenn die Sowjets nicht so schnell und brutal interveniert hätten. Wahrscheinlich wäre es zu einer Revolution gekommen, zumindest aber wäre der abnorme Zustand des sowjetischen Satellitengebildes DDR zu einem Normalfall der parlamentarischen Demokratie »zurückgeführt« worden.

Unbestreitbar standen die Arbeiter bei dem Aufstand im Vordergrund. Das war auf Grund der Tradition der Arbeiterbewegung und Mobilisierung der Großbetriebe ganz selbstverständlich. Die ohnehin verängstigten bürgerlichen Schichten hätten noch etwas mehr Zeit gebraucht, um handlungsfähig zu werden. Immerhin gab es aber in den bürgerlichen Blockparteien genügend Gegner der Kommunisten, die ebenso wie ehemalige Sozialdemokraten politisch aktiv geworden wären. Deshalb war die Erhebung vom 17. Juni kein bloßer Arbeiteraufstand, sondern eine Volkserhebung im weitesten Sinne, standen doch nicht nur die Arbeiter und das mit ihnen sympathisierende Bürgertum gegen das herrschende Regime, sondern zum ersten Mal in der neueren deutschen Geschichte auch die Bauern. Sie waren durch die zuvor erfolgten Unterdrückungsmaßnahmen politisiert worden. Selbst große Teile der SED-Mitgliedschaft standen dem Kurs Ulbrichts kritisch gegenüber oder wurden durch den abrupten Kurswechsel so verunsichert, daß sie passiv blieben, und die Volkspolizei versagte weitgehend.

Der »Neue Kurs« sollte als sichtbares Zeichen des Neubeginns die Ablösung Ulbrichts, des am ärgsten verhaßten Repräsentanten des Regimes, bringen. Im Politbüro machte sich schon Opposition gegen ihn bemerkbar, angeführt von dem Minister für Staatssicherheit, Wilhelm Zaisser, und Rudolf Herrnstadt, dem Chefredakteur des »Neuen Deutschland«. Herrnstadt behauptete später, die Mehrheit des Politbüros sei noch auf der Sitzung vom 7. Juli gegen Ulbricht gewesen. Der verteidigte sich geschickt, mußte aber dennoch viel Kritik einstecken. So hielt ihm Elli Schmidt unverblümt vor: »Es geht nicht gerecht zu, Walter. Wer Dir zum Munde redet und immer hübsch artig ist, der kann sich viel erlauben. Honecker, zum Beispiel, das liebe Kind.«[40]

Ulbricht war angeschlagen, doch die Sowjets hielten an ihm fest und stützten seine Position durch eine neue Einladung nach Moskau. Dort war am 26. Juni der sowjetische Innen- und Polizeiminister Berija gestürzt worden. Der gefürchtete Chef der Staatssicherheit war nachweislich ein Kritiker von Ulbricht und dessen »beschleunigtem Aufbau des Sozialismus« gewesen. Daß er liquidiert wurde, hing aber nicht mit dem Aufstand in der DDR zusammen, sondern hatte herrschaftsinterne Gründe.[41] Seine Gegenspieler befürchteten nämlich, er könne der neue starke Mann werden und dann wie Stalin wirkliche oder vermeintliche Konkurrenten vernichten. Zur Begründung seines Sturzes mußte die Behauptung herhalten, er habe »Verrat am Sozialismus« geübt und die DDR dem Imperialismus preisgeben wollen.

Damit war einer der mächtigsten Kritiker Ulbrichts beseitigt,und so war es ganz folgerichtig, daß die neue kollektive Führung in Moskau auf Ulbricht setzte; eine überzeugende Alternative war ohnehin nicht in Sicht. Nun kam es nur noch darauf an, Sündenböcke für das Versagen der Parteiführung und damit für den 17. Juni auszumachen. Sie waren mit Zaisser und Herrnstadt, die als die Wortführer der Anti-Ulbricht-Fraktion galten, schnell gefunden. Beide wurden aus der Partei ausgeschlossen, was die überzeugten Kommunisten nie verwinden sollten.

Der 17. Juni 1953 wurde fortan in der DDR zum Tabu. Jedes nähere Eingehen auf das Ereignis und seine Ursachen unterblieb. Nach der offiziellen Version hatten westliche Agenten versucht, einen faschistischen Putsch anzuzetteln, der aber dank der sowjetischen Unterstützung gescheitert war. Lautlos entfernte man Funktionäre, die versagt hatten, aus dem Parteiapparat; sie wurden Opfer rigider »Säuberungen«. Der Begriff »Norm« wurde abgeschafft. In der Führung wirkte die Erinnerung an den Aufstand wie eine ständige Warnung, den Bogen nicht zu überspannen, und die Bevölkerung lernte, daß jegliches

Aufbegehren zwecklos war und jede Gefährdung des SED-Regimes unweigerlich die gewaltsame Intervention der Sowjets nach sich zog. Der Aufstand und
sein Scheitern bestätigten das Wesen des Regimes: »Die DDR war ein Kunstprodukt des Kalten Krieges ohne innere Legitimation.«[42]

Bonn aber sah all diesem Treiben tatenlos zu, denn der Kanzler hatte ganz
andere Sorgen: Er wollte die Bundestagswahlen gewinnen. Seit Mitte Mai
plagte ihn wieder sein Alptraum »Potsdam«, die Möglichkeit der Verständigung der vier Siegermächte auf deutsche Kosten. Nach dem Tode Stalins
hatte der neue Präsident Eisenhower nämlich eine sehr gemäßigte, auf Entspannung gestimmte Rede gehalten, der Winston Churchill, seit 1951 wieder in
der Downing Street im Amt, am 11. Mai mit dem Vorschlag für eine Viererkonferenz assistierte, die das deutsch-sowjetische Verhältnis im Sinne der Locarno-
Regelung von 1925 entspannen sollte. Solche Vorstellungen mußten Adenauer
aufs höchste alarmieren. Würden nämlich derartige Pläne tatsächlich auf einer
Konferenz der vier Siegermächte diskutiert, dann hing seine ganze Westpolitik
in der Luft, ja schlimmer noch: Der Wahlsieg war gefährdet.

Adenauer hatte den Grundsatz, Demokratie ist Herrschaft auf Zeit, tief verinnerlicht. Deshalb hatten die jeweils nächsten Wahlen bei ihm höchste Priorität. Nichts konnte ihm im Wahlkampf mehr schaden als das sowjetische Angebot einer Viererkonferenz, das von den Westmächten wohlwollend in Erwägung gezogen wurde. Das mußte die ganze Westpolitik des Kanzlers in Frage
stellen; die SPD dagegen konnte triumphieren und sich bestätigt fühlen, war
sie es doch gewesen, die stets Viermächteverhandlungen gefordert und die einseitige Westbindung abgelehnt hatte.

Solche Besorgnisse standen hinter Adenauers Beurteilung der Juni-Ereig-
nisse im Osten. Konkret stritt man sich damals in Bonn um Wahlrechtsände-
rungen, die dann später zur Einführung der Fünfprozentklausel führten. Der
Kanzler hatte am 16. Juni seinem Staatssekretär Otto Lenz, der zuvor die Lage in
Berlin erkundet hatte, erklärt, »daß der große Stoß der russischen Propaganda
sich gegen die Regierung und die Koalition richte«.[43] Das zeigt eine erstaunliche Verengung des Horizonts, denn Bonn stand mit Sicherheit zu diesem
Zeitpunkt nicht im Mittelpunkt des sowjetischen Interesses.

Über den 17. Juni 1953 in Bonn schweigen wichtige Quellen. Das sonst so de-
tailfreudige Lenz-Tagebuch verzeichnet überhaupt keine Eintragungen – hat
man sie entfernt? Das Tagebuch von Adenauers engem Mitarbeiter Heinrich
Krone enthält nur die allgemeine Bemerkung: »Der Osten steht auf.«[44] Kein
Wort über Bonner Reaktionen. Der Fraktionsvorstand der CDU/CSU tagte
ebenfalls an diesem Tage, aber nur die Tagesordnung und die Anwesenheits-
liste sind überliefert – kein Protokoll.[45] Das beredte Schweigen erklärt sich

durch den Bericht von Egon Bahr, der damals als Journalist beim RIAS arbeitete; sein Kollege Hanns Werner Schwarze habe am 17. Juni die Äußerung Adenauers wiedergegeben, »das Ganze sei eine Provokation der Sowjets«.[46] Demnach hätten also die Sowjets die Arbeiter auf die Straße gelockt. Es ist durchaus wahrscheinlich, daß der Kanzler eine solche Einschätzung abgegeben hat. Dazu paßt auch seine Weigerung, nach Berlin zu fliegen, wie es andere Bonner Politiker sofort getan hatten. Seine Umgebung mußte ihn lange überreden, wenigstens zur Trauerfeier für die Opfer nach Berlin zu reisen. Hier mischten sich Unsicherheit und Furcht vor dem ihm zutiefst fremden sowjetischen System und seinen undurchsichtigen Methoden mit der handfesten Besorgnis, irgendwelche kommunistischen Manöver könnten den Wahlsieg gefährden. Konrad Adenauer wollte endlich den Erfolg seiner Westpolitik in die Scheuern einfahren. Da verdrängte er schlicht das dramatische Geschehen in der Sowjetzone. Ähnlich primitiv und einseitig sollte er auch im August 1961 reagieren.

Der Westen Deutschlands konnte nicht helfen, aber die Reaktion des Kanzlers zeigt, daß Bonn zu diesem Zeitpunkt sehr viel weiter von Berlin und dem deutschen Osten entfernt war, als es die Kilometerzahlen ausdrücken.

1953 BIS 1958: UNGEBROCHENE KANZLERHERRSCHAFT

Mitte der fünfziger Jahre konnte die Bundesrepublik eine eindrucksvolle Erfolgsbilanz verzeichnen. Sie gewann außenpolitisch erheblich an Gewicht. Das vor allem im Ausland bestaunte Wirtschaftswunder förderte diese erfreuliche Tendenz. Krieg und NS-Regime schienen weit entfernt. Die DDR befand sich dagegen in einer Dauerkrise. Da Opposition und Protest in dem starren stalinistischen System undenkbar waren, kehrten kritische Bürger, vor allem die Mittelschichten, dem Staat den Rücken und trugen so zu seiner weiteren Schwächung bei. Politische Schwierigkeiten mit diesem Regime lagen für die Bundesrepublik noch in weiter Ferne. Streitereien um Alleinvertretung oder Zweistaatentheorie gab es faktisch noch nicht, ebenso noch keine Auseinandersetzungen um die Stellung der Bundesrepublik im westlichen Bündnis, bei denen es für mehr als ein Jahrzehnt um Atomwaffen ging.

Der erdrutschartige Sieg bei den Wahlen vom 6. September 1953 bescherte den Christdemokraten eine breite innenpolitische Grundlage. Der Union gelangen tiefe Einbrüche in sozialdemokratische Hochburgen. Ihr fehlte nur ein einziges Mandat zur absoluten Mehrheit. An der neuen Sperrklausel des Wahlrechts scheiterten links- und rechtsextremistische Parteien. Nur die Flüchtlingspartei BHE (Bund der Heimatvertriebenen) gelangte neu in den Bundestag, aber ihr baldiges Ende durch die gelungene Integration ihrer Klientel ließ sich absehen. Die Liberalen verloren Wähler an die Union, was in Verbindung mit innerparteilichen Querelen zu schweren Spannungen mit dem großen Partner führen sollte. Die um den BHE erweiterte Koalition besaß die verfassungsändernde Mehrheit.

Die politische Aufwertung der Bundesrepublik und ihres Kanzlers war die Folge der reibungslosen Ratifikation der Westverträge. Bonn hatte die Europäische Verteidigungsgemeinschaft akzeptiert, nachdem Adenauer zu Beginn noch zähen Widerstand gegen dieses französische Projekt geleistet hatte. Immer mehr bewährte er sich so als zuverlässiger Bündnispartner der USA. In Washington war man an der EVG weniger aus militärischen als vielmehr aus politischen Erwägungen interessiert. Besonders der Außenminister der neuen Administration unter Präsident Eisenhower, John Foster Dulles, betrachtete den EVG-Vertrag als wichtigen Schritt zur Integration Westeuropas und trat mit Nachdruck für seine rasche Ratifikation ein. Angesichts der wachsenden Komplikationen und Verzögerungen in Frankreich geriet der Kanzler zusehends in die Rolle eines Garanten der auf die Einigung Westeuropas zielenden Politik.[47] Als dann am 30. August 1954 die französische Nationalversammlung die EVG ablehnte, war die Aufwertung der Bundesrepublik unvermeidlich. Mehr denn je erschien Adenauer als der Partner, der alle inneren Widerstände gegen die Verträge überwunden und sein Versprechen eingelöst hatte.

Die Empörung der Amerikaner über die unaufrichtige Politik Frankreichs wirkte sich zum Vorteil der Bundesrepublik aus. In dieser Zeit entstand die Freundschaft zwischen Dulles und Adenauer. Es war eine seltsame Situation: Frankreich hatte die EVG durchgesetzt, um der Bundesrepublik die Gleichberechtigung vorzuenthalten und sich selber eine Vorzugsstellung zu sichern. Nun hatte die Mehrheit der Nationalversammlung die ursprünglich von Frankreich selbst geforderte Verteidigungsgemeinschaft scheitern lassen.

Adenauers Reaktion ist wortreich und gefühlvoll von Zeitzeugen wie Historikern beschrieben worden. Der vorherrschende Eindruck: ein tieftenttäuschter, fast gebrochener Kanzler, der sich sogar mit Rücktrittsgedanken trug, der sein Lebenswerk, die Einigung Europas, zerstört sah. Bei diesem Bild ist jedoch einige Skepsis angebracht. Gewiß stellte das Scheitern der EVG eine Niederlage in der Öffentlichkeit dar. Obwohl er stets die Mitgliedschaft in der NATO für die bessere Lösung gehalten hatte, war Adenauer mehr als zwei Jahre lang nicht müde geworden, die EVG als politischen Schritt auf dem Weg nach Europa zu loben, selbst gegen den aufkommenden Zweifel, ob Frankreich denn wirklich

den EVG-Vertrag ratifizieren würde. Nachdem die Erwartungen so hochge-
schraubt waren, mußte der Rückschlag schmerzen.

Nach dem Scheitern der EVG wußte Adenauer jedenfalls, was zu tun war.
Seinen beiden recht geknickt erscheinenden Mitarbeitern Hallstein und Blankenhorn eröffnete er nun ein Aktionsprogramm ohne jedes Europapathos.[48]
Zwar solle die politische Integration fortgesetzt werden, im Mittelpunkt stehe
jetzt aber die Forderung nach voller Souveränität, der Eintritt in die NATO und
der Abschluß von Stationierungsverträgen mit den alliierten Truppen. Wieder
tauchte sein Wunschziel auf: die Rücknahme der obersten Regierungsgewalt
der Alliierten, denn dann konnten diese ihre Truppen in Deutschland nicht
mehr aus eigenem Recht, dem Siegerrecht nämlich, unterhalten, sondern mußten Verträge mit der Bundesregierung schließen. Sein Streben nach Souveränität war noch ganz auf den Nationalstaat ausgerichtet und nicht frei von gewissen Ressentiments gegen die Besatzung, die er zuweilen auch in der Öffentlichkeit artikulierte.

Die weitgehenden Forderungen, mit denen Adenauer auf das Scheitern der
EVG reagierte, zeigen, daß er auf die Amerikaner setzte. Nachdem Washington
so viel Rücksicht auf Frankreich genommen hatte, war dort der Verdruß über
die Reaktion der Pariser Nationalversammlung um so größer. Was lag also für
die USA näher, als die Bundesrepublik in die NATO aufzunehmen und einen
revidierten Generalvertrag in Kraft zu setzen?[49]

So leicht ging es jedoch nicht. Es war der britische Außenminister Anthony
Eden, der auf diplomatischem Wege die Lösung vorbereitete. Sie sah die Gründung der Westeuropäischen Union (WEU) vor, in die man die Bundesrepublik
aufnahm, um so zu sichern, daß Bonn Rüstungsbegrenzungen und Kontrollen
akzeptierte. Auf der Londoner Konferenz im September 1954 wurde hart darüber gefeilscht. Der von Bonn ausgesprochene Rüstungsverzicht, vor allem
hinsichtlich der Atomwaffen, war die Voraussetzung für die Aufnahme in die
NATO. Als Mitglied der NATO war die Bundesrepublik nämlich gleichberechtigt, und so konnten ihr vom Bündnis keinerlei Kontrollen und Beschränkungen auferlegt werden. Das mußte vorher durch die WEU geschehen.

Um die Konferenz nicht scheitern zu lassen, gab Adenauer am 2. Oktober,
nur begleitet vom Oberst Graf von Kielmansegg, dem Chef der militärpoliti-
schen Abteilung im Amt Blank, die geforderte Verzichtserklärung ab. Der
Oberst war von Staatssekretär Hallstein vergattert worden, dabei auf die Möglichkeit der Revision des Verzichts hinzuweisen. Während der Sitzung sagte der
Kanzler aber zu seinem Begleiter: »Nee, nee, dat mit der Revision, dat sage ich
nicht. Dat ärgert die bloß und irgendwie kommt das mal von allein.«[50] Wieder
kommt hier Adenauers Strategie deutlich zum Ausdruck, nämlich sich mit

dem zu begnügen, was im Augenblick erreichbar ist, und im übrigen auf die Zukunft zu vertrauen. In diesem Fall versagte das Erfolgsrezept jedoch, denn der deutsche Verzicht wurde nie modifiziert, sondern 1990 endgültig bekräftigt.

Die Bundesrepublik im Besitz von Atomwaffen – dieses Ziel lag jenseits einer Schallmauer, die keine Bundesregierung durchstoßen konnte und seit Beginn der siebziger Jahre auch gar nicht mehr durchstoßen wollte.

Adenauer aber schien äußerst niedergeschlagen zu sein. Im Londoner Hotel »Claridge« hörte der »Spiegel«-Korrespondent zufällig, wie der Kanzler sich gegenüber dem belgischen und dem luxemburgischen Außenminister beklagte: »Ich bin fest überzeugt davon, hundertprozentig davon überzeugt, daß die deutsche Nationalarmee … eine große Gefahr für Deutschland und Europa werden wird – wenn ich einmal nicht mehr da bin, weiß ich nicht, was aus Deutschland werden soll …«[51] Das war Seelenmassage für enttäuschte Europäer, aber nicht Adenauers wirkliche Überzeugung. Tatsächlich schätzte er das deutsche Militär nicht so schlecht ein, auch wenn seine Kritik an Wehrmachtsgenerälen recht deutlich ausfallen konnte.

In bezug auf Adenauers Urteile gilt es grundsätzlich zu unterscheiden zwischen taktischen Äußerungen und tatsächlichen Überzeugungen. Gegenüber westlichen Politikern und Journalisten hat er sich nicht selten kritisch und voller Mißtrauen gegen das deutsche Volk gezeigt. Die Deutschen seien leicht beeinflußbar und wankelmütig, so lautete die Klage, die von vielen Historikern und Journalisten respektvoll und mit innerer Zustimmung zur Kenntnis genommen worden ist. Erhebliche Skepsis ist geboten, wenn solche Äußerungen gegenüber Ausländern gemacht wurden. Sie waren dann auf deren Deutschlandbild zugeschnitten und bekräftigten deren Vorbehalte gegen die Deutschen. Einen deutschen Kanzler aber, der diese Vorbehalte teilte, den mußte man halten und nach Kräften unterstützen. Bezeichnenderweise äußerte sich Adenauer gegenüber vertrauten und ihm nahestehenden Politikern niemals in dieser Weise. Sein Streben nach Atomwaffen wäre ja geradezu verantwortungslos gewesen, wenn er die Deutschen tatsächlich für derartig labil und anfällig gehalten hätte, wie er Ausländern gegenüber vorgab.

In diesem Zusammenhang ist auch auf das angebliche »Schlüsseldokument« einzugehen, das beweisen soll, daß Adenauer ein Gegner der Wiedervereinigung war. Es stammt vom 15. Dezember 1955 und bezog sich auf die Haltung der britischen Delegation auf der Genfer Außenministerkonferenz, die damals im Anschluß an den Genfer Gipfel tagte. Vom Krankenbett aus hatte der Kanzler das Konferenzgeschehen verfolgt und sich über die britische Verhandlungstaktik beunruhigt gezeigt. Die Briten boten nämlich den Sowjets immer neue, scheinbar kühne Pläne für eine Lösung der deutschen Frage an, weil sie überzeugt waren, daß die Sowjets sie doch nicht annehmen würden. Um diesem Pläneschmieden ein Ende zu machen, beauftragte er den deutschen Botschafter in London zu erklären, »daß Dr. Adenauer kein Vertrauen in das deutsche Volk habe. Er sei äußerst besorgt, daß sich eine künftige deutsche Regierung ... zu Lasten Deutschlands mit Rußland verständigen könnte. Folglich sei er der Meinung, daß die Integration Westdeutschlands in den Westen wichtiger als die Vereinigung Deutschlands sei.« Dann folgte die Bitte um politische Unterstützung und zugleich um strikte Geheimhaltung, denn es würde »katastrophale Folgen für seine politische Position haben, wenn seine Ansichten ... jemals in Deutschland bekannt würden«.[52]

Stellt man die Aussage in den Kontext der Verhandlungen, ergibt sich eindeutig, daß Adenauer nicht die Wiedervereinigung verhindern wollte, sondern dieses Argument – er habe kein Vertrauen zu den Deutschen – nur benutzte, um die britischen Pläne und Taktiken zu torpedieren, anstatt gegen sie zu argumentieren. Adenauer als Gegner der Wiedervereinigung zu bezeichnen ist falsch. Gewiß war er stets gegen ein neutrales Gesamtdeutschland, da dieses nach seiner festen Überzeugung früher oder später der Sowjetunion zum Opfer fallen würde. Da ihm aber niemals eine Chance auf die Vereinigung Deutschlands mit gesicherter Westbindung geboten wurde, ergab sich die politische Priorität ganz von selbst, nämlich die Westbindung auf- und auszubauen, die Einheit Westeuropas zu fördern und weiterhin auf eine Chance zur Wiedervereinigung zu warten.

Kaum drei Wochen nach der Londoner Konferenz fand in Paris eine weitere Konferenz statt, auf der die in London getroffenen Entscheidungen in Verträge umgesetzt wurden. Der für die Bundesrepublik wichtigste war die Aufnahme in die NATO und die Revision des Generalvertrags, für den sich nun die Bezeichnung »Deutschlandvertrag« durchsetzte. Die wichtigsten Änderungen betrafen die Zuerkennung der Souveränität und Modifikationen alliierter Rechte im Falle eines Notstands. Die überraschende Eile erklärte sich nicht zuletzt aus der westlichen Besorgnis, daß nationalistische oder neutralistische Tendenzen erstarken könnten, wenn man die Bundesrepublik nicht endlich in das westliche Bündnissystem einband. Die erheblich verbesserte Stellung der Bundesrepublik war in gewisser Weise die Prämie für Adenauers Zuverlässigkeit und Berechenbarkeit.

Vor dem Inkrafttreten der Verträge mußte jedoch noch eine Lösung für das Saarproblem gefunden werden, denn Frankreich machte seine Zustimmung zu den Verträgen nun von dessen befriedigender Lösung abhängig. In einer nächtlichen Sitzung mit Ministerpräsident Pierre Mendès-France stimmte Adenauer – wieder einmal allein verhandelnd – folgender Regelung zu: Unter

einem Europakommissar sollte das Saarland bis zum Abschluß eines Friedensvertrages selbständig werden und dafür ein wirklich demokratisches System erhalten. Das Statut sollte durch eine Volksabstimmung legitimiert werden.
Adenauers Zustimmung zu diesem Plan zeigt eine Konstante seines politischen
Denkens, die bis in das Jahr 1919 zurückreicht. Er hielt es für besser, mit einem
Sonderstatus vorliebzunehmen, der wenigstens volle demokratische Rechte garantierte, als weiterhin den Status quo in Frage zu stellen und damit neue politische Konflikte heraufzubeschwören.

Die Saarländer hatten es sich aber anders überlegt. Sie sahen den Niedergang
Frankreichs und das »Reich«, wie sie Deutschland noch immer nannten, im
Aufstieg. Die demokratisch korrekt vorgenommene Abstimmung über das
Saarstatut, dessen Ablehnung die neu zugelassenen deutschen Parteien propagierten, brachte im Oktober 1955 zwar keinen Triumph wie im Jahre 1935, immerhin stimmten aber 67,2 Prozent gegen das Statut und damit für die Rückkehr nach Deutschland.

Das Jahr 1955 brachte noch ein anderes wichtiges politisches Ereignis, das im
Gedächtnis der Deutschen als Adenauers größter Erfolg weiterlebt: sein Besuch
in Moskau im September und die Rückkehr der letzten deutschen Kriegsgefangenen. Die hohe Wertschätzung der Adenauer-Visite ist ein Musterbeispiel
dafür, wie uninformiert die Öffentlichkeit oft urteilt, denn eine Glanzleistung
war dieser Besuch wahrlich nicht. Eine gewisse Sorglosigkeit bei seiner Vorbereitung und die Erwartung, daß das sowjetische »Tauwetter«, das den Genfer
Gipfel im Juli geprägt hatte, anhalten würde, mag die Hoffnung auf einen
Durchbruch in den deutsch-sowjetischen Beziehungen genährt haben.

In Moskau aber wurde die deutsche Delegation nach den Aufmerksamkei-
ten des Zeremoniells bei der Ankunft rasch mit der Realität konfrontiert. Es
zeigte sich nicht das geringste Entgegenkommen in der Deutschlandpolitik,
sondern nur ein Tauschgeschäft: Aufnahme diplomatischer Beziehungen gegen Rückgabe der Kriegsgefangenen – und das ohne schriftliche Zusicherung
der Sowjets. Deren Ehrenwort sollte genügen. Die deutsche Delegation saß in
der Falle. Abbruch der Verhandlungen und Rückkehr ohne Kriegsgefangene,
das war undenkbar. Adenauer besaß die Stärke, sich auf die Zusicherung der sowjetischen Führung einzulassen. Sie wurde auch prompt erfüllt. Der Brief
Adenauers zur deutschen Einheit, der die deutsche Position zu Grenzfrage und
Wiedervereinigung bekräftigte, war lediglich für den Bonner Hausgebrauch
geschrieben, also zum Verlesen vor Presse und Parlament, und wurde den Sowjets nie förmlich übergeben.[53] Die Akten des Auswärtigen Amtes enthalten
darüber nichts. Er war also keineswegs eines der »kostbarsten Dokumente
Adenauerscher Deutschlandpolitik«.[54]

Die Freude über die Heimkehrer konnte letztlich nicht verdecken, daß mit der Aufnahme diplomatischer Beziehungen zur Sowjetunion der Status quo festgeschrieben wurde, denn nun unterhielt die UdSSR diplomatische Beziehungen zu beiden deutschen Staaten. Schon auf dem Rückflug von Moskau überlegte die Delegation, was geschehen solle, wenn das Beispiel Schule machte. Das Ergebnis dieser Überlegungen war die Hallstein-Doktrin.[55] Sie forderte, die offiziellen Kontakte mit Staaten abzubrechen, die diplomatische Beziehungen zur DDR aufnahmen, ausgenommen die Staaten des Ostblocks, die bereits Beziehungen zu Ost-Berlin unterhielten. Das wurde als »Geburtsfehler« hingenommen. Die Hallstein-Doktrin blieb bis zum »Machtwechsel« von 1969 in Kraft. Ihre Anwendung verursachte im Laufe der sechziger Jahre zunehmend Schwierigkeiten. Die Doktrin diente vielen Staaten als Mittel, mit der DDR-Anerkennung zu drohen, um von Bonn erhöhte Wirtschaftshilfe zu erlangen. Darüber hinaus war sie ein Stein des Anstoßes für die intellektuelle Linke, die die volle Anerkennung der DDR forderte. Das Festhalten an der Hallstein-Doktrin entsprach aber lange innenpolitischen Notwendigkeiten, da die Mehrheit der Bevölkerung die Anerkennung des »Zonenregimes« strikt ablehnte.

Mit dem Inkrafttreten der Pariser Verträge wurde die Bundesrepublik im Jahre 1955 souverän – bei stillschweigendem Inkraftbleiben der alliierten obersten Regierungsgewalt. Endlich durfte Heinrich von Brentano Außenminister und Theodor Blank Verteidigungsminister werden, nun konnten deutsche Streitkräfte aufgestellt werden, was Adenauer schon 1950 gefordert hatte.

Die lange Wartezeit war in diesem Fall aber schlecht genutzt worden. Eine gründliche Vorbereitung auf den Tag der Wiederbewaffnung hatte nicht stattgefunden, und so kam es zur Aufbaukrise der Bundeswehr. Deutlicher konnte der Traditionsbruch nicht zum Ausdruck kommen. Der Soldat war eben nicht mehr der beste Mann im Staate, wie man einst gesungen hatte. Als im November 1955 die ersten Freiwilligen einrückten, klappte fast nichts. Die Unterkünfte waren in schlechtem Zustand, die Uniformen saßen nicht, und nicht einmal die Gehälter wurden pünktlich gezahlt.

Die Ursachen für den Fehlstart waren vielfältig. Solange die Verträge nicht ratifiziert waren, hatte die Vorbereitung Grenzen. Irgendwelche Maßnahmen ohne rechtliche Grundlagen durchzuführen, verbot sich von selbst, da das unweigerlich an die geheime Aufrüstung der Reichswehr erinnert hätte. Zugleich erwies sich hier die Machtkonzentration Adenauers als Nachteil. Sein Beauftragter Theodor Blank hatte bis 1955 nicht das politische Gewicht eines Bundesministers, sondern unterstand dem Kanzler. Dieser wiederum verstand wenig vom Militär und war mit anderen Aufgaben so stark belastet, daß er die Meldungen Blanks, daß alles in Ordnung sei, gerne hinnahm.

Tatsächlich aber hatte Theodor Blank, Gewerkschaftler und im Krieg Oberleutnant, das seinen Namen tragende Amt nicht im Griff. Dieses wurde von verschiedenen Konfliktlinien durchzogen. Da gab es unter den Militärs den Gegensatz von Reformern und Traditionalisten. Erstere vertraten das Prinzip der »Inneren Führung«, die den Soldaten als »Staatsbürger in Uniform« verstanden. Als deren führender Kopf galt der damalige Oberst Wolf Graf Baudissin, dessen Pläne auf die Integration des Militärs in die demokratische Gesellschaft abzielten. Er berief sich dabei sowohl auf die preußischen Reformer als auch auf den Widerstand gegen Hitler. Allerdings mangelte es ihm an Durchsetzungsvermögen. Erst nach seinem Weggang aus dem Verteidigungsministerium begannen die pragmatischen Reformer wie de Maizière, Ilsemann und Karst die oft vagen Vorstellungen Baudissins mit konkretem Inhalt zu füllen, wobei sie gegen den offenen und versteckten Widerstand derjenigen Offiziere zu kämpfen hatten, die die Härte der Ausbildung in der alten Wehrmacht dem neuen Konzept vorzogen.[56] Daneben entwickelte sich in der Dienststelle Blank ein zäher Kleinkrieg zwischen Offizieren und Beamten. Die neuen Streitkräfte sollten unter dem Primat der Politik stehen. Das führte mit Billigung des Kanzlers zum Übergewicht der Beamten. Es schien, als wollte man »über die militärische Hierarchie ein zivile Bürokratie stülpen«.[57]

Für die Verabschiedung der Wehrgesetze entstand im Bundestag stillschweigend eine große Koalition. Klarsichtige Sozialdemokraten, vor allem ihr Fraktionsvorsitzender Fritz Erler und der Hamburger Abgeordnete Helmut Schmidt traten energisch für die konstruktive Mitwirkung an der Gesetzgebung ein, um zu verhindern, daß der alte Gegensatz aus der Weimarer Zeit wieder auflebte.[58] Die Wehrexperten der Parteien hatten die Wehrmacht mehr von unten, meist aus der Perspektive einfacher Soldaten, Unteroffiziere oder Leutnants kennengelernt und zeigten ein gesundes Mißtrauen. Sie setzten per Gesetz einen Personalgutachterausschuß durch, vor dem alle Bewerber vom Oberst aufwärts erscheinen mußten. Allein die Tatsache, daß es diesen Ausschuß gab, sowie seine nicht immer nachvollziehbaren Entscheidungen wirkten abschreckend. Erprobte und hochqualifizierte Offiziere des Amtes Blank wurden tatsächlich von dem Ausschuß abgelehnt. Selbst General Heusinger hatte Schwierigkeiten; erst 1957 wurde er zum Generalinspekteur ernannt.

Generäle hatten damals keine gute Presse. Das Konzept der inneren Führung und das starke Kontrollrecht des Bundestags über die Bundeswehr beendete endgültig die traditionelle Sonderstellung der preußisch-deutschen Armee. Die kritisch bis feindlich eingestellte Öffentlichkeit trug viel dazu bei, den neuen Typ von Offizier zu schaffen, der nicht nur ein militärischer Fachmann zu sein hatte, sondern sich auch mit den Problemen einer offenen Gesellschaft auseinandersetzen mußte. Die Bundeswehr lernte, sich in diesem ihr nicht freundlich gesinnten Umfeld zu behaupten; bei der Übernahme der »Nationalen Volksarmee« nach 1990 sollte sie dann ihre Leistungs- und Integrationsfähigkeit als gesellschaftliche Großorganisation glänzend unter Beweis stellen.

Die führenden Militärs, die Generäle Speidel und Heusinger, bewiesen das nötige Geschick, der von der Politik vorgegebenen Linie zu folgen und nicht unliebsames politisches Aufsehen zu erregen. Sie forderten weder energische umfassende Vorbereitungsmaßnahmen, um kurzfristig die geplanten zwölf Divisionen aufstellen zu können, noch warnten sie energisch vor der Illusion, schneller als unter Hitler eine Armee von rund 500 000 Mann aus dem Boden stampfen zu können. Wie sie es gewohnt waren, nahmen die hohen Offiziere stillschweigend die politischen Vorgaben hin, obwohl sie wußten, daß sie nicht zu verwirklichen waren. Sie exponierten sich nicht und vermieden es, durch unerwünschte Kritik aufzufallen. Im Ernstfall trug ohnehin der Verteidigungsminister, hinter dem sie in Deckung gehen konnten, die politische Verantwortung.

Kritik an Blank wurde schon laut, bevor er zum Minister ernannt wurde. Sie verstärkte sich nun in dem Maße, wie er für die sich häufenden Pannen die Verantwortung übernehmen mußte. Adenauer hielt an dem glücklosen Minister nur aus einem Grunde fest: Hinter Blank stand schon Franz Josef Strauß, und Adenauer wollte dem temperamentvollen bayerischen Vollblutpolitiker, der seit 1953 nach dem Verteidigungsressort strebte und genügend Beispiele mangelnden Respekts gegenüber dem Alten gezeigt hatte, dieses wichtige Ressort nicht anvertrauen. Als aber im Herbst 1956 der jährliche Bericht an die NATO anstand und offenbar wurde, daß man die gegenüber dieser Institution eingegangenen freiwilligen Verpflichtungen nicht würde einhalten können, mußte der Kanzler zu seiner eigenen Entlastung dem Wechsel an der Spitze zustimmen.

Franz Josef Strauß setzte einen realistischeren Zeitplan für den Aufbau der Bundeswehr durch. Zugleich ließ er die Militärs spüren, daß er den Primat der Politik durchzusetzen gedachte und sich von ihnen nicht so hinters Licht führen lassen werde wie sein Vorgänger. Trotz aller späteren Skandalgeschichten hat sich Strauß ein bleibendes Verdienst um die Bundeswehr und damit die Demokratie in Deutschland erworben. Er setzte den politischen Führungsanspruch so energisch und vorbildlich durch, daß er auch unter schwächeren Nachfolgern nicht mehr ernsthaft in Frage gestellt werden konnte. Das bedeutete zugleich einen Markstein auf dem Wege zu einer demokratischen Gesellschaft, zu einer politischen Normalität, die bis dahin in Deutschland gefehlt hatte. Auch in diesem Zusammenhang zielt der Vorwurf der Restauration vollständig daneben.

Während die Aufbaukrise der Bundeswehr für unliebsame Schlagzeilen sorgte, kam es in der Europapolitik zu einer Weichenstellung von epochaler politischer Bedeutung. Mit den zu Ostern 1957 in Rom abgeschlossenen Verträgen wurde die Europäische Wirtschaftsgemeinschaft (EWG) gegründet. Ihre Entstehung beruhte auf einer deutschen Initiative. Dabei ging es um die Bildung einer Zollunion und eines Gemeinsamen Marktes, also um das Ingangsetzen eines langsamen Prozesses des wirtschaftlichen und politischen Zusammenwachsens. Dieser Gemeinsame Markt sollte sich trotz seiner anfangs recht bescheidenen Zielsetzung als der Königsweg zur europäischen Einigung erweisen.

In gewisser Weise beruhte die von deutscher Seite angeschobene und dann in langen Verhandlungen zur Vertragsreife geführte Konzeption auf einem Mißverständnis zwischen Adenauer und Erhard. Für den Kanzler hatte die zu gründende Wirtschaftsgemeinschaft vor allem eine politische Bedeutung. Sie galt ihm als Schritt zur Einigung Europas und damit zur Schaffung einer politischen Kraft, die sich zwischen den Weltmächten eigenständig behaupten konnte. Ihm schwebte im Grunde die Wiedergewinnung der politischen und wirtschaftlichen Macht vor, die Europa vor 1914 als Ganzes repräsentiert hatte. Sein Wirtschaftsminister dagegen beurteilte den Plan einer Wirtschaftsgemeinschaft ganz anders: Er lehnte ihn schlichtweg ab. Den Gemeinsamen Markt hielt er für »volkswirtschaftlichen Unsinn«, überall witterte er Protektionismus und plädierte deshalb für die Bildung einer Freihandelszone.[59] Das entsprach zwar seiner liberalen politischen Grundüberzeugung, konnte aber keinen europapolitischen Fortschritt bringen. Denn der entscheidende Ansatzpunkt für die Schaffung des Gemeinsamen Marktes lag im Agrarmarkt, der freilich überall mehr oder weniger starken Regulierungen unterworfen war und mehr oder weniger subventioniert wurde. Aber gerade der gemeinsame Agrarmarkt bot für viele Teilnehmerstaaten große Vorteile, weil die hochindustrialisierte und kaufkräftige Bundesrepublik auf fast allen Gebieten Agrarimporte benötigte.

Der Kampf um die Agrarpreise sollte im kommenden Jahrzehnt die Europapolitik in Atem halten, wobei die Bundesrepublik durch kostspielige Zugeständnisse Kompromißlösungen herbeiführte, die dann gegen den Protest des eigenen Bauernverbandes verteidigt werden mußten. Das deutsche Kalkül dabei war simpel, aber von durchschlagendem Erfolg: Mit den Fortschritten auf dem Agrarmarkt waren auch Zollsenkungen bei industriellen Produkten leichter durchzusetzen, und das gab der deutschen Industrie die Chance, ihre Produkte in Länder der Gemeinschaft liefern zu können, die ihr vorher fast verschlossen waren. Diese Chance auf neue Absatzmärkte ließ sich die deutsche Wirtschaft nicht entgehen.

Rechtzeitig vor den Bundestagswahlen von 1957 fand auch ein sozialpoliti-
sches Dauerproblem endlich eine Lösung. Mit der Rentenreform wurde die
dringend notwendige Erneuerung und Anpassung des Rentensystems an die
wirtschaftliche Entwicklung vollzogen und damit ein Konzept verwirklicht,
das seitdem die Grundlage der Alterssicherung darstellt. Wenn sich infolge de-
mographischer Veränderungen das System den heutigen Anforderungen nicht
mehr voll gewachsen zeigt, so sagt das nichts über die bahnbrechende Bedeutung seiner Entstehung. Nach Gründung der Bundesrepublik waren die Rentner die Benachteiligten des »Wirtschaftswunders« gewesen. Die Renten beliefen
sich oft nicht einmal auf ein Drittel der vergleichbaren Nettoarbeitseinkom-
men. Die Notwendigkeit ihrer Erhöhung sowie der Erneuerung des überkommenen Systems wurde im Bundesarbeitsministerium nicht bestritten, aber die
Bemühungen der zuständigen Sozialpolitiker und Fachleute litten unter mangelnder Abstimmung.

Der Kanzler hatte an der Frage nicht nur mit Blick auf den Wahlkampf ein
besonderes Interesse. Viel stärker war bei ihm das soziale Anliegen, den alten
Menschen, im Grunde seinen Altersgenossen, einen menschenwürdigen Lebensabend zu ermöglichen. Daher beschäftigte er sich intensiv mit der komplizierten Materie und erkannte in der Ausarbeitung eines Außenseiters das zukunftsträchtige Konzept: eine Rentenformel, die nicht mehr auf dem Ansparen
von Kapital durch Beitragszahlungen beruhte. Statt dessen sollte der »Genera-
tionenvertrag« die Grundlage der Rente bilden.[60] Danach dienten die Renten-
beiträge, die die erwerbstätige Generation einzahlte, zur Finanzierung der Renten der nicht mehr Erwerbstätigen. Zudem sollte die Rente der allgemeinen
Einkommensentwicklung angeglichen werden.

Gegen das neue Konzept der »dynamischen Rente«, die dem jeweiligen
Lebensstandard angepaßt werden sollte, erhob sich in der Wirtschaft, bei
Banken und Sparkassen wie in Kreisen der Union und der kleineren bürgerlichen Parteien erheblicher Widerstand. Es bedurfte daher des ganzen Einsatzes
des Kanzlers, die vielfältigen Bedenken und Widerstände, die meist mit drohenden Inflationsgefahren begründet wurden, im Kabinett mit der »Richtlinienkompetenz« zu unterdrücken. Vor allem die Bundesminister für Wirtschaft und Finanzen mußten auf diesem Wege zur Zustimmung gebracht
werden.[61]

Adenauer war nicht der Schöpfer der Rentenreform, aber von ihm gingen
entscheidende Anstöße aus. Die Arbeiten an dem Reformwerk verfolgte er intensiv, und er entwickelte dann auf Grund seiner Sachkenntnis ein starkes
Durchsetzungsvermögen, das er niemals erreicht hätte, wenn er nur auf seine
politische Autorität gepocht hätte.

Ganz wesentlichen Anteil an der Verabschiedung der Reform hatten auch die Sozialpolitiker der SPD, die sich auf diesem Gebiet durch Kompetenz und präzises Wissen auszeichneten und die Regierung unter Druck setzten. Das führte zu einem Ergebnis, das weder beabsichtigt noch erwartet war: Ihr erfolgreiches Wirken trug erheblich dazu bei, der CDU/CSU in den Bundestagswahlen zum ersten Mal die absolute Mehrheit zu verschaffen.[62] Aber auch wenn die SPD-Sozialexperten das vorher gewußt hätten, würden sie sehr wahrscheinlich nicht anders gehandelt haben. Damals ging es noch mehr um die Sache als um die Partei.

Mit der Rentenreform, die der Bundestag am 27. Januar 1957 verabschiedete, wurde die Teilhabe der Rentner am wirtschaftlichen Aufstieg gesichert und die Soziale Marktwirtschaft nach der sozialen Seite hin wirksam abgestützt. Sie gewann dadurch an Glaubwürdigkeit, insbesondere gegenüber marxistischen Ausbeutungsparolen. Denkbar kraß unterschied sich von nun an der Lebensabend in der Bundesrepublik von dem der DDR-Rentner, die ein Hungerleben fristeten. Im Grunde stand das neue Rentensystem auch in der westlichen Welt einmalig da: ein deutscher Sonderweg.

Noch ein weiterer Anlaß stimmte die Bürger für die Bundestagswahl von 1957 ein: die blutige Niederschlagung des Volksaufstandes in Ungarn im November 1956. Die Berichte über das sowjetische Vorgehen und die Fluchtwelle, die mit dem sowjetischen Eingreifen einsetzte, überzeugte die Mehrheit der Bevölkerung, daß es zur Westpolitik des Bundeskanzlers keine Alternative gab. Dennoch glaubte Adenauer, seine Wahlkampagne stärker als 1953 unter ideologischen Vorzeichen führen zu müssen. In diesem Zusammenhang fiel sein Ausspruch, daß ein Sieg der SPD den Untergang Deutschlands bedeute. Bemerkenswert war daran weniger die Unterstellung als solche – Ähnliches hatte er schon oft gesagt – als der öffentliche Protest, der sich daraufhin erhob: ein Anzeichen dafür, daß in der Bundesrepublik die Öffentlichkeit kritischer zu reagieren begann.

Am triumphalen Wahlsieg der Unionsparteien änderte das nichts. Mit 50,2 Prozent und 270 Abgeordneten erreichten sie zum ersten und einzigen Mal in diesem Jahrhundert die absolute Mehrheit. Dem rauschenden Erfolg der Regierungsparteien entsprach das klägliche Abschneiden der Opposition. Nach acht Jahren der Kritik an der Regierung und des unerschütterlich vorgetragenen Glaubens, alles besser machen zu können, hatte die SPD nur von 29,2 auf kümmerliche 31,8 Prozent zugenommen. Das war eine einmalige Leistung, denn gemeinhin wird der Opposition das Geschäft dadurch erleichtert, daß die Regierung und die sie tragende Koalition in der Regierungsverantwortung einem Prozeß der Abnutzung ausgesetzt sind, während die Opposition durch die Fehler der Regierung automatisch aufgewertet wird. Dieser Effekt war jedoch bis zu diesem Zeitpunkt noch nicht eingetreten.

Die SPD reagierte aber endlich auf die permanenten Niederlagen. In die Führungsgremien rückten Reformpolitiker auf, die sich nicht als Funktionäre nach oben gedient hatten. Auf dem Parteitag 1958 wurden Willy Brandt, Heinrich Deist, Gustav Heinemann, Alex Möller und Helmut Schmidt in den Vorstand gewählt. Und es kam auch endlich die Diskussion um ein neues Parteiprogramm in Gang. Die SPD mußte den Ballast marxistischer Phrasen vom Klassenkampf und platte Sozialisierungsvorstellungen über Bord werfen und vor allem in der Wirtschaftspolitik Alternativen entwickeln, die mit der Sozialen Marktwirtschaft vereinbar waren. Die Kompromißformel dafür lautete: »Wettbewerb so weit wie möglich – Planung so weit wie nötig.«

Die Unternehmerwirtschaft konnte die Partei als Normalform des Wirtschaftens allerdings noch immer nicht hinnehmen. Die »Bändigung der Macht der Großwirtschaft« war das erklärte Ziel, dem auch die Investitionskontrolle der Wirtschaft dienen sollte. So entwickelten die wirtschaftspolitischen Programmatiker die luftige Forderung nach einem mit der Unternehmerwirtschaft konkurrierenden Sektor der Gemeinwirtschaft, der korrigierend wirken und undemokratische Machtkonzentrationen wie ungerechtfertigte Profite verhindern sollte. Das schmähliche Ende der »Neuen Heimat«, des größten gewerkschaftseigenen Wohnungsunternehmens, offenbarte später drastisch, auf welchem Niveau sich die sozialdemokratische Gemeinwirtschaft bewegte. Zur Herausforderung der Unternehmerwirtschaft war sie nie in der Lage.

Gleichwohl bedeutete die Verabschiedung des Godesberger Programms im November 1959 die entschlossene Wende zur Volkspartei, die auch den Dialog mit den Kirchen einschloß. Es war der Versuch, nach zehn Jahren Kanzlerschaft Adenauers der politischen Realität gerecht und für bürgerliche Parteien koalitionsfähig, damit aber auch regierungsfähig zu werden. Eine gehörige Portion Opportunismus war unvermeidlich: Aufbegehrende Genossen wurden mit dem Ausschluß bedroht.

So günstig sich für Adenauer die Verhältnisse im Innern entwickelt hatten, in der Außen- und Sicherheitspolitik kam der Kanzler nun in Bedrängnis und zeigte mancherlei Unsicherheiten. Bereits der Genfer Gipfel der vier Großmächte im Juli 1955 und der mit diesem aufkeimende Optimismus hinsichtlich einer Verbesserung der Ost-West-Beziehungen hatte Adenauer beunruhigt. Die in Genf geäußerten Hoffnungen auf Entspannung wurden von ihm nur sorgenvoll zur Kenntnis genommen, denn sie setzten im Grunde die Hinnahme des Status quo und damit der deutschen Teilung voraus. Das konnte die Glaubwürdigkeit seiner Politik erschüttern, da er immer wieder erklärt hatte,

Adenauer nach seinem grandiosen Wahlsieg 1953. In seiner ersten Amtszeit hat sich dieser Kanzler die größten Verdienste erworben. Das Erreichte zu bewahren, war fortan sein Hauptanliegen. Dem entsprach das Wahlkampf- motto der CDU im Jahre 1957: »Keine Experimente«. Die SPD war damals allerdings auch nicht um Objektivität bemüht. Sie behauptete: »Wer CDU/CSU wählt, der riskiert: dauernde Einparteienherrschaft, Teuerung und Inflation, endgültige Spaltung unseres Vaterlandes, Atombomben und Atomtod.« Tatsächlich fürchtete Adenauer den Atomtod nicht weniger als die Anhänger der Protestbewegung. Das war auch eine der Ursachen für die wach- sende Kritik an der amerikanischen Außenpolitik in seinen letzten Kanzlerjahren.

das Bündnis mit dem Westen werde die Wiedervereinigung bringen. Aber auch politische Nahziele gerieten in Gefahr, je mehr von Entspannung und Abrüstung die Rede war. War es denn überhaupt noch nötig, so fragten kritische Stimmen, die Bundeswehr in der geplanten Stärke von 500 000 Mann aufzustellen? Diesen Zweiflern hatten Pressemeldungen über den Radford-Plan Vorschub geleistet, wonach die amerikanische Atombewaffnung bei gleichzeitiger Reduzierung der konventionellen Streitkräfte verstärkt werden sollte, da Atomwaffen billiger waren als konventionelle Truppen.

Die Reaktion Adenauers darauf war bezeichnend. Er sah apokalyptische Gefahren voraus, wenn der Plan verwirklicht würde. In einem Brief an Dulles brachte er seine Ängste zum Ausdruck.[63] Für ihn bedeutete die Reduzierung konventioneller Waffen, daß ein Atomkrieg, »ein völliger Vernichtungskrieg für den größten Teil der Menschheit«, wesentlich wahrscheinlicher wurde. Bei einem solchen Krieg würde »die erste Stunde wahrscheinlich entscheidend« sein, das aber bedeute: »Der nukleare Krieg führt daher zum Präventivkrieg«, und der würde »nach ihrer ganzen Mentalität« von den Sowjets begonnen werden. Den jederzeit möglichen Atomtod wollte Adenauer aber nicht hinnehmen. Entschieden verwahrte er sich dagegen: »Nach sehr reiflicher und sehr gewissenhafter Prüfung sage ich nochmals, daß diese Politik mit den Grundsätzen des Christentums und der Menschlichkeit unvereinbar ist.« Der letzte Satz des Briefes lautete: »Ich bitte Gott, daß Er Sie leite und führe.«

Der Brief ist ein Schlüsseldokument für die Politik Adenauers, aber auch für die Grundbefindlichkeit der Westdeutschen in den fünfziger Jahren. Adenauer und die Unionsführung strebten nach Atomwaffen als Zeichen der politischen Gleichberechtigung im Bündnis. Atomwaffen als politische Trümpfe und auch zur Abwehr einer sowjetischen Aggression – das war die alltägliche Normalität. Als aber Adenauer die Möglichkeit eines atomaren Vernichtungskrieges konkret vor sich sah, war plötzlich alles Vertrauen in die Kraft der Abschreckung geschwunden.

Die innere Widersprüchlichkeit war ein Wesensmerkmal westdeutscher Befindlichkeit. Auf der einen Seite genossen die Bundesbürger das nie für möglich gehaltene Wirtschaftswunder, den verwirklichten Traum vom Auto und der Italienreise, aber gleichzeitig konfrontierte sie der Ost-West-Gegensatz mit der Möglichkeit der eigenen Vernichtung. Daher war die Anti-Atomtod-Bewegung, die als Reaktion auf die Atombewaffnung der Bundeswehr entstand, nur die linke Ausformung eines viel weiter verbreiteten Unbehagens. Die Initiatoren der Bewegung würden sich gewiß über Adenauer als Ehrenmitglied sehr gefreut haben. Im Grunde teilte er ihre Ängste, herrschte eine innere Übereinstimmung zwischen Adenauer und der Mehrheit der Bevölkerung, die deutlich gegen die Atombewaffnung der Bundeswehr eingestellt war.[64] Möglicherweise bestand ein engerer Kontakt zwischen Wählern und Gewählten, als es die Methoden der Demoskopie bisher ermittelt haben.

Ein für die Bundesregierung schwieriges Problem waren die 1957 von verschiedenen Seiten vorgetragenen Disengagementpläne für Europa. Sie sahen eine militärisch verdünnte oder sogar eine atomwaffenfreie Zone vor. Derartige Pläne wurden sowohl von dem amerikanischen Exdiplomaten George F. Kennan als auch von dem polnischen Außenminister Adam Rapacki vorgelegt. Adenauer lehnte die Pläne entschieden ab, weil es eine Beeinträchtigung der Souveränität bedeutete, wenn internationale Kontrollen darüber wachten, ob die vorgesehene Verdünnung in der Bundesrepublik auch eingehalten wurde. Bei der SPD und in den liberalen Medien stießen diese Pläne jedoch auf Zustimmung.

In Adenauers Erschütterung über die globale Verstärkung der amerikanischen Atombewaffnung spielte auch sein wachsendes Mißtrauen in die Zuverlässigkeit der USA hinein. Er beklagte ihr nachlassendes Engagement in der NATO. Mehr noch beunruhigte ihn das Gespenst einer geheimen Absprache der Supermächte, die sich nicht gegenseitig umbringen wollten und deshalb ihre Bündnispartner lieber im Stich ließen. Seine schlimmsten Befürchtungen sah er bestätigt, als während der britisch-französischen Suez-Intervention im Herbst 1956 der sowjetische Ministerpräsident Bulganin drohte, Paris und London mit Raketen zu beschießen, und die USA ebenfalls Druck auf die beiden Kolonialmächte ausübten, ihr Unternehmen abzubrechen. Für Adenauer war das ein Beweis für die atomare Komplizenschaft der beiden Supermächte, die angeblich »die Teilung der Welt« ins Auge faßten. Gegenüber amerikanischen Besuchern wie dem NATO-Oberbefehlshaber General Gruenther übte er schonungslose Kritik an solcherart von Politik.[65]

Vor diesem Hintergrund war Adenauer sogar bereit, gemeinsam mit Frankreich und Italien Atomwaffen zu produzieren. Im November 1957 begannen die Gespräche; sie führten bald zu einem Vertragsabschluß zwischen Bundesverteidigungsminister Strauß und seinem französischen Kollegen. Beide Seiten beurteilten die amerikanischen Schutzzusagen skeptisch; so entstand der Wunsch nach Atomwaffen als eigener Abschreckungskapazität, wobei sich die Zusammenarbeit mit der Bundesrepublik für die in den letzten Zügen liegende Vierte Republik vor allem aus finanziellen Notwendigkeiten anbot. Nach der Rückkehr von Charles de Gaulle an die Macht am 1. Juli 1958 sollte das Projekt aber ein schnelles Ende finden, denn der General hielt den Besitz eigener Nuklearwaffen für den »eigentlichen Souveränitätsausweis«, wie sich Strauß mit einiger Bitterkeit erinnerte.[66] Aber auch ohne das abrupte Stopsignal de Gaulles fällt es schwer, sich die Verwirklichung des Projekts vorzustellen. Daß die Sowjets oder die Amerikaner die deutsch-französische Kooperation auf nuklearem Gebiet widerstandslos hingenommen hätten, ist kaum anzunehmen. Wichtig an dieser Episode ist nur die Orientierungslosigkeit, die sich seit 1956 im Westen zunehmend zeigte.

Unabhängig von den deutsch-französischen Ansätzen zur Kernwaffenproduktion liefen im Rahmen der NATO die Pläne zur Ausrüstung der Bündnispartner mit Atomwaffen aus amerikanischer Produktion. Die dafür notwendigen Beschlüsse faßte der Bundestag im März 1958. Dem ging eine mehrtägige Redeschlacht voraus, die mit der Beschlußfassung oft nur wenig zu tun hatte. Die Opposition warf der Regierung und besonders Strauß vor, aus Machthunger nach Atomwaffen zu streben, während die Regierungssprecher verharmlosend beteuerten, lediglich ihre Bündnispflichten zu erfüllen, und nicht müde wurden zu betonen, daß es nur um die Zustimmung zur Ausrüstung der Bundeswehr mit Trägerwaffen und nicht um die atomaren Sprengköpfe ginge. Tatsächlich blieben diese weiterhin in amerikanischer Obhut. Die Trennung zwischen Trägerwaffen und Sprengköpfen wurde damals im Grunde weder von der Regierung noch von der Opposition wirklich wahrgenommen. Man stritt um Atomwaffen, wobei die Vertreter der Regierung stets von Trägerwaffen sprachen, während die Opposition der Regierung in bewußter Undeutlichkeit alle möglichen verwerflichen Absichten unterstellte.

Der Kanzler hatte seine Fraktion für die Debatte regelrecht in Stimmung gebracht. Erregt entwarf er die Horrorvision, Deutschland könne Schauplatz eines »furchtbaren atomaren Krieges« werden, wenn nicht durch die Atombewaffnung der Bundeswehr erreicht würde, »daß der friedliebende Teil der Welt stärker ist als die Sowjetunion«.[67] Das war die gewohnte Rhetorik des Kalten Krieges, die auch diesmal ihre Wirkung nicht verfehlte. Sie vermittelte eine Aufbruchstimmung hin zu neuen politischen Ufern: Mancher mochte erwarten, mit der im Aufbau befindlichen starken konventionellen Truppenmacht und der beschlossenen Ausstattung mit Atomwaffen habe die Bundeswehr die Chance, eine wichtige, wenn nicht gar neben den USA die führende Rolle im westlichen Bündnis zu spielen.

Ein Jahr später war das alles vergessen. Die von Nikita Chruschtschow heraufbeschworene Berlin-Krise setzte ganz andere Prioritäten, die Adenauers Wunschvorstellungen wie eine Seifenblase platzen ließen. Am 16. März 1959 erklärte er vor dem Fraktionsvorstand: »Wenn wir den Status quo für Berlin und die Zone behalten, haben wir für heute so gut wie alles erreicht. Wiedervereinigung – wer weiß wann!«[68] Die zweite Berlin-Krise hatte endgültig klargestellt, daß man mit einer Politik der Stärke nicht weiterkommen konnte.

DIE FALLENDE LINIE: VOM CHRUSCHTSCHOW-ULTIMATUM
BIS ZUM ERZWUNGENEN RÜCKTRITT ADENAUERS

Was den sowjetischen Ministerpräsidenten veranlaßt hat, aus heiterem Himmel den Berlin-Status massiv in Frage zu stellen, darüber wurden in den inzwischen geöffneten Archiven in der ehemaligen Sowjetunion und der DDR bisher keine konkreten Einzelheiten zutage gefördert. Da über seine Motive, seine Einschätzung der Erfolgsaussichten sowie der daraus entstehenden Risiken nichts bekannt ist, wird man weiterhin davon ausgehen müssen, daß die eigentliche Ursache in der Diskrepanz zwischen der Stärke des »sozialistischen Lagers« und der durch die Existenz West-Berlins bedingten Schwäche der DDR lag. Der »Sputnik« suggerierte Moskau die Überlegenheit der sowjetischen Wissenschaft und Technik; die sowjetische Außenpolitik hatte beträchtliche Erfolge im Nahen Osten zu verbuchen, und in Kuba zeichnete sich der Sieg Fidel Castros ab.

Aber mit der DDR gab es Probleme. Als Schaufenster zum Westen mußte man sie ständig unterstützen, ohne aber ihre grundlegenden ökonomischen Probleme lösen und damit die auszehrende Republikflucht abstellen zu können. Das sollte nun ein Ende haben. Darüber hinaus ließ es sich mit dem gewachsenen Selbstbewußtsein der sowjetischen Führung nicht mehr vereinbaren, daß der Gegner 150 Kilometer von der Zonengrenze entfernt die Exklave West-Berlin besaß, von der aus Spionage- und Propagandaunternehmen betrieben werden konnten. Mit dem ultimativen Druck auf Berlin verfolgten die Sowjets wohl die Absicht, die Westmächte zu einer Gipfelkonferenz über einen neuen Status für West-Berlin zu zwingen.

Vergegenwärtigt man sich den Ablauf der Ereignisse auf östlicher Seite, so läßt sich unschwer ein von langer Hand vorbereitetes Unternehmen erkennen. Ausgangspunkt waren die propagandistischen und diplomatischen Kampagnen für einen Friedensvertrag mit Deutschland, den es auszuhandeln galt. Dazu gehörten Moskaus Noten an die Westmächte und die Bundesregierung zu Anfang des Jahres 1958, denen sich dann im September die DDR mit einer Note an die Vier Mächte anschloß. Nach diesem Vorgeplänkel folgte eine Erklärung Walter Ulbrichts am 27. Oktober, die in der Behauptung gipfelte, ganz Berlin gehöre zum »Hoheitsbereich der Deutschen Demokratischen Republik«, da die frühere alliierte Kommandantur niemals die oberste Gewalt innegehabt habe. Diese These hatte man seit dem Streit um die Berliner Währungsreform im Juni 1948 nicht mehr gehört.

Die sowjetische Führung stieß mit der Note vom 27. November nach, in der sie ultimativ die Umwandlung West-Berlins in eine entmilitarisierte Freie

Stadt forderte, die binnen sechs Monaten zu vollziehen sei. Kämen die West-
mächte dieser Forderung nicht nach, würde die DDR »in vollem Umfange für
die ihr Gebiet angehenden Fragen zuständig sein …, das heißt, daß sie ihre
Souveränität zu Lande, zu Wasser und in der Luft ausüben muß«.[69] Auch für den
Transitverkehr nach Berlin sollte dann die DDR zuständig sein, drohte doch die
Sowjetunion den völligen Rückzug aus ihrer Viermächteverantwortung an. Die
Übertragung sowjetischer Rechte auf die DDR bedeutete aber, daß fortan
DDR-Organe die westalliierten Transporte kontrollieren würden, was eine tiefe
Demütigung bedeutete und zugleich eine Fülle von Schikanen bei der künfti-
gen Abfertigung erwarten ließ.

Die erste westliche Antwort auf die Note wies die sowjetischen Forderungen
zurück und schlug statt dessen eine Konferenz vor über die deutsche Frage
sowie Sicherheit und Abrüstung in Europa. Der Westen wollte also das Berlin-
Ultimatum dadurch entschärfen, daß er es in den deutschlandpolitischen Ge-
samtzusammenhang stellte. Nach einigen Monaten hektischer, aber wenig ko-
ordinierter diplomatischer Aktivität kam es dann auch tatsächlich im Sommer
1959 zu einer Außenministerkonferenz in Genf, an der die Vertreter beider
deutscher Staaten an Katzentischen teilnahmen. Die Konferenz blieb jedoch
ohne Ergebnis.

Das Ultimatum erzeugte in Berlin einen rapiden Stimmungsabfall. Eine
»Freie Stadt« – das schien der Anfang vom Ende. Wer es sich leisten konnte, verließ die Stadt, Firmen siedelten nach Westdeutschland über, die Grundstücks-
preise fielen ins Bodenlose, so daß die Bundesregierung die westdeutsche Großindustrie zum Immobilienerwerb anhielt, um die Preise zu stützen. Und in der
westlichen Abwehrfront zeigten sich Risse. Der britische Premierminister Mac-
millan bereiste die Sowjetunion und profilierte sich als Staatsmann, dem es vor
allem um die Erhaltung des Friedens ging.

Aus Washington kamen überraschende Äußerungen. Ausgerechnet John F.
Dulles, der brillante Rhetoriker des Kalten Krieges, entsprach nicht seinem
Image, sondern äußerte beunruhigende Ansichten. Wenn die Sowjets der DDR
ihre Rechte übertrügen, so meinte er, könne man die kontrollierenden Vopos
als deren »Agenten« ansehen. Auf einer Pressekonferenz erklärte er gar, freie
Wahlen seien nicht »der einzige Weg, auf dem eine Wiedervereinigung erreicht
werden könnte«.[70] Der Kanzler und sein Außenminister erblickten darin ein
amerikanisches Interesse an der Konföderation beider deutscher Staaten, wie
sie die SPD, aber auch Ulbricht anstrebten, die sie selbst aber für eine »Katastrophe« hielten. Ihr Mißtrauen gegen die USA nahm erneut zu, da diese »sorglos,
zu sorglos« seien.[71] Das sollte bald eine Stereotype zur Charakterisierung der
amerikanischen Politik werden.

Adenauer zeigte sich der Krise nicht gewachsen. Nach allen Seiten teilte er Kritik aus, war aber nicht zu einer realistischen Lagebeurteilung fähig, zumal er Außenminister und Auswärtiges Amt links liegen ließ. Einem Bonmot zufolge kannte er damals drei Staatsfeinde: »Die Kommunisten, die Engländer und das Auswärtige Amt.«[72] Bei seinem letzten Besuch in Bonn Anfang Februar schlug Dulles dann aber ganz andere Töne an und ließ keinen Zweifel, daß die Amerikaner sich nicht von DDR-Organen kontrollieren lassen würden, »denn das hieße, der Besiegte kontrolliert den Sieger«.[73] Sollte es dennoch dazu kommen, würde ein amerikanischer Fünfpunkteplan in Kraft treten, der als letzte Stufe möglicher Reaktionen den Einsatz von Atomwaffen vorsah.

Vor dieser Entschlossenheit wich Adenauer zurück. Um Berlin einen Atomkrieg zu führen, war ihm ein unerträglicher Gedanke. Er beschwor Dulles, daß »unter keinen Umständen Atomwaffen« verwendet werden dürften. Ob Dulles selbst dazu bereit war, ist durchaus fraglich. Er wollte Adenauer einfach über die Eventualplanung informieren, und Adenauer nahm die Planung bereits für die Realität und hatte schon das Untergangsszenario vor Augen. Daß es sich bei der Planung um ein Abschreckungsprinzip handelte, wollte der Kanzler nicht zur Kenntnis nehmen. Wahrscheinlich hat die kaltblütige Entschlossenheit von Dulles auf Adenauer tiefen Eindruck gemacht. Fortan war er bemüht, Spannungen um Berlin zu vermeiden, wodurch auch sein umstrittenes Verhalten nach dem 13. August 1961 teilweise eine Erklärung findet.

Auch die Gegenseite hatte Probleme. Nach Veröffentlichung des Ultimatums erwies sich bald, daß Ulbricht sehr viel eifriger war als die Sowjets. Der SED-Chef entwickelte Pläne für den künftigen Rechtsstatus der Freien Stadt und ihrer Einwohner, Vorstellungen über die von der DDR zu übernehmende Kontrolle der Zufahrtswege nach Berlin, wobei er sogar vor der alliierten Flugsicherung nicht zurückschreckte. Auch der Tätigkeit der westalliierten Militärmissionen in der DDR sollte ein Ende bereitet werden.[74] Es ist erstaunlich, daß die an Chruschtschow gerichteten Vorschläge Ulbrichts ohne Reaktion blieben. Die Sowjets hielten sich zurück und dachten nicht daran, die DDR tatsächlich zu ihrem Rechtsnachfolger zu machen. Hinter der Drohung, mit der DDR einen Friedensvertrag abzuschließen, stand kein Wille zur Umsetzung.

In der bundesdeutschen Innenpolitik verursachten die von dem Chruschtschow-Ultimatum ausgehenden außenpolitischen Turbulenzen indessen mittelbar überraschende Veränderungen. Im Sommer 1959 lief die Amtszeit von Theodor Heuss ab. Regierung und Fraktion hatten die Frage des Nachfolgers vor sich hergeschoben. Als aber im Februar 1959 Carlo Schmid von der SPD als Kandidat nominiert wurde, bekam die Kandidatensuche bei der Union einen Anstrich von Hektik. Am 7. April erklärte Konrad Adenauer zur allgemeinen Verblüffung, er sei zur Kandidatur bereit. Die Nachricht rief auch in der eigenen Partei Erleichterung hervor, schien doch nun eine geregelte Nachfolge für den Dreiundachtzigjährigen möglich. Die tiefere Ursache für Adenauers Entschluß wird die permanente Überlastung gewesen sein verbunden mit der deprimierenden Erkenntnis, daß seine Politik nicht den erwarteten Erfolg gebracht hatte. Als Bundespräsident glaubte er sich von der Last der Alltagsarbeit befreit und damit in der Lage, sich auf die wesentlichen Aufgaben zu konzentrieren. Ihm schwebte dabei wohl die Stellung de Gaulles an der Spitze der Fünften Republik vor, der den Ministerpräsidenten gleichsam als Gehilfen an seiner Seite hatte. Nur übersah er dabei, daß der Franzose Staatschef mit einer Fülle weitgehender Sonderrechte war, während die Väter des Grundgesetzes die Rolle des Bundespräsidenten bewußt auf das Repräsentative beschränkt hatten. Adenauer mag sich zugetraut haben, das Amt des Bundespräsidenten aufzuwerten an der Seite eines Bundeskanzlers, der sich mit der Rolle des Gehilfen abfand.

Das war aber der entscheidende Punkt: Die CDU/CSU-Fraktion, die den Kanzler zu wählen hatte, sprach sich mehrheitlich für Erhard als Nachfolger aus. Vor allem die jüngeren, erst 1957 in den Bundestag gelangten Abgeordneten sahen in Erhard die »Wahllokomotive« und den Garanten für weitere Wahlsiege. Adenauer und die Parteiauguren, die Erhard kannten und ihn für unfähig hielten, das Amt des Bundeskanzlers zu bekleiden, mußten mit ihrem Wissen zurückhalten. Angesichts der festen Mehrheit für Erhard zog Adenauer es vor, das Kanzleramt nicht aufzugeben. Die Welle des Mitleids, von der sich Erhard nun tragen ließ, ebbte zwar bald ab, was aber in Öffentlichkeit und Fraktion haften blieb, war das abschreckende Bild eines allein am Machterhalt interessierten Kanzlers, dessen Autorität in den eigenen Reihen bleibenden Schaden nahm. Der zähe »Kampf ums Kanzleramt«[75] war eröffnet und sollte erst im Oktober 1963 sein Ende finden.

Der an Adenauers Stelle zum Bundespräsidenten gewählte bisherige Landwirtschaftsminister Heinrich Lübke konnte sich mit Theodor Heuss nicht messen. Repräsentieren und bedeutende Reden halten war seine Sache nicht, doch er besaß politischen Ehrgeiz. Der neue Bundespräsident ging auf Distanz zu Adenauer wie zu Erhard und sollte sich so zum wichtigen Wegbereiter der Großen Koalition entwickeln.

In der Geschichte der Bundesrepublik markiert die Jahreswende 1959/60 einen deutlichen Einschnitt. Hakenkreuzschmierereien an der erst kurz zuvor eingeweihten Kölner Synagoge zu Weihnachten 1959, die eine Welle von Anschlußdelikten auf vielen Friedhöfen und bei jüdischen Einrichtungen in der Bundesrepublik, aber auch im westlichen Ausland auslösten, beschworen die

Gefahr des Neonazismus. Die braune Vergangenheit wurde konkret faßbar, als im Juni 1960 Adolf Eichmann, der für die bürokratische Durchführung der »Endlösung« mitverantwortliche SS-Führer, von Israelis aus Argentinien entführt wurde. Sein Prozeß in Jerusalem und mit ihm das Aufrollen der Judenvernichtung begann das Deutschlandbild im Ausland, vor allem in den USA, einzutrüben. Bei den Schmiereien half die DDR mit, denn einfacher und wirkungsvoller konnte die Bundesrepublik nicht als Erbe des Nazismus denunziert werden.[76]

In der Bundesrepublik begann mit den KZ-Prozessen die erste Debatte um die Bewältigung der Vergangenheit – mit schnellen Schuldzuweisungen an den Bundeskanzler und seine Partei, denen Versäumnisse bei der Aufarbeitung der NS-Zeit vorgeworfen wurden. Daran war zweifellos richtig, daß Adenauer das Desinteresse seiner Wähler an einer Gewissenserforschung erkannt und die zwölf Jahre des NS-Regimes nach Kräften verharmlost hatte. Aber der Kanzler konnte nicht allein für einen Verdrängungsprozeß verantwortlich gemacht werden, der den Vorstellungen und Wünschen weiter Teile der Gesellschaft entsprach. Zudem waren Bildung, Schule und Justiz, die in erster Linie die Vergangenheitsbewältigung hätten leisten müssen, Ländersache, und auch hier war nichts geschehen.

Die Bewältigungsdebatte machte ihre Kritik jedoch weniger an Zuständigkeitsfragen und konkretem Versagen fest, sondern artikulierte mehr ein Unbehagen an den moralischen und kulturellen Defiziten der »muffigen« Ära Adenauer – unbeschadet der Tatsache, daß gerade in diesen Jahren die Literatur eine seltene Blütezeit erlebte, für die Namen wie Andersch, Bachmann, Böll, Grass, Johnson, Lenz und Walser stehen. Eine junge Generation hatte ihr Thema auf eigene Weise literarisch verarbeitet, ihre Jugend im »Dritten Reich«, im Krieg und in der Nachkriegszeit. Auch das hat dazu beigetragen, daß um 1960 weder nennenswerte Teile der Öffentlichkeit noch irgendwelche Kreise der Bevölkerung Großmachtträume hegten oder sie gar verwirklichen wollten. Mochten konservative Publizisten oder Politikwissenschaftler auch die »Machtvergessenheit« der Deutschen beklagen – diese fühlten sich durchaus wohl dabei und beschäftigten sich mehr mit der Gestaltung des kommenden Urlaubs als mit der Stellung Deutschlands in der Welt.

Aber gerade darum ging es nun wieder im Konflikt zwischen Ost und West. Bei der Suche nach einer Lösung oder wenigstens einem Ausweg aus der Berlin-Krise begann sich ein stillschweigendes Einverständnis der Supermächte darüber abzuzeichnen, daß Sicherheit durch Teilung ein gangbarer Weg zur Entspannung sei. Eine Minderung der Spannungen schien vor allem dann möglich zu sein, wenn die Bundesrepublik weder Atomwaffen besitzen noch bauen könnte. Zugleich rückte als weitere von der Bundesrepublik zu erwartende Verzichtsleistung die Anerkennung der Oder-Neiße-Linie ins Blickfeld.

Adenauer und mit ihm die Unionsführung waren auf Souveränität und Gleichberechtigung der Bundesrepublik fixiert. Das geschah nicht aus Gründen nationaler Machtpolitik, sondern um im Bündnis auch bei der strategischen Planung gleichberechtigt einbezogen zu sein. Für das Erreichen dieses Ziels ließen sich ernsthafte Argumente ins Feld führen. Denn die geltende NATO-Strategie war keineswegs wirklich »vorwärts« gerichtet. Bei einem Krieg würde vor allem Deutschland das nukleare Schlachtfeld sein, ohne daß der deutsche Verteidigungsminister die atomare Zielkartei der NATO einsehen durfte, also nicht wußte, was und wie oft in Deutschland zu zerstören war.[77] Die Bundesrepublik war eben keine europäische Großmacht wie Großbritannien und Frankreich, sondern hatte einen minderen Status. Die beiden europäischen Nuklearmächte – Frankreich aus eigener Kraft in Frontstellung zu den USA, Großbritannien mit intensiver amerikanischer Unterstützung – aber waren sehr darauf bedacht, »den Klassenunterschied zur Nicht-Nuklearmacht Bundesrepublik« zu wahren.[78]

Die Vorbereitungen der Pariser Gipfelkonferenz am 16. April 1960 zeigten, wie weit die beiden anglo-amerikanischen Mächte bereit waren, den Sowjets entgegenzukommen. Daß die Konferenz schließlich an der amerikanischen Weigerung scheiterte, sich für den Abschuß eines Spionageflugzeugs zu entschuldigen, erfüllte Adenauer mit großer Erleichterung – »fies Jlück jehabt« –, ließ aber auch erneut seine Kritik an der amerikanischen Haltung wachsen.

Die geplatzte Gipfelkonferenz hatte gleichwohl innenpolitische Folgen. Am 30. Juni vollzog Herbert Wehner als Sprecher seiner Partei einen radikalen Kurswechsel. Er forderte die Bundesregierung zu einer »redlichen Bestandsaufnahme« auf und bejahte ausdrücklich Landesverteidigung und Westbündnis. Die äußerst geschickte Rede übte in Kreisen der Unionsfraktion beträchtliche Wirkung aus. Adenauer freilich blieb unbeeindruckt; er mißtraute dem ehemaligen Kommunisten. Aber ehrliche Konservative wie Heinrich Krone waren tief beeindruckt. Für ihn war es eine »Sensation«: »Die SPD lenkt ein.«[79] Daß Wehner mit der Betonung der »Gemeinsamkeit« das strategische Ziel der Regierungsfähigkeit seiner Partei im Auge hatte, wurde erst allmählich deutlich.

Indem Chruschtschow – wahrscheinlich auf chinesischen Druck – den Pariser Gipfel schon vor seinem Beginn platzen ließ, war die von den Sowjets selbst zäh verfolgte Möglichkeit einer Lösung des Berlin-Problems auf dem Verhandlungswege gescheitert. Inzwischen hatten sich aber die Verhältnisse in der DDR rapide verschlechtert. Im Herbst 1958, als Chruschtschow die Krise ausgelöst hatte, herrschte sowohl in der Sowjetunion als auch in der DDR, in der einige Monate zuvor gerade die Lebensmittelkarten abgeschafft worden waren, wirtschaftlicher Optimismus. Man wollte den Lebensstandard des Westens kurzfristig bis 1961 nicht nur einholen, sondern sogar überholen. Daraus machte der Volksmund den politischen Witz: »Überschätzen ohne einzuschätzen.«[80]

Tatsächlich konnten die ehrgeizigen Ziele nicht erreicht werden. Im Januar 1961 mußte Ulbricht in einem Brief an Chruschtschow sogar eingestehen, daß die »inneren Schwierigkeiten« bei der Planerfüllung erheblich gewachsen waren. Hinzu kam ein weiterer Schwachpunkt. Seit Ende 1959 lief die Zwangskollektivierung der Landwirtschaft auf vollen Touren. Nach dem 17. Juni 1953 hatte das Regime einige Jahre Ruhe gegeben. Nun blieb den Bauern nur die Alternative: Flucht oder Eintritt in die Landwirtschaftliche Produktionsgenossenschaft (LPG). Innerhalb von Jahresfrist wurde unter massivem politischen Druck[81] die Kollektivierung durchgesetzt. Die unmittelbare Folge war eine weitgehende Desorganisation, was sich ungünstig auf die landwirtschaftliche Produktion auswirkte. Versorgungsengpässe zeichneten sich ab. Statt während der vorsätzlich ausgelösten Krise um Berlin in Landwirtschaft und gewerblicher Wirtschaft für Ruhe und relativ ungestörte Produktionsbedingungen zu sorgen, setzte man die Industrie mit dem »Überhol-Phantom« unter Druck, und die Landwirtschaft wurde gegen den Willen der Bauern kollektiviert und damit teilweise lahmgelegt.

Der DDR war eine Schlüsselrolle im sozialistischen Lager zugedacht, aber sie litt unter der zögerlichen, ja widersprüchlichen Haltung der Sowjets in der Berlin-Frage. Am 6. Juni 1961 beschwor der Stellvertretende Ministerpräsident Mikojan vor Mitgliedern des SED-Politbüros die Bedeutung der DDR für das »sozialistische Lager«: »In der DDR wird sich unsere Weltanschauung, unsere marxistisch-leninistische Theorie beweisen müssen ... Die DDR, Deutschland, ist das Land, in dem sich entscheiden muß, ... daß der Kommunismus auch für die Industriestaaten die höhere, bessere Gesellschaftsordnung ist. Und weil das so ist, deshalb ist die Bewahrung des Sozialismus in Deutschland nicht nur eure Sache allein.«[82] Wenige Tage später drohte Chruschtschow bei seinem Treffen mit Kennedy in Wien unverhohlen mit Krieg, der Sperrung des Zugangs nach West-Berlin und dem Abschluß eines Friedensvertrages mit der DDR noch im Jahre 1961, so daß Kennedy mit einem »kalten Winter« rechnete.

Der Sowjetführer heizte also die politische Krise an, was in der DDR die bestehende Versorgungskrise noch verschärfte. Die Flüchtlingszahlen stiegen sprunghaft an, bis Anfang August eine regelrechte Torschlußpanik einsetzte. Die absoluten Zahlen erinnerten an den Flüchtlingsstrom des Jahres 1953, aber nun waren es in erhöhtem Maße jüngere Facharbeiter, Studenten, Ingenieure und Ärzte, also nicht mehr Menschen der entbehrlichen bürgerlichen Klasse, sondern der eigene Nachwuchs, der die DDR verließ.

Seit Mitte Juni 1961 wußte Ulbricht, daß es zur Absperrung West-Berlins keine Alternative gab. Von der »Vorbereitung des Abschlusses eines Friedensvertrages« wurde dennoch weiterhin gesprochen. Das war aber nun das Codewort für die Absperrmaßnahmen.[83] Dem sowjetischen Botschafter in Ost-Berlin erklärte Ulbricht, daß bei Fortbestehen der »offenen Grenze« der Zusammenbruch der DDR unvermeidlich sei.[84] Einen Monat nach dem Mauerbau sollte Ulbricht zur eigenen Rechtfertigung nach Moskau schreiben, »daß es nicht möglich ist, daß ein sozialistisches Land wie die DDR einen friedlichen Wettbewerb mit einem imperialistischen Land wie Westdeutschland bei offener Grenze durchführen kann«.[85] Deutlicher konnte die Bankrotterklärung nicht ausfallen.

Nur ein ganz kleiner Personenkreis an der Spitze der DDR war in die Absperrmaßnahmen eingeweiht. Noch immer ist keine Quelle bekannt geworden, die eine Vorinformation des Westens glaubhaft macht. Man wußte, daß etwas im Gange war, aber nicht, was tatsächlich geschehen würde.

Die Amerikaner rüsteten auf, zogen Reservisten ein und zeigten Entschlossenheit. Von ihrem deutschen Verbündeten erwarteten sie wenigstens bescheidene Anstrengungen. Der Kanzler war darüber eher bestürzt, denn er sah darin Kriegsvorbereitungen, die sich vor allem ungünstig auf die am 17. September stattfindenden Bundestagswahlen auswirken konnten. Sein Standpunkt war eindeutig: »Das Wichtigste sei aber …, daß wir die Wahlen gewinnen und zwar mit absoluter Mehrheit …«[86] Sein Verteidigungsminister Strauß, ansonsten nicht an schneidender militärischer Rhetorik zu übertreffen, stimmte hinsichtlich der »Kampfmoral« mit seinem Kanzler überein. Er gab sich resigniert und erklärte vor Journalisten, Berlin könne nicht verteidigt werden.[87] In seinen Memoiren hat er den Standpunkt vertreten, die Berlin-Krise und der mögliche Einsatz von Truppen in diesem Zusammenhang seien Vorgänge von »weltpolitischer Dimension« und damit eine Angelegenheit der Amerikaner gewesen; für ihn »war diese Krise erst in zweiter oder dritter Linie eine deutsche Angelegenheit«.[88] Am sympathischsten erschien ihm wie dem Kanzler eine Seeblockade der Sowjetunion als Reaktion auf sowjetische Vorstöße. Da konnten die Seemächte sich entfalten, ohne daß die Bundesrepublik viel dazu beitragen mußte. Die Behauptung Berlins schien ihm kein nationales Anliegen zu sein, und dem Mann aus Bayern war wohl gar nicht bewußt, wie es auf die Amerikaner wirken mußte, wenn der bundesdeutsche Verteidigungsminister sich am Schicksal der alten deutschen Hauptstadt so desinteressiert zeigte.

Die Absperrung Ost-Berlins in der Nacht zum 13. August stellt den Tiefpunkt der deutschen Nachkriegsgeschichte dar. Alle auch noch so vagen Hoffnungen, daß sich in der Deutschlandfrage etwas bewegen könnte, waren nun geschwunden. Obwohl die Stadt seit langem geteilt war, wirkte für die meisten Berliner die hermetische Abriegelung des Ostsektors wie ein Schock, der durch die fast demonstrative Passivität der westlichen Schutzmächte noch verstärkt wurde. In dieser Situation zeigte der Regierende Bürgermeister Willy Brandt deutliche Führungskraft. Er konnte nichts tun, aber seine Reden gaben der Bevölkerung Halt. Daß er selbst mit dem Schlimmsten rechnete, zeigte sein an der Bundesregierung vorbeigeleiteter Brief an Präsident Kennedy. In ihm sprach er davon, daß »uns allen das Risiko letzter Entschlossenheit nicht erspart bleiben« wird.[89] Aber auch die Amerikaner berichtigten ihren Fehler rasch durch die Entsendung einer Kampfgruppe über die Autobahn, die von US-Vizepräsident Johnson in Berlin empfangen und von den Berlinern als Zeichen dafür, daß die Amerikaner in Berlin bleiben wollten, frenetisch bejubelt wurde.

Ganz anders reagierte der Kanzler in Bonn. Er war bemüht, den Mauerbau herunterzuspielen. Kein Gedanke, nach Berlin zu fliegen – ähnlich wie nach dem 17. Juni 1953, aber verstärkt noch durch die Befürchtung, durch seinen Besuch könnte die Krise eskalieren und womöglich zum Krieg führen. Vor diesem Hintergrund wird sein Verhalten gegenüber dem sowjetischen Botschafter Smirnow am 16. August verständlich. Er unterschrieb nicht nur ein von diesem mitgebrachtes Kommuniqué, in dem die Bundesregierung Wohlverhalten versprach, sondern erklärte dem Botschafter auch noch, der Mauerbau sei »eine lästige und unangenehme Sache, die über das Nötige hinaus hochgespielt worden sei«. Daher wäre er der sowjetischen Regierung »dankbar, wenn sie da etwas mildern könnte«.[90] Kein Wort des würdigen Protests und einer Feststellung des offenkundigen Versagens des kommunistischen Systems, sondern nur Verständnis und die Bitte um möglichst undramatische Erledigung, damit bloß kein Blut fließe!

Es ging nicht um Polemik oder gar Drohgebärden gegen den Osten, aber Adenauer fehlte vollkommen, was sein enger Berater Heinrich Krone, den er selbst seit 1959 immer wieder zu seinem Nachfolger bestimmen wollte, als eigene Haltung festhielt: »Ich glaube nicht an den Krieg, doch muß Moskau wissen, daß der Westen nicht nachgibt.«[91] Axel Springer sah sich von dem Alten sogar als Sündenbock verketzert; am 18. August mußte sich der Verleger von Adenauer vorhalten lassen, die Mauer sei die Folge der »systematischen Pressekampagne«, die vornehmlich die Blätter des Hauses Springer betrieben hätten. Das nahm Springer nicht hin. Er sprang auf und sagte zu seinem Begleiter gewandt: »Kommen Sie, wir gehen!« Dann verließ er ohne Verabschiedung das Kanzleramt.[92]

Der Westen bewertete den Mauerbau weitgehend als Auftakt für eine neue, noch gefährlichere Berlin-Krise. Deshalb begann die amerikanische Seite, Möglichkeiten der Deeskalation zu erkunden. Kennedy hielt vor der UNO-Vollversammlung eine bewußt entgegenkommende Rede, empfing den sowjetischen Außenminister Gromyko und schrieb sogar an Chruschtschow einen streng geheimgehaltenen Brief, um durch diesen persönlichen Kontakt der Eigenliebe des Sowjetführers zu schmeicheln und das Klima zwischen den Supermächten behutsam aufzulockern.[93] Tatsächlich aber hatte die Krise mit dem Mauerbau den Höhepunkt bereits überschritten. Die Sowjets mußten akzeptieren, daß die Westmächte auf ihrem Recht zur Anwesenheit in Berlin beharrten. Sie hätten es ernsthaft auf einen Krieg ankommen lassen müssen, doch es gab keine Anzeichen dafür, daß sie dazu bereit waren.

Für Adenauer waren die bevorstehenden Wahlen keinen Augenblick in den Hintergrund getreten. Als er sich nun aber erneut in den Wahlkampf stürzte, mußte er zur Kenntnis nehmen, daß der sozialdemokratische Kanzlerkandidat in Berlin eine gute Figur machte und auf die nationale Herausforderung des Mauerbaus besonnen, aber beherzt reagierte. Darauf konterte er mit Tiefschlägen. Zuerst diffamierte er Brandt wegen seiner unehelichen Geburt, dann holte er zum Schlag gegen die SPD insgesamt aus, indem er behauptete, der Mauerbau sei von Chruschtschow als Wahlhilfe für die SPD inszeniert worden.[94] Das rief Empörung und offenen Protest hervor, aber dennoch war die Kampagne bei jenen Bevölkerungsschichten erfolgreich, die – wie Adenauer – eine Verschärfung der Krise fürchteten.

Das Wahlergebnis vom 17. September zeigte das Beharrungsvermögen der Wählerschaft. Wechselwähler gab es noch wenige. Trotz der intensiven Medienschelte seit dem 13. August erzielte die CDU/CSU 45,2 Prozent, ein sehr beachtliches Ergebnis. Die SPD verbesserte sich um 4,4 auf 36,2 Prozent, eine relativ geringe Steigerung angesichts der Popularität des Spitzenkandidaten. Das zeigte aber, daß zwischen ihm und der Partei doch deutlich unterschieden wurde. Die von Adenauer enttäuschten Wähler, die nicht SPD wählen wollten, landeten bei der FDP und verhalfen der dritten noch im Bundestag vertretenen Partei zu dem Traumergebnis von 12,8 Prozent.

Nach dem Verlust der absoluten Mehrheit war die Bildung einer Koalition notwendig. Ein Zusammengehen mit der FDP lag nahe, aber die Liberalen lehnten Adenauer als Kanzler ab. Schon vor den Wahlen hatte es Absprachen zwischen der FDP und Franz Josef Strauß für eine Kanzlerschaft Erhards gegeben.[95] Strauß sah diese als ein Intermezzo an, da er nach Erhards voraussehbarem Scheitern selbst Kanzler werden wollte. In der Enttäuschung der Wahlnacht, als Unionspolitiker Adenauer die Schuld am Verlust der absoluten

August 1961: Billy Wilder (links) ist nach Berlin zurückgekehrt, um dort an Originalschauplätzen eine Film-
komödie über den Ost-West-Konflikt zu inszenieren. Vor dem Krieg hatte er als Filmjournalist in Berlin gearbeitet, war 1933 nach Amerika emigriert und dort mit Filmen wie »Manche mögen's heiß« mit Marilyn Monroe welt-
berühmt geworden. Wie so vielen wurde ihm der 13. August zum Verhängnis, denn seine Drehorte waren über
Nacht eingemauert und damit unerreichbar geworden. Unter schwierigen Umständen wurde der Film in den
Münchner Studios zwar vollendet, aber in die Kinos gelangte er nicht. Niemand hatte Lust auf eine Kömodie über
diesen Konflikt, der die Welt in Angst und Schrecken vor einem Atomkrieg versetzte. Erst Mitte der achtziger Jahre
sollte der Streifen ein großes Publikum finden und zum Kultfilm avancieren.

Mehrheit gaben, schien der Plan aufzugehen. Als aber am Dienstag nach der Wahl der CDU-Bundesvorstand zusammentrat, ergriff der von vielen schon abgeschriebene Adenauer die Initiative, bog allen möglichen Attacken auf sich selbst die Spitze ab, indem er erklärte, er gedenke nicht mehr die volle Legislaturperiode im Amt zu bleiben, sondern zur Halbzeit zurückzutreten. Die Erklärung mußte er vor der Fraktion wiederholen und nach seiner Wiederwahl sogar in einem Brief fixieren – mit der Versicherung, er werde seinen Rücktritt so rechtzeitig nehmen, daß der Nachfolger sich vor den nächsten Wahlen noch einarbeiten könne.

Alle Welt wußte damit: Konrad Adenauer war ein Kanzler auf Abruf. Die Koalitionsverhandlungen gestalteten sich äußerst schwierig. Die Freien Demokraten konnten erst durch ein geschicktes Manöver Adenauers – er nahm Kontakt zur SPD-Spitze auf und suggerierte damit die Möglichkeit einer Koalition mit dieser Partei – von ihrer Maximalforderung abgebracht werden, nur in eine CDU-Regierung ohne Adenauer einzutreten. Die Kanzlerwahl sollte dann zeigen, wieviel Kredit Adenauer verloren hatte. Er erhielt nur 258 Stimmen, acht über der nötigen Mehrheit, obwohl die Koalition 309 Abgeordnete umfaßte. Viel Aussicht auf eine gedeihliche und erfolgreiche Zusammenarbeit dieses Kabinetts gab es also nicht.

Die politischen Probleme entstanden aber vorerst nicht in der Innenpolitik, sondern im Verhältnis zu Washington. Der Kanzler zeigte zunehmend Besorgnis über Äußerungen, die über den Atlantik drangen und von notwendigen deutschen Konzessionen sprachen. Erstaunliche Nachgiebigkeit gegenüber sowjetischen Forderungen mußte der deutsche Botschafter Grewe immer wieder feststellen. Durch sein Insistieren auf den gemeinsamen westlichen Positionen machte er sich mehr als unbeliebt. Die Rede Kennedys vor der UN-Vollversammlung am 25. November war dagegen bewußt moderat gehalten, der Präsident empfing den sowjetischen Außenminister, und es schien sich überhaupt ein Kurswechsel der amerikanischen Politik gegenüber der Sowjetunion abzuzeichnen. In einem Schreiben an den Kanzler vom 14. Oktober 1961 entwickelte Kennedy dann recht optimistisch ein luftiges Gebilde von vertraglichen Konstruktionen für den Fall, daß die Sowjets mit der DDR einen Friedensvertrag abschließen wollten.

Der Kanzlerbesuch vom 20. bis 22. November in den USA verlief harmonisch, weil Adenauer die heißen Eisen nicht anfaßte. Schon wenige Tage später zeigte sich, daß Kennedy seinen Kurs beibehielt, denn er gab dem Schwiegersohn Chruschtschows, Alexej Adschubej, ein ausführliches Interview, in dem er sich gegen deutsche Atomwaffen und für Verhandlungen über Berlin aussprach, was auf deutscher Seite begreifliches Unbehagen auslöste.

Das alte Mißtrauen Adenauers brach wieder auf, als er im Januar 1962 von Plänen über eine internationale Zugangsbehörde nach Berlin hörte. Dann traf sich der neue Außenminister Schröder mit seinem amerikanischen Kollegen Dean Rusk, was Adenauers Mißtrauen verstärkt haben mag, denn Schröder setzte entschieden auf enge Beziehungen zu den USA – wohl weil er diesen Trumpf im Kampf um die Nachfolge des Alten einsetzen wollte. Zugleich ging er zu ihm auf Distanz. Eine Disziplinierung wie bei Schröders Vorgänger im Amt kam für Adenauer nicht in Frage, dazu war er politisch nicht mehr stark genug.

Zum Eklat kam es, als das State Department dem deutschen Botschafter am 9. April die amerikanischen Vorschläge für Gespräche mit dem sowjetischen Botschafter Dobrynin mit der Forderung übergab, daß Bonn innerhalb von 48 Stunden dazu Stellung nehmen solle. Die wichtigsten Bestandteile des Pakets waren der Plan für eine internationale Zugangsbehörde nach Berlin sowie ein Abkommen über die Nichtverbreitung von Atomwaffen. Die Zusammensetzung der Zugangsbehörde war überaus problematisch, denn ihr sollten neben Vertretern Polens, der ČSSR, Schwedens und der Schweiz auch Vertreter der DDR angehören. Das war angesichts des damaligen konsequenten Ignorierens der »Zone« als Staat schon schwer genug zu akzeptieren, aber nun schien die Kennedy-Administration zudem bereit, vom Viermächtestatus Berlins abzurücken, zumindest, was die Zugangsregelung betraf. Ganz abgesehen davon erschien aber die Fristsetzung für eine deutsche Stellungnahme unzumutbar kurz und unter Bündnispartnern mehr als ungewöhnlich. Krone kommentierte die Vorschläge drastisch: »Wenn es zu einem Abschluß mit den Sowjets auf dieser Basis käme, würden die Möbelwagen in Berlin nicht ausreichen; Berlin würde eine tote Stadt.«[96]

Adenauer reagierte auf die rüde amerikanische Behandlung in überraschender Weise: Er informierte im Bundestag die Fraktionsvorsitzenden über die amerikanischen Vorschläge mit dem Ergebnis, daß deren Inhalt an die Öffentlichkeit drang. Das war das berühmte »leak«, für das die Kennedy-Administration ohne den Schatten eines Beweises Botschafter Grewe verantwortlich machte, um auf diese Weise den unbequemen Mahner loszuwerden. Der Kanzler wiederum hielt einige Wochen später auf einer Pressekonferenz in Berlin mit seiner Meinung nicht hinter dem Berg: »Ich habe nicht die leiseste Hoffnung, daß es bei den Ost-West-Verhandlungen zu einem Ergebnis kommen wird.« Das war die »schärfste öffentliche Distanzierung« eines deutschen Regierungschefs von der amerikanischen Politik,[97] wie zu Recht festgestellt worden ist.

Sichtbare Auswirkungen im Verhältnis der Deutschen zu den Vereinigten

Staaten haben diese Auseinandersetzungen aber nicht gehabt, denn die deutsche Presse ging auf die Spannungen kaum in sachlicher Weise ein und verbreitete sich mehr über den strahlenden jungen Präsidenten und den starren Alten aus Rhöndorf, der die Welt nicht mehr verstand. Die Bevölkerung nahm die Spannungen kaum wahr, sondern setzte in diesen Krisenzeiten unbeirrt auf die Schutzmacht Amerika. Das wurde besonders deutlich beim Deutschlandbesuch Kennedys im Juni 1963, vor allem bei seinem Besuch in Berlin. Die Zwiespältigkeit seiner Botschaft ging im Jubel der Berliner unter. Während er vor dem Schöneberger Rathaus in schneidender Rhetorik Mauer und Kommunisten verurteilte, forderte er in seiner Rede in der Freien Universität die Westdeutschen zur Koexistenz und Zusammenarbeit mit dem Osten auf.[98]

Je mehr sein Mißtrauen gegen die USA zunahm, desto mehr wandelte sich Adenauers Einstellung zur Sowjetunion. Von einem Kurswechsel konnte gewiß keine Rede sein, aber er meinte bei Chruschtschow doch eine gewisse Bereitschaft zur Entspannung und möglicherweise zu Verhandlungen entdeckt zu haben, die zu fördern er sich nach Kräften bemühte. Selbst einen Besuch des sowjetischen Ministerpräsidenten in Bonn faßte er ins Auge. Krone verzeichnete im November 1962 den erstaunlichen Ausspruch: »Für den Rest seines Lebens halte er es für das Wichtigste, das er noch tun wolle, unser Verhältnis zu Rußland in eine erträgliche Ordnung zu bringen.«[99] Dieser eher überraschenden Bereitschaft, mit der Sowjetunion zu einem Ausgleich zu gelangen, lag die Erwartung zugrunde, daß die Spannungen zwischen der Sowjetunion und der Volksrepublik China dramatisch zunehmen würden, so daß die Sowjets daran interessiert sein könnten, an der Westgrenze ihres Imperiums, also in Deutschland, einer friedlichen Lösung der deutschen Frage zuzustimmen. Das war allerdings eine Hoffnung, die nie in Erfüllung gehen sollte, aber sie förderte die Bereitschaft des Kanzlers, Signale der Entspannung aus dem Osten zur Kenntnis zu nehmen.

Nach Osten streckte auch der Außenminister Fühler aus. Der neue Ansatz wurde als »Politik der Bewegung« zwar etwas überschätzt, fand aber in der Bundesrepublik sehr viel Zustimmung. Die Sache gefiel den Leuten, und ihnen gefiel auch, mit welcher Offenheit Gerhard Schröder die neue Politik vertrat. Das unterschied sich deutlich von der Arroganz, mit der er bis 1961 als Innenminister aufgetreten war.

Der neue politische Ansatz verfolgte das Ziel, unter Umgehung der DDR und ohne Abstimmung mit Moskau den Kontakt zu den Ostblockstaaten zu verbessern und diplomatische Beziehungen zu ihnen aufzunehmen. Das Ergebnis war eher bescheiden. Es kam nur zur Errichtung von Handelsmissionen, die aber einen diplomatischen Status besaßen. In Warschau, Bukarest, Budapest und Sofia wurden derartige Missionen eingerichtet.

Nach Westen war – abgesehen von den besonderen Beziehungen zur Schutzmacht USA – außenpolitisch vor allem das Verhältnis zu Frankreich zu pflegen. Zwischen Adenauer und dem französischen Staatspräsidenten de Gaulle war es seit der Rückkehr des Generals zur Macht im Mai 1958 zu gewissen Schwankungen gekommen. Die erste Begegnung in de Gaulles lothringischem Landhaus im September 1958 hatte die beiden im besten Einvernehmen gezeigt. Dann folgte die Enttäuschung, als Adenauer von de Gaulles Plänen für ein Dreierdirektorium der USA, Großbritanniens und Frankreichs erfuhr, das die Bundesrepublik ausschloß. Aber die kompromißlose Härte des Generals in der Berlin-Krise sowie die Übereinstimmung bei der Lagebeurteilung vor der gescheiterten Pariser Gipfelkonferenz hatten das Verhältnis beider zueinander wieder enger gestaltet.

Bei einem Treffen auf Schloß Rambouillet Ende Juli 1960 erläuterte der General dem Kanzler dann seine Strategie für die nächsten Jahre. Dabei stand die Reform der NATO und eine grundlegende Änderung des europäischen Einigungsprozesses im Vordergrund. Er wollte ein »Europa der Vaterländer«, das die Verantwortung weiterhin bei den Regierungen der Mitgliedsstaaten beließ. Erstaunlicherweise stimmte Adenauer, der bis dahin immer die supranationale Einigung befürwortet hatte, der Konzeption de Gaulles zu.

Als der General seine Pläne am 5. September in einer Pressekonferenz publik machte,[100] überwog im Ausland die Kritik. Auch Adenauer wurde unsicher, als die Amerikaner dem Kanzler große Versprechungen machten. Sie suchten auf diese Weise zu verhindern, daß Adenauer die französischen Forderungen nach einer Revision der NATO unterstützte. Aber da aus Washington nichts weiter darüber verlautete und die Politik Kennedys erste Besorgnisse hervorrief, hatte de Gaulle leichtes Spiel, den Kanzler vor den USA zu warnen. Auf einem Treffen am 15. Februar 1962 in Baden-Baden malte de Gaulle ein düsteres Bild: Die USA würden eine Neutralisierung der Bundesrepublik zulassen und keine Atomwaffen zu ihrer Verteidigung einsetzen. Besonders böse war seine Unterstellung, die Bundesregierung »sei wohl auch nicht sehr glücklich darüber, daß sich Atomsprengköpfe in der Bundesrepublik häufen, über die sie keine Kontrolle habe, die sie nicht einsetzen könne, so daß es sehr wohl sein könnte, daß die Bundesrepublik wegen dieser Atomwaffen sterben müsse, ohne die Möglichkeit eines Gegenschlages zu haben«.[101] Das Treffen endete mit der Übereinkunft, in wichtigen Fragen fortan gemeinsam zu handeln.

Von Baden-Baden führt eine direkte Linie zum Abschluß des Elysée-Vertrages im Januar 1963. Auf dieser Linie liegt die gescheiterte Tagung der EWG-

Außenminister im April 1962 in Paris, auf der eine politische Union Europas unter Einschluß Englands beschlossen werden sollte. Dann Adenauers Staatsbesuch in Frankreich vom 2. bis 8. Juli, der mit dem Hochamt in der Kathedrale von Reims seinen bewegenden Abschluß fand. Zuvor hatte auf einem Truppenübungsplatz eine deutsch-französische Militärparade stattgefunden – nichts konnte besser die Aussöhnung demonstrieren als der gemeinsame Vorbeimarsch auf dem blutgetränkten Boden der Champagne. Bei den politischen Gesprächen schlug Adenauer ein »Konsultationsarrangement« vor, eine deutsch-französische Abmachung, die nicht von den Parlamenten verabschiedet werden sollte. Eine »Verklammerung Frankreichs und Deutschlands« – das lag dem Kanzler am Herzen.[102] De Gaulles Gegenbesuch Anfang September wurde zum Triumphzug, da er den Deutschen, die seit 1945 nationale Emotionen scheuten, ein ganz neues Gefühl der Selbstachtung vermittelte, als er in der Landessprache »dem großen deutschen Volk« seine Reverenz erwies.

In politischer Hinsicht verstärkte sich die gemeinsame Abneigung gegen einen britischen Beitritt zur EWG. Am 20. Januar 1963 kam es in Paris zur Ausarbeitung eines völkerrechtlichen Vertrages. Dessen Unterzeichnung fand gespannteste internationale Aufmerksamkeit, da de Gaulle auf einer Pressekonferenz am 14. Januar seine entschiedene Ablehnung eines britischen EWG-Beitritts verkündet hatte. Energische amerikanische Einwirkungen auf Adenauer in letzter Minute konnten nichts bewirken, der Kanzler blieb fest.

Der deutsch-französische Vertrag ist nie voll angewendet worden. Das lag am Nachfolger Adenauers und mehr noch an Außenminister Schröder, der bedingungslos den USA folgte, aber auch an der Einflußnahme der USA. Es war kein »überflüssiger« Vertrag, denn der Versöhnungsprozeß zwischen Deutschland und Frankreich erhielt durch die dramatische Konfrontation, die Deutsche und Franzosen in gemeinsamer Front gegen die Angelsachsen sah, ein Element von Dauer. Die regelmäßigen Konsultationen und vor allem das deutsch-französische Jugendwerk vermittelten das Bewußtsein besonderer Beziehungen. Daß dadurch tatsächlich eine wesentliche Verbesserung im gegenseitigen Verhältnis eintrat, zeigt am besten der Vergleich mit Großbritannien, wo das aus der Kriegszeit stammende Ressentiment weitaus langlebiger blieb.

Ein breite Mehrheit in allen drei Parteien stand den besonderen Beziehungen zum Frankreich de Gaulles aber mehr oder weniger ablehnend gegenüber. Angeführt vom Bundesaußenminister und wirkungsvoll unterstützt von den liberalen Hamburger Medien machten sich Politiker wie Publizisten für die Aufnahme Großbritanniens in die EWG stark. Es war ein Akt sentimentalen Mitleids mit den ausgeschlossenen Briten, weit entfernt von jeder nüchternen Interessenabwägung. Der Vertrag konnte den Bundestag nur passieren, weil ihm eine Präambel vorangestellt wurde, die sich für den Beitritt Großbritanniens zur EWG aussprach und die besonderen Beziehungen zum atlantischen Partner USA betonte – also dem Geist des Vertrages offen widersprach.

Der Kanzler hatte den Vertrag, so wie er abgeschlossen war, nicht mehr im Bundestag durchsetzen können. Er war inzwischen ein Kanzler auf Abruf, und das schwächte seine innenpolitische Stellung zusehends. Überdies hatte er durch die »Spiegel«-Affäre irreparablen Schaden genommen.[103]

Am Abend des 26. Oktober 1962 wurden die Redaktionsräume des »Spiegel« in Hamburg von einem großen Polizeiaufgebot durchsucht und Herausgeber Rudolf Augstein sowie einige seiner führenden Mitarbeiter verhaftet, nach anderen wurde per Haftbefehl gefahndet. Damit hatte eine jahrelang erbittert geführte Fehde zwischen dem Hamburger Blatt und Franz Josef Strauß ihren Höhepunkt erreicht. Dies war zugleich der ungemein aufwendige und außergewöhnlich rasch durchgeführte Eröffnungszug der Bundesanwaltschaft in einer Strafsache wegen Landesverrats, bei der sie weitgehend von den Spitzen des Bundesverteidigungsministeriums manipuliert wurde. Was der Affäre aber erst die spezifische Note verlieh, waren die weltpolitischen Begleitumstände: Mit der Verhängung der Seeblockade am 22. Oktober durch die USA erfuhr die Kubakrise eine so gefährliche Zuspitzung, daß ein nuklearer Schlagabtausch zwischen den Supermächten jederzeit möglich schien.

Bundesverteidigungsminister Strauß war ein Mann von hoher Intelligenz und Leistungsfähigkeit, ein hervorragender Redner, aber zugleich von ungeheurer Egozentrik, ungezügelt in seinem Ehrgeiz und unbeherrscht. Er liebte ein Milieu, das kumpelhaft anrüchig war und Affären und Gerüchte geradezu mit Notwendigkeit erzeugte, und er hatte einen ausgeprägten Erwerbssinn. Diese bayerische Kraftnatur war unter den eher gemäßigten Unionspolitikern eine Ausnahmeerscheinung, auch weil er schon früh begonnen hatte, die Autorität des Kanzlers in Frage zu stellen. Bereits im Oktober 1954 hatte er Adenauer einen langen Brief voller Vorwürfe und Kritik übersandt, in dem es hieß: »Die Einseitigkeit der um Sie herum herrschenden Verhältnisse wird allmählich unerträglich.«[104] Widerstrebend, weil kein anderer in Frage kam, hatte Adenauer dem bulligen Bajuwaren das Verteidigungsressort übertragen, und dieser hatte seit 1960 deutlich sein Streben nach Höherem bekundet.

Als die Berichte im »Spiegel« über die Affären des Verteidigungsministers Anfang 1962 politische Wirkung zeigten, geriet dieser in Turbulenzen und dachte an den Rückzug nach Bayern. Nachdem er sich aber entschlossen hatte, in Bonn zu bleiben, steigerte sich seine Aggressivität, vor allem gegen den Kanzler. Als Adenauer versuchte, sich seines Verteidigungsministers zu entledigen, verhöhnte Strauß den Kanzler vor Zeugen, warf ihm sicherheitspolitische

Unkenntnis vor und demütigte ihn tief.[105] Im Kabinett und in der Union war ihm niemand gewachsen. Das bedeutete aber nicht, daß er dort viele Freunde hatte.

Der »Spiegel« deckte indessen immer neue Affären auf, gegen die juristische Schritte kaum Aussicht auf Erfolg hatten. Da erschien am 8. Oktober 1962 das Nachrichtenmagazin mit der Titelgeschichte »Bedingt abwehrbereit«. Sie enthielt Informationen über den unbefriedigenden Rüstungs- und Ausbildungsstand der Bundeswehr und neben vielen verwirrenden Details auch Andeutungen über bestehende Richtungskämpfe im höheren Offizierskorps, bei denen es nicht zuletzt um das strategische Konzept der Bundeswehr ging.

Die Bundesanwaltschaft hatte sich bald nach Erscheinen mit dem Artikel beschäftigt und beim Verteidigungsministerium ein Gutachten bestellt. Nach seiner Rückkehr aus dem Urlaub am 15. Oktober schaltete sich Strauß ein und ließ durch seinen Staatssekretär Hopf der Bundesanwaltschaft ausrichten, hier gehe es um einen offensichtlich dramatischen Fall von Landesverrat. Am 18. Oktober unterrichtete Strauß den Kanzler über den Vorgang, wie er ihn sehen wollte. Wahrscheinlich hat der plastisch präsentierte Verdacht des Landesverrats Adenauer so tief beeindruckt, daß er zustimmte, den der FDP angehörenden Bundesjustizminister, den Strauß als einen vom »Spiegel« Erpreßten darstellte, nicht über das laufende Verfahren zu informieren.

Drei Tage später versorgte der Verteidigungsminister den Kanzler mit weiteren Einzelheiten, und dieser zeigte sich schließlich bereit – wie Strauß später in einem Brief an Adenauer formulierte –, »als Bundeskanzler und Regierungschef mit Ihrer vollen Autorität die Maßnahmen, die zur Strafverfolgung der Beschuldigten und zur Aufdeckung des Sachverhalts notwendig sind, zu decken«.[106] Strauß fragte den Kanzler, ob er sich auf diese Zusage verlassen und notfalls berufen könne, was ihm Adenauer offensichtlich zugesagt hat. Daraufhin fühlte sich der Verteidigungsminister abgesichert und hat »gehandelt und das nach bestem Wissen und Gewissen«.

Das Ergebnis war eine in der Geschichte der Bundesrepublik einmalige Polizeiaktion: die Razzia des 26. Oktober. Strauß wird, nachdem Hopf die Bundesanwaltschaft schon beeindruckt hatte, diese mit der Vollmacht des Kanzlers noch mehr unter Druck gesetzt haben, so daß die Bundesanwälte nichts dabeifanden, daß Strauß und nicht der Bundesjustizminister selbst über den Sachverhalt die notwendigen Informationen gab.

Die Nachricht von der Ausschaltung des Justizministers reichte aus, eine erste Bresche in die gemeinsame Front von Hardthöhe und Bundesanwaltschaft zu schlagen. Daraus entstand später die Koalitionskrise, die zum Rücktritt der FDP-Minister führte. Dann ließ der Kanzler sich hinreißen, im Bundestag zu

behaupten: »Wir haben einen Abgrund von Landesverrat im Lande.« Schließlich
war es die Verhaftung des Autors des inkriminierten »Spiegel«-Artikels in Spanien, auf die die SPD- und FDP-Abgeordneten in den nicht endenden Frage-
stunden des Bundestages immer wieder zurückkamen – handelte es sich doch
um das Spanien der Franco-Diktatur, und es verbot sich eigentlich von selbst,
diese um die Verhaftung eines Journalisten in einem kurzgeschlossenen Verfahren zu bitten. Der Skandal war da, als Strauß nach wiederholtem Ableugnen
schließlich zugeben mußte, daß er es gewesen war, der über den deutschen
Militärattaché in Madrid die Festnahme veranlaßt hatte.

Als dies bekannt wurde, notierte Krone, der Strauß seit 1949 kannte und ihn
seit 1961 im Kabinett studieren konnte: »Keine Staatskrise, denn Strauß ist
nicht der Staat; doch kann dieser Strauß eine Gefahr für den Staat werden. Unbeherrscht, unberechenbar. Er ist er. Wie er die Welt sieht, so ist sie. Um ihn
Kreaturen. Was kann werden, wenn er einmal die letzte Macht hätte? Strauß
muß gehen.«[107] Die Freien Demokraten forderten den Rücktritt von Strauß,
zielten aber bereits auf den Kanzler. Dennoch gelang das Kitten der Koalition
noch einmal, denn eine neue Lage entstand für die FDP, als der ernsthafte Versuch Adenauers bekannt wurde, eine Große Koalition zu bilden. Das scheiterte
schließlich an dem von der CDU angestrebten Mehrheitswahlrecht, das zu
einem Zweiparteiensystem führen und damit der FDP den Garaus machen
sollte, zugleich hätten dann aber viele SPD-Abgeordnete, die über die Landes-
listen ins Parlament gelangt waren, ihr Mandat verloren. Aus diesem Grund
zog die SPD es vor zu verzichten, und so mußte das neue Kabinett wieder aus
den alten zerstrittenen Partnern gebildet werden.

Strauß hatte sich noch lange geweigert zurückzutreten, zumal die CSU bei
der bayerischen Landtagswahl soeben ihren bis dahin größten Sieg errungen
hatte. Er verwies vor der Fraktion und ihrem Vorstand auf die Mitverantwort-
lichkeit des Kanzlers, da dieser alles gewußt habe, und beteuerte: »Ich habe aus
Gewissen gehandelt.« Das beeindruckte jedoch niemanden mehr.[108] Erst als
sich die Möglichkeit einer Großen Koalition abzeichnete, gab er die Partie für
verloren und verzichtete darauf, einem neuen Kabinett Adenauer anzugehören.

Die Gewinner der Krise waren die Sozialdemokraten. Mit den ernsthaften
Verhandlungen zur Bildung einer Regierung mit der Union hatten sie ihre Regierungsfähigkeit in den Augen der Öffentlichkeit unter Beweis gestellt. Fortan
war es nicht mehr möglich, ihnen den »Untergang Deutschlands« zu unterstellen. Wehners Strategie, die offene Konfrontation mit der Union zu vermeiden und statt dessen die Gemeinsamkeiten zu betonen, hatte sich ausgezahlt,
auch wenn die Sozialdemokratie im Herbst 1962 ihr Ziel noch nicht erreichen
konnte.

Bei der Erneuerung der Koalition mit der FDP mußte Adenauer sich zur Frage seines Rücktritts äußern. Ohne Widerstreben stimmte er dem Termin – Ende des Sommers 1963 – zu. Aber er wäre nicht Adenauer gewesen, wenn er während des Frühjahrsurlaubs in Cadenabbia nicht versucht hätte, mehr Zeit zu gewinnen. Voller Kampfeslust versprach er, seinen Gegner Erhard noch »auf Null« zu bringen. Doch die Schar seiner Gegner war inzwischen zu groß geworden, und diese wollten den Alten endlich lossein. Am 23. April 1963 nominierte die Fraktion Erhard als Adenauers Nachfolger. Die Entscheidung war gefallen. Für Adenauer begannen die Abschiedsbesuche, die er in bester Verfassung absolvierte, humorvoll und schlagfertig. Am 15. Oktober nahm er Abschied vom Bundestag, und niemand widersprach, als Bundestagspräsident Gerstenmaier ihn mit der aus dem alten Rom stammenden Formel ehrte: »Konrad Adenauer hat sich um das Vaterland verdient gemacht.«

So etwas hatte es in diesem Jahrhundert in Deutschland noch nicht gegeben. Während sein Vorgänger Adolf Hitler nach zwölfjähriger Herrschaft das Land in Trümmern und Millionen Tote hinterlassen hatte, konnte Adenauer nach vierzehnjähriger Regierungszeit einen wiedererstandenen Staat vorweisen ohne Arbeitslosigkeit und fast ohne öffentliche Schulden. Natürlich war das nicht allein sein Werk, aber er konnte – wenn auch durch die Umstände begünstigt – dank seines enormen Durchsetzungsvermögens der Epoche seinen Stempel aufdrücken. Wiederholt hat er politische Weichenstellungen und Entscheidungen vorgenommen, für die er die eigene Partei und die Mehrheit der Bevölkerung erst gewinnen mußte. Das betraf vor allem die Westbindung, von deren Notwendigkeit und Unausweichlichkeit er seit 1945 überzeugt war, wobei er stets, was in Deutschland oft nicht verstanden wurde, Frankreich und sein Sicherheitsverlangen ernst nahm und ihm Rechnung trug.

Der konservative Kanzler verwirklichte mit der Öffnung zum Westen eine fortschrittliche Außenpolitik, während die SPD, die in der Weimarer Republik noch die vorwärtsweisende Außenpolitik Stresemanns gegen die Konservativen stets gestützt und damit erst ermöglicht hatte, der Politik Adenauers lange in steriler Ablehnung gegenüberstand. Darüber hinaus hatte er ganz entscheidend in den Jahren nach 1945 dazu beigetragen, die CDU als Partei der Mitte und als wirkliche mehrheitsfähige Volkspartei zu etablieren. Sein größtes Verdienst bleibt aber wohl, der Mehrheit der Deutschen, die in der Weimarer Republik die parlamentarische Demokratie verachtet und dann dem scheinbar so überlegenen Führerstaat zugejubelt hatten, davon überzeugt zu haben, daß auch die demokratische Staatsform starke Führung erlaubte und zugleich Stabilität und Wohlstand in einem Maße gewährt, wie sie es nie zuvor gekannt hatten.

Jahre des Übergangs

Die sechziger Jahre sind kein Übergang in dem platten Sinne, daß es einiger Zeit bedurfte, bis sich nach vierzehn Jahren der Ära Adenauer die sozialliberale Koalition für fast einen genauso langen Zeitraum etablieren konnte. Vielmehr sind es Jahre radikaler geistiger Veränderungen, in denen Teile der jungen Generation den bis dahin bestehenden politischen Konsens, das wichtigste Unterscheidungsmerkmal zur politisch zerrissenen Weimarer Republik, radikal in Frage stellten. Die außenpolitische Entwicklung zeigt dagegen einen eher langsamen Lernprozeß mit unterschiedlichem Erfolg.

Der Mauerbau war das Ende aller deutschlandpolitischen Illusionen gewesen. Die Debatte über »verpaßte Chancen« war die Folge. Über die Ablehnung der DDR als Staat herrschte noch weitgehend der parteiübergreifende Konsens ebenso wie in der Ablehnung der Oder-Neiße-Grenze. Diese Entschlossenheit, die DDR nicht anzuerkennen, war nicht Ausfluß eines ideologisch fixierten Antikommunismus, sondern eine von der großen Mehrheit der Bevölkerung vertretene Überzeugung. Nichts sprach dafür, einen Staat anzuerkennen, der seine Bewohner einmauerte und eine totalitäre Herrschaft ausübte, ganz zu schweigen davon, daß damit auch die Teilung Deutschlands anerkannt worden wäre, und dazu waren weder Regierung und Parteien noch die Bevölkerung bereit. Das änderte sich, je öfter die »Spalterflagge«, die Staatsflagge der DDR, bei internationalen Sportereignissen gehißt wurde. Gerade über den Sport ist es der DDR gelungen, eine Bresche in die Front derer zu schlagen, die ihr die Anerkennung verweigerten. Dennoch wirkte sich die Hallstein-Doktrin zunehmend kontraproduktiv aus. Die Bonner Hektik und Zerfahrenheit und der Streit darüber, wie im konkreten Fall vorzugehen sei, diskreditierte das Verfahren und rief durchaus Kritik hervor, was man jedoch nicht mit einer Zustimmung zur Anerkennung der DDR verwechseln darf. Denn trotz allem Streit über die Hallstein-Doktrin läßt sich nicht leugnen, daß die erstrebte Wirkung zunächst im hohen Maße erreicht wurde und erst nach dem Berlin-Abkommen von 1971 die internationale Anerkennung der DDR auf breiter Basis erfolgte.

Die parteipolitische Situation wies während der sechziger Jahre eine erstaunliche Stabilität auf. Die CDU/CSU behielt ihre Rolle als stärkste Partei: 1961 stimmten für sie 45,3 Prozent der Wähler, vier Jahre später 47,6 und 1969 schließlich 46,1 Prozent. Der »Genosse Trend« wirkte bei der SPD langsam, aber stetig: 1961 erhielt die Partei 36,2 Prozent, 1965 waren es 39,3 und im September 1969 dann 42,7 Prozent. Fast im gleichen Umfang verlor die FDP an Stimmen. 1969 war sie bei 5,8 Prozent angelangt.

Im Wirtschaftsleben zeigten sich erste Komplikationen nach mehr als einem Jahrzehnt stetiger Aufwärtsentwicklung. Doch das waren keine ernsthaften Probleme, sondern Schwierigkeiten, die sich noch relativ leicht beseitigen ließen. Der inzwischen erreichte Lebensstandard ermöglichte nun vielen Abiturienten den Hochschulbesuch; der Druck des Brotstudiums ließ etwas nach, wie überhaupt mehr Freizeit das Interesse an Politik und Medien steigerte. Die Jahre wachsenden Wohlstands erzeugten satte Zufriedenheit, bei einer Minderheit aber intellektuelles Unbehagen. Diese Minderheit war inzwischen größer geworden, denn infolge der wirtschaftlichen Konsolidierung in den fünfziger Jahren gab es mehr Arbeitsplätze für jene, die man als Intellektuelle zu bezeichnen sich angewöhnt hat, für Mitarbeiter in Rundfunk und Presse, in den Volkshochschulen und Akademien. Die Universitäten vergrößerten die Zahl der Professoren und Assistenten.

In dieser Zeit änderte sich auch das Verhältnis zur jüngsten Vergangenheit. Das Verfahren gegen Eichmann und der in Frankfurt verhandelte Auschwitz-Prozeß vermittelten Einblicke in das Grauen des KZ-Systems. Nun waren auch Quellen in größerem Umfang vorhanden, so daß die Historiker des Instituts für Zeitgeschichte Expertisen über die SS verfassen und die Staatsanwälte mit mehr Sachkenntnis ermitteln konnten. Im Zusammenhang mit einzelnen Prozessen aus der NS-Zeit trat ein bedrückender Sachverhalt zutage: Noch immer sprachen Richter – inzwischen zu Landgerichtsdirektoren und in ähnlich hohe Ämter aufgestiegen – in der Bundesrepublik Recht, die im Krieg auf Grund von Führerbefehlen und -erlassen Todesurteile aus oft geringfügigen Anlässen gefällt hatten. Da die deutsche Justizpolitik sich unfähig zeigte, die Spruchpraxis dieser Richter in einem rechtsstaatlichen Verfahren zu überprüfen, aber der Rechtsgedanke überhaupt in Frage gestellt wurde, wenn solche Richter weiter Dienst taten, flüchtete man sich in das Angebot der vorzeitigen Pensionierung. Der Film »Rosen für den Staatsanwalt« beleuchtete, wenn auch satirisch überzeichnet, dieses Dilemma.

Auf dieses Klima traf im Herbst 1962 die »Spiegel«-Affäre. Es war ein Skandal, in dessen Verlauf sich die Intellektuellen als Gruppe konstituierten und in der Öffentlichkeit zu wirken begannen. Die Affäre bewirkte eine Politisierung von Studenten und Professoren, innerhalb der Gewerkschaften und vor allem bei Journalisten. Das völlig ungewohnte Ausmaß der Aktion und ihre schnell bekannt werdenden Widersprüche forderten zur Kritik geradezu heraus. Das große Polizeiaufgebot bei dem Zugriff in Hamburg und die Festnahme eines Redakteurs im »faschistischen« Spanien führten zu hysterischen Überreaktionen, indem das Vorgehen der Behörden mit Schlagworten aus der Nazizeit wie »Nacht- und Nebelaktion« diskriminiert wurde. Gerade die Hamburger Polizei, die durch Gesetz zur Amtshilfe für die Bundesanwaltschaft verpflichtet war, neigte aber in der Regel der Sozialdemokratie zu und wies auch nicht die geringste Ähnlichkeit mit der Gestapo auf.

Intellektuelle traten plötzlich in Erscheinung – mit Narreteien wie Angehörige der Gruppe 47, die den Verrat militärischer Geheimnisse als »sittliche Pflicht« emphatisch bejahten oder mit engagierter Kritik wie der »Welt«-Kolumnist Sebastian Haffner. Er hatte nach seiner Rückkehr aus der Emigration als publizistischer Stratege atomarer Kriegführung für ein gewisses Aufsehen gesorgt. Damit war es nun vorbei. Am 8. November, als die meisten Beobachter über Hergang und Motiv noch im dunkeln tappten, sah sich Haffner vor die Frage gestellt, ob die Bundesrepublik »noch ein freiheitlicher Rechts- und Verfassungsstaat ist oder ob es möglich geworden ist, sie durch eine Art kalten Staatsstreich über Nacht in einen Schreckens- und Willkürstaat zurückzuverwandeln«.[1] Und er zog angesichts der »staatsstreichähnlichen Verschwörung« in Bonn für sich selbst die Konsequenz: Er verließ die »Welt«, die nach einer Intervention Adenauers seinen Artikel nicht veröffentlichen wollte und schloß sich dem »Stern« an, wo er bald zum einflußreichsten Kolumnisten der Bundesrepublik wurde, der mit zum Teil ätzender Polemik gegen die politischen Verhältnisse zu Felde zog.

Was die »Spiegel«-Affäre dann tatsächlich enthüllte, war nicht eine Verschwörung zur Einführung staatlicher Pressezensur, sondern die beunruhigende Tatsache, daß es keine Regeln oder Absprachen darüber gab, wie sich Journalisten in jener Grauzone verhalten sollten, in der die Pressefreiheit im Interesse des Gemeinwohls Grenzen gesetzt sind. Noch bestürzender wirkte freilich, daß der Staat viel mächtiger war, als man gemeinhin angenommen hatte, denn das geltende Recht gab ihm Möglichkeiten zur strafrechtlichen Verfolgung, von denen der friedliche Bürger nichts ahnte. Das galt besonders für den Tatbestand des »publizistischen Landesverrats«, eines Relikts aus der Weimarer Republik, mit dem man Publikationen über die geheime Aufrüstung der Reichswehr verfolgt hatte.

Die »Spiegel«-Affäre war keine Staatskrise, wohl aber eine Vertrauenskrise, die den Ruf nach einer Justizreform nicht mehr verstummen ließ. Die Rigidität des Haftrechts aus längst vergangener Zeit verdeutlichte die Haftdauer des Hauptbeschuldigten Rudolf Augstein, der 103 Tage in Untersuchungshaft zubrachte, obwohl Verdunklungs- und Fluchtgefahr nicht bestand.

Im Zuge der Beschäftigung mit der jüngsten Vergangenheit wurde das deutsche Geschichtsbild in diesen Jahren in zwei Punkten revidiert. Die erste Revision betraf den Ausbruch und Charakter des Ersten Weltkrieges. Der bisherige Konsens vom Hineinschlittern der europäischen Mächte in diesen Konflikt wurde von dem Hamburger Historiker Fritz Fischer energisch in Frage gestellt; er vertrat die These, daß das Deutsche Reich den Krieg als »Griff nach der Weltmacht« bewußt ausgelöst habe, um auf diesem Wege endlich einen solchen Status zu erlangen.[2] Das sollte durch ein gigantisches Kriegszielprogramm sichergestellt werden, das großflächige Annexionen in Europa und vor allem in Afrika vorsah. Die These Fischers von der alleinigen Verantwortung Deutschlands für den Ausbruch des Krieges stieß bei Historikern der älteren Generation, die die Akten noch genau studiert hatten, auf zum Teil erbitterten Widerspruch.

Die Kontroverse der Fachhistoriker – die letzte, bei der es primär um die historische Wahrheit und weniger um Gesinnungen ging – war fruchtbar, denn sie führte zu neuen Erkenntnissen. Aber was wirklich in der Öffentlichkeit haften blieb, war die moralisch motivierte Überzeugung der deutschen Schuld am Kriegsausbruch, die zum Eckpfeiler eines revisionistischen Geschichtsbildes wurde, demzufolge das Deutsche Reich durch eigene Schuld oder auch durch objektive Erschwernisse wie seine geographische Mittellage zum Scheitern verurteilt war und deshalb die deutsche Zweistaatlichkeit die einzig mögliche und sinnvolle Konsequenz daraus sei. Dieses »Schuldbewußtsein« in der Frage des Kriegsausbruchs von 1914 haben deutsche Historiker mittlerweile so verinnerlicht, daß es kaum einer von ihnen wagen würde, unbefangen den deutschen Anteil »an der Verursachung des Ersten Weltkrieges für ganz sicher nicht größer, vielleicht sogar kleiner als denjenigen der Franzosen und Russen« zu halten, wie es ihr amerikanischer Kollege George F. Kennan tut.[3]

Wenig später wurde auch das Bild der Novemberrevolution einer Revision unterzogen.[4] Die bis dahin geltende Beurteilung, wonach es nur die Alternative zwischen einer drohenden Rätediktatur und der parlamentarischen Demokratie gegeben habe, wurde als falsch abgetan. Statt dessen habe 1918 in Deutschland eine offene Situation bestanden, und es wäre durchaus möglich gewesen, mit Hilfe des demokratischen Potentials der Räte grundlegende Reformen durchzuführen und damit die Weimarer Republik dauerhaft zu sichern. Dieser Weg sei aber von Ebert in falsch verstandenem Ordnungsdenken verbaut worden. Die daraus zu ziehende Lehre vom Versagen der Sozialdemokratie sollte dann – verstärkt durch die giftigen Attacken Sebastian Haffners über die »verratene Revolution«[5] – den Ideologen der APO (Außerparlamentarische Opposition) als Argumentationshilfe dienen.

Zum Bewußtseinswandel dieser Jahre gehörte, daß in der Öffentlichkeit – aber auch bei den Eltern selbst – der Schulbildung zunehmend Bedeutung zuerkannt wurde. Bildungswerbung war also nicht nötig, wohl aber eine umsichtige Bildungsberatung, die Hemmungen der Eltern überwinden und sie veranlassen sollte, ihre Kinder auf weiterführende Schulen, vor allem Mittelschulen, zu schicken. Um die Ungleichheit der Bildungschancen zu vermindern, war es allerdings notwendig – wie eine Allensbacher Studie das Dilemma zu Recht charakterisierte[6] – »die dunkle, die unbewußte Macht des Gesellschaftlichen zu erkennen« und dem »unterschiedlichen gesellschaftlichen Durchsetzungsvermögen der Eltern aus verschiedenen sozialen Schichten« Rechnung zu tragen. Die Bildungschancen waren auf dem flachen Land am schlechtesten, aber gerade dort begann die Überwindung traditioneller Bildungsschranken. Sogar die katholische Bekenntnisschule, dieser Eckpfeiler katholischer Bildungspolitik, die sich bis dahin stets auf das Elternrecht berufen hatte, wurde nun von den Eltern zugunsten der besseren Bildungschancen ihrer Kinder aufgegeben. In Südwürttemberg-Hohenzollern ergab eine Umfrage, daß sich 61 Prozent der katholischen Eltern für die Gemeinschaftsschule aussprachen.[7]

In dieser sich langsam ändernden Bildungsszene schlug Georg Pichts Buch über die »Bildungskatastrophe« wie ein Blitz ein. Seine Wirkung beruhte weniger auf der eigentlichen These als auf suggestiven, in den Text eingestreuten Bemerkungen. Picht stellte mehr als problematische Berechnungen an und schloß daraus auf einen katastrophalen Lehrermangel in der Zukunft, der sich selbst dann nicht beseitigen ließe, wenn alle Studierenden Lehrer wurden. In den sechziger Jahren gab es in der Tat einen bis zum Ende des Jahrzehnts steigenden Lehrermangel, eine einmalige Erscheinung in diesem Jahrhundert, der aber nie ein solch dramatisches Ausmaß annehmen sollte, wie Picht vorausgesagt hatte. Eine solche Prognose allein hätte indessen niemals soviel Aufsehen erregen können, elektrisierend wirkten vielmehr die eher beiläufigen Ausführungen, etwa die Behauptung: »Die Bundesrepublik steht in der vergleichenden Statistik am untersten Ende der europäischen Länder neben Jugoslawien, Irland und Portugal.«[8] Die geringere Zahl von Abiturienten, nach Picht »das geistige Potential eines Volkes«, lasse noch Schlimmeres für die Zukunft befürchten. Denn Frankreich, so seine Prognose, werde »fast dreimal soviel Abiturienten ausbilden wie die Bundesrepublik« mit dem sehr wahrscheinlichen Ergebnis, »daß Frankreich im Jahre 1970 das Zentrum von Europa« sein werde und die Deutschen »nur noch eine untergeordnete Rolle spielen können«.[9]

Wirklich besorgniserregend war, was Picht über die Entwicklung im Osten behauptete: In der Sowjetunion, die eine vollkommen andere Entwicklung genommen habe, sei »jener gigantische Bildungsplan verwirklicht, auf dem die russische Weltmachtstellung beruhte«.[10] Diese Aussage haben die Medien dann wirkungsvoll verbreitet: Die Sowjets produzierten viel mehr Abiturienten als die Deutschen. Das sei letztlich die Erklärung für den Sputnik, die Spitze des technischen Fortschritts, während die Bundesrepublik am unteren Ende der Bildungsskala fast auf dem Niveau eines Entwicklungslandes dahinvegetiere. »Vermehrung der Abiturientenzahlen« war daher das Gebot der Stunde. Ob die Vergleiche mit anderen Ländern zutrafen oder nicht, wurde nicht gefragt, noch weniger, wofür man denn so viele Abiturienten brauche, erst recht nicht, ob eine durch Senkung der Leistungsanforderungen inflationierte Abiturientenzahl tatsächlich das »geistige Potential eines Volkes« darstellte.

Nur wenig später erschien ein Buch von Ralf Dahrendorf über »Gesellschaft und Demokratie in Deutschland«, das einer Generation ambitionierter Akademiker zur geistigen Richtschnur wurde. Dahrendorf beleuchtete den deutschen Weg in die Katastrophe des Zweiten Weltkrieges und und fand dafür die Erklärung, daß die Industrialisierung in Deutschland nicht wie in anderen Ländern zur Ausbildung einer liberalen Demokratie geführt habe. Vielmehr hätten die »alten Eliten« – hier beginnt die Wanderung des Begriffs in die aufgeklärte Geschichtswissenschaft – es geschickt verstanden, durch Anpassung des überkommenen Staatswesens und den Aufbau autoritär geführter Großunternehmen ihre führende Stellung zu behaupten und den Weg in die Modernität zu verhindern. Die »Revolution der Modernität« habe erst der Nationalsozialismus bewirkt, der soziale Bindungen aufgehoben und mit den aus dem Kaiserreich stammenden autoritären Herrschaftsstrukturen ebenso wie mit dessen angestammten Loyalitäten aufgeräumt habe.

In diesem Licht fiel ein Vergleich der beiden deutschen Staaten keineswegs zugunsten der Bundesrepublik aus. Dahrendorf erblickte in der DDR die »erste moderne Gesellschaft auf deutschem Boden«.[11] Dieser Gesellschaft würden zwar die Bürgerrechte vorenthalten, aber deren materielle Voraussetzungen wie soziale Gleichheit sah er als gegeben an. Dafür spräche der Anteil von fünfzig Prozent Arbeiterkindern in den Oberschulen ebenso wie die kostenlose medizinische Versorgung und die soziale Sicherheit. Dagegen sei in der Bundesrepublik die staatsbürgerliche Gleichheit zwar formal gegeben, aber dieser Rechtsstatus sei mehr Deklaration als Realität, fehlten doch »manche der sozialen Voraussetzungen seiner wirksamen Etablierung«.[12] Illiberale Elemente seien noch immer nicht überwunden, das politische System sei autoritär, ein »Kartell der Angst regiert wider Willen«.[13] Das von der westdeutschen Gesellschaft gezeichnete Bild zeigte Licht, aber auch erstaunlich viel Schatten.

Das traf auch auf die Politik der Bundesrepublik unter Ludwig Erhard zu. Was Insider schon lange vorausgesagt hatten, erfüllte sich vielleicht noch zutreffender, als sich manche Pessimisten zuvor ausgemalt hatten. Erhard verstand sich als »Volkskanzler«, der den Dialog und den Kontakt mit vielen Kreisen, auch zu »Geist und Kultur«, suchte und seine Amtsführung bewußt von der kalten, menschenverachtenden Machtpolitik seines Vorgängers unterschieden sehen wollte. Zugleich war er getrieben von einem ganz sonderlichen Ehrgeiz und beseelt von dem Glauben, »daß mir die Gabe verliehen ist, das Schicksal eines Volkes doch gnädig zu gestalten«.[14] Er war ein Mahner, der ständig zum Maßhalten aufforderte und vor den Begehrlichkeiten und Forderungen der Interessengruppen warnte. Unter Adenauer hatte er das mit wachsendem Engagement, aber nur begrenztem Erfolg getan, denn dieser Kanzler praktizierte ungeniert eine Gefälligkeitspolitik und suchte die organisierten Interessen – von den Bauern bis zu den Industriellen – durch großzügiges Entgegenkommen für die jeweils nächsten Wahlen zu verpflichten, wobei er den Wirtschaftsminister oft nicht einmal über seine Zusagen informierte. Kein Wunder, daß der neue Kanzler Erhard einen Haushalt in angespannter Situation und mit wenig Gestaltungsspielraum erbte.

Die Glaubwürdigkeit des Mahners Erhard wurde lädiert, als sein Plan bekannt wurde, im Park des Palais Schaumburg einen hypermodernen Bungalow zu bauen. Zum offenen Streit in der eigenen Partei kam es dann, als Staatspräsident de Gaulle mit seinen Ministern am 3. und 4. Juli 1964 nach Bonn zu Konsultationsgesprächen kam und eine engere Zusammenarbeit mit Frankreich anbot. Erhard verhielt sich dazu so reserviert, daß der General dies tief verstimmt als Ablehnung verstand. Dem Staatssekretär im Auswärtigen Amt, Karl Carstens, hat de Gaulle damals sogar – knapp, aber wohlüberlegt – die Möglichkeit einer deutschen Beteiligung an der französischen Nuklearrüstung angedeutet; das sei viel sinnvoller als die Beteiligung an der von Washington vorgeschlagenen Atomstreitmacht MLF.[15] Aber eine Reaktion von deutscher Seite blieb aus. Außenminister Schröder blieb vielmehr bei seiner einseitig auf die USA und Großbritannien ausgerichteten Außenpolitik, die er schon unter Adenauer betrieben hatte, aber nun mit voller Unterstützung des neuen Kanzlers fortsetzen konnte. Denn Erhard ließ sich von sentimentalen Gefühlen der Freundschaft zu den Vereinigten Staaten leiten, die noch begünstigt wurden durch persönliche Antipathien gegenüber Frankreich und dessen stärker auf staatliche Planung ausgerichtete Wirtschaft. Auch bei Schröder spielte nicht nur die Überzeugung, mit der Pflege enger Beziehungen zu den USA eine für die Bundesrepublik günstigere Politik zu betreiben, eine Rolle, vielmehr galt es, eine Art Bündnis gegen Adenauer zu schmieden und die Angriffe des alten

Herrn gegen den Nachfolger und seinen Außenminister zu kontern, worin Schröder immer geschickter war als Erhard.

Zu keinem Zeitpunkt ist die Außenpolitik der Bundesrepublik so kurzsichtig und einseitig betrieben worden wie unter Erhard und Schröder, die deshalb immer schärferer Kritik aus den eigenen Reihen ausgesetzt waren. Die öffentlich geführte Kontroverse wurde als ein Kampf zwischen »Gaullisten« und »Atlantikern« ausgetragen, doch das waren eher polemische als inhaltlich zutreffende Etikettierungen. Niemals konnte es um die Alternative Paris oder Washington gehen, sondern nur darum, in klarer Anerkenntnis der entscheidenden Rolle der USA als dem Garanten der westdeutschen Sicherheit dennoch die Zusammenarbeit mit Frankreich im Rahmen des Elysee-Vertrages zu fördern und zu gestalten. Ob man damit Erfolg haben konnte, mußte letztlich die Praxis erweisen.

Es ging also um ein Spiel mit »zwei Kugeln«, kein Vergleich mit den fünf Kugeln Bismarcks. Aber auch dazu waren Erhard und Schröder nicht bereit. Sie setzten allein auf die amerikanische »Kugel«. Die Ausschließlichkeit dieses Engagements ging so weit, daß das Ende 1962 ins Leben gerufene Projekt der MLF kritiklos hingenommen und begrüßt wurde. Es handelte sich dabei um eine Flotte von Handelsschiffen, die, mit neuen Polarisraketen bestückt, die Weltmeere befahren und so bewegliche Abschußrampen für Atomwaffen darstellen sollten. An der MLF konnten sich die NATO-Staaten beteiligen und ihren – wie die Amerikaner hofften – nuklearen Ehrgeiz befriedigen. Vor allem sollten sie auch an den beträchtlichen Kosten mitwirken. Das Ganze war von Beginn an ein Ablenkungsmanöver zur Befriedigung der spezifisch deutschen Wünsche, kein Zugeständnis in der Sache. In den deutschen Akten befindet sich jedoch kein kritisches Wort über Motive und Erfolgsaussichten dieser Geisterflotte. Sie vermitteln den Anschein, als wäre dem Außenminister ein Denkverbot erteilt worden. Zur Betonung der engen Beziehungen wurden der Kanzler und sein Außenminister mehrfach in die USA eingeladen und von Präsident Johnson mit texanischer Gastfreundschaft auf seiner Ranch empfangen, wo er dann in der entspannten Atmosphäre die eigenen Interessen geschickt vertrat und deutsche Zusagen einholte.[16]

Die offensichtliche Führungsschwäche des Kanzlers trat besonders im Verlauf der Nahostkrise Anfang 1965 hervor. Es war eine Krise hausgemachter Art, denn sie hatte nicht im Nahen Osten ihren Ausgang genommen, sondern in den deutschen Beziehungen zu den arabischen Staaten und Israel. Die Bundesrepublik lieferte seit 1957, in verstärktem Maße seit 1964, streng geheim Waffen an Israel.[17] Als das ruchbar wurde, lud der ägyptische Staatspräsident Nasser den DDR-Staatsratsvorsitzenden Ulbricht zu einem Staatsbesuch nach Ägypten ein, was in Bonn für ungeheure Aufregung sorgte, zumal die sowjetische Diplomatie sich bemühte, Ägypten zur vollen diplomatischen Anerkennung der DDR zu veranlassen. Das steigerte naturgemäß die Verwirrung.

Die deutsche Politik befand sich in einer Sackgasse, als Israel die daraufhin erfolgte deutsche Bitte, die Waffenlieferungen einstellen zu dürfen und anderweitig abzugelten, strikt ablehnte. Von zwei Seiten wurde Bonn unter Druck gesetzt: Auf der einen bestand Israel auf den zugesagten Waffen, auf der anderen Seite drohte eine ägyptische Anerkennung der DDR. Tagelang diskutierte das Kabinett. Erhard neigte dem Abbruch der Beziehungen zu Ägypten zu, war aber letztlich unentschlossen. Als aber die Meinungsumfragen ein starkes Absinken seiner Popularität anzeigten, gab der CDU/CSU-Fraktionsvorsitzende Barzel mit seinem Votum den Ausschlag. Er bewog Erhard schließlich zur vollen diplomatischen Anerkennung Israels, nachdem zuvor nur die Einrichtung von Generalkonsulaten ins Auge gefaßt worden war.[18] Später wurde dieser Vorgang, der übrigens in den Akten des Auswärtigen Amtes keinen Niederschlag gefunden hat, von Erhard als einsame Kanzlerentscheidung dargestellt.

Längst hatte sich in der Unionsführung die Überzeugung gebildet, daß Erhard auf Dauer als Kanzler nicht zu halten sei. Altbundeskanzler Adenauer, noch immer Bundesvorsitzender der CDU, sorgte mit Attacken gegen seinen Nachfolger immer wieder für Unruhe. Kandidaten für die Nachfolge wurden bereits gehandelt. Das Fell des Löwen, den immer mehr Kritiker als »Gummilöwen« verspotteten, verteilte man in der Erwartung, daß Erhard die kommenden Bundestagswahlen verlieren würde.

Der Kanzler selbst hatte Anlaß zu Irritationen gegeben, denn er präsentierte als Konzept für die weitere Regierungsarbeit die Botschaft von der »formierten Gesellschaft«. Seine Gehilfen aus der »Brigade Erhard« um Rüdiger Altmann und Johannes Gross hatten sie freilich so nebulös formuliert, daß sich niemand etwas Konkretes darunter vorstellen konnte. Aber die intellektuelle Linke zog Nutzen daraus; sie unterstellte dem liberalen Erhard ständestaatliche oder gar faschistische Absichten. Die Kritik aus dieser Ecke reizte den Kanzler dermaßen, daß er überreagierte, Schriftsteller als »Pinscher« beschimpfte, gegen einen Intellektualismus polemisierte, »der in Idiotie umschlägt«, und sich sogar über »Entartungserscheinungen« in der Kunst erregte.[19] Massive publikumswirksame Protestreaktionen derer, die sich angesprochen fühlten, waren die Folge.

Das böse Wort vom »Pinscher« blieb haften und vertiefte den Graben zwischen Regierung und Intellektuellen. Aber die sich günstig entwickelnde Wirtschaftslage, die Wahlgeschenke verschiedener Art finanzierbar erscheinen ließ, kam dem Kanzler noch einmal zugute. Die Konjunktur, die publizistische Wahlhilfe durch Axel Springer und der unermüdliche Einsatz der »Wahllokomotive« Erhard schafften das, was seine Gegner nicht erwartet hatten: den Sieg an den Wahlurnen. Mit 47,6 Prozent der Stimmen errang die Union am 19. September 1965 das bis dahin zweitbeste Ergebnis überhaupt; zur absoluten Mehrheit fehlten nur vier Mandate.

Doch der Wahlsieg wurde verspielt. Schon der nicht pingelige Taktiker Adenauer hatte stets große Mühe gehabt, bei der Regierungsbildung personelle, konfessionelle und landsmannschaftliche Interessen halbwegs auszugleichen. Erhards Aufgabe war weitaus schwieriger, denn es gab die breite Front der Ablehnung gegen Außenminister Schröder, die bis zum Bundespräsidenten reichte. Adenauer beschwor Lübke: »Ich flehe Sie an: Verweigern Sie die Ernennung Schröders.«[20] Der Widerstand gegen den verhaßten Außenminister litt indes unter mangelnder Geschlossenheit, zumal ein überzeugender Gegenkandidat fehlte. Der Verlierer war Erhard; das Bild vom Zögerer, der sich nicht entscheiden konnte, setzte sich fest. Schon Anfang Oktober 1965 mutmaßten die Auguren, in zwei Jahren habe die Regierung Erhard/Schröder abgewirtschaftet.[21] Sie irrten – ein Jahr genügte.

Die Haushaltsprobleme nahmen zu, und es zeigte sich nun, daß man Präsident Johnson, den »amerikanischen Freund«, nicht behelligen konnte. Ihn selbst plagten die Probleme und die Kosten des Vietnamkrieges, und so war er zu einer Reduzierung der deutschen Ausgleichszahlungen für die Anwesenheit amerikanischer Truppen in der Bundesrepublik nicht bereit. Erhard, der im September 1966 mit großer Delegation einschließlich Damen nach Washington flog, kam von dort mit leeren Händen zurück – der sichtbare Beweis dafür, daß die enge Anlehnung an Washington von den Amerikanern nicht honoriert wurde. In den Augen der Kanzlergegner war das nur ein weiteres Zeichen des Versagens.

Zum ersten Mal zeichnete sich in der Bundesrepublik eine Rezession ab. Ende des Jahres 1966 gab es 650 000 Arbeitslose, eine damals besorgniserregend hohe Zahl. Der Haushalt wies Deckungslücken in Höhe von mehreren hundert Millionen Mark (!) auf, aber die FDP verweigerte sich Steuererhöhungen und trat schließlich aus der Regierung aus. Das Ende Erhards war besiegelt, als die Fraktion am 10. November den baden-württembergischen Ministerpräsidenten Kurt Georg Kiesinger (CDU) durch Wahl zum Kanzlerkandidaten bestimmte. Er hatte sich gegenüber seinen Konkurrenten Schröder und Barzel überlegen durchgesetzt.

Kiesinger wurde am 1. Dezember nach relativ zügig geführten Koalitionsverhandlungen zum ersten Kanzler einer Großen Koalition in der Bundesrepublik gewählt. Die Architekten des Bündnisses von Christ- und Sozialdemokraten waren Herbert Wehner bei der SPD und konservative Katholiken wie Heinrich Krone, Karl Theodor Freiherr von und zu Guttenberg und Paul Lücke bei der CDU. Diese hatten in den Verhandlungen nur den »konvertierten Kommunisten« gesehen, der sich für das Gemeinwohl engagierte, und waren blind gewesen für die Strategie Wehners, dem es allein um die Regierungsbeteiligung und damit um den Nachweis der Regierungsfähigkeit der SPD ging.

Die große Mehrheit, über die die Koalition verfügte – 447 Abgeordnete gegenüber 49 der oppositionellen FDP –, garantierte nun auch dann eine Mehrheit, wenn ein Teil der Abgeordneten der Abstimmung fernblieb oder gegen eine Vorlage votierte. Wenn die eine Partei Gesetzesvorhaben einbrachte, für die die andere nicht zu gewinnen war, behalf man sich, wie Kritiker hämisch bemerkten, durch »Ausklammern« solch umstrittener Projekte. Dabei wurde freilich nicht berücksichtigt, daß bei jeder anderen Koalition mit geringerer Mehrheit weit mehr Gesetzesvorhaben wegen mangelnder Zustimmung schon im Ansatz scheitern.

Die Einführung des Mehrheitswahlrechts war ein Programmpunkt, der zu Beginn der Koalition unbedingte Priorität besaß; es zeigte Wehners taktisches Geschick, diese Forderung, gegen die die SPD sich bisher beharrlich gestemmt hatte, zu akzeptieren, sie aber zugleich hinhaltend zu behandeln, solange in seiner Partei die Frage selbst höchst umstritten war.

Ein zweiter wichtiger Verhandlungspunkt waren die Notstandsgesetze. Ferner standen auf dem Programm die Strafrechtsreform, grundlegende Gesetze bei den Sozialleistungen und Grundgesetzänderungen, die die Finanzierung des Bildungswesens auf eine neue gesetzliche Grundlage stellten. Die Bildungspolitik, seit Pichts aufrüttelnder Veröffentlichung ins Blickfeld geraten, hatte Ludwig Erhard allerdings schon in seiner Regierungserklärung im Herbst 1963 mit Nachdruck angesprochen und dabei die Überzeugung vertreten, daß die »Aufgaben der Bildung und Forschung den gleichen Rang besitzen wie die soziale Frage für das 19. Jahrhundert«.[22]

Das wichtigste Ziel aber war die Überwindung der Rezession. Mit Maßnahmen, die zuvor entweder die CDU/CSU oder die SPD heftig abgelehnt hätten, rückte die Koalition nun dieser noch recht harmlosen Krise zu Leibe und sanierte dabei zugleich die Staatsfinanzen. Das geschah durch Kürzungen der Rentenversicherung, Anhebung der Mehrwertsteuer, einen Zuschlag auf die Einkommensteuer sowie Programme zur Ankurbelung der Konjunktur, die angesichts der schnellen Erholung der Wirtschaft reichlich überzogen waren. Sie förderten jedoch den Wunderglauben, die Wirtschaft könne durch staatliche Maßnahmen wie durch ein Stabilitäts- und Wachstumsgesetz auf steti-

gem Kurs gehalten werden. Hier profilierte sich der Wirtschaftsprofessor Karl
Schiller als Bundeswirtschaftsminister, der durch flotte Sprüche und eigen-
willige Sprachschöpfungen die von ihm konzipierte Wirtschaftspolitik erfolgreich propagierte, was ihm um so leichter fiel, als sein Partner Strauß im Finanzministerium das notwendige Durchsetzungsvermögen besaß, um dafür
die finanziellen Voraussetzungen zu schaffen.[23]

Die Zusammensetzung des Kabinetts bot überhaupt ein überraschendes
Bild. Mit dem einstigen NSDAP-Mitglied Kiesinger als Kanzler und dem sozialistischen Emigranten Willy Brandt als Vizekanzler schien es »eine wahrhaftige
personelle Präsentation der deutschen Wirklichkeit«.[24] Auch der ehemalige
hohe KPD-Funktionär Herbert Wehner als Minister für Gesamtdeutsche Fragen, aber auch der vom alliierten »Soldatensender Calais« kommende Freiherr
zu Guttenberg, nun parlamentarischer Staatssekretär im Bundeskanzleramt,
verliehen mit ihren recht unterschiedlichen Biographien dem Bild Farbe. Weitere Gegensatzpaare waren Bundesfinanzminister Strauß – diese Kröte mußten
die Sozialdemokraten schlucken –, der in der Kabinettsrunde auf den Stellvertretenden Regierungssprecher Conrad Ahlers traf, den Redakteur des »Spiegel«, den er einst in Spanien hatte festnehmen lassen. Ein Unionspolitiker der
alten Garde wie Gerhard Schröder, dem seine norddeutsch-protestantische
Hausmacht das Verteidigungsministerium gesichert hatte, konnte den früheren CDU-Kollegen Heinemann als SPD-Justizminister begrüßen.

Der führende sozialdemokratische Repräsentant in der Koalition war freilich nicht der Vizekanzler und Außenminister Willy Brandt, sondern Herbert
Wehner. Brandt wäre schon damals lieber eine Koalition mit der FDP eingegangen, wenn deren winzige Mehrheit nicht zu große Zweifel an ihrer Lebensfähigkeit geweckt hätte. Ursprünglich hatte er sogar – schwer verständlich, aber
unbezweifelbar – nur als Randfigur, als Forschungsminister in das Kabinett
eintreten wollen, doch Wehner bewog ihn zur Übernahme des Außenministe-
riums.

Seit 1930 waren zum ersten Mal wieder Sozialdemokraten an der Regierung.
Doch während die SPD damals die Regierungsverantwortung gescheut hatte
und im März 1930 froh gewesen war, wieder auf den Oppositionsbänken Platz
nehmen zu können, war die Regierungsbeteiligung von 1966 nur der erste
Schritt auf dem Weg zur bestimmenden Kraft der Bundespolitik, zu einer von
Sozialdemokraten geführten Regierung. Mit dem Godesberger Programm, so
schien es, hatte die Partei ideologischen Ballast abgeworfen und war politisch
auf die Regierungsübernahme vorbereitet worden.

Dennoch hat es gegen die Koalition erhebliche Vorbehalte gegeben, die nur
nicht artikuliert wurden. Wenn Brandt rückblickend schreibt, »einige meiner

besten Freunde – auch außerhalb der Partei – waren entsetzt«,[25] so kann man unter den einfachen Mitgliedern durchaus ähnliche Gefühle vermuten. Die Frage des Regierungseintritts wurde auf keinem Sonderparteitag zur Diskussion gestellt, sondern vorsichtigerweise erst auf dem nächsten Parteitag im Jahr 1968. Die Parteiführung beantragte dort die nachträgliche Billigung, die dann erstaunlich knapp ausfiel. Da aber hatte sich das politische Umfeld bereits radikal verändert.

Bis zur Mitte der sechziger Jahre hatte sich die Nachkriegsjugend gegenüber den Rattenfängerparolen von links und rechts als immun erwiesen. Jetzt aber wurden neue Ansätze diskutiert, um Politik und Gesellschaft unter ideologischen Vorzeichen zu verändern. Der Bewegung auf der Linken, die als Studentenrevolte für lange Zeit enorme Wirkung erzielen sollte, stand aber auf der Rechten etwas Ähnliches, jedoch weit weniger Spektakuläres gegenüber. Es war die im November 1964 gegründete Nationaldemokratische Partei (NPD), die bei der hessischen und bayerischen Landtagswahl im November 1966 für eine faustdicke Überraschung sorgte, als sie in den Wiesbadener Landtag mit acht (7,9 Prozent), in den bayerischen Landtag mit fünfzehn Abgeordneten (7,4 Prozent) einzog und danach in weitere Landesparlamente gelangte.

Die Begleitumstände des Sturzes von Erhard – Anzeichen einer Wirtschaftskrise und wachsende Kritik an den USA – haben zu dem Erfolg der NPD gewiß beigetragen, wahrscheinlich aber noch mehr die langsam Fahrt aufnehmende Debatte über die Verjährung von NS-Straftaten. Die »Schlußstrichmentalität« war damals stark ausgebildet, viel stärker als zwanzig oder dreißig Jahre später.

Während des Bundestagswahlkampfes 1965 hatte das rechtslastige Wählerpotential auf einige Unionspolitiker so anziehend gewirkt, daß sie die Emigrantenhetze gegen Brandt unterstützten und zu einem traurigen Höhepunkt führten. Gewiß entstammten die Anhänger der neuen Partei Schichten, die für rechte Parolen anfällig waren. Aber es war kein Lumpenproletariat dabei. Die NPD war eine Partei mit überwiegend männlichen Anhängern, die zumeist in Süddeutschland beheimatet waren, überwiegend Protestanten, zudem mit einer durchschnittlich besseren Schulbildung als die Gesamtbevölkerung. Kriegs- wie nach Nachkriegsjahrgänge waren fast gleich stark vertreten. Soziale Motive hatte ihre Radikalisierung nicht. Die NPD-Anhänger ähnelten »am ehesten noch dem Bild der FDP-Wähler in ihren besten Zeiten«.[26]

Was die kurze Blütezeit der NPD überhaupt erwähnenswert macht, ist die Tatsache, daß zwar ein beachtliches Wählerpotential vorhanden war, aber keine militante Protestbewegung entstand, die ihre Forderungen aggressiv auf der Straße vertrat. Dazu fehlte die Fähigkeit, jugendliche Anhänger emotional anzusprechen und eine radikale Zukunftsperspektive zu entwerfen. Die Rechte hatte in Deutschland keine Substanz mehr. Eine politische Tradition hatte ein Ende gefunden. Die Konkurrenz auf der äußersten Linken hatte der Rechten längst den Rang abgelaufen. Nach einer mehrjährigen Phase intensiver Diskussionen sah die »Neue Linke« mit der Großen Koalition ihre Stunde gekommen. Nicht die neue Regierung löste die Radikalisierung auf der Linken aus, sondern diese wartete schon darauf, der Herausforderung zu begegnen, auf die sie theoretisch schon längst vorbereitet war.

Als Speerspitze der neuen Linken agierte der Sozialistische Deutsche Studentenbund (SDS), die ehemalige Studentenorganisation der SPD, die die Wendung von Godesberg nicht mitgemacht hatte. Im Jahre 1961 hatte die SPD den Unvereinbarkeitsbeschluß gefaßt, mit dem es möglich wurde, die im SDS verbleibenden Parteimitglieder aus der Partei auszuschließen. Mit Unterstützung linkssozialistischer Professoren wie Wolfgang Abendroth und Ossip K. Flechtheim entwickelte der SDS nun ein eigenes Profil. Vor allem in Berlin wurde die Organisation zur selben Zeit massiv von der Stasi unterwandert.[27]

Damals rückte Berlin in mehrfacher Hinsicht ins Blickfeld. Das eingemauerte West-Berlin war die wirtschaftlich und sozial schwächste Stadt der Bundesrepublik. Die Bevölkerung war in ihrer Struktur nach dem Verlust der Hauptstadtfunktion deformiert, sie war überaltert, und der Lebensstandard lag weit unter dem vergleichbarer Großstädte. Auf Studenten aus der Bundesrepublik übte die Stadt eine große Anziehung aus, weil sie hier vom Wehrdienst befreit waren, das Elternhaus fern war und die Wohnung billig und Kneipen ohne Sperrstunde sowie Besuche Ost-Berlins mit seinem legendären Brecht-Ensemble lockten.

In der Freien Universität (FU), der studentischen Gründung aus Blockadezeiten, hatten Studenten im Vergleich zu westdeutschen Universitäten einen privilegierten Status. Sie besaßen mehr Mitwirkungsrechte innerhalb der Universität und erhielten beträchtliche Mittel für die studentische Selbstverwaltung und die Förderung studentischer Vereinigungen. Durch dieses einmalig günstige Umfeld wurde die Bildung einer Schicht von Studentenfunktionären unterstützt. Da sie der unbeweglichen Universitätsspitze taktisch weit überlegen waren, entwickelte sich aus dem ursprünglichen Miteinander zunehmend ein Gegeneinander. Krisen blieben nicht aus. Das Klima verschärfte sich, als die Universität Studenten höherer Semester, die keine Neigung zur Ablegung eines Examens zeigten, exmatrikulieren wollte, um Platz für die in Massen nachrückenden Abiturienten zu schaffen. Das sollte schließlich den Anlaß für den Ausbruch der Krise bilden.

Nun gilt es hier freilich grundsätzlich zu differenzieren, denn Kritik und Aufbegehren waren unterschiedlich stark verteilt. Da gab es Fächer wie die Medizin, die Naturwissenschaften und weite Bereiche in den Technischen Hochschulen, bei denen die Relevanz des Lehrstoffs nicht in Zweifel gezogen werden konnte, waren doch die Anatomie des Menschen oder die Gesetze der Mechanik marxistisch nicht zu »hinterfragen«. Daher konnte der Erwerb des notwendigen Fachwissens in diesen Bereichen nicht als autoritäres Herrschaftswissen »entlarvt« und abgelehnt werden. Anders sah die Situation bei den ideologieanfälligen Fächern Soziologie, Philosophie, Politik- und Erziehungswissenschaften aus. Daneben bildeten die Philologien einen weiteren Block. Sie waren vor allem dadurch charakterisiert, daß ihr tradiertes Selbstverständnis nicht nur von den Studenten in Frage gestellt wurde. Sie befanden sich in einer Identitätskrise.

Unter den politischen Hochschulgruppen an der FU bildete der SDS die stärkste politische Kraft. Er hatte schon 1960 mit der Denkschrift »Hochschule in der Demokratie« den Wissenschaftsbetrieb aus marxistischer Sicht kritisiert. Diese Analyse wurde nach einigen Jahren, oft in verkürzenden Schlagworten, zur strategischen Grundlage der studentischen Angriffe gegen Universität und überkommenes Studium. Nach der Denkschrift hatte eine »Industrialisierung der Wissenschaft« stattgefunden, eine »quasi-klassenmäßige Aufspaltung der Gemeinschaft von Lehrenden und Lernenden«. Lehrstuhlinhaber und Institutsdirektoren besäßen als Manager »die Verfügungsgewalt über die wissenschaftlichen Betriebsmittel«. Die »Betriebsverhältnisse der Wissenschaft« würden »zunehmend zur Fessel einer ungehinderten freien Entfaltung aller wissenschaftlichen Kräfte«. Dem wurde die Forderung nach der Verwirklichung freier wissenschaftlicher Arbeit in der Hochschule und nach »herrschaftsfreiem Lernen« entgegengestellt.[28]

Das Mißverständnis konnte nicht größer sein: Was man mit einiger Überspitzung bei naturwissenschaftlichen Instituten oder manchen Kliniken behaupten konnte, traf keineswegs für die Fächer zu, die die SDS-Ideologen studierten, etwa Soziologie oder Politikwissenschaft. Es ware jedoch ein Irrtum, bei der breiten Masse der Studenten schon jene kritische Bewußtseinslage vorauszusetzen, die gemeinhin dieser Studentengeneration unterstellt wird. In einer Umfrage von 1966/67 hielten Studenten, obwohl überwiegend »Spiegel«- und »Zeit«-Leser, die Studienzeit für eine »besonders glückliche Zeit« (55 Prozent). Sie dachten auch nicht daran, das Studium für eine gut bezahlte Arbeit abzubrechen (85 Prozent) und fanden sogar die Studienanforderungen keineswegs zu hoch (81 Prozent). Sie traten nur für ein Reförmchen ein: mehr Unterricht in kleinen Gruppen.[29]

Daß der wiederentdeckte und neu formulierte Marxismus des SDS zum strategischen Leitfaden der Studentenbewegung werden konnte, beruhte auf einem entscheidenden Umstand: Seit Mitte der sechziger Jahre hielt eine neue Studentengeneration Einzug. Sie war in der Zeit des Kriegsendes oder in den Jahren danach geboren worden und mit einem völlig anderen Erlebnishorizont aufgewachsen als die Jahrgänge davor. Sie befand sich in einem scharfen Gegensatz zur Elterngeneration, die weitgehend von Krieg und Nachkriegszeit geprägt und vom Antikommunismus als politischer Grundhaltung überzeugt war.

In Deutschland hatte es seit der Wandervogel-Bewegung vor 1914 immer Generationsgegensätze und einen mehr oder weniger stark ausgeprägten Protest der Jungen gegeben. Das war also nichts Neues. Der neue Konflikt bezog seine besondere Schärfe vielmehr aus der gegensätzlichen Interpretation von Faschismus und Antikommunismus und damit zugleich aus den unterschiedlichen Einstellungen zur DDR.

Die allgemein verbreitete Vorstellung, die Studentenbewegung sei ein weltweites Phänomen gewesen, das von Berkeley bis Berlin beobachtet werden konnte, ist zu modifizieren. Der Unterschied lag in der Statistik. Im Westen, vor allem in den USA und Frankreich, gab es nach 1945 einen Babyboom, in Deutschland dagegen ein Babydefizit. Das belegen die Abiturientenzahlen. Vom Jahre 1963 mit 58 790 Abiturienten fiel deren Zahl 1965 auf 48 528, während 1969 die schwache Geburtenrate ausgeglichen war und nun 77 190 Schüler das Abitur ablegten. Was in Westeuropa und den USA die Anpassungskrise einer sich Raum schaffenden neuen geburtenstarken Generation war, vollzog sich in der Bundesrepublik also unter ganz anderen Voraussetzungen.

Die neue Studentengeneration – und das heißt immer ihr kritischer Teil –, deren Stärke darauf beruhte, daß weit mehr Menschen als früher studieren konnten, bezog die Alma Mater mit innerer Distanz, wenn nicht Protest. Die jungen Studenten wurden darin von den meinungsbildenden älteren Semestern bestärkt. Die Universitäten ihrerseits trugen zur Verschlechterung des Klimas bei, als sie versuchten, trotz der wachsenden Zahl von Studenten das wissenschaftliche Niveau der Hochschule durch Vermehrung des Lehrpersonals und die Intensivierung der Lehre nicht nur zu halten, sondern sogar zu erhöhen.

Schon immer hatte es Studenten gegeben, die nach Aufnahme des Studiums vom Lehrbetrieb an der Universität desillusioniert wurden und sich anderweitig orientierten. Das war bis dahin die Entscheidung einzelner gewesen. Jetzt aber wurde die Enttäuschung und Ablehnung des Studiums unter den verschärften Bedingungen des Grundstudiums zum kollektiven Erlebnis. Man war also in der Enttäuschung über das Studium nicht mehr allein, sondern fühlte sich in guter Gesellschaft. Die Masse der Studenten in den ideologieanfälligen Fächern Soziologie, Philosophie, Politik- und Erziehungswissenschaften folgte bereitwillig den radikalen Wortführern, die die bestehenden Verhältnisse, die Klausuren und Prüfungen als autoritäre Exerzitien und Formen kapitalistischer Herrschaft und Ausbeutung denunzierten. Es bildete sich das, was Thomas Nipperdey das »Bündnis zwischen den Radikalen und den Faulen« genannt hat.

Im November 1966 sprengte der SDS an der FU eine Diskussionsveranstaltung, in der Wege zur Studienreform diskutiert werden sollten. Die Demonstranten erklärten ihre Weigerung, sich »von professoralen Fachidioten zu Fachidioten ausbilden zu lassen«.[30] Bewußt wurde dabei auf den Zusammenhang zwischen der studentischen Aktion und der sich formierenden Großen Koalition hingewiesen, die eine politische Veränderung in der Bundesrepublik signalisierte, die der einflußreiche linke Theoretiker Jürgen Habermas schon vorausgesehen hatte. Das war den theoriebewanderten SDS-Mitgliedern natürlich bekannt.

In seinem Buch über den »Strukturwandel der Öffentlichkeit«[31] hatte Habermas mit demselben Ansatz, mit dem Carl Schmitt seinerzeit den Parlamentarismus der Weimarer Republik seziert und demontiert hatte, bei Bildung und öffentlicher Meinung einen ähnlichen Verfallsprozeß aufgezeigt. Die Verbände seien demnach die entscheidenden Großorganisationen, die Parteien nur noch Abstimmungsmaschinen, Parlamentarier lediglich weisungsbefugte Parteibeauftragte. Um diese »Entkräftung der Öffentlichkeit«zu verschleiern, bedürfe es einer »manipulativen Publizität«, wie sie die Springer-Presse biete. Traumfabrik und Illusionen, aber keine meinungsbildende Presse seien daher notwendig, denn »die Parteiagitatoren und Propagandisten alten Stils weichen parteipolitisch neutralen Werbefachleuten, die angestellt sind, um Politik unpolitisch zu verkaufen«.[32] Mit solchem geistigen Rüstzeug ausgestattet und einer gehörigen Neigung zur Vereinfachung fiel es nicht schwer, in der Großen Koalition den offenen Versuch zum Abbau der Demokratie zu sehen.

Das spektakuläre Go-in des SDS war der Auftakt für die Kampagne zur Umwandlung der Universität – durch Störung des Lehrbetriebs und der »Umfunktionierung« von Lehrveranstaltungen. Gleichzeitig trug der SDS die Kampagne hinaus in die Stadt. Er provozierte bewußt Polizei und Springer-Presse und agitierte gegen den Vietnamkrieg und die amerikanische Kriegführung. Das rief massive antikommunistische Reaktionen in der Bevölkerung hervor. Der Schah-Besuch in Berlin, das überharte Eingreifen der Polizei gegen die Demonstrationen der seit Wochen auf den Staatsgast »vorbereiteten« Studenten und der Tod des unbeteiligten Benno Ohnesorg am 2. Juni 1967 durch eine Polizeikugel hatten bundesweite Auswirkungen. Das Feindbild – die Polizei und das von ihr geschützte System – erhielt zunehmend scharfe Konturen. Das Frühjahr 1968 brachte dann den spektakulären Höhepunkt der Studentenproteste, an dem auch viele Nichtstudenten teilnahmen.

Zu Ostern 1968 wurde Rudi Dutschke, einer der bekanntesten SDS-Führer und von den Medien zum furchteinflößenden Demagogen stilisiert, von einem jugendlichen rechten Wirrkopf durch einen Schuß in den Kopf schwer verletzt. Sofort machten Agitatoren die Springer-Presse und ihren Verleger für diese Tat haftbar. Es entwickelten sich zwischen den aufgebrachten jugendlichen Demonstranten und einer unvorbereiteten, zudem noch durch den Osterurlaub geschwächten Polizei massive Straßenschlachten. Die Demonstranten versuchten, das Berliner Springer-Hochhaus zu stürmen und bundesweit die Auslieferung der Zeitungen des Verlages zu verhindern. Die Parole »Enteignet Springer« fand weiten Widerhall über den Kreis der aufgebrachten Demonstranten hinaus. Das hing mit dem Massensterben lokaler und regionaler Zeitungen zusammen, das dem finanzstarken und leistungsfähigen Springer-Verlag die Gelegenheit bot, Zeitungen aufzukaufen oder aber die Auflage der eigenen Blätter zu steigern.

Wenige Wochen später kam es in Paris – aus nichtigem Anlaß – zu gewalttätigen Studentendemonstrationen, die einen Generalstreik auslösten und das ganze Land in eine schwere Krise stürzten.[33] In der Bundesrepublik hatte das Bündnis von Studenten und Arbeiterschaft keine Chance. Hier waren es die Notstandsgesetze, die zur selben Zeit – und unabhängig von den Pariser Ereignissen – Emotionen freisetzten. Die Massenproteste machten den politischen Wandel deutlich. Was in den Jahren zuvor eher die Beschäftigung mit einer komplizierten und wenig befriedigenden Gesetzesmaterie gewesen war, entwickelte sich nach der Bildung der Großen Koalition zu einer immer stärker emotionalisierten Streitfrage.

Die Gesetzgebung sollte Regelungen für den Fall des äußeren und inneren Notstands schaffen und alliierte Vorbehaltsrechte ablösen. Das war schon seit mehr als zehn Jahren überfällig, denn ohne den Erlaß entsprechender Gesetze – so hatten es die Pariser Verträge von 1954 festgelegt – besaßen die Alliierten im Falle eines Notstandes weitgehende Rechte, und es drohte im Ernstfall so etwas wie eine Rückkehr zum Besatzungsstatut. Von den Innenministern vorgelegte Gesetzentwürfe waren bisher stets mehr oder weniger schnell gescheitert.

Der äußere Notstand war der Kriegsfall; dieser entzog sich weitgehend der vorbeugenden Planung. Ganz anders der innere Notstand. Darunter hatte man bis dahin eher die verdeckte Aggression durch kommunistische Demonstranten verstanden, doch nun erhielt die Frage unter dem kritischen Trommelfeuer der Studenten, der gewerkschaftlichen Linken und Intellektuellen eine ganz andere Bedeutung. Der innere Notstand – so die neue Interpretation – war eine Art kalter Staatsstreich, verkündet mit der Absicht, das Streikrecht, die Meinungs- und Demonstrationsfreiheit und damit die Demokratie einzuschränken, ja abzuschaffen. Unausgesprochen stand die Vorstellung im Hintergrund, die Regierung, der im Augenblick nur die marginale FDP als parlamentarische Opposition gegenüberstand, wolle im Grunde die Opposition überhaupt abschaffen.

Es ist wohl kein Gesetzeswerk so intensiv diskutiert und auf möglichen Mißbrauch durchleuchtet worden wie die Notstandsgesetze. Brandt, Wehner und Helmut Schmidt, denen gewiß niemand unterstellen konnte, daß sie Demokratie und Rechtsstaat liquidieren wollten, legten in eindrucksvollen Reden den Sachverhalt dar und warben bei Zweiflern und Kritikern um Zustimmung, obwohl die Zweidrittelmehrheit für die Annahme der Gesetze nie ernsthaft gefährdet war.

Die Gegner, zumal die Jugendlichen, steigerten sich im Laufe der Kampagne in eine Art Massenhysterie hinein. Was es in Deutschland bis dahin noch nicht gegeben hatte, gehörte mit der Politisierung eines Teils der jungen Generation bald zum festen Bestandteil des Protests, nämlich die Vorstellung der Protestierenden, daß die geplante Maßnahme sich gegen die eigene Person richte. Die Notstandsgesetze gelte es also zu verhindern, weil nach deren Verabschiedung der Notstand ausgerufen werde.

Wie die Umfragen zeigten, waren die Notstandsgesetze in der Bevölkerung nicht populär; im Mai 1968 gab es 43 Prozent Befürworter, aber 32 Prozent, die die Gesetze nicht für nötig hielten. Nur in der Altersgruppe der unter Dreißigjährigen überwogen die Gegner.[34] Aber das veranlaßte die übergroße Mehrheit nicht, politisch aktiv zu werden. Aktive Teilnahme an der Politik lehnten achtzig Prozent der Bevölkerung strikt ab. Nur bei Abiturienten und Studenten ergaben sich gewisse Abweichungen. Daher war der Schluß nicht falsch, »daß die Notwendigkeit von Reformen … nur von einem zahlenmäßig kleinen Kreis als dringlich empfunden wird«.[35]

Unter den Intellektuellen, die mit den Notstandsgesetzen das Ende der Demokratie gekommen sahen, erhob sich eine ungewöhnliche Stimme: die des ehemaligen DDR-Philosophen Ernst Bloch, der beim Mauerbau 1961 zufällig in Westdeutschland gewesen war. Er hatte dann an der Universität Tübingen eine Gastprofessur erhalten und machte auch dort aus seiner Ablehnung der parlamentarischen Demokratie und der bürgerlichen Gesellschaft kein Hehl. Sein Haß auf den Kapitalismus war ungebrochen. Auf dem Frankfurter Römerberg verkündete er im Oktober 1966, daß eine Kontinuität gegeben sei von den Notverordnungen der Weimarer Zeit zum künftigen Notstand. Für ihn waren

»Absicht und Tenor der Sache ... so klar wie unheimlich, auch wenn, ja gerade wenn die Ausführungsbestimmungen, die ergänzenden, noch geheime Reichssache sind«.[36] Niemand schien sich an dieser Rhetorik zu stören, vielmehr machte sein faszinierendes Auftreten den weißhaarigen Feuerkopf zum gefragten Vortragsredner, dem das politische Establishment beflissen seine Reverenz erwies.

Die Studentenbewegung war eine Minderheit, wenn auch eine starke an den Universitäten, aber doch nur eine winzige Gruppe innerhalb der Bevölkerung. Dennoch bewirkte sie viel. Die breite Berichterstattung über die spektakulären Provokationen von Außenseitern wie der »Kommune 1« und andere studentische Aktionen glich einer Botschaft. Wie undeutlich auch immer vermittelt, wurde sie auch in breiteren Kreisen gehört und verstanden. Denn das Fernsehen und die liberalen Medien, unter denen die »Zeit« mit ihren Berichten über die Entwicklung an den Universitäten wie ein Schulungsorgan für Gymnasiasten wirkte, zeigten sowohl das Feindbild – die Professoren in ihren vogelscheuchengleichen Talaren – als auch die Aktionen der Studenten gegen diese angeblichen akademischen Feudalverhältnisse. Dabei ging es um spektakuläre Aktionen wie Instituts- und Rektoratsbesetzungen, aber auch um die Taktik des »Umfunktionierens«.

Während die Auseinandersetzungen in der deutschen Öffentlichkeit um die Notstandsgesetze kreisten, ging es an den Universitäten – und das scheint eine deutsche Besonderheit zu sein – um die Machtfrage. Die Autorität der Professoren sollte mit Hilfe der marxistischen Theorie in Frage gestellt, ein Ansatz zur Gründung einer »Kritischen Universität« geschaffen werden, die den Anspruch manifestierte, über eine bessere Form von Wissenschaft und Wissensvermittlung zu verfügen. Die antiautoritäre Ausrichtung – das »Entlarven« falscher Autoritäten und das Aufdecken autoritärer Abhängigkeitsverhältnisse – verliehen der Bewegung ihren mitreißenden Schwung. Das hing nicht zuletzt damit zusammen, daß der SDS ein theoretisches Konzept geliefert hatte, das mit der Wiederentdeckung des Marxismus und der Neuformulierung der theoretischen Ansätze den linken Studenten das Gefühl vermittelte, im Besitz der einzig wahren Konzeption zu sein, die der atomisierten Wissenschaft und dem anscheinend leerlaufenden Wissenschafts- und Lehrbetrieb weit überlegen war.

Die Studentenbewegung mit ihren Vollversammlungen, Demonstrationen und den immer gewalttätiger werdenden Herausforderungen der Polizei läßt sich durchaus als eine Revolution verstehen, wenn auch als eine virtuelle, die zumeist im Kopf stattgefunden hat. Die studentischen Revolutionäre bezogen ihre Glaubensgewißheit aus einer Ideologie marxistischer Prägung, die durch die Arbeiten alt gewordener Linker wie Herbert Marcuse, aber auch durch marxistische Revolutionstheoretiker aus Frankreich und Italien ergänzt worden war.

Das Ziel der Bewegung war die Revolutionierung der Gesellschaft, der Kampf »gegen die Gesellschaft als Ganzes«, gegen den weltweiten Imperialismus – uferlose Zielsetzungen. Die Reaktion der Behörden auf diese Mischung aus Ideologie und handfesten Gesetzesverstößen war gekennzeichnet durch hilflose Zögerlichkeit und Verantwortungsscheu. Hier zeigten sich die Grenzen der parlamentarischen Demokratie. Auf der einen Seite forderten die Bildungspolitiker aller Parteien die Steigerung der Abiturientenzahlen; das kam bei den Wählern gut an, denn das hohe Sozialprestige eines Hochschulstudiums war noch unbeschädigt. Auf der anderen Seite wurde die Forderung erhoben, nun endlich mit der Hochschulreform Ernst zu machen, um den Studentenmassen durch veränderte und angepaßte Lehrinhalte und effektivere Lernmethoden ein erfolgreiches Studium zu ermöglichen.

Das Ergebnis konnte nicht befriedigen. Durch Vermehrung der Stellen für Professoren und Assistenten versuchte man, der Flut der Studenten Herr zu werden. Eine strukturverändernde Studienreform fand jedoch nicht statt. Das Humboldtsche Ideal der Freiheit von Forschung und Lehre, nach dem Studenten in wissenschaftliches Arbeiten eingeführt werden und zu wissenschaftlicher Arbeit selbst befähigt sein sollten, wurde weiterhin hochgehalten, obwohl seine Voraussetzungen dahinschwanden. Mit steigenden Milliardenbeträgen wurden Hochschulen geplant oder ausgebaut, die dann Studenten aufnahmen, deren Abitur nicht mehr tatsächlich der Hochschulreife entsprach – die Folge des gesunkenen Leistungsniveaus in den Gymnasien. Eine wachsende Anzahl von Studienabbrechern war die Folge, während der Anteil derer, die einen Studienabschluß schafften, ungefähr gleich blieb.

Das antiautoritäre Element der Bewegung fand wohl das breiteste Echo. Hier kam auch der Generationengegensatz am schärfsten zum Ausdruck, denn diese unter anderen Bedingungen aufgewachsene und unter ganz anderen Einflüssen stehende Generation rieb sich an den eingeschliffenen Verhaltensmustern, die sie nicht mehr hinnehmen wollte und die sie deshalb in Frage stellte. Die von der Studentenrevolte ausgehenden Impulse stürzten die Bundesrepublik in eine tiefe Autoritätskrise, die mit ihrer Ablehnung des Bestehenden auch vor dem Prinzip der repräsentativen Demokratie und damit vor der geltenden Verfassungsordnung nicht haltmachte. Daraus entstand die Generalforderung nach »Demokratisierung«. Sie wurde im Hochschulbereich als besonders dringend empfunden angesichts der empörenden Tatsache, daß eine Handvoll »reaktionärer« Professoren mehr Rechte als Tausende »demokrati-

Propaganda an der innerdeutschen Grenze: Als Fälschungen aus der DDR Heinrich Lübke zum »KZ-Baumeister« stempelten, war das für linke Intellektuelle der Anlaß, in kaum zu überbietender Häme das Versagen des Bundespräsidenten aufzudecken. Auch das war als Teil der bundesrepublikanischen Autoritätskrise zu verstehen. Der Bundespräsident, schon 1959 nur eine Verlegenheitslösung und 1964 trotz deutlich werdender Defizite von der SPD zur Wiederwahl bestimmt, weil er ein Befürworter der Großen Koalition war, zeigte immer mehr Ausfallerscheinungen. Normalerweise hätte das kümmerliche Auftreten des Staatsoberhauptes für betretene Peinlichkeit gesorgt, nun aber überboten sich die Intellektuellen in ihrer Kritik und erinnerten unfreiwillig an Pennäler, die an einem alt und wehrlos gewordenen Lehrer grausam Rache übten.

scher« Studenten haben sollte. Direkte Demokratie wurde auf »Vollversammlungen« praktiziert, eine Chiffre für kurzfristig anberaumte Sitzungen, auf denen Beschlüsse gefaßt wurden – meist wenn die opponierenden Studenten die Versammlung nach stundenlanger Diskussion verlassen hatten –, die als bindend hingestellt und auf deren Durchführung beharrt wurde.

Von der Studienreform war Anfang 1969, als die Studentenbewegung allmählich in kommunistischen oder maoistischen Gruppen und Sekten versickerte, nicht mehr die Rede. Da ging es nur um Störung und Lähmung der Universität. Der SDS forderte in einem seiner letzten »Infos« dazu auf, »die Bedürfnisse der Revolte nach grundsätzlicher Veränderung der Gesellschaft, die ihr eigentliches Feld nach wie vor außerhalb der Universität hat, in die Universität hineinzutragen«. Dazu gehörte das »systematische Stören des Lehrbetriebs«, der »Kampf um den Abbau der irrationalen Herrschaftsansprüche der Ordinarien«, das Erreichen »effektiver Mitbestimmungsformen der Studenten (mindestens Halbparität)« und die »Organisation von aktiven Streiks und die Aussperrung der sich der Reform entziehenden Professoren ...«[37] Das war der offene Kampf um die Macht, aber ohne jede Aussicht auf Erfolg.

Im historischen Rückblick könnte man meinen, die Studentenrevolte sei ein notwendiger Schritt zur Verwestlichung und Demokratisierung der westdeutschen Gesellschaft gewesen. Dagegen spricht allerdings der fanatische, bis dahin in der Bundesrepublik unbekannte Antiamerikanismus und die bewußte Infragestellung der repräsentativen Demokratie, die zuvor nur von marginalen Gruppen auf der äußersten rechten beziehungsweise linken Seite des politischen Spektrums abgelehnt worden war. Zudem war die Vorbildrolle des Westens in Frage gestellt worden. In Frankreich lösten die Studenten mit ihrer Mairevolte eine tiefe innere Krise als Reaktion auf die Politik de Gaulles aus. Die Heftigkeit der Studentenunruhen in den USA erklärte sich aus der Ablehnung des Vietnamkrieges und der Angst, als Soldat dort sterben zu müssen.

Dagegen war die Bundesrepublik ein mustergültig verwaltetes Land, rundum erneuert, ohne Arbeitslosigkeit und mit wachsendem Wohlstand, in dem ein Generationenkonflikt ausbrach, der unverwechselbar deutsch war und sich an der Autorität der Institutionen und der Autorität der älteren Generation entzündete. Was in den Universitäten beispielhaft vorgemacht wurde, wiederholte sich in unzähligen Familien oder in den verschiedensten Institutionen und Organisationen der Gesellschaft. Die behauptete Forderung nach »Demokratisierung« lief letztlich auf das Gegenteil hinaus, auf den lautstark bekundeten Willen, als Minderheit eine privilegierte Stellung zu erhalten. Auch die »unbewältigte Vergangenheit« und das Beschwören »faschistischer« Tendenzen wie das Entlarven »faschistischer Einstellungen« lösten den Konflikt nicht aus, sondern waren ebenso willkommene Argumentationshilfen wie die empörte Ablehnung des Antikommunismus und die Nichtanerkennung der DDR. Das alles waren Vehikel der Polemik, nicht aber die Ursache des Protests. Der an der Autorität orientierte Generationenkonflikt hatte aber zur Folge, daß fortan in der Bundesrepublik mit der Autorität und dem Einsatz staatlicher Gewalt sehr viel sorgsamer umgegangen wurde.

Festzuhalten bleibt, daß an den Hochschulen der Nachkriegskonsens, der Politik und Gesellschaft der Bundesrepublik geprägt hatte, zerbrach. Das politische System wurde nicht von den sich nun entwickelnden verschiedenen K-Gruppen herausgefordert. Sie endeten später als Alternative, die mit den Grünen zusammengingen, oder im Terrorismus. Aber jenseits dieser Gruppierungen blieb ein beträchtlicher Anhang entschiedener Feinde des bestehenden Systems, die mit der höhnischen Apostrophierung der »freiheitlich demokratischen Grundordnung« der Bundesrepublik das genaue Gegenteil unterstellten.

Die Große Koalition wurde von den inneren Veränderungen nicht in Frage gestellt. Sie konnte auch die Ansichten ihres Justizministers Heinemann tolerieren, der anläßlich der Osterunruhen von 1968 vor Kritik an den Demonstranten warnte und die Kritiker aufrief, die Schuld vor allem bei sich selbst zu suchen. Je mehr sich aber die Wahlen näherten, desto mehr kam die Regierung Kiesinger in Schwierigkeiten, denn die ungleichen Partner richteten ihr politisches Erscheinungsbild zunehmend auf diesen Termin aus.

In der Außenpolitik kam es zu einem Eklat, von dem aber nichts an die Öffentlichkeit drang. Bei den deutsch-französischen Konsultationen im September 1968 hatte General de Gaulle, politisch und wirtschaftlich schwer angeschlagen, die Bundesregierung gedemütigt und sie letztlich für den sowjetischen Einmarsch in die ČSSR, der dem »Prager Frühling« ein Ende setzte, verantwortlich gemacht. Er malte die sowjetische Bedrohung Westdeutschlands breit aus, um dann kühl festzustellen, daß die Bundesrepublik keine Hilfe von Frankreich erwarten könne. Zwischen beiden Staaten bestehe nicht mehr eine solche Solidarität, »daß man für den anderen kämpfe und stürbe«.[38] Er ging sogar so weit, der Bundesrepublik revanchistische Bestrebungen zu unterstellen, was Kiesinger hart traf, denn dieser Kanzler hatte viel Mühe auf die Verbesserung der Beziehungen zu Paris aufgewandt.

In der Koalition offenbarten sich dann massive Gegensätze in der Frage, ob die Verjährungsfristen für Mord verlängert werden könnten. Nach dem geltenden deutschen Recht trat die Verjährung nach zwanzig Jahren ein. Das hätte bedeutet, daß 1969 jeder bis dahin von der Justiz nicht erfaßte Nazi-Mörder sich ungestraft seiner Taten hätte rühmen können – ein unerträglicher Gedanke, zumal niemand wußte, wie viele des Mordes Verdächtige es überhaupt gab. Zudem war das Argument nicht zu entkräften, daß die Verfolgung von NS-Straftätern erst relativ spät eingesetzt hatte. Hinzu kam, daß es im Ausland für Mord in der Regel keine Verjährung gab. Somit hätte das Beharren auf dem deutschen Recht im Ausland als Hilfe für Nazi-Verbrecher gedeutet werden können. Die Union, vor allem der Bundeskanzler selbst und sein Finanzminister Franz Josef Strauß, wollten der »Schlußstrichmentalität« in der Bevölkerung Rechnung tragen und versuchten sogar die mittlere Lösung, eine Verlängerung der Verjährungsfrist um zehn Jahre, zu vereiteln. An der Abstimmung über dieses Gesetz nahmen sie nicht teil – kein überzeugendes Verhalten für einen Kanzler, der von Adenauer die Richtlinienkompetenz geerbt hatte.

Schwerwiegender und letztlich für die Wahlen entscheidend war die Aufwertung der Deutschen Mark. Schon 1960 hatte Ludwig Erhard nach Überwindung des zähen Widerstandes der Industrie die erste bescheidene DM-Aufwertung auf vier Mark für einen Dollar durchgesetzt. In der Folgezeit – noch galt das Währungssystem von Bretton Woods aus dem Jahre 1944, das den Dollar zur Leitwährung machte und feste Wechselkurse im Verhältnis zur amerikanischen Währung einführte – kam der Dollar dennoch immer wieder unter Druck, denn in den USA hatte, bedingt durch den Vietnamkrieg und große soziale Reformen in der Ära Johnson, ein Inflationsprozeß eingesetzt. Das Bestreben wuchs, den Dollar in stabilere Währungen umzutauschen, wofür in erster Linie die D-Mark in Frage kam. Aus deutscher Sicht bedeutete eine Aufwertung der D-Mark eine Verteuerung der Exporte und eine Verbilligung der Importe. Industrie und Banken kämpften gegen eine Aufwertung und wollten eine Beeinträchtigung des Exports nicht hinnehmen. Der Verbraucher hingegen freute sich, daß Auslandsreisen und Konsumartikel wie italienische Schuhe oder englische Wollstoffe billiger wurden.

Um welche Probleme es tatsächlich ging, konnten die meisten Wähler gar nicht nachvollziehen. Das war eine Debatte, die über ihren Köpfen stattfand. Wirtschaftsminister Schiller aber, für den feststand, daß die Aufwertung kommen mußte, denn nur so konnte nach seiner Ansicht die Wirtschaft im Gleichgewicht gehalten und die Preissteigerung im Inland vermieden werden, brillierte mit lichtvollen Sprüchen und kam beim Publikum gut an. Strauß beging hier den entscheidenden Fehler. Statt mit Schiller Übereinstimmung in der Sache zu demonstrieren, übernahm er, der immer schon Interessen der Industrie begünstigt hatte, deren Standpunkt und lehnte die Aufwertung ab. Damit brach in der Koalition an einer wichtigen Stelle ein zentraler Widerspruch auf. Den rhetorischen Schaukampf gewann der hanseatische Professor gegen den bayerischen Eiferer ohne große Anstrengung. Dessen Drang zur Rechthaberei kostete ihn auch hier viele Sympathien.

Mit der Wahl von Gustav Heinemann zum Bundespräsidenten am 5. März 1969 vollzog sich nach dessen Wort »ein Stück Machtwechsel«. Erst nach den Wahlen wurde diese Bemerkung in ihrer ganzen Bedeutung verstanden, zuvor löste sie eher Unbehagen bei SPD und FDP aus.[39] Allmählich begriff man die Botschaft: Die FDP hatte fast geschlossen für den SPD-Kandidaten und nicht für den der Union gestimmt. Die künftige Koalition, verschwiegen von ihren Befürwortern gefördert, hatte ihre erste Bewährungsprobe abgelegt.

Die sozialliberale Koalition

Im Jahr 1965 war für die Liberalen ein Zusammengehen mit der SPD noch nicht in Frage gekommen, aber schon damals hatte Brandt an Walter Scheel bei allem Bedauern darüber, daß es nicht geklappt hatte, geschrieben: »Die Entwicklung hat ihr eigenes Schwergewicht. Das sollte uns nicht abhalten, in Verbindung zu bleiben.«[1]

Daß SPD und FDP 1969 eine gemeinsame Regierung planten, war informierten Kreisen seit langem bekannt, doch es wurde im Wahlkampf kaum darüber gesprochen. Es gab wohl Vereinbarungen zwischen Politikern beider Parteien, aber diese agierten als Einzelpersonen, die einer Koalition den Weg ebnen wollten. Gleichwohl galt vor den Bundestagswahlen von 1969 die sozialliberale Koalition nur als eine, ja als die am wenigsten wahrscheinliche Lösung. Denn viel sprach dafür, daß die Große Koalition fortgesetzt werden oder eine erfolgreiche CDU/CSU zur kleinen Koalition zurückfinden würde, jener Kombination, die seit 1949 am häufigsten regiert hatte. Nur wenigen fiel auf, daß sich bei den Anhängern von SPD und FDP eine wachsende Abneigung gegen die Fortsetzung der Großen Koalition breitmachte. Offensichtlich hatte der Wahlkampf Spuren hinterlassen.[2]

Glaubte man den Meinungsumfragen, so war Bundeskanzler Kiesinger mit großem Abstand die beherrschende Figur des Wahlkampfes. Seine imponierende Persönlichkeit, das von ihm herausgekehrte schwäbische Bildungsbürgertum und seine unbestrittene Führungsstellung in Partei und Koalition ließen die Fortsetzung seiner Kanzlerschaft als natürlichste Sache der Welt erscheinen.

Bei den Sozialdemokraten war der bekannteste und am meisten geschätzte Politiker Karl Schiller – mit weitem Abstand vor Willy Brandt. Tatsächlich aber waren die Gewichte in der SPD-Führung ganz anders verteilt. Nicht Schiller herrschte hier, sondern die »Troika« Brandt (Bundesaußenminister), Wehner (Minister für Gesamtdeutsche Fragen) und Schmidt (Fraktionsvorsitzender).

Das SPD-Spitzentrio stellte aber alles andere als eine Einheit dar, sondern war in sich zerstritten. Brandt hatte nur widerwillig den Weg in die Große Koalition gefunden und verhielt sich im Kabinett passiv bis abweisend. Ihn störten zudem die Interventionen des Kanzleramts in sein Ressort und vor allem die Einmischungen Kiesingers. Zur atmosphärischen Eintrübung trug auch dessen Selbstdarstellung bei: Der Kanzler legte gerne eine landesherrliche Attitüde an den Tag und genoß es, von diensteifrigen Beamten umgeben zu sein, die selbst wichtige Unionspolitiker nur als Hofschranzen betrachteten. Die sozialdemokratischen Regierungsmitglieder behandelte Kiesinger respektvoll, wobei er aber so etwas wie soziale Überlegenheit gegenüber den »kleinen Leuten« von der SPD und gesellschaftliche Distanz durchschimmern ließ.

Den sensiblen Brandt hat dieses Verhalten oft verbittert, Wehner und Schmidt dagegen waren zu selbstbewußt, um Kiesingers Allüren ernst zu nehmen. Wehner fühlte sich in seiner neuen und ungewohnten Rolle als Bundesminister sogar ausgesprochen wohl, denn der Bundeskanzler zollte ihm als dem wichtigsten und durchsetzungsfähigsten Sozialdemokraten Respekt, und er bekleidete eine Stellung, die ihm noch vor kurzem kaum erreichbar erschienen war. Gegen Brandt hegte er Vorbehalte wegen dessen Frauen- und Alkoholgeschichten, die ihm wenig behagten. Das trug nicht wenig zu den unerfreulichen Szenen im Kreßbronner Kreis bei, der Schlichtungsinstanz der Koalition, in denen sich Brandt von Wehner und Schmidt im Stich gelassen fühlte.[3] Das Verhältnis von Schmidt zu Willy Brandt war in anderer Hinsicht belastet. Der sozialdemokratische Fraktionsvorsitzende strebte offenkundig ebenfalls nach dem Kanzleramt, war aber nur fünf Jahre jünger als Brandt und fürchtete daher um die eigene Chance gebracht zu werden, falls der Rivale vor ihm zum Zuge kam.[4]

Wehner und Schmidt traten für die Fortsetzung der Großen Koalition ein. Wehner hegte zwar Mißtrauen gegen die FDP, aber er war zufrieden mit seiner starken Stellung im Kabinett. Schmidt war der effektive Manager der Großen Koalition im Bundestag. Diese personelle Konstellation, die bereits vor dem »Machtwechsel« bestand, gilt es im Blick zu behalten: Tiefe Gegensätze und persönliche Abneigungen bestimmten das Verhältnis zwischen den drei SPD-Matadoren, die letztlich aufeinander angewiesen waren. Brandt benötigte Schmidt als pragmatischen Helfer im Alltagsgeschäft der Regierungspolitik, beide brauchten Wehner, um Partei und Fraktion zu beherrschen. Sie mochten über den »Onkel« – wie Wehner weniger liebevoll als distanzierend-kritisch bezeichnet wurde – schimpfen oder ihn hassen, auf den Zuchtmeister konnten sie nicht verzichten.

Während sich die Wähler bei den vorangegangenen Wahlen immer relativ frühzeitig festgelegt hatten, änderte 1969 etwa ein Viertel der Wähler seine Entscheidung noch in den letzten Monaten. Da die bisher herrschende CDU und die auf die Opposition gleichsam abonnierte SPD nun beide in der Regierung vertreten waren, konnte es nicht mehr um die Bestätigung ihrer langjährigen unterschiedlichen Rollen gehen, sondern lediglich um die Frage, welche der beiden Regierungsparteien bessere Arbeit geleistet hatte.

Das Wahlergebnis vom 28. September 1969 war keineswegs spektakulär. Nichts deutete auf einen »Machtwechsel« hin. Die Union erlitt eine geringfügige Einbuße von 1,5 Prozent und verlor drei Mandate; der »Genosse Trend« blieb der SPD treu und verschaffte ihr einen Zuwachs von 3,5 Prozent und 22 Mandaten. Die FDP mußte eine herbe Niederlage einstecken und verlor 3,7 Prozent und 18 Mandate. Mit ihrem bisher schlechtesten Ergebnis von 5,8 Prozent rückte sie gefährlich nahe an die Fünfprozentgrenze. Diese hatte die NPD, die seit 1966 in einer Reihe von Landtagen vertreten war, mit 4,3 Prozent nicht erreicht. Müßig zu spekulieren, welche Entwicklung die Bundesrepublik genommen hätte, wenn die NPD den Sprung in den Bundestag geschafft hätte; auf keinen Fall wäre es dann zu einer sozialliberalen Koalition gekommen.

Das schlechte Abschneiden der Liberalen war die Folge ihres inneren Wandels. In vielen Bereichen, vor allem in der Deutschlandpolitik, strebte die Partei unter ihrem 1968 gewählten Vorsitzenden Walter Scheel zu neuen Ufern. In der Öffentlichkeit und im Wahlkampf wurde das jedoch nicht deutlich herausgestellt, da man die konservativen, stärker wirtschaftlich orientierten Stammwähler nicht verprellen wollte.

Die ersten veröffentlichten Wahlergebnisse fielen für die Union günstig aus, aber dann zeichnete sich eine knappe Mehrheit für eine sozialliberale Koalition ab. Während Wehner noch seine Verachtung für die FDP in ein Mikrophon bellte, ergriff Brandt die Initiative. »Kein Mensch hat ihn vorher oder nachher so aktiv gesehen wie an diesem Abend, in dieser Nacht des 28. September, nie sonst so zielstrebig und energisch.«[5] Er kümmerte sich weder um Wehner noch um Schmidt, sondern nahm Kontakt auf zu Scheel, mit dem er sich schnell einigte, gemeinsam eine Regierung zu bilden. Selbstbewußt verkündete er vor den Fernsehkameras: »SPD und FPD haben mehr als CDU und CSU.« Insgesamt hatte sich der Wählerwille allerdings nicht erheblich verändert, und es deutete nichts darauf hin, daß sich ein neuer Gestaltungswille machtvoll artikulierte.

Es war die historische Leistung Brandts, die winzige Chance zur Bildung einer neuen Koalition resolut ergriffen und damit Kiesinger ausmanövriert zu haben. So wurde ein Politikwechsel möglich, mit dem nur wenige zuvor gerechnet hatten. Der Begriff »Machtwechsel« trifft im Grunde nicht zu, denn die Macht wechselte nicht. 1933 hatte es mit der Wende am 30. Januar tatsächlich einen Machtwechsel gegeben, aber in einer Demokratie gibt es keinen Machtwechsel, sondern nur einen Regierungswechsel, denn die Macht ist durch Verfassung und Gesetz begrenzt. Zudem hatte die SPD keinen ungestümen Drang zu den Schaltstellen der Macht erkennen lassen, vielmehr war sie dorthin gelangt durch einen Prozeß der Angleichung und den beharrlichen Versuch, die eigene Regierungsfähigkeit nachzuweisen. Daß die SPD so lange warten mußte und nur durch Brandts kühnen Coup zur Kanzlerpartei werden konnte, hatte einen einfachen Grund: Sie hatte die Wähler von ihrer Qualifikation zur Führung der deutschen Politik nicht überzeugen können.

Die Koalitionsverhandlungen gingen rasch über die Bühne – ohne detaillierte Festlegungen in einem Koalitionsvertrag. Das Angebot Brandts an die Liberalen war fürstlich. So viel hätten sie bei der CDU/CSU nie erreicht: Das Auswärtige Amt ging an Scheel, das Innenressort an Hans-Dietrich Genscher, den parlamentarischen Geschäftsführer der FDP-Fraktion, und das Landwirtschaftsministerium an Josef Ertl, einen bayerischen Diplomlandwirt, der zum rechten Flügel der Partei gehörte, aber als Minister seine Sympathien für den Scheel-Flügel entdeckte.

Unter den SPD-Ministern war der Typ des altgedienten Funktionärs oder Gewerkschaftsführers relativ schwach vertreten. Genossen wie Georg Leber und Walter Arendt gab es nur wenige in der Partei. Die Minister hatten daher eher einen bürgerlichen oder akademischen Hintergrund. Das Kanzleramt erhielt eine neue Organisation. Horst Ehmke wurde Minister für besondere Aufgaben und Chef des Bundeskanzleramtes. Er sollte das Amt politisch leiten, den Kanzler entlasten und ihn zugleich auf dem laufenden halten. Der hemdsärmlige, keineswegs konfliktscheue Vollblutpolitiker Ehmke sicherte damit Brandt ganz wesentlich ab, dem administrativ-lenkende Fähigkeiten weitgehend fehlten. Durch sein machtorientiertes, rücksichtsloses Auftreten schaffte Ehmke sich zahlreiche Feinde. Vor allem Schmidt erkannte in ihm den Gegner, den es zu entfernen galt, wenn er selbst der Kanzlerschaft näherkommen wollte.[6]

In der FDP gab es auch entschiedene Gegner der sozialliberalen Koalition, wie sich bei der Kanzlerwahl am 21. Oktober erwies. Die Abstimmung fiel knapp aus und offenbarte eine starke Polarisierung. Brandt erhielt 251 Stimmen, nur zwei über der Mehrheit, denn nicht alle Mitglieder der 254 Abgeordnete umfassenden Koalition hatten ihn gewählt.

Die Regierungserklärung folgte eine Woche später. Es war die »anspruchsvollste und hochfliegendste Regierungserklärung in der Geschichte der Bundesrepublik« mit »legitimatorische(r) Überhöhung« und dem »Pathos des Neuanfangs«.[7] Im historischen Rückblick läßt sich leidenschaftslos sagen, daß ihre

Unausgewogenheit und Widersprüchlichkeit schon das spätere Scheitern anzeigten. Unzählige Male sind die markantesten Sätze – erst in stolzer Bejahung, später in nostalgischer Verklärung – zitiert worden: »Wir wollen mehr Demokratie wagen … wir stehen nicht am Ende unserer Demokratie, wir fangen erst richtig an.«[8] Tatsächlich waren das inhaltlose Phrasen, die unbändigen Tatendrang vortäuschten, und sie wirken realitätsfern, wenn man bedenkt, daß zur selben Zeit demokratische Grundrechte an den Hochschulen gefährdet waren.

Der Hauptakzent der Regierungserklärung lag auf der Innenpolitik, was ein bemerkenswertes Mißverständnis verriet: Brandt sah sich als der Kanzler der inneren Reformen und wollte nicht wahrhaben, daß seine eigentliche Stärke auf dem Gebiet der Außenpolitik lag. Vielleicht wollte er mit dieser Zielsetzung aber auch nur Rücksicht nehmen auf Walter Scheel, seinen Vizekanzler und Außenminister, der in diesem Amt erst noch Profil und Statur gewinnen mußte. Die entscheidenden Sätze betrafen das Verhältnis zur DDR: »Eine völkerrechtliche Anerkennung der DDR durch die Bundesregierung kann nicht in Betracht kommen. Auch wenn zwei Staaten in Deutschland existieren, sind sie doch für einander nicht Ausland; ihre Beziehungen zueinander können nur von besonderer Art sein.«[9] Damit war die DDR zum ersten Mal von Bonn als Staat anerkannt worden. Das galt als Sensation, als Abkehr von der bisher praktizierten Deutschlandpolitik. Brandt war entschlossen, die Dinge gleich beim Namen zu nennen, damit die Gegenseite wußte, daß wirklich neue Wege beschritten werden sollten.

Es ist im Rückblick schwer nachvollziehbar, warum die Anerkennung der DDR als Staat damals so viel Aufsehen erregte. Die Beunruhigung und Empörung, die der Satz auslöste, erklärt sich jedoch aus der damals vertretenen Anschauung, daß zu einem Staat auch ein ihn tragendes Staatsvolk gehöre. Da aber das Staatsvolk der DDR mitnichten hinter seinem Staat stand, ergab sich daraus deutschlandpolitisch die Notwendigkeit, der DDR die Rechtmäßigkeit als Staat abzusprechen. Doch von diesem Standpunkt aus war politisch nichts zu bewegen. Nur wenn man diese Position aufgab, schien eine beweglichere Ostpolitik denkbar. Die Auflösung des Vertriebenenministeriums und die Umbenennung des Gesamtdeutschen Ministeriums in ein solches für Innerdeutsche Beziehungen setzten hier erste Zeichen.

Wer in der Regierungserklärung die programmatische Ankündigung einer »Umgründung« der Bundesrepublik sehen, ja sogar die gesamte Regierungszeit der sozialliberalen Koalition unter diesen Begriff fassen will,[10] erliegt einer im Grunde unhistorischen Sichtweise. Denn wie können die Visionen eines Kanzlers, der wenige Jahre später eklatant scheiterte, Ausdruck einer Umgründung gewesen sein? Natürlich enthielt auch diese Regierungserklärung die von den Redenschreibern montierten technokratischen Worthülsen über Bildung und Wissenschaft sowie die unvermeidlichen Zusicherungen an die Adresse der organisierten Interessen. Das Füllhorn der Subventionen und Sozialleistungen werde für sie nie leer sein, hörten sie, und die Versicherung: »Solidität wird die Richtschnur unserer Finanzpolitik sein.«

Erst zum Schluß wurde die Regierungserklärung konkret. In einer Art Aktionsprogramm kündigte sie ihre nächsten Schritte auf außenpolitischem Gebiet an. Hier saß jedes von Brandt, Bahr und Scheel gemeinsam gesetzte Wort. Ohne rhetorische Schaumschlägerei und sorgfältig ausbalanciert wurden als Ziele genannt: Aufrechterhaltung und Ausbau der Westbindung, aber auch Verhandlungen mit der UdSSR und Polen sowie die Unterzeichnung des Vertrages über die Nichtverbreitung von Atomwaffen, der Kiesinger und die Union bisher ausgewichen waren.

Über die Innenpolitik der folgenden Jahre gibt es nicht viel zu sagen. Die angekündigten Reformen blieben entweder aus oder nur Stückwerk. Der Begriff Reform bekam eine neue Bedeutung, denn er war nicht mehr als Änderung im Sinne von Verbesserung zu verstehen, sondern in erster Linie als Ankündigung zusätzlicher finanzieller Leistungen. Vor allem der Bundesverteidigungsminister Schmidt stellte ohne Rücksicht auf den Gesamthaushalt unerfüllbar hohe Forderungen an den Finanzminister Möller, mit dem die Kollegen keine Solidarität kannten. Alex Möller kam aus der Versicherungswirtschaft und war solides Finanzgebaren gewöhnt. Nun erlebte er das Gegenteil: Das Haushaltsvolumen stieg jedes Jahr in zweistelliger Prozentzahl an. Diese Ausgaben deckten die Einnahmen bald nicht mehr. An Steuererhöhungen war aber nicht zu denken, so daß Kredite aufgenommen werden mußten. Mit der Staatsverschuldung wuchs die Inflation und die Abneigung gegen den Finanzminister, der sich durch seine ständigen Warnungen unbeliebt machte. Brandt, der den Konflikt nicht zur Kenntnis nahm, ließ Möller schließlich fallen, indem er dessen Rücktrittsgesuch im Mai 1971 annahm. Von da an entwickelte die Bundesrepublik sich ungehemmt zum Schuldnerstaat, obwohl es für die Kreditaufnahme keine zwingenden konjunkturellen oder außenwirtschaftlichen Gründe gab.

Möllers Nachfolger wurde Karl Schiller; der bewunderte Wirtschaftsminister übernahm zugleich das Finanzministerium und stieg damit zum »Superminister« auf. Doch auch ihm blieb keine andere Wahl, als bei den Ausgaben zu bremsen, zumal Anfang 1972 eine beträchtliche Deckungslücke entstand. Erschrocken registrierte er die Aggressivität, mit der zahlreiche Genossen auf seine Vorschläge zum Sparen reagierten. Auf dem Steuerparteitag der SPD im November 1971 äußerte er gegenüber dem schleswig-holsteinischen Ministerpräsidenten Stoltenberg: »Hier sind völlig uninformierte und ideologisierte Leute am Werk.«[11]

Währungsturbulenzen, die schließlich zu einer Freigabe der Wechselkurse führten, komplizieren die finanzpolitische Situation. Der ehemalige Star, der sozialdemokratische Magier, der Superminister, der die Wirtschaft im Griff zu haben schien, stand plötzlich alleine da. Als er sich im Mai 1972 gegen eine Neuverschuldung des Bundes aussprach und in der Folgezeit unliebsame Maßnahmen in der Währungspolitik vertrat, zeigte sich die Partei auch seiner überdrüssig. »So billig werden wir Karl niemals mehr los«, meinte Ehmke, für den sich die Trennung auch zur Lösung des Dauerkonflikts zwischen Schiller und Helmut Schmidt empfahl.[12] Ende Juni trat der Minister zurück. Wenig später verließ er sogar die SPD und vereinigte sich mit Ludwig Erhard im vorgezogenen Wahlkampf des Herbstes 1972 zu gemeinsamer Propaganda für die Soziale Marktwirtschaft und damit für die CDU.

Schillers Nachfolger wurde der Mann, der ihn demontiert hatte – Helmut Schmidt. Dieser rückte nun mit einer scharfen Anhebung der Zinsen der immer schneller steigenden Inflation zu Leibe. Das führte zu einem Konjunktureinbruch, nicht jedoch zum Absinken der Preise. Erst die Ölkrise sollte dann die ökonomischen Rahmenbedingungen nachhaltig verändern, was in weiten Bereichen der Öffentlichkeit wie der Wirtschaft – allerdings weniger bei den Gewerkschaften – einen Prozeß der Ernüchterung und Umorientierung auslöste.

Als der neue Minister trotz energischer Maßnahmen weder Arbeitslosigkeit noch Inflation in den Griff bekam, verkündete er mit dem ihm eigenen Selbstbewußtsein, fünf Prozent Preissteigerung seien eher zu ertragen als fünf Prozent Arbeitslosigkeit. Dieses eklatante Fehlurteil – eine hohe Inflationsrate führt zwangsläufig zu immer höherer Arbeitslosigkeit – sollte ihm die Opposition noch lange Zeit anlasten. Das Trauerspiel sozialdemokratischer Finanzpolitik zeigte hinlänglich, daß die Partei es vorzog, lieber über die Verteilung sozialer Wohltaten nachzudenken als über deren Finanzierung. Der linke Flügel der Partei, der an Stärke zunahm, sah dann in der Erhöhung der Spitzensteuersätze das geeignete Mittel, mehr Geld einzutreiben – womit er jedoch nur seine ideologische Blindheit bewies.

DIE OSTPOLITIK

Was die sozialliberale Koalition historisch bedeutsam machte – vor allem während der Kanzlerschaft Willy Brandts – war ihre Außenpolitik. Hier gelang ihr die Überwindung der Stagnation in der Deutschlandpolitik, die schon in den fünfziger Jahren eingesetzt hatte und dann immer drückender geworden war. Die regierende Union war nicht in der Lage gewesen, diese Politik zu revidieren, obwohl ihren Außen- und Deutschlandpolitikern bewußt war, daß die Zeit gegen die Wiedervereinigung und damit auch gegen die erklärte Politik der Bundesregierung arbeitete. Der Bonner Forderungenkatalog – freie Wahlen in ganz Deutschland, Selbstbestimmungsrecht für das deutsche Volk, alleinige Vertretung gesamtdeutscher Interessen im Ausland durch die Bundesregierung – hatte zwar bewirkt, daß die DDR außerhalb des Ostblocks nur von wenigen Staaten anerkannt wurde, aber diese Politik ließ sich zunehmend schwerer durchhalten.

Die internationale Gesamtlage hatte sich seit Anfang der sechziger Jahre verändert. Was unter Kennedy und Chruschtschow begonnen hatte, nahm nun immer deutlichere Formen an. Entspannung, Verständigung und Zusammenarbeit bestimmten mehr als bisher die internationalen Beziehungen. Auch Rückschläge wie die sowjetische Intervention in der ČSSR, die dem »Prager Frühling« ein abruptes Ende bereitete, wurden im Grunde schnell überwunden. Die vertragliche Verpflichtung der drei Westmächte zum aktiven Eintreten für die Wiedervereinigung geriet immer mehr in Vergessenheit, dafür ließ die westliche Politik nun erkennen, daß man sich eine Wiedervereinigung allenfalls im Rahmen eines langfristigen Ausgleichsprozesses vorstellen könne.

Die Bundesrepublik als scheinbarer Störenfried der internationalen Entspannung geriet in scharfen Gegensatz zur Sowjetunion, was zugleich ihre wachsende Abhängigkeit von den Westmächten verstärkte, allen voran von den USA, die allein ihre Sicherheit gegenüber dem Osten garantierten. Als 1969 die Verlängerung des NATO-Vertrages anstand und sich im Westen Abrüstungs- und Entspannungswillige fragten, ob man die Verteidigungsorganisation überhaupt noch brauche, wurde deren Existenz vor allem als Instrument zur weiteren Kontrolle der Bundesrepublik gerechtfertigt. Diese Begründung klang für die Deutschen nicht schmeichelhaft, und sie ließ deutliche antideutsche Ressentiments erkennen.

Karl Carstens hatte als Staatssekretär im Auswärtigen Amt schon im Oktober 1966 in einer sorgfältigen Aufzeichnung auf die »Deutschland-Müdigkeit« der Verbündeten hingewiesen und gewarnt, »daß wir uns bei äußerster Konsequenz in der Verfolgung unserer Deutschland-Politik aus dem internationalen

Verkehr selbst ausschalten« und müßten »unsere Deutschland-Politik ändern«, um mehr Bewegungsfreiheit zu erlangen und »um womöglich das schwindende Zusammengehörigkeitsgefühl unseres Volkes wieder zu stärken«. Die Diagnose stimmte, aber es folgte daraus nichts weiter als die Empfehlung, daß es zuerst eines »sorgfältigen Vorbereitungsprozesses« bedürfe.[13]

Das war das Dilemma: Man beließ es bei dem Empfinden, etwas tun zu müssen, weil man davor zurückschreckte, mit der »Zone« in direkten Kontakt zu treten und mit Vertretern »Pankows« zu verhandeln. Carstens beispielsweise begründete seine Abneigung mit der angeblichen Absicht der DDR, »ganz Deutschland kommunistisch zu machen« – als ob dies noch eine ernstzunehmende Gefahr darstellte. Die Berührungsängste mischten sich mit dem Gefühl, es im Grunde nicht nötig zu haben, sich mit den ostdeutschen Kommunisten einzulassen, da man schließlich von ihnen durch eine solide Grenze getrennt sei. Diese Einstellung war in der Union und in den konservativen Bevölkerungskreisen weit verbreitet.

Brandt und Bahr teilten diese Haltung nicht. Sie waren beim Mauerbau Zeugen der amerikanischen Passivität gewesen, sie lebten in Berlin und konnten sich mit dem Status quo nicht abfinden, da er für West-Berlin keine Zukunftsperspektive eröffnete. Brandt und Bahr waren Freunde, die sich zudem ideal ergänzten – ein seltenes Beispiel in der Politik. Beide waren von beachtlicher intellektueller Statur, der eine aktiver Politiker und charismatischer Redner, der andere ein Journalist, der zu politisch-strategischem Denken, aber auch zu spekulativer Phantasie fähig war.

Bahr hat denn auch als erster das neue Konzept in Worte gefaßt, in jener Rede, die er am 15. Juli 1963 in der Evangelischen Akademie in Tutzing hielt. Er forderte darin »Wandel durch Annäherung«.[14] Das Konzept, das er damals entwickelte, ging – völlig zutreffend – von der zentralen Rolle der Sowjetunion aus. Nur dort werde über die Wiedervereinigung entschieden, und die erreiche man nur in einem »Prozeß mit vielen Schritten und vielen Stationen«. Die Zone müsse »mit Zustimmung der Sowjets transformiert werden«, denn es sei aussichtslos, auf einen Sturz des Regimes zu warten. Wenn man mit Zustimmung der dortigen Machthaber durch westliche Hilfe den Lebensstandard der Bevölkerung in der DDR verbessere und damit die Unzufriedenheit der Menschen mäßige, müßte das Regime sich nicht mehr durch die Emigration seiner Bürger gefährdet sehen und man könne die Frage stellen, »ob es nicht Möglichkeiten gibt, diese durchaus berechtigten Sorgen des Regimes graduell so weit zu nehmen, daß auch die Auflockerung der Grenzen und der Mauer praktikabel wird, weil das Risiko erträglich ist«. Darauf zielte seine Formel »Wandel durch Annäherung«.

Das alles klang teilweise noch nebulös. Es waren eher tastende Gehversuche, die in der Erkenntnis unternommen wurden, daß die Veränderung des Status quo nur möglich sei, wenn man ihn zuvor anerkannte. Zwar hat Bahr selbst später nicht mehr an diesen Wandel geglaubt und sich mit einem – allerdings verbesserten – Status quo im Rahmen einer Sicherheitspartnerschaft mit der Sowjetunion zufrieden gegeben, aber dieses Konzept und seine teilweise Umsetzung in der Deutschlandpolitik hat zur Wende von 1989 beigetragen.

1963 freilich erhob sich von allen Seiten ein Sturm der Kritik gegen die Rede Bahrs. Dem für seine Wortschöpfungen bekannten Wehner schien sie nichts als »Ba(h)rer Unsinn« zu sein. Der DDR-Außenminister Winzer nannte Bahrs Konzept eine »Aggression auf Filzlatschen«.[15] Damit hatte der Altkommunist, der Ende April 1945 mit der »Gruppe Ulbricht« nach Deutschland zurückgekommen war, die Absicht des Klassenfeindes durchaus richtig erkannt.

Doch Bahr hielt an seinem Konzept fest. Während der Zeit der Großen Koalition verfeinerte er es, und als Chef des Planungsstabes des Auswärtigen Amtes entwickelte er schließlich die Architektur der Ostpolitik, die auf der Erklärung des Gewaltverzichts beruhen sollte. Damit wurde an die deutsche Friedensnote von 1966, die ebenfalls Gewaltverzicht angeboten hatte, angeknüpft. Diese Note hatte allerdings nur eine sehr geringe, nach Osten überhaupt keine Wirkung erzielt. Im Grunde ging es Bahr darum, den Gewaltverzicht mit einer Anerkennung des Status quo zu verbinden und diesen dadurch in Frage zu stellen. In einem Arbeitspapier für Außenminister Brandt vom Herbst 1968 gab er zu bedenken, »ob es der Durchsetzung unserer Interessen, den Status quo zu überwinden, nicht am dienlichsten wäre, einige Elemente des Status quo zu akzeptieren«?[16] Um welche Bestandteile ging es? Um nichts weniger als um die Frage der Anerkennung der Grenzen. Das war im Bonner Apparat mit seinem Potential an Personal, Sachverstand und Informationen schon während der Vorgängerregierung professionell vorbereitet worden und konnte sogleich umgesetzt werden. Es war also nicht so, daß hier außenpolitische Himmelsstürmer an die Macht kamen, die ihre Pläne realisieren wollten und dabei lernen mußten, ihre Vorstellungen der Wirklichkeit anzupassen.

Die internationale politische Situation des Herbstes 1969 bot manche Chance. Östliche Forderungen nach Einberufung einer europäischen Sicherheitskonferenz setzten ebenso verbesserte Ost-West-Beziehungen voraus wie eine Entlastung Moskaus in seinem Konflikt mit China, ganz zu schweigen von den wirtschaftlichen Schwierigkeiten des Riesenreiches, die sich ohne Kooperation mit westlichen Industrieländern nicht lösen ließen – alles Gründe für eine Politik der Entspannung auf sowjetischer Seite. Aber auch im Westen gab es Signale der Entspannungsbereitschaft. Der Ende 1967 vom NATO-Rat beschlossene Harmel-Bericht stellte fest, daß die militärische Sicherung durch das Bündnis und eine Politik der Détente keineswegs Gegensätze seien, sondern einander ergänzten.

Angesichts dieser günstigen Großwetterlage mußten die klaren Signale der Regierungserklärung von Brandt – keine Erwähnung der Wiedervereinigung, erstmalige Anerkennung der DDR als Staat, Bereitschaft zu Verhandlungen mit Moskau und Warschau – wie die Ankündigung eines ostpolitischen Aufbruchs wirken. Und so wurde sie von den Adressaten auch verstanden. Moskau reagierte relativ rasch. Am 24. Dezember meldete sich ein sowjetischer Mittelsmann bei Bahr und erklärte die Bereitschaft Moskaus zu einem vertraulichen Meinungsaustausch.[17] Bahr reiste dann im Januar in die Sowjetunion, wobei sich die Sondierungen zu Verhandlungen ausweiteten, an deren Ende der Moskauer Vertrag stand.

Nun hatte die neue Bundesregierung keineswegs einseitig auf die Aktivierung der Ostpolitik gesetzt. Brandt und Bahr kannten als Berliner Politiker die Omnipotenz der Amerikaner in West-Berlin und wußten, daß es in Bonn nicht anders sein würde. Eine Abschirmung ihrer Ostpolitik gegenüber den Westmächten konnte ihrer Ostpolitik nur schaden und war auch nicht beabsichtigt. Sie waren grundsätzlich prowestlich eingestellt, aber keine Ideologen der Westbindung und sahen auch eigene deutsche Interessen, besonders mit Blick auf Berlin und die DDR. Zur Westintegration und der engen Zusammenarbeit mit den Westmächten, besonders den USA, gab es für sie keine Alternative.

Brandt wußte, daß das Rapallo-Gespenst im Westen noch immer herumgeisterte.[18] Daher zeigte die neue Bundesregierung betont ihre Bereitschaft, die europäische Einigung auf der bevorstehenden Konferenz von Den Haag nach dem Rücktritt de Gaulles energisch voranzubringen. Am wichtigsten war jedoch die rasche Kontaktaufnahme mit Washington. Bereits eine Woche vor Brandts Wahl zum Kanzler reiste Bahr zu Henry Kissinger, dem Sicherheitsberater des Präsidenten Richard Nixon. Die beiden Intellektuellen, die als Außenseiter in politische Schlüsselstellungen gelangt waren und jeweils für ihr Land eine strategische Neuorientierung vorbereiteten – Kissinger gegenüber China, Bahr gegenüber dem Osten –, wurden sich schnell einig, nachdem Bahr das außenpolitische Programm der künftigen Regierung vorgetragen hatte. Kissinger überwand seine Bedenken und verabschiedete seinen deutschen Besucher mit den Worten: »Ihr Erfolg wird unser Erfolg sein.«[19]

Egon Bahr hat in seinen Memoiren ausführlich darauf hingewiesen, daß es zu den Großmächten geheime Kommunikationswege gab. Schon bei ihrem ersten Treffen hatten er und Kissinger einen solchen »back channel« vereinbart, von dessen Existenz auf jeder Seite nur drei Personen Kenntnis haben sollten, denn Kissinger fürchtete zu Recht die Bonner Geschwätzigkeit. Aber auch zum Kreml wurde eine Geheimverbindung geknüpft. Den östlichen »Kanal« bedienten KGB-Leute, was nach Lage der Dinge wohl unvermeidlich war. Bahr hat eine Art Rumpelstilzchen-Stolz über den direkten Zugang zu den Machtzentren der Supermächte durchschimmern lassen, was vielfach zu Irritationen geführt hat. In Wirklichkeit gehörten solche »channels«, die es erlaubten, Vorstellungen und Pläne direkt und ungefiltert durch bürokratische Einwirkungen vorzulegen, längst zu den Instrumenten einer sich wandelnden Diplomatie, da sich die Außenministerien zu großen bürokratischen Apparaten ausgeweitet hatten und ihre Arbeit nicht mehr wirksam kontrolliert werden konnte. Der eigentliche Prüfungs- und Entscheidungsprozeß wurde auf diese Weise von einem ganz kleinen Führungskreis getragen.

In Moskau ging alles langsamer, da sich die sowjetische Führung zuerst einmal mit den deutschen Vorschlägen vertraut machen und Antworten darauf suchen mußte. Den Gesprächen in Moskau kam eine ausschlaggebende Bedeutung zu, denn in ihnen wurde nicht nur über den eigentlichen deutsch-sowjetischen Vertrag verhandelt, sondern zugleich geklärt, wie die daran anschließenden Verträge mit Polen, der ČSSR und der DDR zu konzipieren seien. Moskau wollte vorher darüber informiert sein, was mit seinen Satelliten beabsichtigt war. Das hieß aber auch, daß Moskau gegenüber den »Bruderländern« die Verantwortung für die ausgehandelten Formeln übernehmen und auf ihre Durchsetzung dringen mußte.

Zugleich bedeuteten die umfassenden und das Gesamtverhältnis prägenden Verhandlungen zwischen Bahr und dem sowjetischen Außenminister Gromyko, daß der Kreml Bonn den Vorzug vor Ost-Berlin gab. Ulbricht hatte vergeblich versucht, die Gespräche mit der Bundesregierung selbst zu führen, war aber mit dieser Forderung in Moskau nicht durchgedrungen.

Die Verhandlungen mit der DDR standen an letzter Stelle, weil erst die anderen Verträge unterzeichnet und ein vertraglich gesicherter Status für Berlin gefunden sein mußte. Die Hallstein-Doktrin blieb weiterhin in Kraft, weil die DDR erst akzeptieren sollte, daß zwischen beiden deutschen Staaten keine völkerrechtlichen Beziehungen bestehen konnten, erst dann sollte der Weg zur internationalen Anerkennung der DDR und zur Aufnahme in die UNO freigegeben werden.

Im März und Mai 1970 fanden in Erfurt und in Kassel Begegnungen zwischen Brandt und DDR-Ministerpräsident Stoph statt. Die Treffen irritierten die DDR-Führung nicht wenig, da dank unzureichender Absperrungen in Erfurt die Bevölkerung den Gast aus dem Westen begeistert begrüßte, während der Besuch in Kassel von antikommunistischen Extremisten gestört wurde und auch sonst enttäuschend verlief: Die DDR-Seite beharrte auf der völkerrechtlichen Anerkennung durch die Bundesrepublik. Auf dieser Ebene konnten keine Fortschritte erzielt werden.

Die ostpolitischen Aktivitäten Bonns ließen die Westmächte an einem neuralgischen Punkt wieder aktiv werden. Die Formel von der obersten Regierungsgewalt der Alliierten aus dem Jahre 1945, aus der sich die Verpflichtung für Deutschland als Ganzes ergab, war seit dem Chruschtschow-Ultimatum mit der Drohung, die sowjetischen Siegerrechte auf die DDR zu übertragen, in den Hintergrund getreten und hatte auch im Westen im Hinblick auf mögliche Berlin-Lösungen nur noch eine geringe Rolle gespielt. Bahr selbst gibt hinsichtlich der Wirksamkeit des Viermächtestatus von Berlin zu, er habe »dessen Jungfräulichkeit ... seit dem Mauerbau nicht mehr für wiederherstellbar« gehalten.[20] Aber eine Lösung für West-Berlin mußte gefunden werden, denn die Stadt mußte endlich einen gesicherten Rechtsstatus erhalten, was eben nur auf der Ebene der Vier Mächte geschehen konnte. Am 26. März 1970 begann in West-Berlin die erste Verhandlungsrunde: Die drei Bonner Botschafter der Westmächte trafen sich mit ihrem sowjetischen Kollegen Abrassimow, dem Botschafter in der DDR. Damit war die Partie eröffnet.

Was die gleichzeitig stattfindenden Verhandlungen in Moskau so schwierig und zeitraubend machte, waren die unterschiedlichen Ziele Bonns und Moskaus. Oberflächlich betrachtet ging es nur um Gewaltverzicht, in Wahrheit jedoch um die Grenzen, denn in einem Gewaltverzichtsvertrag mußten die künftigen Partner auch die Grenzen anerkennen. Darüber, welche Qualität der Vertrag diesen zuerkennen sollte, liefen die Anschauungen auseinander, und das machte die Verhandlungen so kompliziert. Nach sowjetischer Ansicht sollten die Grenzen »unverrückbar« sein, mithin in keiner Weise geändert werden dürfen. Den Sowjets kam es auf die Festschreibung der Nachkriegsordnung an, deshalb sollten die 1945 gezogenen Grenzen einschließlich der innerdeutschen als »unveränderlich« gelten. Bahr dagegen war mit der Absicht angetreten, den Status quo, den Moskau zu legalisieren wünschte, teilweise anzuerkennen, diese Anerkennung aber zugleich dazu zu nutzen, ihn später in Frage zu stellen und zu überwinden. Wollte er die Option für eine friedliche Veränderung offenhalten, mußten die Grenzen als »unverletzlich« gelten, so daß die Möglichkeit bestand, sie in beiderseitigem Einverständnis zu *ändern*. Um diese Eventualität wurde zäh gerungen, und es dauerte geraume Zeit, bis die Sowjets diese Formel akzeptierten.

Wenn der Status quo aber nicht als endgültig anerkannt werden sollte, mußte auch die Frage der Wiedervereinigung angesprochen werden. Auf keinen Fall durfte man die Teilung Deutschlands festschreiben. Der deutsche Vorbehalt konnte nur in Briefform – und das auch nur nach zähen Verhandlungen – unter Hinweis auf das Grundgesetz als »Brief zur deutschen Einheit« dem Vertrag beigefügt werden.[21] Die sowjetische Forderung nach völkerrechtlicher Anerkennung der DDR durch die Bundesrepublik erklärte Bahr aus zweierlei Gründen für unmöglich: Zum einen könne ein deutsch-sowjetischer Vertrag nicht über die alliierten Rechte, die Deutschland als Ganzes betrafen, verfügen; zum andern setze das Wiedervereinigungsgebot des Grundgesetzes Grenzen. Bei den Verlautbarungen über den Grundvertrag mit der DDR sollten dann die Rechte der Vier Mächte, die man in dem noch unfertigen Berlin-Abkommen gerade demonstrativ unterstreichen wollte, als unwiderlegbares Argument dafür dienen, die DDR-Führung von ihrer Forderung nach völkerrechtlicher Anerkennung abzubringen.

Als Bahr im Januar 1970 seine Sondierungen in Moskau aufnahm, wurde ein lukrativer Großauftrag zwischen der deutschen Industrie und der Sowjetunion abgeschlossen. Dringend benötigte deutsche Röhren für den Pipelinebau wurden mit langfristigen Erdgaslieferungen finanziert und weitere Geschäfte dieser Art in Aussicht genommen. Das war kein entscheidender Faktor für die politischen Konzessionen, zu denen sich Moskau nach langen Verhandlungen entschloß, aber willkommene Begleitmusik, die das Verhandlungsklima verbesserte.

Das Ergebnis der knapp viermonatigen Verhandlungen hielten Bahr und Valentin Falin, der spätere Botschafter in Bonn, in einem Papier fest. Es gab auch Auskunft darüber, wie mit Polen, der ČSSR und der DDR zu verfahren sei. Über die laufenden Verhandlungen wurde in Bonn nichts bekannt. Nur der engste Kreis der Koalition war informiert. Das verursachte Kritik und ließ Gerüchte ins Kraut schießen; besonders das Auswärtige Amt fühlte sich von dem »selbstbewußten Geheimniskrämer« Bahr beiseite geschoben und nicht unterrichtet.[22]

Aus Kreisen des Bundesnachrichtendienstes (BND) wurde eine Kopie dieses sogenannten Bahr-Papiers Journalisten zugespielt, die es Anfang Juli in »Bild« und »Quick« veröffentlichten. Das schlug hohe Wellen, wozu die massive Polemik der Springer-Presse und der Opposition nicht wenig beitrug. Die Sondierung Bahrs, dem man ohnehin nicht über den Weg traute, wurde da als dilettantisches und die deutschen Interessen gefährdendes Manöver verketzert, das Opposition und Öffentlichkeit bewußt täuschen solle. In scharfen, emotional aufgeladenen Angriffen unterstellte man der Regierung eine letztlich unverantwortliche Politik.

Die Veröffentlichung des geheimen »Bahr-Papiers«, die die deutschen Interessen erheblich schädigte, war nicht der einzige Geheimnisbruch, der von Beamten begangen wurde, die sich mehr der Opposition als ihren Amtspflichten verbunden fühlten. In 18 Monaten wurden 54 solcher »leaks« gezählt.[23] Das alles brachte die Sowjets zu der Erkenntnis, daß nur mit dieser Regierung die Verträge geschlossen werden konnten und deshalb auch das Beharren der Bonner Seite auf dem Vorbehalt der deutschen Einheit als Voraussetzung für das Zustandekommen des Vertrages hingenommen werden mußte. Aus dieser Einsicht heraus lenkten sie ein.

Außenminister Scheel flog am 26. Juli zu den offiziellen Verhandlungen nach Moskau. Vorher mußte man noch kleine Umstellungen im Vertrag vornehmen und den Brief zur deutschen Einheit in die endgültige Form bringen, um so zu dokumentieren, daß der Minister tatsächlich noch verhandelt hatte. Für die sowjetische Führung war das alles Wortgeklingel, auf das sie nicht viel gab. Schon am 28. Juli erklärte Generalsekretär Breschnew Erich Honecker in Moskau in dürren Worten: »Die Existenz der DDR entspricht unseren Interessen ... Sie ist das Ergebnis unseres Sieges gegenüber Hitlerdeutschland. Deutschland gibt es nicht mehr, das ist gut so. Es gibt die sozialistische DDR und die imperialistische Bundesrepublik.«[24] Der sowjetische Führer sah nur die Bestätigung des Status quo und den vordergründigen Gewinn an Prestige für die DDR – mehr nicht.

Durch das »Bahr-Papier« war bekannt geworden, daß in Moskau auch ein Vertrag mit Warschau umrissen worden war. Das verletzte das empfindliche Selbstgefühl der Polen, die sich über dieses »Geschenk« der Sowjets heftig empörten.[25] Das war polnische Verdrängungskunst, denn schließlich verdankten sie ihre Westgebiete den Sowjets. Verständlich war es dennoch, daß sie die sowjetische Bevormundung nicht hinnehmen wollten. Deshalb konzedierte man ihnen in den Verhandlungen in Warschau, die Reihenfolge der Vertragsartikel zu ändern. Statt des Gewaltverzichts trat nun der Grenzartikel an die erste Stelle. Das machte aus dem Papier praktisch einen Grenzvertrag, allerdings über eine Grenze, die zwischen Polen und der Bundesrepublik gar nicht existierte – eine polnische Anerkennung von Bonns deutschem Alleinvertretungsanspruch, da Warschau von der Bundesrepublik als dem eigentlichen deutschen Staat die Unverletzlichkeit seiner Grenze zur DDR zugesichert bekommen wollte.

Angesichts der historischen Problematik dieser Grenze sprach der Vertrag nur von einem Prozeß der Normalisierung. Deshalb begnügte sich Bonn hier – ein Quell späterer Schwierigkeiten – mit der grundsätzlichen Bereitschaftserklärung Warschaus, Deutschen die Übersiedlung in die Bundesrepublik zu gestatten. Was der Unterzeichnung des Warschauer Vertrages den besonderen Rang verlieh, war Brandts Kniefall vor dem Denkmal für die Opfer des jüdischen Ghetto-Aufstandes.«»Unter der Last der jüngsten deutschen Geschichte tat ich, was Menschen tun, wenn die Worte versagen.«[26] Das war keine angekündigte Geste, sondern die Eingebung eines Staatsmannes, der die Fähigkeit besaß, das Wissen um die Abgründe der Vergangenheit symbolisch auszudrücken.

Der Vertrag mit der ČSSR war am wenigsten problematisch, aber sein Zustandekommen dauerte am längsten. Das hing mit dem Münchner Abkommen und dem Prager Wunschdenken zusammen. »Die verletzte Seele der Tschechen«[27] verlangte, das Abkommen von 1938 ex tunc, also von Anbeginn an, für ungültig zu erklären. Das war schon aus praktischen Gründen unmöglich, hätte dies doch für die Sudetendeutschen den Verlust der deutschen Staatsbürgerschaft bedeutet. So ließ man sich Zeit, bis die tschechische Seite das Selbstverständliche akzeptierte; erst am 11. Dezember 1973 wurde der Vertrag unterzeichnet.

Die Berlin-Verhandlungen traten Anfang 1971 in ihre entscheidende Phase, nachdem Bundeskanzler Brandt im Dezember 1970 in einem Brief an Präsident Nixon darauf gedrungen hatte, die Treffen der vier Botschafter in eine »permanente Konferenz« umzuwandeln.[28]

Eine vertragliche Fixierung des Berlin-Status und der Zugangswege hatte mit der Ostpolitik im engeren Sinne nichts zu tun, aber die Bundesregierung strebte seit Juni 1970 ein Junktim zwischen den Ostverträgen und einem Berlin-Abkommen an. Das Interesse der beiden Supermächte am Zustandekommen eines solchen Vertrages war nur gering, doch sie verbanden mit den Verhandlungen weitergehende Ziele. Henry Kissinger, dem das selbständige Vorgehen Bahrs, den er als Nationalisten einschätzte, nicht behagte, wollte sich mit den Berlin-Verhandlungen in den Gesamtprozeß der Ostpolitik einschalten und diese als »subtiles Instrument« benutzen, mit dem die »Dynamik« der Bonner Ostpolitik »kontrolliert und gegebenenfalls gezügelt werden konnte«.[29] Die Sowjets wiederum waren an den Berlin-Verhandlungen interessiert, weil sie hofften, dort durch eine entgegenkommende Haltung ihrem seit langem verfolgten Ziel einer europäischen Sicherheitskonferenz näher zu rücken.

Das waren die allgemeinen Rahmenbedingungen. Wie das Abkommen zustande kam und wie für die verschiedenen kontroversen Punkte Lösungen gefunden oder nicht lösbare Probleme ausgeklammert wurden, verdient wegen seiner Einzigartigkeit festgehalten zu werden.

Die Runde der vier alliierten Botschafter hatte eher vordergründig mit den Verhandlungen zu tun. Tatsächlich wurden diese in einer streng geheimen Dreierkombination[30] betrieben, bestehend aus Kenneth Rush, dem US-Botschafter in Bonn, der über den amerikanischen Marinegeheimdienst in ständigem Kontakt mit Kissinger und Nixon stand, dem sowjetischen Botschafter Valentin Falin, der sich inkognito in Bonn und Berlin aufhielt, und Egon Bahr, der die deutschen Interessen vertrat und zugleich bei amerikanisch-sowjetischen Auffassungsunterschieden vermittelte. Das Ergebnis war das Berlin-Abkommen vom 3. September 1971, das durch deutsch-deutsche Abkommen über den Transitverkehr und den Reiseverkehr ergänzt wurde. Das alliierte Abkommen bezog sich allein auf die Westsektoren. Die Präambel betonte den alliierten Rechtsstandpunkt mit einer Direktheit, die wenige Jahre zuvor noch unvorstellbar gewesen wäre, handelten doch die Botschafter »auf der Grundlage ihrer Viermächterechte und -verantwortlichkeiten und der entsprechenden Vereinbarungen und Beschlüsse der Vier Mächte aus der Kriegs- und Nachkriegszeit, die nicht berührt werden«.

So wurde ein ungemein wichtiger Fortschritt in der Deutschlandpolitik durch den Rückgriff auf den Rechtszustand von 1945, auf die oberste Regierungsgewalt der Alliierten, möglich und die DDR gezwungen, ihren Anspruch auf volle völkerrechtliche Souveränität gegenüber Bonn und West-Berlin zurückzustellen.

Das Abkommen bedeutete nicht nur eine Fixierung des Bestehenden, sondern tatsächlich eine Verbesserung, einen »Status quo plus«.[31] Demgegenüber wogen die Einschränkungen nicht viel. Sie bestanden in der Feststellung, daß die Westsektoren »kein konstitutiver Teil« der Bundesrepublik waren. Das war schon seit 1949 politische Realität gewesen und nur durch die Schaffung des Landes Berlin und seine Einbeziehung in das Rechts- und Wirtschaftssystem der Bundesrepublik verdeckt worden. Bundespräsident und Bundesregierung durften nicht mehr in Berlin amtieren, der Bundestag nicht zu Plenarsitzungen zusammentreten. Ausschußsitzungen waren aber erlaubt. Die Bundespräsenz in Berlin blieb erhalten, die »Bindungen« oder »Verbindungen« – darüber bestanden Meinungsverschiedenheiten in bezug auf die Übersetzung des alliierten Textes – sollten »entwickelt« werden. Die Sowjetunion durfte in West-Berlin ein Generalkonsulat einrichten, was düstere Befürchtungen der Bedenkenträger über einen neuen Viermächtestatus für West-Berlin ins Kraut schießen ließ. Diese schwanden jedoch schnell, als sich zeigte, daß das Konsulat eine Dornröschenexistenz in einer Dahlemer Nebenstraße führte.

Das Berlin-Abkommen brachte zwei zuvor kaum für möglich gehaltene Verbesserungen. Mit dem im Dezember geschlossenen deutsch-deutschen Transitabkommen wurde der Verkehr von und nach West-Berlin auf eine neue Grundlage gestellt, die für die DDR bindend war und Schikanen weitgehend ausschloß. Das Kontrollverfahren wurde wesentlich vereinfacht und damit die Abfertigung an der Grenze erheblich beschleunigt. Ehemalige Zonenflüchtlinge konnten nun ohne Gefährdung die Transitautobahn benutzen. All das ließ die Zahl der Reisenden in die Höhe schnellen. Die zweite ungemein wichtige Neuerung war die Möglichkeit für West-Berliner, Ost-Berlin zu besuchen und Tagesreisen in die DDR zu unternehmen. West-Berlin hatte damit wieder ein Hinterland, eine wiederzuentdeckende Umgebung, die zwanzig Jahre versperrt gewesen war. Das Berlin-Abkommen stellte eine kaum zu überschätzende Verbesserung der Situation West-Berlins und seiner Zukunftschancen dar. Was man im Westen seit dem Schock des Mauerbaus angestrebt hatte, war nun erreicht worden: Die Mauer war ein wenig durchlässig geworden, wenn auch nur in einer Richtung.

Während sich diese politischen Veränderungen vollzogen, verlor der Mann an Macht, der als einer der meistgehaßten Funktionäre in Deutschland mehr als zwei Jahrzehnte die DDR-Politik mitbestimmt hatte: Walter Ulbricht. Zeitgenössische Vermutungen gingen dahin, der machtgewohnte Staatsratsvorsitzende habe vor der Öffnung nach Westen gewarnt und sei deshalb von Honecker gestürzt worden.[32] Dann rückte die Version in den Vordergrund, Ulbricht habe in der SPD einen Partner für eine gesamtdeutsche sozialistische Politik gesehen, was in Moskau auf schärfste Mißbilligung gestoßen sei.[33] Die wichtigste Quelle für diese Interpretation ist ein Gespräch Breschnews mit Honecker im Juli 1970, in dem sich der Sowjetführer über Ulbricht ereifert hatte: »Was will Walter mit der Möglichkeit, durch nichts zu beweisende Möglichkeit der Zusammenarbeit mit der westdeutschen Sozialdemokratie, was versteht er unter der Forderung, der Regierung Brandt zu helfen?« Kategorisch erklärte der Sowjetführer: »Es gibt und es kann keine, es darf zu keinem Prozeß der Annäherung zwischen der BRD und der DDR kommen.«[34]

Ein gesamtdeutscher Ulbricht, der von SED-Falken gestürzt wurde – das ist wenig glaubwürdig, denn er war im Ostblock stets aufgetreten als der entschiedenste Bremser jeglicher Öffnung nach Westen und der Befürworter der »sozialistischen Nation« DDR.[35] Das war die schärfste Abgrenzung gegenüber der einen deutschen Nation überhaupt. Möglicherweise hatten seine Gegner den sowjetischen »Freunden« gegenüber das Gerücht von der Annäherung gestreut, um Ulbricht anzuschwärzen. Tatsächlich waren es die Vorstellungen über den Umbau des Wirtschaftssystems im Zeichen des heraufziehenden Computerzeitalters, die ihn stürzen ließen. Sie verstärkten noch den ohnehin schon bestehenden Gegensatz zwischen der DDR und der UdSSR in grundsätzlichen Fragen der Wirtschaftspolitik.

Ulbricht, der seine politische Karriere nicht zuletzt seiner Fähigkeit verdankte, allen Wendungen der sowjetischen Politik beflissen zu folgen und sich unentbehrlich zu machen, wurde gegenüber den Sowjets zunehmend kritischer. So erklärte er am 21. August 1970 in Moskau: »Wir wollen uns so in der Kooperation als echter deutscher Staat entwickeln. Wir sind nicht Bjelorußland, wir sind kein Sowjetstaat.«[36] Er scheint von der Minderwertigkeit der Sowjets und ihrer Wirtschaft überzeugt gewesen zu sein, während er die DDR für stark genug hielt, durch wissenschaftliche und wirtschaftliche Reformen zu demonstrieren, »wie wir die Weltspitze überholen wollen«. Noch immer spukte die alte Vorstellung vom Überholen ohne einzuholen in seinem Kopf herum.

Ulbricht hat in der Parteispitze stets mehr Feinde als Freunde gehabt. Als er mit seinen verstiegenen wirtschaftspolitischen Vorstellungen 1970 die Sowjetführung provozierte, war er ein alter Mann mit stark verminderter Leistungsfähigkeit. So geschah das, was man in Moskau schon erwartet hatte: Eine Mehrheit des SED-Politbüros bat Breschnew, Ulbricht zum Rücktritt aufzufordern, da sich bei dem SED-Chef »bestimmte negative Seiten seines auch ohnehin schwierigen Charakters immer mehr verstärken«.[37] Am 27. April 1971 erklärte Ulbricht dann seinen Rücktritt, blieb aber noch für kurze Zeit Vorsitzender des Staatsrates.

Der Grundlagenvertrag mit der DDR, der am 8. November 1972, nur wenige Tage vor den vorgezogenen Bundestagswahlen, paraphiert wurde, hat nicht die Bedeutung erlangt, die Bahr einem solchem Abkommen ursprünglich beigemessen hatte, als er im September 1969 die Konzeption der Ostpolitik in zwei Denkschriften niederschrieb.[38] Damals hatte ein Rahmenvertrag mit der DDR im Vordergrund gestanden, von dem er Entspannung und einen politischen Wandel in der DDR erwartete, wenn sich liberalere Kräfte »gegen die derzeitige orthodoxe Mehrheit durchsetzen«. Das sollte sich allerdings als Illusion erweisen. Seine Vorstellungen ließen sich nicht ohne Verluste in die Realität umsetzen.

Tatsächlich hatte der Moskauer Vertrag und vor allem das Berlin-Abkommen, dessen tatsächliche Verbesserungen damals noch außerhalb jeder politischen Kalkulation standen, die politisch stärkere Wirkung. Der Grundlagenvertrag fixierte noch einmal, was schon vorher festgelegt worden war: keine gegenseitige völkerrechtliche Anerkennung der beiden deutschen Staaten, Verzicht auf die Hallstein-Doktrin, aber wechselseitige Anerkennung als Staaten unter besonderen Bedingungen, also keine normalen diplomatischen Beziehungen, keine Botschafter, sondern ständige Vertretungen. Die Frage der DDR-Staatsbürgerschaft wurde ausgeklammert, der Eintritt beider Staaten in die UNO hingegen vereinbart. Als wesentlicher neuer Bestandteil kam ein »kleiner Grenzverkehr« hinzu, der es Westdeutschen, die in grenznahen Gebieten der Bundesrepublik wohnten, ermöglichte, ähnlich wie die West-Berliner im Rahmen von Tagesreisen die DDR zu besuchen. Zugleich wurde es DDR-

Bürgern im Rentenalter und den jüngeren bei dringenden Familienangelegen-
heiten erlaubt, in die Bundesrepublik zu reisen. Bis Mitte der achtziger Jahre
blieb die Zahl der Besucher auf rund 40 000 im Jahr beschränkt; erst danach
folgte die immer größere Ausweitung des Besucherverkehrs.

»Wandel durch Annäherung« hatte sich damit als die zukunftsträchtige Ausgangsposition erwiesen. Im Verhältnis zum Ostblock hatten die Verträge einen
in der Sache wichtigen Wandel bewirkt. Das galt jedoch weitaus weniger für
den Grundlagenvertrag und damit das Verhältnis zur DDR. Die Verträge hatten
zwar zu einer Annäherung der Menschen geführt, aber auf seiten der DDR eine
verschärfte Politik der Abgrenzung zur Folge gehabt. In der Präambel des
Grundlagenvertrages war nach zähem Feilschen von der »nationalen Frage«
zwar noch die Rede, aber nur um zu betonen, daß darüber »unterschiedliche
Auffassungen« bestünden. In der DDR verschwanden alle Hinweise auf die Einheit Deutschlands oder überhaupt auf Deutschland – auch aus der Verfassung
und aus dem Parteiprogramm der SED. Nur die Partei und ihr Zentralorgan
»Neues Deutschland« blieben von einer Namensänderung verschont. Der Text
der DDR-Hymne durfte nicht mehr gesungen werden, »Deutschland einig
Vaterland« gab es für die DDR-Oberen nicht mehr.

Es blieb aber nicht nur bei begrifflichen Abgrenzungen. Immer schärfer
sollte und wollte sich die sozialistische DDR von der »bürgerlichen« Bundesrepublik abheben. 1972 wurden die letzten privaten Betriebe verstaatlicht. Eine
erneute Hochschulreform legte fest, daß für den Hochschulzugang politische
Zuverlässigkeit und proletarische Herkunft wichtiger waren als intellektuelle
Qualifikation. Kinder von Pfarrern erhielten kaum noch Studienplätze. Beide
Maßnahmen schadeten in erster Linie dem Regime selbst, denn mit der Verstaatlichung der letzten privaten Betriebe büßte die DDR-Wirtschaft Elastizität
und Innovationsvermögen ein. Die negative Auslese beim Hochschulzugang
förderte opportunistisches Mittelmaß. Eine dritte Veränderung aus dieser Zeit
sollte sich als noch verhängnisvoller erweisen: Im Zeichen der deutsch-deutschen Annäherung wurde die DDR kreditwürdig. Damit begann ihre rasch
wachsende Verschuldung – eine wichtige Ursache ihres später so schmählichen
Scheiterns.

Das Bestreben nach verstärkter Abgrenzung wurde durch einen härteren
Kurs in der Kulturpolitik ergänzt. Am 16. November 1976 feierte der Ost-Berliner Liedermacher Wolf Biermann einen spektakulären Erfolg: Sein Konzert in
Köln wurde vier Stunden lang vom westdeutschen Fernsehen übertragen. Biermann trat dabei als kritischer, aber letztlich doch loyaler DDR-Bürger auf. Dennoch wurde er umgehend ausgebürgert, eine unmittelbare Reaktion der SED-
Führung auf die enorme Publizität des Ereignisses. Was daraufhin in der DDR

geschah, hatte es bis dahin noch nicht gegeben: Eine Reihe von Schriftstellern, darunter Jurek Becker, Stefan Heym, Christa Wolf und Stefan Hermlin, protestierte in einem Brief gegen die Ausweisung. Die Zustimmung, die dieser Brief durch Unterschriftensammlungen fand, sorgte in der Führung für erhebliche Unruhe.[39] Es war die erste Äußerung systemimmanenten Protests in der DDR, der publik gemacht wurde. Rückblickend betrachtet war es eine Zäsur. Die Unfähigkeit der Führung, den Dialog aufzunehmen mit kritischen, aber dennoch auf dem Boden der DDR stehenden Intellektuellen und Künstlern, bewog eine große Zahl von ihnen im Laufe der nächsten Jahre den Staat zu verlassen. Dort aber entstanden oppositionelle Zirkel, vor allem unter dem Dach der Kirche, die den Dissens probten und dann durch die Friedensbewegung beachtlichen Auftrieb erhielten.

In der Bundesrepublik waren die Ostverträge seit 1970 umstritten. Ablehnung bekundeten die Vertriebenenverbänden, Teile der Union und die Springer-Presse, die ein Klima scharfer Polarisierung schuf. Die Motive der Opposition waren unterschiedlich. Antikommunistische Ressentiments spielten ebenso eine Rolle wie die Angst, man könne durch zu große Nachgiebigkeit die Bundesrepublik gefährden und das Ziel der Wiedervereinigung leichtfertig aufgeben. Das Gros der Bevölkerung hingegen stand im Sommer 1970 den Entspannungsbemühungen durchaus wohlwollend gegenüber.[40]

Die CDU/CSU-Opposition agierte nicht geschlossen. Ein Teil ihrer Mitglieder erkannte wohl, daß es zur Ostpolitik der sozialliberalen Koalition keine realistische Alternative gab, doch der Meinungsdruck der Gegner bestimmte immer noch die Haltung der Partei. Ein entschiedener, in der Form jedoch gemäßigter Gegner war der Freiherr zu Guttenberg. Er meinte genau zu wissen, wohin die Politik der Regierung führen werde. Schon am 27. Mai 1970 zeigte er sich »überzeugt, daß Ihre Regierung auf Anerkennungskurs liegt. Dieser Kurs wird dazu führen, daß eines Tages der Schutz der NATO zerbröckeln und die Sowjetunion ihre Vorherrschaft über ganz Europa gewinnen kann.«[41]

Der Fraktionsvorsitzende Rainer Barzel vertrat in dieser Frage eine gemäßigte Position. Im Herbst 1971 trat er als Herausforderer der Regierung an. Im Oktober wählte ihn der CDU-Parteitag als Nachfolger von Kiesinger zum Parteivorsitzenden, Ende November nominierte ihn eine Kommission von CDU und CSU zum Kanzlerkandidaten. Barzel hatte der Regierung in der Ostpolitik Anfang 1970 sogar Entgegenkommen angeboten, was Wehner jedoch barsch zurückgewiesen hatte, wahrscheinlich in der richtigen Einschätzung, daß den Sowjets eine von Sozialdemokraten geführte Politik, die von der Union scharf bekämpft würde, trotz aller ideologischen Differenzen doch angenehmer sei als ein Allparteienkonsens. Dennoch blieb Barzel ein seriöser Verhandlungspartner der Regierung. Er lehnte die Verträge nicht in Bausch und Bogen ab, sondern behauptete kühn, noch Verbesserungen dessen erzielen zu können, was Brandt und Scheel in Moskau erreicht hatten. »So nicht«, lautete daher seine Devise.

Mehr als die Angriffe der Opposition beunruhigte die Regierung allerdings das Schwinden ihrer parlamentarischen Mehrheit. Abgeordnete der FDP wie auch der SPD, die Vorbehalte gegen die Ostverträge hegten, wechselten zu den Christdemokraten, wobei sie ihr Mandat mitnahmen. Als am 23. April 1972 wieder ein Hinterbänkler die FDP verließ, war die Koalition auf 249 Abgeordnete geschrumpft. Am selben Tag feierte die CDU in Baden-Württemberg mit 52,9 Prozent der Stimmen einen triumphalen Wahlsieg, der sofort als Niederlage der Bonner Koalition interpretiert wurde. Schon ging im Bundestag das Gerücht um, zwei weitere Abgeordnete der FDP seien unsicher. Stimmten sie gegen die Regierung, war deren Schicksal besiegelt. In dieser Situation stellte Barzel den Antrag auf das Konstruktive Mißtrauensvotum. Ob er von Abgeordneten der Koalition Zusicherungen erhalten hat, muß dahingestellt bleiben.

Die Regierung rechnete fest mit einer Niederlage. Vorsorglich hatte man in den Ressorts bereits mit der Vernichtung von Unterlagen begonnen, die den Nachfolgern nicht in die Hände fallen sollten. Doch die Abstimmung am 27. April brachte eine faustdicke Überraschung: Barzel erhielt nur 247 Stimmen – zwei unter der Kanzlermehrheit. Das Mißtrauensvotum war gescheitert, Barzel als Verlierer abgestempelt. Vermutungen und Verdächtigungen wurden laut, welche beiden Abgeordneten der eigenen Fraktion Barzels Scheitern herbeigeführt hatte und warum. Mit Sicherheit hatte sich der CDU-Abgeordnete Steiner kaufen lassen. Nach der Wende kam die Version auf, die Stasi habe ihn dafür bezahlt.[42] Im November 2000 förderte die Entschlüsselung einer Agentenkartei den zweiten Unionspolitiker zutage: Es war der einflußreiche CSU-Parlamentarier Leo Wagner, dessen großzügiger Lebenswandel von der Stasi finanziert wurde.[43]

Die Regierung war gerettet, aber am nächsten Tag zeigte sich bei der Abstimmung über den Kanzlerhaushalt, daß sie keine Mehrheit mehr besaß. Mit Stimmengleichheit wurde er abgelehnt. Vor der Entscheidung darüber, ob und wann Neuwahlen abzuhalten seien, ging es jedoch um das Schicksal der Ostverträge. Um der Opposition die Zustimmung zu den Verträgen zu ermöglichen, sollte eine gemeinsame Erklärung des Bundestages den deutschen Standpunkt noch einmal darstellen. Die Resolution, an deren Formulierung auch Strauß als Vertreter der CSU mitwirkte, wurde am 9. Mai fertig und nach Moskau übermittelt. Am folgenden Tag stand die zweite Lesung der Verträge an. Statt am selben Tag noch die dritte Lesung und damit die Schlußabstimmung durchzuführen, plädierte Barzel für eine Verschiebung, weil man sich noch beraten müsse. Diesem Vorschlag wurde stattgegeben, denn Barzel hatte gedroht, andernfalls die Vorlage abzulehnen. So fuhren die Abgeordneten am Wochenende in ihre Wahlkreise, wo sie auf die entschiedene Ablehnung der »Basis« stießen. Die CSU-Abgeordneten und ihr Vorsitzender waren daraufhin nicht mehr bereit, die von Strauß selbst mit ausgearbeitete Resolution weiterhin zu unterstützen.

Auch Barzel konnte bei seinen Anhängern die ursprüngliche Linie nicht mehr durchhalten. Die Unionsfraktion, die eigentlich in zwanzig Jahren als Regierungspartei hätte lernen sollen, daß sie als Opposition die Regierung in einer höchst schwierigen außenpolitischen Situation verantwortungsvoll unterstützen mußte, war nicht in der Lage, ihre Ressentiments und Bedenken zu überwinden. Man einigte sich schließlich darauf, bei der Schlußabstimmung mit Enthaltung zu votieren. Aber selbst das klappte nicht; manche hielten sich nicht daran und stimmten mit Nein. So passierte der Moskauer Vertrag am 18. Mai 1972 mit 248 Ja-Stimmen, 10 Nein-Stimmen und 238 Enthaltungen den Bundestag – kein glänzendes Ergebnis, aber immerhin ein zustimmendes Votum, das im In- und Ausland mit Erleichterung zur Kenntnis genommen wurde, denn von der Zustimmung zu den Ostverträgen hing auch das Inkrafttreten des Berlin-Abkommens ab.

Zur historischen Bedeutung der Ostverträge ist zunächst einmal der bemerkenswerte Sachverhalt festzuhalten, daß mit Beginn der sozialliberalen Ostpolitik die tragenden Rollen in der Außenpolitik radikal gewechselt hatten. Die CDU/CSU nämlich, die Adenauer in die Westintegration gefolgt war und zwanzig Jahre lang die Verantwortung für die Außenpolitik übernommen hatte, konnte dem nichts entgegensetzen, denn sie besaß kein Konzept mehr für die seit den sechziger Jahren veränderte außenpolitische Konstellation.

Die Union hatte unter Adenauer eine Politik mitgetragen, die man mit der Entscheidung zur Westintegration im Wortsinn als fortschrittlich bezeichnen kann, während die SPD auf überholten Positionen eines nationalen Neutralismus verharrte. Nach 1969 gab es einen Wechsel; nun reagierte die Union wie eine konservative Partei, die sie im Grunde auch war, was der Nicht-Konservative Adenauer eher verschleiert hatte. Ihre Führung konnte die Befürchtungen und Ressentiments eines Teils ihrer Abgeordneten und ihres Anhangs nicht überwinden. Die SPD hatte es da leichter, da ihre Anhänger weniger an der Außenpolitik interessiert waren und stärker durch die emotionalen Aspekte der Ostpolitik angesprochen wurden: Gewaltverzicht, Ausgleich mit dem Osten, Sicherung des Friedens.

Die Durchführung der Ostpolitik war große Diplomatie. Es ist faszinierend zu beobachten, wie eine Begriffssprache entwickelt wurde und in den Verträgen Anwendung fand, die beiden Seiten die Feststellung erlaubte, ihre Ziele verwirklicht zu haben, obwohl diese genau entgegengesetzt waren. Daher gilt es, die Ostpolitik als bedeutenden außenpolitischen Wurf anzuerkennen, der von Brandt und Bahr konzipiert, aber dann von den Liberalen akzeptiert und mitgetragen wurde. Die FDP hatte schon seit Mitte der fünfziger Jahre besonderes Engagement in der Deutschlandpolitik gezeigt und in den sechziger Jahren verschiedene Pläne erarbeitet, die ihr lebhaftes Interesse auf diesem Gebiet verrieten, so daß sie ohne Schwierigkeiten der von Bahr ausgearbeiteten Konzeption zustimmen konnte.

Die Ostpolitik als einen Akt der »Selbstbefreiung« zu sehen, ist überzogen.[44] Der Begriff suggeriert, daß sich nach der Aufgabe der Hallstein-Doktrin ein entkrampftes Verhältnis zum Osten entwickelte, das nur durch die ängstliche Fixierung auf Statusfragen so lange hinausgezögert worden sei. Das ist falsch. Das mißtrauische gegenseitige Belauern bei Statusfragen hörte nicht auf, wichtiger aber wurden die Anstöße, die von der Ostpolitik ausgingen. Man darf auch den Zeitfaktor nicht außer acht lassen. Fünf Jahre früher wäre diese Ostpolitik noch nicht möglich gewesen, denn es mußte erst die Einsicht wachsen, daß die Politik der Nichtanerkennung der DDR in die Sackgasse führte. Von kaum zu überschätzender Bedeutung für die Akzeptanz der Verträge war, daß die abstrakten Formeln von der Unverletzlichkeit der Grenzen mit dem Berlin-Abkommen und dem Grundlagenvertrag gekoppelt wurden. Hier gab es tatsächlich ganz handfeste Verbesserungen, die die Ostverträge in einem vorteilhaften Licht erscheinen ließen.

Ein Aspekt der Vertragspolitik wog vielleicht noch stärker: das Gefühl, in die deutsche Politik sei wieder Bewegung gekommen. Nun mußten allerdings erst einmal die neuen Regelungen angewendet werden, und dann galt es, auf deren Weiterentwicklung zu dringen. All das veränderte das politische Klima, auch wenn gar nicht so viele West-Berliner und Westdeutsche von den neuen Reisemöglichkeiten Gebrauch machten.

Von den Ostverträgen führt kein direkter Weg zur Wiedervereinigung – schließlich brach der Kommunismus zuerst in Polen und Ungarn zusammen, ohne daß es dort vergleichbare Regelungen gegeben hätte –, aber es ist nicht zu bestreiten, daß die Annäherung Wandel schaffte. Dieser Wandel vollzog sich kaum in den offiziellen Beziehungen zwischen den beiden deutschen Staaten, aber durch das gegenseitige Kennenlernen wurde der Prozeß der Entfremdung gebremst. Vor allem durch die Westreisen entstand in der DDR ein neues Bewußtsein, das die Einstellung der DDR-Bürger zu ihrem Staat wandelte.

Die Bundesrepublik war ein Land im Aufbruch, dessen Wähler am 19. November 1972 entscheiden konnten, ob diese Politik fortgesetzt werden sollte oder nicht. Betrachtet man die Entwicklung der Willensbildung bei den Wählern vom demoskopischen Standpunkt aus, wird die Politik der Union noch fragwürdiger. Denn bereits seit dem Frühjahr 1971 gab es eine klare Zustimmung zur Ostpolitik; deren Gegner erreichten nie mehr als 25 Prozent.[45] Das Fernsehen half der Regierung, weil deren Politik mit den vielen internationalen Begegnungen bis hin zur Verleihung des Friedensnobelpreises an Willy Brandt überaus telegen war. Der SPD wurde erstmals eine höhere Kompetenz als der Union für die Ostpolitik wie für die Außenpolitik insgesamt eingeräumt. Nachdenklich stimmt aber der Befund, daß mit der Ostpolitik zugleich der Neutralismus an Boden gewann. Nur 37 Prozent der Befragten sprachen sich vor der Bundestagswahl noch dafür aus, sich weiter mit den Amerikanern zu verbünden, 43 Prozent zogen es vor, »ganz neutral« zu sein.[46]

Der Wahlkampf wie überhaupt die Auseinandersetzungen des Frühjahrs 1972 um die Verträge heizten die Emotionen an. Im April, in der Zeit des Konstruktiven Mißtrauens, hielten 65 Prozent der Bevölkerung die Ostpolitik für das wichtigste politische Problem, obwohl zu dieser Zeit Streiks, ja ein Generalstreik, von gewerkschaftlicher Seite angedroht wurde. Auf der Linken gab man sich den Anschein, als wolle man zum Bürgerkrieg rüsten. Einige Linke scheuten nicht einmal davor zurück, die repräsentative Demokratie in Frage zu stellen, wenn sie mit den demokratisch gefaßten Entscheidungen nicht übereinstimmten.

Brandt trug zur Emotionalisierung des Wahlkampfs ganz erheblich bei. In einem Brief an alle Mitglieder seiner Partei forderte er zu »Überzeugungskraft und Opferbereitschaft« auf: »Wir stehen einem politischen Gegner mit ungewöhnlichen finanziellen Hilfsmitteln gegenüber«, dessen Wahlkampfkasse »bestimmt nicht aus Mitgliedsbeiträgen« stammt. Der Appell an den Sozialneid ließ freilich unerwähnt, daß die Regierung beträchtliche Haushaltsmittel für den Wahlkampf umleiten konnte. Auch sie finanzierte den Wahlkampf nicht allein aus Mitgliedsbeiträgen. Dieser zeigte eine bis dahin nicht gekannte Polarisierung, die nicht zuletzt auf die Unterstützung Brandts durch Künstler und Intellektuelle zurückging. Brandt wurde zum »Inbegriff der politischen Moral«, Barzel zum »Symbol des Bösen«.[47] Selbst religiöse Elemente prägten das Auftreten Brandts. Seine Selbstdarstellung im Wahlkampf zeigte vor allem bei den Frauen Wirkung, die bis dahin überproportional die Union gewählt hatten.

Die Koalition hatte in den Umfragen immer vorn gelegen, aber erst in den letzten Tagen, nämlich als die Vorstellung sich immer mehr durchsetzte, daß die SPD gewinnen und Willy Brandt Kanzler bleiben werde, erfolgte die verstärkte Hinwendung der Wähler zur SPD. Die Sozialdemokraten erhielten 48,9 Prozent der Erststimmen und 45,9 Prozent der Zweitstimmen – ein hervorragendes Ergebnis, wenn man bedenkt, daß die Wahlbeteiligung mit 91,1 Prozent einmalig hoch war. Das zeigt, wie stark die Menschen von dieser polarisierenden Wahl ergriffen wurden. Selbst im März 1933 hatte es nicht eine so hohe Wahlbeteiligung gegeben. Die Union behauptete sich mit 44,8 Prozent, und die FDP erholte sich auf 8,4 Prozent. Nach Jahren der knappen Mehrheit, die schließlich dahingeschmolzen war, schien der überzeugende Sieg der Koalition die Voraussetzung für einen politischen Neuanfang zu bieten. Es kam jedoch ganz anders.

WILLY BRANDTS SCHEITERN

Die Sozialdemokratie hatte einen glänzenden Wahlerfolg errungen, aber bald stellte sich die Frage, ob die Partei mit dem Pfund, das ihr dieser Sieg beschert hatte, auch wuchern konnte. Die vergangenen drei Jahre der sozialliberalen Koalition hatten die Politiker, die deren Arbeit getragen hatten, extrem beansprucht. Zwar war mit der Ratifizierung der Ostverträge das dramatischste Kapitel ihrer Regierungspolitik abgeschlossen, aber die Anspannung der zurückliegenden Jahre hatte persönliche Reibungen und Empfindlichkeiten verursacht. Auffällig war, daß die Staatssekretäre im Kanzleramt, Egon Bahr und Katharina Vocke, aber auch Regierungssprecher Ahlers sich um Bundestagsmandate bewarben und damit aus ihren Ämtern ausschieden, und Horst Ehmke, der Chef des Kanzleramts, Bundesminister und zugleich Abgeordneter war, sollte in das Amt nicht zurückkehren.

Unter Ehmkes energischer Leitung war das Kanzleramt die Regierungszentrale gewesen. Sein Elan hatte ihm nicht nur Freunde gemacht, aber noch mehr schadete ihm der Verdacht, er beabsichtige, das Kanzleramt zum wirklichen Entscheidungszentrum auszubauen. Ehmke war geltungsbedürftig, dabei loyal und stets bemüht, den Kanzler über alles auf dem laufenden zu halten und ihn zu stützen. Gerade das mußte aber das Mißtrauen der anderen Bundesminister hervorrufen, die sich in ihrem Einfluß auf Brandt beschränkt sahen. Vor allem Helmut Schmidt, »der sich gleichfalls um alles kümmerte und schon damals für allzuständig hielt, war Ehmkes Macht und vor allem die Mentalität, mit der er sie ausübte, ein ständiger Dorn im Auge«.[48] Selbst Brandt hat das Wirken Ehmkes mit der Zeit wohl mehr als störend empfunden denn als aktive Unterstützung. Konfliktscheu, wie der Kanzler war, sagte er Schmidt zu, Ehmke werde das Kanzleramt verlassen.[49] Damit ging mit der Wahl die gesamte Leitung des Kanzleramts. Für einen Nachfolger war jedoch nicht gesorgt, noch weniger eine bindende Absprache mit Schmidt getroffen, die seinen Ehrgeiz Schranken setzte.

Zu allem Ungemach fiel Brandt nun auch noch aus. Im Wahlkampf hatte sich der Bundeskanzler an den Stimmbändern einen sogenannten Sängerknoten zugezogen, der operiert werden mußte. Das bedeutete eine Woche Krankenhausaufenthalt und zwei weitere Wochen striktes Sprechverbot. Für die entscheidenden Wochen der Regierungsbildung stand Brandt also kaum zur Verfügung. Ihm kam das entgegen, da er den Streit um Posten und Entscheidungen verabscheute. Die Bildung einer Regierung ist aber eine so schwierige Aufgabe, daß selbst der nicht pingelige Adenauer mehrere Wochen härtester Arbeit damit zubrachte und einmal stöhnte: »Lieber noch drei Wahlkämpfe als eine Regierungsbildung.«[50] Brandt wollte das nicht wahrhaben. Er begriff nicht, daß es jetzt – anders als 1969, wo man sich schnell im Grundsätzlichen einig gewesen war – eines sorgfältig ausbalancierten Kabinetts bedurfte, das auf ihn abgestimmt war.

Während Brandts Abwesenheit übernahmen Schmidt und Wehner die Leitung der Koalitionsverhandlungen mit der FDP. Das Ergebnis der Absprachen überraschte allgemein; Brandt war geradezu wütend und fühlte sich hintergangen, denn die FDP war als der große Gewinner aus den Verhandlungen hervorgegangen. Sie erhielt zusätzlich das Wirtschaftsministerium und stellte einen weiteren Minister ohne Ressort, also fünf Minister. Auch das wichtige Amt des Regierungssprechers sollte sie besetzen. Wieso Schmidt und Wehner, die keineswegs als FDP-Freunde galten und wesentlich härter zu verhandeln pflegten als Brandt, so konzessionsbereit auftraten, bleibt rätselhaft. Die Leitung des Kanzleramts übernahm ein beamteter Staatssekretär, was zur Folge hatte, daß das politische Gewicht des Amtes sank.

In der SPD-Bundestagsfraktion organisierte sich inzwischen die Linke als neue interne Opposition. Die Partei selbst hatte sich seit 1969 sehr verändert. Der Anteil der Mitglieder, die Arbeiter waren, ging ständig zurück, während derjenige der Angestellten und Beamten zunahm. Aber nicht nur der öffentliche Dienst hatte eine starke Vertretung, auch die Zahl der Studenten und Schüler in der SPD wuchs. Sie machten inzwischen 15,9 Prozent der Mitglieder aus. Das Durchschnittsalter der Genossen sank insgesamt. Der Anteil der Mitglieder unter vierzig Jahren lag 1972 bei 75,2 Prozent. Durch die Studentenbewegung in Verbindung mit Anti-Springer- und Anti-Notstandsaktionen politisierte Jugendliche waren in die Partei eingetreten, entschlossen, sie nach ihren

Vorstellungen zu verändern. Als organisatorische Basis bot sich zuerst die Arbeitsgemeinschaft der Jungsozialisten an.

Die Jusos waren zwar in Fragen der Theorie zerstritten, aber in der Ablehnung der Parteioberen einig. Als ersten Schritt auf dem Marsch durch die Institutionen machten sie sich daran, die Ortsvereine zu »kippen«. Der Parteiapparat verhielt sich passiv. Ausschlußverfahren gab es praktisch nicht. So stellten radikale Mitgliederpostillen die Frage, ob »die physische Vernichtung eines Herrn Abs, Flick, Vogel, Schiller etc.« das bestehende »kapitalistische Ausbeutungs- und Unterdrückungssystem« ändern könne.[51] Mit der Umstrukturierung der Partei fand die alte Arbeiterbewegung ihr Ende. Mit ihr verschwand allmählich auch die sozialdemokratische Presse; die Maifeiern verkümmerten zu Pflichtveranstaltungen von Funktionären. Wie kraß der Wandel war, zeigte einige Jahre später der Zusammenbruch der »Neuen Heimat«. Der riesige gewerkschaftseigene Wohnungskonzern war im Grunde absolut krisenfest und wurde dennoch in die Pleite geführt. Auch die paritätische Mitbestimmung der Arbeitnehmer in den Unternehmen, die 1976 nach jahrelangen Auseinandersetzungen unter zähem Widerstand der Unternehmer schließlich durchgesetzt wurde, hatte nichts mehr mit Klassenkampf und Arbeiterbewegung zu tun. Die Arbeitnehmervertreter waren dabei stärker am Erfolg des gemeinsamen Unternehmens interessiert und fühlten sich nicht unbedingt als verlängerter Arm der Gewerkschaften.

Im Jahre 1972 faßten die Regierungschefs der Länder unter Brandts Vorsitz einen Beschluß, der im Grunde nur geltendes Recht bestätigte, aber dennoch ungeheures Aufsehen erregte. Sie hielten in einem Erlaß fest, daß die Beamtengesetze noch immer in Kraft seien, und somit setze die Einstellung als Beamter im öffentlichen Dienst voraus, »jederzeit für die freiheitlich-demokratische Grundordnung im Sinne des Grundgesetzes«[52] einzutreten. Als die Länder darauf die sogenannte Regelanfrage einführten, mit der routinemäßig die Verfassungstreue der Bewerber geprüft werden sollte, erregte sich die Öffentlichkeit, was auch im Ausland auf lebhaftes Echo stieß.

Aus dem Erlaß machte eine vehemente Agitation den »Radikalen-Erlaß«, der so etwas wie ein »Berufsverbot« bewirkte. Teile der jungen Generation erhoben den elitären Anspruch, ja meinten ein Recht darauf zu haben, den Drang zur Revolution mit dem Beamtenstatus auf Lebenszeit zu verbinden. SPD-Politiker reagierten auf die scharfe Ablehnung der Basis, indem sie sich in selbstkritischer Buße wanden und sich bekümmert darüber zeigten, daß ausgerechnet unter Willy Brandt dieser ihnen nun schändlich erscheinende Beschluß gefaßt worden war. Dabei stand der Aufwand an Agitation und Polemik in keinem Verhältnis zur Wirksamkeit der Regelung, da der Lehrermangel der siebziger

Jahre inzwischen gedeckt und aus der wachsenden Zahl der Lehramtskandidaten – und um die ging es vornehmlich – die Bestqualifizierten ausgesucht werden konnten, so daß der Regelanfrage immer weniger Bedeutung zukam.

Im Frühjahr 1973 hatte sich das innerparteiliche Klima bereits so verschlechtert, daß Brandt vor dem Parteitag in Hannover mit seinem Rücktritt drohen mußte, falls das Plenum Resolutionen beschließe, die im Widerspruch zu dem stünden, »wofür ich mit anderen die breite Zustimmung der Wähler gefunden habe«.[53] Die »linke Grundströmung« verdrängte das nicht unwesentliche Faktum, daß die Partei Regierungsverantwortung trug, und diese Neigung zur Verdrängung nahm in dem Maße zu, wie sich die Wirtschaftslage verschlechterte. Die Inflation erreichte fast sieben Prozent, und die Bemühungen der Regierung um Stabilisierung der Wirtschaft zeigten angesichts internationaler Währungsturbulenzen wenig Wirkung. Das Wachstum tendierte gegen Null, die Inflation blieb weiter hoch, aber auch die Arbeitslosigkeit stieg deutlich an.

Was die Inflation erheblich anheizte, waren weit überhöhte Lohnforderungen der Gewerkschaften, denen im September mit wilden Streiks Nachdruck verliehen wurde. Ein Bummelstreik der Fluglotsen behinderte massiv den ganzen Sommer über den Ferienflugverkehr, und die Regierung zeigte sich nicht imstande, energisch gegen die gesetzwidrige Taktik der Fluglotsen vorzugehen. Die Ölkrise vom November 1973 und ihre wirtschaftlichen Folgen sollten dann für das nächste Jahr eine völlig veränderte wirtschaftliche Landschaft zeigen.

Die Enttäuschung über Brandts Führungsschwäche nahm zu und erreichte einen Höhepunkt, als im Februar 1974 die Tarifverhandlungen im öffentlichen Dienst zu einem Streik führten, der nach zwei Tagen zwar abgebrochen wurde, aber eine Einigung auf der Basis einer Lohnerhöhung von elf Prozent erzwang, was eine Milliardenbelastung für die öffentlichen Haushalte bedeutete. Der Sieg der Gewerkschaft Öffentliche Dienste, Transport und Verkehr (ÖTV) war zugleich eine schwere Niederlage des Kanzlers, der gegen die überhöhten Forderungen Front gemacht und sich entschieden gegen einen Abschluß über zehn Prozent gewehrt hatte. Sein Finanzminister Schmidt hatte ihn darin allerdings nicht unterstützt. Die Bundesregierung und vor allem der Kanzler mußten einen erheblichen Verlust an Ansehen hinnehmen, was die im März stattfindenden Wahlen zur Hamburger Bürgerschaft schonungslos offenbarten: Die Partei verlor in dieser Hochburg der Sozialdemokratie fast zehn Prozent.

Auch Herbert Wehner, seit 1969 Fraktionsvorsitzender der SPD, war längst auf offenen Konfrontationskurs zu Brandt eingeschwenkt. Er hatte Beziehungen zu Erich Honecker – den er aus dem Abstimmungskampf an der Saar in den Jahren 1934/35 kannte – aufgenommen und sich mit diesem am 31. Mai 1973 zu einem langen Gespräch in der Schorfheide getroffen.[54] Bei dieser Begegnung zeigte sich Wehner erstaunlich aufgeschlossen und demonstrativ um Verständigung bemüht. Praktisch in allen Gesprächspunkten brachte er seine Übereinstimmung mit Honecker zum Ausdruck. Als dieser sich beklagte, Brandt habe bei der Ratifizierungsdebatte die »deutsche Frage« für offen erklärt, sogar die Möglichkeit nicht ausgeschlossen, daß die »Einheit Deutschlands unter Verwirklichung des Selbstbestimmungsrechts des deutschen Volkes« anzustreben sei, antwortete Wehner geradezu beflissen, er »billige diese Darlegungen von Willy Brandt nicht und halte sie für einen Fehler«, denn ihm »sei klar, daß mit dem geschaffenen Vertragssystem alle Probleme geregelt wären und jeder Versuch, die bestehenden Realitäten ändern zu wollen, ins Abenteuertum führen würde«. Den Verträgen schrieb er eine »sehr lange Gültigkeit« zu und erkannte an, »daß die DDR mit der Sowjetunion fest verbunden ist. Jeder Versuch, an der DDR vorbei etwas zu erreichen oder gar die Positionen der DDR im Innern zu untergraben, könne zu einem Unglück führen.« Brandt habe übrigens »die gleiche Auffassung und verfolge, dies habe er ihm bei der Verabschiedung gesagt, das gleiche Ziel«.

Wehner hielt es später für geboten, Brandt über seinen engen Kontakt zu Honecker zu unterrichten, aber über das Zusammentreffen in der Schorfheide hatte er Brandt, will man einigen Aussagen Glauben schenken, gar nicht oder nur oberflächlich informiert. Ob es zutrifft, daß der Kanzler zu diesem Zeitpunkt und gegenüber Wehner eine derartige Erklärung abgegeben hat, wissen wir nicht. Zehn Jahre später mag Brandt in ähnlichen Bahnen gedacht haben, 1973 aber hat der »Onkel« in der Schorfheide wahrscheinlich eine Übereinstimmung suggeriert, die so nicht bestanden hat. Dafür spricht seine aus freien Stücken abgegebene Erklärung, er würde sich »Gedanken machen, wie man die verbrecherische Tätigkeit von Menschenhändlerorganisationen unterbinden könnte«. Und auf die Frage, wie der Zweite Senat des Bundesverfassungsgerichts über die von Bayern beantragte Einstweilige Verfügung bezüglich des Grundvertrages entscheiden werde, beruhigte Wehner den Ersten Sekretär des Zentralkomitees der SED mit dem Hinweis, »der Senat werde im allgemeinen als roter Senat bezeichnet, und zwar nicht nur auf Grund seiner roten Talare«.

Das Treffen in der Schorfheide bildete die Grundlage vertrauensvoller Beziehungen zwischen Wehner und Honecker. Auf die grundsätzliche Bedeutung der Begegnung wies Wehner später wiederholt hin. Zugleich war die neue Achse Wehner–Honecker ein Versuch, Egon Bahr als Verhandlungspartner Ost-Berlins auszumanövrieren. Mit kaum verhohlener Genugtuung hielt der Fraktionsvorsitzende in seinen Aufzeichnungen fest, der SED-Chef habe ihm erklärt, »Herr Bahr hätte von ihm wegen seiner Arroganz und seines zum Teil provokativen Auftretens das nicht bekommen, was mit mir möglich gewesen sei«.[55] Bahr sah das natürlich ganz anders. Was Honecker »provokatives Auftreten« dünkte, sei sein Bemühen gewesen, den Häftlingsfreikauf im Rahmen der Verhandlungen mit Ost-Berlin auf eine neue Ebene zu stellen. Dabei sei er Wehner ins Gehege gekommen. Später verstand Bahr dessen wütende Reaktion: »Ich hatte ein Sakrileg begangen, ich hatte Wehner den Cover genommen, die Deckung seiner Kontakte durch humanitäre Angelegenheiten.«[56]

Unter Schmidt sollte sich die »Wehner-Schiene« dann zur wichtigsten direkten Kontaktmöglichkeit zwischen Schmidt und Honecker entwickeln. Damit wurde zugleich die Gesprächsebene zwischen Staatssekretär Gaus als Leiter der Ständigen Vertretung in Ost-Berlin zu seinen Ost-Berliner Gesprächspartnern abgewertet und der Vertreter Bonns, den Schmidt später auch gegenüber Honecker ungeniert als eine der größten Fehlbesetzungen bezeichnete, auf Nebensächlichkeiten verwiesen.[57] Während dieser sich in der Wendezeit geradezu zum DDR-Patrioten entwickelte, hat Schmidt rückblickend unverhohlen seine Antipathie gegenüber Honecker zum Ausdruck gebracht, obwohl die Protokolle der Telefonate zwischen den beiden Regierungschefs das keineswegs nahelegen.

Ende September 1973 fuhr Wehner mit einer hochrangigen Parlamentarierdelegation nach Moskau. Honecker hatte ihm zu dem Besuch zugeraten, wie Wehner am 2. Dezember in einer Aufzeichnung festhielt. Der SED-Chef würde es für einen Fehler halten, »wenn ich nicht an der Parlamentarier-Delegation nach Moskau teilnähme. Der Boden sei gut vorbereitet.«[58] Bei diesem Besuch in der sowjetischen Hauptstadt, in der Wehner die Stalinschen Säuberungen überstanden hatte – was manch anderen das Leben kostete[59] –, stand unter anderem ein Treffen mit seinem alten Komintern-Kollegen Boris Ponomarjow auf dem Programm. Mitteilungsfreudig wie selten gegenüber Journalisten äußerte der »Onkel« im fernen Moskau aber auch eine spektakuläre Kritik: Das Berlin-Abkommen werde von der Bundesrepublik unterlaufen, aber das Hauptübel sei der Kanzler. Er sei »entrückt«, »abgeschlafft«, »bade gern lau«, kurz: »Was der Regierung fehlt, ist ein Kopf.«[60]

Die Verhältnisse waren für den Kanzler schon schwierig genug, da geschah am 24. April 1974 etwas vollkommen Unvorhersehbares, was ihm schwersten Schaden zufügte: Ein Referent des Kanzlers, Günther Guillaume, wurde als Agent der DDR verhaftet und verhalf den bundesdeutschen Strafverfolgungsbehörden mit der spießig-ehrpußligen Erklärung: »Ich bin Offizier der Nationalen Volksarmee« aus ersten Beweisnöten. So etwas war von einem »Kundschafter des Arbeiter- und Bauernstaates« eigentlich nicht zu erwarten gewesen.

Guillaume hatte 1970 als Hilfsreferent und Verbindungsmann zu den Gewerkschaften in der Abteilung III (Wirtschafts- und Sozialpolitik) des Bundeskanzleramts begonnen. Als Flüchtling war er 1956 in West-Berlin registriert worden und hatte sich später in der Frankfurter Gewerkschafts- und Parteibürokratie durch Fleiß und Zuverlässigkeit so bewährt, daß er schließlich auf Empfehlung aus Frankfurt im Kanzleramt landete. Seit Oktober 1972 war er Parteireferent in Brandts persönlichem Büro und galt bald als ein beflissenunentbehrliches Faktotum des Kanzlers, obwohl vage Hinweise schon damals einen Spionageverdacht gegen ihn begründet hatten, dem aber nicht weiter nachgegangen wurde. Erst eine Neubewertung alter Funksprüche der Ost-Berliner Agentenzentrale im Mai 1973 machte es Experten im Bundesamt für Verfassungsschutz zur Gewißheit, einen Spion der DDR vor sich zu haben.

Bundesinnenminister Genscher wurde unterrichtet, der Brandt freilich so locker ins Bild setzte, als handle es sich um einen bloßen Verdacht, was der Kanzler zudem rasch wieder vergaß. So folgte, was im Grunde kaum nachvollziehbar ist: Statt Guillaume auf einen anderen Posten zu versetzen oder zu befördern, ihn also auf jeden Fall aus der Nähe des Bundeskanzlers zu entfernen, ließ man diesen im Sommer 1973 sogar als Urlaubsvertreter von Willy Brandts Persönlichem Referenten mit der Familie Brandt in den Urlaub nach Norwegen reisen. Daran war nicht zuletzt die Geheimniskrämerei des Verfassungsschutzpräsidenten Günter Nollau schuld, der lieber seinen Gönner Wehner auf dem laufenden hielt als den Kanzler umfassend aufzuklären. Eine Groteske: Der nur halb informierte Bundeskanzler wurde als Lockvogel benutzt, um einen Agenten zu entlarven. Den Spion versetzte das in die Lage, die geheimen Fernschreiben für den Kanzler selber in Empfang zu nehmen und sie in aller Gelassenheit für das Ost-Berliner Ministerium für Staatssicherheit zu kopieren.

Erst Tage nach Guillaumes Verhaftung erkannte Brandt das volle Ausmaß der Krise, die sich vor ihm auftürmte. Die Beamten des Bundeskriminalamtes untersuchten jetzt auch das persönliche Umfeld Guillaumes und damit des Kanzlers und fanden heraus, daß der Spion Kenntnis hatte von Brandts Beziehungen zu Frauen, vornehmlich Journalistinnen. Das wurde Wehner umgehend am 4. Mai gemeldet, als ginge ihn dies alles dienstlich etwas an. Der hatte nur die Zukunft der Partei und ihre Regierungsfähigkeit im Sinn, nicht aber das Schicksal des Mannes, der durch diese Affären in schwere Bedrängnis geriet. Hilfe in der Not bot er ihm nicht an, sondern erklärte dem Kanzler, daß er sich innerhalb von 24 Stunden entscheiden müsse. Bei allen Fragen, die mit dem Rücktritt des Kanzlers zusammenhingen, gab es für Wehner nur eine Überlegung: Wie würde Brandt dastehen, und welchen Ansehensverlust mußte es für die Bundesrepublik bedeuten, wenn in der Gerichtsverhandlung die »Frau-

Das Verhältnis zwischen Willy Brandt und Herbert Wehner war nie gut gewesen; dazu waren die Temperamente zu verschieden, auch ihre Lebensauffassung und Arbeitsmoral. Es war immer wieder zu Krisen gekommen, aber die Moskauer Attacken im Herbst 1973 bedeuteten den Bruch. Politisch nachteilige Folgen hatte die Kritik für Wehner allerdings nicht, denn Brandt konnte ihm den Fraktionsvorsitz nicht nehmen. Seine damals geknüpfte Geheimverbindung zu Honecker nährte in ihm den Verdacht, dem er bis an sein Lebensende anhing, Wehner sei ein kommunistischer Agent gewesen.

engeschichten« zur Sprache kämen? Deshalb sagte er nur: »Du mußt wissen und entscheiden, was jetzt zu tun ist.«[61]

Kein Zweifel, daß Wehners Verhalten ein ganz wichtiges Motiv für Brandts Rücktrittsentschluß am 6. Mai gewesen ist. Wie sollte er ohne Wehners Unterstützung die Umbildung der Regierung bewältigen, zumal Scheels Wahl zum Bundespräsidenten im Mai bevorstand und Schmidt ankündigte, aus dem Kabinett ausscheiden zu wollen?[62] In welchem Licht erscheint das alles aber erst, wenn man es mit der erst 1994 bekanntgewordenen »Wehner-Schiene« zu Honecker in Verbindung bringt? Honecker war über die Existenz Guillaumes informiert und bezeichnete dessen Verhaftung und damit den Rücktritt Brandts als »Störfall«. Am 6. Mai – noch war der Rücktritt Brandts nicht bekannt gegeben – hatte der SED-Chef einen Zehnpunktekatalog für die weitere Zusammenarbeit formuliert und Wehner versichert, »daß das zwischen uns vorhandene Vertrauensverhältnis auch schwersten Belastungen« standhalten werde.[63] Mochte Wehner den Brief auch erst nach der Bekanntgabe von Brandts Rücktritt erhalten haben, konnte er doch selbst ohne diese Zusicherung überzeugt sein, daß Honecker das Aufwärmen der Frauengeschichten unterbunden hätte, weil er ebenso wie die sowjetische Führung an Brandts Verbleiben im Kanzleramt interessiert war. Wehner aber mag mit Brandt als Kanzler für die SPD keine politische Zukunft mehr gesehen haben und hat ihm vielleicht deshalb keine Hilfe angeboten. Diese Sorgen waren nicht unberechtigt, denn Brandts Rückhalt in den oberen Rängen der Partei wurde schwächer, die politischen Probleme nahmen zu, und der Koalitionspartner Scheel war auf dem Weg ins Präsidialamt.

Willy Brandt war keine Kämpfernatur, er hatte nie um Posten und die Behauptung von Machtpositionen ringen müssen, und ihm fehlten jetzt die politischen Freunde, die für ihn durch dick und dünn gingen. Die Auswechslungen im Kanzleramt 1972 hatten gezeigt, daß er unfähig war, große Apparate zu führen und seinen eigenen Vorteil zu erkennen. Brandt war der bedeutendste Außenpolitiker der Bundesrepublik und vor allem in Ausnahmesituationen ein politischer Führer von großer Überzeugungskraft, aber er scheiterte an der Unerbittlichkeit der alltäglichen politischen Praxis.

DIE ÄRA SCHMIDT

Helmut Schmidt, der so lange das Kanzleramt angestrebt hatte in der Überzeugung, besser als Brandt zu sein, wollte gewiß nicht gerade jetzt, inmitten der Guillaume-Krise, das Amt übernehmen. Da aber die Entscheidung unausweichlich war, stellte er in Rekordzeit seine Mannschaft zusammen. Bereits am 16. Mai wurde er zum Bundeskanzler gewählt. Schmidts Kabinett versammelte keine intellektuellen Überflieger, dafür eine solide Massierung von Gewerkschaftern. Die FDP-Minister führte Hans-Dietrich Genscher an, der das Außenministerium übernahm. Was unter Brandt nach den Wahlen von 1972 völlig aus dem Ruder gelaufen war, das Kanzleramt und die Öffentlichkeitsarbeit, erhielt wieder kompetente Steuermänner. Das Kanzleramt machte Manfred Schüler, vorher Staatssekretär im Finanzministerium, zu einer effizienten, geräuschlos arbeitenden Zentrale, und Klaus Bölling, ein international erfahrener Journalist, verkaufte in steter Abstimmung mit dem Kanzler die Regierungspolitik höchst erfolgreich.

Schmidt strebte eine radikale Wende im Regierungsstil an; so wie unter Brandt sollte es nicht weitergehen. Die sich verstärkende Rezession ließ ihm auch gar keine andere Wahl. Die Bautätigkeit verzeichnete einen tiefen Einbruch. Die Zahl der fertiggestellten Wohnungen ging seit Ende 1972 in den folgenden Jahren um vierzig Prozent zurück. Die Baukonjunktur wurde zuerst durch die drastische Erhöhung des Diskontsatzes und damit die Verteuerung des Baugeldes gedämpft und schwächte sich dann noch infolge der Ölkrise und der allgemeinen Rezession weiter ab. Die Arbeitslosigkeit wurde zur Dauererscheinung, allerdings erst in der Größenordnung von einer Million. Arbeitsbeschaffungsprogramme waren wenig effektiv, förderten aber die Verschuldung. Die Reformeuphorie war verflogen, geblieben waren die vielen neuen Planstellen im öffentlichen Dienst – bei der Verwaltung, den Schulen und Universitäten – und vergrößerten die Haushaltsprobleme.

Schmidt mußte versuchen, die Partei halbwegs in einem Zustand des Gleichgewichts zu halten, damit sie an der Macht blieb. Das gelang unter der bewährten »Troika« Brandt (jetzt Parteivorsitzender), Schmidt (jetzt Bundeskanzler) und Wehner (jetzt Fraktionschef). Diese drei trugen nicht wenig dazu bei, die SPD bis 1982 an der Macht zu halten. Mochten an der Basis die jungen Linken eine Position nach der anderen erobern: Brandt hielt die Partei zusammen, denn er wurde von den Jungen verehrt, die sich von ihm verstanden fühlten und deren Führer er als seine »Enkel« anerkannte. Die älteren, konservativeren Jahrgänge nahmen diese große Liberalität gegenüber den Linken verbittert zur Kenntnis, beugten sich aber der Integrationskraft dieses Mannes, der keinen Ehrgeiz mehr hatte auf politische Spitzenämter. Brandt war an der Parteispitze von großem Wert und erleichterte Schmidt das Regieren. Dessen spätere Bemerkung, es sei ein Fehler gewesen, daß er selbst nicht auch den Parteivorsitz übernommen habe, verkennt die Realität, denn die Partei hätte ihn kaum zu ihrem Vorsitzenden gewählt. Schmidts sorgfältig gepflegtes Erscheinungsbild als Kanzler sprach eher den CDU-Wähler als den einfachen Genossen an, der auf den sooft zitierten Stallgeruch nicht verzichten wollte. So konnte Schmidt sich ganz seinen Aufgaben als Kanzler widmen, und Wehner hielt die Fraktion und ihre auseinanderstrebenden Flügel unter Kontrolle.

Von der CDU drohten zunächst kaum Gefahren, denn sie laborierte noch an den Folgen der Wahlniederlage. Allerdings hatte der rheinland-pfälzische Ministerpräsident Helmut Kohl seinen Hut schon in den Ring geworfen. 1971 war er bei der Wahl zum Parteivorsitzenden noch von Barzel geschlagen worden. Als dieser aber im Mai 1973 zurücktrat, wurde Kohl problemlos neuer Parteivorsitzender. Zum Generalsekretär wählte er Kurt Biedenkopf, der auf eine glanzvolle akademische Karriere verweisen konnte, als Rektor der Ruhruniversität Bochum politische Erfahrungen gesammelt und sich als Ordnungspolitiker einen guten Namen gemacht hatte. Kohl und Biedenkopf nutzten die Oppositionszeit, um die Partei zu reformieren und zu modernisieren.

Das nächste Ziel, als Kanzlerkandidat der Union für die Bundestagswahlen von 1976 aufgestellt zu werden, konnte Kohl erst nach langwierigen Verhandlungen mit der widerstrebenden CSU und deren Vorsitzenden Strauß erreichen, denn der hielt sich selbst für weitaus qualifizierter. Auch trennte sie ihre Einstellung zur FDP: Während Strauß nicht mit einem Koalitionswechsel der Liberalen rechnete und deshalb für den frontalen Angriff auf die Regierungskoalition eintrat, unterhielt Kohl zu dem neuen Außenminister Genscher diskrete Kontakte und war einem Zusammengehen mit der FDP nicht abgeneigt.

Strauß entwickelte seine Strategie am 18. November 1974 in der Sonthofener Rede. Sie zielte auf totale Konfrontation, rechnete mit der ständigen Verschlechterung der Situation, bis »eine Art Offenbarungseid und ein Schock im öffentlichen Bewußtsein erfolgen« würde.[64] Die Solidarität der Demokraten hielt er für »blödes Zeug«. Die Bundesrepublik erlebte in diesen Jahren durch den Terrorismus der Baader-Meinhof-Bande eine schwere Krise, und Strauß vermutete einen ganzen Haufen von »Symphatisanten der Baader-Meinhof-Verbrecher in der SPD- und FDP-Fraktion in Bonn«. Daraus ergab sich für ihn: »Wir müssen sagen, die SPD und FDP überlassen diesen Staat Kriminellen und politischen Gangstern.« Daß eine solche Katastrophenpolitik keinen Erfolg haben konnte, wenn die Katastrophe nicht eintrat, wollte er nicht begreifen. Selbst um den Wahlslogan gab es Streit. Die CSU und süddeutsche Landesverbände der CDU traten unter dem Motto »Freiheit oder Sozialismus« an; Kohl dagegen warb für die Variante »Freiheit statt Sozialismus« – als ob der berühmte Räuber im Wald »Geld statt Leben« fordern würde.[65]

Trotz dieses internen Streits und der ironischen Abqualifizierung durch die liberalen Medien errang die Union bei den Wahlen am 3. Oktober 1976 mit 48,6 Prozent ein hervorragendes Ergebnis. Nur Adenauers Triumph von 1957 war höher ausgefallen. SPD und FDP verloren und schrammten knapp an einer empfindlichen Niederlage vorbei.

Das öffentliche Klima hatte sich gegenüber 1972 grundlegend verändert. Die Meinungsführerschaft der sozialliberalen Koalition war dahin, und die CDU/CSU-Anhänger zeigten sich ihren Gegnern im persönlichen Engagement, »in bezug auf Einsatzfreude und Bekennertum«, eindeutig überlegen.[66] Aber für Strauß war das kein Erfolg, denn die Union hatte die Macht nicht errungen, und so zeigte er sich auch nicht zufrieden, sondern ließ seinem Zorn freien Lauf: Am 18. und 19. November beschloß die Landesgruppe der CSU auf einer Klausurtagung im Wildbad Kreuth die Aufhebung der Fraktionsgemeinschaft mit der CDU. Diese reagierte maßvoll, vor allem Kohl hielt sich zurück. Immerhin kündigte er aber den Einmarsch seiner Partei in Bayern an und verband damit die Erwartung, der unwilligen Schwesterpartei einige Mandate abnehmen zu können. Die CSU erkannte ihren Fehler und lenkte ein. Am 12. Dezember wurde die Fraktionsgemeinschaft wiederhergestellt.

Ungemein charakteristisch für Strauß blieb seine Münchner Rede vom 24. November, als sich das Einlenken seiner Partei schon abzeichnete.[67] Da wütete er gegen die eigenen Leute, die nur kritisieren, aber keine Versammlungsräume füllen könnten, gegen die »politischen Pygmäen der CDU« und schließlich gegen Kohl, dem er voraussagte, niemals Kanzler zu werden: »Er ist total unfähig, ihm fehlen die charakterlichen, die geistigen und die politischen Voraussetzungen … Der wird mit 90 Jahren die Memoiren schreiben: ›Ich war 40 Jahre Kanzlerkandidat. Lehren und Erfahrungen aus einer bitteren Epoche.‹« Im Wahlkampf 1980 trat Strauß dann selbst als Kanzlerkandidat an. Der CDU-Vorsitzende Kohl war innerparteilich zu schwach, um das durch seine eigene Kandidatur zu verhindern, und machte gute Miene in der Erwartung, daß sich mit der voraussehbaren Niederlage des Bayern das Problem Strauß lösen werde.[68] Die Rechnung ging auf, was bedeutete, daß die SPD/FDP-Koalition zwei weitere Jahre in der Regierung blieb. Es war bezeichnend für die Akzeptanz der SPD bei den Wählern, daß der Kanzlerbonus diesmal nicht der SPD, sondern der FDP zugute kam, die erheblich zugewann. Man wollte also, daß Schmidt Kanzler blieb, nicht aber seine Partei, die SPD, honorieren.

Auf außenpolitischem Gebiet ermöglichte die seit 1969 spürbar gewordene

Ost-West-Entspannung neue Initiativen. Die Ostpolitik der Bundesrepublik hatte in den frühen siebziger Jahren einen bilateralen Charakter gehabt. Sie war notwendigerweise in erster Linie auf die Sowjetunion, dann auf die DDR und die anderen Staaten Osteuropas ausgerichtet. Mit der Schlußakte der »Konferenz über Sicherheit und Zusammenarbeit in Europa« (KSZE), die am 1. August 1975 in Helsinki unterzeichnet wurde, kam nun ein multilaterales Element in die Ost-West-Beziehungen.

Mit der Konferenz von Helsinki erreichten die Sowjets ein Ziel, das sie seit den fünfziger Jahren zäh verfolgt hatten. Nun sollten die »Realitäten« – der durch das Ende des Zweiten Weltkrieges geschaffene Macht- und Einflußbereich – anerkannt werden. Die allgemeine Entspannung, aber auch das Bedürfnis nach verstärkter wirtschaftlicher Zusammenarbeit in den siebziger Jahren und die durch den Abschluß der Ostverträge und das Berlin-Abkommen geprägte Atmosphäre machten das möglich. Freilich wurde in die Schlußakte durchaus Gegensätzliches hineingeschrieben.[69] Da wurde der sowjetische, an der Besitzstandswahrung orientierte Standpunkt ebenso aufgeführt wie die Möglichkeit, Grenzen »durch friedliche Mittel und durch Vereinbarung« zu verändern. Die Schlußakte verankerte aber auch die Menschenrechte, was vor allem die Amerikaner interessierte. Mit der Berufung auf die Schlußakte begründeten zahlreiche DDR-Bürger ihren Antrag auf Ausreise in den Westen.

Die verschiedenen, ja gegensätzlichen Positionen, die mit der Schlußakte begründet und gerechtfertigt werden konnten, schufen ein neues politisches Klima, denn alle Staaten – von der Sowjetunion bis zu den USA – hatten dem Text zugestimmt, was hieß: Jeder konnte sich aussuchen, was ihm politisch paßte. Die daraus resultierende Beliebigkeit trug zwar nicht dazu bei, der Schlußakte eine hohe Bedeutung zukommen zu lassen, aber der ständige Verweis auf diese Vereinbarung zeigte Wirkung. Sie hatte etwas von dem steten Tropfen, der den Stein höhlt. Bonn nutzte die neue außenpolitische Beweglichkeit geschickt dazu, »keine spezifisch nationalen Positionen zu artikulieren, sondern deutsche Interessen und Prioritäten in einen gemeinsamen politischen Ansatz einzuflechten«. Wie Helmut Schmidt einmal schrieb, galt es, »unsere Aktionen multilateral abzudecken«.[70] So brachte der KSZE-Prozeß zwar keine substantielle Veränderung der politischen Situation in Europa, wohl aber eine atmosphärische Lockerung.

Im Innern wurde die Bundesrepublik 1974 bis 1977 erschüttert durch den Terrorismus. Seine Wurzeln reichten bis zur Studentenrevolte zurück. Damals bildete sich eine Gruppe um Andreas Baader, die mit Provokationen das saturierte Konsumentenbewußtsein treffen wollte. Publizität errang sie nicht zuletzt deshalb, weil ihr Erscheinungsbild die Sympathisanten an die Vorstellung von dem edlen Räuber und seinen Bräuten erinnern mochte. Das stimmte mit der Wirklichkeit keineswegs überein, denn tatsächlich ging es um die Herrschaft eines brutal-egozentrischen, aber gutaussehenden Mannes über zwei geistig ihm weit überlegene Frauen.Gemeinsam mit seinen Gefährtinnen Gudrun Ensslin und Ulrike Meinhof beging er schwere Straftaten, die er als politische Akte der Befreiung und des Kampfes gegen Unterdrückung zu rechtfertigen suchte. Vom Kaufhausbrand in Frankfurt am Main bis zu einer kriminellen Bandentätigkeit reichten die Aktivitäten, die durch die Verhaftung der meisten Mitglieder der Gruppe 1974 vorerst ein Ende fanden.

Die in breiten Kreisen für die Terroristen bezeugte Sympathie mag der Enttäuschung darüber entsprungen sein, daß die Studentenrevolte und ihre machtvollen Demonstrationen nach 1969 keine spektakuläre Fortführung fanden. Die Bewegung an den Universitäten war in linkssozialistische, kommunistische und maoistische Gruppen zersplittert. Neben der Radikalisierung auf der äußersten Linken setzte zugleich ein Prozeß der Politisierung ein, der über die Jusos in die SPD führte. Die Radikalsten lockte der Terror.

Heinrich Bölls öffentliches Eintreten für Ulrike Meinhof Anfang 1972 war ein eindrucksvolles Beispiel dafür, wie undifferenziert verallgemeinert wurde und Ressentiments gegen die verfassungsmäßige Ordnung sich mit der exaltierten Besorgnis um Menschen vermischten, die wie Kinder durch unbedachte Taten in eine Zwangslage geraten waren, aus der sie ohne Hilfe nicht herausgelangen konnten. Die Verlautbarungen der Gruppe verstand Böll als »eine Kriegserklärung von verzweifelten Theoretikern, von inzwischen Verfolgten und Denunzierten, die sich in die Enge begeben haben, in die Enge getrieben worden sind und deren Theorien weitaus gewalttätiger klingen, als ihre Praxis ist«.[71] Er verlangte daher »freies Geleit« für Ulrike Meinhof und einen »öffentlichen Prozeß« und forderte zugleich, »auch Herrn Springer öffentlich den Prozeß zu machen, wegen Volksverhetzung«. Die Verfilmung seiner Kurzgeschichte »Die verlorene Ehre der Katharina Blum« verstärkte diese emotionale Ablehnung des demokratischen Staates und trug nicht wenig dazu bei, daß sich ein gegen Justiz und Polizei gerichtetes Meinungsklima aufbaute.

Während die Terroristen der ersten Generation in Untersuchungshaft saßen, führte eine neue Generation, die in der »Bewegung 2. Juni« besonders hervortrat, den Terror fort. Bei der neuen Gruppierung fielen vor allem zwei Aspekte auf: die Unfähigkeit, die Notwendigkeit des Terrors bei der Umwandlung der Gesellschaft auch nur halbwegs zu rechtfertigen, und die Bereitschaft zum kaltblütigen Mord. Der Berliner Kammergerichtspräsident Günter von Drenkmann wurde im November 1974 ihr erstes Opfer. Am 27. Februar 1975 wurde der Berliner CDU-Politiker Peter Lorenz entführt, der Spitzenkandidat seiner Partei im laufenden Wahlkampf, den die CDU unter dem Motto führte: »Mehr Tatkraft schafft mehr Sicherheit.« Die Geiselnahme des West-Berliner Politikers diente der Freipressung von sechs Terroristen.

Bei dieser ersten Entführung erfüllten die Behörden die gestellten Forderungen. Die Häftlinge wurden, begleitet von dem ehemaligen Regierenden Bürgermeister und reaktivierten Pastor Heinrich Albertz, nach Aden ausgeflogen. Die Erfüllung der Forderungen der Terroristen war erst möglich geworden, nachdem der in Bonn gebildete Krisenstab nach langem Zögern und Abwägen dem Austausch zugestimmt hatte. Verbindungen zu Terroristen im Nahen Osten hatte es schon 1970 gegeben, als Mitglieder der »Roten Armee Fraktion« (RAF) in den Libanon zur Guerilla-Ausbildung gereist waren. Der arabische Terrorismus sollte dann während der Olympischen Spiele in München im September 1972 machtvoll in Erscheinung treten, als Palästinenser die israelische Mannschaft überfielen und neun Geiseln nahmen, die später sämtlich bei einem Befreiungsversuch der Polizei ums Leben kamen.

In Stuttgart-Stammheim lief derweil der Prozeß gegen die Baader-Meinhof-Bande als einer kriminellen Vereinigung, deren Mitglieder wegen der ihnen zur Last gelegten Verbrechen und nicht wegen ihrer angeblichen politischen Beweggründe angeklagt wurden. Deren Rechtsanwälte, angeführt von Otto Schily, nutzten das Verfahren zu einer Propaganda, die bewußt die Haftbedingungen (»Isolationsfolter«) und die Rechtmäßigkeit des Gerichtsverfahrens in Zweifel zog oder lauthals negierte. Damit setzten sie die Sympathisantenszene emotional unter permanente Spannung. So wurde auch der Selbstmord von Ulrike Meinhof im Mai 1976, Ergebnis des Zerwürfnisses innerhalb des engsten Kreises,[72] umgehend als Mord deklariert. Hilfe erhielten die Terroristen auch aus dem Ausland, selbst von dem um die deutsche Demokratie besorgten François Mitterrand, der dem Komitee für deutsche Freiheitsrechte beitrat.[73] Erst nach der Wende wurde bekannt, daß die Terroristen einen wirklich großen Freund und Helfer hatten: die Stasi. Sie bildete Aktivisten im Schießen aus und gewährte gesuchten westdeutschen Terroristen Asyl.

1977 erreichte der Terror in Deutschland seinen Höhepunkt: Am 7. April wurde Generalbundesanwalt Siegfried Buback, am 30. Juli der Bankier Jürgen Ponto ermordet, der eine auf offener Straße, der andere im eigenen Hause. Am 5. September wurde Hanns-Martin Schleyer, der Präsident der Bundesvereinigung der Deutschen Arbeitgeberverbände, entführt, seine vier Begleiter starben unter den Schüssen der Mörder. Die Entführer forderten, elf verhaftete Terroristen freizulassen und mit jeweils 100 000 Mark auszustatten, worauf sie Schleyer wieder freilassen wollten. Da aber absehbar war, daß ein Nachgeben letztlich nur dazu führen würde, fortan Terroristenmörder durch Freipressen praktisch straffrei zu machen, beschloß der Krisenstab unter der Leitung des Bundeskanzlers, sich auf keinen Austausch einzulassen. Dasselbe sollte für den Krisenstab gelten, falls eines seiner Mitglieder entführt würde.

Noch verlegte sich der Krisenstab darauf, durch umständliche Verhandlungen mit den Entführern Zeit für seine Gegenmaßnahmen zu gewinnen, da trat in der sechsten Woche eine dramatische Wende ein: Am 13. Oktober entführten arabische Terroristen die Lufthansa-Maschine »Landshut« und dirigierten sie nach tagelangem Irrflug in die somalische Hauptstadt Mogadischu. Nun ging es nicht mehr um das Leben einer prominenten Geisel, sondern 87 Menschen waren bedroht, sollte der Staat nicht auf die Forderung nach Entlassung der Häftlinge eingehen. Diesmal schlug die Regierung zu. In der Nacht vom 17. zum 18. Oktober kam in Mogadischu ein Sonderkommando des Bundesgrenzschutzes, die GSG 9, zum Einsatz. In einem Überraschungsangriff tötete sie die Entführer oder machte sie unschädlich. Die Freipressung im großen Maßstab war gescheitert. Die Reaktion der Terroristen ließ nicht lange auf sich warten: Hanns-Martin Schleyer wurde erschossen, sein Leichnam wenig später im Kofferraum eines Autos im elsässischen Mülhausen gefunden. Baader, Ensslin und Raspe begingen Selbstmord, wobei Baader und Raspe sich mit Pistolen erschossen, die ihre Verteidiger in Büchern versteckt eingeschmuggelt hatten.

Der Staat geriet durch den Terrorismus nie ernsthaft in Gefahr. Er wehrte sich mit konventionellen Mitteln: Verstärkung der Sicherheitsmaßnahmen einschließlich notwendiger gesetzlicher Modifikationen, die manche der Reformen wieder änderten oder aufhoben. Allerdings gelang es auch nie, den Terrorismus endgültig zu besiegen. Längst hatte er sich von der Linken getrennt, sich aber dennoch einen beträchtlichen Anhang bewahrt. Die Sicherheitsbehörden rechneten im Frühjahr 1977 mit rund 1200 aktiven Helfern und 15 000 Aktivisten, die bei Demonstrationen einschlägig in Erscheinung traten, und die Zahl derjenigen, die »klammheimliche Freude« bei der Ermordung eines Repräsentanten des Staates empfanden, war nicht unerheblich. Zu Recht empörte sich ein Kommentator in der »Zeit«: »Ein Teil der Jugend reagiert auf das Morden an Prominenten mit einer Gefühlskälte, die der Brutalität der Mörder in nichts nachsteht.«[74] Ein Meinungsklima war entstanden, in dem Sympathisanten des Terrors konsequent staatliche Sicherungsmaßnahmen und die Anwendung von Gesetzen als Willkürakte und Verfolgungsmaßnahmen denunzieren konnten.

Kaum war die Regierung aus der Krise des Herbstes – dank der erfolgreichen Aktion in Mogadischu sogar politisch gestärkt – hervorgegangen, sah sie sich durch eine neue politische Bewegung herausgefordert. Der Protest richtete sich diesmal gegen den Bau von Atomkraftwerken, deren Betrieb als unsicher verdächtigt wurde. »Atomkraft – nein, danke« war ein Aufkleber, der die Autos vieler junger Leute zierte und suggerierte, die Bundesrepublik könne jederzeit auf die Kernenergie verzichten. Tatsächlich war jedoch ihr Anteil an der Energieversorgung durch andere Energieträger nicht zu ersetzen – es sei denn, zugunsten der wenig umweltfreundlichen Kohlekraftwerke. Die Debatte über Vorteile und Gefahren der friedlichen Nutzung des Atoms zeigte Auswirkungen auf die Koalitionsparteien; vor allem in der SPD wuchs unter den Jungen die Zahl der Gegner, die die Kernenergiepolitik der Bundesregierung ablehnten. Auf dem Hamburger SPD-Bundesparteitag im November 1977 mußte die Parteiführung sich auf einen Kompromiß einlassen, der vorsah, daß »die Option auf die Kernenergie offengehalten und die Option, künftig auf Kernenergie verzichten zu können, geöffnet werde«.[75] Der Protest gegen Kernkraftwerke hat seitdem Tradition. Kein anderes Land kennt einen ähnlichen Jugendprotest gegen die friedliche Nutzung der Atomenergie, der zugleich ein so hohes Maß an Gewaltbereitschaft zeigt.

Der Protest verfestigte sich und ließ eine neue soziale Gruppe entstehen: die »Grünen«. Sie politisierten sich und bildeten – verstärkt durch Anhänger der ehemaligen K-Gruppen und andere Linke – vornehmlich in den Stadtstaaten eine grün-alternative Bewegung. Im Januar 1980 wurde in Karlsruhe die Bundespartei »Die Grünen« aus der Taufe gehoben. Die linksradikalen Gruppen in den Reihen der neuen Partei zielten allerdings weniger auf den Schutz der Umwelt als auf die Änderung der bestehenden Gesellschaftsordnung. Dennoch stand der Schutz der Umwelt im Vordergrund, den die »Grünen« durch die immer zahlreicher werdenden Kernkraftwerke am stärksten gefährdet sahen. Was diese neue junge Generation bewegte – Schüler, Studenten und solche, die beides nicht mehr waren, aber vor der Tristesse des Berufslebens zurückschreckten –, war Angst. Auf dieses neue Phänomen reagierten die Nachbarn der Deutschen amüsiert bis besorgt. Nach »Blitzkrieg«, »Panzer« und »Endlösung« war »Angst« ein neues deutsches Wort, das international gebräuchlich wurde.

Angst, zumindest tiefe Besorgnis trieb auch den Kanzler Schmidt, als er im Oktober 1977 in London einen Vortrag über aktuelle strategische Fragen hielt, in dem er auf »Disparitäten« hinwies, die in Europa »auf nukleartaktischem und konventionellem Gebiet zwischen Ost und West« bestünden.[76] Er spielte damit auf die sowjetischen Mittelstreckenraketen vom Typ SS 20 an, die eine Mindestreichweite von 4600 Kilometern besaßen, mit drei Atomsprengköpfen bestückt wurden und von mobilen Startrampen abgefeuert werden konnten – kaum erreichbar für den Gegner. Im Westen stand dieser neuen, seit 1975 bekannten Rakete nichts Vergleichbares gegenüber. Damit war das bislang herrschende strategische Gleichgewicht zwischen Ost und West – eine wesentliche Voraussetzung für die Aufrechterhaltung des Friedens, darin war sich der Westen im Prinzip einig – in Frage gestellt. Das neue eurostrategische Ungleichgewicht auf dem Gebiet von Waffen, die für die USA selbst keine Gefahr bedeuteten, wohl aber eine nukleare Erpressung Westeuropas ermöglichten, war eine durchaus ernstzunehmende Bedrohung. Indem Schmidt in London sowohl auf Breschnew als auch auf Carter einzuwirken versuchte und zu der im Januar 1979 auf der Karibikinsel Guadeloupe weitgehend erreichten Einigung über eine Doppelstrategie der NATO – Verhandlungen über den Rückzug der sowjetischen Raketen und/oder westliche Nachrüstung – beitrug, beging er wahrscheinlich seinen größten politischen Fehler. Es bestand nämlich innerhalb der Gesellschaft kein Konsens mehr darüber, wie er seine Pflicht, Schaden von der Bundesrepublik abzuwenden, zu erfüllen habe, da Teile seiner Partei, Pfarrer, Intellektuelle und viele Jugendliche aus dem Reservoir der Unpolitischen auf die sowjetische Bedrohung völlig anders reagierten.

In der Bundesrepublik entstand eine Friedensbewegung, die einem einzigen Motto folgte: »Frieden schaffen ohne Waffen.« Wären die NATO oder der amerikanische Präsident mit der Forderung hervorgetreten, umgehend durch Nachrüstung das gestörte Gleichgewicht wiederherzustellen, wäre der deutsche Bundeskanzler nicht in die innenpolitische Schußlinie geraten, denn er hätte sich darauf beschränken können, seine Treue zur Allianz und zur westlichen Verteidigung als loyaler Bündnispartner in gemessenen Worten zu bekunden. Weil aber Schmidt die Initiative zu der Modernisierung der NATO-Rüstung ergriffen hatte und als Verteidigungsexperte mit seinen strategischen Kenntnissen vor Menschen brillierte, die ein ganz anderes Verständnis vom Frieden und dessen Bewahrung hatten, wurde seine Politik insgesamt in Frage gestellt. Bei den Anhängern der »Grünen« beispielsweise stand der Antiamerikanismus im Vordergrund. Äquidistanz zu beiden Supermächten hieß die weithin akzeptierte Parole. Den Sowjets wurde dabei ein größerer Wille zum Frieden zugetraut als dem Westen. Hier zeigte sich ein neues, von den Erfahrungen der Nachkriegszeit völlig abweichendes Politikverständnis.

Helmut Schmidt wurde letztlich ein Opfer der sozialdemokratischen Ostpolitik, die seit 1969 stolz und selbstbewußt das Markenzeichen des Friedens trug. Ihre Befürworter wurden nicht müde zu erklären, daß die Spannungen in Europa seitdem abgenommen hätten. Mit der Entspannung in den Ost-West-Beziehungen ließ freilich die Bereitschaft nach, zur Kenntnis zu nehmen, daß die internationalen Rahmenbedingungen, also das nukleare Gleichgewicht, sich nicht geändert hatten und eine entsprechende Strategie erforderlich machten. Diese Strategie bestand auf der einen Seite in der Stationierung neuer

US-Mittelstreckenraketen vom Typ Pershing II und von Marschflugkörpern, auf der anderen Seite in Verhandlungen mit Moskau über die beiderseitige Reduzierung der Mittelstreckenpotentiale. Als sich die NATO im Dezember 1979 mit dem förmlichen Doppelbeschluß für diese Strategie entschied, hatte die Friedensbewegung ein klares Ziel: die westliche Nachrüstung zu verhindern. Die SPD stand vor einer neuen Zerreißprobe, denn innerhalb der Partei organisierte sich nun unter der Leitung des ehemaligen Bundesministers Erhard Eppler eine Opposition gegen Schmidts Politik.

Die Friedensbewegung mit ihrer politisch-ideologischen Einäugigkeit und Emotionalität gehört zu einem deutschen Sonderweg, den die jüngere Generation einschlug. Ihr politischer Protest hatte mit dem Kampf gegen die Notstandsgesetze begonnen und mit »Atomkraft – nein danke« sowie der Angst vor dem Überwachungsstaat seine Fortsetzung gefunden. Ihr Kennzeichen war eine hemmungslose Egozentrik und Emotionalisierung, die es bis dahin in Deutschland so nicht gegeben hatte. Für Schmidt handelte es sich um eine »Soft-Generation, mit ihrem Hang zur Weinerlichkeit«.[77] Die Abneigung war durchaus gegenseitig. Unter den Anhängern der »Grünen« fanden diesen Kanzler 86 Prozent »nicht vertrauenerweckend«.[78] Das konnte Schmidt als Kompliment betrachten, aber 34 Prozent der SPD-Anhänger teilten mittlerweile diese Auffassung – und das war für ihn schon weniger leicht zu verkraften.

Historisch gesehen zeigte sich in der Entwicklung so etwas wie eine neue deutsche Normalität. Der alte, seit der Jugendbewegung latente Generationenkonflikt brach erneut auf, und mit dem Umweltschutz kam sogar das unpolitische »Zurück-zur-Natur« wieder zur Geltung, diesmal allerdings in einer demokratischen Gesellschaft.

Friedens- und Anti-Atom-Bewegung waren innerlich verwandt. Sie fanden auch zunehmend Anhänger in der SPD. Während Schmidt nach dem 1979 erfolgten zweiten Ölpreisschock von der Notwendigkeit überzeugt war, die Atomenergie zur Verringerung des Ölverbrauchs nutzen zu müssen, wuchs in seiner Partei die Zahl der Kernkraftgegner. An einem Wochenende im Oktober 1981 flog der erschöpfte Kanzler nach Koblenz, um sich einen Herzschrittmacher einpflanzen zu lassen, während über 300 000 Anhänger der Friedensbewegung im Bonner Hofgarten demonstrierten, darunter auch Erhard Eppler, den Schmidt ausdrücklich gebeten hatte, nicht hinzufahren: ein unübersehbares Zeichen für den inneren Zwiespalt der Partei.

Die siebziger Jahre waren von wirtschaftlichen Schwierigkeiten gekennzeichnet, die zum Teil von den hohen, willkürlichen Erdölpreisen ausgingen. Die Wirtschaftspolitik war die Stärke des Kanzlers. Da scheute er selbst nicht davor zurück, auch ausländischen Staatsoberhäuptern strenge Lehren zu erteilen, weshalb man ihn ironisch »Weltökonom« titulierte. Von der eigenen Linken und ihrer Tendenz zu Planung und Umbau der Wirtschaft hielt er nichts. Daher war die Wirtschaftspolitik aus der Sicht des Kanzlers hervorragend geeignet, die innerparteilichen Gegner energisch anzugreifen. Nach der ersten Ölkrise von 1973 stellte er auf einem Landesparteitag fest: »Die Weltwirtschaft ist durch diese Verwerfung in eine Krise geraten, die ihr nicht begreifen wollt. Ihr beschäftigt euch mit der Krise des eigenen Hirns statt mit den ökonomischen Bedingungen, mit denen wir es zu tun haben.«[79] Mit solchen Breitseiten brachte er die Kritik zwar zum Verstummen, aber wirklich überzeugen konnte er seine Gegner nicht.

Als im April 1982 die SPD ihren Bundesparteitag in München abhielt, hatte sie die bis dahin niedrigsten Sympathiewerte zu verzeichnen. Die durch die Ölkrise von 1979 verursachte Rezession vervielfachte die Haushaltsprobleme. Die Deckung des Etats durch Mehrwertsteuererhöhung und Ergänzungsabgaben war höchst umstritten. In seiner Rede vor dem Parteitag zeigte Schmidt die Alternative auf: »Entweder wir haben weiterhin den Willen und trauen uns die Kraft zu, das Wohl unseres Landes … zu gestalten …, oder wir verspielen unnötig und selbstverschuldet die Chance, aus der Regierungsverantwortung heraus deutsche Politik zu gestalten.« Er warnte, »auch diesmal würde es sehr lange dauern«, bis die SPD wieder an die Macht zurückkehren könne, und erinnerte an den langen Weg, der über die Große Koalition zur Regierung Brandt/Scheel geführt hatte.[80]

Trotz seiner Warnungen konnte er aber nicht verhindern, daß ein Antrag die Regierung aufforderte, »soziale Einbrüche, insbesondere drastische Beschäftigungsrückgänge zu vermeiden« und Finanzierungslücken durch Einnahmen wie »Arbeitsmarktabgabe … Ergänzungsabgabe … Erhöhung des Spitzensteuersatzes« und »Verschärfung der Bodengewinn-Besteuerung« zu schließen.[81] Damit bot man dem Koalitionspartner die offene Flanke. Solche Finanzierungsvorstellungen mußten zum Bruch mit der FDP führen.

Die Stimmung innerhalb der SPD tendierte denn auch immer mehr zum Ausstieg aus der Regierung, wollte sie doch die notwendigen Kürzungen nicht hinnehmen. Die Autorität des Kanzlers bröckelte zunehmend. Oskar Lafontaine, Landesvorsitzender der SPD im Saarland, tat sich damals in einem Interview mit der respektlosen und ehrabschneidenden Äußerung hervor, Schmidt fördere lediglich »Sekundärtugenden« wie »Pflichtgefühl, Berechenbarkeit, Machbarkeit und Standfestigkeit«, mit denen man, »ganz präzise gesagt«, auch »ein KZ betreiben« könne.[82]

Im Sommer 1982 war die Regierung Schmidt am Ende. Vor der Fraktion erklärte der Kanzler, daß die »bisherige Steigerung der Sozialausgaben und Leistungen«, mit der er die innerparteilichen Gegner halbwegs in Schach gehalten hatte, auch wenn das steigende Staatsverschuldung bedeutete, »nicht mehr so fortgesetzt werden kann«.[83] Schrumpfendes Wirtschaftswachstum und steigende Arbeitslosigkeit ließen keinen Ausweg. Schmidt war gegen eine höhere Schuldenaufnahme, die Fraktion gegen die Senkung der Sozialleistungen. Die Atmosphäre in der SPD-Fraktion muß mehr als unterkühlt gewesen sein. Einem Beobachter erschienen die Abgeordneten nachgerade »apathisch«. Widerspruch wurde »sogleich von Herbert Wehner und Helmut Schmidt niedergebrüllt, während Willy Brandt eine buddhahafte Position einnahm«. Bemerkenswert dabei war, daß diese Übungen in sozialdemokratischer Solidarität vor einem »Troß von Fraktionsmitarbeitern und Beamten aus dem Kanzleramt« stattfanden.[84]

Beim Koalitionspartner FDP verfolgte man die Entwicklung in der SPD mit wachsender Besorgnis, zumal die Liberalen ihre eigenen Probleme hatten, bedingt nicht zuletzt durch das Aufkommen der »Grünen«, deren erste Erfolge bei Landtagswahlen stets zu Lasten der FDP gingen. Die voraussichtliche Bruchstelle der Koalition lag bei der Aufstellung des Haushalts für 1983 und den dafür notwendigen Ausgabenkürzungen. Bei den internen Beratungen zeichnete sich in der Tat ein erheblicher Dissens ab, ruinös genug, um Außenminister Genscher und den liberalen Wirtschaftsminister Otto Graf Lambsdorff, aber auch Kohl und andere Unionspolitiker, die schon miteinander über einen Koalitionswechsel verhandelten, hoffen zu lassen, nach den Sommerferien werde die Regierung Schmidt aufgeben müssen. Der September 1982 war als Termin für den Absprung der Liberalen und die Bildung einer Regierung unter Helmut Kohl noch aus einem anderen Grund günstig: Franz Josef Strauß wurde bis Anfang Oktober in Bayern durch den Landtagswahlkampf festgehalten und konnte daher schwerlich die Bonner Koalitionsverhandlungen stören.

Der Kanzler hatte sich derweil in seinem Ferienhaus am Brahmsee eine Strategie zurechtgelegt. Schmidt wollte nicht warten, bis die FDP den Mut zum Bruch fand und er sich dem Vorwurf aussetzte, durch Passivität die wirtschaftlichen Probleme verschärft und damit das Ende der Koalition verursacht zu haben. Er war entschlossen, Herr des Verfahrens zu bleiben und die Akzente so zu setzen, daß die Gegenseite möglichst schlecht aussah. Aber dann legte Graf Lambsdorff Anfang September ein wirtschaftspolitisches Thesenpapier vor, das scharf marktwirtschaftlich orientiert war und jede soziale Komponente vermissen ließ, so daß selbst die CDU/CSU es nicht hätte unterschreiben mögen. Die Erschütterungen, die das Memorandum auslöste, leiteten die Trennung von den Liberalen ein. Es war der Kanzler selbst, der den Wirtschaftsminister am 17. September entließ, woraufhin dessen drei FDP-Kollegen mit ihrem Rücktritt antworteten. Im Bundestag begründete Schmidt in einer großen Rede das Ende der Koalition, für deren Scheitern er Genscher verantwortlich machte. Durch rasche Neuwahlen wollte er nun – wie übrigens Franz Josef Strauß auch – die FDP aus dem Bundestag katapultieren. Genau aus diesem Grunde lehnte Helmut Kohl sofortige Neuwahlen ab.

Die FDP und ihr Vorsitzender Genscher gerieten in schwere Turbulenzen. Der »Mann mit den Ohren«, wie Wehner ihn gehässig nannte, hatte durch unentschiedenes Taktieren viel Ansehen verloren. Der Verratsvorwurf der SPD und die Kritik des eigenen sozialliberalen Flügels verursachten der FDP-Führung erhebliche Schwierigkeiten. Für sie galt es nun, die Koalitionsverhandlungen mit der Union erfolgreich abzuschließen und das konstruktive Mißtrauensvotum am 1. Oktober zu gewinnen – was dann am Ende einer lebhaften Debatte auch geschah: Helmut Kohl wurde mit 256 gegen 235 Stimmen zum Kanzler gewählt.

Schmidt hatte am 17. September vor der Fraktion festgestellt, der Koalitionswechsel der FDP und damit sein Sturz bedeute »so etwas wie einen tiefen Einschnitt in der neuesten deutschen Geschichte«.[85] Das war zu dramatisch formuliert, denn ein Kanzlerwechsel während der Legislaturperiode war in der Bundesrepublik fast ein normaler Vorgang, wie die Fälle Adenauer, Erhard und Brandt zeigen. Nur hatte diesmal nicht der koalitionsmüde kleinere Partner dem Kanzler die Gefolgschaft verweigert, sondern die große Regierungspartei, die nicht mehr funktionsfähig war. Ihr Niedergang stellte die FDP vor die Existenzfrage. Sie wollte nicht in den Abstiegsstrudel der SPD geraten, zumal der neue Koalitionspartner schon ungeduldig wartete.

Die »Wende«, womöglich eine politische und moralische, wie sie die Union vollmundig ankündigte, war im Grunde keine, noch weniger ein tiefer Einschnitt. Aber innerhalb der SPD vollzog sich mit dem Abgang Schmidts ein tiefer Wandel. Er war ein bedeutender Kanzler gewesen, keineswegs nur ein Macher, sondern ein Regierungschef, der die Bundesrepublik in schwieriger Zeit geführt und dabei Courage und Weitsicht gezeigt hatte. Ein Staatsmann mit immenser Arbeitskraft, scharfem Verstand und scharfer Zunge, der sich gekonnt in Szene zu setzen verstand. Was störte, waren seine Arroganz und die Besserwisserei, die ihm im Umgang mit seiner Partei zunehmend Schwierigkeiten bereiteten. Helmut Schmidt war geradezu das Musterbeispiel der vielen Angehörigen aus der Kriegsgeneration, die nach 1945 die Verpflichtung zur Mitwirkung am demokratischen Aufbau empfunden hatten. In den langen Jahren der Opposition war er maßgeblich daran beteiligt gewesen, die Partei zur politischen Mitte zu führen und sie für das westliche Bündnis und den Verteidigungsbeitrag zu gewinnen. Dadurch wurde sie auch für bürgerliche

Wähler attraktiv. Seinem politischen Format und seinem Beharrungsvermögen war es zuzuschreiben, daß er – gemeinsam mit politischen Gefährten wie Georg Leber, Hans Matthöfer, Hans Apel und anderen, die durch dieselbe Schule von Krieg und Nachkriegselend gegangen waren –, die Partei so lange an der Macht halten konnte.

Was folgte, war das Offenbarwerden des Generationenbruchs. Die im Kern veränderte Partei war unfähig, sich in der Opposition zu regenerieren. Die SPD entwickelte sich wieder zu dem, was sie die längste Zeit ihres Bestehens gewesen war: zu einer Partei der Opposition, einem Sammelbecken der kritischen und mit dem bestehendem Zustand der Gesellschaft nicht zufriedenen Geister. Sie hatte ihre angestammte Rolle nun auch in der etablierten Nachkriegsdemokratie wieder eingenommen. Diejenigen, die die »Bürde der Macht« zu tragen bereit waren, konnten nicht die Oberhand behalten.

Geschichtspolitik

Die Regierung Kohl/Genscher konnte dem selbstgestellten Anspruch, eine politische und moralische Wende herbeizuführen, nicht gerecht werden. In den Vereinigten Staaten und Großbritannien dagegen haben damals konservative Regierungen unter Ronald Reagan und Margaret Thatcher den Wildwuchs der Sozialleistungen energisch zurückgeschnitten. In der Folge nahmen diese Staaten einen erstaunlichen Aufschwung, vor allem die Arbeitslosigkeit ging spürbar zurück.

In der Bundesrepublik wagte es die Union genausowenig wie zuvor die SPD, den sozialpolitischen Schönwetterkurs zu ändern. Selbst Ansätze zu einer solchen Politik blieben rasch stecken. Als 1986 eine fundierte Befragung herausfand, daß ein erheblicher Teil der Arbeitslosen von sich aus wenig oder nichts unternommen hatte, einen neuen Arbeitsplatz zu finden, bildete sich rasch eine konzertierte Aktion des Protestes gegen die vermeintliche Diffamierung der Arbeitslosen.[1] Da wirkten Gewerkschaften, die Sozialbürokratie und jene spezifischen Gutachter mit, die sich anscheinend verpflichtet fühlen, ihre Schriftsätze grundsätzlich für den Auftraggeber erfreulich zu gestalten.

Auch auf anderen Gebieten löste die Regierung ihren vollmundigen Anspruch, einen Neuanfang zu setzen, nicht ein. Die Parteienfinanzierung auf krummen Wegen, also der Versuch, an der Steuer vorbei Geld für die bürgerlichen Parteien zu sammeln, wuchs sich zu einer langanhaltenden Affäre aus. Es überschnitten sich dabei zwei Entwicklungen: die inzwischen verbreitete Praxis, Spenden der Wirtschaft über funktionslose staatsbürgerliche Vereinigungen oder Briefkastenfirmen den Parteien zukommen zu lassen, ohne sie zu versteuern, und der Versuch großer Firmen, etwa des Flick-Konzerns, sich mit Hilfe umfangreicher Spenden die Erlaubnis des Bundeswirtschaftsministeriums einzuhandeln, Veräußerungsgewinne nicht versteuern zu müssen, sondern in neuen Unternehmensbeteiligungen anlegen zu dürfen.[2] Im Mittelpunkt der größten Spendenaffäre, eben jener um den Flick-Konzern, standen Bundeswirtschaftsminister Graf Lambsdorff und die stets auf Spenden angewiesene FDP; auch die Union war betroffen, während Spenden für die SPD damals kaum ins Gewicht fielen. Der Bundeskanzler selbst kam wegen der Flick-Spenden in Schwierigkeiten und verhaspelte sich vor einem Untersuchungsausschuß, so daß der CDU-Generalsekretär zu der umwerfenden Erklärung Zuflucht nehmen mußte, Kohl habe einen »momentanen Blackout« gehabt. Lambsdorff trat 1984 wegen der gegen ihn erhobenen Vorwürfe zurück, Jahre später wurde er wegen Steuerhinterziehung – ebenso wie der Schatzmeister der CDU – zu einer Geldstrafe verurteilt.

Auf außen- und sicherheitspolitischem Gebiet erfolgte jedoch tatsächlich eine Wende, deren Tragweite kaum zu überschätzen ist. Gegen eine breite Protestwelle setzte die Regierung Kohl/Genscher die Nachrüstung durch, ließ die Aufstellung von Mittelstreckenraketen des Typs Pershing II und von Marschflugkörpern zu, nachdem Verhandlungen zur Erreichung der Parität der entsprechenden Nuklearwaffen auf möglichst niedrigem Niveau gescheitert waren. Für den Versuch, zu einem Kompromiß zu gelangen, hatte das Bündnis einen Zeitraum von drei bis vier Jahren veranschlagt. Es kam auch zu Verhandlungen in Genf, bei denen der legendäre »Waldspaziergang« der amerikanischen und sowjetischen Delegationsleiter kurzfristig auf eine Lösung hoffen ließ, die jedoch angesichts der starren sowjetischen Haltung außer Reichweite lag.

Die starke westdeutsche Friedensbewegung mag in Moskau die Erwartung genährt haben, die Bundesrepublik werde innenpolitisch die Nachrüstung nicht durchstehen. So abwegig war es nicht anzunehmen, die durch die Bundestagswahlen vom 6. März 1983 in ihrem Amt bestätigte Regierung Kohl/Genscher könne unter der breiten und teilweise gewalttätigen Protestbewegung einknicken, zumal die SPD geradezu lustvoll von der Politik des Doppelbeschlusses, die ihr eigener Bundeskanzler konzipiert hatte, Abschied genommen hatte. Auf dem Kölner Sonderparteitag hatte die Partei mit nur vierzehn Gegenstimmen bei drei Enthaltungen die Raketennachrüstung abgelehnt. Deutlicher konnte das Votum gegen Helmut Schmidt und seine Politik nicht ausfallen: »Das Schiff verläßt den Lotsen.«[3] Letztlich bedeutete das den Weg in den Neutralismus, was klarsichtige Sozialdemokraten wie Hans Apel erkannten.[4] Für den Verteidigungsminister persönlich war es ein Weg ins politische Abseits. Für Helmut Kohl aber bedeutete der Nachrüstungsbeschluß die Stunde der Bewährung. Trotz des Drucks der linken Medien und der gewaltigen Demonstrationen ließ er sich nicht einschüchtern. Er fühlte die Last der Verantwortung, gab aber nicht nach.

Sein Mut und seine Standfestigkeit trugen ihm die Hochachtung des damaligen US-Vizepräsidenten George Bush ein. Bei einem Besuch in Deutschland hatte er die Brutalität der Demonstranten persönlich erfahren: Sein Wagen war in Krefeld massiv mit Steinen beworfen worden, so daß Kohl und Bush in einer Garage Zuflucht suchen mußten, bevor sie ihre Fahrt fortsetzen konnten. Zwischen den beiden Männern wuchs eine enge Beziehung; bei dem Amerikaner festigte sich die Überzeugung, daß Deutschland für seine Vergangenheit genügend gebüßt habe und es damit »irgendwann einmal genug sein mußte«.[5] Eine Beziehung war entstanden, deren wirklicher Wert sich 1989 offenbaren sollte.

Nach dem zustimmenden Votum des Bundestages am 21. November 1983 und manch fruchtlosen Versuchen, die Stationierung der Raketen durch Sitzblockaden zu verhindern, kehrte die politische Normalität zurück. Wieder war eine Welle westdeutscher Nachkriegshysterie über das Land gerollt, wobei nicht ausblieb, daß sie bei den westlichen Partnern Befürchtungen hinsichtlich eines neuen deutschen Pazifismus weckte. Das war in der Tat neu – man fürchtete die deutsche »Angst«.

Wichtiger als die innenpolitische Entwicklung der ersten Jahre der Ära Kohl ist der Bewußtseinswandel, der im Laufe der achtziger Jahre stattfand. In dem Maße nämlich, in dem sich das Verhältnis der beiden deutschen Staaten normalisierte – obwohl noch unvorstellbar blieb, wie die Teilung jemals überwunden werden könne –, rückte die deutsche Geschichte ins öffentliche Interesse. Geschichte wurde plötzlich wichtig, denn sie diente als Politikersatz. Mit ihr konnte man trefflich argumentieren, aber sie ließ sich auch für politische Zwecke instrumentalisieren.

Die Geschichte bot die Möglichkeit, die Forderung nach der Wiedervereinigung Deutschlands – soweit sie überhaupt noch erhoben wurde – und deren Wünschbarkeit in Frage zu stellen. Wer die Wiedervereinigung ablehnte, tat dies nun nicht mehr aus persönlicher Überzeugung, sondern weil die anscheinend so schwer faßbare deutsche Identität zu skeptischen Prognosen veranlaßte in bezug auf die Wiedervereinigung, die angeblich aus der Geschichte zu folgern waren. Die Diskussion tendierte auch eher dahin, die deutsche Identität zu verneinen und die Teilung des Landes als unabänderlich hinzustellen, zumal in historischer Perspektive das vielfach geteilte Deutschland eher der Normalfall denn die Ausnahme gewesen war.

Es ging im Grunde darum, der jahrzehntelangen Vorstellung entgegenzuwirken, daß die deutsche Frage noch immer, trotz der Festschreibung der Spaltung, offen sei. Die Frage nach der Identität der Deutschen zu stellen, hieß also zugleich, mehr oder weniger vorsichtig von ihr abzurücken und darauf mit der Gegenfrage zu antworten, ob die Deutschen nicht versuchten, »durch das Stellen der nationalen Frage der mühsameren Definition nach der Substanz unserer Identität als Gesellschaft aus dem Wege zu gehen – nationale Einheit als Identitätsersatz, als Eselsbrücke?« Zugespitzt hieß das: »Ist die Frage nach der Identität nicht eher eine Frage nach dem Selbstbewußtsein unserer intellektuellen Führungsschicht?«[6]

Auf so komplizierte Weise beschäftigten sich nicht alle Interpreten mit diesem Problem. Der amerikanische Historiker Gordon A. Craig bescheinigte den Deutschen schon 1982 in seinem Buch »Über die Deutschen«, sie seien überhaupt keine Nation.[7] Sebastian Haffner legte dar, daß der deutsche Nationalstaat ein abgeschlossenes Kapitel und das Land selbst nun in eine Geschichtsperiode eingetreten sei, »in der Deutschland, geteilt, partikular und wiederum, wie im größten Teil seiner Geschichte, zum Austarieren des Gleichgewichts dient«.[8] Haffners Abrücken vom Nationalstaat kam nicht überraschend, denkt man an das seltsame Wohlwollen, das er schon zuvor für Ulbricht und die DDR gezeigt hatte. Dank Ulbricht, so wähnte er, habe sich nach 1961 die »Bevölkerungsmehrheit mit seinem neuen Regime nach und nach« arrangiert und die DDR überdies den Beweis erbracht, »daß eine intelligent geleitete sozialistische Planwirtschaft nicht weniger leistungsfähig sein muß als eine kapitalistische Marktwirtschaft«. In Ulbricht sah Haffner den außerordentlich seltenen Fall eines deutschen »Revolutionärs«, der »einen Staat gegründet und ihn gegen alle Erwartungen konsolidiert« habe.[9] Das waren wunderliche Urteile, die aber auch Haffners feine Nase für kommende Entwicklungen verrieten. Mit der bewußt überzeichneten Aufwertung Ulbrichts und der DDR wollte Haffner einen Trend markieren, dem seiner Meinung nach die Zukunft gehörte, womit er jedenfalls auf kürzere Sicht gar nicht falsch lag.

Auch Günter Gaus, der noch von Brandt ernannte Ständige Vertreter in Ost-Berlin, brachte 1983 seine Überzeugung zum Ausdruck, daß es nicht mehr möglich sei, einen einheitlichen deutschen Staat wiederherzustellen.[10] Statt dessen wollte er die »nationale Bewußtlosigkeit« überwinden und die »nationale Identität« der Deutschen in die »europäische Normalität« zurückführen. Worauf es ankomme, sei »die Zukunftsicherung der entstaatlichten Nation«. Diese Perspektive befriedigte freilich selbst einen so wohlgesinnten Rezensenten wie Theo Sommer nicht: »Der Begriff bleibt weiterhin Hülse.«[11]

Gegenüber einem solchen Diskurs blieb Elisabeth Noelle-Neumann eher skeptisch: »Nichts deutet auf ein Abnehmen der Gefühle nationaler Verbundenheit«, stellte sie angesichts des demoskopischen Befundes fest, und sie warnte vor voreiligen Schlüssen: »Die Bevölkerung erscheint sicher viel geduldiger, als es sich viele Journalisten, Politiker und Wissenschaftler vorgestellt haben.« Mehr noch: Die Bevölkerung sei »bemerkenswert realistisch, wenn es sich um die deutsche Einheit … handelt. Im Zweifelsfall scheint ihr ein ›Verharren im Wartesaal der Geschichte‹ den gegenwärtigen Verhältnissen am besten angemessen«.[12]

Ähnlich nüchtern urteilte auch Richard von Weizsäcker, der seit 1981 das Amt des Regierenden Bürgermeisters in Berlin innehatte. Er beobachtete aufmerksam von dort aus die Debatte über die nationale Identität und war sich stets bewußt, daß Deutschlands Situation noch immer durch seine Mittellage bestimmt sei. Für ihn war die Existenz der Mauer als »politisches Schwächezeichen« und »fortdauernder menschlicher Irrsinn« ein Beweis dafür, »daß die Frage offen ist«, die die Mauer »eigentlich abschließend beantworten sollte«.[13]

Am 6. Juni 1984 jährte sich zum vierzigsten Mal der Tag der alliierten Landung in der Normandie. Bis dahin war dies kein Anlaß zum Feiern oder zu großartigen Gedenkveranstaltungen gewesen, denn die jeweiligen Zeitumstände erlaubten derartige Festlichkeiten nicht. 1954 verloren die Franzosen den Indochinakrieg; 1964 hätte de Gaulle, wäre von amerikanischer Seite der Wunsch geäußert worden, mit Sicherheit sein Veto eingelegt, und 1974 stand den USA in ihrem Bestreben, so rasch wie möglich den Vietnamkrieg zu beenden, angesichts ihrer Niederlage in Südostasien nicht der Sinn danach, einen längst vergangenen Sieg zu feiern.

1984 aber war alles anders. Die USA hatten aufgerüstet und wollten sogar ein neues Waffensystem im Weltraum installieren. Präsident Ronald Reagan stand vor der Wiederwahl, und es lebten noch Millionen amerikanischer Veteranen, die sich stolz an ihre militärischen Leistungen im Zweiten Weltkrieg erinnerten. Deshalb gedachte der Präsident der Vereinigten Staaten mit den verbündeten Staatsoberhäuptern und Regierungschefs am Strand der Normandie an die alliierte Landung zu erinnern. Die Deutschen lud man dazu jedoch nicht ein, und diese sahen nun mit »gemischten Gefühlen«,[14] daß die von ihnen so sorgfältig aufrechterhaltene Unterscheidung zwischen Nationalsozialisten und Deutschen nicht verfing.

Es war wohl die deutsche Ernüchterung über die frischfröhliche Siegesfeier der Alliierten, die Staatspräsident Mitterrand veranlaßt hat, den Kanzler im September zu einer Feier auf dem Schlachtfeld von Verdun einzuladen, wo beide vor dem langgestreckten Beinhaus am Fort Douaumont mit einem feierlichen Händedruck der deutsch-französischen Versöhnung gedachten. Ein wirklicher Anlaß dazu hatte nicht bestanden, denn die Versöhnung war schon unter Adenauer und de Gaulle besiegelt worden. Es war aber eine würdige Veranstaltung ohne jeden Mißklang.

Eine ganz andere Wendung nahm dann die Versöhnungsfeier mit Ronald Reagan, die Kohl plante und zu der die Besichtigung eines Konzentrationslagers, des Soldatenfriedhofs Bitburg in der Eifel und eine Veranstaltung auf dem Hambacher Schloß gehören sollten. Amerikanische Journalisten fanden aber heraus, daß in Bitburg neben 2000 Soldaten der Wehrmacht auch 48 Angehörige der Waffen-SS liegen, die 1944 an der Westfront gefallen sind. Die Nachricht erregte die Öffentlichkeit in den USA ungemein, da bei der dort herrschenden weitgehenden Unkenntnis des NS-Regimes die Waffen-SS mit dem

Mordpersonal der Konzentrationslager und des Holocaust gleichgesetzt wird. Der Präsident sah sich massivem Druck von jüdischer Seite ausgesetzt, den Besuch zu streichen. Kohl bat ihn aber dringend, die Visite nicht abzusagen, weil sein politisches Überleben als Kanzler davon abhänge.[15] Da es Kohl gewesen war, der die Nachrüstung in der Bundesrepublik durchgesetzt hatte, akzeptierte Reagan das Besuchsprogramm schließlich. Es war ein Besuch in beklommener Atmosphäre, überschattet von der Besorgnis, es könne noch zu weiteren Peinlichkeiten kommen. Die Medien reagierten überwiegend kritisch, nicht aber die Bevölkerung. Daß Kohl es geschafft hatte, trotz heftigen Widerstandes den amerikanischen Präsidenten zum Besuch eines deutschen Soldatenfriedhofs zu bewegen, rechneten ihm seine Wähler hoch an.[16]

Wollte Kohl in Bitburg die Erinnerung an das Kriegsende vierzig Jahre zuvor und zugleich die enge Verbundenheit mit den USA demonstrieren, so verfolgte Bundespräsident von Weizsäcker mit seiner Rede am 8. Mai 1984 eine ganz andere Absicht. Er hatte Kohls Einladung an Reagan nicht gebilligt, sie aber auch nicht verhindern können. Seine Ansprache zum Kriegsende richtete sich an die Deutschen. Auch sie erregte Aufsehen, aber im Gegensatz zu dem Besuch in Bitburg fand sie sehr viel Zustimmung, Die liberalen Medien feierten sie geradezu hymnisch, was nicht zuletzt bewirkte, daß der liberal-konservative Präsident fortan als eine Ikone der Linken verehrt wurde.

Der Bundespräsident hatte dem Tag der deutschen Kapitulation eine neue Bedeutung gegeben. Es sei nicht nur ein Tag der Niederlage, sondern vor allem ein »Tag der Befreiung« gewesen, der Befreiung »von dem menschenverachtenden System der nationalsozialistischen Gewaltherrschaft«.[17] Den 8. Mai 1945 zum »Tag der Befreiung« zu erklären, das war ein Akt subtiler Geschichtspolitik, die Durchsetzung einer Deutung der Vergangenheit, die politisch gewollt, wenn auch historisch nicht haltbar war. Denn nur die Sowjets und ihre kommunistischen Handlanger hatten 1945 die Befreiung und die Befreier bejubelt, die Bevölkerung dagegen den Schock über deren unzählige Verbrechen nicht vergessen. Den US-Soldaten wiederum war der strikte Befehl erteilt worden, nach Deutschland nicht als Befreier einzurücken. Für politisch Verfolgte und noch lebende Juden brachte das Vorrücken der Alliierten den langersehnten Moment der Befreiung, für die Masse der deutschen Bevölkerung hingegen verband sich damit Erleichterung, Erleichterung darüber, daß der Krieg endlich zu Ende war. Nicht so sehr der Führer und sein Regime, sondern der Krieg – das war die Last gewesen, von der man sich befreit fühlte. Indem Richard von Weizsäcker den 8. Mai zum »Tag der Befreiung« machte, schuf er ein neues Geschichtsbild: die Fiktion eines antifaschistischen Deutschland, das durch den Sieg der Alliierten befreit worden war. Was Weizsäcker unterstellte, wurde von der intellektuellen Linken enthusiastisch aufgenommen, weil es ihrem Wunschbild von einem antifaschistischen Deutschland entsprach, gleichgültig ob das der historischen Prüfung standhielt oder nicht.

Der »Historikerstreit«, der 1986 internationales Aufsehen erregte, zeigte dann die Zerstrittenheit deutscher Zeithistoriker, zugleich aber auch ihre Orientierungslosigkeit. Anlaß war ein Artikel von Ernst Nolte in der »Frankfurter Allgemeinen Zeitung« über »Vergangenheit, die nicht vergehen will«.[18] Dort hatte der Autor eine spezifische Sicht Hitlers und der nationalsozialistischen Vergangenheit geboten, wobei er sich von den Thesen seines ersten, 1963 erschienenen Buches »Der Faschismus in seiner Epoche« weit entfernte. Nolte ging von der Forderung aus, es müsse »jede Vergangenheit mehr und mehr in ihrer Komplexität erkennbar werden« – ein Gemeinplatz, aus dem er eine Argumentation entwickelte, die jeder historischen Vorgehensweise Hohn sprach und die von ihm geforderte Komplexität ad absurdum führte.

Worauf es Nolte ankam, war der »kausale Nexus« zwischen bolschewistischen und nationalsozialistischen Verbrechen, bei denen der einzige Unterschied lediglich darin bestanden habe, daß die Nazis mit der Vergasung eine technisch modernere Vernichtungsart gefunden hatten. Man dürfe daher nicht auf den nationalsozialistischen Rassenmord fixiert sein und den Klassenmord der Bolschewisten außer acht lassen oder gar verdrängen. Nolte verfolgte mit dieser These sicher keine platte Apologie der Nazi-Verbrechen, aber sein Artikel zeigte eine emotional aufgeladene Abneigung gegen die landläufige Vergangenheitsbewältigung und die Unfähigkeit, seine These von der Vergleichbarkeit und dem »historischen Prius« wenigstens ansatzweise zu begründen.

Die spektakulärste Reaktion auf Noltes provokativ wirkenden Artikel kam aus einer Ecke, in der man sich mit Geschichte und den spezifischen Problemen der Zeitgeschichte eigentlich weniger beschäftigt. Es war der Philosoph und Soziologe Jürgen Habermas, der in der »Zeit« den Beitrag Noltes in einen größeren Zusammenhang stellte. Für Habermas waren die Thesen Noltes, wie sie auch schon in früheren Aufsätzen anklangen, Ausdruck der »apologetischen Tendenzen in der deutschen Zeitgeschichtsschreibung«, die er als »eine Art Schadensentwicklung« charakterisierte.[19] Zugleich machte Habermas aus dem isolierten Skandalon des Einzelgängers Nolte mit seiner verharmlosenden Konstruktion des Ursache-Folge-Schemas der beiden Jahrhundertverbrechen eine Art Verschwörung. Es ging angeblich um eine neue Sinnstiftung, um das Festhalten an der alten These von der deutschen Mittellage und um die von der Regierung Kohl geplanten Geschichtsmuseen – für Habermas alles Symptome national-konservativer und restaurativer Tendenzen, die letztlich auf eine Apologie von Auschwitz hinausliefen. Diesem angeblichen Rückfall in deutschnationale Denkschablonen stellte Habermas die »vorbehaltlose Öffnung der Bundesrepublik gegenüber der politischen Kultur des Westens« entgegen, für ihn die »große intellektuelle Leistung« der Nachkriegszeit.

Mit Habermas' »Frontalangriff« gegen einen fiktiven Gegner brach der Historikerstreit erst richtig aus. Statt sich in erster Linie mit den Thesen Noltes auseinanderzusetzen und diese zu widerlegen, jagten Medien und Politiker hinter dem Gespenst einer rechten Verschwörung her. Zugleich kam eine schwerfällige Diskussion über die historische Darstellung des Nationalsozialismus in Gang, darüber, ob seine »Historisierung« möglich oder erlaubt sei und inwieweit Vergleiche in der Geschichtswissenschaft zulässig oder sogar notwendig seien.

Die bleibende Wirkung des Historikerstreits bestand in der Bundesrepublik wohl darin, daß er die These der Einzigartigkeit von Auschwitz verfestigte und zentrale Bedeutung für die jüngste deutsche Geschichte gewann. Auschwitz wurde im Zuge der Verinnerlichung der deutschen Teilung von vielen Intellektuellen immer stärker in dem Sinne verstanden, daß es die Deutschen selbst gewesen seien, die durch ihre Massenverbrechen im Zweiten Weltkrieg die Einheit für immer verspielt hatten. Auschwitz erhielt die Bedeutung eines singulären Jahrhundertverbrechens, für das den Deutschen mit der Teilung ihres Staates die gerechte Strafe auferlegt war. Vergleiche oder Hinweise auf die Verbrechen anderer, vor allem linker Diktaturen, wurden gleichsam tabuisiert. Auch der Mangel an Freiheit der DDR-Bürger rückte immer mehr aus dem Blickfeld, denn dort – und nicht im Wohlstandswesten – zahlte man ja vor allem den Preis für die Teilung. Eine solche ideologisch-moralische Abkehr vom Ziel, ja selbst von der Wünschbarkeit einer Wiedervereinigung war natürlich nicht ohne Vorteil für die DDR-Führung. Die »Zeit« veröffentlichte am 31. Januar 1986 ein Interview mit dem SED-Generalsekretär unter der Schlagzeile: »Ein deutscher Kommunist, ein deutscher Realist«.[20] An anderer Stelle schrieb der Herausgeber: »Deutschland zu zweit – das könnte ein Deutschland sein, in dem und mit dem sich leben ließe: duldsam nach innen, verträglich nach außen.«[21]

Am 17. Juni 1987 hielt der amerikanische Historiker Fritz Stern auf Vorschlag der SPD im Bundestag die traditionelle Gedenkansprache.[22] Obwohl keinerlei neue Quellen über den Volksaufstand vorlagen, kam der Festredner dennoch zu neuen Erkenntnissen. Ohne nähere Begründung stellte er fest, daß dessen »Beurteilung in der deutschen Nachkriegsgeschichte sich grundlegend geändert hat«. Stern behauptete einfach, der 17. Juni sei »kein Aufstand für die Wiedervereinigung« gewesen, sondern zum »Vorboten von Aufständen und Reformen« in den Nachbarstaaten der DDR geworden – wovon nun wirklich keine Rede sein konnte. Daß das Aufbegehren mit innerer Notwendigkeit auf freie

GESCHICHTSPOLITIK **641**

Wahlen und die Einheit gezielt hatte, wurde dabei glatt unterschlagen, obwohl dieser Sachverhalt längst gut dokumentiert war. Statt dessen hieß es lakonisch: »Der Aufstand vom 17. Juni war ein Aufstand für ein besseres, ein freieres Leben« – für einen Historiker ein bemerkenswertes Fehlurteil, das die Tendenz zeigte, die Geschichte umzuinterpretieren und den Willen zur Einheit überhaupt zu leugnen.

Im folgenden Jahr löste die Rede des Bundestagspräsidenten Philipp Jenninger einen Skandal aus. Am 10. November hielt er eine Rede im Bundestag zur Erinnerung an das Judenpogrom (»Reichskristallnacht«) von 1938.[23] Er hatte sich keinem routinierten Redenschreiber anvertraut, sondern sich selbst mit der Materie beschäftigt und versucht, die Entwicklung nach 1933 aus der Sicht der damaligen Deutschen verständlich zu machen, vor allem wollte er erklären, wie es möglich gewesen war, daß Hitler in der Bevölkerung einen so starken Zuspruch habe finden können. Jenninger mag die Rede schlecht vorgetragen haben, manche seiner Formulierungen mögen mißverständlich gewesen sein – prompt traf sie auf ein aggressives Nichtverstehenwollen zahlreicher Medienvertreter, deren vernichtende Kritik den CDU-Politiker schließlich zum Rücktritt zwang. Es ist müßig auf Einzelheiten dieser vorsätzlichen Verzeichnung einzugehen. Es mag der Hinweis genügen, daß Ignatz Bubis vor einem jüdischem Publikum die Rede nochmals, nun aber als eigenen Text vorgetragen hat und dabei keinerlei negative Reaktion auslöste. Bei Jenninger hingegen rief allein der Verdacht, hier wolle einer von der vermeintlichen Einbahnstraße nach Auschwitz abweichen und damit von der Rechtfertigung des Endes aller deutschen Nationalstaatlichkeit, wütende Abwehr hervor.

Mit Sebastian Haffner schließt sich der Kreis der journalistischen und intellektuellen Einheitsleugner in der alten Bundesrepublik. Dieser einflußreiche Publizist hatte nach dem Krieg sehr unterschiedliche Positionen vertreten, mal als kalter Krieger, mal als Revolutionsenthusiast, mal als Bewunderer des alten Preußen. Aber zu Nationalstaat und Wiedervereinigung hatte er stets eine eher distanzierte Haltung eingenommen. Das war kein Zufall. Schon in seinem 1940 erschienenen Buch: »Germany: Jekyll and Hyde«, das eine Analyse des NS-Regimes und den Entwurf einer alliierten Deutschlandpolitik nach dem Krieg enthielt, war er bereits zu dem Ergebnis gekommen, daß es für Deutschland nur eine Lösung gebe: »Das Deutsche Reich muß verschwinden und die letzten 75 Jahre der deutschen Geschichte müssen ausgelöscht werden. Die Deutschen müssen bis zu jenem Punkt zurückgehen, wo sie den falschen Weg eingeschlagen haben – bis zum Jahr 1866.«[24] Sie sollten also den Nationalstaat mit all seinen Stärken und Schwächen, seinen Erfolgen und Niederlagen, der die Zeitgenossen so nachhaltig geprägt hatte, schlicht verdrängen oder vergessen. Das war schon damals kein realistischer Vorschlag, denn nur wenn der Morgenthau-Plan umgesetzt worden wäre, hätte er eine Verwirklichungschance gehabt. Doch davon war nach 1944 bald schon keine Rede mehr.

In seinem letzten Buch »Von Bismarck zu Hitler«, das 1987 erschien, äußerte sich auch Sebastian Haffner zu diesem Thema. Das Urteil fiel eindeutig aus. Eine Chance für Wiedervereinigung und Nationalstaat konnte er nicht entdecken, sondern nur eine Verfestigung der Teilung: »Zwischen den beiden deutschen Staaten und ihren jeweiligen Gründermächten besteht heute ein viel engeres und festeres Verhältnis als zur Zeit ihrer Gründung. Ein Ausbrechen aus diesen gegenseitigen Verpflichtungen, selbst wenn es gewollt wäre, ist heute kaum mehr möglich.« Es habe eine »Verklammerung der beiden deutschen Staaten mit den beiden großen Bündnissystemen« stattgefunden, die »im Laufe der Jahre immer enger« geworden sei, und »damit ist die Aussicht auf die Wiederherstellung – oder Neugründung – eines wie immer auch gearteten gesamtdeutschen Staates, eines neuen Deutschen Reiches, schließlich dahingeschwunden«. Natürlich sah er die Möglichkeit, »daß einer der beiden deutschen Staaten verschwände und in dem anderen aufginge«, aber das würde »einen Krieg voraussetzen und eine Wiedervereinigung dieser Art könnte wohl unter heutigen Bedingungen nur noch im Massengrab stattfinden«.[25]

Die Historiker hatten einige Schwierigkeiten, die deutsche Teilung als Endzustand zu akzeptieren, denn tatsächlich hatte sich das Deutsche Reich trotz aller inneren Zerstrittenheit als überraschend stabil erwiesen und auch nach der Niederlage keine ernsthaften Auflösungserscheinungen gezeigt.

Theo Sommer, der einflußreiche Chefredakteur der »Zeit«, stellte dann am 23. Juni 1989, als bereits das kommunistische Herrschaftsmonopol in Polen und Ungarn beseitigt war, die besorgte Frage: »Quo vadis Germania?«[26] Erschreckt von der Aggressivität jüdischer Kommentatoren in der amerikanischen Presse, die schon mit der deutschen Einheit rechneten und sie fürchteten, sah er in der »Entstaatlichung der deutschen Frage … die einzige Lösung« und vertrat die Ansicht: »Je deutlicher wir dies der Welt machen, desto weniger werden wir bei den Nachbarn in Ost und West Mißtrauen wecken oder Angst.« Sechs Jahre zuvor, als Günter Gaus den Vorschlag der Entstaatlichung gemacht hatte, war er noch der Ansicht gewesen: »Der Begriff bleibt weithin Hülse.«[27] Nun fiel ihm selbst nichts Besseres mehr ein.

Dann kam die Wiedervereinigung und mit ihr das Ende so mancher Illusionen. Für die Geschichtspolitik hatte sich ein Kapitel erledigt, mehr nicht. Die historische Betrachtung ist immer aufgefordert, über alle Moden und Tendenzen hinweg herauszufinden, wie es wirklich war. Den politischen Wünschbarkeiten des Tages zu folgen ist ihre Sache nicht.

Unerwartete Wende: die Wiedervereinigung

DIE INTERNATIONALE KONSTELLATION

Mit dem Aufstieg Michail Gorbatschows im Frühjahr 1985 kam in Europa neue Hoffnung auf. Seine schwungvoll verkündete Politik der Perestroika (Umgestaltung) machte bald konkrete Abrüstungsvereinbarungen möglich und förderte Vorstellungen, wie das »Europäische Haus gebaut, eine neue Friedensordnung geschaffen und die Teilung Europas überwunden werden« könne. Am Ende dieser wahrscheinlich langfristig verlaufenden Prozesse sollte dann auch eventuell das deutsche Problem gelöst werden, falls dazu überhaupt noch ein Bedürfnis bestand. Doch es kam alles ganz anders. Die Prioritäten drehten sich um, und was dem Lauf der Geschichte überlassen bleiben sollte, war plötzlich aktuelle und gestaltungsfähige Politik. Die bündnisübergreifende Friedensordnung, von der so viel gesprochen worden war, blieb toter Buchstabe, aber am 3. Oktober 1990 war Deutschland wiedervereinigt – als Mitglied der NATO. Viele Faktoren hatten daran mitgewirkt: die feste, vertrauensvolle deutsch-amerikanische Zusammenarbeit, das »neue Denken« Gorbatschows, nach dem Selbstbestimmung akzeptiert wurde – ein politisches Konzept, das gegenüber Deutschland nicht einfach außer Kraft gesetzt werden konnte –, die deutsche Finanzhilfe für die wirtschaftlich schwächer werdende Sowjetunion und vor allem der jähe Zusammenbruch der DDR.

Mit dem Ende des »Arbeiter- und Bauernstaates« hatte kaum einer gerechnet. Noch im September 1987 hatte Erich Honecker der Bundesrepublik endlich seinen Staatsbesuch abgestattet, der wiederholt verschoben worden war, nicht zuletzt auf Druck der Sowjets.[1] Für den DDR-Staatsratsvorsitzenden war das der Höhepunkt seiner politischen Karriere, sah er doch wie die meisten Zeitgenossen mit diesem Besuch die Zweistaatlichkeit Deutschlands endgültig besiegelt. Alles suggerierte zu diesem Zeitpunkt noch die Stabilität der bestehenden Verhältnisse: die zuvorkommende Behandlung Honeckers durch die Bundesregierung und die Landesregierungen, die daraufhin einsetzende Welle von Besuchen westdeutscher Politiker in Ost-Berlin, bei denen manche SPD-Vertreter sich als Verbündete der SED zu erkennen gaben und diskrete Zusammenarbeit offerierten.[2]

In Wirklichkeit gab es keine Bewegung in den innerdeutschen Beziehungen. Der 1980 erhöhte Zwangsumtausch wurde von der DDR ebensowenig rückgängig gemacht wie Bonn die Geraer Forderungen Honeckers nach Anerkennung der DDR-Staatsbürgerschaft durch die Bundesrepublik akzeptierte. Allerdings erleichterte die DDR den Bürgern, die noch nicht im Rentenalter waren, Reisen in den Westen. Unauffällig, aber stetig schwoll der Besucherstrom an: Bis 1987 hatten fünf Millionen DDR-Bürger die Bundesrepublik besucht, in der ersten Hälfte des Jahres 1989 sollen es sogar 2,8 Millionen gewesen sein. Sie konnten mit eigenen Augen sehen, wie wenig die Wirklichkeit dort mit der Propaganda der SED übereinstimmte. Das machte sie ihrer Staatsführung gegenüber noch kritischer.

In der DDR bildeten sich Dissidentenzirkel, wobei kirchliche Einrichtungen wichtige Hilfe leisteten. Die Zahl derer, die einen Antrag auf Ausreise stellten und bereit waren, die psychologischen und materiellen Schikanen der »Staatsorgane« in Kauf zu nehmen, wuchs unaufhörlich. Die Kirchenleitung ging im Frühjahr 1988 zur SED-Führung vorsichtig auf Distanz und gab damit zu erkennen, daß sie nicht alle Zumutungen der Partei hinzunehmen bereit sei. Die Besetzung der »Umwelt-Bibliothek« in der Ost-Berliner Zionskirche durch Mitarbeiter des MfS verriet, für wie gefährlich das Regime die oppositionellen Aktivitäten unter dem Dach der Kirche hielt. Auch in der DDR verbliebene Schriftsteller wie Günter de Bruyn und Christoph Hein machten aus ihrer kritischen Einstellung gegen das Regime keinen Hehl, protestierten aber nicht in der Öffentlichkeit.

Obwohl das MfS genau über das Maß an Ablehnung informiert war, das dem SED-Regime entgegenschlug, blieb dieses untätig. Die wirtschaftlichen Probleme wuchsen, aber Honecker nahm sie nicht mehr in ihrer vollen Tragweite wahr. Nach dem vermeintlichen Triumph des Staatsbesuches in der Bundesrepublik schwand der Realitätssinn der Führung merklich, Risse zeigten sich in dem bis dahin als unverbrüchlich und unabänderlich geltenden Verhältnis zur Sowjetunion. Sie waren schon im Frühjahr 1987 mit der öffentlichen Kritik am Reformkurs Gorbatschows deutlich geworden, als das Politbüro-Mitglied Hager abfällig vom Tapetenwechsel, den die DDR nicht nötig habe, gesprochen hatte.

In der Bundesrepublik wie anderswo wurden die Schwächetendenzen in der DDR wie im ganzen Ostblock zwar registriert, aber man zog daraus noch keine politischen Konsequenzen. Als erste erkannte die amerikanische Führung, daß die Wiedervereinigung möglich werden könnte. Präsident Bush, selbst ein erfahrener Außenpolitiker, hatte ein relativ junges und leistungsfähiges Team im Nationalen Sicherheitsrat gebildet. Sein Freund James A. Baker, der nach verschiedenen Kabinettsposten in der Reagan-Administration das State Department übernommen hatte, hielt enge Fühlung mit dem Präsidenten. Beider Mitarbeiter pflegten einen engen und vertrauensvollen Umgang miteinander, so daß Spannungen und Eifersüchteleien wie in Bonn zwischen Kanzleramt und dem Auswärtigen Amt undenkbar waren. Bush und seine Mitarbeiter verfolgten ein ebenso einfaches wie schlüssiges Konzept: Der Kalte Krieg könne nur beendet werden, wenn man die Teilung Europas überwinde. Im Europäischen Haus müsse man sich frei von Raum zu Raum bewegen können.[3] Ende Mai 1989 drückten die Amerikaner dann auf dem NATO-Gipfel durch, daß in der gemeinsamen Erklärung das Selbstbestimmungsrecht der Deutschen – sicher zur Überraschung mancher deutscher Teilnehmer – eigens angesprochen wurde.

Die Situation in Osteuropa änderte sich dann Anfang Juni mit den ersten freien Wahlen in Polen entscheidend: Von nun an saßen Vertreter der Solidarność-Bewegung in der Regierung. Bush honorierte diesen Durchbruch zur Demokratie, indem er Polen im Juli einen Staatsbesuch abstattete. Zugleich hatten in Ungarn die Reformer an politischem Einfluß gewonnen, und bereits im Juni waren die Europa-Experten in Washington zu der Erkenntnis gelangt, daß sich die DDR angesichts der Veränderungen in Polen und Ungarn auf Dauer nicht behaupten werde.[4] Über kurz oder lang müsse die Woge der Veränderung auch die DDR und die ČSSR, die in ähnlicher Erstarrung wie ihr nördlicher Nachbar dahinvegetierte, erreichen. Dafür sprach auch, daß Moskau die Kooperation mit der Bundesrepublik suchte. In diesem Zusammenhang kam es zu dem denkwürdigen Besuch Michail Gorbatschows in der Bundesrepublik vom 12. bis 15. Juni 1989.

Dieser Besuch sollte von kaum zu überschätzender Bedeutung für die Zukunft der politischen Beziehungen beider Länder sein. Kohl und Gorbatschow unterzeichneten eine »gemeinsame Erklärung«[5] – die erste dieser Art, die die Sowjetführung mit einer westlichen Regierung abschloß, was von sowjetischer Seite als großer Erfolg gewertet wurde. Die Erklärung handelte von Selbstbestimmung, Abrüstung, wirtschaftlicher Zusammenarbeit und Überwindung der Systemgrenzen. Damit bringe sie, erläuterte Gorbatschow, »den Willen der Völker beider Länder zum Ausdruck …, unter die Nachkriegsperiode und die nicht leichte Geschichte ihrer Beziehungen einen Schlußstrich zu ziehen«.[6] Das klang nach einem Neuanfang in den deutsch-sowjetischen Beziehungen. Begleitet war er von einer regelrechten »Gorbimanie«, jener grenzenlosen Begeisterung, mit der die westdeutsche Bevölkerung den Kreml-Chef empfing. Für den so herzlich Begrüßten war das ein ganz neues Erlebnis. Bald zeichnete sich auch ein politisch wichtiges Ergebnis ab: der gute menschliche Kontakt zwischen Kohl und Gorbatschow. Sie kamen sich nicht nur persönlich nahe, sie verband auch das Gefühl, gemeinsam am »Europäischen Haus« bauen und die Zukunft ihrer beiden Länder entscheidend mitgestalten zu können. Die mitternächtliche Schlüsselszene im Park des Bundeskanzleramtes am Rhein sollte dies verdeutlichen – egal ob Kohl eine großzügige Zusage auf Wirtschaftshilfe gab[7] oder seinem Gesprächspartner die Gewißheit der kommenden Wiedervereinigung mit der ruhigen Kraft des Stromes verdeutlichte:[8] Was immer sie auch sprachen, hier wuchs ein gegenseitiges Vertrauen heran, das bei den umwälzenden Entscheidungen der nächsten Monate den Ausschlag geben sollte.

DIE KRISE DER DDR BIS ZUR ÖFFNUNG DER MAUER

Die Geschichte der DDR ist auch die Geschichte vieler Fluchten; ob zunächst noch relativ ungefährdet mit der S-Bahn nach West-Berlin, ob nach dem Mauerbau in immer komplizierteren Verstecken oder über Drittländer – nie hatten die Versuche nachgelassen, diesem Land zu entfliehen. So war es nur folgerichtig, daß auch das Ende der DDR durch eine Fluchtbewegung eingeleitet wurde.

Als Ungarns neuer Ministerpräsident Miklós Németh im Mai 1989 Veränderungen des ungarischen Grenzsystems und einen ersten Abbau der Sperranlagen entlang der Grenze verkündete, bot sich die Chance, über diese grüne Grenze in den Westen zu gelangen. Fluchtbereite DDR-Bürger nutzten bald darauf das beliebte Urlaubsland Ungarn als Absprungbrett in den Westen. Zunächst wurden sie von den ungarischen Behörden noch behindert, dann aber kaum noch aufgehalten, wenn nicht sogar in ihrem Tun toleriert. Flüchtlingslager wurden eingerichtet.

Die endgültige Öffnung der Grenze erfolgte am 11. September nach geheimen Verhandlungen auf Schloß Gymnich bei Bonn zwischen Kohl und Vertretern Ungarns, unter ihnen Ministerpräsident Németh. Der Damm war gebrochen, Scharen von Flüchtlingen gelangten nach Österreich. Als die DDR daraufhin die Einreise nach Ungarn erschwerte, suchten die Fluchtwilligen Schutz in bundesdeutschen und Botschaften anderer westlicher Staaten in den östlichen Bruderländern. Die deutsche Botschaft in Prag sah sich als erste diesem Andrang nicht mehr gewachsen. Bilder von Zufluchtsuchenden, die über den Zaun um das Botschaftsgelände kletterten, sobald die tschechische Polizei sich abwandte, Kinder, die ihren Eltern hinübergereicht wurden, Hunderte, die auf Treppen und Fluren kampierten oder stundenlang im Morast des zertrampelten Botschaftsgartens ausharrten – solche Bilder zeigten die westlichen Medien nun unablässig. Dieser öffentliche Druck zwang die DDR-Führung schließlich zum Einlenken. In kurzfristig anberaumten Verhandlungen zwischen Außenminister Genscher und seinem DDR-Kollegen Fischer erklärte sich die DDR bereit, die Botschaftsflüchtlinge in Zügen der Reichsbahn über die DDR in die Bundesrepublik zu befördern und sie während des Transports aus der DDR-Staatsbürgerschaft zu entlassen. Der Bundesaußenminister übernahm es gerne, diese überraschende Lösung selber auf dem Balkon der Prager Botschaft den dort verzweifelt Wartenden zu verkünden.[9]

Für die DDR-Führung war die Vereinbarung ein verheerender Prestigeverlust: Die Botschaftsflüchtlinge fuhren in das hermetisch abgeschlossene Territorium der DDR wieder ein, um es dann für immer zu verlassen. Zwischenfälle ereigneten sich, als protestierende DDR-Bürger die Züge anzuhalten versuchten. Zu schweren Zusammenstößen zwischen Polizei und Demonstranten kam es in Dresden, als die Züge den Hauptbahnhof passierten. Das gab der Protestbewegung Auftrieb. Die Leipziger »Montagsdemonstrationen« erhielten immer größeres politisches Gewicht. Schon am 2. Oktober hatten ungefähr 25 000 Menschen daran teilgenommen. Es organisierten sich also auch diejenigen, die das Land nicht verlassen, aber verändern wollten.

Unter solchen Umständen wurde der 40. Jahrestag der DDR-Gründung mit dem üblichen Aufwand gefeiert. Das Ritual der jubelnden FDJ-Demonstranten mit ausgiebigem Gebrauch von »Winkelementen« zur Begrüßung der Regierungsdelegationen aus den Bruderländern und der abendliche Fackelzug liefen wie gewohnt ab. Gorbatschow allerdings, der zu Honecker bereits auf Distanz gegangen war, machte beiläufig eine zum geflügelten Wort gewordene Feststellung: »Wer zu spät kommt, den bestraft das Leben.« Am Rande der offiziellen Festveranstaltungen war der Ruf »Gorbi, Gorbi« zu vernehmen, und im Bezirk Prenzlauer Berg kam es zu schweren Zusammenstößen. Der offene Protest, die gespenstische Atmosphäre der Feierlichkeiten und erst recht das greisenhaft-starre Auftreten Honeckers ließen das Politbüro am 17. Oktober zu der Entscheidung gelangen, den Generalsekretär zu stürzen. Zu seinem Nachfolger wählte das Zentralkomitee den langjährigen Kronprinzen Egon Krenz. Dieser erklärte bei seiner Antrittsrede, daß auch er über kein »Zaubermittel« verfüge.

Ein politischer Aufbruch war von dem neuen Mann nicht zu erwarten. Der aber war dringend geboten, zumindest eine radikale Reform war nötig, damit der bevorstehende Zusammenbruch der DDR-Wirtschaft verhindert würde. Wie hoffnungslos deren Zustand war, zeigt ein Bericht des Leiters der Hauptabteilung XVII des MfS, Generalleutnant Kleine, die für Wirtschaft zuständig war. Die Analyse vom 21. Oktober bot ein düsteres Bild.[10] Die Zahlungsfähigkeit sei »gegenwärtig gefährdet« und damit die Existenz des Sozialismus in Frage gestellt. Die Importe aus westlichen Ländern seien überwiegend für Bedürfnisse des Konsums und nicht für Investitionen verwendet worden. Exportaufträge würden hereingeholt »ohne Rücksicht auf Rentabilität und Binnenmarkt«. Das Urteil über die Mikroelektronik, deren hohe Qualität Honecker unentwegt gelobt hatte, fiel vernichtend aus: Die Herstellungskosten eines Schaltkreises, der auf dem Weltmarkt zwei bis vier Dollar koste, betrügen 534 Mark, der Verkaufspreis liege aber bei 16,80 Mark. Rund die Hälfte der Kraftwerke seien überaltert, manche Turbinen und Kessel seien »bereits über 70 Jahre alt«, stammten also noch aus der Kaiserzeit. Das gleiche galt für die Brikettfabriken; ihr Durchschnittsalter betrug 75 Jahre. Auch die Anlagen zur Verflüssigung von Braunkohle zwecks Herstellung von synthetischem Benzin, die seit 1936 im Rahmen des Vierjahresplans gebaut worden waren, produzierten noch, wenn auch sehr mühselig und unter erhöhter Umweltverschmutzung.

Es folgte die Aufzählung weiterer Schwachstellen. Eher beiläufig wurde erwähnt, was wirklich wichtig war: die Mentalität der Menschen in dieser Wirtschaft, die Ausfalls-, Stillstands- und Wartezeiten zur »Selbstverwirklichung« nutzen konnten und die Betriebe verließen »zum Einkauf von Lebensmitteln, Baustoffen oder sogenannten Mangelwaren«. Wie man die desolaten Zustände ändern sollte, wußte der Stasi-General auch nicht. Er behalf sich daher mit den üblichen Durchhalteparolen.

Die folgenden Wochen vermitteln ein diffuses Bild der DDR. Die im September neu entstandenen politischen Gruppen wie das »Neue Forum« oder der »Demokratische Aufbruch« wurden aktiv und dabei von den »Staatsorganen« wenig behindert, wenn auch sorgfältig beobachtet. Demonstrationen fanden statt gegen Krenz und für mehr Demokratie und Reisefreiheit – die größte und eindrucksvollste am 4. November auf dem Ost-Berliner Alexanderplatz. Eine halbe Million Menschen versammelte sich dort, Millionen verfolgten die Direktübertragung im Ost-Fernsehen. Kritik und Protest überwogen, denn neben Mitgliedern der Bürgerbewegungen und prominenten »Kulturschaffenden« wie Christa Wolf und Stefanie Spira sprachen auch der ehemalige Mielke-Stellvertreter Markus Wolf und der SED-Rechtsanwalt Gregor Gysi. Die Organisation des Ganzen legt die Vermutung nahe, daß zumindest teilweise die Stasi hier Regie führte und nicht wenige Redner das Ziel verfolgten, auf diese Weise eine populistische Abstützung für die Errichtung eines Übergangsregimes zu erhalten.

Die staatliche und politische Leitung, Ministerrat und Politbüro gaben schließlich dem Druck von unten nach und traten am 7. und 8. November zurück. Nun sollte eine neue Regierung unter dem Ersten Sekretär der SED-Bezirksleitung Dresden, Hans Modrow, gebildet werden. Tatsächlich geschah aber vorerst nichts. Neuregelungen für Westreisen waren im Gespräch und gewannen an Bedeutung, je mehr die Flucht über die ČSSR wieder zunahm. Bis Anfang November wurden für das laufende Jahr 225 000 Flüchtlinge registriert, für die sich die Bezeichnung Übersiedler einbürgerte.

In dieser tiefsten Verunsicherung des Regimes veränderte ein Mißverständnis die politische Situation von Grund auf. Unter dem Druck von Streiks und Demonstrationen in allen Teilen der DDR gab Egon Krenz am Nachmittag des 9. November auf einer Sitzung des Zentralkomitees der SED bekannt, daß der Ministerrat eine großzügigere Regelung für Westreisen beschlossen habe. Das Politbüro-Mitglied Günter Schabowski, ZK-Sekretär für Information und Ost-Berliner SED-Parteichef, nahm den in Wirklichkeit noch gar nicht abgesegneten »Beschluß« in die abendliche Pressekonferenz mit und erklärte auf Anfrage, daß ab »sofort« Anträge auf Auslandsreisen und die entsprechenden Visa gestellt werden könnten und »schnell und unbürokratisch« bearbeitet würden. »Sofort« konnte in diesem Zusammenhang freilich nur bedeuten, daß die Reisen frühestens am nächsten Tag, dem 10. November, nach Öffnung der polizeilichen Meldestellen beantragt werden konnten. Ob die DDR-Organe darauf überhaupt vorbereitet waren, braucht nicht geklärt zu werden, denn die Regelung trat nie in Kraft. Die westlichen Medien nahmen Schabowskis Ankündigung wörtlich und verbreiteten sie mit höchster Priorität. Noch bevor auch nur ein Ost-Berliner die Grenze passiert hatte, wurde im Bundestag feierlich die Öffnung der Grenze verkündet und das Deutschlandlied gesungen.

Die vieldeutige Aussage Schabowskis, die das Fernsehen ausstrahlte, nahmen auch die Ost-Berliner wörtlich. In immer größeren Scharen strömten sie zu den Grenzkontrollstellen. Die dort tätigen »Organe«, die zu Schabowskis Ausführungen mit Sicherheit keine Anweisungen erhalten hatten, standen der Menge, aus der ihnen Erklärungen und Behauptungen entgegenschallten, ratlos gegenüber. Die Vorgänge der vergangenen Monate hatten sie bereits sehr verbittert. In ihrer Ratlosigkeit und Verbitterung waren sie nicht bereit, die Grenze zu verteidigen und ohne Befehl von oben zu schießen, falls diese gestürmt würde. So geschah das Unerwartete, in der konkreten Situation jedoch Unausweichliche: Die Grenze wurde geöffnet, und es ergoß sich ein Strom überglücklicher Menschen in den Westteil der Stadt, wo er begeistert aufgenommen wurde.

Die Grenze war offen – das konnte nicht mehr rückgängig gemacht werden. Das Verhältnis der beiden deutschen Staaten erschien plötzlich in einem ganz anderen Licht. Nun kam es darauf an, den überraschenden Durchbruch klug zu sichern und zum Ausgangspunkt für das weitere Vorgehen zu machen – in Richtung Einheit.

Der 9. November hat schicksalhafte Bedeutung in der deutschen Geschichte des Jahrhunderts erlangt. Am 9. November 1918 brach die Monarchie zusammen als Ergebnis des persönlichen Versagens des Kaisers und der Lähmung von Militär und Verwaltung angesichts der militärischen Niederlage; sie waren zur Abwehr des Umsturzes nicht in der Lage. Der 9. November 1923 war eine Reaktion darauf: der gescheiterte Versuch Hitlers, die »Novemberverbrecher« von der »Ordnungszelle Bayern« aus davonzujagen. Fortan gedachten die Nazis am 9. November des Marsches zur Feldherrnhalle im Jahr 1923. Dabei kam es 1938 zur sogenannten Reichskristallnacht: Synagogen wurden in Brand gesteckt, Läden geplündert, Zehntausende von Juden willkürlich verhaftet und in Konzentrationslager verschleppt. Das NS-Regime hatte eine Probe dessen gegeben, wozu es fähig war. Seither steht der 9. November in Deutschland auch für dieses grauenvolle Pogrom. Der 9. November 1989 dagegen war ein Tag der Befreiung, an dem im beharrlichen Widerstreben gegen ein verunsichertes Regime, das zwar viele Karrieren und Druckposten zu vergeben hatte, aber gleichwohl bis zum Ende ein Kunstprodukt sowjetischer Machart geblieben war, auf friedliche Weise die »Wende« eingeleitet wurde. Der 9. November 1918 hatte das Zeitalter der Krisen und Katastrophen eingeläutet, der 9. November 1989 indes die Weichen für eine neue, gemeinsame und friedliche Zukunft der Deutschen gestellt.

KOHLS DEUTSCHLANDPOLITIK IM WINTER 1989/90

Bundeskanzler Kohl hatte gegenüber den Ereignissen des Jahres 1989 eher Zurückhaltung denn deutschlandpolitischen Aktivismus gezeigt. Auch nach dem Mauerfall änderte sich sein Verhältnis zur SED-Führung nicht gleich. Er vermied jede Schärfe oder gar Konfrontation und betonte stets den Willen zur Zusammenarbeit, gegenüber Egon Krenz nicht anders als früher gegenüber Honecker. Obwohl die Krise in der DDR überdeutlich war, erklärte Kohl bei der Kontaktaufnahme mit Krenz am 26. Oktober, es liege nicht in seinem Interesse, »daß sich die Entwicklung in der DDR in einer Weise darstellt, daß eine ruhige, vernünftige Entwicklung unmöglich gemacht wird«.[11] Als sie am 11. November wieder telefonierten und Krenz von Kohl hören wollte, ob nach wie vor die Wiedervereinigung »nicht auf der Tagesordnung stehe«, ließ sich der Kanzler zwar darauf nicht festlegen, hielt es aber für wichtiger, »daß wir zu vernünftigen Beziehungen zueinander kommen. Und daß die Menschen dies auch akzeptieren.«[12]

Man wird davon ausgehen können, daß Helmut Kohl, der immer für die Einheit Deutschlands eingetreten war, seit dem Besuch Gorbatschows und den Veränderungen in der DDR die deutsche Frage in neuem Licht sah. Er hütete sich indes vorzupreschen, sondern behielt die Situation im Blick und streckte seine Fühler nach allen Seiten aus, wie es seinem politischen Stil entsprach.

Es war ein überaus glücklicher Zufall für Kohl, daß die ungarische Grenzöffnung am 11. September mit dem Beginn des CDU-Bundesparteitages in Bremen zusammenfiel. Die Vorbereitungen dazu waren durch Spekulationen über das Zerwürfnis zwischen Kohl und seinem langjährigen Generalsekretär Heiner Geißler geprägt, die bis zum Versuch einer Palastrevolte gegen Kohl reichten. Aber die Frondeure – Geißler, Späth, Blüm, Süssmuth und Albrecht – wurden von Kohl souverän überspielt und Späth, der vorübergehend als neuer Vorsitzender gehandelt worden war, durch die Abwahl aus den Führungsgremien der Partei bestraft. Um seine Stellung auf dem Parteitag gleich zu Beginn zu festigen, eröffnete Kohl die Pressekonferenz am Abend zuvor mit der Ankündigung, daß um Mitternacht die ungarische Grenze geöffnet werde. Das habe der ungarische Außenminister »vor wenigen Minuten« bekanntgegeben.[13] Die Journalisten und die Parteitagsdelegierten waren wie elektrisiert von dieser Nachricht – und die politische Position des Kanzlers gefestigt.

Parteipolitische Interessen sollten den Prozeß der Wiedervereinigung mehrfach bestimmen. Schon am Tag nach dem Mauerfall war es zu Mißtönen gekommen. Der Bundeskanzler hatte von dem Ereignis in Warschau erfahren, am ersten Tag eines auf fünf Tage geplanten Besuches. Die unzulänglichen Informationen, die er dort erhielt, hatten die Nervosität der deutschen Delegation erhöht, aber Kohl hatte gegenüber Journalisten zur Besonnenheit gemahnt. Auf die Frage, ob sein Platz jetzt nicht in Berlin sei, wog er das Für und Wider sorgfältig ab. Obwohl er der Überzeugung war: »Jetzt wird Weltgeschichte geschrieben«,[14] meinte er, daß die Abstimmung mit den Vier Mächten im Vordergrund stehen müsse und es nicht darauf ankomme, in Berlin die Emotionen zu schüren. Als dann bekannt wurde, daß der Regierende Bürgermeister Momper am späten Nachmittag zu einer Kundgebung vor dem Schöneberger Rathaus aufgerufen habe und die Anwesenheit des Kanzlers dort ohne Abstimmung mit Bonn angekündigt worden sei, erlitt er einen Tobsuchtsanfall. Aber damit war die Entscheidung gefallen: Der Kanzler mußte nach Berlin.[15]

Die kurzfristig einberufene Versammlung vor dem Schöneberger Rathaus im Westteil der Stadt vermittelte einen erbärmlichen Eindruck, denn die bewährte Versammlungsroutine, die die »Frontstadt« in früheren Jahrzehnten ausgezeichnet hatte, war längst dahin. Dem Kanzler, der auf Umwegen nach Berlin gelangt war, gellte ein Pfeifkonzert entgegen, mit dem die im Schatten

der Mauer entwickelte Subkultur auf sich aufmerksam machte. Sie war zahlenmäßig stark vertreten, weil sie fürchtete, daß der Mauerfall nichts Gutes für die
eigene Zukunft verhieß. Kohl bezeichnete die Störer verächtlich als »linken Pö-
bel«, Willy Brandt aber fand die richtigen Worte. Obwohl der SPD-Vorsitzende
die Wiedervereinigung schon Jahre zuvor abgeschrieben hatte, brachte er zum
Ausdruck, was die Menschen fühlten: »Wir sind jetzt in einer Situation, wo zu-
sammenwächst, was zusammengehört.«

Vor allem die Deutschen in der DDR gerieten politisch in Bewegung. Die
einen traten für eine reformierte Politik ein und träumten vom »dritten Weg«,
während andere schon den Ruf erschallen ließen: »Wir sind ein Volk.« Alle
Deutschen aber fragten sich, wie es politisch weitergehen sollte. Der von der
Volkskammer am 13. November gewählte Ministerpräsident Modrow schlug
in seiner Antrittsrede eine »Vertragsgemeinschaft« zwischen beiden deutschen
Staaten vor. Das war wenig konkret und half entsprechend wenig weiter.

Noch hatte die internationale Politik die Situation in Deutschland nicht auf
die Tagesordnung von Treffen und Konferenzen gesetzt, da mehrten sich in der
Bundesrepublik die Stimmen, die mehr Aktivität forderten und die Zurückhaltung Genschers – aber auch Kohls – beklagten. Rudolf Augstein mahnte, es
könne bald mit der Ruhe vorbei sein: »Dann wird niemand die Deutschen in
Ost und West hindern, ihre Interessen wahrzunehmen.« Kohl, der das von Augstein herausgegebene Magazin offiziell nicht las, sondern es sich von seinem
Pressesprecher Eduard Ackermann vorlesen ließ, nahm den Kommentar »wohl-
gefällig« zur Kenntnis.[16] Während der Bundeskanzler selbst sich zurückhalten
mußte, gingen solche Äußerungen in die richtige Richtung: Es sollte Druck gemacht werden.

Horst Teltschik, Leiter der Abteilung Außenpolitik im Kanzleramt und Mitglied des engsten Beraterkreises des Kanzlers, führte am 21. November ein ausführliches Gespräch mit dem sowjetischen Diplomaten und Deutschland-
experten Nikolai Portugalow. Aus dessen Erklärungen und Fragen gewann er
den Eindruck, daß Moskau sich in der deutschen Frage allmählich bewege und
»Überlegungen in der sowjetischen Führung zur deutschen Einheit« schon
»weiter« seien, als man im Kanzleramt annehme.[17] Das war ein Mißverständnis,
denn die sowjetische Seite setzte damals auf den Wandlungsprozeß in der DDR
noch große Hoffnungen und war generell an der Aufrechterhaltung der »Realitäten« in Europa interessiert.[18] Aber es war ein produktives Mißverständnis,
denn es verlockte Teltschik, nun selbst in die Offensive zu gehen. In zäher Auseinandersetzung mit den Deutschlandpolitikern des Kanzleramtes, die sich
skeptisch bis ablehnend verhielten, setzte er schließlich mit Zustimmung
Kohls durch, daß ein Konzept über das weitere Vorgehen in der Deutschland-

politik erarbeitet wurde. Es entstand in intensiver und durchaus kontroverser Diskussion in mehreren Etappen. Kohl selbst nahm an dem Papier, das in zehn Punkten zusammengefaßt wurde, noch Änderungen vor.[19]

Die Bekanntgabe dieses Programms wurde nicht ohne Raffinesse vorbereitet. In Bonn war bisher noch nie derartiges über die Bühne gegangen. Es gab Vorinformationen an einen ausgewählten Kreis von Journalisten, Mitteilungen erreichten auch das CDU-Präsidium und den Bundesvorstand, aber kein Wort gelangte an den Außenminister oder an das Kabinett, denn Indiskretionen oder Profilierungsversuche des kleineren Koalitionspartners wollten Kohl und sein Team vermeiden. Dann kam die Stunde Kohls: Der Bundeskanzler trug am Vormittag des 28. November im Bundestag während der Haushaltsdebatte plötzlich das Zehnpunkteprogramm vor und begründete es. Erst zu diesem Zeitpunkt wurde den ausländischen Missionen in Bonn der Text überreicht. Lediglich Präsident Bush hatte das Kohl-Papier mit einem ausführlichen Begleitschreiben schon früher erhalten.[20] Der Überraschungseffekt gelang, und der ausgeschaltete Bundesaußenminister konnte nur noch nachträglich gratulieren.

Das Programm zerfiel im Grunde in zwei Teile. Der politisch wichtigere kündigte deutschlandpolitische Schritte an und bestimmte deren Richtung; der andere machte deutlich, daß die deutsche Initiative mit der »Architektur Gesamteuropas«, also dem europäischen Einigungsprozeß, dem KSZE-Rahmen und den laufenden Abrüstungsschritten in voller Übereinstimmung stand. Vor dem Hintergrund dieser Absicherung skizzierte Kohl seine künftige Politik gegenüber der DDR. Zunächst einmal bot er humanitäre Hilfe und Zusammenarbeit an. Wenn aber ein »grundlegender Wandel des politischen und gesellschaftlichen Systems« erfolge, könne die Hilfe ausgeweitet und »in neue Dimensionen« vorgestoßen werden. Er griff ausdrücklich die von Modrow vorgeschlagene »Vertragsgemeinschaft« auf und nannte dafür konkrete Bereiche. Dann aber kam der entscheidende Punkt: »Sobald auf der anderen Seite ein demokratisch legitimierter Partner zur Verfügung steht, Entwicklung konföderativer Strukturen.« Um diese Formulierung war lange gestritten worden; zur Alternative stand, ob man eine Konföderation vorschlagen solle. Aber eine Konföderation konnte auch als Endziel interpretiert und damit aus der Sicht Kohls mißverstanden werden. Die Entwicklung konföderativer Strukturen betonte mehr den Charakter eines Übergangsstadiums. Im zehnten Punkt nannte der Kanzler das eigentliche Ziel, die »organische Entwicklung« zu einem »Zustand des Friedens in Europa, in dem das deutsche Volk in freier Selbstbestimmung seine Einheit« wiedererlangen könne, wobei »den Interessen aller Beteiligten Rechnung getragen« werde. Das war jedoch – auch im Bewußtsein Kohls und seiner

Berater – ein noch nicht abzuschätzender, ferner Zeitpunkt. Die Wortwahl, daß eine »organische Entwicklung« schließlich die Einheit bringen solle, machte das deutlich. Kohl dachte damals an einen Zeitraum von fünf bis zehn Jahren.[21]

Was Kohl vortrug, war ausgesprochen vorsichtig formuliert, und doch schlug seine Rede ein wie eine Bombe. Die Abgeordneten des Bundestages – mit Ausnahme der »Grünen« – zollten ihm Beifall, selbst die SPD versprach Unterstützung. Das deutsche und internationale Presseecho war enorm. Kohl hatte die Meinungsführung in der Deutschlandpolitik übernommen. Das Ausland war alarmiert, schien doch die Bundesregierung die Welt wieder vor vollendete Tatsachen stellen zu wollen.

Die Vier Mächte – und auf die kam es an – reagierten auf Kohls Zehnpunkteprogramm unterschiedlich. Gorbatschow und seine Vertrauten setzten auf einen reformierten Sozialismus in der DDR, die Wiedervereinigung beider deutschen Staaten aber lehnten sie mit Entschiedenheit ab. Kohls Vorstoß traf daher auf scharfe sowjetische Ablehnung, und Außenminister Genscher mußte sich am 5. Dezember in Moskau massive Vorwürfe anhören.

Auch Staatspräsident Mitterrand und Premierministerin Thatcher reagierten ablehnend. Thatcher trat ungeachtet der vertraglichen Verpflichtungen, die Großbritannien 1954 mit den Pariser Verträgen eingegangen war, offen gegen die Wiedervereinigung auf.[22] Die Ablehnung Mitterrands war ebenso entschieden, nur zeigte er sie nicht so deutlich in der Öffentlichkeit. Zu Genscher soll er gesagt haben: »Entweder die deutsche Einheit geschieht nach der europäischen Einheit, oder Sie werden gegen sich eine Dreier-Allianz (Frankreich, Großbritannien, Rußland) finden, und das wird zum Krieg führen. Wenn die deutsche Einheit nach derjenigen Europas stattfindet, werden wir Ihnen helfen.«[23] Der deutsche Außenminister erinnert sich indes nur daran, daß Mitterrand es nicht für ausgeschlossen gehalten habe, »daß man in die Vorstellungswelt von 1913 zurückfalle«.[24] Das ist durchaus kein Widerspruch, eher eine Bestätigung. Als im Sommer 1989 die Einheit am Horizont auftauchte, brachen bei Mitterrand die alten nationalistischen Ressentiments wieder durch, aber sie entsprachen nicht mehr der machtpolitischen Stellung Frankreichs und auch nicht der Einstellung seiner Landsleute, die eine überwiegend wohlwollende Haltung gegenüber Deutschland und dem Wunsch der DDR-Bevölkerung nach Freiheit und Einheit zeigte.

Die Ablehnung der Wiedervereinigung wurde häufig von britischer und französischer Seite mit der Besorgnis begründet, eine solche Politik könne die Position Gorbatschows gefährden und damit unabsehbare Risiken heraufbeschwören. Nur die USA unterstützten mit Nachdruck das deutsche Recht auf Selbstbestimmung und die Wiedervereinigung, die friedlich und Schritt für

14. November 1989: Wie viele Deutsche erkannten auch die Verantwortlichen in der Regierung die Tragweite der Ereignisse vom 9. November noch nicht. Was die hohe Politik damals nicht sehen wollte oder aber einfach verdrängte, ist in dem Reim ungelenk und mit der Raumaufteilung kämpfend genau auf den Punkt gebracht.

Schritt zu erfolgen habe, an deren Ende aber die Mitgliedschaft eines vereinigten Deutschland in der NATO stehen müsse. Es war nicht allein Sympathie für
das deutsche Streben nach Selbstbestimmung, sondern auch Wahrnehmung
amerikanischer Interessen in Europa, die Washington zur Unterstützung des
deutschen Verbündeten veranlaßte. Während Großbritannien und Frankreich
gleichsam noch von Phantomschmerzen infolge der verlorenen Großmachtstellung geplagt wurden und alte Rivalitäten wieder aufbrachen, zeigten die
USA, daß sie eine wichtige historische Lektion gelernt hatten. Wie George Bush
rückblickend schrieb, ging es der amerikanischen Politik vor allem darum,
nicht »die Fehler von Versailles« zu wiederholen, also Deutschland nicht wieder
einen diskriminierenden Sonderstatus zu verleihen.[25]

Wahrscheinlich äußerten Paris und London ihre Besorgnisse hinsichtlich
der Position Gorbatschows auch in der Hoffnung, daß dieser die Wiedervereinigung verhindern werde. Präsident Bush dagegen zeigte sich mit dem Vorstoß Kohls rundum zufrieden und machte Journalisten darauf aufmerksam,
was er im Mai in öffentlichen Reden hinsichtlich der Überwindung der Spaltung angedeutet hatte und was nun Konturen anzunehmen begann.[26] Kritik an
Kohls Programm wurde im Bundestag wie im Ausland vor allem an einem
Punkt geübt: Man vermißte eine Erwähnung der Oder-Neiße-Grenze. Was Kohl
aus innenpolitischen Gründen zu vermeiden trachtete, wurde nun zum Kristallisationspunkt der Kritik. Die Polen reagierten völlig überzogen und forderten die umgehende Anerkennung ihrer Westgrenze; daher blieb die Grenzfrage noch für lange Monate des folgenden Jahres ein erheblicher Störfaktor. Sie
wurden dabei energisch von Mitterrand unterstützt, was Teltschik zu der sar-
kastischen Feststellung veranlaßte, daß Frankreich »immer an der Seite Polens
steht, wenn es Probleme mit Deutschland gibt«.[27]

Es gehört nicht zu den geringsten Leistungen Kohls, daß er sich von den
Brüskierungen durch Mitterrand, Thatcher und auch Gorbatschow nicht be-
eindrucken ließ und sich insbesondere gegenüber Mitterrand bemühte, den
guten persönlichen Kontakt aufrechtzuerhalten, auch wenn dies nicht immer
einfach war. Allerdings versuchte auch Mitterrand, zu den alten freundschaft-
lichen Beziehungen zurückzufinden, als er erkannte, daß Frankreich die Wiedervereinigung hinnehmen könne, wenn zugleich ein entscheidender Durchbruch in der Einigung Europas erfolge.

Wie richtig Kohl mit seinem Vorschlag auch in zeitlicher Hinsicht lag, bewies die fortwährende Verschlechterung der Lage in der DDR. Die Regierung
Modrow war zu einer Stabilisierung der Verhältnisse nicht in der Lage. Die Zahl
der Übersiedler blieb hoch. Inmitten vielfältiger Beanspruchungen, internationaler Konferenzen und Besuche fuhr der Bundeskanzler deshalb am 19. Dezem-

ber nach Dresden, wo Modrow politisch zu Hause war. Die Besprechung mit dem Ministerpräsidenten brachte nicht viel. Dessen Forderung nach einer Finanzspritze von fünfzehn Milliarden DM als Lastenausgleich wurde zurückgewiesen. Sie ist nur historisch interessant, verrät sie doch den niedrigen Erwartungshorizont und die Unfähigkeit auf DDR-Seite, die wahre Dimension der notwendigen Finanzhilfe auch nur zu erahnen. Entscheidende Bedeutung erhielt dagegen die Kundgebung vor der Ruine der Frauenkirche am späten Nachmittag. Sie mußte ohne Vorbereitung erfolgen, vor einem im Grunde fremden Publikum, ohne Kenntnis, ob die Kommunisten Störmanöver planten, und in tiefer Sorge, daß die Rede Kohls nationalistische Ausschreitungen hervorrufen, am Ende gar die erste Strophe des Deutschlandliedes gesungen werden könne. Was immer geschah, es würde vor den Augen der Weltöffentlichkeit stattfinden.

Alle Befürchtungen erwiesen sich als grundlos. Schon auf dem Flugplatz begrüßten den Kanzler Menschen, die Fahnen schwenkten und soviel Begeisterung zeigten, daß Kohl, auf der Bordtreppe stehend, zu dem Kanzleramtsminister Seiters sagte: »Rudi, die Sache ist gelaufen.«[28] Er befand sich angesichts der jubelnden Menschen auf sicherem Boden, fühlte aber den Druck der Verantwortung, als er »eine der schwierigsten, wenn nicht die schwierigste Rede« seines Lebens hielt.[29] Der Kernsatz seiner umjubelten Ausführungen lautete: »Mein Ziel bleibt, wenn die geschichtliche Stunde es zuläßt, die Einheit unserer Nation.« Der Eindruck der Rede war überwältigend. Die Menge blieb vollkommen friedlich. Bemerkenswert waren die Rufe »Freiheit!« – »Freiheit!«, die allenthalben ertönten und zum Ausdruck brachten, welche Richtung die politischen Veränderungen nehmen sollten. Angesichts dieser Demonstration der Einheit stand für Kohl fest: Modrow war kein Verhandlungspartner mehr, er und seine Regierung waren zur Stabilisierung der Lage nicht fähig. Finanzielle Hilfe würde nur ihr Ende hinauszögern.

Im Verlauf des Monats Januar geriet die DDR weiter unter Druck. Die Auflösungserscheinungen, der Zerfall der staatlichen Autorität und die enorme Abwanderung wurden zu Motoren der Einheit. Die Übersiedler stellten die Bundesrepublik vor immer größere Probleme, während sich ihr Fehlen in der DDR allmählich verheerend auswirkte. Mochte die Perspektive der Wiedervereinigung in den Wochen zuvor vielerorts Unbehagen hervorgerufen haben, so wurde jetzt die Brisanz der Lage in der DDR deutlich, die zu fördern oder auch nur hinzunehmen niemand ein Interesse haben konnte. Schließlich waren die Gefahren nicht zu unterschätzen, die drohten – gerade auch wegen der in der DDR stationierten sowjetischen Truppen –, wenn sich in der DDR das Chaos ausbreitete.

Die Sowjetunion zeigte wirtschaftlich ebenfalls deutliche Schwächezeichen. Der sowjetische Botschafter fragte Anfang Januar 1990 bei Teltschik an, ob die Bundesrepublik der UdSSR schnell Lebensmittel, vor allem Fleisch, liefern könne. Der Bundeskanzler empfing umgehend den Botschafter, sagte beträchtliche Lieferungen zu und akzeptierte auch, daß Moskau nur einen Freundschaftspreis dafür zahlte. Die Lieferungen wurden mit 220 Millionen DM subventioniert. Damit entwickelte sich so etwas wie eine zweite Schiene im deutsch-sowjetischen Verhältnis, die für den Wiedervereinigungsprozeß im Laufe des Jahres 1990 immer größere Bedeutung erhalten sollte. Über diese Schiene wurden der Sowjetunion schnell und unbürokratisch wirtschaftliche Hilfen und Kredite gewährt, die sie dringend benötigte. Selbst Gorbatschows innenpolitische Gegner mußten später anerkennen, daß diese Hilfsmaßnahmen notwendig waren. Der Kanzler erkannte sofort, wie wichtig es politisch sei, »Gorbatschow umfassend zu helfen« und dabei zugleich die persönlichen Beziehungen zu ihm wieder zu verbessern, die im November abgekühlt waren.[30]

Ende Januar wurden auch politische Konsequenzen aus dem Verfall der DDR deutlich. Moskau und Paris schlugen mildere Töne an; die Gegnerschaft gegen die Wiedervereinigung ließ nach. Die DDR-Regierung beschloß am 28. Januar, die für den 6. Mai vorgesehenen Volkskammerwahlen auf den 18. März vorzuverlegen. Bis Mai glaubte Modrow nicht mehr durchhalten zu können. Nun mußte Klarheit geschaffen werden, wie es denn in Zukunft wirtschaftlich weitergehen solle.

Gut eine Woche später, am 6. Februar, erfolgte die Ankündigung der Wirtschafts- und Währungsunion. Dieser Vorgang war bezeichnend für die Art, wie in diesen spannungsreichen Wochen, in denen fast jeder Tag neue Probleme brachte, politische Entscheidungen von größter Tragweite getroffen wurden. Kohl hatte bis dahin auffallende Zurückhaltung, ja fast Widerwillen dagegen gezeigt, mit der Ost-CDU Absprachen für den Wahlkampf zu treffen.[31] Erst Anfang Februar, später als die anderen Westparteien, gründete die CDU nach mühsamer Vorbereitung die »Allianz für Deutschland«. Nun mußte eine zündende Wahlparole her. Die lieferte unbeabsichtigt der Kohl-Gegner Lothar Späth. Als der Kanzler nämlich erfuhr, daß Späth am 7. Februar eine Erklärung über die Wirtschafts- und Währungsunion abgeben wolle, kam er ihm zuvor.

Das Thema selbst war freilich schon im Bundesfinanzministerium eingehend erörtert worden.[32] Die führenden Männer des Kanzleramts waren sich durchaus bewußt, daß mit der Ankündigung der Wirtschafts- und Währungsunion »der erste große praktische Schritt auf dem Weg zur deutschen Einheit getan werden würde«.[33] Es war nach den Zehn Punkten der zweite entscheidende Vorstoß in Richtung Einheit, der übrigens im Ausland auf keinerlei Widerspruch und Protest stieß, da dies die einzige Überlebenschance für die DDR darstellte. Der aus wirtschaftlicher Sicht verfehlte Schritt mußte aus politischen Gründen gewagt werden, auch wenn die unliebsamen Folgen absehbar waren.

Wenige Tage später, am 10.Februar, reiste Kohl nach Moskau. Dort vollzog Gorbatschow die entscheidende Wende. Hatte es schon Ende Januar Anzeichen dafür gegeben, daß die sowjetische Führung nicht mehr so entschieden wie in den Wochen zuvor die Wiedervereinigung ablehnte, so erfolgte nun die Bestätigung. Die enge Abstimmung zwischen Bonn und Washington kam in diesem Zusammenhang noch einmal klar zum Ausdruck. Sie zeigte sich in zwei Briefen. Der eine kam von Präsident Bush, der andere von Außenminister Baker. Der Brief Bushs brachte die volle Unterstützung der US-Regierung hinsichtlich der Wiedervereinigung, der NATO-Mitgliedschaft und der amerikanischen Truppenpräsenz in Europa zum Ausdruck. Zur NATO-Mitgliedschaft des vereinigten Deutschlands gab es zwischen Kohl und Bush ohnehin keine Meinungsverschiedenheiten. Das Schreiben Bakers wurde der deutschen Delegation bei ihrer Ankunft in Moskau vom deutschen Botschafter übergeben, denn Baker hatte unmittelbar vor Kohls Ankunft die sowjetische Hauptstadt verlassen. Der Brief enthielt wichtige Informationen über seine Verhandlungen und über die Einschätzung von Gorbatschow und seinem Außenminister Schewardnadse – ein Zeichen des gegenseitigen Vertrauens, aber zugleich auch ein Zeichen für die unvergleichlich intensive diplomatische Aktivität dieser Monate, für die es in der Geschichte keine Parallele gibt.[34]

In dem Gespräch mit Kohl erklärte Gorbatschow[35] die Entscheidung über die Einheit zu einer Angelegenheit der Deutschen. Die sowjetische Nachrichtenagentur TASS meldete am nächsten Tag, »daß es zur Zeit zwischen der UdSSR, der BRD und der DDR keine Meinungsverschiedenheiten darüber gebe, daß die Deutschen selbst die Frage der Einheit der deutschen Nation lösen und selbst ihre Wahl treffen müssen, in welchen Staatsformen, zu welchen Zeitpunkten, mit welchem Tempo und zu welchen Bedingungen sie diese Einheit realisieren werden«.[36] Darüber hinaus galt es noch, Einigung über die Wahrung der Interessen von Deutschlands Nachbarn zu treffen und vor allem die Frage zu klären, welchen Status das vereinte Deutschland haben, welchem Bündnis es angehören solle. Ferner ging Gorbatschow davon aus, daß die wirtschaftlichen Verpflichtungen der DDR weiterhin erfüllt würden. Schließlich erklärte er sich damit einverstanden, daß die Verhandlungen über den äußeren Status Deutschlands von den beiden deutschen Staaten und den Vier Mächten geführt wurden.

DAS RINGEN UM DIE ÄUSSEREN ASPEKTE DER EINHEIT

Mit dem Einverständnis zur deutschen Einheit, das Gorbatschow bei Kohls Moskau-Besuch im Februar signalisiert hatte, war eine entscheidende Etappe erreicht. Wie die Einheit im Innern zu gestalten war, blieb den Deutschen überlassen. Das galt nicht für die Festlegung der Grenzen, die Ablösung der Siegerrechte und die schwierigste Frage des zukünftigen außen- und sicherheitspolitischen Status eines Gesamtdeutschland. Hier war zu klären, wer die Verhandlungen führen sollte. Da gab es viele Möglichkeiten: die vier ehemaligen Besatzungsmächte allein, die dann den beiden deutschen Staaten ihre Vorschläge präsentierten, die Bündnisse von NATO und Warschauer Pakt, die Europäische Gemeinschaft, die KSZE oder gar die Gesamtheit der ehemaligen Kriegsgegner.

Bereits im Januar hatte Washington zu dieser Frage die wohl sinnvollste Lösung gefunden. Demnach sollten nur die beiden deutschen Staaten und die Vier Mächte für die Regelung des Fragenkomplexes zuständig sein.[37] Außenminister Genscher, der ursprünglich dem von den Sowjets propagierten Vorschlag zugestimmt hatte, auf einem KSZE-Treffen den Status von Gesamtdeutschland festzulegen, mag sich in Washington Anfang Februar, als er über den amerikanischen Vorschlag informiert wurde und sich dann für diesen entschied, besonders für die Formel »2+4« statt »4+2« eingesetzt haben.[38] Die Außenminister Englands und Frankreichs schlossen sich dem eher widerstrebend an und am Ende auch die sowjetische Seite – ebenfalls nicht begeistert –, da sie keine vertretbare Gegenposition präsentieren konnte. Widerstand gegen die 2+4-Lösung kam noch aus einer anderen Richtung: Die Außenminister Hollands und Italiens wollten zu den Verhandlungen ebenfalls hinzugezogen werden, wurden aber von Genscher energisch in die Schranken gewiesen: »You are not part of the game!«[39] So wurde am Rande einer Konferenz in Ottawa schließlich am 14. Februar die Vorgehensweise festgelegt. Die Außenminister der beiden deutschen Staaten und der Vier Mächte sollten zusammentreffen, »um die äußeren Aspekte der Herstellung der deutschen Einheit, einschließlich der Fragen der Sicherheit der Nachbarstaaten, zu besprechen«.[40]

Seit den fünfziger Jahren kreisten alle Diskussionen über eine Wiedervereinigung um die Frage des militärischen Status. Seit der Kontroverse um die Stalin-Note von 1952 war man sich im klaren darüber, daß es kein Mittel gab, die Sowjets zu veranlassen, einem wiedervereinigten Deutschland im Rahmen der NATO zuzustimmen. Das widersprach fundamental dem sowjetischen Interesse. Ein neutraler Status erschien dagegen aus westlicher Sicht höchst bedenklich, da ein unabhängiges Deutschland eine potentielle Gefahr für seine

Nachbarn darstellen könne. Zudem wurde ein neutrales Deutschland fragwürdiger, je mehr die politische und wirtschaftliche Integration Westeuropas konkrete Gestalt annahm und der Bundesrepublik eine Schlüsselrolle im Einigungsprozeß zufiel. Die Frage verlor an Gewicht in dem Maße, wie die Sowjets an einer solchen Lösung das Interesse zu verlieren schienen.

Eine Lösung dieser schwierigsten Frage war noch nicht in Sicht, denn die Positionen der Supermächte standen sich schroff gegenüber. So entschieden die USA von Anfang an auf der NATO-Mitgliedschaft eines vereinigten Deutschlands beharrten, so hartnäckig lehnten die Sowjets sie ab. Von den 2+4-Verhandlungen, aber auch von den Verhandlungen zwischen Bush und Gorbatschow und nicht zuletzt von der Entwicklung der deutsch-sowjetischen Beziehungen und dem Verhältnis zwischen Kohl und Gorbatschow hing es ab, ob für die alles entscheidende Frage des bündnispolitischen Status Gesamtdeutschlands eine befriedigende Lösung gefunden werden konnte. Es kam darauf an, Sicherheit vor, aber auch für Deuschland zu garantieren, ganz zu schweigen davon, daß die amerikanischen und die westeuropäischen Interessen zu berücksichtigen waren. Die USA mußten weiterhin im Rahmen der NATO in Deutschland militärisch präsent bleiben, die Sowjets dagegen das Land verlassen – ein brisantes politisch-diplomatisches Unterfangen, bei dem höchste Vorsicht geboten war.

Überraschenderweise unterbreitete Außenminister Genscher dazu öffentlich einen Vorschlag. In einem Vortrag in Tutzing am 31. Januar sagte er, die Bundesrepublik solle in der NATO bleiben, »eine Ausdehnung des NATO-Territoriums nach Osten« dürfe es dagegen nicht geben. »Vorstellungen, daß der Teil Deutschlands, der heute die DDR bildet, in die militärischen Strukturen der NATO einbezogen werden soll, würden die deutsch-deutsche Annäherung blockieren.« Einige Tage zuvor hatte er in einem Interview erklärt, die DDR in der NATO »wäre das Ende unseres Strebens nach Einheit«. Später erläuterte der Sprecher des Auswärtigen Amtes, der Minister »denke an einen Status für die DDR analog zu dem Westberlins«, was bedeutet hätte, dieses Gebiet weiterhin unter alliierter Kontrolle zu belassen, ohne Stationierung deutscher Truppen.[41]

In dieser noch offenen Situation, kurz vor dem wichtigen Besuch Kohls in Moskau, war es schwer verständlich, daß der Außenminister öffentlich für einen militärischen Sonderstatus der DDR eintrat, ohne daß dafür eine Notwenigkeit bestand. Man konnte sich darüber intern Gedanken machen für den Fall, daß am militärischen Status für das DDR-Territorium die Wiedervereinigung zu scheitern drohte, aber die öffentliche Erörterung solcher Gedanken wirkte wie eine Vorleistung an die Sowjets. Es überrascht daher nicht, daß Genscher in seinen Memoiren seine Tutzinger Rede sehr einseitig darstellt und die Aspekte der Nichtzugehörigkeit des DDR-Gebietes zur NATO wegläßt.[42]

Daß Genscher so demonstrativ vom amerikanischen Standpunkt der NATO-Mitgliedschaft eines geeinten Deutschlands abwich, kommentierte Washington auf seine Weise. Der Bundesaußenminister wurde zu den vertrauensvollen Gesprächen mit dem Kanzler, die Ende Februar in Camp David stattfanden, nicht eingeladen. Im Gegensatz zu Genscher hielt der Bundeskanzler unbeirrt an der Position fest, daß Deutschland Mitglied der NATO bleiben müsse. Unzählige Male wiederholte er dann diesen Standpunkt in zahlreichen Begegnungen und Konferenzen, sowohl gegenüber den westlichen Partnern wie gegenüber der sowjetischen Seite.

Die 2+4-Gespräche begannen am 5. Mai in Bonn und fanden sowohl als Treffen der Außenminister als auch auf Beamtenebene statt.[43] Sie konnten aber keine Lösung in der Frage der Bündniszugehörigkeit finden. Gorbatschow schwankte zwischen Unnachgiebigkeit und Kompromißbereitschaft. Das hatte Außenminister Baker bereits Mitte Mai in Moskau erfahren.[44] Bei seinem Besuch Anfang Juni in Washington stimmte der sowjetische Staatschef dann zwar im Prinzip der deutschen Bündnisfreiheit zu, bezog aber in der Öffentlichkeit die Position, daß noch keine Übereinkunft erzielt sei. Ebenso bestand keine Einigkeit darüber, wie lange ausländische Truppen in Deutschland stationiert bleiben und wann die Rechte der Vier Mächte enden sollten – möglicherweise erst nach Abzug der fremden Truppen. Außerdem galt es, die Obergrenze der künftigen deutschen Streitkräfte festzulegen.

Von amerikanischer Seite unter Druck gesetzt, zeigte Gorbatschow sich entgegenkommend, aber immer wieder fiel er in seine alten Positionen zurück.[45] Doch die Optionen Moskaus schwanden, je mehr sich die wirtschaftlichen Schwierigkeiten in der Sowjetunion verschärften. Im Mai hatten die führenden Bankiers Hilmar Kopper (Deutsche Bank) und Wolfgang Röller (Dresdner Bank), die zusammen mit Teltschik unter höchster Geheimhaltung nach Moskau geflogen waren, grundsätzliche Einigung hinsichtlich eines Kredits über fünf Milliarden DM erzielt. Er wurde vom Bund verbürgt und konnte im Juli in Anspruch genommen werden. So wurde die Zahlungsunfähigkeit der Sowjetunion vermieden.[46] Auch die sich bereits abzeichnende Auflösung des Warschauer Pakts engte den sowjetischen Verhandlungsspielraum ein, denn welchem Bündnis sollte die DDR oder deren früheres Territorium angehören, wenn es keinen Warschauer Pakt mehr gab? Faktisch reduzierte sich die Frage auf die Alternative: volle NATO-Mitgliedschaft oder Neutralisierung Deutschlands.

Ende Juni und Anfang Juli fanden drei westliche Gipfeltreffen statt, von denen der Sondergipfel der NATO am 5. und 6. Juli in London der wichtigste war. Von ihm gingen überraschende sicherheitspolitische Signale aus. Angeboten wurden die Transformation der NATO in eine eher politische Allianz, die Kooperation zwischen Nordatlantik- und Warschauer Pakt, der Verzicht auf die Vorneverteidigung, neue Verhandlungen zur Rüstungskontrolle und die Aufwertung der KSZE. Dieses Angebot eines grundsätzlich neuen Verhältnisses zwischen den Militärblöcken hat wesentlich dazu beigetragen, daß Gorbatschow sich mit der NATO-Mitgliedschaft Deutschlands abfinden und diese gegen die wachsende Opposition in der Sowjetführung verteidigen konnte.

Der XXVIII. Parteitag der KPdSU, der vom 2. bis 14. Juli in Moskau stattfand, verlief für Gorbatschow unerwartet erfolgreich und schien seine Stellung entscheidend zu stärken. Tatsächlich hatte er zunächst einmal »neuen Verhandlungsspielraum«[47] gewonnen. Das von Konservativen beherrschte Politbüro war entmachtet und damit einflußreiche Gegner der Perestroika ausgeschaltet. Am 14. Juli trafen dann Kohl, Genscher und einige Begleiter zu dem schon lange vorher verabredeten Gipfeltreffen mit Gorbatschow in Moskau ein und reisten anschließend in die Heimat des Präsidenten nach Stawropol und in den Kaukasus.

Schon das erste Vieraugengespräch des Kanzlers mit Gorbatschow am Vormittag des 15. Juli brachte die Lösung der noch offenen Fragen zum Status Gesamtdeutschlands und zu den Bedingungen des sowjetischen Truppenabzugs.[48] Es zeigte sich, daß die Positionen schon eng beieinander lagen, und so kam man in der Sache rasch zu einer Übereinkunft. Diese wurde dann in verschiedenen Wendungen – um sicherzugehen, daß den Beteiligten kein Mißverständnis unterlief – wiederholt, bis Gorbatschow klipp und klar zusammenfaßte: »Die vierseitigen Rechte werden aufgehoben. Das vereinigte Deutschland erhält die volle Souveränität. Über die Präsenz sowjetischer Truppen für den Zeitraum von 3 bis 4 Jahren wird ein separater Vertrag geschlossen.«[49] Volle Souveränität war die Umschreibung dafür, daß Deutschland die NATO-Mitgliedschaft wählen konnte.

Kohl zeigte über dieses unverhofft schnelle Entgegenkommen nach außen keine Regung, aber Teltschik, der möglichst jedes Wort mitstenographierte, fing einen »vielsagenden Blick« des Kanzlers auf, der »seine Befriedigung erkennen« ließ.[50] Eine so rasche und vollständige Einigung hatte die deutsche Delegation trotz der günstigen Vorzeichen nicht erwartet. Die geradlinige und entschiedene Politik Washingtons und die beharrliche, auf Ausgleich der Interessen zielende und stets auf Vermittlung ausgerichtete Politik des Bundeskanzlers hatten zusammen mit der Finanz- und Wirtschaftshilfe und der Übernahme weiterer finanzieller Verpflichtungen für die Stationierung der sowjetischen

Truppen in Deutschland sowie umfangreichen Wohnungsbauprogrammen in der Sowjetunion schließlich zum Erfolg geführt.

Der Öffentlichkeit wurde von der Einigung zunächst nichts mitgeteilt. Selbst die sowjetische Delegation war nicht im Bilde, was zwischen dem sowjetischen Präsidenten und dem Bundeskanzler vereinbart worden war. Der Flug nach Stawropol, der Heimat Gorbatschows, und der sich anschließende Aufenthalt in Archys im Kaukasus offenbarte vor allem das tiefe persönliche Einvernehmen zwischen Kohl und Gorbatschow, aber auch zwischen der sowjetischen und der deutschen Delegation, das ganz einmalig war und zeigen sollte, daß die beiderseitigen Beziehungen eine bis dahin kaum vorstellbare neue Qualität erreicht hatten. Hier wurde die deutsche Einheit »besiegelt«.[51]

Nachdem man sich schließlich auch noch über den Status der sowjetischen Truppen in Ostdeutschland während einer Übergangsphase grundsätzlich geeinigt hatte, wurde am 16. Juli die internationale Presse informiert. Die Überraschung der Journalisten war »riesengroß«. Eine solche Lösung hatte man nicht für möglich gehalten. Es war in der Tat sensationell, was Kohl der Presse verkündete: Mit dem Vollzug der Einheit werde Deutschland seine volle Souveränität erhalten, das alliierte Recht der Vier Mächte erlöschen. Als souveräner Staat könne Deutschland frei entscheiden, welchem Bündnis es angehören wolle. Deutschland werde mit der Sowjetunion einen Vertrag schließen, der die Modalitäten des Truppenabzugs regele; es sei dafür ein Zeitraum von drei bis vier Jahren vorgesehen. Die sowjetischen Truppen in der DDR sollten bis zum Ende ihrer Stationierung dort einen Sonderstatus erhalten. Nur Bundeswehreinheiten, die nicht der NATO unterstanden, durften dort stationiert werden. Zu der Frage der Obergrenze der bundesdeutschen Streitkräfte einigte man sich auf 370 000 Mann. Schließlich verzichtete das vereinigte Deutschland auf Herstellung, Besitz und Verfügung von ABC-Waffen.

Die Regelung fand auf dem unmittelbar folgenden 2+4-Treffen allgemeine Zustimmung. Nur der DDR-Staatssekretär Misselwitz erklärte rundweg, »die DDR müsse sich ihre Position weiterhin vorbehalten, da sie offiziell von dem Ergebnis nicht unterrichtet sei und im übrigen auch in der Sache noch Vorbehalte habe«.[52] Mit dieser Äußerung erwies er sich als würdiger Vertreter seines Ministers, des Sozialdemokraten Markus Meckel. Dieser zeigte bei den 2+4-Treffen wenig Interesse für die Wiedervereinigung und unterstützte oft die Position der Sowjetunion. Meckel trat im Kreise der erfahrenen Diplomaten wie ein radikaler Student in einem akademischen Gremium auf, indem er mit Entschiedenheit unsinnige Thesen verfocht, was man ruhig abwartete, um dann zur Tagesordnung überzugehen.[53]

Die im Kaukasus demonstrierte deutsch-sowjetische Verständigung wurde in der Folgezeit zwar nicht in Frage gestellt, aber es ergaben sich bei der Aushandlung des 2+4-Vertrages im Detail noch genug Schwierigkeiten, die übrigens nicht nur von Moskau ausgingen. Beide deutsche Regierungen mußten in einem gemeinsamen Brief versichern, daß die Enteignungen, die zwischen 1945 und 1949 durchgeführt worden waren, nicht rückgängig gemacht werden konnten. Komplizierter entwickelten sich die Verhandlungen über den deutsch-sowjetischen Vertrag, denn nun stellten die Sowjets massive finanzielle Forderungen und ließen sich ihre politischen Konzessionen gut bezahlen.

Am 12. September wurde der 2+4-Vertrag von den Außenministern in Moskau unterzeichnet. Deutschland erhielt seine volle Souveränität zurück. Die Zeremonie fand in einem Moskauer Hotel statt und verlief routinemäßig und nicht im Bewußtsein eines bedeutenden historischen Ereignisses. Nur ein einziges Staatsoberhaupt war bei der Unterzeichnung anwesend: Gorbatschow. »Als die Unterschriften unter den Vertrag gesetzt wurden«, berichtet ein Zeuge, »stand er im Hintergrund zwischen all den Regierungsbeamten der mittleren Ebene, nicht weit von den weiß behandschuhten Hotelkellnern, die darauf warteten, den Champagner einzugießen. Die Miene des sowjetischen Präsidenten zeigte keinerlei Gefühlsregung. Dann bemerkte ihn der westdeutsche Außenminister und zog ihn nach vorn. Jetzt blitzte sein berühmtes Lächeln auf, während er Hans-Dietrich Genscher, der bald Außenminister des vereinigten Deutschlands sein würde, herzlich die Hand schüttelte. Die anderen Minister taten es ihm nach. Dann brachten sie einen Toast auf die Lösung der deutschen Frage aus.«[54]

Andere Probleme hatten sich inzwischen in den Vordergrund der Weltpolitik gedrängt – der Konflikt am Persischen Golf und die unbewältigte Krise in der Sowjetunion. Dennoch war die Vertragsunterzeichnung des 12. September »das wohl einschneidenste diplomatische Ereignis in der deutschen Nachkriegsgeschichte seit der Kapitulation«,[55] ging mit ihr doch eine Epoche zu Ende. Auch die letzten Reste der obersten Regierungsgewalt der Alliierten schwanden dahin, vergessen war die wechselvolle Geschichte ihrer Anwendung, aber auch ihrer Verdrängung: Unter ihrem Zeichen hatte 1945 die unbeschränkte Besatzungsherrschaft über das besiegte Deutschland begonnen. Dann war in den Westverträgen nur noch in verklausulierter Form auf sie Bezug genommen worden; sie war nach dem Chruschtschow-Ultimatum scheinbar ganz verschwunden. Erst im Zeichen der Entspannungspolitik der siebziger Jahre war sie wiederentdeckt als die Formel, die es möglich machte, sich in Berlin auf substantielle Verbesserungen zu einigen und mit der Stärkung des freien Teils Berlins eine ganz wichtige Voraussetzung für das Offenhalten der deutschen Frage zu schaffen.

Helmut Kohl hatte – im Gegensatz zu sehr vielen westdeutschen Politikern – das Ziel der Wiedervereinigung nie aufgegeben. Für den Pfälzer Patrioten war dieser Teil Deutschlands nicht abgeschrieben. Deshalb hatte er unbeirrt von dem auf Anerkennung der Zweistaatlichkeit drängenden Zeitgeist beim Staatsbesuch Honeckers vor den Fernsehkameras erklärt: »Das Bewußtsein für die Einheit der Nation ist wach wie eh und je, und ungebrochen ist der Wille, sie zu bewahren.«[56] Er sah das Deutschlandproblem in historischer Perspektive, wie es ihn überhaupt auszeichnete, daß er in geschichtlichen Dimensionen dachte. Das mochte zu mißlungenen Gesten wie dem Besuch auf dem Bitburger Soldatenfriedhof führen, aber sein traditionelles Denken ließ ihn politische Visionen vor historischem Hintergrund entwickeln – so etwa das Bild eines wiedervereinigten Deutschlands in einem vereinigten Europa. Wie für die große Historie war er auch empfänglich für die Sorgen und Hoffnungen vieler Menschen, deren Schicksal durch die Katastrophen dieses Jahrhunderts bestimmt war.

Bei dem Gorbatschow-Besuch in Bonn hatte er erkannt, daß sein sowjetischer Besucher – ein Angehöriger seiner eigenen Generation, ebenfalls noch mittelbar vom Krieg gezeichnet und von der Idee beherrscht, es nie wieder zu einem Krieg kommen zu lassen – in ähnlichen Bahnen dachte wie er. Die Haltung des sowjetischen Präsidenten der Geschichte gegenüber war allerdings fatalistischer. Anfang Dezember 1989 erklärte er im Blick auf die deutsche Frage: »Um Realisten zu bleiben, sollten wir erklären, daß die Geschichte selbst über die Prozesse und das Schicksal des europäischen Kontinents sowie über das Schicksal beider deutschen Staaten entscheidet.«[57]

Für Kohls Denken zeigte sich der sowjetische Staatschef aufgeschlossen. Als der Kanzler ihm am 10. Februar seine Vision der gemeinsamen Zukunft entwickelte, hat der Präsident zugestimmt. Kohl hatte gesagt, er habe den Wunsch, »mit G(eneral) S(ekretär) Gorbatschow ganz persönlich das vor ihnen liegende Jahrzehnt der Geschichte so zu gestalten, daß sie beweisen könnten, daß sie beide aus der Geschichte gelernt hätten«. Diese Sichtweise machte der Kreml-Chef sich dann immer mehr zu eigen. Am 19. Juni 1990 schrieb er dem Kanzler: »Jetzt werden die Weichen für einen koordinierten Übergang ins nächste Jahrhundert gestellt.« Am 15. Juli in Moskau eröffnete Kohl das entscheidende Gespräch zwischen ihnen mit der Feststellung, »daß es sich jetzt um historisch bedeutsame Jahre handele … Wenn man nicht handele, seien sie vorbei. Bismarck habe einmal davon gesprochen, daß man den Mantel der Geschichte ergreifen müsse«.[58] Das war zwar sehr vergröbert zitiert, aber Gorbatschow imponierte besonders der Hinweis auf Bismarck.

Manchem mögen die Ausführungen Kohls phrasenhaft oder sentimental erscheinen. Aber wer nur den Mangel an intellektueller Brillanz und geschliffener Rhetorik beklagt, der hat etwas Wesentliches gar nicht erfaßt, nämlich Kohls einzigartige Fähigkeit, im persönlichen Kontakt eine Vertrauensgrundlage zu schaffen. Sein Verweis auf die historische Dimension des gemeinsamen Tuns war besonders hilfreich, als es galt, Schwierigkeiten auf dem Weg zur Einheit zu überwinden.

Viele Faktoren haben Gorbatschow zum Einlenken bewogen. Letztlich stimmte er der deutschen Wiedervereinigung aber erst zu, als der Zusammenbruch der DDR offenkundig war. Die schwächer werdende sowjetische Position wirkte sich in der internationalen Politik ebenso aus wie die Erwartung deutscher Hilfe. Aber die von Kohl beharrlich beschworene geschichtliche Perspektive hat ihre Wirkung auf seinen sowjetischen Partner nicht verfehlt, die Zustimmung zur deutschen Einheit erleichtert und damit das Ende des Kalten Krieges herbeigeführt.

DER EINIGUNGSPROZESS IM INNERN

Seit dem Jahr 1990 wuchs die Ungeduld der Menschen in der DDR, die eine radikale Veränderung der Verhältnisse forderten. Die einen zogen die Konsequenzen aus dem Scheitern des Sozialismus und siedelten massenweise in die Bundesrepublik über; die Mehrheit der anderen hatte mit der Wahlentscheidung am 18. März deutlich gemacht, daß sie – anders als die einen »dritten Weg« propagierenden politischen Oppositionsgruppen – so rasch wie möglich die Wiedervereinigung wünschte. Deutlicher konnte die Botschaft nicht ausfallen: Die DDR war am Ende, Verwaltung und Wirtschaft kaum noch funktionsfähig. Angesichts der Präsenz der sowjetischen Streitkräfte barg die Situation aber gefährliche Risiken, denn jederzeit konnten Zusammenstöße zu unabsehbaren Konsequenzen führen. Um so notwendiger war es, rasch zu konstruktiven Lösungen zu gelangen.

Die Wirtschafts- und Währungsunion war bereits am 6. Februar angekündigt worden. Die Bundesregierung wollte damit bewußt »ein Signal« setzen.[59] Wie problematisch es war, die D-Mark ohne längere Schon- und Übergangszeit in der DDR einzuführen, war allen bundesdeutschen Experten bewußt. Ökonomisch war ein solcher Schritt nicht zu rechtfertigen, wohl aber politisch, denn die Einführung der D-Mark war das politisch wirksamste Mittel, um die Menschen in der DDR zu halten und die Lage dort zu stabilisieren. Wie weit das gelingen würde, wußte freilich niemand.

Kohl meinte schon am 7. März skeptisch, »die Realität in der DDR und der Erwartungshorizont ihrer Bürger seien ohnehin nicht in Einklang zu bringen«.[60] Das war nur eine vorübergehende Anwandlung des Kanzlers, und doch erwies sie sich als eine Art Leitmotiv für den langen Prozeß der Anhebung und Angleichung von Wirtschaft und Lebensstandard auf das Westniveau. Allerdings konnte man auf Dauer mit einer solch skeptischen Einstellung keine Politik machen. Daher galt es, Entschlußkraft zu zeigen und einen Optimismus zu verbreiten, an den die Politiker schließlich selbst glauben konnten.

Auf unliebsame ökonomischen Konsequenzen war die Regierung durchaus gefaßt. Der Sachverständigenrat hielt die »rasche Verwirklichung« der Währungsunion für »das falsche Mittel«.[61] Sie würde in der DDR die »Illusion« wecken, damit sei sogleich »auch der Anschluß an den Lebensstandard der Bundesrepublik hergestellt«. In Wirklichkeit sei die Produktivität der Wirtschaft im Osten viel geringer, so daß die einheitliche Währung »schlagartig« nur den großen Unterschied der Einkommen in Ost und West deutlich machen würde. Dann würde man die Angleichung der Löhne verlangen, was jedoch zu Lasten des Produktionsstandortes DDR gehen und zwangsläufig einen Anstieg der Arbeitslosigkeit zur Folge haben würde.

Noch aus anderen Gründen müsse eine rasche Währungsunion Produktion und Beschäftigung in der DDR gefährden. Es stehe zu erwarten, daß die DDR-Bürger mit dem neuen Geld vornehmlich Konsumgüter aus der Bundesrepublik und dem westlichen Ausland kaufen und die Erzeugnisse der eigenen Produktion verschmähen werden. Außerdem berge eine zu frühe Währungsunion die Gefahr, daß die »Unternehmen der DDR … schlagartig einer internationalen Konkurrenz ausgeliefert« würden, der sie im Grunde nicht gewachsen seien. Deshalb plädierten die Sachverständigen für eine grundlegende Wirtschaftsreform, der dann die Währungsunion folgen sollte.

Die spätere Entwicklung bewies eindrucksvoll, wie sehr die Prognose der Sachverständigen zutraf. Im Frühjahr 1990 hatten aber nicht wirtschaftlicher Sachverstand und ökonomisch vernünftige Lösungen Priorität, sondern allein politisch richtige Entscheidungen. Dem Verlangen der Massen nach sofortiger Vereinigung, den die ersten freien Volkskammerwahlen vom 18. März demonstrierten, mußte möglichst rasch Rechnung getragen werden, was auch hieß, den Strom der Übersiedler einzudämmen. Wenn die D-Mark in die DDR käme, so die Überlegung, brauchten die Menschen nicht mehr zur D-Mark nach Westdeutschland zu gehen.

Im Westen wurden die Übersiedler zunehmend als Last empfunden. Die westdeutschen Kommunen stöhnten; alle verfügbaren Notunterkünfte waren belegt, die Kosten stiegen, und die Begeisterung der Novembertage hatte sich längst gelegt. Die Forderung wurde laut, das weiterhin praktizierte Notaufnahmeverfahren, das den Übersiedlern beträchtliche Eingliederungsbeihilfen sicherte, zu streichen; einige sozialdemokratisch regierte Länder – Bremen, Saarland, Nordrhein-Westfalen – hatten das Aufnahmeverfahren sogar bereits aufgehoben. Der Spitzenkandidat der SPD, Oskar Lafontaine, wurde nicht müde, vor der schnellen Vereinigung zu warnen, den Sozialneid auf die Umsiedler zu schüren und und die künftigen Belastungen den Bundesbürgern drastisch vor Augen zu führen.

Auch in der Union wuchs die Kritik an der ungehinderten Übersiedlung, rebellische Stimmen ließen sich aus Ländern und Gemeinden vernehmen, doch Helmut Kohl hielt unbeeindruckt Kurs und ignorierte die Kritiker in seiner Partei.[62] So herrschte im Parteipräsidium der CDU am Tag nach der Volkskammerwahl bei den CDU-Ministerpräsidenten geradezu Verbitterung über die Beibehaltung des Aufnahmeverfahrens. Kohl wußte freilich dafür zu sorgen, daß es zu keiner Abstimmung kam. Daß die Übersiedler weiter aufgenommen wurden, obwohl beide großen Volksparteien zu ihnen auf Distanz gingen, war letztlich den Freien Demokraten zu verdanken, deren Führung – Genscher, Mischnick, Lambsdorff – selbst einmal Zonenflüchtlinge gewesen waren.

Als Koalitionspartner sperrte sich die FDP gegen die Abschaffung des Aufnahmeverfahrens. Das geschah auch aus außenpolitischen Gründen, denn der Menschenstrom von Ost nach West hatte enorme außenpolitische Bedeutung. Diese Abstimmung mit den Füßen führte den zahlreichen Gegnern der Wiedervereinigung im Ausland die Notwendigkeit zum raschen Handeln vor Augen, da die DDR zur Selbstbehauptung ihrer Existenz ganz offensichtlich nicht mehr in der Lage war. Die Unterbindung der Zuwanderung hätte nur die Illusion gefördert, daß sich die Lage in der DDR wieder stabilisieren lasse und der Einigungsprozeß deshalb auch gemächlicher vorankommen könne.

Um den innenpolitischen Druck zu mindern, kündigte Bundesinnenminister Wolfgang Schäuble am 20. März an, daß das Notaufnahmeverfahren am 1. Juli, dem Tag des Inkrafttretens der Wirtschafts- und Währungsunion, enden werde. Tatsächlich gingen bereits vorher die Zahlen zurück. Im ersten Halbjahr 1990 waren aber insgesamt 240 000 Menschen von Ost- nach Westdeutschland übergesiedelt.

Am 18. Mai wurde der Vertrag über die Schaffung einer Währungs-, Wirtschafts- und Sozialunion unterzeichnet. Zu diesem Zeitpunkt bestanden nur über die Währungsunion klare Vorstellungen. Als entscheidender Punkt galt die Frage des Umtauschkurses, über den in Bonner Expertenkreisen lange beraten wurde. Eine der »Frankfurter Rundschau« zugespielte Indiskretion brachte die Entscheidung an den Tag:[63] Am 30. März hatte Bundesbankpräsident Pöhl den Beschluß des Zentralbankrats in dieser Frage vorgelegt, der ein generelles Umtauschverhältnis von 2:1 und einen begrenzten – später noch gestaffelten – Umtauschkurs von 1 : 1 vorsah. Ein Aufschrei des Protestes erhob sich in der DDR, wo man ein Verhältnis von 1 : 1 erwartet hatte. Betrachtete man die Dinge jedoch reell, war selbst der Umtausch im Verhältnis 2:1 eine mehr als großzügige Regelung angesichts der Tatsache, daß es in der DDR einen erheblichen Überhang an Geld gab. Für eine hochinflationierte Währung wie die Ostmark, die ohne Währungsunion bald so wertlos wie die Mark von 1923 gewesen wäre, war der Umtausch im Verhältnis 2 : 1 zwar eine wirtschaftlich nicht sinnvolle, aber doch sozial zu rechtfertigende Lösung. Löhne und Renten wurden im Verhältnis 1 : 1 umgestellt, wobei sich zugleich die Frage ihrer Anhebung ergab, denn sie konnten nicht auf dem niedrigen DDR-Niveau bleiben.[64] Der amerikanische Botschafter in Bonn, Vernon A. Walters, hielt deshalb den Umtauschkurs für »das größte Finanzgeschenk in der Geschichte«.[65]

Zur Finanzierung wurde ein Fonds »Deutsche Einheit« eingerichtet, den Bonn mit 115 Milliarden DM ausstattete. Der Betrag sollte als Zuschuß zur DDR-Haushaltsfinanzierung dienen. Man vertrat allen Ernstes die Ansicht, daß dieser Betrag bis Ende 1994 ausreichen würde. Davon konnte natürlich keine Rede sein. Der viel zu knapp kalkulierte Kostenrahmen zeigt jedoch, daß bei allen Beteiligten nicht einmal eine annähernd realistische Vorstellung des tatsächlichen Finanzbedarfs vorhanden war. Doch schon bei der Ausstattung des viel zu bescheidenen Fonds »Deutsche Einheit« hatte sich gezeigt, daß zur Finanzierung letztlich nur eine Quelle zur Verfügung stand: die Kreditaufnahme. Die Länder weigerten sich nämlich erbittert, höhere Kosten zu übernehmen, Steuererhöhungen aber waren – zumal in einem Wahljahr – äußerst unpopulär, und Subventionskürzungen im Westen hatten angesichts der festgefügten Front der Interessenvertreter erst recht keine Chance.

Zwischen der Unterzeichnung des Staatsvertrags zur Wirtschafts-, Währungs- und Sozialunion und dem Beginn der Währungsunion lagen nur sechs Wochen – sehr wenig Zeit für die Vorbereitung dieser Großaktion, die präziser Vorbereitungen bedurfte. Gleichwohl standen diese Tage im Zeichen von Optimismus und Aufbruch. Der Bundeskanzler verkündete in dem ihm eigenen Stil, daß die Soziale Marktwirtschaft »die Chance, ja die Gewähr dafür (biete), daß Mecklenburg-Vorpommern und Sachsen-Anhalt, daß Brandenburg, Sachsen und Thüringen bald wieder blühende Landschaften in Deutschland sein werden, in denen es sich für jeden zu leben und zu arbeiten lohnt«.[66] Berücksichtigt man die konkreten Zwänge der politischen Situation – die Währungsunion noch unfertig, der äußere Status Deutschlands nach wie vor ungeklärt, dazu das riesige Ausmaß an Arbeit unter einzigartigem Termindruck –, dann ließ sich nicht jedes Wort auf die Goldwaage legen. Der Kanzler aber brachte seine feste Überzeugung zum Ausdruck, daß ein vereinigtes Deutschland unter demselben Wirtschaftssystem dieselbe wirtschaftliche Effektivität und damit schließlich auch denselben Lebensstandard wie die alte Bundesrepublik erreichen werde. Als die Entwicklung dann aber hinter seiner Überzeugung zurückblieb, mußte er viel Häme und bösartige Schelte ertragen.

Gewiß waren die Äußerungen des Kanzlers in diesen Tagen auch von einer gehörigen Portion Zweckoptimismus bestimmt, aber die Unterschätzung der wirklichen Probleme teilte er mit fast allen, die für die Einheit eintraten. Man ging von dem Vorbild des Wirtschaftswunders aus und glaubte, in ähnlicher Weise, aber in viel kürzerer Zeit zu demselben Ergebnis zu gelangen. Dabei wurde verdrängt, daß die Industrie inzwischen durch Rationalisierung und Automatisierung eine völlig andere Struktur erhalten hatte, in der die menschliche Arbeitskraft eine immer geringere Rolle spielte.

Die Währungsunion setzte eine »schöpferische Zerstörung« ins Werk, denn die DDR-Wirtschaft war nicht zu reformieren. Alles mußte von Grund auf neu aufgebaut werden. Anders als in den fünfziger Jahren gab es keine Aussicht auf Vollbeschäftigung mehr, zumal die bisherigen Beschäftigungszahlen im Sozialismus aus politischen Gründen aufgebläht waren und nur die tatsächliche Arbeitslosigkeit verbargen. Selbst im historischen Rückblick will sich zu der überstürzten Währungsunion keine andere Alternative auftun als der Verzicht auf die Einheit.[67] Wenn die DDR ihre staatliche und wirtschaftliche Selbständigkeit behalten hätte, wäre eine stufenweise Angleichung und eine Transformation der DDR-Wirtschaft theoretisch zwar möglich gewesen, hätte aber mit Sicherheit zu einer Kümmerexistenz geführt. Vor dieser Aussicht und den damit verbundenen politischen Risiken schreckten freilich alle zurück.

War die Währungsunion vor allem eine westdeutsche Maßnahme, so hatten beim Einigungsvertrag die Ostdeutschen ein gewichtiges Wort mitzureden. Denn nur wenn dieser mit verfassungsändernder Mehrheit von der Volkskammer angenommen wurde, konnte am 3. Oktober die Einheit vollzogen werden. Für die Verhandlungen über das Vertragswerk waren auf westdeutscher Seite Bundesinnenminister Wolfgang Schäuble, auf ostdeutscher Seite der Parlamentarische Staatssekretär Günther Krause zuständig. Krause erwies sich als ungemein effektiver Verhandlungspartner, der sich verblüffend schnell in die komplizierte Vertragsmaterie einarbeitete und keinerlei Nostalgie für die DDR empfand. Dagegen handelte sein Ministerpräsident, der Christdemokrat Lothar de Maizière, zögerlicher und war bestrebt, möglichst viele sozialistische Errungenschaften zu erhalten und »erst sein Land in Ordnung zu bringen, ehe er mit einer sanierten, geläuterten DDR den Beitritt wagte«.[68]

In einem Punkt gab es jedoch bei Regierung und Parteien der DDR volle Übereinstimmung: Die von den Sowjets und deutschen Kommunisten forcierten Enteignungen der unmittelbaren Nachkriegsjahre durften nicht rückgängig gemacht werden. In dieser Frage war de Maizière ganz eindeutig, an ihr wollte er notfalls sogar den Einigungsvertrag scheitern lassen. Auch von sowjetischer Seite war auf den DDR-Ministerpräsidenten Druck ausgeübt worden. Bonn akzeptierte das schließlich, da man wegen der umstrittenen Frage der Enteignungen nicht die Einigung aufs Spiel setzen wollte. In einem gemeinsamen Brief stellten beide deutschen Außenminister fest: »Die Enteignungen auf besatzungsrechtlicher bzw. besatzungshoheitlicher Grundlage (1945–1949) sind nicht mehr rückgängig zu machen.« Diese Erklärung wurde Bestandteil des Einigungs- und des 2+4-Vertrages. Sie war also innenpolitisch und außenpolitisch abgesichert. Das Bundesverfassungsgericht hatte im nachhinein im Grunde keine andere Möglichkeit, als diese von beiden deutschen Staaten akzeptierte Regelung mehrfach zu bestätigen.

Der am 30. August unterzeichnete Einigungsvertrag stellte eine ganz hervorragende Leistung dar. In wenigen Monaten intensiver Verhandlungen wurde für das Beitrittsgebiet, die ehemalige DDR, eine neue Rechtsordnung eingeführt, was eine Fülle von Anpassungen und Überleitungsbestimmungen notwendig machte. Eine solche Leistung wäre wohl in keinem anderen Land möglich gewesen. Hier zeigten die oft wegen ihrer Langsamkeit gescholtene Bonner Ministerialbürokratie, aber auch die Verwaltungen der Länder eine kaum für möglich gehaltene Effizienz und Arbeitsbereitschaft.

Es herrschte Einigkeit darüber, daß der Beitritt nach Art. 23 GG erfolgen solle, denn dieser Weg sorgte für die nötige Beschleunigung und entsprach dem Interesse der überwiegenden Mehrheit der Bevölkerung. Die Ausarbeitung einer neuen Verfassung nach Art. 146 GG hätte dagegen mehr Zeit beansprucht und politische Instabilität geschaffen, die im Sommer 1990 unbedingt vermieden werden mußte. Die Bevölkerung im Osten wie im Westen vertrat ebenfalls die feste Überzeugung, daß man mit dem bewährten Grundgesetz den Aufbruch in die gemeinsame politische Zukunft wagen sollte.

Nur im Kreis der deutschen Intellektuellen propagierten manche mit Larmoyanz und Bitternis einen anderen Standpunkt. In der »Frankfurter Allgemeinen Zeitung« war dazu am 13. Januar 1990 zu lesen: »Die Erwägung, die staatliche Integrierung der beiden Deutschlands sei schon aus ökonomischen Gründen auf Dauer unausweichlich, hat in einem breit gestreuten liberalen bis linken intellektuellen Milieu den Charakter der obszönen Handlung schlechthin: Es ist der Tabubruch.«[69] Zwei Monate später polemisierte Jürgen Habermas gegen diese ökonomische Zwangsläufigkeit der Vereinigung Deutschlands und sprach von der »Schamlosigkeit seines von den Börsenkursen gestützten Nationalismus«. Die Entwicklung nach dem Mauerfall wünschte er sich ganz anders als die Bundesregierung und die überwiegende Mehrheit der Deutschen: »Statt die deutschen Landsleute über das Medium des Verfassungsrechts und eine überstürzte Währungsunion im Hau-Ruck-Verfahren ins eigene Boot zu ziehen, hätte die Bundesrepublik als die stärkste Kraft innerhalb der EG an die Solidarität aller Europäer und an die geschichtliche Verpflichtung Westeuropas gegenüber allen mittel- und osteuropäischen Nachbarn appellieren können.« Die Ursache für seine Gegnerschaft zur Vereinigung kulminierte bei ihm wie bei Günter Grass in einem Wort: Auschwitz. »Mit jenem ungeheuerlichen Kontinuitätsbruch haben die Deutschen die Möglichkeit eingebüßt, ihre politische Identität auf etwas anderes zu gründen als auf universalistische staatsbürgerliche Prinzipien …«[70]

Heinrich August Winkler, einer der wenigen, der später offen seinen Irrtum eingestanden hat, urteilte rückblickend: »Die deutsche Teilung oder, nach 1989, der Verzicht auf einen deutschen Nationalstaat als Sühneopfer für Auschwitz: so dachte ein großer Teil der intellektuellen Linken in der alten Bundesrepublik.« Auf diese Weise habe die Mauer, brutalstes Symbol der Spaltung, einen ganz neuen Sinn bekommen: »Die Berliner Mauer diente als jenes riesige, unübersehbare Monument zum Gedenken an die über fünf Millionen ermordeten Juden, dessen Errichtung Lea Rosh dann im November 1988 im sozialdemokratischen ›Vorwärts‹ forderte.«[71] Der Schock, daß der Nationalstaat doch nicht unwiderruflich auf dem Schrotthaufen der Geschichte gelandet war, vertiefte die Orientierungslosigkeit linker Intellektueller noch, allerdings dämmerte auch ihnen allmählich die Erkenntnis, daß der Einigungsprozeß keineswegs einen neuen Nationalismus freisetzte.

Trotz der intellektuellen Unkenrufe verlief der Sommer 1990 in euphorischer Stimmung. »Wahnsinn« – nur dieses Wort schien dem Erstaunen über die seit dem 9. November eingetretenen Veränderungen gebührenden Ausdruck zu verleihen. Die zum Greifen nahe Einheit, die rasch vollzogene Währungsunion, die den Menschen im Osten das bis dahin unbekannte Gefühl vermittelte, vielumworbene Konsumenten zu sein, die sich ein Auto aussuchen konnten und nicht jahrelang darauf warten mußten – das hob die Stimmung. Viele Westdeutsche machten sich auf, um den anderen Teil Deutschlands zu entdecken mit den landschaftlichen Reizen der Insel Rügen oder des Elbsandsteingebirges; die Ostdeutschen ihrerseits frischten bei Reisen in den Westen alte Bekanntschaften auf und knüpften neue an. Der Gewinn der Fußball-Weltmeisterschaft im Juli in Italien verstärkte noch die Euphorie. Der Teamchef der deutschen Elf, Franz Beckenbauer, und sein Kanzler – beide standen für Erfolg und Stolz auf das Erreichte. Die politische Leistung des Kanzlers im Einigungsprozeß nötigt im historischen Rückblick Respekt ab, denn es gilt den Ausgangspunkt zu beachten: Abgesehen von den USA und den Menschen der DDR wollte niemand die Wiedervereinigung, die westeuropäischen Verbündeten hätten sie gerne verhindert, und auch der Sowjetunion war sie zunächst völlig unakzeptabel erschienen. Für sie war es beim Fall der Mauer noch unvorstellbar, den unter so blutigen Opfern eroberten Teil Deutschlands kampflos aufzugegeben und sogar der NATO zu überlassen.

Kohl selbst, der nach dem Vollzug der Einheit in Deutschland wie in der Welt als großer Staatsmann respektiert wurde, hatte im September 1989, am Vorabend der Wende, noch einer Fronde parteipolitischer Gegner trotzen müssen, die seinen Sturz anstrebten. Im Einigungsprozeß nahm er dann mit Hilfe des amerikanischen Verbündeten eine Schlüsselposition ein. Allerdings war eine ganz wichtige Voraussetzung dafür, daß verläßliche Helfer und Partner an seiner Seite standen: die erfahrenen und effizienten Macher im Kanzleramt mit Teltschik als dem wichtigsten außenpolitischen Berater an der Spitze und den hochqualifizierten Diplomaten des Auswärtigen Amtes. Hans-Dietrich Genschers politische Extratouren mochten zwar gelegentlich irritieren, aber er leistete bei der Verdeutlichung des deutschen Standpunktes wertvolle Dienste. Die innenpolitische Absicherung übernahm Wolfgang Schäuble als Vermittler und Verhandlungspartner mit der DDR, und Kanzleramtsminister Rudolf Seiters sorgte für die Abstimmung mit den westdeutschen Landesregierungen. Beide hielten so dem Kanzler nach Kräften den Rücken frei. Von dieser Basis aus konnte Kohl operieren. Er zeigte erstaunliches Geschick bei der Darstellung der deutschen Situation. Stets war die Entwicklung in der DDR, der Wille ihrer Menschen zur Selbstbestimmung für Kohl die Richtschnur. Behutsam nahm er dabei jedoch auch die Weichenstellungen vor, die im Interesse der deutschen Politik den Prozeß beschleunigten: das Zehnpunkteprogramm und die Ankündigung der Währungsunion.

Kohl war im Grunde auch so etwas wie sein eigener Außenminister. Er nutzte wirkungsvoll seine Fähigkeit, vertrauensvolle persönliche Beziehungen zu Partnern auf internationaler Ebene herzustellen. Das galt in besonderem Maße für George Bush, aber auch die EG und ihren ebenso fähigen wie kooperativen Präsidenten Jacques Delors vernachlässigte er nicht, wie überhaupt ein beachtlicher Teil der Aktivitäten Kohls und der deutschen Diplomatie generell darauf gerichtet war, den Einigungsprozeß nach allen Seiten abzusichern.

Nur eine politische Kraft ließ der Kanzler links liegen: die deutsche Sozialdemokratie. Halbherzige Angebote zur Kooperation lehnte er brüsk ab, denn die Einbeziehung einer so zerrütteten Partei hätte nur zusätzliche Schwierigkeiten

Die große Feier vor dem Reichstag in der Nacht zum 3. Oktober, als um Mitternacht eine riesige schwarzrot-
goldene Fahne vor dem deutschen Parlament aufgezogen wurde und Hunderttausende dankbar feierten und das
Deutschlandlied sangen, sah Helmut Kohl zu Recht im Mittelpunkt, eingerahmt von Bundespräsident von Weizsäcker und Außenminister Genscher. Ihm galten die Rufe »Helmut! Helmut!« Seit seinen Wahlkampfauftritten
anläßlich der Volkskammerwahlen im März hatten sie ihn begleitet, und nun bildeten sie gleichsam den akusti-
schen Hintergrund im Augenblick seines großen Triumphes. Mit sicherem politischen Instinkt hatte er die historische Chance genutzt, als der Mantel der Geschichte ihn streifte. Der Erfolg war ihm treu geblieben und hatte ihn
wie auf einer Welle bis zur Einheitsfeier vor dem Reichstag getragen.

bereitet. Wohl gab es noch die alten Sozialdemokraten mit Brandt an der Spitze, die den Regierungskurs im Grunde billigten. Aber den Ton gaben inzwischen die »Enkel« an. Oskar Lafontaine wurde im Frühjahr zum Kanzlerkandidaten gewählt. Sein politisches Profil war eindeutig: Ende November 1989 wollte er die Bürger der DDR nicht mehr als Deutsche im Sinne des Grundgesetzes anerkannt sehen; die Überwindung der Teilung hielt er nur im europäischen Rahmen – also nie – für möglich. So focht er auch ursprünglich gegen die Einführung der D-Mark in der DDR und drohte mit seinem Rücktritt als Kanzlerkandidat, als die SPD der Währungsunion – wenn auch mit einigem Wenn und Aber – zustimmte.[72] Hierbei wurde er von Gerhard Schröder unterstützt. Der vorherrschende Eindruck war Ablehnung, zögerliche Zustimmung und Bedenkenträgerei. Mochten sich auch West-SPD und Ost-SPD Ende September vereinigen – die Partei war noch immer nicht im vereinigten Deutschland angekommen, sehr zum Bedauern vieler ihrer Mitglieder und Abgeordneter.

Ein bezeichnendes Detail zur Gefühlslage von SPD-Politikern registrierte US-Botschafter Walters: Während des offiziellen Empfangs im Reichstag in der Nacht vom 2. zum 3. Oktober seien insgesamt 32 Bundestagsabgeordnete zu ihm gekommen – er habe genau gezählt –, um ihm für den amerikanischen Beitrag zur deutschen Einheit zu danken. Kein einziger Sozialdemokrat sei darunter gewesen.[73]

Deutschland im Wandel

Kohl war immer ein Mann, der Konsens erzielen wollte. Daher war es für ihn ein kaum erwartetes und deshalb um so beglückenderes Gefühl, als am 3. Oktober 1990 die deutschen Farben vor Hunderttausenden begeisterter Menschen am Reichstag gehißt wurden. Aber es war wohl ebenso charakteristisch für ihn, daß er sich nicht dem Augenblick hingab, sondern daran dachte, wie »die eigene Vergangenheit vor dem inneren Auge wie im Zeitraffer vorbeizieht«. Unvermeidlich auch, daß der tastende unsichere Weg zur Einheit ihm in den Sinn kam, der ihn an die »Durchquerung eines Hochmoores« erinnerte.[1] Mit Konrad Adenauer und Willy Brandt gehört er zu den großen Bundeskanzlern. Ihm allein war es vergönnt, seine Chance zu nutzen und Großes zu vollbringen: die deutsche Einheit.

Die Freudenszenen vor dem Reichstag in der Nacht zum 3. Oktober machten vergessen, daß das Land im Wahlkampf war. Um das Amt des Bundeskanzlers bewarben sich der amtierende Kanzler und der Spitzenkandidat der SPD, Oskar Lafontaine, der die Einheit vehement abgelehnt hatte. Er war dabei einem ganz einfachen Kalkül gefolgt: Meinungsumfragen hatten ergeben, daß zwei Drittel der Bevölkerung zwar die Einheit wollten, aber nicht bereit waren, dafür persönliche Einschränkungen in Kauf zu nehmen.[2] Bis zum September 1990 hatten CDU/CSU und SPD gleichauf gelegen in der Wählergunst, und erst unter dem Eindruck der gelungenen Einheit gewann die Union einen Vorsprung.

Die Euphorie der gesamtdeutschen Bevölkerung zahlte sich am Wahltag schließlich aus: Die Union erhielt 43,8 Prozent der Stimmen, die Liberalen 11; die Koalition erreichte damit eine sehr komfortable Mehrheit, denn die Opposition war durch die Aufsplitterung in SPD, Bündnis-Grüne und PDS (die Nachfolgeorganisation der SED, die sich »Partei des Demokratischen Sozialismus« nannte) noch zusätzlich geschwächt. Der im Oktober einsetzende Meinungsumschwung hin zu den Koalitionsparteien als den Machern der Einheit hatte die SPD empfindlich getroffen. Sie fiel mit 35,9 Prozent auf die niedrigen Werte der Ära Adenauer zurück und schnitt in den neuen Ländern noch weit schlechter ab. Gerade die ostdeutschen Wähler zeigten wenig Verständnis dafür, daß ihnen Lafontaine die D-Mark vorenthalten wollte. Doch auch im

Westen gab es deutliche Kritik an dem sozialdemokratischen Kanzlerkandidaten, sogar durch den Exkanzler Helmut Schmidt, der gegenüber einer holländischen Zeitung erklärte: »Lafontaine wird die Wahlen verlieren, und das verdient er auch.«[3]

Nach den unvergleichlichen Erfolgen des Jahres 1990 standen für den so nachdrücklich bestätigten Kanzler nun die Probleme der Vereinigung auf der Tagesordnung, vor allem die bis dahin verdrängten wirtschaftlichen Schwierigkeiten. Auf die reagierten die Deutschen erfahrungsgemäß besonders empfindlich. Die Steuern mußten nun entgegen den Wahlversprechen erhöht werden, die Wirtschaft der DDR brach zusammen, die Arbeitslosigkeit stieg dort rapide an und konnte durch Umschulungs- und Arbeitsbeschaffungsmaßnahmen nur ungenügend verschleiert werden. Was sollte aus den Kombinaten werden, diesen abgewirtschafteten Sauriern der Planwirtschaft?

Am 1. März hatte der DDR-Ministerrat die Gründung der »Anstalt zur treuhänderischen Verwaltung des Volkseigentums« beschlossen und im Juni die Volkskammer das Treuhandgesetz verabschiedet, das die Privatisierung der volkseigenen Wirtschaft vorsah. Nun erwies sich, daß die Schätzungen zum Vermögen der verstaatlichten DDR-Industrie viel zu rosig ausgefallen waren. Selbst Detlev Rohwedder, der im August die Präsidentschaft der Treuhandanstalt übernahm, hegte anfangs noch übertriebene Vorstellungen von den Werten, die er verwaltete. Aber der ehemalige Staatssekretär, politisch ebenso erfahren wie als Spitzenmanager versiert, kam rasch zu der Einsicht, das nur noch eines half: »Schnell privatisieren, entschlossen sanieren und behutsam stillegen.«[4] Es war ihm leider nicht beschieden, sich mit seinem ganzen Können in den Dienst dieser Aufgabe zu stellen. Am Ostermontag 1991 wurde er in seinem Haus in Düsseldorf durch das Arbeitszimmerfenster hindurch erschossen. Der Fall wurde nie aufgeklärt.

Die Treuhandanstalt beendete ihre Tätigkeit 1994 mit einem Defizit von rund 250 Milliarden DM. Daß eine Vielzahl von Unternehmen und Immobilien über diese Einrichtung korrekt übertragen und verkauft wurde, ging unter in den vielen Korruptionsskandalen und Subventionsbetrügereien, die mit der Abwicklung des DDR-Vermögens verbunden waren.

Von Jahr zu Jahr wuchs nun die Arbeitslosigkeit, und die Schattenseiten der Marktwirtschaft traten deutlicher hervor. Der Unmut darüber konnte sich sogar zu tätlichen Angriffen auf den Bundeskanzler steigern und war dennoch nicht Ausdruck einer »Vereinigungskrise«.[5] Die hat es nicht gegeben, denn unter dem Begriff Krise versteht man eine akute Zuspitzung von Schwierigkeiten, eine Anhäufung von Problemen, die schnelles Eingreifen zu ihrer Überwindung notwendig machen. Eine solche Situation lag in den neuen Ländern nicht vor, vielmehr trat infolge der SED-Diktatur mit ihrer ideologischen Indoktrination, wirtschaftlichen Unfähigkeit und Deformierung der Gesellschaft ein eklatanter Niveauunterschied der Leistungsfähigkeit in Ost und West zutage, mehr noch: Es offenbarten sich krasse Unterschiede in den jeweiligen Überzeugungen und Werten, in den Anschauungen über Politik und Wirtschaft sowie in den politischen Grundwerten.

Das SED-Regime hatte offenbar doch tiefere Wurzeln geschlagen, die von den Emotionen während der Wende und dem Wunderglauben an die D-Mark nur verdeckt worden waren, in den Jahren nach 1990 aber immer deutlicher zutage traten. Wie nach 1945 Westdeutsche dem Nationalsozialismus nachtrauerten, so beklagten nun viele DDR-Bürger noch nachdrücklicher, als das nach dem Zweiten Weltkrieg geschehen war, den Verlust des Sozialismus. 1990 hielten 65 Prozent der Ostdeutschen den Sozialismus »für eine gute Idee, die schlecht ausgeführt wurde«. Bis 1997 hatte sich die positive Einstellung sogar auf 68 Prozent erhöht. Der Kommunismus gewann ebenfalls an Sympathie – von 53 Prozent 1990 auf 63 Prozent 1993. Im Jahre 1990 meinten 17 Prozent, die Wiedervereinigung sei eine Kolonisierung von Ost- durch Westdeutschland gewesen. 1994 stieg die Zahl derer, die dieser Meinung zustimmten, auf 33 Prozent. Die Marktwirtschaft verlor dramatisch an Akzeptanz: Von 77 Prozent im Juni 1990 sank sie auf 22 Prozent im Jahre 1997.

Der Treuhandanstalt wurde alles Schlechte zugetraut. 82 Prozent der Ostdeutschen waren der Überzeugung, »daß häufiger Betriebe in Ostdeutschland von der Treuhand geschlossen worden sind, damit sie den westdeutschen Betrieben keine Konkurrenz machen«. Von der These, daß die Demokratie die beste Staatsform sei, waren 1994 nur 35 Prozent überzeugt. »Wir sind ein Volk« – daran glaubte man in Ostdeutschland im Laufe der Jahre immer weniger, im Dezember 1994 identifizierten sich nur noch 27 Prozent mit dieser Ansicht, während 60 Prozent nicht so empfanden.[9] Bei den politischen Grundwerten Freiheit und soziale Gerechtigkeit zeigten sich die deutlichsten Unterschiede zur westdeutschen Bevölkerung. 1997 galt persönliche Freiheit für die Hälfte der Westdeutschen als das Wichtigste, dagegen nur für 19 Prozent der Ostdeutschen. Noch größer war der Unterschied bei der sozialen Gerechtigkeit: 36 Prozent der Westdeutschen hielten sie hoch, während sie für 67 Prozent der Ostdeutschen das Höchste war. Es kann schließlich nicht überraschen, daß 1994 noch 60 Prozent der Ostdeutschen einen Abzug der amerikanischen Truppen aus Europa befürworteten.

Nostalgische Verklärung des Sozialismus, Abneigung gegen die Marktwirtschaft, Ressentiments gegen den Westen, vor allem aber der Drang zur Gleichheit und die Geringschätzung persönlicher Freiheit – der tiefe mentale Graben

zwischen Ost und West blieb erhalten. Daher kann man von einer Vereini
gungskrise nicht sprechen, die mit entsprechender Energie rasch zu überwinden gewesen wäre. Es bestand vielmehr ein Zustand, den zu verändern es langer
Zeiträume bedurfte. Viel mehr Zeit als zunächst angenommen erforderte der
wirtschaftliche Aufbau, denn die Ablehnung der Marktwirtschaft trägt nicht
gerade dazu bei, in ebendieser Marktwirtschaft erfolgreich zu sein und einen
selbsttragenden Aufschwung herbeizuführen.

Bevor noch das ganze Ausmaß der Schwierigkeiten und Belastungen im
Osten deutlich wurde, kam im Juni 1991 neuer Zündstoff hinzu: der Streit um
die Hauptstadt. Bei den Verhandlungen mit der DDR-Regierung um den Eini-
gungsvertrag hatte Lothar de Maizière mit Nachdruck erklärt, »daß ihm der
Standort der Metropole mehr bedeutet als jedes andere Staatssymbol«.[7] Im
Einigungsvertrag war dann festgelegt worden, daß Berlin die Hauptstadt
Deutschlands, nicht aber, ob es auch Sitz von Regierung und Parlament sein
sollte. Gewiß sprach einiges dafür, daß das gesamtdeutsche Parlament über die
Frage entscheiden sollte, ähnlich hatte man auch 1949 bei der Entscheidung für
Bonn taktiert. Zeit gewinnen konnte aber auch bedeuten, die Unterstützung
für Bonn wirksam zu organisieren, zumal in den Augen vieler Westdeutscher
einiges gegen Berlin sprach: die Lage inmitten des »wilden Ostens«, das radikale
Pflaster West-Berlin mit seiner linken Subkultur, überhaupt das Riesige der
Stadt und dann die große Entfernung zu den Ballungszentren in West- und
Süddeutschland.

Bis zum Tag der Abstimmung wogte eine kontrovers und emotional geführte Debatte hin und her, oft mit fragwürdigen Untertönen. Im Bonner Alltagsgeschäft, wo man mit dem Vorwurf der Lüge schnell zur Stelle war, kur-
sierte bald die »Hauptstadtlüge«. Das war jedoch etwas anderes als etwa die
»Rentenlüge« unter Schmidt: Berlin als Hauptstadt zu beschwören, solange von
Wiedervereinigung keine Rede war, um dann im Ernstfall kaltschnäuzig Bonn
vorzuziehen, besaß eine Brisanz, die die politische Moral in Deutschland dauerhaft vergiftet hätte. Ganz abgesehen von der sachlichen Notwendigkeit, den
neuen Bundesländern wirksam zu helfen – durch die Verlegung der Hauptstadt in den Osten des vereinigten Deutschland, wodurch das politische Zentrum und damit zugleich ein Dienstleistungszentrum dem Osten mit seiner
schwachen Wirtschaftsstruktur näher rückte. Der Westen kam gleichsam nach
Berlin, und damit blieb den Ostdeutschen erspart, in den äußersten Westen,
nach Bonn, zu pilgern.

Die Hauptstadtdebatte am 21. Juni war eine Sternstunde des Parlaments.
Mit Engagement und facettenreichen Argumenten wurde für Berlin wie für
Bonn geworben. Bis dahin völlig unbekannte Abgeordnete bewiesen mit ihren

klugen und ausgewogenen Beiträgen, daß sie nicht zu Unrecht im Bundestag saßen. Wahrscheinlich hat die Stellungnahme des Fraktionsvorsitzenden Schäuble den Ausschlag gegeben, so empfanden es jedenfalls die Anwesenden. Er hatte rhetorisch geschickt die Abgeordneten aufgefordert, mit der Überwindung der Teilung – nicht nur Deutschlands, sondern auch Europas – ernst zu machen und damit für Berlin als »Symbol ... für das ganze Deutschland« zu stimmen. Aber »weniger durch die Kraft der Argumente ... als durch die Art des Vortrages« erzielte er eine starke Wirkung.[8] Die zahlte sich bei den Unionsstimmen insofern aus, als die Mehrheit für Bonn auf 164 zu 154 schrumpfte. Die kleinen Parteien – vor allem die FDP, aber auch die PDS – gaben am Ende den Ausschlag und machten Berlin zum Regierungssitz. Diese historisch und politisch so wichtige Weichenstellung erfolgte mit der relativ knappen Mehrheit von 338 zu 320 Stimmen.

Außenpolitisch befand sich das vereinigte Deutschland in einer von Grund auf veränderten Situation. Nicht nur das Ende des Kalten Krieges und der Zusammenbruch der Sowjetunion schufen andere Rahmenbedingungen. Bedeutsam und folgenreich für die politische Situation waren auch die Rückwirkungen des Einigungsprozesses auf ganz Europa und die europäische Politik. Der Motor dieser Politik war Helmut Kohl. Anfang Februar 1992 besiegelte er mit seinen Partnern den Vertrag von Maastricht. Mit seinen Erfahrungen und Verbindungen stellte er auf der europäischen Bühne eine einzigartige Erscheinung dar. Sein Durchsetzungsvermögen und seine Fähigkeit zum gemeinschaftsfördernden Kompromiß sind nicht gering einzuschätzen. Nach 1995, nach dem Ausscheiden von Mitterrand und González, dem spanischen Ministerpräsidenten, trat er in der europäischen Integrationspolitik noch stärker hervor. Seine dominierende Stellung bei den Sitzungen des Europäischen Rates brachte der britische Premierminister John Mayor auf die ironische Formel: »»Ich stimme mit Helmut überein« war das höchst irritierende Leitmotiv.«[9]

Kohl konzentrierte sich in den letzten Jahren seiner Amtszeit derartig auf die Europapolitik, daß der Eindruck entstand, er wolle noch so viel wie möglich zur Vollendung der europäischen Einigung beitragen. Er half tatkräftig mit, den Widerstand anderer Mitgliedsstaaten zu überwinden bei der Erweiterung der Gemeinschaft um Schweden, Finnland und Österreich, aber auch beim Abschluß der Assoziierungsverträge mit Polen, Ungarn und der tschechischen Republik. François Mitterrand sagte im Oktober 1990 anerkennend von ihm, »er sei ein Mann von sehr großem Wert, aber nach ihm?«[10]

Die Situation wurde für Kohl schwieriger, Europa wurde sozialistisch, die alten Weggefährten waren nicht mehr da. Und auch im Innern wuchsen nach der Wiedervereinigung und dem Wahlsieg vom Dezember 1990 die Schwierigkeiten. Der Enttäuschung im Osten entsprach im Westen die Empörung über die steuerlichen Belastungen und die angebliche Undankbarkeit der Ostdeutschen. Die Instandsetzung der DDR, die angesichts der heruntergekommenen Wirtschaft und des Nachholbedarfs der Bevölkerung als wirksamer Konjunkturstabilisator für die westdeutsche Wirtschaft angesehen wurde, strahlte nur kurzfristig eine belebende Wirkung aus. Bereits Ende 1992 brach der Wiedervereinigungsboom zusammen.

Die Abgesänge auf den Kanzler kamen jedoch zu früh, denn Kohl, schon zum Verlierer gestempelt, errang 1994 noch einmal einen Sieg an den Wahlurnen – zwar nur mit einer hauchdünnen Mehrheit, aber sie genügte. Die Ursachen für den Erfolg waren vielfältig, vor allem aber bewies der Wahlkämpfer Kohl, daß er die Wähler noch erreichen und für sich gewinnen konnte. Die CDU hielt im Osten – wenn auch leicht reduziert – ihre Positionen, wahrscheinlich weil die für die Erhöhung der Renten dankbaren Alten den Kanzler nicht im Stich ließen. Wichtiger waren aber wohl zwei andere Aspekte: Die Konjunktur sprang wieder an, was wie immer beruhigend auf die Deutschen wirkte, und die SPD zeigte ein wirres Bild, wodurch sie ungewollt den Wahlerfolg der Koalition förderte. Die Führung der SPD war zerstritten, ihr Kanzlerkandidat Rudolf Scharping, zugleich Vorsitzender von Partei und Fraktion, war hoffnungslos überfordert und kam – was schwerer wog – bei den Wählern nicht an. Ein Ende der Ära Kohl schien noch immer nicht in Sicht, so daß der »Spiegel« orakelte: »Ein deutscher Patriarch kennt keinen Herbst. Es geht rund oder zu Ende.«[11] Dieser Schuß ins Ungewisse sollte ins Schwarze treffen.

Der Abstieg der CDU in der Wählergunst setzte Anfang 1996 ein und nahm bis Mitte 1998 zu, während die SPD kontinuierlich an Stimmen gewann. Unter dem neuen Parteivorsitzenden Oskar Lafontaine, der auf dem Mannheimer Parteitag 1995 im Handstreich den Vorsitzenden Scharping gestürzt und sich auf dessen Stuhl gesetzt hatte, begann eine Politik verschärfter Konfrontation und die Vorbereitung der SPD auf den kommenden Wahlkampf.

In der Unionsführung hatten sich inzwischen zwei Machtzentren ausgebildet: hier das Kanzleramt mit dem stärker auf die Europapolitik konzentrierten Kanzler, dort die Fraktionsführung unter Schäuble, die drängende Reformaufgaben in Angriff nahm. Denn der »Standort Deutschland« war ins Gerede gekommen. Kritiker machten die hohen Steuern, Lohnnebenkosten und Abgaben als Ursachen für die nachlassende Konkurrenzfähigkeit der deutschen Wirtschaft aus. Unternehmen verlagerten ihre Produktion ins Ausland, während immer weniger ausländische Firmen sich in Deutschland ansiedelten oder investierten. Aber es gelang der CDU-Führung weder in der eigenen Partei noch in der Öffentlichkeit, das Gesamtkonzept ihrer Reformen überzeugend darzustellen. Die Bevölkerung merkte, daß auf sie Belastungen zukamen, die sie instinktiv ablehnte. Die Steuerreform mit ihren unpopulären Streichungen von Subventionen, aber auch die Besteuerung hoher Renten nutzte nun die SPD für sich: Sie legte ein Steuerkonzept vor, das »die Grausamkeiten gegenüber den Arbeitnehmern« vermied,[12] und blockierte zugleich mit ihrer Mehrheit im Bundesrat die Steuerreform der Koalition mit dem Ergebnis, daß dem Wähler zusehends die SPD als die Partei der sozialen Gerechtigkeit erschien.

Während die SPD Boden gewann, wuchs die Kritik an Kohl selbst von konservativer Seite. Anfang Mai konfrontierte Schäuble den Kanzler mit der Prognose, mit ihm sei die Wahl verloren. Vehement wies Kohl diese Sicht zurück und zeigte sich sicher, daß er die Wahl gewinnen werde. Außenstehenden wie Elisabeth Noelle-Neumann erklärte er allerdings, die Wahlen seien verloren, er bleibe nur deshalb noch im Rennen, um die Niederlage auf sich zu nehmen und seinen Nachfolger Schäuble nicht damit zu belasten. Er schwankte zwischen Verzicht und dem Festklammern an der Macht. Das Ergebnis der Wahl konnte schließlich nicht zweifelhaft sein: Mit 40,9 Prozent ging die SPD in Führung und ließ die Union mit 35,1 Prozent weit hinter sich – ihr schlechtestes Ergebnis seit 1949. Es war die erste Abwahl einer Regierung in der Geschichte der Bundesrepublik. Die Union verlor fast überall. Am schwersten aber wogen die Verluste in den neuen Ländern. Dort büßte sie über elf Prozent ein und lag nur noch knapp vor der PDS.

Die Partei, die allen alles versprochen hatte, konnte den Sieg für sich verbuchen. Daß dem Siegesjubel bald der Katzenjammer folgte und die neue rotgrüne Politik tief enttäuschte, stand auf einem anderen Blatt. Aber es gibt zu denken, mit welchem Unernst die Wahl gewonnen und von welch subjektiven Gefühlen und Besorgnissen die Wahlentscheidung getragen wurde. Die Hälfte der Wähler nannte als »persönlich wichtiges Ziel« die Sicherung der Renten, und 43 Prozent gaben die Furcht vor höheren finanziellen Belastungen als ausschlaggebend für ihr Votum an.[13] Ob man mit einer solchen, nur auf den Erhalt des Wohlstands gerichteten Einstellung politisch stabile Mehrheiten erzielen kann, bleibt eine offene Frage.

Helmut Kohl wurde nach sechzehn Jahren Kanzlerschaft abgewählt – ein legitimer Vorgang in einer Demokratie, aber es war mehr als das: Eine neue Generation, die Jungen, die nach 1968 in die Politik gekommen und nun an die Spitze gelangt waren, wußten sich endlich am Ziel. Da Kohl den demokratischen Gepflogenheiten folgend sein Amt übergab, vom Amt des Bundesvorsitzenden der CDU zurücktrat und für Schäuble den Weg frei machte, schien der Geschlagene wieder einen Platz als einfacher Abgeordneter einzunehmen, sich auf das Altenteil zurückzuziehen. Das Eingeständnis Kohls, er habe für die Partei Spenden in Höhe von zwei Millionen DM entgegengenommen und nicht ordnungsgemäß weitergeleitet, sowie seine hartnäckige Weigerung, nachträglich die Namen der Spender anzugeben, führten dann zu seinem zweiten, dem endgültigen Sturz.

Es war die Befreiung von dem verhaßten Übervater, die sich nun vollzog. Die liberalen Medien, die seit der Wahl von 1976 mit Kohl als Kanzler rechnen mußten und seinen Sieg nach Kräften zu verhindern suchten, hatten seit 1982 mit ihm auskommen müssen. Nun überschlugen sie sich. Der Spendenskandal öffnete alle Schleusen der Häme und Hypokrisie. Von seiten der Journalisten brach tiefe Feindschaft auf, die bei einem großen Teil der Bevölkerung Wirkung zeigte. Wie hoch die Wellen der Empörung schlugen, mag die Äußerung verdeutlichen, daß – gleichsam als Ergebnis eines Läuterungsprozesses – »Moral zu einer Leitwährung politischer Macht geworden« sei.[14] Hier tat sich wieder der für die westdeutsche Gesellschaft typische Generationengegensatz auf, der in keinem anderen Land mit solcher Schärfe existierte und der sich seit den siebziger Jahren kontinuierlich ausgebildet hat.[15] Ausländische Politiker zeigten wenig Verständnis für solch übersteigerte Reaktionen und zollten Kohl weiterhin ihre Anerkennung.

Daß Kohl wegen der Spenden und seiner schwarzen Kassen einen ebenso spektakulären wie demütigenden Abgang nehmen mußte, beleuchtet zugleich die Stärke und Schwäche seiner politischen Stellung. Kein anderer Bundeskanzler war so eng wie er mit seiner Partei verbunden. Seit seiner Jugend lebte und arbeitete er für sie, und nur weil sein Verhältnis zur Partei so eng war, konnte er sie während der sechzehn Jahre seiner Kanzlerschaft zusammenhalten und sich gegen »Parteifreunde« wie Biedenkopf, Geißler, Süssmuth, Späth und Weizsäcker behaupten. Es war verständlich, aber nicht zu billigen, daß er sich angesichts des undurchsichtigen Finanzwesens der CDU, bei dem die Ausgabenseite nicht wußte, worüber die Einnahmensseite verfügte,[16] außerhalb der vom Parteiengesetz vorgegebenen Schranken finanzielle Bewegungsfreiheit verschaffte, um zu schneller Hilfe fähig zu sein.

Kohls »System« funktionierte keineswegs so, wie es die kolportagehaften Schilderungen in der Presse nahelegten. Folgt man einem Kenner, war es vor allem das dichte Netzwerk von persönlichen Loyalitäten, das der Information des Kanzlers diente.[17] Wichtig war der direkte Kontakt, nicht das Versenden von Briefen und Memoranden. Er herrschte nicht autoritär, er ordnete nicht an, im Gegenteil: Er belohnte gute Leistungen. Er gab keine Befehle, sondern strebte nach einvernehmlichen Lösungen. Daher wurde Kritik aus den eigenen Reihen nicht als Disziplinbruch, sondern als Undankbarkeit empfunden. Den Regeln dieser personenbezogenen Beeinflussung entsprach es, daß wichtige

Entscheidungen in kleinen informellen Zirkeln fielen, und selbst wenn sie nicht immer klein blieben, war das Informelle ein prägendes Element. So erhielten die »Elefantenrunden«, die Führungstreffen der drei Koalitionsparteien, mehr politisches Gewicht als die Kabinettssitzungen.[18] Keine Frage, daß der von Kohl praktizierte Führungsstil die besten Voraussetzungen bot, die Politik der deutschen Einheit erfolgreich zu gestalten.

Während seines langsamen Abstiegs wuchs die Diskrepanz zwischen dem von Kohl als notwendig und zukunftsweisend Erkannten und dem alltäglichen Ärger – Steuern, Schulden, Krankenversicherung und die anderen Alltagsprobleme. All das ließ ihn im Umgang und im Erscheinungsbild schroffer und abweisender werden. Er entfernte sich immer mehr von seinen Wählern, für die er einst ein untrügliches Gespür besessen hatte. Die Überzeugung, nach sechzehn Jahren Kanzlerschaft unabkömmlich und mit seiner Erfahrung noch immer der beste Kanzler zu sein, war ungebrochen. Als der siebenundachtzigjährige Adenauer gezwungenermaßen seinen Stuhl räumen mußte, zeigten die letzten Jahre Züge von Tragik, denn die Politik hatte ihn beherrscht. Bei Kohl war das nicht anders.

Der Aufstieg Kohls und die dabei bewiesene Ausdauer, seine Führungskraft und das Geschick, in einem feindlichen Medienumfeld einen zuverlässigen Apparat aufzubauen, der ihn gründlich vorbereitete und in die Lage versetzte, umsichtig zu agieren und die politischen Herausforderungen zu bestehen, hat dazu beigetragen, der deutschen Geschichte am Ende des Jahrhunderts eine fundamentale Wende zu geben. Kohls Leistung ist ebenso unbestritten wie die auch von ihm selbst stets eingeräumte einmalig günstige internationale Konstellation – die wirkungsvolle Unterstützung der USA und die zunehmende politische und wirtschaftliche Schwäche der Sowjetunion, die den eher zögerlich reagierenden europäischen Partnern keine Alternative ließ.

Die aufkommende Furcht vor einer neuen aggressiven Großmacht in der Mitte Europas sind inzwischen verstummt. Vielmehr hat sich gezeigt, daß die fünfzig Jahre demokratischer Entwicklung in der Bundesrepublik zwar gelegentlich zu Aufwallungen und zu »Angst« geführt haben, aber keine Tendenzen zum Rückfall in die dunklen Seiten der Vergangenheit wirksam werden ließen.

Anhang

VERZEICHNIS DER ABKÜRZUNGEN

AA	Auswärtiges Amt	MfS	Ministerium für Staatssicherheit
AAPD	Akten zur Auswärtigen Politik der Bundesrepublik Deutschland	NATO	North Atlantic Treaty Organization
ADGB	Allgemeine Deutsche Gewerkschaftsbund	NKWD	Volkskommissariat für Innere Angelegenheiten der UdSSR
APO	Außerparlamentarische Opposition	NPL	Neue Politische Literatur
BND	Bundesnachrichtendienst	OB	Oberbefehlshaber
BVP	Bayrische Volkspartei	Öffa	Gesellschaft für Öffentliche Arbeiten
ČSR	Československá Republika	OHL	Oberste Heeresleitung
ČSSR	Československá Socialistická Republika	OKH	Oberkommando des Heeres
DAP	Deutsche Arbeiterpartei	OKW	Oberkommando der Wehrmacht
DDP	Deutsche Demokratische Partei	OSS	Office for Strategic Studies
DNVP	Deutschnationale Volkspartei	PO	Politische Organisation der NSDAP
DP	Deutsche Partei	RAF	Rote Armee Fraktion
DVP	Deutsche Volkspartei	RSHA	Reichssicherheitshauptamt
EVG	Europäische Verteidigungsgemeinschaft	SA	Sturmabteilung
EWG	Europäische Wirtschaftsgemeinschaft	SBZ	Sowjetische Besatzungszone
		SD	Sicherheitsdienst
GSG 9	Grenzschutzgruppe 9	SDS	Sozialistischer Deutscher Studentenbund
HZ	Historische Zeitschrift		
IfD	Institut für Demoskopie	SED	Sozialistische Einheitspartei Deutschlands
JCS	Joint Chiefs of Staff		
K 5	Kommissariate 5	SMAD	Sowjetische Militäradministration in Deutschland
KGB	Ministerium für Staatssicherheit der UdSSR	SS	Schutzstaffel
		TASS	Sowjetische Nachrichtenagentur
KSZE	Konferenz für Sicherheit und Zusammenarbeit in Europa	USchlA	Untersuchungs- und Schlichtungsausschuß
LDP	Liberal-Demokratische Partei	USPD	Unabhängige Sozialdemokratische Partei Deutschlands
LPG	Landwirtschaftliche Produktionsgenossenschaft		
MdR	Mitglied des Reichstages	VfZ	Vierteljahreshefte für Zeitgeschichte
Mefo	Metallurgische Forschungsgesellschaft	VJP	Vierjahresplan
		WEU	Westeuropäische Union
MLF	Multilateral Force	ZPKK	Zentrale Parteikontrollkommission

ANMERKUNGEN

Einleitung

1 Jürgen von Alten, Die ganz normale Anarchie. Jetzt erst beginnt die Nachkriegszeit, Berlin 1994.
2 Heinrich August Winkler, Der lange Weg nach Westen, 2 Bde., München 2000, Bd. 2, S. 550.
3 Vgl. dazu Richard Matthias Müller, Normal-Null und die Zukunft der deutschen Vergangenheitsbewältigung, Schernfeld 1994.
4 Jahrbuch der öffentlichen Meinung 1993–1997, Allensbach 1998, S. 517.
5 Winkler, Der lange Weg.
6 Rafael Biermann, Zwischen Kreml und Kanzleramt. Wie Moskau mit der deutschen Einheit rang, Paderborn u.a. 1997, S. 484.

Das Kaiserreich

1 Hans-Ulrich Wehler, Das deutsche Kaiserreich 1871–1918, Göttingen ²1975, S. 60ff.
2 John C. G. Röhl (Hrsg.), Kaiser, Hof und Staat. Wilhelm II. und die deutsche Politik, München ³1988, S. 11.
3 Michael Stürmer, Das ruhelose Reich. Deutschland 1866–1918, Berlin 1983.
4 Thomas Nipperdey, Deutsche Geschichte 1866–1918. Bd. 2: Machtstaat vor der Demokratie, München 1992, S. 880f.
5 Hans Fenske (Hrsg.), Quellen zur deutschen Innenpolitik 1890–1914, Darmstadt 1991, S. 397f.
6 Zit. nach Rüdiger vom Bruch, Wissenschaft, Politik und öffentliche Meinung. Gelehrtenpolitik im Wilhelminischen Deutschland (1890–1914), Husum 1980, S. 235.
7 Verhandlungen des Reichstages des Norddeutschen Bundes im Jahre 1867, Stenografische Berichte, Bd. 1, Berlin 1867, S. 429.

8 Theodor Heuss, Friedrich Naumann. Der Mann, das Werk, die Zeit, Stuttgart – Tübingen ²1949, S. 257ff.
9 Hans-Peter Ullmann, Das deutsche Kaiserreich 1871–1918, Frankfurt/Main 1995, S. 126ff.
10 Gerhard A. Ritter, Wahlgeschichtliches Arbeitsbuch. Materialien zur Statistik des Kaiserreichs 1871–1918, München 1980, S. 41f.
11 Hans-Günter Zmarzlik, Bethmann Hollweg als Reichskanzler 1909–1914. Studien zu Möglichkeiten und Grenzen seiner innerpolitischen Machtstellung, Düsseldorf 1957, S. 114–130.
12 Fenske, Quellen, S. 473.
13 Gerhard Ritter, Staatskunst und Kriegshandwerk. Das Problem des »Militarismus« in Deutschland, Bd. 1: Die altpreußische Tradition (1740–1890), München 1954, S. 228–232.
14 Fenske, Quellen, S. 422.
15 Geoff Eley, Reshaping the German Right. Radical Nationalism and Political Change after Bismarck, New Haven – London 1980, S. 290.
16 John C. G. Röhl (Hrsg.), Philipp Eulenburgs politische Korrespondenz, Bd. 3: Krisen, Krieg und Katastrophen 1895–1921, Boppard am Rhein 1983, S. 2096ff.
17 Ders., Kaiser, Hof und Staat, S. 11f.
18 George F. Kennan, Die schicksalhafte Allianz. Frankreich und Rußland am Vorabend des Ersten Weltkrieges, Köln 1990, S. 337.
19 Gustav Schmidt, Der europäische Imperialismus, München 1985, S. 32ff.
20 Thomas Nipperdey, Deutsche Geschichte 1866–1918, Bd. 1: Arbeitswelt und Bürgergeist, München ²1991, S. 204f.
21 Geoff Eley, »Antisemitismus, agrarische Mobilisierung und die Krise der Deutschkonservativen Partei. Radikalismus und seine Eindämmung bei der Gründung des Bundes der Landwirte

1982 – 1893«, in: ders., Willielminismus, Nationalismus, Faschismus. Zur historischen Kontinuität in Deutschland, Münster 1991, S. 174ff.

22 Zit. nach Paul Hirsch (Hrsg.), Der preußische Landtag. Handbuch für sozialdemokratische Landtagswähler, Berlin ²1908, S. 466.

23 Dieter Groh, Negative Integration und revolutionärer Attentismus. Die deutsche Sozialdemokratie am Vorabend des Ersten Weltkrieges, Frankfurt/Main – Berlin – Wien 1973, S. 733f.

24 Wilhelm Liebknecht, Wissen ist Macht – Macht ist Wissen, Berlin 1894, S. 30.

25 Groh, Integration, S. 63.

26 Karl Kautsky, Der Weg zur Macht. Politische Betrachtungen über das Hineinwachsen in die Revolution, Berlin ²1910, S. 111.

27 Nipperdey, Geschichte, Bd. 2, S. 569.

28 Groh, Integration, S. 263.

29 Zit. nach ebenda, S. 318.

30 Kurt Riezler, Tagebücher, Aufsätze, Dokumente, hrsg. von Karl Dietrich Erdmann, Göttingen 1972, S. 175.

31 Fenske, Quellen, S. 399.

32 Riezler, Tagebücher, S. 174.

33 Wilhelm Deist, »Die Armee in Staat und Gesellschaft 1890 – 1914«, in: Michael Stürmer (Hrsg.), Das kaiserliche Deutschland. Politik und Gesellschaft 1870 – 1918, Düsseldorf 1970, S. 325f.

34 Hermann Aubin/Wolfgang Zorn (Hrsg.), Handbuch der deutschen Wirtschafts- und Sozialgeschichte, Bd. 2: Das 19. und 20. Jahrhundert, Stuttgart 1976, S. 675f.

35 Thomas Nipperdey, Deutsche Geschichte 1866 – 1918, Bd. 1, S. 579.

36 Hans Blüher, Wandervogel. Geschichte einer Jugendbewegung, Bd. 1: Heimat und Aufgang, Prien ⁵1920, S. 54ff.

37 Walter Z. Laqueur, Die deutsche Jugendbewegung. Eine historische Studie, Köln 1962, S. 29.

38 Ebenda, S. 7.

39 Hirsch, Landtag, S. 11ff.

40 Thorstein Veblen, Imperial Germany and the Industrial Revolution, Ann Arbor 1966.

11 David Calleo, The German Problem Reconsidered. Germany and the World Order, 1870 to the Present, Cambridge 1978, S. 74ff.

42 Gustav Stolper, Deutsche Wirtschaft seit 1870, fortgeführt von Karl Häuser und Knut Borchardt, Tübingen 1964, S. 9.

43 Calleo, German Problem, S. 73ff.; Klaus Hildebrand, »Staatskunst oder Systemzwang? Die ›Deutsche Frage‹ als Problem der Weltpolitik«, in: HZ 228 (1979), S. 624ff.

44 Klaus Heß, Junker und bürgerliche Großgrundbesitzer im Kaiserreich. Landwirtschaftlicher Großbetrieb, Großgrundbesitz und Familienfideikommiß in Preußen (1867/71 – 1914), Stuttgart 1990, S. 82ff.

45 Reinhold C. Muschler, Philipp zu Eulenburg. Sein Leben und seine Zeit, Leipzig 1930, S. 35.

46 Karl Demeter, Das deutsche Offizierkorps in Gesellschaft und Staat 1650 – 1945, Frankfurt/Main 1962, S. 17ff.

47 Eckart Kehr, Schlachtflottenbau und Parteipolitik 1894 – 1901. Versuch eines Querschnitts durch die innenpolitischen, sozialen und ideologischen Voraussetzungen des deutschen Imperialismus, Berlin 1930, S. 205.

48 Wolfgang J. Mommsen, »Wirtschaft, Gesellschaft und Staat im deutschen Kaiserreich 1870 – 1918«, in: ders., Der autoritäre Nationalstaat. Verfassung, Gesellschaft und Kultur des deutschen Kaiserreiches, Frankfurt/Main 1990, S. 251.

49 Wolfgang J. Mommsen, Das Ringen um den nationalen Staat. Die Gründung und der innere Ausbau des Deutschen Reiches unter Otto von Bismarck 1850 bis 1890, Berlin 1993, S. 26.

50 Ders., »Die latente Krise des Deutschen Reiches 1909 – 1914«, in: Otto Brandt/ Arnold Oskar Meyer/Leo Just (Hrsg.), Handbuch der Deutschen Geschichte, Bd. 4, Frankfurt/Main 1973, S. 5; ders., »Innenpolitische Bestimmungsfaktoren der deutschen Außenpolitik vor 1914«, in: ders., Der autoritäre Nationalstaat, S. 341.

51 Gustav Schmidt, »Innenpolitische
Blockbildungen am Vorabend des Er-
sten Weltkrieges«, in: Aus Politik und
Zeitgeschichte B20 (1972), S. 3ff.; ders.,
»Parlamentarisierung oder ›Präventive
Konterrevolution‹? Die deutsche Innenpolitik im Spannungsfeld konservativer
Sammlungsbewegungen und latenter
Reformbestrebungen (1907–1914)«, in:
Gerhard A. Ritter (Hrsg.), Gesellschaft,
Parlament und Regierung. Zur Geschichte des Parlamentarismus in
Deutschland, Düsseldorf 1974, S. 260.
52 Eley, German Right, S. 316f.
53 Heinrich Class, Wenn ich der Kaiser
wär' – Politische Wahrheiten und Notwendigkeiten, Leipzig ⁴1913.
54 Kennan, Allianz, S. 344.
55 Ebenda, S. 338.
56 Peter Jakobs, Das Werden des französisch-russischen Zweibundes
1890–1894, Wiesbaden 1968, S. 5f. u.
S. 169.
57 Helmuth Rogge (Hrsg.), Friedrich von
Holstein. Lebensbekenntnis in Briefen
an eine Frau, Berlin 1932, S. 214.
58 Walter Görlitz (Hrsg.), Der Kaiser …
Aufzeichnungen des Chefs des Marinekabinetts Admiral Georg Alexander von
Müller über die Ära Wilhelms II., Göttingen 1965, S. 72.
59 Paul M. Kennedy, The Rise of the
Anglo-German Antagonism 1860–1914,
London – Boston 1980, S. 464f.
60 Schmidt, Imperialismus, S. 82.
61 Ders., »Great Britain and Germany in
the Age of Imperialism«, in: War and
Society 4 (1986), S. 43ff.
62 Gustav Schmidt, »Rationalismus und Irrationalismus in der englischen Flottenpolitik«, in: Marine und Marinepolitik im kaiserlichen Deutschland
1871–1914, hrsg. vom Militärgeschichtlichen Forschungsamt, Düsseldorf 1972,
S. 283ff., hier S. 292.
63 Jonathan Steinberg, »Diplomatie als
Wille und Vorstellung: Die Berliner
Mission Lord Haldanes im Februar
1912«, in: ebenda, S. 263ff., hier S. 272.
64 Rogge (Hrsg.), Friedrich von Holstein,
S. 231.

65 Gregor Schöllgen, »Deutsche Außenpolitik im Zeitalter des Imperialismus: Ein
Teufelskreis?«, in: Ders. (Hrsg.), Flucht
in den Krieg? Die Außenpolitik des kaiserlichen Deutschland, Darmstadt 1991,
S. 174.
66 Rogge (Hrsg.), Friedrich von Holstein,
S. 245ff.; Norman Rich/M. H. Fisher
(Hrsg.), Die geheimen Papiere Friedrich
von Holsteins, Bd. 4: Briefwechsel
(10. Januar 1897 bis 8. Mai 1909), Göttingen – Berlin – Frankfurt/Main 1963,
S. 354, 365f., 370f. u. 386.
67 British Documents on the Origins of the
War 1898–1914, Vol. 3: The Testing of
the Entente 1904–6, London 1928,
S. 401.
68 Wolfgang J. Mommsen, Großmachtstellung und Weltpolitik. Die Außenpolitik
des Deutschen Reiches 1870 bis 1914,
Berlin 1993, S. 168.
69 »Memorandum on the Present State of
British Relations with France and Germany by Mr. Eyre Crowe«. Abgedr. in:
British Documents on the Origins of the
War 1898–1914, Vol. 3, S. 397ff.
70 Schmidt, Rationalität, S. 287.
71 Klaus Hildebrand, Das vergangene
Reich. Deutsche Außenpolitik von Bismarck bis Hitler 1871–1945, Stuttgart
1995, S. 236ff.; Mommsen, Großmachtstellung, S. 174.
72 Michael Behnen (Hrsg.), Quellen zur
deutschen Außenpolitik im Zeitalter
des Imperialismus 1890–1911, Darmstadt 1977, S. 430.
73 Riezler, Tagebücher, S. 177.
74 Kennedy, The Rise, S. 448f.
75 Walter Isaacson, Kissinger. A Biography,
New York 1992, S. 87.
76 Schmidt, Rationalität, S. 287.
77 Verhandlungen des Reichstages,
13. Legislaturperiode, Stenografische
Berichte, S. 2472.
78 Die Große Politik der Europäischen Kabinette 1871–1914, Bd. 39: Das Nahen
des Weltkrieges 1912–1914, Berlin 1926,
S. 120.
79 Die Große Politik der Europäischen
Kabinette 1871–1914, Bd. 33: Der erste
Balkankrieg 1912, Berlin 1926, S. 452.

80 Die Große Politik der Europäischen Kabinette 1871–1914, Bd. 39, S. 124.

81 Fritz Fischer, Krieg der Illusionen. Die deutsche Politik von 1911 bis 1914, Düsseldorf 1969, S. 231ff.

82 Mommsen, Großmachtstellung, S. 255f.

83 Zit. nach Gerhard Ritter, Staatskunst und Kriegshandwerk, Bd. 2: Die Hauptmächte Europas und das wilhelminische Reich (1890–1914), München 1960, S. 375.

84 Ders., Der Schlieffenplan. Kritik eines Mythos, München 1956.

85 Eberhard Kessel (Hrsg.), Generalfeldmarschall Alfred Graf Schlieffen. Briefe, Göttingen 1958, S. 316.

86 Ritter, Staatskunst, Bd. 2, S. 303ff.

Der Erste Weltkrieg

1 Ernst Jäckh (Hrsg.), Kiderlen-Wächter – der Staatsmann und Mensch. Briefwechsel und Nachlaß, Bd. 2, Berlin – Leipzig 1924, S. 184.

2 Hans Uebersberger, Österreich zwischen Rußland und Serbien. Zur Südslawischen Frage und der Entstehung des Ersten Weltkrieges, Köln – Graz 1958, S. 239ff.

3 Zit. nach Wolfgang J. Mommsen, »Die deutsche Kriegszielpolitik 1914–1918. Bemerkungen zum Stand der Diskussion«, in: Walter Laqueur/George L. Mosse (Hrsg.), Kriegsausbruch 1914, München 1967, S. 81f.

4 Erwin Hölzle (Hrsg.), Quellen zur Entstehung des Ersten Weltkrieges. Internationale Dokumente 1901–1914, Darmstadt ²1995, S. 295.

5 Ebenda, S. 313.

6 Ebenda, S. 320f.

7 Ebenda, S. 339 u. 334f.

8 Andreas Hillgruber, »Riezlers Theorie des kalkulierten Risikos und Bethmann Hollwegs politische Konzeption in der Julikrise 1914«, in: HZ 202 (1966), S. 333ff.

9 Imanuel Geiss, »Zur Beurteilung der deutschen Reichspolitik im Ersten Weltkrieg. Kritische Bemerkungen zur Interpretation des Riezler-Tagebuchs«, in: Wolfgang Schieder (Hrsg.), Erster

Weltkrieg Ursachen, Entstehung und Kriegsziele, Köln – Berlin 1969, S. 230ff.

10 Riezler, Tagebücher, S. 207.

11 Holger Afflerbach, Falkenhayn. Politisches Denken und Handeln im Kaiserreich, München 1994, S. 154ff.

12 Hölzle, Quellen, S. 456.

13 Schmidt, Imperialismus, S. 83; Jean Baptiste Duroselle, La France et les Français 1914–1920, Paris 1972, S. 45 u. 88.

14 Hölzle, Quellen, S. 481.

15 Mommsen, Großmachtstellung, S. 321.

16 Susanne Miller, Burgfrieden und Klassenkampf. Die deutsche Sozialdemokratie im Ersten Weltkrieg, Düsseldorf 1974, S. 51ff.

17 Wolfgang Kruse, Krieg und nationale Integration. Eine Neuinterpretation des sozialdemokratischen Burgfriedensschlusses 1914/15, Essen 1993; vgl. Volker Ullrich, »Die Legende vom Augusterlebnis«, in: Die Zeit 31/1994, S. 12.

18 Jean-Jacques Becker, 1914: Comment les Français sont entrés dans la guerre, Paris 1977.

19 Norman Rich/M. H. Fisher (Hrsg.), Die geheimen Papiere Friedrich von Holsteins, Bd. 1, S. 45; Carl Zuckmayer, Als wär's ein Stück von mir. Horen an die Freundschaft, Frankfurt/Main 1966, S. 185ff.

20 Afflerbach, Falkenhayn, S. 186f.

21 Karl-Heinz Janßen, Der Kanzler und der General. Die Führungskrise um Bethmann Hollweg und Falkenhayn (1914–1916), Göttingen 1967, S. 50.

22 Hans von Seeckt, Aus meinem Leben 1866–1917, Leipzig 1938, S. 217 u. 249.

23 Llewellyn Woodward, Great Britain and the War of 1914–1918, London 1972, S. 148; A. J. P. Taylor, English History 1914–1945, Oxford 1966, S. 6of.

24 Janßen, Der Kanzler, S. 217.

25 Zit. nach Gerhard Ritter, Staatskunst und Kriegshandwerk, Bd. 3: Die Tragödie der Staatskunst. Bethmann Hollweg als Kriegskanzler (1914–1917), München 1964, S. 227.

26 Janßen, Der Kanzler, S. 55.

27 Theobald von Bethmann Hollweg,

Betrachtungen zum Weltkriege, Bd. 2: Während des Krieges, Berlin 1921, S. 26.

28 Thomas Mann, Betrachtungen eines Unpolitischen, Berlin 1919, S. 23.

29 Heinrich Mann, Macht und Mensch. Essays, Frankfurt/Main 1989, S. 102ff.

30 Zit. nach Fritz Fischer, Griff nach der Weltmacht. Die Kriegszielpolitik des kaiserlichen Deutschland 1914/18, Düsseldorf 1961, S. 110f.

31 Riezler, Tagebücher, S. 233.

32 Zit. nach Ritter, Staatskunst, Bd. 3, S. 507.

33 Bruno Thoß, »Nationale Rechte, militärische Führung und Diktaturfrage in Deutschland 1913 - 1923«, in: Militärgeschichtliche Mitteilungen 42 (1987), S. 28.

34 Peter Rowland, Lloyd George, London 1975, S. 370ff.

35 Riezler, Tagebücher, S. 386.

36 Wilhelm Groener, Lebenserinnerungen. Jugend – Generalstab – Weltkrieg, hrsg. von Friedrich Frhr. Hiller von Gaertringen, Göttingen 1957, S. 368ff.

37 Wilhelm Deist (Bearb.), Militär und Innenpolitik im Weltkrieg 1914 - 1918, Düsseldorf 1970, S. 744f.

38 Miller, Burgfrieden, S. 287ff.

39 Conrad Haußmann, Schlaglichter. Reichstagsbriefe und Aufzeichnungen, hrsg. von Ulrich Zeller, Frankfurt/Main 1924, S. 91.

40 Walter Görlitz (Hrsg.), Regierte der Kaiser? Kriegstagebücher, Aufzeichnungen und Briefe des Chefs des Marinekabinetts Admiral Georg Alexander von Muller 1914 - 1918, Göttingen 1959, S. 249.

41 Deist, Militär , S. 672f.

42 Bethmann Hollweg, Betrachtungen, Bd. 2, S. 191.

43 Deist, Militär, S. 782ff.

44 Erich Matthias/Susanne Miller (Hrsg.), Das Kriegstagebuch des Reichstagsabgeordneten Eduard David 1914 bis 1918, Düsseldorf 1966, S. 239; Ritter, Staatskunst, Bd. 3, S. 573ff.

45 Deist, Militär, S. 792.

46 Erich Matthias/Rudolf Morsey (Hrsg.), Der Interfraktionelle Ausschuß 1917/18, Bd. 1, S. 68.

47 Görlitz, Regierte der Kaiser?, S. 304.

48 Thoß, Nationale Rechte, a.a.O., S. 27.

49 Bernd Ulrich, Die Augenzeugen. Deutsche Feldpostbriefe in Kriegs- und Nachkriegszeit 1914 - 1933, Essen 1997; Gerd Krumeich, »Kriegsalltag vor Ort. Regionalgeschichtliche Neuerscheinungen zum Ersten Weltkrieg in Deutschland«, in: NPL 2 (1994), S. 187ff.

50 Jürgen Kocka, Klassengesellschaft im Krieg. Deutsche Sozialgeschichte 1914 - 1918, Göttingen ²1978.

51 Deist, Militär, S. 1169f.

52 Gerhard Hirschfeld/Gerd Krumeich/Irina Renz (Hrsg.), Keiner fühlt sich hier mehr als Mensch ... Erlebnis und Wirkung des Ersten Weltkriegs, Essen 1993; Bernd Ulrich/Benjamin Ziemann (Hrsg.), Frontalltag im Ersten Weltkrieg. Wahn und Wirklichkeit. Quellen und Dokumente, Frankfurt/Main 1994; Ulrich, Die Augenzeugen.

53 Deist, Militär, S. 465.

54 Kocka, Klassengesellschaft, S. 55.

55 Gunther Mai, Das Ende des Kaiserreichs. Politik und Kriegführung im Ersten Weltkrieg, München 1987, S. 191ff.

56 Deist, Militär, S. 698.

57 Hildegard von Kotze (Hrsg.), Heeresadjutant bei Hitler 1938 - 1943. Aufzeichnungen des Majors Engel, Stuttgart 1974, S. 32.

58 Egmont Zechlin, Die deutsche Politik und die Juden im Ersten Weltkrieg, Göttingen 1969, S. 317ff. u. 330. Vgl. Ulrich Dunker, Der Reichsbund jüdischer Frontsoldaten 1919 - 1938. Geschichte eines jüdischen Abwehrvereins, Düsseldorf 1977; Werner T. Angress, »Juden im politischen Leben der Revolutionszeit«, in: Werner E. Mosse (Hrsg.), Deutsches Judentum in Krieg und Revolution 1916 - 1923. Ein Sammelband, Tübingen 1971, S. 137ff.

59 Deist, Militär, S. 476.

60 Ebenda, S. 370ff.

61 Albrecht von Thaer, Generalstabsdienst an der Front und in der OHL. Aus Briefen und Tagebuchaufzeichnungen 1915 - 1919, hrsg. von Siegfried A. Kaehler, Göttingen 1958, S. 164.

62 Erich Ludendorff, Meine Kriegserin
nerungen 1914–1918, Berlin ³1919,
S. 472.

63 Thaer, Generalstabsdienst, S. 196ff.

Vom Kaiserreich zur Republik

1 Thaer, Generalstabsdienst, S. 234f.

2 Erich Matthias/Rudolf Morsey (Bearb.),
Die Regierung des Prinzen Max von
Baden, Düsseldorf 1962, S. 325.

3 Arthur Rosenberg, Entstehung und Geschichte der Weimarer Republik, hrsg.
und eingeleitet von Kurt Kersten,
Frankfurt/Main 1955, S. 218f.

4 Matthias/Morsey, Max von Baden,
S. 363f.

5 Ebenda, S. 551.

6 Gerhard A. Ritter/Susanne Miller
(Hrsg.), Die deutsche Revolution
1918–1919. Dokumente, Hamburg
²1975, S. 61.

7 Henning Köhler, Novemberrevolution
und Frankreich. Die französische
Deutschlandpolitik 1918–1919, Düsseldorf 1980, S. 97.

8 Kuno Graf von Westarp, Das Ende der
Monarchie am 9. November 1918, hrsg.
von Werner Conze, Berlin 1952, S. 47.

9 Die Regierung der Volksbeauftragten
1918/19, Bd. 1, Düsseldorf 1969, S. 6.

10 Prinz Max von Baden, Erinnerungen
und Dokumente, Berlin – Leipzig 1927,
S. 643.

11 Ritter/Miller, Revolution, S. 88.

12 Abgedr. bei Heinz Hürten/Ernst-Hein-
rich Schmidt, »Die Entstehung des
Kabinetts der Volksbeauftragten. Eine
quellenkritische Untersuchung«, in:
Historisches Jahrbuch 99 (1979), S. 264.

13 Regierung der Volksbeauftragten, Bd. 1,
S. 25.

14 Köhler, Novemberrevolution, S. 72.

15 Susanne Miller, Die Bürde der Macht.
Die deutsche Sozialdemokratie
1918–1920, Düsseldorf 1978, S. 99.

16 Ursachen und Folgen, Bd. 3: Der Weg
in die Weimarer Republik, Berlin 1959,
S. 11f.

17 Ritter/Miller, Revolution, S. 101f.

18 Regierung der Volksbeauftragten, Bd. 1,
S. 72ff. u. 127ff.

19 Ebenda, S. 165.

22 Ebenda, S. 228.

21 Ritter/Miller, Revolution, S. 155.

22 Die Regierung der Volksbeauftragten
1918/19, Bd. 2, S. 25.

23 Heinz Hürten/Georg Meyer (Hrsg.),
Adjutant im preußischen Kriegsmini-
sterium. Juni 1918 bis Oktober 1919.
Aufzeichnungen des Hauptmanns
Gustav Böhm, Stuttgart 1977, S. 125.

24 Regierung der Volksbeauftragten, Bd. 1,
S. 317.

25 Friedrich Purlitz (Hrsg.), Deutscher Geschichtskalender. Die Deutsche Revolution, Bd. 1, Leipzig 1919, S. 390f.

26 Ritter/Miller, Revolution, S. 387.

27 Ursachen und Folgen, Bd. 3, S. 63.

28 Gustav Noske, Von Kiel bis Kapp. Zur
Geschichte der deutschen Revolution,
Berlin 1920, S. 67ff.

29 Klaus Gietinger, Eine Leiche im Landwehrkanal. Die Ermordung der Rosa L.,
Mainz 1993, S. 47ff. u. 37ff.; Emil Barth,
Aus der Werkstatt der deutschen Revolution, Berlin 1919, S. 85 u. 104f.

30 Miller, Bürde, S. 235.

31 Zit. nach Eberhard Kolb, Die Arbeiterräte in der deutschen Innenpolitik
1918–1919, Düsseldorf 1962, S. 7.

32 Wehler, Kaiserreich, S. 226.

33 Reinhard Rürup, Probleme der Revolution in Deutschland 1918/19, Wiesbaden
1968, S. 9 u. 50.

34 Zit. nach Reinhard Rürup, »Friedrich
Ebert und das Problem der Handlungsspielräume in der deutschen Revolution
1918/19«, in: Rudolf König/Hartmut
Soell/Hermann Weber (Hrsg.), Friedrich Ebert und seine Zeit. Bilanz und
Perspektiven der Forschung, München
1990, S. 71; Peter-Christian Witt, Friedrich Ebert. Parteiführer – Reichskanzler
– Volksbeauftragter – Reichspräsident,
Bonn ²1988, S. 16.

35 Hagen Schulze, Weimar. Deutschland
1917–1993, Berlin 1982, S. 21.

36 Gerhard Schulz, Zwischen Demokratie
und Diktatur. Verfassungspolitik und
Reichsreform in der Weimarer Repu-

blik, Bd. 1: Die Periode der Konsolidierung und der Revision des Bismarckschen Reichsaufbaus 1919–1930, 2., durchges. und erg. Aufl., Berlin 1987, S. 86f.

Die Weimarer Republik

1 Verhandlungen der verf. Deutschen Nationalversammlung, Sten. Berichte, Bd. 326, Berlin 1920, S. 40.

2 Ernst Troeltsch, Die Fehlgeburt einer Republik. Spektator in Berlin 1918 bis 1922. Zusammengestellt und mit einem Nachwort versehen von J. H. Claussen, Frankfurt/Main 1994, S. 61f.

3 Hans Mommsen, Die verspielte Freiheit. Der Weg der Republik von Weimar in den Untergang 1918 bis 1933, Berlin 1989, S. 88; Winkler, Der lange Weg, S. 402f.

4 Ursachen und Folgen, Bd. 3, S. 363.

5 Peter Krüger, Die Außenpolitik der Republik von Weimar, Darmstadt 1985, S. 64.

6 AdR, Das Kabinett Scheidemann, S. 484f.

7 Lothar Albertin, Liberalismus und Demokratie am Anfang der Weimarer Republik. Eine vergleichende Analyse der Deutschen Demokratischen Partei und der Deutschen Volkspartei, Düsseldorf 1972, S. 336.

8 Köhler, Novemberrevolution, S. 305.

9 Verhandlungen der verf. Deutschen Nationalversammlung, Sten. Berichte, Bd. 327, Berlin 1920, S. 1141.

10 Mommsen, Verspielte Freiheit, S. 63ff.

11 Friedrich von Rabenau, Seeckt. Aus seinem Leben 1918–1936, Leipzig 1940, S. 126.

12 Ebenda, S. 117f.

13 Regierung der Volksbeauftragten, Bd. 2, S. 152f.

14 Fritz Ernst, Aus dem Nachlaß des Generals Walther Reinhardt, Stuttgart, 1958, S. 20.

15 Zit. nach Francis L. Carsten, Reichswehr und Politik 1918–1933, Köln – Berlin 1964, S. 11.

16 Ursachen und Folgen, Bd. 3, S. 538ff.

17 Johannes Erger, Der Kapp-Lüttwitz-Putsch. Ein Beitrag zur deutschen Innenpolitik 1919/20, Düsseldorf 1967, S. 97.

18 Klaus Epstein, Matthias Erzberger und das Dilemma der deutschen Demokratie, Berlin – Frankfurt/Main 1962, S. 381ff.

19 Ernst, Aus dem Nachlaß Reinhardt, S. 68f.

20 Heinrich August Winkler, Weimar 1918–1933, Die Geschichte der ersten deutschen Demokratie, München 1993, S. 109ff.

21 Gustav Noske, Erlebtes aus Aufstieg und Niedergang einer Demokratie, Offenbach/Main 1947, S. 160.

22 Ursachen und Folgen, Bd. 4: Die Weimarer Republik. Vertragserfüllung und innere Bedrohung 1919/1922, Berlin 1960, S. 92.

23 Ebenda, S. 111ff.

24 Rabenau, Seeckt, S. 227f.; Erger, Der Kapp-Lüttwitz-Putsch, S. 272ff.

25 Rabenau, Seeckt, S. 239f.

26 Carl-Ludwig Holtfrerich, Die deutsche Inflation 1914–1923. Ursachen und Folgen in internationaler Perspektive, Berlin–New York 1980, S. 207ff.

27 Ernst Laubach, Die Politik der Kabinette Wirth 1921/22, Lübeck – Hamburg 1968, S. 246ff.

28 Martin Sabrow, Der Rathenaumord. Rekonstruktion einer Verschwörung gegen die Republik von Weimar, München 1944, S. 45ff.

29 Heinrich August Winkler, Von der Revolution zur Stabilisierung. Arbeiter und Arbeiterbewegung in der Weimarer Republik 1918 bis 1924, Berlin – Bonn 1984, S. 482ff.

30 Ernst Deuerlein. (Hrsg.), Der Hitler-Putsch. Bayerische Dokumente zum 8./9. November 1923, Stuttgart 1962, S. 67.

31 Ebenda, S. 185f.

32 Der Spiegel 44/1995, S. 45ff.

33 Henning Köhler, Adenauer und die rheinische Republik. Der erste Anlauf 1918–1924, Opladen 1986, S. 133ff.

34 Deuerlein, Der Hitler-Putsch, S. 94ff.

35 Holtfrerich, Inflation, S. 330.

36 Walter Laqueur, Weimar. Die Kultur der

Republik, Frankfurt/Main – Berlin –
Wien 1976, S. 208.

37 Peter Paret, Die Berliner Secession. Moderne Kunst und ihre Feinde im Kaiserlichen Deutschland, Berlin 1981.

38 Michael Stürmer, Das ruhelose Reich.
Deutschland 1866–1918, Berlin 1983,
S. 46.

39 Beth Irwin Lewis, George Grosz. Art and
Politics in the Weimar Republic, London 1971, S. 65ff.

40 Zuckmayer, Als wär's ein Stück,
S. 311.

41 Wolfgang Ribbe/Wolfgang Schäche, Die
Siemensstadt. Geschichte und Architektur eines Industriestandortes, Berlin
1985, S. 193ff.

42 Zit. nach Miller, Bürde, S. 434.

43 Ernst Bloch, »Italien und die Porosität«,
in: Die Weltbühne 22/1926, S. 995ff.

44 Carl von Ossietzky, »50 zu 50«, in: Die
Weltbühne 27/1931, S. 579.

45 Kurt Sontheimer, Antidemokratisches
Denken in der Weimarer Republik. Die
politischen Ideen des deutschen Nationalismus zwischen 1918 und 1933,
München [4]1962.

46 Rüdiger Safranski, Ein Meister aus
Deutschland. Heidegger und seine Zeit,
München 1994, S. 176ff.

47 Leonidas E. Hill (Hrsg.), Die Weizsäcker-
Papiere 1933–1950. Frankfurt/Main –
Berlin – Wien 1974, S. 329.

48 Wilhelm Dittmann, Erinnerungen,
Bd. 2, bearb. u. eingel. von Jürgen Ro-
jahn, Frankfurt/Main – New York 1995,
S. 881ff.

49 Sebastian Haffner, Anmerkungen zu
Hitler, München [3]1978, S. 71.

50 AdR, Die Kabinette Marx III und IV,
Bd. 1, S. 350ff.

51 Gerhard Schulz, Zwischen Demokratie
und Diktatur. Verfassungspolitik und
Reichsreform in der Weimarer Republik, Bd. 2: Deutschland am Vorabend
der Großen Krise, Berlin – New York
1987, S. 251ff.

52 Hans Meier-Welcker, Seeckt, Frank-
furt/Main 1967, S. 501ff.

53 Thilo Vogelsang, Reichswehr, Staat
und NSDAP. Beiträge zur deutschen

54 Hagen Schulze, Otto Braun oder Preußens demokratische Sendung. Eine Biografie, Frankfurt/Main – Berlin – Wien
1977, S. 545ff.

55 Cuno Horkenbach (Hrsg.), Das Deutsche Reich von 1918 bis heute, Berlin
1930, S. 270.

56 Julius Leber, Ein Mann geht seinen Weg.
Schriften, Reden und Briefe, Berlin –
Frankfurt/Main 1952, S. 229.

57 Knut Borchardt, Die »Krise vor der
Krise«. Zehn Jahre Diskussion über die
Vorbelastungen der Wirtschaftspolitik
Heinrich Brünings in der Weltwirt-
schaftskrise, München 1989.

58 Philipp Heyde, Das Ende der Reparationen. Deutschland, Frankreich und der
Youngplan 1929–1932, Paderborn u. a.
1998, S. 48.

59 Schulz, Demokratie und Diktatur, Bd. 2,
S. 451ff.; AdR, Das Kabinett Müller II,
Bd. 2, S. 1073ff.

60 Vogelsang, Reichswehr, S. 415.

61 Winkler, Weimar, S. 372.

62 BA Koblenz, NL Lübke 216, Bd. 6; Andreas Rödder, »Reflexionen über das Ende
der Weimarer Republik. Die Präsidial-
kabinette 1930–1932/33. Krisenmanagement oder Restaurationsstrategie?«,
in: VZG 47 (1999), S. 87ff.

63 Mommsen, Verspielte Freiheit,
S. 297.

64 Brigitte Hamann, Hitlers Wien. Lehrjahre eines Diktators, München –
Zürich 1996, S. 496ff.

65 Joachim C. Fest, Hitler. Eine Biografie,
Frankfurt/Main – Berlin – Wien 1973,
S. 98.

66 Angress, Juden, a.a.O., S. 159f.

67 Abgedr. in: VZG 7 (1959), S. 203ff.

68 Adolf Hitler, Mein Kampf, München
[29]1933, S. 170.

69 Anton Joachimsthaler, Korrektur einer
Biografie. Adolf Hitler 1908–1920,
München 1989, S. 188ff.

70 Ebenda, S. 205 u. 217.

71 Albrecht Tyrell, Vom »Trommler« zum
»Führer«. Der Wandel von Hitlers
Selbstverständnis zwischen 1919 und

1924 und die Entwicklung der NSDAP, München 1975, S. 116ff.; dagegen Werner Maser, Die Frühgeschichte der NSDAP. Hitlers Weg bis 1924, Frankfurt/Main – Bonn 1965, S. 266ff.

72 Deuerlein, Der Hitler-Putsch, S. 220.

73 Hitler, Mein Kampf, S. 231f.

74 Tyrell, Vom »Trommler«, S. 170.

75 Hitler. Reden – Schriften – Anordnungen. Februar 1925 bis Januar 1933, Bd. 1, S. 147ff.

76 Henry A. Turner, Die Großunternehmer und der Aufstieg Adolf Hitlers, Berlin 1985.

77 Hitler. Reden – Schriften – Anordnungen. Februar 1925 bis Januar 1933, Bd. 2, Teil 2, S. 483.

78 Albrecht Tyrell (Hrsg.), Führer befiehl … Selbstzeugnisse aus der »Kampfzeit« der NSDAP. Dokumentation und Analyse, Düsseldorf 1969, S. 323ff.

79 AdR, Das Kabinett Müller II, Bd. 2, S. 1036.

80 Tyrell, Führer befiehl …, S. 204.

81 Hitler. Reden – Schriften – Anordnungen. Februar 1925 bis Januar 1933, Bd. 3, Teil 3, S. 174.

82 Daniel J. Goldhagen, Hitlers willige Vollstrecker. Ganz gewöhnliche Deutsche und der Holocaust, Berlin 1996, S. 113ff.

83 Zit. nach Vogelsang, Reichswehr, S. 117.

84 Hitler. Reden – Schriften – Anordnungen. Februar 1925 bis Januar 1933, Bd. 2, Teil 1, S. 83f.

85 Hitler. Reden – Schriften – Anordnungen, Bd. 3, Teil 3, S. 378f.; Goebbels, Tagebücher, Bd. 2: 1930 – 1934, S. 511ff.

86 Jürgen W. Falter, Hitlers Wähler, München 1991; Peter Manstein, Die Mitglieder und Wähler der NSDAP 1919 – 1933. Untersuchungen zu ihrer schichtmäßigen Zusammensetzung, Frankfurt/Main u. a. [3]1990.

87 Zusammenfassend Manstein, Mitglieder, S. 187ff. und Anhang 28, 29, 32.

88 Johannes Hürter, Wilhelm Groener. Reichswehrminister am Ende der Weimarer Republik (1928 – 1932), München 1993, S. 225ff.

89 Hitler. Reden – Schriften – Anordnungen, Bd. 3, Teil 3, S. 441.

90 Zit. nach Vogelsang, Reichswehr, S. 120.

91 Hermann Pünder, Politik in der Reichskanzlei. Aufzeichnungen aus den Jahren 1929 – 1932, hrsg. von Thilo Vogelsang, Stuttgart 1961, S. 59ff.

92 Eine rühmliche Ausnahme: Winkler, Weimar, S. 393.

93 Mommsen, Verspielte Freiheit, S. 363f.

94 Pünder, Politik in der Reichskanzlei, S. 93.

95 Heyde, Ende der Reparationen, S. 160.

96 AdR, Die Kabinette Brüning I und II, Bd. 2, S. 1058.

97 Vgl. Winkler, Weimar, S. 475; Mommsen, Verspielte Freiheit, S. 385.

98 Winkler, Weimar, S. 406.

99 AdR, Die Kabinette Brüning I und II, Bd. 2, S. 952f.

100 Cuno Horkenbach (Hrsg.), Das Deutsche Reich von 1918 bis Heute. Jahrgang 1931. Berlin 1931, S. 194.

101 Thilo Vogelsang, »Neue Dokumente zur Geschichte der Reichswehr 1930 – 1933«, in: VZG 2 (1954), S. 405.

102 Gerhard Schulz, Von Brüning zu Hitler. Der Wandel des politischen Systems in Deutschland 1930 – 1933, Berlin – New York 1992, S. 552.

103 Politik und Wirtschaft in der Krise 1930 – 1932. Quellen zur Ära Brüning, Düsseldorf 1980, Nr. 339, S. 1036.

104 Ebenda, Nr. 341, S. 1040f.

105 Hitler. Reden – Schriften – Anordnungen. Februar 1925 bis Januar 1933, Bd. 1, Teil 2, Nr. 43, S. 126.

106 Ebenda, Nr. 39, S. 118.

107 Gerhard Schulz, Staat und NSDAP. Quellen zur Ära Brüning, Düsseldorf 1977, S. 275.

108 Dieter Hertz-Eichenrode, Politik und Landwirtschaft in Ostpreußen. Untersuchung eines Strukturproblems in der Weimarer Republik, Köln – Opladen 1969, S. 299.

109 Schulz, Demokratie und Diktatur, Bd. 3, S. 26ff.; ferner S. 591ff.

110 Vogelsang, Reichswehr, S. 152f.

111 Schulz, Demokratie und Diktatur, Bd. 2, S. 218f.

112 AdR, Die Kabinette Brüning I und II, Bd. 3, S. 2354.

113 Schulz, Staat und NSDAP, S. 312ff.

114 Ursachen und Folgen, Bd. 8, S. 458.

115 Ebenda, S. 465.

116 Vogelsang, Reichswehr, S. 472.

117 Zit. nach Henning Köhler, »Arbeitsbeschaffung, Siedlung und Reparationen in der Schlußphase der Regierung der Brüning«, in: VZG 17 (1969), S. 306.

118 Politik und Wirtschaft in der Krise 1930–1932, S. 1334 u. S. 1500ff.

119 AdR, Die Kabinette Brüning I und II, Bd. 3, S. 2271.

120 Winkler, Weimar, S. 473.

121 Graf Henning von Borcke-Stargord, Der Ostdeutsche Landbau zwischen Fortschritt, Krise und Politik. Ein Beitrag zur Agrar- und Zeitgeschichte, Würzburg 1957, S. 64.

122 Schulz, Demokratie und Diktatur, Bd. 3, S. 851.

123 AdR, Die Kabinette Brüning I und II, Bd. 3, S. 2492ff.; S. 2518ff.

124 Schulthess' Europäischer Geschichtskalender, Bd. 73 (1932), S. 86.

125 AdR, Die Kabinette Brüning I und II, Bd. 3, S. 2503.

126 Politik und Wirtschaft in der Krise 1930–1932, Düsseldorf 1980, S. 1317.

127 Thilo Vogelsang, Kurt von Schleicher. Ein General als Politiker, Göttingen u. a. 1965, S. 65.

128 Ebenda, S. 71.

129 Magnus Freiherr von Braun, Von Ostpreußen bis Texas. Erlebnisse und zeitgeschichtliche Betrachtungen eines Ostdeutschen, Stollhamm 1955, S. 230.

130 Jürgen A. Bach, Franz von Papen in der Weimarer Republik. Aktivitäten in Politik und Presse 1918–1932, Düsseldorf 1972, S. 185f.

131 AdR, Das Kabinett von Papen, Bd. 1, S. 3ff.; Vogelsang, Reichswehr, S. 210.

132 Ursachen und Folgen, Bd. 8, S. 547f.

133 Ebenda, S. 472f.

134 Otto Braun, Von Weimar zu Hitler, Hamburg 1949, S. 245.

135 Carl Severing, Mein Lebensweg, Bd. 2, Köln 1950, S. 293ff.

136 AdR, Das Kabinett Papen, Bd. 1, S. 206 (Anm. 9).

137 Ebenda, S. 260.

138 Heinrich August Winkler, Der Weg in die Katastrophe. Arbeiter und Arbeiterbewegung in der Weimarer Republik, Berlin – Bonn 1987, S. 675ff.

139 AdR, Das Kabinett Papen, Bd. 1, S. 261.

140 Katharina Lübbe/Martin Schumacher (Hrsg.), M.d.R. Die Reichstagsabgeordneten der Weimarer Republik in der Zeit des Nationalsozialismus. Politische Verfolgung, Emigration und Ausbürgerung 1933–1945, Düsseldorf 1991, S. 533f.

141 Jürgen W. Falter, Hitlers Wähler, München 1991, S. 107ff.

142 Zit. nach Eberhard Jäckel, Das deutsche Jahrhundert. Eine historische Bilanz, Stuttgart 1996, S. 7.

143 Gottfried Benn, Ausgewählte Briefe. Wiesbaden 1957, S. 47.

144 Goebbels, Tagebücher, Bd. 2, S. 662.

145 Hitler. Reden – Schriften – Anordnungen. Bd. 5, S. 248ff.

146 AdR, Das Kabinett von Papen, Bd. 1, S. 379f. (Anm. 7).

147 Goebbels, Tagebücher, Bd. 2, S. 680.

148 Walter Hubatsch, Hindenburg und der Staat. Aus den Papieren des Generalfeldmarschalls und Reichspräsidenten von 1878 bis 1934, Göttingen 1966, S. 335f.

149 Ebenda, S. 338.

150 AdR, Das Kabinett von Papen, Bd. 1, S. 401.

151 AdR, Das Kabinett von Papen, Bd. 1, S. XXXVIIf.

152 Henning Köhler, Arbeitsdienst in Deutschland. Pläne und Verwirklichungsformen bis zur Einführung der Arbeitsdienstpflicht im Jahre 1935, Berlin 1967, S. 213ff.

153 AdR, Das Kabinett von Papen, Bd. 2, S. 1029ff.

154 Hubatsch, Hindenburg, S. 366f.

155 AdR, Das Kabinett von Papen, Bd. 2, S. 1036ff.

156 Vogelsang, Reichswehr, S. 485.

157 Goebbels, Tagebücher, Bd. 2, S. 716.

158 Volker Hentschel, Weimars letzte Monate. Hitler und der Untergang der Republik. Düsseldorf ²1979, S. 88f.

159 Goebbels, Tagebücher, Bd. 2, S. 734.

160 Hentschel, Letzte Monate, S. 124f.
161 Udo Kissenkoetter, Gregor Straßer und die NSDAP, Stuttgart 1978, S. 191.
162 Henry A. Turner, Hitlers Weg zur Macht. Der Januar 1933, München – Frankfurt/Main 1997, S. 119.
163 AdR, Das Kabinett von Schleicher, S. 231.
164 Ebenda, S. 285.
165 Goebbels, Tagebücher, Bd. 2, S. 753.
166 Winkler, Der lange Weg, S. 550.
167 Heinz Höhne, Mordsache Röhm, S. 117f.; Kissenkoetter, Straßer, S. 162ff.
168 Carl von Ossietzky, »Kamarilla«, in: Die Weltbühne 5/1933, S. 153.

Deutschland unter Hitler

1 Ursachen und Folgen, Bd. 9, S. 15ff.
2 AdR, Regierung Hitler, Bd. 1, S. 6.
3 Zuerst abgedr. bei Vogelsang, Reichswehr, a. a. O., S. 434ff. Kürzlich wurde eine andere Überlieferung der Rede publiziert: Andreas Wirsching, »Man kann nur Boden germanisieren«, in: VZG 49 (2001), S. 517ff.
4 Goebbels, Tagebücher, Bd. 2, S. 762.
5 Zit. nach Louis P. Lochner, Die Mächtigen und der Tyrann. Die deutsche Industrie von Adenauer bis Hitler, Darmstadt 1955, S. 172.
6 Fritz Tobias, Der Reichstagsbrand. Legende und Wirklichkeit, Rastatt 1962.
7 Rudolf Morsey (Hrsg.), Das »Ermächtigungsgesetz« vom 24. März 1933. Düsseldorf 1992, S. 37ff.
8 Michael Grüttner, Studenten im Dritten Reich, Paderborn u. a., S. 77f.
9 Hans-Wolfgang Strätz, »Die studentische ›Aktion wider den undeutschen Geist‹ im Frühjahr 1933«, in: VZG 16 (1968), S. 347ff.
10 AdR, Regierung Hitler 1933–1938, Bd. 1, S. 204ff.
11 Goebbels, Tagebücher, Bd. 2, S. 761.
12 AdR, Regierung Hitler 1933–1938, Bd. 1, S. 571f. (Anm. 2).
13 Heinz Höhne, Der Orden unter dem Totenkopf. Die Geschichte der SS, Gütersloh 1967, S. 170ff.
14 Heinz Höhne, »Gebt mir vier Jahre Zeit«.

Hitler und die Anfänge des Dritten Reiches. Berlin – Frankfurt/Main 1996, S. 120.
15 AdR, Regierung Hitler, Bd. 1, S. 568ff.
16 Ursachen und Folgen, Bd. 9, S. 234.
17 AdR, Regierung Hitler, Bd. 1, S. 630f.
18 Ebenda, S. 631.
19 Peter Longerich, Die braunen Bataillone. Geschichte der SA, München 1989, S. 183f.
20 Ursachen und Folgen, Bd. 10, S. 132f.
21 AdR, Regierung Hitler, Bd. 2, S. 1033ff.
22 Ursachen und Folgen, Bd. 10, S. 150ff.
23 Klaus-Jürgen Müller, Armee und nationalsozialistisches Regime 1933–1940, Stuttgart 1969, S. 110.
24 Ursachen und Folgen, Bd. 10, S. 156f.
25 Höhne, Die Zeit der Illusionen. Hitler und die Anfänge des Dritten Reiches 1933–1936, Düsseldorf u. a. 1991, S. 209f.
26 Bennecke, Die Reichswehr, S. 85.
27 Longerich, Bataillone, S. 216.
28 Bennecke, Die Reichswehr , S. 89.
29 Goebbels, Tagebücher, Bd. 2, S. 843.
30 Höhne, Mordsache Röhm, S. 261ff.; ders., »Gebt mir vier Jahre«, S. 271.
31 AdR, Regierung Hitler, Bd. 2, S. 1357.
32 Ursachen und Folgen, Bd. 10, S. 221f.
33 Ebenda, S. 195.
34 Hermann Foertsch, Schuld und Verhängnis. Die Fritsch-Krise im Frühjahr 1938 als Wendepunkt in der Geschichte der nationalsozialistischen Zeit, Stuttgart 1951, S. 57ff.
35 Ursachen und Folgen, Bd. 10, S. 114.
36 Wirsching, »Man kann nur Boden germanisieren«, a. a. O., S. 546.
37 AdR, Regierung Hitler, Bd. 1, S. 332 mit Anm. 7.
38 Max Domarus, Hitler, 2 Bde., Würzburg 1962, Bd. 1, S. 262; Schulthess' Europäischer Geschichts-Kalender, München 1934, S. 115.
39 Höhne, Zeit der Illusionen, S. 131.
40 Ursachen und Folgen, Bd. 9, S. 667ff.
41 AdR, Regierung Hitler, Bd. 1, S. 531 mit Anm. 6.
42 Albert Fischer, Hjalmar Schacht und Deutschlands ›Judenfrage‹. Der ›Wirtschaftsdiktator‹ und die Vertreibung der Juden aus der deutschen Wirtschaft, Köln u. a. 1995, S. 84f.

43 Kroll, Weltwirtschaftskrise, S. 479.

44 AdR, Regierung Hitler, Bd. 2, S. 1012f. mit Anm. 16.

45 Kroll, Weltwirtschaftskrise, S. 474.

46 Avraham Barkai, Das Wirtschaftssystem des Nationalsozialismus. Der historische und ideologische Hintergrund 1933–1936, Köln 1977, S. 169.

47 Ebenda.

48 AdR, Regierungs Hitler, Bd. 1, S. 50f.

49 Kroll, Weltwirtschaftskrise, S. 479.

50 Ebenda, S. 492ff.

51 Dietmar Petzina, Autarkiepolitik im Dritten Reich. Der nationalsozialistische Vierjahresplan, Stuttgart 1968, S. 44ff.

52 Ebenda, S. 48ff. Text abgedr. in: Ursachen und Folgen, Bd. 10, S. 534ff.

53 Ebenda, S. 552.

54 AdR, Regierung Hitler, Bd. 1, S. 615f.

55 Hierzu Adelheid von Saldern, Mittelstand im »Dritten Reich«. Handwerker, Einzelhändler, Bauern, Frankfurt/Main u. a. 1979.

56 Lutz Niethammer, »Die Jahre weiß man nicht, wo man die heute hinsetzen soll.« Faschismuserfahrungen im Ruhrgebiet. Lebensgeschichte und Sozialkultur im Ruhrgebiet 1930 bis 1960, Bd. 1, Bonn 1983.

57 Kroll, Weltwirtschaftskrise, S.542f., die konkreten Angaben in den Unterlagen des Verfassers; Rüdiger Hachtmann, Industriearbeit im »Dritten Reich«. Untersuchungen zu den Lohn- und Arbeitsbedingungen in Deutschland 1933–1945, Göttingen 1989.

58 Barkai, Das Wirtschaftssystem, S. 188.

59 So in seiner Rede vom Juli 1945 in Hannover, abgedr. in: Willy Albrecht (Hrsg.), Kurt Schumacher, Reden – Schriften – Korrespondenzen 1945–1952, Berlin – Bonn 1985, S. 214.

60 Timothy W. Mason, Arbeiterklasse und Volksgemeinschaft. Dokumente und Materialien zur deutschen Arbeiterpolitik 1933–1936, Opladen 1975, S. 162f.

61 Domarus, Hitler, Bd. 2, S. 1235.

62 Eberhard Jäckel, »Wie kam Hitler an die Macht?«, in: Karl Dietrich Erdmann/ Hagen Schulze (Hrsg.): Weimar. Selbstpreisgabe einer Demokratie. Eine Bilanz heute, Düsseldorf 1989, S. 305.

63 Hans Mommsen, Beamtentum im Dritten Reich. Mit ausgewählten Quellen zur nationalsozialistischen Beamtenpolitik, Stuttgart 1966, S. 98.

64 Carl J. Friedrich, Totalitäre Diktatur, Stuttgart 1957, S. 13ff.

65 Totalitarismus und Faschismus. Eine wissenschaftliche und politische Begriffskontroverse. Kolloquium am Institut für Zeitgeschichte am 24. November 1978, München – Wien 1980, S. 12ff.

66 Zit. nach Jürgen Kocka, »Ursachen des NS«, in: Aus Politik und Zeitgeschichte B25/1980, S. 3ff., hier S. 3.

67 Totalitarismus und Faschismus, S. 55.

68 Ebenda, S. 40.

69 Martin Broszat/Norbert Frei (Hrsg.), Ploetz – Das Dritte Reich. Ursprünge, Ereignisse, Wirkungen, Freiburg – Würzburg 1983, S. 14.

70 Peter Hüttenberger, »Nationalsozialistische Polykratie«, in: Geschichte und Gesellschaft 2 (1976), S. 417ff.

71 Höhne, Zeit der Illusionen, S. 227. Karl-Heinz Janßen/Fritz Tobias, Der Sturz der Generäle. Hitler und die Blomberg-Fritsch-Krise 1938, München 1994, S. 139.

72 Hill, Die Weizsäcker-Papiere, S. 60.

73 Karl Dietrich Bracher, »Stufen totalitärer Gleichschaltung: Die Befestigung der nationalsozialistischen Herrschaft 1993/34«, in: VZG 4 (1956), S. 42.

74 Fest, Hitler, S. 574.

75 Totalitarismus und Faschismus, S. 25.

76 Gerhard Hirschfeld/Lothar Kettenacker (Hrsg.), Der »Führerstaat«: Mythos und Realität. Studien zur Struktur und Politik des Dritten Reiches, Stuttgart 1981, S. 66.

77 Ursachen und Folgen, Bd. 11, S. 535ff.

78 Hans Buchheim, Die SS – Das Herrschaftsinstrument. Befehl und Gehorsam, Olten – Freiburg im Breisgau 1965, S. 55ff.

79 Höhne, Der Orden, S. 237.

80 Ebenda, S. 236.

81 Ulrich Herbert, Best. Biografische Studien über Radikalismus, Weltanschau-

ung und Vernunft 1903 – 1989, Bonn 1996, S. 230ff.

82 Bradley F. Smith/Agnes F. Peterson (Hrsg.), Heinrich Himmler. Geheimreden 1933 bis 1945 und andere Ansprachen, Frankfurt/Main – Berlin – Wien 1979, S. 43.

83 Höhne, Zeit der Illusionen, S. 254ff.

84 Martin Broszat, »Der Staat Hitlers«, in: Deutsche Geschichte seit dem Ersten Weltkrieg, Bd. 1, S. 758.

85 Günter Wollstein, »Die Politik des nationalsozialistischen Deutschlands gegenüber Polen 1933 – 1939/45«, in: Manfred Funke (Hrsg.), Hitler, Deutschland und die Mächte. Materialien zur Außenpolitik des Dritten Reiches, Düsseldorf 1976, S. 795ff.

86 Friedrich Hoßbach, Zwischen Wehrmacht und Hitler 1934 – 1938, Wolfenbüttel – Hannover 1949, S. 94ff.

87 Domarus, Hitler, Bd. 1, S. 495.

88 Goebbels, Tagebücher, Bd. 3, S. 930.

89 Ebenda, S. 927.

90 Ebenda, S. 948.

91 Zit. nach Fest, Hitler, S. 681.

92 Domarus, Hitler, Bd. 1, S. 606.

93 Goebbels, Tagebücher, Bd. 3, S. 949.

94 Höhne, Zeit der Illusionen, S. 331.

95 Detlev Peukert/Jürgen Reulecke (Hrsg.), Die Reihen fast geschlossen. Beiträge zur Geschichte des Alltags unterm Nationalsozialismus, Wuppertal 1981.

96 Grüttner, Studenten, S. 317.

97 Höhne, »Gebt mir vier Jahre«, S. 425ff.

98 Ursachen und Folgen, Bd. 11, S. 545ff.

99 Janßen/Tobias, Sturz der Generäle, S. 13f.

100 Ebenda, S. 19.

101 Fritz Tobias, »Auch Fälschungen haben lange Beine. Des Senatspräsidenten Rauschnigs ›Gespräche mit Hitler‹«, in: Karl Corino (Hrsg.), Gefälscht!, Nördlingen 1988, S. 91ff.

102 Janßen/Tobias, Sturz der Generäle, S. 27ff.

103 Goebbels, Tagebücher, Bd. 3, S. 1184.

104 Fritz Wiedemann, Der Mann, der Feldherr werden wollte. Erlebnisse und Erfahrungen des Vorgesetzten Hitlers im 1. Weltkrieg und seines späteren Persön-

lichen Adjutanten, Dortmund 1964, S. 112f.

105 Janßen/Tobias, Sturz der Generäle, S. 86.

106 Ebenda, S. 179.

107 Francis L. Carsten, Reichswehr und Politik 1918 – 1933, Köln – Berlin 1965, S. 223.

108 Nicholas Reynolds, »Der Fritsch-Brief vom 11. Dezember 1938«, in: VZG 28 (1980), S. 370f.

109 Janßen/Tobias, Sturz der Generäle, S. 139.

110 Hill, Die Weizsäcker-Papiere, S. 122.

111 Der Prozeß gegen die Hauptkriegsverbrecher vor dem internationalen Militärgerichtshof Nürnberg, 1. November 1945 – 1. Oktober 1946, Nürnberg 1947ff. (im folgenden: IMT), Bd. 23, S. 362.

112 Goebbels, Tagebücher, Bd. 3, S. 1208.

113 AdR, Regierung Hitler, Bd. 1, S. 297.

114 Höhne, Zeit der Illusionen, S. 92ff.

115 AdR, Regierung Hitler, Bd. 1, S. 282.

116 Ebenda, S. 631.

117 Hans-Jürgen Döscher, »Reichskristallnacht«. Die November-Pogrome 1938, Frankfurt/Main – Berlin 1990, S. 36.

118 Avraham Barkai, Vom Boykott zur »Entjudung«. Der wirtschaftliche Existenzkampf der Juden im 3. Reich 1933 – 1943, Frankfurt/Main 1988, S. 65ff.

119 Albert Fischer, Hjalmar Schacht und Deutschlands »Judenfrage«. Der »Wirtschaftsdiktator« und die Vertreibung der Juden aus der deutschen Wirtschaft, Köln – Weimar – Wien 1995, S. 178ff.

120 Ursachen und Folgen, Bd. 11, S. 165ff. Uwe Dietrich Adam, Judenpolitik im Dritten Reich, Düsseldorf 1972, S. 125ff.

121 Adam, Judenpolitik, S. 195f.

122 Herbert, Best, S. 215.

123 Vgl. Gerd Rühle, Das Dritte Reich. Dokumentarische Darstellung des Aufbaus der Nation. Das sechste Jahr 1938, Berlin 1939, S. 382ff.

124 Herbert, Best, S. 214ff.

125 Döscher, »Reichskristallnacht«, S. 62ff., Zitat S. 72.

126 Goebbels, Tagebücher, Bd. 3, S. 1281.

127 Döscher, »Reichskristallnacht«, S. 84.

128 Ebenda, S. 8off.

129 Höhne, Der Orden, S. 316.

130 Ursachen und Folgen, Bd. 12, S. 600.

131 Victor Klemperer, Ich will Zeugnis ablegen bis zum letzten. Tagebücher 1933–1941, Bd. 1, Berlin 1995, S. 437f.

132 Höhne, Der Orden, S. 318ff.

133 Ursachen und Folgen, Bd. 12, S. 191.

134 Gustav Schmidt, England in der Krise. Grundzüge und Grundlagen der britischen Appeasement-Politik (1930–1937), Opladen 1981, S. 468ff.

135 Domarus, Hitler, Bd. 1, S. 904f.

136 Ebenda, S. 931f.

137 Hill, Die Weizsäcker-Papiere, S. 145.

138 Goebbels, Tagebücher, Bd. 3, S. 1275f.

139 Hill, Die Weizsäcker-Papiere, S. 130f.; Rainer A. Blasius, Für Großdeutschland – gegen den großen Krieg. Staatssekretär Ernst Frhr. v. Weizsäcker in den Krisen um die Tschechoslowakei und Polen 1938/39, Köln – Wien 1991, S. 41.

140 Kotze, Heeresadjutant, S. 26ff., Zitat S. 41.

141 Peter Hoffmann, Claus Schenk Graf von Stauffenberg und seine Brüder, Stuttgart 1992, S. 457f.

142 IMT, Bd. 28, S. 378f.

143 Klaus-Jürgen Müller, General Ludwig Beck. Studien und Dokumente zur politisch-militärischen Vorstellungswelt und Tätigkeit des Generalstabchefs des deutschen Heeres 1933–1938, Boppard 1980, S. 48ff.

144 Kotze, Heeresadjutant, S. 27ff.

145 Nicholas Reynolds, Beck. Gehorsam und Widerstand. Das Leben des deutschen Generalstabchefs 1935–1938, Wiesbaden – München 1977, S. 150ff.

146 Joachim C. Fest, Staatsstreich. Der lange Weg zum 20. Juli, Berlin 1994, S. 101.

147 Ebenda, S. 93.

148 Ebenda, S. 92.

149 Ebenda, S. 100.

150 Hjalmar Schacht, Abrechnung mit Hitler, Berlin – Frankfurt/Main 1949, S. 18.

151 Hoffmann, Stauffenberg, S. 167ff.

152 Gerhard Ritter, Carl Goerdeler und die deutsche Widerstandsbewegung, Stuttgart 1954, S. 490 (Anm. 58).

153 Schacht, Abrechnung mit Hitler, S. 81.

154 Christian Hartmann, Halder. Generalstabchef Hitlers 1938–1942, Paderborn u. a. 1991, S. 113.

155 Kotze, Heeresadjutant, S. 35 u. 39.

156 Schriftliche Mitteilung von Dr. Rainer A. Blasius an den Verfasser.

157 Helmut Krausnick, »Vorgeschichte und Beginn des militärischen Widerstandes gegen Hitler«, in: Europäische Publikation e.V. (Hrsg.), Die Vollmacht des Gewissens, München 1956, S. 175ff., hier S. 344ff. Das Buch von Susanne Meinl, Nationalsozialisten gegen Hitler. Die nationalrevolutionäre Opposition um Friedrich Wilhelm Heinz, Berlin 2000, ist wegen seiner platten apologetischen Tendenz unbeachtlich.

158 Ritter, Carl Goerdeler, S. 491 (Anm. 64).

159 Domarus, Hitler, Bd. 2, S. 1095.

160 Hill, Die Weizsäcker-Papiere, S. 153.

161 Domarus, Hitler, Bd. 2, S. 1197.

162 ADAP D VII, S. 170.

163 Carl J. Burckhardt, Meine Danziger Mission 1937–1939, München 1960, S. 348.

164 Paul Stauffer, Zwischen Hofmannsthal und Hitler. Carl J. Burckhardt. Facetten einer außergewöhnlichen Existenz, Zürich 1991, S. 178ff.

165 Franz Knipping/Klaus-Jürgen Müller (Hrsg.), Machtbewußtsein in Deutschland am Vorabend des Zweiten Weltkrieges, Paderborn 1984, S. 122ff.

166 Hill, Die Weizsäcker-Papiere, S. 154.

167 Manfred Hildermeier, Geschichte der Sowjetunion 1917–1991. Entstehung und Niedergang des ersten sozialistischen Staates, München 1998, S. 596.

168 Ludolf Herbst, Das nationalsozialistische Deutschland 1933–1945. Die Entfesselung der Gewalt: Rassismus und Krieg, Frankfurt/Main 1996, S. 341.

169 Heinrich Schwendemann, Die wirtschaftliche Zusammenarbeit zwischen dem Deutschen Reich und der Sowjetunion 1939 bis 1941. Alternative zu Hitlers Ostprogramm?, Berlin 1993.

170 Domarus, Hitler, Bd. 2, S. 1234.

171 Erich von Manstein, Verlorene Siege, Bonn 1955, S. 18ff.

172 Franz Halder, Kriegstagebuch, 3 Bde., Stuttgart 1962, Bd. 1, S. 34.

173 Hill, Die Weizsäcker-Papiere, S. 162.

174 Paul Schmidt, Statist auf diplomatischer Bühne 1923–1945. Erlebnisse des Chefdolmetschers im Auswärtigen Amt mit den Staatsmännern Europas, Bonn 1949, S. 464.

Deutschland im Zweiten Weltkrieg

1 Domarus, Hitler, Bd. 2, S. 1423.
2 Benn, Ausgewählte Briefe, S. 71.
3 Herbst, Das nationalsozialistische Deutschland, S. 255.
4 Manstein, Verlorene Siege, S. 29.
5 Halder, Kriegstagebuch, Bd. 1, S. 79.
6 Kotze, Heeresadjutant, S. 64ff.
7 Halder, Kriegstagebuch, Bd. 1, S. 105.
8 Helmut Groscurth, Tagebücher eines Abwehroffiziers 1938–1940, hrsg. von Helmut Krausnick u. Harold C. Deutsch, Stuttgart 1970, S. 218.
9 Ebenda, S. 223.
10 Hitlers Weisungen für die Kriegsführung 1939–1945. Dokumente des Oberkommandos der Wehrmacht, hrsg. von Walther Hubatsch, Frankfurt/Main 1962, S. 32.
11 Kotze, Heeresadjutant, S. 69 u. 75.
12 Karl-Heinz Frieser, Blitzkrieg-Legende, München 1995, S. 119ff.
13 Ebenda, S. 368ff.
14 Das Deutsche Reich und der Zweite Weltkrieg, hrsg. vom Militärgeschichtlichen Forschungsamt, 6 Bde., Stuttgart 1979, Bd. 2, S. 375ff.
15 Das Deutsche Reich und der Zweite Weltkrieg, Bd. 3, S. 379ff., vgl. Andreas Hillgruber, Hitlers Strategie, Frankfurt/Main 1965, S. 278ff.
16 Hans-Adolf Jacobsen, 1939–1945. Der Zweite Weltkrieg in Chronik und Dokumenten, Darmstadt ⁵1961, S. 227.
17 Ralf Georg Reuth, Erwin Rommel. Des Führers General, München – Zürich 1987, S. 75f.
18 Halder, Kriegstagebuch, Bd. 2, S. 49.
19 Bernhard R. Kroener, »Der ›erfrorene Blitzkrieg‹. Strategische Planungen der deutschen Führung gegen die Sowjetunion und die Ursachen ihres Scheiterns«, in: Zwei Wege nach Moskau. Vom

Hitler-Stalin-Pakt bis zum »Unternehmen Barbarossa«, hrsg. von Bernd Wegner, München – Zürich 1991, S. 137.
20 Abgedr. in: Jacobsen, 1939–1945, S. 201ff.
21 Kotze, Heeresadjutant, S. 92.
22 Halder, Kriegstagebuch, Bd. 2, S. 336f.
23 Andreas Hillgruber, »Das Rußland-Bild der führenden deutschen Militärs vor Beginn des Angriffs auf die Sowjetunion«, in: Zwei Wege nach Moskau, a. a. O., S. 179.
24 Hill, Die Weizsäcker-Papiere, S. 250.
25 Klemperer, Ich will Zeugnis ablegen, Bd. 1, S. 594.
26 Jochen Thies, Architekt der Weltherrschaft. Die ›Endziele‹ Hitlers, Düsseldorf 1976, S. 177; Gabriel Gorodetsky, Die große Täuschung. Hitler, Stalin und das »Unternehmen Barbarossa«, Berlin 2001, S. 320ff.
27 Philipp Heyde, »Von Barbarossa nach Stalingrad. Bemerkungen zu einigen Neuerscheinungen über den Deutsch-Sowjetischen Krieg 1941–1943«, in: Neue politische Literatur 39 (1994), S. 14ff.
28 Gorodetsky, Die große Täuschung, S. 400.
29 Ernst Nolte, Der Faschismus in seiner Epoche, München 1963, S. 436.
30 Hillgruber, Hitlers Strategie, S. 576 u. 578.
31 Sebastian Haffner, Anmerkungen zu Hitler, München 1978, S. 156.
32 Vgl. Bogdan Musial, »Konterrevolutionäre Elemente sind zu erschließen.« Die Brutalisierung des deutsch-sowjetischen Krieges im Sommer 1941, Berlin – München 2000.
33 Wolfgang Benz, »Thesenpapier«, in: Hans-Günther Thiele (Hrsg.), Die Wehrmachtsausstellung. Dokumentation einer Kontroverse, Bonn 1997, S. 32.
34 Halder, Kriegstagebuch, Bd. 3, S. 38.
35 Kriegstagebuch des OKW, Bd. 1, Frankfurt/Main 1965, S. 1074f.
36 Jacobsen, 1939–1945, S. 255ff.
37 Hillgruber, Hitlers Strategie, S. 317ff.
38 Halder, Kriegstagebuch, Bd. 3, S. 170.
39 Abgedr. in: Jacobsen, 1939–1945, S. 277ff. Vgl. Das Deutsche Reich und der Zweite Weltkrieg, Bd. 4, S. 587ff.

40 Ebenda, S. 613f.

41 Kriegstagebuch des OKW, Bd. 1, S. 1086f. Vgl. Das Deutsche Reich und der Zweite Weltkrieg, Bd. 4, S. 605ff.

42 Meldungen aus dem Reich 1938–1945, hrsg. von Heinz Boberach, Bd. 9, Herrsching 1985, S. 3120ff.

43 Das Deutsche Reich und der Zweite Weltkrieg, Bd. 4, S. 980ff.

44 Jacobsen, 1939–1945, S. 309ff.

45 Das Deutsche Reich und der Zweite Weltkrieg, Bd. 6, S. 1022.

46 Zit. nach Walther von Seydlitz, Stalingrad. Konflikt und Konsequenz. Erinnerungen, Oldenburg – Hamburg 1977, S. 211.

47 Domarus, Hitler, Bd. 2, S. 1938.

48 Jacobsen, 1939–1945, S. 364.

49 Albrecht Lehmann, »Erinnerungen an die Kriegsgefangenschaft«, in: Wolfram Wette/Gerd R. Ueberschär (Hrsg.), Stalingrad. Mythos und Wirklichkeit einer Schlacht, Frankfurt/Main 1992, S. 182.

50 Walter Kempowski, Das Echolot, 4 Bde., München 1993.

51 Goebbels, Tagebücher, Bd. 5, S. 1875.

52 Meldungen aus dem Reich, Bd. 12, S. 4720.

53 Domarus, Hitler, Bd. 2, S. 1422.

54 Ebenda, S. 1778.

55 Höhne, Der Orden, S. 435f.

56 Meldungen aus dem Reich, Bd.14, S. 5446.

57 Matthias Schmidt, Albert Speer: Das Ende eines Mythos. Speers wahre Rolle im Dritten Reich, Bern – München 1982, S. 237.

58 Albert Speer, Erinnerungen, Berlin 1970, S. 235.

59 Hans Kehrl, Krisenmanager im Dritten Reich. 6 Jahre Frieden – 6 Jahre Krieg. Erinnerungen, Düsseldorf 1973, S. 329.

60 Herbst, Das nationalsozialistische Deutschland, S. 412f.; Kehrl, Krisenmanager, S. 356f.

61 Frank Golczewski, »Polen«, in: Wolfgang Benz (Hrsg.), Dimension des Völkermords. Die Zahl der jüdischen Opfer des Nationalsozialismus, München 1991, S. 418 u. 426.

62 Ebenda, S. 439.

63 Peter Longerich (Hrsg.), Die Ermordung der europäischen Juden. Eine umfassende Dokumentation des Holocaust 1941–1945. München – Zürich 1989, S. 48f.

64 ADAP D IV, Baden-Baden 1951, S. 420f.; Kotze, Heeresadjutant, S. 94f.

65 Guido Knopp, Hitler. Eine Bilanz, Berlin 1995, S. 286ff.

66 Longerich, Die Ermordung, S. 66f.

67 Domarus, Hitler, Bd. 2, S. 1058.

68 Ebenda, S. 1442.

69 Walter Warlimont, Im Hauptquartier der deutschen Wehrmacht 1939–1945. Grundlagen – Formen – Gestalten, Frankfurt/Main 1962, S. 167f.

70 Longerich, Die Ermordung, S. 111ff.

71 Höhne, Der Orden, S. 327ff.

72 Longerich, Die Ermordung, S. 113.

73 Ebenda, S. 117.

74 Höhne, Der Orden, S. 336.

75 IMT, Bd. 29, S. 145.

76 Longerich, Die Ermordung, S. 118.

77 Ebenda, S. 79.

78 Eberhard Jäckel, »Die Konferenz am Wannsee. ›Wo Heydrich seine Ermächtigung bekanntgab‹ – Der Holocaust war längst im Gange«, in: Die Zeit 4/1992, S. 33.

79 Rudolf Höß, Kommandant in Auschwitz. Autobiographische Aufzeichnungen, eingel. u. kommentiert von Martin Broszat, Stuttgart 1958, S. 174ff.

80 Longerich, Die Ermordung , S. 74.

81 Höß, Kommandant in Auschwitz, S. 153.

82 Vgl. Konrad Kwiet, »Auftakt zum Holocaust. Ein Polizeibataillon im Osteinsatz«, in: Wolfgang Benz u.a. (Hrsg.), Der Nationalsozialismus. Studien zur Ideologie und Herrschaft. Frankfurt/Main 1993, S. 191ff.

83 Christopher R. Browning, Ganz normale Männer. Das Reserve-Polizeibataillon 101 und die ›Endlösung‹ in Polen, Reinbek bei Hamburg 1993.

84 Jäckel, »Konferenz«, a.a.O., S. 33.

85 Longerich, Die Ermordung, S. 87.

86 Ebenda, S. 93.

87 Goebbels, Tagebücher, Bd. 4, S. 1776f.

88 Golczewski, Polen, S. 462.

89 Archiv der Gegenwart 65 (1995), S. 39974ff.

90 Louis de Jong, »Die Niederlande und Auschwitz«, in: VZG 17 (1969), S. 1ff.

91 Klemperer, Ich will Zeugnis ablegen, Bd. 1, S. 513.

92 Hans Bernd Gisevius, Bis zum bittern Ende, Zürich 1946.

93 Vgl. Romedio Graf von Thun-Hohenstein, Der Verschwörer. General Oster und die Militäropposition, Berlin 1982, S. 47f.

94 Joseph A. Persico, Piercing the Third Reich. The Penetration of Nazi Germany by OSS Agents during World War II, London 1979, S. 152f.

95 Gerhard Ritter, Carl Goerdeler und die deutsche Widerstandsbewegung, Stuttgart 1956, S. 67ff.

96 Ebenda, S. 352, 407f. u. Sp. 555.

97 Hans Coppi/Jürgen Danyel/Johannes Tuchel, Die Rote Kapelle im Widerstand gegen den Nationalsozialismus, Berlin 1994, S. 124f.

98 Gerhard Schulz, »Nationalpatriotismus im Widerstand. Ein Problem der europäischen Krise und des Zweiten Weltkriegs – nach vier Jahrzehnten Widerstandsgeschichte«, in: VZG 32 (1984), S. 331ff.

99 Christian Petry, Studenten aufs Schafott. Die Weiße Rose und ihr Scheitern, München 1968, S. 111.

100 Ger van Roon, »Der Kreisauer Kreis«, in: ders., Widerstand im Dritten Reich. Ein Überblick, München ⁶1994, S. 141ff.

101 Hermann Graml, »Widerstand«, in: Enzyklopädie des Nationalsozialismus, hrsg. von Wolfgang Benz, Hermann Graml und Hermann Weiß, Stuttgart 1997, S. 314.

102 Herbst, Das nationalsozialistische Deutschland, S. 446f.

103 Peter Hoffmann, Claus Schenk Graf von Stauffenberg und seine Brüder, Stuttgart 1992, S. 110ff.

104 Ebenda, S. 458ff.

105 Ebenda, S. 148f.

106 Ebenda, S. 328f.; Christian Müller, Oberst i. G. Stauffenberg. Eine Biographie, Düsseldorf 1970, S. 457ff.

107 Ralf Georg Reuth, Erwin Rommel. Des Führers General, München – Zürich 1987, S. 120ff.

108 Fest, Staatsstreich, S. 325.

109 Zit. nach Walter Schmitthenner/Hans Buchheim (Hrsg.), Der deutsche Widerstand gegen Hitler, Köln – Berlin 1966, S. 430.

110 Manfred Zeidler, »›Denn ich sah vor mir unser Heer, voll des großen Zornes‹. Der sowjetische Schriftsteller Ilja Ehrenburg und das Kriegsende vor fünfzig Jahren«, in: FAZ vom 24. März 1995.

111 Gerhard L. Weinberg, Eine Welt in Waffen. Die globale Geschichte des Zweiten Weltkriegs, Stuttgart 1995, S. 850.

112 Ebenda, S. 851f.

113 Der Spiegel 14/1995.

114 Abgedr. in: Ursachen und Folgen, Bd. 23, S. 196ff.

115 Rüdiger Overmans, Deutsche militärische Verluste im Zweiten Weltkrieg, München 1999, S. 316.

Die Zeit der alliierten Besatzungsherrschaft

1 Auszugsweise abgedr. in: Klaus-Jörg Ruhl (Hrsg.), Neubeginn und Restauration. Dokumente zur Vorgeschichte der Bundesrepublik Deutschland 1945 – 1949, München 1982, S. 58ff.

2 Norman M. Naimark, Die Russen in Deutschland. Die sowjetische Besatzungszone 1945 bis 1949, Berlin 1997, S. 91ff.

3 Gordon A. Craig, Deutsche Geschichte 1866 – 1945. Vom Norddeutschen Bund bis zum Ende des Dritten Reiches, München 1980, S. 672.

4 Klaus-Dietmar Henke, Die amerikanische Besetzung Deutschlands, München 1995, S. 254.

5 Jan Foitzik, Sowjetische Militäradministration in Deutschland (SMAD) 1945 – 1949. Struktur und Funktion, Berlin 1999, S. 170.

6 Ruhl (Hrsg.), Neubeginn, S. 90f.

7 Margret Boveri, Tage des Überlebens – Berlin 1945, München 1968, S. 188.

8 Rolf Steininger, Deutsche Geschichte seit 1945. Darstellung und Dokumente

in vier Bänden, Bd. 1, Frankfurt/Main
1996, S. 89ff.; Jochen Laufer, »Die sowjetische Reparationspolitik 1946 und das
Problem der alliierten Kooperationsfähigkeit«, in: Gustav Schmidt (Hrsg.),
Ost-West-Beziehungen: Konfrontation
und Détente 1945–1989, Bd. 3, Bochum
1995, S. 53ff., hier S. 70ff.

9 Ruhl (Hrsg.), Neubeginn, S. 85.

10 Rolf Badstübner/Wilfried Loth (Hrsg.),
Wilhelm Pieck – Aufzeichnungen zur
Deutschlandpolitik 1945–1953, Berlin
1994, S. 50.

11 Ossip K. Flechtheim (Hrsg.), Dokumente zur parteipolitischen Entwicklung in Deutschland seit 1945, Bd. 3/2,
Berlin 1963, 313ff., hier S. 316.

12 Wolfgang Leonhard, Die Revolution
entläßt ihre Kinder, erg. Neuaufl., Köln
1981, S. 317.

13 Die Sitzungsprotokolle des Magistrats
der Stadt Berlin 1945/46, Teil I: 1945,
bearb. und eingel. von Dieter Hanauske,
Berlin 1995, S. 31ff. u. 193ff.

14 Flechtheim (Hrsg.), Dokumente,
Bd. 3/2, S. 1ff.

15 Willy Albrecht (Hrsg.), Kurt Schumacher.
Reden – Schriften – Korrespondenzen
1945–1952, Berlin – Bonn 1985,
S. 229.

16 Flechtheim (Hrsg.), Dokumente,
Bd. 2/1, S. 27ff.

17 Henning Köhler, Adenauer. Eine
politische Biographie, Berlin – Frank-
furt/Main 1994, S. 342ff.

18 Flechtheim (Hrsg.), Dokumente,
Bd. 2/1, S. 30ff.

19 Albrecht (Hrsg.), Kurt Schumacher,
S. 208ff.

20 Konrad Adenauer. Reden 1917–1967.
Eine Auswahl, hrsg. von Hans-Peter
Schwarz, Stuttgart 1975, S. 82ff.

21 Ernst von Salomon, Der Fragebogen,
Hamburg 1951.

22 Lutz Niethammer, Die Mitläuferfabrik.
Die Entnazifizierung am Beispiel Bayerns, Berlin – Bonn 1992.

23 Ruhl (Hrsg.), Neubeginn, S. 279ff.

24 Steininger, Deutsche Geschichte seit
1945, Bd. 1, S. 133.

25 Konrad Adenauer, Briefe 1945–1947,

bearb. von Hans Peter Mensing, Berlin
1983, S. 419.

26 Ebenda, S. 130f.

27 Ebenda, S. 191.

28 Ruhl (Hrsg.), Neubeginn, S. 348.

29 Hermann Weber, Geschichte der DDR,
München ³1989, S. 107ff.

30 Abgedr. in: Beiträge zur Geschichte der
Arbeiterbewegung 34 (1992), S. 173ff.

31 Harold Hurwitz, Zwangsvereinigung
und Widerstand der Sozialdemokraten
in der Sowjetischen Besatzungszone und
Berlin, Köln 1990, S. 26f.

32 Weber, Geschichte der DDR, S. 117.

33 Hurwitz, Zwangsvereinigung, S. 32.

34 Weber, Geschichte der DDR, S. 127.

35 Steininger, Deutsche Geschichte seit
1945, Bd. 1, S. 192; vgl. auch Lucio Caracciolo, »Der Untergang der Sozialdemokratie in der Sowjetischen Besatzungszone. Otto Grotewohl und die ›Einheit
der Arbeiterklasse‹ 1945/46«, in: VZG
36 (1988), S. 281ff.

36 Hurwitz, Zwangsvereinigung, S. 98f.

37 Hermann J. Rupieper (Hrsg.), Die
Zwangsvereinigung von KPD und SPD.
Einige ausgewählte Dokumente der
SMAD 16.1.1946–7.6.1946, Halle 1997,
S. 15ff.

38 Ebenda, S. 22f.

39 Zit. nach Rolf Steininger, Deutsche Geschichte seit 1945, Bd. 1, Frankfurt/Main
1984, S. 183f.

40 Zit. nach ebenda, S. 237.

41 Ruhl (Hrsg.), Neubeginn, S. 452.

42 Gerhard Wettig, Bereitschaft zu Einheit
in Freiheit? Die sowjetische Deutschland-Politik 1945–1955, München 1999,
S. 138ff.

43 W. Phillips Davison, Die Blockade von
Berlin. Modellfall des Kalten Krieges,
Frankfurt/Main – Berlin 1959, S. 110.

44 Ernst Reuter, Schriften, Reden. Hrsg.
von Hans E. Hirschfeld u. a., bearb. von
Hans J. Reichardt, Bd. 3, Berlin 1974,
S. 338.

45 Ebenda, S. 369.

46 Berlin. Quellen und Dokumente
1945–1951, 2. Halbband, hrsg. im Auftrage des Senats von Berlin, Berlin 1964,
S. 1438.

47 Michael W. Wolff, Die Währungsreform in Berlin 1948/49, Berlin – New York 1991, S. 30ff.

48 Ursachen und Folgen, Bd. 26, S. 57.

49 Reuter, Reden, Bd. 3, S. 411.

50 Willy Brandt/Richard Löwenthal, Ernst Reuter. Ein Leben für die Freiheit. Eine politische Biographie, München 1957, S. 426.

51 Davison, Die Blockade von Berlin, S. 136.

52 Wolfgang Krieger, General Lucius D. Clay und die amerikanische Deutschlandpolitik 1945–1949, Stuttgart 1987, S. 391ff.

53 Reuter, Reden, Bd. 3, S. 425.

54 Ebenda, S. 477.

55 Udo Wetzlaugk, Berlin und die deutsche Frage, Köln 1985, S. 64.

56 James F. Tent, Freie Universität Berlin 1948–1988. Eine deutsche Hochschule im Zeitgeschehen, Berlin 1988, S. 104ff.

57 Reuter, Reden, Bd. 3, S. 442.

58 Freie Universität Berlin (Hrsg.), Hochschule im Umbruch. Teil I: Gegengründung wozu? (1945–1949), Berlin 1973, S. 45.

59 Ernest R. May, »America's Berlin«, in: Foreign Affairs 77 (1998), S. 159.

60 New York Times Book Review vom 21. Mai 1989.

61 Krieger, Clay und die amerikanische Deutschlandpolitik, S. 270ff.

62 Abgedr. in: Europa-Archiv 2 (1947), S. 821; vgl. David McCollough, Truman, New York u. a. 1992, S. 561ff.

63 Rolf Steininger, Deutsche Geschichte 1945–1961. Darstellung und Dokumente, Bd. 2, Frankfurt/Main 1983, S. 303f.; FRUS 1947, Bd. 2, Washington 1972, S. 816.

64 Konrad Adenauer, Briefe 1947–1949, Bd. 2., bearb. von Hans Peter Mensing, Berlin 1984, S. 272.

65 Eckhart Wandel, Die Entstehung der Bank deutscher Länder und die deutsche Währungsreform 1948. Die Rekonstruktion des westdeutschen Geld- und Währungssystems 1945–1949 unter Berücksichtigung der amerikanischen Besatzungspolitik, Frankfurt/Main 1980, S. 95ff. u. 162ff.

66 Abgedr. in: Ursachen und Folgen, Bd. 26, Berlin 1978, S. 49ff.

67 Zit. nach Theodor Eschenburg, Jahre der Besatzung 1945–1949, Stuttgart 1983, S. 434.

68 Ruhl (Hrsg.), Neubeginn, S. 469ff.

69 Adenauer, Reden, S. 130.

70 Karlheinz Niclauß, Der Weg zum Grundgesetz. Demokratiegründung in Westdeutschland 1948–1949, Paderborn u. a. 1998, S. 113ff.

71 Petra Weber, Carlo Schmid. 1896–1976, München 1996, S. 331.

72 Curt Garner, »›Zerschlagung des Berufsbeamtentums‹? Der deutsche Konflikt um die Neuordnung des öffentlichen Dienstes 1946–1948 am Beispiel Nordrhein-Westfalens«, in: VZG 39 (1991), S. 55ff.

73 BA Koblenz, NL Blankenhorn, Bd. 1a, Bl. 54.

74 Hans-Peter Schwarz, Vom Reich zur Bundesrepublik. Deutschland im Widerstreit der außenpolitischen Konzeptionen in den Jahren der Besatzungsherrschaft 1945–1949, Stuttgart ²1980, S. 551.

75 Erich W. Gniffke, Jahre mit Ulbricht, Köln 1966, S. 262f.

76 Jochen Laufer, »Die Ursprünge des Überwachungsstaates in Ostdeutschland. Zur Bildung der Deutschen Verwaltung des Innern in der Sowjetischen Besatzungszone (1946)«, in: Bernd Florath u. a. (Hrsg.): Die Ohnmacht der Allmächtigen. Geheimdienste und politische Polizei in der modernen Gesellschaft, Berlin 1992, S. 146ff.

77 Naimark, Russen in Deutschland, S. 453ff.; Jens Gieseke, Mielke-Konzern. Die Geschichte der Stasi 1945–1990, Stuttgart – München 2001, S. 38ff.

78 Wettig, Bereitschaft zu Einheit, S. 124f.

79 Badstübner/Loth (Hrsg.), Wihelm Pieck, S. 286.

80 Weber, Geschichte der DDR, S. 118f.

81 Wettig, Bereitschaft zu Einheit, S. 129ff.

82 Harold Hurwitz, Die Stalinisierung der SED. Zum Verlust von Freiräumen und sozialdemokratischer Identität in den

Vorständen 1946–1949, Opladen 1997,
S. 390ff.
83 Weber, Geschichte der DDR, S. 181ff.
84 Badstübner/Loth (Hrsg.), Wilhelm Pieck,
S. 247ff.
85 Ebenda, S. 294ff.; Weber, Geschichte der
DDR, S. 36ff.
86 Köhler, Adenauer, S. 991.
87 Christoph Kleßmann, Die doppelte
Staatsgründung. Deutsche Geschichte
1945–1955, Göttingen 1982.
88 Daniel Koerfer, Kampf ums Kanzleramt.
Erhard und Adenauer, Stuttgart 1987,
S. 32ff.
89 Adenauer, Reden, S. 138.
90 Auftakt zur Ära Adenauer. Koalitionsverhandlungen und Regierungsbildung
1949, bearb. von Udo Wengst, Düsseldorf 1985, S. 33ff.
91 Ebenda, S. 92.
92 Hermann Pünder, Von Preußen nach
Europa. Lebenserinnerungen, Stuttgart
1968, S. 409.
93 Adenauer, Reden, S. 168.
94 Herbert Blankenhorn, Verständnis
und Verständigung. Blätter eines politischen Tagebuchs 1949 bis 1979, Frank-
furt/Main – Berlin – Wien 1980, S. 63.
95 Adenauer und die Hohen Kommissare,
Bd. 1, S. 1ff.
96 Jürgen Kocka, »1945: Neubeginn oder
Restauration?«, in: Carola Stern/Hein-
rich August Winkler (Hrsg.), Wendepunkte deutscher Geschichte
1848–1945, überarb. u. erw. Neuausgabe, Frankfurt/Main 1994, S. 159ff.
97 Gerhard Reichling, Die deutschen Vertriebenen in Zahlen. Teil I: Umsiedler,
Verschleppte, Vertriebene, Aussiedler
1940–1985, Bonn 1986, S. 55.
98 Garner, »Zerschlagung des Berufsbeamtentums«? a. a. O., S. 55ff.
99 Jahrbuch der öffentlichen Meinung
1947–1955, Allensbach 1956, S. 132ff.
100 Axel Schildt, Ankunft im Westen. Ein
Essay zur Erfolgsgeschichte der Bundesrepublik, Frankfurt/Main 1999.

Die Ära Adenauer

1 Auftakt zur Ära Adenauer, S. 384.
2 Karlheinz Niclauß, »Bestätigung der
Kanzlerdemokratie? Kanzler und Regierungen zwischen Verfassung und politischen Konventionen«, in: Aus Politik
und Zeitgeschichte B 20/1999 vom
14. Mai 1999, S. 36.
3 Peter Merseburger, Der schwierige
Deutsche. Kurt Schumacher. Eine Biographie, Stuttgart 1995, S. 451.
4 Adenauer und die Hohen Kommissare,
Bd. 1, S. 7.
5 Abgedr. in: Ursachen und Folgen, Bd. 26,
S. 425ff.
6 AAPD 1949/50, S. 168, S. 160, S. 165.
7 Ebenda, S. 217.
8 Ebenda, S. 247.
9 Adenauer und die Hohen Kommissare,
Bd. 1, S. 222ff.
10 AAPD 1949/50, S. 327.
11 Köhler, Adenauer, S. 634ff.
12 Arnulf Baring, Außenpolitik in Adenauers Kanzlerdemokratie. Bonns Beitrag
zur Europäischen Verteidigungsgemeinschaft, München – Wien 1969, S. 124.
13 Hans-Peter Schwarz, Adenauer. Der
Aufstieg: 1876–1952, Stuttgart 1986,
S. 728.
14 Köhler, Adenauer, S. 611ff.
15 Die CDU/CSU-Fraktion im Deutschen
Bundestag. Sitzungsprotokolle
1949–1953, bearb. von Helge Heidemeyer, Düsseldorf 1998, S. 359.
16 Günther Schulz, Wiederaufbau in
Deutschland. Die Wohnungsbaupolitik
in den Westzonen und der Bundesrepublik von 1945 bis 1947, Düsseldorf 1994,
S. 324.
17 Daniel Koerfer, »Ludwig Erhard«, in:
Hans Sarkowicz (Hrsg.), Sie prägten
Deutschland. Eine Geschichte der Bundesrepublik in politischen Portraits,
München 1999, S. 88f.; siehe auch Volker
Hentschel, Ludwig Erhard. Ein Politikerleben, München – Landsberg am Lech
1996, S. 149ff.
18 Otto Lenz, Im Zentrum der Macht.
Das Tagebuch von Staatssekretär Lenz
1951–1953, Düsseldorf 1989, S. 241.

19 Die CDU/CSU-Fraktion im Deutschen Bundestag 1949–1953, S. 359.

20 Zit. nach Köhler, Adenauer, S. 643.

21 Adenauer und die Hohen Kommissare, Bd. 1., S. 323.

22 Ebenda, S. 393.

23 Lenz, Im Zentrum der Macht, S. 140.

24 Ebenda, S. 273.

25 Badstübner/Loth (Hrsg.), Wilhelm Pieck, S. 395.

26 Wettig, Bereitschaft zur Einheit, S. 217ff.

27 Adenauer: Teegespräche 1950–1954, bearb. von Hanns Jürgen Küsters, Berlin 1984, S. 150.

28 Konrad Adenauer, Briefe 1951–1953, bearb. von Hans Peter Mensing, Berlin 1987, S. 198.

29 Siegener Zeitung vom 17. März 1952.

30 Sopade Nr. 915 (1951), S. 6f., zit. nach Wieland Werner Niekisch, Politik der Stärke. Die Geschichte einer deutschlandpolitischen Ersatzkonstruktion, Phil. Diss. FU Berlin 1994, S. 215.

31 Weber, Geschichte der DDR, S. 218.

32 Klaus Schroeder, Der SED-Staat. Partei, Staat und Gesellschaft 1949–1990. München 1998, S. 120 u. 128; Rolf Stöckigt, »Ein Dokument von großer historischer Bedeutung vom Mai 1953«, in: BZG, 32 (1990), S. 648ff., hier S. 651.

33 Stöckigt, »Ein Dokument«, a. a. O., S. 652ff.

34 Rudolf Herrnstadt, Das Herrnstadt-Dokument. Das Politbüro der SED und die Geschichte des 17. Juni 1953, Reinbek bei Hamburg 1990, S. 74.

35 Armin Mitter/Stefan Wolle, Untergang auf Raten. Unbekannte Kapitel der DDR-Geschichte, München 1993, S. 62ff.

36 Egon Bahr, Zu meiner Zeit, München 1996, S. 75ff.

37 Uprising in East Germany 1953. The Cold War, the German Question, and the first major Upheaval behind the Iron Curtain, comp., ed. and introd. by Christian F. Ostermann, Budapest – New York 2001, S.163ff.; Torsten Diedrich, Der 17. Juni in der DDR. Bewaffnete Gewalt gegen das Volk, Berlin 1991, S. 77ff.

38 Arnulf Baring, Der 17. Juni 1953, Stuttgart 1983, S. 91.

39 Diedrich, Der 17. Juni, S. 96ff. u. 288ff.

40 Herrnstadt, Das Herrnstadt-Dokument, S. 128.

41 Wettig, Bereitschaft zu Einheit, S. 251f.; Wladislaw Subok/Konstantin Pleschakow, Der Kreml im Kalten Krieg. Von 1945 bis zur Kubakrise, Hildesheim 1997, S. 221ff.

42 Mitter/Wolle, Untergang, S. 162.

43 Lenz, Im Zentrum der Macht, S. 649.

44 Heinrich Krone, Tagebücher. Bd. 1: 1945–1961, Düsseldorf 1995, S. 123.

45 Die CDU/CSU-Fraktion im Deutschen Bundestag, S. 729.

46 Bahr, Zu meiner Zeit, S. 79.

47 Hermann-Josef Rupieper, Der besetzte Verbündete. Die amerikanische Deutschlandpolitik 1949–1955, Opladen 1991, S. 309ff.

48 Köhler, Adenauer, S. 835f.

49 Rupieper, Der besetzte Verbündete, S. 389ff.

50 Johann Adolf Graf Kielmansegg, »Militärischer Berater auf der Konferenz von London 1954«, in: Bruno Thoß (Hrsg.), Vom Kalten Krieg zur deutschen Einheit. Analysen und Zeitzeugenberichte zur deutschen Militärgeschichte 1949–1955, München 1995, S. 120.

51 Der Spiegel 41/1954, S. 5.

52 Abgedr. in: Josef Foschepoth (Hrsg.), Adenauer und die Deutsche Frage, Göttingen 1988, S. 289f.

53 Köhler, Adenauer, S. 887f., vgl. Wilhelm G. Grewe, Rückblenden 1976–1951, Berlin 1979, S. 240ff.

54 Hans-Peter Schwarz, Adenauer. Der Staatsmann: 1952–67, Stuttgart 1991, S. 219.

55 Grewe, Rückblenden, S. 251ff.

56 Donald Abenheim, Bundeswehr und Tradition. Die Suche nach dem gültigen Erbe des deutschen Soldaten, München 1989, S. 58ff.

57 Gerd Schmückle, Ohne Pauken und Trompeten. Erinnerungen an Krieg und Frieden, Stuttgart 1982, S. 132.

58 Hans-Peter Schwarz, Die Ära Adenauer.

Gründerjahre der Republik 1949–1957,
Stuttgart 1981, S. 292ff.

59 Hanns Jürgen Küsters, »Adenauers Europapolitik in der Gründungsphase der
Europäischen Wirtschaftsgemeinschaft«, in: VZG 31 (1983), S. 652 u. 671.
Vgl. auch Koerfer, Kampf ums Kanzleramt, S. 137ff.

60 Hans Günter Hockerts, »Konrad Adenauer und die Rentenreform von 1957«,
in: Konrad Repgen (Hrsg.), Die dynamische Rente in der Ära Adenauer und
heute, Stuttgart – Zürich 1978, S. 19f.

61 Köhler, Adenauer, S. 956f.

62 Repgen (Hrsg.), Dynamische Rente, S. 50

63 Konrad Adenauer, Briefe 1955–1957,
bearb. von Hans Peter Mensing, Berlin
1998, S. 214ff.

64 Jahrbuch der öffentlichen Meinung
1958–1964, hrsg. von Elisabeth Noelle-
Neumann und Erich-Peter Neumann,
Allensbach – Bonn 1965, S. 471.

65 Köhler, Adenauer, S. 949; Franz Josef
Strauß, Die Erinnerungen, Berlin 1989,
S. 304.

66 Strauß, Die Erinnerungen, S. 317.

67 Schwarz, Adenauer 1952–67, S. 424.

68 Krone, Tagebücher, Bd. 1, S. 341.

69 Dokumente zur Berlin-Frage 1944–1966,
München 1987, S. 301ff., hier S. 318.

70 Dokumente zur Deutschlandpolitik,
IV. Reihe, Bd. I/1, Frankfurt/Main –
Berlin 1971, S. 596.

71 Krone, Tagebücher, Bd. 1, S. 328.

72 Der Spiegel 21/1959, S. 22.

73 Krone, Tagebücher, Bd. 1, S. 330f.

74 Michael Lemke, Die Berlin-Krise 1958
bis 1963. Interessen und Handlungsspielräume der SED im Ost-West-Konflikt, Berlin 1995, S. 109f.

75 Koerfer, Kampf ums Kanzleramt.

76 Hans-Peter Schwarz, Die Ära Adenauer.
Epochenwechsel 1957–1963, Stuttgart
1983, S. 209f.; Michael Lemke, »Kampagnen gegen Bonn. Die Systemkrise
der DDR und die Westpropaganda der
SED 1960–1963«, in: VZG 41 (1993),
S. 160ff.

77 Strauß, Die Erinnerungen, S. 376.

78 Gustav Schmidt, »Die sichtbare Hand
des »Dritten«. Die USA und die deutsch-

amerikanischen Beziehungen
1950–1966«, in: Gerhard A. Ritter/Peter
Wende (Hrsg.), Rivalität und Partnerschaft. Festschrift für Anthony J.
Nicholls, Paderborn u. a. 1999, S. 345.

79 Kurt Klotzbach, Der Weg zur Staatspartei. Programmatik, politische Politik
und Organisation der deutschen Sozialdemokratie 1945 bis 1965, Berlin und
Bonn 1982, S. 499ff.; Krone, Tagebücher,
Bd. 1, S. 430.

80 Lemke, Berlin-Krise, S. 56.

81 Mitter/Wolle, Untergang, S. 305ff.

82 Zit. nach Lemke, Berlin-Krise, S. 161.

83 Ebenda, S. 163.

84 Zit. nach Julij A. Kwizinskij, Vor dem
Sturm. Erinnerungen eines Diplomaten,
Berlin 1993, S. 179.

85 Zit. nach Lemke, Berlin-Krise, S. 169.

86 Zit. nach Schwarz, Adenauer. Der Staatsmann, S. 656.

87 Krone, Tagebücher, Bd. 1, S. 503.

88 Strauß, Die Erinnerungen, S. 387.

89 Diethelm Prowe, »Der Brief Kennedys an
Brandt vom 18. August 1961. Eine zentrale Quelle zur Berliner Mauer und Entstehung der Brandtschen Ostpolitik«, in:
VZG 33 (1985), S. 382.

90 ACDP, NL Globke, zit. nach Schwarz,
Adenauer. Der Staatsmann, S. 664.

91 Krone, Tagebücher, Bd. 1, S. 523.

92 NL Axel Springer, nicht datierte Aufzeichnung Adam Vollhardts.

93 Valentin Falin, Politische Erinnerungen,
München 1993, S. 349ff.

94 Köhler, Adenauer, S. 1114.

95 Koerfer, Kampf ums Kanzleramt, S. 558ff.

96 Krone, »Aufzeichnungen zur Deutsch-
land- und Ostpolitik 1949–1969«, in:
Repgen/Morsey (Hrsg.), Adenauer-
Studien III, S. 169.

97 Grewe, Rückblenden, S. 555.

98 Archiv der Gegenwart 1963, S. 10655f.

99 Krone, »Aufzeichnungen«, a. a. O., S. 164.

100 Charles de Gaulle, Discours et Messages,
Bd. 3, Paris 1970, S. 234ff.

101 Köhler, Adenauer, S. 1187.

102 Ebenda, S. 1192.

103 Siehe hierzu Jürgen Seiffert (Hrsg.), Die
Spiegel-Affäre, 2 Bde., Olten – Freiburg
im Breisgau 1965

104 Zit. nach Wolfgang Bickerich, Franz Josef Strauß, Die Biographie, Düsseldorf 1996, S. 322ff.

105 Strauß, Die Erinnerungen, S. 366ff.

106 Bickerich, Franz Josef Strauß, S.328ff.

107 ACDP St. Augustin, Krone-Tagebücher.

108 Ebenda, VIII-001-1503/4.

Jahre des Übergangs

1 Sebastian Haffner, »Die Stunde der Prüfung«, in: Süddeutsche Zeitung vom 8. November 1962.

2 Fischer, Der Griff nach der Weltmacht.

3 George F. Kennan, »Ein Brief«, in: Blätter für deutsche und internationale Politik 5/1999, S. 604ff., hier S. 610.

4 Vgl. Eberhard Kolb, Die Arbeiterräte in der deutschen Innenpolitik 1918–1919, Düsseldorf 1962.

5 Sebastian Haffner, Die verratene Revolution, Bern – München – Wien 1969.

6 Archiv des IfD Allensbach, 1226 II.

7 Ebenda, 1387.

8 Georg Picht, Die deutsche Bildungskatastrophe. Analyse und Dokumentation, Olten – Freiburg im Breisgau 1964, S. 10.

9 Ebenda, S. 26.

10 Ebenda, S. 66.

11 Ralf Dahrendorf, Gesellschaft und Demokratie in Deutschland, München 1965, S. 453.

12 Ebenda, S. 465.

13 Ebenda, S. 477.

14 Michael K. Caro, Der Volkskanzler. Ludwig Erhard, Köln 1965, S. 243.

15 Karl Carstens, Erinnerungen und Erfahrungen, hrsg. von Kai von Jena und Reinhard Schmoeckel, Boppard 1993, S. 272.

16 Hans Osterheld, Außenpolitik unter Bundeskanzler Ludwig Erhard 1963–1966. Ein dokumentarischer Bericht aus dem Kanzleramt, Düsseldorf 1992, S. 44ff.

17 Rainer A. Blasius, »«Völkerfreundschaft« am Nil: Ägypten und die DDR im Februar 1965«, in: VZG 46 (1998), S. 747ff.

18 Osterheld, Außenpolitik unter Bundeskanzler Ludwig Erhard, S. 152ff.

19 Klaus Hildebrand, Von Erhard zur Großen Koalition 1963–1969, Wiesbaden 1984, S. 119f.

20 Schwarz, Adenauer. Der Staatsmann, S. 913.

21 Osterheld, Außenpolitik unter Bundeskanzler Ludwig Erhard, S. 247.

22 Verhandlungen des Deutschen Bundestages, Stenographische Berichte, 4. Wahlperiode, Bd. 53, S. 4201.

23 Vgl. Hermann Rudolph, »Mehr als Stagnation und Revolte. Zur politischen Kultur der sechziger Jahre«, in: Martin Broszat (Hrsg.), Zäsuren nach 1945. Essays zur Periodisierung der deutschen Nachkriegsgeschichte, München 1990, S. 141ff.

24 Willy Brandt, Begegnungen und Einsichten. Die Jahre 1960–1975, Hamburg 1976, S. 176.

25 Ebenda, S. 174f.

26 Erich Peter Neumann, »Steckbrief einer radikalen Partei«, in: Die Zeit 3/1967, S. 30.

27 Hubertus Knabe, Die unterwanderte Republik. Stasi im Westen, Berlin 1999, S. 184ff.

28 Werner Gessler, »Erläuterungen zum neuen Hochschulprogramm des SDS«, in: Freie Universität Berlin (Hrsg.), Hochschule im Umbruch, Bd. III, S. 133ff., hier S. 135f.

29 Archiv IfD Allensbach, 1363 III, 1508.

30 Vgl. Flugblatt »Von diesem Gespräch haben wir nichts zu erwarten« vom 26. November 1966, in: Freie Universität Berlin (Hrsg.), Hochschule im Umbruch, Bd. IV, S. 363.

31 Jürgen Habermas, Strukturwandel der Öffentlichkeit. Untersuchungen zu einer Kategorie der bürgerlichen Gesellschaft, Neuwied 1962.

32 Ebenda, S. 236 u. 252.

33 Ingrid Gilcher-Holtey, »Die Phantasie an die Macht«. Mai 68 in Frankreich, Frankfurt/Main 1995.

34 Archiv IfD Allensbach, Pressedienst. Die Notstandsgesetze und die öffentliche Meinung (Juni 1968).

35 Ebenda, Repräsentative Befragung deutscher Studenten 1966 (1508).
36 Peter Zudeick, Der Hintern des Teufels.
Ernst Bloch – Leben und Werk, Moos –
Baden-Baden 1987, S. 271.
37 SDS-Info 3 vom 8. Januar 1969.
38 AAPD 1968, Bd. 2, S. 1221.
39 Arnulf Baring, Machtwechsel. Die Ära
Brandt-Scheel, Stuttgart 1982, S. 122f.

Die sozialliberale Koalition

1 Bahr, Zu meiner Zeit, S. 193.
2 Institut für Demoskopie, Wählermei-
nung – nicht geheim, Allensbach 1969,
S. 163.
3 Vgl. Bahr, Zu meiner Zeit, S. 217ff.; Horst
Ehmke, Mittendrin. Von der Großen
Koalition zur Deutschen Einheit, Berlin
1994, S. 74.
4 Vgl. Baring, Machtwechsel, S. 131; Günter Gaus, »Nicht aus den Akten«, in: Berliner Zeitung vom 31. Mai/1. Juni 1997.
5 Baring, Machtwechsel, S. 175.
6 Vgl. Ehmke, Mittendrin, S. 117ff.
7 Wolfgang Jäger, Republik im Wandel
1969–1974, Stuttgart 1986, S. 24.
8 Zit. ebenda, S. 24f.
9 Werner Link, Außen- und Deutschlandpolitik in der Ära Brandt 1969–1974,
Stuttgart 1986, S. 166.
10 Manfred Görtemaker, Geschichte der
Bundesrepublik Deutschland. Von der
Gründung bis zur Gegenwart, München
1999, S. 475.
11 Gerhard Stoltenberg, Wendepunkte.
Stationen deutscher Politik 1947–1990,
Berlin 1997, S. 206.
12 Jäger, Republik im Wandel, S. 52.
13 AAPD 1966, Bd. 2, S. 1374ff.
14 Egon Bahr, »Wandel durch Annäherung‹ – Rede zur Deutschlandpolitik in
Tutzing am 15. Juli 1963«, in: Flechtheim, Dokumente, Bd. 7, S. 193ff.
15 Andreas Vogtmeier, Egon Bahr und die
deutsche Frage. Zur Entwicklung der sozialdemokratischen Ost- und Deutschlandpolitik vom Kriegsende bis zur Vereinigung, Bonn 1996, S. 64.
16 AAPD 1968, Bd. 2, S. 1278ff.

17 Bahr, Zu meiner Zeit, S. 282.
18 Willy Brandt, Erinnerungen, Frank-
furt/Main 1989, S. 178.
19 Bahr, Zu meiner Zeit, S. 273; vgl. Henry
Kissinger, Memoiren 1968–1973, München 1979, S. 442f.
20 Bahr, Zu meiner Zeit, S. 347.
21 Peter Bender, Die »Neue Ostpolitik« und
ihre Folgen. Vom Mauerbau bis zur Vereinigung, 3., überarb. Ausgabe, München 1995, S. 175f.
22 Baring, Machtwechsel, S. 280.
23 Ebenda, S. 273.
24 Peter Przybylski, Tatort Politbüro. Die
Akte Honecker, Berlin 1991, S. 281.
25 Bender, »Neue Ostpolitik«, S. 179f.
26 Willy Brandt, Begegnungen und Einsichten. Die Jahre 1965–1975, Hamburg
1976, S. 525.
27 Bender, »Neue Ostpolitik«, S. 199.
28 Bahr, Zu meiner Zeit, S. 353f.
29 Helga Haftendorn, Sicherheit und Entspannung. Zur Außenpolitik der Bundesrepublik Deutschland 1955–1982,
Baden-Baden [2]1986, S. 352.
30 Ebenda, S.352f.; Bahr, Zu meiner Zeit,
S. 358ff.
31 Bender, »Neue Ostpolitik«, S. 189 u. 306ff.
32 So etwa Peter Bender, Vom Mauerbau
zum Moskauer Vertrag, München 1986,
S. 191.
33 Norbert Podewin, Walter Ulbricht.
Eine neue Biographie, Berlin 1995,
S. 422f.
34 Zit. nach Przybylski, Politbüro, S. 280ff.,
Zitat S. 281.
35 Jochen Staadt, »Walter Ulbrichts letzter
Machtkampf«, in: Deutschland-Archiv
29 (1996), S. 694f.
36 Zit. nach Przybylski, Tatort Politbüro,
S. 296.
37 Ebenda, S. 299.
38 AAPD 1969, Bd. 2, S. 1030ff. u. 1047ff.
39 Manfred Krug, Abgehauen, Düsseldorf
1996.
40 Archiv IfD Allensbach, Rückblick auf die
Bundestagswahlen 1972, S. 5f.
41 Texte zur Deutschlandpolitik, hrsg. vom
Bundesministerium für innerdeutsche
Beziehungen, o. O. 1970, Bd. V, S. 194.
42 Der Spiegel 26/1991, S. 92ff.

43 Der Spiegel 48/2000, S. 17.
44 Baring, Machtwechsel, S. 356.
45 Archiv IfD Allensbach, Herbst 1972.
46 Archiv IfD Allensbach, Rückblick auf die Bundestagswahlen 1972, S. 5f.
47 Jäger, Republik im Wandel, S. 87.
48 Baring, Machtwechsel, S. 524.
49 Ehmke, Mittendrin, S. 214.
50 Zit. bei Koerfer, Kampf ums Kanzleramt, S. 163.
51 Zit. bei Hans-Jochen Vogel, Nachsichten. Meine Bonner und Berliner Jahre, München – Zürich 1996, S. 15.
52 Archiv der Gegenwart 1972, S. 16858.
53 Zit. bei Baring, Machtwechsel, S. 546.
54 Heinrich Potthoff, Bonn und Ost-Berlin 1969 – 1982. Dialog auf höchster Ebene und vertrauliche Kanäle. Darstellung und Dokumente, Bonn 1997, S. 280ff.
55 Kopie der Aufzeichnung Herbert Wehners vom 2. Dezember 1973.
56 Bahr, Zu meiner Zeit, S. 438
57 Potthoff, Bonn und Ost-Berlin, S. 383.
58 Kopie der Aufzeichnung Herbert Wehners vom 2. Dezember 1973.
59 Reinhard Müller, Die Akte Wehner, Berlin 1993, S. 130ff.
60 Zit. bei Baring, Machtwechsel, S. 619.
61 Ebenda, S. 750.
62 Ebenda, S. 733.
63 Zit. nach Potthoff, Bonn und Ost-Berlin, S. 43.
64 Vgl. Bickerich, Franz Josef Strauß, S. 336ff.
65 Klaus Dreher, Helmut Kohl. Leben mit Macht, Stuttgart 1998, S. 181f.
66 Archiv IfD Allensbach, Bundestagswahl 1976, S. 6.
67 Vgl. Bickerich, Franz Josef Strauß, S. 355ff.
68 Dreher, Helmut Kohl, S. 222.
69 Vgl. Timothy Garton Ash, Im Namen Europas. Deutschland und der geteilte Kontinent, München – Wien 1993, S. 381ff.
70 Ebenda, S. 385.
71 Der Spiegel 3/1972, S. 54ff.
72 Stefan Aust, Der Baader-Meinhof-Komplex, erw. u. aktual. Ausgabe, Hamburg 1997, S. 225ff.
73 Gilbert Ziebura, Die deutsch-französischen Beziehungen seit 1945. Mythen und Realitäten, überarb. u. aktual. Neuausgabe, Stuttgart 1997, S. 284.
74 Karl-Heinz Janßen, »Die schrecklichen entlaufenen Wohlstandskinder«, in: Die Zeit 38/1977, S. 3.
75 Vorstand der SPD (Hrsg.), Parteitag der Sozialdemokratischen Partei Deutschlands, 15. – 19. November 1977. Protokoll der Verhandlungen, Bonn o. J., S. 972.
76 Archiv der Gegenwart 1977, S. 21341.
77 Jochen Thies, Helmut Schmidts Rückzug von der Macht. Das Ende der Ära Schmidt aus nächster Nähe, Stuttgart ²1988, S. 148.
78 Archiv IfD Allensbach, Die Grünen, 2831 IV, S. 10.
79 Sibylle Krause-Burger, Helmut Schmidt, Düsseldorf – Wien 1980, S. 148.
80 Vorstand der SPD (Hrsg.), Parteitag der Sozialdemokratischen Partei Deutschlands, 19. bis 23. April 1982. Protokoll der Verhandlungen, Bonn o. J., S. 126ff.
81 Das Parlament vom 1./8. Mai 1982, S. 17.
82 Stern vom 15. Juli 1982, S. 56.
83 Helmut Herles, Machtverlust oder Das Ende der Ära Brandt, Stuttgart 1983, S. 84.
84 Thies, Helmut Schmidts Rückzug, S. 142.
85 Klaus Bölling, Die letzten 30 Tage des Bundeskanzlers Helmut Schmidt. Ein Tagebuch, Reinbek bei Hamburg 1982, S. 69.

Geschichtspolitik

1 Elisabeth Noelle-Neumann/Peter Gillies, Arbeitslos. Report aus einer Tabuzone, Frankfurt/Main – Berlin 1987.
2 Vogel, Nachsichten, S. 205f.; Eduard Ackermann, Mit feinem Gehör. Vierzig Jahre in der Bonner Politik, Bergisch-Gladbach 1994, S. 230ff.
3 Der Spiegel 46/1983, S. 26.
4 Der Spiegel 48/1983, S. 21.
5 Zit. bei Philip Zelikow/Condoleezza Rice, Sternstunde der Diplomatie. Die deutsche Einheit und das Ende der Spaltung Europas, Berlin 1997, S. 59.
6 So Christoph Bertram in der Bespre-

chung des Bandes: Werner Weidenfeld (Hrsg.), Die Identität der Deutschen. Fragen, Positionen, Perspektiven, München – Wien 1983, in: Die Zeit 42/1983, S. 17.

7 Gordon A. Craig, Über die Deutschen, München 1982, S. 319f. u. 341.

8 Sebastian Haffner, »Der Nationalstaat in der Mitte«, in: FAZ vom 30. April 1983.

9 Sebastian Haffner, Zur Zeitgeschichte. 36 Essays, München 1982, S. 120ff.

10 Günter Gaus, Wo Deutschland liegt. Eine Ortsbestimmung, Hamburg 1983.

11 Die Zeit 42/1983, S. 25.

12 Elisabeth Noelle-Neumann, »Im Wartesaal der Geschichte«, in: FAZ vom 14. März 1984.

13 Richard von Weizsäcker, »Nur Zusammenarbeit schafft Frieden«, in: Die Zeit 40/1983, S. 3.

14 »Gemischte Gefühle«, in: FAZ vom 7. Juni 1984.

15 George Shultz, Triumph and Turmoil. My years as Secretary of State, New York u. a. 1993, S. 550.

16 Dreher, Helmut Kohl, S. 365.

17 Archiv der Gegenwart 1985, S. 28744.

18 FAZ vom 6. Juni 1986.

19 Die Zeit 29/1986, S. 40.

20 Die Zeit 6/1986, S. 1.

21 Theo Sommer (Hrsg.), Reise ins andere Deutschland, Reinbek bei Hamburg 1986, S. 223.

22 Verhandlungen des Deutschen Bundestages. 11. Wahlperiode, Stenographische Berichte, Bd. 141, S. 1163ff.

23 Ebenda, Bd. 146, S. 7270ff.

24 Sebastian Haffner, Germany: Jekyll and Hyde. 1939 – Deutschland von innen betrachtet, Berlin 1996, S. 269.

25 Ders., Von Bismarck zu Hitler. Ein Rückblick, München 1987, S. 322ff.

26 Die Zeit 26/1989, S. 3.

27 Vgl. Anm. 11.

Unerwartete Wende: die Wiedervereinigung

1 Ash, Im Namen Europas, S. 252ff.

2 Heinrich Potthoff (Hrsg.), Die »Koalition der Vernunft«. Deutschlandpolitik in den 80er Jahren, München 1995, S. 453ff. u. 803ff.

3 Zelikow/Rice, Sternstunde, S. 62.

4 Robert L. Hutchings, Als der Kalte Krieg zu Ende war. Ein Bericht aus dem Innern der Macht, Berlin 1999, S. 140f.

5 Texte zur Deutschlandpolitik, Reihe III/Bd. 7 (1989), Bonn 1990, S. 148ff.

6 Rafael Biermann, Zwischen Kreml und Kanzleramt. Wie Moskau mit der deutschen Einheit rang, Paderborn u. a. 1997, S. 135.

7 Ash, Im Namen Europas, S. 176f.

8 Helmut Kohl, »Ich wollte Deutschlands Einheit«. Dargestellt von Kai Diekmann und Ralf Georg Reuth, Berlin 1996, S. 44.

9 Hans-Dietrich Genscher, Erinnerungen, Berlin 1995, S. 22f.

10 Uwe Bastian, Auf zum letzten Gefecht … Dokumentation über Vorbereitungen des MfS auf den Zusammenbruch der DDR-Wirtschaft. Arbeitspapiere des Forschungsverbundes SED-Staat der Freien Universität Berlin 9/1994, Berlin 1994.

11 Potthoff, Koalition der Vernunft, S. 975.

12 Ebenda, S. 991.

13 Kohl, »Ich wollte«, S. 80ff.

14 Horst Teltschik, 329 Tage. Inneneinsichten der Einigung, Berlin 1991, S. 15.

15 Ebenda, S. 17f.

16 Ebenda, S. 40f.

17 Ebenda, S. 42ff.

18 Biermann, Zwischen Kreml und Kanzleramt, S. 321ff.

19 Kohl, »Ich wollte«, S. 162.

20 Teltschik, 329 Tage, S. 52.

21 Archiv der Gegenwart 59 (1989), S. 33998.

22 Hanns Jürgen Küsters, »Entscheidung für die deutsche Einheit«, in: Dokumente zur Deutschlandpolitik. Deutsche Einheit. Sonderedition aus den Akten des Bundeskanzleramtes 1989/90, bearb. von Hanns Jürgen Küsters und Daniel Hofmann, München 1998, S. 65f.; Biermann, Zwischen Kreml und Kanzleramt, S. 304ff.

23 Jacques Attali, Verbatim, Bd. 3 (1988 – 1991), Paris 1995, S. 354.

24 Genscher, Erinnerungen, S. 678.

25 George Bush/Brent Scowcroft, Eine neue Welt, Berlin 1999, S. 8f.

26 Zelikow/Rice, Sternstunde, S.182.

27 Teltschik, 329 Tage, S.171.

28 Dreher, Helmut Kohl, S. 489; vgl. auch Teltschik, 329 Tage, S. 87ff.

29 Kohl, »Ich wollte«, S. 217.

30 Teltschik, 329 Tage, S. 100ff.

31 Ebenda, S. 113; vgl. auch Dreher, Helmut Kohl, S. 508ff.

32 Dieter Grosser, Das Wagnis der Währungs-, Wirtschafts- und Sozialunion. Politische Zwänge im Konflikt mit ökonomischen Regeln, Stuttgart 1998, S. 159ff. u. 180f.; Teltschik, 329 Tage, S. 129f.; Dokumente zur Deutschlandpolitik, Deutsche Einheit 1989/90, S. 751 (Dokument 157A).

33 Teltschik, 329 Tage, S. 130.

34 Dokumente zur Deutschlandpolitik, Deutsche Einheit 1989/90, S. 784ff. u. 793f. (Dokumente 170–173).

35 Ebenda, S. 795ff. (Dokument 174).

36 Zit. nach Küsters, Entscheidung, S. 101.

37 James Baker, Drei Jahre, die die Welt veränderten. Erinnerungen, Berlin 1996, S. 175f.

38 Genscher, Erinnerungen, S. 718.

39 Ebenda, S. 728f.

40 Zit. nach Biermann, Zwischen Kreml und Kanzleramt, S. 426.

41 Ebenda, S. 486ff.

42 Genscher, Erinnerungen, S. 713ff.

43 Biermann, Zwischen Kreml und Kanzleramt, S. 469f.

44 Baker, Drei Jahre, S. 218ff.; Biermann, Zwischen Kreml und Kanzleramt, S. 591ff.

45 Biermann, Zwischen Kreml und Kanzleramt, S. 598ff.; Zelikov/Rice, Sternstunde, S. 381ff.

46 Dokumente zur Deutschlandpolitik, Deutsche Einheit 1989/90, S. 1114f. (Dokument Nr. 277); Teltschik, 329 Tage, S. 230ff.

47 Biermann, Zwischen Kreml und Kanzleramt, S. 674.

48 Dokumente zur Deutschlandpolitik, Deutsche Einheit 1989/90, S. 1340ff. (Dokument Nr. 350).

49 Ebenda, S. 1347.

50 Teltschik, 329 Tage, S. 324.

51 Dokumente zur Deutschlandpolitik, Deutsche Einheit 1989/90, S. 1355ff. (Dokument Nr. 353).

52 Ebenda, S. 1367f. (Dokument Nr. 354).

53 Biermann, Zwischen Kreml und Kanzleramt, S. 512ff.; Dokumente zur Deutschlandpolitik, Deutsche Einheit 1989/90, S. 1281 (Dokument Nr.331).

54 Zelikow/Rice, Sternstunde, S. 25f.

55 Biermann, Zwischen Kreml und Kanzleramt, S.754.

56 Ash, Im Namen Europas, S. 254; vgl. Karl-Rudolf Korte, Deutschlandpolitik in Helmut Kohls Kanzlerschaft. Regierungsstil und Entscheidungen 1982–1989, Stuttgart 1998, S. 355.

57 Biermann, Zwischen Kreml und Kanzleramt, S. 350.

58 Dokumente zur Deutschlandpolitik, Deutsche Einheit 1989/90, S. 798 (Dokument Nr. 174); ebenda, S. 1199 (Dokument Nr. 306); ebenda, S. 1340 (Nr. 350).

59 Dokumente zur Deutschlandpolitik, Deutsche Einheit 1989/90, S. 761 (Dokument Nr. 163).

60 Teltschik, 329 Tage, S. 169.

61 Dokumente zur Deutschlandpolitik, Deutsche Einheit 1989/90, S. 778ff. (Dokument Nr.168).

62 Wolfgang Schäuble, Der Vertrag. Wie ich über die deutsche Einheit verhandelte, Stuttgart 1991, S. 72ff.

63 Grosser, Das Wagnis, S. 251.

64 Ebenda, S. 365ff.

65 Vernon A. Walters, Die Wiedervereinigung war voraussehbar. Hinter den Kulissen eines entscheidenden Jahres. Die Aufzeichnungen des amerikanischen Botschafters, Berlin 1994, S. 98.

66 Archiv der Gegenwart 60 (1990), S. 34535.

67 Grosser, Das Wagnis, S. 435f. u. 502.

68 Schäuble, Der Vertrag, S. 140ff.; Dokumente zur Deutschlandpolitik, Deutsche Einheit 1989/90, S. 1324ff. (Dokument Nr. 345).

69 FAZ vom 13. Januar 1990.

70 Die Zeit 14/1990, S. 62f.

71 Der Spiegel 35/1998, S. 180.

72 Vogel, Nachsichten, S. 331ff.

73 Walters, Die Wiedervereinigung, S. 117.

Deutschland im Wandel

1 Kohl, »Ich wollte«, S. 482f.
2 Oskar Lafontaine, Deutsche Wahrheiten. Die nationale und die soziale Frage, Hamburg 1990, S. 171.
3 Zit. nach Vogel, Nachsichten, S. 361.
4 FAZ vom 17. Juni 2000.
5 Jürgen Kocka, Vereinigungskrise. Zur Geschichte der Gegenwart, Göttingen 1995.
6 Archiv IfD Allensbach, Deutschland im Frühjahr 1995, S. 8ff.; FAZ vom 10. August 1994, FAZ vom 10. Dezember 1997.
7 Schäuble, Der Vertrag, S. 131; Dokumente zur Deutschlandpolitik, Deutsche Einheit 1989/90, S. 1324ff. (Dokument Nr. 345).
8 Verhandlungen des Deutschen Bundestages. 12. Wahlperiode. Stenographische Berichte, S. 2746; zur Wirkung Wolfgang Bajohr, »Schäubles Meisterstück«, in: Rheinischer Merkur vom 28. Juni 1991.
9 John Major, Autobiography, New York 1999, S. 582.

10 Attall, Verbatim, Bd. III, 3. 668.
11 Der Spiegel 49/1994, S. 33.
12 Oskar Lafontaine, Das Herz schlägt links, München 1999, S. 60ff.
13 Elisabeth Noelle-Neumann u.a., Kampa. Meinungsbildung und Medienwirkung im Bundestagswahlkampf 1998, Freiburg – München 1999, S. 221; Lafontaine, Das Herz schlägt links, S. 71f.
14 FAZ vom 14. Februar 2000.
15 Elisabeth Noelle-Neumann/Renate Köcher, Die verletzte Nation. Über den Versuch der Deutschen, ihren Charakter zu ändern, Stuttgart 1987, S. 100ff.
16 FAZ vom 16. März 2000.
17 Michael Mertes, »Germany moves on«, in: Prospects, March 2000, S. 1of.
18 Waldemar Schreckenberger, »Veränderungen im parlamentarischen Regierungssystem. Zur Oligarchie der Spitzenpolitiker der Parteien«, in: Karl Dietrich Bracher u.a. (Hrsg.), Staat und Parteien. Festschrift für Rudolf Morsey zum 65. Geburtstag, Berlin 1992, S. 133ff.

BIBLIOGRAPHIE

Quellen

Ackermann, Eduard, Mit feinem Gehör. Vierzig Jahre in der Bonner Politik, Bergisch-Gladbach 1994.

Adenauer, Konrad, Erinnerungen, 4 Bde., Stuttgart 1965 ff.

Adenauer, Konrad, Reden 1917–1967. Eine Auswahl, hrsg. von Hans-Peter Schwarz, Stuttgart 1975.

Adenauer, Konrad, Briefe 1945–1959, 7 Bde., bearbeitet von Hans Peter Mensing, hrsg. von Rudolf Morsey und Hans-Peter Schwarz, Berlin 1983 ff.

Adenauer, Konrad, Teegespräche 1950–1954, 4 Bde., Bd. 1–3 bearb. von Hanns Jürgen Küsters, Bd. 4 bearb. von Hans Peter Mensing. Alle herausgegeben von Rudolf Morsey und Hans-Peter Schwarz, Berlin 1984 ff.

Akten zur deutschen auswärtigen Politik 1918–1945. Aus dem Archiv des Auswärtigen Amts.
Serie A 1918–1925, 13 Bde., Göttingen 1982 ff.
Serie B 1925–1933, 21 Bde., Göttingen 1966 ff.
Serie C 1933–1937, 6 Bde., Göttingen 1971 ff.
Serie D 1937–1945, 13 Bde., Baden-Baden 1950 ff.
Serie E 1931–1945, 8 Bde., Göttingen 1969 ff.

Akten zur Auswärtigen Politik der Bundesrepublik Deutschland 1949–1952, 1963–1970, hrsg. im Auftrag des Auswärtigen Amts vom Institut für Zeitgeschichte, 25 Bde., München 1989 ff.

Adenauer und die Hohen Kommissare 1949–1952, 2 Bde., hrsg. von Hans-Peter Schwarz, München 1989 f.

Akten zur Auswärtigen Politik der Bundesrepublik Deutschland 1949–1950, hrsg. von Hans-Peter Schwarz, München 1997.

Akten zur Auswärtigen Politik der Bundesrepublik Deutschland 1951, hrsg. von Hans-Peter Schwarz, München 1999.

Akten zur Auswärtigen Politik der Bundesrepublik Deutschland 1952, hrsg. von Hans-Peter Schwarz, München 2000.

Akten zur Auswärtigen Politik der Bundesrepublik Deutschland 1963, 3 Bde., hrsg. von Hans-Peter Schwarz, München 1994.

Akten zur Auswärtigen Politik der Bundesrepublik Deutschland 1964, 2 Bde., hrsg. von Hans-Peter Schwarz, München 1995.

Akten zur Auswärtigen Politik der Bundesrepublik Deutschland 1965, 3 Bde., hrsg. von Hans-Peter Schwarz, München 1996.

Akten zur Auswärtigen Politik der Bundesrepublik Deutschland 1966, 2 Bde., hrsg. von Hans-Peter Schwarz, München 1997.

Akten zur Auswärtigen Politik der Bundesrepublik Deutschland 1967, 3 Bde., hrsg. von Hans-Peter Schwarz, München 1998.

Akten zur Auswärtigen Politik der Bundesrepublik Deutschland 1968, 2 Bde., hrsg. von Hans-Peter Schwarz, München 1999.

Akten zur Auswärtigen Politik der Bundesrepublik Deutschland 1969, 2 Bde., hrsg. von Hans-Peter Schwarz, München 2000.

Akten zur Auswärtigen Politik der Bundesrepublik Deutschland 1970, 3 Bde., hrsg. von Hans-Peter Schwarz, München 2001.

Akten der Reichskanzlei, Weimarer Republik, hrsg. von der Historischen Kommission bei der Bayrischen Akademie der Wissenschaften von Karl Dietrich Erdmann, für das Bundesarchiv von Wolfgang Mommsen unter Mitwirkung von Walter Vogel, 14 Bde., Boppard 1971 ff.

Akten der Reichskanzlei, Die Regierung Hitler 1933–1935, hrsg. von der Historischen Kommission bei der Bayrischen Akademie der Wissenschaften von Konrad Repgen, für das Bundesarchiv von Hans Boom, 2 Bde., Boppard 1983 ff.

Albrecht, Willy (Hrsg.), Kurt Schumacher. Reden – Schriften – Korrespondenzen 1945–1952, Berlin – Bonn 1985.

Attali, Jacques,Verbatim, 3 Bde., Paris 1995.

Auftakt zur Ära Adenauer. Koalitionsverhandlungen und Regierungsbildung 1949, bearb. von Udo Wengst, Düsseldorf 1985.

Baden, Prinz Max von, Erinnerungen und Dokumente, Berlin – Leipzig 1927.

Badstübner, Rolf/Wilfried Loth (Hrsg.), Wilhelm Pieck – Aufzeichnungen zur Deutschlandpolitik 1945–1953, Berlin 1994.

Bahr, Egon, Zu meiner Zeit, München 1996.

Baker, James, Drei Jahre, die die Welt veränderten. Erinnerungen, Berlin 1996.

Baring, Arnulf (Hrsg.), Sehr verehrter Herr Bundeskanzler! Heinrich von Brentano im Briefwechsel mit Konrad Adenauer 1949–1964, Hamburg 1974.

Barth, Emil, Aus der Werkstatt der deutschen Revolution, Berlin 1919.

Behnen, Michael (Hrsg.), Quellen zur deutschen Außenpolitik im Zeitalter des Imperialismus 1890–1911, Darmstadt 1977.

Berlin. Quellen und Dokumente 1945–1951, 2. Halbband, hrsg. im Auftrage des Senats von Berlin, Berlin 1964.

Benn, Gottfried, Ausgewählte Briefe, Wiesbaden 1957.

Bethmann Hollweg, Theobald von, Betrachtungen zum Weltkriege, 2 Bde., Berlin 1921.

Bihl, Wolfdieter (Hrsg.), Deutsche Quellen zur Geschichte des Ersten Weltkriegs, Darmstadt 1991.

Blankenhorn, Herbert, Verständnis und Verständigung. Blätter eines politischen Tagebuchs 1949 bis 1979, Frankfurt/Main – Berlin – Wien 1980.

Bloch, Ernst, Kampf, nicht Krieg. Politische Schriften 1917–1919, hrsg. von Martin Korol, Frankfurt/Main 1985.

Boberach, Heinz (Hrsg.), Meldungen aus dem Reich 1938–1945, 17 Bde., Herrsching 1984ff.

Bölling, Klaus, Die letzten 30 Tage des Bundeskanzlers Helmut Schmidt. Ein Tagebuch, Reinbek bei Hamburg 1982.

Boveri, Margret, Tage des Überlebens – Berlin 1945, München 1968.

Brandt, Willy, Begegnungen und Einsichten. Die Jahre 1965–1975, Hamburg 1976.

Brandt, Willy, Erinnerungen, Frankfurt/Main 1989.

Braun, Magnus Freiherr von, Von Ostpreußen bis Texas. Erlebnisse und zeitgeschichtliche Betrachtungen eines Ostdeutschen, Stollhamm 1955.

Braun, Otto, Von Weimar zu Hitler, Hamburg 1949.

British Documents on the Origins of the War 1898–1914, hrsg. von George P. Gooch und Harold Temperley, 11 Bde., London 1927ff.

Buchstab, Günter (Bearb.), Adenauer, Konrad, »Es mußte alles neu gemacht werden«. Die Protokolle des CDU-Bundesvorstandes 1950–1953, Stuttgart 1986.

Buchstab, Günter (Bearb.), Adenauer, Konrad, »Wir haben wirklich etwas geschaffen«. Die Protokolle des CDU-Bundesvorstandes 1953–1957, Düsseldorf 1990.

Buchstab, Günter (Bearb.), Adenauer, Konrad, »… um den Frieden zu gewinnen«. Die Protokolle des CDU-Bundesvorstandes 1957–1961, Düsseldorf 1994.

Buchstab, Günter (Bearb.), Adenauer, Konrad, »Stetigkeit in der Politik«. Die Protokolle des CDU-Bundesvorstandes 1961–1965, Düsseldorf 1998.

Bush, George/Brent Scowcroft, Eine neue Welt, Berlin 1999.

Carstens, Karl, Erinnerungen und Erfahrungen, hrsg. von Kai von Jena und Reinhard Schmoeckel, Boppard 1993.

Die CDU/CSU im Parlamentarischen Rat. Sitzungsprotokolle der Unionsfraktion, eingel. u. bearb. von Rainer Salzmann, Stuttgart 1981.

Die CDU/CSU-Fraktion im Deutschen Bundestag. Sitzungsprotokolle 1949–1953, bearb. von Helge Heidemeyer, Düsseldorf 1998.

Claß, Heinrich, Wenn ich der Kaiser wär' – Politische Wahrheiten und Notwendigkeiten, Leipzig ⁴1913.

Deist, Wilhelm (Bearb.), Militär und Innenpolitik im Weltkrieg 1914–1918, Düsseldorf 1970.

Deuerlein, Ernst (Hrsg.), Der Hitler-Putsch. Bayerische Dokumente zum 8./9. November 1923, Stuttgart 1962.

Das Deutsche Reich und der Zweite Weltkrieg, hrsg. vom Militärgeschichtlichen Forschungsamt, 6 Bde., Stuttgart 1979ff.

Dittmann, Wilhelm, Erinnerungen, 3 Bde., bearb. u. eingel. von Jürgen Rojahn, Frankfurt/Main – New York 1995.

Dokumente zur Berlin-Frage 1944–1966, München 1987.

Dokumente zur Deutschlandpolitik. Deutsche Einheit. Sonderedition aus den Akten des Bundeskanzleramtes 1989/90, bearb. von Hanns Jürgen Küsters und Daniel Hoffmann, München 1998.

Dokumente zur Deutschlandpolitik, II. Reihe, 3 Bde., hrsg. vom Bundesministerium des Innern, Neuwied – Frankfurt/Main, 1992ff.

Dokumente zur Deutschlandpolitik, III. Reihe, 4 Bde., hrsg. vom Bundesministerium für Gesamtdeutsche Fragen, Frankfurt/Main – Berlin 1961ff.

Dokumente zur Deutschlandpolitik, IV. Reihe, 8 Bde., hrsg. vom Bundesministerium für innerdeutsche Beziehungen, Frankfurt/Main – Berlin 1971ff.

Dokumente zur Deutschlandpolitik, V. Reihe, 2 Bde., hrsg. vom Bundesministerium für innerdeutsche Beziehungen, Frankfurt/Main 1984.

Domarus, Max, Hitler. Reden und Proklamationen 1932–1945, 2 Bde., Würzburg 1962.

Ehmke, Horst, Mittendrin. Von der Großen Koalition zur Deutschen Einheit, Berlin 1994.

Ernst, Fritz (Hrsg.), Aus dem Nachlaß des Generals Walther Reinhardt, Stuttgart 1958.

Falin, Valentin, Politische Erinnerungen, München 1993.

Fenske, Hans (Hrsg.), Quellen zur deutschen Innenpolitik 1890–1914, Darmstadt 1991.

Flechtheim, Ossip K. (Hrsg.), Dokumente zur parteipolitischen Entwicklung in Deutschland seit 1945, 9 Bde., Berlin 1962ff.

Freie Universität Berlin (Hrsg.), Hochschule im Umbruch, 6 Bde., Berlin 1973ff.

Gaulle, Charles de, Discours et Messages, 5 Bde., Paris 1970.

Gaulle, Charles de, Memoiren der Hoffnung. Die Wiedergeburt 1958–1962, Wien – München – Zürich 1971.

Genscher, Hans-Dietrich, Erinnerungen, Berlin 1995.

Gisevius, Hans Bernd, Bis zum bittern Ende, Zürich 1946.

Gniffke, Erich W., Jahre mit Ulbricht, Köln 1966.

Goebbels, Joseph, Tagebücher 1924–1945, 5 Bde., hrsg. von Ralf Georg Reuth, München – Zürich 1992.

Goebbels, Joseph, Tagebücher. Sämtliche Fragmente, 4 Bde., hrsg. von Elke Fröhlich, München – New York – London – Paris 1987.

Görlitz, Walter (Hrsg.), Regierte der Kaiser? Kriegstagebücher, Aufzeichnungen und Briefe des Chefs des Marinekabinetts Admiral Georg Alexander von Müller 1914–1918, Göttingen 1959.

Görlitz, Walter (Hrsg.), Generalfeldmarschall Keitel. Verbrecher oder Offizier? Erinnerungen, Briefe, Dokumente des Chefs OKW, Göttingen – Berlin – Frankfurt/Main 1961.

Görlitz, Walter (Hrsg.), Der Kaiser … Auf-

zeichnungen des Chefs des Marinekabinetts Admiral Georg Alexander von
Müller über die Ära Wilhelms II., Göttingen 1965.

Grewe, Wilhelm G., Rückblenden 1976 – 1951,
Berlin 1979.

Groener, Wilhelm, Lebenserinnerungen.
Jugend – Generalstab – Weltkrieg, hrsg.
von Friedrich Frhr. Hiller von Gaertringen, Göttingen 1957.

Groscurth, Helmut, Tagebücher eines Abwehroffiziers 1938 – 1940, hrsg. von Helmut Krausnick u. Harold C. Deutsch,
Stuttgart 1970.

Grumbach, Salomon, Das annexionistische
Deutschland. Eine Sammlung von Dokumenten, die seit dem 4. August 1914
in Deutschland öffentlich oder geheim
verbreitet wurden, Lausanne 1917.

Halder, Franz, Kriegstagebuch, 3 Bde.,
Stuttgart 1962.

Haußmann, Conrad, Schlaglichter.
Reichstagsbriefe und Aufzeichnungen,
hrsg. von Ulrich Zeller, Frankfurt/
Main 1924.

Herrnstadt, Rudolf, Das Herrnstadt-Dokument. Das Politbüro der SED und die
Geschichte des 17. Juni 1953, Reinbek
bei Hamburg 1990.

Hill, Leonidas (Hrsg.), Die Weizsäcker-
Papiere 1933 – 1950, 2 Bde., Frankfurt/
Main – Berlin – Wien 1974 u. 1982.

Hirsch, Paul (Hrsg.), Der preußische Landtag. Handbuch für sozialdemokratische
Landtagswähler, Berlin ²1908.

Hitler, Adolf, Mein Kampf. Zwei Bände in
einem Band, München ²⁹1933.

Hitler. Reden – Schriften – Anordnungen.
Februar 1925 bis Januar 1933, 5 Bde.,
hrsg. vom Institut für Zeitgeschichte,
München – New Providence – London –
Paris 1995ff.

Hitlers Weisungen für die Kriegsführung
1939 – 1945. Dokumente des Oberkommandos der Wehrmacht, hrsg. von Walther Hubatsch, Frankfurt/Main 1962.

Hölzle, Erwin (Hrsg.), Quellen zur Entstehung des Ersten Weltkrieges. Internationale Dokumente 1901 – 1914, Darmstadt
²1995.

Hoffmann, Max, War Diaries and Other
Papers, London 1929.

Höß, Rudolf, Kommandant in Auschwitz.
Autobiographische Aufzeichnungen,
eingel. u. kommentiert von Martin
Broszat, Stuttgart 1958.

Hoßbach, Friedrich, Zwischen Wehrmacht
und Hitler 1934 – 1938, Wolfenbüttel –
Hannover 1949.

Hürten, Heinz/Georg Meyer (Hrsg.), Adjutant im preußischen Kriegsministerium.
Juni 1918 bis Oktober 1919. Aufzeichnungen des Hauptmanns Gustav Böhm,
Stuttgart 1977.

Hutchings, Robert L., Als der Kalte Krieg zu
Ende war. Ein Bericht aus dem Innern
der Macht, Berlin 1999.

Jäckh, Ernst (Hrsg.), Kiderlen-Wächter – der
Staatsmann und Mensch. Briefwechsel
und Nachlaß, Bd. 2, Berlin – Leipzig 1924.

Kautsky, Karl, Der Weg zur Macht. Politische
Betrachtungen über das Hineinwachsen
in die Revolution, Berlin ²1910.

Kehr, Eckart, Schlachtflottenbau und Parteipolitik 1894 – 1901. Versuch eines Querschnitts durch die innenpolitischen, sozialen und ideologischen Voraussetzungen des deutschen Imperialismus, Berlin
1930.

Kennan, George F., »Ein Brief«, in: Blätter für
deutsche und internationale Politik
5/1999, S. 604ff.

Kessel, Eberhard (Hrsg.), Generalfeldmarschall Alfred Graf Schlieffen. Briefe, Göttingen 1958.

Kessler, Harry Graf, Tagebücher 1918 – 1937,
hrsg. von Wolfgang Pfeiffer-Belli, Frank-
furt/Main ²1961.

Kiesinger, Kurt Georg, Dunkle und helle
Jahre. Erinnerungen 1904 – 1958, hrsg.
von Reinhard Schmoeckel, Stuttgart
1989.

Kissinger, Henry, Memoiren 1968–1973, München 1979.

Klemperer, Victor, Ich will Zeugnis ablegen bis zum letzten. Tagebücher 1933–1941, 2 Bde., Berlin 1995.

Kohl, Helmut, »Ich wollte Deutschlands Einheit«, dargestellt von Kai Dieckmann und Ralf Georg Reuth, Berlin 1996.

Kordt, Erich, Nicht aus den Akten…, Stuttgart 1950.

Kotze, Hildegard von (Hrsg.), Heeresadjutant bei Hitler 1938–1945. Aufzeichnungen des Majors Engel, Stuttgart 1974.

Kriegstagebuch des Oberkommandos der Wehrmacht, Bd. 1, Frankfurt/Main 1965.

Krone, Heinrich, Aufzeichnungen zur Deutschland- und Ostpolitik 1949–1969, in: Konrad Repgen/Rudolf Morsey (Hrsg.), Adenauer-Studien III, Mainz 1974, S. 134ff.

Krone, Heinrich, Tagebücher, Bd. 1: 1945–1961, bearb. von Hans-Otto Kleinmann, Düsseldorf 1995.

Kwizinskij, Julij A., Vor dem Sturm. Erinnerungen eines Diplomaten, Berlin 1993.

Lafontaine, Oskar, Deutsche Wahrheiten. Die nationale und die soziale Frage, Hamburg 1990.

Lafontaine, Oskar, Das Herz schlägt links, München 1999.

Leber, Julius, Ein Mann geht seinen Weg. Schriften, Reden und Briefe, Berlin – Frankfurt/Main 1952.

Lehmann, Albrecht, »Erinnerungen an die Kriegsgefangenschaft«, in: Wolfram Wette/Gerd R. Ueberschär (Hrsg.), Stalingrad. Mythos und Wirklichkeit einer Schlacht, Frankfurt/Main 1992, S. 178ff.

Lenz, Otto, Im Zentrum der Macht. Das Tagebuch von Staatssekretär Lenz 1951–1953, Düsseldorf 1989.

Leonhard, Wolfgang, Die Revolution entläßt ihre Kinder, erg. Neuaufl., Köln 1981.

Liebknecht, Wilhelm, Wissen ist Macht – Macht ist Wissen, Berlin 1894.

Longerich, Peter (Hrsg.), Die Ermordung der europäischen Juden. Eine umfassende Dokumentation des Holocaust 1941–1945, München – Zürich 1989.

Loßberg, Fritz von, Meine Tätigkeit im Weltkrieg 1914–1918, Berlin 1939.

Ludendorff, Erich, Meine Kriegserinnerungen 1914–1918, Berlin [3]1919.

Major, John, Autobiography, New York 1999.

Mann, Thomas, Betrachtungen eines Unpolitischen, Berlin 1919.

Manstein, Erich von, Verlorene Siege, Bonn 1955.

Mason, Timothy W., Arbeiterklasse und Volksgemeinschaft. Dokumente und Materialien zur deutschen Arbeiterpolitik 1933–1936, Opladen 1975.

Matthias, Erich/Rudolf Morsey (Hrsg.), Der Interfraktionelle Ausschuß 1917/18, 2 Bde., Düsseldorf 1959.

Matthias, Erich/Rudolf Morsey (Bearb.), Die Regierung des Prinzen Max von Baden, Düsseldorf 1962.

Matthias, Erich/Susanne Miller (Hrsg.), Das Kriegstagebuch des Reichstagsabgeordneten Eduard David 1914 bis 1918, Düsseldorf 1966.

Matthias, Erich/Miller, Susanne (Hrsg.), Die Regierung der Volksbeauftragten 1918/19, Düsseldorf 1969.

Mende, Erich, Die neue Freiheit 1945–1961, München 1984.

Mende, Erich, Von Wende zu Wende 1962–1982, München 1986.

Möller, Alex, Genosse Generaldirektor, München – Zürich 1978.

Morsey, Rudolf (Hrsg.), Das »Ermächtigungsgesetz« vom 24. März 1933. Quellen zur Geschichte und Interpretation des »Gesetzes zur Behebung der Not von Volk und Reich«, Düsseldorf 1992.

Mühleisen, Horst, »Patrioten im Widerstand. Carl-Hans Graf Hardenbergs Erlebnisbericht«, in: VfZ 41 (1993), S. 419ff.

Müller, Klaus-Jürgen, General Ludwig Beck.

Studien und Dokumente zur politisch-militärischen Vorstellungswelt und Tätigkeit des Generalstabschefs des deutschen Heeres 1933–1938, Boppard 1980.

Noske, Gustav, Erlebtes aus Aufstieg und Niedergang einer Demokratie, Offenbach/Main 1947.

Noske, Gustav, Von Kiel bis Kapp. Zur Geschichte der deutschen Revolution, Berlin 1920.

Osterheld, Horst, »Ich gehe nicht leichten Herzens…« Adenauers letzte Kanzlerjahre – ein dokumentarischer Bericht, Mainz 1986.

Osterheld, Horst, Außenpolitik unter Bundeskanzler Ludwig Erhard. Ein dokumentarischer Bericht aus dem Kanzleramt, Düsseldorf 1992.

Politik und Wirtschaft in der Krise 1930–1932. Quellen zur Ära Brüning, hrsg. von Gerhard Schulz, bearb. von Ilse Maurer u. Udo Wengst, Düsseldorf 1980.

Potthoff, Heinrich (Hrsg.), Die »Koalition der Vernunft«. Deutschlandpolitik in den 8oer Jahren, München 1995.

Potthoff, Heinrich, Bonn und Ost-Berlin 1969–1982. Dialog auf höchster Ebene und vertrauliche Kanäle. Darstellung und Dokumente, Bonn 1997.

Prowe, Diethelm, »Der Brief Kennedys an Brandt vom 18. August 1961. Eine zentrale Quelle zur Berliner Mauer und Entstehung der Brandtschen Ostpolitik«, in: VfZ 33 (1985), S. 373ff.

Der Prozeß gegen die Hauptkriegsverbrecher vor dem internationalen Militärgerichtshof Nürnberg, 1. November 1945–1. Oktober 1946, 42 Bde., Nürnberg 1947ff.

Przybylski, Peter, Tatort Politbüro. Die Akte Honecker, Berlin 1991.

Pünder, Hermann, Politik in der Reichskanzlei. Aufzeichnungen aus den Jahren 1929–1932, hrsg. von Thilo Vogelsang, Stuttgart 1961.

Pünder, Hermann, Von Preußen nach Europa. Lebenserinnerungen, Stuttgart 1968.

Purlitz, Friedrich (Hrsg.), Deutscher Geschichtskalender. Die Deutsche Revolution, Bd. 1, Leipzig 1919.

Rabenau, Friedrich von, Seeckt. Aus seinem Leben 1918–1936, Leipzig 1940.

Rehbein, Franz, Das Leben eines Landarbeiters, hrsg. von Karl Winfried Schafhausen, Darmstadt – Neuwied 1973.

Reuter, Ernst, Schriften, Reden. Hrsg. von Hans E. Hirschfeld u. a., bearb. von Hans J. Reichardt, 4 Bde., Berlin 1974.

Reynolds, Nicholas, »Der Fritsch-Brief vom 11. Dezember 1938«, in: VfZ 28 (1980), S. 358ff.

Rich, Norman/M. H. Fisher (Hrsg.), Die geheimen Papiere Friedrich von Holsteins, 4 Bde., Göttingen – Berlin – Frankfurt/Main 1956ff.

Riezler, Kurt, Tagebücher, Aufsätze, Dokumente, hrsg. von Karl Dietrich Erdmann, Göttingen 1972.

Ritter, Gerhard A., Wahlgeschichtliches Arbeitsbuch. Materialien zur Statistik des Kaiserreichs 1871–1918, München 1980.

Ritter, Gerhard A./Susanne Miller (Hrsg.), Die deutsche Revolution 1918–1919. Dokumente, Hamburg ²1975.

Rogge, Helmuth (Hrsg.), Friedrich von Holstein. Lebensbekenntnis in Briefen an eine Frau, Berlin 1932.

Röhl, John C. G. (Hrsg.), Philipp Eulenburgs politische Korrespondenz, Bd. 3: Krisen, Krieg und Katastrophen 1895–1921, Boppard am Rhein 1983.

Röhl, Klaus Rainer, Fünf Finger sind keine Faust, Köln 1974.

Ruhl, Klaus-Jörg (Hrsg.), Neubeginn und Restauration. Dokumente zur Vorgeschichte der Bundesrepublik Deutschland 1945–1949, München 1982.

Ruhl, Klaus-Jörg (Hrsg.), »Mein Gott, was soll aus Deutschland werden?« Die Adenauer-Ära 1949–1963, München 1985.

Rühle, Gerd, Das Dritte Reich. Dokumentarische Darstellung des Aufbaus der Nation. Das sechste Jahr 1938, Berlin 1939.

Sahl, Hans, Memoiren eines Moralisten. Erinnerungen, Zürich 1983.

Schmidt, Helmut, Menschen und Mächte, Berlin 1987.

Schmidt, Helmut, Weggefährten. Erinnerungen und Reflexionen, Berlin 1996.

Schmidt, Paul, Statist auf diplomatischer Bühne 1923 – 1945. Erlebnisse des Chefdolmetschers im Auswärtigen Amt mit den Staatsmännern Europas, Bonn 1949.

Schmückle, Gerd, Ohne Pauken und Trompeten. Erinnerungen an Krieg und Frieden, Stuttgart 1982.

Schulz, Gerhard (Hrsg.), Staat und NSDAP 1930 – 1932. Quellen zur Ära Brüning, bearb. von Ilse Maurer und Udo Wengst, Düsseldorf 1977.

Seeckt, Hans von, Aus meinem Leben 1866 – 1917, Leipzig 1938.

Seiffert, Jürgen (Hrsg.), Die Spiegel-Affäre, 2 Bde., Olten – Freiburg im Breisgau 1965.

Severing, Carl, Mein Lebensweg, 2 Bde., Köln 1950.

Seydlitz, Walther von, Stalingrad. Konflikt und Konsequenz. Erinnerungen, Oldenburg – Hamburg 1977.

Shultz, George, Triumph and Turmoil. My Years as Secretary of State, New York 1993.

Die Sitzungsprotokolle des Magistrats der Stadt Berlin 1945/46, Teil I und II, bearb. u. eingel. von Dieter Hanauske, Berlin 1995.

Smith, Bradley F./Agnes F. Peterson (Hrsg.), Heinrich Himmler. Geheimreden 1933 bis 1945 und andere Ansprachen, Frankfurt/Main – Berlin – Wien 1979.

Speer, Albert, Erinnerungen, Berlin [7]1970.

Stoltenberg, Gerhard, Wendepunkte. Stationen deutscher Politik 1947 – 1990, Berlin 1997.

Strauß, Franz-Josef, Die Erinnerungen, Berlin 1989.

Teltschik, Horst, 329 Tage. Inneneinsichten der Einigung, Berlin 1991.

Texte zur Deutschlandpolitik, hrsg. vom Bundesministerium für innerdeutsche Beziehungen, Bonn.
Reihe I: 13. Dezember 1966 – 20. Juni 1973, 12 Bde., Bonn o. J.
Reihe II: 22. Juni 1973 – 1. Oktober 1982, 8 Bde., Bonn 1975ff.
Reihe III: 13. Oktober 1982 – 23. August 1990, 8 Bde., Bonn 1985ff.

Thaer, Albrecht von, Generalstabsdienst an der Front und in der O.H.L. Aus Briefen und Tagebuchaufzeichnungen 1915 – 1919, hrsg. von Siegfried A. Kaehler, Göttingen 1958.

Troeltsch, Ernst, Spektator-Briefe. Aufsätze über die deutsche Revolution und die Weltpolitik 1918 bis 1922. Zusammengestellt und mit einem Nachwort versehen von J. H. Claussen, Frankfurt/Main 1994.

Ulrich, Bernd/Benjamin Ziemann (Hrsg.), Frontalltag im Ersten Weltkrieg. Wahn und Wirklichkeit. Quellen und Dokumente, Frankfurt/Main 1994.

Uprising in East Germany 1953. The Cold War, the German Question, and the first major Upheaval behind the Iron Curtain, comp., ed. and introd. by Christian F. Ostermann, Budapest – New York 2001.

Ursachen und Folgen. Vom deutschen Zusammenbruch 1918 und 1945 bis zur staatlichen Neuordnung Deutschlands in der Gegenwart. Eine Urkunden- und Dokumentensammlung der Zeitgeschichte, 26 Bde., Berlin 1958ff.

Vogel, Hans-Jochen, Nachsichten. Meine Bonner und Berliner Jahre, München – Zürich 1996.

Vogelsang, Thilo, »Neue Dokumente zur Geschichte der Reichswehr 1930 – 1933«, in: VfZ 2 (1954), S. 397ff.

Walters, Vernon A., Die Wiedervereinigung
war voraussehbar. Hinter den Kulissen
eines entscheidenden Jahres. Die Aufzeichnungen des amerikanischen Botschafters, Berlin 1994.

Warlimont, Walter, Im Hauptquartier der
deutschen Wehrmacht 1939–1945.
Grundlagen – Formen – Gestalten,
Frankfurt/Main 1962.

Westarp, Kuno Graf von, Das Ende der Monarchie am 9. November 1918, hrsg. von
Werner Conze, Berlin 1952.

Wette, Wolfram (Hrsg.), Aus den Geburts-
stunden der Weimarer Republik. Das
Tagebuch des Obersten Ernst van den
Bergh, Düsseldorf 1991.

Wiedemann, Fritz, Der Mann, der Feldherr
werden wollte. Erlebnisse und Erfahrungen des Vorgesetzten Hitlers im
1. Weltkrieg und seines späteren Persönlichen Adjutanten, Dortmund 1964.

Wirsching, Andreas, »Man kann nur Boden
germanisieren««, in: VfZ 49 (2001), S. 517ff.

Zuckmayer, Carl, Als wär's ein Stück von mir.
Horen der Freundschaft, Frankfurt/
Main 1966.

Darstellungen

Abenheim, Donald, Bundeswehr und Tradition. Die Suche nach dem gültigen Erbe
des deutschen Soldaten, München 1989.

Adam, Uwe Dietrich, Judenpolitik im Dritten Reich, Düsseldorf 1972.

Afflerbach, Holger, Falkenhayn. Politisches
Denken und Handeln im Kaiserreich,
München 1994.

Albertin, Lothar, Liberalismus und Demokratie am Anfang der Weimarer Republik. Eine vergleichende Analyse der
Deutschen Demokratischen Partei und
der Deutschen Volkspartei, Düsseldorf
1972.

Allemann, Fritz René, Bonn ist nicht Weimar, Köln – Berlin 1956.

Alten, Jürgen von, Die ganz normale Anarchie, Berlin 1994.

Anderson, Margaret Lavinia, Practicing Democracy. Elections and Political Culture
in Imperial Germany, Princeton 2000.

Angress, Werner T., »Juden im politischen
Leben der Revolutionszeit«, in: Werner
E. Mosse (Hrsg.), Deutsches Judentum
in Krieg und Revolution 1916–1923.
Ein Sammelband, Tübingen 1971, S.
137ff.

Aubin, Hermann/Wolfgang Zorn (Hrsg.),
Handbuch der deutschen Wirtschafts-
und Sozialgeschichte, Bd. 2: Das 19. und
20. Jahrhundert, Stuttgart 1976.

Aust, Stefan, Der Baader-Meinhof-Komplex,
erw. und aktualisierte Ausgabe, Hamburg 1997.

Bach, Jürgen A., Franz von Papen in der Weimarer Republik. Aktivitäten in Politik
und Presse 1918–1932, Düsseldorf 1972.

Baring, Arnulf, Außenpolitik in Adenauers
Kanzlerdemokratie. Bonns Beitrag zur
Europäischen Verteidigungsgemein-
schaft, München – Wien 1969.

Baring, Arnulf, Machtwechsel. Die Ära
Brandt-Scheel, Stuttgart 1982.

Bark, Dennis L./David R. Gress, A History of
West Germany, 2 Bde., Oxford 1993.

Barkai, Avraham, Das Wirtschaftssystem
des Nationalsozialismus. Der historische und ideologische Hintergrund
1933–1936, Köln 1977.

Barkai, Avraham, Vom Boykott zur »Entjudung«. Der wirtschaftliche Existenzkampf der Juden im 3. Reich 1933–1943,
Frankfurt/Main 1988.

Bastian, Uwe, Auf zum letzten Gefecht … Do-
kumentation über Vorbereitungen des
MfS auf den Zusammenbruch der DDR-
Wirtschaft. Arbeitspapiere des For-
schungsverbundes SED-Staat der Freien
Universität Berlin 9/1994, Berlin 1994.

Baumgart, Winfried, Deutsche Ostpolitik
1918. Von Brest-Litowsk bis zum Ende
des Ersten Weltkrieges, Wien – München 1966.

Becker, Jean-Jacques, 1914: Comment les

Français sont entrés dans la guerre, Paris 1977.

Bender, Peter, Neue Ostpolitik. Vom Mauerbau zum Moskauer Vertrag, München 1986.

Bender, Peter, Die »Neue Ostpolitik« und ihre Folgen. Vom Mauerbau bis zur Vereinigung, 3., überarb. Ausgabe, München 1995.

Bennecke, Heinrich, Die Reichswehr und der »Röhm-Putsch«, München – Wien 1964.

Benz, Wolfgang (Hrsg.), Dimension des Völkermords. Die Zahl der jüdischen Opfer des Nationalsozialismus, München 1991.

Benz, Wolfgang/Hans Buchheim/Hans Mommsen (Hrsg.), Der Nationalsozialismus. Studien zur Ideologie und Herrschaft, Frankfurt/Main 1993.

Benz, Wolfgang, »Thesenpapier«, in: Hans-Günther Thiele (Hrsg.), Die Wehrmachtsausstellung. Dokumentation einer Kontroverse, Bonn 1997, S. 30ff.

Besson, Waldemar, Die Außenpolitik der Bundesrepublik. Erfahrungen und Maßstäbe, München 1970.

Bickerich, Wolfram, Franz Josef Strauß. Die Biographie, Düsseldorf 1996.

Biermann, Rafael, Zwischen Kreml und Kanzleramt. Wie Moskau mit der deutschen Einheit rang, Paderborn – München – Wien – Zürich 1997.

Blasius, Rainer A., Für Großdeutschland – gegen den großen Krieg. Staatssekretär Ernst Frhr. von Weizsäcker in den Krisen um die Tschechoslowakei und Polen 1938/39, Köln – Wien 1991.

Blasius, Rainer A. (Hrsg.), Von Adenauer zu Erhard. Studien zur Auswärtigen Politik der Bundesrepublik Deutschland 1963, München 1994.

Blasius, Rainer A., »›Völkerfreundschaft‹ am Nil. Ägypten und die DDR im Februar 1965«, in: VfZ 46 (1998), S. 747ff.

Blüher, Hans, Wandervogel. Geschichte einer Jugendbewegung, Bd. 1: Heimat und Aufgang, Prien ⁵1920.

Borchardt, Knut, Die »Krise vor der Krise«. Zehn Jahre Diskussion über die Vorbelastungen der Wirtschaftspolitik Heinrich Brünings in der Weltwirtschaftskrise, München 1989.

Borcke-Stargord, Henning Graf von, Der Ostdeutsche Landbau zwischen Fortschritt, Krise und Politik. Ein Beitrag zur Agrar- und Zeitgeschichte, Würzburg 1957.

Bracher, Karl Dietrich/Wolfgang Sauer/Gerhard Schulz, Die nationalsozialistische Machtergreifung. Studien zur Errichtung der nationalsozialistischen Herrschaft 1933/34, Köln – Opladen 1960.

Bracher, Karl Dietrich, »Stufen totalitärer Gleichschaltung: Die Befestigung der nationalsozialistischen Herrschaft 1933/34«, in: VfZ 4 (1956), S. 30ff.

Bracher, Karl-Dietrich/Theodor Eschenburg/Joachim C. Fest/Eberhard Jäckel (Hrsg.), Geschichte der Bundesrepublik, 5 Bde., Stuttgart – Wiesbaden 1983ff.
Bd. 1: Eschenburg, Theodor, Jahre der Besatzung 1945–1949. Mit einem einleitenden Essay von Eberhard Jäckel, Stuttgart – Wiesbaden 1983.
Bd. 2: Schwarz, Hans-Peter, Die Ära Adenauer. Gründerjahre der Republik 1949–1957. Mit einem einleitenden Essay von Theodor Eschenburg, Stuttgart – Wiesbaden 1981.
Bd. 3: Schwarz, Hans-Peter, Die Ära Adenauer. Epochenwechsel 1957–1963. Mit einem einleitenden Essay von Johannes Gross, Stuttgart – Wiesbaden 1983.
Bd. 4: Hildebrandt, Klaus, Von Erhard zur Großen Koalition 1963–1969. Mit einem einleitenden Essay von Karl Dietrich Bracher, Stuttgart – Wiesbaden 1984.
Bd. 5/1: Bracher, Karl Dietrich/Wolfgang Jäger/Werner Link, Republik im Wandel 1969–1974. Die Ära Brandt. Mit einem einleitenden Essay von Karl Dietrich Bracher, Stuttgart – Mannheim 1986.

Bd. 5/2: Jäger, Werner/Werner Link, Republik im Wandel 1974–1982. Die Ära Schmidt. Mit einem abschließenden Essay von Joachim C. Fest, Stuttgart – Mannheim 1987.

Brandt, Willy/Richard Löwenthal, Ernst Reuter. Ein Leben für die Freiheit. Eine politische Biographie, München 1957.

Broszat, Martin/Klaus Schwabe (Hrsg.), Die deutschen Eliten und der Weg in den Zweiten Weltkrieg, München 1989.

Broszat, Martin/Norbert Frei (Hrsg.), Ploetz – Das Dritte Reich. Ursprünge, Ereignisse, Wirkungen, Freiburg – Würzburg 1983.

Broszat, Martin, »Hitler und die Genesis der ›Endlösung‹. Aus Anlass der Thesen von David Irving«, in: VfZ 25 (1977), S. 759ff.

Broszat, Martin, Zäsuren nach 1945. Essays zur Periodisierung der deutschen Nachkriegsgeschichte, München 1990.

Browning, Christopher R., Ganz normale Männer. Das Reserve-Polizeibataillon 101 und die ›Endlösung‹ in Polen, Reinbek bei Hamburg 1993.

Bruch, Rüdiger vom, Wissenschaft, Politik und öffentliche Meinung. Gelehrtenpolitik im Wilhelminischen Deutschland (1890–1914), Husum 1980.

Buchheim, Hans, Die SS – Das Herrschaftsinstrument. Befehl und Gehorsam, Olten – Freiburg im Breisgau 1965.

Burckhardt, Carl J., Meine Danziger Mission 1937–1939, München 1960.

Calleo, David, The German Problem Reconsidered. Germany and the World Order, 1870 to the Present, Cambridge 1978.

Caracciolo, Lucio, »Der Untergang der Sozialdemokratie in der Sowjetischen Besatzungszone. Otto Grotewohl und die ›Einheit der Arbeiterklasse‹ 1945/46«, in: VfZ 36 (1988), S. 281ff.

Caro, Michael K., Der Volkskanzler. Ludwig Erhard, Köln 1965.

Carr, Jonathan, Helmut Schmidt, erw. und aktualisierte Neuauflage, Düsseldorf – Wien – New York 1993.

Carsten, Francis L., Reichswehr und Politik 1918–1933, Köln – Berlin 1964.

Conze, Eckart, Die gaullistische Herausforderung. Die deutsch-französischen Beziehungen in der amerikanischen Europapolitik 1958–1963, München 1995.

Coppi, Hans/Jürgen Danyel/Johannes Tuchel: Die Rote Kapelle im Widerstand gegen den Nationalsozialismus, Berlin 1994.

Craig, Gordon A., Deutsche Geschichte 1866–1945. Vom Norddeutschen Bund bis zum Ende des Dritten Reiches, München 1980.

Craig, Gordon A., Über die Deutschen, München 1982.

Dahrendorf, Ralf, Gesellschaft und Demokratie in Deutschland, München 1965.

Davison, W. Phillips, Die Blockade von Berlin. Modellfall des Kalten Krieges, Frankfurt/Main – Berlin 1959.

Jong, Louis de, »Die Niederlande und Auschwitz«, in: VfZ 17 (1969), S. 1ff.

Deist, Wilhelm, »Die Armee in Staat und Gesellschaft 1890–1914«, in: Michael Stürmer (Hrsg.), Das kaiserliche Deutschland. Politik und Gesellschaft 1870–1918, Düsseldorf 1970, S. 325ff.

Demeter, Karl, Das deutsche Offizierkorps in Gesellschaft und Staat 1650–1945, Frankfurt/Main 1962.

Deutsche Bundesbank (Hrsg.), Währung und Wirtschaft in Deutschland 1876–1975, Frankfurt/Main 1976.

Diedrich, Torsten, Der 17. Juni in der DDR. Bewaffnete Gewalt gegen das Volk, Berlin 1991.

Diels, Rudolf, Lucifer ante portas, Stuttgart 1950.

Dönhoff, Marion Gräfin/Rudolf Walter Leonhardt/Theo Sommer, Reise in ein fernes Land. Bericht über Wirtschaft,

Kultur und Politik in der DDR, Hamburg 1964.

Döscher, Hans-Jürgen, SS und Auswärtiges Amt im Dritten Reich. Diplomatie im Schatten der »Endlösung«, Frankfurt/ Main 1987.

Döscher, Hans-Jürgen, »Reichskristallnacht«. Die November-Pogrome 1938, Frankfurt/Main – Berlin 1990.

Dreher, Klaus, Helmut Kohl. Leben mit Macht, Stuttgart 1998.

Dunker, Ulrich, Der Reichsbund jüdischer Frontsoldaten 1919–1938. Geschichte eines jüdischen Abwehrvereins, Düsseldorf 1977.

Duroselle, Jean Baptiste, La France et les Français 1914–1920, Paris 1972.

Eley, Geoff, Reshaping the German Right. Radical Nationalism and Political Change after Bismarck, New Haven – London 1980.

Eley, Geoff, Wilhelminismus, Nationalismus, Faschismus. Zur historischen Kontinuität in Deutschland, Münster 1991.

Epstein, Klaus, Matthias Erzberger und das Dilemma der deutschen Demokratie, Berlin – Frankfurt/Main 1962.

Erdmann, Karl Dietrich/Hagen Schulze (Hrsg.), Weimar. Selbstpreisgabe einer Demokratie. Eine Bilanz heute, Düsseldorf 1980.

Erger, Johannes, Der Kapp-Lüttwitz-Putsch. Ein Beitrag zur deutschen Innenpolitik 1919/20, Düsseldorf 1967.

Falter, Jürgen, Hitlers Wähler, München 1991.

Fest, Joachim, Hitler. Eine Biographie, Frankfurt/Main – Berlin – Wien 1973.

Fest, Joachim, Staatsstreich. Der lange Weg zum 20. Juli, Berlin 1994.

Fischer, Albert, Hjalmar Schacht und Deutschlands »Judenfrage«. Der »Wirtschaftsdiktator« und die Vertreibung der Juden aus der deutschen Wirtschaft, Köln – Weimar – Wien 1995.

Fischer, Fritz, Griff nach der Weltmacht.

Die Kriegszielpolitik des kaiserlichen Deutschland 1914/18, Düsseldorf 1961.

Fischer, Fritz, Krieg der Illusionen. Die deutsche Politik von 1911 bis 1914, Düsseldorf 1969.

Foertsch, Hermann, Schuld und Verhängnis. Die Fritsch-Krise im Frühjahr 1938 als Wendepunkt in der Geschichte der nationalsozialistischen Zeit, Stuttgart 1951.

Foitzik, Jan, Sowjetische Militäradministration in Deutschland (SMAD) 1945–1949. Struktur und Funktion, Berlin 1999.

Foschepoth, Josef (Hrsg.), Adenauer und die Deutsche Frage, Göttingen 1988.

Frank, Mario, Walter Ulbricht. Eine deutsche Biographie, Berlin 2001.

Friedrich, Carl J., Totalitäre Diktatur, Stuttgart 1957.

Frieser, Karl-Heinz, Blitzkrieg-Legende. Der Westfeldzug 1940, München 1995.

Funke, Manfred (Hrsg.), Hitler, Deutschland und die Mächte. Materialien zur Außenpolitik des Dritten Reiches, Düsseldorf 1976.

Gablick, Axel F., Strategische Planung in der Bundesrepublik Deutschland 1955–1967. Politische Kontrolle oder militärische Notwendigkeit?, Baden-Baden 1996.

Garner, Curt, »›Zerschlagung des Berufsbeamtentums‹? Der deutsche Konflikt um die Neuordnung des öffentlichen Dienstes 1946–1948 am Beispiel Nordrhein-Westfalens«, in: VfZ 39 (1991), S. 55ff.

Garton Ash, Timothy, Im Namen Europas. Deutschland und der geteilte Kontinent, München – Wien 1993.

Gaus, Günter, Wo Deutschland liegt. Eine Ortsbestimmung, Hamburg 1983.

Gieseke, Jens, Mielke-Konzern. Die Geschichte der Stasi 1945–1990, Stuttgart – München 2001.

Gietinger, Klaus, Eine Leiche im Landwehrkanal. Die Ermordung der Rosa L., Mainz 1993.

Gilcher-Holtey, Ingrid, »Die Phantasie an die Macht«. Mai 68 in Frankreich, Frankfurt/Main 1995.

Goldhagen, Daniel Jonah, Hitlers willige Vollstrecker. Ganz gewöhnliche Deutsche und der Holocaust, Berlin 1996.

Görtemaker, Manfred, Geschichte der Bundesrepublik Deutschland. Von der Gründung bis zur Gegenwart, München 1999.

Gorodetsky, Gabriel, Die große Täuschung. Hitler, Stalin und das »Unternehmen Barbarossa«, Berlin 2001.

Groh, Dieter, Negative Integration und revolutionärer Attentismus. Die deutsche Sozialdemokratie am Vorabend des Ersten Weltkrieges, Frankfurt/Main – Berlin – Wien 1973.

Grosser, Dieter, Das Wagnis der Währungs-, Wirtschafts- und Sozialunion. Politische Zwänge im Konflikt mit ökonomischen Regeln, Stuttgart 1998.

Grüttner, Michael, Studenten im Dritten Reich, Paderborn – München – Wien – Zürich 1995.

Hacke, Christian, Die Außenpolitik der Bundesrepublik Deutschland. Weltmacht wider Willen?, Berlin [3]1997.

Haffner, Sebastian, Anmerkungen zu Hitler, München [3]1978.

Haffner, Sebastian, Zur Zeitgeschichte. 36 Essays, München 1982.

Haffner, Sebastian, Von Bismarck zu Hitler. Ein Rückblick, München 1987.

Haffner, Sebastian, Germany: Jekyll and Hyde. 1939 – Deutschland von innen betrachtet, Berlin 1996.

Haftendorn, Helga, Sicherheit und Entspannung. Zur Außenpolitik der Bundesrepublik Deutschland 1955 – 1982, Baden-Baden [2]1986.

Hamann, Brigitte, Hitlers Wien. Lehrjahre eines Diktators, München – Zürich 1996.

Hartmann, Christian, Halder. Generalstabschef Hitlers 1938 – 1942, Paderborn – München – Wien – Zürich 1991.

Heidemeyer, Helge, Flucht und Zuwanderung aus der SBZ/DDR 1945/49 bis 1961. Die Flüchtlingspolitik der Bundesrepublik Deutschland bis zum Bau der Berliner Mauer, Düsseldorf 1994.

Henke, Klaus-Dietmar, Die amerikanische Besatzung Deutschlands, München 1995.

Hentschel, Volker, Ludwig Erhard. Ein Politikerleben, München – Landsberg am Lech 1996.

Hentschel, Volker, Weimars letzte Monate. Hitler und der Untergang der Republik, Düsseldorf [2]1979.

Henzler, Christoph, Fritz Schäffer 1945 – 1967. Eine biographische Studie, München 1994.

Herbert, Ulrich, Best. Biographische Studien über Radikalismus, Weltanschauung und Vernunft, 1903 – 1989, Bonn 1996.

Herbst, Ludolf, Das nationalsozialistische Deutschland 1933 – 1945. Die Entfesselung der Gewalt: Rassismus und Krieg, Frankfurt/Main 1996.

Herles, Helmut, Machtverlust oder Das Ende der Ära Brandt, Stuttgart 1983.

Hertle, Hans-Hermann, Chronik des Mauerfalls. Die dramatischen Ereignisse um den 9. November 1989, Berlin 1996.

Hertz-Eichenrode, Dieter, Politik und Landwirtschaft in Ostpreußen. Untersuchung eines Strukturproblems in der Weimarer Republik, Köln – Opladen 1969.

Hertz-Eichenrode, Dieter, Deutsche Geschichte 1871 – 1890. Das Kaiserreich in der Ära Bismarck, Stuttgart – Berlin – Köln 1992.

Hertz-Eichenrode, Dieter, Deutsche Geschichte 1890 – 1918. Das Kaiserreich in der Wilhelminischen Zeit, Stuttgart – Berlin – Köln 1996.

Heß, Klaus, Junker und bürgerliche Großgrundbesitzer im Kaiserreich. Landwirtschaftlicher Großbetrieb, Großgrundbesitz und Familienfideikommiß in Preußen (1867/71 – 1914), Stuttgart 1990.

Heuß, Theodor, Friedrich Naumann. Der Mann, das Werk, die Zeit, Stuttgart – Tübingen ²1949.

Heyde, Philipp, »Von Barbarossa nach Stalingrad. Bemerkungen zu einigen Neuerscheinungen über den Deutsch-Sowjetischen Krieg 1941–1943«, in: NPL 39 (1994), S. 14ff.

Heyde, Philipp, Das Ende der Reparationen. Deutschland, Frankreich und der Youngplan 1929–1932, Paderborn – München – Wien – Zürich 1998.

Hildebrand, Klaus, Das vergangene Reich. Deutsche Außenpolitik von Bismarck bis Hitler 1871–1945, Stuttgart 1995.

Hildebrand, Klaus, »Staatskunst oder Systemzwang? Die ›Deutsche Frage‹ als Problem der Weltpolitik«, in: HZ 228 (1979), S. 624ff.

Hildermeier, Manfred, Geschichte der Sowjetunion 1917–1991. Entstehung und Niedergang des ersten sozialistischen Staates, München 1998.

Hillgruber, Andreas, Hitlers Strategie. Politik und Kriegsführung 1940–1941, Frankfurt/Main 1965.

Hillgruber, Andreas, »Riezlers Theorie des kalkulierten Risikos und Bethmann Hollwegs politische Konzeption in der Julikrise 1914«, in: HZ 202 (1966), S. 333ff.

Hillgruber, Andreas, »Das Rußland-Bild der führenden deutschen Militärs vor Beginn des Angriffs auf die Sowjetunion«, in: Zwei Wege nach Moskau. Vom Hitler-Stalin-Pakt bis zum »Unternehmen Barbarossa«, hrsg. von Bernd Wegner, München – Zürich 1991, S. 167ff.

Hirschfeld, Gerhard/Gerd Krumeich/Irina Renz (Hrsg.), Keiner fühlt sich hier mehr als Mensch … Erlebnis und Wirkung des Ersten Weltkriegs, Essen 1993.

Hirschfeld, Gerhard/Lothar Kettenacker (Hrsg.), Der »Führerstaat«: Mythos und Realität. Studien zur Struktur und Politik des Dritten Reiches, Stuttgart 1981.

Hoch, Anton/Lothar Grundmann, Georg

Elser. Der Attentäter aus dem Volke. Der Anschlag auf Hitler im Münchner Bürgerbräu 1939, Frankfurt/Main 1980.

Hockerts, Hans Günter, »Konrad Adenauer und die Rentenreform von 1957«, in: Konrad Repgen (Hrsg.), Die dynamische Rente in der Ära Adenauer und heute, Stuttgart – Zürich 1978, S. 19ff.

Hoffmann, Peter, Claus Schenk Graf von Stauffenberg und seine Brüder, Stuttgart 1992.

Höhne, Heinz, Der Orden unter dem Totenkopf. Die Geschichte der SS, Gütersloh 1967.

Höhne, Heinz, Mordsache Röhm. Hitlers Durchbruch zur Alleinherrschaft 1933–1934, Reinbek bei Hamburg 1984.

Höhne, Heinz, Die Zeit der Illusionen. Hitler und die Anfänge des Dritten Reiches 1933–1936, Düsseldorf – Wien – New York 1991.

Höhne, Heinz, »Gebt mir vier Jahre Zeit«. Hitler und die Anfänge des Dritten Reiches, Berlin – Frankfurt/Main 1996.

Holtfrerich, Carl-Ludwig, Die deutsche Inflation 1914–1923. Ursachen und Folgen in internationaler Perspektive, Berlin – New York 1980.

Horkenbach, Cuno (Hrsg.), Das Deutsche Reich von 1918 bis heute, Berlin 1930ff.

Huber, Ernst Rudolf, Deutsche Verfassungsgeschichte seit 1789, Bd. 5: Weltkrieg, Revolution und Reichserneuerung 1914–1919, Stuttgart 1978; Bd. 6: Die Weimarer Reichsverfassung, Stuttgart 1981.

Hubatsch, Walter, Hindenburg und der Staat. Aus den Papieren des Generalfeldmarschalls und Reichspräsidenten von 1878 bis 1934, Göttingen 1966.

Hürten, Heinz/Ernst-Heinrich Schmidt, »Die Entstehung des Kabinetts der Volksbeauftragten. Eine quellenkritische Untersuchung«, in: Historisches Jahrbuch 99 (1979), S. 255ff.

Hürten, Johannes, Wilhelm Groener. Reichswehrminister am Ende der Weimarer
Republik (1928–1932), München 1993.

Hurwitz, Harold, Zwangsvereinigung und
Widerstand der Sozialdemokraten in der
Sowjetischen Besatzungszone und Ber-
lin, Köln 1990.

Hurwitz, Harold, Die Stalinisierung der
SED. Zum Verlust von Freiräumen und
sozialdemokratischer Identität in den
Vorständen 1946–1949, Opladen 1997.

Hüttenberger, Peter, »Nationalsozialistische
Polykratie«, in: Geschichte und Gesellschaft 2 (1976), S. 417ff.

Isaacson, Walter, Kissinger. A Biography,
New York 1992.

Jäckel, Eberhard, Frankreich in Hitlers
Europa. Die deutsche Frankreichpolitik
im Zweiten Weltkrieg, Stuttgart 1966.

Jäckel, Eberhard, Hitlers Weltanschauung.
Entwurf einer Herrschaft, Tübingen
1969.

Jäckel, Eberhard, Das deutsche Jahrhundert.
Eine historische Bilanz, Stuttgart 1996.

Jäger, Wolfgang, Entscheidung im Kanzleramt. Helmut Kohl und die Wiedervereinigung, Stuttgart 1996.

Jacobsen, Hans-Adolf, 1939–1945. Der Zweite
Weltkrieg in Chronik und Dokumenten, Darmstadt ⁵1961.

Jahrbuch der öffentlichen Meinung
1947–1955, hrsg. von Elisabeth
Noelle-Neumann und Erich-Peter
Neumann, Allensbach ³1956.

Jahrbuch der öffentlichen Meinung
1958–1964, hrsg. von Elisabeth Noelle-
Neumann und Erich-Peter Neumann,
Allensbach und Bonn 1965.

Jahrbuch der öffentlichen Meinung
1968–1973, hrsg. von Elisabeth Noelle-
Neumann und Erich-Peter Neumann,
Allensbach und Bonn 1974.

Jahrbuch der öffentlichen Meinung
1993–1997, hrsg. von Elisabeth Noelle-
Neumann u. Renate Köcher, München–
Allensbach 1997.

Jakobs, Peter, Das Werden des französisch-
russischen Zweibundes 1890–1894,
Wiesbaden 1968.

Janßen, Karl Heinz, Der Kanzler und der Ge-
neral. Die Führungskrise um Bethmann
Hollweg und Falkenhayn (1914–1916),
Göttingen 1967.

Janßen, Karl-Heinz/Fritz Tobias, Der Sturz
der Generäle. Hitler und die Blomberg-
Fritsch-Krise 1938, München 1994.

Jarausch, Konrad H., Die unverhoffte
Einheit 1989–1990, Frankfurt/Main
1995.

Joachimsthaler, Anton, Korrektur einer
Biographie. Adolf Hitler 1908–1920,
München 1989.

Kater, Michael H., The Nazi Party.
A Social Profile of Members and Leaders
1919–1945, Oxford 1983.

Kehrl, Hans, Krisenmanager im Dritten
Reich. 6 Jahre Frieden – 6 Jahre Krieg.
Erinnerungen, Düsseldorf 1973.

Kelleher, Catherine MacArdle, Germany and
the Politics of Nuclear Weapons, New
York 1975.

Kennan, George F., Die schicksalhafte
Allianz. Frankreich und Rußland am
Vorabend des Ersten Weltkrieges,
Köln 1990.

Kennedy, Paul M., The Rise of the Anglo-
German Antagonism 1860–1914,
London – Boston 1980.

Kershaw, Ian, Hitler, 2 Bde., Stuttgart 1998 u.
2000.

Kielmansegg, Johann Adolf Graf von, »Militärischer Berater auf der Konferenz von
London 1954«, in: Bruno Thoß (Hrsg.),
Vom Kalten Krieg zur deutschen Einheit. Analysen und Zeitzeugenberichte
zur deutschen Militärgeschichte
1949–1955, hrsg. im Auftrag des Militärgeschichtlichen Forschungsamtes,
München 1995, S. 115ff.

Kielmansegg, Peter Graf, Deutschland und
der Erste Weltkrieg, Stuttgart ²1980.

Kielmansegg, Peter Graf, Nach der Katastrophe. Eine Geschichte des geteilten Deutschlands, Berlin 2000.

Kissenkoetter, Udo, Gregor Straßer und die NSDAP, Stuttgart 1978.

Kleinmann, Hans-Otto, Geschichte der CDU. Von der Gründung bis 1990, Stuttgart 1992.

Kleßmann, Christoph, Die doppelte Staatsgründung. Deutsche Geschichte 1945–1955, Göttingen 1982.

Klotzbach, Kurt, Der Weg zur Staatspartei. Programmatik, politische Politik und Organisation der deutschen Sozialdemokratie 1945 bis 1965, Berlin – Bonn 1982.

Knabe, Hubertus, Die unterwanderte Republik. Stasi im Westen, Berlin 1999.

Knipping, Franz/Klaus-Jürgen Müller (Hrsg.), Machtbewußtsein in Deutschland am Vorabend des Zweiten Weltkrieges, Paderborn 1984.

Knopp, Guido, Hitler. Eine Bilanz, Berlin 1995.

Kocka, Jürgen, »1945: Neubeginn oder Restauration?«, in: Carola Stern/Heinrich August Winkler (Hrsg.), Wendepunkte deutscher Geschichte 1848–1945. Überarb. u. erw. Neuausgabe, Frankfurt/ Main 1994, S. 159ff.

Kocka, Jürgen, Klassengesellschaft im Krieg. Deutsche Sozialgeschichte 1914–1918, Göttingen ²1978

Kocka, Jürgen (Hrsg.), Historische DDR-Forschung, Berlin 1994.

Kocka, Jürgen, »Eine durchherrschte Gesellschaft«, in: Hartmut Kaelble/Jürgen Kocka/Hartmut Zwar (Hrsg.), Sozialgeschichte der DDR, Stuttgart 1994, S. 547ff.

Koerfer, Daniel, Kampf ums Kanzleramt. Erhard und Adenauer, Stuttgart 1987.

Koerfer, Daniel, »Ludwig Erhard«, in: Hans Sarkowicz (Hrsg.), Sie prägten Deutschland. Eine Geschichte der Bundesrepublik in politischen Portraits, München 1999, S. 84ff.

Köhler, Henning, Arbeitsdienst in Deutschland. Pläne und Verwirklichungsformen bis zur Einführung der Arbeitsdienstpflicht im Jahre 1935, Berlin 1967.

Köhler, Henning, »Arbeitsbeschaffung, Siedlung und Reparationen in der Schlußphase der Regierung Brüning«, in: VfZ 17 (1969), S. 266ff.

Köhler, Henning, Novemberrevolution und Frankreich. Die französische Deutschlandpolitik 1918–1919, Düsseldorf 1980.

Köhler, Henning, Geschichte der Weimarer Republik, Berlin 1981.

Köhler, Henning, Adenauer und die rheinische Republik. Der erste Anlauf 1918–1924, Opladen 1986.

Köhler, Henning, Adenauer. Eine politische Biographie, Berlin – Frankfurt/Main 1994.

Kolb, Eberhard, Die Arbeiterräte in der deutschen Innenpolitik 1918–1919, Düsseldorf 1962.

König, Rudolf/Hartmut Soell/Hermann Weber (Hrsg.), Friedrich Ebert und seine Zeit. Bilanz und Perspektiven der Forschung, München 1990.

Korte, Karl-Rudolf, Deutschlandpolitik in Helmut Kohls Kanzlerschaft. Regierungsstil und Entscheidungen 1982–1989, Stuttgart 1998.

Krause-Burger, Sibylle, Helmut Schmidt, Düsseldorf – Wien 1980.

Krausnick, Helmut, »Vorgeschichte und Beginn des militärischen Widerstandes gegen Hitler«, in: Europäische Publikationen e.V. (Hrsg.), Die Vollmacht des Gewissens, München 1956, S. 175ff.

Krieger, Wolfgang, General Lucius D. Clay und die amerikanische Deutschlandpolitik 1945–1949, Stuttgart 1987.

Krieger, Wolfgang, Franz Josef Strauß, Göttingen 1995.

Kroegel, Dirk, Einen Anfang finden! Kurt Georg Kiesinger in der Außen- und Deutschlandpolitik der Großen Koalition, München 1997.

Kroener, Bernhard R., »Der ›erfrorene Blitz-krieg‹. Strategische Planungen der deutschen Führung gegen die Sowjetunion und die Ursachen ihres Scheiterns«, in: Zwei Wege nach Moskau. Vom Hitler-Stalin-Pakt bis zum »Unternehmen Barbarossa«, hrsg. von Bernd Wegner, München – Zürich 1991, S. 133ff.

Kroll, Gerhard, Von der Weltwirtschaftskrise zur Staatskonjunktur, Berlin 1958.

Krüger, Peter, Die Außenpolitik der Republik von Weimar, Darmstadt 1985.

Krüger, Dieter, Das Amt Blank. Die schwierige Gründung des Bundesministeriums für Verteidigung, Freiburg 1993.

Krumeich, Gerd, »Kriegsalltag vor Ort. Regionalgeschichtliche Neuerscheinungen zum Ersten Weltkrieg in Deutschland«, in: NPL 2 (1994), S. 187ff.

Kruse, Wolfgang, Krieg und nationale Integration. Eine Neuinterpretation des sozialdemokratischen Burgfriedensschlusses 1914/15, Essen 1993.

Kube, Alfred, Pour le mérite und Hakenkreuz. Hermann Göring im Dritten Reich, München 1986.

Küsters, Hanns Jürgen, Die Gründung der Europäischen Wirtschaftsgemeinschaft, Baden-Baden 1982.

Küsters, Hanns Jürgen, »Adenauers Europapolitik in der Gründungsphase der Europäischen Wirtschaftsgemeinschaft«, in: VfZ 31 (1983), S. 646ff.

Kwiet, Konrad, »Auftakt zum Holocaust. Ein Polizeibataillon im Osteinsatz«, in: Wolfgang Benz/Hans Buchheim/Hans Mommsen (Hrsg.), Der Nationalsozialismus. Studien zur Ideologie und Herrschaft, Frankfurt/Main 1993, S. 191ff.

Laqueur, Walter, Die deutsche Jugendbewegung. Eine historische Studie, Köln 1962.

Laqueur, Walter/George L. Mosse (Hrsg.), Kriegsausbruch 1914, München 1967.

Laqueur, Walter, Weimar. Die Kultur der Republik, Frankfurt/Main – Berlin – Wien 1976.

Laubach, Ernst, Die Politik der Kabinette Wirth 1921/22, Lübeck – Hamburg 1968.

Laufer, Jochen, »Die Ursprünge des Überwachungsstaates in Ostdeutschland. Zur Bildung der Deutschen Verwaltung des Innern in der Sowjetischen Besatzungszone (1946)«, in: Bernd Florath/Armin Mitter/Stefan Wolle (Hrsg.): Die Ohnmacht der Allmächtigen. Geheimdienste und politische Polizei in der modernen Gesellschaft, Berlin 1992, S. 146ff.

Laufer, Jochen, »Die sowjetische Reparationspolitik 1946 und das Problem alliierter Kooperationsfähigkeit«, in: Gustav Schmidt (Hrsg.), Ost-West-Beziehungen: Konfrontation und Détente 1945 – 1989, Bd. 3, Bochum 1995, S. 53ff.

Laufer, Jochen, »Die Verfassungsgebung in der SBZ 1946 – 1949«, in: Aus Politik und Zeitgeschichte B 32/33 (1998), S. 41ff.

Lemke, Michael, »Kampagnen gegen Bonn. Die Systemkrise der DDR und die Westpropaganda der SED 1960 – 1963«, in: VfZ 41 (1993), S. 153ff.

Lemke, Michael, Die Berlin-Krise 1958 bis 1963. Interessen und Handlungsspielräume der SED im Ost-West-Konflikt, Berlin 1995.

Lewis, Beth, George Grosz. Art and Politics in the Weimar Republic, London 1971.

Lochner, Louis P., Die Mächtigen und der Tyrann. Die deutsche Industrie von Adenauer bis Hitler, Darmstadt 1955.

Longerich, Peter, Die braunen Bataillone. Geschichte der SA, München 1989.

Lübbe, Katharina/Martin Schumacher (Hrsg.), M.d.R. Die Reichstagsabgeordneten der Weimarer Republik in der Zeit des Nationalsozialismus. Politische Verfolgung, Emigration und Ausbürgerung 1933 – 1945, Düsseldorf 1991.

Mai, Gunther, Das Ende des Kaiserreichs. Politik und Kriegführung im Ersten Weltkrieg, München 1987.

Mann, Heinrich, Macht und Mensch. Essays, Frankfurt/Main 1989.

Manstein, Peter, Die Mitglieder und Wähler der NSDAP 1919–1933. Untersuchungen zu ihrer schichtmäßigen Zusammensetzung, Frankfurt/Main – Bern – New York – Paris, 3., erg. Aufl. 1990.

Maser, Werner, Die Frühgeschichte der NSDAP. Hitlers Weg bis 1924, Frankfurt/Main – Bonn 1965.

Mayer, Tilman, Jakob Kaiser. Gewerkschafter und Patriot, Köln 1988.

Meier-Welcker, Hans, Seeckt, Frankfurt/Main 1967.

Merseburger, Peter, Der schwierige Deutsche. Kurt Schumacher, Eine Biographie, Stuttgart 1995.

Militärgeschichtliches Forschungsamt (Hrsg.), Anfänge westdeutscher Sicherheitspolitik 1945–1956, 4 Bde., München 1982ff.

Miller, Susanne, Burgfrieden und Klassenkampf. Die deutsche Sozialdemokratie im Ersten Weltkrieg, Düsseldorf 1974.

Miller, Susanne, Die Bürde der Macht. Die deutsche Sozialdemokratie 1918–1920, Düsseldorf 1978.

Mitter, Armin/Stefan Wolle, Untergang auf Raten. Unbekannte Kapitel der DDR-Geschichte, München 1993.

Mommsen, Hans, Beamtentum im Dritten Reich. Mit ausgewählten Quellen zur nationalsozialistischen Beamtenpolitik, Stuttgart 1966.

Mommsen, Hans, Die verspielte Freiheit. Der Weg der Republik von Weimar in den Untergang 1918 bis 1933, Berlin 1989.

Mommsen, Wolfgang J., »Die latente Krise des Deutschen Reiches 1909–1914«, in: Otto Brandt/Arnold Oskar Meyer/Leo Just (Hrsg.), Handbuch der Deutschen Geschichte, Bd. 4/1, Frankfurt/Main 1973.

Mommsen, Wolfgang J., Der autoritäre Nationalstaat. Verfassung, Gesellschaft und Kultur des deutschen Kaiserreiches, Frankfurt/Main 1990.

Mommsen, Wolfgang J., Das Ringen um den nationalen Staat. Die Gründung und der innere Ausbau des Deutschen Reiches unter Otto von Bismarck 1850 bis 1890, Berlin 1993.

Mommsen, Wolfgang J., Großmachtstellung und Weltpolitik. Die Außenpolitik des Deutschen Reiches 1870 bis 1914, Berlin 1993.

Morsey, Rudolf, Heinrich Lübke. Eine politische Biographie, Paderborn 1996.

Müller, Christian, Oberst i. G. Stauffenberg. Eine Biographie, Düsseldorf 1970.

Müller, Klaus-Jürgen, Das Heer und Hitler. Armee und nationalsozialistisches Regime 1933–1940 (Beiträge zur Militär- und Kriegsgeschichte, hrsg. vom Militärgeschichtlichen Forschungsamt), Stuttgart 1969.

Müller, Richard M., Normal-Null und die Zukunft der deutschen Vergangenheitsbewältigung. Ein Essay, Schernfeld 1994.

Müller, Reinhard, Die Akte Wehner. Moskau 1937 bis 1941, Berlin 1993.

Muschler, Reinhold C., Philipp zu Eulenburg. Sein Leben und seine Zeit, Leipzig 1930.

Musial, Bogdan, »Konterrevolutionäre Elemente sind zu erschießen.« Die Brutalisierung des deutsch-sowjetischen Krieges im Sommer 1941, Berlin – München 2000.

Naimark, Norman M., Die Russen in Deutschland. Die sowjetische Besatzungszone 1945 bis 1949, Berlin 1997.

Niclauß, Karlheinz, Der Weg zum Grundgesetz. Demokratiegründung in Westdeutschland 1949–1949, Paderborn – München – Wien – Zürich 1998.

Niclauß, Karlheinz, »Bestätigung der Kanzlerdemokratie? Kanzler und Regierungen zwischen Verfassung und politischen Konventionen«, in: Aus Politik und Zeitgeschichte B 20/1999 vom 14. Mai 1999, S. 27ff.

Niekisch, Wieland Werner, Politik der

Starke. Die Geschichte einer deutschlandpolitischen Ersatzkonstruktion,
Phil. Diss. FU Berlin 1994.

Niethammer, Lutz, »Die Jahre weiß man
nicht, wo man die heute hinsetzen soll.«
Faschismuserfahrungen im Ruhrgebiet.
Lebensgeschichte und Sozialkultur im
Ruhrgebiet 1930 bis 1960, Bd. 1, Bonn
1983.

Niethammer, Lutz, Die Mitläuferfabrik. Die
Entnazifizierung am Beispiel Bayerns,
Berlin – Bonn 1992.

Nipperdey, Thomas, Deutsche Geschichte
1866–1918, 2 Bde., München 1983.

Nipperdey, Thomas, Deutsche Geschichte
1866–1918, 2 Bde., München 1992.

Noelle-Neumann, Elisabeth/Renate Köcher,
Die verletzte Nation. Über den Versuch
der Deutschen, ihren Charakter zu ändern, Stuttgart 1987.

Noelle-Neumann, Elisabeth/Hans Mathias
Keplinger/Wolfgang Donsbach, Kampa.
Meinungsklima und Medienwirkung
im Bundestagswahlkampf 1998, Freiburg – München 1999.

Nolte, Ernst, Der Faschismus in seiner
Epoche. Action Française, italienischer
Faschismus, Nationalsozialismus,
München 1963.

Overmans, Rüdiger, Deutsche militärische
Verluste im Zweiten Weltkrieg, München 1999.

Persico, Joseph A., Piercing the Third Reich.
The Penetration of Nazi Germany by
OSS Agents during World War II,
London 1979.

Petry, Christian, Studenten aufs Schafott. Die
Weiße Rose und ihr Scheitern, München
1968.

Petzina, Dietmar, Autarkiepolitik im Dritten
Reich. Der nationalsozialistische Vierjahresplan, Stuttgart 1968.

Peukert, Detlev/Jürgen Reulecke (Hrsg.),
Die Reihen fast geschlossen. Beiträge zur
Geschichte des Alltags unterm National-
sozialismus, Wuppertal 1981.

Picht, Georg, Die deutsche Bildungskatastrophe. Analyse und Dokumentation.
Olten – Freiburg im Breisgau 1964.

Podewin, Norbert, Walter Ulbricht. Eine
neue Biographie, Berlin 1995.

Reichling, Gerhard, Die deutschen Vertriebenen in Zahlen. Teil I: Umsiedler, Verschleppte, Vertriebene, Aussiedler
1940–1985, Bonn 1986.

Reuth, Ralf Georg: Erwin Rommel. Des
Führers General, München – Zürich
1987.

Reuth, Ralf Georg, Goebbels, München –
Zürich 1990.

Reynolds, Nicholas, Beck. Gehorsam und
Widerstand. Das Leben des deutschen
Generalstabschefs 1935–1938, München
1977.

Ribbe, Wolfgang/Wolfgang Schäche, Die Siemensstadt. Geschichte und Architektur
eines Industriestandortes, Berlin 1985.

Ritter, Gerhard, Carl Goerdeler und die deutsche Widerstandsbewegung, Stuttgart
1956.

Ritter, Gerhard, Der Schlieffenplan. Kritik
eines Mythos, München 1956.

Ritter, Gerhard, Staatskunst und Kriegshandwerk. Das Problem des »Militarismus« in Deutschland, 4 Bde., München
1954ff.

Rödder, Andreas, »Reflexionen über das Ende
der Weimarer Republik. Die Präsidial-
kabinette 1930–1932/33. Krisenmanagement oder Restaurationsstrategie?«, in:
VfZ 47 (1999), S. 87ff.

Röhl, John C. G., Kaiser, Hof und Staat. Wilhelm II. und die deutsche Politik, München ³1988.

Roon, Ger van, Neuordnung im Widerstand.
Der Kreisauer Kreis innerhalb der deutschen Widerstandsbewegung, München
1967.

Roon, Ger van, Widerstand im Dritten Reich.
Ein Überblick, München ⁶1994.

Rosenberg, Arthur, Entstehung und
Geschichte der Weimarer Republik,

hrsg. und eingel. von Kurt Kersten, Frankfurt/Main 1955.

Rosenberg, Arthur, Geschichte der Weimarer Republik, hrsg. u. eingel. von Kurt Kersten, Hamburg 1991.

Rowland, Peter, Lloyd George, London 1975.

Rudolph, Hermann, »Mehr als Stagnation und Revolte. Zur politischen Kultur der sechziger Jahre«, in: Martin Broszat (Hrsg.), Zäsuren nach 1945. Essays zur Periodisierung der deutschen Nachkriegsgeschichte, München 1990, S. 141 ff.

Rupieper, Hermann-Josef, Der besetzte Verbündete. Die amerikanische Deutschlandpolitik 1949-1955, Opladen 1991.

Rürup, Reinhard, Probleme der Revolution in Deutschland 1918/19, Wiesbaden 1968.

Sabrow, Martin, Der Rathenaumord. Rekonstruktion einer Verschwörung gegen die Republik von Weimar, München 1944.

Safranski, Rüdiger, Ein Meister aus Deutschland. Heidegger und seine Zeit, München 1994.

Schacht, Hjalmar, Abrechnung mit Hitler, Berlin 1949.

Schäuble, Wolfgang, Der Vertrag, Stuttgart 1991.

Schäuble, Wolfgang, Mitten im Leben, München 2000.

Schell, Manfred (Hrsg.), Die Kanzlermacher, Mainz 1986.

Schieder, Theodor, »Grundfragen der neueren deutschen Geschichte. Zum Problem der historischen Urteilsbildung«, in: HZ 192 (1961), S. 1 ff.

Schieder, Wolfgang (Hrsg.), Erster Weltkrieg. Ursachen, Entstehung und Kriegsziele, Köln – Berlin 1969.

Schildt, Axel, Ankunft im Westen. Ein Essay zur Erfolgsgeschichte der Bundesrepublik, Frankfurt/Main 1999.

Schmidt, Florian, Die Antwort der Mönche. Die Stunde Null im Spiegel der »Frankfurter Hefte«, unveröff. Magisterarbeit, Berlin 1991.

Schmidt, Gustav, Der europäische Imperialismus, München 1985.

Schmidt, Gustav, »Innenpolitische Blockbildungen am Vorabend des Ersten Weltkrieges«, in: Aus Politik und Zeitgeschichte B20 (1972), S. 3 ff.

Schmidt, Gustav, »Parlamentarisierung oder ›Präventive Konterrevolution‹? Die deutsche Innenpolitik im Spannungsfeld konservativer Sammlungsbewegungen und latenter Reformbestrebungen (1907-1914)«, in: Gerhard A. Ritter (Hrsg.), Gesellschaft, Parlament und Regierung. Zur Geschichte des Parlamentarismus in Deutschland, Düsseldorf 1974, S. 249 ff.

Schmidt, Gustav, »Rationalismus und Irrationalismus in der englischen Flottenpolitik«, in: Marine und Marinepolitik im kaiserlichen Deutschland 1871-1914, hrsg. vom Militärgeschichtlichen Forschungsamt durch Herbert Schottelius und Wilhelm Deist, Düsseldorf 1972, S. 283 ff.

Schmidt, Gustav, England in der Krise. Grundzüge und Grundlagen der britischen Appeasement-Politik (1930-1937), Opladen 1981.

Schmidt, Gustav (Hrsg.), Ost-West-Beziehungen: Konfrontation und Détente 1945-1989, 5 Bde., Bochum 1993 ff.

Schmidt, Gustav, »Die sichtbare Hand des ›Dritten‹. Die USA und die deutsch-amerikanischen Beziehungen 1950-1966«, in: Gerhard A. Ritter/Peter Wende (Hrsg.), Rivalität und Partnerschaft. Festschrift für Anthony J. Nicholls, Paderborn u. a. 1999, S. 337 ff.

Schmidt, Matthias, Albert Speer: Das Ende eines Mythos. Speers wahre Rolle im Dritten Reich, Bern – München 1982.

Schmitthenner, Walter/Hans Buchheim (Hrsg.), Der deutsche Widerstand gegen Hitler, Köln – Berlin 1966.

Schneider, Michael C./Winfried Süß, Keine

Volksgenossen. Studentischer Widerstand der Weißen Rose, München 1993.

Schöllgen, Gregor (Hrsg.), Flucht in den Krieg? Die Außenpolitik des kaiserlichen Deutschland, Darmstadt 1991.

Schreckenberger, Waldemar, »Veränderungen im parlamentarischen Regierungssystem. Zur Oligarchie der Spitzenpolitiker der Parteien«, in: Karl Dietrich Bracher u.a. (Hrsg.), Staat und Parteien. Festschrift für Rudolf Morsey zum 65. Geburtstag, Berlin 1992, S. 133ff.

Schroeder, Klaus, Der SED-Staat. Partei, Staat und Gesellschaft 1949–1990, München 1998.

Schulz, Gerhard, »Nationalpatriotismus im Widerstand. Ein Problem der europäischen Krise und des Zweiten Weltkriegs – nach vier Jahrzehnten Widerstandsgeschichte«, in: VfZ 32 (1984), S. 331ff.

Schulz, Gerhard, Zwischen Demokratie und Diktatur. Verfassungspolitik und Reichsreform in der Weimarer Republik, 3 Bde., 2., durchges. und erg. Aufl., Berlin – New York 1987.

Schulz, Gerhard, Von Brüning zu Hitler. Der Wandel des politischen Systems in Deutschland, Berlin 1992.

Schulz, Günther, Wiederaufbau in Deutschland. Die Wohnungsbaupolitik in den Westzonen und der Bundesrepublik von 1945 bis 1947, Düsseldorf 1994.

Schulze, Hagen, Otto Braun oder Preußens demokratische Sendung. Eine Biographie, Frankfurt/Main – Berlin – Wien 1977.

Schulze, Hagen, Weimar. Deutschland 1917–1993, Berlin 1982.

Schwarz, Hans-Peter, Vom Reich zur Bundesrepublik. Deutschland im Widerstreit der außenpolitischen Konzeptionen der Besatzungsherrschaft 1945–1949, Neuwied – Berlin 1966.

Schwarz, Hans-Peter, Die Ära Adenauer, 2 Bde., Stuttgart 1981 u. 1983.

Schwarz, Hans-Peter, Adenauer. Der Aufstieg: 1876–1952, Stuttgart 1986.

Schwarz, Hans-Peter, Adenauer. Der Staatsmann: 1952–67, Stuttgart 1991.

Smelser, Ronald/Enrico Syring/Rainer Zitelmann (Hrsg.), Die braune Elite. 22 biographische Skizzen, Darmstadt 1989.

Smelser, Ronald/Enrico Syring/Rainer Zitelmann (Hrsg.), Die braune Elite II. 21 weitere biographische Skizzen, Darmstadt 1993.

Soell, Hartmut, Fritz Erler, 2 Bde., Berlin 1976.

Sommer, Theo (Hrsg.), Reise ins andere Deutschland, Reinbek bei Hamburg 1986.

Sontheimer, Kurt, Antidemokratisches Denken in der Weimarer Republik. Die politischen Ideen des deutschen Nationalismus zwischen 1918 und 1933, München ⁴1962.

Soutou, Georges-Henri, L'or et le sang. Les buts de guerre économiques de la Première Guerre Mondiale, Paris 1989.

Staadt, Jochen, »Walter Ulbrichts letzter Machtkampf«, in: Deutschland-Archiv 29 (1996), S. 694ff.

Stauffer, Paul, Zwischen Hofmannsthal und Hitler. Carl J. Burckhardt. Facetten einer außergewöhnlichen Existenz, Zürich 1991.

Steiner, Zara S., The Foreign Office and Foreign Policy, 1898–1914, Cambridge 1969.

Steinberg, Jonathan, »Diplomatie als Wille und Vorstellung: Die Berliner Mission Lord Haldanes im Februar 1912«, in: Marine und Marinepolitik im kaiserlichen Deutschland 1871–1914, hrsg. vom Militärgeschichtlichen Forschungsamt durch Herbert Schottelius und Wilhelm Deist, Düsseldorf 1972, S. 263ff.

Steinhoff, Johannes/Reiner Pommerin, Stategiewechsel: Bundesrepublik und Nuklearstrategie in der Ära Adenauer-Kennedy, Baden-Baden 1992.

Steininger, Rolf, Deutsche Geschichte seit 1945. Darstellung und Dokumente in vier Bänden, Frankfurt/Main 1996.

Stolper, Gustav, Deutsche Wirtschaft seit

1870. Fortgeführt von Karl Häuser und Knut Borchardt, Tübingen 1964.

Strätz, Hans-Wolfgang, »Die studentische ›Aktion wider den undeutschen Geist‹ im Frühjahr 1935«, VfZ 16 (1968), S. 347ff.

Stürmer, Michael, Das ruhelose Reich. Deutschland 1866–1918, Berlin 1983.

Subok, Wladislaw/Konstantin Pleschakow, Der Kreml im Kalten Krieg. Von 1945 bis zur Kubakrise, Hildesheim 1997.

Taylor, A. J. P., English History 1914–1945, Oxford 1966.

Tent, James F., Freie Universität Berlin 1948–1988. Eine deutsche Hochschule im Zeitgeschehen, Berlin 1988.

Thies, Jochen, Architekt der Weltherrschaft. Die ›Endziele‹ Hitlers, Düsseldorf 1976.

Thies, Jochen, Helmut Schmidts Rückzug von der Macht. Das Ende der Ära Schmidt aus nächster Nähe, Stuttgart [2]1988.

Thoß, Bruno, »Nationale Rechte, militärische Führung und Diktaturfrage in Deutschland 1913–1923«, in: Militärgeschichtliche Mitteilungen 42 (1987), S. 27ff.

Thoß, Bruno (Hrsg.), Vom Kalten Krieg zur deutschen Einheit. Analysen und Zeitzeugenberichte zur deutschen Militärgeschichte 1945 bis 1995, München 1995.

Thun-Hohenstein, Romedio Graf von, Der Verschwörer. General Oster und die Militäropposition, Berlin 1982.

Tobias, Fritz, Der Reichstagsbrand. Legende und Wirklichkeit, Rastatt 1962.

Totalitarismus und Faschismus. Eine wissenschaftliche und politische Begriffskontroverse. Kolloquium am Institut für Zeitgeschichte am 24. November 1978, München–Wien 1980.

Turner, Henry A., Die Großunternehmer und der Aufstieg Adolf Hitlers, Berlin 1985.

Turner, Henry A., Hitlers Weg zur Macht. Der Januar 1933, München–Frankfurt/Main 1997.

Tyrell, Albrecht, Führer befiehl … Selbstzeugnisse aus der »Kampfzeit« der

NSDAP, Dokumentation und Analyse, Düsseldorf 1969.

Tyrell, Albrecht, Vom »Trommler« zum »Führer«. Der Wandel von Hitlers Selbstverständnis zwischen 1919 und 1924 und die Entwicklung der NSDAP, München 1975.

Uebersberger, Hans, Österreich zwischen Russland und Serbien. Zur Südslawischen Frage und der Entstehung des Ersten Weltkrieges, Köln–Graz 1958.

Ullmann, Hans-Peter, Das deutsche Kaiserreich 1871–1918, Frankfurt/Main 1995.

Ullrich, Volker, Die nervöse Großmacht. Aufstieg und Untergang des deutschen Kaiserreichs 1971–1981, Frankfurt/Main [2]1997.

Ulrich, Bernd, Die Augenzeugen. Deutsche Feldpostbriefe in Kriegs- und Nachkriegszeit 1914–1933, Essen 1997.

Veblen, Thorstein, Imperial Germany and the Industrial Revolution, New York 1915.

Vogelsang, Thilo, Reichswehr, Staat und NSDAP. Beiträge zur deutschen Geschichte 1930–1932, Stuttgart 1962.

Vogelsang, Thilo, Kurt von Schleicher. Ein General als Politiker, Göttingen–Frankfurt/Main–Zürich 1965.

Vogtmeier, Andreas, Egon Bahr und die deutsche Frage. Zur Entwicklung der sozialdemokratischen Ost- und Deutschlandpolitik vom Kriegsende bis zur Vereinigung, Bonn 1996.

Wandel, Eckhard, Die Entstehung der Bank deutscher Länder und die deutsche Währungsreform 1948. Die Rekonstruktion des westdeutschen Geld- und Währungssystems 1945–1949 unter Berücksichtigung der amerikanischen Besatzungspolitik, Frankfurt/Main 1980.

Weber, Hermann, Geschichte der DDR, München [3]1989.

Weber, Max, Landarbeiterfrage, Nationalstaat und Volkswirtschaft. Schriften und

Reden 1892 – 1899, 2 Bde., hrsg. von
Wolfgang J. Mommsen, Tübingen 1993.

Weber, Petra, Carlo Schmid. 1896 – 1976,
München 1996.

Wegner, Bernd (Hrsg.), Zwei Wege nach Moskau. Vom Hitler-Stalin-Pakt bis zum
»Unternehmen Barbarossa«, hrsg. im
Auftrag des Militärgeschichtlichen Forschungsamtes, München – Zürich 1991.

Wehler, Hans-Ulrich, Das Deutsche Kaiserreich 1871 – 1918, Göttingen [7]1994.

Die Wehrmacht. Mythos und Realität.
Im Auftrag des Militärgeschichtlichen
Forschungsamtes hrsg. von Rolf Müller
und Hans-Erich Volkmann, München
1999.

Weidenfeld, Werner (Hrsg.), Die Identität
der Deutschen. Fragen, Positionen,
Perspektiven, München – Wien 1983.

Weidenfeld, Werner, Außenpolitik für die
deutsche Einheit. Die Entscheidungs-
jahre 1989/90, Stuttgart 1998.

Weinberg, Gerhard L., Eine Welt in Waffen.
Die globale Geschichte des Zweiten
Weltkriegs, Stuttgart 1995.

Wengst, Udo, Thomas Dehler (1897 – 1967).
Eine politische Biographie, München
1997.

Wette, Wolfram, Gustav Noske. Eine politische Biographie, Düsseldorf 1987.

Wettig, Gerhard, Bereitschaft zu Einheit in
Freiheit? Die sowjetische Deutschland-
Politik 1945 – 1955, München 1999.

Wettig, Gerhard, Entmilitarisierung und
Wiederbewaffnung in Deutschland
1943 – 1955. Internationale Auseinandersetzungen um die Rolle der Deutschen
in Europa, München 1967.

Wetzlaugk, Udo, Berlin und die deutsche
Frage, Köln 1985.

Willett, John, Explosion der Mitte. Kunst
und Politik 1917 – 1933, München 1981.

Winkler, Heinrich August, Von der Revolution zur Stabilisierung. Arbeiter und
Arbeiterbewegung in der Weimarer Republik 1918 bis 1924, Berlin – Bonn 1984.

Winkler, Heinrich August, Der Weg in die
Katastrophe. Arbeiter und Arbeiter-
bewegung in der Weimarer Republik,
Berlin – Bonn 1987.

Winkler, Heinrich August, Weimar
1918 – 1933. Die Geschichte der ersten
deutschen Demokratie, München 1993.

Winkler, Heinrich August, Der lange Weg
nach Westen, 2 Bde., München 2000.

Witt, Peter-Christian, Friedrich Ebert.
Parteiführer – Reichskanzler – Volksbeauftragter – Reichspräsident, Bonn
[2]1988.

Wolff, Michael W., Die Währungsreform in
Berlin 1948/49, Berlin – New York 1991.

Woodward, Llewelyn, Great Britain and the
War of 1914 – 1918, London 1972.

Zechlin, Egmont, Die deutsche Politik und
die Juden im Ersten Weltkrieg, Göttingen 1969.

Zechlin, Egmont, Krieg und Kriegsrisiko.
Zur deutschen Politik im Ersten Weltkrieg. Aufsätze, Düsseldorf 1979.

Zeidler, Manfred, »Denn ich sah vor mir unser Heer, voll des großen Zornes‹. Der sowjetische Schriftsteller Ilja Ehrenburg
und das Kriegsende vor fünfzig Jahren«,
in: FAZ vom 24. März 1995.

Zelikow, Philip/Condoleezza Rice, Stern-
stunde der Diplomatie. Die deutsche
Einheit und das Ende der Spaltung
Europas, Berlin 1997.

Ziebura, Gilbert, Die deutsch-französischen
Beziehungen seit 1945. Mythen und
Realitäten, überarb. u. aktualisierte
Neuausgabe, Stuttgart 1997.

Zmarzlik, Hans-Günter, Bethmann Hollweg
als Reichskanzler 1909 – 1914. Studien
zu Möglichkeiten und Grenzen seiner
innerpolitischen Machtstellung, Düsseldorf 1957.

Zudeick, Peter, Der Hintern des Teufels.
Ernst Bloch – Leben und Werk, Moos –
Baden-Baden 1987.

PERSONENREGISTER

ABBILDUNGSNACHWEIS